# NORWEGEN NORD

W0415060

VERLAG MARTIN VELBINGER
Hauptstr. 4o 82229 Seefeld bei München

*Dieses vorliegende Buch erscheint als BAND 28 einer Reihe unkonventioneller Reiseführer im VERLAG MARTIN VELBINGER:*

**SÜDOST - EUROPA**
Bd. 3o Griechenland/Kykladen
Bd. 32 Griechenland/Dodekanes
Bd. 31 Griechenland/Peloponnes
Bd. 35 Ungarn

**SÜD - EUROPA**
Bd. 11 Toscana/Elba
Bd. 15 Golf von Neapel/Campanien
Bd. 12 Süditalien
Bd. 14 Sardinien
Bd. 23 Sizilien/Eol.Inseln
Bd. o6 Südfrankreich
Bd. 46 Côte d'Azur/Provence
Bd. 13 Korsika

**WEST - EUROPA**
Bd. 25 Bretagne/Normandie/Kanalinseln
Bd. 26 Franz. Atlantikküste/Loire
Bd. 24 Irland
Bd. 17 Schottland
Bd. 27 Südengland
Bd. 57 Wales

**NORD - EUROPA**
Bd. 18 Schweden
Bd. 19 Norwegen/Süd-Mitte
Bd. 28 Norwegen/Nord
Bd. 29 Finnland
Bd. 5o Dänemark

**STÄDTEFÜHRER**
Bd. o7 Paris
Bd. 1o Wien

**AMERIKA**
Bd. 53 USA/Westküste Kalifornien
Bd. 54 USA/ Der Nordwesten Oregon, Washington
Bd. 58 USA/ Der Südwesten
Bd. o3 Mexiko
Bd. 36 Chile/Antarktis

**NAHER OSTEN/AFRIKA**
Bd. 44 Togo
Bd. 51 Marokko

Weitere Titel in Vorbereitung. Bitte Anfrage an den Verlag.

**Buchkonzept:** Martin Velbinger
**Karten:** Pedro Zegarra, Martin Velbinger

ISBN: 3-88316-031-8

ALLE ANGEGEBENEN PREISE sind Ca.-Preise, auch wenn sie nicht als solche bezeichnet sind. Für die Richtigkeit und Vollständigkeit aller Angaben, insbesondere der Abfahrtszeiten und Preise kann keine Gewähr übernommen werden.



PRINTED IN GERMANY

**2. AUFLAGE 2oo7**

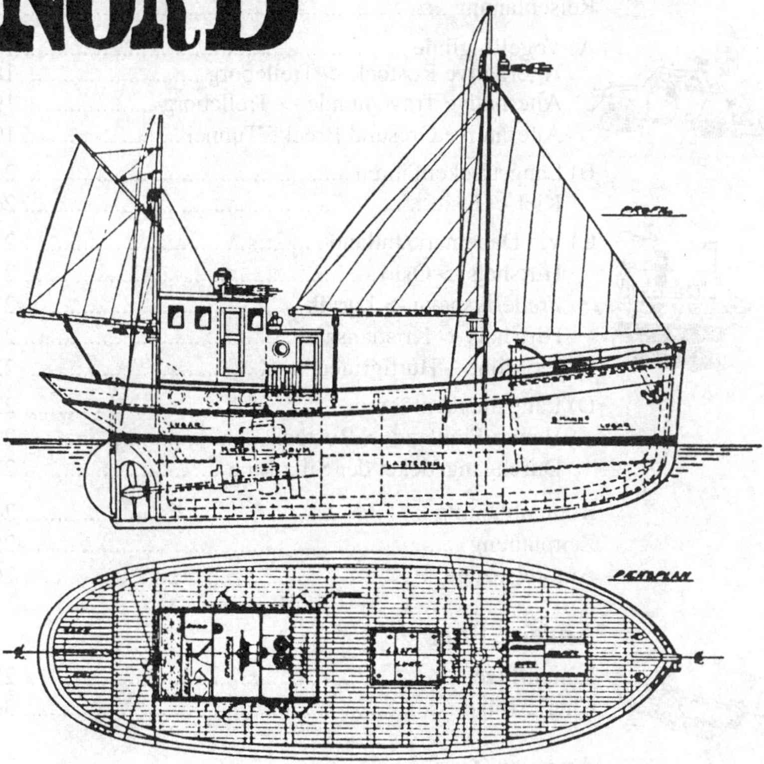

# INHALT

## ANREISE

### Anreise per Auto und Schiff



### Anreise Flug

### Anreise Zug

# INHALT

## TRANSPORT IN NORDNORWEGEN



## UNTERKUNFT



## ESSEN und TRINKEN

# INHALT



## Allgemeine Tipps

## SPORT

# INHALT

## NORWEGEN NORD

# INHALT

NORDKAP/HONNINGSV.
BERLEVÅG
HAVØYSUND
VARDØ
HAMMERFEST
VADSØ
KIRKENES
TROMSØ
VESTERÅLEN
FINNSNES
HARSTAD
KIRUNA
LOFOTEN
NARVIK
POLARKREIS
BODØ
NESNA
POLARKREIS
TROND-HEIM

NORDKAP/HONNINGSV.
BERLEVÅG
HAVØYSUND
VARDØ
HAMMERFEST
VADSØ
KIRKENES
TROMSØ
VESTERÅLEN
FINNSNES
HARSTAD
KIRUNA
LOFOTEN
NARVIK
POLARKREIS
BODØ
NESNA
POLARKREIS
TROND-HEIM

# INHALT

BERLEVÅG
NORDKAP/HONNINGSV.
VARDØ
HAVØYSUND
HAMMERFEST
VADSØ
KIRKENES
TROMSØ
FINNSNES
VESTERÅLEN
POLARKREIS
HARSTAD
KIRUNA
LOFOTEN
NARVIK
BODØ
NESNA
POLARKREIS
TROND-HEIM

# INHALT

**Sortland/Vesterålen ⇨**
**E 10 Tjeldsund Brücke ⇨**

# INHALT

BERLEVÅG
NORDKAP/HONNINGSV.
VARDØ
HAVØYSUND
HAMMERFEST
VADSØ
KIRKENES
TROMSØ
POLARKREIS
VESTERÅLEN
LOFOTEN
KIRUNA
NARVIK
BODØ
NESNA
POLARKREIS
TROND-HEIM

BERLEVÅG
NORDKAP/HONNINGSV.
VARDØ
HAVØYSUND
HAMMERFEST
VADSØ
KIRKENES
TROMSØ
FINNS-NES
POLARKREIS
VESTERÅLEN
HARSTAD
KIRUNA
LOFOTEN
NARVIK
BODØ
NESNA
POLARKREIS
TROND-HEIM

# INHALT

NORDKAP/HONNINGSV.
HAVØYSUND
HAMMERFEST
BERLEVÅG
VARDØ
KIRKENES
TROMSØ
FINNS-NES
HARSTAD
KIRUNA
NARVIK
VESTERÅLEN
LOFOTEN
BODØ
NESNA
POLARKREIS
POLARKREIS
TROND-HEIM

NORDKAP/HONNINGSV.
HAVØYSUND
HAMMERFEST
BERLEVÅG
VARDØ
KIRKENES
TROMSØ
FINNS-NES
HARSTAD
KIRUNA
NARVIK
VESTERÅLEN
LOFOTEN
BODØ
NESNA
POLARKREIS
POLARKREIS
TROND-HEIM

# INHALT

# Handwerkszeug

**KARTEN**: wichtig für jede Reise in den hohen Norden.

- Für Anreise und als Skandinavien- Übersichtskarte gibts mehrere. Achten auf Übersichtlichkeit und - Handlichkeit, was die Faltung der Karte betrifft. Unser Tipp: „Michelin 985 Skandinavien“, 1 : 500.000, übersichtlich und handlich, landsch. schöne Strecken grün markiert. Sowie: „Falk Skandinavia“ 1 : 800.000. Sie enthält etwas mehr Nebenstraßen als die Michelin.

- Für Norwegen: empfehlenswert sind Karten von * CAPPELENS und von * STATENS KARTVERK. Beide decken das Land ab mit mehreren Karten im Maßstab 1 : 325.000 bzw. 400.000. Sie sind gegliedert nach Regionen. Für den Bereich Trondheim bis Nordkap und Kirkenes braucht man maximal 3 Karten.

  CAPPELENS hat den Vorteil, daß u.a. Wanderrouten und Hütten sowie Wanderzeiten eingetragen sind. Die Karten sind präzis. Die Wanderzeiten sind in Stunden angegeben und beziehen sich auf geübte Wanderer. Ansonsten sehr übersichtliche Kartographie. Die Karten sind seit Jahrzehnten bewährt.

  STATENS KARTVERK, VEIKART: hat mehr Ortschaften eingetragen und Vorteil, daß u.a. Übernachtungsmöglichkeit sowie Campings und TI eingetragen sind. Auch gibts einen eigenen Ortsindex (fehlt bei derzeit. Capellens Karten). Schade: schlechteres Papier, reißt schnell ein.

  Welches der beiden Kartenwerke besser ist, ist schwierig zu sagen. Ich persönlich reise mit beiden Karten. Sie ergänzen sich.

  Cappelens: * More og Trondelag, - * Nordland, - * Troms og Finnmark
  Statens Kartverk Veikart: * Mid Norge, - * Nordland, - * Troms og Finnmark

  Erhältlich sind die Karten vor Ort in Schreibwarengeschäften, Narvense Shops, bei TIs und in Tankstellen. - Bei beiden Kartenwerken beginnt die „Nordland- Karte“ auf Höhe Steinkjer. Wer also Nonstop bis nördl. Trondheim anreist, benötigt als erste die „Nordland-Karte“. Sie reicht bis rauf nach Tromsø.

- TOPOGRAPHISCHE KARTEN: gibts vom Statens Kartverk im Maßstab 1 : 50.000. Sie decken Gesamt Norwegen ab. Enthalten alle Details wie Höhenlinien, Seen, Fluß- und Bachläufe, Gehöfte. Meist aber nicht den Verlauf von Trails sowie Infos zu Hütten. Erhältlich sind sie vor Ort in Buchhandlungen, teils auch TI und Tankstellen. - Wer im Grenzraum von Schweden wandert: exzellent die Detailkarten von Statens Kartverk. Weitere Details siehe Kapitel „Wandern“.

Tourist INFO **Norweg. Fremdenverkehrsbüro**: Postfach 113.317, 20433 Hamburg, Tel.: 0180.500.1548 (0,12 Euro/Min.), Fax: 040.229.415.88, www.visitnorway.com

Gutes Infomaterial. Der Prospekt „Norwegen, Fakten und Informationen“ bringt generellen Überblick zu Norwegen und seinen Regionen. Dies inkl. Internet-Adresse. - Prospekt „Camping“ bringt eine Auswahl von Campingplätze und Hütten sowie gute Norwegen Übersichts-Karte. - Prospekt „NRI Guide (Transport und Accomodation)“ mit Fahrplänen von Schiffen, Fähren, Express Booten, Bussen und Zug sowie Unterkunften in Auswahl. - Prospekt „Wandern und Radfahren“ mit Informationen zu diesbezüglichen Outdoor-Aktivitäten. - Außerdem gibt es Prospekte der einzelnen Regionen Norwegens. Bei Bestellung entsprechenden Wunsch ankreuzen.

# NORD NORWEGEN

**EIGENES AUTO**: in der Regel die beste Wahl. Man ist unabhängig von Abfahrtszeiten Bus, Flug Schiff, - und hat je nach Größe des Fahrzeuges (z.B. Wohnmobil) Freiheit in Gepäckmitnahme ............... Details Seite 15

**FLUG**: spart bei den gigantischen Entfernungen erheblich Anreisezeit. Sinnvoll, wer „stationären Urlaub“ plant z.B. Angeln im hohen Norden. Oder nur eine Teilregion z.B. Lofoten besuchen möchte. Dort vor Ort weiter mit öffentl. Transport (Bus/Schiff) oder Mietwagen. ........................ Seite 29

**ZUG**: durchaus attraktiv wegen sehr preisgünstigem SCANRAIL- PASS. In Kombination mit Bussen sowie Schnellbooten und Hurtigruten entlang der Küste interessante Alternative. Know How nötig ........... Details S. 3o

## Anreise Auto

*In jedem Fall Fährüberfahrt nötig (sofern man nicht die neuen Autobahn Brücken/Tunnel in Dänemark be nutzt, Details dort). Die richtige Wahl der Fährverbindung kann einiges an Geld und Zeit sparen. Benötigt aber detailliertes Studium der Fährprospekte und der Landkarte*.

Generell gibt es 4 Möglichkeiten:

**(A)** VOGELFLUGLINIE: billigste Fährüberfahrt. Zudem ganzjährig, Abfahrten 1 - 2 mal/Stunde. Aber: auf der Strecke Hamburg -> Oslo ca. 9oo km zusätzlich zu fahren. ..................................... Details Seite 16

**(B)** LANGSTRECKENFÄHREN: bequemste und mit dem „Autosparpaket“ relativ günstig. Statt die 9oo km bis Oslo abzugurken, schläft man bequem in der Schiffskabine und spart abgesehen vom Sprit auch 1 Urlaubstag.

Wichtigste Langstreckenfähre die Color Line: Kiel -> Oslo. Sie ist die preisgünstigste auf dem Trip nach Nordnorwegen. ................ Seite 2o

**(C)** Via JÜTLAND/DÄNEMARK: ab Hamburg nach Frederikshavn bzw. Hirtshals ca. 55o km. Mögliche Alternative zur Vogelflug. ......... S. 21

**(D)** LANGSTRECKENFÄHRE von Rostock/Deutschland -> Hanko/Finnland (22- 24 Std.). Als Verbindung auf dem Nordnorwegen- Trip durchaus interessant, - aber derzeit keine preisgünstigen „Auto-Sparpakete“ S.22

REISEPLANUNG: zunächst Fährprospekte besorgen oder Internet kontaktieren, Adressen siehe Kasten. Auch Entfernungen nicht unterschätzen. Z.B. Oslo -> Nordkap via E 6 allein ca. 2.15o km einfach. Details siehe Kapitel „Routenplanung".

| | | | |
|---|---|---|---|
| Color Line | www.colorline.de | o431 - 73oo.3oo | o431 - 73oo.4oo |
| Scandlines | www.scandlines.de | o18o5 - 1166.88 | |
| Silja Line | www.siljaline.de | o451 - 5899.o | o451 - 5899.243 |
| Viking Line | www.vikingline.de | o451 - 384.63o | o451 - 384.6399 |
| Superfast | www.superfast.com | o451 - 88oo.6166 | o451 - 88oo.6129 |
| TT Line | www.ttline.de | o45o2 - 8o1.82 | o45o2 - 8o1.11 |
| Fjordline | www.MVP-travel.eu | o3821 - 7o9.44.1o | o3821 - 7o9.44.11 |
| Øresund Brücke | www.oresundskonsortiet.com | | |

PREISE: die Fährlinien staffeln gemäß Vor/Nachsaison und Hauptsaison. Letztere gilt in der Regel Mitte Juni - Ende August. Hier die teuersten Preise, - zugleich auch die Zeit, wo die meisten Nordnorwegenfahrer unterwegs sind.

Bei der Colorline wird zusätzlich unterschieden: teurer sind Abfahrten am Wochenende. Die billigeren Spezialangebote gelten an bestimmten Tagen, abhängig von der Auslastung des Schiffes.

Bei der „Silja Line" und der „Superfast" wird zusätzlich unterschieden, wieviele Personen eine Kabine belegen. So bedeutet die Prospektangabe „4 Pers. Innenkabine 168 Euro": Kabine belegt mit 4 zahlenden Personen somit 4 x 168 Euro = 672 Euro zu zahlen.

AUTO- SPARPAKETE: in der Regel die billigste Variante. Achtung: ausgenommen „Vogelfluglinie" sind derartige Spezialangebote an bestimmte Abfahrtstage gebunden und zum Teil auch limmitiert. Das nennt sich im Prospekt „begrenzte Anzahl an Plätzen". Eine Vorab-Buchung ist daher ratsam.

## (A) VOGELFLUGLINIE

Die billigste Fährverbindung. Preisgünstige Autopakete: max. 9 Personen und PKW bis 6 m Länge, keine Höhenbegrenzung. Somit auch für großvolumige Wohnmobile. Es gibt 2 Tickets:

**✶ SCHWEDEN 1 Ticket** (SCANDLINES)
Fähren: Puttgarden -> Rødby + Helsingør -> Helsingborg.

Preis: PKW mit oder ohne Anhänger, max. 6 m lang inkl. max. 9 Personen für beide Fähren zusammen ca. 86 Euro einfach. Bei Kauf des Tickets unbedingt auf „Go Green Ticket" hinweisen, also daß man beide Fähren wünscht. - PKW über 6 m, inkl. 9 Pers.: ca. 136 Euro einfach.

Durchgehende Autobahn von Hamburg nach Puttgarden. Dort in die Warteschlange einreihen und direkt auf die Fähre. Abfahrten rund um die Uhr alle 3o Min., Überfahrt 45 Min. Dies ist eine angenehme Fahrzeit zum

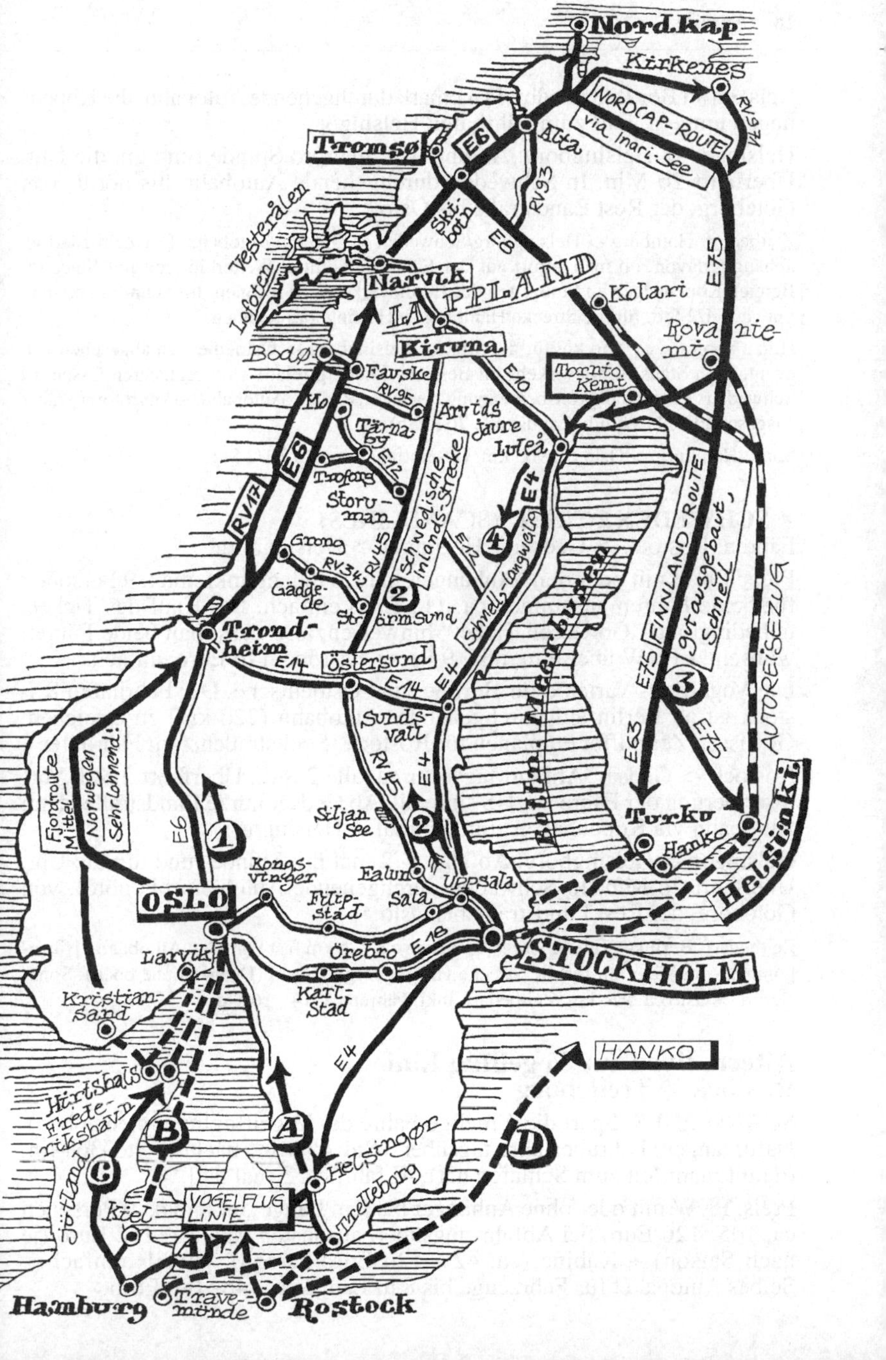

Nordkap
Kirkenes
NORDCAP-ROUTE via Inari-See
Tromsø
E6
Alta
RV93
Skibotn
E8
E75
Vesterålen
Lofoten
Narvik
LAPPLAND
Kolari
Rovaniemi
Kiruna
Bodø
Fauske
E10
Tornio Kemi
Mo
RV95
Arvidsjaure
Tärnaby
E12
Luleå
Trofors
Storuman
Schwedische Inlands-Strecke
RV17
E4
4
Schnell, langweilig
Grong
RV45
RV342
Gäddede
Strömsund
2
Bottn. Meerbusen
FINNLAND-ROUTE gutausgebaut, schnell
AUTOREISEZUG
3
E63
Trondheim
E14
Östersund
Sundsvall
Fjordroute Mittel-Norwegen sehr lohnend!
1
Siljan See
Turku
Hanko
Helsinki
Kongsvinger
Falun
Uppsala
OSLO
Filipstad
Sala
E18
STOCKHOLM
Larvik
Örebro
Karlstad
Kristiansand
HANKO
Hirtshals
Frederikshavn
B
A
D
C
Jütland
Helsingør
Trelleborg
VOGELFLUG LINIE
Kiel
Hamburg
Travemünde
Rostock

Relaxen an Bord. Ab Rødby/Dänemark durchgehende Autobahn, die Kopenhagen umgeht, rauf zum Fährhafen Helsingør.

Helsingør -> Helsingborg: Abfahrt 1- 2 mal pro Stunde rund um die Uhr, Überfahrt 2o Min. In Schweden durchgehende Autobahn bis nördl. von Göteborg, der Rest Landstraße bis Oslo.

Zeitbedarf: Hamburg -> Helsingborg/Schweden ca. 355 km Autobahn. Der Zeitbedarf ist abhängig davon, ob man sofort auf der Fähre mitkommt. Weiterhin sind mit Staus im Bereich Kopenhagen zu Stoßzeiten des Berufsverkehrs zu rechnen. Im Schnitt kann man mit ca. 5 1/2 Std. für die Strecke Hamburg -> Helsingborg rechnen.

Hinzu kommen ca. 55o km für die Strecke Helsingborg -> Oslo, die sich abgesehen von eventuellen Staus Berufsverkehr im Bereich Göteborg relativ flott realisieren lassen. In Schweden Geschwindigkeitsbegrenzung beachten, Radar! (Autobahn 9o km/h sofern nicht ausgeschildert 11o km/h, Landstraße 7o km/h).

Somit Hamburg -> Oslo ca. 9o5 km, Gesamtfahrzeit ca. 12 1/2 Std.

✶ **SCHWEDEN 2 Ticket** (SCANDLINES)
Fähren: Rostock -> Gedser + Helsingør -> Helsingborg.

Preis: PKW mit oder ohne Anhänger, max. 6 m lang inkl. max. 9 Personen für beide Fähren zusammen ca. 115 Euro einfach. Bei Kauf des Tickets unbedingt auf „Go Green Ticket“ hinweisen, also dass man beide Fähren wünscht. - PKW über 6 m, inkl. 9 Pers.: ca. 15o - 17o Euro einfach.

Die Vogelflug- Variante für Berliner und Ostdeutsche. Der Fährhafen Rostock ist ab Berlin auf durchgehender Autobahn (22o km) zu erreichen. Gewissen Zeitpuffer einplanen für Rostock (Stadtstraßen zum Fährhafen).

Rostock -> Gedser: Abfahrt tagsüber ca. alle 2 Std., Überfahrt 2 Std. Vorreservierung der Fähre zur HS sinnvoll. Ab Gedser kurze Landstraße, dann Autobahn via Kopenhagen zum Fährhafen Helsingør.

Helsingør -> Helsingborg: Abfahrt 1- 2 mal pro Stunde rund um die Uhr, Überfahrt 2o Min. In Schweden durchgehende Autobahn bis nördl. von Göteborg, der Rest Landstraße bis Oslo.

Zeitbedarf: Berlin -> Helsingborg/Schweden ca. 42o km fast komplett Autobahn. Hinzukommen rund 55o km für die Strecke Helsingborg -> Oslo (Details siehe oben). Somit Berlin -> Oslo ca. 97o km, Zeitbedarf inkl. Fähren ca. 14 - 16 Std.

## Alternativen zur Vogelflug Linie
## Rostock ⇨ Trelleborg

SCANDLINES. Spart die 2 malige Fähre der Vogelfluglinie (siehe oben). Dafür längere Fährüberfahrt: tagsüber 5 Std. 45 Min., nachts 7 Std. 3o Min. (damit man Zeit zum Schlafen hat). Abfahrt ca. 3 mal tägl.

Preis: PKW mit oder ohne Anhänger bis 6 m Länge, inkl. max. 9 Personen ca. 1o5- 126 Euro bei Abfahrt tagsüber, ansonsten ca. 13o- 152 Euro (je nach Saison) + Kabine (ca. 42 - 12o Euro/Person), jeweils einfach. - Selbes Autopaket für Fahrzeuge bis 8 m Länge ca. 14o- 18o Euro.

Zeitbedarf: Berlin -> Rostock 22o km Autobahn. Ab Trelleborg/Schweden 3o km Landstraße bis Malmö, anschließend durchgehende Autobahn bis nördlich Göteborg, dann Landstraße bis Oslo. Insgesamt Berlin -> Oslo ca. 9oo km, Fahrzeit ca. 15- 18 Std., dafür aber bei Benutzung der Nachtfähre: Relaxen bzw. Schlaf.

## Travemünde ⇨ Trelleborg

TT LINE. Spart die 2 malige Fähre der Vogelfluglinie (siehe oben). Dafür längere Fährüberfahrt: tagsüber ca. 7 bis 7 1/2 Std., nachts ca. 8 1/2 Std. (damit man Zeit zum Schlafen hat). Abfahrt ca. 3- 4 mal tägl.

Preis: PKW mit oder ohne Anhänger bis 6 m Länge, inkl. max. 5 Personen ca. 1oo - 175 Euro einfach, je nach Abfahrtstag und Saison. Hinzu kommt der Preis für die Kabine (ca. 28 Euro tagsüber, 94 Euro nachts).

Zeitbedarf: Hamburg -> Travemünde ca. 7o km, weitgehend Autobahn. Für Travemünde (Stadtstraßen zum Fährhafen) Zeitpuffer einbauen. Ab Trelleborg/Schweden 3o km Landstraße bis Malmö, anschl. Autobahn bis nördl. Göteborg und Landstraße weiter bis Oslo. Insgesamt Hamburg -> Oslo ca. 72o km, Fahrzeit (abhängig von Staus sowie Tages- oder Nachtfähre) ca. 16 - 18 Std.

## Alternative Øresund Brücke/Tunnel

Verbindet Kopenhagen/Dänemark mit Malmö/Schweden. Das gewaltige Bauwerk eines 3.94o m langen Unterwassertunnels und einer 7.845 m langen Hängebrücke wurde am 1. Juli 2ooo dem Verkehr übergeben.

Preis: PKW bis 6 m Länge inkl. Personen im Auto ca. 35 Euro einfach.

Achtung: die Øresundbrücke ist nicht im „Go Green Ticket“ der Vogelfluglinie enthalten.

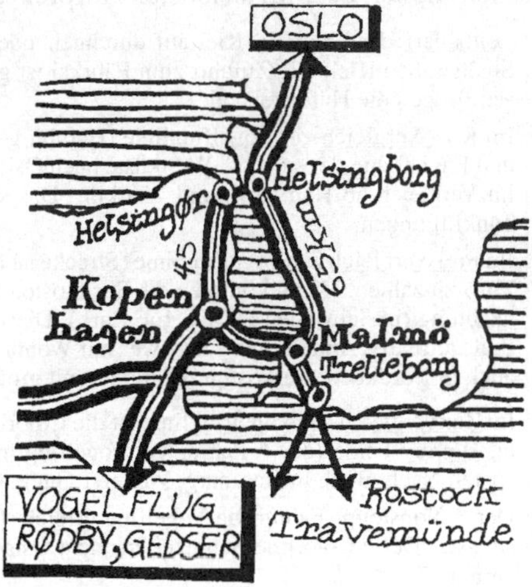


Wer sie benutzt, kauft zunächst ein Scandline- Ticket der Strekke Puttgarden -> Rødby (ca. 6o Euro) bzw. Rostock -> Gedser (ca. 76- 1oo Euro) jew. PKW bis 6 m inkl. 9 Pers. einfach. Hierauf addiert sich dann noch die Maut von ca. 35 Euro einfach für die Brückenbenutzung.

Km- Vergleich: Kopenhagen -> Helsingborg 45 km. Dagegen: Kopenhagen-> Malmö-> Helsingør 9o km.

Die Strecke via Øresundbrücke ist somit an km länger. Dafür spart man sich die Zeit für die Fähre Helsingør -> Helsingborg (Warten auf Abfahrt plus Überfahrt 45 Min.).

## B LANGSTRECKENFÄHREN

### COLOR LINE Kiel ⇨ Oslo

Ohne Frage die angenehmste und schönste Anreise. Abfahrt Kiel nach derzeitigem Fahrplan 14 Uhr, Ankunft am nächsten Morgen nach üppigem Frühstück vom Buffet und Superfahrt durch den engen Oslofjord gegen 9.3o Uhr in Oslo.

Statt Kilometergurkerei entlang der schwed. Westküste: Relaxen an Bord und nachts ausschlafen in der Kabine. Nicht ohne Grund sind die luxuriösen Schiffe sehr beliebt. Wir sind gerne und oft mit der Color- Line nach Oslo gefahren. Abfahrt in beide Richtungen ganzj. und täglich.

PREIS: gestaffelt nach Hauptsaison (16.6.- 13.8., Rest = billigere VS/ NS) und Wochentag: billiger sind Abfahrten So. - Do.

Auto- Sparpaket: PKW inkl. 4 Personen inkl. Kabine einfach zur HS ab ca. 45o Euro (bessere Kabinen ab ca. 5oo - 7oo Euro), - VS/NS ab ca. 35o Euro (bessere Kabinen ab ca. 45o - 63o Euro). Das „Autopaket“ gibt es auch für 2 Personen und Fahrzeug, entsprechend billiger.

Rundreisepakte: Gilt auf folgender Strecke: Hinfahrt Frederikshavn -> Oslo, oder Hirtshals -> Larvik, Rückfahrt dann Oslo -> Kiel. Bedingung: Die Verbindung von Frederikshavn -> Oslo ist im Juli an Samstagen nicht möglich. Hirtshals -> Larvik gilt nur für Tagesabfahrten.

PKW/Wohnmobil sollten beim Rundreise Paket max. 5 m lang sein und nicht höher als 2 m, ansonsten Aufpreis ab ca. 6o-22o Euro einfach.

Zeitbedarf: Hamburg -> Kiel auf durchgehender Autobahn 15o km. Zeitpuffer für die Stadtstraßen Kiel. Die Zufahrt zum Fährkai ist gut ausgeschildert, umfährt aber in grossem Bogen die Hafengebäude.

Im Km- Vergleich zur Vogelfluglinie (Hamburg-> Puttgarden -> Helsingborg/Schweden und E 6 entlang der schwed. Westküste nach Oslo, insges. ca. 9o5 km) spart die Colorline im Vergleich ab Hamburg rund 75o km. Das sind immerhin je nach Fahrzeug rund 2 Tankfüllungen.

Im Preisvergleich zur Vogelfluglinie (Strecke siehe oben) sind dort für die Fähren rund 8o Euro zu zahlen. Hinzu kommen die Spritkosten für 75o Extra-km und event. Hotelübernachtung (in Schweden DZ ca. 1oo Euro). Die Colorline Kiel -> Oslo somit allein vom Preis attraktiv. Anders siehts aus, wer mit Wohnmobil reist, im Auto schläft und sich dort auch in Bordküche verköstigt. Und/oder mit großvolumigem WoMo reist.

Im Zeitvergleich zur Vogelfluglinie ist die Colorline in jedem Fall die bequemere Variante. Hierzu: beide (der * Fahrer via Vogelfluglinie und der via * Colorline) starten am späten Nachmittag in Hamburg. Weiterer Gang der Dinge:

Der * Nonstopp- Fahrer via Vogelflug erreicht Oslo tief in der Nacht und reichlich gestresst. - Der * Colorline Benutzer erreicht Oslo am frühen nächsten Morgen. Er ist ausgeruht.

Auf die STENA LINE (Kiel -> Göteborg/Schweden) sei hier nicht eingegangen, da sie zu ähnlichen oder teureren Preise wie „Color Line“ operiert, aber mit ihrem Zielhafen Göteborg erheblich südlicher endet.

## (C) via DÄNEMARK/JÜTLAND

Mögliche Alternative zur Direktfähre Kiel -> Oslo. Bedeutet ab Hamburg aber rund 55o Extra- Km Autobahn zu den Fährhäfen Frederikshavn bzw. Hirtshals. Die Color Line hat Monopol auf Strecken nach Oslo und Südnorwegen.

**COLOR LINE Frederikshavn ⇨ Oslo**
Abfahrt ganzjährig 2 mal täglich mit gigantischem Luxusschiff „M/S Color Festival". Ein schwimmender Vergnügungspalast reicher Norweger, die Abwechslung auf See suchen, und am Wochenende meist ausgebucht. 22 Knt., 1.837 Kabinenbetten, 4oo PKW. Abfahrt zur HS 1 mal tägl., Ri. Nord/ Oslo tagsüber. Überfahrt 8 1/2 Std. In Gegenrichtung Oslo -> Hirtshals nachts, Überfahrt 12 1/2 Std.

PREIS: Autosparpaket (PKW bis Länge 5 m, Höhe 2 m) und max. 5 Personen einfach HS (16.6- 13.8.) ca. 2oo- 24o Euro, - in Vor/Nachsaison ca. 1oo- 15o Euro einfach je nach Wochentag.

Wohnmobil- Sparpaket: abhängig Länge, Höhe, Wochentag und Saison. Ein Fahrzeug z.B. bis 5 m und Höhe bis 2,6 m inkl. 5 Personen zur HS (16.6- 13.8.) ca. 35o - 4oo Euro einfach. In Vor/Nachsaison ca. 2oo- 27o Euro einfach.

Kabine: auf der Strecke Hirtshals -> Oslo (=Tagesfähre) ab ca. 1o Euro pro Person einfach. In Gegenrichtung (nachts) doppelter Preis.

Zeitbedarf: Hamburg -> Hirtshals ca. 55o km Autobahn. Inkl. Eincheckzeit Fähre, Zeitpuffer und Überfahrt benötigt man für Hamburg -> Hirtshals -> Oslo ca. 15 Std.

Die Alternative Vogelflug (Hamburg -> Puttgarden -> Helsingborg -> Oslo) ist mit ca. 12 1/2 Std. gering schneller und - für Wohnmobile zur HS um einiges billiger. Anders der normale PKW (Autopaket): die Colorline zur HS etwa gleichteuer wie Vogelflug, zur VS/ NS sogar billiger, - dies bei eingesparten ca. 35o km (und Sprit!).

**COLOR LINE Hirtshals ⇨ Larvik**
Abfahrt ganzjährig 1- 2 mal täglich mit „M/S Peter Wessel", einer komfortablen Großfähre. Überfahrt tagsüber 6 Std. 15 Min. nachts 8 1/2 Std.

Preise siehe „Frederikshavn -> Oslo". Nachteil: Larvik liegt südlichwestl von Oslo, somit ca. 135 Extra- km. Dafür aber Zeiteinsparnis wegen kürzerer Fährüberfahrt.

**COLOR LINE Hirtshals ⇨ Kristiansand**
Abfahrt ganzjährig 2-3 mal täglich je nach Saison, Überfahrt 4 1/2 Std. Die Fähre erreicht die Südspitze Norwegens und ist für Nordnorwegenfahrer nur sinnvoll, wenn bei genügend Urlaubszeit auch die grandiosen Fjord- und Fjell- Landschaften besucht werden. Zeitbedarf plus 2- 3 Wochen. Auf der Strecke „Hirtshals - > Kristiansand" selbe Preise wie „Frederik. -> Oslo".

**Zeitangaben Straßenverbindungen**: sie sind abhängig, ob es Stau auf den Autobahnen gibt, z.B. im Stadtbereich Hamburg, Kopenhagen, Malmö und/oder Göteborg zu Zeiten des Berufsverkehrs. Die Autobahnen führen durch den Stadtbereich. Wer eine Fähre reserviert hat, muß je nach Reederei 3o- 6o Min. vor Abfahrt der Fähre im Hafen erscheinen. Zusätzlich sollte man einen Zeitpuffer einbauen wegen eventueller Staus.

Auch bei der Vogelfluglinie kann die Gesamtfahrzeit variieren, - abhängig, ob man gleich bei der nächsten Fähre mitkommt, oder warten muß. Die o.g. Zeitangaben können daher nur als grobe Orientierung dienen.

## Color Line (bzw. Fjordline) + Hurtigruten

Für Leute die Zeit, viel Geld und Freude an einer längeren Schifffahrt haben. Strecke: Hirtshals (=Color Line) bzw. Hanstholm (=Fjordline) -> Bergen : Abfahrt ca. 3 - 4 mal/Woche, Fahrzeit 1 Nacht und 1 1/2 Tage. Autopaket (PKW bis 5 m Länge, 2 m Höhe und max. 5 Pers.) in HS ca. 3oo - 36o Euro einfach. Zuschlag Kabine ab ca. 4o Euro/Person.

In Bergen beginnt die Hurtigruten- Strecke entlang der Küste. Sie gilt als eine der schönsten Schiffsfahrten der Welt. Fahrzeit Bergen -> Trondheim 2 Nächte/1 Tag (PKW und 2 Personen) ca. 45o Euro einfach. Zuschlag Kabine ca. 65 Euro/Person.

Bzw. Bergen -> Lofoten: Fahrzeit 2 Tage, 3 Nächte. PKW und 2 Personen ca. 7oo Euro einfach. Zuschlag Kabine ca. 85 Euro/Person.

Eines der Schiffe fährt im Sommer u.a. in den Geirangerfjord, grandios! Weitere Details siehe „Hurtigruten" Seite 64.

***ROUTEN via FINNLAND**: einsetzbar, wer von Nordnorwegen nicht via Schweden - sondern via Finnland zurückfährt. Weitere Details siehe auch Kapitel „Routenplanung".*

*Es gibt zwei Möglichkeiten: a) Direktfähren, - b) das sogenannte „Durchgangsticket".*

## D Hanko/Finnland ⇨ Rostock (Superfast)

Abfahrt ganzjährig tägl. außer So., Fahrzeit der Direktfähre superflott in nur 22 Std.! Hanko liegt an der Südwestspitze Finnlands.

Nagelneue und komfortable Fährschiffe der griech. Reederei „Superfast". Preis: gestaffelt nach Saison, Kabinenklasse und Anzahl reisender Personen. Beispiel: Innenkabine 2 Personen HS (16.6- 12.8.) ca. 49o Euro einfach, - NS (13.8.-3o.9.) ca. 46o Euro einfach.

PKW (bis 6 m Länge, 2,oo m Höhe) ca. 135 Euro, - Wohnmobil (bis 8 m Länge und Höhe über 1,9o m) ca. 235 Euro.

Sofern 3 Personen oder mehr reisen: PKW ca. 5o% der Normaltariff, Wohnmobil 2o %. Weiterhin: Bei Buchung von Hin- und Rückfahrt 1o % Rabatt für Überfahrt.

## Durchgangsticket der Silja Line

Ganzjährig mehrmals täglich. Gibt es in Kombination der Silja Line mit TT Line oder Scandline.

Beispiel: erste Fährstrecke Silja Line Helsinki -> Stockholm. Im Einsatz die gigantischen Luxusliner „Silja Serenade“ und „Silja Symphony“. Im Inneren der 12 Stockwerke (!) hohen Schiffe riesige 2oo m Shoppingstraße, preisgünstige Buffets, Diskos. Eine gewaltige Halle mit Aufzügen. Alkohol fließt in Strömen. An Bord rund 2.7oo Menschen, die vorwiegend wegen der Aktivitäten reisen. Definitiv ein Erlebnis! Beste Überfahrt nachts mit der „Silja Symphony“. Beste Kabinen: Richtung Innenhalle. Das Remmi Demmi geht die ganze Nacht durch. Abgesehen davon am nächsten Morgen schöne Fahrt durch die Schären nach Stockholm.

Ab Stockholm (sehr lohnend für Zwischenstop, Details VELBINGER Band 18 „Schweden“) zur nächsten Fährüberfahrt: entweder Trelleborg -> Travemünde mit TT Line oder Scandlines Helsingborg-> Helsingør und Rødby -> Puttgarden.

PREIS: abhängig, in welcher Kombination das Durchgangsticket gekauft wird. Billiger ist der Kombie Silja & Scandlines: PKW (bis 7 m Länge und 2,5 m Höhe) inkl. max. 4 Personen und Innenkabine (auf der Strecke Helsinki -> Stockholm) insges. bis Deutschland ca. 35o Euro einfach.

Achtung: das Durchgangsticket sollte man bereits in Deutschland bei der Silja Line kaufen und buchen. Am Ticketschalter der Silja Line in Helsinki war der „Durchgangstarif“ nicht bekannt. Wir mußten die Strecken einzeln kaufen, was extrem teuer wurde.

Zeitbedarf: Helsinki -> Stockholm 1 Nacht. Anschließend quer durch Südschweden. Die weitgehend als Autobahn ausgebaute E 4 nach Helsingborg (ca. 645 km) ist dabei die schnellere und bequemere Variante. Dort weiter die Vogelfluglinie (Scandlines). An km plus 355 bis Hamburg.

Helsinki -> Hamburg ca. 1.ooo km. Fahrzeit (inkl. Fähren und ohne Stops) ca. 24 Std. Die Alternative ab Stockholm zum Fährhafen Trelleborg/Südspitze Schwedens benötigt

SILJA SYMPHONY: 2. größte Passagierfähre der Welt, ebenso Silja Serenade.

via E 4 ca. 74o km, fast durchgehende Autobahn. Die Nacht- Fährverbindung der TT Line Trelleborg -> Travemünde hat den Vorteil, daß man durchschlafen kann, bevor die nächsten hunderte km zum Heimatort angetreten werden. Weitere Details zu den einzelnen „Durchgangstarifen" siehe Silja Line Fährprospekt bzw. Internet.

Fazit: wer von Nordskandinavien via Finnland zurückfährt, reist -mit der Langstreckenfähre Superfast (Hanko -> Rostock, 22 Std.) in jedem Fall bequemer. Aber die Silja Line Helsinki -> Stockholm macht Spaß, zudem kann man auf dem anschließenden Weg nach Südschweden eine Reihe interessanter Stopps einlegen. Besonders lohnend die Fahrt entlang der Ostküste, Details siehe VELBINGER Band 18 „Schweden".

## ROUTENPLANUNG

Siehe auch Karte Seite 17

*Gewaltige Entfernungen einer Nordnorwegenreise nicht unterschätzen! Allein Oslo -> Narvik schlappe ca. 1.5oo km einfach. Dito Stockholm -> Narvik je nach Route ca. 1.43o bis 1.6oo km.*

*Bzw. Oslo -> Nordkap ca. 2.15o km. Auch wollen Startpunkte wie Oslo oder Stockholm erst einmal erreicht werden - sprich weitere km. Beispiel: Hamburg -> Oslo via Vogelflug rund 9oo Straßen- Km. Und: mehrere Tausend Extrakilometer sind von Nordnorwegen zurück in die Heimat zu fahren.*

★ GENERELLE ROUTENPLANUNG: die meisten, - und dies zu Recht! - fahren zunächst via E 6 (Hauptverkehrsachse) oder RV 17 (Küstenstraße) rauf in den Norden. Je nach Urlaubsaktivitäten, - Interessen, Zielgebiet (z.B. Lofoten) und vor allem Zeit! - biegen sie dann in Mo, Narvik, Skibotn oder nach Besuch Nordkap - ab Richtung SÜD und Heimat.

Hier gibt es 2 Möglichkeiten: * via **schwed. Ostküste** (E 4). Sehr gut ausgebaute geradlinige Landstraße, aber ereignislos. Es geht endlos durch Wälder. Eine Strecke, die sich endlos hindehnt, zumal die Schweden ihre Geschwindigkeitsbeschränkung 9o/11o kmh mit Radar kontrollieren.

Kemi/Tornio -> Stockholm ca. 1.2oo km, reine Fahrzeit bei fliegendem Fahrerwechsel ca. 15- 18 Std. Es gibt Alternativrouten, Details unten.

Oder: * via **Finnland**. Superroute via Jyveskylä (E 75), endlose Seen, eingebettet in Wälder und leichter Hügellandschaft, traumhaft schön! An km sogar kürzer als die Strecke E 4 via schwed. Ostküste:

Kemi -> Helsinki ca. 78o km. Reine Fahrzeit ohne Stopps ca. 1o- 11 Std. Ab Helsinki Nachtfähre der Silja Line nach Stockholm (beschrieben im Vorkapitel) und Durchgangstarif nach Deutschland.

Kemi -> Turku -> Hanko (Fährhafen der Superfast) in etwa km und zeitgleich. Hanko hat den Vorteil der Direktfähre (22 Std.) zurück nach Deutschland.

★ TIPPS: die gewaltigen Entfernungen der Nordskandinavien Reise lassen sich durch geschickte Wahl der * **Fährverbindung** reduzieren.

Beispiel (siehe oben): statt ab Tornio/Kemi nicht via langweiliger E 4 und schwed. Ostküste nach STOCKHOLM, - sondern via FINNLAND (nach Helsinki oder Hanko). Spart allein rund 42o km. Weiterhin: Direktfähre Superfast Hanko/Finnland -> Rostock/Deutschland spart zusätzliche ca. 74o km, die man ansonsten für Stockholm -> Fährhafen Trelleborg benötigt. Zusammen rund 1.2oo km, - zugleich aber auch Einsparung Spritkosten und erheblich Zeit.

Beispiel: die Color Line Kiel -> Oslo spart die Km- Gurkerei via Vogelflug und schwed. Westküste rauf nach Oslo. Stattdessen schläft man bequem in der Kabine und hat 1 Urlaubstag eingespart.

✦ VOGELFLUG LINIE oder LANGSTRECKENFÄHRE ? Häufig diskutierte Frage. Auf den ersten Blick ist Vogelflug billiger. Zudem Abfahrten rund um die Uhr. Für Reisen in Süd/Mittel- Norwegen und Schweden ist sie sicher Tipp, da man flexibel reist.

Für Reisen nach Nordnorwegen ziehe ich dagegen die Langstreckenfähre vor. Relaxing an Bord kann man sich auf die Reise einstimmen und spart zudem pro Richtung 1 Urlaubstag. Allein dies ist den Preis wert. Zudem günstige „Autosparpakete" der Color Line nach Oslo. Sie lassen den Preisvorteil der Vogelflug (dort Fährkosten und u.a. Sprit für Extra-Km) erheblich einschrumpfen. Persönlichen Fall durchrechnen.

✦ VOGELFLUG LINIE oder ANREISE VIA JÜTLAND ? Vogelflug ab Hamburg ist schneller (ca. 12 1/2 Std.). Zum Vergleich: Strecke via Nord- Jütland und dortiger Fährhäfen benötigt (inkl. Eincheckzeit und Zeitpuffer sowie Fährüberfahrt) ca. 15- 16 Std.!

Im Preisvergleich sind (je nach Größe des Fahrzeuges und Saison/Wochentag) teils die „Color Line" ab Nordjütland nach Oslo billiger, spart zudem Anreise Km und Sprit. Zur HS aber „Vogelflug". Persönlichen Fall durchrechnen - und mit Langstrecke Color Line Kiel -> Oslo vergleichen.

✦ HURTIGRUTEN: täglich entlang der norweg. Küste von Bergen bis Kirkenes. Auch PKW- Mitnahme. Kann erheblich Zeit einsparen, zugleich Superstrecken. Details Seite 64.

## ZEITPLANUNG

Generelle Frage: *„habe 2- 3 Wochen Zeit, was kann ich in Nordnorwegen realisieren?"* - Antwort: *„Urlaub ausdehnen auf mindestens 4 Wochen und sich auf Zielgebiete beschränken"*.

KLARTEXT: zunächst ist ab Heimatort die Anreise zum Fährhafen zu realisieren. Süddeutsche (z.B. München) können die ca. 8oo km bis Hamburg oder 62o km bis Berlin im Autoreisezug und Nachtfahrt einsparen. (Geht nicht für Wohnmobilfahrer Höhe über 2 m). Details siehe Seite 27.

In 2 WOCHEN sind je nach Heimatort der Süden Nordnorwegens retour zu erreichen, also Region Namsos, RV 17 und E 6 bis ca. Bodø. Alternativ für Norddeutsche im Non-Stopp Verfahren auch das Nordkap retour.

In 3 WOCHEN ist man „etwas flexibler" in Wahl der Zielgebiete. Möglich sind Routen auf der E 6 oder RV 17 inkl. Lofoten und Abstecher Vesterålen und retour in die Heimat. Zeit allerdings super knapp bemessen!

In 4 WOCHEN erweitert sich das Spektrum einer Nordnorwegenreise. Es sind seitliche Abstecher möglich - Touren nach Tromsø und/oder Nordkap, sowie Zwischenstops und Wanderungen etc. Das Minimum einer Nordnorwegenreise sollten 4 Wochen sein.

Die gigantischen Kilometer auszufahren, macht Spaß um die riesigen Weiten des hohen Nordens Europas zu spüren. Auf einer unserer Reisen Start in Stockholm am späten Vormittag - die endlose E 4 entlang der Küste mit ihrer Geschwindigkeitsbegrenzung 8o km/h, - tief in der Nacht endlos durch einsame Wälder und Seengebiete Vilhelmina erreicht. Aber noch endlos entfernt von unserem eigentlichen Ziel MO an der E 6/Norwegen.

Gefahren werden Landstraßen. Sie sind nie vergleichbar mit bundesdeutschen Autobahnen. Beachte Beispiel Oslo -> Tromsø 1.75o km = ca. 2-3 Tage ohne größere Stopps. Und schlafen muß man ja auch mal...

**PERSÖNLICHE ZEITPLANUNG** aufstellen!
Im Klartext: das * Nordkap Nonstopp retour ab Mitteleuropa und Heimatort ist durchaus in 3 Wochen möglich. Viel Zeit für Erlebnisse rechts und links der E 6 bleibt aber nicht. Immerhin aber das Feeling der gigantischen Entfernungen, der Natur und der Einsamkeit... Warum nicht, - eine der Möglichkeiten einer Nordlandreise.

Besser bei 4- Wochenurlaub: Schwerpunkte setzen, z.B. Lofoten/Vesterålen. Allein hier kann die Zeit knapp werden. Oder Erkundung Küste RV 17 bis Bodø, - oder pur Nordkap etc.

Abgesehen davon: die Dinge sich „entwickeln lassen". So kann man an schönen Plätzchen länger mit dem z.B. Wohnmobil campieren. Sowas ist nicht vorplanbar. Relaxen und Genießen! Eine zu strenge Reiseplanung ist wie ein Korsett; man reist nicht mehr flexibel.

Wenn die Zeit nicht reicht, und einem Nordnorwegen gefallen hat: Guter Grund, die entsprechenden Gebiete auf der nächsten Reise einzubauen.

## Autoreisezug Finnland

Für den Nordnorwegen Fahrer interessant sind folgende Strecken:

- ✶ Rovaniemi (finnisch Lappland, an der E 75 Ri. Lakselv, Nordkap) -> Helsinki: tägl., Fahrzeit 1 Nacht
- ✶ Kolari (finnisch Lappland, an der E 8 Ri. Tromsø bzw. Nordkap) -> Helsinki: tägl., Fahrzeit 1 Nacht

Günstige Preise: PKW und 3 Personen im Schlafwagen ca. 21o- 25o Euro je nach Saison. Bedingung allerdings: das Auto darf nicht höher als 2 m sein. Infos Tel. und Internet siehe unten

Spart zusammen mit der Langstreckenfähre (Hanko -> Rostock/Deutschland) erheblich Km und Zeit. Dies sei an zwei Beispielen erläutert:

✦BEISPIEL 1: wer via Nordnorwegen zum NORDKAP gefahren ist: retour via Lakselv und E 75 in nur 72o km nach Rovaniemi, Fahrzeit ca. 1o Std. Dort abends in den Autoreisezug. Er erreicht am frühen nächsten Morgen Helsinki, Zeit für einen Stadtbummel. 13o km Landstraße nach Hanko und am frühen Abend Langstreckenfähre Hanko/Finnland -> Rostock/Deutschland (22 Std.).

Somit **kürzeste Verbindung Nordkap - Rostock**: mit dem Auto sind lediglich **85o km** zu fahren, Zeitbedarf 3 Tage. - Auch in Gegenrichtung: Kürzer und schneller läßt sich das Nordkap nicht erreichen! Zum Vergleich: Rostock -> Trelleborg und E 6 via Oslo -> Trondheim -> Nordkap = ca. **2.8oo km**! Mag sein, daß man das in „Fliegendem Fahrerwechsel" Non Stopp in 3 1/2 - 4 Tagen realisieren kann. Fahrer und Beifahrer brauchen dann aber einige Tage Erholungsurlaub am Nordkap...

✦BEISPIEL 2: für Reisen in die Region Tromsø, Narvik und Rundtouren im Bereich VESTERÅLEN/LOFOTEN - kann der finnische Autoreisezug Helsinki -> Kolari erhebliche km und Zeiteinsparung bringen:

Superfast Fähre Rostock/Deutschland -> Hanko/Finnland (22 Std.) + 13o km Hanko -> Helsinki und Autoreisezug (1 Nacht): Helsinki -> Kolari an der E 8. Zur norweg. Grenze bei Skibotn lediglich ca. 27o km, plus ca. 165 km bis TROMSØ. Ab Rostock somit lediglich ca. **565 km** mit eigenem Auto zu fahren, Zeitbedarf 3 Tage.

Somit **kürzeste Verbindung Rostock - Tromsø**. Zum Vergleich: ab Rostock (Fähre -> Trelleborg) und E 6 -> Oslo -> Tromsø = **2.4oo km**. Auch hier benötigen Non-Stopp Fahrer mit fliegendem Fahrerwechsel gut 3- 4 Tage und sind anschließend erholungsreif... Info: o6oo/41.9o2, www.vr.fi

# Autoreisezüge Deutschland

Können je nach Wohnort/Heimat zusätzlich Zeit in der Anreise nach Nord-Norwegen sparen.
Auch hier Bedingung: Höhe des Fahrzeuges maximal 2,o5 m. Damit können auch Vans wie der „Sharan" mitgenommen werden.

| Strecke | PKW einfach | Schlafwagen |
|---|---|---|
| Stuttgart -> Rostock | 96 - 146 Euro | 213 - 3o8 Euro (1) |
| Frankfurt -> Rostock | 9o - 137 Euro | 2oo - 289 Euro (1) |
| München -> Hamburg | 94 - 142 Euro | 2o7 - 3oo Euro (2) |
| München -> Berlin | 76 - 115 Euro | 149 - 225 Euro (2) |
| Lörrach -> Hamburg | 99 - 15o Euro | 219 - 317 Euro (1) |

**Preise** einfach und je nach Abfahrtstag. Hierbei sind keinesfalls Abfahrtstermine im Juni - August immer die teuersten. Vielmehr kommt es auf den Tag der Abfahrt an. DB- Prospekt studieren!

Zu zahlen sind zunächst der PKW (siehe 1. Spalte), weiterhin der Personentransport (in 2. Spalte). Wir haben hier Schlafwagenpreis angegeben. Motto: wenn schon Autoreisezug, dann auch bequem!

(1) = Schlafwagenabteil bei Belegung maximal 3 Personen. Preis gilt pro Abteil!
(2) = Schlafwagenabteil bei Belegung maximal 2 Personen. Preis gilt pro Abteil!

Der Autoreisezug spart Sprit und Hotelübernachtung. Somit reduzieren sich die zunächst hohen Kosten. Hauptvorteil aber, daß er nachts fährt und somit 1 Urlaubstag einspart.

Er lohnt jedoch nur für Süddeutsche, die insbes. in der Nähe des Abfahrtsortes wohnen. So wird ein Nürnberger kaum nach München fahren, um dort den Autoreisezug nach Berlin zu nehmen. Wichtig ist auch, daß die Zeiten stimmen: wer ab München den Autoreisezug nach Hamburg nimmt kommt am frühen nächsten Morgen an und hat reichlich Zeit, z.B. die Langstreckenfähre Kiel-Oslo zu erreichen.

Autoreisezug Stuttgart -> Rostock: interessant für Leute, die im Großraum Stuttgart wohnen Er fährt in 1 Nacht direkt zum Fähranleger Rostock. Spart 95o km Straße.

ÖSTERREICHER: da erhebliche Entfernungen zu dem Fährhäfen nach Skandinavien anfallen, kann die Benutzung eines Autoreisezuges sehr effizient sein. Je nach Startpunkt z.B. Villach spart man sich zudem die die Alpenüberquerung und Mautgebühren.

| Strecke | PKW einfach | Schlafwagen |
|---|---|---|
| Salzburg -> Berlin | 75 - 165 Euro | 17o - 28o Euro |
| Villach -> Berlin | 91 - 2oo Euro | 216 - 334 Euro |
| Innsbruck->Düsseld. | 87 - 2o3 Euro | 213 - 349 Euro |
| Villach -> Hamburg | 1o6 - 248 Euro | 26o - 425 Euro |
| Bozen/Ital. -> Berlin | 96 - 213 Euro | 29o - 4o6 Euro |

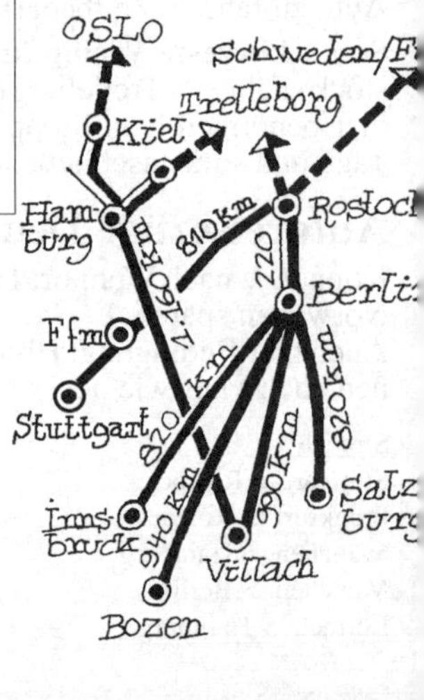


SCHWEIZER: nächstliegender Bahnhof ist Lörrach auf der Deutschen Seite nähe Basel.

SÜDTIROLER: der Autoreisezug Bozen -> Berlin: spart 95o km, Alpenüberquerung und Maut. Diese ist im Bereich Bozen->Innsbruck nicht unerheblich. Fahrzeit 1 Nacht.

INFOS Autoreisezüge: DBAutoZug, Tel. innerhalb Deutschlands: o18o.5241.224 (besetzt 8 - 22 Uhr). Oder bequem im Internet: www.dbautozug.de

**Eincheckzeiten:** bei AUTOREISEZÜGEN 1 - 2 Std. vor Abfahrt im Verladebahnhof. Die DB hat recht brauchbare Skizzen in ihrem Prospekt abgebildet, wo sich der Verladebahnhof befindet. Zudem ist er in der Regel auf den Straßen auch ausgeschildert. Trotzdem empfhielt sich ein gewisser Zeitpuffer wegen eventuellem Stau im Stadtverkehr.

Bei FÄHREN: in der Regel 1 - 2 Std. vor Abfahrt. Kleingedrucktes im Prospekt studieren und bei der Buchung fragen. Die Abfahrt der Fähre im Prospekt durch Skizze - sowie in den Städten sehr gut und groß ausgeschildert. Achtung: während der Überfahrt kommt man nicht mehr ans Auto. Daher alle wichtigen Sachen in kleinen Rucksack einpacken (Zahnputzzeug, Reiselektüre, Medizin etc.). Warme Sachen nicht vergessen. Auch im Sommer kann es nachts an Deck kalt sein!

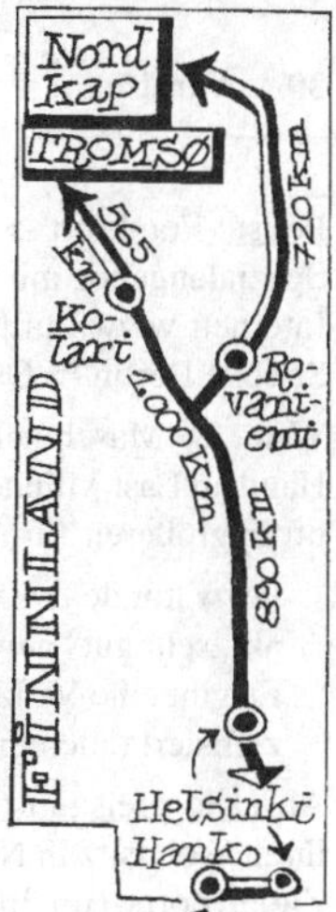


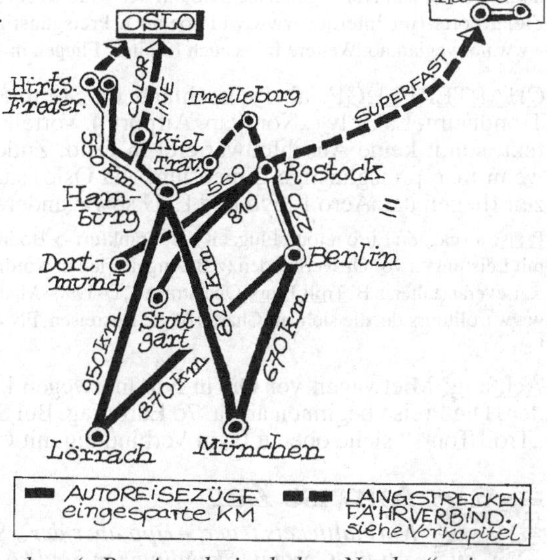

## Anreise Flug

*Spart je nach Zielgebiet 1 bis mehrere Tage Anreise. Sinnvoll, wer stationären Urlaub plant (z.B. „Angeln im hohen Norden", einsame Ferienhütte und Wandern). Oder: spezielle Region besuchen möchte (z.B. Lofoten) und vor Ort dann weiter mit Mietwagen oder öffentlichem Transport Bus/Schiff.*

LINIENFLÜGE: der Lufthansa und SAS von Deutschland nach OSLO. Im Direkflug Frankfurt -> Oslo 2 Std., andere Verbindungen zeitaufwendig mit Umsteigen z.B. in Kopenhagen oder Amsterdam.

Es gibt derzeit ab Deutschland mit Linienmaschinen keine Direktflüge nach Nordnorwegen. Man muß in jedem Fall in Oslo umsteigen. Da der Direktflug von Frankfurt 2 Std. benötigt und z.B. Oslo -> Bodø weitere 2 Std., ist man inkl. Warterei auf Anschluß in Oslo gut 1/2 bis 3/4 Tag unterwegs.

Preise: Frankfurt -> Oslo ca. 25o - 1.5oo Euro retour je nach Klasse. Teils günstiger im Spezialangebot mit Bedingungen und Einschränkungen, Infos Lufthansa und SAS, im Internet: www.Lufthansa.de und www.scandinavian.net Die norweg. Wideroe fliegt die Strecke Berlin -> Oslo, www.wideroe.de

Wenn die Maschinen nicht voll werden, verscherbeln die Airlines die Sitzplätze unter der Hand an Last Minute Büros wie L°tur, Tel. im Branchenverzeichnis. Sie haben ihre Büros oft in größeren Airports von Deutschland bzw. im Internet:

www.ltur.de , - www.reiseplanung.de , - www.opodo.de (im Test von Computer Bild als „sehr gut" gewertet). Preise Frankfurt -> Oslo retour von ca. 25o Euro sind möglich. Es gibt eine Vielzahl weitere. Gut z.B. www.dass-Reisebüro.com. Auf Norwegen spezialisiert (auch preisg. Inlandsflüge): www.norwegian.no

Ab Oslo preisgünstige Flugtickets in den Norden des Landes für Ausländer, die nicht ihren Wohnsitz in Norwegen haben. So mit der Wideroe ca. 3oo Euro einfach, mit vielen Zielairports (im Internet www.wideroe.no.). Preisgünstige Innlandsflüge auch bei: www.norwegian.no. Weitere Infos auch Kapitel „Fliegen in Norwegen" Seite 55.

★ CHARTERFLÜGE: ab Deutschland im Sommer nach Bodø, Tromsø, Trondheim, Lakselv („Nordkap- Airport"). Vorteil: fliegen in der Regel direkt, somit keine Anschlußwarterei in Oslo. Zudem sind sie billiger, als wenn man preisgünstige Linienflüge via Oslo „zusammenstückelt". Derzeit fliegen u.a. Aero Lloyd und LTU sowie andere Ferien-Airlines.

Preise ab ca. 3oo Euro retour, Flugzeit z.B. Frankfurt -> Bodø ca. 4 Std. Die Angebote z.T. mit Leistungen vor Ort verbunden (z.B. Angelferien in Nordnorwegen). Infos: Norwegen Reiseveranstalter, z.B. Troll Tours, Oberstraße 1, D-59964 Medebach, Tel.: (o2982) - 992.1o, www.trolltours.de, die sich auf Charterflüge, Busreisen, Fly & Drive etc. spezialisiert haben.

Achtung: Mietwagen vor Ort in Nordnorwegen kann knackig teuer werden. Die Preise beginnen ab ca. 7o Euro/Tag. Bei Spezialveranstaltern wie „Troll Tours" siehe oben u.U. in Verbindung mit Charterflug billiger.

# Anreise Zug

*Normaltickets teuer, - Tipp aber der „SCANRAIL PASS". Es gilt für Gesamt- Skandinavien und kann somit auch für die Anreise ab deutsch/dänischer bzw. schwed. Grenze eingesetzt werden. Unterm Strich interessante und relativ billige Alternative, wer Nordnorwegen ohne eigenes Auto erkunden will. Dies in Kombination Zug - mit vor Ort Schnellbooten und/oder komfortablen Hurtigruten Schiffen entlang der Küste - sowie Bussen.*

★ REGULÄRES ZUG-TICKET: knackig teuer, z.B. Hamburg -> Oslo ca. 3oo Euro retour, München -> Oslo ca. 46o Euro. Hinzu kommt die Strekke Oslo -> Trondheim -> Bodø (ca. 4oo Euro retour). Zusammen je nach Heimatort ca. 7oo - 1.ooo Euro. Da reist man per Flug meist billiger.

★ SCANRAIL PASS. Unterschieden wird zwischen dem „Flexipass" und dem

„Consecutive Pass". Erster gilt 2 Monate lang und berechtigt, entweder an 5, 8 oder 1o Tagen sämtliche Eisenbahnstrecken Skandinaviens gratis zu benutzen. Letzter gilt 21 Tage lang und berechtigt an 21 Tagen, gratis-

| | Flexipass | Consecutive |
|---|---|---|
| **Erwachsene (bis 64 Jahre)** | | |
| 5 frei wählbare Tage | 23o Euro | ------ |
| 8 frei wählbare Tage | 292 Euro | ------ |
| 1o frei wählbare Tage | 324 Euro | ------ |
| 21 Tage | ------ | 374 Euro |
| **Jugendliche (12- 25 Jahre)** | | |
| 5 frei wählbare Tage | 149 Euro | ------ |
| 8 frei wählbare Tage | 2o1 Euro | ------ |
| 1o frei wählbare Tage | 224 Euro | ------ |
| 21 Tage | ------ | 261 Euro |
| **Senioren (ab 65 Jahre)** | | |
| 5 frei wählbare Tage | 2o3 Euro | ------ |
| 8 frei wählbare Tage | 257 Euro | ------ |
| 1o frei wählbare Tage | 286 Euro | ------ |
| 21 Tage | ------ | 328 Euro |

**www.scanrail.com**

Eisenbahn in Skandinavien zu fahren. Bei beiden Pässen keine Altersbegrenzung, Bedingung: Wohnsitz außerhalb Skandinaviens.

Bei Fahrten, die nach 19 Uhr beginnen, ist das Datum des nächsten Tages im Pass einzutragen. Beispiel: Abfahrt 19.3o Uhr, Ankunft am nächsten Morgen 9 Uhr = 1 Tag.

Der SCANRAIL PASS ist somit billigste Anreise nach Nordnorwegen. Man kauft ihn am besten in der Version „1o oder 21 Tage", erhältlich in grösseren Bahnhöfen der DB oder in Reisebüros.

ANWENDUNG: da der Pass in Deutschland nicht gilt (erst ab Grenze Dänemark, Schweden), benutzt man zur Anreise ab Heimatort Deutschland ein preisgünstiges DB- Ticket (ca. 12o Euro) zum Fährhafen, - z.B. Puttgarden/ Insel Fehmarn. Hier auf die Fähre nach Rødby Dänemark. Überfahrt alle 3o Min. mit häufigen Zugverbindungen nach Kopenhagen, Stockholm und (eingeschränkt) direkt nach Oslo.

Der Pass gilt ab Grenze Skandinavien, hier Rødby, für Gratisbenutzung der Züge. Dito ab Trelleborg Südschweden.

Darüber hinaus gibt es 5o% Ermäßigung bei folgenden **Bussen**:

* RV 8o/E 6/ E 8: Bodø -> Fauske -> Narvik-> Tromsø -> Alta -> Kirkenes
* LOFOTEN/VESTERÅLEN: Narvik -> Harstad ->Andenes. Und Narvik -> Sortland -> Svolvaer -> Leknes -> Å. Sowie: Å -> Leknes -> Svolvaer -> Fauske (via Skutvik). In Fauske Anschluß an den Zug (gratis) via Mo I Rana, Mosjoen, Grong nach Trondheim, Oslo.
* NORDPAP: ab Narvik
* QUERVERBINDUNG zwischen E 6 u. RV 17 Mosjoen -> Sandnessjoen und: Grong -> Brønnøysund.
* QUERVEBRBIND.: Lulea/Schweden (Bahnstation) -> Haparanda (an der Grenze zu Finnland, Tornio) mit innerfinnischen Zugverbindungen,

Darüber hinaus 5o % Ermäßigung bei folgenden **Fähren**. Auswahl:

* Frederikshavn/Dänemark -> Oslo (Color Line)

Alternative: ab Heimatort Deutschland mit dem DB „Super- Sparpreis Ticket“ (ca. 12o Euro) an die dänische Grenze bei Flensburg und dort Einstieg in den Scanrail Pass. Weiter gratis in dänischen Zügen zur Nordspitze Jütlands zu den Fährhäfen Hirtshals bzw. Frederikshavn. Dort gibts auf den täglichen Fährschiffen der Colorline nach OSLO 5o % Rabatt für Besitzer des Scanrail Passes.

* Hirtshals/Dänemark-> Oslo (Color Line)
* Stockholm/Schweden - Helsinki/Finnl.mit Viking oder Silja Line
* Stockholm/Schweden - Tuku/Finnlandmit Viking oder Silja Line

FAZIT: welche Fähre man nimmt ist persönliche Entscheidungsfrage, auch abhängig vom eigenem Heimatort. Die Vogelfuglinie Fähre Fehmarn -> Rødby hat die kürzeste und häufigste Überfahrt, die TT-Line nach Trelleborg liegt im Mittelwert. Längste Überfahrt mit der Color Line von Hirtshals/Nordjütland nach Oslo. Auch wer die Tagesfähre nimmt, kann an Bord schlafen in der Kabine. Für die Fährüberfahrt gibt es 5o% Rabatt. Siehe Kolumne oben. Weitere Details siehe auch Kapitel „Fähren“.

★ Die beide Einstiegspunkte für Nordnorwegen sind **OSLO** oder **STOCKHOLM**. Ab STOCKHOLM täglich Nachtzug nach Kiruna/Nordschweden (Ankunft am nächsten Morgen). Er fährt weiter nach Narvik/Nordnorwegen (Ankunft gegen Mittag). Ab Narvik dann Busverbindungen (5o% Rabatt) nach Tromsø, zum Nordkap, nach Kirkenes sowie Vesteralen, Lofoten und Fauske (Bahnstation des norwegischen Nordlandexpress nach Oslo). Details zu Schweden im VELBINGER Band 18 „Schweden“.

Ab Einstiegspunkt OSLO: täglich Zug (auch nachts mit Schlafwagen) nach Trondheim. Ankunft am nächsten Morgen. Wer will, kann gleich weiter fahren mit dem Tageszug des „Nordlandexpress“ von Trondheim -> Fauske-> Bodø: landschaftlich schöne Strecke, Ankunft Bodø am Abend. Oder tagsüber Stadtbesichtigung Trondheim und mit dem Nachtzug (Schlafwagen) nach Fauske/ Bodø. Ankunft am nächsten Morgen.

Übrigens: auf dieser Route sind Oslo (wegen seiner Museen „Kontiki“ und „Fram“ sowie Holmenkollen Skisprungschanze/Blick!) sehr lohnend, mit Abstrichen auch Trondheim. Details und Tipps im VELBINGER Band 19 „Norwegen Süd/Mitte“.

Ab Bodø Fährschiffe zu den Lofoten. Für diese gibt es keinen Rabatt mit dem Scainrail Pass. Die Passage hät sich aber preislich in Grenze, ca. 3o Euro /Person.

ALTERNATIVE: im Zug bereits in Fauske aussteigen. Direkt neben dem Bahnhof der Busterminal. Die Abfahrt der Busse ist zeitlich auf Ankunft Zug abgestimmt. Mögliche Busstrecken: nach Narvik, Tromsø, Nordkap, Kirkenes. Sowie ab Fauske -> Skutvik, Svolvaer und weiter bis zur Südspitze der Lofoten (Å). Oder via Svolvaer-> Sortland nach Andenes an der Nordspitze der Vesteralen - sowie nach Harstad, das Anschluß mit Narvik besitzt. Auf allen diesen Busstrecken 5o% Rabatt mit dem Scainrail-Pass. Details zu Verbindungen im Hauptteil dieses Bandes.

Nordlandexpress Trondheim-> Bodø: Querverbindung (Bus) an die Küste bestehen ab Grong (-> Brønnøysund) und ab Mosjøen (-> Sandnessjøen). Sehr interessant sind Fahrten ab z.B. Sandnessjoen entlang der Küste mit den Luxusschiffen der Hurtigrute sowie mit Schnellbooten (fahren bis rauf zum Nordkap). Details im Hauptteil dieses Bandes. Auf diesen Schiffsstrecken kein Rabatt. Sie sind je nach Länge der Strecke aber preisgünstig und lohnen sehr!

Rückfahrt: abgesehen von bisherigen Strecken, ist mit dem Scanrail-Ticket auch via Finnland möglich z.B. ab Kemi oder Rovaniemi Zug nach Helsinki (auch Schlafwagen). Ab Helsinki die sehr lohnende Großfähre der Silja-Line nach Stockholm. Im Prinzip ein gigantischer schwimmender Vergnügungstempel (5o% Rabatt mit dem Scanrail Pass). Details Silja Line siehe „Fähren", Details Finnland im VELBINGER Band 29.

✦ HAUPTVORTEIL des SCAN RAIL PASSES: spart auf der Langstrecke ZUG rauf nach Nordnorwegen erheblich Geld. Allein der Zug Oslo -> Bodø kostet regulär gekauft rund 4oo Euro retour. Der Scanrail Pass dagegen (1o Reisetage) nur 324 Euro.

Weiterer Vorteil des Scanrail Pass: auf vielen Busstrecken Rabatt 5o %. Sie dekken fast sämtliche wichtigen Strecken in Nordnorwegen ab. So u.a. Region Lofoten, Vesterålen und Nordkap. Mit Landkarte vergleichen. Zudem gibt's 5o % Rabatt auf Anreisefähren nach Oslo und Trelleborg.

FAZIT: billigste Anreise sowie Transport vor Ort. Dies auch im Vergleich Flug & Mietwagen. - Achtung: Aufpreis für Schnellzüge sowie Schlafwagen sind im Scanrail Pass nicht enthalten. Nachdem man sowieso übernachten muß (Hotel), ist der Schlafwagen nicht als „Extrakosten" zu werten. Zudem spart er Zeit: man schläft, während der Zug in Nordskandinavien große Distanzen zurücklegt.

✦ ZEITPLANUNG: vor Abreise unbedingt die Anreisestrecken ab Heimatort abchecken zu den Fährhäfen wie Fehmarn, Rostock. Sowie alternativ für die Fährhäfen Hirtshals und Frederikshavn in Dänemark/Nordjütland.

Welcher Fährhafen günstiger ist, ist vom eigenen Heimatort abhängig. Leute, die im Raum Hamburg wohnen, werden wahrscheinlich via Fehmarn -> Rødby/Dänemark in den Sanrail- Pass einsteigen. Vorteil: häufige Zug/Schiff- Verbindungen nach Kopenhagen und Direktzüge weiter -> Stockholm (auch nachts mit Schlafwagen).

Die Alternativ Strecke Hamburg -> Fehmarn -> Kopenhagen und weiter via Schweden nach Oslo kann tagsüber einiges an Umsteigen auf Regionalzügen bedeuten, nachts aber komfortabler Liege- Schlafwagen ab Hamburg bzw. Kopenhagen nach Oslo.

Berliner und Ostdeutsche fahren am günstigsten mit dem „BERLIN NACHTEXPRESS" inkl. Schlafwagen: für Scanrail Besitzer ca. 3o Euro/Person. Der Zug verlässt Berlin gegen 23 Uhr, Ankunft Malmö/Schweden am nächsten Morgen. Für die Überfahrt kommt der gesamte Zug in Sassnitz auf die Fähre. Günstige Anschlüße an den Nachtexpress EN 11o bzw. EN 111 sowohl in Deutschland als auch in Schweden. *www.berlin-night-express.com*

Süddeutsche: tagsüber schnelle ICE Verbindung nach Hamburg, weiter siehe oben.

Z.B. Fehmarn -> Rødby. Alternative: Nachtstrecke in Liege- oder Schlafwagen. Beispiel München -> Oslo: Fahrzeit ca. 28 bis 34 Std. je nach Strecke.

Infos gibts bei der DB telefonisch. Ein sehr unkomfortables Unterfangen. Zunächst muß man teils lang auf Anschluß warten, dann ein Mitarbeiter, der mit den Spezialfragen günstiger Langstrecken- Zugverbindungen in den hohen Norden Skandinaviens u.U. überfordert ist.

Besser: vom eigenen Rechner rein ins Internet! Das ist erheblich komfortabler:**www.bahn.de** Gleich auf der ersten Seite gibt es eine Suchmaschine, dort trägt man Heimatort und gewünschte Zielort ein (Oslo bzw. Stockholm). Der Computer spuckt sämtliche mögliche Verbindungen aus, in Fall München -> Oslo: via Nordjütland, - alternativ via Vogelflug Kopenhagen etc. Daten inklusiv Fahrzeit und Anzahl der Umsteiger. Dabei kann man sich zusätzlich ausdrucken, wann und wo umgestiegen werden muß, auf welchen Strecken es Liege- und Schlafwagen gibt. Preisangaben gibt es bei bahn.de allerdings nur für den Streckenabschnitt innerhalb Deutschlands. Kein Nachteil, da man ab deutscher Grenze sowie in den Scainrail Pass einsteigt.

**Weiter ab Stockholm bzw. Oslo:**
Da der Scanrailpass zwar 2 Monate gilt, man aber nur an 5 bzw. 8 oder 1o Tagen den Zug benutzen kann, muß man mit der Zeit etwas haushalten und vorplanen:

| | |
|---|---|
| Fahrpläne im Internet: | www.scanrail.com |
| Norwegische Eisenbahn und Busse: | www.nsb.no |
| Schwedische Eisenbahn und Busse: | www.tagplus.se |
| Norwegische Busse: | www.nor-way.no |
| Finnische Eisenbahn: | www.vr.fi |
| Internet Adressen der Fährschiffe: | siehe Seite 16 |

Für Busse gilt die 5, 8 bzw. 1o Tage- Regelung nicht. D.h. man kann sie 2 Monate beliebig benutzen und erhält mit dem Scanrail Pass 5o % Rabatt, gemäß Bustrecken siehe Kolumne Seite 31, 6o.

| **Zug Norwegen** | tags | nachts |
|---|---|---|
| Oslo -> Trondheim | 6 Std. | 8 Std. |
| Trondheim -> Bodø | 1o Std. | 1o 1/2 Std. |
| Trondheim -> Fauske | 9 Std. | 9 1/2 Std. |

SCANRAIL-PASS

In Fauske direkt neben dem Bahnhof Abfahrt der **Busse**:

| | |
|---|---|
| Fauske -> Narvik | 5 Std. |
| Fauske -> Svolvaer via Lødingen, Sortland | 8 1/2 Std. |
| Fauske -> Svolvaer via Skutvik | 6 Std. |
| Fauske -> Å via Skutvik, Svolvaer | 9 1/2 Std. |
| Fauske -> Harstad via Lødingen | 5 1/2 Std. |
| Fauske -> Tromsø via Narvik | 9 1/2 Std. |
| Tromsø -> Nordkap * | 13 1/2 Std. |

50% Rabatt mit SCANRAIL

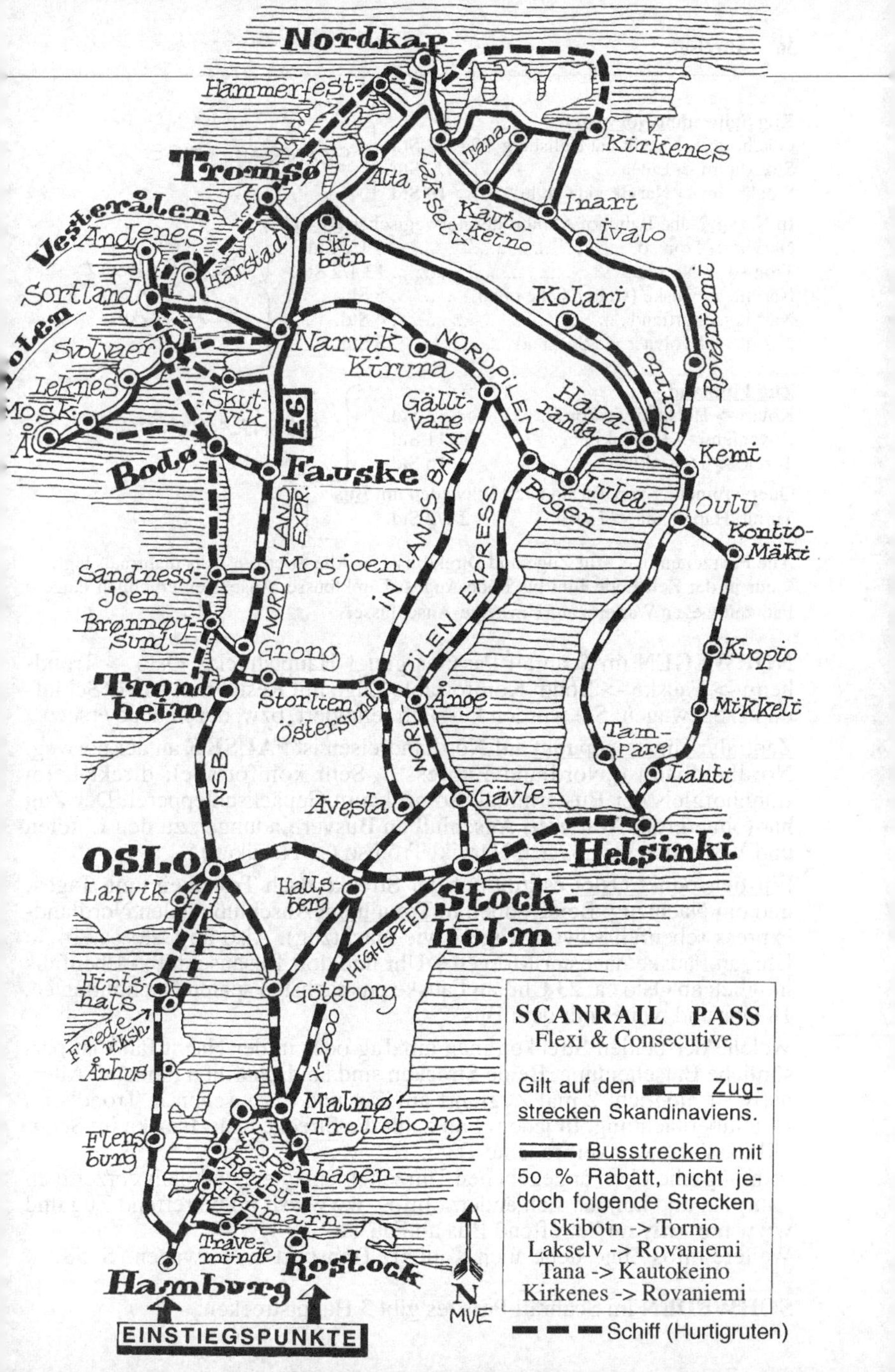

Nordkap
Hammerfest
Kirkenes
Tana
Tromsø
Alta
Lakselv
Inari
Kauto-
keino
Ivalo
Vesterålen
Andenes
Harstad
Ski-
botn
Sortland
Lofoten
Kolari
Svolvaer
Narvik
NORDPILEN
Kiruna
Rovaniemi
Tornio
Leknes
Mosk.
Å
Skut-
vik
E6
Gälli-
vare
Hapa-
randa
Bodø
Fauske
Kemi
Luleå
Bogen
NORD LAND EXPR
INLANDS BANA
EXPRESS
Oulu
Kontio-
Mäki
Mosjoen
Sandness-
joen
Brønnøy-
sund
Grong
NORD-
PILEN
Kuopio
Trond-
heim
Storlien
Östersund
Ånge
Mikkeli
NSB
Tam-
pare
Lahti
Avesta
Gävle
Helsinki
OSLO
Larvik
Halls-
berg
Stock-
holm
HIGHSPEED
Hirts-
hals
Göteborg
X-2000
Frede-
riksh.
Århus
Malmø
Trelleborg
Flens-
burg
Kopenhagen
Rødby
Fehmarn
Trave-
münde
Rostock
Hamburg
EINSTIEGSPUNKTE
N
MVE
SCANRAIL PASS
Flexi & Consecutive
Gilt auf den Zugstrecken Skandinaviens.
Busstrecken mit 5o % Rabatt, nicht jedoch folgende Strecken
Skibotn -> Tornio
Lakselv -> Rovaniemi
Tana -> Kautokeino
Kirkenes -> Rovaniemi
Schiff (Hurtigruten)

**Zug Schweden/Norwegen**

| | |
|---|---|
| Göteborg -> Narvik via Hallsberg | 24 1/2 Std. |
| Stockholm -> Lulea | 12 1/2 Std. |
| Stockholm -> Narvik via Gävle | 19 Std. |

SCANRAIL-PASS

In Narvik Nähe Bahnhof Abfahrt der norwegischen **Busse**:

Narvik -> Tromsø ........................................ 4 1/2 Std.
Tromsø -> Nordkap * .................................... 13 1/2 Std.
Narvik -> Fauske (weiter siehe oben!) ........... 5 Std.
Narvik -> Sortland ......................................... 4 Std.
Narvik -> Svolvaer via Sortland ..................... 8 Std.

50% Rabatt mit SCANRAIL

**Zug Finnland**

| | |
|---|---|
| Kolari -> Helsinki via Tornio | 12 Std. |
| Rovaniemi -> Helsinki | 11 Std. |
| Tornio -> Helsinki | 1o Std. |

Querverbindung von Turnio nach Schweden mit **Bus**

| | |
|---|---|
| Turnio/Haparanda -> Lulea | 2 1/2 Std. |

SCANRAIL-PASS

Alle Fahrzeiten in ca. für Züge und Direktbusse. - Alle Strecken 1 bis mehrmals tägl.
* nur in der Zeit Ende Juni bis Ende August Direktbusse. Ansonsten erheblich längere Fahrzeit wegen Warterei auf Umsteige-Anschlüsse.

**NORWEGEN** im Scanrail Pass: es gibt 1 Hauptstrecke: Oslo -> Trondheim -> Fauske -> Bodø. Komfortable Züge mit Restaurant sowie Schlaf- und Liegewagen. Sie wurden kürzlich renoviert, bzw. durch neue ersetzt.

Zentraler Umsteigepunkt auf Nordlandreisen ist **FAUSKE** an der norweg. Nordlandbahn („Nordland Express"). Sehr komfortabel: direkt beim Bahnhofgleis der Busterminal. Somit kaum Gepäckschlepperei. Der Zug hat (ohne große Warterei) Anschluß an Busverbindungen zu den Lofoten und Vesterålen sowie nach Narvik, Tromsø (-> Nordkap).

Einstiegspunkt Oslo: es gibt auf der Strecke nach Trondheim ein Tages- und ein Nachtzug. Beide haben in Trondheim Anschluß an den Nordlandexpress (ebenfall sowohl Tages- wie Nachtzug). Also ab Oslo ca. 14.3o Uhr, an Fauske nächster Morgen 9 Uhr und dort Busanschluß. - Ebenfalls möglich ab Oslo ca. 23 Uhr, an Fauske am nächsten späten Nachmittag ca. 18 Uhr und weiter mit dem Bus.

Welche der beiden Strecken man am Tag oder in der Nacht fährt ist persönliche Entscheidung. Beide Strecken sind landschaftlich lohnend. Alternativ ist möglich: 2 mal Zugfahrt am Tag und dazwischen in Trondheim Hotelübernachtung. In jedem Fall zählt die Strecke Oslo-Fauske im Scanrail Pass als zwei verbrauchte Tage.
Achtung: die oben angegebenen Uhrzeiten entsprechend dem derzeitigen Fahrplan und können sich ändern. Infos: **www.nsb.no** betreffend Zug und **www.nor-way.no** betreffend Bus ab Fauske.
Weitere Infos Züge siehe auch Kapitel „Transport in Norwegen" S. 58.

**SCHWEDEN** im Scanrail Pass: es gibt 3 Hauptstrecken:

★ ab Kopenhagen/Dänemark -> Stockholm. Häufige und schnelle Verbindungen, 5 Std. Weiter mit dem Nordpilen Express nach Kiruna, Narvik 19 Std. Die schnellste und bequemste Verbindung. Zumal Zwischenstop in Stockholm sehr lohnt (u.a. Vasa Museum), Details im VELBINGER Band 18 „Schweden".

★ ab Trelleborg/Südschweden nach Stockholm. Mehrmals tägl., die erste Strecke Trelleborg -> Malmö mit dem Bus (sofern kein Bahnbus, ist er nicht im Scanrail Pass).Gesamtfahrzeit nachts 1o Std., tagsüber 5 1/2 Std. Weiter mit dem Nordpilen Express siehe oben.

★ Ab Göteborg/Schweden Direktzug nach Kiruna, Narvik. Benötigt allerdings 24 1/2 Std., spart aber das Umsteigen in Stockholm. Ich persönlich würde Stockholm vorziehen, da es ab Kopenhagen häufigere Verbindung gibt und Stockholm in jedem Fall für Zwischenstop lohnt.

Der Nordpilen Express (Stockholm -> Kiruna -> Narvik) hat moderne Schlaf- und Liegewagen (Aufpreis), Bordrestaurant, Kino (Aufpreis) und Panoramawagen (nur 1. Klasse). Daß ein Großteil der Strecke nachts gefahren wird, ist kein Nachteil. Es geht endlos durch die Wälder Nordschwedens.

Kiruna als Zwischenstop kann lohnen, wer die LKAB-Eisenerzmine besuchen möchte. Sie ist größte unterirdische der Welt. Benötigt aber Extratag, Details im VELBINGER Band 18 „Schweden".

Schönster Abschnitt ist die Strecke Kiruna -> Narvik. Zunächst entlang des Torneträsk. Hinter der Grenze Abstieg in engen Schluchten, über Brücken und Tunnels. Großartiger Blick auf den Rombakenfjord, Details im Hauptteil dieses Bandes siehe „Narvik". Für den Nordpilen besteht Sitzplatz- Reservierungspflicht, oder Liege- Schlafwagen: tagsüber werden die Betten hochgeklappt.

**NARVIK** ist zentraler Umsteigepunkt. Der Busterminal ca. 15o m vom Bahnhof entfernt. Busverbindung zu den Lofoten, Vesterålen, nach Tromsø und zum Nordkap. Sowie nach -> FAUSKE/Bahnhof der Strecke nach Trondheim, Oslo.

★ Querverbindung Stockholm -> Oslo: mehrmals tägl., Fahrzeit 5 1/2 Std. Wichtige Zugverbindung, wer von Schweden retour nach Oslo muß, weil er ein Retourticket auf der Fähre gekauft hat. Allerdings beachte: der Zug Stockholm -> Kopenhagen ist mit 5 Std. zeitlich gleichschnell, Kopenhagen aber erheblich südlicher als Oslo.

★ Querverbindung Luleå/Nordschweden -> Haparanda/Tornio: das frühere Eisenbahngleis ist stillgelegt, der tägliche Bus aber im Scanrail Pass enthalten. In Tornio/Finnland Einstieg ins finnische Eisenbahnnetz, Details „Finnland".

Infos zu Fahrplänen in Schweden im Internet: **www.tagplus.se**

**FINNLAND** im Scanrail Pass:
Lohnende Alternative für An- bzw. Rückreise. Finnland hat ein dichtes Streckennetz und komfortable Züge. Für Nordnorwegenfahrer interessant:

★ Tornio -> Tampere -> Helsinki: Fahrzeit 1o Std., Nachtzug mit Schlafwagen.

Anbindung an Nordschweden mit dem Bus von Tornio/Haparanda -> Lulea (im Scanrail Pass enthalten).

★ Rovaniemi -> Helsinki: Fahrzeit 11 Std., Nachtzug mit Schlafwagen. Anbindung an Nordschweden mit dem Bus Rovaniemi -> Inari -> Lakselv/Norwegen und Bus Rovaniemi -> Inari -> Kirkenes/Nordnorwegen. Beide Busse fahren tägl., sind nicht im Scanrail Pass enthalten, derzeit auch kein Rabatt.

★ Kolari -> Helsinki: Fahrzeit 12 Std., Nachtzug mit Schlafwagen. Kolari liegt an der E 8 nach Skibotn und Tromsø Nordnorwegen, tägl. Busse. Sie sind nicht im Scanrail Pass enthalten, derzeit auch kein Rabatt.

★ Fähre Silja Line Helsinki -> Stockholm: 1 Nacht, die wegen Remmi Demmi an Bord sehr kurz sein kann. Schöne Einfahrt am nächsten Morgen zwischen den Schären nach Stockholm. Details siehe Kapitel „Fähren“. Mit dem Scanrail Pass 5o % Rabatt.

Infos zu Zugfahrplänen Finnlands: **www.vr.fi** Sowie: **www.siljaline.de** für die Fährverbindung von Helsinki nach Stockholm.

## Scanrail in Kombination mit Küstenschnellbooten

Interessante Variante. Die norw. Katamarane fahren mit Geschwindigkeit bis 8o km/h. Das hat Vor- und Nachteile. Lohnende Strecken:

★ Sandnessjoen (zu erreichen ab Nordlandexpress in Mosjoen und Bus) -> Bodø. Schöne Strecke in Küstengewässern zwischen Inseln.

★ Bodø -> Skutvik -> Svolvaer: ab Bodø, der Endstation des Zuges Nordland Express. Achtung: Bahnhof in Bodø reichlich weit von der Abfahrt der Schnellboote entfernt, Details „Bodø“. Das Schnellboot zunächst entlang des Festlandes, dann übers offene Meer des Vestfjord zur Lofotenwand und Svolvaer. Schöne Strecke, kann aber bewegt sein.

★ Svolvaer -> Lødingen -> Narvik: Schnellverbindung vom größten Ort der Lofoten zum Verkehrsschnittpunkt Narvik (dort Bus/Zug). Achtung: in Narvik relativ große Entfernung vom dortigen Anleger der Schnellboote zum Busterminal und Bahnhof. Details siehe Narvik.

★ Harstad -> Tromsø: Fahrzeit 3 Std. und somit schnellste Verbindung aus der Region Lofoten/Vesterålen rauf nach Tromsø.

Die Gleitkufen- Schnellboote sind nicht im Scanrail enthalten. Ihr Fahrpreis moderat gemäß sonstiger Preise Bus. Weitere Details zu Routen und Häufigkeit siehe Hauptteil dieses Bandes. Vorteil: superschnelle Verbindungen, - Nachteil: eingeschränkter Blick während der Fahrt.

Die Reedereien im Internet: **www.ovds.no** : und **www.tfds.no** sowie für den äußersten Norden: **www.ffr.no** Am besten sind derzeit die Seiten der FFR, alle jedoch nur in Norwegisch. Sorry.

## Scanrail in Kombination mit Hurtigruten

Heißer Tipp! Es ist die schönste Kombination: bequemer Zug (eventuell auch Schlafwagen auf Langstrecken) plus Seereise an Bord der Hurtigrutenschiffe. Landschaftlich großartig, während das Schiff gemächlich durch die grandiose Küstenszenerie Nordnorwegens gleitet.

Die Hurtigrouten fahren tägl. Bergen -> Kirkenes und retour. Anknüpfungspunkte HURTIGRUTEN an SCANRAIL und Strecken:

- Trondheim: Bahnhof fast vis-a-vis vom Anleger der Hurtigrouten. Der anschließende Streckenabschnitt Hurtig bis Brønnøysund ist, zumindest im ersten Abschnitt, wenig ereignisreich. Besser: Zug (Scanrail) bis Grong und hier mit dem Bus auf der RV 17 nach Bronnøysund. Landschaftl. schöne Strecke, und in Bronnøysund aufs Schiff.
  Anschließend Superstrecke Hurtigruten entlang Küste und vorgelagerter Inseln (u.a. auch Torghatten mit Loch im Fels) -> Bodø. Fahrzeit 1 Tag. Es ist ihr erster Abschnitt, was sie an Schönheiten in Nordnorwegen zu bieten hat.
- Bodø: Endpunkt des Nordland-Express (Scanrail); der Bahnhof in Bodø rund 5oo m vom Fährterminal Hurtigruten entfernt. Komfortable Überfahrt nach Stamsund und Svolvaer/Lofoten. Attraktion: die Fahrt zur 1.ooo m hohen Lofotenwand. Je nach Wetter und Licht spektakulär.
- Svolvaer -> Stockmarknes -> Sortland/Vesterålen: bei klarem Wetter ausgesprochen schöne Strecke inkl. der Einfahrt in den engen Trollfjord. In Stockmarknes lohnt Besuch des Hurtigruten- Museums. Der Schiffsanleger Hurtigrouten direkt beim Museum. Der Zwischenstopp/ Schiff ist leider sehr knapp. Reicht allenfalls für superflotten Besuch des Museums. Und: die Uhr im Auge behalten, - sonst ist das Schiff weg!
- Sortland -> Risøyhamn -> Harstad: Gebirgskulisse der Küstenregionen und Inseln - plus spannende Fahrt durch den flachen Kanal des Meeresarmes bei Risøyhamn, dann entlang der Insel Grytøya mit hohen Berggipfeln. Eine sehr lohnende Etappe.
- Harstad -> Tromsø: zunächst entlang der Westküste der Insel Senja. Im späteren Tagesverlauf Finsness und Weiterfahrt durch einen Meereskanal wie Flußlauf mit vielen Biegungen. Für den Kapitän eine Herausforderung wegen vieler Untiefen.
- Tromsø -> Hammerfest: Überfahrt 1 Nacht. Spart gegenüber Bus und Überland Zeit. Landschaftserlebnis: schroffe, hohe Berggipfel, Meeresarme und Inseln.
- Hammerfest -> Honningsvåg/Nordkap: im ersten Abschnitt längere Zeit übers offene Meer; kann je nach Wetterverhältnissen bewegt sein. Dann auf einer schmalen, langgestreckten Meeresstraße nach Honningsvåg, dem Ausgangspunkt zum Nordkap (Bus).
- Honningsvåg -> Kirkenes: die Fahrt im extremem Norden kann sehr bewegt sein. Andererseits wer seefest ist: kann großes Erlebnis sein, wenn der Wind peitscht oder bei Winterbeginn der Schnee sich an Deck türmt. Schneidende Kälte, aber kuschlig warm unten an Bord in der Koje bzw. an der Bar. Raue Wetterbedingungen: kann sein, - muß aber nicht. Es geht vorbei an der größten Vogelkolonie Norwegens, das Schiff legt in Fischersiedlungen an, der Fang kommt aus den Gewässern vor Spitzbergen und aus der Barentssee. Größte

Siedlungen (abgesehen von Kirkenes) sind Vardø und Vadsø. Details im Hauptteil dieses Bandes.

Beste EINSTIEGSPUNKTE sind Trondheim und Bodø, da Direktanbindung Zug ans Schiff. So kann man z.B. ab deutscher Grenze mit dem Scanrail- Pass und Zug rauf nach Bodo fahren. Dort aufs Schiff der Hurtigruten. Auch sind Fahrtunterbrechungen an schönen Stellen möglich, z.B. Lofoten oder Vesterålen.

LOFOTEN: wer auf eigene Faust mit Regionalbussen weiter will: prinzipiell möglich * Stamsund als Hurtigrouten- Schiffsanleger. Gute JuHe in Rorbu, jedoch ab Stamsund schlechte Busanbindung zum „Rest" der Inselgruppe. Besser: * Svolvaer, dem Hauptort der Inselgruppe.

VESTERÅLEN: wer auf eigene Faust mit Regionalbussen weiter will: * Sortland. Zwar als Stadt etwas modern- fad, aber Hauptort der Inselgruppe. Gute Infrastruktur an Geschäften, Unterkunft, Supermärkten etc. Ab Sortland sternförmig die Busverbindungen in alle Inselteile. - * Risøyhamn: Ausgangspunkt für die Insel Andøya. Achtung, Risøyhamn ist definitiv Mininest, damit man nicht festhängt wegen langer Warterei auf Bus. - * Stockmarknes wegen Hurtigrouten Museum und Tripps auf der Insel Hadsel. Häufige Busverbindungen nach Sortland/Vesterålen und Svolvaer/Lofoten.

TROMSØ: in jedem Fall lohnend wegen aktiver Kneipen- und Pubszene sowie guter Restaurants. Aber auch Museen z.B. „Polaria" (mit Breitband- Video eines Hubschrauberfluges über Svalbard/Spitzbergen) oder Polar Museum. Tromsø (6o.ooo Einw.) ist mit Abstand größte Stadt im extremen Norden Skandinaviens. Gewissermaßen eine „Oase" städtischer Aktivitäten in der umliegenden Einsamkeit endlosen Weiten des Nordens.

Hurtigruten sind nicht im Scanrail Pass inklusiv, auch kein Rabatt. Weitere Details siehe Kapitel Transport (Hurtigruten)

## Schlafwagen

Wer mit dem Scanrail Pass reist, muß für den Schlafwagen separat zahlen. Er ist auf skandinav. Zügen aber erheblich billiger als Hotel.

## Euro Domino

| Zugbenutzung in | an 3 Tagen | Zusatztag |
|---|---|---|
| NORWEGEN | 174 Euro | 32 Euro |
| SCHWEDEN | 178 Euro | 22 Euro |
| FINNLAND | 122 Euro | 2o Euro |
| DÄNEMARK | 77 Euro | 12 Euro |

und zwar nur fürs jeweilige Euro Domino- Land siehe oben. Rabatt auf norw. Busse (siehe Scanrail) gibt es keinen. Dafür aber 25 % auf die Zuganreise in Deutschland und Transitländer.

Persönlichen Fall ausrechnen. SCANRAIL dürfte die bessere Wahl sein. Selbes gilt auch im Vergleich zu Interrail.

# Transport in NORD NORWEGEN

## Mit dem Auto

STRASSEN: alle wichtigen sind asphaltiert, meist auch die Nebenstraßen zu abgelegenen Siedlungen.

Hauptverkehrs-Achse SÜD-NORD ist der E 6 von Trondheim über Fauske, Narvik bis Kirkenes. Sie ist eine in der Regel gut ausgebaute, breite Landstraße, die endlos durch Wälder führt, Pässe überquert, im nördlichen Bereich über weite Tundra-Gebiete. In Teilbereichen schöne Streckenführung entlang von Fjorden. Geschwindigkeitsbegrenzung 80 bzw. 90 km/h beachten, es gibt Radar! In kurvenreichen Abschnitten (Pässe, Fjorde) sind sowieso oft nur 35 bis 50 km/h als Stunden-Durchschnitt möglich. Zusammen mit den gewaltigen Entfernungen benötigt dies Zeit. Details siehe Hauptteil Kapitel „E 6".

RV17: führt von Steinkjer E6 zu Westküste und weiter bis Bodø. Sie ist in diesem Abschnitt die Alternative zur E6. Benötigt aber wegen kurvenreicher Streckenführung erheblich mehr Zeit. Details siehe Kapitel „RV17".

Es gibt Querverbindungen (oft Europastrassen) rüber nach Schweden und Finnland. Der Name „Europastrasse" bedeutet keinesfalls, daß dieser Verkehrsweg schneller zu befahren ist als Landstraßen. Die Geschwindigkeit ist abhängig von der Geografie, also z.B. kurvenreicher Verlauf an Fjorden, oder rauf zu Pässen bzw. gradlinig über Fjells.

Inselstrassen: in der Regel asphaltiert, oft aber schmal und kurvenreich.

Autobahnen: in Nordnorwegen keine, aber kurze Schnellstraßenabschnitte vor Bodø, Harstad und Tromsø. Achtung: Radar.

**Geschwindigkeitsbegrenzungen:**

| | NORWEGEN | DÄNEMARK | SCHWEDEN | FINNLAND |
|---|---|---|---|---|
| In Ortschaften | 30* - 50 | 50 | 30* - 50 | 50 |
| außerhalb | 80 - 90** | 80 | 70 - 110 *** | 80 - 100 |
| Autobahnen | 90 | 130 | 110 | 120 |

* in Wohngebieten ** regulär 80, sofern nicht mit Schild höhere Geschwindigkeit genehmigt *** regulär 70- 90 auf Landstraßen, 90 - 110 auf Schnellstraßen jeweils gemäß Beschilderung

->

WOHNMOBILE (über 3,5 t bis 7,5 t) außerhalb von Ortschaften: in Norwegen maximal nur 8o, - in Schweden maximal 9o, - in Dänemark maximal 7o (Autobahnen 8o). - In Finnland bei Gewicht bis 1,8 t: auf Autobahnen 1oo km/h, bei Gewicht über 1,8 t maximal 8o km/h.

**Geschwindigkeitskontrollen Norwegen**
Entlang der E 6 ja, - ebenso an den Stadtzufahrten Bodø, Tromsø und Harstadt. Gearbeitet wird entweder mit „Starenkästen". Sie sind schmal, hoch, grau angestrichen und oft gut versteckt. Oder: mit hochmobilem und sehr kompakten Radar- Pistolen, die die Polizisten ins Gebüsch oder hinter Kurven verstecken. Die Strafen sind drastisch: bereits 1o km/h zu schnell = ca. 13o Euro bzw. 15 km/h zu schnell = ca. 4oo Euro. Wer von stationären Polizisten erschwischt wird, muß sofort zahlen, cash in Bar oder per Kreditkarte. Sonst droht Gefängnis (4oo Euro = 14 Tage). Bei krasseren Geschwindigkeitsverstößen wird der Führerschein eingezogen. Nach derzeitiger Regelung gibts den Schein bei der Ausreise Norwegen wieder zurück.

Eine andere Sache: ob bei den extremen Weiten des hohen Nordens durchgängig die Geschwindigkeit kontrolliert werden kann. Man sollte sich darauf aber nicht verlassen. Und: „Starenkästen" haben wir auch auf Nebenstraßen entdeckt, so u.a. die RV 83 von Sortland/Vesterålen -> Harstad, siehe Text Hauptteil des Bandes.

Hinweisschilder „Automatisk Trafikkontroll" (automatische Radarkontrolle) haben in der Regel „Starenkästen mit Blitz" in Folge.

**Geschwindigkeitskontrollen Schweden**
War kürzlich wieder in Schweden und fasziniert, wie brav die Schweden fahren. Sie kriechen fast dahin! Mein Freund Nils aus Stockholm meinte „nunja, die Politi hängt Radar- Kameras auch versteckt in Bäumen auf"... Die Strafen sind ähnlich drastisch wie in Norwegen. - Andere Sache auch in Schweden: wie kontrolliert man den Speed in den endlosen Weiten Nordschwedens. Definitive Vorsicht dagegen auf den Hauptstrecken, insbesondere E 4!!!

**Geschwindigkeitskontrollen Finnland**
Wohl nicht ohne Grund kommen die besten Ralleyfahrer sowie der mehrfacher Formel 1 Fahrer und Gewinner Mika Hääkinnen aus Finnland. Letzterer von finnisch Lappland. Ansonsten: siehe Strafen „Schweden" und „Norwegen".

★ **Alkohol am Steuer**: die Skandinavier bechern gerne und anschließend ans Steuer. In Folge gab es schwere Unfälle. Dies oft mit überhöhter Geschwindigkeit.

Promille Grenze in Dänemark, Finnland **o,5** ! In Norwegen und Schweden **o,2 !** Da kann man praktisch garnichts trinken. Und sollte auch nicht!

Erstaunlich, daß man in den Raststätten und Wirtshäusern z.B. entlang der E 6 etc. die LKW- Fernfahrer am Bierchen nippen sieht. Sei es drum: die Strafen sind krass, zudem umgehender Führerschein- Entzug. Die Polizei kennt auch gegenüber Touristen kein Pardon. Dies zu Recht.

★ **Sonstige Bestimmungen**: in allen skand. Ländern auch tagsüber ABBLENDLICHT. Seit Einführung hat dies zu erheblicher Reduzierung von Unfällen geführt.

KREISVERKEHR: derjenige, der sich im Kreisverkehr befindet, hat Vorfahrt. - Übrigens: das System „Kreisverkehr" ist zugleich eine nützliche Orientierung in Städten. In unserem Karten (z.B. Mosjøen, Bodø, Tromsø etc.) haben wir daher die Kreisverkehr-Positionen angezeichnet.

**Spezielle Schilder (Auswahl)**

**NORWEGEN**:

| | |
|---|---|
| automatisk trafikkontroll | Achtung Radar |
| bompenger | Mautstelle |
| ferge | Fähre |
| ferrist | Viehgatter |
| forbikjøring forbudt | Überholen verboten |
| gardstun | Durchfahrt durch Gehöft, Bauernhof etc. |
| gjennomkjøring forbudt | Keine Durchfahrt |
| havn | Hafen |
| jernebane | Zug |
| Kolonnekjøring | im Winter in Kolonne hinter Schneepflug fahren |
| kjør sakte | Langsam Fahren |
| møteplats | Ausweichstelle bei Gegenverkehr |
| omkjøring | Umleitung |
| sentrum | Stadtzentrum |
| stasjon | Busstation oder Bahnhof |
| svake kanter | Fahrbahnrand nicht befahrbar |

**SCHWEDEN**

| | |
|---|---|
| Återvändsgränd | Sackgasse |
| enkelriktat | Einbahnstraße |
| ej motorfordon | verboten für motorisierte Fahrzeuge |
| flyplats | Flughafen |
| förbjuden genomfart | Durchfahrt verboten |
| kör sakte | Langsam Fahren |
| lämna företräde | Vorfahrt achten |
| lekandebarn | spielende Kinder |
| môteplats | Ausweichstelle bei Gegenverkehr |
| trafikomläggning | Umleitung |
| parkering förbijuden | Parken verboten |
| senter | Stadtzentrum |
| tjälskador | Frostschäden |
| vägkorsning | Kreuzung |

**FINNLAND**

| | |
|---|---|
| aja hitaasti | Langsam Fahren |
| kelirikko | Frostschäden |
| keskusta | Stadtmitte |
| kielletty | verboten .... |
| kiertotje | Umleitung |
| kokeile jarruja | Bitte Bremstest |
| läpiajo kielletty | Durchfahrt verboten |
| lautta | Fähre |
| leiriytyminen kielletty | Campingverbot |
| lentoasema | Flughafen |
| maantie | Landstraße |
| moottoritie | Autobahn |
| näkötorni | Aussichtsturm |
| opastus | Information |
| rautatieasema | Bahnhof |
| satama | Hafen |
| sateella liukas | Rutschgefahr bei Nässe |
| silta | Brücke |
| umpikuja | Einbahnstraße |
| valtatie | Bundesstraße |
| yksisuuntainen karu | Einbahnstraße |

**DÄNEMARK**

| | |
|---|---|
| banegård | Bahnhof |
| ensrettet faerdsel | Einbahnstraße |
| faerge | Fähre |
| gennemkørsel forbudt | Durchfahrt verboten |
| kør forsigtigt | vorsichtig fahren |
| havn | Hafen |
| jernebane | Eisenbahn |
| lufthavn | Flughafen |
| overhailing forbudt | Überholen verboten |

**Wildwechsel**: Warnschilder „Elch" und „Rentiere" ernst nehmen! Elche erreichen je nach Alter und Größe ein Gewicht von ca. 7oo- 8oo kg, entsprechend schwere Folgen hat ein Zusammenstoß. Andererseits sind Elche recht schwerfällig. Sie rennen in der Regel nicht flink über die Straße (wie

Reh und Hirsch), sondern betreten sie meist träge. Trotzdem Vorsicht, wenn einer aus dem Wald rauskommt. Habe selber mal einen Elch erlebt, der mit beachtlichem Tempo die Straße überquerte. Kräftig auf die Bremse getreten und zum Glück nichts passiert.

Rentiere: überqueren meist in Herde die Straße. Da ihre Weidegründe die flachen bis hügeligen Tundren Nordskandinaviens sind, sieht man sie meist schon von Weitem. Habe aber auch Fälle erlebt, wo einzelne Rentiere aus Waldbereichen kamen, um die Straße zu überqueren.

Hupen kann bei Elchen und Rentieren helfen, daß diese schnell die Straße wieder verlassen. Kann aber auch dazu führen, daß sie mitten auf der Straße stehenbleiben. Beachte: die Tiere haben keine Verkehrserziehung und sind ziemlich blöd.

Wildunfälle (insbes. mit Elchen) gibt es viele in Skandinavien. Dies ist der Grund für ewig lange Drahtzäune entlang von Hauptstraßen in Finnland (z.B. bei Laathi) oder der E 4 an der schwedischen Ostküste. Mit Wildwechsel muß, ähnlich wie in Mitteleuropa, besonders in den Morgenstunden und in der Zeit der Dämmerung gerechnet werden.

✶ **Straßenbahnen**: keine in Norwegen, wohl aber in Göteborg und Norrköping/beides Schweden sowie in Finnland. Sie haben immer Vorfahrt.

✶ **Seitenstreifen sowie Engpässe (moteplats)**: große Überlandstraßen haben oft breite Seitenstreifen. Es ist üblich, daß langsamere Fahrzeuge nach rechts ausweichen, um schnelleren das Überholen zu erleichtern.

Møteplats nennt man Ausweichstellen, z.B. auf engen Brücken.
Als Verkehrszeichen ein weißes „M" auf blauem Untergrund.

Zipper- Verkehrzeichen (siehe rechts): Einfädeln nach Reißverschluss Prinzip.

✶ **Parken**: entlang der großen Überlandstraßen (E 6, E 4 etc.) Parkbuchten und Rastplätze. Für Wohnmobilfahrer ist die Übernachtung dort verboten. Wird aber vermutlich eh niemand machen wegen Krach von der Straße. Besser: auf den nächstliegenden Campingplatz. Betreffend E 1o/Lofoten siehe dort.

In größeren Städten Nordnorwegens wie Trondheim, Bodø, Tromsø und Harstad ist Parken im Stadtzentrum reichlich schwierig. Schnell handelt man sich ein „Knöllchen" (Strafzettel) ein. Die Strafzettel sind derzeit noch hübsches Urlaubs-Souvenir. Wer sie nicht zahlt: wegen „Geringfügigkeit" momentan keine Verfolgung und Eintreibung in Deutschland.

Norwegen: Park- und Halteverbot geregelt durch Verkehrsschilder wie bei uns zu Hause. Gelbe Linie am Strassenrand = Halteverbot.

Schweden: durchgehende gelbe Line am Straßenrand = „Halteverbot". Gestrichelte gelbe Linie bzw. gelbe Zickzacklinie = eingeschränktes Halteverbot". In Großstädten wie Göteborg, Malmö und Stockholm separate Lösung mit Verkehrsschildern.

✶ **Tankstellen**: gibt es ausreichend an den Hauptverkehrsstraßen z.B. E 6 oder E 4 und dort oft 24 Std. offen. Auch auf Nebenstraßen ausreichende Versorgung mit Tankstellen. Sie schließen allerdings oft 18 oder 2o Uhr, teils auch So. nicht geöffnet. Betreffend RV 17 siehe Kasten „Tankstellen" Seite 353.

In größeren Städten (Mo oder Tromsø) sind die Tankstellen teils im Inneren „versteckt". Details zu Tankstellen siehe unsere Stadtpläne.

Im äußersten Norden entsprechend dünneres Tankstellennetz. Dort gilt: größere Orte wie Lakselv, Honninsgsvåg, Berlevåg, Tana Bru, Karasjok etc. haben ihre Tankstelle, die teils aber früh schließt. Daher für Langstrecken (auch nachts oder Weekend) rechtzeitig volltanken. Selbes gilt für Fahrten auf den Lofoten und Vesterålen.

SPRIT: vor Ort an den Zapfsäulen abweichende Bezeichnung der einzelnen SPRITSORTEN. Daher untenstehende Tabelle. Entscheidend ist die Oktanzahl: was das eigene Auto braucht, siehe Handbuch Fahrzeug.

| Land | Kraftstoff (1) | Bezeichnung (2) | Oktan | Preisunterschied (3) |
|---|---|---|---|---|
| NORWEGEN | Bleifrei Super | Blyfri 95 | 95 | einiges teurer |
| | Bleifrei Superplus | Blyfri 98 | 98 | einiges teurer |
| | Diesel | Diesel | — | teurer |
| DÄNEMARK | Bleifrei Normal | Blyfri 92 | 92 | teurer |
| | Bleifrei Super | Blyfri 95 | 95 | teurer |
| | Bleifrei Superplus | Blyfri 98 | 98 | teurer |
| | Diesel | Diesel | — | teurer |
| SCHWEDEN | Bleifrei | Blyfri 95 | 95 | ähnlich |
| | Bleifrei Superplus | Blyfri 98 | 98 | ähnlich |
| | Diesel | Diesel | — | teurer |
| FINNLAND | Bleifrei Super | 95 E | 95 | gering billiger |
| | Bleifrei Superplus | 98 E | 98 | gering billiger |
| | Diesel | Diesel | — | billiger |

(1) Bezeichnung in Deutschland, Schweiz, Österreich - (2) Bezeichnung vor Ort im betreffenden Land - (3) Preise vor Ort im betreffenden Land und im Vergleich zu derzeitigen Preisen in Deutschland. Achtung: kann sich ändern: Infos ADAC, ÖAMTC, TCS.

Erstaunlich, daß Benzin im Erdölförderland Norwegen teurer ist als in Deutschland. Grund: Steuereinnahmen, die in andere Bereiche des Staatshaushaltes fließen. Sorry: mit den teuren Benzinpreisen muß man leben.

Zollfrei bei der Einreise nach Norwegen sind derzeit nur 1o Liter im Reservekanister. Ob kontrolliert wird, ist andere Frage. Zumindest ist es auf vielen Fähren nach Norwegen verboten, erhöhte Kraftstoffmengen in Reserve-Kanistern mitzunehmen. Dies aus Sicherheitsgründen. Bitte beachten, - letztlich auch in eigenem Interesse.

Die Tankstellen können in der Regel mit internat. Kreditkarten (Visa, meist auch Amex) bezahlt werden. - Nach Dienstschluß des Tankstellenbesitzers kann man an manchen Tankstellen auch nachts am Automaten tanken. Man schiebt Geldscheine ein bzw. Kreditkarte. Die Bedienerführung kann kompliziert sein, zumal in Landessprache.

Diesel (abgesehen von den normalen Diesel-Zapfsäulen): gibts in Norwegen auch steuerfrei und superbillig für landwirtschaftliche Fahrzeuge. Die Zapfsäulen sind oft mit *„avgiftfri Diesel"* bezeichnet. Sie sind teils grün markiert und hinter Tankstellen versteckt. Allerdings Achtung: wer ohne Berechtigung tankt, handelt sich bei Kontrollen erhebliche Strafe ein.

★ **Pannenhilfe**: der ADAC kooperiert mit dem norwegischem Automobilklub NAF („Norges Automobil Forbund"). Dieser ist in Norwegen unter Tel.: 81o.oo5.o5 erreichbar, 24 Std.- Service. Der NAF kommt entweder mit eigenem Servicefahrzeug, oder schickt ein Fahrzeug einer Vertragswerkstatt. An -/ Rückfahrt ist für ADAC Mitglieder gratis sowie eine Stunde Arbeit. ADAC-Plus Mitglieder bekommen die Kosten für Pannenhilfe und Abschleppdienst bis 2oo Euro erstattet.

In Schweden: Tel. o2o.912.912 (Assistancekåren) bzw. Tel. o87.679.ooo (Falck). Service 24 Std. Berechnung und Erstattung siehe „Norwegen".

In Finnland: (o9) - 774.764.oo (Autoliitto). Pannenhilfe ist für ADAC Plus Mitglieder vor Ort gratis, weitere Leistungen gegen Berechnung, Erstattungen siehe „Norwegen".

In Dänemark: Tel. 794.242.85 bzw. 794.242.42 (Falck). Wer Notrufsäulen an der Autobahn benutzt, landet bei der Polizei, die weitervermittelt. Berechnung und Erstattung siehe „Norwegen".

**ADAC**: Tel.-Nr. für Anrufe aus dem Ausland: **oo49 - (89) 222.222**. Dies für den Fall, daß man mit dem örtlichen Automobilclub (siehe oben) nicht klar kommt, z.B. wegen Sprachproblemen. Service 24 Std. für Mitglieder, bei Anruf Mitgliedsnummer parathalten.

★ **Werkstätten**: Adressen siehe Hauptteil des Bandes. Prinzipiell kann es einen mit einem „Fahrzeug- Defekt" immer erwischen, allein wegen gigantischem Pensum an Kilometern rauf in den hohen Norden.

TANKSTELLEN können kleinere Repraturen durchführen, von Reifenpannen bis xy am Fahrzeug, jedoch abhängig von Ersatzteilen und elektronischem Kontrollgerät. Ersatzteile werden gegebenenfalls eingeflogen.

SPEZIALWERKSTÄTTEN betreffend der jeweiligen Automarke: vor Abreise eine Liste der Werkstatt-Vertretung des eigenen Autos besorgen. Die meisten Werkstätten sind in Trondheim, Bodø und Tromsø. Auch wenn es sich um eine „artfremde" Werkstatt handelt, kann diese u.U. weiterhelfen. Für unseren BMW mit Scheinwerfer-Problemen hatte uns Volvo in Steinkjer/E 6 geholfen. - Ersatzteile sind teurer als bei uns zu Hause. Sofern es sich um teurere Ersatzteile handelt: Reparaturrechnung aufheben. Bei Ausreise Norwegen erhält man beim Zoll die MWST zurück. Der Aufwand kostet Zeit und lohnt sich gewiss nicht bei Glühbirnchen...

Um in Notfällen die nächste Werkstatt-Vertretung zu erreichen, hilft u.U.: defektes Auto in Hurtigsroute-Schiff verladen und nach Tromsø bzw. Bodø oder Trondheim.

✦ **Infos Straßenverhältnissen/Wintersperre etc.**: in Norwegen unter **Tel. Nr: 175 (815.489.91)**. Der Service wird 24 Std. betrieben vom norw. Straßenbauamt und „Vegtrafikksentralen" (Verkehrszentrale). Dort Infos u.a. zu Befahrbarkeit von Strassen und Pässen, ob diese nach Schneefällen geschlossen sind, zu Straßenbreite bzw. Durchfahrtshöhe/ Tunnel (interessant für übergroße Wohnmobile) etc. Man braucht etwas Glück, da nicht immer Englisch gesprochen wird. Im Internet: www.vegvesen.no Auch Suchmaschinen zum Straßenzustand („Vegmeldinger", „Vegrapport"), Befahrbarkeit etc. Alles derzeit leider nur in Norwegisch.

✦ **Tunnel und Brücken**: die Länge ist auf einer Hinweistafel zu Beginn des Tunnels/der Brücke angezeichnet. Zu den längsten Tunneln Nordnorwegens gehört der Steigen Tunnel (8,2 km) auf der Halbinsel Hamarøy, der Svartissen Tunnel (7,5 km) unter dem gleichnamigem Gletscher und der Kobskardet Tunnel mit 4,3 km in der E6 (Fauske-Narvik).

Ein umfangreiches unterirdisches Tunnelsystem liegt unter der Stadt Tromsø. Es umfasst derzeit eine Länge von 1o km, sogar größeres in den Fels gesprengtes Parkhaus. Details siehe Tromsø.

Es gibt mehrere Unterwassertunnel. Der erste Norwegens war der von Vardø (eröffnet 1983, Länge knapp 3 km). Längster ist der Nordkaptunnel mit 6.87o m. Er führt unterhalb des Meeres zur Magarøya Insel, auf der sich das Nordkap befindet und spart die früher stundenlange Warterei auf die Fähre. Das Bauprojekt war sehr teuer, eröffnet wurde der Tunnel erst 1999. - Im gleichen Jahr eröffnet das Brücken/Tunnelsystem beim Raftsund Nähe Svolvaer/Lofoten. Es besteht u.a. aus dem Sløverfjord Tunnel (3,34 km), der den gleichnahmigen Fjord unterquert.

Die Benutzung der Tunnel ist gratis, ausgenommen des Nordkaptunnels, des Kobskardet- und weiterer Tunnel bei Sommaret an der E 6 nördl. von Fauske, des Nappstraumentunnels/Lofoten sowie des Tunnels in Tromsø zum Airport. Weitere Details siehe Hauptteil des Bandes.

Die Tunnel sind (ausgenommen UW-Tunnel) meist grob in den Fels geschlagen und nur spärlich beleuchtet. Vorsichtig fahren, da man teils die Seitenmarkierung nicht sieht und Felsen vorspringen können. Vor Einfahrt in den Tunnel Fenster schließen, vorallem wenn es sich um starkbefahrene an der E 6 handelt (Abgas!). Langsam in den Tunnel ein- sowie ausfahren, (Helligkeitsunterschied, Unfallgefahr!). So können z.B. in weniger von Autos frequentierten Tunneln in ihrem Beginn Rentiere stehen. Für sie bietet der Tunnel Windschutz, auch ist es gering wärmer dort. Für Autofahrer hat ein Zusammenstoß fatale Folgen.

BRÜCKEN: durch die Geographie bedingt, gibt es in Nordnorwegen eine

Vielzahl an Brücken. Zu den längsten zählen die Tromsøbrua (1 km, Höhe 36 m) und die Sandnessundbrua (rund 1,3 km, Höhe 41 m). Besonders auf letzterer langsam fahren; es kann starken Seitenwind geben. Hierzu berichtet Digitalanzeige und Windhose. Die Brückenbenutzung ist in der Regel gratis, - ausgenommen der Helgelandbrücke (1 km, Höhe der Pfei–ler 14o m, Höhe der Fahrbahn über Meer ca. 45 m). Sie liegt an der RV 17 bei Sandnessjøen. Details siehe dort.

Jede Menge Brücken im Bereich der Lofoten und Vesterålen. Sie verbinden die dortigen Inseln, womit frühere Fähren über die Meeresstraßen eingestellt werden konnten. Abgelegene Regionen können somit schneller erreicht werden. Details siehe dort.

★ **Mautstellen**: * Sommarset/E 6 nördlich von Fauske, - * Helgelandbrücke RV 17, am nördl. Beginn der Brücke, - * Nappstraumen Tunnel/Lofoten, - * Nordkap Tunnel E 69 am südl. Eingang des Tunnels, - * Tromsø, Tunnelausfahrt beim Airport.

## Autofahren im Winter

Vorweg: Wintereinbruch je nach Klima des betr. Jahres ca. Mitte bis Ende November. Auf einer unserer Reisen hatte der Winter uns erwischt bereits Ende Okt. in Hammerfest. Da noch Sommerreifen auf unserem Fahrzeug: Flucht in den Süden auf einem Schiff der Hurtigruten, während es draußen dichte Schneeflocken vorbeitrieb...

Der Winter dauert je nach Region in Nordskandinavien bis Ende April, teils auch Ende Mai je nach Höhenlage. In Meeresnähe endet der Winter

WINTER in LAPPLAND: die Straßen zwar schnell geräumt, unter der Schneedecke aber oft Glatteis. Im

früher wegen „warmem“ Golfstrom, - in Inlandsbereichen (insbes. höheren Lagen, Pässe) entsprechend länger. Wegen der extremen Winterbedingungen Lapplands (Schnee, Temperaturen minus 25 Grad und mehr) sind die Straßen beliebtes Testgebiet rennomierter Autohersteller wie Mercedes und BMW. Wohl kaum besser als dort läßt sich die Wintertauglichkeit von Fahrzeug-Neuentwicklungen testen. Wer mit eigenem Auto im Winter rauffährt, sollte folgendes beachten:

REIFEN: Vorschrift gesetzlich: Winterreifen während der Zeit Nov. bis März. Die Reifen sollten noch genügend Profiltiefe besitzen. Spikes sind erlaubt und - sorry - extrem nützlich auf glatten sowie vereisten Straßen. Fast jeder in Lappland, aber auch Südfinnland fährt Spikes. Selber erlebt auf anderer Reise, diesmal BMW mit Winterreifen und Monat Dezember. Für uns mit Winterreifen auf geräumter und glatter Straße max. 6o km/h möglich, wobei das Fahrzeug in Grenzbereiche kam und schlitterte. Hinter uns drängelnde Finnen, die mit Spikes problemlos 8o km/h fuhren... Details zu Spikes siehe unten.

SCHNEEKETTEN: sollten als „Beipack“ ins Fahrzeug. Sie helfen bei tief verschneiten Straßen und dort insbesondere bei Steigungen. Auf geräumten Straßen (und die Skandinavier sind mit Räumfahrzeugen schnell im Einsatz), - sind Schneeketten eher Hindernis. Reduzierte Bodenhaftung, seitliches Schlittern und nur geringe Geschwindigkeit möglich. Schneeketten kann man beim heimischen Automobilklub (z.B. ADAC) ausleihen. Wer sich welche kauft: darauf achten, daß sie komfortabel auf den Reifen aufzuziehen sind. In eisiger Winterkälte bei minus 25 Grad Schneeketten aufzuziehen, kann ein Martyrium sein. Mit dicken Handschuhen zwar die Finger warm, aber kein Fingerspitzengefühl beim Einhaken. Ohne Hand-

Foto unser Recherchfahrzeug nördl. von Rovaniemi Finnland. Das Heck mit dicker Schneehaube...

schuhe: Finger kleben am Metall fest.

AUTOBATTERIE und FAHRZEUG-ELEKTRONIK: zentraler Knackpunkt. Beachte: Bei extremen Minusgraden sinkt die Leistung auch neuwertiger Autobatterien erheblich. Wenn zudem die Fahrzeugelektronik Defekte hat (Kriechstrom), geht mit Autostart am Morgen nichts.

Als Abhilfe (gelesen in anderem Norwegen-Reiseführer): der Autor des Buches, ein VW- Bullie Fahrer hat seine Autobatterie mit in die Sauna genommen... Klar, so gehts u.U. auch.

Defacto haben aber fast alle Hotels sowie Campings in Nordskandinavien Stromanschluß für die Autobatterie. Beim nächtlichen Parken hängt man das Auto an die Steckdose auf dem Parkplatz.

Testweise haben wir unser Recherchfahrzeug BMW bei nächtlichen minus 3o Grad in Inari/finnisch Lappland nicht an die Stromversorgung angenabelt. Grund: Stecker passte nicht. Unser BMW übrigens übervoll mit Elektronik von Sprachsteuerung bis Satellitennavigation. Am nächsten Morgen problemloser Sofortstart und Kompliment an Hersteller BMW.

Fahrer von wintertauglichen Wohnmobilen sollten darauf achten, daß nachts sämtliche „Stromsauger" wie Elektro Eisschrank ausgeschaltet sind.

STRASSEN-RÄUMDIENST: ist in Nordskandinavien erstaunlich schnell im Einsatz. Dies auf allen Straßen mit einstelliger und zweistelliger Nummer, selbst auf absoluten Nebenstraßen wie der RV 971 Kirkenes -> Inari.

FAHRTECHNIK: abhängig je nach Schneezustand und Extrembedingungen in Nordskandinavien. Bei z.B. Pulverschnee: Fahrzeuge ziehen riesige Schneefahnen hinter sich. Auch bei entgegenkommenden Fahrzeugen fährt man wie in eine Nebelwand bei Sicht Null. Bei LKWs und Bussen ist die nachgeschleppte Schneefahne entsprechend größer. Extrembedingungen, die man erlebt haben muß, - nicht vergleichbar mit winterlichem Fahren in Mitteleuropa: letzteres ist harmloses Schneewittchenland.

Straßenbegrenzung: markiert mit Birkenholz (wenig hilfreich im Schneetreiben), - besser sind Stangen mit Reflektoren, die norwegische Variante.

Schneetreiben: kann je nach Windstärke und Windrichtung aufwendiges und anstrengendes Fahren bedeuten. Vor allem, wenn der Wind die Schneeflocken schräg oder senkrecht zur Windschutzscheibe treibt. Die Flocken reflektieren im Scheinwerferlicht. Bei dichtem Schneegestöber fährt man wie in eine weißleuchtende Wand ohne jegliche Sicht.

Fahren hinter Schneeräumer: hat zwar den Vorteil, daß man auf geräumter Straße fährt. Nachteil: die Schneeräumer fahren 2o km/h max. auf geraden Straßen 6o km/h. Wer überholen will: Lichtzeichen geben. Überholen nur, wenn das Räumfahrzeug Geschwindigkeit reduziert hat. Normale Räumfahrzeuge haben vorn eine schräg gestellte Schaufel, die den Schnee nach rechts wirft. Bei Pulverschnee führt dies zu einer hohen Schneewolke, die bei entsprechendem Wind von rechts wieder als Schneewolke auf die Straße weht und nachfolgende Fahrzeuge beim Überholen einhüllt.

Achtung: beim Überholvorgang die Breite der Schneeschaufel des Räumfahrzeuges einkalkulieren. Kann in Schneetreiben schwierig sein. Teils ist sie bündig mit Breite des Fahrzeuges, - teils steht sie über.

Eis/Matschschnee: Temperaturwechsel im 0-Gradbereich können zu Festbacken und Vereisung der Fahrbahn führen. Zusätztlich tragen die warmen Reifen zu Fahrbahnvereisung bei. Dies kann zu einheitlicher Vereisung der Fahrbahn führen: zusammen mit Pulverschneewolken (siehe oben) und reduzierter Sicht ein schwieriger Mix. - Gefährlicher, wenn die warmen Reifen Fahrspuren im Eis gebildet haben. Rippen, die das Auto „rausliften" beim Überholvorgang in Schneewolken...
Eisplatten können auch unterhalb einer Schneeoberfläche der Fahrbahn bestehen. Man merkt dies spätestens beim Bremsen.

FERNSTRASSEN AUF DÄMMEN: in Gebieten Lapplands (aber auch z.B. E 6/ Saltfjell) führen die Straßen oft auf einem Damm. Dies hat den Vorteil, daß der Wind den Schnee (sofern feiner Pulverschnee) über die Straße hinwegweht, statt ihn dort aufzutürmen. Massiver Nachteil: wenn man Hindernissen z.B. Rentieren oder Elchen ausweichen muß, landet man nicht seitlich sanft im Acker, sondern überkugelt sich. Daher auf derartigen Dammstraßen sehr präventiv und langsam fahren.

KOLONNEKJØRING: zu sehen auf Straßenschildern z.B. der Varanger-Halbinsel im extremen Norden. Bedeutet: nach extremen Schneefällen fährt ein Schneepflug voraus und die Fahrzeuge hinterher in Kolonne. Es ist die einzige Möglichkeit, sich einen Weg durch extreme Schneemassen zu bahnen.

PASS- STRASSEN: zwischen E 6/Nordnorwegen und Schweden. Es gibt mehrere siehe Text Hauptteil des Bandes. Sie sind im Winter je nach Höhenlage und Schneefällen mit Schranke gesperrt. Infos im Internet unter www.vegvesen.no - oder vor Ort im norweg. TV/Wetterbericht oder in Hotels zu Beginn der jeweiligen Pass-Strecken.

**Spikes Verleihstationen in Norwegen (Auswahl)**

Autogrip, Breivollv. 27, o668 Oslo, Tel. +47.23o.696.oo, Fax: +47.23o.696.96
Preis 1 Woche ca. 21o Euro, 2 Wochen ca. 24o Euro
Hakres AS, Rødsåsen 2, 3928 Porsgrunn, Tel.: +47.355.148.57, Fax: +49.355.152.5o
Preis 1 Woche ca. 11o Euro, 2 Wochen ca. 145 Euro
Heros Dekksenter AS, Ny Teglverksvei 17, 4632 Kristiansand, Tel.: +47.381.441.4o
Preis 1 Woche ca. 17o Euro, 2 Wochen ca. 2oo Euro.

Es empfiehlt sich, vorab mit der o.g. Werkstatt Kontakt aufzunehmen. Die Reifengröße muß zum Fahrzeug passen. Zudem ist nicht geklärt, ob entsprechende Größe fürs Fahrzeug vorhanden ist. Hakres AS bringt die Reifen gegen Aufpreis auch nach Oslo zum Fähranleger.

Wer im Win ter fährt wird vermütlich einen normalen PKW benutzen und kein Wohnmobil. Sofern Wohnmobil, sollte dieses betreffend Isolierung und Heizung für die zum Teil extremen Kälte-Grade Nordskandinaviens

vorbereitet sein. Diesbezüglich an den Hersteller wenden.
Gewaltige Entfernungen nicht unterschätzen. Was im Sommer bereits Zeit benötigt, dauert im Winter erheblich länger bei verschneiten und vereisten Straßen. Die Entfernungen lassen sich reduzieren, indem man das Auto mit dem Schiff der Hurtigroute z.B. von Trondheim nach Nordnorwegen transportiert oder in den Autoreisezug (täglich Helsinki -> Rovaniemi/ Finnland) verlädt. Details siehe dort.

## Wohnmobil

Der Anteil von Nordnorwegen Besuchern, die im Sommer mit dem Wohnmobil rauffahren, ist sehr groß. Dies zu Recht: schöne Stellplätzchen am Busen der Natur, grenzenlose Weite und landschaftliche Schönheit. Vor allem spart man sich durch die Küche im Wohnmobil die ansonsten sehr teueren Restaurants.

ENTSORGUNGSTELLEN: die Skandinavier sind sehr umweltbewußt. Entsorgen sollten man das Wohnmobil nicht in der freien Natur (was übrigens auch verboten ist!!), sondern in speziellen Entsorgungstellen. Dieses sind oft Tankstellen oder Campingplätze. Ausführliche Liste in der Campingkarte des Norwegischen Fremdenverkehrsverbandes.

TRINKWASSER: Extrem sauberes Wasser der Bergbäche und Seen. Ansonsten Wasserhahn von Tankstellen und Campingplätzen. Entkeimungsmittel sind wegen der Wasserqualität nicht nötig,- wohl aber im Tank des Wohnmobils sinnvoll, sollte das Wasser dort längere Zeit aufbewahrt werden. Wer in Tankstellen Wasser zapft, sollte vorher höflich um Genehmigung bitten (vann = Wasser).

DUSCHEN: je nach Wohnmobil, entweder im Fahrzeug selber. Nachfüllen der Wassertanks in Tankstellen oder Campingplätzen. - Oder mit mehr Körperfreiheit in Sanitäranlagen von Campingplätzen bzw. in öffentlichen Schwimmbädern.

Schwimmbäder gibt es u.a. in Steinkjer (E6), Namsos (RV 17), Bodø, Mosjøen (E6), Bardufoss/Anselv (E6), Svolvaer (Lofoten), Andenes/Insel Andøya, Tromsø und Hammerfest.

CAMPINGGAS: Hauptverbrauch selbstverständlich durch Heizung, Warmwasser für Dusche und - weniger durch Kochen. Der Verbrauch hängt daher von der Länge der Reise, Anzahl der Personen und der Jahreszeit ab. Wer im Sommer reist, dürfte für Heizung relativ wenig Gas verbrauchen. Hängt aber davon ab ob, man die Nacht unten an einer windgeschützten Stelle am Fjord verbringt, oder in höhere und daher kälterer Lage (Fjell etc.).

Mit einer 11 Liter Flasche dürfte man bei 3- Wochenreise auch im Sommer nicht klar kommen. Achtung: das Mitführen von Ersatzflaschen ist auf den meisten Fährlinien verboten.

Daher folgende Möglichkeit: in norw. Tankstellen der Firmen Esso, Shell und Statoil kann man eine gefüllte 11 Liter Flasche für ca. 13o Euro kaufen (Quittung aufheben!) sowie bei o.g. Tankstellen auch Nachfüllen. Weiterhin benötigt man einen Adapter für ca. 4o Euro, um die norwegische Gasflasche an die eigene Bordanlage im Wohnmobil anschließen zu können. Bei Ende der Reise gibt man die norwegische Gasflasche in eine der o.g. Tankstelle zurück und erhält ca. 5o Euro erstattet. Dabei muß man die Quittung vorlegen, die nicht älter als 6 Monate sein darf. Den Adapter kann nicht zurückgegeben werden.

VERKEHRSBESTIMMUNGEN: Wohnmobil darf maximal 2,55 m breit und 12,5 m lang sein. Motorfahrzeuge (egal welcher Art, auch Wohnmobile!) dürfen die Straßen nicht verlassen. Sofern Wohnmobile seitlich herausstehende Fernsehschüssel besitzen, muß diese inklusiv Halterung während der Fahrt entfernt sein. - Geschwindigkeitsbeschränkung für Wohnmobile siehe Seite 42.

CAMPING ODER FREIER STELLPLATZ: der Campingplatz hat der Vorteil des Stromanschlusses sowie mehr oder weniger guter Sanitäranlagen, Waschmaschine, Trockenraum etc. Hat den Vorteil des Kontaktes und des Austausches von Reiseinfos. Für Kinder gibts oft Spielgeräte. Nachteile: auf kleineren Campingplätzen stehen die Wohnmobile im Sommer oft sehr dicht nebeneinander, was sich auf Blick und Nachtruhe negativ aufwirken kann. Weiter Details siehe „Übernachtung/Camping".

Freier Nachtstellplatz: ist möglich, sofern man Straßen nicht verlässt. Folgende Bedingungen sind zu beachten:

1 Generell verboten auf Parkplätzen, Picknickplätzen und Rastplätzen an Hauptstraßen. Sehr attraktiv sind derartige Nachtstellplätze (z.B. an der lauten E 6) sowieso nicht.

2 Erlaubt an Straßenrand, sofern der Verkehr nicht behindert wird , keine Halteverbot Schilder stehen oder Wohnhäuser in der Nähe sind. Weitere Bedingung: maximal eine Nacht. Parken auf Privatgrund ist selbstverständlich verboten.

3 Meist geduldet auf Park- und Picknickplätzen von Nebenstraßen, sofern lediglich 1 Nacht und keine „Behinderung". Die Handhabung ist unterschiedlich.Wenn sich z.B. auf den Park- und Aussichtsplätzen der E 1o/Lofoten im Sommer die Wohnmobile bis auf die Straße raus stauen, kommt die Polizei und bittet höflich zum Weiterfahren.

4 Prinzipiell möglich (wenn auch von Blick nicht immer optimal) sind Parkplätze vor Supermärkten sowie Parkplätze vor Ydrettshus (Sportanlagen).

EISSCHRANK: gasbetriebene haben den Vorteil, daß sie stromunabhängig arbeiten. Also auch dann kühlen, wenn das Fahrzeug lange Zeit geparkt ist. Ihr Nachteil: reduzierte Kühlleistung, wenn das Fahrzeug nicht relativ waagrecht steht (was beispielsweise beim Fahren nie der Fall ist).

Elektrokühlschränke sind an Bord des Wohnmobils der Stromfresser Nr. 1, funktionieren aber auch in Schräglage. In der Regel schließt man sie an eine Zweitbatterie an, die auch andere Geräte wie Wasserpumpe fürs Spülbecken mit Strom versorgt. Sollte die Zweitbatterie leer sein, kann man zumindest das Fahrzeug mit der Hauptbatterie starten. Besitzer von E-

Kühlschränken werden daher vorwiegend auf Campingplätzen mit Stromanschluß übernachten.

# Wohnmobil mieten

Ist prinzipiell auch in Norwegen, z.B. Oslo oder Trondheim möglich, Infos Touristbüro. Möglichst frühzeitig kontaktieren, die Fahrzeuge sind für Hochsaisontermine oft langfristig ausgebucht.

Durch Anmiete vor Ort spart man sich die Fährkosten ab Deutschland, hat dafür aber Flug- oder Zugkosten bis Trondheim. Weiterer Nachteil: man kann das reservierte und angemietete Fahrzeug nicht vorab auf eventuelle Mängel testen.

Fast besser: Anmiete in Deutschland, und zwar schon ein paar Tage vor Abreise. Vorab eine kleine Fahrt in Deutschland einschieben. So lassen sich eventuelle Fehler noch beheben, ohne daß dies von wertvoller Urlaubszeit abgeht. Vermieter u.a. ADAC, Avis, Hertz, Sixt etc.

Fahrzeuggröße: wer aufs Geld achtet, sollte vor Anmiete zunächst die Fährprospekte studieren und Anreiseroute planen. Ein kleineres Wohnmobil hat zwar im Inneren wenige Platz, ist dafür auf Fähren billiger und vor Ort in Nordnorwegen auf schmalen Nebenstraßen auch leichter im Handling.

# Wohnmobil oder normaler PKW?

Ok., wer eh schon ein Wohnmobil besitzt, - keine Frage. Wir persönlich haben für unsere vielen Nordnorwegenfahrten und Recherchen immer einen normalen PKW eingesetzt. Zurückgelegt wurden mehr als 40.000 km, auch unter extremen Winterbedingungen in Lappland.

Grund: in größeren Orten ist der PKW flexibler als ein voluminöses Wohnmobil (Parken etc.). Selbes gilt auch für kleine Nester wie Å auf den Lofoten, die kaum Parkraum für große Fahrzeuge bieten. Auch ist er bei den endlosen Landstraßen in den Norden wegen PS komfortabler (u.a. bei Steigungen oder beim Überholen).

Zudem ist auf Langstreckenfähren von Mitteleuropa nach Skandinavien der PKW erheblich billiger als das Wohnmobil. Die Einsparung kann man dann in Übernachtung (Campinghütte oder Hotel) investieren.

Auch ist die Mitnahme eines PKWs auf Schiffen der Hurtigruten erheblich leichter als die eines größeren Wohnmobils. Und Fahrten mit der Hurtigroute sind auf Teilstrecken extrem schön und Supertipp an Landschaftserlebnis. Details siehe dort.

Lebensmittel haben wir im Supermarkt eingekauft, und viele Hütten von Campingplätzen besitzen eigene Kochmöglichkeit. Haben uns aber auch oft gutes Restaurant genehmigt. Ok., im Sektor „Essen selber zubereiten" hat das Wohnmobil seine Vorteile.

2)

# Flug

Bei den gewaltigen Entfernungen rauf nach Nordnorwegen ist das Fugzeug wichtigstes Transportmittel auf der Langstrecke. Die Norweger fliegen und mieten sich dann vor Ort einen Mietwagen. Auch für Urlauber keine schlechte Idee.

Norwegische Langstrecken mit Jets fliegt SAS Braathens. Airports in Nordnorwegen u.a. Trondheim, Bodø, Evenes, Bardufoss, Tromsø, Lakselv und Kirkenes. Flugzeit z.B. Oslo -> Bodø 1 1/2 Std, bzw. Oslo -> Tromsø knapp 2 Std., jeweils Nonstopp.

WIDEROE fliegt mit Propellermaschinen Größe für 2o bis 5o Personen je nach Flugroute. Die wendigen kleinen Propellermaschinen benötigen erheblich kürzere Start/Landebahnen. Wideroe ist wichtigste und einzige Airline zu kleineren Airports und Siedlungen im hohen Norden. Insgesamt werden in Nordnorwegen rund 25 Ziele angeflogen.

ZENTRALE UMSTEIGE- AIRPORTS im hohen Norden sind Trondheim, Bodø und Tromsø. Von dort Anschlußflüge zu den Zielen der Wideroe. - Fliegen kann bei klarem Wetter extrem schön sein mit Blick über Fjorde, Inselgruppen und Berge. Tipps und Details siehe Hauptteil des Bandes unter „Verbindung". Dort auch Infos, auf welcher Seite im Flugzeug bei entsprechendem Flug der schönere Blick...

PREISE und SPEZIALTICKETS: der Flug regulär vor Ort gebucht, kann erheblich ins Geld gehen. Es gibt jedoch für Leute mit Wohnsitz außerhalb Skandinaviens einige Spezialtickets:

* **Norwegen Entdecker Ticket**: der Airline Wideroe. Es berechtigt zu beliebigem Fliegen auf Strecken der Wideroe in der Zeit Ende Juni bis Ende Aug. Dies im Zeitraum von 14 Tagen. Aufpreis pro Extrawoche 23o Euro.

  Aufgeteilt ist Norwegen in 3 Zonen (siehe Karte nächste Seite). Alle Strecken der Wideroe: ca. 51o Euro, - bzw. 1 Zone ca. 35o Euro, - bzw. 2 Zonen ca. 44o Euro.

  Das Ticket kann preislich sehr lohnen und ist Tipp, wer viel in Nordnorwegen fliegen möchte. Dies in Kombination z.B. Scanrail Pass für den Zug oder Hurtigruten/ Schiff, Details siehe dort. Das „Norwegen Entdecker Ticket" ist Tipp auch, wer Nordnorwegen mit Superblick aus der Luft auf Vielzahl von Strecken entdecken will.

  Bedingungen: Der erste und letzte Flug der Wideroe Rundreise muß fest gebucht werden und ist nachträglich nicht veränderbar. Alle anderen Flüge dazwischen kann man reservieren und auch nachträglich umbuchen. Die selbe Strecke darf nicht mehr als 2 mal in gleicher Richtung geflgen werden, außer zu Umsteigezwecken. Das „Entdeckerticket" muß mindestens 3 Tage vor Antritt des ersten Fluges gekauft und gebucht werden. Kinder bis 15 Jahre die mit ihren Eltern zusammen reisen, erhalten 33% Rabatt. Wideroe Buchung unter +47.81o.o12.oo, booking.support@wideroe.no

* **Visit Scandinavia Air Pass**: gilt auf Strecken der SAS in Skandinavien. Bedingung: der Air Pass muß zusammen mit einem Anreiseticket der SAS oder Lufthansa ab Mitteleuropa nach Skandinavien gekauft werden. Er ist nur für Ausländer mit Wohnsitz außerhalb Skandinaviens erhältlich.

Ob er für Reisen nach Nordnorwegen lohnt, ist persönliches Rechenexempel. Es gibt nur wenige SAS - Strecken in den hohen Norden Norwegens. So nach Bodø, Tromsø und Kirkenes. Regulär gekauft, sind sie als Langstrecke teuer.

Schade, dass es das NORWEGEN ENTDECKER TICKET der WIDERØE nur während der kurzen Zeit der 2 Monate des Sommers gibt. Die Propellermaschinen fliegen relativ niedrig. Bei klarem Wetter sind das Superflüge, die unbedingt lohnen.

Weitere Infos im Internet: **www.wideroe.no** - **www.sas.com.** Ansonsten Reisebüros.

HELIKOPTERFLUG: die Strecke Bodø -> Insel Vaerøy/Lofoten wird seit schwerem Unfall eines Propellerflugzeuges Anfang der 9o-er Jahre heute mit Helikoptern bedient. Tipp, Details siehe Vaerøy.

WASSERFLUGZEUG- CHARTER: mit „Loftotfly AS" auf den Lofoten. Bei klarem Wetter definitiv Tipp. Details siehe Svolvaer/Lofoten.

FLUGZEUGMUSEUM: wer sich für historische Flugzeuge interessiert: jede Menge in zwei riesigen Hallen im „Verkehrsmuseum" von Bodø. Besuch lohnt! Weitere Details siehe „Bodø".

AUTOVERMIETUNG: in großen Airports wie Trondheim, Bodø und Tromsø gut vertreten mit breitem Angebot an Fahrzeugen. Geht auch ab kleinerer Airports. Dort aber oft nur wenige Autos. Vorbestellung in jedem Fall ratsam. Weitere Details siehe „Mietautos".

TRANSFER AIRPORT: * **Oslo**: supermoderner Airport GARDERMOEN nördlich von Oslo an der E 6. Bahnhof im Untergeschoß des Flughafens. Der „Airport Express" (tagsüber alle 1o Min.) erreicht ab Gardermoen in 19 Min. den Oslo Hauptbahnhof. Er ist nicht im Scanrail Pass enthalten. Ebenso haben viele Schnellzüge von Oslo nach Lillehammer und Trondheim Zwischenstop im Airport (sind im Scanrail enthalten).

* **Kopenhagen Airport**: fast alle internat. Flüge nach Kopenhagen starten und landen im Airport KASTRUP. Er liegt südlich der Hauptstadt an der Autobahn und Brücke/Tunnel nach Malmö/Schweden. Zugverbindung Airport -> Kopenhagen/Zentrum tagsüber alle 3 - 5 Min., Fahrzeit 12 Min.

Ebenso ab Kastrup- Airport tagsüber alle 2o Min. Züge rüber nach Malmö/ Schweden, Fahrzeit 2o Min. sowie mehrmals tägl. mit schwed. Highspeed X 2ooo Zügen auf der Strecke Kopenhagen -> Kastrup Airport -> Stockholm. Ein Direkflug von Mitteleuropa nach Kopenhagen und weiter per Zug nach Stockholm kann daher Tipp sein, um auf diesem Wege preisgünstig in den Scanrail Pass einzusteigen. Weitere Details Kapitel „Zug/ Scanrail".

* **Stockholm Airport**: supermoderner ARLANDA Airport nördlich von Stockholm. Ein High Speed Zug („Arlanda Express") bedient tagsüber alle 15 Min. die Strecke zum Hauptbahnhof von Stockholm, Fahrzeit: 19 Min.

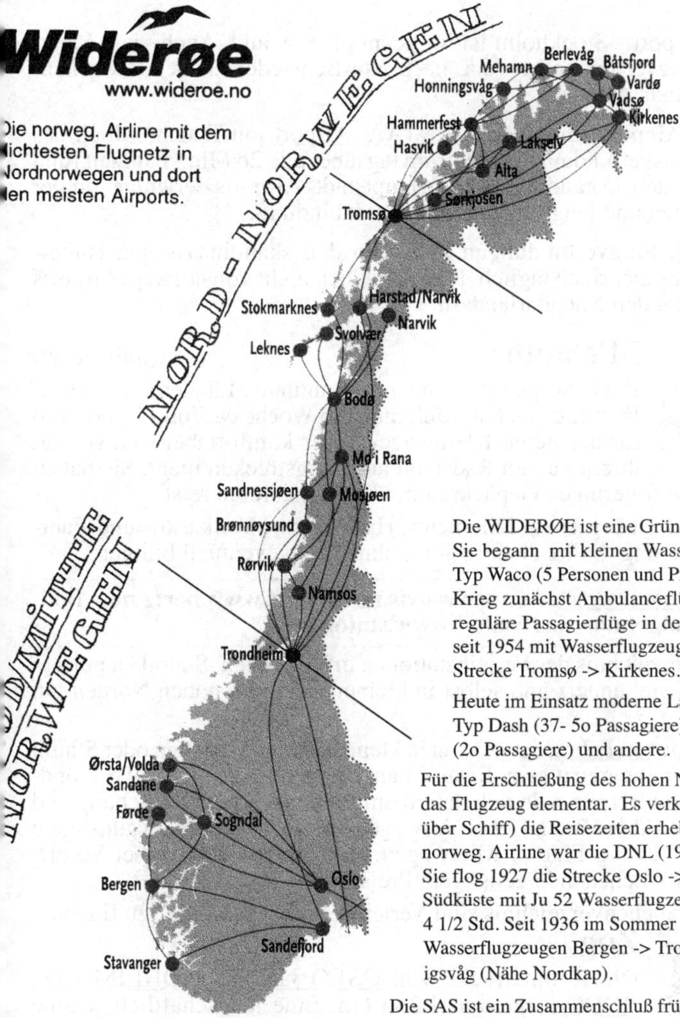


WIDERØE-FLUGROUTEN

Die WIDERØE ist eine Gründung von 1934. Sie begann mit kleinen Wasserflugzeugen Typ Waco (5 Personen und Pilot). Nach dem Krieg zunächst Ambulanceflüge. Seit 195o reguläre Passagierflüge in den Norden, - seit 1954 mit Wasserflugzeugen auch die Strecke Tromsø -> Kirkenes.

Heute im Einsatz moderne Landflugzeuge Typ Dash (37- 5o Passagiere), Twin Otter (2o Passagiere) und andere.

Für die Erschließung des hohen Nordens war das Flugzeug elementar. Es verkürzte (gegenüber Schiff) die Reisezeiten erheblich. Erste norweg. Airline war die DNL (19o9 gegründet). Sie flog 1927 die Strecke Oslo -> Bergen via Südküste mit Ju 52 Wasserflugzeugen in 4 1/2 Std. Seit 1936 im Sommer Postroute mit Wasserflugzeugen Bergen -> Tromsø -> Honnigsvåg (Nähe Nordkap).

Die SAS ist ein Zusammenschluß früherer nat. Airlines Norwegens (der DNL), Dänemarks (DDL) und Schwedens (Sila). Sie wurden nach dem 2. Weltkrieg gegründet. 1946 Transatlantikroute nach Nordamerika, - 1957 Nordpolroute via Anchorage -> Tokyo/ Japan. 1971 erste Boeing 747 Jumbos im Einsatz. Die SAS ist heute mit Abstand wichtigste Airline Skandinaviens. Sie fliegt heute im Rahmen der „Star Alliance" u.a. mit Lufthansa Strecken von Skandinavien nach Mitteleuropa.

Zur Förderung der Infrastruktur Nordnorwegens wurden in den 8o-er Jahren rund 3o asphaltierte Flugfelder im hohen Norden gebaut, - siehe Flugnetz der Widerøe. - Zivilen und militärischen Zwecken dienen die Großairports von Bodø, Bardufoss, Andenes/Andøya, Lakselv/"Nordkapp" und Kirkenes.

Der Zug Airport - Stockholm ist im Scanrail Pass inkl. Auch viele Langstrecken- Zugverbindungen (u.a. nach Nordschweden) haben Zwischenstop im Arlanda Airport.

* **Helsinki Airport**: moderner VANTAA Airport mit Flair nördlich des Zentrums. Busverbindung ins Zentrum tagsüber alle 2o Min., Fahrzeit rund 35 Min. Von den 4 skandinavischen Hauptstadt- Airports derjenige mit der altmodischsten und langsamsten Verkehrsanbindung.

ACHTUNG: Flugverbindungen zwischen den skandinavischen Hauptstädten gibt es mehrfach täglich. Derzeit jedoch nicht von norweg. Airports nördl. Oslo zu den Nachbarländern.

3

## Mietauto („bilutleie“)

In Norwegen und anderen skandinav. Ländern sehr teuer. Im billigsten Fall zahlt man pro Woche ca. 7oo - 1.ooo Euro für absoluten Kleinwagen. Sehr komfortabel sind sie mit ihrem kurzen Radstand auf Langstrecken nicht. Sie haben zudem nur sehr geringen Gepäckraum, wer zu mehreren reist.

Im Preis inkl. unbegrenzte Kilometer, Haftpflicht-, Vollkasko- und Fahrzeugversicherung. Sollte auch so sein; ohne gehts eventuell billiger.

ANBIETER im Internet: Avis **www.avis.no** , - Hertz **www.hertz.no**, - Budget **www.budget.no** - und Statoil **www.statoil.no**

Dort auch Verzeichnis der Verleihstationen in Norwegen. Statoil ist norwegisches Tankstellennetz und selbst in kleinen Orten im hohen Norden gut vertreten.

Verfügbarkeit von Fahrzeugen: kann in kleinen Verleihstationen oder Statoil in Mininestern begrenzt sein. Beste Chance in großen Airports wie Trondheim, Bodø und Tromsø. In jedem Fall empfiehlt sich, vorab Buchung und Reservierung. Abprüfen: u.U. bei Norwegen Spezialveranstaltern günstigere Preise bei Buchung Flug & Mietwagen. Ebenso erhält man bei Vorort-Anmiete am Wochenende günstigere Preise.

Im norw. Branchenverzeichnis sind Verleiher unter „bilutleie“ zu finden.

4

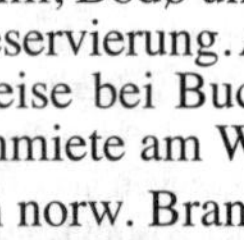

## Zug

Die Hauptstrecke von OSLO via TRONDHEIM nach BODØ,insgesamt 1.28o km. Eine landschaftlich schöne Strecke, die mit Umsteigen in Trondheim rund 16 Std. benötigt.

Querverbindungen nach Stockholm/Schweden ab * Oslo via Kongsvinger, * ab Trondheim via Störlien, - sowie ab * Narvik via Kiruna nach Stockholm, * ab Oslo nach Göteborg, Malmö mit Anbindung nach Kopenhagen/ Dänemark.

Die Fernzüge in Norwegen sind modern und komfortabel. Bistro- Wagen mit Snacks, Drinks und warmen Gerichten. Für Kinder gibts eigenen Waggon mit abgeteilter Spielecke. Generelles Rauchverbot, - ausgenommen eines kargen Abteils ohne Flair aber Smoke. Auf Nachtzügen auch Schlafwagen. Sie sind extrem billig, ca. 15 Euro/Person.

OSLO -> TRONDHEIM (Dovrebahn): zwei Züge täglich, einer fährt tagsüber, der andere nachts mit Schlafwagen. PREIS: ca. 85 Euro, zuzügl. Aufpreis für Schnellzug und event. Schlafwagen siehe oben.

**Geschichte Dovrebahn**. 1854 wurde der erste Abschnitt von Christiana (dem heutigen Oslo) bis Eidsvoll eröffnet (68 km Gleis). Weiter gings mit dem Schaufelraddampfer Skipbladner über den Mjøsasee nach Lillehammer. Dies sparte damalige Postkutschenreise von 2 Tagen. Der Schaufelraddampfer ist übrigens heute noch als Museumsschiff auf dem See im Einsatz. Details VELBINGER Band 19 Norwegen Süd/Mitte.

1896 war das Gleis im Gudbrandsdal bis Otta fertig. Als 19o5 Norwegen die Unabhängigkeit von Dänemark erreicht hatte, beschloß das Parliament den Ausbau der Infrastruktur des Landes. Vorrangig war insbes. der Ausbau des Gleises ab Otta -> Trondheim, da 3. größte Stadt des Landes.

An Baukosten sehr teures Projekt. Es wurde erst 1921 fertiggestellt. Ab Otta steiler Anstieg rauf bis zum höhsten Punkt des Gleises in 1.o17 m/Dovrefjell. Bau u.a eines langgestreckten Kehrtunnels, um Höhe zu erreichen. Auch der Abstieg des Gleises nach Trondheim war kostspielig und zeitaufwendig mit Vielzahl von Tunneln im Bereich des schluchtartigen Drividal.

Heute ist die Dovrebahn durchgehend elektrifiziert. Es fahren u.a. Züge der Neigetechnik, gebaut von der deutschen Firma Adtranz. Sie neigen sich schräg in Kurve, was höhere Geschwindigkeiten ermöglicht. Farbgebung silber/blau, genannt „Signatur".

TRONDHEIM -> FAUSKE -> BODØ (Norlandbahn): zwei Züge täglich, einer fährt tagsüber, der andere nachts mit Schlafwagen. PREIS: ca. 95 Euro, zuzügl. Aufpreis für Schnellzug und event. Schlafwagen.

**Geschichte Nordlandbahn**. Pläne für den Bau eines Eisenbahngleises von Trondheim rauf in den hohen Norden Norwegens bestanden bereits seit Ende des 19. Jhds. Eifriger Verfechter war Ole Tobias, dem später in Mo I Rana ein Denkmal gesetzt wurde.

Ende des 19. Jhds. war die Hurtigruten eröffnet, eine Postdampferroute entlang der Küste in den hohen Norden eröffnet. Ole Tobias träumte von einer erheblich schnelleren Eisenbahnverbindung im Inland.

Als Projekt wegen extremer topographischer Probleme nur schwierig zu verwirklichen. Täler, Anstiege, Bergketten und Fjordarme. Die Fertigstellung der Nordlandbahn benötigte mehr als 6o Jahre. Sie endet heute in Bodø.

19o2 Fertigstellung des Abschnittes Trondheim -> Levanger. 19o5 bis Steinkjer am Nordende des Trondheim Fjordes. Wegen Finanzproblemen u.a. auch 1. Weltkrieges dauerte der Weiterbau bis Grong gut 14 Jahre (!). Bis 194o (und Beginn des 2. Weltkrieges für Norwegen) war das Gleis mühsam Mosjøen fertiggestellt.

Die Nazis unter Hitler hatten große Pläne: Ein durchgehendes Gleis in den hohen Norden Norwegens hatte erhebliche strategische Vorteile. Auf dem Gleis konnten große Truppenverbände und schweres militärisches Gerät wie Panzer und Luftabwehrwaffen schnell verschoben werden. Zudem galt es, ab Mosjøen per Eisenbahngleis die Eisenerzlager von Mo I Rana zu erschließen.

Bereits kurz nach Eroberung Norwegens 194o wurde der Ausbau des Gleises Ri. Nord vorangetrieben. Im Einsatz u.a. Kriegsgefangene, Details Seite 3o3. Bis Kriegsende war das Gleis der Nordlandbahn lediglich bis Dunderdalen bei Mo I Rana fertig. Die technischen Probleme (steile Felshänge und Vielzahl an Tunneln) waren zu groß. Weiter nordwärts lediglich vorbereitende Arbeiten. Fauske wurde erst 1958 erreicht.

Fertigstellung der Nordlandbahn bis Bodø: erst 1961. Am 1.12.1961 erreichte eine Dampflok deutscher Fertigung mit Güterzug Bodø. Offizielle Einweihung der Strecke für den Personenverkehr am 7.6.1962 durch den norweg. König, diesmal der Zug von starker Diesellok gezogen.

Damit war eine der letzten großen Eisenbahnstrecken in Europa fertig. - Gemäß Naziplänen sollte die Nordlandbahn als sogen. „Polareisenbahn" über Fauske hinaus bis nach Kirkenes führen. Das Bauprojekt wurde zu Kriegszeiten sogar in Angiff genommen, Details siehe Seite 374.

Nach Ende des 2. Weltkrieges wurden die Pläne nochmals im norweg. Parlament erörtert, jedoch wegen zu höher Baukosten storniert. Ehemalige Eisenbahntunnels nördl. von Fauske sind heute Straßentunnels der E 6. Details siehe dort.

Die Fahrt mit der Nordlandbahn hat durchaus Reiz. Nach Steinkjer gehts am Ufer des langen Snåsa Sees entlang, dann durch endlose Waldgebiete, parallel zu großen Flußläufen sowie über karge Fjells. Der Polarkreis wird auf dem Saltfjell überquert, wobei der Lokführer symbolisch hupt. Im Winter eine Schneefalle. Züge parken in Holzgallerien bei zu starken Schneefällen. Am 16.2.1989 waren die Schneefälle zu extrem, und die Passagiere des Zuges mußten per Helikopter ausgeflogen werden.

Die älteren Dieselloks besitzen Eisengitter vor den Fenstern. Grund: Eiszapfen in den vielen Tunneln hatten häufig die Scheiben zerschlagen. Moderne Dieselloks haben dagegen Panzerglas-Scheiben. Weitere Details Seite 272.

ZUGVERBINDUNGEN und FAHRPLÄNE im Internet:

Norwegen NSB: **www.nsb.no** - Schweden SJ: **www.tagplus.se** Dänemark DSB: **www.dsb.dk** - Finnland VR: **www.vr.fi** - Scanrail hat eine eigene Internet Adresse: **www.scanrail.com**

Die norweg. NSB kann man innerhalb Norwegens auch unter Tel.: 815.oo8.88 erreichen plus Durchwahl 4 für deutschsprachige Auskunft.

5

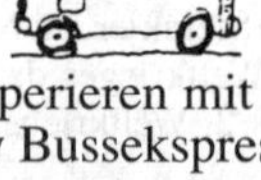

## Bus

In Nordnorwegen komfortable Busse auf Langstrecken. Sie werden von regionalen Gesellschaften betrieben. Diese kooperieren mit der NSB (Eisenbahn), bzw. sind in der Gesellschaft Norway Bussekspress AS nationalweit verbunden.

Auf der Langstrecke Trondheim -> Fauske dominiert der Zug (NSB). Er ist erheblich bequemer, zudem 2 mal tägl., auch nachts Schlafwagen.

FAUSKE ist zentraler Umsteigepunkt. Die Züge haben Anschluß an Busse weiter rauf in den Norden, - z.B. Narvik, Vesterålen, Lofoten, aber auch Tromsø, Nordkap und Kirkenes.

<u>NARVIK</u>: weiterer zentraler Umsteigepunkt. Zugverbindung via Schweden von Göteborg oder Stockholm nach -> Kiruna -> Narvik. Der Bahnhof von Narvik liegt Nähe des Busterminals. Dort Anbindung Zug an Busverbindungen weiter in den Norden oder zu den Vesterålen, Lofoten.

<u>Preisbeispiele</u>: Hammerfest -> Kirkenes ca. 11o Euro. Lakselv -> Honningsvåg (Nähe Nordkap) ca. 3o Euro. Alta -> Honningsvåg 4o Euro. Narvik -> Bodø ca. 4o Euro. Besitzer des Scanrail Passes erhalten auf vielen Strecken 5o % Rabatt, Details siehe Anreisekapitel/Scanrail.m

BUSVERBINDUNGEN und FAHRPLÄNE im Internet:
**www.nor-way.no - www.nsb.no - www.ffr.no**

<u>Nor-Way Buspass</u>: gilt 21 Tage oder 1o Tage (je nach Version) auf allen norwegischen Busstrecken der Firma Norway und kostet für 21 Tage ca. 3oo Euro, für 1o Tage ca. 165 Euro. Wer vorrangig Nordnorwegen besuchen will, reist in der Regel mit Scanrail + 5o % Rabatt auf Normalbuspreis billiger. Weitere Infos: www.nor-way.no

<u>Busabfahrt</u>: die Busterminals in größeren Städten liegen meist in der Nähe vom Bahnhof oder Nähe Abfahrt Schiffe. Sie sind in unseren Karten eingezeichnet. In kleineren Orten stoppt der Bus am Hauptplatz.

Ausführliche Details zu Verbindungen im Hauptteil des Bandes im jeweiligem Ort unter „Verbindungen". Sowie im Anreiseteil/Scan Rail.

<u>Beste Plätze im Bus</u> sind auf Langstrecken <u>nicht</u> die im hinteren Teil des Busses. Bei Bodenwellen oder Schlaglöchern federt das Heck kräftig nach, was man als Fahrgast auf dem Sitz entsprechend nachvollzieht. Die besseren Plätze vorne oder in Busmitte. - Auf Fernstrecken in Lappland sind die Busse oft zweigeteilt: vor die Passagiere, hinten Cargo (siehe Foto). Transportiert werden Autoreifen, Ersatzteile, Lebensmittel etc. bis Post. Eine sehr praktische Variante für Bewohner abgelegener Siedlungen.

<u>Häufigkeit</u>: auf abgelegenen Nebenstrecken z.B. der Lofoten und Vesterålen oder Großraum Tromsø teils nur sehr seltene Abfahrten. Die kann

<u>LINIENBUS in LAPPLAND</u>: sind oft zweigeteilt: vorn die Passagiere, hinten Cargotransport.

Reisen mit dem Bus schwierig machen, - vor allem, wenn man wegen Abfahrtszeiten nicht mehr am selben Tag zurück in den Hauptort (z.B. Tromsø) kommt. Ergänzend: Schulbusse. Sie sind an den Bedürfnissen der Schulkinder orientiert. Also morgens von kleinen Siedlungen zum Hauptort und am frühen Nachmittag zurück. - Am Wochenende reduzierter Busverkehr auf Nebenstrecken. Details im Hauptteil des Bandes.

## Schiff (Fähre=ferge - Schnellboot =hurtigbåter)

Wegen der Topographie Nordnorwegens mit Vielzahl von Fjorden, Meeresarmen und Inseln ist das Schiff wichtiges Verkehrsmittel.

★ FÄHREN: eine Vielzahl von Fährverbindungen haben sich wegen dem Bau von Brücken und Unterwasser- Tunneln erübrigt. Dies gilt insbesondere für die Lofoten und Vesterålen. - Auf der E 6: zwischen Trondheim im Süden und Tromsø bzw. Nordkap heute nur noch eine Fähre (Bognes -> Skarberget; verkehrt rund um die Uhr). Selbst das Nordkap auf der Insel Magerøya ist seit 1999 durch einen gigantischen Unterwassertunnel erreicht, Details siehe dort.

Die meisten Fähren im Küstenbereich zu vorgelagerten Inseln sowie entlang der RV 17. Details und Tipps zu Fährbenutzung siehe dort, S. 345.

★ SCHNELLBOOTE: Katamarane, die mit bis zu 8o km/h übers Meer rauschen. Gegenüber dem Bus, der sich an Fjorden entlangschlängelt, durch Täler und über kurvenreichen Bergstrecken, - hat das Schnellboot entscheidenden Vorteil: es kann derartige Strecken geradlinig auf dem Meer abkürzen.

Schnellboote (auf Norwegisch „hurtigbåter“) befördern keine Autos, meist ist aber Mitnahme vom Fahrrad möglich. Je nach Wetterbedingungen auf dem offenen Meer kann die Überfahrt sehr bewegt sein. Wer anfällig ist für Seekrankheit und/oder mit eigenem Hund reist, - sollte besser die Normalfähre nehmen. Manche Tiere (Hund) ängstigen sich, wenn das Schiff sich zu stark bewegt. Kann zwar auch der Fall sein bei Normalfähren, aber nicht so kräftig wie auf Schnellbooten.

Strecken: entlang der Küste Brønnøysund -> Sandnessjøen -> Bodø. Weiterhin Bodø -> Skutvik -> Svolvaer/Lofoten (kann bei der Überfahrt über den Vestfjord bewegt sein!). Und Svolvaer -> Lødingen -> Narvik. Sowie: Harstad -> Tromsø, - beide Strecken sind schneller als der Bus Überland. - Im extremem Norden weitere Schnellbootverbindung Bereich Hammerfest -> Sorøya Insel und (im Sommer) touristisch zum Nordkap.

Sicht: je nach eingesetztem Bootstyp unterschiedlich. Der Passagierraum mit seitlichen Fensterscheiben. Die Sicht für Fotos kann wegen Spritzwasser an der Scheibe eingeschränkt sein. Nicht bei allen Schiffen besteht die Möglichkeit, am Heck ins Freie zu gehen. Das Schnellboot (unten, Foto) ist relativ klein. Es operiert in der Region Namsos/RV 17. Es gibt aber auch riesige Ponton- Kästen, so gesehen in Bodø auf der Strecke nach Skutvik -> Svolvaer/Lofoten.

SCHIFF-VERBINDUNGEN und FAHRPLÄNE im Internet:

Region bis Narvik und Lofoten: **www.ovds.no** - Region Harstad bis Tromsø: **www.fds.no** - Region Hammerfest: **www.ffr.no** Region RV 17: **www.rv17.no/helgelandske**

Die Internetseiten haben Suchengines, die die einzelnen Schnellboote (hurtigbåt) sowie Fährverbindungen (ferge) auflisten. Man klickt die entsprechende Verbindung an und erhält Fahrpläne sowie Preise. Beachten: wer sich sehr früh im Jahr in die Seiten reinklickt: kann sein, daß Reederei noch nicht die neuesten Daten auflistet. War bei unserem Check der Fall, in dem Fall später nochmal probieren. Mitte April waren dann alle Seiten mit Daten komplett.

KATAMARAN (HURTIGBÅTER): hier kleinere Variante, die in der Region Namsos operiert.

# 7 Hurtigruten www.hurtigruten.com

Zu Recht schönste Seereise der Welt. Sie dauert von BERGEN entlang der Küste bis rauf in den extremen Norden und KIRKENES 5 1/2 Tage.

Wegen Vielzahl an Schiffen gibt es pro Hafen täglich 1 mal Abfahrt Ri. Süd sowie Nord. Mitnahme von PKW (je nach Schiff bis 2,5 m Höhe) ist möglich. An Bord riesige Panorama-Salons mit Rundumblick auf die grandiose Küstenlandschaft.

Fahrten mit der Hurtigruten sind (im Gegensatz zu Schnellbooten) extrem relaxing. Fast lautlos gleiten die riesigen Schiffe über Meeresarme bei ständig wechselndem Panorama. Komfortable Schiffskabinen.

Auf unseren Reisen in Nordnorwegen mit PKW sind wir oft Teilstrecken mit Hurtigruten gefahren. Sie sind definitiv Tipp auf jeder Nordnorwegen Reise. Vergleiche auch Infos zu den einzelnen Routenabschnitten siehe Seite 39.

**Vermarktung**: die Hurtigruten (gegründet 1893 als Passagier-, Fracht- und Postverbindung in den hohen Norden)- ist heute ein Mittelding zwischen elementarem Verkehrsweg für Einheimische in Nordnorwegen. Und touristischem Großbetrieb a la Kreuzfahrt.

★In Deutschland/Schweiz/Österreich wird sie vorwiegend verkauft als KREUZFAHRT. Dies in Kombination Anreise Flug plus Teilstrecken der Hurtigruten. Z.B. Flug -> Oslo, mit der Bergenbahn nach Bergen, dort aufs Schiff z.B. -> Tromsø und retour Flug nach Oslo -> Deutschland. Viele Varianten an Pauschalangeboten siehe Hurtigruten Prospekt oder im Internet. Die Preise entsprechen denen sonstiger Kreuzfahrten weltweit. Wer sich nicht um Einzelheiten kümmern will (Organisation von Teilstrecken, Zug etc.), liegt hier richtig.

★HURTIGRUTEN auf eigene Faust: so wie die Norweger kann man auch als Urlauber Teilstrecken vor Ort kaufen. Also pur Passage, Kabine und PKW Mitnahme. Dazu geht man ins Hafenbüro oder direkt ins Schiff an die Rezeption. Ebenfalls möglich Buchung und Reservierung beim Generalagenten NSA in Deutschland. Alle Details siehe unten.

★PROBLEM: der Betrieb der gigantischen Schiffe ist extrem teuer. Während der kurzen Hochsaison Juni - Aug. sind sie mit pauschal- Kreuzfahrern weitgehend ausgebucht. In dieser Zeit muß das Geld verdient werden. Im restlichen Jahr fahren die Schiffe relativ leer und sind Zuschußbetrieb des norw. Staates. Den Betreiber- Reedereien der Hurtigruten wurde daher bis 2oo2 eine Frist gesetzt, die Finanzprobleme in Griff zu bekommen.

Andererseits ist die „Hurtigruten" für Norwegen Prestige, - und für die Bewohner des hohen Nordens wichtiger Verkehrsnabel u.a. in den Wintermonaten mit Warenversorgung bei verschneiten Straßen.

2oo2 wurde die „Flucht nach vorn" angetreten, indem Schiffe der „alten Generation" ausgemustert wurden. Sie haben nur geringe Anzahl an Kabinen und sind für den hochsommerlichen Kreuzfahrtbetrieb wenig profitabel. Gleichzeitig liefen 2 neue Schiffe vom Stapel. Gigantische Großschiffe, fast 1.ooo Betten und Swimmingpool an Bord etc. Im Hochsommer sind sie super-profitabel, aber danach ?? Im Winter werden die Großschiffe weltweit eingesetzt, so auf Antarktisfahrten oder in der Karibik. Und die „Oldies" betreiben den Winterverkehr der Hurtigruten....

Distanzen nordgehend

| | |
|---|---|
| Bergen -> Trondheim: | 1 Tag + 2 Nächte |
| Trondheim -> Rørvik: | 1 Tag |
| Rørvik -> Nesna: | 1 Nacht |
| Nesna -> Svolvaer: | 1 Tag |
| Svolvaer -> Harstad: | 1 Nacht |
| Harstad -> Tromsø: | 1 Tag |
| Tromsø -> Hammerfest: | 1 Nacht |
| Hammerfest -> Mehamn: | 1 Tag |
| Mehamn -> Vadsø: | 1 Nacht |
| Vadsø -> Kirkenes: | 1 1/2 Std. |

Distanzen südgehend

| | |
|---|---|
| Kirkenes -> Båtsfjord: | 1 Tag |
| Båtsfjord-> Honningsvåg: | 1 Nacht |
| Honningsvåg-> Skjervøy: | 1 Tag |
| Skjervøy -> Harstad: | 1 Nacht |
| Harstad -> Svolvaer: | 1 Tag |
| Svolvaer -> Ørnes: | 1 Nacht |
| Ørnes -> Rørvik: | 1 Tag |
| Rørvik -> Trondheim: | 1 Nacht |
| Trondheim -> Molde: | 1 Tag |
| Molde -> Florø: | 1 Nacht |
| Florø -> Bergen: | 1/2 Tag |

Häfen, die auf der Nordroute nachts angelaufen werden, besucht das Schiff auf der Südroute tagsüber.

RiCHARD WiTH
(1846 - 1930)
Gründer der
Hurtigruten

## Geschichte Hurtigruten

Bei der Erschließung Nordnorwegens spielte das Schiff eine entscheidende Rolle. Während zu Beginn des 19. Jhds. selten verkehrende Segelschiffe die Verbindung in den extremen Norden darstellten, - brachte der Schaufelraddampfer Prinds Gustav (1838) Verbesserung. Er benötigte für die Strecke Trondheim -> Bodø „lediglich" 8 Tage (bis Tromsø plus 3 Tage) und transportierte Waren, Passagiere und Post. Dies allerdings nur in der Zeit Anfang Frühjahr, Sommer (24 Std. Tageslicht) bis Anfang Herbst.

Grund: die Region war fast überhaupt nicht kartographiert; jede Menge an Riffs, Meeresuntiefen und Vielzahl an Felsinseln. Damals gab es im extremen Norden so gut wie keine Leuchttürme, und die Navigation bei Dunkelheit entsprechend gefährlich. Dies um so mehr in den Wintermonaten bei permanenter Dunkelheit und arktischen Stürmen nördlich des Polarkreises.

D/S VESTERAALEN: gebaut 1891, war erstes Schiff der 1893 eröffneten "Hurtigruten". Größe 623 brt.

Andererseits: die nördlichen Gewässer waren kein „nautisches Niemandsland". Bereits seit dem 13. Jhd. betrieb die deutsche Hanse Handel mit den Fischfanggründen der Lofoten und Vesterålen (Details siehe dort). - Seefahrer wie Barentsz hatten seit 16. Jhd. das Nordkap umrundet, - ab Ende des 17. Jhds. kontrollierte die deutsche Hanse den Seeweg nach Hammerfest im Handel mit Nordrussland/Archelangsk. Von daher gab es nautische Informationen. Seewege, die aber ausschließlich im Sommer bereist wurden.

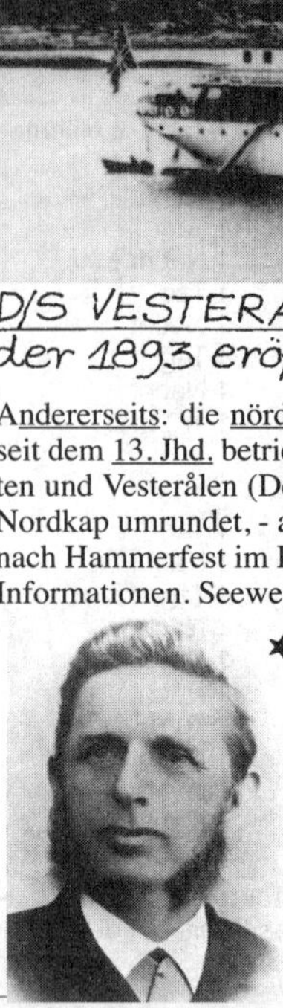

✶ **1891** fragte **August K. Gran**, Beauftragter der Regierung für Seefahrt, - welcher Reeder eine ganzjährige Schiffsverbindung von Trondheim nach Tromsø (auch in den Wintermonaten) garantieren könne.

Die Lizenz erhielt **Richard With** von Stokmarknes/Vesterålen. Von Beruf Fischhändler, Kapitän und Reeder. Er hatte 1881 die Reederei Vesteraalen Dampskibsselskap (VDS) in Stockmarknes gegründet und 1891 das Schiff „Vesteraalen" bauen lassen (Foto).

AUGUST K. GRAN
Regierungsbeauftragter für Seefahrt.

Bereits 1884 hatten die Reedereien BDS/Bergen und NFDS, Trondheim) eine Schiffslinie entlang der Küste bis Hammerfest eröffnet. Siehe auch Zeitungsanzeige vom 1. März 1884, erschienen im „Morgenbladet" Christiana/ Oslo, Seite 69. Die Schiffe fuhren aber nur tagsüber. Nachts war die Fahrt zu gefährlich und im Winter bei permanenter Dunkelheit gar ganz eingestellt.

Es ging nun darum, eine ganzjährige Verbindung herzustellen, deren Schiffe auch nachts und im Winter fuhren. Als Richard With 1891 die Lizenz zum Betrieb der Route erhielt, verfügte die Reederei VDS bereits über 1o Jahre Erfahrung. Dies in der Region Lofoten, Vesterålen bis Senja. Es dauerte weitere 3 Jahre zur Vorbereitung der „*Hurtigruten*" (=Schnellroute). Aufgabe: Transport von Post, Passagieren und Gütern. Als erstes Schiff sollte die „D/S Vesteraalen" der VDS zum Einsatz kommen, ein mit Kohle beheiztes Dampfschiff. Es hatte eine Größe von 623 brt., war also relativ klein. Heutige Hurtigrutenschiffe besitzen eine Größe von ca. 12.ooo - 15.ooo brt !

★Erste Fahrt der Hurtigruten am 2. Juli 1893 ab Trondheim 8.3o Uhr. An Bord Kapitän Richard With, - Ankunft Hammerfest 5. Juli 1893 um 3.5o Uhr früh. Die Fahrt hatte lediglich 3 Tage gedauert. Zudem hatte sie in dem (für Navigation) unproblematischerem Sommermonat Juli mit 24 Std. Licht stattgefunden....

★Die Konkurrenz- Reedereien BDS und NFDS unterhielten weiterhin ihren Strecken nach Hammerfest. Es wird berichtet, daß Richard With sauer war wegen dieser Konkurrenz, - aber die BDS berief sich auf gleichlautende Verträge mit dem Regierungsbeauftragtem August K. Gran... Man einigte sich. Es war der Beginn einer über 1oo Jahre währenden Kooperation der einzelnen Reedereien auf der Strecke Hurtigruten. Zeitweilig waren bis zu 6 Reedereien mit Schiffen an der Route beteiligt. Wegen hoher Kosten jedoch 1997 nur noch 2: OVDS/Narvik und TFDS/ Tromsø, die 2oo1 zur NNDS fusionierten, siehe auch Kasten.

In den Jahren ab 1884 expandierten die Reedereien BDS, NFDS und VDS mit Schiffs -

neubauten und Erweiterung der Routen. 19o7 bis Vadsø, 1914 bis Kirkenes. 1919 kam die SDS/Stavanger hinzu, die Strecke wurde Richtung Süd bis Stavanger ausgeweitet. Wichtigen Anteil hatten von Anbeginn auch touristische Fahrten so zum Besuch des Nordkaps (weitere Details siehe Bodø, Tromsø und Nordkap).

★Versorgung: die Dampfschiffe der Anfangszeit (im Einsatz bis nach 2. Weltkrieg) wurden mit Kohle beheizt. Diese kam aus Spitzbergen und den dortigen Bergwerken. Problem: die damaligen Schiffe waren noch relativ klein und hatten wenig Zuladekapazität. Um nicht wertvollen Frachtraum an Bord durch das Einbunkern von Kohle zu verlieren, - wurden entlang der Strecke Kohle- Nachschubdepots eingerichtet. So in den florierenden Handelsstädten wie Trondheim, Bodø, Tromsø und Hammerfest, aber auch auf der Mini-Insel Sunderøya/NW-Vesterålen. Sie war zuvor unbewohnt, bot sich aber wegen ihres optimalen hufeisenförmigen Hafens an. Auch war sie wegen ihres markanten Berggipfels leicht vom Meer aus zu orten. An der Bucht entstand das größte Kohlenachschublager zwischen Bodø und Tromsø für Dampfschiffe.

★Navigation: anfangs standen Kapitän, Steuermann und Loste auf offener Brücke, d.h. waren Wind und Wetter komplett ausgesetzt. Das geschlossene Steuerhaus wurde erst in den 2oer Jahren des 2o. Jhds. auf Schiffen der Hurtigruten eingeführt. Die Navigation war in den Anfangsjahren eine hohe Herausforderung, da es an Seekarten und Leuchttürmen weitgehend fehlte. Die Lotsen wurden in Lødingen am Ofotfjord ausgebildet, wo es seit 1875 eine Lotsenstation und -Schule gab, übrigens damals die einzige von Nordnorwegen. Die Lotsen erhielten nach bestandener Prüfung ein Patent und mußten die gesamte Küstenregion von Trondheim bis Hammerfest im Detail kennen.

Ihr Handwerkzeug war ein Chronograph, eine Sanduhr sowie elementar: ihr persönliches „Kursbuch". Das war ein Heft mit Handnotizen über gefährliche Meerespassagen, Inseln und Riffs. Ein nicht ungefährlicher Job bei Nebelbänken, Schneestürmen sowie generell nachts und in den Wintermonaten.

★Elektrisches Licht an Bord der Schiffe wurde 1895/96 eingeführt. Funkgeräte gab es bis

D/S SIRIUS der Bergenske Reederei (BDS) 1892
Größe 877 brt. RECHTS: Werbung BDS
1884 im Morgenbladet

1884 1884

# Det Bergenske og det Nordenfjeldske Dampskibs-Selskabs

ugentlige

# POST-RUTER

(Rute No. 2)

mellem

## Christiania og Hammerfest samt Nordkap

fra Begyndelsen af April til Udgangen af August,

der underholdes af

## store, hurtiggaaende og tidsmæssigt indrettede

## Passager-Dampskibe.

---

### Selskaberne underholder følgende Ruter:

1. Ugentlig Rute Hamburg—Christiansand—Bergen—Trondhjem—Hammerfest—Vadsø. Afgang fra Hamburg hver Fredag Aften.
2. Ugentlig Rute Christiania—Bergen—Trondhjem—Lofoten—Hammerfest—Nordkap. Afgang fra Christiania hver Lørdag Middag.
3. Ugentlig Rute Christiania—Bergen—Trondhjem—Lofoten—Hammerfest—Nordkap. Afgang fra Christiania hver Torsdag Middag.
4. Lokalrute i Lofoten, Vesteraalen og Ofoten i Forbindelse med Rute 1 og 2.
5. Lokalrute i Altenfjord i Finmarken i Forbindelse med Rute 1.
6. Speciel Turistrute 2 Gange ugentlig i Turisttiden mellem Trondhjem og Nordkap.
7. Extrarute Bergen—Aalesund—Christiansund—Bodø—Lofoten—Vesteraalen og Senjen.

For nærmere Oplysninger angaaende Anløbssteder m. m. henvises til de udførlige Ruter.

---

Ved den indbyrdes Forbindelse mellem Skibene er Selskabernes Ruter

**de hurtigste og fuldstændigste paa Kysten.**

---

Den hurtigste Befordring for Passagerer nordover opnaaes ved at bytte Skib i Beian eller Trondhjem, hvor Dampskibene korresponderer hver Tirsdag, Torsdag og Lørdag.

---

Anm. 1. **Tur- og Returbilletter** udstedes paa 1ste og 2den Plads (ikke paa 3die Plads) til alle Steder i Selskabernes Ruter, dog ikke paa kortere Distance end 20 Mil, og gjælder med hvilketsomhelst af Selskabernes Skibe (**udtagen Turistskibene**) 6 **Maaneder** fra Udstedelsesdagen, forsaavidt Farten paa Stedet, hvortil Billetten er udstedt, vedvarer.

— 2. **Passagerer kan paa Tur- og Returbilletter ikke afgaa paa mellemliggende Steder** og opholde sig der, for senere at fortsætte Reisen, men maa gaa direkte fra Afgangsstedet til Bestemmelsesstedet.

— 3. **Sydfra kommende Passagerer,** der skal fortsætte Reisen nordover, vil ved at vexle Skib i Trondhjem eller Beian **undgaa Ophold i Trondhjem.** For Berettigelse til saadan Vexling af Skib maa løses Gjennemgangsbillet eller Tur- & Returbillet.

— 4. **Gjennemgangsgods** befordres til og fra Anløbsstederne for Dampskibene „Torghatten", „Salten", „Helgelandsk" og „Tromsø Amts" Dampskibsselskabers Skibe, Lokaldampskibene i Lofoten, Vesteraalen og Ofoten samt i Altenfjord (Se Anm. under Ruten).

— 5. Varer og Pakgods, indleveret til Befordring i disse Ruter, forsendes, saasnart Rum gives i vedkommende Selskabs Dampskibe.

— 6. Naar Is, Uveir eller andre Omstændigheder hindrer Anløb af noget Sted i Ruten, blir Passagerer og Gods til eller fra dette Sted at landsætte eller modtage ved nærmeste Anløbssted, som kan anløbes. Det saaledes ilandbragte Gods vil blive fremsendt til Bestemmelsesstedet med det første af Selskabernes Dampskibe, som senere anløber dette. Er Gods forstuvet ombord eller feilløsset, vil det blive afleveret enten ved Retur, eller sendt med det første af Selskabernes Dampskibe.

— 7. **Med Hensyn til Befordring af Passagerer og Pakgods** henvises til Selskabernes sidste Taxter og Regler.

☛ Selskabernes Ruter findes altid i Reisebladet „Norges Kommunikationer".

**Det Bergenske Dampskibsselskabs Bestyrelse og Hovedkontor er i Bergen. Telegrafadresse: Dampskibskontoret Bergen.**
**Det Nordenfjeldske Dampskibsselskabs Bestyrelse og Hovedkontor er i Trondhjem. Telegrafadresse: Dampskibskontoret Trondhjem.**

BERGEN. J. W. Eides Bogtrykkeri.

Bilag til »Morgenbladet«

in die 2o-er Jahre keine. Nach einem schweren Unfall bei Sturm im Winter 1929/3o wurden dann auf Regierungsdruck Funkmorsegeräte an Bord eingeführt, um Hilfe bei Seenot rufen zu können.

★Zum Beginn des 2o. Jhds. war die Hurtigruten zur wichtigsten Verbindung in den hohen Norden geworden, die *„Reichsstraße Nr. 1"*. Dies, da es noch keine durchgehenden Strassen auf dem Festland von Trondheim nach Bodø und Tromsø gab. 1933: gemäß Regierungsverordnung isolierte Kühlräume für Lebensmittel und Fisch an Bord. 1936 gab es 14 Schiffe mit täglichen Abfahrten. Die NFD mit 5 Schiffen, BDS 4 Schiffe, VSD mit 3 Schiffen, Reederei O sowie SDS mit je 1 Schiff.

★2. Weltkrieg: nach Besetzung Norwegens fuhren die Hurtigrutenschiffe weiter, gerieten aber mehrfach unter Beschuß. Dabei wurden 14 Schiffe zerstört oder versenkt. Darunter auch sogenannte „Ersatzschiffe", die zerstörte Hurtigrutenschiffe auf dem Liniendienst ersetzten. Mehr als 44o Norweger an Bord der Schiffe starben. Für die Kapitäne der Schiffe waren die Kriegsjahre extrem anspannend, da sie u.a. nachts ohne Licht fahren mußten.

★Nach Kriegsende Wiederaufbau. Die ersten Jahre waren hart. Immerhin: bereits im Sommer 1945 konnten die Reedereien 1o meist kleinere Schiffe mieten, die notdürftig den Verkehr von Trondheim -> Tromsø eröffneten. Weiter ab Tromsø in kleinen Motorbooten bis Kirkenes: in der stürmigen Barents See eine sehr abenteuerliche Fahrt.

1946: regelmäßige Fahrten 5 mal/Woche von Trondheim bis Kirkenes. Gleichzeitig wurden Schiffsneubauten in Auftrag gegeben. Sie waren moderner, größer und hatten Dieselmotoren. Auslieferung in den Jahren 1949-51 sowie 1956 die „M/S Ragnvald Jarl" und „M/S Nordstjernen", beide gebaut bei Blohm & Voss in Hamburg. Letztere ist heute noch im Einsatz als Oldie auf der Strecke Tromsø -> Spitzbergen. Ein Schiffstyp ähnlich der später gebauten, legendären „M/S Lofoten" (1964), steht heute unter Denkmalsschutz.

★Die 6o-er bis Mitte 7o- er Jahre waren goldene Zeiten der Hurtigruten. Die Passagierzahl war von ca. 3oo.ooo (1938) auf ca. 55o.ooo (196o) angestiegen. Die Geschäfte der Reedereien florierten. Die Schiffe gut ausgebucht: im Sommer Nord-Norwegen Touristen, ansonsten ganzjährig viele Norweger, da die Infrastruktur Straße/Flug sich in diesen Jahren noch im Aufbau befand.

★Ab 1975 kontinuierlicher Passagierrückgang, so 1982 lediglich ca. 28o.ooo. Im Sommer zwar gut ausgelastete Schiffe (Tourismus), ansonsten viele Norweger auf Bus oder Flugzeug umgestiegen. Als Lösung sahen die Reederei den Bau größerer Schiffe.

Als erstes wurden 1982 die „M/S Midnatsol" und „M/S Narvik" ausgeliefert, 1983 folgte die „M/S Vesterålen". Schiffe, die nach weiterem Ausbau (zusätzliche Kabinen im Heckbereich 1988/95) über doppelte Anzahl an Kabinen verfügten, als die Oldies wie „M/S Lofoten" oder „M/S Harald Jarl". Sie konnten den Passagierrückggang stoppen. Er pendelte sich bis Anfang der 9o-er Jahre ein auf jährlich ca. 27o.ooo. Außerhalb der Hochsaison liefen die Schiffe recht leer. - Konzept der neuen Schiffe: seitliche Laderampen für PKW und Güter auf Paletten (siehe Foto nächste Seite), um die Schiffe sowohl für Passagier- sowie Gütertransport zu nutzen. Ein Konzept, das nicht aufging. Das Geschäftsergebnis der Reedereien waren rote Zahlen, und die Hurtigruten satter Zuschußbetrieb des norwegischen Staates.

★199o: Nach heftigen Diskussionen im norw. Parlament wurde den Betreiber- Reedereien der Hurtigruten eine letzte Frist bis 2oo2 gesetzt, die Finanzprobleme in Griff zu bekommen. Danach würden staatliche Subventionen eingestellt. So drohte die Regierung.

**Reedereien der Hurtigruten**
In den mehr als 1oo Jahren der Hurtigruten wurde die Strecke von mehreren Redereien gleichzeitig betrieben, die im Pool zusammenarbeiteten. D.h. jede Reederei stellte eine gewisse Anzahl von Schiffen für den Betrieb der Strecke. Folgende Reedereien:

**Vesteraalens Dampskibsselskap A/S, Stokmarknes — VDS**
Gegründet **1881** auf Initiative von Richard With, Stokmarknes. Regionalfahrten im Bereich Lofoten, Vesterålen, Senja. Das Schiff „D/S Vesteraalen" war 1893 erstes der berühmten Hurtigruten, und die VDS bis zum 2. Weltkrieg wichtigste Reederei der Hurtigruten Strecke (zusammen mit der BDS). 1987/88 fusionierte die VDS mit der O zur OVDS.

**Bergenske Dampskibsselskap A/S, Bergen — BDS**
Gegründet **1851** für den Linien- Schiffsverkehr (Cargo/Personen) zwischen Bergen und Hamburg. Die Gesellschaft expanierte stark und hatte bald eine Vielzahl an Verbindungen, so auch nach England, Frankreich. Ab 1894 ebenfalls Strecken der Hurtigruten, ab Jahrhundertwende auch Spitzbergen. Im 2o. Jhd. erhebliche Gewinne u.a. mit Erdölbohrinseln. 1979 stieg sie aus dem Geschäft der Hurtigruten- Strecken aus und verkaufte ihre 4 diesbezügl. eingesetzten Schiffe an die TFDS von Tromsø.

**Ofotens Dampskibsselskab, Narvik — O - später OVDS**
Gegründet **1912**, Regionalverkehr im Ofotfjord und Narvik. Seit 1924 auch an der Strecke Hurtigruten beteiligt. Mitte der 8o-er Jahre starke Expansion im Cargoverkehr zwischen Trondheim und Kirkenes. Seit 1985 besitzt die O die Aktienmehrheit der VDS, mit der sie 1987/88 fusioniert. Neuer Name nun OVDS mit Sitz in Narvik. Bis 2oo1 war sie eine der wichtigsten Gesellschaften (Fähren, Buslinien, Cargo, Hurtigruten) in Nordnorwegen und fusionierte dann mit der TFDS, siehe unten.

**Stavangerske Dampskibsselskap A/S, Stavanger — SDS**
Gegründet **1855**. Mit Schiffen 1919 - 1979 an der Hurtigrutenstrecke beteiligt.

**Finnmarks Fylkesrederi & Rutelselskap, Hammerfest — FFR**
Gegründet **1916**. Nach dem 2. Weltkrig vermietete sie zeitweise Schiffe an die Hurtigruten, ohne selber beteiligt zu sein. Eigene Beteiligung 1988- 96: hierbei übernahm sie von der OVDS das berühmte Schiff „M/S Lofoten" (heute unter Denkmalsschutz), gab es aber 1996 an die OVDS wieder zurück. Grund: die FFR wollte sich auf auf den Verkehr in ihrer eigenen Region konzentrieren und nicht an teuren Großschiff- Projekten der Hurtigruten beteiligen.

**Nordensfjeldske Dampskibsselskap A/S, Trondheim — NFDS**
Gegründet **1857** in Trondheim für den Linienverkehr nach Hamburg, später auch England, Mittelmeer sowie Kreuzfahrten und Tankschiffe. Beteiligt mit Schiffen auf der Hurtigrutenstrecke 1895 - 1989 (Verkauf der Schiffe an die TFDS von Tromsø).

**Troms Fylkes Dampskibsselskap A/S, Tromsø — TFDS**
Gegründet **1866** in Tromsø. Zunächst Regionalverkehr. Da die Stadt Tromso an Einwohnern stark wuchs (u.a. Tor zum Eismeer, Pelztierjäger etc., Fischfang, Bootsbau etc.) und bis zur Jahrhundertwende die größte wirtschaftlich bedeutendste Stadt des hohen Nordens geworden war, - expandierte auch die TFDS. Seit 1979 mit Schiffen an der Hurtigruten beteiligt. 2oo1 hatte die TFDS 5 Schiffe und war zusammen mit der OVDS (6 Schiffe) größte Reederei auf die Hurtigrute-Strecke.

**Nord Norske Dampskibsselskap AS, Narvik — NNDS**
2oo2 wurden die beiden Gesellschaften OVDS und TFDS zur NNDS fusioniert. Hierbei wurden die einzelnen Arbeitsbereiche (Fähren, Buslinien, Schiffe, Cargo) in Aufgabenbereiche getrennt. Damit ist wirtschaftlicheres und effizienteres Marketing möglich. Sitz des Bereiches „Hurtigruten" ist Tromsø. Kapital ist in großer Menge vorhanden, und es wurden bereits neue Schiffe in Auftrag gegeben.

Die Reedereien (zwischenzeitlich nur noch Ovds und Tfds) konterten mit Schiffs- Großbauten 11.2oo bis 12.ooo brt. und knapp 7oo Passagiere. Extrem komfortabel mit riesigen Panoramasalons oberhalb der Brücke, Restaurants etc. auf Kreuzfahrt-Niveau.

Auslieferung 1993/94 der Schiffe „M/S Kong Harald, Richard With und Nordlys“ . Gebaut in Stralsund, Nordostdeutschland. Weitere 3 Schiffe folgten 1996/97: M/S Nordkapp, Polarlys und Nordnorge“, gebaut in Schweden bzw. Norwegen. Seither ständig steigende Passagierzahlen, 1998 fuhren mit Hurtigruten bereits 441.ooo Passagiere.

Dies sind Zahlen, die sich vorwiegend aus dem Sommerbetrieb der Hurtigruten ergeben. Im Winter fahren derartige Großschiffe weitgehend leer und verursachen erhebliche Kosten für den norw. Staat. Andererseits: die Hurtigruten als *„Schönste Seereise der Welt!“* ist Prestige- Aushängeschild Norwegens. Und: die Bewohner Nordnorwegens fordern vehement, daß die Schiffsroute weiter aufrecht erhalten wird - als Lebensnabel in den hohen Norden. Von daher gab es in der Regierung keine Möglichkeit, den Zuschußbetrieb Hurtigruten bei Milliarden Kronen einzustellen.

2oo1/o2: kurz vor Auslaufen der Regierungszuschüsse wurden weitere Großschiffe, - diesmal der Kategorie 1.ooo Passagiere bei Werften in Auftrag gegeben... Konzept: im Sommer verdienen, und im Winter die Schiffe weltweit in der Antarktis, Karibik etc. einsetzen.
2oo3-2oo6: Mit 13 Schiffen ist die Hurtigrute nach wie vor die schönste Seereise der Welt

HURTIGRUTEN auf EIGENE FAUST: Einzelstrecken als sogen. Deckspassage und Schiffskabine plus gegebenenfalls PKW- Mitnahme kann man direkt vor Ort im Hafen buchen, bzw. direkt im Schiff in der dortigen Rezeption kaufen. - Ebenso geht Reservierung und Buchung beim Gene -

HURTIGRUTEN: M/S Vesterålen, Schiff der mittleren Generation. Gebaut 1983, vergrößert 1988/1995.

ralagenten NSA/Hamburg (Adresse siehe unten) oder in jedem Reisebüro. Preisbeispiele: Deckpassage Bodø -> Harstad ca. 75 - 8o Euro. Harstad -> Tromsø ca. 5o - 55 Euro. Tromsø -> Hammerfest: ca. 75- 8o Euro. Wer eine Schiffskabine wünscht, zahlt je nach Kategorie pro Nacht/Person ab ca. 12 Euro aufwärts ca. 25- 5o Euro für eine gute Kabine.

MITNAHME PKW: seitliche Einfahrt in den Schiffsbauch (siehe Foto). Dort befindet sich ein PKW- Lift runter zu den Stellplätzen im Schiff. Sie fassen je nach Typ 45- 5o PKW. Auch zu Hochsaison dürfte kurzfristige PKW- Mitnahme möglich sein, da Kreuzfahrt- Gäste auf den Schiffen in der Regel mit Flugzeug oder Zug zum Fährhafen anreisen.

Preisbeispiele: PKW bis 5 m Länge Bodø -> Stamsund/Lofoten ca. 4o Euro. Bodø -> Harstad ca. 45 Euro. Harstad -> Tromsø ca. 4o Euro. Tromsø -> Hammerfest ca. 4o Euro. Somit im Prinzip sehr zivile Preise, auch unter Berücksichtigung der Spriteinsparnis auf der Landstraße. Sowie der Zeiteinsparnis z.B. der nachts gefahrenen Strecke Tromsø -> Hammerfest.

Wir haben oft die Hurtigruten auf Teilstrecken benutzt. Einmal wegen super Landschaftserlebnis, - zum anderen, um Strecken nicht mehrfach zu fahren, u.a. bei Rückreise innerhalb Norwegens.

Mitnahme von Wohnmobilen bis 2,5 m Höhe möglich, allerdings Aufpreis. Infos Hurtigruten. Achtung: die Oldies wie M/S Lofoten (sofern im Winter wieder im Einsatz) können nur 4 PKW transportieren, die zudem kompliziert per Kran auf den vorderen Teil des Schiffes gehieft werden. Kostet zwar keinen Aufpreis. Die Gurte (angelegt um den Unterboden des

Fassungsvermögen: 500 Personen und 40 PKW.
Die Ladeklappe für PKW im hinteren seitlichem Bereich.

Fahrzeuges) können aber dortige Wassertanks etc. beschädigen.

Discount: außerhalb der Hochsaison gibts bei der Hurtigruten Ermäßigungen, so z.B. gesehen im Internet PKW inkl. Fahrer: Tromsø -> Svolvaer ca. 5o Euro, Bergen -> Trondheim ca. 1oo Euro, Bodø -> Tromsø ca. 75 Euro. Die Angebote sind abhängig der Auslastung der Schiffe und wechselnd. Einfach nachfragen, in Norwegen Tel.: 81o.3oo.oo oder dortigen Reisebüros.

RESERVIERUNG: wer Kabine wünscht, für Hochsaison dringend weit vorab erforderlich! In den Monaten Anfang Juni - Ende August (teils bis Mitte Sept.) sind die Schiffe meist schon im Febr. ausgebucht. Dies sind vorwiegend Kreuzfahrt- Passagiere. Deckspassage oder PKW- Mitnahme geht in der Regel auch kurzfristig zur Hochsaison. Die Ausbuchung kann man im Internet abfragen unter **www.hurtigruten.com** und dortiger Suchmaschine. Wer ab Heimat Mitteleuropa vorbucht, muß das Ticket bezahlen. Bei Umbuchung oder Storno fallen Gebühren an.

ESSEN/GETRÄNKE an Bord: es gibt größeres Restaurant sowie Bar und Cafeteria. Letztere hat 24 Std. geöffnet, dies um Pasagiere wegen vieler Häfen, die nachts angelaufen werden, zu versorgen. Das dortige Angebot kann aber nachts recht spartanisch sein. Die Preise entsprechen norwegischem Niveau. Das Frühstücksbuffet ca. 15 Euro, - das Mittagsbuffet ca. 25 Euro, - abends a la carte. Man muß mit ca. 3o Euro pro Person rechnen. - Drinks: relativ teuer. Die Dose Bier ca. 6 Euro, Softdrinks wie Cola, Fanta etc. ca. 3 Euro. Zum Essen im Restaurant gibts Leitungswasser gratis. Kaffee bzw. Tee oder Mineralwasser kostet ca. 2,5 Euro.

Selbstverpfleger (z.B. Deckspassage) gehen in den Häfen in die dortigen Supermärkte und kaufen billiger ein. Allerdings Achtung: in manchen Häfen (z.B. Bodø und Sortland) weite Wege zum nächsten Supermarkt. Unter Umständen ist dann das Schiff weg. In anderen Häfen wie z.B. Tromsø muß man wissen, in welche Richtung ab Fähranleger man zum nächsten Supermarkt läuft. Details siehe Hauptteil des Bandes und Ortsbeschreibungen. Gilt auch, wenn das Schiff den Hafen nachts erreicht, - also wo ist die nächste Tankstelle mit Lebensmittelshop.

LEBEN AN BORD: aus der Hektik Mitteleuropas heraus! Aktive Leute haben zunächst mal Angst, mehrere Tage an Bord Hurtigruten zu gehen. Was kommt, - ist aber bald heftige Verliebtheit in die Ruhe, Relaxing und Vorbeistreichen großartiger Landschaften. Der Tag besteht im Beobachten von Anlegemanövern. Bald stellt sich ein, etwas „zu verpassen": die Meerespassage gesehen auf Landkarte, und wie sieht sie in Natur aus. Bald stellt man sich den Wecker, zieht dicke Dauenjacke an, um nachts Häfen wie Finnsnes zu beobachten, wo ein verschlafener Gabelstapelfahrer die Paletten ins Schiff schiebt. Oder Gebirgspanorama vorgelagerter Insel bei der Fahrt Harstad -> Risøyhamn. etc. etc. Kontakte an Bord, Gespräche, Relaxen, Buch lesen - und immer wieder grandiose Landschaften.

JAHRESZEITEN: Es soll Leute geben, die „Hurtigruten- süchtig" sind.

Ich gehöre dazu. In verschiedenen Jahreszeiten wechselnde Landschaften. Im Frühjahr verschneite Berggipfel im Kontrast zu eisblauem Meer, - im Hochsommer die Mitternachtssonne, die Inseln und Küstengebirge am späten Abend in rotem Licht färbt. Das Schiff gleitet durch Meeresarme, Berggipfel und Inseln. - Der Spätherbst und beginnende Winter mit ersten Schneestürmen, durch die sich das Schiff pflügt. Das Meer kann bewegt sein, zugleich Erlebnis des extremen Nordens Europas mit harten Winterbedingungen. - Im Winter nördlich des Polarkreises ewige Nacht. Bei klarem Wetter eisblau difuses Licht, am Himmel (sofern wolkenfrei) die Schleier des Nordlichtes...

SCHIFFE: Baujahr und Größe siehe Tabelle. Die moderneren Schiffe haben kleineren Fitnesraum und Sauna an Bord, die neuesten sogar Swimmingpool. Strom an Bord (fürs Laden von Handy, Computer und/oder Videokamera) 22o Volt. Im Hurtigruten- Prospekt ist die Lage der Kabi -

Hurtigruten Schiffe

| Schiff | Baujahr, Werft | | Passagiere | Betten | PKW | BRT |
|---|---|---|---|---|---|---|
| M/S Finnmarken | 2oo2 | Kvaerner Kleven | 1.ooo | 643 | 5o | 15.ooo t |
| M/S Trollfjord | 2oo2 | Kvaerner Kleven | 1.ooo | 674 | 5o | 15.ooo t |
| M/S Nordnorge | 1997 | Kvaerner Kleven | 69o | 457 | 45 | 11.386 t |
| M/S Polarlys | 1996 | Ulstein Verft | 691 | 482 | 5o | 12.ooo t |
| M/S Nordkapp | 1996 | Kvaerner Kleven | 69o | 481 | 45 | 11.386 t |
| M/S Nordlys | 1994 | Volksw. Stralsund | 691 | 482 | 5o | 11.2oo t |
| M/S Richard With | 1993 | Volksw. Stralsund | 69o | 483 | 45 | 11.2o5 t |
| M/S Kong Harald | 1993 | Volksw. Stralsund | 691 | 49o | 5o | 11.2oo t |
| Teils noch im Einsatz, abgelöst durch Großbauten (Typ Trollfjord) abgelöst | | | | | | |
| M/S Vesterålen | 1983 | Kaarbøs MV | 55o | 318 | 4o | 6.261 t |
| M/S Midnatsol | 1982 | Ulstein-Hatlø | 55o | 325 | 4o | 6.1oo t |
| M/S Narvik | 1982 | Aker Trøndelag | 55o | 312 | 4o | 6.257 t |
| Oldies mit Spezialaufgaben | | | | | | |
| M/S Lofoten | 1964 | Akers MV | 41o | 171 | 4 | 2.621 t |
| M/S Nordstjernen | 196o | Blohm und Voss | 41o | 164 | 4 | 2.568 t |

nen verzeichnet bzw. kann man persönlich sogar im Internet sehen: www.hurtigruten.de Super virtuelle Reise in allen Kabinenklassen mit 36o Grad Panoramakamera. Ebenso können die Brücke, die Restaurants besucht werden bis runter in den Maschinenraum.

POST: auf manchen Hurtigruten-Schiffe haben wir Nähe Rezeption noch ein roten Briefkasten gesehen. Es ist richtig daß in der Anfangszeit die Hurtigruten Schiffe zugleich Postschiffe waren. Heute hat der Briefkasten nur noch symbolisch-dekorativen Wert, denn die norwegische Post wird schon längst per Flugzeug transportiert. Aber immerhin: wer seine Ansichtskarte in den Briefkasten wirft, bekommt einen schönen Stempel. Geleert werden die roten Kästen in größeren Häfen wie Bodø, Tromsø etc.

KLEIDUNG: obwohl Kreuzfahrtsschiffe, legere Kleidung. Auch bei Fahrten im Sommer sollten man ein warmen Pulli und/oder Windjacke bzw. Daunenjacke dabei haben. Es kann nachts sowie bei Wind kalt werden. Rutschfeste Schuhe, Regenschutz. Gepäckaufbewahrung: Nähe Rezeption unterstellmöglichkeit. Mann sollte mit wenig Gepäck reisen, denn in Norwegen sind Gepäckträger unüblich. Für Wertsachen in der Kabine übernimmt die Reederei keine Haftung. Es gibt aber in der Rezeption Safes. - Waschmaschine/ Wäschetrockner: auf den moderneren Schiffen; Infos Rezeption. Pro Waschgang bzw. Trockner ca 2 Euro. - Fernglas: Mitnahme sinnvoll, z.B. um Siedlungen an Land während der Fahrt zu beobachten. Auf der Strecke Honningsvåg -> Kjøllefjord fährt das Schiff Nahe der größten Vogelkolonie Norwegens vorbei etc.

GENERALAGENTUR HURTIGRUTEN: NSA Norwegische Schiffsagentur, Kleine Johannisstraße 1o, 2o457 Hamburg. Tel.: (o4o) - 376.9 32.83, Fax: (o4o) - 364.177. Dort Prospekte zu Kreuzfahrten inkl. detaillierter Schiffsbeschreibungen und Fotos sowie Fahrpläne. Preise dagegen nur für Kreuzfahrten, - nicht für Einzelstrecken auf eigene Faust.

Im Internet: **www.hurtigruten.de** Fahrpläne, Kreuzfahrten und virtueller Rundgang auf dem Schiff. In **www.hurtigruten.com** die norwegische und englische Version. Auch Suchmaschine betreffend noch verfügbarer Kabinenplätze. Man gibt die gewünschte Teilstrecke und das Datum ein („ledige lugar på seiling“). Hierbei bedeutet „fullt“: voll, ausgebucht und „ledig“: noch Platz frei. Unsere Testanfrage Anfang April ergab, daß für die Zeit Juni, Juli, Aug. fast alle Kabinen ausgebucht waren.

Kombination Hurtigruten mit Scanrail Pass siehe Seite 38 ff.

Wegen der gewaltigen Entfernungen werden die Wenigsten die gesamte Nordnorwegen-Strecke radeln. Abgesehen davon dürfte es auf den Hauptstrecken wie E6 oder E12 wenig Spaß machen, wenn man permanent von Autos und LKWs überholt wird.

Eine beliebte Stelle für Radler sind die Lofoten/Vesterålen. Relativ kleinräumig, weitgehend „eben“ und großartige Landschaften. Problem kann der starke Gegenwind sein, - in den Monaten Ende Mai bis Anf. Sept. aber auch der sehr starke PKW- Verkehr auf der E 12, der Hauptachse der Lofoten. Weiters Problem ist die Gepäckmitnahme. Bei einer 3-Wochenreise vermutlich mehr als bei einem Weekendtripp. Daher ist ein kräftigeres und schwereres Fahrrad (Trekking- oder Reiserad) mit breiteren Reifen nötig, - und Steigungen gibt es auch auf den Lofoten/Vesterålen.

Fahrradtransport im Zug: in Deutschland, A, CH und Dänemark problemlos möglich. In Norwegen jedoch nicht in Expresszügen, somit derzeit nicht auf der Strecke nach Bodø. Auf Fähren und Hurtigruten dagegen problemlose Mitnahme. Abhilfe kann sein: mit dem Zug bis Hirtshals/ Norddänemark, weiter mit der „Fjordline“ nach Bergen und dort mit der „Hurtigruten“ rauf nach Nordnorwegen (z.B. Lofoten oder Nordkap).

# Unterkunft

(1) Die HOTELS auf dem für Skandinavien gewohnten hohem Standard und Komfort. Privatbad gehört ebenso dazu wie TV und meist Teppichböden. Unterschiede bestehen oft in Größe und Ausstattung von Lobby, Aufenthalts- und Restaurant/Frühstücksraum. Das Preisniveau ähnlich Deutschland oder teurer. Die Hotels werden genutzt von Geschäftsreisenden und: sehr oft für Firmenkonferrenzen. Dies ist eine skandinavische Spezialität: ausgewählte Mitarbeiter werden nach Bodø, auf die Lofoten oder gar nach Vadsø oder Kirkenes eingeflogen. Am Konferrenztisch dann Besprechung von Firmenstrategien plus Mitarbeiter-Motivation.

Da die Konferrenzen meist während der Woche stattfinden, kann man am Wochenende einen günstigeren „Weekendpris" aushandeln, wenn die Hotels nicht so ausgelastet sind. Selbes gilt für den „Sommerpris", den viele Hotels in der Zeit ca. Juli, August anbieten. Speziell danach fragen, beides sind etablierte Preisangebote, die einiges Geld sparen können, - je nach Hotel bis zum ca. 3o%.

Hotelketten: eine weitere Möglichkeit Geld zusparen, allerdings mit Einschränkungen. In Skandinavien sind ähnlich wie europaweit Hotels zu Ketten zusammengeschlossen. Um Hotelkunden an sich zu binden, erhalten diese teilweise Sondervergünstigung. Derzeitiger Stand der Dinge (kann sich ändern!):

★RICA HOTELS: Rabatt bis 5o% je nach Auslastung sowie jede 5 Nacht gratis. Verbreitet in Norwegen und Schweden, relativ viele Hotels in NN. Im Internet: www.rica.no

★BEST WESTERN HOTELS: Hotelkette mit rund 4.ooo Hotels Weltweit, in Nordnorwegen ca. 1o Stück. Hotelpass gratis an der Rezeption erhältlich. Pro Übernachtung gibt es Punkte (je nach Hotel unterschiedlich) die später dann für gratis Übernachtung genutzt werden können. Im Internet: www.bestwestern.com und www.goldcrownclub.com

★NORLANDIA HOTELLENE: in Norwegen gut verbreitet, davon in Nordnorwegen rund 12 Hotels. Austattung ordentlich, kein Luxus, teils mit Tendenz rustikal. Vergünstigung im Rahmen des „Scan + Hotel Pass" siehe unten. Im Internet: www.norlandia.no

★RAINBOW HOTELS: in Norwegen verbreitete Kette, in Nordnorwegen z.B. Tromsø und Svolvaer. Vergünstigung im Rahmen des „Scan + Hotel Pass" siehe unten. Im Internet: www.rainbow-hotels.no

★CHOICE HOTELS: Hotelkette, zu der auch Comfort, Quality und Clarion Hotels gehören. Je nach Auslastung sind Rabatt mit „Nordischer Hotellpass" (12 Euro) möglich. Tel.: Deutschland: o8oo1.855.522. Im Internet unter: www.choicehotels.no

★FJORD HOTELS: größere Hotelkette meist einfacherer Hotels. Gut verbreietet in Süd- und Mittel Norwegen sowie ca. 2o Hotels im Norden. Im Gegensatz zu den vorgenannten Hotelpässen kostet der „Fjord-Pass" ca. 12 Euro. Ob er sich lohnt ist persönliche Entscheidungsfrage. Erhältlich in Deutschland z.B. DER Reisebüro München, Scandinavium Berlin, im Hauptbahnhof Oslo, Steinkjer, Bodø. Im Internet: www.fjordpass.no

★SCAN + HOTEL PASS: gültig für die Hotelketten Norlandia, Rainbow Hotels, Goldentulip und Schwedenhotels. Ermöglich je nach Auslastung des betreffenden Hotels bis zu 5o% Rabatt. Jede fünfte Nacht ist gratis. Er gilt nur für die Zeit 1.Mai bis 3o September sowie an Wochenenden ganzjährig. Der Pass kostet ca. 12 Euro. Kontakt: Finnholiday Reisebüro, Dehnhaide 18, 22o81 Hamburg, Tel.: (o4o)-532.831.65, Fax: (o4o)-532.831.67. Im Internet: *www.scanplus.no*

Ob sich die vorgenannten Hotel-Pässe lohnen, hängt davon ab, ob die Hotels der betreffenden Kette auf der Reiseroute liegen und vor allem: ob sie noch Zimmer frei haben. Dies ist nicht immer die Regel. Mit ganz regulären „Weekendpris" oder „Sommerpris" übernachtet man oft billiger, spart sich den Preis für den Pass und reist flexibler.

FRÜHSTÜCK: ist bei Hotels in der Regel im Übernachtungspreis inklusiv. Aufgebaut ein großes Buffet zur Selbstbedienung. Auch wer nicht im Hotel übernachtet, kann hier üppig essen. In dem Fall allerdings gegen Bezahlung, Ticket gibt es an der Rezeption. Öffnungszeiten des Buffets beachten; abgeräumt wird teils schon um 1o Uhr früh, spätestens aber um 11 Uhr.

Zimmerschlüssel: die Nummer setzt sich aus Stockwerk + Zimmernummer zusammen. 325 = z.B. Zimmer Nr. 25 im 3. Stock. Allerdings Achtung: in Norwegen werden die Stockwerke ab Erdgeschoß (=1) gezählt. - Die Zimmerschlüssel entweder konventionell, - oder als Plastikkarte. Letztere schiebt man in den Schlitz der Zimmertür. Sollte sich der Griff nicht öffnen, war entweder: * die Tür falsch, - oder * Karte nicht richtig eingeschoben, - oder * Karte nicht aktiviert. - In manchen Hotels dienen die Plastikkarten zugleich zum Einschalten des Hotelszimmer- Lichtes. Hierfür gibt es eine Halterung im Zimmer direkt neben der Eingangstür. Dort Plastikkarte reinschieben.

SOMMER HOTELS: sind in der Regel Internatschulen. Die Zimmer einfach ausgestattet mit Bett, Waschgelegenheit. Im Sommer wenn die Schüler Ferien haben, Vermietung an Urlauber zu günstigem Preis. Sommerhotels gibt es unter anderem in Steinkjer (nördlich Trondheim an der E6), Svolvaer/Lofoten und Honningsvåg Nähe Nordkap. Weitere Details siehe Hauptteil des Bandes.

MOTELL: die amerikanische Variante des Hotels: Auto direkt vor der Zimmer Tür geparkt, somit kurze Wege mit den Gepäck. Die Zimmer meist einfach ausgestattet, mit eigenem Bad, günstiger Preis. Motells gibt es u.a. in Namsos/RV 17, in Mo I Rana/E6 und Svolvaer/Lofoten. Details siehe Hauptteil des Bandes.

GJESTGIVERI: die norwegische Variante einer Pension. Familiär, oft in Wohnvierteln, meist nur sehr wenige Zimmer. Austattung: kann sehr komfortabel sein, gemütlich in Holzvillen mit eigenem Bad, teils auch mit schönem Blick. Pensionen sind oft an der Straße mit „ROM" oder „OVERNATTING" ausgeschildert, Vermittlung auch über TI. Generell gilt: nicht zu spät am Abend kommen, d.h. vor ca. 21 Uhr. Besitzer gehen oft früh ins Bett. Weitere Details siehe Hauptteil des Bandes.

KROA (= Wirtshaus): vermieten oft im Obergeschoß wenige Zimmer. Im Erdgeschoß befindet sich ländlicher Komunikationstreff, Drinks an der Bar, Unterhalten und kleinere Auswahl an Gerichten. Gesehen sowohl an der E6 wie auch Nebenstraßen und auf Inseln. Die Zimmer sind meist einfach, aber ordentlich, gepflegt und preiswert.

VANDRERHJEM: Benutzung für Jedermann/frau möglich, auch ohne Jugendherbergs Ausweis. Sie sind meist einfacher ausgestattet, Doppelzimmer, aber auch Schlafsäle. Grundidee: statt Luxus nur für das Bett bezahlen. Bettlaken und Lakenschlafsack kann man in der Herberge ausleihen, normale Schlafsäcke sind nicht erlaubt. Wer keinen JuHe- Ausweis hat, zahlt pro Person und Nacht o,5 Euro extra. Es gibt in Norwegen rund 75 Vandrerhjem, davon in Nordnorwegen rund ein Dutzend. Achtung: nicht alle sind ganzjährig geöffnet, manche nur Anfang bzw. Ende Mai bis Mitte Sept. Ausführliche Liste im Prospekt des „Norske Vandrerhjem", erhältlich beim Norwegischen Fremdenverkehrsamt in Hamburg bzw. im Internet: *www.vandrerhjem.no*

CAMPING: Norwegen hat eine große Anzahl an Campingplätzen, dies gilt selbst für den dünn besiedelten Norden. Dort die meisten entlang der E 6, aber auch für landschaftlich schöne Gegenden wie Lofoten, Vesterålen und entlang der RV 17. Die Campingplätze sind in Landkarten 1 : 4oo.ooo des norwegischen Statens Kartverk eingetragen. Weiterhin gibts vom Norw. Fremdenverkehrsbüro Hamburg gratis eine Campingkarte, in der die Plätze inklusiv ihrer Wertung (Sterne) eingetragen und durch Koordinatensystem auf der Karte leicht zu finden sind. - Internet u.a.: *www.camping.no*

Campings der gehobenen Klasse haben außer normalüblicher Sanitäranlagen mit Dusche - auch Waschmaschinen, Trocken-/Bügelraum, Kochgelegenheit etc. Komfortanlagen teils mit Sportanlagen wie Volleyball, Minigolf sowie größeres Areal an Kinder-Spielgerät und eigene Cafeteria.

Die Vergabe von Sternen für den Camping ist nicht immer das Maß der Dinge. Sie werten u.a., ob die Zufahrtswege „übersichtlich" sind, ob sie nachts beleuchtet, ob es Postdienst gibt, ob die Sanitäranlagen der Größe des Campingplatzes entsprechen etc. - Andere Frage wie pflegt der Besitzer des Campings sein Areal? Die Sterne sind nicht das Maß der Dinge...

Camping persönlich ansehen, - die an der E 6 können laut sein wegen nahem Verkehr, - gibt auch Varianten mit Lärmschutzwand. In anderen Regionen ausgesprochen schöne Campings, Details im Hauptteil des Bandes.

Einchecken im Camping: an der Rezeption (ähnlich wie im Hotel) persönliche Daten ausfüllen. Oft wird vorab Bezahlung verlangt, - ist absolut o.k., denn manche Campinggäste hatten sich in der frühen Morgenstunde klammheimlich verpisst. In Campings der „gehobenen Sternenklasse" kann mit Kreditkarte bezahlt werden. Ansonsten cash.

Stellplätze: im Wäldchen bringt Schatten, in Nordnorwegen aber oft Wiesen- oder Schotterplätze. Vorschriften: Radio, TV oder Musikinstrumente leise. Absolute Nachtruhe zwischen 23 und 7 Uhr. Abfälle ausschließlich in den Abfalleimer. Autowaschen nur an ausgewiesenen Stellen, gilt auch für jede andere Art von Wäsche. Ballspiele (egal ob Fußball oder was sonst) sind im Bereich der Stellplätze für Zelte und Wohnmobile verboten. Wer betrunken ist oder in anderer Form die Ruhe und Ordnung stört, kann vom Campingplatz verwiesen werden, - notfalls mit Hilfe der Polizei. Andererseits kann für spezielle Feste wie „Sonnwende“ Sondergenehmigung bei der Polizei fürs Feiern bis tief in die Nacht beantragt und genehmigt werden. - Der Besitzer des Campingplatzes ist nicht verantwortlich für Diebstahl auf dem Platz. Daher Wertgegenstände sorgsam verwahren!

CAMPING HÜTTEN: fast jeder Campingplatz vermietet auch Hütten. Gebaut in Holz, der Komfort je nach Hütte von basic mit 2 Betten, WC rauf zu Luxushütten mit Dusche, WC und 4- oder mehr Betten sowie eigener Kochgelegenheit, Eisschrank und Kochgeschirr, TV, Heizung. Entsprechend variieren die Preise ab ca. 15- 25 Euro für sehr einfach ausgestattete 2- Bett Hütten. Rauf zu ca. 35-6o Euro für 2-4 Bett Hütten in besserer Ausstattung, aufwärts.

Die Hütte werden nicht selten von Norwegern genutzt, die sie fürs Angeln als Stützpunkt nutzen. Für den Nordnorwegen- Fahrer mit eigenem Auto (nicht aber Wohnmobil) sind sie preiswerte Alternative zum Hotel. Sofern man keine „feudale Hotel-Lobby“, „Frühstücksraum“ etc. benötigt, - sondern just preiswerte Übernachtung, sind Hütten Alternative und Tipp!

FERIENHÄUSER: Vermietung auf Wochenbasis oder länger. Vermittlung durch Ferienhaus-Veranstalter. Adressen vom Norw. Fremdenverkehrsbüro in Hamburg bzw. regionalem Touristbüros in Nordnorwegen. Die Preise variieren je nach Größe, Ausstattung und Lage ab ca. 25o bis 1.ooo Euro/ Woche und aufwärts. Möglichst früh buchen, gute Objekte sind oft schon im Jan. oder früher vergeben.

RORBUERS: Fischerhütten, meist auf Pfählen am Wasser. Wurden renoviert, bzw. in altem Stil modern wieder aufgebaut. An Zahl die meisten in Nordnorwegen heute auf den Lofoten, aber auch in anderen Gebieten wie Vesterålen. Sie sind beliebte Unterkunft bei Hobby- Fischern, im Bereich der Anlage meist auch Filetier- und Kühlräume sowie Bootsverleih. Übernachtungspreise variieren je nach Ausstattung und Größe. Weitere Details siehe Hauptteil des Bandes.

SJØHUS: frühere Hafen- und Lagergebäude für Fisch. Er wurde im Erdgeschoß aufbewahrt, dort befand sich auch das Handelskontor. Im ersten Stock und unter dem Dach die Zimmer für Hafenarbeiter und Fischer. Im heutigen Zeitalter des Fischfangs mit größeren Trawler sind die Gebäude nicht mehr nötig. Sie wurden zu Ferienquartieren umgebaut. Weitere Details zu Fischfang, Rorbuers und Sjøhus siehe auch Lofoten

# Essen und Trinken

*Die norwegische Küche ist reichhaltig. Betonung liegt auf <u>FISCH</u> in allen Varianten, - es gibt aber auch viele <u>FLEISCH</u>- Gerichte (vom Schwein, Rind, Hammel bis Rentier und Elche). Die Küche kann exzellent sein in Feinschmeckerrestaurants von z.B. Tromsø, - aber auch arg durchschnittlich in manchen Hotel-Küchen des hohen Nordens.*

<u>RESTAURANTS</u>: siehe unsere Tipps im Hauptteil des Bandes! Feinschmecker- Restaurants u.a. in Tromsø, Harstad, Bodø, Lofoten oder Rica Hotel/Hammerfest etc. „Essen gehen in Restaurants" ist reichlich teuer. Hauptgericht a la Carte ca. 15- 3o Euro. Geht zuzüglich eventueller Vorspeise wie Suppe, Beilagen wie Salat, Desert und Getränke ins Geld. Dies gilt sowohl für separate Restaurants wie auch Hotelküchen. Letztere können reichlich fad sei, bei trotzdem hohem Preis. Konkurrenz belebt das Geschäft, - und wo die Konkurrenz fehlt, „regiert" oft der Küchenchef...

<u>CHINA- RESTAURANTS</u>: sind die preiswerte Variante, wer Hunger hat. Auf den Tisch kommt riesige Reisschüssel, zuzüglich mit Gemüse, Nudeln, Hühner oder Schweinefleisch bzw. anderen Ingredienzien wie „Reker" (Krabben), Fisch etc. Preise je nach Hauptgericht ca. 1o- 25 Euro. Dies zuzüglich Beilagen, Suppe, Getränke. Zuletzt auch ein stolzer Preis. Es gibt Chinas in größeren Städten wie Tromsø, Bodø etc. Besuch kann Tipp sein, oder aber extrem Maggi-verwürzt oder versalzen...

<u>PIZZERIAS</u>: in Nordnorwegen oft lecker. Gibt aber auch fade Pizza- Ketten. Zumindest preislich nicht billig, je nach Größe und Belag ca. 8-1o Euro zuzüglich Beilagen wie Salat sowie Getränke.

<u>CAFETERIAS</u>: kann preiswert-Alternative sein, z.B. in Shopping Centers oder Domus/Coop- Kaufhäusern. Zwar nur wenige Gerichte zur Auswahl, und die Küche nicht immer ein High- Light der Kochkunst. Dafür aber der Teller passabel gut gefüllt und man wird satt. Dies für Preise um ca. 8- 12 Euro plus Getränk.

<u>KRO</u>: norwegischer Name für Gasthof. Man findet sie in ländlichen Gegenden, auf Inseln, teils bei Abfahrt von Fähren. Das Essen ist einfach, gutbürgerlich und preiswert. Aber wenig Auswahl an Gerichten.

<u>IMBISS</u>: die sogenannten „Gatekjøkken" Imbißbuden servieren Snacks

wie Hamburger etc. Kann knackig teuer sein, siehe die Bude von Bodø am Schnellboothafen, - aber auch preiswert und lecker siehe „Mo I Rana". Die Ketten wie McDonalds & Co. konnten sich bisher (zum Glück) kaum bis Nordnorwegen verbreiten. - TANKSTELLEN: haben oft eine Imbißecke, wo Würstchen (pølser) und belegte Brötchen verkauft werden. Dies für den Hunger zwischendurch. Der Snack hat aber „Tankstellenpreis".

Tipps zum Geldsparen gegen hohe Restaurantkosten in NN:

* FRÜHSTÜCKSBUFFET: die Norweger frühstücken morgens sehr üppig. Dies reicht in der Regel bis zum frühen Abend. Für Hotelgäste ist das Buffet in der Regel von ca. 7- 1o Uhr früh aufgebaut. Man kann sich selbst bedienen. Aufgebaut Leckerleien von verschiedenen Käsesorten, in Marinade eingelegter Heering, oft auch Lachs und Dorschrogen bis Schinken, Ei, Joghurt, Milch bis Müsli etc. Wer Hotel gebucht hat: in der Regel im Übernachtungspreis inkl. Nicht-Hotelgäste können an der Rezeption das Buffet für ca. 12 Euro/ Person buchen. Keine schlechte Idee. Selbstverständlich wählt man ein gutes Hotel mit üppigem Buffet. Im Preis sind natürlich auch Getränke wie Fruchtsaft, Kaffee etc. inkl. Auch darf man beliebig oft mit dem Teller zum Buffet zurückkehren. Das üppige norw. Frühstück nennt sich „Frohkost".

* MITTAGESSEN: in z.B. Hotels mit Buffet preiswerter als a la carte. In einfacheren Restaurants das „Tagesmenü" wählen, nennt sich „dagens rett", beinhaltet Suppe, Hauptgericht und Desert. Die Zeiten fürs Mittagessen sind in der Regel 12- 14 Uhr.

* ABENDESSEN: sofern möglich, Buffet buchen. Meist in Restaurants aber nur a la Carte möglich, siehe oben. Das Abendessen in Norwegen beginnt relativ früh ca. 18 Uhr, um 22 oder 23 Uhr sind viele Restaurants oft schon geschlossen. Wer also relativ spät im Hotel eintrifft, sollte bereits beim Einchecken an der Rezeption fragen, wann die Küche schließt.

* SELBSTVERPFLEGUNG: im Supermarkt - und Kochen im eigenen Wohnmobil, bzw. in Camping-Hütte mit eigener Kochgelegenheit. Kann einiges an Geld sparen.

RiMi: in Nordnorwegen weitverbreitete Supermarkt-Kette. Dieser Laden auf den Vesterålen.

FRÜHSTÜCKS - BUFFETS: auf Fähren wie der Colorline nach Norwegen oder Silja- Line zwischen Finnland und Schweden sind exzellent und ihren Preis wert. Weniger überzeugt hatte uns das Frohkost- Buffet auf der TT- Line.

SUPERMÄRKTE: fast in jedem größeren Ort. Die größten Supermarktketten in Nordnorwegen sind Rimi und Rema 2ooo, weiterhin Prix sowie Supermarkt in Domus Kaufhäusern. Das Angebot an Lebensmitteln ist gut und breitflächig, - die Preise entsprechen denen in Deutschland, bei manchen Waren wie Südfrüchte und Gemüse teurer.

Per Supermarkt auf Selbstverpfleger- Basis lebt man trotzdem billiger als in teuren Restaurants. Wir haben uns auf unseren Nordnorwegen Reisen gut verpflegt am Hotel- Frühstücksbuffet. Ansonsten in Supermärkten eingedeckt. Restaurants nur dann besucht, wenn es sich um spezielle Feinschmeckerlokale handelte, Tipps siehe Hauptteil des Bandes.

Außen angeschlagen die Öffnungszeiten. Siehe Foto (Rimi/Vesterålen) an Werktagen 9 - 2o Uhr, am Samstag bis 18 Uhr. Sie sind So. geschlossen.

Die Supermärkte liegen entweder in Einkaufsgalerien (z.B.im Ortszentrum von Harstad; dort Parken schwierig), - oder besitzen eigene Parkgarage wie das „Glashuset" in Bodø. In der Regel sind Supermärkte aber so gelegen, daß man direkt mit dem Einkaufswagen vom Shop zum Auto kommt.

Käsetheke: die Norweger lieben Käse, allerdings in teils „sehr speziellen Varianten" z.B. mit fast klebrig-süßem Karamellgeschmack oder der sehr herb- rauhe „Gamalost". Wer neu ist im Land der Wikinger: erst mal kleine Käse- Portion kaufen und probieren. Gibt auch Importkäse, so aus Dänemark, Schweden oder Frankreich, die eher dem mitteleurop. Geschmack entsprechen.

Kühltruhe: gut bestückt mit Fisch, Fleisch und Pizzen. Wer ein Wohnmobil hat mit Kochgelegenheit, oder in Hütten mit Kochgelegenheit logiert: super. - Soll aber auch Leute geben, die eine Mini- Mikrowelle (Kostenpunkt ca. 13o Euro) ins Auto packen. Benötigt 22o Volt Stromanschluß, vorhanden in Hütten oder im Hotel...

| **Käsesorten (Auswahl)** | **(am Frühstücksbuffet oder im Supermarkt)** |
|---|---|
| Brunost | Brun = braun, ost = Käse. Sammelbezeichnung für eine Käseart in brauner Farbe. Hierbei wird Milch bzw. Molke so lange gekocht, bis sie hellbraune bis rost- oder dunkelbraune Farbe annimmt. Schmeckt in etwa wie ein gesüßter Gouda bis hin zu Karamellbonbon und ist gewöhnungsbedürftig. |
| Gamalost | aus Ziegen oder Kuhmilch. Der Name (gammel = alt, ost = Käse) vermutlich wegen seinem Aussehen, Schimmelpilze geben der Rinde ein gelblich grüne, blau oder ocker Farbe je nach Alter. Es gibt Varianten, bei denen der Käse mit Stroh eingewickelt wird, das mit Gin getränkt ist. Ein Hartkäse, dessen Geschmack gewöhnungsbedürftig ist. Reifezeit: 1- 6 Monate, teils auch länger. |
| Gjetost | karamelfarbiger Bauernkäse und bei den Norwegern sehr beliebt. Vom Namen (gjet = Ziege, ost = Käse) ursprünglich aus Ziegenmilch hergestellt. |

| | |
|---|---|
| | Heute aber oft in Mischung 9o % Kuhmilch und nur 1o % Ziegenmilch, Gibt viele Varianten. Als Geschmacksverstärker: Beigabe von Sahne, Kräutern und Gewürzen. |
| Gudbrandsdalsost: | brauner Käse aus Ziegen- und Kuhmilchmolke, Karamellgeschmack. |
| Jarlsberg | weicher, gelblicher Schnittkäse mit Löchern. Wird aus Kuhmilch hergestellt, eine Art norwegischer Emmentaler. Seinen Namen hat er von einer alten Wikingersiedlung am Oslo Fjord. Geschmack: mildwürzig. |
| Mysingur und Mysiostur: | brauner, sahniger Käse |
| Nøkkelost | weicher weißlicher Schnittkäse. Geschmacksverfeinerung durch Beigabe von zerriebenen Gewürznelken. Reifezeit 3 Monate. |
| Pultost | streichfähiger Käse mit Kümmel, gefertigt aus Buttermilch. |
| Ridder | milder, halbfester Butterkäse |
| Snøfrisk | aus Ziegenmilch hergestellter Frischkäse. Der Name (snø = Schnee, frisk = frisch) weist auf die schneeweiße Farbe des Käses hin. |
| Skyr: | weißer, relativ weicher Käse, hergestellt aus der Molke von Kuhmilch |

Es gibt weitere Käse- Sorten, u.a. importiert aus Dänemark, Schweden und Frankreich.

**Frühstücks- Eier**

Egg — Ei (weichgekocht = bløtkokt), - hartgekocht (=hardkokt), - Speigelei (=speilegg), - Ei mit Schinken (=egg og bacon), - Rührei (=eggerøre)

**Brot am Frühstückstisch oder im Supermrkt**

Die Regel sind Brötchen und Weißbrot. Für Leute aus Mitteleuropa gewöhnungsbedürftig. Unser dunkles Brot vermißt man; fast nie gesehen. Aber damit muß man auf der Skandinavienreise notgedrungen leben.

| | |
|---|---|
| loff | Weißbrot |
| kneipp-brød | Grauweißbrot |
| Knekkebrød | Knäckebrot |
| Kavringer | Zwieback |
| Flatbrød | hauchdünnes Knäckebrot. Schmeckt gut, auch zwischendrin. |

In Sachen FISCH kann (!) eine Nordnorwegen-Reise ein Eldorado sein. Breite Auswahl in speziellen Fisch-Restaurants (insbes. von Tromsø, Details dort), - teils in Supermärkten und direkt am Hafen.

In Bodø, dem Endpunkt der Nordlandbahn z.B. jeden Morgen beim SAS Hotel fangfrischer „Reker" (Krabben) direkt vom Boot. Ansonsten wird fangfrischer Fisch in Nordnorwegen meist nicht direkt vom Boot - sondern über die Vermarktungsketten z.B. Supermärkte verkauft. Dort tiefgefrohren in der Tiefkühltruhe.

LACHS („Laks"): neben Dorsch/Kabeljau der norw. Exportartikel Nr. 1. War früher als wildlebender Lachs teuer, - wird heute in Zuchtbecken im Meer in großer Stückzahl produziert. Für die Lachse ist das vergleichbar mit dem Auslauf von Hühnern in Legebatterien. Exportiert werden jährlich rund 4oo.ooo Tonnen Lachs, vorwiegend nach Mitteleuropa, USA und

Japan. Der Lachs degradiert somit zum Billigprodukt für paar Euro im Supermarkt.

Im Zuchtbecken haben die Lachse nicht die Möglichkeit der zigtausenden Kilometer ihrer Lachswanderung. Der Lachs braucht aber Bewegung für seine Muskulatur. In Lachsbecken setzt er Fett an. Freilebende Lachse ernähren sich u.a. von Krebsen, daher die rote Farbe des Fleisches.

In den kreisrunden und mit Gitter abgetrennten Zuchtbecken bekommt der Lachs neben Futter u.a. Karotin reingekippt, damit sein Fleisch die vom Konsumer gewünschte rötliche Farbe erhält. Und viel an Antibiotika, damit er ohne Krankheiten und flott zu kapitalen Exemplaren wächst und Gewinn bringt.

Die Antibiotika nimmt der Mensch auf. Auch Anpassung und in Folge resistente Stämme, gegen die u.U. bisherige Antibiotika nicht mehr helfen, - Probleme ähnlich wie bei der Schweine- und Rindermast mit Antibiotika. Die Aquakultur Norwegens mit Lachs- Zuchtbecken ist daher derzeit nicht unbedingt das Gelbe vom Ei. Auch wenn sie den Betreibern der Aquakultur höheren Gewinn bringt als der wildlebende Lachs.

**Fisch (Auswahl)**

| | |
|---|---|
| Røkt Laks | Räucherlachs |
| Gravet Laks | marinierter Lachs, roh mit Dill, Salz, Pfeffer und Gewürzen. Oft mit Senfsoße serviert |
| Ristet Laks | gegrillter Lachs, Variante: in Butter oder Öl in Pfanne gebraten |
| Kokt Laks | gekochter Lachs, serviert z.B. mit Pellkartoffeln, Gurkensalat (agurk) und saurer Sahne (rømme). Die Version Lachs zu kochen, ist die in Norwegen und zu Hause (also nicht im Restaurant) gebräuchlichste Variante. |
| Fiskeboller | Fischklößchen in Soße. Gefriergetrockenes aus dem Supermarkt kann langweilig schmecken. |

FISCHREICHTUM in Nordnorwegen. Illustration von Olau Magnus 1555. Die übersteigert großen Fische symbolisch/mittelalterlich für Fischreichtum.

| | |
|---|---|
| Fiskepudding | Pudding aus Fisch, serviert mit Soße (z.B. Krabbensoße, lecker). |
| Ørret | Forelle, in den Varianten gekocht (= kokt), gegrillt (= ristet) oder geräuchert (røkt). Genuß entweder solo, oder mit Beilagen Gemüse, Kartoffeln. |
| Rakørret | Forelle, einige Monate in Salzlake eingelegt, Delikatesse |
| Fiskesuppe | Fischsuppe, gibts in verschiedenen Varainten, z.B. „Bergen Fiskesuppe“ |
| Torsk | Dorsch, z.B. „kokt“ (gekocht), häufiges Gericht in Restaurants. Serviert mit Beilagen, die den sehr milden Geschmack des Fisches betonen. Der Fisch nennt sich „Dorsch“, so lange er noch nicht geschlechtsreif ist, danach „Kabeljau“, - auf Norwegisch in beiden Fällen „torsk“. |
| Trosketunge | Zunge vom Dorsch, serviert u.a. mit saurer Sahne, Delikatesse. |

**Trockenfisch**

Dorsch, Kabeljau

Tradition seit Wikingerzeit. Der Fisch (Dorsch) wurde an Seilen aufgehängt und getrocknet. Dabei verliert der Fisch rund 6o- 7o % seines Gewichtes. Er ist zudem in dieser Konservierungs-Methode langfristig haltbar. Wichtig für Seefahrten auf langen Strecken offenen Meeres, - so u.a. der Wikinger nach Grönland und Nordamerika.

Trockenfisch ist reich an Calcium, Eisen, Vitamin B sowie Proteinen. Daher wichtige Nahrung für Seefahrer, aber auch für Küstenbewohner als gewissermaßen „Lebensmittel-Vorrat“ und zu Zeiten, als es den Eisschrank noch nicht gab. Weiterer Vorteil: sein geringes Volumen. Nach dem Trockenvorgang kam der Fisch in Pressen und schrumpfte weiter zu handlichen Ballen. Dies bei einem Nährgehalt: 1 kg Trockenfisch = ca. 5 kg fangfrischer Fisch.

Für die Herstellung von Trockenfisch eignet sich besonders der arktische Dorsch, da geringer Fettgehalt. Er besucht alljährlich Jan.- März die Inselgruppe der Lofoten und Ves

TROCKENFISCH auf Seilen. Illustration Lofoten Ende 19. Jhd. “Modernere Methode” Holzgestelle.

**Fischlexikon** für Restaurant, Supermarkt. Aber Achtung, erhältlich sind nicht alle Fische. Zudem Saisonzeiten. Für fangfrischen Fisch: z.B. arktischer Dorsch nur Dez.-März, - Köhler nur im Juli, August. Tiefgekühlter Fisch hält sich dagegen bekanntlich lange, somit nicht saisonabhängig.

**Salzwasserfische**

| norwegisch | deutsch |
|---|---|
| berggylte | Gefleckter Lippfisch |
| blasteinbit | Blauer Katfisch |
| breiflabb | Seeteufel |
| brosme | Brosme, Lumb |
| fjesing | Petermann |
| flekksteinbit | Gefleckter Katfisch |
| grasteinbit | Gestreifter Katfisch |
| habrann | Heeringshai |
| havabbor | Wolfsbarsch |
| haval | Meeres- Aal |
| havmus | Chimäre, Seekatze |
| hellefiske/ kveite | Heilbutt |
| horngjel | Hornhecht |
| hvitting | Wittling |
| hyse | Schellfisch |
| kveite | Heilbutt |
| lange | Leng |
| lomre/ limande | Rotzunge |
| lyr | Pollak |
| lysing | Seehecht |
| makrell | Makrele |
| mulle | Meerbarbe |
| øyepål | Stintdorsch |
| piggskate | Nagelrochen |
| piggvar | Steinbutt |
| rødnebb | Kuckucks- Lippfisch |
| rødspette | Scholle |
| rognjeks | Seehase (Milchner) |
| rognkall | Seehase (Rogner) |
| sei | Köhler, Seelachs |
| sild | Heering |
| sjøtunge | Seezunge |
| skrubbe | Flunder |
| stenbit | Steinbeißer |
| storskate | Glattrochen |
| torsk | Dorsch/ Kabeljau |
| tunfisk | Thunfisch |
| tunge | Seezunge |
| uer | Rotbarsch |

**Süßwasserfische**

| norwegisch | deutsch |
|---|---|
| abbor | Barsch |
| ål | Aal |
| bekkaure/ ørret | Bachforelle |
| bekkerøye | Bachsaibling |
| brasme | Brassen |
| gjedde | Hecht |
| gjørs | Zander |
| harr | Äsche |
| karpe | Karpfen |
| karuss | Karausche |
| lake | Quappe |
| ørret | Forelle |
| regnbueørret | Regenbogenforelle |
| røye | Saibling |
| sik | Felchen, Maräne |
| suter | Schleie |
| vederbuk | Aland |

**Lachsfische**

| norwegisch | deutsch |
|---|---|
| laks | Lachs |
| røye | Meeressaibling |
| sjørret | Meeresforelle |
| sjørøye | Wandersaibling |

terålen. Spätestens seit frühem Mittelalter wurde dort Trockenfisch produziert. Für die Handelshäuser der „Deutschen Hanse“ mit Sitz Bergen war Trockenfisch von den Lofoten und Vesterålen wichtiges Geschäft neben anderen, so Getreide und gesalzener Frischfisch.

Herstellung: nach Anlandung des fangfrischen Dorsches, wird der Kopf abgetrennt. Er findet Verwendung als Fischfutter bzw. Fischmehl. Der Körper wird aufgetrennt und die Innereien entfernt. Anschließend halbiert und auf heute V- förmigen Holzgestellen getrocknet. Das stinkt gewaltig. Aber die Leute sagen: „es stinkt nicht nach Fisch, - sondern nach Geld“. Immer eine Frage der richtigen Perspektive...

Auch wenn es heute Fabriken gibt, die mit Hitze den Fisch trocknen: die Methode der V-förmigen Trockengestelle ist noch weitgehend verbreitet. Sie spart Energie. Der Fisch kommt mit motorisierten Pick-ups zu den Trockengestellen und wird dort mit Hand aufgehängt.

Abnehmer: bereits seit Mittelalter u.a. die Italiener. Für die Seefahrernation u.a. Genuesen und Venezianer war Trockenfisch willkommene Nahrung auf ihren langen Handelsfahrten und (Kreuzzügen) im Mittelmeer an Bord ihrer Schiffe. Und so wurde der aus Nordnorwegen importierte Stockfisch *„Stoccafisso norvegese“* auch in der heimischen Küche Italiens zu beliebtem Gericht bis heute. Zubereitung in der Region Vicenca/Venedig: *„Alla Vicentina“* mit Butter, Zwiebeln, einem Schuß Wein und Parmesankäse. - In der Region Sizilien schärfere Varianten. In jedem Fall muß der Trockenfisch einige Zeit in Wasser aufgeweicht werden, bis er weiterverarbeitet werden kann.

Es gibt rund 2o verchiedene Qualitäten und Namen. Minderwertige (und billigere) Qualität findet Abnehmer insbes. an der afrikanischen Westküste und u.a. Nigeria. Dort weiterverarbeitet als Eintopf mit Kartoffeln, Gemüse und rotem Pfeffer.

| | |
|---|---|
| Lutefisk | Stockfisch, Lute = „Lauge“ (in der der Fisch aufgeweicht wird). Es gibt andere Varianten, den Fisch eßbar zu machen: nämlich mit dem Hammer draufhauen. Trockenfisch hält sich übrigens bis zu ca. 4 Jahren. |
| Torskerogn | Dorschrogen, der Kaviar Nordnorwegens. Erhältlich u.a. in Supermärkten bzw. in Restaurants als Vorspeise mit Snacks a la pasta. |
| mølje | gekochter Fisch (meist Dorsch), vermischt mit Dorschleber, -Rogen und Kartoffeln. Nordnorw. Traditionsgericht, insbes. der Lofoten und Vesterålen. |
| reker | Garnelen. Oft am Hafen vom Boot aus fangfrisch verkauft. Ist andere Sache als die tiefgefohrenen aus der Supermarkttruhe. Reker dienen auch als Garnierung von Salaten, - oder in Kartoffel (gebacken in Alufolie), anschließend diese aufgeschnitten und mit Sahne + Reker gefüllt. |

FLEISCHSPEZIALITÄTEN: in Deutschland, A, CH übliche Gerichte wie Wiener Schnitzel, Schweinebraten, Rouladen etc. gibt es selbstverständlich auch in Norwegen. Namen siehe Kasten rechts.

In Nordnorwegen gerne gegessen sind „elg“ (Elch) und „rein“ (Rentier). Wird entweder kalt am Buffet serviert, oder beispielsweise als „gullasj“ (Gulasch), als Geschnetzeltes in der Pfanne, in Frikadellen oder in Suppen. Es gibt sogar Wurst aus Elch oder Rentier.

Spezielle Lokale, die nach traditionellen Rezepten der Samen kochen, gibt es in der Samenhochburg Alta an der E 6 nördl. von Tromsø.

## Fleisch, Geflügel

| norwegisch | deutsch |
|---|---|
| bacon | Speck |
| benløse fugler | Rouladen |
| blodpølser | Blutwurst |
| chateaubriand | Chateaubriand |
| **elg** | Elch |
| **fåre** | Hammel |
| filet | Filet |
| frikadeller | Frikadellen |
| frikasse | Frikasse |
| gullasj | Gulasch |
| **hane** | Hahn |
| **høne** | Huhn |
| kjøtt | Fleisch |
| **kalve** | Kalb |
| kotelett | Kotelett |
| kylling | Hühnerfleisch |
| **lamme** | Lamm |
| lamme bryst | Lammbrust |
| lever | Leber |
| medisterpølser | Bratwurst |
| mørbrad | Rumpsteak |
| nyrer | Nieren |
| **okse** | Ochse, Rind |
| oksehale | Ochsenschwanz |
| oksetunge | Ochsenzunge |
| pølser | Wurst, Würstchen |
| ragu | Ragout |
| **rein** | Rentier |
| ribbe | Schweinerippchen |
| roastbeef | Roastbeef |
| **sau** | Schaf |
| skinke | Schinken |
| skinkestek | Schweinebraten |
| stck | Steak |
| **svine** | Schwein |
| syltelabber | Schweinshaxe |
| villand | Wildente |
| Wienerschnitzel | Wiener Schnitzel |

## Gemüse, Feldfrüchte etc.

| Fisch norw. | Fisch deutsch |
|---|---|
| agurk | Gurke |
| artiskok | Artischocke |
| bakte poteter | gebackene Kartoffel |
| blomkål | Blumenkohl |
| bønner | Bohnen |
| broccoli | Brokkoli |
| erter | Erbsen |
| grønnsaker | Gemüse |
| gulerøtter | Mören, Karotten |
| hodekål | Weißkohl |
| hvitløk | Knoblauch |
| karse | Kresse |
| kokte poteter | Salzkartoffeln |
| løk | Zwiebeln |
| mais | Mais |
| moste poteter | Kartoffelpürre |
| persille | Petersilie |
| poteter | Kartoffel |
| purreløk | Schnittlauch |
| purre | Porree |
| reddiker | Radieschen |
| rødbeter | Rote Beete |
| rødkål | Rotkohl |
| rosenkål | Rosenkohl |
| salat | Salat |
| selleri | Sellerie |
| snittebønner | Schnittbohnen |
| spinat | Spinat |
| stekte poteter | Bratkartoffeln |
| sylteløk | eingelegte Zwiebeln |

## Obst, Zitrusfrüchte

| | |
|---|---|
| ananas | Ananas |
| appelsin | Apfelsine |
| aprikos | Aprikose |
| banan | Banane |
| blandet frukt | gemischtes Obst |
| daddler | Datteln |

**Obst, Zitrusfrüchte (Fortsetzung)**

| norwegisch | deutsch | melon | Melone |
|---|---|---|---|
| eple | Apfel | paere | Birne |
| fersken | Pfirsich | plomme | Pflaume |
| fikner | Feigen | rabarbar | Rhabarber |
| grapefrukt | Grapefrucht | sitron | Zitrone |

GEMÜSE, FELDFRÜCHTE: beliebteste Beigabe sind Kartoffeln. Es gibt sie in den Varianten „bakte" (gebacken in Alufolie, mit leckerer Sahne oder anderer Soße), - „stekte" (Bratkartoffeln mit Zwiebelstückchen), - „kokte" (Salzkartoffeln). - Zu Fischgerichten häufig angeboten Reis („ris"). Gemüse kommt oft von Süd- oder Mittelnorwegen, teils auch aus Holland.

OBST sowie ZITRUSFRÜCHTE sind in der Regel Importware und in Norwegen wegen großer Entfernungen recht teuer.

MILCH („melk"): gibts in allen Supermärkten und verkauft in der länglichen Tetra-Pack, die man oben einknickt, um einen Ausgießer zu bekommen (genau wie bei uns zu Hause). Es bedeuten:

„H-melk" = Vollmilch, - „Lettmelk" = fettarm, - „Skrumet Melk" = entrahmte Milch, fast fettlos, - „Kulturmelk" = geschmacklich ähnlich wie Buttermilch.

BUTTER = „smør". Sie ist teils leicht gesalzen und gewöhnungsbedürftig, gibt auch alternativ Margarine. Milchprodukte sind nicht billig.

DESERT: breite Palette von Kuchen („kaker"). - Pudding mit Obst oder Beeren, z.B. Moltebeeren (siehe Kasten, kann lecker sein). - „Rømmevafler" Waffeln, garniert mit Sahne, - „Rømmegrøt" norw. Spezialität: eine Grütze mit leicht säuerlichem Geschmack, serviert mit Marmelade, Zimt

**Beeren, Kirschen etc.**

| norwegisch | deutsch | | |
|---|---|---|---|
| blåbaer | Blaubeeren | moltebaer | Multebeere |
| bringebaer | Himbeeren | rips | Johannisbeeren rot, weiß |
| brombaer | Brombeeren | rosiner | Rosinen |
| jordbaer | Erdbeeren | solbaer | Johannisbeeren schwarz |
| kirsebaer | Kirschen | stikklelsbaer | Stachelbeeren |
| markjordbaer | Walderdbeeren | tyttebaer | Preiselbeeren |
| | | vindruer | Weintrauben |

und Zucker. - Eis („is") in Varianten. - „bløtkake": hat nichts mit „Blut" zu tun, sondern Sahnetorte mit geballten Kalorien. „bløt" bedeutet weich, da Bisquit-Teig. Die eventuellen Löcher im Zahn freuen sich über die Torte. - „karamellrand" = Karamelpudding. - „sjokolademousse" = Schokoladen-mousse", - „rompudding" = Rumpudding, - „fruktsalat" = Fruchtsalat.

BEEREN etc.: dank des milden Klimas (Golfstrom) gedeihen Erdbeeren selbst in Tromsø, und dies weit nördlich des Polarkreises! - Betreffend Wein-trauben gibt es ein Projekt bei Lakselv (fast Nordkap). Andere Sache ist , ob der „Nordkap- Wein" schmeckt, Details siehe „Lakselv". Weintrauben in den Supermärkten sind ansonsten Importware und teuer.

Lecker sind wildwachsene Himbeeren, Brombeeren etc. in den Wäldern und Nationalparks. Sie sind für Wanderer angenehme Ergänzung auf dem Trail. - Moltebeeren: in Moorgebieten insbes. der Insel Andøya/Vesterålen. Sie schmeckt ausgesprochen gut, besitzt hohen Vitamin C- Gehalt und ist beliebte Beigabe für Nachspeisen wie Eis oder Pudding. Da es nur 1 Beere pro Pflanze gibt und die Ernte äußerst mühsame Bückerei ist, - im Super-

markt sehr teuer, selbst vor Ort auf den Vesterålen. Selberpflücken ist mit Einschränkungen erlaubt, Details siehe Andøya.

**GETRÄNKE**: in den Supermärkten nur BIER. Man unterscheidet zwischen „ØL" (4,5 % Alkohol) und „LETTØL" (2- 2,5 %). Letzteres ist fast mit „gelbem Wasser" vergleichbar. Selber ausprobieren; zumindest nicht mein Geschmack...

Bier wird in Flaschen oder Aludosen verkauft, meist o,33 l, und ist reichlich teuer. Das Pfand gibts im Supermarkt zurück. Größere haben einen Automaten, in den man Flaschen oder Dosen reinschiebt. Ausgespuckt wird ein Beleg (Papierzettel), den man an der Kasse gegen Geld einlöst.

PS: Es soll Leute geben, die leere deutsche Einweg- Alubierdosen auf die Reise nach Nordnorwegen mitnehmen und in dortige Pfandautomaten reinschieben... Klappt in der Regel nicht, da der norwegische Automat unter anderem den Ean- Strichkode liest und feststellt: „Alubierdose ist Ausländer".

BRAUEREIEN: führend im Markt sind heute Großbrauereien. Sie teilen den Markt in Regionen auf und versuchen , in Nachbarregionen überzugreifen. So u.a. „Hansa" von Bergen, - „Ringnes", größte Brauerei der Hauptstadt Oslo, - „Grans" von Sandefjord/ Südnorwegen, - „Dahls" von Trondheim mit dem „Lysholmer", - „Nordland Bryggeriet" von Bodø/Nordnorwegen mit u.a. Bieren der Sorte „Pilsner Øl".

Und: „**Mack**" von Tromsø: Gemäß Aufkleber Bier-Ettikett ist sie *„verdens nordligste ølbryggeri"*, die nördlichste Brauerei der Welt. Gegründet 1877, das Areal erstreckt sich heute über mehrere Straßenblocks. Besichtigung nach Voranmeldung möglich. Mack hat (wie auch die anderen Brauereien) eine Vielzahl origineller Bieraufkleber. So vielfach Eisbären. Mit der Sorte *„Arctic Beer"* wirbt die Brauerei, mit diesem Bier die erste „on surface" (Überland = übers Eis) am Nordpol gewesen zu sein. Nunja: auch Amundsen hatte Bier an Bord bei seinen Versuchen, den Nordpol zu erreichen. Und viele weitere

Expeditionen. Entscheidend ist wohl nicht, wer der „erste mit Bier am Nordpol“ war, - sondern welches Bier besser schmeckt. Zumindest ein guter Werbegag.

Die Bier-Aufkleber sind oft originell und rechtfertigen eigene Sammlung. Mack liefert eine Garnitur silberner Eisbären und Seelöwen sowie Wikinger. Die Dahls Brauerei von Trondheim: Nordlandboote etc. Entscheidend ist aber: Nordlandbier wird von reinem Quellwasser des Nordens gebraut. Je höher man nach Nordskandinavien fährt, desdo häufiger trifft man „Lapin Kulta“. Ein exzellentes Lagerbier aus Tornio/Finnland.

Während die Bierpreise bereits hoch sind (o,33 l Dose oder Flasche ca. 4-6,5 Euro!), - ist WEIN oder HOCHPROZENTIGES fast unerschwinglich. Derartige Sachen gibts nicht im Supermarkt, sondern ausschließlich in speziellen staatlichen Geschäften („Vinmonopolet“) oder an der Hotelbar bzw. in lizensierten Restaurants.

Grund für die hohen Preise ist der Staat, der Alkohol mit extremer Steuer belastet. Damit soll Sauferei (so der Staat) - abgestellt werden. Ob’s funk-

tioniert, ist andere Sache. Unser persönlicher Eindruck: exzessive Sauferei wenn, so eher in Schweden oder Finnland. Aber vielleicht waren wir zu falschem Zeitpunkt an falscher Stelle... In jedem Fall verdient der Staat mit der Alkohol-Steuer kräftig,- und vermutlich verhindert auch der teure Alkohol- Preis für Hochprozentiges sonstige stärkere Exzesse.

**Aquavit**: während Whisky, Gin, Wodka etc. Importprodukte sind, - ist der Aquavit markengeschütztes norwegisches Produkt. Ursprünglich ein Klarer, destilliert auf Korn- oder Kartoffelbasis. Beigaben Anis, Kümmel und/oder Fenchel. Nach der Destillation wird er in alten Eichenfässern aufs Schiff verladen und reist zigtausende Kilometer von Norwegen 2-fach über den Äquator nach Australien und zurück.

Die Temperaturunterschiede, - insbesondere aber das Ausspülen im Eichenfass während der Reise - geben dem Aquavit eine Bernsteinfarbe und herb/milden Geschmack, der seinesgleichen sucht und auch seinen Preis kostet. „Aquavit" bedeutet in Übersetzung „Lebenswasser". Nunja, die Leber dankt. Zumindest schmeckt er gut.

Hochprozentiges ist sehr teuer. So kostet z.B. 1 Flasche Whisky (gute Importware) ca. 6o- 7o Euro (!) im Vinmonopolet- Laden. Davon sind rund 5o Euro Steuer. Ähnlich hoch dürfte die Zollgebühr sein, wer hochprozentiges von Mitteleuropa nach Skandinavien mitbringt (und korrekt dem Zoll meldet).

SPRUDEL: wird in Norwegen bei weitem nicht so häufig getrunken wie bei uns in Mitteleuropa. Trotzdem: Wasser mit Kohlensäure gibt es, z.B. das nordnorwegische „Arctic Water" der Mack-Brauerei/Tromsø. Es hält sich preislich noch im Rahmen. Teurer ist Import- Kribbelwasser, z.B. „Ramlösa" aus Dänemark oder deutsche Mineralwasser.

KAFFEE: Lieblingsgetränk der Norweger. Gibts als Bohnenkaffee in den üblichen Varianten schwarz, „kaffe" mit Milch („melk") und/oder Zucker

LAPIN KULTA: Lagerbier aus finnisch Lappland

(„sukker) bzw. Sahne („fløte“). Aber auch als Nescafe und anderer Hersteller wie Maxwell etc.

## Allgemeine Tipps
## NORD NORWEGEN

NORWEGEN: Personalausweis oder Reisepass. Kinder unter 16 Jahren benötigen Kinderausweis, oder müssen im Pass eines Elternteiles amtlich vermerkt sein.

Selbe Bestimmungen für Dänemark, Schweden und Finnland. Es gibt keine Grenzkontrollen mehr zwischen Deutschland und Skandinavien sowie innerhalb der skand. Länder. Personen müssen sich aber bei Stichkontrollen ausweisen können.

Kraftfahrzeug: Führerschein, Fahrzeugschein. Die Grüne Versicherungskarte (gratis erhältlich von der eigenen Versicherung) erleichtert bei Unfällen die Abwicklung.

## ZOLLBESTIMMUNGEN www.toll.no

NORWEGEN: zwar sind die Grenzkontrollen weggefallen. Es werden aber hier und da Stichproben gemacht, ob die Vorschriften des Warenverkehrs eingehalten werden.
Erlaubt sind zollfrei: Entweder: *2 Liter Bier, *oder 2 Liter Bier und 2 Liter Wein, *oder 1 Liter Wein, ein Liter Spirituosen und 2 Liter Bier. - 2oo Zigaretten oder 25o gr. anderweitiger Tabak. - Fleisch, Fleischprodukte und Käse: Insgesamt 1o kg Fleisch und Fleischwaren, Käse und Nahrungsmittel außer Hunde- und Katzennahrung. - Verboten ist: Einfuhr von Kartoffeln, Pflanzen, Sprengstoff, Alkohol über 6o Volumenprozent.
Wer Waffen mit sich führt (z.B. für die Jagd), muß bei der Einreise am Zoll den eigenen Waffenschein vorlegen und erhält dort einen norweg. Waffenschein, der 3 Monate gültig ist.

DÄNEMARK: max. 9o Liter Wein, 11o Liter Bier und 1o Liter Spirituosen über 22 Vol. %. Weiterhin: 8oo Zigaretten oder 4oo Zigarillos oder 2oo Zigarren oder 1kg. Tabak.- Gegenstände für den persönlichen Gebrauch ohne Limmits.

SCHWEDEN: max. 11o Liter Bier, 9o Liter Wein, 2o Liter Starkwein (16-22 Vol. %) und 1o Liter Spirituosen über 22 Vol. %. Max. 8oo Zigaretten oder 4oo Zigarillos oder 2oo Zigarren oder 1 kg Tabak. Weiterhin: Fleisch, Wurst, Schinken etc. bis max. 15 kg. - Gegenstände für den persönlichen Gebrauch ohne Limmits.

FINNLAND: max.: 11o Liter Bier, 9o Liter Wein, 2o Liter alkohol. Getränke bis 22 Vol. % und 1o Liter Spirituosen. Weiterhin: 8oo Zigaretten oder 4oo Zigarillos oder 2oo Zigarren oder 1kg. Tabak. Gegenstände für

den persönlichen Gebrauch ohne Limmits.
**BIER/ ZOLL**: Problem ist die geringe erlaubte Menge: in Norwegen nur 2 Liter. Es soll Urlauber geben, die im Auto Bier bunkern, um sich die teuren norwegischen Bierkosten zu sparen. An der Grenze macht der Zoll in der Regel nur Stichproben. Die Chance für Kontrollen sind natürlich größer, wenn man mit der Fähre in Norwegen ankommt, - als wenn man auf Nebenstraßen von Schweden nach Norwegen fährt. Wer aber erwischt wird, zahlt u.U. kräftige Strafe, womit das deutsche Bier dann teurer wird als das norwegische im Supermarkt. - Anders die Situation in Schweden, Dänemark und Finnland: Erlaubt sind derzeit max. 11o Liter Bier pro Erwachsene Person. Das müsste eigentlich für einen Urlaub ausreichen...

## GELD

Finnland hat bereits den EUR., Die anderen skandinavischen Länder zahlen noch mit ihrer alten Währung.

In NORWEGEN gilt die NORW. KRONE, abgekürzt NOK oder NKR.

GELDWECHSELN (Norwegen): in Banken oder Postämtern.

Öffnungszeiten Bank: Mo.- Fr. 8.15- 15 Uhr, Do. bis 16.3o/17 Uhr
Post: Mo.- Fr.: 8/8.3o - 16/17 Uhr, Sa.: 8 - 13 Uhr

EC - AUTOMATEN, auch in Norwegen weit verbreitet, die gängiste Art sich Bargeld (Norw. Kronen) zu beschaffen. Die Automaten stehen vor/in Banken, Postämtern, Shopping Centern und je nach Größe auch in Supermärkten. Nicht-Norweger können sie mit EC-Karten benützen, die den Aufdruck „Maestro“ besitzen.

KREDITKARTEN: in Norwegen (und den anderen skand. Ländern) weit verbreitet. Am gängigsten sind Visa, Eurocard, Amex, Diners. Mit ihnen lassen sich Hotels, bessere Restaurants und Campingplätze, Tankstellen sowie teils Shops etc. bezahlen. Da Kreditkarten aber nicht generell akzeptiert werden, sollte man ausreichend Bargeld mit sich führen. So kann es u.a. auch sein, daß Tankstellen auf abgelegenen Strecken keine Creditcards annehmen. Bei leerem Tank und dünnen Tankstellennetz: fatal!

TRAVELLER- SCHECKS: wer auf Nr- Sicher gehen will, legt sich welche zu. Sie werden aber nicht überall akzeptiert, zudem Umtauschgebühr. Ich persönlich bin in Skandinavien nie mit Travellerschecks gereist. Die Norweger, um so mehr im hohen Norden, sind extrem ehrlich. Die Gefahren bestehen eher, daß man selber aus Schüsseligkeit den Geldbeutel irgendwo liegenlässt, - oder: daß z.B. auf dem Campingplatz eigene Landsleute lange Finger machen.

GELD NACHSENDEN: Anruf in der Heimat, dort mit dem Geld aufs Postamt und Überweisungsauftrag ausfüllen (Überweisungsgebühr).

Wird in Norwegen im Postamt in Norwegischen Kronen nach regulärem Kurs ausgezahlt. Die Überweisungs-Gebühr ist abhängig von der Höhe des überwiesenen Betrages und der Frage, wie schnell das Geld am Ziel sein soll.

## POST

Die norwegische Post ist rot (Briefkästen etc.), Postämter gibts auch in kleineren Orten. Da der Postbetrieb bei den weiten Entfernungen sehr teuer ist, überlegt man über mögliche Einsparungen. So sollen in Mininestern Postämter geschlossen und stattdessen in Supermärkte oder Tankstellen verlegt werden. Warum nicht? Wurde auch in Deutschland in kleineren Dörfern erfolgreich praktiziert.

POSTE RESTANTE: funktioniert gut, vorrausgesetzt die Adresse (Stadt/Ort korrekt geschrieben, inkl. der Postleitzahl !) war präzis. Gerade kleine Nester gibts mit selbem Namen in Norwegen öfters. Daher ist die Postleitzahl elementar. Nach Möglichkeit auch Zusatz wie Ort.../Vesterålen etc.

In größeren Städten wie Tromsø oder Bodø geht der Brief automatisch ans Hauptpostamt. - Aufbewahrung: 3 Wochen.

BRIEFKÄSTEN: rot. Briefmarken kauft man im Postamt, - oder auch in den Narvesen- Zeitschriftengeschäften. Postkarte oder Brief bis 20 gr. von Norwegen nach Deutschland ca. 0,12 Euro. Die Beförderungszeit ist relativ schnell. Sogenenannte „A-Post" (Luftweg) benötigt ca. 3- 6 Tage.

PAKETE: 10 kg von Deutschland nach Norwegen ca. 30 Euro, ähnlicher Preis in Gegenrichtung. Benötigen auf dem Postweg ihre Zeit. Schneller aber auch erheblich teurer gehts mit privaten Diensten wie UPS.

## TELEFON

In Norwegen von Telefonhäuschen (rot gestrichen) bzw. in abgelegenen Gebieten von speziellen Privathäusern (an der Straße ausgeschildert). Die Telefonzellen nehmen entweder Münzen, - oder Telefonkarten (telekort). Letztere kann man im Postamt kaufen oder in Narvesen Geschäfen, teils auch Tankstellen. Es gibt zwischenzeitlich auch Telefonzellen, die Kreditkarten (wie Visa, Amex etc.) akzeptieren.

In Telefonzellen kann man sich auch zurückrufen lassen. Die Tel.-Nummer steht in der Telefonzelle angeschrieben.

TELEFONIEREN: Hörer abheben, Freiton abwarten. Anschließend die Nummer wählen. AUSLANDSGESPRÄCHE: von Norwegen, Schweden, Dänemark oder Finnland nach:

| | | |
|---|---|---|
| Deutschland | **0049** | Anschließend wählt man die Stadt, allerdings die Null weglassen (z.B. München statt 089 lediglich 89) + Teilnehmer |
| Österreich | **0043** | |
| Schweiz | **0041** | |

Wer in Gegenrichtung telefoniert (also z.B. von Deutschland, Schweiz, Österreich - oder innerhalb Skandinaviens) nach ->:

| | |
|---|---|
| Norwegen Vorwahl **oo47** | Anschließend wählt man die Nummer des norwegischen Teilnehmers* |

* Keine Vorwahl der Stadt (ist bereits in der Tel.- Nummer integriert). Selbes gilt, wer einen FAX nach Norwegen schickt.

| | |
|---|---|
| Schweden Vorwahl **oo46**<br>Dänemark Vorwahl **oo45** | Anschließend wählt man die Nummer des Teilnehmers. Es gibt keine Ortsvorwahl |
| Finnland Vorwahl **oo358** | anschließend wählt man die finnische Stadt (ohne die erste Null) + Teilnehmer |

TELEFONATE INNERHALB VON NORWEGEN: man wählt lediglich die Nummer des Teilnehmers. Es ist hierbei egal, ob man von z.B. Oslo nach Tromsø telefoniert, oder ein Stadtgespräch führt.

TELEFONBÜCHER: Achtung, in Norwegen sind Buchstaben wie AE, Ø oder Å im Alphabeth hinten angestellt.
Auskunft Inland: 18o, Ausland 181

| **Notruf/nødrop** * in: | Norwegen | Dänemark | Schweden | Finnland |
|---|---|---|---|---|
| Polizei | 112 | 112 | 112 | 112 |
| Unfallrettung/Notarzt** | 113 | 112 | 112 | 112 |

* Der Notruf, auch von Telefonzellen, ist gratis. - Keine Vorwahl nötig. Selbe Notruf-Nummer gelten auch, wer vom Handy anruft.
**Medisinsk Nødtelefon

## HANDY

Die Funkversorgung in Norwegen ist erstaunlich gut. Dies entlang der Hauptstrecken, aber auch vieler Nebenstraßen, der Küste und Fjellregionen.

Für die Norweger ist das Handy mehr als nur „Privatkommunikation". Es wird von Fischern eingesetzt auf ihren Booten im Meer, von Straßenbaufirmen, von den Stromgesellschaft bei Kontrolle der Hochspannungsleitungen etc. Bei der Weitläufigkeit und Einsamkeit Norwegens ist das Handy definitiv hilfreich bis elementar.

Auch für Wanderer und Bergsteiger kann das Handy sehr nützlich sein, so z.B. bei Unfällen Hilfe anzufunken. Vorrausgesetzt, es gibt Funkkontakt.

Selbst die NSB setzt auf ihren Loks zur Zugkontrolle u.a. Handies ein. Ende der 9o-er Jahre führte dies in Südnorwegen zu fatalem Unfall. Auf einer eingleisigen Strecke hatten sich 2 Lokführer auf ihr Handy verlassen - und waren (da die Handies nicht funktionierten) - ineinandergerast...

EINWAHL: bei Ankunft in Norwegen wählt sich das Handy automatisch in norwegische Betreibernetze ein. Selbst in abgelegenen Hochregionen von Jotunheimen und Bygdin See hatten wir exzellenten Funkkontakt. Die Versorgung geht rauf bis Lofoten, Vesterålen, teils tief in Nationalparks, sowie Lappland, Nordkap und Kirkenes, - besteht aber nicht überall!!

Eines können norweg. GMS-Betreiber bei der Weitläufigkeit und Größe des Landes nicht realisieren: In abgelegenen Regionen - und in tief eingeschnittenen Tälern den Funkverkehr ermöglichen. Diesbezüglich gibt es einige „Löcher" in Norwegen. Auch Wanderer sollten sich nicht grenzenlos aufs Handy verlassen!

## STROM

22o Volt Wechselstrom. Selbe Steckdose wie in Deutschland und Österreich. Flachstecker (wie an z.B. Radios, Rasierern oder Batterieladegeräten) passen problemlos. Selbes gilt für die anderen skandinv. Länder.

## ZEIT

Keine Zeitverschiebung. Norwegen liegt in der selben Zeitzone wie Deutschland, Schweiz, Österreich. Auch die Umstellung auf Sommerzeit erfolgt in Norwegen zum gleichen Zeitpunkt wie bei uns zu Hause. Selbes gilt für Dänemark und Schweden. In Finnland dagegen + 1 Std.

## ÖFFNUNGSZEITEN

GESCHÄFTE: variabel, da es keine festen Ladenschlußgesetze in Norwegen gibt. Grobe Regel: Mo.- Fr. ca. 9/1o - 17/2o Uhr, Sa. ca. 9/1o - 12/15 Uhr. Teils haben Geschäfte am Donnerstag länger offen, dafür während der Restwoche kürzer.

SUPERMÄRKTE: Lebensmittelketten wie Rimi und Rema 2ooo schreiben groß auf ihre Läden die Öffnungszeiten: sie sind Mo.-Fr.: 9- 18/2o Uhr, variabel gemäß Sommer und Winter geöffnet - sowie in Bezug Samstag: meist 9- 12/13 Uhr, teils bis 16 oder 2o Uhr.

SHOPPING CENTERS: siehe oben „Supermärkte".

BANKEN: Mo.- Fr.: 8.15 - 15 Uhr, Do bis 16.3o/17 Uhr. Abweichungen möglich.

POST: Mo.- Fr.: 8/8.3o - 16/17 Uhr, Sa.: 8 - 13 Uhr. Sofern nicht mehr reguläres Postamt, sondern in Supermarkt etc.: Abweichungen.

KIOSKE: teils bis tief in die Nacht geöffnet, auch am Wochenende Sa., So. bis 22 Uhr oder länger. Die Öffnungszeiten orientieren sich gemäß Nachfrage. Kann in abgelegenen Regionen erheblich kürzer sein.

APOTHEKEN: Mo.- Fr. meist 9 - 17/2o Uhr, Sa. bis 13 Uhr, teils länger. Es gibt in größeren Orten wie Steinkjer, Bodø oder Tromsø Apotheken mit Notdienst.

TANKSTELLEN: in der Regel während der Woche 8/9 - ca. 22o/22 Uhr. Teils So. geschlossen. Es gibt Tankstellen, die rund um die Uhr 24 Std. geöffnet haben, so entlang der Hauptstrecken E 6, in größeren Orten wie Steinkjer, Mo, Bodø, Tromsø etc., in Svolvaer/Lofoten und Sortland/Vesterålen und im hohen Nordosten wie Kirkenes etc. Details siehe Hauptteil des Bandes.

## EINKAUFEN

LEBENSMITTEL: heute haben die Supermarktketten weit gehend die früheren kleinen Kolonialwaren Geschäfte ab gelöst. Auch wenn es sie noch vereinzelt gibt.

SUPERMÄRKTE: oft selbst in abgelegenen Orten und mit Waren gut sortiert. Neben verschiedenen Käsesorten, Fleisch, Fisch auch Gemüse, Obst sowie Getränke. Details siehe Hauptteil des Bandes.

KLEIDUNG, SCHUHE: Geschäfte in größeren Orten. Ansonsten auch die „Domus Supermärkte“ mit eigener Abteilung.

SPORTAUSRÜSTUNG, KLEIDUNG, ANGELZUBEHÖR: Geschäfte in größeren Orten. Auch die Domus Supermärkte haben eigene Abteilung für Non-Food. Ansonsten beste Adresse und Marktführer für Sportausrüstung, Kleidung und Boots-/Angelzubehör die Geschäfte von „Lovøld“. Gibts u.a. in Namsos, Bodø, Svolvaer/Lofoten und anderen großen Orten, Details siehe Hauptteil des Bandes.

BÄCKEREIEN/KONDITOREIEN: gibt es, so in größeren Orten wie Bodø, Tromsø etc. Weitgehend haben aber die Supermärkte den Verkauf von Brot und Backwaren übernommen.

BUCHHANDLUNGEN: in größeren Orten, so die Ketten „Libris“ und „Interbook“. Verkaufen Schreibwaren bis Schulbücher, teils auch touristische Bücher und Landkarten. Details im Hauptteil des Bandes unter „Einkaufen“ im betreffenden Ort.

TANKSTELLEN: nach Ladenschluß der normalen Geschäfte in Tankstellen in kleinerem Umfang Lebensmittel, Getränke sowie auch Landkarten.

## ZEITSCHRIFTEN/ZEITUNGEN

In den Sommermonaten deutschsprachige Zeitschriften und Zeitungen erhältlich in Narvesen Geschäften.Sie sind auch in Nordnorwegen sehr weit verbreitet, es gibt sie selbst in kleineren Orten. Dort aber meist keine ausländische Zeitschriften.

## RAUCHVERBOT

Eingeführt in Norwegen per Gesetz am 1. Juli 1988. Damals waren schon rund 2/3 der Norweger Nichtraucher. Die wenigen Raucher beschwerten sich, - sie seien eh durch den hohen Zigarettenpreis von damals knapp 4 Euro bestraft. Der Großteil ist Steuereinnahme.

Heute raucht so gut wie kein Norweger mehr. Gut so! Rauchverbot in allen Verkehrsmitteln, öffentlichen Gebäuden sowie für Autofahrer am Steuer. Restaurants müssen separate Raucherecken besitzen. Züge der NSB mit Rauchverbot, ausgenommen einer kleinen Raucherkabine. In Hotels haben die meisten Zimmer Rauchverbot.

# BOTSCHAFTEN

Norwegen in Deutschland
Kgl. Norwegische Botschaft
Rauchstr. 1
1o787 Berlin
Tel.: (o3o) - 5o.5o.5o
Fax: (o3o) - 5o.5o.55
Internet: www.norwegen.no

Norwegen in Österreich
Kgl. Norwegische Botschaft
Reisnerstr. 55-57
1o3o Wien
Tel.: (o1) - 715.66.92
Fax: (o1) - 712.65.52
Internet: www.norway.at

Norwegen in der Schweiz
Kgl. Norwegische Botschaft
Bubenbergplatz 1o
3o11 Bern
Tel.: (o31) - 31o.55.55
Fax: (o31) - 31o.55.5o
Internet: www.amb-norwegen.ch

Deutschland in Norwegen
Deutsche Botschaft
Oscarsgata 45
o244 Oslo
Tel.: (oo47) - 232.754.oo
Fax: (oo47) - 224.476.72

Österreich in Norwegen
Österreichische Botschaft
Thomas Heftyes Gata 19-21
o264 Oslo
Tel.: (oo47) - 225.523.48
Fax: (oo47) - 225.543.61

Schweiz in Norwegen
Schweizer Botschaft
Bygdøy Alle 78
o244 Oslo
Tel.: (oo47) - 225.423.9o
Fax: (oo47) - 224.463.5o

# KLIMA, REISEZEITEN

Nordnorwegen z.B. Lofoten - liegt auf ähnlichem Breitengrad wie Nord-Alaska, nördliches Sibirien oder Mittelgrönland. Während dort im Winter eisige Temperaturen herrschen, sind in Nordnorwegen die Küstengewässer bis rauf nach Kirkenes (Grenze zu Russland) eisfrei. Dies Dank des warmen Golfstromes, der aus dem Golf von Mexico und der Karibik über den Atlantik nach Norwegen kommt.

Keine Region der Welt hat in Küstenbereichen und Nordlage derart mildes Klima. Landwirtschaft ist weit nördlich des Polarkreises möglich. So u.a. Getreide, Kartoffeln und Weiden für Viehzucht.

WINTER: mildes Klima an der Küste, gemäß Statistik bis minus 4 Grad, im Landesinneren Lappland jedoch bis minus 3o Grad möglich.

SOMMER: an der Küste gemäß Statistik ca. 14 Grad, - jedoch bis 3o Grad möglich. Das Landesinnere je nach Höhenlage und Einfluß des Kontinentalklimas bis ca. 35 Grad.

REGEN: die regenreichsten Monate sind September/Oktober, - die regenärmsten April bis (Juli). Auch dies sind lediglich statistische Durchschnittswerte; mit Regen muß immer gerechnet werden. Das gehört zu Norwegen wie Fjorde, Fjells und Gebirge. So fangen hohe Gebirgsketten

Atlantikwolken ab, die sich dort abregnen.

REISEZEIT: ein weiterer Aspekt kommt für Nordnorwegenreisen hinzu: * **Mitternachtssonne** und * **Polarnacht**. Je nach Nordlage geht die Sonne für 1 oder mehrere Monate nicht unter (ca. Mitte Mai/Anf. Juni bis Mitte/ Ende Juli: -> im Bereich Bodø bis Nordkap). Details ab Seite 2oo.

Hauptreisezeit ausländischer Besucher in Nordnorwegen sind die Monate Juni, Juli, August (teils Sept.). Zu dieser Zeit die meisten Wohnmobile auf den Campingplätzen, - und Besuchermassen am Nordkap. Zugleich auch die Monate ausgebuchter Kabinen auf Schiffen der Hurtigruten.

Für Lappland unter Umständen schönste Zeit der Herbst (ca. Mitte Sept.), wenn sich nach den ersten Kälteeinbrüchen die Blätter von gelb bis rostrot färben. - Beste Monate für Wandern meist Mitte Juni bis Mitte August. - Schulferien haben die Skandinaver Mitte Juni bis Mitte August. Da ist halb Norwegen und Schweden unterwegs und u.a. Hütten und Rorbuers von Anglern ausgebucht, andererseits aber Hotels mit dem günstigeren „Sommerpris", da Geschäftskonferrenzen in geringerem Umfang und die Hotels weniger ausgelastet. - Topp-Monate und Tipps für beste Reisezeit gibt es jedoch nicht. Wir waren oft in Nordnorwegen im Herbst bis hin Ende Nov./ Anfang Dez. - auch im Winter unterwegs. Monate der Stille, endloser Weite und krasser Naturbedingungen (insbes. im Winter), die den riesigen Raum Nordskandinavien mit Winden bis Schneestürmen und Polarnacht sowie Nordlicht intensiver erleben lassen.

Die optimale Reisezeit für Nordnorwegen gibt es nicht. Familien mit Kindern und Wohnmobil werden sicher die Monate Mai - Sept. bevorzugen.

Aber selbst der tiefe Winter mit Polarnacht kann extremes Erlebnis sein. Z.B. wie leben die 6o.ooo Einwohner von Tromsø unter diesen Bedingungen? Fahrten mit der norweg. Eisenbahn NSB durch Winterlandschaften nach Bodø - bzw. der schwed. Bahn Stockholm -> Kiruna -> Narvik und weiter per Bus oder Schiff z.B. zu den Lofoten. Extrembedingungen nicht nur des Lebens sondern auch der Kommunikation.

Für Angler kann der Winter sehr attraktiv sein wegen bestimmter Fischarten siehe z.B. „Jøkelfjord Gjestehus" S. 737, - oder Dorschfisch auf den Lofoten, Details 432ff. - Oder Schlittenhunderennen siehe Alta. Weitere Details siehe Hauptteil des Bandes

Der Winter setzt in Nordnorwegen ca. Ende Okt./Mitte Nov. ein und dauert bis ca. April/Mai je nach Nordlage und Höhe bzw. Inland. Allerdings Achtung: schneien kanns im hohen Norden Lapplands selbst im Juni noch! Details zu Mitternachtssonne, Polarnacht und Nordlicht siehe dort.

## KLEIDUNG/AUSRÜSTUNG

Man sagt: *„schlechtes Wetter gibt es in Norwegen nicht, - nur schlechte bzw. unzureichende Kleidung"*. Dies gilt nicht nur für Norwegen-Süd/ Mitte, sondern verstärkt auch für den Norden des Landes.

GENERELL: auch im nordnorweg. Hochsommer (Juni- Aug.) warme Kleidung, Wind- und Regenschutz, gutes Schuhwerk mit Profilsohle.

★ REGENSCHUTZ: mit Regen muß im Küstenbereich (auch Landesinnere) immer gerechnet werden. Mal kurzzeitig, mal für Stunden, mal für Tage... Ein wärmender Anorak ist bald durchnässt, - Seglerjacken aus Plastik mit Kaputze sind der wirksamste und sicherste Regenschutz. Gibts auch in der „Ultraleicht-Version" Nylon. Sie sind sinnvoll u.a. bei Kurztripps raus in den Regen, - lassen aber die Haut nicht genügend atmen.

Besser: Goretex-Kleidung und ähnliche Produkte. Sie sind zwar erheblich teurer. Aber sinnvoll, wer out-door Aktivitäten wie Wandern, Bergsteigen, Radtouren etc. plant. - Der Regenschirm hat seine Berechtigung bei Regen in größeren Orten wie Oslo, Trondheim etc., - ist ansonsten absolut ungeeignet. Wind an der Küste, auf dem Schiff, in den Bergen etc. etc. Dies nur in Richtigstellung, da manche Reiseführer den Schirm empfehlen...

★ WÄRMESCHUTZ: zwar steigt im „Hochsommer" die Temperatur tags auf 2o Grad, teils bis 3o, - kann nachts aber empfindlich kühl werden. Im Reisegepäck sollten daher auf Sommertripps nicht nur T- Shirts und andere „luftige Kleidung" sein, sondern zugleich dicke Pullies, Daunenjacken etc. Beachte: starke Winde lassen Temperaturen erheblich kälter fühlen. Auch nimmt die Temperatur gemäß Höhenlage schnell ab, - wer z.B. Wanderungen auf den Lofoten oder anderen Regionen Nordnorwegens ins Bergland plant. Ein guter Wärme- und Windschutz ist daher elementar in Kleidung.

Um so mehr elementar für Nordnorwegenreisen im Frühjahr/Herbst - und im Winter. Schneidende Winde und daher eiskalte Temperaturen. Ausrüstungsgeschäfte beraten für optimale Kleidung.

★ SCHUHE: Krimskrams wie Stöckelschuhe oder z.B. Mokassins mit glatter Ledersohle zu Hause lassen. Sie belasten das Reisegepäck nur unnötig, - ist eh klar. - Richtig: bequemes Schuhwerk mit rutschfester Profilsohle.

Steinplatten egal auf Straßen oder im Gelände können nach Regenfällen rutschig sein. Im Handel erhältlichen Sportschuhe besitzen wegen Profil sehr unterschiedliche Qualität. So haben Billigschuhe zwar oft kräftiges Profil, sind in Rutschfestigkeit aber alles andere als geeignet bei Regen auf glatten Steinen. Der Schuh sollte zudem bequem sitzen, u.a. im Fersenbereich. - Mocassins mit glatter und zudem dünner Sohle sind für Nordnorwegen Reisen absolut ungeeignet, - auch wenn man keine Wanderung plant.

Wanderschuhe: Beratung durch Ausrüstungsshops. - Gummistiefel: sinnvoll bei Wanderungen durch sumpfige Gebiete, - siehe Hauptteil des Bandes.

Hüttenschuhe: Jugendherbergen,Vandrehjem verlangen sie. Bei Privatbesuch bei Norwegern und Einladung ist Schuhe-Ausziehen und mit „Socken durchs Haus" laufen bzw. „Hüttenschuhe" benutzen sowieso Pflicht.

★ UNTERWÄSCHE: Slips aus Nylon, Polyamid etc. trocknen nach der Wäsche zwar schneller. Generell sollte man aber durchweg Baumwollsachen den Vorrang geben. Sie sind erheblich bequemer zu tragen, insbes. auch auf Wanderungen.

★ HOSEN: Jeans sind die beste Wahl. Strapazierfähig und robust, dies insbesondere auch bei Wanderungen im Gelände mit Gestrüpp etc. Ihr Nachteil: regnen schnell durch. Alternative für Wanderungen: Goretex- Hosen.

★ RUCKSACK, KOFFER, REISETASCHE ?: Entscheidungssache je nach Art der Reise. Der Koffer wird's in den meisten Fällen wohl nicht sein. Er ist selbst mit Rollen sehr unhandlich bei Autoreisen. Zudem sperrig beim Einladen ins Auto.

Reisetaschen: aus Kunstgewebe (z.B. Nylon) sind optimal, da sie sich dem Volumen im Kofferraum Autos/Wohnmobils flexibel anpassen. - Der Rucksack für Wanderungen. In den letzten 1o Jahren hat sich viel getan an Entwicklung. Die Dinger sind leichter geworden, handlicher und komfortabler. Infos: Ausrüstungshops.

★ CHECK-LISTE: persönliche Liste zusammenstellen. Nun gibts Leute, die den halben Haushalt ins Auto packen und ewig lange Check- Listen aufstellen, um janichts „zu vergessen". Beachte: fast alles gibts auch in Norwegen zu kaufen. Ich persönlich reise lieber mit „leichtem Gepäck". Also Ausweispapiere (Pass, Führerschein, KFZ- Schein etc.), - Fotoausrüstung (Kamera bzw. Video), - Kleidung (je nach Länge der Reise in zwei- bis vierfacher Ausführung, Unterwäsche und Socken mehr); wenn was fehlt, kann man nachkaufen. - Reisewecker sinnvoll, wer Zug, Schiff, Flugzeug früh morgens erreichen muß. - Fernglas: Beobachtung von Vogelfelsen.

Starke Taschenlampe. Der Einsatz ist sehr vielfältig, und das Ding nützlich. Egal, ob man nachts am Auto rumfummelt, Details im Gepäck sucht, Fahrzeugprobleme etc. Leuchtkraft überprüfen. Es gibt Billigprodukte, die Batterien fressen, aber auch modere, sehr lichtstarke Taschenlampen.

Badesachen: sollten mit ins Gepäck. Auch wenn Meer und Seen in Nordnorwegen eiskalt sind: es gibt eine Reihe Schwimmbäder. Macht Spaß mal zwischendrin, Details siehe „Sport/Baden".

★ „MEDIZIN"-BEUTEL: Zahnpasta bis Sonnencreme. Es kann durchaus längere Periode mit intensiven Sonne am Tag geben. Am Meer mit Reflektion des Wassers sowie in höheren Lagen (z.B. bei Wanderungen) ist Sonnencreme mit mittlerem Schutzfaktor sinnvoll. - Medizin: siehe dort.

★ WOHNMOBILFAHRER stellen eigene Checkliste auf. Sie beinhaltet den

* Küchenbereich: von Geschirr, Besteck, Töpfe etc., Putzmittel, Topflappen etc. bis Lebensmittel und Getränke.

* Schlafbereich: Bettwäsche, Kissen, Decken etc.

* Fahrzeug: Bedienungsanleitung (bei Fahrzeugproblemen), - Liste der Werkstattvertretungen der eigenen Automarke (auf neuestem Stand!) bzw. Tel. - Hotline der Automarke, die bei Problemen weiterhilft. - Den Zustand der Reifen (auch Ersatzreifen) prüfen, - ebenso wie genereller Check des Fahrzeuges durch die Werkstatt vor Abreise. - Manche Autohersteller verkaufen ein sogenanntes „Ersatzteile- Set". Ob sich der Kauf

lohnt, ist Frage des Preises sowie des Inhaltes des „Sets". Hierzu: Auto-Halogenbirnen gibts auch vor Ort in Norwegen, ebenso Sicherungen etc. Wagenheber ausprobieren, ob er noch funktioniert - und ob das Loch im Fahrzeug rostfrei und funktionsfähig ist. Basiswerkzeug komplett?

Bei schwereren Fahrzeugproblemen ist man sowieso auf die Norweger angewiesen. Hier helfen in abgelegenen Regionen Nordnorwegens zunächst die Tankstellen. Sowie Telefon bzw. Handy zur Hotline des eigenen Fahrzeugherstellers. Bzw. der ADAC mit seinen Partner- Automobilclubs in Norwegen.

* Campingsachen: abhängig von Größe und Ladevolumen des Wohnmobils. Angenehm sind Campingstühle und Tisch, benötigen aber Platz im Fahrzeug. - Nützlich: Hängematte (passt immer ins Auto und kann man vor Ort zwischen Bäumen aufspannen), - Grillgerät, Kohle und - Angel. Passt zusammen mit Grillbesteck wie Zange etc. eigentlich immer ins Auto. Der Fisch kommt von der Angel (relaxing) bzw. zusammen mit Fleisch vom Supermarkt. - Sonnen/Regenschutz: entweder als Plane am Fahrzeug anknüpfbar (zu Hause Vorrichtung wie Haken am Fahrzeug anbringen, Aufstellung mit zusätzlichen Alustangen). Hat sich bewährt, um auch bei Regen im Freien sitzen zu können. - Oder: Wohnmobil hat bereits seitlich angebrachte Pergola. So gesehen bei Fahrzeugen wie VW oder Ford, Fiat. Eine lange Stange, die sich seitlich am Fahrzeug befindet und ausgerollt werden kann inkl. schützendem Zeltbau seitlich gegen Winde und Regenschauer...

* Entertainment: eine gute Versorgung mit Musik an Bord ist ebenso angenehm:optimal ist der iPod von Apple in Direktverbindung mit der Auto-Soundanlage. Es gibt Direktverbindung per Kabel zum Autoradio, bzw. Alternativen per Funk. Moderne Autoradios wie Kenwood etc. haben via AUX den iPod Anschluß vorab schon. Hersteller wie VW, BMW, Mercedes etc. bieten den nachträglichen Einbau an. Lohnt sich bei den langen Strecken in Skandinavien! Fremdanbieter: u.a. www.dension.de

* SAT-TV Empfang (via aufs Auto montierter Schüssel) kann wegen hoher Nordlage in N-Norwegen Probleme im Empfang bringen. Dies umsomehr, wenn hohe Berge den Zugang zum Satelliten versperren. Besser nimmt man sich DVD's und Player mit. Nachrichten im Radio oder im TV des Campingplatzes bzw. Hotels.......

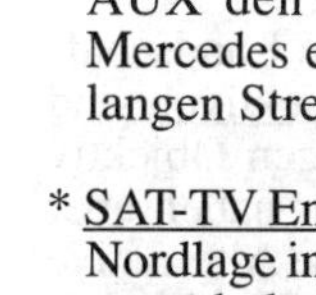

## FOTOGRAPHIEREN, VIDEO

Fast jeder reist heute mit einer Digitalkamera. Entscheidend beim Kauf sind nicht nur die Megapixel, sondern auch die Software und die Qualität des Objektivs. Exzellent sind z.B. Leica und Karl Zeiss Objektive, eingebaut in Sony und Panasonic Kameras.

LICHTEMPFINDLICHKEIT: Man sagt, wenn sich in der Linse insbes.

violett-Töne spiegeln, würde sie besonders scharf zeichnen, ist aber nicht immer das Maß der Dinge. Wichtig die Lichtstärke. Das Material und die Wölbung der Linse schlucken Licht. Optimal wären 1 : 1 (= Null- Lichtverlust), ist physikalisch aber nicht erreichbar. Guter Wert liegt bei semiprofessionellen Kameras und Normalobjektiv bei ca. 1 : 2 (erreicht z. B. von größeren Sony Kameras mit Karl Zeiss Objektiven).. Bei Teleobjektiven entsprechend schlechter je nach Anzahl und Qualität der Linsen ca. 1 : 2,7 oder gar 1 : 4.5. Der entsprechende Wert ist vorne auf der Einfassung der Linse vermerkt. Je besser der Wert, desto leichter lassen sich Aufnahmen auch bei schlechten Lichtverhältnissen realisieren.

KAMERA: die kleinen Digital-Kompaktkameras sind zwischenzeitlich ultra-flach geworden, besitzen trotzdem kleines optisches Zoom und Blitz (letzere allerdings Reichweite nur ca. 2,5 m für Portraits). Sie sind insbesondere für Wanderer wegen minimal Größe und Gewicht sehr praktisch. Bei genügend Licht (tagsüber und z.B. Zeiss Objektiv) liefern sie sehr scharfe Bilder, können aber verständlicherweise nicht das leisten, was große Digital-Kameras mit Lichtstärke 1:2 und starkem Weitwinkel/Teleobjektiv an Fotokomfort bringen. Dafür sind letztere erheblich schwerer.

SPEICHERCHIPS: unterwegs entweder auf mitgenommenes Notebook auslagern, allerdings für Rucksackreisende und Wanderer wegen Gewicht kaum akzeptable Lösung. Hier gibt super handlich und leichtes Apple Foto iPod. Bei 3o bzw. 6o GB Festplatte hat man Platz für jede Menge Fotos und kann Musik zudem Hören.

TELE: für Aufnahmen z.B. Vogelfelsen nützlich. Gibts bei großen Digital-Kameras sowie auch bei kleinen Kompaktkameras. Achtung: letztere Zoomen zum Teil durch digitale Vergrößerung, was erheblichen Qualitätsverlust bedeuten kann. Auch erreichen sie nie den Vergrößerungsfaktor einer großen Digital-Kamera für Vogel Aufnahmen auf weit entfernten Felsen.

WEITWINKEL: durchaus sinnvoll bei Norwegenfahrten, um Landschaften „weitgehend“ in den Sucher zu bekommen. Bei Zoomobjektiven sind die Funktion Weitwinkel - normal - bis Tele in einem einzigen Objektiv integriert. Das spart zwar das Objektivwechseln. Die Dinger haben aber ihre Limits gegenüber starken Einzelobjektiven. - Interessante Alternative sind sogenannte Panorama- Kameras in Analog Sektor. Bei APS - Modellen ist die Funktion in der Kamera integriert und umschaltbar. Bei Digital-Kameras erreicht man Panorama Aufnahmen durch mehrere Fotos nebeneinander, die man zu Hause dann auf dem Bildschirm mit Software zu Panoramen bis zu 36o Grad zusammenfügt.

STATIV: für Verwendung eines starken Teles ist Mitnahme eines Stativs sinnvoll, um (bei insbes. schlechten Lichtbedingungen) die Gefahr des Verwackelns zu vermeiden. Es gibt Stative mit 1 Bein. Sie sind leichter, kompakter und kleiner im Gepäck (z.B. bei Wanderungen). Besser dagegen 3-Bein- Stative. Es gibt sie in Miniversion: man stellt bei Landschaftsaufnahmen das Stativ auf größeren Stein, als Stativ handlich im Wandergepäck. Oder große Stative mit Verstellmöglichkeit der Beine und horizontal schwenkbarer Kamera-Befestigungsplatte plus Wasserwaage und Griff. Mit ihr lassen sich auch ruhige, ruckfreie Videoschwenks realisieren.

Digital- Videokameras. Aufpassen, daß man nicht ein altes Modell erhält, das der Händler noch abstoßen will, da neue bessere Modelle auf dem Markt erschienen sind. Wer Neukauf plant, sollte vorher Testzeitschriften lesen. Wichtig sind u.a. die Lichtempfindlichkeit, um auch bei Restlicht (z.B. Kerzenschein im Restaurant filmen zu können). Sie bestimmt sich bei Digitalkameras a) durch die Linse siehe oben und b) die „Lumen" des Kamerachips. - Die Größe des ausklappbaren Bildschirms: ältere Modelle haben noch relativ kleine Bildschirme. Dort läßt sich das gefilmte Motiv schlechter beobachten, - die Auflösung (= Anzahl der Pixel. Je höher, desto schärfer das Bild bei digitalem Zoom). Mehr Informationen dazu in Fachzeitschriften wie Audio,Video, „Foto/Bild".Dort sehr gute Leistungsvergleiche.

MITTERNACHTSSONNE: wer Einzelbildfotos schließt, kann Glück haben, daß die Belichtungsautomatik richtig steuert. Besserer aber noch ein zweites Foto, indem man die Kamera seitlich neben Sonne ausrichtet und den Wert einspeichert. Geht bei den meisten Modellen, in dem man die Auslösertaste leicht gedrückt hält. Dann Kamera (mit leicht gedrückter Taste) aufs Motiv ausrichten und Foto auslösen.

GEGENLICHT AUFNAHMEN: z.B. Innenraum plus Blick aus dem Fenster ins Freie. Hierbei Kamera umschalten auf „automatische Belichtung plus Blitz".

BLITZ: Achtung, die Reichweite des eingebauten Blitzlichtes endet je nach Kamera in der Regel bei 5 bis 6 m. Wer also plant, z.B. in einer fast dunklen Kirche Deckengemälde in 2o m Entfernung mit Blitz zu fotographieren: funktioniert nicht! - Spezial: originell können dagegen Aufnahmen bei Dämmerung sein: z.B. Seeufer mit Bäumen, im Vordergrund (5 m) die eigene Familie am Campingtisch. Per Blitz wird der vordere Bereich ausgeleuchtet, und der Hintergrund See als „Abendstimmung". Benötigt aber einiges an Übung und Erfahrung.

NORDLICHT: Eine Sache in jedem Fall fürs Stativ. Weitere Details siehe auch Kapitel „Nordlicht".

STROMVERSORGUNG: Stecker von Ladegeräten von Foto/ Filmkamera passen in norw. Steckdosen. - Standard Ersatzbatterien gibts in jedem norw. Fotogeschäft, Spezialbatterien/Akkus dagegen nur in sehr großen Städten wie Oslo erhältlich.

## GESUNDHEIT

Norwegen hat ein sehr gutes, aber auch striktes Gesundheitssystem. Medizin gibt es fast ausschließlich nur gegen Rezept eines norwegischen Arztes. Man sollte daher alle nötige Medizin von zu Hause mitbringen, gilt auch für Basis- Ausrüstung: * Aspirin, - * Schmerzmittel z.B. Thomapyrin, - * Azaron (zur Linderung Juckreiz bei Mückenstichen), - * Mittel gegen Ohrenschmerzen (bei schwererer Erkrankung z.B. Höhrstörungen („blockage") oder gar Ausfluß von Sekret aus dem Ohr umgehend Arzt aufsuchen), - * Wunddesinfektion (Merfen Orange), - Mittel gegen Durchfall (in harmlosen Fällen helfen Kohletabletten, sonst stärkere Medizin. Wenn der Durchfall nach 2 Tagen nicht aufhört, insbes. bei Blutsekret im Stuhl unbedingt Arzt aufsuchen!), - * Mittel gegen Verstopfung, - * Salbe gegen Verbrennungen (z.B. beim Grillen), - * Mittel gegen Halsschmerzen (die „Fishermans Friends" sind rezeptfrei, - stärker und ebenfalls gut „Frubienzym"), - * „Benuron" (fiebersenkend), - * „Mukosolvan" bei Husten, - „Wick Vaporup" zum Einreiben Halspartie, Rücken etc. Hilft zur Durchblutung um z.B. Husten, Halsschmerzen zu reduzieren und heilen. - * „Autan" (Milchreme, vorbeugend gegen Mücken).

* „Voltaren" (rezeptpflichtig, auch in Deutschland), sehr hilfreich bei Vielzahl von inneren Entzündungen, Hexenschuß etc. - * Ohrenstäbchen zum Putzen, aber Vorsicht, - * Penatencreme, hilfreich bei z.B. Wundentzündungen im Po-Bereich, - * „Rennie" bei Sodbrennen. - Diese Liste nur als Auswahl, Beratung durch den Hausarzt. Man sollte die Dinge gelassen sehen und nicht als „Medizinmann" reisen.

ÄRZTE: stehen im Telefonbuch unter *„legevakt"* (=Arzt), Vermittlung auch über die Rezeption von Hotel und Campingplatz - sowie Apotheken. Ärzte haben in Nordnorwegen entweder eigene Praxis, oder halten ihre Sprechstunde in separatem Raum im Krankenhaus *(„sykehus")* ab. So beispielsweise in Harstad etc. für Ärzte der Allgemeinmedizin. - Zahnärzte heißen in Norwegen *„tannleger"*. Die Apotheke kurz und knapp *„Apotek"*. Ärzte sprechen prinzipiell gutes Englisch, teils auch etwas Deutsch. Nach Konsultation und ausführlicher medizinischer Untersuchung wird das Rezept ausgestellt. Mit ihm geht man wie bei uns zu Hause zur APOTHEKE. Diese gibts nur in größeren Orten Nordnorwegens. Ansonsten ist Fahrerei nötig, bzw. Ausgabe der Medizin im Regionalkrankenhaus.

BEZAHLUNG: In Norwegen gilt wie in anderen skandinavischen Ländern das E 111- Formular der deutschen Allgemeinen Krankenkassen. Auf seiner Basis wird verrechnet. Ansonsten Bezahlung. Wer privat-versichert ist, vorab Krankenkasse fragen. Sofern in Norwegen Arztbesuch nötig: die Kosten sind niedrig bei kleineren Erkrankungen. Persönl. Entscheidung, ob Zusatzversicherung.

## MÜCKEN

Dagegen ist im skandinavischen Hochsommer kein Kraut gewachsen. Die Mücken lieben feuchte Niederungen, Sümpfe, nasse Wiesen, Tümpel etc. Wir haben Angler gesehen, die in Schwärmen von Mücken auf Fisch warteten und sich trotzdem nicht abhalten ließen. Mit den Mücken muß man leben, sie gehören zum hochsommerlichen Skandinavien. Und nachts beginnt die Juckerei...

Tipps gegen Mücken gibts viele. Prinzipiell hilft dicke Kleidung, im unteren Bereich z.B. Jeans. Sie sollten allerdings nicht knalleng und nass sein, da stechen die Biester durch. Auch im oberen Bereich der Kleidung fester, dicht gewebter Stoff. Handschuhe wer angelt, Hut mit Mückennetz.

Rechtzeitig eincremen. Einigermaßen gut hilft „Autan", eine Mückensalbe von Bayer. Sowie nachts in der Campinghütte mit Stromanschluß sogenannte Moskito-Coils u.a. von „Bayvap". Das sind kleine Plättchen, die in einen Brenner von ca. 6 cm Größe eingeschoben werden. Er kommt in die Steckdose, wobei die Plättchen erwärmt werden und Duftstoffe abgeben. Sie hatten sich auf vielen Reisen als sehr wirksam erwiesen. Sollten aber in genügend Abstand vom Schlafplatz installiert werden...

In einer Publikation gelesen, daß Mücken sich von Körperschweiß angezogen fühlen. Man solle sich daher häufig duschen. Nunja: bei der Masse von Tierchen! - und ob's hilft ist andere Sache. - Von Piepsern im Ultraschallbereich halten wir wenig. Kosten Geld und hatten sich bei unseren Tests als nicht wirksam erwiesen. Selbes gilt für die Einnahme von Vitamin C als Moskitoschutz. Besser:

Vorbeugend: nachts Fenster von Hütte, Wohnmobil etc. schließen, Zelt zu - bzw. offen mit Moskitonetz. - Im Nacherein: hilfreiche Linderung gegen den Juckreiz sind Azaron-Moskitostifte. Erhältlich in deutschen Apotheken ohne Rezept.

## TOILETTEN

In der Regel sehr sauber, obwohl Ausnahmen. Es gibt an den Hauptverkehrswegen sogar Rastplätze mit Toiletten. Wer sie benutzt: sauber mit der Bürste cleanen, damit der nächste Gast sie ebenso sauber vorfindet. Achtung: es gibt u.a. in Schweden viele Toiletten, deren Schloß sich ungewohnt gegen normale Schließrichtung öffnet. Also keine Angst man sitzt nicht fest...

## FEIERTAGE

Neujahr, Christi Himmelfahrt, Gründonnerstag, Karfreitag, Ostermontag, 1. Mai (Tag der Arbeit), 17. Mai (Nationalfeiertag der Unabhängigkeitserklärung von Dänemark), Pfingsten, 1. und 2. Weihnachtsfeiertag.

## SOUVENIRS

NORWEGER PULLIS: wärmend und in schönen Farbmuster Kombinationen gestrickt. Sie sind zusammen mit den, nach Norwegen importierten Island-Pullis meist nicht Handarbeit, sondern kommen aus industrieller Fertigung. - Weitere Wollsachen wie Handschuhe, Strümpfen, Mützen und Wandteppichen.

HÜTTENSCHUHE: mit glatter Ledersohle, oben Fell oder Strickwolle mit schönen Mustern.

TROLL: der Kobolt von Norwegen. Gefertigt aus Latex bzw. geschnitzt aus Holz. Es gibt ihn in Souvenir-Geschäften in allen Größen und Varianten. Von edel bis Kitsch (oder beides).

SKAND. DESIGN: Skandinavien ist berühmt für seine Design Arbeiten insbesondere in Sektor Keramik, Glas und Möbel. In Nordnorwegen in Geschäften seltener gesehen, gute Sachen aber in Oslo, Stockholm und Helsinki.

ELCH/RENTIER-GEWEIHE: vorab Auto Dachständer mitbringen, sie sind sehr voluminös. Sie werden verkauft im Sommer von den Einheimischen Sammen. Bevor man in Entusiasmus zuschlägt: sehr genau überlegen, an welche Stelle man sie zu Hause dann an der Wand plaziert. Nicht selten werden sie zunächst mit viel Liebe gekauft und vergammeln dann im Keller.

ELCH/RENTIERFELLE: sehen gut aus und sind in Lappland sehr preiswert zu kaufen. Als Bettvorleger eignen sie sich nicht wegen ihren Röhren-Haren, die schon sehr bald brechen wenn man häufig drüberläuft. An der Wand aber sehr dekorativ.

SCHNITZAREBEITEN aus HOLZ und KNOCHEN: traditionelle Arbeiten der Sammen, Verkaufstände an den Hauptstrecken im Lappland. Gutes und größeres Geschäft auch im Sammen-Museum/Karasjokk sowie in Kautokeino und Alta. Selbes gilt für SILBERARBEITEN der Sammen.

MALEREI: wegen der schönnen Landschaften haben sich mehrere Künstler dauernhaft auf den Lofoten niedergelassen und verkaufen ihre Bilder (meist Litographien) in Kunstgalerien. Details siehe Lofoten.

NORDLICHT: hervorragende Fotoaufnahmen verkauft Jan Olav Andersen im gleichnamigen Geschäft in Andenes, Insel Andoya/Vesteralen.

HUSFILDEN: Kunsthandwerk Geschäfte, eine über ganz Norwegen verbreitete Ladenkette. So unter anderem in Bodø, Sortland und anderen Orten. Sie verkaufen von Norweger Pullis über Kleider, Schnitzwerk, Teller, Trolle bis hin zu Moltebeer-Marmelade.

# ① ANGELN : SPORT

Beliebtester Sport vieler Norweger. Das Angeln im Meer und in den FJORDEN ist gratis. Nicht ohne Grund investieren auch Nordnorwegenfahrer einige Zeit am Meer mit der Angel, um sich das Essen gratis zu besorgen. Es sind allerdings Schutzzeiten zu beachten (Infos vom regionalen TI und Postämtern).

Nicht erlaubt ist Angeln in Meeresgewässern, die Lachs, Meeresforellen oder Meersaibling besitzen. Hinweisschilder beachten. Ebenso verboten: der Fang von Edelkrebsen. Nicht- Norwegern ist der Verkauf gefangenen Fisches verboten.

Angeln mit lebendem Fisch als Köder ist verboten. Ebenso darf geangelter Fisch nicht in andere Gewässer transferiert werden. Grund: die Übertragung von Krankheiten soll vermieden werden.

BOOT zum Angeln: kann mehr Spaß bringen, als vom Ufer aus. Spezieller Führerschein für kleinere Boote nicht nötig. Vermietung u.a. von Rorbuers auf den Lofoten und Vesterålen. Beachten: größere Schiffe (egal ob Fischkutter oder Frachter) haben immer Vorfahrt. Hier gilt nicht rechts vor links. Wer als Neuling ein Boot mit Außenbordmotor benutzt: anfangs vorsichtig fahren und üben, insbes. bei Anlegemanövern.

Auch sollte man sich generell nicht weiter 15 Min. vom Ufer entfernen. Das Wetter kann sehr schnell wechseln mit starken Winden, Regenschauern, Wellen etc. - und das Meer wird für kleine offene Boote gefährlich. Das Tragen einer Rettungsweste ist seit 1992 Pflicht, als es einen tödlichen Unfall gab. Die Rettungsweste gibts gratis vom Bootsvermieter.

Bojen im Meer markieren Reusen oder Netze der Fischer. Ihnen darf man sich nicht mehr als 1oo m nähern. Selbes gilt für Fischzuchtanstalten im Meer. Wer beim Angeln Netze oder anderes Gerät professioneller Fischer beschädigt, ist zu Schadensersatz verpflichtet.

**Gute Stellen zum Meeresangeln** sind u.a. enge Meeresarme „Straumen", die die Fische beim Wechsel von Ebbe/Flut gewissermaßen wie im Trichter durchspülen. Die Meeresarme sind oft mit Brücken überquert. Dort und am Ufer gute Angelplätze, - aber wie beim Angeln: nie Garantie für Fang.

Tidenhub: entlang der norw. Küste besteht einiger Unterschied der Meereshöhe zwischen Ebbe und Flut. Dies ist der Zeitpunkt, wo der Fisch seinen Stand wechselt. Hilfreich für Angler ist daher ein Tidenkalender. - Gute Angelplätze sind u.a. auch Schären (kleine Felsklippen und Eilande im Meer) sowie Felsvorsprünge, da der Fisch dort gute Nahrung findet. Vorbeugend: wer nach Norwegen fährt und denkt, er kann sich mit der Angel die Ausgaben für Essen sparen: so leicht gehts nicht!

Tipp für Meeresangler kann auch eine Seekarte der Region sein, die die Meerestiefe und Unterwasserriffs und -Gebirge zeigt. Dort stehen Fischschwärme gerne und warten Richtung Strömung auf Futter... Ebenfalls keine Garantie für den Angler.

Angeln vom Boot: beliebt sind Rorbuer- Ferien in Nordnorwegen, u.a. auf den Lofoten und Vesterålen. Fischerhütten am Meer, meist inkl. Filetierraum, Kühlraum und Boot (es ist entweder gratis bei Rorbuer Miete oder Aufpreis. Sprit geht immer extra).

Information für Fisch sind u.a. die Möven auf dem Wasser, - bzw. das Echolot. Fisch aus größeren Tiefen bis 6o m muß erst mal raufgeholt werden. Gute Ausrüstung nötig und Erfahrung. Rorbuer Vermieter dienen mit Information zu guten Fangplätzen und Ausrüstung. Ausführliche Details zu Rorbuers im Hauptteil dieses Bandes.

**ANGELN in FLÜSSEN, BÄCHEN UND SEEN**: erforderlich
* eine staatliche Angellizenz *(„fiskeavgift“)*, - sofern man Lachs und Meeresforelle angeln möchte. Kostenpunkt ca. 13 Euro. Erhältlich in Postämtern und Tourist Büros, teils auch Tankstellen. Die Lizenz gilt 1 Jahr vom 1. April bis zum 31.3. des folgenden Jahres. Personen unter 16 Jahren und über 7o sind befreit und müssen nichts zahlen.

Weiterhin * eine Angelkarte *(„FISKEKORT“)*. Sie ist in jedem Fall Pflicht, egal welchen Fisch man angeln möchte und gilt regional. Ihr Preis kann sehr stark variieren, je nach Region und dortigem Reichtum an Fisch in Flüssen und Seen. So zählt Grong an der E 6 zu den teuersten Regionen. Hierbei spielt sicher auch die Nähe zur Großstadt Trondheim eine Rolle. Preise ab ca. 15 Euro/Tag aufwärts zu 1oo Euro oder mehr.

Billigere Angelreviere im hohen Norden. Auch hier gibts Super- Lachsreviere, z.B. bei Lakselv Nähe Nordkap.

Background: ähnlich wie bei Hausgrundstücken sind in Norwegen Flüsse und Seen parzelliert. Es ist geregelt, wer im betreffenden Flußabschnitt oder See das Recht zum Angeln hat. Topp-Abschnitte sind die „Sahnestückchen“ und entsprechend teuer, ähnlich wie bei Villen in Bestlage.

Der Besitzer kann die Rechte (Angeln) selber nutzen, - oder weitervermieten. So im Beispiel Grong an Flüssen mit oft nur wenige hundert Meter Angelrecht am Fluß, - je nach dem wie groß seine Parzelle ist. - Topp Reviere sind oft in Privatbesitz und werden teuer vermietet. Aber die Regel „je teurer, desto sicherer ist guter Fang“ gilt nicht immer.

Die Kommunen besitzen vorwiegend die Rechte in abgelegenen Inlandsregionen, Bergland und Regionen Lapplands. Oft auch Rechte an Seen auf vorgelagerten Inseln.

Staat: besitzt ebenfalls nicht unerhebliche Rechte der Fischerei in Regionen.

So kann es sein, daß man in bestimmten Regionen Nordnorwegens keine Fiskekort benötigt, angeblich u.a. in der Gemeinde Moskenes/Lofoton. Speziellen Fall vor Ort erkunden im Touristbüro oder Gemeindeverwaltung. - Beachten: wer ohne Angelkarte erwischt wird, riskiert Strafe der Polizei.

Die Angelkarte verkaufen regionale Touristbüros. Oft auch Hotel, Rorbuers und der Campingplatz, sofern in Angelregionen. Dort Infos: wo und zu welchen Bedingungen geangelt werden darf, - auch zu Beschränkungen und Schonzeiten.

Man muß schon ganz schön abgehärtet sein, um im Hochsommer ins Meer zu steigen. Traumstrände mit Sand und super landschaftlicher Szenerie gibt es viele, insbesondere auf den Lofoten und Vesterålen. Das Wasser ist eiskalt, auch im Hochsommer. Kälter sind

Strände zur Westküste und offenem Atlantik, - gering wärmer sind flache und windgeschützte Strände Ri Ost. Auch hier steigt die Wassertemperatur im Hochsommer selten über 2o Grad. Die Regel sind eher 15 - 17 Grad.

SCHWIMMBÄDER: u.a. in Steinkjer/E 6, - Namsos/RV 17, - in Bodø/ RV 8o, Mosjøen/E 6 und Bardufoss/E 6, - in Svolvaer/Lofoten, Andenes/ Insel Andøya/Vesterålen, - Tromsø und Hammerfest. Die Temperaturen in den indoor Schwimmhallen sind angenehm zum Auffrischen und Relaxen bei den Langstreckentripps rauf in den hohen Norden. Details im Hauptteil des Bandes.

3 **WINDSURFEN**: beliebt insbes. im Bereich der Lofoten, dort auch Meisterschaften im Sommer in Ramberg. Details „Lofoten". Im Kommen und derzeit noch Geheimtipp sind Strände an der Westküste der Vesterålen, insbes. Insel Andoya.

Neopren- Anzug ist Bedingung wegen eiskaltem Wasser, aber guter Surf auf hohen Atlantikwellen. Ausrüstung selber mit-bringen. Es handelt sich nicht um eine „erschlossene Region" vergleichbar mit Korsika oder Kykladen bzw. Cornwall oder Hawai etc. Obwohl es für Surfer spezialisierte Campings u.a. auf den Lofoten gibt, Details dort.

4 Die nördlichsten Golfplätze der Welt bei Narvik/E 6 und auf den Lofoten Nähe Hov/Insel Grimsøy. Der Golfstrom machts möglich, daß man im Sommer bei angenehmen Temperaturen im hohen arktischen Norden golfen kann. Dies bei 24 Std. Tageslicht. Der Golfplatz von Narvik passsabel windgeschützt. Der von Hov/ Lofoten direkt an der Atlantikküste. Den Wind vom Meer muß man beim Schlag auf den Golfball mit einkalkulieren, da er die Flugbahn des Golfballs beeinflußt. Das macht die Sache spannend. Auch Unterricht für Anfänger, weitere Details siehe Hauptteil des Bandes.

5 Vermietung von Pferden an der E 6, Details siehe Hauptteil des Bandes und auf den Vesterålen. Die Haltung von Pferden und Shettland Ponys ist teuer. Kostet seinen Preis, aber schön und relaxing in abgelegen Tälern.

6 Nordnorwegen bietet gigantisches Potential an möglichen und lohnenden Wandergebieten. Kleinere Sachen so am Snåsa See Nähe Steinkjer ab Parkplatz RV 763 zu einem Rentier in Stein (ca. 15 Min), - Halbtages bis Ganztagswanderungen z.B. auf den Lofoten und Vesterålen, - Wanderungen in nordnorwegischen Nationalparks, - Wanderungen im Bereich der Eisenbahn Narvik -> Kiruna, - hin zu anspruchsvollen Mehrtageswanderungen auf abgelegenen Trails rüber nach Schweden. Alle Details siehe Hauptteil des Bandes unter unserem Wander-Logo. Beschrieben u.a. die Einstiegspunkte sowie die Trails in den Wanderregionen und Nationalparks.

**Jedermannsrecht**: in Skandinavien verankertes Grundrecht. Es besagt, daß die Natur der Allgemeinheit frei zu Verfügung steht. So u.a. zum Wandern und Zelten. Dies allerdings mit Einschränkungen. Wer sein Zelt aufstellt: genehmigt ist kein Dauerlager sondern maximal 2 Tage, Mindestabstand zu Wohngebäuden 15o m. Besser: Anwohner fragen, ob man zelten darf. Die Natur ist äußerst schonend zu behandeln, beachten: sie regeneriert sich bei der Kälte Skandinaviens nur äußerst langsam! Siehe unten! Abfälle nie vergraben, sondern mitnehmen zu örtlichen Entsorgungsstellen. Tiere nicht stören, Abstand zu Vogelbrutstätten!

Zeltplätze müssen in ordentlichem Zustand verlassen werden, d.h. alle Abfälle mitnehmen und Platz sauber verlassen. Auch beachten, daß die Böden und Pflanzen in Skandinavien äußerst empfindlich sind. Graben mit Spaten etc. ist verboten, da die Natur sehr lange braucht, um sich zu regenerieren. Verbot von offenem Feuer von 15.4.- 15.9. Dies gilt in freier Natur. Selbstverständlich dürfen die ausgeschilderten Picknickplätze mit Grillgelegenheit (gibts öfters im hohen Norden) ganzjährig benutzt werden, müssen aber ordentlich verlassen werden. Auch ist das „Abholzen" umliegender Sträucher und Bäume verboten. Kleinholz auf dem Boden darf dagegen gesammelt werden.

Zur „Freien Natur" und Jedermannsrecht gehören Flächen, die nicht landwirtschaftlich oder in anderer Form (Tierzucht, Fischfang etc.) genutzt sind. Das Jedermannsrecht gilt somit nicht für jegliche landwirtschaftliche Flächen, Äcker, Weiden, Wiesen, Gärten, Grundstücke etc. Es ist in dem Zusammenhang zu beachten, daß in Nordnorwegen der Grundbesitz nicht mit Zaun, Gatter etc. zu kennzeichnen ist. Man sollte im Zweifelsfall (sofern Gehöft in der Nähe) immer fragen, ob man Zelten darf.

Das Jedermannsrecht gilt für Wanderer, - nicht aber für PKW- und Wohnmobilfahrer! Autos dürfen nur Straßen befahren. Wer seine Kiste auf fremden Grund abstellt ohne den Besitzer vorher um Genehmigung zu fragen, kann mit erheblichem Ärger rechnen.

★WANDERWEGE/KARTEN: sind meist markiert (in Norwegen mit Steinmännchen und einem roten T). Wo sich Wanderwege kreuzen: Wegweiser, aber nicht immer. Eine Detailkarte sowie KOMPASS (auch GPS) sind insbes. bei schwierigeren und längeren Wanderungen generelle Pflicht.

Einen guten ersten Überblick bringen die Detailkarten von Cappelens, die viele Wanderwege eingetragen haben - inkl. Hütten und Entfernungen! Letztere werden in Norwegen in Stunden (= t) angegeben, sind aber nur grober Orientierungswert, da abhängig von der Erfahrung und Konditon des Wanderers.

Als grobe Regel gilt: in leichtem Gelände ohne nennennswerte Steigung ca. 3- 4 km pro Stunde. Kann aber erheblich weniger an km/Stunde sein, wenn Steigungen überwunden werden müssen und/oder bei schlechtem Terrain z.B. sumpfiges Gelände oder Geröllhalden, Bachdurchquerungen etc. Die norweg. Karten gehen bei Zeitangaben zudem von geübten Wanderen mit Erfahrung und Kondition aus.

Topographische Landkarten (Topographiske Kart) für Wanderer im Maßstab 1 : 5o.ooo gibts für alle Gebiete Nordnorwegens flächendeckend. Herausgeber ist der norweg. Verlag „Statens Kartverk". Die Karten sind superdatailiert (Höhenlinien, Gehöfte etc.), aber leider nicht immer auf neuestem Stand. Auch fehlen teils Wanderwege und Hütten.

Exzellente Detailkarten von den Schweden (wer im Grenzgebiet wandert).

Sie reichen rüber nach Norwegen und sind Tipp trotz ihres meist größeren Maßstabes von 1 : 1oo.ooo.

Erhältlich sind Detailkarten vor Ort in ihrer betreffenden Region u.a. in Tankstellen sowie in Buchhandlungen (z.B. Bodø, Narvik, Svolvaer/Lofoten, Harstad etc.). Aber keine Garantie, daß die jeweilige Karte vorrätig ist. Wer spezielle Wanderungen plant, sollte sich das Kartenmaterial unbedingt bereits vorab in Deutschland/A, CH kaufen. Dort zwar teurer, aber auf der sicheren Seite. Auch läßt sich besser vorplanen.

| Kartenmaßstab | cm = | km |
|---|---|---|
| 1 : 5o.ooo | 1 | 0,5 |
| 1 : 8o.ooo | 1 | 0,8 |
| 1 : 1oo.ooo | 1 | 1 |
| 1 : 2oo.ooo | 1 | 2 |
| 1 : 25o.ooo | 1 | 2,5 |

WANDERN auf den LOFOTEN: gehört zu den schönsten Wandergebieten Nordnorwegens, insbes. die Region um Ramstad/Reine. Details siehe dort, ebenso zu anderen lohnenden Regionen der Lofoten so Nusfjord, Digermulen und Varøy.

WANDERN auf den VESTERÅLEN: lohnend auf der Insel Hadsel, insbesondere aber im Bereich Myre und Boot zur Insel Skogsøya - sowie bei Nykesund nach Stø im Norden der Vesterålen. Die norweg. Königin hat ihn gewandert, - daher „Königsweg“. Eine mittelschwere Wanderung von 1 Tag, die sich in Ansprüchen in Grenzen hält. Details dort.

WANDERN IN NATIONALPARKS AUF DEM FESTLAND: breite Palette von Kurzwanderungen bis zum Teil sehr anspruchsvollen Mehrtageswanderungen. Letztere benötigen Vorbereitung und entsprechende Ausrüstung. Details siehe Hauptteil des Bandes.

★ÜBERNACHTUNG auf Mehrtagestrails: entweder Zelt (bedeutet Extragewicht im Gepäck) - oder (komfortabler) in Hütte. Letztere sind auf allen wichtigen Trails im Abstand von 4- 6 Std. maximal 1 Tagestour gebaut, können im Hochsommer aber je nach Route und Hütte überfüllt sein. Man schläft dann auf dem Boden, bzw. Zelt mitnehmen.

**DNT** (Den Norske Turistforening): norweg. Verein für Bergwandern, gegründet 1868. Er betreibt Hütten und markiert Wege für Sommer- und Wintertouren.

Es gibt bewirtschaftete * Großunterkünfte, vergleichbar fast Berghotels (u.a. im Bereich Jotunheimen/Norwegen Süd/Mitte), - sowie * Hütten mit Selbstbedienung gegen Bezahlung. Sie besitzen eingerichtete Küche, Decken, Kissen sowie Lebensmittel. In Nordnorwegen sind eher die Regel der dritte Typ: * nicht bewirtschaftete Hütten. Dort keine Lebensmittel, aber Kochgelegenheit und Brennholz zum Heizen. Eigener Schlafsack nötig.

Bewirtschaftete Hütten können von jedem benutzt werden, auch wenn man nicht DNT Mitglied ist. Nicht- Mitglieder zahlen höheren Preis. Nicht bewirtschaftete Hütten benötigen Schlüssel. Dieser ist nur für Mitglieder erhältlich. Weitere Infos siehe DNT.

DNT Vertretung in Deutschland: „Nach Norden“, Helga Rahe, Drostestr. 3, 48157 Münster. Tel.: (o251) - 324.6o8, Fax: (o251) - 326.846. - DNT im Internet: www.turistforeningen.no (Norwegen) und www.huettenwandern.de (Deutschland).

Hunde dürfen nicht in Hütten reingenommen werden. - Gaskartuschen: kein Verkauf, muß man selber mitbringen. - Saison: besonders voll sind Hütten zu Ostern. Wandersaison in Nordnorwegen je nach Trail und Höhenlage ca. Juni bis Sept. - Bettzeug und den Schlafsack selber mitbringen. Dito Taschenlampe, Moskitoschutz, Medizin etc.

Andere HUTTEN gehören regionalen Wander- und Bergsteigervereinen. Details siehe Hauptteil des Bandes. Kontakt über regionale Touristbüros, Adressen siehe Hauptteil des Bandes, die vermitteln.

★BESTE WANDERZEIT: Mitte Juni - Ende September/Anf. Okt., aber abhängig von Region. Trails in Küstenbereichen (warmer Golfstrom) länger - auch abhängig von Höhenlage des Trails und Nordlage. So kann es in Nordlappland selbst Anfang Juni (!) zu Schneefällen kommen. Ausgesprochen schön ist der Herbst mit Färbung der Bäume, insbes. in Lappland (je nach Region Mitte Sept.- Anf. Okt.).

Pluspunkt der Monate Juni - Aug. im hohen Norden: bis zu 24 Std. Tageslicht, was die Suche nach geeignetem Zeltplatz in der Wildnis bzw. Lokalisierung der Schutzhütte erleichtert. Auch ist Wandern „in den Abend hinein" möglich, was den Tag verlängert. - Nachteil: die Monate der Mückenplage, aber damit muß der Nordlandfahrer leben. Abhilfe: nachts das Zelt dicht verschließen bzw. Moskitonetz am Eingang. Siehe auch „Wander-Kleidung" im folgenden Kapitel sowie zu Mücken generell Seite 1o8.

★FERNWANDERUNGEN NORWEGEN-> SCHWEDEN: gehören zu den anspruchsvollsten Wanderungen und nur für Erfahrene. Es gibt 3 Querverbindungen:

* Narvik/Norwegen -> Kiruna/Schweden: Hauptverbindung, tägl. Zugverbindung, Details auch zu Wanderungen der Region Seite QW. Erreicht den nördlichen Teil des schwed. „Kungsleden" (Details im VELBINGER Band 18 „Schweden").

* Drag/Hellemobotn Norwegen -> Padjelanta Nat. Park/Schweden: in gewisser Weise Geheimtipp für geübte Wanderer und nur wenig bekannt. Landschaftlich großartig im Grenzbereich. Details zur norweg. Seite in diesem Band ab Seite 394, - weiter auf schwed. Seite im VELBINGER Band 18 „Schweden".

* Fauske -> Sulitjelma -> Schweden: Details zur norweg. Seite in diesem Band Seite 292ff.

Oben genannte Trails benötigen ausführliche Reisevorbereitung beginnend von Landkarten, Planung bis Reiseausrüstung. Da mehrtägig bis 1 Woche, unterwegs keine Siedlungen nur Hütten. Sie führen aber in die letzte Wildnis Europas mit grandioser Natur. Wasserflugzeuge u.a. ab Staloluokta/ zurück in die Zivilsation. Details im VELBINGER Band 18 „Schweden".

★AUSRÜSTUNG: ist abhängig, welche Wanderung man plant. So benötigen

* 1- Tagestouren bzw. Mehrtageswanderungen von Hütte zu Hütte weniger Gepäck. Man spart eine Vielzahl an Gegenständen und Gewicht im Rucksack. So u.a. Kocher bis Töpfe, Geschirr, Besteck. Weiterhin Zelt bis Isomatte, Heringe zum Festzurren des Zeltes etc. Die Vielzahl an Gegenständen geht ins Gewicht. Unterm Strich bedeutet Hüttenübernach-

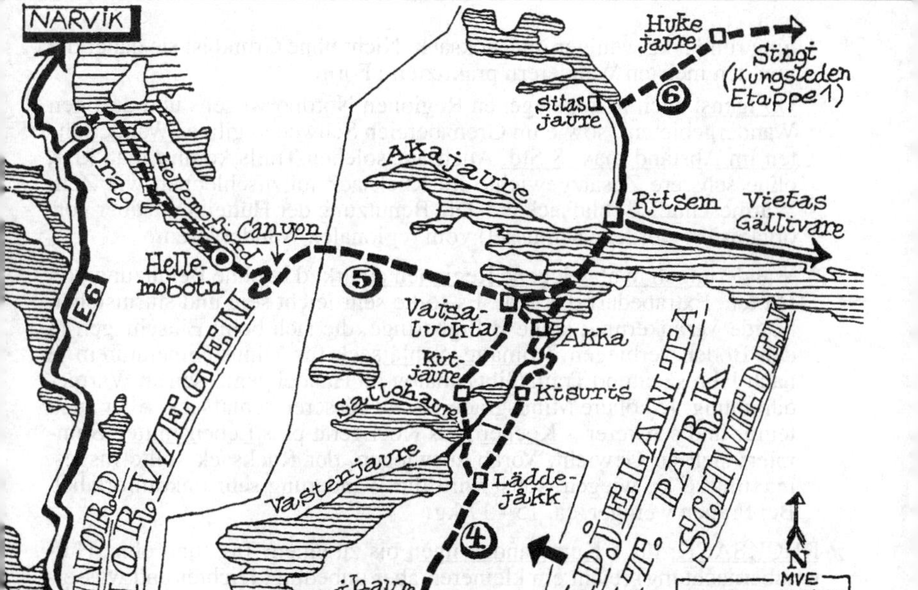


**Querverbindungen zwischen Norwegen und Schweden**

Achtung: nur für erfahrene Wanderer! Mögliche Routen: Ab Sulitjelma/Norwegen nach Staloluokta/ Schweden (2, und weiter durch den Padjelanta Nat. Park 4). Oder ab Staloluokta nach Kvikkjokk/ Schweden (1). Es gibt im Sommer auch Wasserflugzeuge auf der Strecke Sataloluokta -> Kvikkjok. Ebenfalls möglich: ab Sultijelma/Norwegen direkt (3, 1) nach Kvikkjokk, eine anspruchsvolle Mehrtageswanderung durch absolute Einsamkeit. - Ab Drag/Norwegen Schiff auf dem Hellemofjord nach Hellemobotn. Dort sehr schöne Wanderung an einem Canyon mit Seen und Wasserfall rauf in die Hochebene (5) nach Vaisaluokta/Schweden. Dort mit dem Schiff über den Akajaure und weiter auf dem Kungsleden Nord (6) nach Abisko an der Eisenbahnstrecke Narvik -> Kiruna. Alternativen möglich. Oder: Rundtour (4, 2) nach Sulitjelma/Norwegen. Ausführliche Details in diesem Band „Nordnorwegen“ sowie im VELBINGER Band 18 „Schweden“.

tung rund 5 kg weniger im Rucksack. Nicht ohne Grund ist sie daher die von den meisten Wanderern praktizierte Form.

Übrigens: auch in abgelegenen Regionen Nordnorwegens und dortigen Wandergebieten - sowie im Grenzbereich Schweden gibt es Wanderhütten im Abstand max. 8 Std. Auch auf solchen Trails kommt man klar, ohne schwere Zusatzgewichte im Rucksack mitzuschleppen wie Zelt, Wärmeschutz- Schlafsack etc. Die Benutzung der Hütten muß aber vororganisiert werden (Schlüssel) vom regionalen Wanderverein.

* Wanderungen in abgelegene Regionen autark: d.h. ohne Benutzung von Hütten. Extrabedarf das Zelt. Es sollte sehr leicht sein und sturmsicher. Solide Verankerung, keine Billigheringe, die sich beim Einschlagen in den Boden verbiegen. Isomatte, Schlafsack für Minustemperaturem je nach Jahreszeit und Trail. Gibts analog im Handel gemessen an Wärmedämmung. Je höhere Minusgrade, desdo besserer Schlafsack. Aber auch teurer und schwerer. - Kocher plus Kochgerät plus Lebensmittel. Summiert sich an Gewicht. Vorab auswiegen, der Rucksack sollte insges. maxim. 2o kg wiegen, sonst wird die Wanderung sehr unkomfortabel. Bei Frauen weniger, ca. 15 - 17 kg.

★RUCKSACK: für * Kurzwanderungen bis zu einem Tag (und ohne Hüttenübernachtung) reicht ein kleinerer, aber unbedingt leichter und wasserdichter Rucksack. Im Handel ab ca. 15 Euro. In ihn kommen die wichtigsten Dinge für den Trail, auch Lebensmittel. Zusätzlich hat sich ein separater Bauchgurt mit Tasche bewährt. In ihm kann eine kleine Kamera (auch Digital plus Ersatzbatterie und -Chips) für schnellen Zugriff untergebracht werden, sowie das Handy.

Für * Mehrtageswanderungen: größerer Rucksack, der 3 Kriterien erfüllen sollte: * möglichst leicht (meist Alurahmen), aber stabil. - * hoher Tragekomfort des Rucksacks, beginnt bei breiten, gepolsterten Schultergurten, hin zu Beckengurt, der das Gewicht des beladenen Rucksacks richtig am Körper lagert. - * viele Seitentaschen, aber zweckmäßig angeordnet, sodaß man im Rucksack schnellen Zugriff hat und nicht wühlen muß. Zudem sollte er absolut wasserdicht sein, elementar bei Trails in Nordnorwegen!

Kaufberatung am besten in Spezial- Sport und -Outdoor Shops. Gibt auch Tests in Outdoor Zeitschriften. Wer will, kann den Rucksack im Shop probetesten (mit Gewicht ca. 2o kg beladen), ob er komfortabel sitzt.

Für Mehrtageswanderungen, - egal ob von Hütte zu Hütte, - oder outdoor im Zelt: das Gewicht aufs Minimum reduzieren! Auf alles Unnötige verzichten. Minimalgepäck = gesteigerter Wandergenuß.

★KLEIDUNG: elementar ist guter Wärme- und Windschutz. Größere Höhe bedeutet kühlere Temperaturen. Starker Wind läßt gleiche CelsiusTemperatur erheblich kälter spüren. Zwei Grundregeln. Im Klartext: wenn es unten z.B. Reine/Lofoten am Fjord „warme" 1o Grad hat, - läßt die Besteigung rund 3oo m höher eine Temperatur von knapp über Null Grad bei Wind er-fühlen. Hinzu kommt guter Regenschutz. Niesel bis Regengüsse in Nordnorwegen keine Seltenheit. Manchmal nur für Stunden, bis das Wetter aufklart, - manchmal auch für Tage.

Man kleidet sich in Schichten: direkt am Körper warme Baumwollsachen, darüber je nach Trail warmer Pulli. Außen je nach Trail, Höhenlage und Jahreszeit eine leichte Windschutzjacke bis hin wärmende Daunenjacke. Es gibt sie gestaffelt nach Kältegraden und Wärmeschutzfaktor. Beratung in Ausrüstungsshops.

Gegen Regen ist Goretex- Kleidung hilfreich. Sie ist atmungsaktiv, leicht und bequem. Bei starkem Regen (insbes. Dauerregen) dürfte nach unserer Erfahrung eine Kunststoffjacke die bessere Wahl sein. Sie ist je nach Produkt relativ leicht (Nähte unbedingt verschweißt) und gehört zusätzlich ins Reisegepäck. Für „Atmung" sorgen abgedeckte Löcher in der Jacke. Hilft aber nicht viel. Man schwitzt schnell, ist aber bei Regengüssen zumindest gut geschützt.

★SCHUHE: elementar ist gute Profilsohle bei in der Regel steinigem Gelände auf Nordnorwegentrails. Sie sollte gemäß Material sehr griffig sein (bei feuchten Steinen rutschig!). Beachte: optisch starkes Profil der Sohle bedeutet noch lang nicht, daß sie auch griffig ist. Letzteres ist vom Material abhängig! - Auch sollte sie bei „Abrollbewegung des Fußes" nicht zu hart sein, - zugleich aber Steine nicht durchfühlen und sich im oberen Bereich des Fußes (bis Knöchel) bequem den Fußbewegungen anpassen.

Moderne Wanderschuhe erfüllen obige Kriterien. Beratung und Kauf am besten in speziellen Sport- und Ausrüstungsshops.

Andere Sache ist Durchwanderung von Sumpfgebieten, in Nordnorwegen auf Trails nicht selten! Der optimale Schuh ist hierfür noch nicht erfunden. Die einen schwören auf Gummistiefel. Sie sind (auch bei Anglern) der effizienteste Schutz gegen nasse Füße und Socken. Allerdings schwer und bei langem Tragen = Schwitzen. - Alternativen sind Wanderschuhe in Kombi aus Gummi/Leder bzw. Goretex. Eingefettetes Leder ist übrigens erstaunlich Wasser-resisten, - aber niemals so wie Gummi. Bauweise derartiger Kombie-Schuhe: unten Gummi (teils auch Kunststoff), oberer Teil Leder bzw. Goretex. Sofern man nicht ständig in tiefes Wasser reintritt, sind sie ein passabler Kompromis und von vielen Wanderen benutzt.

★MÜCKEN: neben Wind, Kälte und Regen weiterer Feind des Nordnorwegen- Wanderers. Die Tiere lieben Feuchtgebiete wie Sümpfe, Wasserregionen wie Bäche, Flüsse und Seen, aber generell auch windgeschützte Lagen. In größeren (und kühleren) Höhen sind sie seltener, aber keine Garantie. Bei Wanderungen sollte man auch an warmen Tagen ein dickes langärmeliges Hemd tragen mit Verschluß (Schnüre oder Klett) am Handgelenk. - Siehe auch seperates Kapitel „Mücken" im Einleitungsteil dieses Bandes unter „Allgemeine Tipps".

★KLEINTEILE, aber sehr wichtig. Dazu gehören sturmfeste Streichhölzer zum Anzünden des Kochers (wasserdicht verpacken!), - Apotheke (insbesondere auch das Problem von Blasen berücksichtigen!), - Nähzeug, - Zange, - Schnüre, - event. kleiner Mini-Spaten in Leichtausführung sowie Angelzeug, - Handschuhe, Wollmütze (sehr wichtig bei kalten Winden! Und die gibts auch im Sommer), Sonnenschutzcreme, - Schweizer Taschenmesser (gibts in Komfortausführung mit kleiner Zange etc.).

★Elementar sind KOMPASS und LANDKARTE, egal ob man leichte oder schwierigere Trails wandert. Wer zum ersten Mal mit dem Kompass wandert, sollte sich zu Hause kurz einüben. Also: wie man den Kompaß zusammen mit Karte in der Natur einsetzt. Bedienung geht relativ leicht. Beim Kauf eines Kompasses ist meist eine Kurzbeschreibung beigelegt. Die Dinger in Qualitätsausführung sind billig, - Alternative (wers Geld hat) ein modernes GPS, siehe unten.

Landkarten kann man mit einseitig klebender Plastikfolie überziehen, so wie auch Schulkinder ihre Hefte verpacken. Die macht die Landkarte reißfest bei Wind und schützt sie vor Regen. Beschriftung der Karte ist nach wie vor möglich, z.B. mit Stiften, mit denen man auch selbstgebrannte CDs beschriftet.

GPS: Supersache in einsamem Gelände zur Positionsbestimmung. Zwischenzeitlich sind die Geräte handlich und preiswert geworden. Ob man aber unbedingt GPS benötigt, ist andere Frage. Eine ordentliche, detaillierte Wanderkarte reicht in der Regel (mit der Vielzahl ihrer Orientierungsinfos wie Berge, Höhenlinien, Seen, Flußläufe etc.). Dies zusammen mit konventionellem Kompass sowie Markierungen der Wandervereine.

Handy: macht Wandern sicherer, da man bei Notfällen Hilfe rufen kann. Es ist erstaunlich, in welch abgelegenen Gebieten auch Nordnorwegens und Schwedens man Verbindung hat. Allerdings: hundertprozentigen Verlass aufs Handy gibt es nicht, z.B. in tiefeingeschnittenen abgelegenen Tälern.

| | |
|---|---|
| **Notruf Telefon in Norwegen:** | **Medizinische Hilfe 113**<br>**Polit (Polizei) Alarmtel: 112** |

Wer wandert in abgelegenen Regionen: immer zu zweit, damit einer Hilfe holen kann im Notfall. Beachten: bis Hilfe kommt (auch per Nottelefon) kann lang dauern, je weiter man sich von der Zivilisation entfernt! Hubschrauber zur Notrettung gibt es. Sie sind aber oft weit entfernt stationiert, z.B. Bodø, Narvik etc.

★GEFAHREN AUF TRAILS: * Höhenunterschiede nicht unterschätzen! Höhenangaben auf Karten z.B. „Berg 3oo m" klingen niedrig, für Mitteleuropäer fast wie ein Hügel. Defacto steigen die Berge Nordnorwegens ab Meereshöhe an. Dies mit oft erheblicher Steigung, was Kondition benötigt. Man sollte daher bei Trailplanung die Topografische Karte „dreidimensional" lesen, also auch in Bezug dort eingetragener Höhenlinien. Dies gilt für Trails im Küsten- und Fjordbereich sowie auf Inseln wie Lofoten und Vesterålen. Anstiege benötigen Zeit, dies unterschiedlich je nach Terrain, z.B. Geröllhalde, Sumpfgebiet etc. - In Fjellgebieten ebenfalls Steigungen, jenoch nicht so krass wie im Bereich Küste/Inseln.

* plötzlicher Wetterumschwung: keine Seltenheit, insbesondere im Küstenbereich und auf Inseln. Da die Trails dort teils an Steilabstürzen führen, sollte man bei bei Aufkommen dichter Regenschwaden oder Nebel dringend warten, bis das Wetter aufklart. - Abgesehen davon wird der Boden bei Regen- oder Nebelschwaden erheblich rutschiger. Hinzu kommt die Gefahr, daß man sich in der Nebelsuppe verläuft.

★KOCHER: bewirtschaftete Hütten besitzen Kochgelegenheit. Ansonsten: eigener * Gaskocher: handlich, relativ leicht im Gepäck mit kleinen Kartuschen und daraufgeklemmtem Gestell für Kochtopf. Gibts von u.a. der Fa. „GAZ“ in Mitteleuropa, aber auch in Norwegen. Nachteil: funktionieren nur bei absoluter Windstille. - Besser sind spezielle Spiritus- Sturmkocher: weitgehend stabiler Betrieb bei Wind. Das Kochgerät, was auch Norweger bevorzugen. Erhältlich in Mitteleuropa in Sport- und Ausrüstungsshops.

★SCHLAFSACK: bei Hüttenübernachtung weniger das Problem. Hier reicht ein normaler Schlafsack. Je nach Hütten- Klasse gibts sogar Decken.

Anders bei Zeltübernachtung. Je nach Höhen- und Nordlage (sowie Winden!) können die Temperaturen auch im Sommer empfindlich kalt werden. Der * Daunenschlafsack ist leichter und läßt sich an Volumen bequemer in den Rucksack packen.- * Der Kunststoffrucksack hat den Vorteil, daß er weniger Luftfeuchtigkeit aufnimmt. Auch läßt er sich zu Zeiten reduzierter Sonne schneller trocknen.

★ERNÄHRUNG: bei Mehrtageswanderung abseits bewirtschafteter Hütten kommt Extragewicht im Rucksack für Lebensmittel hinzu. Bei cleverer Planung sind dies für eine 1-Wochenwanderung anfangs ca. 5 kg/ Person Extragewicht, die von Tag zu Tag abnehmen.

Zunächst: Wasser in bester Qualität gibt es praktisch immer. Erhebliche Gewichtserspanis bringen daher Gerichte in Trocken- oder Pulverform, die man vor Ort auf dem Trail mit reichlich vorkommendem klaren Wasser mischt.

Nahrhaft und gewichtssparend sind daher Suppen und andere Gerichte in Pulverform, - Trockenmilch in Pulverform, Puddingpulver etc. Sie werden in der Natur mit Wasser vermischt und gekocht. Das spart erheblich GEWICHT. Hinzu kommen Trockenobst, Kakaopulver, Dextrose, Kaffee, auflöslicher Kartoffelbrei, Trockenzwiebeln, Bouillonpulver, Reis, SPAGhetti, Salz, Zucker, Teebeutel.

Fürs Frühstück: Cornflakes (vorab zerkleinert im Mixer zur Reduzierung des Volumens) mit Müsli. Sie sind nahrhaft, vitaminreich und leicht. Andere Lebensmittel wie Käse oder Corned Beef, Haselnüsse, Schokolade etc. lassen sich weder in Volumen noch Gewicht reduzieren, gehören aber ins Gepäck für abgerundete Ernährung. - Die Natur erGÄNZT MIT gefangenem frischen Fisch.

Fertiggerichte in Trockenform gibts preiswert in Supermärkten sowie auch Ausrüstungsshops. Vorab mal „probe-essen“. Nicht alles schmeckt toll.

Zusätzliches Gewicht lässt sich sparen, indem man die Verpackung der Lebensmittel (Kartonage etc.) wegwift und die Suppen etc. nach Thema in leichten Plastiktüten sammelt. Keine schlechte Idee: verschiedene Farben der Plastiktüten für Suppen, Corneflakes etc. So hat man im Rucksack schnelleren Zugriff.

Alle Gegenstände (Unterwäsche bis Pass etc.) im Rucksack nochmals separat in Plastiktüten verpacken. Wiegt nicht viel, ist aber zusätzlicher Regenschutz!

★BACH-/FLUSSDURCHQUERUNG: bei Mehrtageswanderung und abseits der Haupttrails keine Seltenheit. Teils haben Wandervereine Holzbrücken gebaut. Je nach Trail bestehen Brücken ganzjährig, - oder werden Mitte

Okt. abgebaut bis Ende der Schneeschmelze (je nach Region ca. Mai oder später). Damit wird wertvolles Brückenmaterial geschützt.

Sollten Brücken fehlen, muß man sich selber die optimale Stelle der Durchquerung suchen. Hilfreich ist das Reinwerfen von Stöckchen, um Strömungsgeschwindigkeit, Laufrichtung und event. Strudel zu lokalisieren. - Dann: Hose ausziehen und rein ins kalte Wasser. Ein stabiler Wanderstock aus Alu hat sich als drittes Bein bewährt und gibt in Strömungen oder bei Ausrutschen auf Steinen im Wasser zusätzlichen Halt. Nichts fataler, als daß der Wanderer inkl. Rucksack „untertaucht".

Zeit lassen bei der Auswahl der besten Stelle zum Durchwaten. Niemals barfuß, sondern immer mit angezogenen Wanderschuhen. Ihr Profil gibt zusätzlichen Halt im Wasser. Durchwaten nie quer zum Strom, sondern immer schräg gegen den Strom flußauf. Auch Gesicht, Körper und Wanderstock in diese Richtung. Beschaffenheit des Bodens im Wasser vorab prüfen. Auf den ersten Blick harmlose runde Steine im Wasser können sehr rutschig sein, insbesondere wenn sie mit Moos oder Algen bewachsen sind. - Bei mehr als knietiefem Wasser je nach Strömungsgeschwindigkeit gefährlich. Durchquerung meiden und andere Stelle suchen. Oder sicherheitshalber warten; kann sein, daß der Wasserstand bis zum nächsten Morgen sinkt. Das Durchqueren von Wasserläufen wird von Anfängern oft unterschätzt. Bis die Kleidung nach einem Sturz trocknet, dauerts (trotz Ersatzkleidung) lang, - vor allem wenns parallel regnet. Es ist zudem keine schlechte Idee, vor Durchquerung den Hüftgurt des Rucksackes zu öffen. Sollte es zu einem Sturz kommen, kann man sich so schneller vom schweren Rucksack lösen, der mit seinem Gewicht unter Wasser zieht.

★BOOTSVERKEHR: auf Trails der Hauptwanderwege gibts im Sommer Verbindung über Seen mit Motorbooten. So z.B. bei Mayavatn/E 6 über den Namsvatnet in den nördl. Nationalpark, aber auch auf der schwedischen Seite der Nationalparks und Kungsleden. Details siehe Hauptteil des Bandes. Unbedingt vorab im regionalen TI die Abfahrtszeiten klären, ansonsten hängt man in der Einöde fest.

## Skifahren/Snowboarden/Abfahrt

Die wichtigen Skigebiete Norwegens liegen im Süden und der Mitte des Landes. Nordnorwegen ist allein von Entfernungen zu weit abgelegen. Es gibt dort nur wenige Skigebiete.

Abfahrtsskilauf mit Skiliften in GRONG an der E 6 nördlich von Trondheim. Dort komfortables Skihotel. Eine der Abfahrten besitzt sogar Beleuchtung. Allerdings keinen Skibetrieb wie in den mitteleurop. Alpen erwarten.

Nähe MO I RANA/E 6 liegt das größte nordschwedische Skigebiet: Tärnaby/Hemavan. Es ist zugleich größtes Alpinskigebiet Nordskandinaviens. Ebenfalls nicht mit den mitteleurop. Alpen zu vergleichen, aber relativ viele Unterkünfte und Skilifte. Zu erreichen ab Mo/Norwegen über die E 12.

Weiterer Abfahrtsskilauf in NARVIK/E 6 und TROMSØ. Von den Bedingungen nicht schlecht wegen entsprechender Höhenmeter, auch Seilbahn. Problem ist winterliche Dunkelheit; die Pisten müssen beleuchtet werden. Skibetrieb in Tromsø und Narvik nur bei guten Bedingungen Details dort.

Der nördlichste Skilift Norwegens in KARASJOK/norweg. Lappland, eine Mini- Anlage mit sogar kleinem „Skihotel". Alle Details im Hauptteil des Bandes.

Die großen Skizentren Norwegens liegen im Süden des Landes, so u.a. in Lillehammer, bei Fagernes und Breitostollen. Betreffend Schnee gute Bedingungen, allerdings auch im Süden in den Monaten Jan./Febr. nur kurzes Tageslicht. - In Nordnorwegen je nach Lage in der Zeit Dez./Jan. Dunkelheit, was den Abfahrtsski entsprechend einschränkt, sofern keine Beleuchtung der Piste.

**Skilanglauf** Nationalsport der Skandinavier. Jeder größerer Ort Nordnorwegens hat seine eigenen Loipen, so u.a. Mosjoen, Bodø, Harstad, Tromsø etc. Aber auch kleinere Orte. Sie besitzen teils Beleuchtung.

8

## Bergsteigen

Nordnorwegen ist Eldorado nicht nur für Wandern in vielen Nationalparks sondern auch für Bergsteigen.

Supergipfel sind u.a.: Stetinden (1.392 m), eine markante senkreche Felsnadel, die extrem aufsteigt, an der RV 827 südl. von Narvik. - Bei Norwegern zu Recht sehr beliebt sind die Lyngenalpen am Lyngenfjord Nähe Tromsø, landschaftlich großartig. Die Gipfel erheben sich bis 1.833 m, dies direkt ab Meereshöhe/Fjord. Ein Eldorado für Bergsteiger mit Eis- und Gletschererfahrung. Details siehe dort. - Superklettergipfel insbes. auch im Bereich der Lofoten und Vesterålen mit alpinen Gipfeln ab Meereshöhe bis zu 1.ooo m. Details siehe Hauptteil des Bandes. In Henningsvaer/Lofoten eine Kletterschule „Die letzten Wikinger" mit 1 bis mehrtägigen Kletterkursen sowie geführte Besteigungen des Vågakallen (912 m) sowie der Felsnadeln Svolvaergeita bei Svolvar. Sie sind übrigens beliebtes Fotomotiv mit Bergsteigern, die „am Seil" von einer Nadel zur gegenüberliegenden springen. Nicht gerade ungefährlich!

Als Kletterzone nicht weniger spektakulär ist die fast senkrechte Felswand des Rekka auf den Vesterålen. Die Form wie eine Spatenschaufel. Entsprechend berichtet die Sage, daß es einem Troll nicht gelang, einen Kanal zu graben. In Wut schmiß er daraufhin seinen Spaten in die Landschaft. Der Stiel brach an, und die Schaufel blieb als versteinerter Berg. Zwar nur 6o5 m hoch, wegen Meeresnähe und senkrechter Felswände doch definitiv eine Herausforderung nur für erfahrene Bergsteiger. Details siehe Vesterålen.

Anspruchsvolle Bergbesteigungen in Nordnorwegen sind nicht mit denen in den mitteleurop. Alpen vergleichbar. Die Gipfel liegen meist in Küstennähe. Es muß daher mit plötzlichem Wetterumschwung, Wolken und Nebelbänken gerechnet werden. Sie erschweren die Orientierung bzw. können Biwakierung an der Felswand erfordern. Weiteres Problem sind starke Winde, Regenfälle - sowie bei Temperaturunterschieden (z.B. Tag/Nacht oder abkühlender Regenfälle) möglicher Steinschlag, und dies nicht selten.

Zusätzliche Erschwernis bieten vergletscherte Gipfel wie der Lyngenalpen/ Nähe Tromsø oder des Okstindan Massivs/ bei Korgen Nähe E 6 und Mo. Details siehe Hauptteil des Bandes. Egal welcher Gipfel: in jedem Fall vorab das regionale Touristbüro kontaktieren. Es vermittelt den regionalen Wander/Bergsteigerverein. Bei diesem vorab der geplanten Bergbesteigung detaillierte Infos zu Gefahren und Schwierigkeiten einholen!

Zu leichteren Bergbesteigungen gehören u.a. die 7 Schwestern: eine Kette von 7 Gipfel nebeneinander, landschaftlich spektakulär an der RV 17 und Küste Nähe Sandnessjoen. Sie erreichen ab Meer Höhen bis 1.o72 m, super Küstenblick. Realisierbar ohne spezielle Bergsteiger-Ausrüstung (nötig gute Wanderschuhe, Regen-, Wind- und Wärmeschutz), - benötigen aber entsprechende Kondition wegen steilem Anstieg von Null auf 1.ooo... Weitere Details auch zu anderen leichteren Bergbesteigungen in Nord-Norwegen siehe Hauptteil dieses Bandes.

## Radfahren

Wegen gewaltiger Entfernungen in Nordnorwegen kaum generell interessant. Wohl aber punktuell auf Region bezogen.

Interessant wegen landschaftl. Schönheit lohnend * die LOFOTEN. Sie besitzen an Strecken der Küste kaum Extremsteigungen. Radeln sollte man außerhalb der Hochsaison, wenn die Straßen mit Wohnmobilen nicht voll sind. Oder * VESTERÅLEN. Antransport jeweils mit Zug und Schiff.

Probleme sind häufige Regenfälle (Schutzkleidung mitnehmen) sowie starke Küstenwinde: Kann trotz relativ flacher Straßen bei Gegenwind sehr schweißtreibend sein, - insbesondere wer ein 3-Gang Tourenrad mit breiten Reifen fährt. Letztere haben den Vorteil höherer Gepäckmitnahme auf schlechten Straßen, aber höheren Reibungswiderstand. Schon mancher Lofoten- Radler hat sein Ding mit breiten Reifen verflucht. Um so mehr, wenn es an Gängen fehlte! Tipp: Gepäck auf absolutes Minimum reduzieren und schmaleren Reifen fahren. Fahrradversorgung mit Ersatzteilen und Reparatur in Svolvaer/Lofoten neben dem Domus Supermarkt.

Auch für Radler gelten die generellen Regeln: Verbot für Rad (auch Mountain Bikes) abseits von Straßen und Wegen. Jedermannsrecht siehe „Wandern“. Ungeklärt ist, ob Biker Wanderwege benutzen dürfen. Derzeit offenbar ja, aber mit absoluter Rücksicht auf Wanderer, die Vorrang auf den Wegen besitzen. - Rast- und Zeltplätze müssen absolut ordentlich verlassen werden. Abfälle sind mitzunehmen und an öffentlichen Stellen zu entsorgen.

Auf Fähren nach Skandinavien sowie Inlandsfähren/Nordnorwegen ist die

Mitnahme des Fahrrades meist gratis. Auf Zügen der NSB (norweg. Eisenbahn gegen geringe Gebühr. Allerdings Achtung, nicht alle Züge transportieren Fahrräder. Neuesten Stand beim Norweg. Fremdenverkehrsbüro abfragen.

RV 17: zunächst ab Steinkjer/Inland (und Bahnstation, Seite 217) -> Namsos (Seite 323) und dort weiter entlang der Küste. Landschaftlich großartig in Teilabschnitten und beliebt bei Radlern. Sehr anspruchsvolle Tour von ca. 64o km bis Bodø, aber lohnend. Mehrere Kurzfähren, auch möglich als Langstrecke mit Schiffen der Hurtigruten. Details ab S. 64.

HURTIGRUTEN: Tipp für Anreise (z.B. zu den Lofoten). Fahrradmitnahme gegen geringe Gebühr möglich. Die Schiffe fahren ab z.B. Bodø und Bahnstation der Nordlandroute -> Stamsund und Svolvaer/Lofoten -> Vesterålen. Ebenso auf der Langstrecke z.B. Trondheim entlang Küste -> Bodo -> Lofoten -> Vesterålen -> bis Kirkenes im äußersten Norden. Man kann z.B. das Fahrad mitnehmen bis Henningsvaer und zum Nordkap radeln. Dann weiter per Schiff nach Kirkenes und in den Øvre Nationalpark radeln, Details Seite 64.

Es soll Radler geben, die sich zum Ziel setzen, die mehreren 1.ooo km von Oslo bis Nordkap und weiter bis Kirkenes zu radeln. Ob das Spaß macht auf der relativ dicht befahrenen E 6 sei dahingestellt. Die Hurtigruten mit Radl - Stichabstechern (z.B. Lofoten oder Nordkap) ist die sicher schönere Variante. Auch hier kommt einiges an Km zusammen. Als Minimum je nach Reiseplanung 2 Wochen vor Ort + Anreise setzen.

# INDEX

# GESCHICHTE

Überblick. - Details dann im Hauptteil an den jeweils betreffenden Stellen.

## Frühgeschichte

Während mehrerer Eiszeiten und rund 2 Millionen Jahren war Skandinavien von einem gewaltigen Eispanzer bedeckt. Er hatte eine Dicke bis zu 3.ooo m (!) und reichte je nach jeweiliger Eiszeit bis zum heutigen Dänemark. Die Gebirge besitzen ein Alter bis zu 3 Milliarden Jahren. Gletscher formten Berge und Taleinschnitte. In wärmeren Perioden zwischen den einzelnen Eiszeiten gruben Flüsse die Täler tiefer durch mitgeführtes Gestein. Ein Werk von Jahrmillionen. Hinzu kam Erosion durch Verwitterung.

Man unterschiedet zwischen runden Bergformen, meist flachgeschliffen von Gletschern - und spitzen Zacken (u.a. auf der Strecke E 6 Fauske-> Narvik), entstanden durch Erdschiebungen. Eingelagert sind Kohle (insbes. auf Spitzbergen), aber auch Eisenerz (z.B. Kirkenes und Suitjelma). Nordnorwegen ist zudem reich an verschiedensten Gesteinsarten und Eldorado für Hobby- Mineralogen (Tipp u.a. Region Drag Nähe E 6, Details siehe dort). Professionell wird u.a. Schiefer bei Alta abgebaut. Fauske ist Zentrum des Marmorabbaus: ausgesprochen schöne Marmorarten in Maserung und Farben. U.a. das Unesco-Gebäude in New York wurde mit wertvollem Fauske-Marmor ausgestattet. Wer sich dafür interessiert: im Tromsø Museum eine Übersicht sämtlicher Natursteine, die in Nordnorwegen vorkommen.

Typisch für insbes. die Lofoten und Vesterålen sind schmale, flache Landbereiche am Meer („Strandflate“) direkt unterhalb steiler Küstenberge. Sie sind ebenfalls Werk von Jahrmillionen: in den wärmeren Perioden waren diese Küstenbereiche eisfrei. Durch Erosion oder Frost herabstürzende Felsbrocken wurden vom Meer über Jahrmillionen „zerkleinert“ und bilden flache Landstreifen, teils sogar exzellente Sandstrände (z.B. bei Bleik/ Vesterålen, bei Sund/Lofoten und vielen anderen Stellen Nordnorwegens).

Nach Ende der letzten Eiszeit vor ca. 1o.ooo Jahren zogen sich Gletscher bei zunehmender Erderwärmung zurück. Ein Prozess über mehrere tausend Jahre andauerte. Reste des gewaltigen Eispanzers, der gesamt Skandinavien bedeckte, gibt es heute noch in Nordnorwegen. So der Svartisen, der Okstind und der Øksfjordjøkelen. Details siehe dort. Sie sind absolut mini - im Vergleich zum ehemaligen Skandinavien-Eispanzer. *

## Steinzeit (in Nordnorwegen ab ca. 9.ooo v.Chr.)

Als erstes taute das Eis der Küstenbereiche. Zu den ältesten Fundstellen (Feuersteine und Waffen) gehört Blomvåg bei Bergen (ca. 1o.5oo v.

* Gemäß neuester Forschung stammt das Eis nicht von der letzten Eiszeit, sondern ist „nur“ 1.ooo bis 2.ooo Jahre alt (Eisbohrungen).

Chr.) und Nähe Stavanger (ca. 9.ooo v.Chr.), beide Süd- bzw. Mittelnorwegen. Durch das abtauende Eis stieg zunächst das Wasser des Meeres und überflutete tiefliegende Landbereiche.

Bei zunehmendem Abtauen das Eispanzers reduzierte sich zugleich der Gewichtsdruck auf die skandin. Landmasse - und das Land stieg. Dies über die Jahrtausende nicht unerheblich: bis zu ca. 17o m! Bei der Nordnorwegenreise oft in Form von Linien an Küstenbergen zu sehen, - so u.a. und besonders gut auf der Insel Gaukvaerøya/Vesterålen. Die dunkle Linie in 3o m Höhe zeigt den Meeresstand vor 11.ooo Jahren, also zu Ende der Eiszeit. Eine weitere Linie in ca. 1o-12 m = Stand des Meeres vor ca. 6.ooo Jahren. Somit Dokument des Anstieges des Landes. Dieser erfolgte übrigens unterschiedlich. Gaukvaerøya 3o m, - bei Snåsa/Steinkjer dagegen 17o m. Dies war u.a. abhängig von der jeweiligen Eismasse, die das Land belastete. Aber auch davon, ob das Land aus weicherem Gestein/ Erde bestand (Snåsa), wo die Eismassen das Land kräftiger runterdrücken konnten. Oder aus härterer Felsstruktur (Gaukvaerøya).

Auch in den kälteren Nordregionen taute das Eis und machte den Weg frei zur Besiedlung von Steinzeitmenschen. Ob es affenähnliche Neandertaler waren (Rheinland) oder Cro-Magnon (der „Homo Sapiens") ist nicht gesichert. In jedem Fall waren es Jäger und Fischer, die ab ca. 1o.ooo v. Chr. auf der Suche nach neuen Lebensräumen in den Norden wanderten. Dies dokumentiert sich in Felszeichnungen, die Jagdszenen, Tiere, Fischfang und Kulthandlungen zeigen.

Zu den ältesten Steinzeitfunden in Nordnorwegen gehören die Felszeichnungen von LEIKNES (ca. 9.ooo v. Chr.). Die Steinzeitmenschen hatten noch keine Schriftsprache sondern Bilder. Die Entschlüsselung ist bisher nicht vollständig gelungen, sondern basiert oft auf Vermutungen. Spannend sind die Interpretationsversuche. In Leiknes sind eine Vielzahl von Tieren abgebildet. Keinesfalls handelt es sich aber um eine „steinzeitliche Speisekarte", da wichtige Tiere z.B. Heering und Lachs fehlen. Ausführliche Details siehe Leiknes Seite 39o.

ALTA ist bedeutendste Fundstelle Nordskandinaviens wegen Fülle und Detailreichtum an Bildern. Besuch lohnt, abgesehen „Unesco Kulturerbe der Menschheit". Die Wissenschaft datiert die Felszeichnungen auf die Zeit ab ca. 4.5oo v. Chr. und jünger. Gemäß anderer Forscher stammen die ersten Bilder bereits aus der Zeit ca. 8.ooo v. Chr. Die Bildsprache ist reich. Sie zeigt Skifahrer, Jäger, Rentiere, Bären, Fischer etc. Auch hier spannende Interpretationen: warum steht z.B. auf dem Boot eines Fischers auch ein Jäger? Waren beide befreundet, oder Symbol „Handelskontakt"? Warum ist der Jäger im Boot kleiner als der Fischer gezeichnet? Ohne Frage war Alta wichtiger Treff- und Handelspunkt der Jäger und Viehzüchter des Inlandes - und der Fischer am Altafjord. Ausführliche Details siehe Alta Seite 75o.

Es gibt eine Vielzahl weiterer Steinzeitfunde, so u.a. Snåsa bei Steinkjer, auf Røstlandet/Lofoten, auf Varøy/Lofoten, auf der Insel Traena/ bei RV

17 und anderen Stellen Nordnorwegens. Sie sind für den Laien weniger sehenswert (oft nur Mauerfundamente) als Leiknes oder Alta. Aber vielfach lohnende Wanderung. Weitere Details siehe Hauptteil des Bandes.

## Bronzezeit (ca. 1.800 - 500 v. Chr.)

Das Eis war erheblich seit letzter Eiszeit zurückgegangen - und an vielen Stellen Nordnorwegens Ackerbau und Viehzucht in kleinem Umfang möglich. Aus früheren Steinzeit- Nomaden waren Siedler geworden, die sich in einsamen Buchten niederließen, Ackerbau zur Eigenversorgung betrieben und mit kleinen Booten Fische aus dem Meer holten.
Durch Klimaverbesserung war auch Getreideanbau möglich in geschützten Lagen nördl. Trondheim bis rauf Alta sowie Buchten u.a. der Lofoten. Allerdings ein sehr kleinwüchsiges Getreide, das allenfalls für die Eigenversorgung der wenigen Siedler reichte.

Brennholz lieferten die Wälder, die im Zusammenhang des Rückganges des Eises und der Klimaverbesserung über Jahrtausende gewachsen waren. Die Lofoten damals dicht bewaldet, ebenso die Vesterålen und Täler des Festlandes.

Das Fällen der Bäume war mühsam. Zunächst hatten die Siedler noch steinzeitliche Werkzeuge: einen dicken Ast, an dem vorne ein scharfkantiger Stein angebunden war... Ähnliche Geräte wurden zum Umpflügen der Äkker verwendet. Die Häuser waren „Katen“: aufgebaute Steine, verkleidet als Windschutz mit Erde und Moosen. Darüber Baumäste als Dach, abgedeckt ebenfalls mit Moos und Erde. Eine Bauweise, von den Ureinwohnern Samen noch bis ins 19. Jhd. n. Chr. im hohen Norden üblich. Sie schützt vor Wind, Kälte und Schneeverwehungen.

Bronzewerkzeuge: eingeführt aus anderen Regionen (u.a. Mitteleuropa) brachten Verbesserung. Auch wenn Bronze im Vergl. zu Eisen noch relativ „weich“ ist: Es löste frühere steinzeitliche Äxte ab, war effizienter beim Fällen von Bäumen bis hin zu Bronzetöpfen als Kochgeschirr, für Waffen (z.B. Speerspitzen) sowie Schmuck.

Bronze war Statussymbol, da nicht in Skandinavien vorkommend. Es wurde von Jütland/heutiges Dänemark importiert, dem damals wichtigsten Umschlaghafen Skandinaviens für Bronze.

Für normale Siedler war Bronze fast unbezahlbar, sodaß sie in der skandinav. Bronzezeit meist noch steinzeitliche Werkzeuge wie den scharfkantigen Feuerstein benutzten. Auch er wurde von Dänemark importiert, wo es wichtige Fundstellen gab. Er war als Werkzeug preiswerter.

## Eisenzeit (in Nordnorw. ca. 500 v. Chr. - 500 n. Chr.)

Nordnorwegen immer noch äußerst dünn besiedert. Elementare Verbesserung der Lebensbedingungen war die Einfuhr von Eisenwerkzeugen ab ca. 500 v. Chr. Beachte z.B. „Säge“ aus Eisen. Mit ihr konnten u.a. Bretter erheblich bequemer als mit Bronzewerkzeugen hergestellt werden - dies für Hausbau oder Schiffsplanken. Aber auch Eisennägel, Hausgeräte etc. Um 1oo v. Chr. Siedlungsexpansion im Süden Skandinaviens, so Dänemark und Südschweden. Die Region Nordnorwegens dagegen kaum.

Geschichtliche Aufzeichnungen aus der früheren Eisenzeit Nordnorwegens sind rar. Es wird berichtet, daß der griechische Kapitän Pytheas im Jahre 33o v. Chr. von der damaligen griechischen Kolonie Marseille rauf in den hohen Norden gesegelt sei. Dort hätte er Skandinavien erreicht, - welches er *„Thule“* nannte.

Als Ortsangabe nennt er „6 Tage nördlich Britania“ (heutiges Großbritannien). Vermutlich erreichte er die Region heutiges Trondheim, eventuell noch nördlicher. Über die Bewohner wird berichtet: „ernähren sich von wilden Früchten, Pflanzenwurzeln, Getreide und bereiten eigenen Honig“. Dieser Bericht könnte die älteste schriftliche Aufzeichnung einer Reise nach Nordnorwegen sein. Einziges Manko: er ist nicht im Original erhalten - sondern nur in Abschriften. Und diese sind versehen mit fremden Kommentaren und Ergänzungen... Somit als Bericht sehr vage.

Die Zeit 5oo vor bis Chr. Geburt nennt sich in Skandinavien „CELTIC IRON AGE“ (Keltische Eisenzeit). Es waren Kelten, die von den brit. Inseln das Eisen einführten. Dies in Form effizienter Eisenäxten, scharfkantiger Sägen und Messern bis hin zu Nägeln und Haushaltsgerät. Der Handel fand vorwiegend mit Südskandinavien statt (Dänemark, Südnorwegen und Südschweden), da es dort die meisten Siedlungen gab.

„ROMAN IRON AGE“: die Zeit römischer Kultur und Einflusses in Skandinavien. Die Römer waren um 5o- 2oo n. Chr. zur wichtigsten Macht in Europa geworden. Sie kontrollierten weite Teile des Mittelmeeres und Mitteleuropas - mit Grenze am Limes-Grenzwall im heutigen Deutschland sowie zwischen England und Schottland (weiterer Limes). Die beiden Schutzwälle sollten die Römer vor den nördlich lebenden „wilden“ Germanen und Kelten schützen.

Das Wort „Scandinavia“ wird angeblich zum ersten Mal vom röm. Schriftsteller Plinius d.Ä. erwähnt (ca. 75 n. Chr.), aber auch von Tacitus. Letzterer berichtet von Volksstämmen, die in Südskandinavien leben so u.a. im Bereich des heutigen Dänemarks und Südschweden.

Gleichzeitig hatten die Römer von ihren Häfen am Oberrhein (z.B. Köln) Handel mit Südskandinavien, ebenso von röm. Häfen in Nordengland nach Süd- und Mittelwestnorwegen. Dies förderte dortige Siedlungen, die Zwischenhandel betrieben. Ein Direkthandel mit Nordnorwegen war für die Römer nicht lohnend wegen weiter Entfernungen und Minimalstbesiedlung.

## Wikinger Zeit (ca. 7oo - 1.o3o n. Chr.)

Wilde Gesellen, gute Schiffsbauer und Seefahrer, Entdecker neuer Gebiete und Eroberer. Wegen der Härte der Lebensbedingungen Skandinaviens waren sie mit Stürmen auf dem Meer vertraut, mit Kälte, Schneestürmen und langen permanent dunklen Winternächten.

Sie waren zugleich gute Kaufleute, die Handel betrieben. Sie gründeten

Siedlungen in neu entdeckten Gebieten (u.a. Island) und waren dort als Bauern und Fischer tätig. In anderen Gebieten z.B. Irlands vertrieben sie die dortigen Einwohner, um sich in Topplage von Buchten festzusetzen.

Andere Wikingerstämme (u.a. vom heutigen Dänemark) verdienten ihr Geld als Piraten der Meere. Mit ihren wendigen Booten fuhren sie in Küstenmündungen der Flüsse des Frankenreichs (Teile des heutigen Deutschlands, Benelux, Frankreichs) sowie auch Portugals und via Mittelmeer bis zur Rhonemündung und nach Pisa.

Auf ihren Plünderzügen griffen sie Handelssiedlungen an, Städte, - u.a. auch Paris, welches belagert wurde. Manche Siedlungen, - wie z.B. das lukrative Dorestad an der damaligen Rheinmündung ins Meer wurden in der Zeit 834 - 837 jährlich angegriffen und ausgeraubt. Erst dann wußte die wichtige Handelsstadt (zwischen Meer und Inland/Rhein) sich erfolg-reich gegen die Piratenplage Wikinger zu schützen.

Dänische Viks waren zugleich diejenigen, die bis 1013/1015 gesamt England erobern konnten. Dem Wikingerkönig Knut der Große gelang es bis zu seinem Tod 1035 sogar, England - Norwegen und Teile von Schweden zu einem Wikinger- Großreich zu vereinen. Es war das größte in der Wikingergeschichte.

Schwedische Viks hatten ab Siedlungen wie Birka (östl. von Stockholm) oder Insel Gotland ihren „Handelsbereich" im Baltikum und auf Flußläufen Ruslands. Man nannte sie „Rus", woher der Name Rusland kommt. Mit ihren flachen Booten konnten sie auf Flüssen rudern, zwischen zwei Flüssen wurden die Schiffe über Land geschleppt. Sie handelten mit wertvollen skand. Pelzen und Schmuck. Aber auch mit Gefangenen, die als Sklaven verkauft wurden.

Ihr Handelsraum reichte über beachtliche Entfernung bis zum Kaspischen und Schwarzen Meer sowie Istanbul. Dort bestand Anschluß an arabische Handelswege im Orient sowie bis u.a. China im Warenaustausch.

Norwegische Viks: beteiligten sich (vorw. ab Südnorwegen) an Plünderfahrten zu Siedlungen an Flußläufen des Frankenreiches. Ansonsten waren sie Entdecker im Nordatlantik. Sie besiedelten Inseln wie Island, entdeckten um 985 Grönland. Damals Eskimoland der Ureinwohner. Die Wikinger besiedelten Buchten im Südwesten und errichteten Handelsstützpunkte.

Ab Grönland erreichten sie um 1.ooo in einer Expedition unter Leif Eriksen den Nordosten Amerikas, Neufundland.

Damit waren die Wikinger 5oo Jahre vor Kolumbus Entdecker der neuen Welt! Historische Berichte waren lange angezweifelt. 196o konnte ein norweg. Forscherteam die damalige Wikinger-Siedlung auf Neufundland nachweisen. Sie lag an der Nordspitze bei L'Anse aux Meadowa, war aber von den Wikingern schon bald wieder verlassen worden wegen Indianerangriffen.

Gemäß historischer Berichte nannten die Wikinger ihr neu entdecktes Land *„vinland"*. Der Name kann bedeuten: „Weideland" - oder „Weinland". Da keinerlei Wein in Neufundland gedeiht, suchten Forscher in südlicheren Zonen Amerikas, - so in Massachusets oder gar Florida. Eine Wikingerfahrt wäre auf Grund ihrer Schiffe und nautischen Fähigkeiten prinzipiell möglich. Isländische Handschriften mit Beschreibungen scheinen die Richtigkeit zu dokumentieren. Derartige Fahrten der Wikinger weit in den Süden entlang der Ostküste der USA sind bis heute nicht gesichert, sondern eher sehr fraglich.

Sogenannte „Beweise" wie der Kensington Runenstein oder die Vinlandkarte erwiesen sich als Fälschung, - letztere von 193o allein bei chemischer Analyse des Alters der Tinte!

## SCHIFFE DER WIKINGER

Erste Grabungsfunde Ende des 19. Jhds. waren das Osebergschiff in Tønsberg (bei Larvik, Oslo) und das Gokstadschiff. Man glaubte damals, den Schiffstyp der Wikinger gefunden zu haben, mit dem sie ihre Entdecker und Eroberungsfahrten realisierten.

AUSGRABUNG des Oseberg-Wikinger Schiffs in Tønsberg bei Larvik/Südnorwegen

Daß derartige Schiffe in der Lage waren, den Nordatlantik zu überqueren mit Stürmen und hohen Wellen, - rüber nach Nordamerika/Neufundland, - dies bewies eine Replika des Gokstadschiffs bereits 1893. Der originaltreue Nachbau erreichte in 28 Tagen den nordamerikan. Kontinent.

Defacto waren beide Schiffe (Gokstad und Oseberg) gemäß heutiger Forschung jedoch langgestreckte Kriegsschiffe und/oder representative Schiffe von Wikingerführern. In ihrer Bauweise waren sie schnell und konnten an Bord wegen ihrer Länge viele Ruderer unterbringen, - waren aber wegen ihrer niedrigen Bordwänden weniger geeignet für den offenen Nordatlantik und hohen Wellen. Ihre Länge rund 21 bzw. 23 m, Breite 5 m. Sie fuhren vorwiegend im Küstenbereich oder auf Flüssen. Heute ausgestellt in Oslo im Wikingermuseum.

★Der Schiffstyp, mit dem die Wikinger als Entdecker die Meere eroberten - war eher u.a. der Fund 1962 in Roskilde/Dänemark. Rund 13- 16 m lang je nach Schiff, aber höhere Bordwand - zum Schutz auf offenem Meer gegen Wellen, - sowie Laderaum.

Langstrecken auf offenem Meer wurden von den Wikingern mit Segeln realisiert. Warum auch rudern; das Segel war erheblich bequemer. Ruderer an Bord wurden eingesetzt auf Flüssen, in engen Meeresarmen und Fjorden - sowie zu Anlegemanöver.

★Das „Kapital" der Wikinger war ihr für damalige Zeiten in Europa unübertroffenes Know How in der Schiffsbautechnologie und der Navigation. Ihre Schiffe waren schnell und sehr wendig. Sie konnten notfalls auch gerudert werden, so daß man vom Wind unabhängig war.

Auch waren sie sehr flach und konnten wegen minimalem Tiefgang selbst in seichten Flußmündungen operieren. Die Wikinger hatten damit fast unbegrenzte Möglichkeiten, Küstenstädte und Häfen anzugreifen.

Die Städte wehrten sich mit Küstenfestungen, waren aber gegen die Plage „Wikinger" oft machtlos. Kleine bis große Flottenverbände der Wikinger fuhren frech den Rhein aufwärts, um auch dortige Siedlungen anzugreifen und erfolgreich zu plündern. Ebenso im Bereich der Loire und vieler weiterer Flüsse des heutigen Frankreichs, Spaniens und Portugals.

★Die Schiffe waren aus Holzplanken gebaut. Allein dies war fortschrittliche Technologie, da das Holz der Schiffsform und Krümmung angepasst und geformt werden mußte. Insbesondere galt es, die einzelnen Planken möglichst „wasserdicht" übereinander zu legen und fest zu verbinden (Holzpflöcke bzw. Eisennägel).

Der Kiel des Schiffes wurde nach Möglichkeit aus Eichenholz gefertigt, da hart und widerstandsfähig. Hier galt es, Bäume zu finden, die gerade gewachsen waren und zugleich die Länge des Schiffes (also ca. 16 - 18 m) hatten.

Für den Bau des Gokstad-Schiffes mit Länge 23 m dürften die Wikinger lange in den Wäldern gesucht haben - nach einem Baum mit entsprechender Länge für den Kiel. Gering leichter war die Suche nach geeigneten Bäumen für Wikingerschiffe der Länge 16 m.

WIKINGER fällen Bäume für den Bau ihrer Schiffe, Ausschnitt aus dem "Teppich von Bayeux" Frankreich.

Für Spanten wurden gebogene Hölzer genutzt, die in etwa der gewünschten Spantenkrümmung entsprachen. Entscheidend für ein gutes Schiff war auch die richtige Maserung des Holzes, keine Astlöcher etc. Allein für die Auswahl des richtigen Bauholzes waren Fachleute tätig, um ein stabiles und seetüchtiges Wikingerschiff zu fertigen, - welches nicht durch „Verziehen des Holzes" zusätzliche Lecks produzierte.

Zur Abdichtung der Plankenverbindungen wurde Wolle benutzt, Walroß- und Seehundleder, teils auch skandin. Moose und Harz von Kiefern.

Werkzeuge zum Schiffsbau: Eisen wie Hämmer, für Beile und Äxte. Vermutlich wurden auch Schiffskiel und -Planken mit Eisenäxten geglättet. So zumindest die Information im histor. Dokument „Teppich von Bayeux", der detailliert von der Eroberung der Wikinger 1o66 Hastings/Englands berichtet, aber auch vom Bau von Wikingerschiffen. Der Teppich ist eine riesige Bilddokumentation der späten Wikingerzeit. Besichtigung in Bayeux lohnt. Weitere Details siehe VELBINGER Band 25 „Bretagne/Normandie" unter „Bayeux" - sowie Band 27 „Südengland" unter „Hastings".

★SEETÜCHTIGKEIT der WIKINGER SCHIFFE: im Gegensatz zu heutigen Schiffen, die gegen hohe Wellen „anpflügen", waren Wikingerschiffe in Ausformung des Rumpfes und Kiels so gebaut, daß sie sich den Wellen und des Seegangs anschmiegen. Bei hoher See für die Mannschaft zwar nicht komfortabel beim Auf- und Abtauchen des Schiffes auf Wellen, - so doch relativ wenig überschwappendes Wasser ins Schiff. Dies ermöglichte die niedrige Bauweise des Unterwasserschiffs, - beim Vorteil, daß die Schiffe auf dem Meer schneller waren, allerdings nur limmitierte Last befördern konnten.

Lastschiffe für Nordatlantikfahrten hatten einen versenkten Lastraum für schwere Gegenstände wie Handelsgüter Wetzsteine, aber auch Tiere wie Pferde, Kühe und Weinfässer. Er befand sich in der Mitte des Schiffs beim Mast. Wegen verkürzter Bauweise (ca. 16- 18 m) und Lastraum waren nur wenige Ruderer an Bord.

Auch konnten Wikingerschiffe, wie Nachbauten bewiesen, hart am Wind segeln und und besaßen gute Eigenschaften, vor Wind zu kreuzen.

Problem war dagegen die Plankenbauweise. Auch mit noch so viel Harz, Wolle, Werk etc. ließen sich die Planken nie komplett dicht schließen. Neben der Mannschaft für Navigation, Segelbedienung waren immer 1 bis mehrere Mann an Bord mit Ausschöpfung von Wasser beschäftigt.

Geschlafen wurde bei Langstreckenfahrten an Bord zwischen den Ruderbänken. Bei Kurzstrecken legte man die flachen Boote an Land in geschützten Buchten. Schutz vor Regen dort durch Matten, bzw. unter Bäumen etc., Wärme lieferte ein Lagerfeuer. Größere Häfen, Anlegemolen etc. gab es damals in abgelegenen Regionen nicht.

★REICHTÜMER durch RAUBZÜGE: eine * **Siedlung zu plündern** war der eine Weg. Andere Möglichkeit: * **Schutzgeld** vom Landesherren zu fordern. Dies war für die Wikinger der bequemere Weg, da sie sich nicht den Gefahren eines Angriffs aussetzten, sondern Geld bzw. Wertgegenstände direkt kassierten. Ebenso für den Landesherrn, der sich Zerstörung und kostspieligen Wiederaufbau seiner Siedlung sparte.

Um 865 begannen norwegische und dänische Wikinger, Nordostengland in großem Stil zu plündern und zu erobern. Der englische König wehrte sich standhaft, mußte aber ständig weitere Gebiete den Wikingern überlassen.

992- 1oo1 waren die Wikinger (unter ihrem König Olav Tryggvasson/Norwegen und Svein Gabelbart/Dänemark) gar frech dazu übergegangen, vom engl. König Schutzgeld zu fordern, welches sie erhielten - und plünderten trotzdem weiter. Der König zahlte brav, konnte aber der weiteren Wikinger Expansion in England keinen Einhalt bieten. Jährlich steigerten die Wikinger ihre Schutzgeldforderung. 1o12 betrug sie 48.ooo Silberpfund, womit das engl. Königshaus bankrott war - und der dänische Wikingerkönig Svein Gabelbart übernahm England in seinen Besitz.

Andere Version: * **bei Plünderungen Gefangene** zu nehmen. So erreichte 858 die Gefangennahme des Abtes von St. Denis/heutiges Frankreich eine erhebiche Lösegeldsumme. In einem anderen Fall/Kloster wurde zwar nicht der „König" (=Abt) gefangengenommen, wohl aber eine Vielzahl an Mönchen sowie Bewohnern der Umgebung. Hier war es die Menge an Gefangenen, die für die Wikinger zu einer lukrativen Lösegeldsumme führte.

Eine beachtliche Lösegeldsumme brachte 845 die Belagerung von Paris. Die ausgezahlten Wertgegenstände waren so hoch, daß die Wikinger freudig und ohne Belagerung wieder abzogen.

Für schwedische Wikingers auf ihren „Handelszügen" im heutigen Rußland war die Gefangennahme von Einheimischen zum „Zweck Lösegeld" wenig sinnvoll. Die Einheimischen in der Regel keine Würdenträger oder bedeutende Persönlichkeiten, - sondern Ureinwohner. Sie ließen sich profitabler als Sklaven auf Märkten am Schwarzen- oder Kaspische Meer „vermünzen" - im Verkauf an Araber und deren Handelswege im Orient.

★SCHATZKISTEN (sogen. „HORTE"): fanden Archäologen in großer Fülle in Skandinavien, insbes. in Schweden und Südnorwegen.

Die Schatzkisten enthielten Wertgegenstände von Silbermünzen bis Schmuckbruchwerk, welches weiterverarbeitet wurde. Es stammte von Plünderfahrten - oder „stillem Handel" des Besitzers an der Steuer vorbei.

Die gewaltigen Schätze, die sich in derartigen (beim Haus) vergrabenen Schatzkisten bis 11. Jhd. angesammelt hatten, - waren nicht in „Banken" geflossen. Sondern vergraben, - somit in der Erde schlummerndes Kapital.

Ein modernes Banksystem kannten die Wikinger nicht. Also der Form: Einwohner eines Landes bestücken die Bank mit Geld/Wertgegenständen. Wobei die Bank das Geld anlegt, z.B. in Schiffsbau, Waffenindustrie zum Schutz des Landes etc. Und den Anlegern Zins und Dividenden auswirft.

Die Schatztruhen ruhten unter der Erde, - als Notgroschen für harte Zeiten z.B. fehlender Regenfälle, für Zahlung der Mitgift (wenn die Tochter heiratete), - zum Kauf von Schiffen oder bei feindlichen Angriffen und Lösegeldforderungen.

Die Schatztruhen von Spillings (Insel Gotland/Schweden), gefunden 2ooo bei einem Wohnhaus waren spektakulärster Fund neuerer Grabungen. Sie enthielten u.a. 17.ooo (!) arabische Silbermünzen, Bruchwerk von Silberarmreifen und -Schmuck, Silberbarren sowie Bronzegegenstände. Dies im Gesamtwert von mehr als 1/2 Millionen Euro - und in einem einzigen Wikingerhaus.

War es ein Händler, der mit Edelmetall Geld verdiente, - oder ein Kunsthandwerker? Dafür ist der Umfang an gehorteten Edelmetallen zu groß. Oder ein besonders erfolgreicher Wikinger in Sachen Plünderung? Vorallem: woher bezog er die großen Mengen an Edelmetall, um sie in Schatztruhen im Wohnhaus zu horten?

Keinesfalls waren alle Wikinger ausschließlich nur Piraten und Plünderer. Zwar spicht das altnorwegische Wort „vikingr" eine klare Sprache, es bedeutet „Pirat". Andererseits bedeutet „vik" = Bucht, wo sich die Schiffe nachts in sicheren Hafen zurückzogen - und das altgermanische Wort „wick" = Marktplatz. Je nach Region waren sie auch friedliebende Bauern, Viehzüchter, Händler und Fischer.

NORWEGEN bestand anfangs aus einer Vielzahl kleinerer Familien und Sippen, die ihren Anführer/"Häuptling" hatten, später ihren Regionalführer („Kleinkönig"). Um ca. 9oo gelang es dem norw. Wikinger Harald Schönhaar, diese rund 29 „Kleinreiche" zu einem Norweger-Reich zu vereinen.

Es wird berichtet, es sei ein wüster Geselle gewesen, mit Bart, struppigem Haar und rauen Lebenssitten. Auch habe er sich geschworen, so lange nicht hygenisch zu pflegen, bis er das Reich geeint habe. Er hieß zunächst „Strubbelkopf", - und ab Reichseinigung dann Haarpflege = „Schönhaar".

Dies ist eine von vielen Legenden, die sich um *„Strubbelkopf/Schönhaar"* ranken und die von mittelalterlichen Geschichtsschreibern gepflegt wurden. - Hierzu gehört auch der Bericht, Schönhaar habe nach Reichseinigung satte Steuern verordnet, - weswegen viele Norweger auswanderten und in Folge Island entdeckt hätten.

De facto fand nach neuester Forschung die Entdeckung und Besiedlung Islands aber rund 17o Jahre früher statt, - vermutlich um 73o. Wenn die Forschungen richtig sind, müssen die Isländer ihre Geschichtsschreibung neu schreiben, - sprich um 17o Jahre vordatieren.

Daß die Reichseinigung unter Schönhaar (hohe Steuern etc.) den Anstoß gab auszuwandern, - ist durchaus plausibel. Dies auch, wenn Island bereits vorher entdeckt und besiedelt war. So wurde z.B. der nordnorwegische Wikingersitz Borg/Lofoten just zu Zeiten Schönhaars verlassen. Details siehe dort.

CHRISTIANISIERUNG: in Norwegen relativ spät, zuvor heidn. Kultstätten. Um 1.ooo war der norweg. Wikingerführer Olav Tryggvasson in England zum christl. Glauben übergetreten. Sein Versuch, Norwegen zu christianisieren (mit Sitz Königshof in Trondheim) scheiterte am Widerstand der vorwieg. bäuerlichen Bevölkerung.

König Olav Haraldsson II. (1o15 - 3o) versuchte mit Gewalt, das Christentum in Norwegen durchzusetzen. Er starb 1o3o in der Schlacht von Stiklestad, wurde aber später heilig gesprochen und gilt als Nationalheld Norwegens. Grabmal im Dom von Trondheim.

Das „Ende der Wikingerzeit" ist von Datum schwer zu bestimmen. Die einzelnen Wikingerstämme (Dänemarks, Schwedens, Norwegens) hatten sich mit Bevölkerung der von ihnen besiedelten/oder eroberten Gebieten vermischt. So in England mit der dortigen Bevölkerung, so in Island durch Siedlungsgründungen etc. Sie lieferten ihr Know How an Schiffsbau und der Seefahrt, - auch wenn neue Entwicklungen stattfanden, so die Kogge. Als Schiff in Seetüchtigkeit keine Verbesserung, so doch erheblich höhere Ladekapazität. Dies war entscheidend für den zukünftigen Handel.

Er hatte sich zudem von früheren Handelswegen wie Birka/Schweden südlicher verlagert. Weitere Details siehe nächstes Kapitel „Mittelalter und Hanse".

**Auf den Spuren der Wikinger - Wikinger Museen**
Interessante Zwischenstopps auf der Anreise nach Nordnorwegen sowie vor Ort

1.) Anreise via Dänemark, Jütland und Seeland

* Wikingermuseum Haithabu bei Schleswig/Deutschland. War im frühen Mittelalter wichtiger Handelsplatz. Grabfunde und Rekonstruktionen des Lebens der damals rund 1.ooo Einw. Stadt. Sowie restauriertes Wikinger Langschiff.
* Wikingermuseum Ribbe in Süd Dänemark.War im frühen Mittelalter und Wikingerzeit wichtiger Handelsplatz. Zu den Exponaten gehört u.a. Modell eines Markttages um 8oo, aber auch Funde aus der Wikingerzeit. Auch wegen mittelalterlichen Stadtbild (Zeit nach Wikingern) lohnt der Besuch der Stadt Ribbe. Rund 6o km NW von Flensburg.
* Ribbe Viking Center: rund 2 km von Ribbe entfernt im Süden. Zu sehen: Nachbau einer Straße eines Wikingerdorfes 1:1 und im Sommer reger Betrieb. Die Viks life in Kleidung und Handwerksbetrieben wie Gerber, Korbflechter, Schmiede, Kunsthandwerker etc. Man kann bei der Arbeit zusehen; interessant. Weiterhin Nachbau eines Gutshofes um 98o, im Sommer dito mit Viks als Bauern etc.
* Wikingermuseum in Roskilde auf der Insel Seeland, rund 3o Min ab Kopenhagen über Autobahn. Hier wurden 1962 die berühmten Wikingerschiffe gefunden, versenkt als Seesperre. Das Museum berichtet über Ausgrabungen und zeigt Funde.

2.) Anreise via Schweden, Region Stockholm

* Birkamuseum: östlich von Stockholm im Malärsee auf der Insel Björkö. Die Wikingersiedlung war im 9. Jhd. eine der wichtigsten im Osthandel via Rußland zu arabischen Handelswegen im Orient. Von der Siedlung ist für den Laien nichts Spektakuläres erhalten, - interessant aber (mit Abstrichen) das Museum mit Münzen, Funden und Modellen.

3.) Norwegen

* Wikingermuseum in Oslo auf der Museumsinsel Bygdøy. Ausgestellt sind die Original Wikingerschiffe Oseberg und Gokstad, Besuch lohnt. Übrigens gleich nebenan das berühmte Polarschiff Fram (im Fram Museum). Details siehe Kapitel „Expeditionen ins Polarmeer“ in diesem Buch sowie im VELBINGER Band 19 „Norwegen Süd/Mitte“.
* Borg Museum bei Bøstad auf den Lofoten. Ehemaliger Wohnsitz eines Wikingerhäuptlings. Es hat beachtliche Länge von 83 m und bis zu 6 m Höhe. Es ist damit das derzeit größte Gebäude eines Wikingerführers, das in Skandinavien gefunden wurde. Details siehe unser Lofotenkapitel unter „Borg“.

4.) Normandie, Teppich von Bayeux: in der Stadt Bayeux. Liegt leider nicht auf „optimaler Nordnorwegen Anreiseroute“, sondern in der Normandie. Wird man daher wohl auf separater Reise in die Bretagne/Normandie besuchen. Lohnt aber sehr. Eine 7o m lange und 5o cm hohe Bildgeschichte (fast wie ein Film) zu den Wikingern. Details im VELBINGER Band 25 „Bretagne/Normandie“

# Mittelalter und Hanse **(1o3o - 1537)**

Die Jahre nach dem Tod des norweg. Königs Olav Haraldssons II. (1o3o) waren geprägt von inneren Unruhen bis Bauern Aufständen. Hinzu kamen

Machtkämpfe mit dänischen Königen sowie interne Bürgerkriege.

König Håkon IV. konnte 1247 wieder das Reich einigen. Es umfasste Teile des heutigen Schwedens, aber auch die Faröer Inseln, die Orkneys, die Hebriden im Nordwesten Schottlands und die Isle of Man. Sowie ab 1261 - 64 auch Grönland und Island in norwegischem Besitz. Dies war die Zeit der größten Ausdehnung Norwegens. Hauptstadt für die Nordregionen des norweg. Festlandes war Trondheim mit Bischofssitz (Nidaros Dom). Von hier erfolgte Missionierung des hohen Nordens und der dort lebenden Urbevölkerung Samen.

HANSE: eigenständige norddeutsche Kaufleute weiteten zunehmend ihren Handel auch nach Norwegen aus. Die Stadt Bergen an der Südwestküste war dort ihr wichtigstes Handelskontor (ab ca. 125o). Von hier fuhren sie mit ihren Schiffen u.a. via Trondheim bis zu den Lofoten. Sie handelten mit mitteleurop. Gebrauchsgütern, Werkzeugen, Stoffen und Salz, teils auch Getreide. Dies tauschten sie gegen Fisch, den es auf den Lofoten überreichlich gibt, insbes. in den Jan.- Apr. zur Zeit der großen Dorschwanderung. Der Fisch wurde für den Transport in Holzbottichen mit konzentriertem Salzwasser haltbar gemacht. Oder noch komfortabler: war Trockenfisch, d.h. wurde auf den Lofoten gleich nach Fang auf Holzgestellen getrocknet, war danach knochenhart und ließ sich ohne Schaden zu nehmen, bis zu 1 Jahr oder mehr lagern. Trockenfisch war in Mitteleuropa sehr beliebt, insbes. auch auf Handelsschiffen (und Fernstrecken) wegen seiner langen Haltbarkeit und von daher wertvolle Handelsware.

In der 2. Hälfte des 13. Jhds. war aus den eigenständigen Kaufleuten der Hanse ein mächtiger Handelsverbund von mehr als 7o Städten geworden, mit Handelskontoren u.a. in Brügge, Hamburg, Bremen und London. An der Spitze des Handelsverbundes stand Lübeck, - wichtigstes Handelskontor in Norwegen war nach wie vor Bergen.

Bis Ende des 14. Jhds. hatte die Hanse in Norwegen erheblichen Einfluß gewonnen und war fast schon Staat im Staate geworden mit weitreichenden Handelsrechten. Diese hatten zeitweilig fast Monopol-Charakter, was Norwegen sehr abhängig von der Hanse machte. Andererseits begrüßte

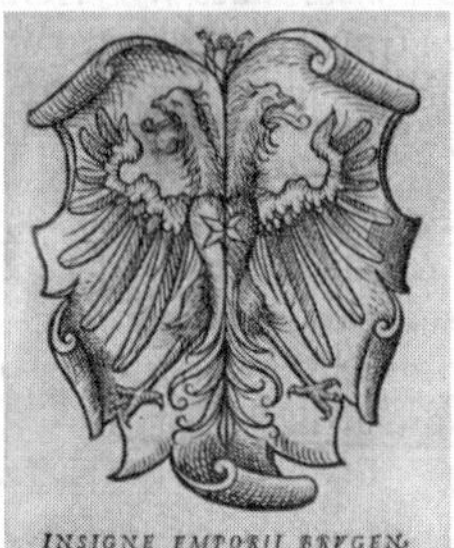

WAPPEN der Hansestädte Brügge, London und Bergen

man das perfekt organisierte und funktionierende Handelsnetz der Hanse. In manchen Regionen war es zum Lebensnabel der Versorgung geworden.

Ausführliche Details zu Hanse, Handel und Fischfang im Kapitel „Lofoten" dieses Bandes sowie zu Bergen im VELBINGER Band 19 „Norwegen Süd/Mitte."

★Schiffe der Hanse: zu Beginn arbeitete die Hanse mit dem Schiffstyp KOGGE. Sie war sehr breit gebaut, was den Vorteil relativ hoher Ladekapazität (ca. 12o - 24o Tonnen) hatte bei gleichzeitig geringem Tiefgang des Schiffes. Die Gefahr, auf Untiefen aufzulaufen war daher reduziert. Zudem bestanden in Nordeuropa viele Häfen und Handelsstützpunkte oft nur aus flachen Strandbuchten. Hier waren Lastschiffe mit geringem Tiefgang von Vorteil. Im Gegensatz zu Wikinger- Lastschiffen war die Kogge höher gebaut, hatte Überdachung sowie Etagen im Inneren. Ware und Mensch reisten regengeschützt.

Das Ruder war zunächst seitlich im Heck (wie bei Wikingerschiffen). Je nach dem, wie tief das Ruderbrett seitlich eingetaucht war, wurde das Schiff in Richtung gesteuert. Bei den Wikingern funktionierte das problemlos, wie unzählige Fahrten auch bei Langstrekken und schwieriger Navigation auf offenem Meer ohne Landsicht nach u.a. Island und Grönland bewiesen. Das richtige Eintauchen des Ruderbretts erforderte aber Know How und Fingerspitzengefühl. Bequemer in Schiffssteuerung war die Weiterentwicklung der Kogge ab Mitte des 13. Jahrhunderts mit drehbar gelagertem Heckruder (wie bei heutigen Schiffen).

★KARRACKE: als das Transportvolumen der Hanse (insbes. Massengüter wie Getreide, Salz und Fisch) immer größer wurde, war der Bau größerer Schiffe nötig. Es war insbes.

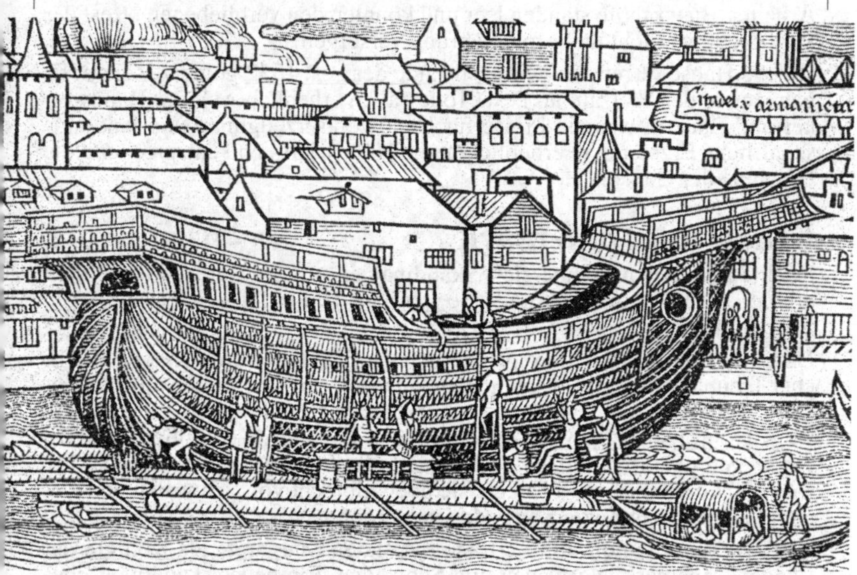


BAU einer KARRACKE, Transportschiff der Hanse.

die für damaligen Zeiten riesige Karracke. Sie löste die frühere Kogge ab. Vom Konzept breitbauchig wie die Kogge, an Dimension gewaltig siehe Illustration 1483 Vorseite und im Vergleich zu umliegenden Häusern. Zudem erheblich höhere Ladekapazität.

Die Schiffe der Hanse hatten Hauptzweck, Waren zu transportieren. Sie waren keine Passagiertransporter, - auch wenn sie im Mittelalter zum Soldatentransport für Kreuzzüge oder Pilgertransporte z.B. nach Santiago de Compostela vermietet wurden. In dem Fall kurzfristiger Umbau mit Haken für Hängematten unter Deck. - Nicht selten hatten die Hanse-Schiffe Bewaffnung an Bord (z.B. schwere Geschütze), um sich gegen das Piratenunwesen auf den Gewässern der Nord- und Ostsee wehren zu können.

PEST: suchte Europa 1348- 51 heim, erste Pestfälle bereits im Dez. 1347 in Marseille. Die Seuche verbreitete sich mit vergleichsweise rasender Geschwindigkeit über gesamt Europa. So hatte sie schon im Juni 1348 Paris und im Dez. des gleichen Jahrs Südengland sowie London erreicht.

Als man die Tragweite der Epedemie erkannte (Heilung gab es keine, wohl aber extrem hohe Ansteckungsgefahr), - versuchte man, Erkrankte vom „Rest der Bevölkerung" zu isolieren. Dies verlangsamte gering die weitere Ausbreitung. Im Dezember 1349 war das westliches Norddeutschland erfasst, fast gesamt Großbritannien und Südnorwegen.

**135o** hatte die Pest auch Schweden sowie **Norwegen** im Bereich Bergen und Nordnorwegen erreicht. Die Folgen waren fatal. Rund 3o- 50 % der Bevölkerung starben an der Pest bis 1351. Handwerksbetriebe hatten keine Arbeiter, Bauernhöfe standen leer und konnten den verbliebenen „Rest der Bevölkerung" nicht mehr mit Nahrung versorgen.

Für die Hanse waren die Zeit nach Ende der Pest 1352 goldene Zeiten. Es gab wegen der Vielzahl an Pest- Todesfällen erheblich weniger Handwerker und Bauern, was die Preise für Handwerkserzeugnisse und landwirtschaftliche Erzeugnisse erheblich in die Höhe trieb - und entsprechend die Gewinne der Hanse.

## Union mit Dänemark (138o - 1814)

Nach Pest- Zeiten konnte sich Skandinavien nur langsam wirtschaftlich erholen. Der Beginn der rund 43o jährigen Union Dänemark/Norwegen hatte seine Vorgeschichte.

Durch Erbrecht der Tronfolge, geschicktes Taktieren, fehlender männlicher Tronnachfolger war Margarete von Dänemark zur Königin von Norwegen - Schweden und Dänemarks geworden: Ihre Heirat 138o mit dem norweg. Tronfolger Håkon VI. erweiterte den Landbesitz erheblich, denn zu Norwegen gehörten damals auch Island, die Orkneys und Shetlands, Faroer und Grönland. - 1389 siegte sie über Albrecht von Schweden und war somit auch Königin von Schweden geworden.

1397 Kalmaer Union: die Verträge betätigten Margarete als Königin der Länder Dänemark, Norwegen und Schweden. Ein neues skandinavisches Großreich war entstanden.

Die Verträge von Kalmar garantierten den einzelnen Ländern Eigenständigkeit, u.a. in eigener Gesetzgebung, Wirtschaft und Verwaltung. So sollten die einzelnen Länder ihre eigenen Beamten einsetzen. Dies jedoch unter dänischer Oberherrschaft und König.

Vom Prinzip waren die Verträge sinnvoll, - insbes.: 3 vereinte Länder Skandinaviens waren stärker, sich gegen die Macht der Hanse durchzusetzen. Allerdings mußte bereits Königin Margarete erhebliche Zugeständnisse gegenüber der übermächtigen Hanse machen, was deren Einfluß und Macht in Skandinavien ausweitete.

Unter ihrem Nachfolger König Eric (ab 1412) verschärfte sich die Situation. Eric hatte sich zum Ziel gesetzt, mit allen Mitteln den wirtschaftlichen und politischen Einfluß abzustellen. Die Folge war unweigerlich Krieg. Dieser war teuer, was erhebliche Steuererhöhungen und Abgaben bedeutete. Hinzu kam, daß die Hanse Absatzwege z.B. schwedischen Eisenerzes beschnitt - mit Folge von Umsatzeinbußen.

König Eric (und seine Nachfolger) mußte daher nicht nur gegen die Hanse kämpfen, - sondern auch im eigenen Land gegen Unternehmer und Arbeiter sowie Ratsaristokratie. Zunehmend formierte sich der Widerstand.

* Die Union mit Schweden hatte Bestand nur bis 1521. Nach Aufständen befreiten sich die Schweden vom „dänischen Generalkönig" Christian II. Sie sagten sich erfolgreich von dän. Oberherrschaft los und kürten 1523 ihren schwed. König Gustav Wasa. Dies war Beginn eines eigenständigen Schwedens.

* Anders die Union Dänemark/Norwegen. Ihr Beginn138o, als die dänische Königin Margarete den norweg. König Haakon VI. heiratete, bzw. 1397, als der Verbund im Vertrag von Kalmar besiegelt wurde.

Er dauerte mehr als 4oo Jahre bis norwegischer Unabhängigkeitserklärung 1814! Erstaunlich, daß die Norweger derart lang eine dänische Bevormundung akzeptierten.

145o: im Vertrag von Bergen akzeptiert Norwegen eine engere Bindung an Dänemark.

1537: der dänische König Christian III. hebt Verträge (Kalmar 1397) einer eigenständigen Verwaltung der Norweger und ihres Landes auf. Seit 1572 regiert in Norwegen ein dänischer Statthalter/Landvögte. Ihr Hauptaufgabe: Steuern für den dänischen König einzutreiben.

1645/ 1658 muß sich Norwegen auf Seite Dänemarks an Kriegen gegen Schweden beteiligen und Gebiete wie Jämtland und Bohuslån nach verlorenem Krieg an Schweden abgeben. - Etwa zu dieser Zeit war auch der Einfluß der Hanse zu Ende.

181o- 14 Napoleonische Kriege (Frankreich gegen Großbritannien und jeweilige Bündnispartner): Nachdem Dänemark sich auf Seite Frankreichs schlägt, ist auch Norwegen in Union mit Dänemark betroffen. Die Briten blockieren norwegische Häfen, was Schiffahrt und Handel schädigt. Weitere Details siehe Hammerfest.

Die Jahre „in Union Dänmarks bis 1814" waren geprägt von hoher Steuerlast, abzuführen an das Königshaus in Kopenhagen/Dänemark. Dies betraf allerdings hauptsächlich Süd- und Mittelnorwegen.

Nordnorwegen immer noch extrem dünn besiedelt. 1789 erhielten die Siedlungen Hammerfest und Vardø, 1794 auch Tromsø das Stadtrecht. Es war verbunden mit 2o Jahren Steuer- und Zollfreiheit. Damit wollte man die Siedlungen in ihrer extrem abgelegenen Lage wirtschaftlich fördern und an den „Rest" Norwegens binden. Es waren Mininester von damals je 6o- 13o Einwohnern, die von Fischerei lebten.

Größter Ort Nordnorwegens war zu Ende der Unionszeit mit Dänemark Kabelvåg/Lofoten. Dies nicht ohne Grund wegen reicher Fischvorkommen. Die Einwohnerzahl variierte stark. Zur Fischereisaison (Jan.- April) ein riesiges Zeltlager von Saisonfischern, die danach mit gefangenem Fisch an Bord der Schiffe wieder Richtung Süd verließen. Weitere Details zu Wirtschaft und Siedlungsentwicklung unter den jeweiligen Orten im Hauptteil des Bandes.

## Union mit Schweden (1814 - 19o5)

Nachdem 1814 Napoleon gegen Großbritannien verloren hatte, - mußte der Bündnispartner Dänemark im Vertrag von Kiel (1814) seinen Besitz „Norwegen/Festland" an Schweden abgeben.

Am 17.5. des gleichen Jahres, erklärten die Norweger in Eidsvoll bei Oslo ihre Unabhängigkeit. Sie wollten endlich frei werden, erkannten den Vertrag von Kiel nicht an und bildeten eigene Regierung und Verfassung. Daraufhin rückten am 4.11. Truppen des schwed. Königs Karl XIII in Norwegen ein. Schweden bestand auf die Erfüllung des Kieler Vertrages, dh. daß Norwegen fortan zu Schweden gehört. Diese Union dauerte fast 1oo Jahre bis 19o5 und war zunehmend geprägt von norwegische Unzufriedenheit. Zwar wurde die Verfassung von Eidsvoll weitgehend beibehalten und Norwegen hatte sein eigenes Parlament (Storting), das eigene Entscheidungen treffen durfte. De facto war man aber stark von Schweden und des dortigen Königs abhängig.

★Finanzlage: nach Ende der Napoleon. Krieges 1814 in Norwegen fatal. Das alte Geld aus Zeiten der Union mit Dänemark galt nicht mehr. Dies trieb viele Unternehmer in den Bankrott, da sie kein Kapital mehr hatten, um ihre Unternehmungen zu finanzieren. Der schwed. König spekulierte daher, daß sich die „norweg. Unabhängigkeitswünsche" wohl bald erübrigen würden, da es Norwegen nicht gelinge, die Finanzprobleme in Griff zu bekommen.

1816 gründeten die Norweger die Nationalbank von Norwegen. Sitz Trondheim, 183o nach Christiana (=Oslo) verlegt. Sie hatte das Monopol, Geldscheine zu drucken, den *„Speciedaler"*. Dies, um „Geld" ins Land zu bringen - und bekanntes Mittel: fehlt Geld in der Staatskasse, wird gedruckt. Die Bevölkerung hatte zu Recht wenig Vertrauen zu diesen Papierscheinen.

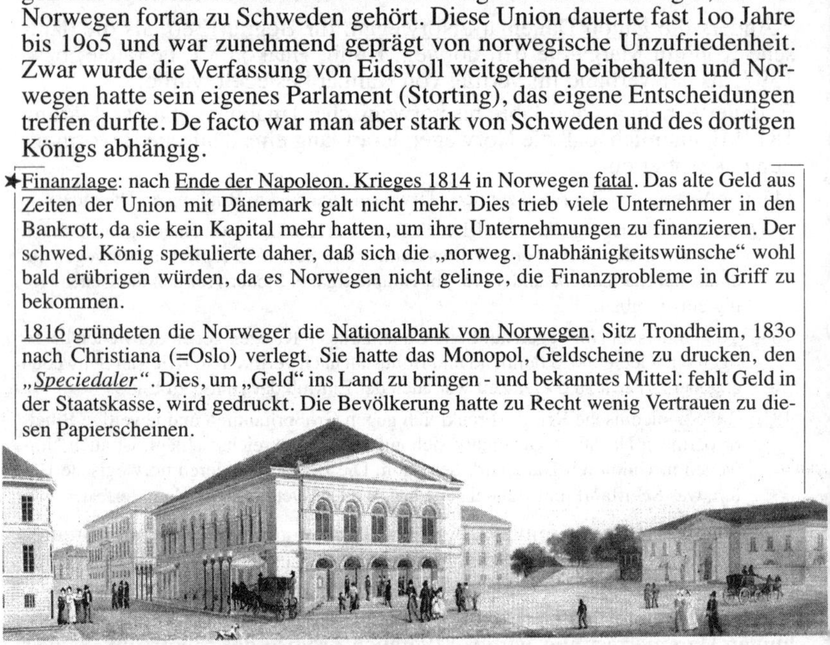

BANK OF NORWAY, 1816 gegründet - Trondheim, um die Finanz Lage in Griff zu bekommen.

Die norw. Regierung (Storting) hatte daher eine clevere Idee: wohlhabende Bürger mußten bei Bankgeschäften eine „*Silver Tax*" errichten, d.h. mit Silber bezahlen. Bis 182o spätestens 184o hatte sich die Situation stabilisiert. Der Wert norweg. Geldscheine war durch genügend Edelmetall in der Bank gesichert.

★Kriegs- Reparationszahlungen: weitere schwere Belastung des jungen Norwegens in Union mit Schweden. Die Norweger (Storting) verweigerten jegliche Reparationszahlung mit dem Argument a) man habe den Vertrag von Kiel nie unterschrieben und b) das Land sei so arm, daß es zahlungsunfähig sei. Der schwed. König drohte daraufhin 1818: „entweder zahlt Norwegen, - oder wird komplett Teil von Schweden!" Norwegen entschloß sich daraufhin in einer Volksabstimmung, zu zahlen. Eine weitere Belastung des Staatshaushaltes.

★Holzexport: bereits zu Ende der Union mit Dänemark ein florierender Wirtschaftszweig. Schiffe exportierten Holz aus norweg. Wäldern u.a. nach Großbritannien. Zu Zeiten des Napoloeon. Krieges war der Handel wegen Blockade zum Erliegen gekommen.

Nach Kriegsende 1814 erhoben die Briten hohe Einfuhrzolle. Sie wollten damit ihren eigenen Holzhandel mit Nordkanada schützen, - schädigten aber norwegische Einkünfte. Details u.a. „Mosjøen" und „Mo I Rana" im Hauptteil des Bandes.

★Fischfang: zunehmend lukrativ insbes. in Nordnorwegen und der Finnmark. Gewinner waren die Handelsunternehmer, - weniger die Fischer. Gesetze regelten den Landbesitz, den Alkoholverkauf und den Fischfang. Ausführliche Details im Lofotenkapitel, Hauptteil dieses Bandes, - aber auch Vesterålen und Regionen wie äußerster Norden (Båtsfjord, Vardø, Vadsø).

★Handel mit Nordrussland (Pomorhandel): ab 182o äußerst lukrativ ab nordnorweg. Häfen wie Hammerfest, Vardø und Vadsø - mit Häfen Nordrusslands insbes. Archangelsk. Gehandelt wurde Getreide, Fisch, Pelzen, Werkzeugen und Gebrauchsgütern des Alltages. Der Handel brachte hohe Gewinne, und Siedlungen wie Hammerfest Nähe Nordkap florierten mit mehr als 1.ooo Einwohnern um 185o.

Bis Ende des 19. Jahrhunderts hatte der Pomorhandel in Hammerfest Dimensionen angenommen, daß teils bis zu 4o russische Frachtsegler im Hafen ankerten. Riesige Lagerhäuser zum Umschlag der Waren, weiterhin Banken und Botschaften (selbst der USA). Hammerfest war zur Hauptstadt im äußersten Norden geworden und hatte frühere Siedlungen wie Vardø, Vadsø an Bedeutung abgelöst. Weitere Details siehe dort.

Der Pomorhandel zwischen Nordnorwegen und Nordrussland hatte sein Ende spätestens nach der Russischen Oktoberrevolution 1917, - als sich die kommun. Machthaber gegen kapitalistischen Westen abschotteten.

★Nordpolarmeer- Fahrten: bis ca. 186o war Hammerfest der wichtigste Start- und Versorgungshafen, danach das südlich liegende und stärker expandierende TROMSØ. Bärenjäger, aber auch Robben- und Walfänger begannen hier ihre Fahrten in die Nordpolarregion. Dies bei extreme Kältegraden, Problemen des Schiffsbaus, Vereisung und Überwinterung. In Tromsø ab 185o die berühmte Tromsø Werft, die mit Know How Spezialschiffe für Fahrten in die Extremregionen ausrüstete. Weitere Details siehe Tromsø.

Auch für die meisten Nordpolarforscher und Entdecker wie Amundsen und Fridjof Nansen war Tromsø Startpunkt ihrer Fahrten. So für die Nordwestpassage, aber auch vieler Versuche, den Nordpol mit Schiff und Ski/Hundeschlitten zu erreichen. Die Fahrten dauerten teils viele Jahre und waren mit extremen Problemen verbunden. Ausführliche

Details in unserem Kapitel „Expeditionen ins Polare Eismeer" im Einleitungsteil dieses Bandes. Lektüre lohnt sich sehr, insgesamt äußerst spannend! ...............Ab Seite 166

★MINEN in Nordnorwegen: Es waren meist schwedische Minen- und Aktiengesellschaften sowie Engländer, die die Bodenschätze Nordnorwegens erschlossen.

* KÅFJORD (an heutiger E 6 zwischen Höhe Tromsø und Alta): ab 1834 damals wichtigste Kupfermine Nordnorwegens und erster Großbetrieb. Finanziert durch Engländer, Betrieb bis ca. 6o-er Jahre. Die Ausbeute stagnierte wegen veraltetem Gerät, wurde 1896 von Schweden aufgekauft und modernisiert, damals rund 1.ooo Arbeiter. Konkurs 19o6, da Großminen wie Chuquicamata/Chile profitabler arbeiteten. Die alten Stollen können teils besichtigt werden. Allerdings modrig feucht und im Sommer viele Moskitos. ..........Weitere Details siehe Seite 742

* ANKERLIA (Nähe Lyngenfjord und Tromsø): Kupfermine seit 1898. Die Erschließung der Bodenschätze in Infrastruktur war extrem teuer, und die Minengesellschaft 19o3 bankrott. Der Aufkäufer, eine engl. Aktiengesellschaft versuchte Reorganisation, mußte aber wegen gesunkener Weltmarktpreisen in den 2o-er Jahren aufgeben. Die alten Minenanlagen stehen noch als Relikt. ................. ........Details siehe Seite 645

* SULITJELMA (östl. von Fauske/Bodø): größte und wichtigste Kupfermine Nordnorwegens seit Ende des 19. Jahrhunderts. Entdeckt wurden die Kupferschätze bereits 1858, aber erst Ende des Jahrhunderts erschlossen. Die Mine lieferte zudem Zink, Schwefel und in geringem Umfang auch Gold und Silber.
  Finanziert wurde die Erschließung durch eine schwed. Aktiengesellschaft (ab 1891). Hohe Einzahlungen der Aktionäre ermöglichten den Einsatz modernen Minengerätes. Die Mine war sehr profitabel, hatte eigene Schmelzwerke, Stromversorgung und bis zu ihrer Schließung 199o mehr als 8oo km (!) unterirdische Stollen und Gleise, aber auch rund 7 km (!) oberirdische Seilbahnen sowie ein Eisenbahngleis nach Fauske. Zu Blütezeiten der Mine lebten bis zu 3.ooo Menschen in Sulitjelma, eine gigantische Zahl in ansonsten umliegender Einsamkeit. Die Mine kann besichtigt werden. Weitere Details siehe..........Seite 284

* PAESKATUN SCHIEFERBRÜCHE (bei Alta): Abbau der Schieferplatten seit ca. 184o. Damals mühsam per Hand und Hammer. Die Schieferplatten dienen u.a. zur Hausabdeckung. Die Schieferbrüche sind heute noch in Betrieb, - wenn auch industrieller Abbau. Sie können besichtigt werden. ................ ..............Details siehe Seite 759.

* JENNESTAD/Vesterålen: Graphitmine, Abbau bereits seit Beginn 19. Jhd., kommerzielle Graphitförderung seit 19o2. Sie war bis 1978 in Betrieb. .....Details Seite 575

* MOYSALEN (bei Kaljord/Vesterålen): Eisenerzmine, Probebohrungen Ende des 19. Jahrhunderts und Erschließung mit deutschem Kapital. Bau von Verlageanlagen, eines 2,5 km Gleises und Materialseilbahn zum Eingang der Mine. Sie erwies sich nicht als profitabel und mußte 1914 wegen Unprofitabilität geschlossen werden. Siehe.....S. 556

* KIRKENES: neben Kiruna/Schweden mit Abstand wichtigste Eisenerzmine Skandinaviens. Die riesigen Eisenerzlager von Kirkenes im äußersten Nordosten Nähe russischer Grenze wurden 19o2 entdeckt. Beginn der Eisenerzförderung 191o. Die Mine wurde Ende des 2o. Jahrhunderst stillgelegt wegen Konkurrenz ausländischer Minen in Übersee, die billiger fördern. .................................... .....Weitere Details Seite 894

* KIRUNA: auf der schwed. Seite Nähe Narvik/Norwegen. Sie ist größte unterirdische Eisenerzmine der Welt und voll automatisiert, ebenso die Verladeanlagen in Narvik,

dem ganzjährig eisfreien Hafen. Um das Eisenerz in Narvik verladen zu können, wurde Ende des 19. Jhds. eine Eisenbahnstrecke vom Hochland bei Kiruna runter zum Narvik Fjord gebaut. Ein sehr kostspieliges und schwieriges Projekt u.a. wegen Vielzahl an Tunneln, Brücken und winterlicher Extremtemperaturen beim Bau.

Heute Highlight für Eisenbahntripps in Nordskandinavien, aber auch Wanderungen. Ausführliche Details ........................................................ ..........ab Seite 399

★SCHIFFSVERBINDUNGEN: eine regelmäßige Personen-, Post- und Frachtschiffverbindung ab z.B. Trondheim rauf in den hohen Norden war elementar: Nur so konnten Städte wie Tromsø und Hammerfest, aber auch Minensiedlungen und der Fischfang auf u.a. Lofoten weiter expandieren. Ausführliche Details zur Schifffahrtsentwicklung, siehe Kapitel Bodø und Hammerfest........................................ Seite 299 und 766

Die Schiffe fuhren zunächst nur in den Sommermonaten mit Tageslicht, denn die Route von Trondheim und Bergen in den hohen Norden war gefährlich, wegen fehlender Leuchttürme und Seekarten. Ab 1893 Gründung der berühmten Hurtigruten. Ihre Schiffe fuhren auch in den dunklen Wintermonaten, Details siehe ...................... ..............Seite 64

★GRENZEN im äußersten Norden: eine Kommission bestimmte 1826 die Grenzen im äußersten Norden. Zuvor gab es keine, - weitere Details siehe .................. ......Seite 915

Die Zeit der Union mit Schweden (1814 - 19o5) war die entscheidende Epoche im Aufbau Nordnorwegens: * Infrastruktur Schiffsverbindungen, * Fischfang, * Handelshäuser und Speditionen, Reedereien, * Minen, - insbesondere aber * Ausbau von Siedlungen und Städten. So bestand Bodø zu Beginn des Jahrhunderts nur aus einer Handvoll Fischerhütten, 19oo dagegen bereits 5.ooo Einwohner, - Tromsø war größte und wichtigste Stadt im Norden geworden mit 7.ooo Einw., Hammerfest 2.3oo Einw.

19o5 beschloss das norwegische Storting die endgültige Unabhängigkeit von Schweden, bestätigt durch eine Volksabstimmung. Rund 99 % der Norweger stimmten pro Unabhängigkeit. König Oskar II. war letzter schwed. König, der auch Norwegen regierte.

## Norwegen eigenständig (1905 bis 2.Weltkrieg)

19o5 Einsetzung eines norwegischen Königs (Håkon VII.), der in Kooperation mit dem norw. Parlament (Storting) regierte. Norwegen ist bis heute ein Königreich. Regierungsgewalt hat das Storting, der König repräsentiert das Land (ähnlich des dt. Bundespräsidenten).

19o7 das Dt. Reich, Russland, Großbritannien und Frankreich garantierten im Vertrag von Kristiana (Oslo) die Integrität Norwegens. - Im 1. Weltkrieg konnte Norwegen seine Neutralität erhalten, d.h. wurde nicht in Kriegshandlungen hineingezogen. Es erwirtschaftet aber hohe Gewinne, in dem es die kriegsführenden Nationen mit Lebensmitteln (Fisch), Holz- und Eisenerz-Exporten unterstützt. - 192o der Völkerbund in Genf bestimmt Spitzbergen an Norwegen. Es heißt auf norwegisch „Svalbard“. Für Norwegen bedeutend u.a. wegen dortiger reicher Kohlevorkommen (insbes. für Dampfschiffahrt, aber auch Heizung) und als Stützpunkt für Fischfang und Jagd in der Nordpolar Region.

Stromversorgung der Städte und Siedlungen Nordnorwegens war bedeutende Leistung der ersten Hälfte des 2o. Jhds. Sie ermöglichte Straßenbeleuchtung in dunklen Winternächten. So hatte Hammerfest bereits 1891 (als eine der ersten Städte Europas!) elektr. Straßenbeleuchtung. Tromsø folgte 1898, somit noch vor Unabhängigkeit Norwegens. Details siehe dort im Hauptteil des Bandes. - Aber auch Strom für Industriebetiebe von Schiffswerften, chemische Großfabriken bis Handwerk.

Wasserkraftwerke entstanden, die bis Mitte des Jahrhunderts zum Teil riesige Dimensionen angenommen hatten. Seensysteme sind vernetzt durch Kanäle und unterirdische Tunnel, die Kraftwerke teils in den Berg hineingebaut. Besichtigung teils möglich. So in Nordnorwegen Glomfjord und Rossvatnet. ............................................................ Details Seite 362

Andererseits wurden auch Flüsse aufgestaut und bei Wasserfällen Kraftwerke errichtet, so u.a. in NN bei Bardufoss. .......... Details Seite 635

NORSK HYDRO: gegründet 19o5. Nach einem, vom norw. Forscher Kristian Birkeland entwickeltem Verfahren wird aus Nitrogen unter hoher Menge Strom das Düngemittel Salpeter künstlich hergestellt. Die erste Fabrik wurde in Südnorwegen (bei Notodden) errichtet, eine weitere 1911 bei den Rjukan Wasserfällen, ebenfalls Südnorwegen.

Nach dem 2. Weltkrieg produzierte Norsk Hydro u.a. auch PVC, Magnesium und stellte Aluminium aus Bauxit her (ebenfalls hohe Strommengen nötig). Heute eine der ganz großen Firmen Norwegens, sie ist u.a. auch in Erdölförderung in der Nordsee tätig.

Prohibition: überhöhter Alkoholkonsum war schon immer Problem, in der Einsamkeit Nordskandinaviens. Auch hatte es bereits im 19. Jhd. u.a. in den Fischerdörfern der Lofoten nicht selten heftige Schlägereien gegeben, dies unter Alkoholeinfluß. Schon damals, spätestens aber in den 192o-ern überlegte man, wie das Problem in Griff zu bekommen sei.

1919 hatte das Storting ein Gesetz verabschiedet, gemäß dem der Verkauf von Getränken mit mehr als 12 % Alkohol verboten war. Dies führte zu erheblichem Anstieg von geschmuggeltem oder selbstgebranntem Hochprozentigem.

Das Gesetz führte auch zu heftigen Protesten weinproduzierender Länder wie Portugal, Spanien, Frankreich und Italien, die neben Wein auch Höherprozentiges wie Sherry, Grappa etc. lieferten. Sie setzten norweg. Fischexporteure unter Druck: man würde weniger Stockfisch abnehmen, sollten die Norweger im Gegenzug nicht wie bisher Alkoholika kaufen. In Norwegen selber war die Meinung der Bevölkerung gespalten. Die einen waren für scharfe Prohibitionsgesetze, die anderen drängten auf eilige Lockerung.

1923 und 1926 verabschiedete das Storting modifizierte Gesetze: der Verkauf von Hochprozentigem war nur in staatlichen „Vinmonopolet" Läden erlaubt. Damit wollte man das Problem in Griff bekommen, auch sollten hohe Preise den Konsum einschränken. Gewinne, die letztendlich in die Staatskasse fließen.

„Nördlichste Brauerei der Welt" ist übrigens Mack in Tromsø, gegründet 1877, expandierte im 2o. Jhd. stark. ........... Weitere Details Seite 69o

# Nord- Norwegen im 2. Weltkrieg

Norwegen erklärte wie im 1. Weltkrieg seine Neutralität, wurde aber 194o durch Angriff der Hitlerdeutschen auf Norwegen in den Krieg hineingezogen. Was war vorhergegangen:

★ 1938 hatte Hitler Österreich und die Tschechei seinem Reich einverleibt ohne Kampf und nach dem Motto *„wieder zu Hause in der Heimat“*, 1939 auch Böhmen und Mären. Es ging Hitler nunmehr um weitere Gebiete im Osten. Um sich den Rücken frei zu halten, schloß er am 23.8.39 mit Stalin/UdSSR einen gegenseitigen Nichtangriffspakt. In parallelen Geheimverhandlungen teilten Hitler und Stalin die Ostgebiete untereinander auf:

* Stalin solle die Baltischen Staaten erhalten (in die er kurz später mit Truppen einmarschierte und der UdSSR einverleibte), - * Hitler dagegen Polen (das er am 1.9.1939 angriff und in atemberaubendem Tempo von nur 1 Monat bis Warschau eroberte).

Die Westmächte (Großbritannien und Frankreich) waren schockiert. Sie hatten einen Beistandspakt mit Polen und erklärten daher Hitler den Krieg. Militärisch griffen sie in Polen nicht ein, denn die Lage hatte sich zugespitzt:

Auch Stalin war reichlich erschreckt über Tempo und Erfolge der Deutschen in Polen. Um ein weiteres Vorrücken der Deutschen Richtung Grenze UdSSR abzublocken, erteilte Stalin seinen Truppen den Befehl, in Ostpolen einzumarschieren. Anschließend wurde dieser Teil Polens der UdSSR einverleibt.

Für die Westmächte GB und F war ein Eingreifen in die Kämpfe um Polen fast unmöglich wegen geographischer Lage des Kriegsschauplatzes und des Tempos der Eroberung. Weder konnte GB/F Truppen via * kürzestem Weg (= Deutschland) nach Polen bringen, - noch via * Seeweg um Italien (Mussolini Verbündeter Hitlers). Noch via * Ostsee, da dort teils von Deutschland kontrolliert, - noch via * neutralem Schweden. Abgesehen vom Zeitaufwand einer Truppenverschiebung per Schiff und der fehlender Kapazität an Transportschiffen. Großbritannien und Frankreich mußten daher tatenlos zusehen, wie POLEN von der geographischen Landkarte verschwand. Der östliche Teil: UdSSR, der westl.: Deutsches Reich.

★ Den **Winter 1939/4o** nutze Stalin zur Eroberung von OST-FINNLAND: 1 Million sowjetischer Soldaten gegen 2oo.ooo Finnen, die sich tapfer wehrten, nach 4 Monaten aber aufgeben mußten. Gegen die Übermacht Stalins hatten sie keine Chance. Bei den sehr verlustreichen Kämpfen starben 24.ooo Finnen und mehr als 2oo.ooo Sowjets (letztere vorwiegend an Hunger und Erfrierung). Am **6.3.4o** wurde ein Friedensvertrag geschlossen, wobei Stalin das Gebiet Ostfinnlands (Breite ca. 2oo bis 3oo km, Länge ca. 1.2oo km) der UdSSR einverleibte.

★ Für **Hitler** war der Krieg UdSSR/Finnland nützlich, da er die Finnen nunmehr auf seiner Seite hatte. Sie gewährten ihm freien Zugang für Truppenbewegungen durch Finnland, was sich für Hitlers spätere Feldzüge in Nordskandinavien (u.a. Kampf um Murmansk, Details siehe „Kirkenes“) als vorteilhaft erwies.

★ Die europ. Großmächte **Großbritannien** und **Frankreich** sahen die Entwicklung von **1939/4o** mit großer Besorgnis: einerseits die stalinistisch- kommunistische Expansion im Baltikum und Ostfinnland, - andererseits Hitlers Erfolge im Blitzfeldkrieg Polen. Diskutiert wurde, ob Stalin oder Hitler weitere Kriege territorialer Expansion planen, - und wie man diese unterbinden könne.

Schweden war deklarierte neutral, ebenso Norwegen. Just hier lag der Pferdefuß! Das **Eisenerz** der Kiruna Mine/neutrales Schwedens wurde via Erzhafen NARVIK/neutrales Norwegen verschifft und weiter entlang Norwegens 3 Meilen Küstenhoheitszone nach

Deutschland. Dort diente es **elementar zur Kriegsproduktion Hitlers** für Panzer, Kanonen, Kriegsschiffe, U-Boote etc. Gemäß Historikern bezog Hitler mehr als **5o %** des für seine Kriegsproduktion benötigten Eisenerzes von Kiruna via Narvik.

★Bereits im **Sept. 1939** hatte Winston Churchill/GB, damals oberster Lord der brit. Admiralität eine Unterbindung der Eisenerztransporte nach Deutschland gefordert. Dies, um der deutschen Kriegsproduktion erheblichen Schaden zuzufügen und der weiteren Expansion Hitlers Einhalt zu geben. Er hatte mehrere Vorschläge:

* Verminung des Fjord- Zugangs nach Narvik. Sie war nicht realisierbar, da sie die Zustimmung des neutralen Norwegens benötigt hätte, - und insbesondere das neutrale Schweden erhebliche Verdiensteinbußen im Eisenerzverkauf an Deutschland erlitten hätte.

* Anderer Vorschlag Churchills: man solle sämtliche Eisenerzfrachter chartern, damit sie ab Narvik keine Transporte mehr für Deutschland durchführen. Für Verdienstausfälle sei Schweden von Großbritannien zu entschädigen... Offenbar waren dem damals noch sehr jungen Lordadmiral Churchill nicht klar, um welche gigantischen Profite es in Sachen Eisenerz ging. Der Vorschlag war nicht finanzierbar und wurde in Großbritannien abgelehnt.

* andere Pläne Churchills (5.2.194o) sahen eine brit./franz. Besetzung des Hafens Narvik, der Eisenerzminen Kiruna, Gällivare sowie des schwed. Verschiffungshafens Luleå am Bottn. Meerbusen vor. Dies um **radikal** jegliche Eisenerzlieferungen an Hitler abzustoppen.

  Churchill argumentierte in der Konferrenz 5.2.4o: der brit. und franz. Bevölkerung könne man den Militäreinsatz wie folgt begründen: man schickt Truppen nach Nordskandinavien, die in Norwegen und Schweden stationiert sind. Dies um „Stalin zu warnen, weiter Krieg gegen Finnland" zu führen.

  Der Vorschlag fand anfangs Beifall. Ein Durchrechnen des militärischem Aufwandes ergab große Quantität an Soldaten in sehr unwegsamem Gebiet, - bei hohen Kosten und sehr unsicherem Ausgang der militärischen Aktion. Der Plan wurde nicht realisiert, zumal man massiv die Neutralität Norwegens und Schwedens verletzt hätte.

  Ein Beobachter der Konferrenz 5.2.4o notierte: „reichlich irrationale Vorstellungen bei fehlendem Realitätssinn. Denn eine Stationierung brit./franz. Truppen in Nordskandinavien kann zu einer Provokation der Sowjetunion führen und somit zu einem Krieg der Großmächte in Finnland."

Generell reagierten Britten und Franzosen zögerlich; ein gemeinsamer Konsenz der Vorgehensweise konnte nicht gefunden werden. Dies war fataler Fehler im weiteren Gang der Geschichte, wie sich zeigen wird.

★Auch in **Deutschland** wurde die Situation seit Ende 1939 geheim diskutiert. Admiral Roeder, der oberste Chef der dt. Kriegsflotte, forderte Stützpunkte an der norweg. Küste, - um den Nordatlantik effizient kontrollieren zu können. Hitler und seinen Generälen war zudem klar, daß die bisherige Situation eines ungestörten Eisenerztransportes via norw. 3 Meilen Zone keine Zukunft hat, - sollten Briten und Franzosen das Land Norwegen besetzen. Von daher sei Eile geboten.

★Zu erstem Konflikt kam es in Sachen des deutschen Marineversorgungsschiffes Altmark am **14.2.4o**. Es war als Versorgungsschiff des dt. Panzerschiffs Graf Spree eingesetzt und hatte 3o3 Kriegsgefangene an Bord. Verfolgt von britischen Schiffen konnte sich die Altmark bei Nebel in die norweg.- neutrale 3 Meilenzone und Jössing Fjord flüchten.

Das neutrale Norwegen duldete die Handlung. Es bot bot gar Geleitschutz durch 2 Torpedoschiffe an. Die Briten superverärgert, schickten 2 Zerstörer mit dem Befehl, die Altmark innerhalb der norweg. Neutralitätszone zu entern und die Gefangenen zu befreien. Der Auftrag wurde ausgeführt. In Großbritannien fand die Aktion großen Beifall. Presse und Bevölkerung forderten härtere Maßnahmen gegen Hitler, wobei Pläne der Besetzung Norwegens ausgearbeitet wurden.

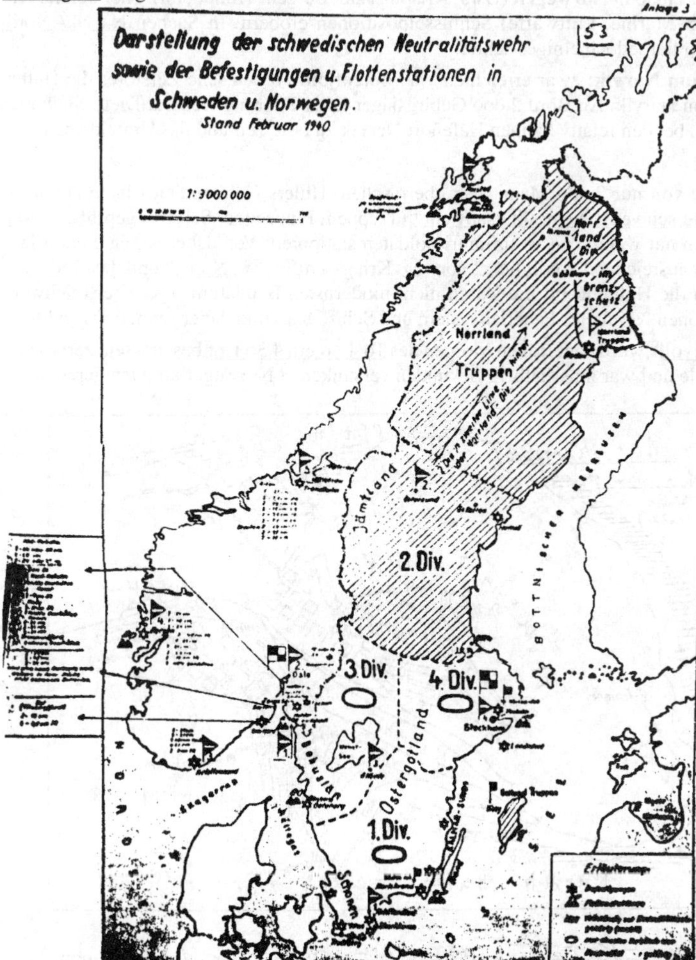


ANALYSE der zu erwartenden "Gegenwehr", sollte Deutschland Norwegen angreifen. Nazikarte vom Febr. 1940.

Auch in Deutschland standen Eroberungspläne parat. Hitler drängte auf eine schnelle Ausführung, um Briten und Franzosen zuvorzukommen. Gemäß „deutscher Perfektion“ so Hitler in geheimen Gesprächen mit seinen Generälen, - „solle nicht nur Norwegen, sondern auch Dänemark erobert werden, um durchgehend die Landmasse zu Nordsee und Nordatlantik kontrollieren zu können“. Der Nichtangriffspakt Deutschland/ Dänemark von 1939 war bald wertloses Papier.

★**9.4.194o**: Hitler greift **Dänemark** an, welches sich weitgehend kampflos ergibt - und zentrale Punkte in **Norwegen** (Oslo, Kristiansand, Bergen, Trondheim). Hier konnte Hitler (Heer, Marine, Luftwaffe) Schlüsselpositionen erobern. In Sachen Narvik/ Nordnorwegen lief jedoch einiges schief.

**Kampf um Narvik**: zwar erreichten via Ofotenfjord 1o deutsche Zerstörer die Hafenbucht von Narvik. An Bord 2.ooo Gebirgsjäger unter Führung General Dietl. Sie hatten die Aufgabe, den relativ kleinen Hafenort Narvik zu besetzen und das Umfeld abzusichern.

Die Zahl von nur 2.ooo Mann mag überraschen. Hitlers Geheimdienst hatte zuvor die norw. und schwed. „Neutralitätsabwehr“ (Truppen, Flugzeuge, Schiffe) geprüft. In Narvik waren nur wenige norw. Infrantriesoldaten stationiert. Von daher waren 2.ooo Mann zunächst ausreichend. Lediglich 2 norweg. Kriegsschiffe die „Norge“ und die „Eidsvoll“ schützen die Hafenbucht. Sie waren nicht modernsten Baudatums (geringe Reichweite der Kanonen, veraltetes Feuerleitsystem und Schiffsbau) und daher schnell versenkt.

Die „Eidvoll“ wurde am frühen Morgen des 1o.4.4o um 4.3o Uhr beschossen, zerbrach in zwei Teile und war innerhalb 15 Sekunden versunken. 8 Norweger konnten geretten

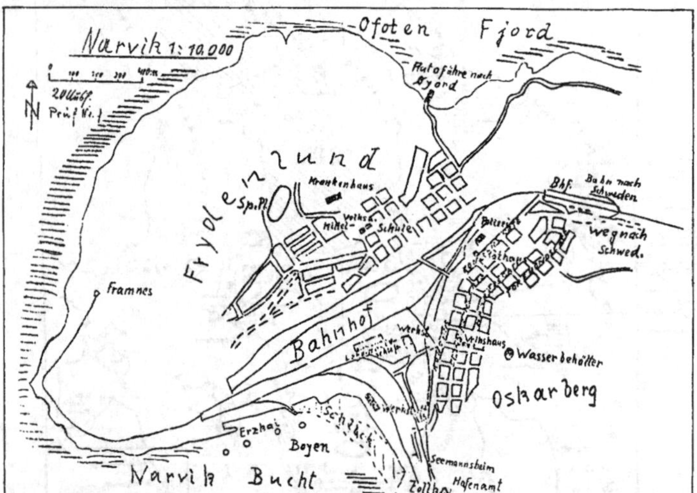


NARVIK-SKIZZE: war im Gepäck der deutschen Soldaten, um ihnen beim Angriff die Orientierung zu erleichtern.

werden, 177 starben. Auch das Panzerschiff „Norge", achtern und mittelschiffs getroffen, verschwand unter der Wasseroberfläche um 5 Uhr morgens, wobei sich die Schiffsschrauben noch drehten und 1o5 Norweger in den Tod gerissen wurden.

Anschließend wurden General Dietl und seine 2.ooo Gebirgsjäger an Land gesetzt, die Narvik eroberten. Was jedoch nicht geklappt hatte: die deutschen Versorgungsschiffe (mit Benzin- und Dieselvorräten, mit Waffen, Munution und Landfahrzeugen) waren noch nicht in der Hafenbucht eingetroffen, ausgenommen der Jan Wellem. Eine fatale Situation, denn die deutschen Kriegsschiffe benötigten Treibstoff und Munution - sowie Dietl dringend selbiges sowie Fahrzeuge, Maschinengewehre etc.

Mit dem Wetter hatten die Deutschen bisher Glück gehabt: es herrschte dichter Nebel und Schneetreiben, so daß sich die deutschen Kriegsschiffe unbemerkt von Briten in den Fjord schleichen konnten (Radar gab es damals noch nicht, es wurde erst 1943 erfunden). Gemäß dt. Pläne hätten die dt. Kriegschiffe dann umgehend nach Absetzen der Truppen den Fjord verlassen müssen Richtung offenes Meer. Dies, um wieder Bewegungsfreiheit zu erlangen. Und schon passierte das nächste Fiasko: am Horizont des Ofotenfjordes tauchte eine Flotte britischer Kriegschiffe auf!

Ein brit. Aufklärungsflugzeug hatte, als die Wolkenbänke kurz aufrissen, die deutschen Kriegsschiffe im Fjord gesichtet und Mitteilung erstattet. Daraufhin hatten die Briten eiligst Kriegsschiffe Richtung Ofotenfjord in Bewegung gesetzt. Die Leitung hatte der britische Fregattenkapitän B.A.W. Warburton Lee an Bord des Zerstörers HMS Hardy.

★**1. Seeschlacht 1o.4.4o** im Ofotenfjord und Seitenarmen: die Briten mit 5 Kriegsschiffen unter Leitung Warburton Lee, - die Deutschen mit 1o Kriegsschiffen. Beide Seiten verloren je 2 Schiffe durch Untergang. 4 deutsche Kriegsschiffe waren durch Treffer beschädigt, 2 davon schwer. Auf brit. Seite starb Warburton Lee.

★**2. Seeschlacht 13.4.4o**: zwischenzeitlich waren weitere 1o brit. Kriegsschiffe im Ofotenfjord eingetroffen. Die schwer angeschlagenen Deutschen, denen es zudem an Munution fehlte, hatten keine Chance; ihre verbliebenen Schiffe wurden in Fjord- Seitenarme abgedrängt und versenkt.

Weiterhin wurden ca. 2o Handelsschiffe (vorwiegend Erzfrachter), die zum Zeitpunkt der Kämpfe in der Bucht von Narvik ankerten, - versenkt oder in Brand gesetzt. Dies entweder durch fehlgeleitete Torpedos oder Kanonenbeschuß. Andere Schiffe waren im Versuch, eilig den Hafen zu verlassen, auf Grund gelaufen.

Die Bucht: ein riesiger Schiffsfriedhof. Da das Wasser dort nur eine Tiefe von ca. 25 - 3o m besitzt, ragten viele der Schiffe mit Bug oder Heck aus dem Wasser. Ein gespenstiges Bild; Fotos im Narvik- Kriegsmuseum. Es gab rund 5oo Tote: Soldaten, die mit untergehenden Schiffen in die Tiefe gerissen wurden und ertranken, - sowie Schiffsbrüchige, die im eiskalten Wasser den Tod fanden. Statistisch gesehen besteht eine Überlebenschance in Wassertemperaturen von 5 Grad nur ca. 1o Minuten!

★Für Hitler war **Narvik** totales Fiasko. Zwar konnte er 9.- 13.4. Dänemark kampflos in Besitz nehmen - sowie in Kämpfen erfolgreich alle wichtigen Schlüsselpositionen an der Küste Norwegens, - nicht jedoch Narvik.

In geheimen Konferrenzen diskutierte Hitler mit seinen Generälen das Problem Narvik. Weitere dt. Kriegsschiffe nach Narvik zu senden war weder möglich, da Hitler sie zur Sicherung von Oslo, Bergen, Trondheim etc. benötigte. Noch hätte dies Sinn gebracht, da in der Region Narvik zwischenzeitlich jede Menge brit. Kriegsschiffe ankerten. Als einzige Möglichkeit blieb die Bombardierung brit. Kriegsschiffe aus der Luft. Versuche dt.

Kampfflieger brachten minimalen bis keinen Erfolg, da sie von den Briten massiv beschossen wurden.

Hinzu kam das Problem, General Dietl und seine 2.ooo Gebirgsjäger mit Nachschub zu versorgen. Nazipiloten flogen mutige Einsätze über Narvik, wobei sie Versorgungsgüter, Waffen und Munution aus der Luft abwarfen sowie 4.ooo Fallschirmspringer absetzten. Hinzu kamen rund 2.6oo Marinesoldaten, die sich von untergegangenen Schiffen der Seeschlacht 1o./13.4 retten konnten. Sie hatten Marineausbildung und waren daher an Land nur limmitiert einsetzbar. Dietl, der nicht genügend Ausrüstung hatte, improvisierte mit viel Geschick: So wurden u.a. Kanonen auf Eisenbahnwaggons montiert und im ersten Tunnel des Gleises Narvik -> Kiruna reinrangiert. Dort waren sie vor Angriffen geschützt. Nur beim Abfeuern von Geschützen wurden sie aus dem Tunnel rausrangiert.

Truppenstärke der Nazis unter General Dietl: rund 6.5oo Soldaten. Die Alliierten (Briten, Franzosen) dagegen rund 25.ooo Mann plus absolute Dominanz an Kriegsschiffen. Von diesen beschossen sie Stellungen der Nazis. Für Dietl im winterlich eingeschneiten Narvik keine angenehme Situation, - zumal er von See komplett von Nachschub abgeschnitten war. Daß Dietl 1 1/2 Monate Narvik halten konnte, hatte mehrere Gründe:

* zum einen gab es bei den Generälen derAlliierten zunächst unterschiedliche Auffassung, wie man militärisch vorgehen solle. Einige Generäle forderten sofortigen Angriff, um das „Übel Dietl im Keim zu ersticken" und jegliche weitere Nazi- Expansion in der Region zu verhindern. Andere Generäle wünschten, man solle Dietl und seine Truppen zunächst „aushungern" durch Kanonenbeschuß per Schiff und Seeblockade. Eine spätere Invasion von Bodentruppen der Alliierten hätte somit bessere Chance im unwegsamen Gelände.

  Ein massives brit. Bombardement auf Narvik erfolgte am 24.4.4o und sollte Dietl (vorab geplanter Invasion) zur Aufgabe zwingen. Der Erfolg war mäßig und führte eher zu Zerstörung von Gebäuden in Narvik (u.a. wichtigstes Hotel Royal, der Friedhofskapelle, eines Restaurants und mehrerer Privatgebäude). Dietl, der sich bestens mit seinen Soldaten verschanzt hatte, sah keinen Grund zur Aufgabe.

* Koordination und Genehmigungsverfahren: im Gegensatz zu Hitler, der diktatorisch allein Befehle erteilte, - benötigte der Militär- Apparat der Alliierten in diesem Stadium des 2. Weltkrieges noch komplizierte Genehmigungsverfahren: So mußten Militärpläne zunächst verschiedene Ausschüsse passieren und zudem zwischen der Regierung Großbritanniens und Frankreichs abgestimmt werden.

* Realisierung der Invasion durch Bodentruppen: Auch dies benötigte in Großbritannien und verbündetem Frankreich Zeit in Logistik und gemeinsam abgestimmter Militärstrategie. - In Großbritannien mußte Ministerpräsident Chamberlain abdanken. Neuer Führer wurde am **1o.5.4o** Winston Churchill, der auf eiligen Angriff drängte, - und dies nur 3 Tage später realisierte:

★**13.5.4o**: Landung von Bodentruppen der Alliierten in Bjerkvik am Nordarm des Ofotenfjords nördl. von Narvik. Es war die erste „*koordinierte Aktion*" im 2. Weltkrieg. Beteiligt britische Infantrietruppen und Panzer, die von franz. und brit. Kriegsschiffen sowie dem brit. Flugzeugträger HMS Ark Royal mit Kampflugzeugen unterstützt wurden. Von Landseite operierten franz. und norwegische Truppen, die zusammen mit den Landungstruppen die Soldaten Dietls in Richtung schwedischer Grenze in die Berge abdrängten, bei verlustreichen Kämpfen der nächsten 2 Wochen.

★**28.5.4o**: Narvik befreit! Die Nazis zogen sich aus der Stadt zurück, leisten zuvor aber perfekte Arbeit der „*Verbrannten Erde*“: sämtliche Infrastruktur der Stadt (Eisenerzverladungs-Anlagen, Bahnhof, Gleise, Waggons und Loks sowie Bahnbetriebswerke etc.) wurden komplett durch Sprengladungen zerstört. Fotos im Narvik- Kriegsmuseum.

In weiteren Kämpfen wurden die Truppen Dietls in engsten Raum am Bahngleis Nähe der schwed. Grenze abgedrängt. Somit bis dato voller militärischer Erfolg der Alliierten.

★**2.6.4o**: keinesfalls hatte Hitler Narvik aufgegeben. An diesem Tag massiver Angriff der Nazis mit Flugzeugen und Brandbomben auf Narvik. Große Teile der Innenstadt gingen in gewaltiger Feuerbrunst auf (Fotos: Narvik- Kriegsmuseum).

★**8.6.4o**: Große Überraschung: die Alliierten verlassen Narvik! Background: Großbritannien hatte zwar zuvor in Kooperation mit Frankreich, norweg. Soldaten und eines polnischen Kriegsschiffes die Region Narvik zurückerobert. Generell war Norwegen (südl. von Narvik) jedoch in Hand der Nazis. Das Unternehmen der Alliierten, Norwegen von den Nazis zu befreien, war somit gescheitert.

Hinzu kam, daß Hitler zwischenzeitlich den Bereich Belgien/Niederlande an der Kanalküste in Krieg verwickelt hatte. Großbritannien sah es daher wichtiger, diese Zone vor seiner Küste zu schützen - und zog Kriegsschiffe sowie Truppen von Narvik ab. Somit erneute Nazi- Besetzung der Narvik- Region. Die Briten vermeldeten bei ihrem Abzug: den Befehl „*Verbrannte Erde*“ auszuführen, ist nicht möglich: denn die Nazis hatten bei ihrem Rückzug 28.5.4o derart perfekte Arbeit geleistet, so daß es für die Briten nichts mehr in Narvik zu zerstören gab...

NORDNORWEGEN zu Kriegszeiten: zwar hatten sich die Schauplätze der Hitler Kriegs- Blitzzüge ab Mitte 1940 auf andere Regionen Europas verlagert so Benelux und insbesondere England.

Norwegen - insbes. Nordnorwegen war jedoch wichtiger „Nebenschauplatz“ weiterer Kriegsvorbereitungen Hitlers. Seine Vorbereitung auf den Angriff auf die Sowjetunion (**1941**) beinhaltete detailierte Absicherung: So plante (und realisierte) Hitler den Aufbau einer Infrastruktur in Norwegen, zB. Ausbau von Verkehrswegen wie Straßen und Eisenbahnen.

So wurde das Eisenbahngleis von Trondheim Ri. Nord ausgebaut, um bequemer Truppen verschieben zu können (Details Seite 276). Zum Bau wurden Kriegsgefangene eingesetzt (Details Seite 277). Wegen erheblicher Bauprobleme kamen die Arbeiten nur spröde voran.

Auch bestanden Pläne des Baus einer Polar- Eisenbahn bis Kirkenes, die im Bau begonnen, aber nie fertiggestellt wurde (Details Seite 374, 9o3).

Ziel und Zweck Hitlers, die Küste Nordnorwegens besser militärisch kontrollieren zu können. Denn seit seinem Angriff auf die Sowjetunion hatte die SU Nachschubwege der Aliierten über den Nordatlantik zu ihrem ganzjährig eisfreien Hafen Murmansk. Die Seewege dieser Versorgungskonvois waren hart umkämpft und führten entlang des Bereichs der nordnorw. Küste. Details Seite 901, zu Widerstandskämpfern Seite 864.

Kampf um Kirkenes und Murmansk : siehe Seite 899 ff.

Die Tirpitz war größtes Schlachtschiff der Deutschen, das in Nordatlantik-Gewässern operierte und sich zu Zeiten, als es noch kein Radar gab, in abgeschiedenen Fjorden Nordnorwegens verstecken konnte. Es wurde letztendlich 1944 bei Tromsø von britischen Kampfbombern versenkt. Weitere Details Seite 744, 689, 853.

Als der Krieg für Hitler **1944** verloren war, mußten sich rund 1/4 Million Hitler Soldaten aus Nordnorwegen zurückziehen. Den Generälen Hitlers ging es um einen Rückzug der Soldaten möglichst ohne Verluste.
Die Gefahr bestand angeblich, daß die Rote Armee Stalins von Murmansk nachrückte und die geschwächte Truppe deutscher Soldaten im Winter Nordskandinaviens in Kämpfen vernichtet.
Hitler gab daher den fatalen Befehl, daß die deutschen Truppen bei ihrem Rückzug sämtliche norweg. Siedlungen bis Lyngenfjord dem Erdboden gleichmachen. Damit nachfolgende SU- Truppen keinerlei Unterschlupf besitzen. So auch geschehen. Sämtliche Häuser der Nordnorweger wurden niedergebrannt. Sie litten unter extremer Not und winterlicher Kälte. Kriegsbrutalität, wie sie kaum schlimmer sein kann.
Die deutschen Truppen erreichten unversehrt Häfen wie Tromsø südlich des Lyngenfjord, - wo sie in Kriegsgefangenschaft verschifft wurden.

**Kriegsmuseen in Nordnorwegen**

Größtes ist das von Narvik (Seite 4o4). Es berichtet speziell über die Schlacht um Narvik. Zu sehen vorwiegend Kartenmaterial, Fotos, aber auch kleinere Reste von Flugzeugen wie deformierter Propeller nach Abschuß, Flugzeug- Cockpit etc. Besuch lohnt mit Abstrichen bei Spezialinteresse zur Kriegsgeschichte Narviks.

Kirkenes, Grenselandmuseum (Seite 893): Exponate zur Stadtentwicklung und Eisenerzförderung, diesbezüglich lohnend. Im EG kleine Abteilung zur Zeit des 2. Weltkriegs und der nordnorwegischen Resistance. Schade, daß dieser Teil des Museums nicht größer ist und ausführlicher berichtet.

Kirkenes, Andersgrotta (Seite 893): die unterirdischen Luftschutzräume waren während des 2. Weltkrieges elementar bei mehr als 385 Bombarierungen (!) von Kirkenes der Zeit 1941 bis 1944. Besichtigung möglich inkl. Video aus Kriegszeiten.

Bodø, Verkehrsmuseum (Seite 313): größtes Verkehrsmuseum Nordnorwegens und sehr lohnend. In 2 riesigen Hallen eine Unzahl an original erhaltenen Verkehrsflugzeugen. Die vom EG linke Halle widmet sich der Militärfliegerei. Insbes. norweg. Resistance und eingesetzter Flugzeuge im Original, auch der Nazis.

Bunkeranlagen der Nazis: in Vielzahl an der nordnorweg. Küste mit Flakabwehr. Details siehe Hauptteil des Bandes. Sie sind seit 6o Jahren („vermoderte") Relikte, die für Hobby- Historienforscher „gratis in der Landschaft" liegen.
Gegen Eintritt zu besichtigen u.a.: das * Defense Museum/Tromsø (Seite 688), zu sehen Bunkeranlage und Geschützstellungen in einem Wäldchen, -
* Adolfkanone/ Harstad (Seite 616). Sie war größte auf Land stationierte Kanone der Nazis mit Schußreichweite bis zu 56 km. Weitere Details siehe dort, Besichtigung möglich. Weitere Adolfkanone/ Insel Engeløya (Seite 383). Ihr Besuch lohnt vorwiegend wegen exponierte Lage und Blick über den Ofotfjord.

RESISTANCE: die norweg. Exilregierung zu Hitlerzeiten hatten ihren Hauptsitz in London. Norweg. Piloten der Resistance konnten Flughäfen der brit. RAF Airforce in Südengland bis Schottland nutzen und bis 1945 mehr als 2oo deutsche Flugzeuge abschießen. Sie wurden Toronto/Kanada ausgebildet, damals genannt „Klein Norwegen“. Partisanen siehe S. 864.

Norweg. Soldaten der Resistance trainierten in Schottland, eine Truppe von 4.5oo Mann, - die norweg. Marine-Resistance umfasste 7.5oo Mann und mehr als 5o, meist aber kleinerer Schiffe.

Presse/Rundfunk: kurz nachdem die Hitlerdeutschen Norwegen erobert hatten, verboten sie der Bevölkerung den Besitz von Rundfunkgeräten. Damit sollte das Abhören von „Propagandasendungen, z.B. der Resistance aus London unterbunden werden. Viel geholfen hat dies den Nazis nicht, da der Befehl trotz Androhung hoher Strafen nicht kontrollierbar war. Anders die Pressezensur der Nazis. Sie kontrollierte wirksam, derartig zensierte Presseprodukte wurden aber von der Bevölkerung kaum gekauft. Die Resistance in Norwegen druckte Flugblätter im Untergrund, die im Land verteilt wurden. Ein äußerst gefährliches Unterfangen, auf dem die Todesstrafe stand.

# Zeit Ende des 2. Weltkrieges bis heute

Die Kriegsschäden in Nordnorwegen waren erheblich. Notunterkünfte für die obdachlose Bevölkerung wurden durch Hilfsorganisationen errichtet, die jedoch nur kaum die Not lindern konnten. Neubau von Häusern und der Infrastruktur Straßen. Insbesondere die USA förderten den Wiederaufbau Nordnorwegens durch Hilfsmaßnamen und finanzielle Unterstützung.

1949: Beitritt Norwegens zur Nato. Norwegen hatte damit seine Neutralitätspolitik aufgegeben und sich in den Schutz des Nordatlantischen Bündnispakt begeben.

1958: Gründung der der nordischen Pass- und Zollunion. Defacto ein zollfreier Verkehr in skand. Ländern wie Norwegen und Schweden, was den Warenverkehr und Handel erleichterte.

1969/71: Entdeckung von Erdöl und Erdgas in der Nordsee. Die Ausbeutung in großem Stil mit riesigen Bohrtürmen führte bis heute zu großem Reichtum des Landes.

1976: ein Versuch, den norw. König abzuchaffen, endete in einer Volksabstimmung. Mit großer Mehrheit votierten die Norweger: ihr König darf weiter regieren. Er ist Symbolfigur Norwegens, ähnlich wie das Firmenlogo einer erfolgreichen Automarke...

Der Beitritt Norwegens zur EU wurde in Volksabstimmungen mehrfach abgelehnt (so auch 1994 erneut). Norwegen ist assoziierter Partner der EU und hat an der Einführung des EURO („Teuro“) 2oo2 nicht teilgenommen.

## Zeit Ende des 2. Weltkrieges bis heute

# Samen

Urbevölkerung Nordnorwegens und Skandinaviens. Es gibt heute rund 60.000 Samen, davon leben ca. 35.000 in Nordnorwegen, 18.000 in Nordschweden, 5.000 in Nordfinnland und weitere ca. 2.000 auf der Kola Halbinsel/Nordrussland.

Die Samen hatten in früheren Jahrhunderten ihren freien Lebensraum in Nordskandinavien für Rentierzucht und Fischfang. Damals war der hohe Norden ihr Land.

Die im Süden lebenden Norweger, Finnen und Schweden zogen Grenzen in Nordskandinavien erst 1826, um den Norden zu erschließen und zu erobern. Rücksicht darauf, daß es sich hier um Landbesitz der Samen handelte, wurde nicht genommen. Zumindest kam es im 19 Jhd. noch keine größeren Konflikten, denn Platz in den riesigen Weiten des Nordens gab es für alle.

In expandierenden Siedlungen wie Hammerfest, Ende des 19. Jhds. auch Tromsø und Bodø fanden Samen Jobs und Verdienste. So im Verkauf ih-

rer Produkte wie Rentierfleisch und Fisch. Teils arbeiteten sie auch als geschickte Handwerker für die Norweger und integrierten sich. Andere Samen lebten in den Weiten Lapplands von Rentierzucht.

**Samen und Rentierzucht**
Traditioneller Erwerbszweig der Samen. Rentiere liefern Milch und Fleisch, - die „Kuh" des hohen Nordens. Das Rentier ist genügsam. Es lebt von Bodengeflechten, Pflanzen und Sträuchern des hohen Nordens. Es legt alljährlich Strecken bis zu 8oo km zurück auf der Suche nach guten Weidegründen. Die Samen folgten ihnen, hatten eigene Herden und hohes Maß an Orientierungssinn und geograf. Kenntnis (z.B. wo und zu welcher Jahreszeit Flüsse zu Fuß überquert werden können).

Im 15. Jhd. forderten Könige Dänemarks und Schwedens Steuerzahlungen von den Samen, ebenso auch Steuerforderungen von Russland (= somit Dreifachbesteuerung!). Dies waren Gebiete, wo die Samen „greifbar waren" für Steuerforderungen, also Handel mit Dänemark/Norwegen, Schweden oder Russland betrieben. Defacto waren Steuern allenfalls auf verkaufte Waren eintreibbar, - wohl aber kaum auf generellen Handelsbetrieb der Samen mit Rentieren. Bei ihrem Nomadendasein und der Vielzahl an Verkaufsstellen im hohen und dünn besiedelten Norden waren sie kaum für Steuern greifbar. 1613 verzichteten die Länder auf Steuerforderung von Samen, da nicht eintreibbar. Dies bezieht sich allerdings nur auf das Mittelalter.

Ausgewachsene Rentiere benötigen pro Tag bis zu 8 kg Futter (Moose, Geflechte etc.). Eine Rentierhaltung erfordert daher riesige Flächen. Im Winter folgten die Samen ihren Tieren auf Schlitten, die von Rentieren gezogen waren sowie mit Schneeschuhen und Skiern, wie historische Zeichnungen u.a. eines Olav Magnus 155o dokumentieren.

Zeiten, die heute passée sind. Eingesetzt werden Snowscooter bis zu Helikoptern und Handy bis Satellitennavigation. Auch sitzt der Same nicht mehr in pitturesker Tracht in seinem Zelt (dies allenfalls, um mit touristischen Tripps Geld zu verdienen), - sondern hat sein festes Wohnhaus aus Holz oder Stein in Karasjok, Kautokeino oder anderen Samensiedlungen.

Zu erheblichen Konflikten kam es in der 2. Hälfte des 2o. Jhds., als Nordnorwegen intensiv von Norwegern erschlossen wurde - so Bau des Alta-Staudamms für Stromgewinnung. Die Samen protestierten, daß der Staudammbau die traditionelle Fischfangregionen am Fluß vernichtet und die Lachswanderung unterbunden wird. Auch sei dies traditionell ihr Land, sie hätten daher das Recht zu einem Veto. Es kam in Folge zu militanten Aktionen, an denen sich auch Umweltschützer beteiligten.

1981 wurde ein Kompromiss erzielt. Der Staudamm wird gebaut. Gleichzeitig erhalten die Samen umfangreiche Rechte in Nordnorwegen so eigene Schulen, die zweisprachig (samisch/norweg.) unterrichten und eigene Samen- Parlamente. Einer der großen Erfolge der Samen in Selbstbestimmung. Weitere Details ........................................................ Seite 756

Heute sind wichtige Samenzentren in Nordnorwegen (Auswahl):

* ALTA mit u.a. eigenen Schulen in samischer Sprache, Kunsthandwerk der Samen und Kultur. Details............................................. Seite 746
* KARASJOK und Hauptstadt der Samen, rund 9o % der Bevölkerung

sind Samen. Eigener Radiosender, Kulturstätte, Kunsthandwerk, Museum. Besuch lohnt, ein florierendes Zentrum der Samen. Je nach Jahreszeit großer Rentiermarkt, zu dem tausende Samen aus allen Regionen Nordnorwegens anreisen. Für Touristen gibts im Hochsommer bei der zentralen Tankstelle ein großes Samenzelt, in dem tradit. Samengerichte serviert werden. Im Samencenter Verkauf von Samenkunsthandwerk.

Das Parlament der Samen in Karasjok, ein moderner Neubau von 1999, in dem über Themen der Samen entschieden wird. Details ... Seite 834

* KAUTOKEINO, Straßendorf, Heimatmuseum, Kunsthandwerk S. 842

* DRAG Nähe E 6 zwischen Fauske und Narvik. Details ....... Seite 392

Vorchristliche Religion und Missionierung der Samen, Details Seite 838

**Samen Museen und Senter**

Sami Museum, Karasjok: größtes Samenmuseum Norwegens. Zu sehen u.a. die Kopie einer Zaubertrommel, Kleidung und Tracht, Haushaltsgeschirr und Werkzeuge, Bootsausrüstung und alter Snowscooter. Museum lohnt, wer sich fürs Thema interessiert. S. 837

Samelandsenteret, Karasjok: Kulturzentrum und Kunsthandwerk. Man kann den Künstlern bei der Arbeit zu sehen, auch Verkauf sowie Filmshow. Details.......... ..... Seite 836

Freilichtmuseum Kautokeino: tradit. Hütten der Samen, Werkzeuge, Angelgerät, Kleider und sogar kleine Samen Sauna. Ein kleineres aber interessantes Museum. ... .... Seite 842

Siida Samenmuseum in Inari/Nordfinnland: das größte der Samenmuseen Skandinaviens. Besuch lohnt, läßt sich auf der Rückfahrt Ri Rovaniemi einbauen. Details ..... Seite 847

Savio Museum, Kirkenes: Ausstellung des Malers J.Andreas Savio, der 19o2 in Kirkenes geboren wurde. Details ........................................................................ Seite 893

Alta Museum, Alta: die Komsa Kultur (ca. 9.ooo v. Chr.) gilt als älteste Nordnorwegens. Die Samen beanspruchen, daß dies ihre Vorfahren in diesem Teil Nordskandinaviens sind. Das Alta Museum berichtet. Details ........................................................... Seite 748

Museum der Uni Tromsø: besitzt auch eine Abteilung betreffend Samen. .... ... Seite 686

Årran Lulesamisches Zentrum, Drag: Nähe der 6 zwischen Fauske und Narvik. Das Kulturzentrum wurde 1994 eingeweiht. Details ......................................... ......... Seite 392

Saemien Sijte, Snåsa: Minimuseum der norweg. Südsamen, Details ............... Seite 225

# Bootsbau in Nordnorwegen

Bis Mitte des 2o. Jahrhunderts war vielfach das Schiff wichtigstes Transportmittel in Nordnorwegen. Der Bootsbau war daher elementar für die Nordländer. Interessant, daß ihre Nordlandboote ähnlich Wikingerschiffen gebaut waren. Folgende Übersicht bezieht sich auf Holzboote, - nicht aber Eisenbauten, Frachter etc. Anschließend dann Spezialmuseen zum Bootsbau sowie Fahrten mit historischen Schiffen.

Als das Eis Skandinaviens nach der letzten Eiszeit vor rund 1o.ooo Jahren langsam taute und die Küste freigab, waren die ersten Menschen, die sich dort niederließen, Jäger, Fischer und Walfänger. Ihre Boote waren vermutlich mit Lederhäuten bespannt, wie sie auch die Eskimos benutzten.

Die EISENZEIT brachte eine entscheidende Verbesserung: mit Äxten aus Eisen konnten Bäume gefällt werden und die Bretter präziser behauen werden. Archäologen fanden Schiffe bis ca. 13 m Länge. Sie hatten Holzplanken, die mit Eisennägeln am Schiffsrumpf befestigt waren. Fortbewegung mit Rudern. Eines dieser Boote wurde auf der Insel Nord-Kvaløya beim heutigen Tromsø gefunden.

WIKINGER: Meister im Bootsbau und der Navigation. Nicht ohne Grund konnten sie derart weite Strecken zurücklegen wie nach Island, Grönland und Neufundland/Nordamerika. Ihre Schiffe waren ungewöhnlich breit, mit geringem Tiefgang und konnten daher auch in flachem Wasser fahren (z.B. Anlegen an Stränden). Auch waren sie weniger anfällig, auf Unterwasserriffs aufzufahren. Sie waren in Ausformung des Rumpfes äußerst elegant gebaut, schmiegten sich den Wellen an und konnten je nach Verwendungszweck auch erhebliche Tonnen an Last befördern, z.B. Pferde, Kühe, Schweine, Weinfässer, Schatzkisten etc.

Berühmtester Fund das Oseberg- und das Gokstad Schiff in Südnorwegen. Aber auch in Nordnorwegen fanden Archäologen eine Vielzahl an Schiffen bzw. deren Reste. Oft war das Holz komplett vermodert, aber die Postiton der erhaltenen Schiffsnägel ließ Größe und Form erahnen. In anderen Fällen waren es Reste (Grundmauern) von Bootshäusern, deren Größe zugleich auf die Größe der unterbrachten Schiffe schließen ließ.

Die Wikingerschiffe hatten Segel sowie Ruder. Letztere ermöglichten bequemeres Navigieren in engen Gewässern (z.B. Fjorden und engen Meeresstraßen), unabhängig von Windrichtung. Kleinere Wikingerschiffe, wie sie in Nordnorwegen von Fischerbauern eingesetzt wurden, waren (z.B. in Rumpfform, 1-mastige Besegelung) Vorbild für spätere Nordlandboote.

NORDLAND FRACHTSEGLER (ab ca. 15. Jhd.): äußerst seetüchtige Frachtschiffe, gebaut von Nordnorwegern. Übernommen wurde der hohe Vordersteven von Wikingerschiffen, - im Heck und Kajütten die Bauweise des Schiffstyps „Kogge“ der Hanse. Der Nordlandsegler hatte die Möglichkeit, große Last zu transportieren, war breitgebaut mit relativ großem Tiefgang. Länge bis zu ca. 15 m, für den Segelbetrieb nötig 12 Mann. Er wurde eingesetzt für Waren- und Fischtransporte bis Ende des 19. Jhds.

NORDLANDBOOTE: in Ausformung des Schiffsrumpfes gebaut wie Wikingerschiffe. Es gab sie in verschiedener Größe, siehe Abbildung Seite 438. Sie wurden eingesetzt bis Ende des 19. Jhds. zum Fischfang insbes. auf den Lofofoten und Vesterålen, aber auch in anderen Regionen Nordnordnorwegens. Grundlage für den Bau waren nicht Konstruktionsskizzen, sondern das Fingerspitzengefühl des Erbauers und über Generationen vermitteltes Know How.

SEGELKUTTER (ab Ende 19. Jhd.): ein neuer Schiffstyp mit Gaffel- und Focksegel. Dies machte die Schiffe schneller bei Gegenwind schräg von vorn. Sie besaßen Kajütte und Mannschaftsraum. Ihre Planken waren teils nicht wie Schuppen übereinandergelegt, - sondern (Neuerung): glatt aneinander. Die glatte Schiffshaut machte das Schiff schneller und stabiler. In der Region Salten und Mo I Rana (heutige Provinz Nordland) befanden sich viele Werften, die diesen Schiffstyp bauten.

<u>MOTORKUTTER</u> (ab Anf. 2o. Jhd.): im Prinzip sehr kurze und kleine Holzschiffe mit „Stehkabine" für den Kapitän als Wind und Regenschutz. Hier steuerte er das Schiff. Die Motoren: anfangs noch sehr schwach-PS bestückt (die Leistung lag bei 8 - 1o PS). Aber man war unabhängig vom Wind. Für den Fischfang reichte der Motor, sofern er nicht wegen Defekt ausfiel. Bis in die 2o-er Jahre waren die Motoren stärker geworden - und es gab gut 2 Dutzend Motorenhersteller in der Region Bodø/Tromsø. Motoren wurden auch für Winden eingesetzt, um Netze an Bord zu ziehen.

Als die ersten Bootsmotoren aufkamen, monierten Fischer (die noch traditionell mit Ruder und Segel arbeiteten): der „Motorenlärm vertreibt den Fisch". Als sich schon bald herausstellte, daß dies nicht der Fall war, trat der Motor seinen Siegeszug an. Die Schiffe wurden immer größer, die Motoren stärker und vorallem zuverlässig. Auf zusätzliche Besegelung konnte verzichtet werden.

NORW. SCHIFFSMOTOREN aus der Anfangszeit Wende 20. Jhd. Sie hatten nur wenig PS. Hier eine Motorwinde der Fa. "Grei & Alpha", 1.800 mal verkauft.

<u>TRAWLER</u>: heutige Form modernen Fischfangs. Selbstverständlich gebaut aus Eisen, an Bord sämtliche Technologie zum Orten des Fisches wie Echolot. Nicht selten wird der Fisch an Bord gleich weiterverarbeitet, d.h. zerlegt, verpackt und tiefgefroren.

<u>SPEZIALSCHIFFE für NORDPOLAR-FAHRTEN</u>: berühmtestes Schiff der Pionierzeit die <u>FRAM</u>, gebaut 1892 in Südnorwegen. Es war in Holzbauweise konstruiert, um starkem Eisdruck standzuhalten. Auf verschiedenen Polarexpeditionen bewährte es sich exzellent. Details ab Seite 166

**SCHIFFS MUSEEN**

<u>Wikinger Musem, Oslo</u>: ausgestellt die perfekt restaurierten Wikingerschiffe „Oseberg" und „Gokstad". Weitere Details ........................................ Seite 132

<u>Fram Museum, Oslo</u>: die „Fram" im Original. Auch das Innere des Schiffs kann besichtigt werden. Weitere Details ........................................ Seite 166

<u>Gratangen Bootssammlung</u>: in Gratangen nördl. von Narvik Nähe E 6. Größte Sammlung von Booten Norwegens. Mehr als 6o, von kleinen Jollen bis zu großen Fischer- und Frachtschiffen (bis knapp 7o Fuß Länge), auch alle Typen von Nordlandbooten. Sie sind teils im Museum ausgestellt, andere funktionsfähig im Fjord für Ausflugsfahrten. So z.B. der Nach-

bau eines kleinen Nordland- Bootes, das Fischer im 19. Jhd. benutzten. Weitere Details ................................................................ ............................Seite 626

Polarmuseum, Tromsø: Fisch- Robben und Walfang in arktischen Regionen sowie Expeditionen. Auch (wenige) kleine Boote. Details ............................................ Seite 683

Lofot- (Vågan) Museum in Vågan/Lofoten: u.a. Nordlandboote. Details ...... ...Seite 476

Spillum Dampsag Museum, Namsos: an der RV 17, südl. Nordnorwegen. War eine der ersten Dampfsägen Nordnorwegens (1853) und ist betriebsfähig erhalten. .... .Seite 326

Aursfjord Säge, Aursfjord/Malangen: nördlich von Narvik Nähe E 6. Eine Gattersäge von 1796, die mit Wasserkraft betrieben wurde. Heute noch funktionsfähig, Museumsbetrieb. Es gab weitere Sägewerke in Nordnorwegen. Sie stellten Bretter her für Haus- und Schiffsbau. Details Aursfjord Säge ................................................................... Seite 326

**Fahrten mit historischen Schiffen in Nordnorwegen (Auswahl)**

„Straumnes“: ein Fischkutter in Holz, gebaut 19o8 in Rognan/Saltdalen. Später auch als Walfänger eingesetzt, als Versorgungsschiff der Nazis und nach Kriegsende u.a. als Krabbenfischer. Tagestouren, Platz für 12 Personen. Kontakt: Gratangen Museum, Tel.: 769.2o3.7o, Fax: 769.2o3.9o.

„Biskop Hvoslef“: Holzschiff mit Besegelung, gebaut 1932 für die norwegische Seenotrettung. Das Schiff war von 1933 - 69 im Einsatz, u.a. auch bei der Evakuierung der Finnmark Ende 2. Weltkrieg. Heute Ausflugsfahrten zu historischen Stätten der Region. Das Schiff ist im Sommer stationiert bei der Aursfjord Säge, Aursfjord. Kontakt Tel.: 777.264.65 und 777.263.69.

„M/S Lyra“: kleiner Holzkutter mit Besegelung, gebaut 19o5 in Salten. 1912 wurde ein 1o PS- Dahnmotor eingebaut und 1924 gegen damals moderneren 24 PS Motor ausgetauscht. Seit 1968 der heutige 56 PS Motor. Das Schiff ist in Nordreisa/Storslet (nördl. Tromsø an der E 6) stationiert. Tagesausflugsfahrten in ausgesprochen schönen Meeresstraßen, vorbei an Inseln, Fjorden und hohen Berggipfeln.

„Anna Rogde“: 2 Mast Schoner mit bis zu 1o Segeln. Gebaut 1868 in Namsos/Nordnorwegen. Frachtfahrten bis Spanien und Portugal, aber auch in die Beeringsee/Nordrussland. Das Schiff ist 1 Jahr älter als die berühmte Cutty Sark und dürfte ältester Schoner der Welt sein, der heute noch in Betrieb ist. Renoviert in den 9o-er Jahren des 2o. Jhds. Stationiert in Harstad. Tagesausflugsfahrten. Kontakt: 77o.611.53, Fax: 77o.611.54.

„Polstjerna“: gebaut 1949 für den Einsatz in Nordpolar- Regionen. Es besitzt einen verstärkten Rumpf (Holz!) und hat mehrere Orkane überstanden, bei dem andere Schiffe untergingen. Einsatz für Robbenfang (hoch oben am vorderen Mast ein windgeschützter Ausguck), aber auch für Heerings- und Dorschfang vor Grönland.

Es wurde zudem für wissenschaftl. Expeditionen in den Gewässern von Spitzbergen eingesetzt. Es dürfte einziges in Holz gebautes Schiff der Welt für Polarregionen sein, das heute noch einsatzbereit ist. Stationiert in Tromsø vor dem „Rica Ishavshotel“. Ein- bis mehrtägige Ausflüge, meist in der Region von Tromsø. Kontakt: Tel.: 776.876.7o, Fax: 776.876.3o.

# Walfang vor Nordnorwegen

Heute weitgehend eingestellt, insbesondere auf Druck der Umweltschutzorganisation Greenpeace und weltweitem Verbot. Es gibt rund 8o Walarten. Viele davon standen vor der Ausrottung, da mit Großfangschiffen und zunehmend modernster Ausrüstung gejagt wurde.

Es wird unterschieden zwischen Bartenwalen (11 Arten). Der größte von ihnen ist der Blauwal, der eine Länge bis 33 m und 15o Tonnen erreicht. Die Zahnwale (69 Arten) sind in der Regel kleiner, größter von ihnen der Potwal (bis 18 m und 4o Tonnen).

Wale sind Säugetiere, die Kinder gebären. Sie haben eine eigene Sprache, mit der sie sich unterhalten, aber auch gegenseitig warnen vor Gefahren. Faszinierend waren Aufnahmen mit Unterwassermikrophonen von National Geographic Society 1979, die sich für den Schutz der Wale einsetzte.

★Walfang wird seit Urbevölkerung Skandinaviens betrieben, wie Steinzeichnungen und Grabfunde (Walknochen) beweisen. Damals allerdings mit kleinen Booten und nur zum Eigenbedarf der Nahrungsbeschaffung. Dies gefährdete nicht die Walbestände.

Eine Situation, die sich im äußersten Norden Europas änderte, - als ab ca. 161o holländische und engl. Walfänger (mit Segelschiffen und Beiboot/Harpunier) kommerziellen Walfang in großem Stil vor der Küste Spitzbergens betrieben. Hier ging es nicht mehr um Nahrungsbeschaffung für Eigenbedarf, sondern um Profit. Dortige Wale wie der langsam schwimmende *„Nordkaper"* waren bald fast ausgerottet, sodaß Walfänger auf andere Regionen wie Jan Mayen (Vulkaninsel im Nordatlantik) und die Küste Grönlands auswichen.

★Anfang bis Mitte 19. Jhd. entstanden in Nordnorwegen zwischen Insel Sørøya (bei Hammerfest) und Kirkenes/Jarfjord mehr als 3o Walfangstationen. In ihnen wurde gefangener Wal angelandet und zerlegt. Der Speck des Wals wurde in Öfen an Land gekocht zu Walöl. Dieses ergab den Gewinn damaliger Walschlachterei. Das Walöl wurde genutzt u.a. für Seife, Schuhcreme, Herstellung von Margarine bis Lippenstift und Cremes. Aber auch als Brennmittel für Lampen, - solang bis Petroleum das Walöl abgelöst hatte.

Die Geschäfte waren profitabel. Zunehmend entstanden Walfangstationen auch auf den Vesterålen - sowie auf der Insel Skrova/vorgelagert Lofoten im Vestfjord. Fast die gesamte Bevölkerung Skrovas lebte vom Walfang.

★Entscheidende „VERBESSERUNG IM WALFANG" war die Erfindung der * Walkanone (um 1865) des Norwegers Svend Foyn. Sie war an Bord des Hauptschiffes befestigt. Man mußte nicht mehr mühsam und gefährlich im Beiboot zum Wal rudern. Zuvor hatten große Wale die Beiboote mit Harpunier und Ruderern oft in die Luft geschleudert, und die Mannschaft ertrank im eiskalten Wasser.

Weiterhin hatte Svend Foyn ein spezielles Dampfschiff für den Walfang bauen lassen, die „Spes et Fides". Das Schiff war knapp 3o m lang und hatte an Motor nur 5o PS. So doch Vorteil, daß es dem Wal flexibeler folgen konnte. Frühere Segelschiffe mußten vor Wind kreuzen, - oft war der Wal weg.

Das Dampfschiff hatte weitere Neuerung, einen sogen. „Kompressor". Sobald die Kanone ihren Haken in den Wal gebohrt hatte, entstanden gewaltige Kräfte, wenn z.B. Großwale von 1oo Tonnen versuchten zu flüchten. Entweder riß die Leine. Oder das Fangboot wurde umgerissen und drohte zu kentern. Der Kompressor dämpfte derartige Kräfte.

In Vadsø/Nordnorwegen baute Svend Foyn eine Weiterverarbeitungsstation für Wale. Er war bald reichster Mann der Finnmark mit weiteren Stationen.

LINKS: Svend Foyn (*1809) in Tø
berg Norwegen als Sohn eines R
ders. Revolutionierte den Walfa
durch u.a. Walkanone. Sie sp
die gefährliche Fahrt mit Beib
zum Wal, unten.

Für die Wale waren die Erfindungen des Svend Foyn fatal. Ihre Bestände reduzierten sich in nordischen Gewässern drastisch. Die Norweger, zwischenzeitlich eine der wichtigsten Walfangnationen, - wichen auf andere Gebiete aus - insbes.

ANTARKTIS: dort South Shetlands und South Georgia, der Antarktis vorgelagert. Zwar weite Strecken, aber reiche Walbestände, die den Weg lohnten. Sie hatten dort Weiterverarbeitungsstationen für Kochereien von Walöl.

Auch England war an antarktischem Walfang interessiert und annektierte die einsame Inselgruppe. Um die norweg. Konkurrenz im Walfang auszuschalten, verboten sie ab ca. 1912 den Betrieb norweg. Walöl- Kocherei an Land der Inseln.

Die Norweger konterten mit dem Bau schwimmender Walfabriken. Dh. der **WAL** wurde von Schiff harpuniert und bereits an Bord in Tran verkocht. Dies ersparte die Verladung der riesigen Tiere an Land (South Shetland und Georgia) zu dortigen Trankochereien, - und steigerte die Gewinne der Norweger.

Es waren zunächst umgebaute Frachtschiffe, die den Wal fingen und an Bord zu Öl verkochten. - 1925 lief das erste rein für Waljagd gebaute norweg. Schiff vom Stapel. Es hatte zudem am Heck eine schräge Rampe, in dem der erlegte Wal an Deck zum Zerlegen gezogen werden konnte. Auch hatten die Schiffe stärkere Motoren, womit der Wal besser verfolgt (und erlegt) werden konnte. Die Bestände der Wale reduzierten sich drastisch. Als auch andere Walfang-Nationen den neuen Schiffstyp einsetzten, schien das Ende der Wale nahe. Sie hatten kurze Erholungsphase während des 2. Weltkrieges.

★ Ab 1945 Fortsetzung der Jagd auf Wale. Diese hatten bei moderner Technologie (u.a. moderne Fangschiffe, stärkere Bootsmotoren, Sonar etc.) kaum noch Chance für Überleben. Auch für die Walfänger brachten vormals lukrative Bereiche wie Antarktis kaum noch Profit: Die Norweger stellten ihre Fahrten 1967 wegen Unrentabilität ein. Viele Walarten standen vor Aussterben und Handeln war geboten.

Bereits 1946 hatten 17 Nationen des Walfangs einen Vertrag unterzeichnet, der die Walbestände kontroliert. Er war unterstellt der Internationalen Walfangkommission (IWC). Sie legte Schonzeiten fest, wann und welche Wale gefangen werden durften. Dies um den Fortbestand wirtschaftl. Ausbeutung zu sichern. Sehr effizient war die IWC in den 4oer Jahren nicht. Länder wie Norwegen, Niederlande und Japan weiteten gar noch ihre Fanggebiete aus.

★ Erfolg hatten Ende der 7o-er/Anfang 8o-er Jahre * National Geographic, * Umweltschutzorganisationen wie Greenpeace und der * militante Paul Watson, der mit seinem Schiff Sea Shepard Walfangschiffe rammte. Greenpeace fuhr mit Schlauchbooten mutig vor dem Kurs von Walfängern, um den Fang zu stoppen. In den USA räumten Lebensmittelketten norweg. Lachs aus den Regalen. Für die Norweger ein harter Schlag, denn am Lachsexport wurde erheblich mehr verdient als am Walfang.

★ **1982**: Verordnung strikter Walfangverbote weltweit, denen sich auch Norwegen wegen des Boykotts beugen mußte. U.a. Greenpeace hatte durch sein engagiertes Verhalten das Ziel des Walschutzes erreicht. Die IWC kontrollierte fortan die Walbestände. Ein schwieriges Unterfangen. Denn wie will man Walbestände präzis zählen, die über tausende von Kilometern von z.B. Spitzbergen bis in die Antarktis schwimmen.

★ **9o-er Jahre**: die Walbestände erholen sich. Trotzdem bleiben die strikten Fangeinschränkungen auch für Norweger bestehen. Es gibt „Kleinquoten" zum Fang für Eigenbedarf oder der „wissenschaftliche Forschung". Familienbetriebe u.a. der Insel Skrova im Vestfjord beschweren sich, da ihre Existenz des Fangs von Kleinwalen zerstört sei.

## WHALE WATCHING

Heutige Form des Kontaktes mit Walen. In den Sommermonaten fahren u.a. von Andenes/Vesterålen, Stø/Vesterålen und Nykesund/Vesterålen Schiffe mit Urlaubern aufs Meer, um Wale zu beobachten. Eine friedliche und schöne Sache, die sich lohnt. Die Veranstalter dieser Touren geben zwar keine Garantie, den Wal zu sichten, so doch gute Chance. Weitere Details siehe betreffende Textstellen S. 6oo, S. 585 und S. 587.

# Expeditionen ins polare Eismeer

Fanden im 19. Jahrhundert vorwiegend ab TROMSØ statt. Grund: durch den warmen Golfstrom ist das Meer im Sommer bis rauf nach Spitzbergen, in der Barentssee und bis zum südl. Teil von Franz Josef Land in der Regel weitgehend Eis-frei. Außerdem besaß Tromsø seit Mitte des 19. Jhds. eine gute Verkehrsanbindung an Mittelnorwegen, z.B. Trondheim. Die aufstrebende Stadt Tromsø entwickelte sich daher zum Versorgungsstützpunkt der Eismeerfahrten, aber auch der Expeditionen.

Es waren zunächst Robben- und Walfänger, die im nördl. Polarmeer mit ihren Fangschiffen unterwegs waren. Ihr Know How der Seefahrt und des Schiffbaus für Eisgewässer hatten sie, - so wird berichtet, - von russischen Kapitänen des Pomorhandels gelernt. Letztere kamen mit Schiffen von Archangelsk/Nordrussland durch die Barentssee und um die Nordspitze Skandinaviens nach Hammerfest und TROMSØ.

Finanziert wurden die Expeditionen oft von reichen Kaufleute und Reedern aus Tromsø. Sie erhoften sich Erweiterung des Know-Hows z.B. in Bau stabile Holzschiffe, die den Druck des Eises standhielten. Ein weiteres Problem war die Überwinterung im Eis (Versorgung, Ernährung). Dies war nötig, um tiefer ins polare Eismeer zu fahren zur Erschließung neuer Fanggebiete (z.B. Franz Joseph Land, eine Inselgruppe mit Gletschern nördlich von Nordsibirien. Ende des 19. Jhds. fanden Großexpeditionen statt, z.B. Nordost Passage, Fram-Expedition und Versuche, den Nordpol mit Schlitten, Heißluftballons, Flugzeugen oder Zeppelinen zu erreichen. Sie wurden vom Staat, von Großunternehmern und Aktiengesellschaften sowie Zeitungsverlagen und Geographischen Gesellschaften finanziert.

ROBBENFANG, Illustration von der Barents-Expedition 1594-97 nach Nowaja Semlja.

TROMSØ: aufstrebender Hafen fürs Eismeer, Foto um 1870.

**Generelles Problem**: intensiver Walfang (seit ca. 162o) vor der Westküste Spitzbergens hatten die Bestände bis ca. 185o massiv reduziert. Details zum Walfang siehe 162.

Auch hatten die Pelztierjäger die Bestände an Robben - sowie die Jäger die Walrösser (Stoßzähne = wertvolles Elfenbein) drastisch im Bereich von West-

LTHAZAR M.
ELHAU (1797 - 1858)
rschungen auf
itzbergen, -die
. der VEGA-
pedition
htige
os
erte.

BANKGATA 13: erstes, komplett in Stein gebautes Haus von Tromsø (1890). Es gehörte der reichen Reeder-Familie Johs Gioever, die sich auch an den Arktis Expeditionen des Amerikaners Wellmann (1894/98) beteiligte. Details Seite 181. Die Größe des Gebäudes dokumentiert den Reichtum des Reeders.

SCHiFF VEGA: mit ihm gelang Nordenskjøld als erster 1878-80 die NORDOST PASSAGE durchs Eismeer von Tromsø nach Nordostasien.

spitzbergen und der Bäreninsel (auf halber Strecke nach Spitzbergen) dezimiert. Die Jäger suchten nach neuen Fanggebieten.

★Expeditionen nach **Franz Josef Land** (vorgelagert Nowaja Semlia und der sibirischen Küste Ri Nordpol) erschlossen ab **1865** die einsame Inselgruppe mit Felsgipfeln und Gletschern. Sie war ein Eldorado für die Pelztierjäger betreffend Robben und Eisbären, - dito für die Walross Jäger. (Lage: vergl. Karte Seite 171, dort Nr. 3)

★Die meisten der Schiffe hatte **Tromsø** als Ausgangshafen ins Eismeer. In den dortigen Werften wurden die Schiffe vorbereitet bzw. repariert. Zudem expandierte der Handel mit Ausrüstungsgegenständen für die Schiffe bis Werkzeuge, Jagdwaffen und Nahrung. Bis Ende des 19. Jhds. wurde Tromsø zum wichtigsten Eismeerhafen der Arktis (Seite 649).

★**NORDOSTPASSAGE**: bereits der holländ. Seefahrer Barentsz suchte 1594/97 -> einen Seeweg **ostwärts** durch arktische Gewässer nach China zu realisieren. China hatte im Mittelalter wertvolle Waren (Seidenstoffe bis Gewürze), die in Europa hohen Preis erzielten. Der tradit. Handelsweg lief von China Überland nach Arabien zum Mittelmeer und war von arabischen Händlern kontrolliert. Diese verdienten sich im Zwischenhandel auf dem langen Transportweg eine goldene Nase und hatten das Monopol.

Holländische Handelshäuser erhofften sich erhebliche Profite, - sollte es gelingen, einen Seeweg durch arktische Gewässer in Nordpol- Nähe nach China zu finden. Ein recht verwegener Gedanke im Mittelalter, da es an jeglicher Information zur Region fehlte. Zudem bestand kein Know How des Schiffsbaus im Nordpolarmeer driftender Eisberge oder geschlossener Eisdecke und Zwang zur Überwinterung. Hierbei Problem u.a.: fehlende Ernährung mit Vitaminen = Scorbut, Erkrankung und Tod.

Der Holländer Willem Barents scheiterte auf dem 7o. Längengrad (Nordspitze der Insel Nowaja Semlja). Er überwinterte in einer Hütte, Tod 1597. Bis ins 19. Jhd. war man in Erforschung der Eisregionen betreffend Nordostpassage nicht weitergekommen.

NORDENSKJÖLD (1832-1901)

LEITER der VEGA-EXPEDITION 1878-80: erste Realisierung der NORDOST-PASSAGE

**Vega Expedition (1878- 8o)**:
Realisierte als erste die Nordostpassage. Expeditionsleiter war der in Helsinki/Finnland geborene und späterer schwed. Wissenschaftler und Uni-Professor Artur E. Nordenskjöld.

Bereits als 3o-Jähriger hatte er sich in zwei schwed. Polarexpeditionen einen Namen gemacht und 81°42‘N erreicht. Sein Versuch, den Nordpol mit einem Rentier Schlitten zu erreichen, scheiterte wenige 1oo km nördl. von Spitzbergen wegen Eisrinnen, Wasserstraßen und unzureichender Ausrüstung.

Reisen 1858-61 und 1861-62 führte in nach Spitzbergen, wo er die Insegruppe kartographierte und Versuche, den Nordpol startete siehe oben, - sowie 187o an die NO- Küste von Grönland.

Bis **1876** erforschte er die Möglichkeit der Nordostpassage. Dies in Auswertung von Berichten Reisender, die in Teilabschnitten die Extremzone arktischer Gewässer erreicht hatten. - Nordenskjöld war überzeugt, daß

ANDREAS AAGAARD — JOHS GIAEVER — W. WELLMANN — KAPITÄN KJELDSEN

Wellmann-Expedition 1898, finanziert u.a. von den Tromsø-Unternehmern Aagaard und Giaever, - um den Nordpol zu erreichen. Kein Erfolg. Auch 1909 mit Ballon nicht.

die Nordostpassage realisierbar sei. Auf 2 Reisen **1875** und **76** erreichte er die Mündung des sibirischen Flusses Jenissei ins Polarmeer, - somit weit in Richtung Ost der geplanten Nordostpassage. Die erste beider Reisen zum Jenissei mit einem Holzsegelschiff (des ehemaligen Walrossfängers „Proeven"), - die zweite mit einem Dampfschiff („Ymer"). Es galt als Test der Nordostpassage, - zumal des besseren Schiffstypes. Beide Reisen begannen in Tromsø und wurden erfolgreich abgeschlossen.

Es ging nun um die **Finanzierung der Vega Reise**. Ein schwieriges Unterfangen, da kaum jemand Geld für eine Fahrt ins Ungewisse investieren wollte, siehe u.a. schleppender Verkauf von „Expeditions- Aktien" unten. Die Kosten waren erheblich. Benötigt: Kauf von Schiffen, Lebensmitteln, Löhne für die Mannschaft sowie Kauf von Kohle für die Schiffsmotoren etc. einer auf 2 Jahre angesetzten Reise inkl. Überwinterung im Eis.

Allein der Seeweg von Tromsø beträgt entlang der nordsib. Küste bis zur Bering Straße/ Alaska rund 6.ooo km. Zuzüglich der Weiterreise via Japan, Indien, Suez Kanal zurück nach Stockholm = ca. 35.ooo km.

Am 26.11.1877 fand ein Treffen Nordenskjöld mit dem schwedischen König statt, dem er ein Konzept vorlegte. Er konnte ihn für das Projekt gewinnen, - ebenso den Unternehmer Dr. Oscar Dickson, der bereits 6 frühere Nordenskjöld Arktis- Expeditionen weitgehend finanziert hatte (so u.a. nach Spitzbergen, Grönland und 1875/76 zum Jenessei). Dickson versprach sich hohe Gewinne, - sollte der Seeweg realisiert und als Handelsweg mit Asien/ Japan ausgebaut werden. - Für den schwed. König zählten nationales Prestige, Forschung sowie die event. Möglichkeit einer Expansion Schwedens in arktischer Zone.

**Realisierung der Vega Reise**: gekauft wurden 4 Schiffe: die * VEGA, ein 1872/73 in Bremerhafen gebautes Schiff aus Eichenholz mit 357 Registertonnen. Es war bis dahin als Walfänger im Polarmeer eingesetzt und hatte sich dort bewährt. Länge 43 m, Tief-

**NORDPOLAR - KARTE**, veröffentlicht 1883. Sie zeigt die Route der VEGA- EXPEDITION (= ▬▬ ) der 1878 - 8o von Nordenskjöld realisierten Nordostpassage.

Sie zeigt zudem den damaligen Kenntnisstand der Küsten des Nordpolarmeeres sowie mit Datum eingetragene Vielzahl an Expeditions- Versuchen, den Nordpol zu erreichen. Siehe (5) z.B. war der damals nördlichste Punkt: im Mai 187o durch Markham/Parry erreicht, Breitengrad 8o° 2o' 26'' Nord. Diese Route durch die Baffin Bay (7) und Smith Sound/Nord Canada erwies sich letztendlich als die beste zum Pol, da per Schiff relativ „nahe" zu erreichen, der „Rest" zu Fuß. Auf ihr (= ●●●●●●● siehe 7, 6) erreichte der Amerikaner Robert E. Peary 1909 als erster den Nordpol, behauptete er zumindest. Gleiches beanspruchte der Amerikaner Frederik A. Cook für 19o8.

▬ ▬ ▬ = Traditionsrouten der Walrossfänger und Robbenjäger im 19. Jhd. ab Tromsø nach Bäreninsel (9), - Spitzbergen (2). - Franz Josef Land (3), - Nowaja Semlja (11) sowie Jan Mayen (8) und der Ostküste Grönlands.

1 **TROMSØ**
2 Spitzbergen
3 Franz Josef Land
4 NORDPOL
5 Breitengrad 8o° 2o' 26", erreicht im Mai 188o durch Markham/Parry - damals nördlichster Punkt Ri. Pol
6 Nordpolroute der Amerikaner Cook und Peary 19o9, die beide behaupten, als erste den Nordpol erreicht zu haben. Nachweis ungeklärt.
7 Anreise via Baffin Bay
8 Traditionelle Route der Walross und Robbenfänger nach Jan Mayen und Nordostküste Grönlands
9 Traditionelle Route zur Bäreninsel und nach Spitzbergen ab Tromsø
1o Karlskrona, schwedischer Militärhafen der Marine
11 Nordspitze der Insel Nowaja Semlja. Hier starb Barents in seinem Winterlager 1597 auf der erfolglosen Suche nach der Nordostpassage
12 Jenessei, Port Dickenson
13 Kap Tscheljuskin
14 Lena Delta
15 Überwinterung der Vega im Eis 28.9.1878 - 17.7.1879
16 Vega, Durchquerung der Bering Straße 2o.7.1879

# CIRCUMPOLAR MAP

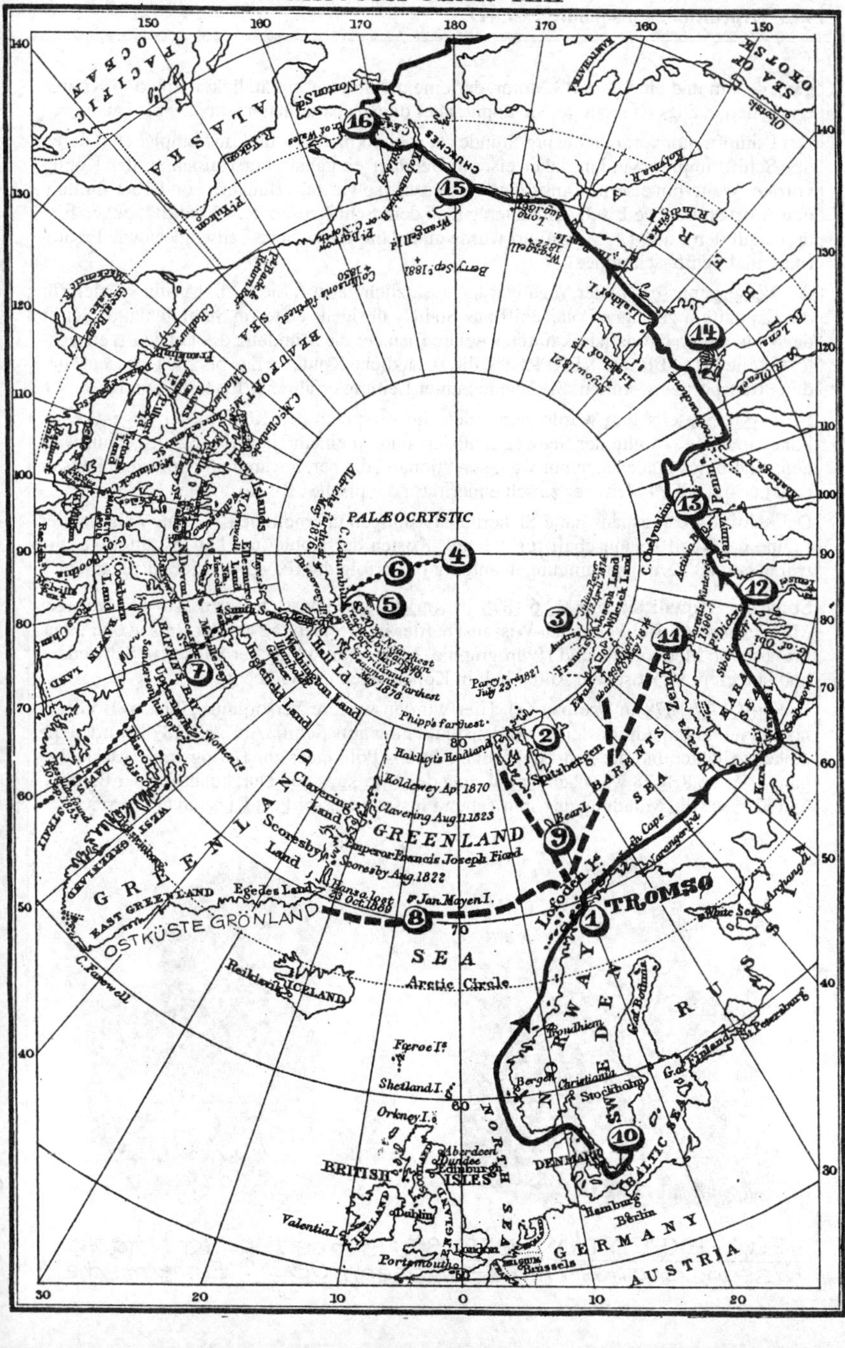

gang 4- 6 m und einem 6o PS Motor, der eine maxim. Geschwindigkeit von 6- 8 Knoten ermöglichte. Dies ist nicht gerade üppig, aber damals hatte man mehr Zeit als heute.

Der Dampfmotor verbrauchte pro Stunde ca. 3 Kubikmeter Kohle! Im kompletten Inneren des Schiffrumpfes wurden daher eiserne Behälter eingebaut zur Aufnahme der Kohlevorräte. Weiterhin eiserne Tanks für Trinkwasser sowie zum Bunkern von Lebensmitteln und Ausrüstung. Die Eisen-Einbauten gaben dem Schiff zusätzliche Stabilität gegen Eisdruck auf den Rumpf. - Mitgeführt wurde eine dampfbetriebene Seilwinde sowie Ersatzruder und Schiffsschraube.

Als Versorgungsschiffe der Vega wurden zusätzlich gekauft die * LENA (ein speziell für die Expedition gebautes Polarschiff aus Stahl, - übrigens erstes in Stahl gebautes Schiff der Welt, das ab Nordatlantik durch's polare Eismeer die Mündung des Lena (14) erreichte), - * die FRASER und * EXPRESS, die zusätzliche Kohlevorräte bis zur Jenessei Mündung transportieren sollten. Sie standen unter Leitung erfahrener Eismeerkapitäne.

Eine Aktiengesellschaft wurde gegründet. Sie versprach den Käufern der Vega- Aktien hohe Gewinne, - sollte der Seeweg realisiert und zu einem Handelsweg ausgebaut werden. Allerdings fanden sich nur wenige Aktionäre, die bereit waren, ihr Geld zum Fenster raus ins arktische Polarmeer zu schleudern. Eine typische „Risiko- Aktie".

Das schwed. Königshaus hatte Sicherheitsleistungen übernommen, - so die Zahlung der Löhne der Schiffsmannschaft für 2 Jahre, Kosten der Kohle und Lebensmittel etc. Sie waren gemäß Vertragsbedingungen anteilig bei Erfolg der Expedition zurückzuzahlen.

**Start der Expedition**: am 22.6.1878 in Karlskrona/Südostschweden (1o) und dortiger Marinebasis. An Bord zugleich Wissenschaftler in Erforschung auf der Reise von Fauna, Flora sowie Meterologie und Hydrographie. Nach Umrundung der Südspitze Schwedens und längerem logistischem Aufenthalt in Kopenhagen und Göteborg:

Ankunft 17.7.1878 in **Tromsø** (1). Hier wurden weitere Versorgungsgüter an Bord genommen und Expeditionsleiter Nordenskjöld ging aufs Schiff. Am 21.7.1878 wurden die Anker gelichtet und die Fahrt der VEGA durchs Polarmeer zur Beringstraße/Alaska begann. - Am 6.8.1878 war nach Umfahrung des Nordkaps und Durchquerung der Barents- und Karasee die Mündung des sibirischen Flusses Jenessei/Port Dickson (12) erreicht.

VEGA-EXPEDITION (1878-80): Erforschung der Nordost-Passage in arktischen Gewässern. OBEN: Einheimische ↗

Die 4 Expeditionsschiffe fuhren mit Besegelung sowie Motorunterstützung. Die Segel hatten den Vorteil, daß man höhere Geschwindigkeit erreichte, - aber den Nachteil, daß man je nach Windrichtung zick zack kreuzen mußte, was Zeit kostete. Der Schiffsmotor erreichte zwar keine hohe Geschwindigkeit, hatte aber den entscheidenden Vorteil, daß man exakt auf gewünschter Route im Meer schwimmende Eisfelder umfahren konnte. Vor allem war er in engen „Sounds" (Meeresstraßen) unabdinglich. Denn hier war wegen der Enge der Meerespassagen das Setzen von Segeln (d.h. Zick-Zackfahrten gemäß Windrichtung) unmöglich.

Ein weiteres Problem kam hinzu: auf den 6.ooo km bis zur Beringstraße (16) gab es damals keinerlei Nachschub- Versorgungsmöglichkeit mit Kohle. Daher die Pläne der Expedition, daß die Begleitschiffe Lena, Fraser und Express -> das Hauptschiff VEGA mit Kohle versorgen. Dies bis Port Dickson (12), nach Möglichkeit sogar weiter bis zur Lena Mündung (14).

Anschließend sollte die VEGA mit den eigenen, im Schiffsbauch gebunkerten Kohlevorräten, den Rest der Strecke bis zur Beringstraße/Alaska (16) realisieren.

Port Dickson (12) damals ein kleines Nest, dürfte (wie Nordenskjöld in seinem 1883 erschienenen Buch über die Vega Reise schreibt): - „in Zukunft zum größten und wichtigsten Hafen Sibiriens werden". Vermutungen, die sich nicht realisierten.
Am 7.8.1887 wurde Kohle von der Express auf die

der Chukchi-Region. UNTEN: die Vega überwintert im Eis 1878/79 und nur 160km von der Beringstraße entfernt.

Vega gebunkert, - Weiterreise am 10.8.1878 zum (13) Kap Tscheljuskin 19.8.1878 und (14) Lena Delta 27.8.1878. Es wird langsam Winter und die Packeismassen nehmen zu. Problem: Nebelbänke, driftendes Treibeis und starke Strömung.

Die Versorgungsschiffe Fraser und Express hatten sich bereits in Port Dickson (12) verabschiedet, den Unterlauf des Yenessei über rund 35o km erkundet und dort in Siedlungen mitgeführte Waren verkauft. Dies waren u.a. 16 to. Nägel, 8 to. Hufeisen, 4 to. Hufeisennägel, 33 to. Tabak, 6o to. Salz und 24 Fässer Petroleum (für Petroleumlampen). Im Gegenzug wurden rund 6oo to. sibirischer Weizen und Roggen an Bord genommen. Anschließend traten beide Schiffe die Rückreise an und erreichten in gutem Zustand Ende Sept. Hammerfest und Tromsø.

Am Lena Delta (14) verabschiedete sich auch das in Stahl gebaute Schiff Lena, erforschte das Delta und reiste rund 1.ooo km flußauf bis zur sibirischen Stadt Jacutskoy. Ankunft 1 Monat später am 21.9.1878. Jucutskoy (das heutige Yacutsk) war bereits im 17. Jahrhundert größte Siedlung Nordsibiriens und hatte seine eigene Stadtmauer. Das Schiff Lena fuhr noch weitere ca. 6oo km flußauf bis zur Siedlung Nyaskaya (=heutiges Nyu-

Versorgungsschiff FRASER Versorgungsschiff LENA
Sie versorgten die VEGA mit Kohle und realisierten Expeditionen ins Innere Sibiriens auf Flüssen: Erstmalige Handelsfahrten ab Atlantik

ya) und kehrte anschließend zurück nach Jacutskoy ins Winterlager. Rückkehr Tromsø im darauffolgenden Sommer.

Die Reise der Lena rund 1.6oo km flußauf tief ins Innere Sibiriens war wichtiger „Seitenzweig" der Expeditionforschung (ebenso die Fahrt der Schiffe Fraser und Express auf dem Jenessei): Ab Nordostpassage als Handelsweg - so Nordenskjöld - könnten die riesigen Flußsysteme Sibiriens erschlossen werden bei blühendem Handel. Hoffnungen, die sich nicht erfüllten wegen der über viele Wintermonate vereisten sibirischen Flüsse...

**27.8.1878**/Lena Delta: als sich auch das Dampfschiff Lena verabschiedet hatte, - war die Mannschaft der VEGA nun auf sich allein angewiesen. Im Bauch des Schiffes Kohlevorräte für den „Rest" der Reise zur Beringstraße; es fehlten noch rund 1/3 der Strecke. Das Meer in Küstennähe hatte Eis, jedoch mit freien Wasserstraßen, durch die die Vega Ri. Ost navigierte. Die Umfahrung der Eisfelder bedeutete viele Umwege und benötigte Extrazeit. Im Schnitt konnten nur ca. 7o Seemeilen pro Tag zurückgelegt werden. Auch wurden die Tage kürzer bei sehr dunklen Nächten, in denen wegen der Eisberge eine Weiterfahrt zu riskant war. Tagsüber hing oft dichter Nebel über dem Meer bei häufig flachem Wasser. Es mußte daher mit reduzierter Geschwindigkeit und großer Vorsicht gefahren werden.

Ein, wie Nordenskjöld vermerkt, „äußerst monotoner Abschnitt der Reise, in dem sich

JACUTSKOY: bereits im 17. Jhd. größte Siedlung Nordsibiriens im mittleren Bereich des Lena Flusses.

Eisfelder und schwimmende Eisberge abwechselten mit Nebel und Wasseruntiefe, - bzw. diese mit Nebel und Eisfeldern..." Einzige, spoardische Abwechslung waren Begegnungen mit Einheimischen, den Chukchi- Ureinwohnern in ihren Booten.

Über den Küstenverlauf schreibt Nordenskjöld in seinem Buch „Reise der Vega", - „es ist schwierig, eine Grenze zwischen Land und Meer zu bestimmen. Dem Land vorgelagert sind Lagunen mit Salz- bzw. Süßwasser. Im Winter mag dies schwierig genug sein, da flache Landzungen, die die Lagunen zum Meer begrenzen, mit Eis und Schnee bedeckt sind... Im Sommer, wenn die tauende Schnee- und Eismassen den Schlamm ins Meer schwemmen, eine Küstenlinie mit einer Vielzahl an Wasseruntiefen."

18.9.1878: ein Gürtel von Eis behinderte die Weiterfahrt der Vega in zudem sehr flachem Wasser bei nur wenig Feet unter Kiel. Hinzu kam sinkender Wasserstand Ri. Ebbe gegen 8 Uhr früh. Bei steigendem Wasser gelang die Weiterfahrt unter Einsatz von Eisäxten. Zumindest gab es nun Abwechslung durch harte Arbeit mit der Axt und Blick auf „pittoreske Eisberge"... 19.- 23.9.1878: zwar Weiterfahrt, doch das Eis wird dichter.

**28.9.1878**: in einem Meereskanal zwischen Küste und vorgelagerter Insel ergibt sich plötzliche Wasseruntiefe. Gleichzeitig Grundeis und schwimmende Eisfelder, die sich in der Nacht durch Frost zu einer undurchdringlichen Eisbarriere verhärtet hatten. Eine Weiterfahrt war unmöglich, - und die Expedition richtete sich auf ein Winterlager ein. Position: Nähe der Os.Wrangel Insel (15) und nur ca. 18o km von der Beringstraße (16) entfernt! Hoffnungen, daß „nur wenige Stunden warmer Südwind die Eisbarriere von 6,5 Meilen aufbricht", wie Nordenskjöld schreibt, und man weiterreisen kann, - erfüllten sich leider nicht. Die Vega war im Eis eingeschlossen. Dies für 1o Moante (!) bis zum 17.7.1879. Erst dann war die Weiterreise zur Beringstraße (16) möglich, realisiert in nur 3 Tagen!

Durchquerung der Beringstraße am **2o.7.1879**. Die VEGA hatte damit erstmals die NORD-OSTPASSAGE befahren und ab Tromsø bis zur Beringstraße fast auf den Tag genau 2 Jahre gebraucht. Damit war der Wunschtraum vieler Seefahrer seit 336 Jahren in Erfüllung gegangen. Die Weiterreise führte über Yokohama/Japan (Ankunft 2.9.1879, Weiterfahrt 11. 1o.) und erreichte via Hongkong - Singapur - Golf von Aden - Suez Kanal (27.1.188o) - Neapel - Lissabon -> am **24. April 188o** STOCKHOLM. Dort begeisterter Empfang mit Menschenmassen und großem Feuerwerk.

Zu einem bedeutendem See- und Handelsweg wurde die Passage nicht. Problem waren die Eismassen. Sowie die Tatsache, daß die Strecke nur wenige Monate im Jahr zwischen Eisfeldern hindurch befahrbar war. Dafür war sie mit 6.ooo km zu lang, d.h. normale Schiffe benötigten in jedem Fall eine Überwinterung. Außer: man setzt Eisbrecher ein. Für einen Handelsweg ist dies sehr aufwendig und teuer.

1932 versuchte ein sowjetischer Eisbrecher die Fahrt ab Murmansk ohne Überwinterung und erreichte den sowjetischen Hafen Wladiwostok jenseits der Beringstraße. Ein Versuch 1933, die Strecke ohne Überwinterung retour zu fahren (Eisbrecher Tscheljuskin) scheiterte. Das Schiff wurde in der Beringstraße von Eismassen eingeschlossen, driftete durch Strömungen entlang der Küste Alaskas und sank. - Versuche, die Passage in Gegenrichtung (Ost-> West) zu befahren, wurden seit 1934 von mehreren sowjet. Eisbrechern realisiert, die Murmansk erreichten. Sie mußten sich durch 6- 7 m dickes Packeis kämpfen und benötigten für die Reise 1o Wochen und mehr.

★**FRAM- EXPEDITION (1893 - 96)**: Versuch des Norwegers Fridjof Nansen, den Nordpol per Schiff zu erreichen. Für viele damalige Zeitgenossen eine recht abenteuerliche Idee, an deren Realisierung sie nicht glauben konnten.

Trotzdem: es war spätestens seit der Expedition des Amerikaners de Long (1879- 81) bekannt, daß es in der Arktis eine starke Meeresströmung von Ost (Alaska und NO Sibirien) nach West (Spitzbergen und Grönland) gibt.

De Long hatte 1879 versucht, mit dem Schiff „*Yannette*" ab San Francisco via Bering

JANNETTE: sank 1881 vor der Nordost Sib. Küste. Drei Jahre später Ausrüstungsgegenstände an der Küste Grönlands angeschwemmt.

FRAM: eingeschlossen im Eis der Arktis auf der Drift Ri. West, 1893. An Bord eine Windmühle zur Stromerzeugung.

straße den Nordpol zu erreichen, indem er sich in seinem, vom Packeis eingeschlossenen Schiff ab arktischer Gewässer durch die Strömung zum Pol treiben ließ. So zumindest seine Pläne. Die Sache funktionierte nicht, da die Yannette dem Eisdruck nicht gewachsen war. Nach 17 Monaten Eisdrift sank das Schiff im Juni 1881 Nähe der Lioakhof Inseln und Lena Mündung (14) vor der NO- sibirischen Küste. Ein Teil der Mannschaft konnte sich retten, De Long starb.

FRIDJOF NANSEN (1861-1930). Leiter der Fram Expedition 1893-96.

Das Faszinierende: 3 Jahre später 1884 wurden Proviantlisten, Kleidung sowie Ausrüstungsgegenstände der Yannette an der Küste Grönlands an Land geschwemmt! Einer der Beweise, daß es eine Transarktische Strömung gibt.

Warum also nicht den Versuch wagen, - so Fridjof Nansen, - sich mit einem Schiff (eingeschlossen in Packeismassen) durch die Strömung Nähe Nordpol treiben zu lassen. Den „Rest" der Strecke (nunmehr kurz bis zum Pol) könne man mit Hundeschlitten realisieren.

**Finanziert** wurde die Fram- Expedition durch die norweg. Regierung und private Unternehmer. Auch die englische Royal Nat. Geographic Society beteiligte sich sowie die Russen, die Versorgungsbasen an der sibirischen Küste

Die "FRAM" im Eis eingeschlossen. Die Expedition verlässt das Schiff, um mit Hundeschlitten den Nordpol zu erreichen. Kein Erfolg bei den ersten Versuchen 26.2. und 28.2.1895, - Rückkehr zum Schiff...

bereitstellten. - Initiator und Leiter der Expedition war Fridjof Nansen. Geboren 1861 in Südnorwegen, hatte er 1888 als 27 Jähriger Grönland durchquert (Breitengrad 64°). Seine Erfindung: der sogenannte „*Nansen Schlitten*". Er war mit 31 Pfund für damalige Zeiten extrem leicht, besaß konvex gebogene Kufen, die mit Neusilber beschichtet waren, um auf Schnee und Eis besser zu gleiten. Länge 3 m, Breite lediglich 68 cm. Vorteil: größere Lasten (Ausrüstung, Lebensmittel) konnten leichter über lange Strecken gezogen werden, - egal ob von Mensch oder Schlittenhunden. Dies war elementar bei der weiten Strecke zum Nordpol.

Es ging nun um den Bau eines Schiffes (FRAM = VORWÄRTS), das dem Eisdruck über Jahre standhält. Den Auftrag erhielt die Schiffswerft von Colin Archer in Südnorwegen. Konzeptidee: ein relativ kleines und leichtes Schiff in Holzbauweise. Es besitzt einen sehr bauchig breiten Rumpf mit Vielzahl von Verstrebungen im Inneren. Bei seitlichem Eisdruck wurde das Schiff daher nicht zerquetscht, sondern in die Höhe gehoben. Nansen formulierte dies so: „bei Umarmung durch das Eis kann die Fram wie ein Aal entschlüpfen". Stapellauf der FRAM 1892. Die Bauweise war excellent, Details unten.

**Start der Fram- Expedition 24.7.1893** in Christiana/Oslo. Die Reise führte um die Südspitze Norwegens und weiter nach Tromsø (Versorgungsstop) und via Nordkap -> Barentssee, Karasee auf der Route Nordenskjöld (Vega Expedition siehe Vorkapitel).

STAPELLAUF DER FRAM 1892 in der Werft von Colin Arche
Südnorwegen. Ab 1893 im Einsatz der Fram Expedition

Im Sept. 1893 waren die Packeisregion Nähe der Lioakhof Inseln und Lena Delta (14) erreicht - wo die Yannette 1881 havarierte.

Auf der weiteren Reise in „Hoffnung Nordpol" verankerte die Fram an einem großen Eisblock und ließ sich durch die Strömung Ri. West, eingeschlossen vom Eis, treiben.

35 Monate der Eiseinsamkeit. Die endlosen Tage der Drift durch Strömung vergingen an Bord mit Kartenspielen, Bücherlesen und regelmäßiger Messsungen der Meterologie, Astronomie, Wassergehalt an Salz, Eisbildung und Dicke, Beobachtungen von Meeresströmungen unterhalb des Eises, - aber auch Forschung des Nordlichtes und vieler weiterer Aufgaben wie Salzgehalt des Meeres - bis hin zu regelmäßigen Blutproben der Wissenschaftler.

Der Psychodruck an Bord war gewaltig. Für Jahre eingeschlossen im Eis der Drift waren Mannschaft und Wissenschaftler auf sich alleine gestellt. Fernsehen zur Abwechslung, - selbst Funk

OBEN: Fridjof Nansen nach seiner Rettung 1896 und 35 Monaten Eiseinsamkeit. UNTEN: die "Fram" in Eisdrift.

für den Kontakt mit der Außenwelt, - gab es damals nicht. Die FRAM, festgebacken im Eis, bewährte sich bestens und hielt jeglichem Eisdruck stand. Schneewehen hatten sie teils zugedeckt, an Deck eine kleine Windmühle zur Stromversorgung.

Täglich wurden Positionsbestimmungen durchgeführt: langsam driftete die Fram mit dem Eis in Zickzack-Kurs und Schlingen Ri. Grönland oder Spitzbergen (?). Dies war im Herbst 1893, selbst 1894 und Anfang 1895 noch nicht klar. Zumindest ließ sich im Durchschnitt eine Tendenz der Drift in diese Richtung feststellen. Die Zeit verging im Schneckentempo. Temperaturen von Minus 45 ° keine Seltenheit, bei arktischen Winden, die die Kälte noch verstärkten, während die Männer sich im Inneren der Fram zusammenkuschelten. An Bord Lebensmittel für 5 Jahre!

**26.2.1895**: die Fram (driftend und eingeschlossen im Eis) hatte eine Position ca. 84 ° nördl. Breitengrad erreicht. Derart nahe an den Nordpol bei einer Entfernung von „nur" ca. 6oo km war bisher keine Schiffs-Expedition gelangt. Nansen bereitete die Hundeschlitten vor und verabschiedete sich von der Fram, um den Nordpol mit Schlitten zu erreichen. Gut 1 Tonne an Lebensmitteln wurden verladen, die 7 Hunde pro Schlitten zu ziehen hatten (je Schlitten ca. 3oo kg), - zuzüglich der Ausrüstung wie Schlafsäcke, Kochgeräte, Zelte, Kajaks etc. Schon bald mußte er wegen extremer Kälte und schwergewichtiger Ausrüstung zur Fram zurückkehren. Auch ein 2. Versuch am 28.2.1895 mit reduzierte Ausrustung schlug fehl, und Nansen kehrte abermals zur sicheren „Eisheimat Fram" zurück.

**14.3.1895**: die Fram hatte durch ihre Drift im Eis zwischenzeitlich die Postion 84° o4' Nord, 1o2° Ost erreicht. Nunmehr endgültiger Abschied Nansens und Begleiter Johansen von der Fram, - um definitiv den Nordpol mit Schlitten zu erreichen. Die Ausrüstung war auf 6oo kg reduziert und 3 Schlitten verteilt, die 28 sibirische Schlittenhunde zu ziehen hatten. Mitgeführt Fleisch und Fisch, Zwieback, Butter sowie Gewehre, um arktische Tiere wie Eisbären zu schießen. Eine nicht gerade üppige Ausrüstung Richtung Pol und retour.

**8.4.1895**: rund 37o km vom Nordpol entfernt mußte Nansen aufgeben. Er hatte eine Zone riesiger, aufgetürmter Eismassen erreicht, in der mit den kleinen Schlitten ein Vorankommen nicht mehr möglich war. Zudem extreme Kälte und reduzierte Lebensmittel. Auf Position 86° 13' Nord, 95° Ost pflanzte er die norweg. Fahne ins Eis. Kein Mensch hatte zu diesem Zeitpunkt so nahe den Nordpol ereicht.

Während die Fram supergebaut, im Eis Ri. Grönland bzw. Spitzbergen driftete und der Mannschaft ein monontones, so doch sicheres Heim bot, - hatten Nansen und sein Begleiter massive Probleme, sich aus der Eiswüste wieder lebend in die Zivilisation zu retten. Diese war rund 9oo km entfernt, Franz Josef Land (3), - eisige Kälte, Hunger sowie Angriffe von Eisbären. Sie schlachteten einige ihrer Schlittenhunde, um voran zu kommen und den Rest der Hunde zu ernähren.

Im Sommer 1895 wurde das Eis immer dünner und spaltete sich in Schollen, deren zwischenliegende Wasserrinnen mühsam per Kajak überquert werden mußten, inkl. Schitten, Ausrüstungen und Hunden. Den Winter 1895/96 verbrachten sie in einer, notdürftig aus Steinen und Treibholz gebauten Hütte auf einer einsamen Insel. Am **17.7.1896** wurden sie durch Zufall entdeckt und erreichten im **Aug. 1896** Tromsø. Etwa zur gleichen Zeit (21.8.1896) erreichte auch die Fram den Eismeerhafen Tromsø. Sie war auf der Höhe von Spitzbergen (2) vom Eis freigekommen und hatte den Rest der Strecke bis Tromsø mit Besegelung und Motor zurückgelegt.

FAZIT FRAM EXPEDITION: zwar war es nicht gelungen, den Nordpol zu erreichen. Die Expedition hatte jedoch bewiesen, daß es in Polnähe keine Landmasse gibt,- sondern dichte Eismassen, die auf dem Wasser schwimmen und polare Strömung. Zudem hatte die Fram bei ihrer Rückkehr in Tromsø eine Fülle wissenschaftlicher Untersuchungsergebnisse an Bord, die elementar waren für die weitere Arktis Forschung und -Erschliessung. - Die Fram hatte sich in ihrer Bauweise bestens bewährt und wurde bei einer Vielzahl weiterer Expeditionen eingesetzt. So u.a. 1898- 19o2 Svenderup Expedition (Kartographierung der NW-Küste Grönlands) und 1911 von Roald Amundsen, der als erster den Südpol erreichte.

**TIPP**: wer sich für Polarexpeditionen interessiert: das Originalschiff FRAM steht im Museum OSLO und kann dort auch im Inneren besichtigt werden. Details VELBINGER Band 19 „Norwegen Süd/Mitte" sowie Band 36 „Chile/Antarktis".

★**WELLMANN EXPEDITION (1894 und 1898/99)**: Wellmann war Amerikaner und Journalist, der sich der Polarforschung verschrieben hatte. Seine Expedition 1894 wurde von der reichen Tromsø Reederfamilie Giaever finanziert Diese erhoffte sich Prestige durch Erreichung des Nordpols - sowie Polar- Know How für u.a. Robbenfang. Die Expedition scheiterte im Eismeer auf 81° N, nördl. von Spitzbergen.

Eine zweite Expedition (1898/99) wurde von den Tromsø Kaufleuten und Eismeer-Reedern Giaever und Aagaard finanziert. Sie war erheblich größer angelegt und daher auch teurer. Ziel: den Nordpol zu erreichen, sowie Forschung. Vom US Weather Bureau (Wetterforschung) nahm der Amerikaner E.B. Baldwin teil. Die Amerikaner erhofften sich wichtige Ergebnisse der Meterologie zur Erschließung arktischer Zonen aber auch genereller Wetterforschung zur besserer Navigation und Fischfang.

Als wichtigsten Sponsor der Expedition konnte Wellmann die berühmte amerik. *National Geographic Society*" gewinnen. Geld und Unterstützung zur Realisierung der Reise war somit vorhanden. Das norw. Robbenfängerschiff „Frith-

WALTER WELLMANN amerikanischer Journalist und Polarforscher. Realisierte die Expeditionen 1894 und 1898/1899 im Versuch, den Nordpol zu erreichen...

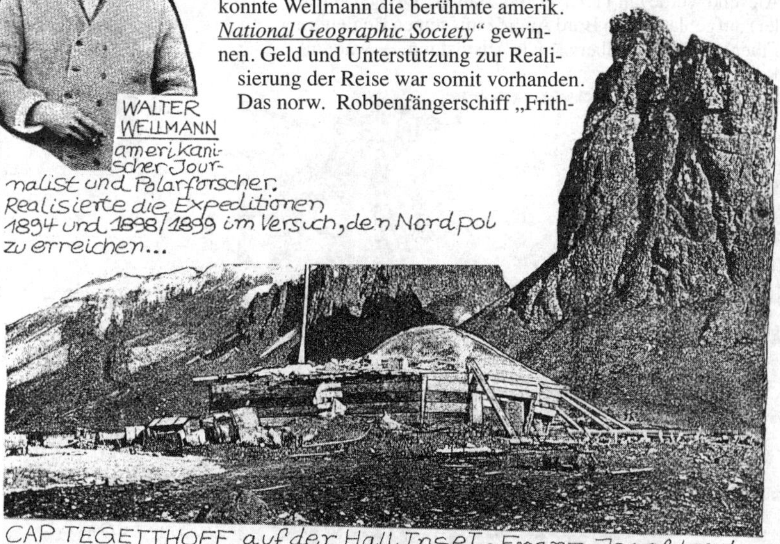

CAP TEGETTHOFF auf der Hall Insel, Franz Josef Land-Archipel. Basislager der Wellmann Expedition 1898/99.

ROBBENFÄNGER FRITHJOF im Einsatz für die Wellmann Expedition 1898/99.

jof" brachte die Gruppe von Forschern und Abenteuern Ende Juni 1898 zur Hall Insel im Franz Josef Land- Archipel (3). Trotz großen Anstrengungen und einer Überwinterung wurde der Nordpol nicht erreicht, sondern „lediglich" 82° Nord. Einer der Expeditionsteilnehmer starb, die anderen kehrten im August 1899 nach Tromsø zurück.

**ANDRÉE HEISSLUFT-BALLON EXPEDITION (1897)**: da bisherige Expeditionen mit Schiff und Hundeschlitten zum Nordpol fehlgeschlagen waren, hatte der schwed. Forscher die Idee, - die Sache mit einem Heißluftballon zum Nordpol zu realisieren. Dies sei, so Andrée, durch die Luft erheblich schneller und bequemer, als mühsam Schlitten über's Eis zu ziehen. Finanziert wurde die Expedition vom Besitzer der Sulitjelma- Mine (siehe S. 285). Ursprünglich war Flug zum Nordpol für 1896 geplant, - dem Jahr, als Fridjof Nansen von seiner 3-jährigen Framreise in Tromsø zurückkehrte. Nansen warnte Andrée dringend: u.a. schwierige Steuerung des Ballons bei den starken arktischen Winden - sowie Gefahr der Vereisung des Ballons. Bei arktischem Nebel und Kälte kann sich eine dicke Eisschicht um den Ballon bilden und ihn wegen Übergewicht auf den Boden runterdrücken.

Andrée verschob die Reise (hauptsächlich, da im Sommer 1896 die Winde ungünstig waren), - startete aber 1897. Verabschiedung in Tromsø sowie Skjervøy (damals eine der größten Fischereisiedlungen nördl. von Tromsø). - An der NW Küste von Spitzbergen (2) in Nye Ålesund wurde am 11.7.1897 der Ballon „*Oernen*" (Adler) aufgeblasen. An Bord Andrée mit seinen Begleitern Fraenkel und Strindberg sowie Ausrüstung. Es war eine Reise in den Tod.

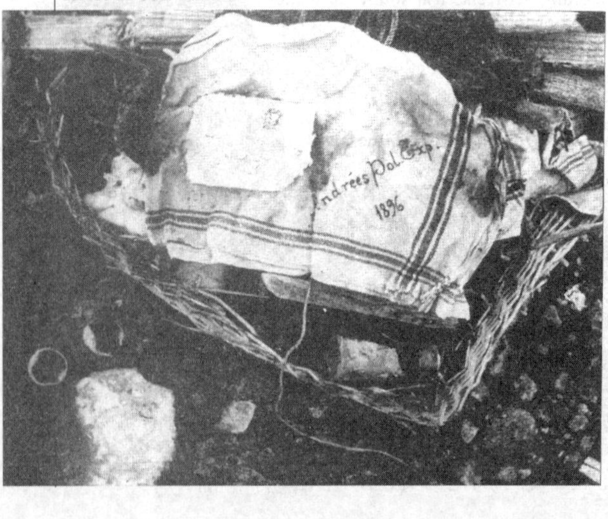


OBEN: Heißluftballon "Oernen" der Andrée Nordpol Expedition 1897. Eine Reise in den Tod

LINKS: Reste der Expeditionsausrüstung, gefunden 1930.

Nach 1o Std. Flug und Mitternacht 11.7. waren bereits 25o km Richtung NO zurückgelegt. Am frühen Morgen 12.7. drehte der Wind krass Richtung West und trieb den Ballon gut 13o km in diese Richtung bis 22 Uhr. Dann trat Windstille ein. Am 13.7. gegen 11 Uhr wurde der Ballon exakt in selbe Richtung zurückgetrieben, aus der er gekommen war! Nicht gerade optimale Bedingungen, den Nordpol zu erreichen!

13.7./17.3o Uhr: der Wind dreht Ri NO. Parallel ergaben sich für die Piloten des Ballons erhebliche Probleme in der Navigation und starker arktischer Temperaturschwankungen: Die Sonneneinstrahlung tagsüber ließ den Ballon kräftig aufsteigen. Abends dagegen bei Tiefstand der Sonne am Horizont: arktische Kälte, die den Ballon sinken ließ. Damit er nicht auf dem Packeis aufschlug, mußte Ballast abgeworfen werden.

Als die mitgeführten Sandsäcke verbraucht waren, wurden Lebensmittel- Kisten über Bord geworfen. Eine fatale Situation. Am 14.7./7.3o Uhr: Landung auf dem Packeis, Position 82°32' Nord. Somit weit vom Nordpol entfernt, - ebenso aber auch von der rettenden Zivilisation. Zumindest war durch die sanfte Landung des Ballons auf dem Eis die Ausrüstung an Gewehren, Munution etc. gerettet. Wie's weiterging, siehe Seite 731.

★**DUKE ABRUZZI EXPEDITION (1899- 19oo)**: auch hier das Ziel, den Nordpol zu erobern. Sie wurde geleitet vom damals 26 jährigen (!) Luigi A. von Savoyen mit Adelstitel „Herzog der Abruzzen"/Italien. Er verfügte über Einfluß und konnte das Geld für die ursprünglich auf 4 Jahre (!) geplante Expedition beschaffen.

Zunächst wurde das norweg. Robbenfängerschiff „Jason" gekauft, für die Expedition umgebaut und auf den Namen *„Stella Polare"* (Polarstern) benannt. An Bord: 9 Norweger mit Jobs als Mannschaft und Schiffszimmerleute. Sowie 9 Italiener, die mit wissenschaftlichen Aufgaben wie Metereologie, Astronomie etc. betraut waren und per Hundeschlitten den Nordpol erreichen wollten.

Berater der großangelegten Expedition war Fridjof Nansen, der zwar persönlich nicht mitreiste, so doch sein Know How im polaren Eismeer zu Verfügung stellte. Start: am 12.6 1899 in Kristiana/Oslo, Weiterreise via Tromsø in die Barentssee.

Geplant war, per Schiff Polarsstern die nördlichste Insel von Franz Josef Land zu erreichen, (Rudolf Island) - nach Möglichkeit auch weiter nördlich. Dann

LUIGIAMADEO VON SAVOYEN, Leiter der Nordpol Expedition Italiens von 1899 - 1900. Realisiert: 86°34' N.

Die STELLA POLARE mit Schieflage vor Rudolf Island, Franz Josef Land. Links das Winterlager.

anschließend mit Hundeschlitten über's Eis zum Nordpol. - Bei weitgehend eisfreien Meereskanälen zwischen den vergletscherten Inseln von Franz Josef Land konnte die „Stella Polare" Ende August 1899 tatsächlich die Rudof Insel erreichen. Eine Weiterfahrt war jedoch wegen Eis nicht möglich. Es wurde daher beschlossen, sich an der Westküste der Insel auf dem Schiff für die Überwinterung einzurichten.

Am 8. Sept. 1899 kamen starke Südwestwinde auf. Sie verursachten Eisrutsch von der gebirgigen Insel ins Meer. Schon bald war die „Stella Polare" vom Eis eingeschlossen. Weiteres runterdrückendes Eis brachten das Schiff in kräftige Schieflage. Es mußte geräumt werden, - seitlich bauten sich die Abenteurer ein notdürftiges Lager für den Winter. Dies war definitiv nicht so komfortabel wie auf dem Schiff, - u.a. eisige Kälte.

Nachdem die Fingerspitzen des Expeditionsleiters Luigi A. von Savoyen erfroren waren und mit Skalpell bzw. Beil amputiert werden mußten, übergab er das Komando der Polexpedition an Umberto Cagni. Grund: ohne komplette Hände konnte Luigi A. v. Savoyen die Schlitten nicht mehr führen, Zelte aufbauen etc. und wollte den Erfolg der Expedition nicht gefährden. Er blieb zusammen mit dem Koch im Winterlager zurück, während Cagni mit mehr als 1oo Hunden, 12 Mann, 13 Schlitten versuchte, den Nordpol zu erreichen. Mehrere Versuche zwischen 21.2. bis 23.6.19oo scheiterten. Zumindest konnte Cagni Position 86° 34' Nord erreichen: somit gering nördlicher als Nansen (86° 13' N) und jeglicher andere Expeditionen zu dieser Zeit.

Am 16.8.19oo kam die „Stella Polare" im Eis vor der Rudolf Insel frei und erreichte nach weiteren Problemen (u.a. vereister Meeresstraßen im Bereich Franz Josef Land) am 5.9.19oo Hammerfest/Nordnorwegen.

WiLLiAM ZIEGLER, finanzierte die Expeditionen 1901-02 und 1903-05.

**BALDWIN-ZIEGLER EXPEDITION (19o1- o2)**: weiterer Versuch, den Nordpol per Schiff und anschließend Hundeschlitten zu erreichen. Ausgangspunkt war wieder die arktische Inselgruppe Franz Josef Land. Finanziert vom reichen Amerikaner William Ziegler aus New York.

Er hoffte, durch erheblich größeren Einsatz von Material (Dampfschiff „America") und Tieren (15 Ponnies, 4oo Schlittenhunde!) das ersehnte Ziel NORDPOL zu erreichen. An Bord des Expeditionsschiffes 42 Mann, vorwiegend Amerikaner, aber auch Russen und Skandinavier.

Zum Freisprengen im Eis war Dynamit an Bord, auch nunmehr Funkgerät für den Kontakt zur Außenwelt. Leiter der Expedition war der Amerikaner Evelyn B. Baldwin, der in metereol. Forschung bereits an der Peary Expedition (1893 ab Nordgrönland) und der Wellmann Expedition (1898/99) teilgenommen hatte. Erreicht wurde ca. 86° Nord, mehr nicht.

★**FIALA-ZIEGLER EXPEDITION (19o3- o5)**: Ziegler war sehr unzufrieden mit dem Mißerfolg von 19o1/o2. Das Schiff „America" sowie ein Teil der Ausrüstung und Schlittenhunde war Nähe Tromsø untergebracht und stand parat für den neuen Einsatz.

Ziegler finanzierte eine zweite Expedition, Ausgangspunkt 19o3 ebenfalls Franz Josef Land. Expeditions-Leiter war Antony Fiala, der als Pressefotograph an der vorherigen Expedition teilgenommen hatte. Auch diesmal kam man über ca. 86° Nord nicht hinaus, da u.a. dichte Packeismassen, Eisblöcke, aber auch Wasserrinnen und Kälte die Pol- Realisierung verhinderten.

Bisherige **Expeditionen ab Franz Josef Land zum Nordpol** (auch die letzten beiden Ziegler-Expeditionen) hatten gezeigt:

Egal ob * Herbst - * tiefer Winter (z.B. Febr.) oder - * Frühjahr (März bis Juni): Immer erschwerten Wasserrinnen und aufgetürmte Packeismassen die Weiterreise ab Franz Josef Land mit Hundeschlitten zum Pol. Bzw. machten die Weiterreise unmöglich. Letztlich mußte jede der Expeditionen spätestens auf 86° Nord aufgeben.

Grund sind transpolare Meeresströmungen im Bereich Nordpol und Franz Josef Land. Bereits Luigi A. von Savoyen hatte nach seiner gescheiterten Expedition von 1899/19oo resümiert: *„der vermutlich bessere Weg führt ab Nordgrönland zum Nordpol."*

**19o9** wurde ab Nordgrönland (vergl. Karte S. 171) der Nordpol vom Amerikaner Peary erobert. So behauptete er zumindest. Selben Anspruch stellte für **19o8** der Amerikaner F.A. Cook. Anschließende Streitigkeiten konnten nicht geklärt werden, da der Nachweis fehlte. Der Nordpol sind schwimmende Eismassen. Selbst wenn einer der beiden „Pol-Eroberer" eine Fahne oder sonstigen Gegenstand aufs schwimmende Eis gepflanzt hätte: spätestens 6 Monate später wäre der „Beweis" weggetrieben nach Grönland...

★**NORDWEST PASSAGE**: sie führt von Nordgrönland durch die arktischen Gewässer Nord-Kanadas nach Alaska. Eine Zone erschwerter Seefahrt im Bereich 6o° N - 75° N, - wegen Vereisung, unzähliger Meeresstrassen und Fjordarmen.

Trotz erster Versuche im 16. Jhd. wurde die Nordwest- Passage **erst 185o** durch den englischen Polarforscher McClure realisiert in Richtung Alaska -> Grönland. Er mußte allerdings Schiff und Mannschaft im Eis Nord-Kanadas zurücklassen und den Rest per Hundeschlitten nach Grönland zurücklegen. Die Besatzung des Schiffes wurde 1854 (!) gerettet.

ROALD AMUNDSEN
Realisierte als erster 1903-06 die Nordwest-Passage durchgehend

ORDWEST-PASSAGE: eines der letzten Abenteuer
9. Jhd. in Erforschung unentdeckter Gebiete.

Für die erfolgreiche Expedition erhielt McClure die von der engl. Regierung seit 1818 ausgesetzten Prämie von 1o.ooo Pfund. Außerdem wurde er zum Sir geadelt. Für England war der Seeweg NW- Passage nicht mehr von Interesse. Die Passage war wegen Eis und notwendiger Überwinterung als Handelsweg definitiv unattraktiv.

★**GJØA EXPEDITION (19o3- o6)**: der norw. Polarforscher Roald Amundsen hatte sich zum Ziel gesetzt, die NW- Passage erstmals durchgehend mit einem Schiff zu befahren und zwar in Richtung Ost-> West. Insbesondere ging es um detailliertere Erforschung von Fahrten in Eiszonen, Bedingungen der Überwinterung - und des Erdmagnetfeldes.

Für die Expedition wurde 19o1 das Schiff GJØA gekauft. Ein 47 to. Robben- und Walfänger in Holzbauweise mit Besegelung, gebaut 1872 in Südnorwegen. In der berühmten Tromsø Schiffswerft wurden Umbauten für den Extremtrip durch die Nordwestpassage durchgeführt. So u.a. Verstärkung des Schiffsrumpfes und Einbau eines „stärkeren" Motors, Typ „DAN" (norw. Produktion mit für damalige Zeiten beachtlichen ca. 9o PS!). Es ist schon faszinierend, mit welchen primitiven Mitteln in der Pionierzeit der Arktisforschung gearbeitet wurde. Heutige Eisbrecher haben viele 1o.ooo PS an Bord.

Abreise am **17.1o.19o3** ab Kristiana/Oslo. Der Seeweg durch Nord Kanada und das dortige Gewirr arktischer Meeresstraßen war von früheren anderen Expeditionen bekannt. Sprich: welche der Vielzahl an Fjordarmen eine Sackstraße ist, - bzw. welche der Meeresstraßen die Gjøa Expedition nehmen mußte, - um aus dem Labyrinth den Ausgang nach Alaska zu finden.

Am **12.11.19o3** war der magnetische Nordpol erreicht. Position 7o° 5' N / 96° 46' W. Der engl. Nordpolarforscher James Ross hatte die Stelle bereits im Mai 1831 erreicht. Amundsen taufte die Stelle „Gjøahavn". Nach 2 Überwinterungen war am **31.8.19o6** die Goldgräber Siedlung Nome/Alaska erreicht. Amundsen war der erste Mensch, der die NW-Passage in Richtung Ost-West realisiert hatte. Dem Norwegischen Forscher Birkeland lieferte er wichtige Erkenntnisse zum Erdmagnetismus (siehe Kapitel „Nordlicht" Seite 2o7 und Seite 2o8).

★**AMUNDSEN NORDPOL EXPEDITION (1925)**: der Norweger Roald Amundsen (geb. 1872) hatte am 14.12.1911 als erster Mensch den **Südpol** erreicht. In Sachen **Nordpol** war ihm die Amerikaner Peary, Cook 19o9 zuvorgekommen.

Als Trophäe stand jedoch noch offen: erster Mensch, der mit einem Fluggerät den Nordpol überquert. Amundsen konnte als Mäzen den amerikan. Millionärsohn Lincoln Ellsworth gewinnen, der die Expedition finanzierte und persönlich auch mitflog.

Gekauft wurden 2 Wasserflugzeuge (Typ Dornier Wal). **Start** am **21.5.1925** von Kongsfjord/ Ny-Ålesund, Spitzbergen. Geflogen wurde im Konvoi, um sich bei Problemen gegenseitig helfen zu können.

Nach rund 9 Std. mußte eines der beiden Flugzeuge mit Motorproblemen notlanden. Dies war eine Meisterleistung des norweg. Piloten Riiser Larsen, da die Landung in einem schmalen, kurvigem Kanal zwischen 3 - 4 m hohen Eisbrocken erfolgte. Das Flugzeug kam ohne jegliche Beschädigungen zum Stehen. An Bord: Pilot, Bordingenieur und Roald Amundsen. - Das andere Flugzeug (Pilot, Bordingenieur und Ellsworth) landete 5 km entfernt auf einer ca. 3oo x 4oo m großen Wasserfläche mit etwas Eis. Dabei wurden Flugzeugrumpf und der Motor irreparabel beschädigt.

Da es in keinem der Flugzeuge ein einsatzfähiges Funkgerät gab, saßen die 6 Männer in der Eisfalle. Position 87° 14' Nord, ca. 25o km vom Nordpol entfernt. Einzige Hoff -

nung war, das 1. Flugzeug wieder startklar zu bekommen. Der Motorschaden war bald behoben. Erhebliches Problem dagegen die Startbahn: Den schmalen Kanal zu benutzen, auf dem man gelandet war, schied als zu riskant aus. Eine Beschädigung des Flugzeuges hätte jede Chance beendet.

Die Abenteurer bauten daher eine Startbahn an Land (=schwimmende große Eisscholle) im Labyrinth von Eisbuckeln und Schneeverwehungen. Dies mit primitivsten Werkzeugen (Spaten und Pfadfinderbeil), bei minimalster Nahrung (Bord- Notration) und eisigen Minustemperaturen. Mehrfach bildeten die driftenden Eisschollen Spalten, sodaß eine neue Startbahn gebaut werden mußte.

Am 16. Juni (also nach 3 Wochen Arbeit!) war endlich eine genügend lange Startbahn fertig. Jegliches unnötige Gewicht wurde aus dem Flugzeug entfernt, da nunmehr statt 3 -> 6 Männer in der Maschine saßen. Der Start gelang, und mit letztem Tropfen Sprit erreichten sie eine nördl. Spitzbergen vorgelagerte Insel. Dort wurden sie von einem vorbeifahrenden Robbenfängerschiff mitgenommen; hinten im Schlepptau das Wasserflugzeug.

Amundsen und Begleiter erreichten via Spitzbergen und Tromsø/Nordnorwegen wieder die Zivilisation. Dies im Sommer 1925, gefeiert von vielen Presseberichten, Das Flugzeug, die Dornier Wal steht heute übrigens im Technikmuseum von Washington D.C.

★**NORDPOL ÜBERQUERUNG MIT LUFTSCHIFF (1926)**: die vorbeschriebenen Erlebnisse und Entbehrungen konnten den damals 53- jährigen Amundsen nicht davon abhalten, es ein 2. Mal zu versuchen. Diesmal wollte er die NORDPOL- ÜBERQUERUNG nicht mit einem Flugzeug, - sondern mit einem erheblich größerem

RIISER LARSEN Pilot/Norwegen — R. AMUNDSEN Forscher/NorW. — L. ELLSWORTH Mäzen/USA — U. NOBILE Luftschiffbauer Italien

Fluggerät einem **gasgefüllten Luftschiff** realisieren. Eine sehr gefährliche Idee, wie sich im folgenden zeigen wird.

Luftschiffe hatten zumindest den Vorteil, daß sie erheblich längere Strecken zurücklegen konnten als die damaligen Flugzeuge. Sie konnten eine höhere Traglast mit sich führen als damalige Flugzeuge und somit auch mehr Sprit für die Motoren (= größere Reichweite). Somit optimal für die Langstrecke zum Nordpol.

Ihre Nachteile: träge, riesige Zigarren, die wegen ihrem Volumen schwierig zu steuern waren, dies insbes. bei Aufwinden oder böigen Winden. Es hatte bis Mitte der 2o-er Jahre Fälle gegeben, wo Luftschiffe wegen ihrer Länge und Luftdruck in Teile zerbrachen.

Um * Höhe zu gewinnen, mußte aus mitgeführten Tanks Wasser abgelassen werden. Um * Höhe zu reduzieren, Ablassen von Gas. Ein kompliziertes Verfahren der Luftschiffsteuerung. Abgesehen davon standen Wasser und Gas an Bord wegen Länge der Strecke zum Nordpol nur limmitiert zu Verfügung. Auch bestand Explosionsgefahr der Gastanks an Bord, sollte das Luftschiff durch Aufwinde in größere Höhen hinaufgetrieben werden.

Unterm Strich ein äußerst gefährliches Fluggerät. Um so mehr in der ARKTIS, die bis dato nicht kartographiert war (keine Infos ob Berggipfel bestehen) und meterologisch nicht erfasst war.

In den USA stand das Luftschiff *„Shenandoah“* parat für die geplante Nordpol- Überquerung. Es hatte eine 15.ooo km Testfahrt von New York nach Kalifornien und retour weitgehend erfolgreich absolviert. Als das Luftschiff im Herbst 1925 im Midwest der USA sich bei Gewitterboen in der Luft in Teile zerlegte, mußte das Projekt storniert werden.

★**Amundsen** kontaktierte im Sommer 1925 umgehend nach Rückkehr seiner gescheiterten Dornier Wal- Nordpol Expedition den ital. **Luftschiffbauer Umberto Nobile**. Er fragte, - ob er Interesse hätte, mit dem von ihm erbauten *„Luftschiff Nobile 1“* eine

**Expeditionsfahrt von Nordnorwegen via Nordpol nach Alaska anzutreten.**

Nobile war begeistert, da ihn die Herausforderung reizte. Er antwortete, daß nach Rückfrage auch der ital. Präsident Mussolini einverstanden sei und das Luftschiff gratis für eine Nordpolfahrt zu Verfügung stellen wird - Bedingung: Reise unter ital. Flagge!

Amundsen war keinesfalls einverstanden. Seine Bedingung: Realisierung der Expedition ausschließlich unter norwegischer Leitung und Flagge!

Nach Verhandlungen wurde Einigung erreicht: Ver

LUFTSCHIFF “NORGE” vor Überquerung des Nordpols im Hangar Ny-Ålesund/Spitzbergen.

kauf des Luftschiffes (ital. Staatsbesitz) an Amundsen für die Summe von 8o.ooo US $. Zwar war der Dollar damals mehr wert als heute, trotzdem ein sehr preiswertes Luftschiff von 1o6 m Länge mit 3 Motoren a 23o PS. Das Geld zahlte der Mäzen Ellsworth. Der Kaufvertrag wurde in Rom abgeschlossen, und Nobile im Vertrag degradiert als lediglich „Komandant des Luftschiffes" ohne darüber hinausreichende Rechte. Selbst seine Bitte, bei Schlechtwetter am Nordpol umkehren zu dürfen, wurde ihm verwehrt. Nobile akzeptierte zwangsläufig, da er die Reise unbedingt realisieren wollte.

Im Herbst 1925 wurde die „*NOBILE 1*" umgebaut und eine neue insbes. kleinere Führergondel zur Gewichtsersparung angebracht. Umbenannt in „*NORGE 1*" und Probefahrten im Bereich Rom. Nach Ny Ålesund auf Spitzbergen wurde rund 2.ooo to. Baumaterial verschifft, um dort einen Ankermast und Luftschiff- Hangar zu bauen. Ein weiterer Stützpunkt wurde an der Nordküste Norwegens in Vadsø im Frühjahr 1926 gebaut. Aus vorgefertigten Stahlprofilen entstand dort ein 35 m hoher Ankermast.

★**1o.4.26**: Nobile steuert das Luftschiff ab Heimatort Rom via Pullham/Ostengland,

Oslo und Gatschina bei Leningrad nach Vadsø: am 6.5. gegen 4 Uhr früh fliegt das Luftschiff bei strahlendem Wetter den Luftschiffmast an und wird dort verankert zur Nachladung von Gas, Motorensprit und Wasser. Der Bau des Vadsø- Luftschiffmastes war nötig, da es nördl. von Oslo und Leningrad keinen weiteren gab. Gegen 15 Uhr Weiterflug nach Ny-Ålesund/Spitzbergen, erreicht am **7.5.26** am frühen Morgen.

Dort wartete eine Überraschung: kurz zuvor war der amerik. Marineflieger Richard E. Byrd und Kopilot Floyd Bennet mit einem blauen 3-Motor Fokkerflugzeug eingetroffen, um den Nordpol zu erobern. Die Piloten hatten Probleme mit der Schlittenkufe ihres Flugzeuges. Diese war bei der Landung beschädigt worden, - sprich Reparatur. Auch das Luftschiff Norge benötigte Reparatur an einem seiner Motoren.

**8.5.26**: dröhnender Motorenlärm der Fokker, die zum Nordpol startete und nach einer Flugzeit von nur 15 1/2 Std. wieder in Spitzbergen landete. Die Piloten kletterten aus der Maschine und berichteten stolz, sie hätten den Nordpol überquert. Ob sie den Pol wirklich erreichten (rund 2.5oo km retour in nur 15 1/2 Std.), ist fraglich. Zumindest umarmte Amundsen die Rückkehrer Byrd und Bennet herzlich.

★**11.5.26**: gegen 9 Uhr früh Aufstieg des Luftschiffes NORGE Richtung Nordpol. Fast völlige Windstille und arktische Temperatur minus 45 Grad! - An Bord in der kleinen Kabine 16 Mann: Roald Amundsen, Mäzen Ellsworth, der Navigator Riiser Larsen, weiterhin 2 Norweger als Piloten, 2 norweg. Funker, ein Meterologe und 1 Journalist. Weiterhin das „Hilfspersonal" von 6 ital. 1 und der gemäß Vertrag/Rom angeheuerte Umberto Nobile. In der Kabine eiskalt, da es keine Heizung gab, und die Männer dick vermummt. Trotzdem: sehr gute Stimmung an Bord bei klarer Sicht über die Eisflächen. Amundsen hatte seinen Sessel in der Führerkabine. Ihm wurde später vorgeworfen, er sei lediglich „beobachtender Passagier" der Expedition gewesen. Gegen 18 Uhr gab es Probleme mit dem Backbord- Motor des Luftschiffes, der aussetzt, bald jedoch nach Reparatur wieder arbeitet.

Rund 16o km vor dem Pol dichte Nebelwand. Um Mitternacht wurde der 46. Geburtstag des Mäzens Ellsworth mit Sekt und Eierlikör gefeiert. An Schlaf war nicht zu denken, da die Männer nur wenige Kilometer vom Pol entfernt waren, wie Navigator Riieser Larsen mit dem Sextanten berechnete.

**12.5.26** um 1.3o Uhr früh Überquerung des Nordpols bei klarer Sicht. Die Motoren wurden gedrosselt, Flughöhe 2oo m über dem Eis. Eine Landung wäre zu gefährlich gewesen. Es wurden aber die Fahnen Norwegens, der USA und Italiens abgeworfen. Sie waren an Speeren befestigt, die unten ein Gewicht hatten und sich ins Eis des Nordpols bohrten.

ORIGINALSESSEL von Amundsen. Aus Gewichtsgründen hatte er weder Stoffbezug noch Polsterung! Heute im Polarmuseum/Tromsø

Betreffend der Uhrzeit / Polüberquerung meldete die New York Times zwar „1 Uhr früh", die richtige Uhrzeit jedoch 1.3o Uhr. - Amundsen war damit der erste Mensch, der beide Pole erreicht hatte: 1911 den Südpol auf dem Landweg und 1926 den Nordpol mit einem Luftschiff.

Der schwierigste Teil der Reise stand noch bevor. Die Strecke bis Alaska war erheblich länger als der bisher zurückgelegte Teil Spitzbergen -> Nordpol. Total unerforschtes Gebiet bei nur minimalem Spritvorrat an Bord für die Motoren. Wenn irgendwas schief ging, gab es keinerlei Hilfe, da total unbewohnte Region bis Alaska. Bei z.B. Gegenwind hätte der Spritvorrat nicht gereicht. Eventueller starker Seitenwind konnte das Luftschiff vom Kurs abtreiben (z.B. in die Einsamkeit Grönlands, Nordkanadas oder Sibiriens) Nicht zu denken an Ausfall der Motoren oder gar Vereisung des Luftschiffes. In letzterem Fall wäre der Auftrieb der Gaskammern nicht mehr ausreichend mit Folge (je nach Stärke der Vereisung) einer weichen oder harten Landung in der Einöde.

Zumindest die Funkgeräte an Bord funktionierten. Amundsen witzelte zu seinem Freund Ellsworth: „ab sofort bist du wieder 1 Tag jünger", denn die Reise ging Ri. Alaska, wo man zu diesem Zeitpunkt erst den 11. Mai schrieb.

Und so begann die Weiterreise vom Nordpol Richtung Alaska. Eisige Kälte in der Kabine. Mit seinen 3 Motoren konnte die „Norge" ohne Gegenwind eine Geschwindigkeit

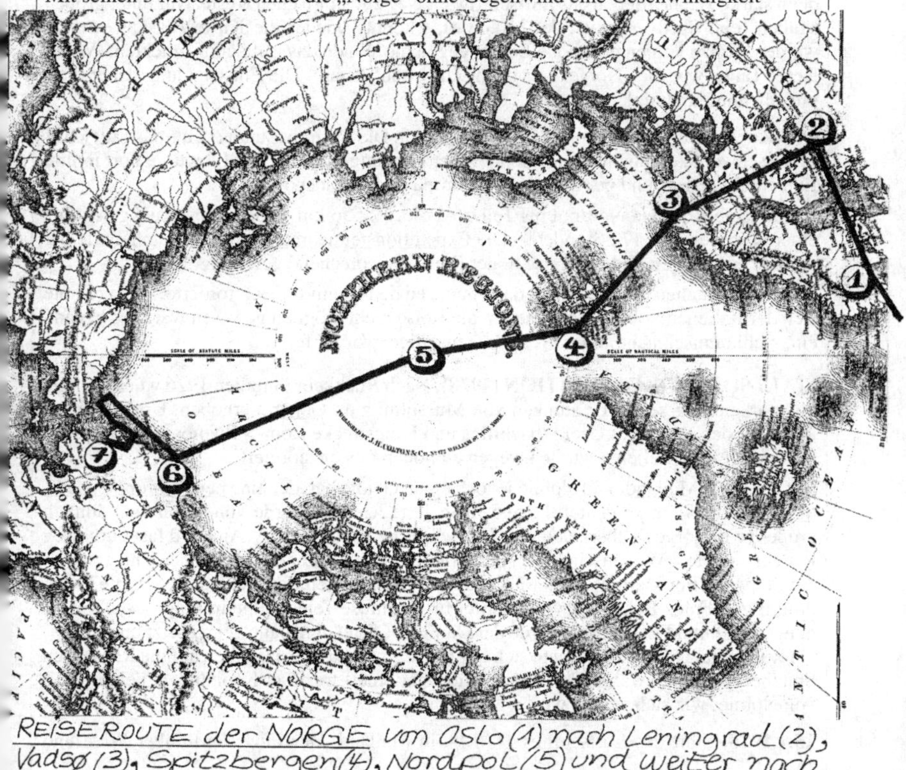


REISEROUTE der NORGE von OSLO (1) nach Leningrad (2), Vadsø (3), Spitzbergen (4), Nordpol (5) und weiter nach Point Barrow/Alaska (6), Landung in Teller/Alaska (7).

von rund 75 km/h erreichen. Spannende Frage, ob das mit Eis bedeckte Wasser der Nordpol-Region auch Landmassen mit Gebirgen besitzt. Ein Aufprall bei Nebel wäre der Tod gewesen. Informationen gab es keine, da noch niemand zuvor die Region entlang der Reiseroute der Norge besucht hatte.

Nach rund 2o Std. Fahrt ab Nordpol verdichtete sich der Nebel stark. Seine feinsten Wassertröpfchen führten zu Vereisung, insbes. der Motorpropeller. Diese schleuderten scharfkantiges Eis auf die Haut des Luftschiffes, - bei der Gefahr eines Lecks der Gastanks, Absturz und Tod. Zum Glück hielt die mehrfach gummierte Hülle des Luftschiffes. Die Motoren wurden abgestellt. Am frühen nächsten Morgen klarte der Nebel auf. Eine Positionsbestimmung ergab, daß man auf richtigem Kurs nach Alaska war. Die Küste, so Navigator Riiser Larsen, werde in wenigen Stunden erreicht. Die Abenteurer im Luftschiff atmeten auf, - zumal sich der Sprit für die Antriebsmotoren dem Ende neigten.

**13.5.26**: 6.45 früh Land in Sicht, - Point Barrow, die Nordspitze von Alaska. Im Luftschiff wurde diskutiert, ob man aus Sicherheitsgründen jetzt bereits landen solle. Oder Weiterfahrt zum ursprünglich geplante Ziel NOME/Alaska, einer größeren Goldgräbersiedlung. Ohne Frage war dort die PR besser, als in der Einsamkeit am Point Barrow.

Die Besatzung der Norge entschied sich für die Weiterreise nach Nome. Fataler Fehler, denn starke Winde trieben das Luftschiff weit weg zur sibirischen Küste. Nur unter großen Mühen (und Spritverbrauch der Motoren), - konnte wieder die Küste Alaskas erreicht werden. Hinzu kamen dort hohe Berge, gegen die Winde das Luftschiff drückten. Wegen leerer Tanks war die „Norge" nur noch schwer zu steuern. Die Entscheidung daher klar: umgehende Landung!

**14.5.26**: 7.3o Uhr früh Landung in Teller/Alaska. Die Eskimos staunten, als das Luftschiff runterschwebte und halfen engagiert bei der Landung. Die „NORGE" wurde dort in ihre Einzelteile zerlegt und per Schiff nach Europa zurücktransportiert.

Sie hatte ab Rom via Nordpol bis Teller/Alaska 12.55o km erfolgreich zurückgelegt bei einer Reisezeit von 172 Stunden. - Die Expeditionsteilnehmer wurden u.a. in Seattle begeistert empfangen und die Reise in der Presse entsprechend gewürdigt.

Just hier begannen die Probleme, da Amundsen den Ruhm für sich forderte, - dito rühmte sich der Italiener Nobile, daß ohne ihn die Reise nicht möglich gewesen wäre. Es begann eine Schlammschlacht in der Presse gegenseitiger Vorwürfe.

★**ITAL. NORDPOL EXPEDITION (1928)**: Nach Rückkehr in Italien 1926 wurde Nobile in Anerkennung seiner Leistungen von Mussolini zum General erhoben. Ursprüngliche Pläne für den Bau eines Großluftschiffes und Langstrecke Rom-> Buenos Aires/Argentinien (= Prestige Italiens) wurden wegen zu hoher Kosten storniert.

Mit der Stadt Mailand fand Nobile jedoch einen Geldgeber, der eine neue Nordpolexpedition ausschließlich unter ital. Flagge finanzierte. Gebaut wurde von Nobile ein ähnlich großes (wie Norge 1) aber leichteres Luftschiff, benannt ITALIA. An Bord fast durchweg Italiener sowie 4 Wissenschaftler: Aldo Pontremoli Physiker der Mailänder Universität, - der Schwede Fin Malmgren als Meteorologe (er war bereits Teilnehmer der Norge Expedition) und Franz Behounek vom Institut für drahtlose Telegraphie in Prag. - Als Versorgungsschiff und Funkstation wurde der Dampfer „Città di Milano" eingesetzt unter Kapitän Romagna. Das Schiff machte sich am 19.3.28 von La Spezia/Italien auf die Reise nach Spitzbergen, wo es während der Expedition stationiert war. Der Kapitän war kein Freund von Nobile, wie sich zeigen wird.

**15.4.1928**: Start des Luftschiffes ITALIA in Mailand. Der Flug führte über Wien und

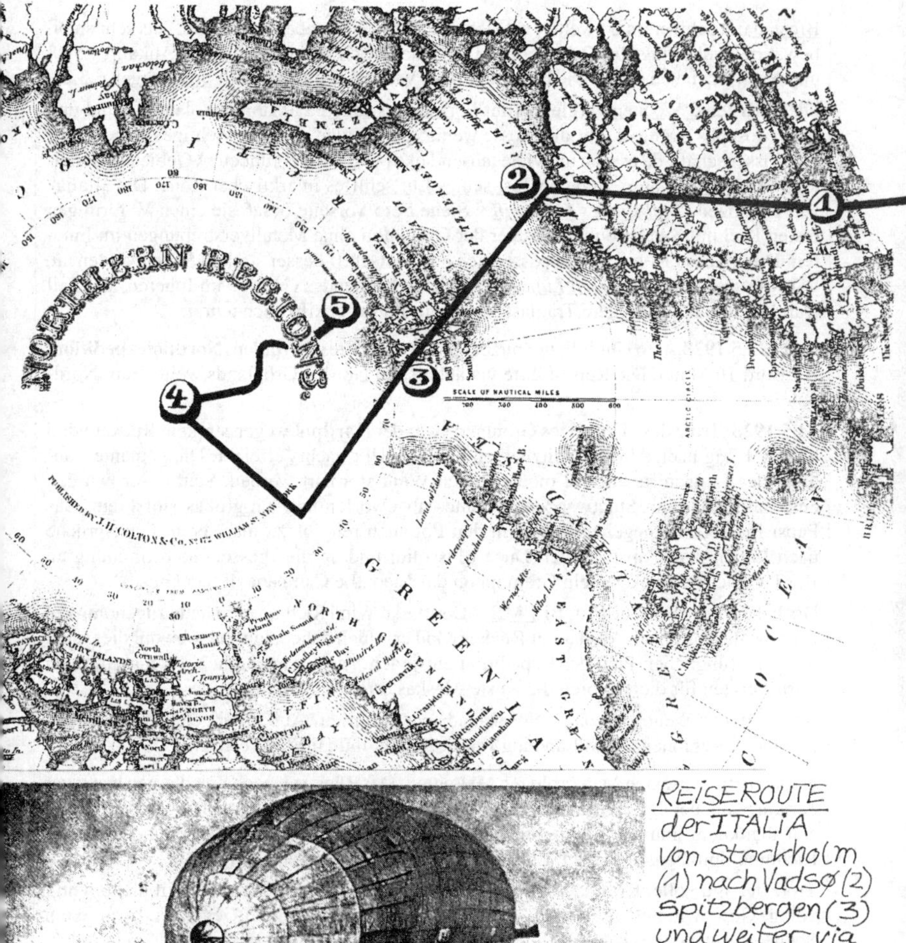


REISEROUTE der ITALIA von Stockholm (1) nach Vadsø (2) Spitzbergen (3) und weiter via Nordgrönland, Nordpol (4). Absturzstelle (5)

LUFTSCHIFF ITALIA auf Spitzbergen.

Breslau mit schwerem Unwetter, wo sich das von Nobile gebaute Luftschiff als sehr stabil bewährte. Weiterflug über Pommern und Stockholm/Schweden nach Vadsø, Ankunft 4.5.28 und Nachfüllen von Gas sowie Benzin. Abflug Vadsø 5.5. und Ankunft Spitzbergen 6.5.28.

Die nächsten 2 Wochen vergingen mit Forschungsflügen u.a. zum Nikolaus II Land und Franz Josephs Archipel. Für die Presse wenig spektakulär, so doch wichtige Ausbeute für die Wissenschaft, da es sich um viele tausend qkm vorher unerkundetem Gebietes handelte. - Für Nobile war es zugleich Test seines Luftschiffes in arktischer Zone. Die „Italia" war ein sogen.*"halbstarres Luftschiff"*. Siehe Foto Vorseite besaß sie einen V- förmigen festen Kiel mit Steuergondel, darüber der Gasballon ohne Metallverstrebungen im Inneren. Durch diese Konstruktion passte sich das Luftschiff besser starken Seitenwinden an, - als dies bei sogen.*"starren Luftschiffen"* (durchgehendes Gerippe im Inneren) der Fall war. Letztere hatten höhere Traglast, waren im Bau aber erheblich teurer.

★**Start 23.5.1928**, 4.3o Uhr früh in Spitzbergen für die erste rein **italien. Nordpolexpedition.** An Bord 16 Mann. Die Reise führte via äußerstem Norden Grönlands weiter zum Nordpol.

★**24.5.1928**: Trotz des „Umweges Grönland" war der **Nordpol** wegen starkem Rückenwind bereits 1 Tag nach Abreise Spitzbergen um o.2o Uhr nachts erreicht. Die geplante Landung des Luftschiffs am Pol mußte wegen Wind storniert werden. Stattdessen wurden eine ital. Fahne mit Stadtwappen Mailands abgeworfen und ein großes Holzkreuz, das Papst Pius XI. mitgegeben hatte, um den Pol auch religiös zu markieren. Funksprüche nach Italien zum Papst, an den Duce Mussolini und an die Presse. Hochstimmung an Bord. Gleichzeitig plärrte ein Gramophon das Lied „Le Campane di San Giusto".

Doch dann begannen die PROBLEME. * Der starke Wind Richtung Pol hatte zugenommen. Eine Weiterfahrt nach Alaska mit Rückenwind erschien daher sinnvoll, obwohl dies nicht dem ursprünglichen Plan der Expedition entsprach. Auch war fraglich, ob man mit den Spritvorräten für die Motoren die Küste Alaskas erreichen könne.

Alternative: * Weiterreise nach Nordkanada oder Sibirien? Äußerst abgelegene und kaum besiedelte Regionen. Nach Landung war dort nicht mit Hilfe zu rechnen.

Nobile befragte seinen Meteorologen Malmgren. Der Rückweg nach Spitzbergen war zwar der kürzeste, bei den schwachen Motoren des Luftschiffes und starkem Gegenwind derzeit aber kaum sinnvoll. Malmgren meinte, der Wind würde sich bald legen und man solle Richtung Spitzbergen fliegen. Eine folgenschwere Fehlentscheidung.

Trotz der, mit voller Kraft laufenden Motoren kam das voluminöse Luftschiff nicht richtig voran, Geschwindigkeit 3o km/h, bald weniger. Aus dem starken Gegenwind wurde ein Schneesturm, der das Luftschiff vereiste. Die gute Laune vom Pol wandelte sich in Angst, wobei die Italia von Winden geschüttelt wurde und die Propeller Eisstückchen auf die Außenhaut schleuderten. Das Wetter besserte sich keinesfalls, sondern wurde immer schlechter.

★**25.5.1928** gegen 9.25 Uhr nächste Hiobsbotschaft: das Höhenruder hatte sich verklemmt in Fahrtrichtung schräg nach unten. Umgehend wurden die Motoren abgestellt, um den Todeskurs Richtung Bodenberührung zu beenden. 75 m über dem Packeis kam das Luftschiff zum Stehen. Durch Betätigung von Ventilen stieg die Italia anschließend in 9oo m Höhe und erreichte gegen 1o Uhr 1.1oo m Höhe. Zwar konnte währenddessen das Höhenruder repariert werden. In dieser Höhe besteht jedoch wegen reduziertem Luftdruck die Gefahr, daß die Gas-Behälter wegen Ausdehnung des Gases platzen. Daher mußte notgedrungen eine große Menge von Gas abgelassen werden. Just dieses Gas war aber nötig, um dem schweren (da vereisten) Luftschiff Auftrieb zu geben.

★**Katastrophe**: in Folge des fehlenden Gases zum Auftrieb sank die Italia rapid und schlug am **25.5.28** gegen **11 Uhr** mit Führerkabine und hinterer Motorgondel auf das Packeis. Beide wurden weggerissen und 1o Männer auf's Eis geschleudert. Der „Rest" des Luftschiffes (nunmehr erheblich leichter) stieg mit 6 Mann in den Himmel hinauf und verschwand auf Nimmerwiedersehn...

Unten auf dem Eis die zertrümmerte Führerkabine. Beim Crash hatte es einen Toten gegeben, die restlichen 9 Mann waren am Leben. Nobile hatte sich den Arm, Bordmechaniker Cecioni das Bein gebrochen und der Schwede Malmgren eine Schulterquetschung zugezogen. Die restlichen 6 Mann waren mit blauen Flecken davongekommen.

Bei Inspektion der Unfallstelle und weit vertreuter Wrackteile fanden sich lebenswichtige Gegenstände: * elementar ein Notfunkgerät! - * eine Kiste mit Proviant für ca. 45 Tage, - * Zelt, Schlafsack, Revolver mit Munition, Leuchtschußpistole sowie Streichhölzer.

Funker Biaggi nahm das Notfunkgerät in Betrieb, *„SOS ITALIA"*, erhielt jedoch keine Antwort. Das nur 3oo km entfernte Versorgungsschiff „Cità di Milano" hatte den Kanal abgestellt, der für den Funkverkehr mit der Italia bestimmt war. Für erheblich weiter von der Unglücksstelle entfernte Emfangsstationen (also z.B. Nordskandinavien) reichte die Sendeleistung des kleinen Notfunkgerätes nicht aus.

Wohl aber konnten Nobile und seine Männer weit entfernte Sender empfangen, so u.a. „Radio San Pablo/Rom". Dort hörten sie Fußballreportagen, - und: daß man sie als „verschollen" abgeschrieben hatte. Ebenso gab es Sendungen mit sensationellen Spekulationen, auf welche Art sie gestorben seien. Nicht gerade motivierend...

Zumindest hatten sie aus der Proviantkiste ausreichend Essen. Am 3. Tag rationierte Nobile die Portionen vorsorglich. Am 4. Tag auf der Scholle strich ein Eisbär um das Zelt. Er wurde mit dem Revolver erlegt, = rund 4oo kg Fleisch, das sich aber als sehr zäh erwies. Langsam drehen die Männer durch, bei den ständigen Sensationsmeldungen über ihre Todesursache. Das SOS hört niemand.

**3o.5.28**: nach langer Diskussion verabschiedeten sich Zappi und Mariano, Ihr Plan: ein Fußmarsch von 3oo km über das Eis nach Spitzbergen, um dort Hilfe zu holen. Der Schwede Malmgren begleitete sie, als einziger verfügte er über Know-How des Überlebens in der Eiswüste.

Auf der Eisscholle zurückgeblieben 6 Mann, zwei davon mit Knochenbrüchen. Eisige Kälte, die der arktisch Wind noch verschärfte. Aus dem Radio erfuhren sie, daß der Papst in Rom eine Messe für sie abgehalten hatte und betet. Der Papst habe verfügt, daß man ihn auch mitten in der Nacht wecken solle, sobald es ein Lebenszeichen gäbe. Immerhin kleiner Trost.

★**6.6.28**: die Überlebenden der Luftschiff- Havarie zwischenzeitlich 2 Wochen in der Eiswüste. Radio San Paolo/Rom meldete: *„ein Amateurfunker in Nordrussland hat das SOS der Italia empfangen. Einleitung einer Suchaktion"*.

Bis diese begann, war Zeit nötig, Organisation und Bereitstellung von Schiffen sowie Wasserflugzeugen. Ausgenommen eines norweg. Suchschiffes trafen die meisten erst am ★**11.6.28** oder wesentl. später **18./2o.6.28** in Spitzbergen ein. Es stellt sich die Frage, warum mit Suchaktionen nicht früher begonnen wurde. Letzter Funkontakt 25.5. nach Überquerung des Nordpoles. Die vereinbarte Notfunk- Frequenz hatte das ital. Versorgungsschiff „Cità di Milano"/Spitzbergen nicht abgehört. Dies war aber seine Pflicht!

Die Überlebenden von der Eisscholle hatten tägl. SOS gesendet, - sogar mit Positionsmeldung! Zwischenzeitlich warteten sie 2 Wochen auf Rettung. Und mußten weitere Wochen warten...

★**18.6.28**: Roald Amundsen hatte (trotz persönlicher Differenzen mit Nobile) sich bereiterklärt, nach ihm zu suchen. Das Wasserflugzeug „Latham" stellten die Franzosen. Am 18.6. war es in Tromsø/Nordnorwegen eingetroffen für den Weiterflug in die Arktis mit Amundsen an Bord. Wenig später brach der Funkkontakt ab. Die Unglücksursache ist nicht bekannt. Weder Flugzeugwrack noch der Leichnahm Amundsens wurden gefunden, Man vermutet, daß die Latham wegen Motorschaden ins Meer stürzte und die Passagiere mit in die Tiefe nahm.

Als die Überlebenden auf der Eisscholle per Funk davon erfuhren, - war dies für sie ein schwerer Schock. Auf Amundsen als erfahrenen Kenner der Pole, Klima und Eisbedingungen etc. hatten sie große Hoffnungen gesetzt.

★**19.6.28**: zwischenzeitlich beteiligte sich auch Russland an der Rettungsaktion. Der Eisbrecher Krassin wurde ab Leningrad auf die Reise in die Arktis geschickt. Wegen der langen Strecke entlang Süd- und Westnorwegen erreichte er erst Ende des Monats Spitzbergen. - Ebenfalls 19.6. begannen 3 Flugzeuge aus Schweden die Suche. - **22.6.**: zwei ital. Flugzeuge überflogen als erste das Zelt der Havarierten und warfen Versorgungspakete ab.

★**24.6.28**: der schwed. Pilot Einar Lundborg überflog die Eisscholle der Havarierten und wagte eine Landung. Sie glückte. Da sein Flugzeug sehr klein war, konnte er nur eine Person retten. Er wünschte, daß dies Nobile sei, hierzu habe er den Auftrag. Nobile war das anfangs nicht recht. Er verwies darauf, daß er als Kommandant als letzter die Eisscholle verlassen müsse, - stieg dann aber doch ins Flugzeug. Lundborg hatte Nobile mit dem Argument überzeugt, in Spitzbergen könne Nobile erheblich besser die Rettung organisieren. Was der wahre Grund war, ist nicht geklärt, - u.U. erhoffte Lundberg eine höhere Vergütung von der Presse, wenn er den Kopf der Expedition Nobile präsentiert. Gemäß anderer Berichte sei das Leben von Nobile bei Lloyd/London hoch versichert gewesen, und Lundborg erhoffte sich von der Versicherungsgesellschaft Provision.

FLUGZEUG des schwed. Piloten Einar Lundborg. Bei der 2. Landung überschlug es sich und blieb flugunfähig auf dem Kopf liegen. Aufstellung unmöglich. Dies hätte einen Kran benötigt.

Lundborg flog Nobile in die schwed. Rettungsbasis und startete zu einem 2. Flug zur Eisscholle, um weitere Männer zu retten. Bei der Landung überschlug sich das Flugzeug wegen unebenem Boden derEisscholle und blieb mit den Kufen nach oben auf dem Eis liegen. Für die Männer ein Schock. Das Flugzeug war nicht zu reparieren. Statt 5 Mann saßen jetzt wieder 6 auf der Scholle und warteten auf Rettung.

Die Schweden verzichteten auf weitere Flüge, da die Landung auf der Eisscholle zu gefährlich erschien. Und die Männer warteten zwischenzeitlich 1 Monat auf Rettung.

Erst am **9.7.** kam ein weiteres schwed. Flugzeug und holte Lundborg ab. Danach brachen die Schweden jegliche weitere Rettungsaktionen ab. Die Scholle war wegen beginnendem arktischen „Frühling" kleiner geworden, - dito auch die Landebahn gefährlich kurz. Für die Männer auf der Scholle ein grausamer Anblick, wie das kleine Flugzeug mit Lundborg an Bord im Himmel entschwand...

★Nobile war nach seiner Rettung **24.6.** mit einem Wasserflugzeug von der schwed. Basis zum ital. Versorgungsschiff „Citá di Milano"/Spitzbergen geflogen worden. Kapitän Romagna empfing Nobile äußerst unfreundlich und machte schwere Vorwürfe: *„wieso haben Sie als Kommandant der Expedition als erster die Eisscholle verlassen??"* Nobile erklärte, daß er in Spitzbergen die Rettungsaktion erheblich effizienter koordinieren könne. So z.B. in exakter Beschreibung der Eisscholle für weitere Landungen von Flugzeugen. Dies geht mit Handskizzen und persönlichem Gespräch mit den Piloten besser als per Funk.

Nobile fragte Romagna, warum er die Notfunk- Frequenz nicht abgehört habe. Romagna kam mit fadenscheinigen Erklärungen: *„man war der Ansicht, dem Funker Biagi wurde vom Propeller des Luftschiffes der Kopf abgetrennt. Er konnte daher nicht mehr funken. Warum also Zeit verschwenden und Funkfrequenzen abhören?! Außerdem sei das Luftschiff gegen einen Berg geprallt und alle Passagiere tot."*

Nobile war schockiert. Er bat Romagna, umgehend ital. Flugzeuge mit Kufen zur Eisscholle zu schicken. Romagna lehnte dies als zu gefährlich ab.

★**3o.6.28**: der russische Eisbrecher Krassin war nach seiner weiten Reise von Leningrad in Spitzbergen eingetroffen. Nobile fragte den Kapitän der Krassin, ob er mitfahren dürfe, um mit Infos bei der Rettung zu dienen. Er erhielt umgehendes o.k. Als Romagna davon erfuhr, erteilte er strikten Order: Nobile darf die „Citá di Milano" nicht verlassen, da „nicht reisefähig". Den Order ließ Romagna durch Bewachung Nobiles kontrollieren, - und der Eisbrecher verließ Spitzbergen ohne Nobile. Das Verhalten Romagnas ist unverständlich; er begründete dies mit „Order aus Rom".

Auf der Weiterreise zur Unglücksstelle hatte der Eisbrecher Krassin Probleme. Eine Eisscholle beschädigte einen der Schiffspropeller. Zudem hatte das Eis eine bald eine Dicke von 2 m, weswegen die Krassin nur langsam voran kam, bzw. zeitweilig stecken blieb.

★**1o.7.28**: seitlich der Krassin im Eis war eine Start-/Landebahn für Propellerflugzeuge gebaut. Auf einem Erkundungsflug entdeckte der russ. Pilot Chuknowsky in der Eiswüste **2 einsame Männer**. Mühsam arbeitete sich der Eisbrecher an die Stelle heran.

Auf einer Mini- Eisscholle von ca. 1o x 15 m winkten 2 Männer. An Bord des Eisbrechers kamen die Italiener Zappi und Mariano. Sie hatten sich am 3o.5. von Nobile verabschiedet, um zu Fuß Spitzbergen zu erreichen. Zappi wurde mit 2 Mäntel und Reste eines dritten übereinander als Kälteschutz gefunden; am Arm trug er 3 Uhren! Dies war schon recht eigenartig. - Begleiter Mariano dagegen ausgehungert, fröstelnd bei fehlender Kleidung und ein Wrack seinerselbst...

Zappi befragt nach Begleiter Malmgren antwortete er zunächst mit Phrasen, später etwas präziser „er habe sich zum Sterben hingelegt". Genau äußern wollte Zappi sich nicht, was in damaliger Presse zum Resultat führte, - Zappi habe Malmgren aufgegessen.

**12.7.28**: der Eisbrecher erreicht die Überlebenden auf der Eisscholle, die dort seit 25.5. also 1 1/2 Monate ausgeharrt hatten. Funker Biagi berichtet an die Weltpresse: Die Krassin erscheint im Nebel, wir sind gerettet.

EISBRECHER KRASSIN neben dem Zelt der Überlebenden der Italia-Expedition. Nach 1½ Monaten endlich aus der Eiswüste gerettet.

Nach Rückkehr in Rom (1.7.28) wurden Nobile und seine Männer von großen Menschenmenge begeistert empfangen. Die Presse war jedoch zunehmend gegen Nobile eingestellt. Vorwurf, er habe die Expedition ungenügend vorbereitet, weswegen sie gescheitert sei. Zappi - der Kannibale und Nobile - der Verräter, der seine Kameraden auf der Eisscholle alleine gelassen hatte, um als erster sich ausfliegen zu lassen. Es wurden sogar Forderungen laut, den in militärischen Diensten stehenden General Nobile vor einem Gericht zum Tode verurteilen zu lassen. Besonders die Boulevardpresse schürte derartige Sensationsberichte, um ihre Auflage zu steigern.

Eine ital. Untersuchungskommission (März 29) befand Nobile schuldig. Dieser wurde des Ranges als General enthoben. Vermutlich brauchte Italien einen Südenbock für den Prestigeverlust der gescheiterten Arktisexpedition, - und dies war Nobile. 1932 Ausreise nach Russland; dort baute Nobile kleinere Luftschiffe in ähnlich halbstarrer Konstruktion wie die „Italia". Als sich die Aera der gasgefüllten Zeppeline dem Ende neigte, - kehrte Nobile 1936 kurzzeitig nach Italien zurück, folgte jedoch 1939 dem Ruf als Dozent für Aeronautik an die Universität in Chicago/USA.

Im Nachherein ist Nobile in Italien rehabilitiert. Er gilt als wichtiger Pionier ital. Luftschiffbaus und Arktisforschung.

Heute sind die Zeiten der Pol Expeditionen ab Tromsø längst vorbei. Forschungstationen gibt es u.a. auf Svalbard (= Spitzbergen) und Nowaja Semlja (Nord Sibirien). Man kann turistische Mitfahrten auf russischen Eisbrechern auf der arktischen Nordwest-Passage buchen (Reisebüro Norden, Kleine Johannisstraße 1o, 2o457 Hamburg, Tel.: (o4o) - 36oo.15o).

Selbst der Nordpol ist touristisch erreichbar: so u.a. mit russischen Reiseveranstaltern ab St. Petersburg, Flug -> Murmansk -> Novaya Semlja und von dort mit Hubschrauber -> Nordpol. Im Flugzeug sitzen dann die Touristen zwischen Abenteuerern und Forschern. An Pol angekommen verschwinden die Abenteurer auf Skiern in die Eiswüste,- während die Touristen am imaginären Nordpol ein Tisch aufbauen und die Sektkorken knallen lassen bzw. Wodka kippen.

# Mitternachtssonne und Polarnacht

*24 Stunden Tageslicht ab nördlich des POLARKREISES, aber unterschiedlich der Monate siehe Tabelle unten. - Im Winter in diesen Regionen permanente Nacht.*

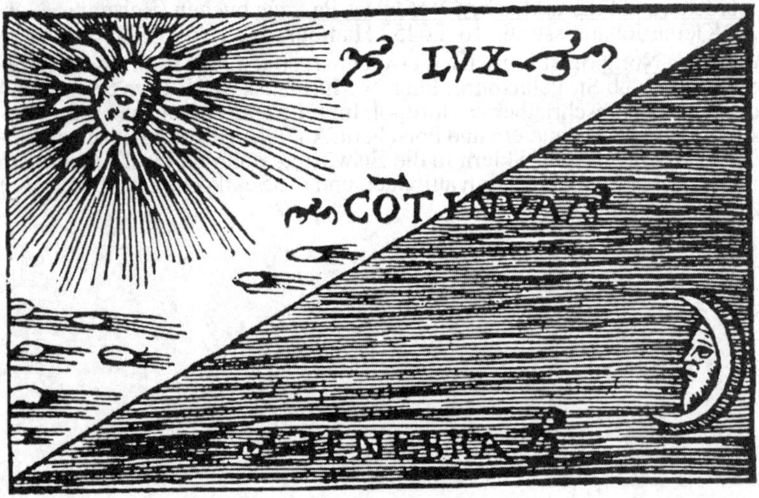


Grund ist die Neigung der Erdachse um 23,5 Grad. Bei Umrundung der Erde um die Sonne bleibt die Neigung immer gleich. Somit kommen Polarregionen der Erde im Sommer in den permanenten 24 Std. Strahlungsbereich der Sonne (= Mitternachtssonne), sind aber im Winter dunkel.

| Ort | Breitengrad | Mitternachtssonne* | Polarnacht* |
|---|---|---|---|
| Polarkreis | 66.3 | o5.6. - o6.7. | |
| Bodø | 67.3 | 3o.5. - 12.7 | 15.12. - 3o.12. |
| Lofoten | 68.2 | 25.5. - 17.7. | o7.12. - o5.o1 |
| Harstad | 68.5 | 22.5. - 18.7. | 3o.11. - 12.o1 |
| Andenes/Vester. | 69.3 | 19.5. - 23.7. | 29.o1. - 13.o1 |
| Tromsø | 69.4 | 18.5. - 26.7. | 26.11. - 17.o1 |
| Alta | 7o.o | 16.5. - 26.7. | 24.11. - 18.o1 |
| Vardø | 7o.4 | 14.5. - 28.7. | 21.11. - 2o.o1 |
| Hammerfest | 7o.6 | 13.5. - 29.7. | 21.11. - 21.o1 |
| Nordkap | 71.1 | 11.5. - 31.7. | 21.11. - 23.o1 |

* volle 24 Std., - variiert jährlich um 1 - 4 Tage

Wie aus der Tabelle ersichtlich, je nördlicher, desto länger sind die Perioden des permanenten Lichtes bzw. Dunkelheit.

Die Zeit (z.B. Nordkap 11.5.- 31.7.) bedeutet, wann es 24 Std. Tageslicht gibt, - also auch um Mitternacht. Daher der Name „Mitternachtssonne". Zu sehen ist sie im Westen. Da sie um 24 Uhr sehr tief steht (knapp über dem Horizont des Meeres), benötigt man entweder eine Westbucht bzw. freie Sicht an der Westküste. So kann man z.B. in Svolvaer/Lofoten um 24 Uhr die Mitternachtssonne nicht sehen, da hohe Berge Ri. West im Weg stehen, wohl aber von nahen Westküstenbuchten oder von Bergipfeln. Daher auch im Hauptteil des Bandes Tipps, wo gute Stellen sind.

Tageslichtstunden in ca.

| Datum | Oslo | Trondheim | Bodø | Tromsø | zum Vergl.: Frankfurt |
|---|---|---|---|---|---|
| 1. Jan. | 6 Std. | 4 3/4 Std. | 1 1/2 Std. | Polarnacht | 8 Std. |
| 1. Febr. | 8 Std. | 7 1/4 Std. | 6 Std. | 5 Std. | 9 Std. |
| 1. März | 1o 1/2 Std. | 1o 1/4 Std. | 1o Std. | 9 1/2 Std. | 11 Std. |
| 1. April | 13 1/4 Std. | 13 1/2 Std. | 14 Std. | 14 Std. | 13 Std. |
| 1. Mai | 16 Std. | 16 3/4 Std. | 18 Std. | 19 Std. | 15 Std. |
| 1. Juni | 18 1/4 Std. | 19 3/4 Std. | 2o Std. | 24 Std. | 16 Std. |
| 1. Juli | 18 3/4 Std. | 2o 1/2 Std. | 2o Std. | 24 Std. | 17 Std. |
| 1. Aug. | 16 3/4 Std. | 17 3/4 Std. | 17 Std. | 22 Std. | 16 Std. |
| 1. Sept. | 14 1/4 Std. | 14 1/2 Std. | 14 Std. | 15 1/2 Std. | 131/2 Std. |
| 1. Okt. | 11 1/2 Std. | 11 1/4 Std. | 11 Std. | 11 1/4 Std. | 111/2 Std. |
| 1. Nov. | 8 3/4 Std. | 8 1/4 Std. | 7 Std. | 6 1/2 Std. | 9 1/2 Std. |
| 1. Dez. | 4 Std. | 8 Std. | 4 Std. | Polarnacht | 8 Std. |

Obige zweite Tabelle zeigt die Länge der Tageslichtsstunden. So hat man in z.B. Tromsø Tageslicht 24 Std. in der Zeit ca. 18.5.- 26.7., - aber Anfang August immer noch knapp 22 Std.! Unterm Strich: lange Nächte im hohen Norden, wer in der Zeit Anfang Juni bis Anfang August reist.

POLARNACHT: permanente Nacht siehe Tabelle 1. Ein Hammerfest Nähe Nordkap hat sie gut 2 Monate, das südlichere Tromsø rund 1 1/2 Monate. Eine der faszinierensten Jahreszeiten Nordnorwegens. Bei stark bewölktem Himmel: Dunkelheit. Bei klarem Himmel Reflektion des Mondes und der Sterne in den Eiskristallen des Schnees. Ein Licht diffuser Dämmerung und großer Faszination.

Für Nordnorweger sind die Zeiten Nov. - März Zeiten des Rückzugs in die Häuser, zum TV und Computer. Auch Zeiten des Baby-Booms.

Auch bei der Polarnacht sind die Übergänge fließend: die Tage werden immer kürzer, zunächst nur noch 6 Stunden Tageslicht. Dann Sonnenaufgang ca. 1o Uhr und bereits um 14 Uhr schon wieder dunkel. Zuvor lange Dämmerung, die bereits ca. 13 Uhr einsetzt. Zudem wird der Tag immer kurzer. Uns z.B. passiert: Mitte Nov. in Kirkenes zum Frühstück Tageslicht - und kurz danach schon wieder Dunkelheit. Wer also morgens zu lange schläft, verpasst den „Tag".

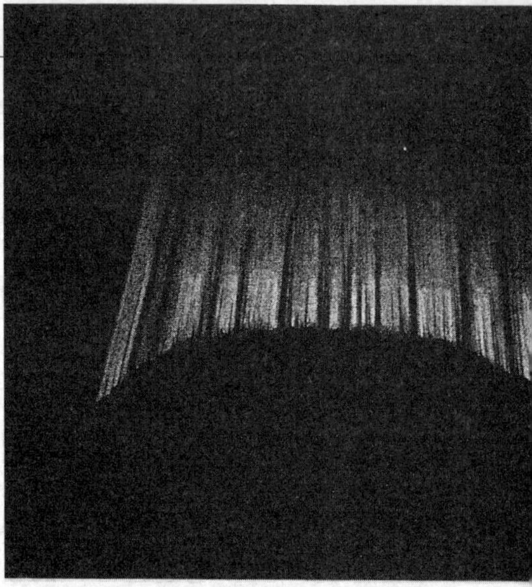

# Das Nordlicht (Aurora Borealis)

*Riesige Licht- Schleier am nächtlich dunklen Himmel, die sich wie ein gigantischer Vorhang hinziehen, ständig ihre Form und Licht-Intensität verändern. Andere Formen sind riesige Finger in den Himmel, sich biegende Schleier oder Bänder in Kurven etc.*

*Die Farben, die am häufigsten auftreten sind ein grünliches Weiß, jedoch auch möglich gelb und blau sowie rot bis Priester-violett.*

Das erste Mal haben wir das Nordlicht bei Trofors (südl. Mosjøen) an der E 6 gesehen und waren schlichtweg fasziniert. Daran hat sich bis heute und mehr als 3oo beobachteten Nordlichtern wenig geändert, da sie jedes Mal in anderer Form und Farbe erscheinen.

Zu sehen ist das Nordlicht im Bereich eines ca. 5oo km breiten Elipsenringes, der sich in rund 2.5oo km Entfernung um den magnet. Nordpol zieht. Somit in Nordnorwegen, Island, Grönland, nördl. Kanada, Alaska und Nordküste Sibirien. **Bedingung**: nächtliche Dunkelheit, aber wolkenklarer Himmel. Für Nordnorwegen, dem Land der Mitternachtssonne kommt somit nur die Zeit ca. **Anf. Sept. bis Mitte April** in Betracht.

Man sagt, daß es in der Nähe von Städten (Straßen- und Hausbeleuchtung) schlecht zu sehen sei, was wir nicht bestätigen können. Wir haben Super-Nordlichter mit großer Leuchtkraft auch im Stadtbereich von Tromsø und Narvik beobachtet. Es ist natürlich richtig, daß das Fehlen elektrischer Beleuchtung bzw. Nicht- Vollmondnächte das Erlebnis steigert.

Optimal sind kalte Nächte vor allem im Inland, da dort (im Gegensatz zu oft wolkenverhangenen Atlantik- Küstenbereichen) bessere Chance für freiere Sicht besteht. Kann sein, muß aber nicht. Zu Beginn der Nordlicht Forschung war man der Ansicht, daß Bergspitzen (ähnlich wie bei Stern

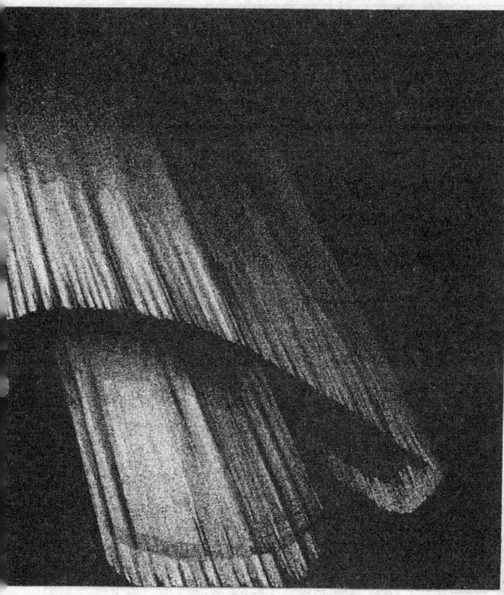

beobachtung) der beste Punkt sei. Das erste Nordlicht- Observatorium der Welt 1899 wurde daher auf einem 9oo m hohen Berg bei Alta/ Nordnorwegen gebaut (Details Seite 745). Eine Annahme, die sich als falsch erwies und den dortigen Forschern gewisse Unbequemlichkeit bedeutete (Transport der Nahrungsmittel auf den Berg, Einsamkeit und winterliche Schneestürme). Im Jahre 1918 Umquartierung nach Tromsø.

In südl. Zonen Europas ist das Nordlicht nicht zu sehen. Dies mit ganz

NORDLICHT über Nürnberg 5.10.1591. Für die Menschen Anzeichen einer bevorstehenden Naturkatastrophe.

seltenen Ausnahmen, vergleichbar Jahrhundertereignissen. So z.B. am 5. Okt. 1591 über Nürnberg. Es wurden von den Menschen als „erschreckliches Wunderwerk" betrachtet und Anzeichen einer bevorstehenden Naturkatastrophe. Diese trat jedoch nicht ein.

Ein weiteres Mal war das Nordlicht am 17.März 1716 über Teilen Mitteleuropas zu sehen und begeisterte Forscher wie den engl. Astronomen Sir Edmund Halley, der u.a. 17o1 eine Karte der magnet. Deklination gezeichnet hatte. - Auch Schriftsteller widmeten sich dem Thema und deuteten mit viel Phantasie die Farben des Nordlichtes in „Symbolgehalte", z.B: rot = bevorstehende Gefahr von Kriegen etc. - bis hin zu mythologischen Epen über die Wikinger, ihre Heldentaten und „motivierendes Nordlicht"...

Für die Bewohner Nordskandinaviens war das Nordlicht eine normale Begleiterscheinung ihres Lebens ähnlich wie der Wechsel Tag&Nacht.

Eine der ältesten Darstellungen des Nordlichtes über der Finnmark. Erschienen 1767 in einem Buch über die Lappen. Im oberen Bildbereich das Nordlicht. Die Ureinwohner Lappen/Samen gehen Beschäftigungen wie Feueranzünden und Jagd nach – ohne dem Nordlicht Aufmerksamkeit zu widmen...

Auch Petter Dass (1647 - 17o7), berühmtester und wichtigster Schriftsteller Nordnorwegens (lebte südl. von Bodø Nähe Sandnessjøen) berichtet in seinen Romanen zwar detailliert über das Leben und Natur der Region, - jedoch nie über das Phänomen des Nordlichtes. Offenbar war es normalübliches Ereignis in den Winternächten und daher nicht erwähnenswert. Oder aber wegen damals reduzierter Aktivität der Sonne („Maunder Minimum" 164o- 171o) nur äußerst schwach in Nordnorwegen zu sehen.

Reisende aus südlichen Zonen, - so der Priester FRANCESCO NEGRI aus Ravenna/Italien, der 1664 die Finnmark besuchte, berichtete: "*ich habe ein Phänomen gesehen, das in dieser sehr kalten Zone gewöhnlich ist... und wohl kaum in Italien beobachtet worden ist. In den langen Winternächten kann man dieses großartige Schauspiel in seiner unterschiedlichen Pracht beobachten*".

1769 reiste der ungarische Astronom Maximilian HELL im Auftrag des dänischen Königs nach Vardø im äußersten Norden Nordnorwegens und berichtet: *„Das Nordlicht, dieses hübsche Lichtspiel wurde in jeder klaren Nacht auf der Reise beobachtet..."* In einer 1776 gedruckten Abhandlung entwickelt er die kühne Theorie, daß das „Nordlicht aus gefrorenem Wasserdampf in der Luft besteht, das von Sonne bzw. Mond angestrahlt wird und das Licht reflektiert". Dies war natürlich total falsch.

Anders CELSIUS (17o1- 44), schwed. Astronom, hatte im Jahr 1736/37 eine Expedition nach Lappland unternommen mit Ziel der Erdvermessung. Gemäß der Theorie Isaac Newtons sei die Erde keine komplett runde Kugel, sondern an den Polen abgeflacht. Celsius konnte durch seine Vermessungen diese Theorie als richtig bestätigen.

Weiterhin konnte er einen Zusammenhang des Erdmagnetismus in Nordskandinavien mit dem Nordlicht nachweisen, - wobei aber erhebliche Detailforschung noch fehlte. Celsius starb extrem früh mit nur 43 Jahren. Er ist Erfinder (1742) des Quecksilber- Termometers zur Temperaturmessung mit Celsius- Einteilung.

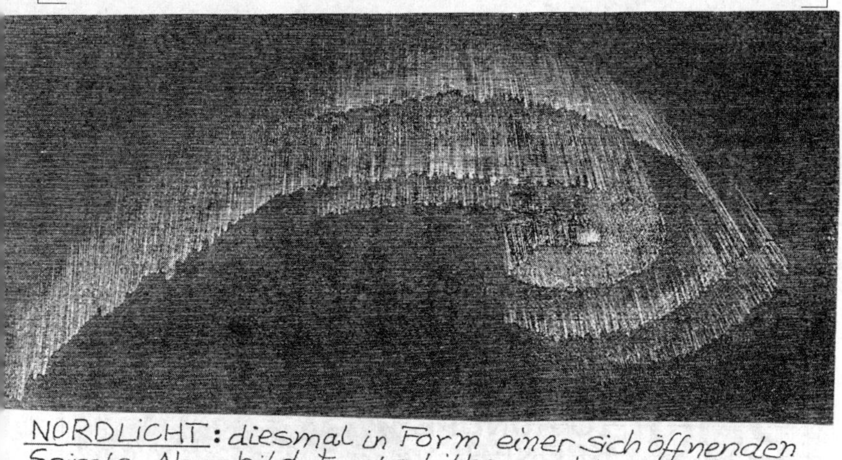

NORDLICHT: diesmal in Form einer sich öffnenden Spirale. Abgebildet als Lithographie Mitte des 19. Jahrhunderts in einer Reisezeitschrift. Der Druck von Fotos war damals technisch noch nicht möglich.

★**1838/39**: im Winter der Jahreswende die **1. NORDLICHT- EXPEDITION**. Sie wurde vom franz. König Louis Philippe finanziert und fand unter Leitung von Paul Gaimard statt. Die Forschergruppe reiste per Schiff nach Nordnorwegen, wobei ein Teil der Gruppe in Bossekop/Alta überwinterte, der andere nach Svalbard weiterreiste.

Die Forschungen in Bossekop leitete der franz. Physiker Auguste Bravais. Ziel war, u.a. die **Höhe des Nordlichtes** zu ermitteln, um das Phänomen zu entschlüsseln. Gemäß damaliger Vermutungen betrage sie *"wenige Hemdkragen bis mehrere hundert Meilen"*. Ein sehr vager Wert, den die Forschergruppe durch Forschung zu präzisieren versuchte.

Hierzu wurde je ein Beobachter in Position **A** und (mit vorher ausgemessenem Abstand) in Position **B** plaziert. Beide maßen von ihrem Standort den Winkel vom Boden zum im gleichen Moment beobachtetem Nordlicht und seiner höchsten Spitze.

Durch anschließende mathematische Formel der Triangulation sollte die Höhe des Nordlichtes berechnet werden. - Präzise Messungsergebnisse waren kaum möglich, da sich beide Beobachter in A und B lediglich die Existenz eines auftretenden Nordlichtes zurufen konnten. Dies variierte in Form und damit Höhe ständig. Es war daher nicht gesichert, ob beide Beobachter zeitgleich die selbe Nordlichtspitze in Winkelmessung anpeilten. Entsprechend ungenau waren die Messungen. Sie ergaben jedoch, daß das Nordlicht in beachtliche Höhen von vermutlich **ca. 1oo km** (!) in den Himmel aufsteigt.

Der Expeditionsteilnehmer Louis Bevalet und Maler hatte die Aufgabe, **präzise Zeichnungen des Nordlichtes** anzufertigen. Zwar war kurz vor Beginn der Expedition in Paris die Fotographie erfunden. Sie steckte jedoch noch absolut in den Kinderschuhen. Für die Expedition war sie nicht effizient verwendbar.

Bevalet war erster, der präzise Abbildungen des Nordlichtes zeichnete. Sie wurden von Lithographen (u.a in Paris) für den Buchdruck umgesetzt. Die Abbildungen des Nordlichtes erschienen in Büchern und Reisemagazinen Mitte bis Ende 19. Jahrhunderts. Sie motivierten Mitteleuropäer zu Reisen und Expeditionen in den äußersten Norden Skandinaviens.

Für die Nähe Bossekop liegende und florierende Minensiedlung Kåfjord, war der Besuch der franz. Nordlicht- Forscher im Winter 1838/39 eine Aufwertung ihrer gesellschaftl. Aktivitäten. Die Minen gehörten damals einer englischen Firma. Ihre Leiter führten so weit als möglich ein „feudales Leben“ in der Einsamkeit kalter Winternächte...

KRISTIAN BIRKELAND: Begründer der mod. Nordlicht Forschung

Über rund 1o Jahre hinweg wurden meteorologische Beobachtungen in Kåfjord durchgeführt, um über einen längeren Zeitraum vergleichende Daten zu erhalten. Zugleich entstand die Diskussion in wissenschaftl. Kreisen europ. Universitäten, daß man Polarforschung in internat. Zusammenarbeit betreiben solle. Wichtigster Verfechter der Idee war der Österreicher Carl Weyprecht und Teilnehmer der Expedition 1872/74, die in der Arktis Franz Joseph Land entdeckt hatte.

★**1. INTERNATIONALES. POLARJAHR** (1882/83): Ziel meterologische Forschung sowie insbes. Untersuchung des Nordlichtes. Eingerichtet waren 12 international besetzte Beobachtungsstationen. Die Zentral war wieder BOSSEKOP wegen guter klimatischer Bedingungen. Zudem konnte man in Form aufbauender Arbeit auf die früher dort erstellten Daten zurückgreifen, u.a. der Triangulation zur Bestimmung der Höhe des Nordlichtes. Versuche, das Nordlicht zu fotographieren, scheiterten. Trotzdem brachte die Zusammenarbeit internat. Forscher eine große Datenmenge, die nach Rückkehr der Reise an den heimischen Universitäten ausgewertet wurde.

★**DEUTSCHE NORDLICHT EXPEDITION** (1891/92): am 5.1.1892 gelang Martin Brendel das erste Foto eines Nordlichtes. Die Expedition hatte speziell entwickelte Kameras und hochempfindliche Platten. Sie ermöglichten erstmals Aufnahmen des relativ lichtschwachen Nordlichtes.
Auch waren Mehrfachaufnahmen innerhalb kurzem Zeitabstandes möglich. Für die Forschung, in welcher Höhe das Nordlicht auftritt, waren die Mehrfachfotos sehr nützlich, da sie nunmehr eine präzisere Triangulation der Höhenbestimmung ermöglichten.

★**KRISTIAN BIRKELAND** (1867- 1917): norwegischer Physiker, der die moderne Nordlicht- Forschung begründete. Er war hochbegabt und hatte zugleich die Fähigkeit, Menschen für Forschungsprojekte zu begeistern. So Politiker im norweg. Parliament zur Bewilligung von Geldern, - aber auch Studenten und Assistenten zu Höchstleistun -

FORSCHUNGSLABOR Birkeland in Oslo mit Nordlicht-Simulator

gen der Cooperation. In Auswertung der riesigen Datenmenge (insbes. des Polarjahres 1882/83) entwickelte er **1896** erste grundlegende Theorien der Entstehung des Nordlichtes. Es entstehe, so der damals 29- jährige Birkeland, - wegen einer „Kathodenstrahlung“ (Elektronen), die die Sonne aussendet, die auf die Erde treffen und dort beeinflußt durch das Magnetfeld der Erde in Polnähe sowie „Störungen des Magnetfeldes“ in großer Höhe über der Erde zum Nordlicht führt.

In einem Modellversuch in der Uni Kristiana (Oslo) baute er ein 1 Kubikmeter großen Vakuum- Kasten und plazierte im Inneren eine Metallkugel mit Magneten. Sie repräsentierte als Modell die Erde. Vakuum deswegen, da das Nordlicht in Höhen auftritt, wo es keine Gravitation gibt. Die Metallkugel beschoß Birkeland mit Elektronen, worauf sich ein leuchtender Ring um die Kugel bildete.

Als Modellversuch zwar reichlich grob. Auch fehlten damals genaue Daten zu Form und Aktivität des Erdmagnetfeldes sowie Detailkenntnisse der Atomphysik und der Solarwinde der Sonne im Auftreffen auf die Erde. Zumindest war Birkeland auf dem richtigen Weg und hatte mit einer Vielzahl theoretischer Berechnungen den Grundstein für die moderne Nordlicht- Forschung gelegt. - **1898** wurde Birkeland als damals 31-jähriger zum Professor der Physik der Universität Kristiana (Oslo) berufen.

★**1899**: Mit viel Verhandlungsgeschick erreichte Birkeland finanzielle Unterstützung der norweg. Regierung zum **Bau eines Nordlicht- Observatoriums HALDDE**, errichtet auf einem 9oo m hohen Berggipfel oberhalb Bossekop/Alta. Nur so könne er die Nordlichtforschung effizient fortsetzen. Dies sei nützlich für das Prestige Norwegens. Außerdem hilft meteorologische Forschung, so das Argument Birkelands, den Fischern Nordnorwegens zur Wettervoraussage in ihrem gefährlichen Job.

Dem Antrag wurde stattgegeben, und der Oberservations-Turm Haldde auf dem Berggipfel im Sept. 1899 fertiggestellt. Kurz danach bezog Birkeland mit Assistenten sein Forschungsquartier und überwinterte. Das Arbeiten im einsamen und abgelegenen Observatorium auf der Bergspitze war bei Schneestürmen mühsam, und die Ausbeute an Daten reichlich mager. Dies zumal die mitgeführten Kameras nicht ordnungsgemäß funktionierten. Auch war der Beobachtungsraum Haldde zu klein; es fehlten weit entfernte Stationen zur präzisen Triangulation und Höhenmessung.

★**NORWEG. NORDLICHT EXPEDITION** (19o2/19o3): groß organisiert von Birkeland mit weit von einander entfernten Beobachtungsstationen. Nur so könne er, - argumentierte Birkeland, - das in weiten Regionen der nördl. Erdkugel vorkommende Nordlicht und die physikalischen Gründe der Entstehung präziser untersuchen.

Eingerichtet wurden die Stationen * (1) ISLAND (Dyrafjord), - * (2) SVALBARD (Axeløya), - * (3) MATOTSCHKIN (Nowaja Semlja, Sibirien) sowie die * (4) ZENTRALE HALDDE in Nordnorwegen.

Gast in der Station Haldde war der Norweger Roald Amundsen. Geboren 1872 hatte er sein Medizinstudium 1894 abgebrochen, um sich der Polarforschung zu widmen. 1897-1899 Teilnehmer der belg. Südpolexpedition, danach Geophysikstudium in Deutschland. Amundsen plante die Durchfahrung der Nordwestpassage (zwischen Kanada/Alaska und der Arktis), ein extrem schwieriger Seeweg, den bisher noch kein Mensch durchgehend-geschafft hatte. In Haldde wollte Amundsen seine Kentnisse insbes. des Erdmagnetismus durch Mithilfe beim Birkeland-Projekt erweitern.

Amundsen schaffte 19o3- o6 in der Tat die Nordwestpassage, allerdings unter extremen

Entbehrungen und 3 Überwinterungen. Weitere Details zur Nordwestpassage im VELBINGER Band 53 „Oregon/Washington". Die Krönung des Forscherlebens R. Amundsen war die Eroberung des Südpoles als erster Mensch 14.12.1911.

Für Birkeland war der Winter 19o2/o3 äußerst erfolgreich und brachte eine Vielzahl neuer Daten, deren Auswertung Zeit benötigte. Interessant war auch die Zusammenarbeit mit Amundsen, dessen Reise auf der Nordwestpassage und der Nähe zum magnetischen Nordpol sowie spätere Südpolexpedition, wo Amundsen in Polnähe überwinterte. Dort

NORDLICHT, gezeichnet von Roald Amundsen und von einem Drucker als Lithographie für Buchdruck umgesetzt.

ROALD AMUNDSEN am Südpol (14.12.1911) mit norw. Fahne und Hundeschlitten

zu sehen das Südlicht (Aurora Australis), das aus ähnlichen physikalischen Gründen wie das Nordlicht entsteht.

Seine Forschungsergebnisse veröffentlichte Birkeland in 2 Bänden Der erste erschien im Jahre 19o8, der zweite 1913, - somit jeweils kurz nach der betreffenden Amundsen Reise. Zwar nannte Birkeland sein Werk *„Norwegische Expedition 1899- 19oo"*. Es enthielt jedoch auch spätere Forschungserkentnisse.

Die Zusammenarbeit mit Amundsen war ohne Frage nützlich, da dieser (als zudem ausgebildeter Geophysiker) in die Extremregionen der Polgebiete reiste und Birkeland wichtige Daten liefern konnte.

Das Werk Birkelands hatte den Untertitel *„Resultate der magnetischen Recherchen"*. Es ist der Klassiker der wissenschaftlichen Nordlichtliteratur und wurde in viele Sprachen übersetzt. Das Nordlicht, so Birkeland, wird durch ein erdmagnetisches Feld hervorgerufen, welches bei den beiden magnet. Polen „näher" an der Erde liegt. Dies ist der Grund, warum das Nordlicht vorwiegend dort zu sehen ist. Birkeland belegte dies mit einer Fülle theoretischer Kalkulationen. Das Buchcover zeigt die Haldde- Forschungsstation zusammen mit einem kleineren Beobachtungsturm oberhalb, der 1899 errichtet wurde.

★**191o** beantragte Birkeland bei der norweg. Regierung Geld zur Erweiterung des Haldde-Observatoriums zum Ausbau der Unterkünfte für Wissenschaftler - sowie die Finanzierung von Löhnen, um ganzjährig- permanenten Forschungsbetrieb in der Station durchführen zu können. Beiden Anträgen wurde stattgegeben und das Wohngebäude bis 1912 erweitert. Forschungsleiter wurde Ole A. Krogness, ein früherer Assistent Birkelands. Das Leben in der Bergeinsamkeit war extrem hart. Krogness hatte seine Frau mitgebracht, die ihm 2 Kinder gebar. Diese wurden auf dem Berg großgezogen.

★**1915**: erneute Erweiterung des Unterkunftsgebäudes, um intensiv Wetterforschung betreiben zu können. Leiter dieser Abteilung wurde Olaf Devik, der ein Netz von Wetterbeobachtungsstationen in Nordnorwegen aufbaute. Auch Devik hatte seine Frau mit auf dem Berg (= 2 Babies) zuzüglich der Frau eines Assistenten (= 1 Baby). Es krabbelten somit 7 Kleinkinder in der engen Unterkunftsklause auf dem Berg, - nicht gerade optimale Arbeitsbedingungen. Bei winterlichen Schneestürmen konnte man das Haus nicht verlassen, und ganzjährig mußten mühsam die Lebensmittel vom Tal heraufgeschafft werden.

Betreffend wissenschaftlicher Arbeit hatte Krogness erhebliche Schwierigkeiten, Personal zu bekommen. Zu erstellen waren ewigmonotone Datenreihen, somit allein von der Tätigkeit nicht unbedingt attraktiv. Zudem eine Arbeit in Bergeinsamkeit ohne umliegende Kneipen: für die meisten Studenten gab es bessere Jobs... Auch für Devik war Haldde denkbar ungünstig. Er hatte erfolgreich das System an Wetterbeobachtungsstationen aufgebaut. Es galt, die eintreffenden Daten (z.B. für Sturmwarnung) in der Zentrale zu koordinieren und möglichst schnell weiterzuleiten. Nur so war der Wetterbericht den Fischern echte Hilfe.

Dafür war das abgelegene Haldde absolut ungeeignet. Beide Wissenschaftler drängten

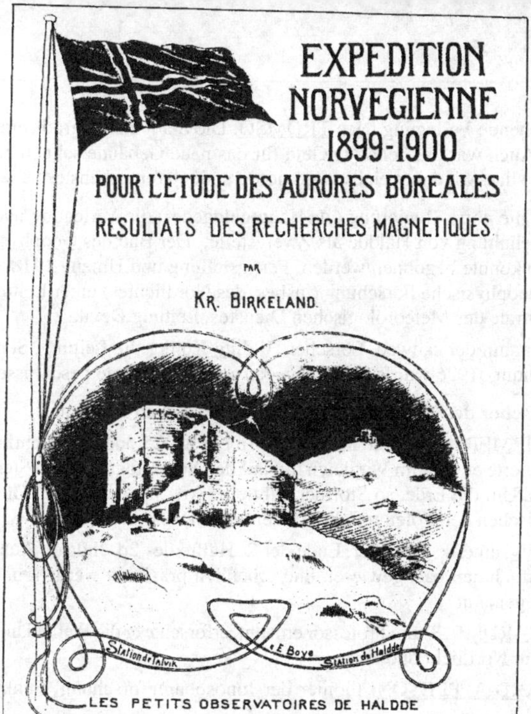


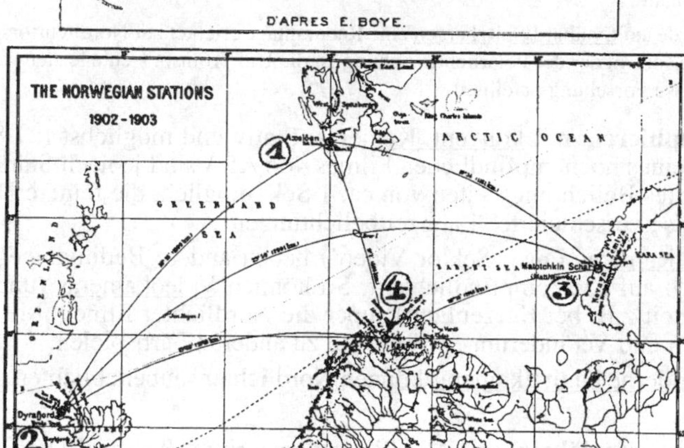


OBEN: Titelblatt des Berichts von Birkeland der Forschung in Hadde, 1899-1900. UNTEN: Nordlicht Observatorien ① Spitzbergen ② Island ③ N. Semlya ④ Hadde/Norwegen im Jahr der Nordlicht-forschung 1902/03.

daher für umgehende Verlegung nach TROMSØ. Die Stadt stellte gratis ein Grundstück zu Verfügung. Auch war das benötige Geld für das neue Gebäude schnell zusammengesammelt, da alle das Argument eines „funktionierenden Wetterdienstes“ überzeugte.

**1917** entschied die norw. Regierung (als Hauptgeldgeber) die Verlegung nach Tromsø, - allerdings Beibehaltung von Haldde als Zweigstelle. Der Bau des Geophysischen Institutes in Tromsø konnte begonnen werden, Fertigstellung und Umzug **1918**. Im Gebäude untergebracht geophysische Forschung (insbes. des Nordlichtes) unter Leitung Krogness - sowie die Zentrale des Meteorologischen Dienstes, Leitung Devik.

In Haldde übernahm der schwed. Forscher Hilding Köhler die Leitung. Sein Spezialgebiet Ozonforschung. 1926 wurde Haldde wegen zu hoher Kosten geschlossen.

Wichtigste **Forscher des Nordlichtes** und Pionierzeit neben Birkeland:

* CARL STØRMER: er wertete ab ca. 1915 mehr als 25.ooo Nordlichtfotos aus. Die Höhe kalkulierte er (u.a. im Vergleich mit auf den Fotos abgebildeten Sternen) auf ca. 8o- 13o km. Um die Erde, so Størmer, gibt eine Art „magnetischem Gürtel“, in dem Partikel zwischen den Polen reflektiert werden. Dies konnte durch
* VAN ALLEN, amerik. Physiker, Ende der 2. Hälfte des 2o. Jhds. in Auswertung von Satellitenaufnahmen nachgewiesen und erheblich präzisiert werden, nach ihm „Van Allen Belt“ genannt.
* LARS VEGARD: 1918 zum Professor ernannt, erforschte er die Wellenlänge der Lichtemissionen im Nordlicht und Farbe.
* SIR EDWARD APPLETON: Pionier der Ionosphärenforschung, Funkmessung der Ionosphäre.

**1996:** wurde auf Svalbard/Spitzbergen eine Radaranlage erichtet zur Nordlichtforschung. Norweg. Zentrum der der Polarlichtforschung ist die Uni Tromsø. Heute leisten wichtige Erkenntnisse Forschungssatelliten.

**Fotographieren**: mit konvent. Kameras: Stativ und möglichst f: 1,8. Bei Einsatz eines hochempfindlichen Filmes 4oo ASA sind je nach Stärke des Nordlichtes Belichtungszeiten von ca. 1 Sek. möglich, die feinere Details zeigen als „verschleierte“ Langzeitbelichtungen.

Digital- Kameras (auch Sektor Video!) haben andere Bedingungen. Bezieht sich auf Lichtempfindlichkeit. So können Videokameras (und Emfindlichkeit z.B. bei Kerzenlicht) super die Nordlichter filmen. Mit ihren Schleiern und Veränderungen von weiß zu anderen Farbspielen.

Auch moderne Digitalkameras können Nordlichter sauber ablichten, Stativ nötig.

**Nordlicht ganzjährig**: im „Nordlicht Planetarium“ Tromsø. Die Projektion „Arktisches Licht“ an künstlichen Himmel ist ganzjährig und unabhängig Wetterbedingungen zu sehen. Eintritt, Details Seite 687.

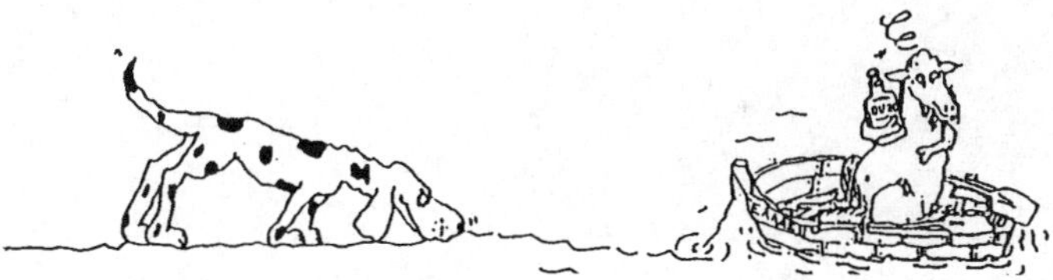

# In eigener Sache:

Es liegt in der Natur der Dinge, daß bei der Fülle an konkreter Information, die dieses Buch enthält, sich im Laufe eines Jahres einiges ändern kann.

Deshalb bitten wir um Mitteilung von Abweichungen. Wer uns ansonsten irgendwelche ausgefallenen Tipps wie neue Routen, schöne Hotels mit viel Atmosphäre oder ähnliches schickt, wird bei der Neuausgabe dieses Buches namentlich zitiert.

Bitte schreibt uns, wir freuen uns über jeden brauchbaren Tipp, weil wir es wichtig finden, daß man nicht irgend ein blödes Laberbuch, wie leider viele Reiseführer, mit sich schleppt, sondern etwas, was wirklich nützlich und hilfreich ist.

Norwegen Nord Redaktion
VERLAG MARTIN VELBINGER
Hauptstr. 4o, 82229 Seefeld
norwegennord@velbinger.com

# OSLO -> TRONDHEIM-> STEINKJER

*Der kürzeste Einstieg für Nordnorwegen.*

*Pluspunkt sind zudem gute Fährverbindungen bis Oslo sowie Larvik - bzw. die fast durchgehend als Autobahn ausgebaute E 6 Helsingborg -> Oslo, wer die Vogelfluglinie als Fährverbindung wählt. Alle Details im Kapitel „Anreise“ in diesem Band ab Seite 15.*

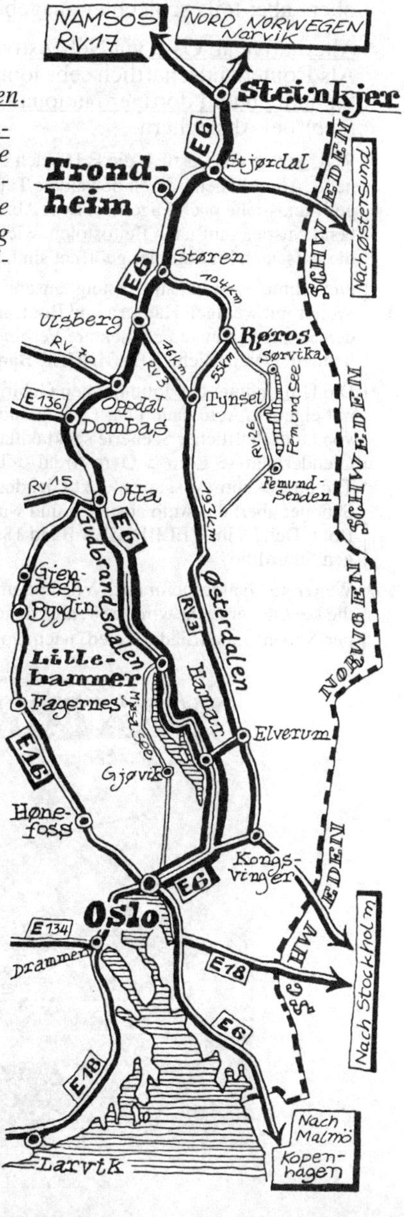


OSLO als Einstieg super, zusammen mit Stockholm schönste Hauptstadt Skandinaviens - von Flair aber auch Museen. Ein Zwischenstopp von Minimum 1 bis 2 Tagen lohnt in jedem Fall. U.a. Museen der Fram (Polarschiff), Kontiki und Wikingerschiffe auf der Museumsinsel Bygdin besuchen, g.g. auch zum Holmenkollen rauffahren mit Sprungschanze und Superblick über Oslo und Fjordlandschaft. Alle Details im VELBINGER Band 19 „Norwegen/Süd Mitte“.

Ab OSLO mehrere Möglichkeiten rauf nach Nordnorwegen. Die

* kürzeste und schnellste ist die E 6 Oslo -> Lillehammer -> Trondheim -> Steinkjer, ca. **665 km**. Fahrzeit ca. 8 - 1o Std. Excellent ausgebaut, im ersten Abschnitt Oslo -> nördl. Lillehammer Autobahn, dann breite und flott befahrbare Landstraße bis Trondheim. Die Stadt wird flott umfahren auf ihrer Südosttangente (geringe Gebühr). Anschließend geradlinige und schnelle Landstraße bis Steinkjer.
* Alternative: ab Hamar die RV 3 via Røros nach Trondheim. Die Nebenstraße bringt als Pluspunkt

den Besuch der alten Bergwerksstadt mit Minen. Oslo via Røros -> Steinkjer ca. **58o km**. Somit an Km kürzer als die Hauptroute siehe oben, aber teils schlechter ausgebaut. Fahrzeit ca. 1o Std.

* Alternative ab Oslo via Nebenstraßen westlich der E 6 bis Trondheim. Als Route landschaftlich sehr lohnend, da sie u.a. durch die Region Jotunheimen und dortiger Nationalparks führt. Fahrzeit ca. 1 Tag oder mehr bei Abstechern.

ROUTE: ab Oslo östlich die E 16 nach Hønefoss. Im ersten Abschnitt wenig spannend. Anschließend durch bewaldete Täler auf schmaler, aber weitgehend geradliniger Landstraße nach Fagernes. Dort Abzweigung nördl. nach Bygdin und anschließend Anstieg rauf nach Beitostolen, wichtiges Skigebiet im Winter mit vielen Hotels, die teils auch im Sommer geöffnet sind.

Die schmale Asphaltstraße steigt anschließend rauf nach Gjendesheim. Ein kleiner Weiler mit wenigen Häusern und Bootsanleger für das Schiff über den Bygdin See. In den Sommermonaten elementare Verbindung für Wanderungen in der Region Jotunheimen, Details siehe VELBINGER Band 18 „Norwegen Süd/Mitte“.

Die Umrundung des Jotunheimen Gebirgsmassivs mit eigenem Auto dauert ca. 1/2 Tag und ist allein von landschaftlicher Szenerie spektakulär. Strecke: Gjendesheim -> Lom -> Øvre Årdal -> Bygdin -> Tyn und -> zum Ausgangspunkt Gjendesheim. Schöner aber: das Auto abstellen und wandern + Boot. Details im VELBINGER Band 18 „Norwegen Süd/Mitte“.

Weiter ab Gjendesheim nach Vågåmo und zur E 6, die bei Otta erreicht wird, bzw. ab Vågåmo auf einer Nebenstraße (Slådalsveien) nach Dombås.

## STEINKJER

1 Quality Grand Hotel
2 Rathaus, POST
3 BAHNHOF, TAXI und BUSABFAHRT
4 Rest. Trønderstua, daneben Pizza Napoli
5 Kirche, daneben Hong Kong Rest.
6 BANK
7 Brugata, Geschäfte
8 Tankstelle
9 Dampsaga Kulturzentrum und Schwimmbad
1o Tingvold Park Hotel, in der Nähe Steinzeichnungen
11 Zugang Egge Museum
12 Fylkesmannsgården, Villa und Verwaltung des Egge Museum
13 Egge Kirche
14 Landwirtschaftsmuseum
15 Freilicht Museum
16 Småbåthafen
17 Holzhäuser, Fischer
18 TOURIST INFO
19 Globus Shopping Center
2o Zebra Shopping Center
21 Guldbergaunet Sommer-Hotel und Camping

# ★ Steinkjer

**(ca. 11.000 Einw.)**

Das Tor zum Norden und kommerzielles Zentrum. Die E 6 führt mitten durch den Ort am Nordrand des Trondheim Fjordes. Weitgehend moderne Architektur, mehrere große Supermärkte sowie Autowerkstätten.

Geschichte: bis zum 11. Jhd. war Steinkjer wichtigste Siedlung im Norden des Trondheim Fjordes. Erneute Bedeutung als Handelsort ab Beginn 19. Jhd., Stadtrechte 1857. Ein schwerer Brand zerstörte 19o5 fast sämtliche, damals in Holz gebauten Häuser. Wei-

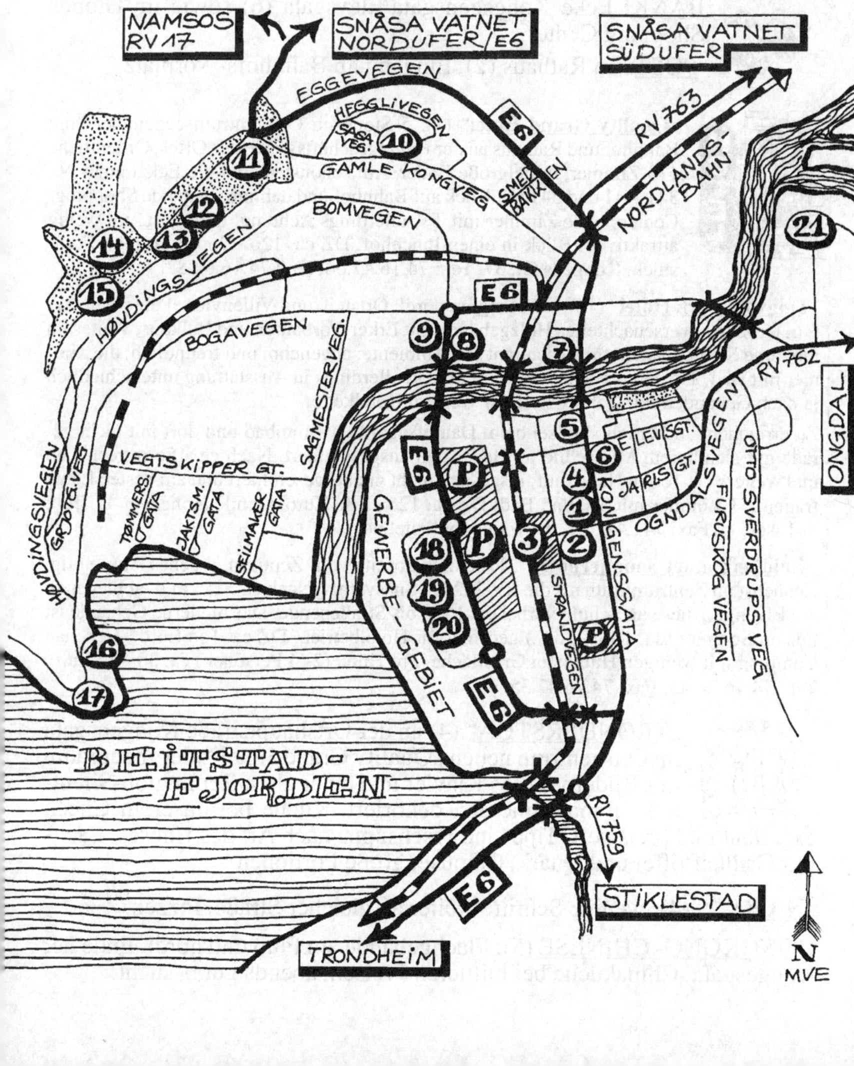

tere Zerstörung durch Bombenangriff der Nazis 194o. Ein anschließendes Großfeuer wütete mehrere Tage und machte das Stadtzentrum fast dem Erdboden gleich.

Das heutige Steinkjer besteht weitgehend aus modernen Stein- und Betongebäuden. Es ist zwar kein „Bungalow- Silo“, wie ein anderer Reiseführer behauptet. So dominiert doch Funktionalität, abgesehen von Villenvierteln am Stadtrand.

Tourist INFO siehe Karte, Nr. 18. Adresse: 7725 Steinkjer, Namsdalsveien 11. Tel.: 741.636.17, Fax: 74.16.1o.88 www.steinkjer-turist.com

BANK: Ecke Kongsgensgata/Elevsgata (6) sowie im Globus Shopping Center.

POST: im Rathaus (2), Eingang ab Bahnhofs- Vorplatz

„**Quality Grand Hotel**“ (1): 5 Stock im Ortszentrum gegenüber vom Bahnhof und Rathaus an der Hauptgeschäftsstraße des Ortes. Ordentliche 113 Zimmer, mittelgroße Bäder. Am schönsten sind die Eckzimmer Nr. 341, 441 und 541 mit Blick auf Bahnhof und dahinter liegende Shopping-Centers. Alle Zimmer mit TV, allerdings Achtung: einige Zi. mit wenig attraktivem Blick in einen Innenhof. DZ ca. 12o - 2oo Euro inkl. Frühstück. Kongens Gt. 37, Tel.: 74.16.47.oo, Fax: 74.16.62.87.

„**Tingvold Park Hotel**“ (1o): am Hang im nördl. Ortsteil und Villenviertel unterhalb der E 6. Größeres, verschachteltes Holzgebäude mit Erker-Vorbauten und Balkons. Weiterhin moderne Steinanbauten für Restaurant etc. Ambiente: angenehm und freundlich; die Zimmer mit Bad, TV und oft schönem Gartenblick, allerdings in Ausstattung unterschiedlich je nach Gebäudetrakt. Gehört zur Best Western Hotelkette.

Zu erreichen: ab Verkehrskreisel beim Dampfsaga- Schwimmbad und dort mit nicht gerade gut sichtbarem Minischild an Hauswand ausgeschildert. Nach ca. 15o m rechts ab und weitere ca. 1oo m Hang rauf; insgesamt nicht gut ausgeschildert und am besten Leute fragen. 51 Zimmer mit TV und Bad. DZ ca. 12o - 18o Euro. Gamle Kongevei 47, Tel.: 741.411.oo, Fax: 741.411.o1. www.tingvoldhotel.no

„**Guldbergaunet Sommerhotell**“: Reichlich abseits vom Zentrum, eigenes Auto nötig. Zunächst ab Zentrum/Rathaus die RV 762 Ri. Snåsvatnet. Nach ca. 1,5 km li. abbiegen in die Elvenget, diese an Schule vorbei ca. 1 km bis Straßenende. Das moderne Gebäude ist nur im Sommer (ca. 1o.7.- 1o.8.) geöffnet für Hotelbetrieb. DZ ca. 1oo Euro. Nebenan Camping mit wenigen Hütten an Grasfläche. Pro Hütte (2- 4 Personen) ca. 38 - 5o Euro. Tel.: 74.16.2o.45, Fax: 74.16.47.35.

„TRØNDERSTUA“ (4) an der Ortshauptstraße Kongensgata im Ortszentrum neben „Quality Grand Hotel“: der Innenraum mit Bildern, Fotos Klavier und einer alten Remington-Silent-Schreibmaschine etc. dekoriert. Küche bei unserem Check exzellent und preiswert. Tipp sind Fischsuppe nach Art des Hauses, Lachs mit Grillkartoffel und Quark, Gemüse; große Portionen.

„NAPOLI“ (4): wenige Schritte weiter an gleicher Straße. Pizzen.

HONGKONG- CHINESE (5): Flachgebäude am Fluß und nördl. Ende der Kongesgata. Chinaküche bei mittleren Preisen, abends gut besucht.

BREIDABLIKK: in der Kongensgata. Eine Cafeteria mit Bingo.

BILLIG: passabel ist das kleinere Restaurant im „Globus Shopping Center“ (19) und wer’s mag: ein McDonalds - sowie Snacks in der Kongensgata neben Trønderstua Rest.

Einkaufen: zwei größere Shopping Center Nähe Bahnhof: das „Globus“ (19) sowie das Zebra (2o). Daneben Autowerkstätten für Volvo, Renault und BMW. Weiterhin ein Shop mit Werkzeug bis Büromaterial.

In der Kongensgata: Musikgeschäft, Sport und Bekleidung sowie norweg. Lotto, Zeitschriften etc.- Weitere Shops auch in der Brugata (7).

**SEHENSWERTES**

Das Stadtzentrum ist relativ klein und erstreckt sich über ca. 2oo m Kongensgata. KIRCHE (5): gebaut 1965, mit schlankem Glockenturm. Im Inneren nüchterne Funktionalität mit Betonsäulen und Glasmalereien des in Steinkjer geborenen Künstlers Jacob Weidemann.

EGGE MUSEUM (11- 15): Zugang ab E 6 in Spitzkehre, siehe unsere Karte. Die Administration in einer größeren Villa (12, „Fylkesmanngården). Im Freilichtmuseum (15) 11 Häuser aus dem 19. Jhd., die im traditionellen Stil eingerichtet sind. Im Landwirtschaftsmuseum (14): Exponate zur 1o.ooo Jahre alten Geschichte Nord Trøndelags und Agrikultur, auch alte Traktoren etc. Geöffnet 13. Juni - 7. August tägl. außer Mo.

Im Parkareal des Museums sowie an der E 6 wurden zudem größere Grabfelder aus der Eisenzeit gefunden. Für die Archäologen enthielten sie bedeutende Funde von Waffen über Schmuck zu Gebrauchsgegenständen, die Aufschluß zum damaligen Leben brachten.

DAMPSAGA (9): Kulturzentrum mit u.a. Konzerten, Kino, Kunstausstellungen Cafe und Bibliothek. Weiterhin Schwimmbad mit 25 m Becken, einer 43 m langen Wasserrutschbahn und Sauna, Solarien.

M/S BONDEN II: Ausflugsdampfer auf dem Snåsnavatnet ab Sunnan via Bola Kai (Steinzeichnungen) nach Snåsna am Nordufer. Nur 1.7. - 15.8. Details siehe Folgekapitel Snåsavatnet.

## Verbindungen ab Steinkjer

**Zug**: Der Bahnhof (3) im Ortszentrum. -> Trondheim ca. 8 - 18 mal tägl., Fahrzeit ca. 2 Std. Einige Züge fahren weiter nach Røros (plus 1 Std. 2o Min.) bzw. Umsteigen in Trondheim. Weiterhin: -> Oslo: mehrmals täglich, Umsteigen in Trondheim (ab hier auch Nachtzug -> Oslo mit Schlafwagen).

-> Bodø (via Grong -> Mosjøen -> Mo I Rana -> Fauske): die sogenannte „Nordlandsbanen“, 2 mal tägl., Fahrzeit 8 Std. Der Nachtzug auch mit Schlafwagen. Reservierungspflicht. Bis Grong im Sommer 4 mal tägl., Fahrzeit ca. 1 Std.

-> Stockholm/Schweden: ab Steinkjer zunächst Zug Ri Trondheim. In Stjördal umsteigen in den Zug ab Trondheim nach Storlien an der schwed. Grenze. Hier umsteigen in den 2 mal tägl. Zug Storlien -> Stockholm. Er benötigt 1o Std. Der Nachtzug auch mit Schlafwagen.

**Bus**: Abfahrt der Busse am Bahnhof (3). -> Namsos: tägl. 4- 5 mal, Fahrzeit 1 1/2 Std., ca. 12,5 Euro. -> Grong: tägl. außer Sa. 1- 2 mal, Fahrzeit 1 Std. 12,5 Euro. -Weiterhin Regionalbusse im Bereich Steinkjer, Stiklestad, Levanger, Stjördal etc. mehrmals tägl.

**Wasserflugzeug**: „Midt-Fly AS“, Tel.: 741.433.44. Zu mieten für Excursionen über die schönen Landschaften im Norden des Trondheimfjordes, Snåsavatnet und Grenzgebiet zu Schweden.

# Weiter ab Steinkjer:

*Die gewaltigen Entfernungen sind nicht zu unterschätzen. Rauf zum Nordkap rund 1.6oo km einfach, dies via E 6 und ohne lohnende Abstecher wie z.B. Lofoten, Vesterålen sowie ohne Tromsø.*

Prinzipiell gibt es 2 Hauptrouten: die

* **E 6**, eine breite und gut ausgebaute Landstraße, die in der Regel durch endlose Wälder und an Seen entlangführt. Sie ist die „schnellste“ Verbindung rauf in den Norden. Unterwegs lohnende Stops, z.B. in Mosjøen sowie Abstecher z.B. via Bodø und weiter per Fähre zu den Lofoten/Vesterålen (unbedingter Tipp!).
* **RV 17 Küstenstraße**: ab Steinkjer zunächst 77 km nach Namsos und weiter Inland via Overhalla, Foldereid nach Holm ans Meer: erste Fährüberfahrt nach Lennesund. Weitere 5 Fähren bis Bodø folgen (plus teure, mautpflichtige Brücke bei Sandnesjøen), was ins Geld geht: Auto und 2 Personen insges. ca. 11o Euro einfach.

  Die RV 17 ist zudem an km bis Bodø erheblich länger als die vergleichbare E 6 via Inland, da sie teils kurvenreich Fjorde ausfährt. Entsprechend zudem geringere Durchschnittsgeschwindigkeit.

  Sie führt nicht immer am Meer entlang und besitzt teils „Durststrecken“ via Inland, wo kaum was passiert. Andererseits aber ausgesprochen schöne Abschnitte. Eine Route, die Zeit braucht und wegen Fähren plus Brückenzoll ins Geld geht.

Wir beschreiben zunächst die **E 6** rauf in den Norden (inkl. Abstechern). Bei knapper Urlaubszeit von nur z.B. 3 Wochen: zunächst „Kilometer gewinnen“ Ri. Nord. Je nach verbliebener Resturlaubszeit auf der Rückfahrt z.B. Teilstrecken der **RV 17** fahren. Super sind auch Kombies, wobei Teilstrecken mit der Küstenfähre „Hurtigruten“ zurückgelegt werden in Kombination mit Teilstrecken der RV 17. Alle Details ab Seite 64.

# STEINKJER - > MOSJØEN (E 6, 278 km)

Die **E 6** verläßt Steinkjer Ri. Nord und führt am Nordufer des Snåsa Sees entlang. Übernachtungsmöglichkeit „Føllingstua“ in Følling am Westende des Sees (DZ ca. 8o Euro sowie Hütten). Die Straße ist gut ausgebaut, wegen Geschwindigkeitsbeschränkung und Radarkontrollen jedoch kaum schneller befahrbar als die:

**RV 763** entlang des Südufers des Snåsa Sees: ebenfalls gut ausgebaute Landstraße, wenn auch etwas schmaler, dafür aber weniger Verkehr. Ab Steinkjer (siehe unsere Karte) zunächst entlang zwei kleinerer Seen. Dann über einen Hügel (toller Blick auf Snåsavatnet). Viel Wiesen, goldgelbe Getreidefelder, auch Wälder. Die Gegend ist sehr fruchtbar; vereinzelte Bauerngehöfte, eine Bilderbuchlandschaft.

Der **SNÅSA VATNET** ist der 6. größte See Norwegens. Länge ca. 4o km, Tiefe max. 115 m, eingebettet in sanftes Hügelland.

Geschichte: Am Ende der letzten Eiszeit vor ca. 1o.ooo Jahren war das Land durch das gewaltige Gewicht der Eismassen heruntergedrückt. Der Meeresspiegel lag gemäß Forschung rund 17o m (!) höher als heute, und der Trondheim Fjord reichte bis Snåsa (am Ostende des heutigen Sees). Weite Bereiche des heutigen Landwirtschaftsgebietes lagen somit unterhalb der Meeresoberfläche. Dort lagerten sich Ton und Kies ab.

Nach Rückzug (Abtauen) der Eismassen stieg das Land kontinuierlich während der folgenden Jahrtausende. Freigegeben wurden die fruchtbaren Tonböden für Landwirtschaft.

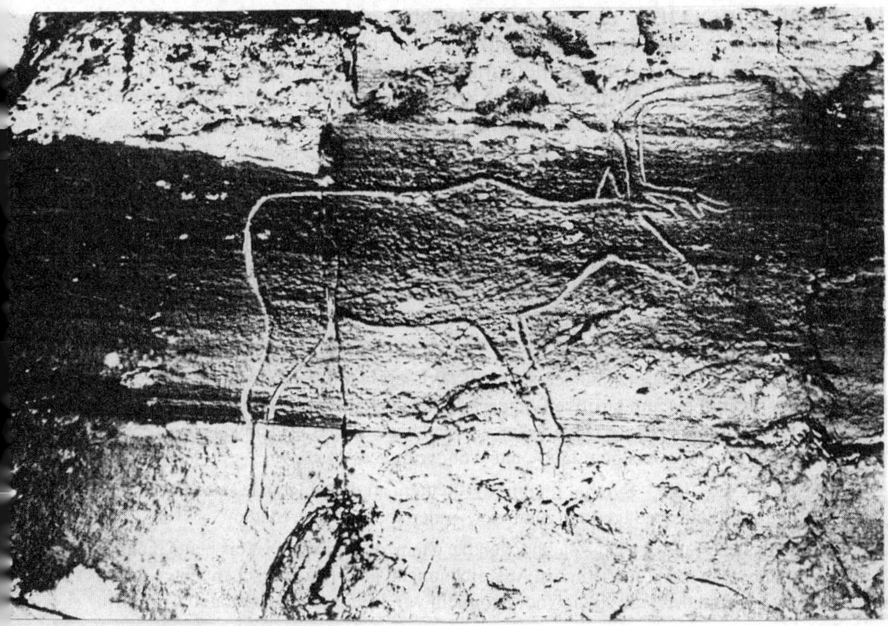

Das Bola- Rentier, eine Felszeichnung vor ca. 5.ooo Jahren befindet sich am Südufer des Sees rund 45 m oberhalb des heutigem Seespiegels. Es war damals trockenes Land. Details zu den Felszeichnungen siehe unten.

VALØY: ausgeschilderter Abzweiger von der RV 763. Führt unter einer Eisenbahnbrücke (Durchfahrtshöhe 3,2 m) an den See.

Weitere 3,5 km am See entlang Ri Nordwest bis zum „**Bøla Kai**", einem hölzernen Anlegesteg für das kleine Motorschiff „M/S BONDEN". Im Sommer (1.7.- 15. 8.) Ausflugsfahrten auf dem See: ab Sunnan/Westende ca. 1 1/2 Std. bis Bøla Kai und weiter 1 1/2 Std. zum Ostende/Viosen (bei Snåsa), retour. An Bord kleineres Restaurant und sehr relaxing Trip über den See, lohnt! Auch Abendtrips: Bus ab Steinkjer/Bahnhof nach Sunnan + Boot-Trip, retour Steinkjer gegen 22 Uhr. Infos zu Abfahrten Tel.: 9o9.92716, 741.446.64 und 741.47o.18. Fax: 741.44.668 bzw. 741.471.9o.

Schiffahrt auf dem Snåsa See: vor dem Straßenbau (E 6 und RV 763) waren Schiffe das wichtigste Transportmittel auf dem 4o km langen See. Die Diana (1871) überquerte den Vatnet mit Fracht und Personen. 1885 wurde die Bonden I gebaut: ein kleiner Dampfer und schwach motorisiert, der für die Strecke Sannan -> Snåsa mit Stops gut 3/4 Tag benötigte, aber wichtigstes Verkehrsmittel der Region war. Foto im „Snåsa- Hotel" im Ort Snåsa am Ostende des Sees. Die Bonden I war bis 1926 in Betrieb.

Sie wurde stillgelegt, als Straßen am Seeufer den Transport per Bus und LKW schneller ermöglichten. 1992 Bau der Bonden II für touristischen Betrieb auf dem See.

BOLA RENTIER: eine rund 5.ooo Jahre alte Felszeichnung. Sie gilt als bedeutende Nordnorwegens und fand auch Kopie als Logo der Olympischen Winterspiele von Lillehammer. Vor Ort besichtigt, hat uns die Felszeichnung weniger überzeugt. Sie ist mini; bedeutender und umfangreicher sind u.a. die steinzeitl. Felszeichnungen in Alta/Nordnorwegen. Details siehe dort.

Trotzdem: ein landschaftl. schöner Zwischenstop, zu erreichen: entweder ab Bola Kai oder ab RV 763 und dortigem Parkplatz über jeweils kurzem 1o Min. Fußweg (siehe auch unsere Karte).

Das Bola Rentier ist im Fels an Bachlauf Nähe des Eisenbahngleises eingeritzt. Bekannt seit Ende des 19. Jhds. Weitere Felszeichnungen (u.a. Darstellung eines Bären) 197o gefunden und nur fragmentarisch erhalten, wegen Zerstörung durch Bachlauf im unteren Bereich.

Als Grund der Felszeichnungen sehen die Wissenschaftler entweder: * Abbildung eines Rentieres im Fels, um positiven Jagderfolg magisch herauszufordern, - oder als * Landkarte, wo besonders gute Jagderfolge zu erzielen sind. Dies als Hinweis für spätere Generationen für besonders gute Jagd- und Wohngründe.

Ebenfalls möglich: * Symbol mythischer Stätten, an denen Rituale stattfanden. Z.B. Versammlungsplatz der Jäger und Sammler, - oder aber „heilige Stätten".

Der genaue Grund der Felszeichnungen der Steinzeitmenschen ist bis heute nicht geklärt, zumal es auch keine schriftlichen Aufzeichnungen gibt. Die Menschen lebten damals von Fischfang und der Jagd sowie vom Sammeln von Pflanzen, Wurzeln und Muscheln.

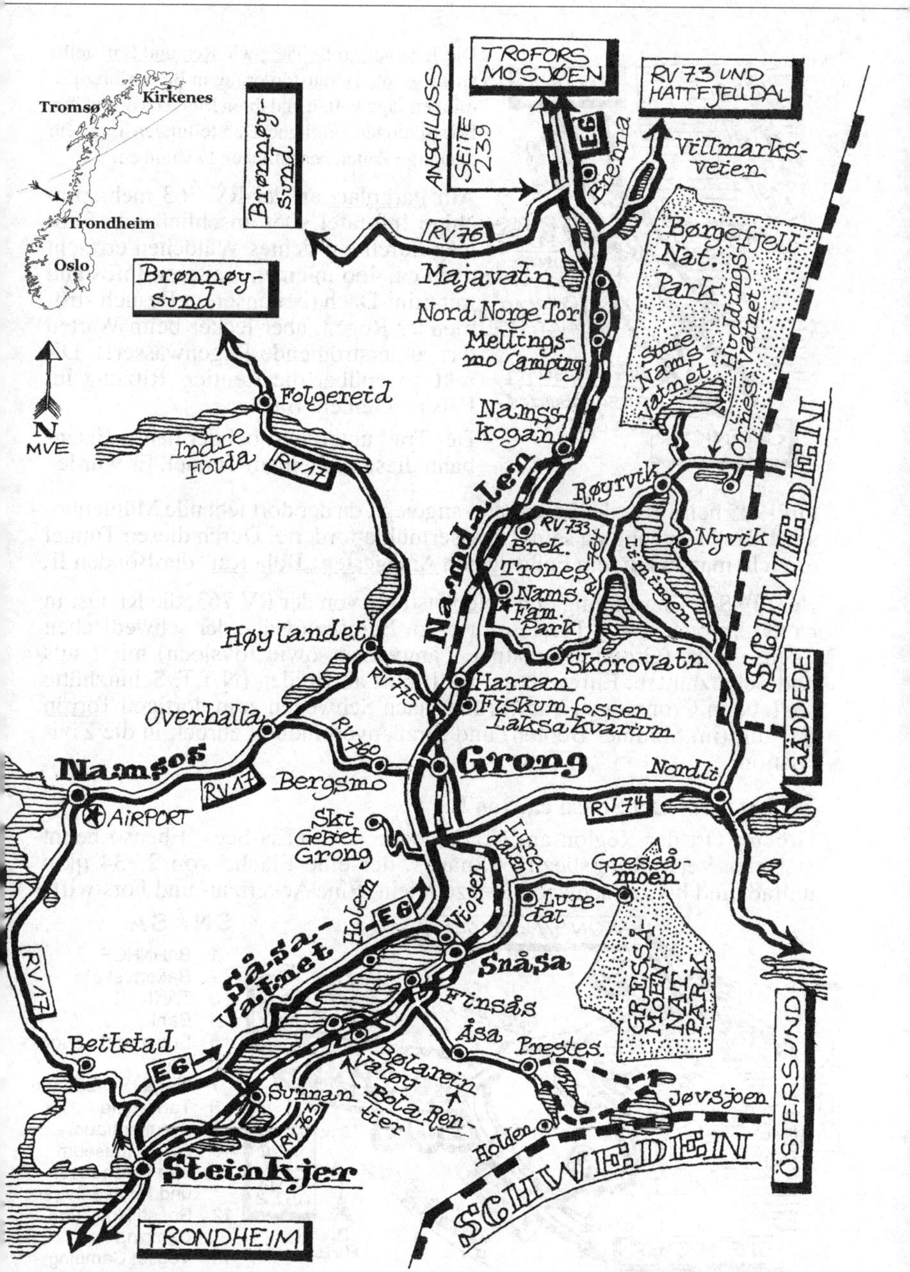
Tromsø
Kirkenes
Trondheim
Oslo
N
MVE
TROFORS
MOSJØEN
RV 73 UND
HATTFJELLDAL
Brønnøy-
sund
ANSCHLUSS
SEITE
239
E6
Brenna
Villmarks-
veien
RV 76
Børgefjell-
Nat.
Park
Majavatn
Nord Norge Tor
Mellingsmo Camping
Store
Nams-
Vatnet
Huddings-
Vatnet
Ornes
Brønnøy-
sund
Folgereid
Indre
Folda
RV 17
Namss-
kogan
Namdalen
Røyrvik
RV 773
Brek.
Trones
Nams.
Fam.
Park
Nyvik
RV 764
Limingen
SCHWEDEN
Høylandet
RV 775
Harran
Skorovatn
Fiskumfossen
Laksakvarium
Overhalla
RV 760
Grong
Namsos
RV 17
Bergsmo
Nordli
GÄDDEDE
RV 74
AIRPORT
Ski
Gebiet
Grong
Lure-
dalen
Gressåmoen
Lure-
dal
Holem
E6
Såsa-
Vatnet
Snåsa
Finsås
GRESSÅ-
MOEN
NAT.
PARK
RV 17
Åsa
Prestes.
Beitstad
E6
Bølarein
Valøy
Bola Ren-
tier
Sunnan
RV 763
Jøvsjøen
Holden
Steinkjer
SCHWEDEN
ÖSTERSUND
TRONDHEIM

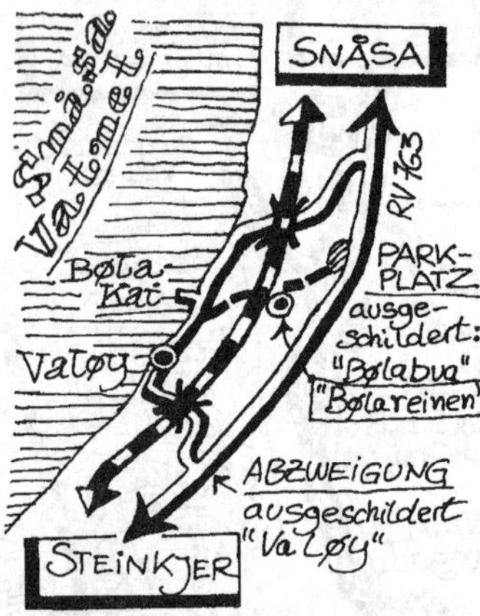


Die Jagd auf große Tiere wie Ren und Bär stellte an sie größte Herausforderung in Bezug ihrer primitiven Jagdwaffen und ihren Mut. U. U. sind ihre Felsritzungen bildliche Darstellungen ihrer für damalige Zeiten beachtlichen Leistungen.

Am Parkplatz an der RV 763 mehrsprachige Infotafel. Der anschließende Fußweg durch ein lichtes Wäldchen erreicht nach ca. 4oo m einen weiteren Infostand mit mini-Dach (bei unserem Besuch strömender Regen, aber lecker beim Warten das runterströmende Regenwasser!). Direkt gegenüber die Rentier- Ritzung im Fels an kleinem Bach.

Der Trail unterquert bei der nahen Eisenbahn diese in kleinem Tunnel. Er wurde um 1925 beim Bau der Eisenbahn angelegt, da der dort lebende Mühlenbesitzer einen Zugang zu seiner Wassermühle forderte. Durch diesen Tunnel erreicht man in kurzem Fußweg den Anlegesteg „Bøla Kai" der Bonden II.

Bei FINSA Abzweigung einer Nebenstraße von der RV 763, die Ri. Ost in ca. 3o km via Åsa -> Prestesetra -> zu Bergseen Nähe der schwedischen Grenze führt (Gronningenvatnet, Langvatnet sowie Jøvsjoen) mit Trails und Schutzhütten. Ein weiterer Trail führt ab Holden (N.T.T. Schutzhütte südl. beim Gronningen Vatn.) rüber nach Schweden zum dortigen Torrön See mit (im Sommer Booten) und Straßenverbindung zurück in die Zivilisation.

## Snåsa (im Ort Snåsa ca. 9oo E.)

Größter Ort der Region am Nordostende des Snåsa-Sees. Ebenso nennt sich der Verwaltungsbezirk „Snåsa", der eine Fläche von 2.334 qkm umfaßt und bis zur schwed. Grenze reicht. Eine Ackerbau- und Forstwirt-

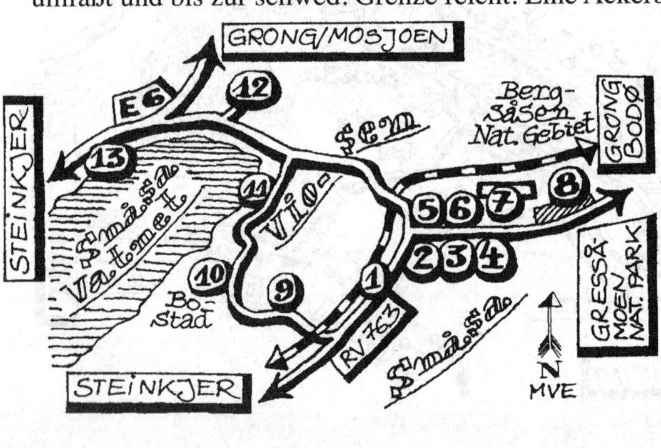


**SNÅSA**

1 BAHNHOF
2 Bakern'skafe
3 TAXI
4 Bank
5 Supermarkt Bygg
6 Post
7 Mega- Supermarkt
8 Tankstelle
9 Krankenhaus
1o Bygde Museum
11 Alte Holzhäuser und Bootsanleger
12 Snåsa Hotel und Camping
13 Vegset Camping

schaftskommune, in der lediglich ca. 2.6oo Menschen leben.

SNÅSA/ORT: weit verstreute Häuser im Hügelland am See. Das Ortszentrum beim Bahnhof (1). Dort am Abzweiger (Ri. Gressåmoen Nat. Park) auch Post (6), Bank, Taxi und 2 Supermärkte (5, 7) sowie Tankstelle (8).

Tourist INFO im Bahnhof (1)/Holzgebäude. Meist zu, mini. Ansonsten im Snåsa Hotel (12) Tel.: 741.51.o57 oder Vegset Camping (13) bei der E 6, Tel.: 74.152.95o

Snåsa ist südlicher Vorposten der Volksgruppe der Samen: im Ort eine Lappenschule sowie südlappländ. Kulturhaus, Rentierzucht-Administration und „Saemien Sijte": ein kleineres Museum zur Kultur und Geschichte der Süd-Samen. Wegen Besichtigung (ganzjährig) im Ort fragen.

Snåsa Bygda Museum (1o): größeres, weißes Holzhaus am Hang oberhalb des Sees. Exponate: alte Gebrauchsgegenstände, Fotodokumente der Region, Webteppiche etc. sowie kleine Schusterwerkstätte. Geöffnet nur 1.6. - 31.8. jeweils So. 11 - 17 Uhr (bzw. alternativ) im Ort fragen.

Snåsa Kirche: im Ortszentrum. Der älteste Teil der Steinkirche stammt aus dem 13. Jhd. Sie ist idyllisch gelegen, nebenan das alte Pfarrhaus und ein Kirchenstall.

Bergsåsen Naturschutz Gebiet: Nähe des Ortszentrums von Snåsa mit markiertem Wander- Lehrpfad. Er beginnt beim Snåsa Rathaus und Infotafel.

**VIOSEN** (11): verschlafener Ortsteil am See mit alten Holzhäusern Ende 19./Anfang 2o. Jhd. Damals florierend als Umschlagsplatz der Schiffsverbindung quer über den Snåsa See - und einzige Verbindung für den Waren- und Personentransport. Zeiten, die seit 1925 passée sind.

Ab Anlegesteg heute im Sommer touristische Schiffsverbindung mit der „Bonden II" quer über den See zum Bølareinen und nach Sunnan, siehe Vorkapitel. Im Bereich des Bootsanlegers absolutes Camp-Verbot!

Die alten Holzhäuser von Viosen stehen unter Denkmalsschutz wegen Geschichte des Snåsa, sind jedoch optisch nicht spektakulär. Im Umfeld neuere Bauten in Holz für Privathäuser.

**Snåsa Hotel** (12): ockerfarben gestrichenes Holzgebäude plus größere 2-stöckige Anbauten in Stein als langgestrecktes Gebäude. 2 km westl. vom Ort Snåsa an der Zufahrtsstraße zur E 6.

Insgesamt ordentliche Unterkunft. Die Zimmer mittelgroß und zweckmäßig eingerichtet. Allerdings gut 25o m vom See entfernt. Nur wenige Zimmer besitzen „Seeblick", die meisten mit Blick auf eine Wiese.

DZ mit Privatbad und Frühstück ca. 1oo Euro. Tel.: 74.15.1o57, Fax: 7415.1615. www.snasahotel.no

„**Snåsa Kro**": eine Art Landgasthaus mit Restaurantbetrieb für Fernfahrer an der E 6. Wenige Zimmer, einfach eingerichtet. DZ ca. 65 Euro. Tel.: 741.52.924.

„**Skartnes gård og Familieferie**": im Dorf Agle, rund 1o km östlich von Snåsa an der Straße Richtung Graessåmoen Nat. Park. Übernachtung mit Frühstück ab ca. 5o Euro (2 Pers.) aufwärts je nach Größe der kl. Häuser. Achtung: im Sommer meist langfristig für Familien- Natur/Sporturlaub ausgebucht. Tel.: 741.52526, Fax: 741.525.46.

„**Oldernaes Fiske- og Fritidssenter**": an der RV 763 rund 15 km ab Snåsa Richtung Gressåmoen Nat. Park. Vermietung kleinerer Holzhäuser, die einfach ausgestattet sind und gerne von Angelurlaubern gemietet werden. Tel.: 741.52.266 und 947.87.758.

„SNÅSA CAMPING" (12) beim gleichnamigem Hotel am Nordost- Ende des Snåsa Sees. Saftig grüne Wiese mit geringfügiger Neigung. Das Zelt daher in entsprechender Richtung aufstellen. 2 Pers. und Zelt ca. 15 Euro. Vermietet werden auch Hütten (ca. 15 - 25 Euro). Recht ruhig gelegen, da rund 3 km entfernt von der E 6. Zufahrt an der Straße E 6 -> Snåsa, dort ausgeschilderte kurze Stichstraße zum Hotel und Camping.

„VEGSET CAMPING" (13): an der E 6 kurz vor Abzweigung -> Snåsa. Ein im Sommer gut frequentierter Camping, auch Vermietung von Hütten sowie Booten zum Angeln. Er liegt auf einer kleinen Halbinsel mit Kiesstrand und schönem Panorama- Blick auf den See. Nachteil dagegen die nahe E 6 (gewisser Lärm). Tel.: 741.529.5o.

„STRINDMO CAMPING": an der RV 763 und Südufer des Snåsa Sees, ca. 7 km vom Ort Breide/Finsås entfernt. Vermietung auch von Hütten sowie Boot/und Kanuvermietung. Ruhig gelegen, angenehm.Tel.: 741.639.12

ANGELN / JAGEN: Verkauf von Genehmigungsscheine in Geschäften, teils auch in Tankstellen und Campingplätzen. Die Gewässer des Snåsa und Zuflüsse sind reich an Fisch und Eldorado der Angler. Dito die rund 2.ooo Gebirgsseen Richtung schwed. Grenze.
Für die Jagd auf Rebhühner, Auerhan, Rehe, Hasen etc. ist eine spezielle Genehmigung nötig, die sich auf die Herbstjagd 1o.9. - 25.9. bezieht.

GRESSÅMOEN NAT. PARK: eine Bergregion mit Höhen bis ca. 95o m im Osten von Snåsa. Sie steht unter Schutz wegen vielfältiger Vegetation: in unteren Bereichen nordländische Urwälder, in höheren Lagen karge Plateaus und Berggipfel. Unterm Strich: totale Einsamkeit auf 18o qkm. Zu erreichen über eine 5o km Straße ab Snåsa (RV 763) Richtung Agle und Lurudal zum Bergbauernhof Gressåmoen am Rand des Nat. Parks.

## SNÅSA -> GRONG (ca. 3o km)

Die **E 6** verläßt das Nordost- Ende des Snåsa Sees und steigt im Snåsental bergan. Die Erhebungen seitl. des Tales rund 6oo m. Die E 6 ist gut ausgebaut und schnell befahrbar. Vorsicht: Radar!
Alternative: alte RV 763, die der Trasse des Eisenbahngleises folgt, via Lurudal und in großem Ost- Umweg. Sie wird heute vorwiegend nur noch

von Anrainern sowie Urlaubern (vorw. Anglern) genutzt. Die E 6 ist erheblich kürzer, besser ausgebaut und schneller.

„**<u>Heia Gjestegård</u>**“ (3): an der <u>E 6</u> linker Hand und kurz vorm Abzweiger der RV 74 nach Schweden.

Langgestrecktes Flachgebäude in L- Form mit überdimensionalem Asphaltparkplatz. Hier stoppen LKW's und nordische Langstreckenbusse für die Mahlzeit in der Cafeteria des Heia Gjestegård.

Vermietung auch von <u>Zimmern</u>. Sie sind einfach ausgestattet und (sofern vornraus zum Parkplatz) nicht immer leise wegen Verkehr. Nach hinten, rückwärtig dagegen Blick auf einen kleineren See und Hügelkuppen, angenehm. DZ ca. 65 - 75 Euro (Verhandlungssache). Tel.: 743.317.55, Fax: 743.317.56, www.heia-gjestegard.no

Weiterhin seitlich auf leicht geneigter Grasfläche <u>Camping</u> und Vermietung von <u>Hütten</u>.

„**<u>Grong Hotelldrift AS</u>**“ (4): modernes und komfortables Hotel, Tip für die Region! Zu erreichen: ca. 2 km westl. von der E 6 (ausgeschilderte Abzweigung) im

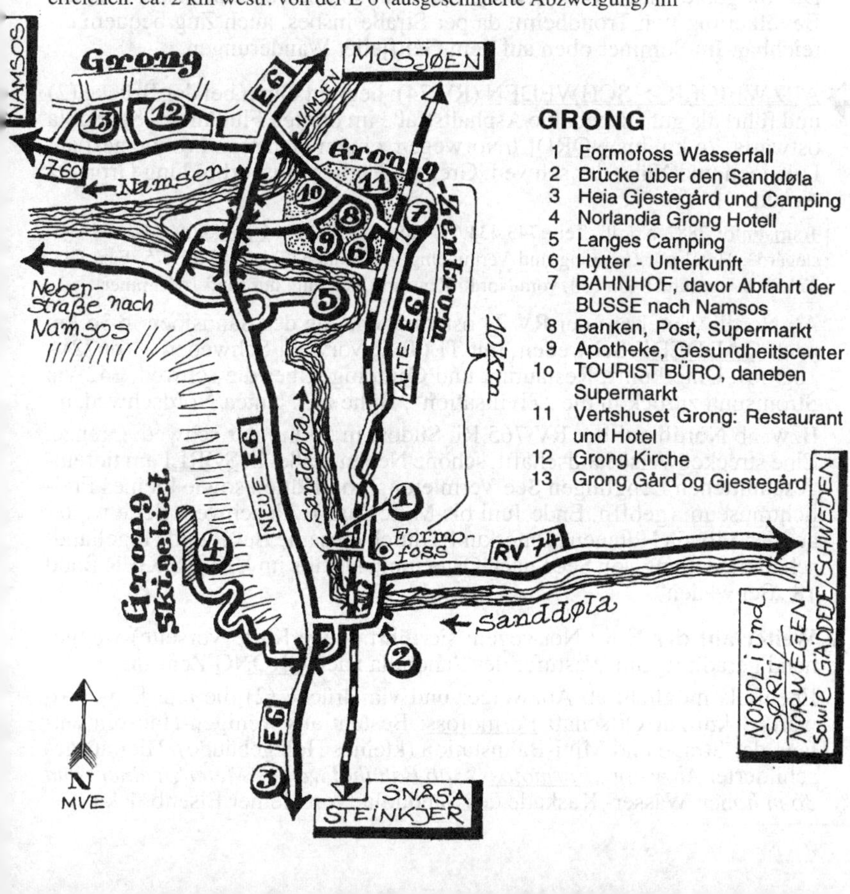

Grong- Skigebiet. Die Zufahrt ist asphaltiert, in Kurven den Hang rauf. Im Rezeptionsbereich großer Wintergarten mit Glasfenstern bis zum Dach rauf. Die 4o Zimmer mit Bad, Satelliten- TV und schönem Blick über bewaldete Täler. Gemütlicher Speisesaal/ Frühstücksraum mit Kanu an der Decke. Die gesamte Anlage sehr sauber und ordentlich. Ganzjährig geöffnet. DZ ca. 75 - 9o Euro je nach Saison. Tel.: 743.317.3o, Fax: 743.318.44. Vermietet werden auch Hütten neben dem Hotel am Hang mit 4- 6 Betten. Die größeren Hütten besitzen Wohnzimmer und Küche. Pro Hütte je nach Größe ca. 5o- 65 Euro.

GRONG SKIGEBIET: zu erreichen siehe Karte wie „Grong Hotell". Die Saison reicht von Dezember bis Ende April. Es gibt 4 kürzere Schlepplifte (Höhenunterschied: 13 m, 1oo m, 32o m und 485 m) und meist leichtere Abfahrten. Eine davon besitzt Beleuchtung (im Winter sind die Tage kurz). Oben auf der Hochebene gespurte Langlauf- Loipen von 2- 5 km, manche auch länger. Unten bei Hotel und Liften große Parkplätze.

Das Skigebiet ist gewiss nicht spektakulär, so doch beliebt insbes. bei der Bevölkerung von Trondheim, da per Straße insbes. auch Zug bequem erreichbar. Im Sommer oben auf dem Geitfjellet Wanderungen.

ABZWEIGER -> SCHWEDEN (RV 74): beginnt unten bei der Brücke (2) und führt als gut ausgebaute Asphaltstraße im breiten Flußtal des Sanddøla ostwärts. 7o km bis NORDLI/Norwegen, einem kleineren Provinznest am Laksjoen und Nähe der schwed. Grenze. Täglich Busverbindung Grong-> Nordli.

Touristinfo: 7882 Nordli, Tel.: 743.434.67, Fax: 743.434.68. Unterkunft: „Lierne Gjestegård": Hotel mit Camping und Vermietung von Hütten. Tel.: 743.371.75, Fax: 743. 371.99. Liegt rund 8 km östl. vom Nordli Zentrum. Achtung: nur rund 1o Zimmer!

Ab Nordli weiter auf der RV 74 ostwärts entlang des Sandsjoen in 3o km nach GÄDDEDE/Schweden, mit TI (Tel.: Vorwahl Schweden + (o672) - 1o.5oo), Unterkunft, Restaurant und Camping. Über die schwed. 342 via Strömsund zurück in die „Zivilisation", Höhe z.B. Umea/Nordschweden.

Bzw. ab Nordli auf der RV 765 Ri. Südost in 53 km zur schwed. Grenze. Eine streckenweise landschaftl. schöne Nebenstraße. In SØRLI am tiefeingeschnittenen Lenglingen See Vermietung von Hütten sowie kleines Freilichtmuseum (geöffn. Ende Juni bis Mitte Aug.). Ab schwed. Seite weiter auf der 34o via Hotagen (Unterkunft) durch einsame Berg- und Hügellandschaften, entlang von Seen nach Östersund. Details im VELBINGER Band 18 „Schweden".

**Weiter auf der E 6** / Norwegen: sie führt (siehe Karte Vorseite) weitgehend geradlinig am Westufer des Sanddøla nach GRONG/Zentrum.

Ebenfalls möglich: ab Abzweiger und via Brücke (2) die alte E 6 nordwärts 1 km zur Ortschaft Formofoss: Besteht aus wenigen Häusern entlang der Straße und Mini-Bahnstation (kleines Holzgebäude). Hier ausgeschilderter *Abzweig „Formofoss": ab Bahnhof wenige Meter zu einer rund 3o m ho*hen Wasser- Kaskade des Sanddøla. Von kleiner Eisenbrücke schöner Blick aufs Wasser, das sich in Felsrinnen und über Platten in die Schlucht ergießt... Seitlich eine Treppe für die Lachse. Bei der Bahnstation intensive Holzverladung; die Region lebt von der Forstwirtschaft.

Die alte E 6 folgt als schmale und kurvenreiche Landstraße dem Bahngleis, das mehrfach unterquert wird. Auch Speedlimit 3o km/h. Beim Abzweiger Bahnhof (7) weitere Unterquerung des Bahngleises und ca. 2 km ins Ortszentrum von Grong (6 - 11). Schneller ist ohne Frage die neue E 6, - allerdings ohne Formofoss...

## ★ Grong

Grong-Karte Seite 227 **(ca. 2.5oo Einw.)**

Letzter Vorposten einer größeren Siedlung mit Supermärkten, Shops, Banken, Autowerkstätten etc., - bevor die endlose Einsamkeit der Wälder und Seen Richtung Nord beginnt.

Tourist INFO im Ortszentrum bei der Brücke über den Namsen. Bei unserem Besuch ein äußerst aktives und mit Infomaterial gut bestücktes Büro. Vermittlung von Unterkünften, Infos zu Sport insbes. Angeln, Wandern, im Winter Ski. Weiterhin Verkauf der „Grong Kortet", die zum Angeln in der Region berechtigt.

Ein übergroßer Troll auf dem Parkplatz vor dem TI markiert die Infoquelle. Adresse: Grong Fritidssenter, 787o Grong, Tel.: 743.127.oo, Fax: 743.127.oo und 743.127.o1. www.grongfri.no

Fiskeveien Fiskevägen

GRONG KORTET: die Gewässer der Gemeinde Grong sind überreich an Fisch und Eldorado für Angler. Der Angelschein (ca. 15 Euro/Tag aufwärts zu 1oo Euro und mehr/Saison) berechtigt für das Angeln mit Rute in speziell ausgewiesenen Gewässern. Keinesfalls darf in der gesamten Grong- Region geangelt werden. Die lukrativsten und die am bequemsten zu erreichenden Gewässer sind teils Sperrgebiet. So u.a. Bereiche des Flußlaufes Namsen und Sanddøla. Zur „Grong Kortet" wird zusätzl. die staatl. norweg. Angellizenz benötigt (ca. 13 Euro) erhältlich im TI oder Postamt.

Somit kein billiger Spaß. Angler aus Mitteleuropa fahren oft weiter in nördlichere Regionen, wo der Sport günstiger ist. Für Norweger z.B. der Region Trondheim ist dagegen das Grong Gebiet beliebte Angelregion wegen „kurzer Entfernungen".

GRONG liegt am Zusammenfluß des Namsen (von Nord kommend) und des Sanddøla (von Südost). Modernes Ortszentrum im Bereich siehe unsere Karte (6- 11). Ansonsten erstreckt sich der Ort weitflächig an den Berghängen oberhalb der beiden Flüsse, mit Privathäusern und Wiesen.

Der Ort lebt vorrangig als Verwaltungs- und Wirtschaftszentrum der riesigen Waldgebiete und dient der Bevölkerung im Umkreis vieler 1.ooo qkm zur Versorgung: u.a. Krankenhaus (9), Apotheke (9), Supermärkte (8, 1o), Werkstätten für PKW und landwirtschaftliche Maschinen etc. -

Der Tourismus in Grong bringt zusätzliche Einkünfte. Sie sind derzeit relativ bescheiden. Im Sommer: Angeln, Wandern etc., - im Winter: ein Skigebiet 1o km südlich mit lediglich einem (aber gutem!) Hotel und 4 meist kürzeren Schleppliften. Details siehe „Grong- Skigebiet".

„**Vertshuset Grong**“ (11): im Ortszentrum. Renoviert bzw. neu erbaut 1998. Der Cafeteria/Restaurant- Bereich erstreckt sich auf 2 Etagen, konzipiert auch für Reisegruppen. 14 Zimmer mit Bad, Dusche, WC und TV. Für Angler gibts einen eigenen Raum zum Ausnehmen der Fische sowie Möglichkeit zum Einfrieren und Trockenraum.

Weitere 2o Zimmer im Sommerhotel. Jeweils für 3 Zimmer Gemeinschaftsbad mit Dusche, WC. Letzteres nur im Sommer geöffnet, das Hotel ganzjährig. DZ je nach Hotel bzw. Sommerhotel ca. 7o- 9o Euro. Tel.: 743.12o.oo, Fax: 743. 12o.o1 - Zum Hotel gehörig rund 12,5 km Angelrevier in bester Zone des Namsen und Sanddøla, ca. 25 Euro für 12 Std. www.vertshuset.com

„**Grong Gård og Gjestegård**“ (13): im westl. Ortsteil jenseits des Namsen Flusses Nähe der Straße RV 76o (später RV 17) nach Namsos. Ganzjährig geöffnet. 16 ordentliche, aber einfach eingerichtete Zimmer mit Dusche/WC. Tipp ist die Küche im Landgasthof. DZ ca. 75 - 9o Euro. Tel.: 743.311.16, Fax: 743. 313.4o. www.grong-gard.no

Weitere Hotels: „**Heia Gjestegård**“ (3) an der E 6 - Weitere Unterkünfte im rund 5 km entfernten Bergsmo an der RV 76o: „**Vaerem Gård**“: ein norweg. Landgut und beliebt bei Lachs- Anglern (rund 5 km Revier). Wenige Zimmer, preiswert ca. 4o Euro, aber im Sommer meist ausgebucht. Familienanschluß im gemeinsamen Wohnzimmer. Auch Abstellmöglichkeit für WoMo's. Angellizenz ca. 25 Euro/Tag. Tel.: 74.33.23.o9.

Weiterhin im ca. 25 km entfernten Overhalla (RV 76o/RV 17): „**Overhalla Hotell**“, ein moderner 2-stöckiger Zweckbau an der RV 17. Achtung: Rezeption schließt relativ früh am Abend; zumindest unsere Erfahrung bei unserem Check. Die Zimmer mit Dusche, WC und TV. Zum Hotel gehörig rund 8 km gute Lachsgewässer. Tel.: 742.815.oo, Fax: 742. 814.32. www.overhalla-hotell.no

LANGNES CAMPING (5): am Sanddøla Fluß im südlichen Ortsbereich von Grong. Zu erreichen ab neuer E 6 und Abzweigung (siehe unsere Karte). Relativ großes Gelände am Fluß, beliebt für Familienferien. Auch Service (Strom) für WoMo's sowie Vermietung von Hütten für je 6 Personen (6o - 75 Euro je nach Saison).

„HYTTER“ (6): ca. 25o m vom Grong-Bahnhof entfernt. Das große Hinweisschild „Hytter“ auf dem Dach ist leider vom Bahnhof nicht zu sehen. Zu erreichen: ab Bahnhofsvorplatz zunächst ca. 5o m den Berg runter zur Bahnunterführung. Diese durchqueren; nun ist das Schild zu sehen. Weiter den Hang (Wiese) runter. Neben den Hauptgebäude werden auch Hütten vermietet. Tel.: 743.315.56.

Weitere Campings an der E 6 Ri. Nord, z.B. im 15 km entfernten Ort Harran, Details siehe dort. - Sowie an der E 6 Ri. Süd ca. 17 km „Heia Camping“ (3) bzw. in Snåsa am gleichnamigen See/Nordufer siehe Vorkapitel.

## Verbindungen ab Grong

Grong ist wichtiger Verkehrsknoten und Umsteigepunkt für Leute, die mit öffentl. Verkehrsmitteln reisen.

**BAHNHOF** (7): rund 3 km abseits vom Ortszentrum am Hang. Das Wartezimmer ist für einen Bahnhof außergewöhnlich gemütlich, fast „Wohnzimmer- Charakter".

Nach -> Trondheim: 3 mal tägl., ca. 3 Std. Nach -> Mosjøen: 3 mal tägl., ca. 2 1/4 Std. Nach -> Bodø: 2 mal tägl., ca. 7 Std. Auf der Nordstrecke nach Bodø auch Schlafwagen. Vorbuchen und Reservierungspflicht. Nach -> Narvik: zunächst Zug bis Fauske (ca. 6 Std.) und hier in den Bus umsteigen. Er braucht für die Strecke Fauske-> Narvik ca. 6 Std. (tägl.). Sowie Fauske -> Tromsø (letzte größere Stadt im äußersten Norden): tägl., ab Fauske ca. 1o- 12 Std. je nach Warterei auf Anschluß.

Das Gleis Grong -> Namsos besteht zwar noch, jedoch nur Güterverkehr. Personen werden per Bahnbus auf der Straße befördert. Geht schneller, Details siehe „Bus".

**BUS** (7): Abfahrt vor dem Bahnhof.

Nach -> Namsos (ca. 5o km westl.): ca. 5 - 6 mal tägl., Fahrzeit 1 Std., ca. 1o Euro. Ab Namsos nach -> Steinkjer via RV 17: 4 - 5 mal täglich, Fahrzeit 1 1/2 Std„ ca. 12,5 Euro. Ab Grong direkt via E 6 nach Steinkjer: 1 - 2 mal tägl. außer Sa., Fahrzeit 1 Std., ca. 12,5 Euro.

Grong -> Brønnøysund (17o km nordwestl. an der Küste. Strecke via E 6, RV 775 nach Hoylandet, RV 17): tägl. 1- 2 mal, Fahrzeit 4 Std., ca. 25 Euro.

Grong -> Hoylandet -> Foldereid -> Kolvereid -> Rørvik/Küste (176 km, via RV 17, RV 77o): tägl. 1 mal außer Sa., 3 Std. ca. 17,5 Euro.

Grong ->Sandvika -> Nordli (ca. 7o km, via RV 74 Ri. Nähe schwed. Grenze): tägl. 1- 2 mal, Fahrzeit bis Nordli 1 1/2 Std., ca. 1o Euro. Der Bus fährt weiter südöstl. bis Sørli am Lenglingen See: + ca. 5o Min., ca. 6 Euro. Achtung: in der Region nur sehr limitierte Unterkunftsmöglichkeit in Nordli und Sørli mit wenigen Betten. Details S. 228.

Grong -> Skorovatn -> Røyrvik -> Ornes (ca. 13o km, via E 6 und RV 764, zu einem Seengebiet nordöstl. von Grong und E 6 Nähe der schwed. Grenze): tägl. 1- 2 mal, Fahrzeit bis Røyrvik 2 1/4 Std., ca. 15 Euro. Achtung: in der Region nur sehr limitierte Unterkunftsmöglichkeiten, z.B. in Røyrvik. Details siehe Folgetext.

## GRONG -> MOSJØEN (E 6, 195 km)

Die E 6 führt als gut ausgebaute Landstraße entlang des Namsen (der Fluß reich an Lachsen und beliebtes Angelgewässer) - parallel zum Gleis der Nordlandsbana im Tal Namsdalen. - Im Bereich des Tales hügelige Landschaften mit Wiesen und Bauernhöfen.

LACHSAQUARIUM NAMSEN: rechts der E 6, ausgeschildert, - und rund 15 km nördl. von Grong. Der frühereWasserfall *Fiskumfoss* über hohe, schräge Felsplatten existiert seit Bau eines Hydro-Kraftwerkes nicht mehr. Heute total blanker Fels, sofern nicht nach langen Regenfällen und hohem Wasserstand des Flusses die Schleusen geöffnet werden.

Um den Lachsen ein Vorankommen zu ermöglichen, wurde seitlich eine 29o m lange Lachstreppe in Beton mit Stufen gebaut. Sie ist zu besichtigen, aber kaum spektakulär.

Für den Eintritt 12,5 Euro des Geländes gibt's ein Aquarium mit Lachsen zu sehen inkl. Lachsgericht im Restaurant. Daher Besuch mit leerem Magen! Den Rest kann man auch ab Parkplatz an der E 6 sehen und Eintritt sparen.

**HARRAN**: kleines Nest an der E 6 und wenige km nördl. vom Lachsaquarium. Der Ort mit Lebensmittelgeschäft, der Kafeteria „Harran Kro", Tankstelle und Campings.

MOA CAMPING: im Ort Harran. Die Zelte auf einer Grasanhöhe direkt links (westl.) an der E 6. Zudem 2o Ferienhäuser in unterschiedl. Größe, Stromanschluß für WoMo's, Sanitäranlagen, TV- Raum, Raum mit Waschmaschine, Küche sowie Minigolf und Kinderspielplatz. Je nach Lage WoMo bzw. Zelt/Ferienhütte zur E 6 kann Verkehrslärm bestehen. Preise ca. 25 - 65 Euro. Tel.: 743.327.29.

HARRAN CAMPING: am Namsenfluß Nähe E 6. Stellplätze für WoMo's mit Stromanschluß sowie für Zelte. 2o Ferienhäuser, Sanitäranlage, Küche Waschmaschine, TV-Raum, Kiosk, Tankstelle und Minigolf. Preise ca. 3o - 65 Euro. Tel.: 743.329.9o.

⇩ Die **E 6** führt weiter nordostwärts im Namdalen und entlang des Namsen Flusses. Das Tal mit Wiesen sowie sporadischen Bauernhöfen und Siedlungen. Rund 2o km nördl. von Harran:

⇨ Abzweigung der **RV 764** -> Skorovatn -> Røyrvik -> Børgefjell Nat. Park Nähe der schwed. Grenze. Ein Gebiet größerer und hunderten von kleineren Seen (Angel-Eldorado) und einsamer Berglandschaften um 7oo - 1.2oo m. Die Straße ist asphaltiert, hat aber stark Nebenstraßen-Charakter.

SKOROVATN: 21 km ab E 6. Früher in der Region Bergbau, heute mit privaten Ferienhäusern an kleinerem See. Unterkunft: „Skorovatn Turisthytte", Details siehe unten. Die RV 764 führt anschließend landschaftlich schön entlang des Westufers des Tunnsjoen- Sees. Er ist beliebt bei Anglern und Fischern. Markant die zentrale Insel Gudfjelløya. Ein 812 m hoher Felsgipfel. Er fällt Ri. Ost steil in den See. Auf der Westseite bewaldet sowie kleine Samen- Siedlung mit Wiesen und Getreidefeld.

RØYRVIK: Mininest am Nordende des Limingen Sees. Traditioneller Ort, in dem u.a. die Arbeiter der nahen Kupfer- und Zinkmine („Grong Gruver") wohnen. Die Mine liegt rund 2o km östlich an der Nebenstraße nach Schweden, bei Ornes/Norwegen am Ostufer des Huddingsvatnet.

Im Sommer ist Røyrvik Stützpunkt für Angler und Fischer. Der Limingen See gilt als sehr fischreich. Nebenstraßen führen an seinem Ostufer zu weiteren Seen (u.a. Kvarnbergsvatnet) auf der schwed. Seite und Gäddede bzw. südwärts nach Nordli/Norwegen (siehe Seite 228).

Weiterhin: 14 km ab Røyrvik nordwärts zum langgestreckten Store Namsvatnet. Achtung: kein öffentl. Transport; eigenes Auto nötig. Im Sommer bei Bedarf u.U. Bootsverbindung über den See zum Nordufer. Der See ist Ausgangspunkt für Wanderungen im nördl. anschließenden BØRGEFJELL NAT. PARK. Eine der wohl einsamsten und abgelegensten Regionen Norwegens. Keinerlei Trailmarkierungen und nur wenige Schutzhütten. Er ist beliebt bei Extrem- Hikern. Infos zu eventuellen Bootsverb. über den See im „Limingen Gjestegård" (siehe unten). Es fungiert auch als Touristbüro für die Region.

Der Børgefjell Nationalpark umfasst eine Fläche von rund 1.1oo qkm. Die Waldgrenze liegt bei ca. 6oo m. Höchster Berg: Kvigtind (1.699 m, plus Gletscherkuppe). Reiche Fauna und Flora im Park. Er kann ansonsten auch ab Majavatn/E 6 erreicht werden mit Querverbindung südwärts zum Store Namsvatnet. Weitere Details siehe Majavatn, Folgekapitel.

Die Region Skortovatn/Røyrvik ist nur sehr dünn besiedelt. Wer kein eigenes Zelt dabei hat, sollte in den wenigen Unterkünften vorab anrufen, ob Platz ist.

„**Skorovatn Turisthytte**": im Ort Skorovatn an der RV 764. Ein zweistöckiges Holzgebäude mit 2o Betten, die in Gemeinschaftsraum pro Bett bzw. als 4-Bett Zimmer vermietet werden. Gemeinschaftsküche zur Selbstverpflegung. Ganzjährig geöffnet. Im Winter Skigebiet für Langlauf in der Natur ohne gespurte Loipen und Beleuchtung. Einzelbett ca. 25 Euro. Tel.: 743.347.o2.

„**Limingen Gjestegård**": Derzeit bester Stützpunkt am Limingen See. Komfortable Unterkunft mit Gästeraum und Kaminzimmer. 15 einfache, aber gemütliche Zimmer mit Dusche, WC. Dies in umliegender, endloser Einsamkeit der Natur. Im Gjestegård Infos zu Wandern, Angeln und sonstigen Aktivitäten. DZ je nach Saison mit Frühstück ca. 5o Euro. Tel.: 743.352.24, Fax: 743.353.8o.

„**Børgefjellsenteret Limingen**": Ferienhäuser mit 6- 9 Betten. TV, Dusche, Kochgelegenheit und Kühlschrank. Liegt direkt am See, Grillplatz und Anlegebrücke. Auch WoMo- Campingplatz mit Stromanschluß und Sanitäranlage. Ferienhäuser ab 5o Euro je nach Größe und Saison. Tel.: 743.357.5o, Fax: 743.357.41.

RØYRVIK: „Røyrvik Bygdatun": Regional Museum zur Geschichte des Ortes und Samen sowie Freilichtmuseum mit 7 Häusern. Geöffnet Anf. Juni bis Ende Aug., Di.- Do. (Änderung möglich).

Fischen und Transport auf dem See Limingen: „Kaptein Skaugen" Mobilfunk 945.o4567. Modernes Schiff mit Funk, Rettungsbooten.

Angeln: es gibt mehr als 1.ooo interessante Reviere im Gebirge und an den Seen. Angelscheine sind erhältlich u.a. bei „Røyrvik Auto" und im „Limingen Gjestegård", Tel.: 743.352.24.

Weiter auf der **E 6**

NAMSSKOGAN FAM. PARK: rechts der Straße kurz vor Trones. Nicht zu verfehlen, großes Hinweisschild und Parkplatz. Auf der gegenüberliegenden Straßenseite eine Tankstelle sowie Motel. Der Freizeitpark ist beliebt bei Kindern und Familien. Zu sehen: in Freigehegen u.a. Fasane, Strauße, Bieber und Bären. Weiterhin Füchse, Iltis und selbstverständlich auch der Elch, König der skandinav. Wälder. Geöffnet: Juni - August.

Auch für den Nordlandfahrer kann ein Zwischenstop im Park lohnen. Es gibt z.B. eine Sommer- Rodelbahn, eine Go Kart Bahn, Boots-Scooter, Trampolin Sprungmatten etc. So kann es auf dem Langstreckentrip entspannend sein, z.B. mal kurz Trampolin zu springen - und dann wieder ans Lenkrad weiter Richtung hoher Norden!

„**Trones Turistsenter**“: gegenüber vom Freizeitpark, auf der anderen Straßenseite der E 6. Relativ große und moderne Anlage. Übernachtung im Hotel DZ ca.14o Euro. Weiterhin Ferienwohnungen mit Bad, WC und Kochgelegenheit, z.B. 4 Bett ca. 1oo Euro. Auch Campinghütten mit Dusche, WC je nach Größe (4- 6 Betten) ca. 65 - 85 Euro.

Auf dem großflächigem Areal auch WoMo Stellplätze mit Strom Anschluß, Camping für Zelte. Sanitäranlage sowie Waschmaschinen, Wäschetrockner und Kochgelegenheit. - Weiterhin Restaurant - und großer Pluspunkt: ein Schwimmbad! Gemäß Prospekt ist es morgens und abends geöffnet. Offen, ob es auch Nicht-Gästen des Trones- Turistsenters zu Verfügung steht. - Vis a vis Tankstelle.

Unterm Strich ist das Turistsenter Tipp für komfortablen Übernachtungsstop an der E 6. Tel.: 743.336.95, Fax: 743.336.99.

**NESSAN/BREKKVASSELV**: kleine Siedlung an der E 6, rund 2o km nördl. von Trones. Rechts der E 6 eine Langlaufloipe, die im Winter beleuchtet ist. - Im Ort Abzweigung der **RV 773** via Finnvollan und 2,2 km langem Steinfjell- Tunnel nach -> Røyrvik (siehe Vorkapitel). Weiter als Nebenstraße entlang des Huddingsvatnet. Kupfer-Zinkmine bei Ornes am Ostende des Sees. Weiter als absolute Nebenstraße in einsame Wildnisgebiete Schwedens am Stora Blåsjön und Lilljorm/Storjorm zwischen hohen Bergketten, weiter nach Gäddede/Schweden.

„ELVAHEIM CAMPING“: am Fluß Namsen in schöner Lage allerdings direkt an der E 6, von daher u.U. etwas laut. Der Platz liegt beim Ort Brekkvasselv. Zeltplätze sowie 11 grasbewachsene Hütten mit 2 bzw. 4 Betten (ab ca. 35 Euro). Sanitäranlage, Waschmaschine und Kiosk. Für WoMo's gibts Stromanschluß.

**NAMSSKOGAN**: Mini- Nest in den Wäldern am Fluß. Das „Zentrum“ mit Post, Bank, Supermarkt und kleinem Hotel. Der Ort ist schnell durchfahren, rund 1,5 km nördl. in den Wäldern an der E 6 eine Tankstelle.

„**Nams Inn**“: Gasthaus an der E 6 und 1. Brücke, direkt bevor man das „Ortszentrum“ erreicht. Im Erdgeschoß ein Speiselokal. Die Zimmer im 1 Stock. DZ ca. 75 Euro. Tel.: 743.344.99, Fax: 743.344.99.

„**Stormoen Gård**“: rund 6 km nördl. des Namskogan Zentrums an der E 6. Ein ehemaliger Bauernhof, der mit Anbau Zimmer vermietet. Weiterhin Wohnzimmer mit TV und Küche. DZ ca. 35 Euro, 3 Bettzimmer ca. 5o Euro. Tel.: 743.343.92

„**Utmarkshytter i Namskogan**“: rund 30 Ferienhäuser in der Region. Die Palette reicht von komfortabel eingerichteten Häusern mit fließend Wasser und Strom bis hin zu absolut abgelegenen Berghütten an kleinen Seen (teils sogar mit Boot), aber ohne Elektrizität, Heizung etc. Vermietung wochenweise. Der Vermieter sitzt in Namskogan, Tel.: 743.344.74, Fax: 743.344.90 und 743.340.99, - bzw. in der Statoil Tankstelle in Trones (Tel.: 743,337.00) fragen, oder in Skorovatn an der RV 764 (Tel.: 743.347.83).

„NYHEIM CAMPING“: wenige km nördl. von Namskogan an der E 6. Der Platz ist von der Straße zu sehen und liegt direkt am hier sehr breiten und träge dahinfließenden Namsen. Hütten am Fluß und Stellplätze für WoMo's zwischen vereinzelten Birken. Ansonsten auch große Kiesflächen zum Parken. Hütten je nach Größe ca. 30 - 60 Euro, WoMo mit Strom ca. 15 Euro, Zeltstellplatz ca. 9 Euro. Tel.: 743.343.66.

„MELLINGSMO CAMPING“: ca. 15 km nördl. von Namskogan an der E 6. Auf einer Wiese direkt neben der Straße gut 1 Dutzend Hütten (je nach Größe ca. 25 - 35 Euro), WoMo ca. 12,5 Euro mit Strom. Wer hier übernachtet, darf in dem Bereich des Campings, der an den Namsen grenzt, kostenlos angeln. Einfache Sanitäranlagen. Ein insges. relativ preiswerter Camping.

**PORTEN TIL NORD NORGE**: quer über die E gebautes „Eingangs- Tor“ nach Nordnorwegen. Senkrechte Stäbe symbolisieren das Nordlicht. Darunter hängt ein Schild „Nord Norge“. Im Gebäude nebenan ein Info Center, eine Souvenirboutique und Toiletten. Es stellt sich allerdings die Frage, warum just hier Nord-Norwegen beginnt... Zumindest ist für den Nordlandfahrer die „Nordlicht - Attrappe“ eine angenehme optische Abwechslung nach den vielen hundert Kilometern Fahrerei.

**MAJAVATN**: Dorf am Majavatnet und traditionelle Siedlung der Samen. Nähe der E 6 und Bahnhof (kleines Holzhaus mit eher Haltepunkt-Charakter) wenige Häuser im Wald verstreut. Schule, Tankstelle, Lebensmittelgeschäft. Ab „Majavatn Hotel“ an der E 6 schöner Blick auf den See und die gegenüberliegenden Bergketten von 800 - 1.000 m. Bis in den Frühsommer sind die höchsten Gipfel mit Schnee.

Im 2. Weltkrieg war Majavatn Widerstandszentrum gegen die Nazis. Diese ermordeten 24 Norweger wegen „Sabotage“ (Gedenkstein beim Bahnhof).

Die Holzkirche im Ortszentrum stammt von 1915. Außergewöhnlich in Architektur ist der 4- stöckige Turm mit Fenstern, der nach oben diagonal zuläuft. 1996-97 restauriert.

„**Majavatn Hotel**“: linker Hand der E 6, Parkplatz. Modernes Holzgebäude, schöner Blick vom Restaurant auf den Majavatnet. In der Cafeteria hausgemachte Gerichte. Beliebter Stop wegen Panorama auch für Fernfahrer (Bus, LKW). 18 Zimmer mit Kiefernmöbeln, Bad, Tel., TV und schönem Blick über den See. DZ ca. 90 Euro, Tel.: 751.808.00, Fax: 751.808.01.

Defacto: hier ist die Grenze zwischen den norw. Regierungsbezirken Nor Trøndelag und Nordland. Die Atrappe als Werbegag, um Leute in den Souvenirshop zu locken?

Das „Majavatn- Hotel“ ist ganzjährig geöffnet. Im Winter gespurte Langlaufloipen sowie auf dem See Eisangeln. Zwar ist die Zufahrt per E 6 winterlich verschneit, ungehinderter Zugang jedoch per „Nordlandsbana“ von Trondheim mit kleinem Majavatn-Bahnhof in der Nähe des Hotels.

„**Motel Butik**“: rund 1,5 km nördlich vom Ortszentrum und Bahnhof an der E 6. Das Haus in 2 Stock, unten Beton, oben Holz mit Balkons. Im Obergeschoß auch Cafeteria, Billiardtische und großer TV. Vermietung weniger Zimmer, DZ ca. 6o Euro.

„**Kvannli Gård**“: am Fiplingvatn, ca. 3o km nördl. an der, von der E 6 in Kappfjell abzweigenden Nebenstraße Ri. Hattfjelldal. Vermietet werden 11 Zimmer, einfach ausgestattet. Zugehörig ein Campingplatz, Küche für Selbstverpfleger. Ganzjährig geöffnet. DZ ca. 5o Euro, zur Saison oft von Anglern ausgebucht. Tel.: 751.827.23.

„MAJAVATNET CAMPING“: an der E 6, rund 6oo m nördl. vom Majavatn Hotel. Vermietung von Hütten. Schöner Blick auf die gegenüber Bergketten jenseits des Sees. Der Platz allerdings sehr schmal, zwischen Straße und See eingequetscht. Wegen der E 6 nicht immer leise. Es gibt Seezugang (Kies); zum Baden aber eisig kalt.

Børgefjell Nationalpark: eines der einsamsten und touristisch unerschlossensten Naturschutzgebiete Norwegens. Rund 1.1oo qkm; nur Randgebiete erreichbar. Z.B.: ab Majavatn -> Ri. Nordost in ca. 3 km zur Hütte am kleinen Tomasvatn und außerhalb des Nat. Parkes. Weiter ca. 1o km Ri. Südost und teils sumpfiges Gebiet, südl. an den Ausläufern des 1.195 m hohen Kuklumpen und 1.3o4 m Skletfjellet entlang zu einer Hütte am Nordufer des Jengelvatnet, der von 1.1oo m hohen Berggipfeln eingerahmt ist. Totale Einsamkeit.

Ab hier ca. 15 km sehr beschwerliche Wanderung entlang des Jengelvatnet und Bly. Vatnet, Jengelselva Ri. Südost zum Store Namsvatnet, der bei der Hausgruppe Sameleit erreicht wird. Im Sommer bei Bedarf Bootsverbindung über den Namsvatnet an das Südende des Sees mit dortiger Piste (ca. 18 km, kein öffentl. Transport) nach Røyrvik (Details S. 232), wo die Zivilisation wieder erreicht wird; Unterkunft sowie Bus nach Grong.

Infos zum Trail und Bootsverbindung: im Majavatn Hotel an der E 6 sowie „Limingen Gjestegård“/Tel.: 743.352.24. Da die Region total unerschlossen ist: nur zu zweit wandern! Bedingung: gutes Kartenmaterial Kompaß sowie Ausrüstung (Schuhwerk, Kleidung, Zelt, Lebensmittel etc.). Definitiv nur für Leute, die über umfangreiche Erfahrung in abgelegenen und Extremgebieten besitzen! Eine Notrettung á la Mitteleuropa mit Handies, Helikopter etc. gibt's nicht.

Weitere Einstiegsmöglichkeit Børgfjell Nat. Park ab Hattfjelldal (S. 24o) und dortiger RV 8o4 rund 4o km südwärts. Auch hier werden nur Randbereiche (Tiplingen See) im äußersten Norden des Nat Parks erreicht.

Weiter auf der **E 6**:

Ab **MAJAVATN** nach ca. 1o km Ri Nord: Abzweigung rechts des „Villmarksveien“ nach Hattfjelldal (Details Seite 24o), - bzw. links die **E 6** als gut ausgebaute Schnellstraße Ri. Nord MOSJØEN. Es geht endlos durch Wälder, die E 6 schlängelt sich in weiten Kurven durch die Landschaft. Dann wieder entlang langgestreckter Seen. Bei Brenna: Abzw.der RV 76 -> Brønnøysund/Küste (ca. 1oo km), Details Seite 366.

„CAMPING SVENNINGDAL“: kurz vor Brenna linker Hand der E 6 auf einem Plateau oberhalb des Flusses. Ein einfach ausgestatteter Camping in abgelegener Einsamkeit. Beliebt bei Anglern.

„ELVETUN CAMPING“: viele Hütten am Hang rechts der E 6 + WoMo Stellplätze terrassiert. Sehr abseits gelegen und bei Anglern beliebt.

Die **E 6** ab Brenna weiter Ri. Nord: entlang des Svenningdalselva in einem Tal. Gelegentlich Angler in der Einsamkeit am Fluß. Ca. 22 km nach:

**TROFORS** (ca. 1ooo E.): kleines Provinznest und Verwaltung des 2.ooo qkm großen Distrikts „Grane“. Direkt an der E 6 (und Abzweiger RV 73) eine Tankstelle und Cafeteria/Motel. In den Ort hinein gehts bei der Tankstelle links (unter der Brücke der E 6): Lebensmittelgeschäfte. Trofors besitzt eine Bahnstation der Nordlandsbana im Ortszentrum.

GRANE BYGETUN: 1o historische Gebäude aus der Zeit 1782 - 184o mit Möbeln und Werkzeugen, Kochgeschirr etc. 8oo m langer Naturlehrpfad sowie Angelplatz für Rollstuhlfahrer. Zu erreichen: ca. 2 km ab Trofors an der RV 73. Geöffnet: Ende Juni bis Ende Juli.

„**Trofors Vertshus/Motel**“: rechts direkt an der E 6 (und von dort auch deutlich zu sehen), an der Abzweigung RV 73. Einfach, aber sauber. Rezeption im Cafeteria-Raum, Erdgeschoß. Ganzjährig geöffnet, auch bei Fernfahrern als Stop beliebt. Nicht immer leise. Oben im 1. Stock Vermietung weniger Zimmer. DZ ca. 5o -6o Euro. Tel.: 751.812.5o, Fax: 751.811.53.

Details zu RV 73, Hattfjelldal, Røssvatnet und Großraum bis zur schwed. Grenze im Osten und Børgefjell im Süden siehe Seite 24o.

Weiter auf der **E 6**: rund 5 km nördlich von Trofors im Dorf Grane die GRANE KIRCHE. Gebaut 185o/64. Besuch lohnt für kunsthistorisch Interessierte. Schlichter Altar mit Christus am Kreuz. Besonderheit: die Kanzel rechts des Altars ist nicht vom Kircheninnenraum, sondern von außerhalb des Gebäudes erreichbar. Außerdem gibts für Rollstuhlfahrer eine spezielle Großraum- Kirchentoilette, wo auch das Fahrzeug reinpasst.

LISETRA ALM: ca. 5 km nördl. von Grane, ausgeschilderte Abzweigung von der E 6. Von einem Parkplatz beim Lien Bauernhof sind es ca. 1 Std. Fußmarsch in steilem Gelände rauf zum Gehöft. Zu sehen mehrere Blockhäuser aus der Zeit 183o/4o. Persönliche Entscheidungsfrage, ob sich der Abstecher lohnt. Zumindest nach der vielen Autofahrerei relaxing, sich die Beine zu vertreten. Geöffnet ca. 2o.6. - 31.7., Eintritt ca. 1,5 Euro.

LAKSFOSSEN: links der E 6, ausgeschilderte Abzweigung 4oo m zum Fluß. Achtung: bei unserem Check fehlte das Hinweisschild, da an der E 6 gebaut wurde. Vermutlich anschließend wieder hingestellt. Bei entsprechendem Wasserstand des Flusses lohnt der Besuch. Über eine Breite von 1oo m ergießt sich das Wasser in Kaskaden 17 m tiefer. Zwar nicht, wie ein Prospekt behauptet „einer der schönsten Wasserfälle Europas". Das ist etwas übertrieben. Trotzdem, wer Glück hat: über der Kaskade ein kleiner Regenbogen. Seitlich gibts Lachstreppen.

Die E 6 im weiteren Verlauf zunächst entlang des breiten Vefsne Flusses; reich an Lachsen, Forellen etc. und beliebtes Angelrevier. Dann im Björnadålen,- während das Eisenbahngleis durchgängig dem Vefsna Fluß bis Mosjøen folgt.

**Mosjøen**: alle Details ab Seite 245

## Villmarksveien,-Hattfjelldal, Susendalen, Røssvatnet, Okstindan Gebirge und Vikingsveien -> Schweden

*Riesiges, gut **6.ooo qkm** großes Areal östlich der E 6 Richtung schwedischer Grenze. Es ist nur sehr dünn besiedelt, besitzt umfangreiches Seen- und Flußsystem, - Eldorado für Einsamkeits-Fans, Wanderer und Angler.*

*Erschlossen durch die beiden Haupt- Straßenverbindungen VILLMARKSVEIEN (Süd-> Nord) sowie SAGAVEIEN (West-> Ost, plus weiter nach -> Tärnaby/Schweden).*

*Zentraler Ort ist HATTFJELLDAL mit Unterkünften, Cafeterias, Autoservice, - sogar kleiner Airport für Sportflugzeuge. - Die RV 8o4 führt südwärts an den Rand des Børgefjell Nationalpark.*

*Wer die Region besucht, sollte Entfernungen und Zeitaufwand nicht unterschätzen. Auch Rundtrips möglich: z.B. die RV 73 ab Trofors -> Hattfjelldal -> Tärnaby/Schweden und weiter nordwärts via Överum See nach Mo I Rana/ Norwegen: ca. 23o km. (Vergl.: Trofors via E 6 -> Mosjøen -> Mo I Rana ca. 135 km)*

## Villmarksveien

Er zweigt als asphaltierte Nebenstraße ca. 1o km nördl. von Majavatn an der E 6 ab - und führt nordwärts entlang des Westufers Fiplingvatn. Der schmale, langgestreckte See ist eingerahmt von ca. 1.2oo - 1.4oo m hohen Gebirgsketten.

„**Kvannli Gård**": am Fiplingvatn. Vermietet werden 11 Zimmer, einfach ausgestattet. Zugehörig ein Campingplatz, Küche für Selbstverpfleger. Ganzjährig geöffnet. DZ ca. 5o Euro, zur Saison oft von Anglern ausgebucht. Tel.: 751.827.23.

Das Quartier ist zugleich Stützpunkt für Infos und Trips in der Region,- u.a. auch Besuch der Kvannli Höhle.

KVANNLI - HÖHLE: am Fiplingvatn. Länge ca. 9oo m, nur mit Tauchausrüstung erschließbar. Das Wasser ist eiskalt, daher Neopren-Anzug nötig. Man muß streckenweise U-Wasser tauchen und benötigt Taucherbril-

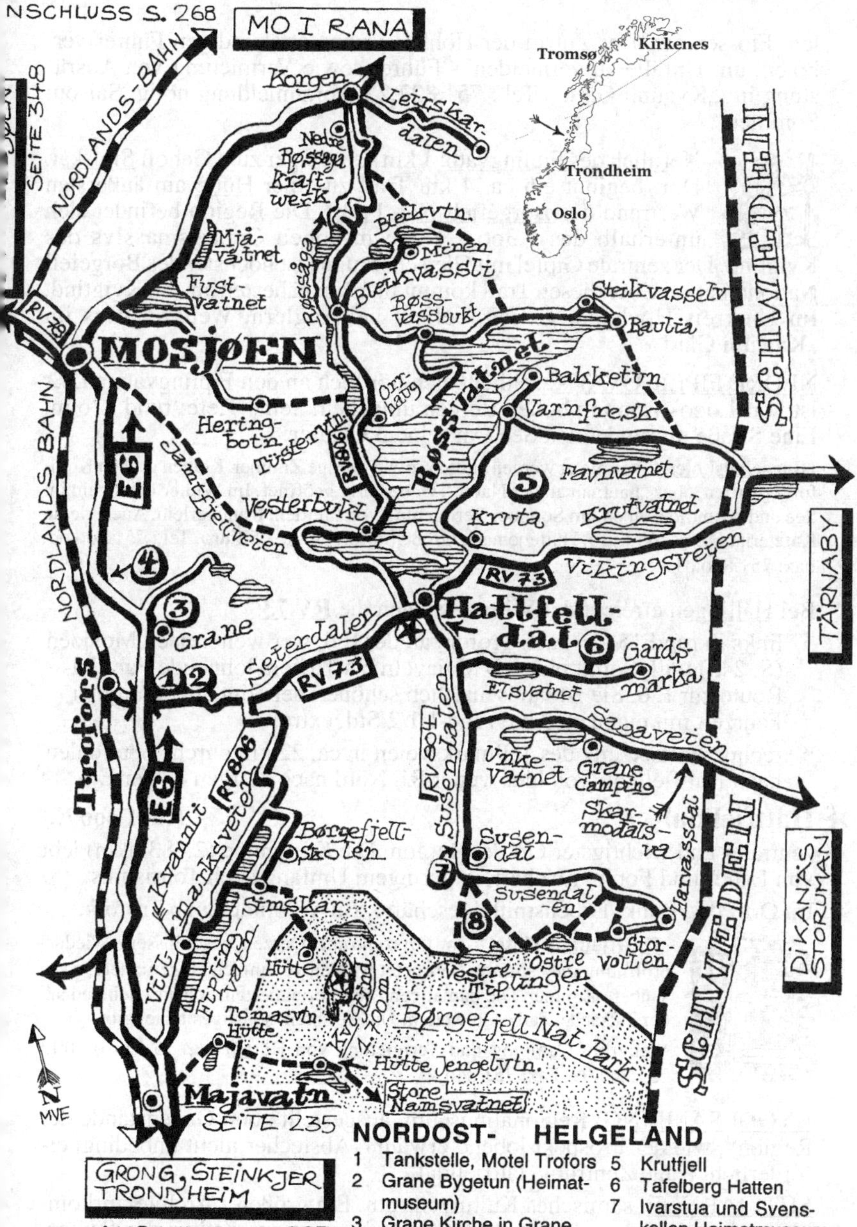


**NORDOST- HELGELAND**

1 Tankstelle, Motel Trofors
2 Grane Bygetun (Heimatmuseum)
3 Grane Kirche in Grane
4 Laksfossen an der E 6
5 Krutfjell
6 Tafelberg Hatten
7 Ivarstua und Svenskollen Heimatmuseum
8 Susenfjellet (1.2oo m)

len, Flossen etc. Der Zutritt der Höhle ist ohne ortskundigen Führer verboten, um Unfälle zu vermeiden. - Führer sowie Vermietung von Ausrüstung im „Kvannli Gård", Tel.: 751.827.23. Voranmeldung nötig. Saison: Sommer.

Nördlich des Fiplingvatn: 1 km Abzweiger zum Gehöft Simskar. Dort beginnt ein ca. 4 km Trail zu einer Hütte am äußersten Westrand des Børgefjell Nat. Parks. Die Region befindet sich unterhalb des 1.3oo - 1.7oo m hohen Gebirgsmassivs des Kvigtind. Der zentrale Gipfel mit Gletscherkuppe ist höchster des Børgefell Nationalparks. Über diesen Trail kommt man am nähesten an den Kvigtind. Im Umkreis Hochgebirgsseen, beliebt bei Anglern. Weitere Infos im „Kvannli Gård".

NEDRE FIPLINGVATN: schließt sich nördlich an den Fiplingvatn an. Er ist von 1.ooo- 1.6oo m hohen Bergen umgeben. Seine Tiefe: rund 37o m. Eine Straße umrundet den See. An seinem Ostufer:

„**Børgefellskolen**": Vermietet werden Hütten sowie wenige Zimmer. Keinen großen Komfort erwarten, aber „hautnah an der Natur". Ganzjährig geöffnet. Im Winter Eisangeln im See und gespurte Loipen, im Sommer Vermietung von Pferden, Kanuverleih. Auch kleine Kafeteria. DZ ca. 6o Euro, Hütte je nach Größe/Saison bis ca. 75 Euro. Tel.: 751.8oo.oo, Fax: 751.8oo.o1.

Bei Hållingen erreicht der Villmarksveien die **RV 73**:

* links in rund 15 km nach Trofors an der E 6, wer weiter nach Mosjøen (S. 245) will. Somit eine, ab Majavatn bis Trofors lohnende Parallel-Route zur E 6. Sie ist landschaftlich schöner, benötigt aber an reiner Fahrzeit mit eigenem Auto rund 1 1/2 Std. extra.
* rechts: Fortsetzung des Villmarksveien in ca. 22 km durchs Seterdalen nach Hattfjelldal. Von hier weiter Ri. Nord nach Korgen an der E 6.

## ✶ Hattfjelldal (ca. 1.ooo E.)

zentraler und wichtigster Ort der Region. Die Kommune (2.683 qkm) lebt von Land- und Forstwirtschaft, in geringem Umfang auch Tourismus.

Im Ort Post, Bank, Lebensmittelgeschäfte. Busverbindung ab Trofors.

„**Hattfjelldal Hotel**": im Ortszentrum. Derzeit geschlossen, Wiedereröffnung unbestimmt. Vermietet wurden 1o einfach eingerichtete, aber saubere Zimmer. Die damaligen Preise orientierten sich anscheinend an der Tatsache, daß es in weitem Umkreis kein sonstiges Hotel gibt.

Weiterhin Camping und Vermietung von Hütten (ca. 75 Euro). Tel.: 751.844.99, Fax: 751.84o.45.

BYGDESAMLING: Regionalmuseum, ausgestellt „6oo Gegenstände der Region", wie der Prospekt lobend erwähnt. Abstecher nicht unbedingt erforderlich. Nähe Zentrum Hattfjelldal.

SIJTI JARNGE: sämisches Kulturzentrum. Ein größerer Architekturkomplex mit aufgesetztem Spitzdach. Ausstellungen zur Kultur der Samen,

Bibliothek, Verkauf von Kunsthandwerk. Geöffnet Ende Juni - Anf. Aug. täglich, ansonsten Mittwoch. Eintritt 1,5 Euro.

HATTFJELLDAL - KIRCHE: gebaut 1868. Im Jahr 1958 wurde sie renoviert und mit u.a. neuem Altar und Orgel ausgestattet. Lage: Ortszentrum.

AUDSTUO: Verkauf von Kunsthandwerk, u.a. Holzschnitzereien, Steinarbeiten, Keramik und Strickwaren.

**Bus**: tägl. 1- 2 mal auf der Strecke Mosjøen -> Trofors -> Hattfjelldal. Fahrzeit ab Mosjøen 1 1/2 Std., ca. 1o Euro, ab Trofors 45 Min., ca. 5 Euro. - Der Bus fährt 1 mal tägl. außer Sa. weiter nach Susendal an der RV 8o4 südl. von Hattfjelldal. Fahrzeit + 1 Std., ca. 5 Euro.

AVIATIONS CLUB: auf dem Flugfeld am westlichem Ortsrand von Hattfjelldal. Sight Seeing Flüge z.B. über dem Røssvatnet und Okstindan-Gebirgsmassiv mit 1.7oo m und Gletscher. **Tipp** bei klarem Wetter wer das Geld hat! Die Szenerie kann gigantisch sein. Eine einmotorige Maschine (Pilot + 3 Personen) kostet ca. 9o Euro/Std. Pro 1 Std. können derartige Kleinflugzeuge rund 2oo km ab Start bis Landung realisieren. Tel.: 751.843.83 und 751.84o.26.

Derzeit keine Linienflüge ab Hattfjelldal. Das Flugfeld wird von Privatfliegern sowie für Notfälle (medizinische Versorgung etc.) genutzt. Der nächste kommerzielle Airport in MOSJØEN.

HATTEN: markanter Tafelberg (1.128 m) rund 15 km östlich von Hattfjelldal. Er erhebt sich als steile Felswand gut 4oo m über die Ebene. Die Samen nennen ihn „Aarpije" (Wittwe). Ende des 19.Jhds. wurde am Fuß des Bergklotzes Kupfer gewonnen.

Zu erreichen ab Hattfjelldal über eine Nebenstraße zum Eisvatnet. Östlich vom See beim Gehöft Elsvatn beginnt ein markierter Trail rauf zum Gipfel. Bedingung: gutes Schuhwerk und warme Kleidung. Der steile Anstieg benötigt für Ungeübte Kondition. Oben bei klarem Wetter Superpanorama-Blick auf den Røssvatnet und die Gebirgsketten. Zeitbedarf ca.2- 2 1/2 Std.

Der **VIKINGSVEIEN (=RV 73)** als gut ausgebaute Asphaltstraße in 75 km ab Hattfjelldal über's Krutfjellet rüber nach TÄRNABY/**Schweden**. Dort breites Angebot an Unterkünften sowie Busverbindung nach Storuman/Schweden bzw. in 115 km entlang des langgestreckten Överum, Tälern und weiterer kleinerer Seen nach MO I RANA/ Norwegen.

Der **SAGAVEIEN**: südl. Parallelstraße (zur RV 73) entlang des Unkevatnet (Grannes-Camping am Ostende des Sees) nach **Schweden**. Der Flußlauf des Skarmodalselva im Bereich der norwegisch/schwedischer Grenze war im 19. Jhd. bedeutend für die Holzflößerei. Ein harter und gefährlicher Job bei nur geringen Einkünften. Zeiten, die heute passée sind. Das enge Tal zieht sich zwischen 1.2oo m hohen Berggipfeln. Ab Hattfjelldal rund 15o km zum kleinen schwedischen Nest Dikanäs. Totale Einsamkeit. Vortanken in Hattfjelldal; unterwegs keine Unterkünfte außer in einem Mininest am Virisen See auf der schwed. Seite (Stützpunkt für Wanderer im Seen- und Fjellgebiet). Ab Dikanäs weiter nach Storuman.

SÜDL. VON HATTFJELLDAL:

die **RV 8o4** führt in ca. 25 km nach **SUSENDAL**, einer kleinen Siedlung im gleichnamigen Tal. Ein Mini-Nest mit wenigen, weit im Tal verstreuten Häusern. Keine Unterkünfte, außer event. bei Privat fragen.

Die Region Susendal bis Røssvatnet war bereits zur Steinzeit (3.ooo v. Chr.) bewohnt, wie Funde dokumentieren. Ab ca. 1.ooo n. Chr. als Wildnisregion von den Samen als Jäger und Sammlern besucht.

Als erster Bauer, der sich dauerhaft im Tal niederließ und dieses ab 1827 kultivierte, gilt Ivar Ivarsen. Er rodete die Wälder und betrieb limitierte Landwirtschaft für Eigenbedarf. Seine HOLZHÜTTE (bei Susendal) ist denkmalsgeschütztes norwegisches Nationalmonument und kann besucht werden. Nix Spektakuläres, sondern definitiv mini. Zumindest aber historisches Gebäude der Erschließung der Wildnisgebiete im Norden des Landes.

Die heutige Hattfjelldal Verwaltungskomune umfaßt 2.682 qkm. Sie erstreckt sich vom Ostufer des Røssvatnet, zur schwed. Grenze sowie südwärts, Susendal plus Großteil des unbewohnten Børgfjell Nationalparks. Zentraler Ort ist Hattfjelldal. Einkünfte der Region sind Agrarprodukte (lediglich ca. 12o Bauernhöfe) sowie Forstwirtschaft (wichtigster Betrieb „Arbor Hattfjelldal A.S.“ mit rund 8o Angestellten). Die Region ist extrem dünn besiedelt, statistisch 5 Einwohner pro qkm.

SVENSKOLLEN BAUERNHOF: an der RV 8o4 beim Ort Susendal, ausgeschildert. Ein kleines Heimatmuseum mit Exponaten zur Region. Geöffnet Mai bis Ende Aug.

Der Ort SUSENDAL ist Ausgangspunkt für Trails zu den Seen Vestre/Östre Tiplingen am Nordrand des Børgefjell Nat. Park. Die Seen sind beliebt bei Anglern und können nur über ca. 1o km beschwerliche Trails über das Susenfjellet erreicht werden. Keinerlei Straßenverbindung. Ebenso an den Seen keinerlei touristische Infrastruktur (weder Hotel, noch Camping, Lebensmittelversorgung etc.).

Die **RV 8o4** führt ab Susendal ca. 25 km Ri. Ost nach HARVASSDAL, eine Minisiedlung in totaler Einsamkeit Nähe der schwed. Grenze. Ab hier anspruchsvolle Mehrtages-Trails rüber nach Schweden (dort absolute Einsamkeit, ohne Siedlungen, Unterkünften etc. auf gut 1oo km).

Sowie auf der norweg. Seite ab Harvassdal rund 5 km Straße westwärts nach STORVOLLEN, wo ein Trail zum Östre Tiplingen und weiter zum Vestre Tiplingen See führt. Ab hier Trail nordwärts über das Susenfjellet zum Ort Susendal (siehe oben). Eine Mehrtageswanderung, die entsprechende Ausrüstung sowie Lebensmittel (vorab im Ort Hattfjelldal einkaufen) benötigt. Weitere Infos: „States Forestry Authority“, Statskog Grane Tel.: 75.181. 577 und Statskog Hattfjelldal Tel.: 75.184. 61. Achtung: die Region ist nicht touristisch erschlossen.

BØRGEFJELL NATIONAL PARK: beginnt südl. der Seen Tiplingen und umfaßt eine Fläche von ca. 1.1oo qkm. Er wurde 1963 als einer der ersten Nat. Parks Norwegens gegründet und reicht bis runter zum Store Namsvatnet im Süden. Biologen fanden rund 3oo bisher nicht bekannte Pflanzen. Auf seiner riesigen Fläche ist er praktisch unbewohnt.

Warnung: Die Durchquerung des Børgefjell Nat. Parkes ab Tiplingen See südwärts zum Store Namsvatn kann extrem gefährlich sein wegen fehlender Wegmarkierung und totaler Einsamkeit.

Beachte auch Entfernungsdimensionen! Keinesfalls ist Hattfjelldal/Susendal der optimale „Einstieg zum Børgefjell Nat. Park", wie ein anderer dt.-sprachiger Reiseführer suggeriert. Denn ab hier schließt sich zwangsläufig eine mehrtägige Extremwanderung quer durch den Nationalpark an, bis man wieder die Zivilisation erreicht.

Besser: z.B. ab Simskar zum Fuß des Kvigtind (1.7oo m) Gletscher und höchstem Berg des Børgefjell Nat. Parks. - Oder ab Majavatn (S. 235) Trail zum Store Namsvatnet, Details siehe dort.

**RØSSVATNET**: einer der tiefsten Seen Norwegens (ca. 37o m) und reich an Fischen. Er beginnt wenige Kilometer nördlich von Hattfjelldal und erstreckt sich zwischen 1.2oo bis 1.4oo m hohen Bergketten und dem 1.9oo m hohen Gletscher- Gebirgsmassiv Okistindan im Norden.

Der Røssvatnet ist (zusammen mit einer Vielzahl kleinerer Seen im Osten und Norden) wichtig für die Stromerzeugung. Sie versorgt Großindustriebetriebe in MOSJØEN und MO I RANA: Stahlerzeugung, Walzwerke sowie (in Mosjøen) Produktion von Aluminium, welches gewaltige Strommengen benötigt.

**Hydroelektrik**: die Regenfälle der Region sowie das Abtauen der riesigen Gletschermassen des Okstindan liefern das Potential zur Stromerzeugung - sprich Wasser. Die gewonnene Stromenergie des Røssvatnet ist mit rund **11 Millionen KW** beachtlich.

Der 21o qkm große Røssvatnet hat seinen Ausfluß (Flußlauf Røssåga) Ri. Nord nach Korgen an der E 6. Ab hier weiter zum Ranafjord, der sich vom Meer nach Mo I Rana erstreckt. - Für den Besucher ist der Røssåga ein kleines Gewässer, dem man kaum die 11 Millionen KW des gesamten Stromgewinnungs- System zutraut. Liebliche Seen und meist kleinere Stauwehrs...

Beginn der Erschließung: **1948** Bau des Nedre Røssåga Kraftwerkes bei Korgen/E 6. Dort Ausbeute der Wasserkraft an kleinerem Wasserfall. Östlich zuvor besitzt der Røssåga den Zufluß von Wasserläufen vom Okistindan-Gletschermassiv und dortiger Seen.

Ein gigantisches Wasserpotential an Stromenergie, - sollte es gelingen, die Wasserläufe von den Hochgebirgs-Seen am Gletscher entsprechend umzuleiten. Mitte der 5o-er Jahre reiften Pläne der Begründung von Großindustrie in Mosjøen und Mo I Rana, - um den Norden Norwegens wirtschaftlich zu erschließen.

Die Industrialisierung forderte zunehmend steigende Strommengen. In Folge wurden auch kleinere Seen im Norden (sowie später Osten) des Røssvatnet durch ein System von Kanälen, Tunneln sowie kleinerer Stauwehre vernetzt. GROSS- STAUDÄMME (wie sonst bei der Stromgewinnung durch Wasserkraft) gibt es dagegen nicht. Der Betreiber, die staatliche „STATKRAFT“ rühmt sich landschaftsschonender Energiegewinnung. In anderen Teilen Norwegens sind Kraftwerke zur Stromerzeugung unterirdisch im Berg „versteckt“; Atomkraftwerke gibt es zum Glück nicht.

Je nach Regenfällen und Regulierung der Staudämme wird der Røssvatnet übrigens vom 3. größten Inlandsee Norwegens durch erhöhten Wasserstand (= Ausdehnung der Wasserfläche) zum 2. größten ... Dies bedeutet kargen Uferbereich ohne Vegetation je nach Höhe des Wasserstandes.

**RØSSVATNET/Ostufer**: ab Hattfjelldal zunächst die RV 73 Ri. Nord- Ost. Nach 15 km Abzweigung bei Kruta am Ostufer des Sees entlang.

Die Straße endet nach knapp 3o km im Weiler Bakketun im Nordostarm des Røssvatnet. Derzeit kann der See nicht umfahren werden, da u.a. eine Straße zwischen Bakketun und Raulia fehlt.

KRUTA: in der Nähe die stillgelegte Mine „Kystallhaugen“ an der RV 73 beim Bauernhof Elvestad Gård. Sie ist beliebt bei Mineralien- Sammlern. Die Ausschilderung bei unserem Besuch mangelhaft; Einheimische fragen.

KRUTFJELLET: oberhalb des Ostufers Røssvatnet, 1.4oo m mit Gletschern. Das eiskalte Wasser des abtauenden Gletschers fließt in kleineren Bächen runter in den Røssvatnet, der - auch wegen Bachläufen vom Gletschermassiv des Okstindan im Norden - nicht gerade „Badetemperatur“ besitzt, - aber über Reichtum an Fischen verfügt.

KOLBEINTUNET: Heimatmuseum beim Weiler Varnfresk. 6 Gebäude der Region. Die Häuser sind ca. 17o- 23o Jahre alt, wurden restauriert und zeigen die Lebensbedingungen vergangener Jahrhunderte. Besichtigung derzeit nur im Juli und nach vorheriger Absprache möglich; im Ort fragen.

SAETERSTAD- BAUERNHOF beim Ort Varnfresk. Ökologischer Betrieb, auch Produktion von speziellen Käsesorten der Region.

Ab Varnfresk führt eine Nebenstraße ostwärts nach Schweden und trifft beim Övre Jovattnet auf die RV 73 nach Tärnaby/Schweden.

**RØSSVATNET/Westufer**:
ab Hattfjelldal führt der **Villmarksveien** (RV 8o6) Ri. Nord nach Korgen an der E 6. Die Straße ist durchgehend asphaltiert, aber streckenweise schmal und kurvenreich.

Der Villmarksveien ist ein traditioneller Handelsweg vom Meer (Rana Fjord) ins Landesinnere. Der Fischreichtum in den Seen sowie die Vielzahl von Tieren und Pflanzen machte die Gegend bereits zur Steinzeit für Jäger und Sammler lukrativ. Auch für die Samen ab ca. 1.ooo n. Chr. wichtige Region zur Nahrungsmittelversorgung. Über den Chef der Wikinger, Torolv Kvedulvsson wird berichtet, daß er den Villmarksveien als Verkehrsweg nutzte, um Steuern am Bottn. Meeresbusen einzutreiben.

Die RV 8o6 erreicht bei Skjårvik den Røssvatnet und umrundet die Westbucht des Sees. Hier Beginn des „JAMTFJELLVEIEN“, eines rund 4o km langen Trails NW nach Mosjøen über 1.2oo m Gebirgsketten. Er ist beliebt bei norweg. Extremwanderern. Unbedingt vorab Infos in Hattfjell dal bzw. Mosjøen einholen, - Kartenmaterial und entspr. Ausrüstung.

„**Vesterbukt Feriehytter**“: am Røssvatnet, rund 30 km nördl. von Hattfjelldal. Entfernung vom See ca. 300 m in totaler Einsamkeit. Vermietung von gemütlichen Hütten (ab ca. 45 Euro) mit Stromanschluß. Es gibt sogar TV. Derzeit die einzige Übernachtung am See, - sofern man nicht wild campt. Ganzjährig geöffnet. Auch Vermietung von Boten (ca. 12,5 Euro/Tag) zum Angeln auf dem See. Tel.: 751.852.25.

RØSSVASSHOLMEN: gilt als Nordeuropas größte Binnensee Insel, - Lage im Südteil des Røssvatnet. Optisch: eine Bergkuppe ohne Spezielles.

Bei Orrhaug biegt die RV 806 vom Røssvatnet nordwärts ab und folgt dem Ausfluß des Sees entlang des Tüstervatnet, dann ansteigend nach:

BLEIKVASSLI: kleine Ansiedlung im Bergland mit Lebensmittelgeschäft und Mini- Tankstelle. Im Ort Abzweigung einer Asphaltstraße via Røssvassbukt nach Steikvasselv und Raulia am Nordufer des Røssvatnet. Ausgangspunkt von Trails zum Okstindan Gletschermassiv.

Sowie Abzweigung einer schmalen Asphaltstraße NO rauf zu einer Mine am Bleikvatnet, mit knapp 90 Angestellten derzeit wichtigster Arbeitgeber der Region. Die Straße dient auch der staatl. Stromgesellschaft „Statkraft“ zur Kontrolle und Instandhaltung von Stauwehren und Wasserkanälen, die den Bleikvatn umleiten in den Røssvatnet. - Ein Trail führt vom Bleikvatnet entlang des Südrandes des Okstindan runter zum Røssvatnet.

Die RV 806 ab Bleikvassli weiter nordwärts entlang des Stormyr Beckens, einer Moorlandschaft, die zur Stromgewinnung aufgestaut wurde. Der See mit Schilf und unzähligen kleinen Inselchen ist Brutstätte für Vögel. Dann die RV 806 kurvenreich durch Waldwildniss. Im letzten Abschnitt in breitem Tal mit Wiesen und über eine Brücke nach Korgen / E 6 (Seite 256).

**FAZIT VILLMARKSVEIEN**: er kann als Parallelverbindung zur E 6 genutzt werden. Landschaftlich besitzt er schöne Abschnitte, ist aber erheblich zeitaufwendiger. Er erreicht die E 6 bei Korgen, wobei Mosjøen ausgeklammert ist (sofern man nicht bereits in Trofors wieder auf die E 6 zurückfährt). Ebenfalls ausgeklammert ist der sehr schöne Streckenabschnitt Mosjøen -> Korgen (E 6).

Ob man den Villmarksveien wählt - oder die E 6 via Mosjøen - ist persönliche Entscheidungsfrage. Bei knapper Urlaubszeit (ca. 3 Wochen) ist die E 6 via Mosjøen gewiss die schnellere Variante. Dies auch unter Berücksichtigung der noch anstehenden vielen hunderten von km Richtung Nord sowie Vielzahl an lohnenden Stops und Abstechern. Weiterer Pluspunkt für die E 6 via Mosjøen: erheblich mehr Tankstellen und Werkstätten.

# ★ Mosjøen **(ca. 12.000 Einw.)**

Angenehmer Ort (sofern man den Industriebereich mit Aluminium Fabrik ausklammert). Erhalten SJØGATA, ein Stadtviertel mit rund 100 Holzhäusern aus dem 19. Jhd., Cafes und Museum. Stop in Mosjøen lohnt!

## SEHENSWERTES

Mosjøen erstreckt sich über ca. 7 km entlang des Vefsnes Fjordes und den Berghängen. Zentraler Bereich das historische Sjøgata sowie anschließend ein neuzeitlicher Marktplatz mit Kaufhäusern und Geschäften.

SJØGATA: mit rund 1oo Gebäuden das größte zusammenhängende Holzhaus- Ensemble Nord-Norwegens. Es steht unter Denkmalsschutz, wurde liebevoll restauriert und erhielt dafür eine Prämie (der norweg. Architekturpreis „Houen Legats Diplom“).

**Geschichte**: zu Beginn des 19. Jhds. und Erschließung Nordnorwegens erlangte Mosjøen Bedeutung als Handelszentrum. Kaufleute und Reeder realisierten den Waren- und Personentransport in die abgelegene Nordregionen. Zusätzlichen Aufschwung brachte die beginnende Dampfschiffahrt Ende 19. Jhd.

Nunmehr war die beschwerliche Küstenschiffahrt per Segel/Wind und tiefeingeschnittener Fjorde bequemer und komfortabler per Motor-Schiffe realisierbar. Straßen im äußersten Norden Norwegens gab es nicht. Aber dieser wurde zunehmend durch Waldrodungen und Gründung von Bauernhöfen kultiviert.

Die Reeder und Kaufleute von Mosjøen erlangten hohe Gewinne. Mosjøen und Søgata als kleiner Handelsposten im hohen Norden und unerschlossener riesiger Wildnisgebiete.

Die Bedeutung Mosjøens zu Beginn/Mitte 2o. Jhd. degradierte. Straßen wie z.B. der Bau der E 6 sowie Flugverbindungen realisierten den Transport schneller - als die vormals zeitaufwendigen Schiffsverbindung via Küste in den Vefsne Fjord nach Mosjøen.

Die alten Holzhäuser von Søgata überstanden die Periode bis 2. Hälfte 2o. Jhd. ohne Beschädigung - insbes. auch kein Brand, - waren aber arg verfallen. In den 7o-er Jahren des 2o. Jhd. sollten sie im Rahmen der Stadterneuerung abgerissen werden. Einer Bürgerinitiative ist es zu verdanken, daß sie erhalten und renoviert wurden.

SJØGATA:
Mosjøen, am Vefsnes Fjord. Im 19. Jhd. bedeutendes Handelszentrum

Beginn der Rundwanderung SJØGATA beim Fru Haugans Hotel (1). Dort am Fjord ein altes Holzhaus von 1851. Sowie direkt nebenan eine Übersichtstafel mit sämtlichen Gebäuden von Sjøgata.

Jedes der Holzhäuser besitzt Nummer und Schild mit engl. Kurzbeschreibung des Alters und der früheren Funktion des Hauses. Wer sich für die Geschiche von Mosjøen interessiert, ein spannender Rundtrip.

Am besten vorab das VEFSN- MUSEUM in altem Lagerhaus am Fjord besuchen. Zu sehen Exponaten über die Geschichte Mosjøens als Handelszentrum im 19. Jhd. und die Fischerei. Das Haus wurde 188o gebaut und diente Jacobson & Elnan als Packhaus für ihre Dampfschiff- Spedition.

Dann Rundgang in Søgata, z.B. das Haus gegenüber Museum: sehr gemütlich heute als Cafe und Kunstgallerie eingerichtet. - Haus 35 b: kleines rotes Holzhaus am Fjord, ein Packhaus von 1877. Heute ein kleines Cafe mit Außensitz am Fjord. - Das Haus Nr. 37 wurde 1865 gebaut, 1881 ging es in den Besitz von Erik Bathen, der hier ein Postkontor einrichtete und 1891 die erste Telefongesellschaft von Mosjøen gründete. Heute ist das Haus in Privatbesitz. - Auf Entdeckung gehen lohnt.

An Sjøgata anschließend ein kleineres, modernes Stadtzentrum in Schachbrett- Straßensystem mit 2- 3 stöckigen Holz-/Steinhäusern (Kaufhäusern, kleinen Geschäften, Bank) und gepflastertem HAUPTPLATZ (Torget) mit u.a. Banken, Rathaus und Geschäften.

DOMUS- SUPERMARKT: mehrstöckiges Betongebäude, wenig sensibel direkt neben die Holzhäuser von Sjøgata plaziert. Beim Bau gab es einige Proteste; heute hat man sich an die Kiste gewöhnt. Im EG Lebensmittel, im 1. Stock Kleider, Sportausrüstung und Cafeteria.

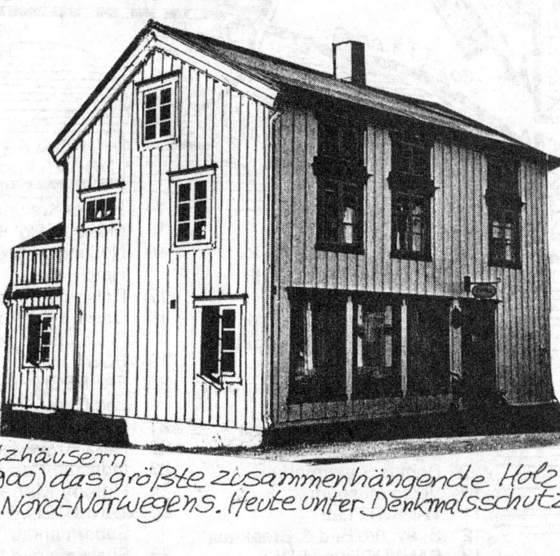

mit Fracht-und Personenschiffen Südwärts nach Trondheim und Bergen.

Mit rund 100 Holzhäusern (gebaut 1830-1900) das größte zusammenhängende Holzhaus Ensemble Nord-Norwegens. Heute unter Denkmalsschutz.

DOLSTAD KIRCHE (17): an der E 6 Nähe Bahnhof. Die mit 8-eckigem Turm gebaute Holzkirche stammt von 1735. Sie ist eine der ältesten noch erhaltenen Kirchen dieses Baustils, der während des 17./18. Jhd. in Norwegen typisch war. Wer sich mit Architektur beschäftigt hat: der Grundriß in Kreuzform plus 8-eckiger Turm ist (auch in Relation der Größe) sehr aufwendig in der Statik der Dachkonstruktion und seiner vielen diagonalen Balkenverbindungen und großer Spannweite.

Der Innenraum mit gedämpftem Licht und dem warmen Farbton des mehr als 25o Jahre alten Holzgebälks hat Flair. Oberhalb des Altars ein Gemälde von 1735, - der Taufengel an der Decke des Chores von 1783.

VEFSN- MUSEUM BYGDESAMLINGA (18): Nähe Dolstad Kirche, ca. 2oo m, ausgeschildert. Am Hang auf einer Wiese rund 1 Dutzend größere und kleinere Holzhäuser der Region, auch Blockhäuser. Die Dächer mit Schiefer, teils auch ganz mit Gras bewachsen. Interessant ist das Innere der Gebäude, die Einblick in das Leben Nordnorwegens vor 2oo- 3oo Jahren geben: Küche, Wohnräume, Gerätschaften etc.

Das Museum ist nur Mitte Juni - Mitte August, Mo.- Fr. plus So. geöffnet. Bei unserem Besuch im Sept. war das Freilichtmuseum geschlossen. Leider konnte man auch durch die Fenster wenig sehen, da innen sehr dunkel. Wem ähnli ches passiert: mit der Kamera reinblitzen;

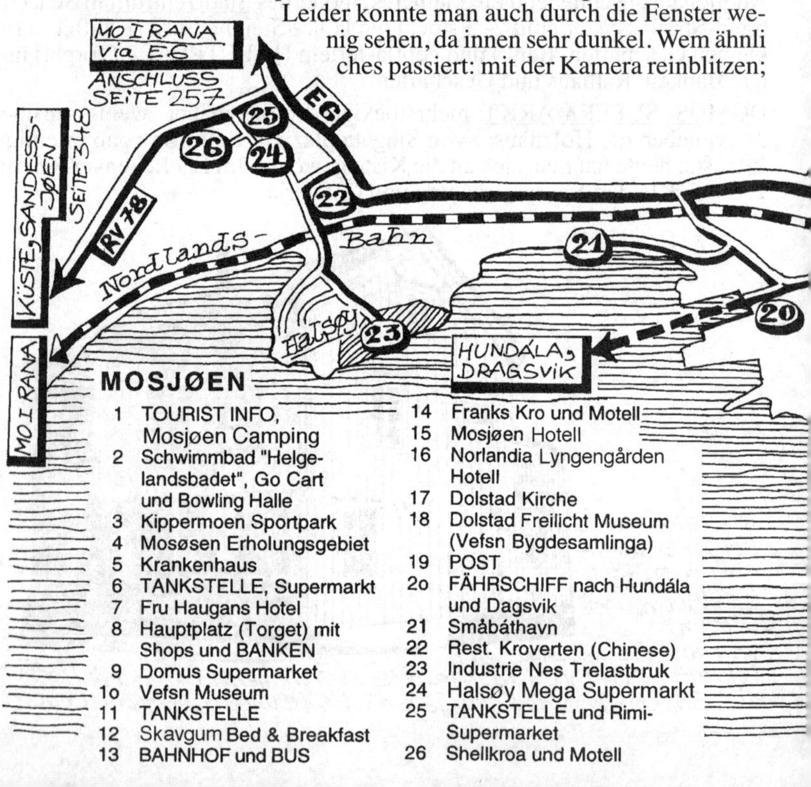

zumindest sieht man zu Hause auf dem Foto etwas mehr...

<u>MOSJØEN ALUMINIUM FABRIK</u>: Großgelände am Fjord beim Bahnhof. Den norweg. Wirtschaftsplanern ging es nach Ende des 2. Weltkrieges und 5o-er Jahren um die Förderung Nord-Norwegens in Form der Ansiedlung von Industrie, - um <u>Arbeitsplätze</u> zu schaffen. Die vormalige Fischerei (Haupteinnahme der Region) brachte nur geringe Einkünfte - und die Gefahr der Bevölkerungsabwanderung bestand.

Daher die Idee, das gewaltige <u>Wasserpotential</u> des Okstindan Gletschers, und der umliegenden Seen (insbes. auch Røssvatnet) zur <u>Stromgewinnung</u> zu nutzen. Mit der gewonnenen Energie (siehe S. 243) wurde ab Ende der 5o-er Jahre die <u>Großindustrie</u> u.a. Mosjøen versorgt:

> In Mosjøen ebenfalls Ende der 5o-er Bau einer <u>Aluminium-Fabrik</u> am Vefsne Fjord. Zur Aluminium- Herstellung benötigt man zunächst Bauxiterde. Diese wird u.a. in Surinam/Südamerika sowie in Asien abgebaut und kostspielig per Schiff über den Atlantik in den Fjord von Mosjøen transportiert. Dies verteuert die Produktion.

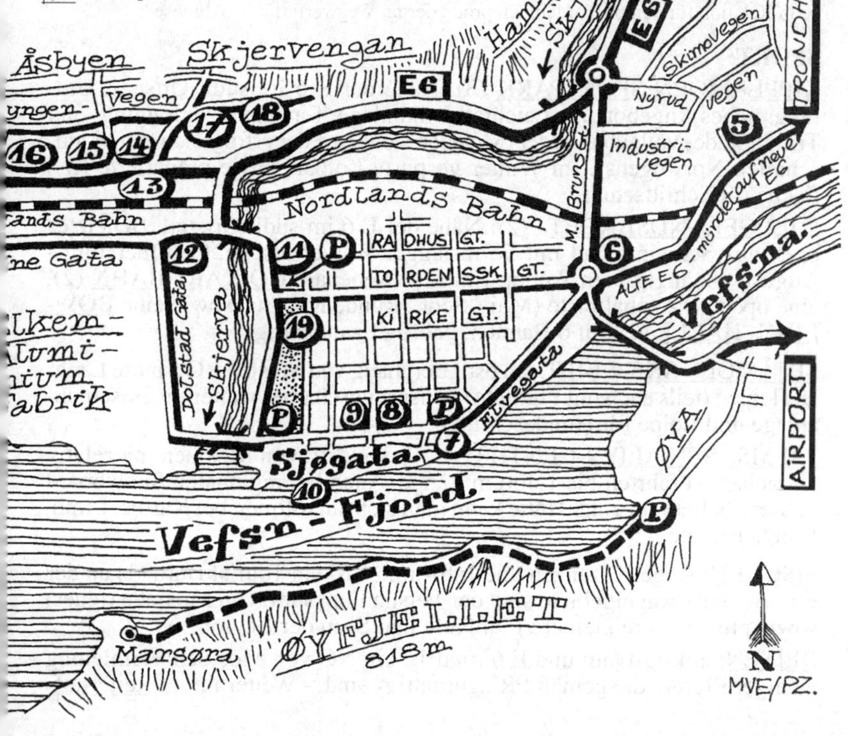

Weiterhin sind zur Verarbeitung Bauxit->Aluminium gewaltige Strommengen nötig. Diese waren durch den Bau der Wasserkraftwerke Røssvatnet und Umleitung der Seen Ende 5o-er/Anfang 6o-er Jahre bereitgestellt. Die Aluminiumproduktion lief an, schuf Arbeitsplätze und Gewinne für die Betreiber.

Nicht berücksichtigt hatten norweg. Wirtschaftsplaner folgenden Umstand: In z.B. Surinam wurden im Urwald bei den dortigen Bauxit-Fördergebieten gewaltige Staudämme zur Stromgewinnung gebaut. Sie ermöglichen die Herstellung von Aluminium vor Ort und ohne den teuren Bauxittransport nach z.B. Nord Norwegen.

Die Mosjøen Alufabrik („Elkem Aluminium") ist nach wie vor in Betrieb, ein riesiger Komplex am Fjord mit eigenem Hafen. Zum Glück sind die Fabrikanlagen einigermassen separat vom Ortszentrum. Aluminium erfreut sich steigender Nachfrage. Wegen seines geringem Gewichtes findet es milliardenfache Anwendung z.B. bei Leitern (definitive Verbesserung gegenüber der früheren, schweren Eisenleitern), - Alufelgen bei Autos (gegenüber schwereren Stahlfelgen bedeuten Reifen mit Alufelgen eine geringere Eigenschwingung und damit ruhigeren Lauf des Fahrzeuges), - hin zu Aluminium- Hinterachsen: = erhebliche Reduzierung des Fahrzeuggewichtes und somit geringerer Spritverbrauch. - Der Einsatz von Aluminium in der Getränkeindustrie ist dagegen aus Gründen des Umweltschutzes sehr umstritten. Aludosen bieten zwar Gewichtsersparnis (vergl. Glas) und sind wegen ihrer dünneren Dosenwand schneller im Eisschrank zu kühlen. Der gewaltige Energiebedarf (nicht selten durch Großstauseen und Umweltschädigung) steht nicht gerade in Relation für den milliardenfach produzierten Wegwerfartikel „Aludose".

**SPORT**:

KIPPERMOEN SPORTPARK (3): Nähe der E 6 im südl. Ortsteil. Umfangreiches Angebot, u.a. Leichtathletikanlage, Tennisplätze, Jogging- und Trimmpfade, Volleyballfelder (Mosjøen stellt eine der erfolgreichsten Mannschaften Norwegens). Im Winter gespurte Loipen sowie präparierte Eisfläche für Schlittschuh.

„HELGELANDSBADET" (2): Nähe der E 6 im südl. Ortsteil. Beheiztes open air- Schwimmbad mit 5o m langer Wasserrutsche. Geöffnet Juni - August, abhängig vom Wetter, Eintritt. Nebenan: GO KART BAHN (2), eine open air Asphaltpiste (Mai - Sept., Rundengebühr) sowie eine BOWLING- HALLE (2) mit 6 Bahnen, geöffnet ganzjährig.

SKJÅMOEN SKIGEBIET: am östl. Berghang von Mosjøen. Gespurte Langlaufloipen (teils auch mit Flutlicht), Skisprungschanze, weiterhin Skischießanlage und Loipe für Hundeschlitten.

KJEMSÅSEN ALPIN-CENTER: ca. 1o km östl. von Mosjøen mit relativ einfachen Abfahrten bis 1.4oo m Länge. Auch bei regionalen Snowboard Fahrern beliebt. In einer Hütte kann man sich aufwärmen bei Kaffee, Limo, Würstchen etc.

FISCHEN: Angel-Lizenzen und Infos im Mosjøen Tourist Büro (1) an der E 6. Beliebte Angelgebiete sind der Vefsna Fluß südl. von Mosjøen (teuer) sowie preiswertere kleinere Flußläufe und Seen der Region.

REITEN: am Fustvatn und E 6 rund 15 km NO von Mosjøen Vermietung weniger Pferde, die gemäß PR „gutmütig" sind. - Weiterhin im Reiterhof

„Stall Stigen“ südl. des Fustvatn an der Nebenstraße Ri. Heringbotn, ca. 25 km ab Mosjøen. Reiterferien, auch Reitstunden sowie Halb- und Ganztagestouren. Verleih von Fahrrädern und Kanus. Saison: Sommer- Herbst.

GOLF: kleinere 6- Loch Anlage ca. 15 km nördl. von Mosjøen Nähe E 6, Abzweiger zum Hellfjell. Geöffnet Juni - Sept.

WANDERN: wer das unter Denkmalsschutz stehende Holzhaus-Ensemble SJØGATA von Süd sehen und fotographieren möchte: ab (6) die Straße über den Fluß und im Ortsteil Oya Neben straße (siehe unsere Mosjøen Karte) zu einem Parkplatz. Hier beginnt ein Trail entlang des Fjordufers und Steilhang Øyfjellet zum Aussichtspunkt Marsøra. Komplett im Blick: Sjøgata und Elkem Aluminiumwerk.

ØYFJELL- HÖHLE: südl. von Mosjøen an der Straße Ri. Airport, Abzweigung zu einem Parkplatz und von dort steiler Anstieg. Die Besichtigung der rund 5oo m langen Höhle ist nur mit Führer ab Mosjøen erlaubt. Der Trip dauert ca. 3 - 4 Std. inkl. Höhlenbesichtigung und Kaffee am Lagerfeuer. Mit ca. 3o Euro/Person nicht gerade billig für eine recht durchschnittliche Höhle. Das Erlebnis ist eher das Drum-rum mit Lagerfeuer etc. Saison: Mitte Juni bis Herbst. Kontakt: Tourist Büro siehe Karte (1).

„**Fru Haugans Hotel**“ (7): im Stadtzentrum zentral bei den alten Holzhäusern Sjøgata am Fjord. Ausgesprochen gemütlich sind die Zimmer im alten Holzgebäude. Es stammt von 1866 (!). Die Geschichte des Hotels geht zurück auf 1794, damit ältestes Hotel von Nord-Norwegen. Das heutige Hauptgebäude mit dem Großteil der 12o Zimmer stammt aus den 6o-er Jahren des 2o. Jhds. Die Zimmer funktional mit Bad und TV, 1998/99 renoviert. Der Blick geht meist auf einen Parkplatz und Innenstadt. - Weiterhin in einem kuscheligem Holzhaus (1851), das im Hotelgarten am Fjord steht, 1o einfach eingerichtete Zimmer mit Gemeinschaftsbad.

„Mehr als 2oo Jahre Gastfreundschaft“ wirbt der Hotelprospekt. Tipp sind Bar und Restaurant des Hotels: sie befinden sich im integrierten alten Holztrakt (1866) mit entsprechendem Flair und guter Küche. Ganzjährig geöffnet, gute Parkmöglichkeit und insges. relativ ruhig. Pluspunkt ist die zentrale Lage Sjogata. DZ ca. 95- 15o Euro. Tel.: 751.141.oo, Fax: 751.141.o1. www.fruhaugans.no

„**Motel Milano mat + Vinhus**“ (14): gegenüber vom Bahnhof an der lauten E 6. Im EG eine gut frequentierte Cafeteria, auch Hamburger. Viele Jugendliche, die u.a. mit knatternden Mopeds kommen. 2- stöckiges Gebäude, ganzjährig geöffnet. Einfache Unterkunft, 15 Zimmer mit Bad. Der Preis (DZ ca. 85 Euro) erschien uns etwas überhöht; profitieren vermutl. von Lage und guter Parkmöglichkeit. Tel.: 751.139.1o, Fax: 751.139.11

„**Mosjøen Hotell**“ (15): Nähe Bahnhof an der E 6. Ein etwas einfacherer 3-stöckiger Betonbau, mit „Kro Sjarken“ im EG. Relativ kleine Zimmer mit Bad. Ganzj. geöffnet, gute Parkmöglichkeit. 33 Zi. mit Bad, 9 ohne. Der Preis erschien uns recht hoch. DZ ca. 85 Euro. Tel.: 751.711.55, Fax. 751. 749.93.

„**Norlandia Lyngengården Hotell**“: rund 2oo m weiter an der E 6. Ein dreistöckiges Steingebäude mit 41 ordentlichen mittelgroßen Zimmern und Bad. Sie sind funktional eingerichtet, ok., aber nichts Spezielles. Zumindest von den 3 Hotels an der E 6 vermutlich noch das bessere. Nach Möglichkeit Zimmer hintenraus nehmen. Ganzj. geöffnet. DZ ca. 9o - 12o Euro, Rabatt mit „Norlandia Pass“ Tel.: 751.748.oo, Fax: 751.713.26.

„**Skaugum Bed & Breakfast**“ (12): Nähe Bahnhof auf der anderen Seite der Gleise und jenseits der E 6. Grenzt direkt an die Aluminium Fabrik und ist derzeit geschlossen. Wiedereröffnung ungewiss.

„**Shellskroa & Motell**“ (26): im nördlichen Ortsbereich hinter Tankstelle (25) und Supermarkt versteckt. Zugang: durch die Tankstelle, dahinter dann das kleine Gebäude mit Spitzdach zu sehen. Beliebte Absteige für LKW- Fernfahrer der E 6. Die Zimmer einfach ausgestattet und preiswert.

MOSJØEN CAMPING (1): Komfort- Camping an der E 6 im südlichen Ortsteil und rund 1,5 km vom Zentrum. Die Rezeption ein größeres Holzgebäude, in dem auch das TI untergebracht ist. Abgesehen von Stellplätzen für WoMos und Zelten gibts 2o Hütten (Preis je nach Größe ca. 43 - 85 Euro) und im Umfeld einen im Sommer beheizten open-air Swimming Pool mit 5o m- Wasserrutsche, Go Kart Bahn und Bowling Halle. Tel.: 751.779.oo.

Weitere Campings: am Fustvatnet / E 6, ca. 15 km nördlich.

„REST. GRILLEN“ im Fru Haugans Hotel (7). Absoluter Tipp für stilvolles Abendessen und gute Küche. Entsprechend ist ordentliche Kleidung Pflicht (= keine abgeramschte Jeans, so doch auch kein Smoking etc.). Das Rest. ist untergebracht in kleinem Raum mit viel Flair des Holztraktes (1866) des Hotels. Seitlich Räume mit Polstermöbeln zur Konversation vor und nach dem Essen. Exzellent die Fischsuppe (ca. 1o Euro) sowie Lachsgerichte (ab ca. 25 Euro). Auch ansonsten gehobene Preise. Auswahl von nur wenigen Gerichten, aber super!

Nicht verwechseln mit dem Großrestaurant „HAGESTUA“ in selbem Hotel, ca. 2oo Plätze. Selbe gute Küche, größere Auswahl an Gerichten, aber früher am Abend geschlossen und nicht so gemütlich wie „Rest. Grillen“.

„KROVERTEN KINESISK“ (22): Chinese in altem Holzhaus an der E 6 im nördl. Ortsteil Halsøy. Wegen Lage in Kurve ist das 2-stöckige Haus mit Hinweisschild kaum zu verfehlen. Chinakost süß/sauer à la Norwegen bei mittleren Preisen.

„FRANKS KRO“ (14): Cafeteria an der E 6 beim Bahnhof. Preiswerte Gerichte, insbes. Snacks und Hamburger. Beliebt bei Jugendlichen als Kommunikationstreff und von daher ok.

„SJARKEN“, „BØRS’N“ im Mosjøen Hotell (15): Snacks, Hamburger und Treff der Mosjøen- Jugendlichen. Der „Sjarken“ ist Pub für Drinks.

„NORLANDIA LYNGENGÅRDEN HOTELL“ (16): an der E 6, Hotelküche und unter diesem Aspekt ok., weiterhin Bar mit Schank-Rechten. Mittlere Preise für Standardgerichte, auch fangfrischer Fisch.

„EGON REST." Sjøgata, Nähe Vefsn Museum (1o). Pizzalunch mit Salat vom Buffet ca. 12,5 Euro. Auch Pizza ohne Salat ab ca. 5 Euro. Innen sehr gemütlich mit Holztischen und Kerzen. Außenveranda.

„EL PASO BAR OG REST.": im Ortszentrum, Bechsgt. 16. Mexikanische und kontinent. Küche. Mittlere Preise, Fleischgerichte dominieren.

„DOMUSKAFEEN" (9): Cafeteria im 1. Stock des Domus Kaufhauses mit Kaffee, Kuchen und warmen Standardgerichten wie Schnitzel etc. Passable Preise bei durchschnittlicher Küche.

„MØTEPLASSEN": in altem Sjøgata Holzhaus gegenüber Domus (9): abends Funktion als Pub.

LYDIABRYGA CAFE: in kleinem roten Holzhaus am Fluß, Sjøgata. Ein ehemaliges Packhaus von 1877. Serviert werden Cafe, Waffeln, Saft etc., gemütlicher Außensitz am Wasser.

„KULTURVERKSTEDET": Sjøgata 24, Nähe Domus (9). In zwei alten Sjøgata- Holzhäusern von 1862/19oo. Im EG größeres Cafe in altem Stil und wechselnder Kunst- Verkaufsausstellung an der Wand: meist Gemälde und Lithographien, - auch von Künstlern, die auf den Lofoten leben.

## SHOPS, SUPERMÄRKTE

* Am nördlichen Ortsrand an der E 6: der Rimi Supermarket (25) und der Halsøy Mega Supermarket (24).
* In Zentrumsnähe sowie Zentrum: Rema 1ooo (6) und Domus (9) sowie Rimi Mosjøen an der Abzweigung im südl. Ortsteil der M. Bruns Gt. von der E 6.
* Kleinere Geschäfte (Souvenir, Schreibwaren bis Kleider, Schuhe etc.) im Zentrum um Torget (8) sowie Sjøgata um (1o).

## TANKEN, WERKSTÄTTEN

An der E 6 im nördl. Bereich von Mosjøen Großtankstelle (25) mit Werkstatt (Tel.: 751.728.71) - Weitere Tankstellen (siehe unsere Karte): 6 - 11. Weitere Werkstatt: Nyland Elektrodiesel, Nyrudveien 8, (Tel.: 751.754oo) im südl. Ortsteil beim Verkehrskreisel siehe unsere Karte. Unter Umständen können auch die Autovermieter Avis und Hertz mit ihrer Werkstatt weiterhelfen, siehe Kasten „Verbindungen/Mosjøen".

Tourist INFO Destination Helgeland Reiseliv AS, Havigsgata 39/41, 865o Mosjøen, Tel.: 751.112.4o, Fax: 751.113.11. - Im Süden des Ortes an der E 6 beim Mosjøen Camping (1) ein gut ausgestattetes Tourist Info- Büro. Es ist bequemer als das og. Hauptbüro zu erreichen, da direkt an der E 6. www.visithelgeland.com

**BANKEN**: im Stadtzentrum, Torget (8). Außerhalb der Geschäftszeiten Geldwechsel in größeren Hotels an der Rezeption.

## Verbindungen ab Mosjøen

**ZUG**: Der Bahnhof (13) direkt an der E 6. Nach -> Trondheim 3 mal tägl., ca. 4 1/2 Std. sowie nach -> Bodø: 3-4 mal täglich, ca. 4 1/2 Std. Unterwegs in Fauske besteht Umsteigemöglichkeit in den Bus nach Narvik, ca. 7 Std.

**BUS**: Abfahrt ab Bahnhofsvorplatz (13). Via E 6 Trofors -> Hattfjelldal 1-2 mal tägl., ca. 1 1/2 Std., ca. 1o Euro. Regionalbusse fahren auf der Strecke durchs Drevjedalen zum Elsfjord. - Ab Mosjøen tägl. mehrmals Bus via Korgen -> Bjerka nach -> Mo I Rana: landschaftl. schöne Strecke, Fahrzeit ca. 2 Std. Der Zug ist schneller (ca. 1 1/4 Std.), fährt allerdings andere Strecke via Drevjedalen. - Mosjøen -> Sandnessjøen: tägl. 6 mal (Sa., So. 1-2 mal), Fahrzeit 1 3/4 Std., ca. 1o Euro. Bus fährt entlang der Küste weiter bis Bronnøysund, Fahrzeit plus ca. 3 Std. (inkl. Fährüberfahrten über Fjorde), bzw. länger, sofern man in Sandessjøen auf Busanschluß warten muß.

**FÄHRE**: der Fährhafen (2o) ist zu erreichen ab E 6 und Hafne Gata, siehe unsere Karte. Er liegt im Bereich der Elkem Aluminiumfabrik.

Das kleine Fährschiffchen fährt tägl. ab Mosjøen auf der Route durch den VEFSN FJORD nach-> Hundála (südliches Festland mit dortigen Stichstraßen zu Gehöften) -> Sund (dort kurze Stichstraßen im Nordosten der Alsten Insel. Für Langstreckenwanderer zu den „Sieben Schwestern“ siehe S. 347 u.U. interessant).

Die Fährüberfahrt endet nach 2 Std. (ca. 5 Euro) in -> Dagsvik an der RV 78. Eine relaxing Fjordfahrt; der Bus auf der RV 78 natürlich schneller.

**MIETWAGEN**: Hertz, Helgeland Bil AS, Industrieveien 4, 8651 Mosjøen, Tel.: 751.7o5.77, Fax: 751.724.5o.

Avis, Nyrudveien, 8651 Mosjøen, Tel.: 751.137.65.

**FLUG**: der AIRPORT liegt ca. 7 km südlich von Mosjøen bei Kjaerstad. Kleinere Propellermaschinen der „Widerøe“ fliegen nonstop -> Bodø: 1 mal tägl., 4o Min. -> Bronnøysund: 3 mal tägl., 5o Min. -> Mo I Rana: 2-3 mal tägl., 3o Min. -> Namsos: 1 mal tägl., 45 Min. -> Sandnessjøen: 1-2 mal tägl., 2o Min. -> Trondheim: 1 mal tägl., 5o Min. Weitere Ziele mit Umsteigen.

Tel. Widerøe: 81o.o12.oo.

**MOSJØEN -> SANDNESSJØEN/ KÜSTE**: Details Seite 351

# MOSJØEN -> MO I RANA (E 6, 9o km)

*Landschaftlich schöne Strecke mit Seen, Hochfjells und vergletscherten Bergspitzen, - vorausgesetzt, das Wetter spielt mit und verhüllt nicht die Landschaft in Regen oder gar Nebelsuppe...*

Die E 6 verläßt Mosjøen im nördl. Ortsteil und führt in die Berge hinauf. Anfangs gehts durch bewaldete breite Täler mit mehreren größeren Seen, Wiesenflächen und vereinzelten Gehöften.

Erster der Seen (ca. 15 km nördl. Mosjøen) der FUSTVATNET. Er ist im Sommer Naherholungsgebiet der Mosjøener. Badestelle am Südwestufer und E 6 „Baågneset Friområde“: mit Duschen, Toiletten und Bootsverleih. Die Wassertemperaturen sind allerdings für den Nordlandfahrer mehr als „frisch“ zu bezeichnen (geschätzt ca. 17 Grad im August). Dafür viele Fische und beliebtes Angelgewässer. Ca. 2 km weiter am Fustvatnet Vermietung von Nordland- Pferden.

MJÅVATNET: langgestreckter See, östl. der E 6 unterhalb der Bergketten des Dårtindan (ca. 1.2oo - 1.35o m) mit Gletscherkuppe. Die Gewässer, auch der Zu- und Abfluß, reich an Fischen insbes. Lachs und Forellen. Es gibt mehrere Campings mit Hütten. Wegen schöner Lage sind sie Tipp.

ÖMMERVATNET: ca. 3o km ab Mosjøen mit Campingplätzen mit Sandstränden, Tipp. Auch hier beliebtes Angelgebiet der Bevölkerung von Mosjøen und Naherholungsgebiet. -

LUKTVATNET: rechts der E 6 mit Campingplatz und Hütten. Dort Abzweigung der RV 8o7 in 7 km Ortschaft Elsfjord am gleichnamigen Fjord. Eine kleine Siedlung und Bahnstation der Nordlandsbahn. Züge halten nur bei Bedarf. Die frühere Schiffsverbindung über den tief eingeschnittenen Elsfjord/Ranafjord nach Mo I Rana ist seit Fertigstellung der Eisenbahn am Elsfjord und der Pass-Straße übers Korgfjell (ca. 1943) eingestellt.

Ab Luktvatnet steigt die E 6 in vielen Kurven rauf zum KORGFJELL. Seitlich der Straße zum Fjell mehrere Parkbuchten. Stop lohnt bei klarem Wetter unbedingt. Superblick über bewaldete Hänge zu den vorgenannten Seen im Süden - sowie großartiger Blick auf die Bergspitzen und Gletscher des bis zu 1.916 m hohen Okstindan im Osten. Tolle Szenerie!

Je höher die Straße ansteigt, desdo karger die Vegetation. Oben auf der KORGFJELL- PASSHÖHE (555 m) Steinwüste mit Blick, kühle Luft, größerer Parkplatz, Infotafeln und:

„**Korgenfjellet Kro og Motel**“: flaches, kleineres Holzhaus. Im EG Cafeteria mit viel Holz, Billiardtisch, an der Wand zur Deko Gewehre etc. Kleine Außenterrasse mit Superblick Ri. Süd. Serviert werden Lachsgerichte, Hamburger, Beef etc.

Im OG Vermietung weniger, aber sauberer Zimmer mit Kiefernholzbetten, Bad und teils Superblick. DZ mit ca. 5o - 9o Euro sehr preiswert. Tel.: 751.7o1.5o, Fax: 751.7o1.51

Die Überquerung des KORGFJELLET (555 m) war für Pferde-Kutschen (Personenverkehr) oder gar schwer beladene Fuhrwerke zu steil. Es gab daher in vergangene Jahrhunderten keine Straßen über das Fjell. Der Verkehr ging ab Mosjøen durch das wesentlich flachere, westliche Drevjedalen zum Elsfjord. Von dort per Schiff über den Fjord nach Mo I Rana.

Eine Situation, die sich auch bis **1940** (Invasion der Deutschen in Norwegen) nicht geändert hatte. Zwar hatten die norweg. Eisenbahnbauer 1940 ihr Gleis der Nordlandbahn von Trondheim-> Mosjøen bis Richtung Elsfjord fertiggestellt. In Elsfjord war der Weiterbau des Gleises (Tunnel) wegen steiler Berge sehr teuer und zunächst auf Eis gelegt. Auch die Straße übers Korgfjell gab es wegen fehlender Finanzen nicht.
Nachdem Hitler 1940 Norwegen in einem „Blitzkrieg" von nur 60 Tagen erobert hatte, - ging es in Folge um den Bau der Verkehrswege. Kriegsgefangene aus Jugoslawien wurden zum Bau der Straße übers Korgfjell sowie zur Fortführung der Eisenbahn Elsfjord -> Mo I Rana eingesetzt. In letzterem Bereich war am steilen Fjordhang die Sprengung einer Vielzahl von Tunneln nötig, bei der viele Kriegsgefangene durch Unfälle starben. Ebenso brachte der Bau der Korgfjell-Straße viele Tote. Die Jugoslawen waren u.a. bei Korgen/E 6 in einem Gefangenenlager untergebracht. Dort wurden mehr als 200 Inhaftierte umgebracht. Gedenkstätte am Pass sowie bei Korgen an der E 6.

Kurz nach der Passhöhe Korgfjell führt die E 6 in steilen Kurven runter ins Tal von Korgen. Achtung: rund 9 % Gefälle. Im Winter ist der Pass bei starken Schneefällen gesperrt (Schranke).

In dem Fall Ausweichroute ab Mosjøen: RV 78, RV 17 -> Levang: Fähre -> Nesna -> RV 17/ RV 12 -> Mo I Rana. Auch im Sommer eine mögliche Alternativroute, an km in etwa gleichlang. Allerdings teure Fähre Levang -> Nesna (2 Pers. und Auto ca. 17 Euro) und Extrazeit in Warterei auf Abfahrt (verkehrt ca. stündlich) plus Überfahrt ca. 20 Min. Details Seite 352.

Landschaftlich ist die E 6 via Korgfjell -> Korgen nach Mo I Rana bei klarem Wetter schöner.

## Korgen (ca. 1.000 Einw.)

An der E 6 im Tal, Sitz der Regionalverwaltung sowie der NVE/Rana Wasserkraftwerke. Ihr unterstehen sämtliche Wasserkraftwerke in Helgeland. Direkt an der E 6 großer Parkplatz mit Infotafel, Tankstelle, Hotel „Korgen Vertshus" und Supermarkt. Im Ort Bank, Post und Lebensmittel.

„**Korgen Vertshus**": neueres Gebäude am Parkplatz bei der E 6, zurückversetzt. Das Hotel ist Stützpunkt u.a. auch Trips zum Okstindan Fjell und Gletscher sowie der RV 806 Ri Süd zum Røssvatnet. Auch dort mögliche Trails, die den Südbereich des Okstindan erreichen.

Im EG größere Selbstbedienungs Cafeteria. Sowie Vermietung weniger Zimmer. Sie sind ordentlich, mit Privatbad, derzeit aber ohne TV. Ganzjährig geöffnet. DZ ca. 60 - 90 Euro. Tel.: 751.972.00, Fax: 751.972.10.

**OKSTINDAN**: Nord- Norwegens höchstes Fjell südöstlich von Korgan. Der Gipfelbereich bis 1.915 m, überzogen mit ausgedehnten Gletschern, die eine Fläche von ca. 45 qkm bedecken. Einer der „besten" Zugänge ab

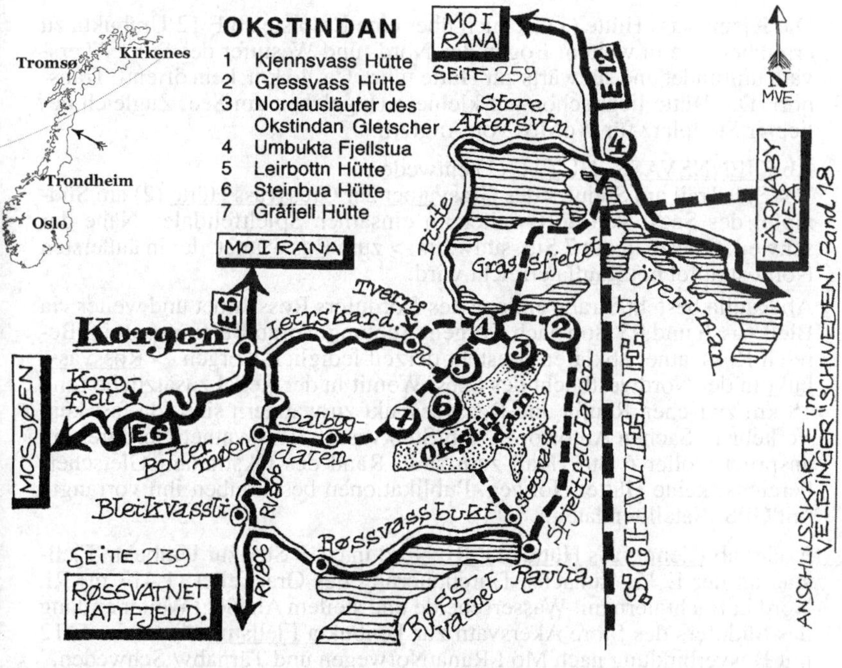


Korgan durchs Leirskardalen. Eine schmale, teils kurvenreiche Asphaltstraße im Tal aufwärts. Im Talboden seitlich des Gebirgsflusses Wiesen, die Berghänge sind bewaldet. Vorsicht in Kurven: zwar nur geringer Verkehr; sollte jemand entgegenkommen, gibt's nur wenig Platz zum Ausweichen! Kein öffentl. Transport (Bus); bei etwas Glück Autostop. Die Straße führt auf den Okstindbreen zu und endet nach ca. 15 km bei einem Gehöft TVERRÅ unterhalb eines Wasserfalls und steiler Berggipfeln. Ab hier entweder noch kurze Schotterpiste Ri. Südost, die an einem Berghang endet (anschließend Trail zur Leirbottn Hütte, 5). Oder ab Tverrå Gehöft:

* am Wasserfall bergauf und rund 3 Std. durch ein karges Hochtal zur KJENNSVASS- HÜTTE (1) am Kjenssvatnet. Der Trail ist nicht unbedingt spannend, - bringt aber die Möglichkeit, ab Hütte in steilem Anstieg und ca. 3 Std. den Nordausläufer des Okstindan-Gletschers (3) zu erreichen. Oben ein Eisfeld: Vorsicht betr. Gletscherspalten, die je nach Jahreszeit von Schneewehen verdeckt sind!

Die Besteigung der dortigen Gipfel Oksskolten (mit 1.915 m höchster des Okstindan sowie Nordnorwegens!) und des Okshornet (1.9o7 m) nur für erfahrene Bergsteiger mit Ausrüstung (Seil, Pickel, Steigeisen etc.). Etwas Glück ist auch wegen Wetter nötig: oft nebelverhangen. Der Gipfel wurde 1883 erstmals bestiegen. Bei klarem Wetter grandioser Panoramablick!

Die Kjennsvass Hütte (1) ist auch über eine Erdpiste ab E 12/Umbukta zu erreichen, die in weitem Bogen das Nord- und Westufer des Store Akersvatn umrundet und südwärts zur Hütte führt. Ca. 4o km, kein öffentl. Transport. Die Hütte liegt schön auf kleinem Hügelchen am See. Zugleich beliebter Stellplatz für WoMos von Anglern.

Ab KJENNSVASS- HÜTTE (1) entweder:
* 4 Std. Trail am Südufer des Grasvatnet zur Gressvass Hütte (2) am Südzipfel des Sees. Von dort weiter im einsamen Spjeltfeltdalen Nähe der schwed. Grenze in gut 7 Std. südwärts -> zum Røssvatnet, der in äußersten Nordostzipfel bei Raulia erreicht wird.

Ab Raulia besteht Straße entlang des Nordufers Røssvatnet und weiter via Bleikvassli und RV 8o6 nach Korgen. Achtung: vorab Bustransport im Bereich Røssvatnet abklären. Besteht derzeit lediglich Korgen -> Røssvassbukt in der Nordwestbucht des Sees. Womit in der Regel zusätzliche rund 18 km zwischen Raulia und Røssvassbukt zu wandern sind (da fast kein Verkehr in Sachen Autostop). - Ab Steikvasselv/Røssvatnet Nordufer ein anspruchsvoller 6 Std. Trail zum südl. Rand des Okstindan- Gletscherbereichs; keine Hütte. Norweg. Publikationen beschreiben ihn vorrangig mit GPS- Satellitendaten.

* oder ab Kjennsvass Hütte (1): Ri. Nord in ca. 8 Std. zur Umbukta Fjellstua an der E 12. Zunächst Durchquerung des Grasfjellet (1.417 m) Ri. Nord in Bachtälern mit Wasserscheide und steilem Anstieg. Weiter entlang des Südufers des Store Akersvatn zur Umbukta Fjellstue (4) an der E 12 mit Busverbindung nach Mo I Rana/Norwegen und Tärnaby/ Schweden.

Das 2- stöckige Holzhaus Umbukta Fjellstua in absoluter Einsamkeit eines breiten Tales war von 1918- 62 Zollstation der Grenze zu Schweden. Das Haus wurde anschließend für Wanderer als komfortable Übernachtung genutzt, - Zeiten, die leider passée sind. Man benötigt daher Zelt. Wanderungen zum Sutfjellet (1.473 m), Kalvatnet und eines mehrtägigen Trails entlang der schwed. Grenze zur E 6, die bei der Bollnastua am Stokkarfjellet erreicht wird.

* ab Kjennsvass Hütte (1): in ca. 6 Std. südwärts zur Leirbottn Hütte (5). Ab hier entweder im engen Tal des Leirskarelva in ca. 2 Std. bergab zum Ausgangspunkt Gehöft Tverrå. Achtung: in Gegenrichtung Extrazeit, da steil. Bzw. ab Leirbottn Hütte (5) zur Mini- Steinbua Hütte (6), die auch direkt ab Tverrå zu erreichen ist und Nähe einer Gletscherzunge des Okstindan liegt. Markierter Weg ab Hütte in ca. 3o Min. bis zum Gletscher.

* Leirbottn Hütte (5) -> Gråfjell Hütte (7) beschwerliche ca. 5 Std. Wanderung mit steilen Anstiegen 1.ooo m. Höchster Punkt die Hütte (7). Bei klarem Wetter schöner Blick auf Täler, Gletscher und Berggipfel. Ab Hütte ca. 1,5 km bis zum Gletscher. Sie ist Stützpunkt für Bergsteiger mit Ausrüstung für Besteigungen der Gipfel im Südwesten des Okstindan.

Ab Gråfjell-Hütte (7): ca. 2 Std. leichte Wanderung westwärts zum Beginn einer 6 km Straße im Dalbydalen abwärts (praktisch kein Verkehr, daher wandern) nach Bollermøen an der RV 8o6 (Bus nach Korgen). Die

Südroute ab Leirbottn -> RV 8o6 benötigt somit ohne Abstecher ca. 2 Tage bei landschaftlich schönen Abschnitten.

Ausrüstung: trotz bestehender Wegmarkierungen zwischen den o.g. Hütten und Trailverlauf meist in Tälern: unbedingt detailierte Wanderkarte des „Statens Kartverk" im Maßstab 1:5o.ooo mitnehmen. Weiterhin gutes Schuhwerk, warme Kleidung, Regenschutz, Kompass etc. sowie gegebenenfalls auch Zelt. Warnung vor Gletschertouren und Bergbesteigungen ohne entsprechende Ausrüstung! Gletschertouren ausschließlich nur mit ortskundigem Führer. Gletscherspalten sind oft mit Schnee bedeckt, daher sehr gefährlich.

Probleme bringen auf dem *„Dach Norwegens"*, wie der Okstindan in norwegischen Publikationen bezeichnet wird, - auch plötzlicher Wetterumschwung und Nebelbänke. Sie reduzieren jegliche Sicht auf wenige Meter. Das Weiterwandern speziell auf Gletschern bzw. Gipfelbesteigungen kann extrem gefährlich sein! Unbedingt campieren, bis das Wetter aufklart. Im Gepäck daher auch Ausrüstung fürs Notcampieren mitbringen. Weitere Infos Okstindan im „Korgen Vertshus"/Korgen, dem zentralem Ausgangspunkt für Touren und Besteigungen im Okstindan Bereich.

**KORGEN -> MO I RANA** (46 km): gut ausgebaute **E 6**, die zunächst in einem Tal nordwärts zum Sørfjord führt, der bei **BJERKA** erreicht wird. Im Ort kleines Heimatmuseum, weiterhin Fischzuchtanlage der Rana-Kraftwerke, neu gebaute Wohnviertel sowie Industrie, Bahnhof, Lebensmittelgeschäfte, Camping und Unterkunft.

„**Bjerka Kro og Overnatting**": Nergårdsg. 24. Nordnorweg. Wirtshaus mit wenigen Zimmern, die einfach eingerichtet sind. Dafür preiswert, DZ ca. 6o - 75 Euro. Ganzjährig geöffnet. Nebenan auch kleiner Camping mit Hütten. Tel.: 751.9o5.56, Fax: 751.9o7.91.

Zu erreichen: ab neuer E 6 und Abzweigung „Bjerka". Die neue E 6 führt mit Tunneln flott befahrbar nordwärts nach Mo I Rana und kürzt den alten Streckenverlauf der E 6 ab.

„**Hemnes Verthus**": im ca. 25 km nordwestl. entfernten Ort Hemnesberget Nähe der Autofähre über den Fjord. 16 Zimmer, ganzjährig geöffnet. DZ ca. 65 Euro. Tel.: 751.931. oo, Fax: 75o.937.98.

RANHEIMBRYGGA: kleines Museum im 25 km entfernten Hemnesberget, das sich mit Küstenhandel und Fischerei beschäftigt. Zu sehen auch Redaktionsbüro und Druckmaschine der „Nordlandszeitung" 1893. Das Museum ist Filiale des Freilicht- und Heimatmuseums in Bjerka (alte Holzgebäude). Nur im Sommer geöffnet; am besten vorher anrufen: Tel./Fax: 751.97o.oo und 751.971.o1.

**FINNEIDFJORD**: an der E 6 mit Kaviar- Fischfabrik und Sägewerken. Rund 1o km nördlich bei Skjånes an der E 6 schöner Blick auf den Ranafjord und Svartisen Gletscher/Gipfel im Norden.

## ★ Mo I Rana **(ca. 18.ooo Einw.)**

Oft auch kurz „MO" genannt. Im 19. Jhd. ein beschauliches kleines Handelsnest am Nordrand des Ranafjordes. Die Ansiedelung 1955 von Großindustrie der Eisen- und Stahlindustrie machte aus MO eine reichlich unattraktive Industriestadt mit damals ca. 5.ooo E. im Norden Norwegens.

Heute: Großindustrie nach wie vor am Fjord im östl. Stadtbereich. Hinzugekommen sind Dienstleistungsbetriebe „ohne Rauchschwaden" im östl. Stadtbereich des „Mo- Industripark". - Zumindet auch „Nachbesserung" im Stadtzentrum am Fjord beim Bahnhof mit kleinerer Fußgängerzone und Kaufhäusern. Mit dem Flair des Ortes kann man heute passabel leben, - wenn man auch sicher keinen „längeren Urlaub" in MO einlegen wird.

**Geschichte**: im frühen 18. Jhd. gab es ein kleines Gehöft am Fjord. Erste Kirche 172o. Am Nordrand des Rana-Fjordes wurde in kleinem Umfang mit Waren gehandelt.

Anfang/Mitte 19. Jhd.: Aufschwung durch limitierten Holzhandel. Die Schweden hatten mit Norwegen ab 1825 Verträge der Cooperation im Holzexport geschlossen. Hauptabnehmer: die damals aufstrebende Industrienation Großbritannien. Holz war begehrte und gut bezahlte Ware. Benötigt für Schiffsbau und in Minen zum Abstützen der Stollen.

Holz gab es im Norden Norwegens in Überfülle. Zudem ermöglichte die Rodung die Begründung von Siedlungen und landwirtschaftl. Betrieben im Norden des Landes. Im Gegenzug brachten die Schiffe industrielle Güter wie Haushaltsgerät, Werkzeug, Ackergerät und Waffen für die Jagd.

Auch für die Schweden waren die Cooperation sinnvoll. Der Weg ab norweg./schwedischer Grenzgebiete nach MO war kürzer nach GB, - als via Bottn. Meerbusen und dort im Winter vereist. Häfen der norweg. Westküste waren ganzjährig eisfrei.

Als die Britten um 183o den Holzhandel ab Norwegen durch hohe Zölle abriegelten (zur Förderung des Holzimportes ab Kanada), - wurde Frankreich wichtigster Handelspartner. Die „dicken Holzgeschäfte" wurden allerdings im Süden Norwegens abgewickelt. Trotzdem war der Holzhandel Beginn des Aufstieges von Minisiedlungen wie MO.

NORW. GROSS-SEGELSCHIFF (Scott) gebaut 1878 in Arendal/Südnorwegen. Eingesetzt für Transkontinental-Verkehr.

**186o**: der deutschstämmige Lars A. Meyer gründete ein Handelskontor in Mo. Wegen seiner Cleverness und des Verhandlungsgeschicks wurde es bald zur einer der wichtigsten Handelsgesellschaft in Nordnorwegen. Zudem Betrieb der Mofjell Mine.

**Ende 19. Jhds**.: Abbau von Eisenerz im Dunderlandsdalen nördl. von Mo (an der heutigen E 6) sowie Eisenindustrie in Mo, gemäß von Th. A. Edison entwickelter Techniken. Die Industrie wurde mit ausländischem Kapital aufgebaut und führte zu Bevölkerungsanstieg in Mo bis Mitte des 2o. Jhds.

**2. Weltkrieg**: die Nazis bauten ab 1941 ein Gleis von der Dunkersdalen Mine nach Mo, - um das, für die Rüstungsindustrie benötigte und in der Fabrik Mo weiterverarbei -

**MO I RANA**

1 BAHNHOF und BUSTERMINAL, TAXI
2 Fußgängerzone Jernebanegata mit Kaufhäusern
3 Ole Tobias Hotel
4 Meyergården Hotel
5 Rana Museum (kulturhist. Abteilung)
6 Polizei, POST, - Babettes Gjestebud
7 Rathaus
8 Mo Kirche
9 Rana Gjestgiveri
1o Holmen Hotel, daneben TANKSTELLE
11 Abelone Restaurant, Fammy Leilighets Hotel, Martin's Snacks
12 TOURIST - INFO
13 TANKSTELLE
14 Rana Museum (naturhist. Abteilung)
15 Industrie- Hafen
16 Bech's Hotell/ Camping
17 Stenneset Museum
18 Talvikparken
19 Idrettshall, Schwimmbad
20 Rica Hotel

tete Eisenerz ab Mo verschiffen zu können. Das Gleis wurde 1942 fertiggestellt durch deutsche Pioniere der Hitler- Besetzung Norwegens. Durchgängige Eisenbahnverbindung Mo ->Mosjøen -> Trondheim jedoch erst ca. 1944.

**1946**: nach Kriegsende Gründung der „Norsk Jernverk“. **1955** eines der größten Stahlwerke der Welt zur Produktion u.a. für Schiffsindustrie. Weitere Expansion auch in Bevölkerung von Mo, sowie Stromversorgung aus einem riesigen Netz von Wasserkraftwerken, Staudämmen und Umleitungskanälen im Gebiet südlich bis Røssvatnet. Im Kokswerk wurde anfangs Kohle aus Spitzbergen verheizt, bei allerdings erheblicher Umweltverschmutzung. Industrien, die heute erhebliche Subventionen benötigen (um Arbeitsplätze zu erhalten). Im Ausland wird billiger produziert.

Der norweg. Staat setzt daher auf umweltfreundlichere Arbeitsplatz- Maßnahmen. Im Mo-Industripark im Osten der Stadt heute Dienstleistungsbetrieben u.a. der Computerindustrie. Ein Bereich, der sich momentan noch im Aufbau befindet. Seit 17. März 1999 besitzt Mo den Status eines „Freeports“ mit Sondervergünstigungen für Import und Export. Damit soll die Ansiedlung neuer Gewerbezweige gefördert werden.

MO heute: im Fjordbereich westl. Bahnhof (1) wurde durch Aufschüttung das Terrain erheblich erweitert, um dort Gewerbebetriebe anzusiedeln sowie Bau von Wohnhäusern. Der Bereich ist teils bebaut.

FUSSGÄNGERZONE/ JERNBANAGATA ab Bahnhof mit Kaufhäusern und Stehimbiss. „Domus“ und „Meyer“ u.a. steht außen an den Gebäuden angeschrieben. Innen Shopping Centers mit Vielzahl kleinerer weiterer Geschäften (vorwiegend Kleider, Lebensmittel). Die Fußgängerzone ist das Ortszentrum. Tagsüber viel Leben (teils auch Straßenmusikanten); nach Geschäftsschluß sind die Bürgersteige hochgeklappt.

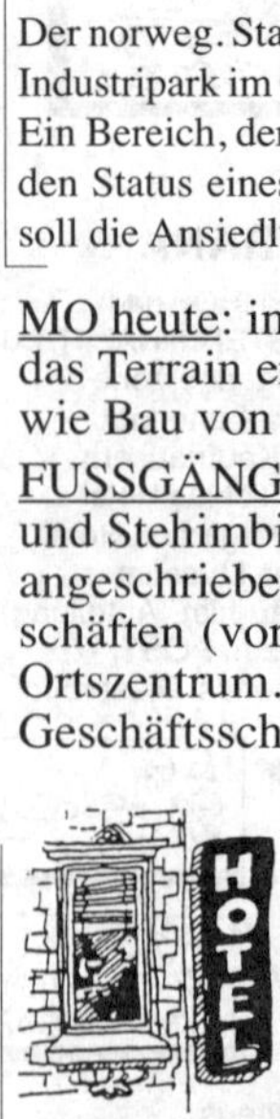


„**Meyergården Hotell**“ (4): Fr. Nansens Gata 28, in ruhiger Seitenstraße Nähe Bahnhof. Der Hotelprospekt schreibt: „die Atmosphäre und Werte vergangener Zeiten wurden sorgfältig bewahrt...“ Richtig ist: im (sehr schönen) alten Teil (Holzgebäude 19. Jhd.) nur wenige Zimmer. Dort hauptsächlich Aufenthaltsräume. Im Flur viele alte Gewehre an der Wand, die Räume mit altem Mobiliar.

Der neuere Teil ist ein 3- 5 Stock Betongebäude mit funktional eingerichteten Zimmern, TV, Kachelbad und Blick vom Fenster nicht immer super. Gehobene Preise. Insges. 15o Zimmer, ganzjährig geöffnet. Kleiner zurückversetzter Garten, gute Hotelküche. Das Hotel gehört der Familie Meyer, die ab 186o Handelsmonopol in Mo besaß. Der Holztrakt war das damalige Verwaltungsgebäude. DZ ca. 75- 15o Euro je nach Saison. Tel.: 751.34o.oo, Fax: 751.34o.o1.

„**Comfort Hotel Ole Tobias**“ (3): gegenüber, O.T. Olsens Gata 26. Ein dreistöckiges Gebäude plus Dachausbau. Kleiner Eingangsbereich mit für unseren Geschmack etwas kitschigen Tapeten. Schön: in den Gängen alte Fotos zum Bau der Nordland- Eisenbahn und ihres Erbauers Ole Tobias (183o- 1924). Das Thema setzt sich als Deko bis hin Teppich fort: er besitzt die farbliche Struktur von Eisenbahngleisen... Freundliches Personal an der Rezeption bei unserem Check.

Die 3o Zimmer ordentlich, mit Kiefernmöbeln und (etwas gewöhnungsbedürftig) grellfarbig gestrichenen Wänden (z.B. rot). Mit Bad und TV. Ganzjährig geöffnet. DZ ca. 125 Euro. Tel.: 751.577.77, Fax: 751.577.78.

„**Rainbow Holmen Hotell**“ (1o): Westensgata/Sørlandsveien, Nähe Bahnhof an der ehemaligen E 6. Damals hatte das Hotel gewisse Lärmbelastung, zumal die Straße dort ansteigt (bedeutete raufgedrehte Motoren). Seit Ortsumgehung E 6 heute nachts ruhig und Übernachtungstip für Mo. Das „Holmen“ war unser Standquartier während unserer Recherchen in der Region Mo. Modern, komfortabel - und zentrale Lage.

44 Zimmer mit Bad und Kabel- TV mit 24 Kanälen. Im EG: Pub, Bar im 1. Stock Restaurant „Mat & Vinhus Karjolen“. Ganzjährig geöffnet. DZ ca. 1oo- 16o Euro. Tel.: 751.514.44, Fax: 751.518. 7o.

„**Fammy Hotell**“ (11): Nähe Bahnhof, O.T. Olsens Gata 4 am südl. Ortseingang. 2-stöckiges Betongebäude, sauber. Blick von den Zimmern nach hinten Ri. wenig attraktiven Innenhof. Vornraus freier Blick, aber wegen Straße u.U. laut. 15 Zimmer: mit Sofa und Kochgelegenheit, Tisch, Bad und Kabel TV. Per Holztreppe rauf zur Galerie, dort Doppelbett. Ganzjährig geöffnet. DZ ca. 8o -1oo Euro. Tel.: 751.519.99, Fax: 751.519.9o.

„**Mo Gastegård**“ (9): im südl. Ortsteil Nähe Holmen Hotel. Ruhig gelegen und ganzjährig geöffnet. 13 einfach ausgestattete Zimmer mit Etagendusche/WC. DZ ca. 55- 75 Euro. Elias Brixgt. 5. Tel.: 751. 522.11, Fax: 751.522.11.

„**Bech's Hotel & Camping**“ (16): ein Mix aus Motel und Camping, rund 3 km nördl. vom Mo Zentrum, Abzw. Ri. Ortsteil „Gruben“, dort ausgeschilderte Abzweigung rechts runter in eine Mulde unterhalb der Straße. Reichlich trist- graues Motel. Lage nicht unbedingt Top. 46 Doppelzimmer mit Du./WC, ebenerdig; der PKW parkt davor. Davor kleine Wiese mit seitlich Hütten unter Birken und Camping. Nur zur Sommersaison geöffnet. DZ im Motel ab ca. 6o Euro je nach Auslastung. Tel.: 751.441.44.

„**Bimbo Hotel**“: an der E 6 ca. 5 km nördl. von Mo in einer Straßenkurve bei Tankstelle. Von daher nicht unbedingt leise, aber mögliches Quartier, wer unbedingt ein Bett braucht. Details siehe weitere Routenbeschreibung „Mo -> Fauske“.

„REST. ABELONE“ (11): Olsen Gata, Nähe Bahnhof. Gemütlich eingerichtet mit viel Holz. Gerichte: Bife, Pizzen, Lachs, Salat etc. bei gehobenen Preisen. - Daneben Bowling Center und Spielautomaten.

„O'MARTINS“ (11): um's Eck, an der, den Hang raufführenden Straße. Im Angebot Hamburger, Snacks und Pizzen. Empfehlenswert: pikante Hamburger (ca. 5 Euro), Cheesburger; schmeckt gut. Auch Pizzen: bereits die sogenannte „kleine“ (ca. 7,5 Euro) ist beachtlich groß. Zwar nüchternes Ambiente mit Neon etc., aber betr. Snacks und Pizzen Tip!

„BABETTES GJESTEBUD“ (6): in der Fußgängerzone. Snacks und gute Salate bei mittleren Preisen.

„MEYERGÅRDEN HOTEL“ (4): gute norweg. und internationale Küche, auch fangfrischer Lachs etc. Derzeit das wohl beste (und teuerste) Restaurant von Mo. - Flair hat das „Meyer Caféen“ mit Pflanzen. Schöne Stelle zum Relaxen bei Cafe und Kuchen.

„MAT & VINHUS KARJOLEN“ (1o): im Holmen- Hotell. Kleiner Pub in der Lobby, das Restaurant mit guter Küche bei mittleren bis gehobenen

Preisen. Der Raum dient morgens den Hotelgästen für's Frühstück.

„CHINA KRO REST.": Fußgängerzone zentraler Bereich. Mittlere Preise.

„DOMUS CAFE" (2): im Domus- Kaufhaus/Fußgängerzone beim Bahnhof. Kaffee, Kuchen, Snacks und kleinere Gerichte bei mittleren Preisen.

Tourist INFO an der E 6 im südl. Ortseingang siehe Karte (12) in Holzhaus. Vermittelt werden Zimmer sowie Trips z.B. zum Okstindan (geführte Wanderungen) und zum Svartisen Gletscher.

## SEHENSWERTES

Gibt's in MO relativ wenig. Erhalten ist ein winzig kleiner Altstadtbereich (Moholmen, 14) mit wenigen Holzhäusern. Interessant ist das Museum (5 und 14), - ansonsten liegen die Attraktionen wie Svartisen Gletscher und Höhlen weit nördlich, Details siehe Folgekapitel.

MO- KIRCHE (8): gebaut 1832 zu Beginn des Aufschwungs der kleinen Siedlung Mo am Ranafjord. Errichtet an der Stelle einer ersten Kirche von 172o/86. Erweiterung und Innenausbau (Altar) 186o. Die Kirche ist (ausgenommen Kunsthistoriker) für den Besuch kein unbedingtes „muß".

RATHAUS (7): modernes Gebäude (1964- 7o) an der Fußgängerzone mit mehreren Kaufhäusern (Domus und Meyer etc.) im Umfeld. Keine High-Lights erwarten, - zumindest spielt sich hier tagsüber das Leben ab...

RANA MUSEUM (5): die kulturhistorische Abteilung zeigt die Geschichte der Region, beginnend von ersten Jägern in den Wäldern, erster Nordland- Pioniere, die das Land rodeten und kultivierten, - hin zur Industriealisierung der Region und Bergbau. Weiterhin Bürgertum des 19./2o. Jhds. sowie Kultur der Samen. Ein modernes Gebäude Nähe Fußgängerzone. Geöffnet: ganzjährig (im Winter allerdings nicht tägl.). Eintritt 2,5 Euro.

RANA MUSEUM (14): die naturhistorische Abteilung im Ortsteil Moholmen nördl. des Bahnhofs in Holzhaus direkt am Bahngleis. Das Museum zeigt Überblick Tiere und Pflanzen der Region und ist einziges zwischen Trondheim und Tromsø zum Thema. Geöffnet: ganzjährig. Eintritt 4 Euro.

IDRETTSHALL (19): mit öffentlichem Swimmingpool (Moheia Bad).

STENNESET MUSEUM (17): in Båsmøen an der RV 12, ca. 1o km vom Mo- Zentrum. Freilichtmuseum mit 18 Häusern aus der Zeit 178o- 192o. Der Einblick in damalige Lebensbedingungen ist interessant. Geöffnet nur Ende Juni bis Ende August und derzeit nur So. Eintritt frei.

## Verbindungen ab Mo I RANA

**ZUG**: der Bahnhof (1) im Ortszentrum bei der Fußgängerzone. Nach -> Trondheim 3 mal tägl., ca. 6 Std. sowie nach Bodø 3-4 mal tägl., ca. 3 Std. Unterwegs in Fauske besteht Umsteigemöglichkeit in den Bahnbus nach Narvik.

**BUS**: Abfahrt direkt beim Bahnhof (1). Mehrmals tägl. via E 6 -> Korgen -> Mosjøen (ca. 2 Std.). Bei klarem Wetter eine landschaftl. großartige Strecke übers Korgfjell mit Fernblick zum Okstindan. Weiterhin mehrmals tägl. Mo -> Hemnesberget (im Südwesten, Fahrzeit 1 Std.) mit dortiger Fähre über den Fjord -> Leirvika (Überfahrt 25 Min.). Bzw. tägl. Mo -> via RV 12 nach Nesna/Westküste, Fahrzeit 1 1/2 Std., ca. 1o Euro.

Mo -> Korgen -> Bleikvassli: tägl. außer Sa., Fahrzeit rund 2 1/2 Std., ca. 1o Euro. Teils fährt der Bus weiter nach Røssvassbukt am Røssvatnet.

Mo -> (RV 12/RV 17) -> Tonnes/Westküste: tägl. 1 - 2 mal, Fahrzeit ca. 2 1/2 Std., ca. 15 Euro. Ab Tonnes Fährverbindungen zu vorgelagerten Inseln. Ebenso 1 - 2 mal tägl. Mo -> (RV 12/17) -> Kilboghamn (2 Std., ca. 15 Euro) mit Fähre rauf nach Jetvik (an der RV 17, Straße -> Bodø).Mo -> Sandnessjoen/RV17: 1-2 mal tägl., ca. 21/2 - 3 Std.

Mo -> Storforshei (mehrmals tägl., rund 45 Min., 4 Euro) -> Krokstrand (an der E 6 Ri. Nord): letzter Ort im Dunderlandsdalen, bevor die Straße zum Saltfjell aufsteigt, ab Mo derzeit nur Schulbusse bis Krokstrand. Die Strecke rauf übers Saltfjell nach Rognan und Fauske wird primär per Zug betrieben, da komfortabler. Insbes. im Winter ist der Zug zudem das bei Schneefällen bequemere und schnellere Verkehrsmittel.

Mo via E 12 -> Umbukta/Grenze -> Tärnaby/Schweden -> Storuman -> Umeå: tägl. 1 mal. Die Querverbindung von Mo zum Bottn. Meerbusen. Fahrzeit bis Tärnaby 2 1/2 Std., ca. 1o Euro, bis Umeå 7 1/2 Std., ca. 25 Euro. Achtung: im Winter kann die Strecke über den Grenzpass wegen starker Schneefälle gesperrt sein. In Storuman/Schweden besteht Anschluß an den Zug (Inlandsbana via Vilhemina) nach Süd/Östersund. Fährt aber nur im Sommer. Dagegen Bus ganzjährig tägl.

**MIETWAGEN**: Hertz, Mo I Rana, Gjennomgangen 9, Tel.: 751.522.55. - Bilhuset, Mo I Rana, Verkstedveien 1, Tel.: 7515o6.22

**FLUG**: der AIRPORT liegt bei Rossvoll ca. 12 km nördlich von Mo. Zufahrt: E 6 Ri. Fauske, nach rund 1o km ausgeschilderte Abzw. links und weitere 2 km. Ein kleines, aber modernes Airportgebäude. Relativ lange Beton Start-/ Landepiste im Tal zwischen hohen Bergketten. Der Airport wird von Propellermaschinen der Wideroe angeflogen.

**Tipp**: Ausgesprochen schöne Flugstrecken im Bereich Mo über Gletscher, Gebirgsketten, Küstenlandschaften und vorgelagerter Inseln. Auch wer mit eigenem Auto unterwegs ist, - sollte einen Rundtrip per Wideroe einlegen, gutes Wetter Vorraussetzung.

WIDEROE fliegt ab Mo nonstop: -> Bodø: 3- 4 mal tägl., 3o Min. (bei klarem Wetter großartiger Flug über Gebirgsketten mit ewigem Schnee, Seen und Svartisen Gletscher, links sitzen!). -> Brønnøysund/Westküste: tägl. 1 mal, 3o Min. (bei klarem Wetter schöner Flug über Fjorde mit Blick

auf Küste und Inseln, rechts sitzen!). -> Mosjøen: 2- 3 mal tägl., 3o Min. (rechts Fjorde, links Okstindan Gletscher und -Gebirge, super!).
-> Namsos: 2 mal tägl. außer Sa., 1 1/4 Std. Nach -> Rørvik: 1 mal tägl. außer So., 45 Min. (rechts sitzen, zerklüftete Küstenlandschaften und Inseln). -> Sandnessjøen/Westüste: tägl. 2 - 3 mal außer So., 25 Min. (links Fjorde, fast schöner aber rechts: Küstenlandschaften und Inseln). Weitere Ziele mit Umsteigen.

Busverbindung ab Mo zum Airport ab Meyergården Hotel via Holmen Hotell, Fahrzeit ca. 2o Min. - Tel. Widerøe: 81o.o12.oo.

➡ **MOFJELL**: begrenzt Mo I Rana im Osten bei teils Superblick auf Stadt und Fjord. Im Winter ist das Fjell beliebt bei Skilangläufern, - im Sommer parken Angler sowie verirren sich vereinzelte WoMo Fahrer, die hier oben Stellplätze mit Panorama Blick suchen.

Hierzu wie folgt: die Auffahrt ist an km aufwendig, zudem steil. Zwar Asphalt aber schmal. Superstellplätze mit 18o Grad Panorama gibt es, jedoch zu sehen nur ein Teil von Mo und Fjord.

Zufahrt: ab Mo die E 12, ausgeschildert „Umeå". Nach ca. 1o km Abzweigung rechts: ausgeschildert „*Brennåsen*". Nach 3oo m weitere Abzweigung: hier rechts leicht bergab. Nach ca. 1,8 km Abzw. bei einem Elektro- Umspannwerk, hier links fahren. Asphaltierte, schmale Straße steigt in Kurven am Hang rauf. Nach ca. 2 km Abzw. links fahren (re. endet der Weg nach wenigen hundert Metern auf einem Schotterplatz ohne Blick vor verschlossener Mine).

Links gefahren (siehe oben) weitere ca. 2,5 km bergan am Hang und derzeitiges Ende der Asphaltpiste. Die Straße geht weiter den Hang rauf als sehr schlechte und steinige Erd-Steinepiste. Sie hat fast Pfad- Charakter für Fußgänger. Der WoMo Fahrer sollte spätestens hier umkehren, um sein Fahrzeug im Unterboden zu schonen.

FAZIT: ca. 17 km ab Mo zu fahren bis o.g. Position des „Pfadbeginns". Damit ist noch nicht der höchste Punkt des Fjells erreicht. Schöner Blick bereits vorher auf ein langgestrecktes Tal und Mo. Fragt sich, ob man komplett bis Position Pfadbeginn rauffährt. Bereits Bereiche um km 15 bringen ähnlichen Blick. Seitlich der Straße öfters kleinere Buchten zum Abstellen des WoMos. Es gibt Mini- Wassertümpel, spärliche Vegetation: Strauchwerk und kleine Birken. - Rauffahren mag mit Abstrichen lohnen. Bei knapper Zeit ist ein nächtlicher WoMo Stellplatz z.B. beim Schwimmbad (19) in Mo I Rana sinnvoller.

➡ **MO I RANA-> TÄRNABY/ SCHWEDEN**: asphaltierte und gut ausgebaute Querverbindung (E 12) von Mo nach Schweden. Ausgeschildert in Mo mit Wegweiser „Umeå, E 12"; steigt in Kurven in einem Tal rauf zur Grenze. Die E 12 auch „*BLÅ VEGEN*" (blaue Straße) genannt: - eine Fernverbindung, die in Nesna/Norwegen am Atlantik beginnt, via Mo I Rana nach Nordschweden und dort entlang vieler Seen zum Botn. Meerbusen führt. Auf der finnischen Seite setzt sich der „Blå Vegen" durch üppige Seenlandschaften nach Russland fort. „Blaue Straße" wegen der vielen Seen.

Die E 12 erreicht im norwegischem Abschnitt die Wandergebiete des Store Akersvatnet und des Kjennsvatnet/Grassvatnet, beschrieben Seite 257. - Frühere Grenzstation zu Schweden (4o km ab Mo) war das kleine Häuschen Umbukta. Heute an der Grenze eine Vielzahl Hütten, die von Hobby Fischern genutzt werden und (im Sommer offene) TI in Container.

An der Grenze keine Kontrollen mehr, 73 km gut ausgebaute Straße bis TÄRNABY/Schweden mit Vielzahl an Unterkünften und mehreren Restaurants. Der Ort langgestreckt am Nordufer des Overuman Sees unterhalb Bergketten. Im Winter 4 Lifte und Skipisten (z.T. beleuchtet). Im Ort Tankstellen und Supermärkte. Tärnaby ist einer der nördlichsten Orte mit Abfahrts-Skibetrieb in Schweden. Der Pluspunkt: Schneegarantie ca. Anf. Nov. bis Mitte April bei allerdings nur kurzem bis keinem Tageslicht. Im Sommer in Tärnaby Tourismus im Wandern, Angeln etc.

Weiter auf der E 12 nach Umeå an der schwed. Küste und Bottnischem Meerbusen, bzw. auf Nebenstraßen ab Storuman Ri. Nord in schwedische Gebiete Lapplands, die Straßenverbindung in den norweg. Teil der Finnmark besitzen. Details siehe VELBINGER Band 18 „Schweden".

**MO I RANA -> WESTKÜSTE / NORWEGEN**:

In MO entscheidet sich der weitere Routenverlauf Ri. NORD: Die landein verlaufende **E 6** ist der schnellere Weg Ri. Nord via Fauske und Narvik zum Nordkap.

Landschaftlich lohnend die Küstenroute Mo -> **RV 12/RV 17** via Glomfjord -> Ornes -> Bodø. Sie benötigt an reiner Fahrzeit mit eigenem Auto gut 3/4 Tag. Zuzüglich Stops, Abstechern sowie Trips zu vorgelagerten Inseln und Wanderungen 2 - 4 Tage oder mehr.

Die RV 12/RV 17 ab Mo nach Bodø ist einer der schönsten Abschnitte der nordnorw. Küste, sofern man sich die Zeit für Abstecher nimmt. Details ab S. 351.

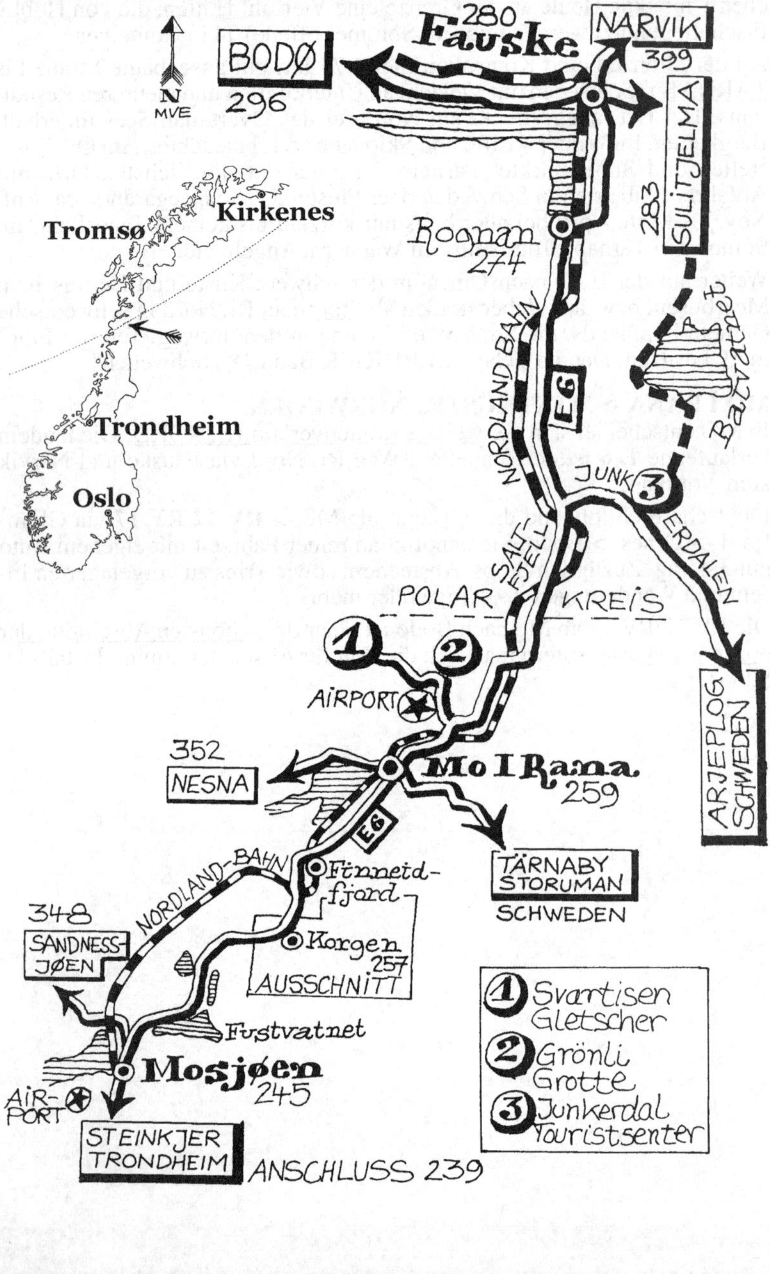
N
MVE
Kirkenes
Tromsø
Trondheim
Oslo
280
Fauske
BODØ
296
NARVIK
399
SULITJELMA
283
Rognan
274
Balvatnet
NORDLAND BAHN
E6
JUNK
3
ERDALEN
SALTFJELL
POLAR KREIS
1
2
AIRPORT
ARJEPLOG
SCHWEDEN
352
NESNA
Mo I Rana
259
E6
TÄRNABY
STORUMAN
SCHWEDEN
NORDLAND-BAHN
Finneidfjord
348
SANDNESSJØEN
Korgen
257
AUSSCHNITT
Fustvatnet
Mosjøen
245
AIR-PORT
STEINKJER
TRONDHEIM
ANSCHLUSS 239
1 Svartisen Gletscher
2 Grönli Grotte
3 Junkerdal Touristsenter

# MO I RANA -> FAUSKE (E 6, 2o5 km)

*Zunächst durchs DUNDERLANDSDALEN im Flußtal mit viel Vegetation, vereinzelten Gehöften sowie Minen, die zu Beginn des 19. Jhds. im Eisenerzabbau bedeutend waren. - Lohnender Abstecher zu den schönsten, wenn auch kleinen Höhlen Norwegens: GRØNLIGROTTA, SAETERGROTTA - sowie zum Ausläufer des SVARTISEN GLETSCHERS in südöstl. Bereich. Überquerung des kargen SALTFJELL und POLARKREIS (Museum). Je nach Wetter peitscht der Wind die Regen- und Nebelschwaden. Oder aber freier Blick über eine Steinwüste. Die E 6 anschließend kurvenreich runter ins SALTDALEN zum Saltdalsfjord und via Ostufer zum Ziel Fauske.*

*Zeitbedarf Mo -> Fauske ohne Abstecher und Stops ca. 2 1/2 - 3 Std. Im Winter ist die E 6 bei entsprechenden Schneefällen gesperrt. Dann bleibt nur der zeitaufwendige Trip via Küste, Fähren und RV 17*

Ab Mo die E 6 im Tal ansteigend und nach ca. 5 km rechts TANKSTELLE

Dort seitlich hinter Pallisade versteckte „Rooms" (Übernachtung Privat). Auch links neben der Tankstelle Übernachtungsmöglichkeit im „**Bimbo Hotel**": Kleines Holzhaus mit Kro im Erdgeschoß, Cafeteria- Selveservice und Spielautomaten. Beliebt bei LKW- Fernfahrern, die nach dem Tanken einen Essensstop einlegen bzw. ihr Glück am Automaten probieren. Vermietung weniger Zimmer, einfach eingerichtet mit Privatbad. Zudem wegen der E 6 nicht immer leise. Dafür preiswert, DZ ca. 5o Euro.

In **SKONGSENG**/E 6: Abzweigung zu den Höhlen und zur südl. Gletscherzunge des Svartisen. Kurz nach der Abzweigung links der Straße ein großer Parkplatz mit Infotafel. Zugleich möglicher Stellplatz für WoMos. Nach rund 2 km links der Mo I Rana- Aiport, - bzw. ab Abzweiger E 6 in ca. 8 km bis zur **GRØNLIGROTTA**:

Sie ist die einzige beleuchtete Höhle Skandinaviens. Die Führung ab Eingang zunächst in trockenem Höhlengang, später entlang eines unterirdischen Flußlaufes mit kleineren Wasserkaskaden. An einer Stelle hat der eiszeitliche Gletscher einen riesigen Granitblock in die Höhle reingedrückt. Der tourist. Teil der Höhle benötigt ca. 3o Min. Geöffnet nur 2o. Juni - 2o. Aug. Eintritt knapp 7,5 Euro.

**SAETERGROTTA**: 1 km nebenan. Sie ist die größte der Rana-Grotten. Bisher erforschte Gänge von mehr als 2.5oo m. Riesige Berghallen, dann wieder enge Passagen, durch die man durchkriechen muß. Auch Wasserläufe sowie riesige „Potholes", vom Gletscher ausgeschwemmte, kreisrunde Löcher im Berg. Die Höhle ist nicht beleuchtet. Der Besucher bekommt Helm mit Lampe, Gummianzug und Schuhe. Das „authentische Höhlenerlebnis" im Norden Skandinaviens. Besichtigung mit Führung ca. 2 Std. Geöffnet Anfang Juni bis Ende Aug. Eintritt ca. 9 Euro.

**SVARTISEN GLETSCHER**: zweitgrößter Gletscher Norwegens. Der Name zu deutsch *„schwarzes Eis"* kommt von Bodensedimenten (Erde, Pflanzen), die der Gletscher mit sich führt. Er führt trotzdem weitgehend

„weißes“ Eis mit geringer Graufärbung. Hinzu kommen Ablagerungen auf der Oberfläche des Gletschereises durch Luftverschmutzung (z.B. der früheren Mo I Rana Großindustrie, aber auch durch Winde von Industriebetrieben in Mitteleuropa).

Mit ca. **37o qkm** (in den 7o-er Jahren, - heute ca. **35o qkm**), ist das Svartisen Gletschergebiet an Fläche ständig abnehmend. Trotzdem ein gigantisches Areal, - aufgespaltet in den Gletscherbereich WEST (Vestisen) - und OST (Austisen).

Dazwischen ein eisfreies Süd-Nordtal und wichtige Tangente für lohnende 3- Tageswanderungen. Sie erreichen das Innere des Gletscherbereiches mit Vielzahl an Seen und grandioser Landschaft. Der größte von Gletschern gespeiste See im Zentrum ist der Storglomvatnet. Es gibt mehr als 6o (!) Gletscher- Zungen, die in weitere Seen kalben. Die meisten sind nur auf längerer Wanderung erreichbar, - ein Eldorado an Trails und Naturschönheit, wer herbe Landschaften mag!

Die für den Autotouristen am leichtesten zu erreichenden Gletscherzungen, jeweils plus kürzere Wanderung:

* ab **E 6** der AUSTERDALS- VATNET, Details siehe unten
* ab **RV 17** Küstenstraße in Glomfjord und Stichstraße + Wanderung zum STORGLOMVATNET. Bzw. ab RV 17 ca. 35 km südlich von Glomfjord zum ENGENBREEN/GLETSCHER. Details siehe RV 17.

**AUSTERDALS- VATNET**: zu erreichen ab E 6/Abzweiger Sonkseng ausgeschildert „Svartisen“. Ab Abzweigung/E 6 eine Asphaltstraße via Grønli Grotte in 32 km zu einem Parkplatz am SVARTISVATNET und Bootsanleger, Kiosk. Der See liegt in ca. 73 m über Meer und war früher Endpunkt des Gletschers. Heute hat sich die Gletscherzunge wegen Klima- Erwärmung zum Austerdalsvatnet zurückgezogen.

Ab Parkplatz Svartisvatnet: Bootsverbindung (ca. 2o. Juni- Ende August) über den See zu seinem Westende. Abfahrt 4 mal tägl.; zu HS (ca. 1o.7.- 1o.8.) stündlich. Das Schiff benötigt 2o Min. für die Überfahrt. Preis ca. 5 Euro/Person retour. Die besseren Plätze im vorderen Teil des kleinen Bootes; hinten Dieselqualm. Es fasst lediglich rund 5o Personen. Zur HS viel Andrang; notfalls muß man auf die nächste Abfahrt warten.

Ab Westende/Svartisvatnet (und dortigem Bootsanleger) führt ein Trail in ca. 5o Min. zum AUSTERDALSVATNET (2o8 m über Meer) mit kalbenden Gletschern in den See.

Die Szenerie lohnt den Abstecher, - bedeutet aber mit eigenem Auto bis Parkplatz plus Boot und Wanderung retour ca. 1/2 Tag. Eigene Entscheidung, - ob man die Besichtigung zeitl. investieren will, Bedingung klares Wetter! Zumindest läßt sich zur HS auch eine der Höhlen einbauen, - somit ein Ganztages- Abstecher ab E 6.

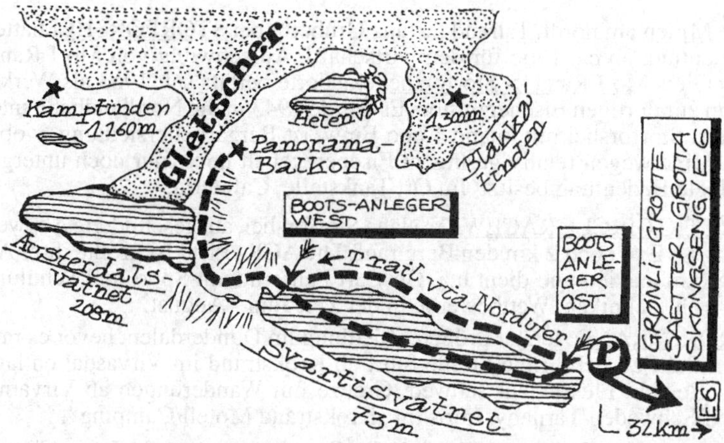


Schilder am Austerdalsvatnet warnen, - zu nah an den kalbenden Gletscher zu gehen. Plötzlich abbrechende Gletscherplatten können den See in Art Flutwelle ans Ufer schwappen; jedoch nicht die Regel. Eine bizarre Eiswelt verlockt zur näheren Besichtigung. Der Abschnitt Bootsanleger/West -> Austerdalsvatnet ist mit soliden Sportschuhen und Profil ok.

Für den Aufstieg zum **PANORAMABALKON** (siehe Karte): gute Wanderschuhe mit Profil, da steinig. Zudem warme Jacke, da im Sommer und auch bei Sonne eiskalte Winde über die Gletscherzunge runterwehen. Der Aufstieg bei klarem Wetter lohnt sehr! Zu überwinden sind 4oo Höhenmeter ab Austerdalsvatnet.

Der Trail führt ab See parallel östlich zur Gletscherzunge den Berghang rauf, der mit Felsplatten wie ein Baumkuchen geschichtet ist = sehr unregelmäßige Stufen, zudem bröckelig. Orientierung unschwer. Dies sofern kein Nebel aufkommt: in dem Fall Aufstieg umgehend abbrechen! Bereits nach ca. 45 Min Aufstieg Superblick über die Gletscherzunge und umliegende Gipfel des Süd-Svartisen. Bei knapper Zeit muß man nicht rauf bis zum Panoramabalkon; bereits vorher toller Blick. Unbedingt die Uhr im Auge behalten betr. Rückwanderung und Bootsabfahrt. - In der Zeit vor Juni ist der Trail wegen Schneewehen nicht begehbar.

NORDUFER SVARTISVATNET: wer im Sommer das Boot verpasst: ein Trail (ca. 1- 1 1/2 Std.) führt entlang des Nordufers. Reichlich matschig wegen Vielzahl an Bächen und sumpfigem Uferbereich am Berghang. Das Boot über den See ist die bessere Wahl. - Im Winter einziger Zugang: Ski sowie Zelt. - Weitere Details SVARTISEN und Wanderungen: Seite 36o.

⇩ **Weiter auf der E 6**: ab Songsgeng (Abzweiger zum Svartisen) führt die E 6 im DUNDERLANSDALEN Nordost. Vereinzelte Gehöfte in Wiesen im Talboden des zunehmend engeren Flußtales.

Die Minen am nördl. Talrand („Rana Gruber") bei STORFORSHEI hatten Bedeutung ab ca. 19oo für den wirtschaftl. Aufschwung von Mo I Rana. Ein Gleis Mo I Rana -> Storforshei existierte bereits seit 19o3 als Werksbahn zur dortigen Eisenerzgrube. Es wurde 1943 in die Nordlandbahn integriert. Storforshei mit knapp 1.ooo Einw. ist Bergarbeitersiedlung, wobei die Mine wegen relativ geringem Eisenerzgehalt heute nur noch untergeordnete Bedeutung besitzt. Im Ort Tankstelle, Cafeteria.

ARCTIC CIRCLE RACEWAY: Nähe Storforshei, ausgeschilderte Abzweigung ab E 6, noch 2 km den Berg rauf. Die ACR- Piste ist größte ihrer Art in Skandinavien und dient u.a. Go-Cart Fahrern zum Sport und Schulung der Fahrtechniken. Wettbewerbe in der Zeit Juni - August.

KROKSTRAND: letzter größerer Siedlung im Dunderdalen, bevor es rauf zum Saltfjell geht. Eine Straße führt ab Krokstrand im Virvasdal entlang des gleichn. Flusses zur schwed. Grenze mit Wanderungen ab Virvatnet nach Schweden/Tärnaby. Infos im „Krokstrand Motell/Camping".

„**Krokstrand Motell, Cafe - Camping**": unten an der E 6 im Ortszentrum. Multifunktionaler Betrieb mit Cafe/Restaurant und Frühstück, hausgemachter Kuchen und Kaffee, mittags warme Gerichte.

Weiterhin 9 sehr einfach eingerichtete Doppelzimmer, aber mit 45 Euro recht preiswert. Im ebenerdigen Motel gibt's derzeit weitere 4 Zimmer.

In einem Kiosk Verkauf von Lebensmitteln und Miniabteilung mit gängigen Souvenirs. Hinzu kommt ein Campingplatz unter Bäumen mit 15 Hütten und 4o Stellplätzen für Zelte und WoMos (Stromanschluß). Tel.: 751.66o.o2 und 751.66o.74.

**SALTFJELL**: karge Hochebene (ca. 7oo m) zwischen Hügel- und Bergketten. Im Winter herrschen Extrembedingungen: Straße und Eisenbahn sind nicht selten von hohen Schneewehen bedeckt und nicht passierbar.

Straße und Gleis über das Fjell wurde ab 1942 von Kriegsgefangenen aus Polen, Russland und Jugoslawien gebaut. Eine Straße über das Fjell gab es bereits seit 1937; sie war sehr schmal und wurde ausgebaut. Eine Eisenbahnverbindung fehlte.

Für die Nazis hatte die Fertigstellung der Süd- Nordverbindung wichtige militärische Bedeutung, um Nord- Norwegen besser kontrollieren zu können. Die Straße ermöglichte die Bewegung von Panzern, - und per Gleis konnten Truppen und schweres Kampfgerät schneller verschoben werden.

Rund 3o.ooo Kriegsgefangene aus anderen Bereichen der Hitler- Feldzüge waren im Bereich Saltfjell im Arbeitseinsatz. Bei extrem harten Bedingungen (auch in den Lagern) starben allein 1.5oo Jugoslawen. Gedenkstätte am Polarkreis sowie großer Kriegsfriedhof in Botn bei Rognan, weitere Details siehe dort.

Die Straße wurde Anfang der 9o-er Jahre auf einen Damm verlegt, was die Gefahr der Schneeverwehung reduziert. Das Gleis führt über Strecken in hölzernen Galerien, die im Winter Schneetunnel bilden und dem Zug die Durchfahrt ermöglichen. Wenn's hart auf hart geht (sprich keine Chance mehr für den Schneepflug), wird der Zug in einer der Galerien „geparkt".

Der Winterbetrieb der Nordlandbahn übers Saltfjell zählt zum härtesten

Abschnitt der Strecke. Heute fährt ein moderner, PS-starker Triebwagen. Früher eingesetzt: Dieselloks in Doppel- bis Dreifachtraktion (= 2 bis 3 Loks ziehen den Zug). Bei starkem Schneetreiben waren die Frontscheiben der Loks (trotz Heizung und Scheibenwischer) oft komplett zu und der Lokführer mußte seitlich den Kopf zum Fenster raus in die Kälte hängen. Auch hatten die Loks Eisengitter vor den Frontscheiben. Sie schützen die Scheibe vor Zertrümmerung durch herabhängenden Eiszapfen an Tunnels und Gallerien. Die heutigen Loks besitzen als Frontscheibe Panzerglas, - als Schutz effizienter. -

Wenn der Zug den Polarkreis überquert, hupt er. Für den Lokführer angenehme Abwechslung in der Fjell- Einsamkeit.

**POLARKREIS**: 66° 33' Breitengrad und südlichster Punkt, an dem Ende Juni für 24 Std. die Sonne nicht untergeht. Der genaue Termin von Jahr zu Jahr variabel, liegt um den 22.- 24. Juni. Wo wir bei Zahlen sind: Entfernung zum Nordpol 3.33o km, zum Äquator 6.66o km, wohlgemerkt Luftlinie.

Rechts der E 6 am Polarkreis riesiger Parkplatz und POLARSIRKEL SENTER: das Gebäude mit geschwungenem Dach hat angeblich 3o Mill. Kronen gekostet und wurde 199o eingeweiht. Eine Investition, die sich bei den Massen sommerlicher Nordlandfahrern aber rentierte. Im Inneren eine Cafeteria (Essen und Getränke beim „Feeling Polarkreis"...) sowie Verkauf von Souvenirs und Ausstellung zur nordländ. Kultur mit Multimedia-Show (Eintritt ca. 4 Euro). Der Besuch der Ausstellung/Show kann lohnen und ist interessante Abwechslung.

Die E 6 führt relativ geradlinig über's Fjell. 4 km nördlich vom Polarkreis ist der höchste Punkt des Saltfjells erreicht: 7o7 m. Anschließend Abstieg ins enge Lønsdalen mit zunehmend mehr Vegetation.

„**Global Hotell Polarsirkelen**": im Ort Lønsdal an der E 6. Der Blick vom Zimmer (da im Tal) eingeschränkt. Ein relativ großes Hotel mit rund 4o Zimmern, Bad. Auch Stützpunkt für Wanderungen in den westl. Saltfjell Nat. Park sowie östl. zum Junkerdalen. Detailkarte „Saltfjellet" 1: 1oo.ooo, Infos zu Trails im Hotel. DZ ca. 11o Euro. Tel.: 756.941.22, Fax: 756.941.27.

**JUNKERDALEN**: Abzweiger von der E 6, 1o km nördlich von Lønsdal nach Schweden. Landschaftlich schöne Strecke. Zunächst die gut ausgebaute norweg. RV 77 oberhalb eines tief eingekerbten Tales, das bei Solvågli im Talboden erreicht wird. Insges. ab Abzweigung E 6 bis schwed. Grenze 25 km.

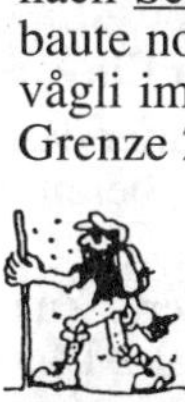

Der Junkerdalselv hat sich über Jahrmillionen eine tiefe Klamm geschaffen. Abgeschirmt von kalten Winden: in der Schlucht üppige Vegetation und ausgeschilderter Wanderweg. Im Norden der schroffe Berggipfel des Solvågtind (1.599 m).

Ausgangspunkt der Wanderung durch die Schlucht ist „Polar Camping" an der E 6. Ab hier über eine Hängebrücke und Wanderweg entlang des Junkerdalselva in der Schlucht am Nordufer, ca. 1 Std. Lohnender Spaziergang bis zur Brücke bei Solvågli, die dort die RV 77 erreicht. Der Wanderweg besitzt kaum nennenswerte Steigung und folgt dem alten Junkerdalen- Transportweg Ende des 19. Jhds. durch die Schlucht nach Schweden. Die Abschirmung von Winden in der Schlucht ermöglicht eine Vegetation, wie sonst nicht in diesen nördlichen Breitengraden üblich, was den Trail für Pflanzen- Fans lohnend macht. Unterwegs kleinere Wasser-Kaskaden. Detailkarte zur Region: „Junkerdalen“ vom Statens Kartverk, Nr. 2128 IV, Maßstab 1: 5o.ooo. Für den oben beschriebenen Trail nicht nötig, da klarer Verlauf; u.U. aber für nähere Umgebung.

„JUNKERDAL TURISTSENTER“ Nähe der Grenze in einem Kiefernwäldchen am Fluß mit einfachen Hütten sowie komfortablen Blockhäusern und Kochgelegenheit, Stellplätze für WoMo und Zelt, Cafeteria. Lohnende 3 Tages- Wanderung nordwärts via Skaitidalen und Balvatnet nach Sulitjema (Details siehe dort).

„GRADDIS FJELLSTUE“: 5 km östl. an der RV 77. Es ist der älteste Berggasthof der Region. Gegründet bereits 1867 und heute in 5. Generation geführt. Rund 1oo m entfernt steht eine Kiefer, die mit angeblich 1.ooo Jahren älteste Skandinavien sei. Camping, Hütten und Zimmervermietung. Ebenfalls Stützpunkt für Wanderungen nach Sulitjelma sowie Lønsdal.

Die **RV 77** via Junkerdalen -> Schweden nennt sich auch “*SILBERWEG*“ wegen früherer Silberminen im Grenzbereich. Ab schwed. Seite als **RV 95** in 165 km durch Wildnis entlang langgestreckter Seen nach Arjeplog. Der höchste Punkt rund 5 km nach Grenze auf schwed. Seite: 738 m. Im Winter ist die Strecke nach Schneefällen gesperrt. Weitere Details zu Arjeplog und Kungsleden siehe VELBINGER Band 18 „Schweden“.

**Weiter auf der E 6**: in STORFJORD ausgeschilderte Abzweigung zum „ARBOREUM“ beim Zusammenfluß des Junkerdalselva mit dem Saltelva. Zu sehen Bäume der Region, Alter ca. 1oo Jahre mit Beschreibung. Weiterhin ein Forsthaus von 1866.

Die E 6 folgt dem Saltdalselv (reich an Fisch, insbes. Lachs und beliebtes Angelgebiet). Das Gleis der Nordlandsbahn zunächst hoch oben am Ostufer des Tales und erreicht erst ca. 3o km südlich von Rognan den Talboden.

## ★ Rognan **(ca. 2.2oo Einw.)**

Am Südende des Saltdalsfjorden. Die E 6 umfährt den Ort via Ostufer des Saltdalselva und erreicht den Fjord via Tunnel, - womit Rognan bereits hinter einem liegt.

Ob der Abstecher in den Ort lohnt, sei dahingestellt. Ausgeschilderte Zufahrt ab E 6 und südl. Ortsende links. Dort Infotafel und Rastplatz. Das Zentrum am Fjord (Kirkegata und Parallelstraße) mit kleiner Fußgänger-

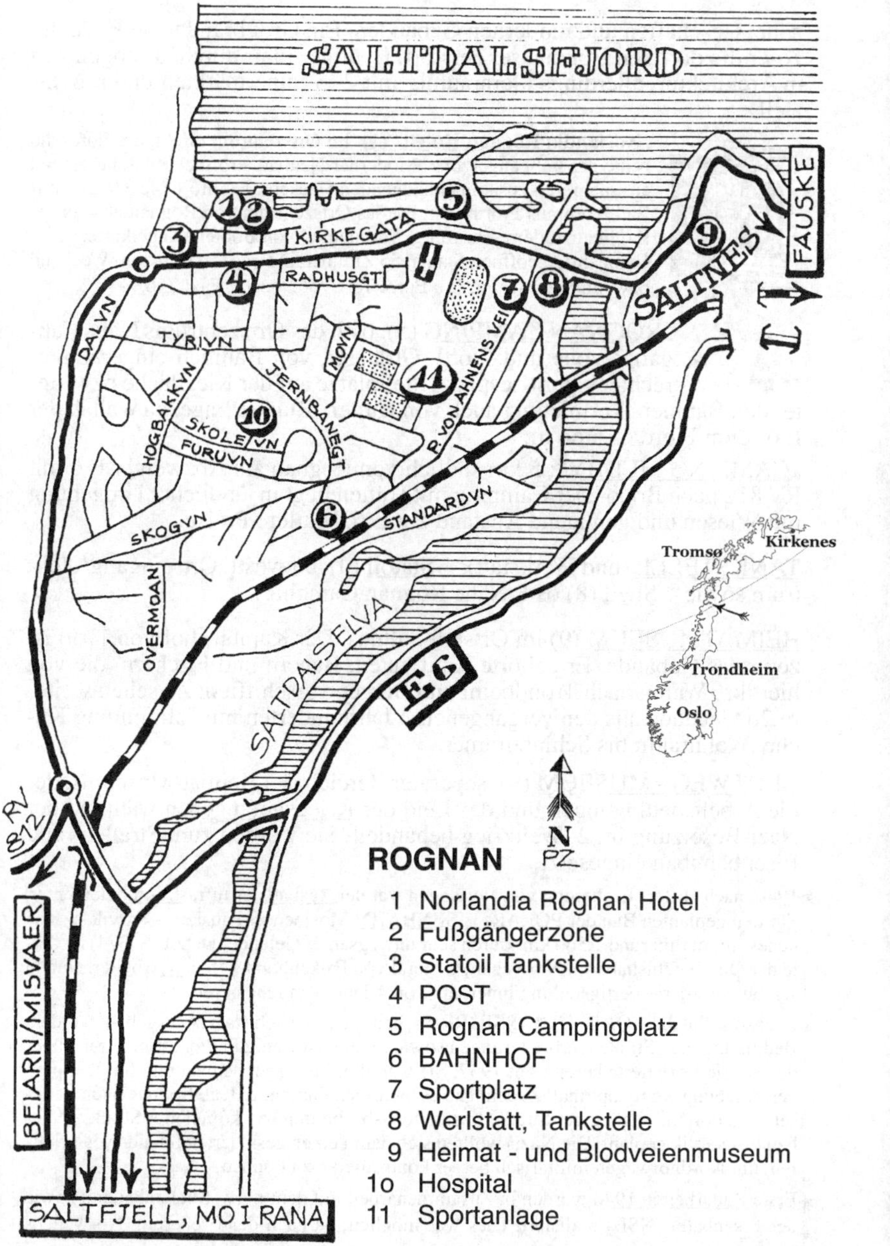


## ROGNAN

1 Norlandia Rognan Hotel
2 Fußgängerzone
3 Statoil Tankstelle
4 POST
5 Rognan Campingplatz
6 BAHNHOF
7 Sportplatz
8 Werlstatt, Tankstelle
9 Heimat - und Blodveienmuseum
1o Hospital
11 Sportanlage

zone, Geschäften und modernen Gebäuden. Ein Großbrand hatte Ende der 7o-er die dortigen Holzhäuser zerstört. Heutiger Flair durchaus angenehm in Architektur, allerdings kleinräumig mit 2- 3 Supermärkten und provinziell.

„**Norlandia Rognan Hotell**" (1): im Ortszentrum direkt am Fjord und Nähe der Fußgängerzone. Moderner Neubau, eröffnet 1993, bestehend aus mehreren zusammenhängenden Häusern. Komfortable Zimmer mit Bad, vornraus Fjordblick. Da das Ortszentrum von Rognan abseits der E 6 liegt: zudem sehr ruhig. Vermietung von Booten, Angelkarte. Ganzjährig geöffnet, Sauna. 55 Zimmer, DZ ca. 15o Euro, am Weekend bzw. im Sommer ca. 11o Euro. Tel.: 756.9oo.11, Fax: 756.913.72.

„ROGNAN CAMPING (5): östl. des Ortszentrums Nähe Fußgängerzone und Fjord. Größerer, von Bäumen eingerahmter rechteckiger Kiesplatz. Stellplätze auf der Kiesfläche bzw. unter den Bäumen. Vermietung auch von Hütten. Ruhige Lage, da weitab der E 6. Zum Fjord ca. 3oo m.

„CAMPING MEDBY": 5 km südlich von Rognan am Abzweiger E 6 mit RV 812 nach Bodø. Der Camping mit Hütten liegt in ländlicher Umgebung mit Wiesen und genügend Abstand zur E 6. Mittlere Preise.

TANKSTELLE (und Werkstatt): * Statoil (3) am westl. Ortseingang/ Zentrum sowie * Shell (8) östl. Nähe Rognan Camping.

HEIMATMUSEUM (9) im Ortsteil Saltnes. Der Kapitänshof von 175o ist zentrales Gebäude. Er gehörte Kaufleuten, Bauern und Fischern, die von hier ihre Waren nach Trondheim und Bergen verschifften. Zu sehen weitere 2o Gebäude aus den vergangenen 2 Jahrhunderten mit Einrichtung Küche, Wohnraum bis Schlafzimmer.

BLUTWEG - MUSEUM (9): separater Bereich des Heimat-Museums, der die Arbeitsbedingungen und das Leid der Kriegsgefangenen während der Nazi-Besetzung im 2. Weltkrieg behandelt. Sie wurden zum Straßen- und Eisenbahnbau eingesetzt.

★194o: nach Hitlers Eroberung von Norwegen war der Ausbau der Infrastruktur elementar. Für den geplanten Bau der POLAR- EISENBAHN Mosjøen -> Fauske -> Narvik -> Kirkenes (immerhin rund 1.5oo km! durch sehr unwegsames Gelände; Details S. 374) forderte der Oberbefehlshaber in Norwegen, General von Falkenhorst 145.ooo Arbeiter. Nur so sei die geforderte Fertigstellung innerhalb von 4 Jahren zu realisieren.

★Ebenso sollte die NORD- STRASSE (RV 5o, heutige E 6) nach Narvik ausgebaut werden. Bedingung u.a.: Straßenverbreiterungen sowie möglichst wenig Fähren. Eine Straße über das Saltfjell existierte bereits seit 1937. Sie war allerdings sehr schmal und für Truppenverschiebung wenig optimal. Zudem gab es mehrfach Fähren, z.B. ab Rognan nach Langset, statt dort durchgängiger Straße. In anderen Abschnitten war kompletter Straßen-Neubau bis Narvik geplant. Die Nazis wollten sich damit einen gesicherten Inlandsweg schaffen, um Nordnorwegen militärisch besser kontrollieren zu können.

★Erste Bauarbeiten 194o wurden in Zusammenarbeit mit dem norw. Straßenbauamt sowie der Eisenbahn (NSB) realisiert. Dies war möglich, da nach der Eroberung Norwegens eine pro Hitler-freundliche Regierung eingesetzt war. Ihr unterstand auch das Straßenbauamt und die Eisenbahngesellschaft. Den Norwegern war durch die Hitler- Propaganda verkündet: *„Hitler schützt das vormals neutrale Norwegen vor eventuellen Angriffen der Britten und Bolschewiken“*! 194o zu Kriegsbeginn glaubten manche Norweger daran, - was sich bei Greultaten der Hitlertruppen schnell änderte.

Hitler kooperierte zunächst mit norweg. Baufirmen. Dies um die Norweger positiv einzustimmen in Sachen * *Hitler schützt Norwegen* und - * *„schafft Arbeitsplätze in Nord-Norwegen durch Bauprojekte“*.

★Hitler ging der Bau von Straße und Eisenbahn nur schleppend voran. Seine Generäle boten daher 1941 den Norwegern an, **Kriegsgefangene** aus Feldzügen in Jugoslawien und anderen „Schauplätzen“ einzusetzen. U.a. die Eisenbahngesellschaft NSB weigerte sich strikt aus moralischen, - gewiss auch finanziellen Gründen (Arbeitsbeschaffung).

Die NSB schlug vor, weitere norweg. Arbeiter einzustellen. Für Hitler kein Thema, da er zwischenzeitlich auf Grund seiner Blitzfeldzüge über ein großes Kontingent an Kriegsgefangenen verfügte. Diese waren Gratis- Arbeitskräfte, was die Baukosten erheblich reduzierte.

★Erste **Kriegsgefangenen- Bauarbeiter Lager** wurden 1942 errichtet. Unter der Hitler- treuen norw. Regierung waren es anfangs sogar norw. Baufirmen, die die Gefangenenlager und Baracken errichteten. Der Grund: Profitsucht bzw. Unkenntnis, was hier gebaut wurde.

Die Lager wurden abseits von Siedlungen plaziert (zumindest anfangs), - damit die Bevölkerung das Elend nicht mitbekam, was sich dort abspielte - und sich nicht gegen Hitler stellte.

★Aufgeteilt waren die **Bautrupps** in wenige Aufseher (ca. 1 %), in Facharbeiter (ca. 12- 15 %, sie brachten das Know How mit, Norweger bzw. Deutsche und erhielten Bezahlung) - sowie Arbeiter (= Kriegsgefangene, ca. 85 %. Sie arbeiteten ohne Lohn bei zudem miserabelsten hygienischen Verhältnissen und unzureichender Kleidung/Ernährung).

Um die Bauprojekte (Eisenbahngleis Mosjøen-> Narvik sowie Straße) voranzutreiben, „verfrachteten“ die Nazis zunehmend Kriegsgefangene nach Nordnorwegen. Neue Lager wurden gebaut, und bis Kriegsende 1945 gab es mehr als 5o Lager entlang der Strecke.

Die Gefangenenbewachung unterstand bis 1943 auch der norwegischen und rechtsradikalen Norske Legion, die mit der deutschen Waffen SS kooperierte. Es waren junge Burschen, die mit gnadenloser Brutalität gegen nicht arbeitswillige Gefangene vorgingen.

NAZI-PLAKATE in Norwegen. Sie werben (oben): für Arbeitseinsatz und (unten) Zusammenarbeit der Waffen SS mit der norweg. “Norske Legion” gegen die angebl. Bolschewiken-Gefahr.

Dabei wurde wenig Rücksicht genommen, ob der Gefangene „arbeitsunwillig“ war, oder wegen Krankheit und unzureichender Ernährung schlichtweg „arbeitsunfähig“.

★Die **Strafen** waren drastisch, z.B. Bewerfen mit Steinen, damit der Gefangene wieder an die Arbeit ging. Nicht selten wurden wegen Krankheit arbeitsunfähige Gefangene kurzweg per Genickschuß liquidiert, oder im Lager am Galgen aufgehängt. Andere Gefangene wurden durch Schläge mit Baumholz gepeinigt bis hin zu Knochenbrüchen. Es wird berichtet, daß Gefangene trotz Knochenbrüche weiter zur Arbeit gezwungen wurden. Andere starben an ständiger Auspeitschung durch Verblutung.

Ende 1943 waren die Bauprojekte nur unzureichend fortgeschritten. Die dt. Wehrmacht kam zur Erkenntnis, daß die drastischen Strafen eher zu einer Vielzahl an Toten führten (sie wurden in Gräbern Nähe der Lager verscharrt und durch neue Kriegsgefangene ersetzt) - kaum aber die Bauprojekte voran brachte. Von daher besserten sich die Lagerbedingungen betreffend Strafen geringfügig.

★**Ernährung, Hygiene, Kleidung**: nach dem Motto „Kriegsgefangener“ wurden jegliche Kosten vermieden. Die Ernährung bestand aus Kohlsuppe, Miniration von Brot sowie Wasser etc. Dies nur morgens und abends, - während die Aufseher mittags Fleisch und Fisch speisten.

Dümmer kann man Bauarbeiter nicht behandeln, die immerhin schwere Gesteinsmassen und Baugerät bewegen und Tunnel aussprengen mußten. Die ausgehungerten Gefangenen konnten diese Leistungen selbst bei bestem Arbeitswillen nicht erbringen.

In den Lagern bestanden kriminelle Hygiene- Bedingungen. Die Abwässer mit Fäkalien gelangten in Gräben zu den Waschbecken, wo die Kleidung gewaschen wurde. Es gab Läuse, Flöhe sowie Ratten. Wegen infiziertem Wasser, aber auch mangelhafter Ernährung waren Erkrankungen die Regel. Bäder gab es meist nicht, allenfalls kaltes Flußwasser mit Folge schwerer Erkältungserkrankungen und abgeschwächter Widerstandskraft des Körpers gegen Infektionen u.a. auch Tuberkulose.

Problem waren zudem fehlende Heizung in Lagern sowie fehlende warme Kleidung bei den extrem kalten winterlichen Temperaturen und Schneestürmen in Nordnorwegen.

Nach 1943 gab es immerhin pro Lager eine Krankenbaracke. Dort lagerten die bis auf Knochen abgehungerte Gefangene auf Feldbetten, - oft ohne medizinische Hilfe, da Medikamenten sowie chirurgischen Geräten nach Unfällen fehlten.

★**Flucht**: gelang nur wenigen Kriegsgefangenen der mehr als 5o Arbeitslagern. Die Entfernung nach Schweden betrug je nach Arbeitslager ca. 3o- 5o km. Dies durch meist unbewohntes Terrain bei fehlender Orientierung und Ernährung. Nur die wenigsten, die die Flucht versuchten, erreichten Schweden. Entweder wurden sie vorher von Suchtrupps der Waffen SS gestellt und liquidiert. Oder verhungerten unterwegs wegen fehlender Orientierung und Siedlungen. Norweg. Grenzlotsen gab es; sie riskierten ihr Leben, flüchtige Gefangene nach Schweden zu bringen. Problem der Norweger zunächst die Kontaktaufnahme mit Gefangenen; dies durfte den Bewachern nicht bekannt werden. Anschließend das recht übersichtliche Terrain mit Tälern und Fjells: Flüchtige und Helfer konnten dort von der Waffen SS leicht gesichtet und verfolgt werden.

★Das **Eisenbahngleis** war bis Kriegsende 1945 ab Mosjøen lediglich bis Dunderdalen fertig. Weiterhin verschiedene Grundarbeiten wie Bahndämme, Brücken und begonnene Tunnel Ri. Nord. Eröffnung der Strecke bis Fauske erst 13 Jahre nach Kriegsende 1958. Die anschließenden 55 km bis Bodø wurden 1962 in Betrieb genommen. Weitere Details zum Bau der Polar-Eisenbahn Seite 374.

SULITJELMA im
Grenzgebiet zu Schweden.
Illustration von 1882. Details zu Sulitjelma Seite 284

**ROGNAN -> BODØ:**

2 Alternativen: * E 6 via Fauske + RV 8o: = ca. 95 km. Gut ausgebaut und relativ zügig zu befahren. Im folgenden beschrieben.

* RV 812 + RV 17: = ca. 11o km. Nebenstraße, die wegen vieler Kurven mit eigenem Auto ca. 3o- 5o Min. Extrazeit benötigt. Strecke: die RV 812 zweigt 5 km südlich Rognan von der E 6 ab und steigt kurvenreich als schmale Asphaltstraße Ri. West in die Berge rauf. Schöner Strecken abschnitt entlang des Westufers Misaerfjorden. Pluspunkt: an der Strecke liegt Saltstraumen, ein Fjordarm mit ein mal tägl. Meeresstudeln. Wer nicht pünktlich kommt (tägl. wechselnde Uhrzeit), sieht nichts. Infos zur Uhrzeit im Bodø TI. Wegen der Nähe zu Bodø ist der Saltstraumen daher besser per Abstecher ab Bodø zu besuchen. Details Seite 367.

**E 6 ab Rognan**: Ortsumfahrung östlich und per Tunnel zum Saltdalsfjord. Die E 6 ist im Abschnitt bis FAUSKE (ca. 3o km) gut ausgebaut (weitere Tunnel) und zügig befahrbar. Wer abends ankommt: schöner Blick auf die Lichterkette von Fauske.

## ★ Fauske (ca. 5.ooo Einw.)

Am Nordostende des Skjerstad- Fjords, die Häuser am Hügel raufgebaut. Sehr kleines ZENTRUM (siehe unsere Karte 13 bis 7) mit Shops (Kleider, Sportausrüstung, Schuhe etc) sowie Hotels. Die E 6 führt mitten durchs Zentrum.

Der Ortskern bei der Straßenkreuzung und Tankstelle (6) sehr kompakt. Über die Follaveien/Jernbahneveien zum Bahnhof (1). Berühmt wurde Fauske durch seinen Marmor. Er wird u.a. in einem Steinbruch 1,5 km nördl. der Stadt Nähe E 6 abgebaut und besitzt ausgesprochen schöne Äderung in Rosa, Weiß und Rot. Fauske Marmor wurde im Oslo Rathaus, im UNO-Gebäude/New York und anderen bedeutenden Bauwerken der Welt als Baumaterial verwendet.

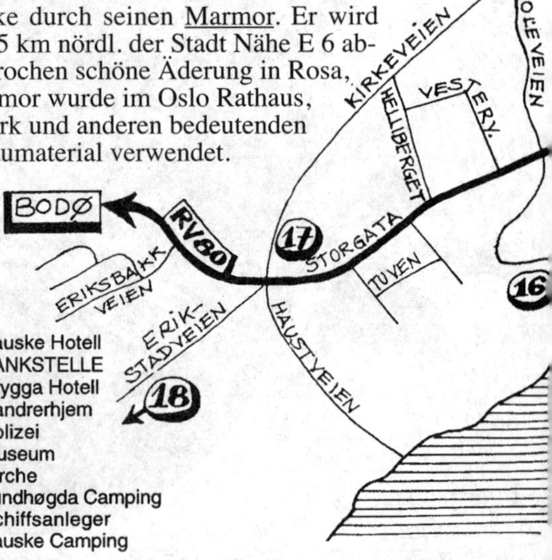


**FAUSKE**

1 BAHNHOF und Abfahrt FERNBUSSE
2 Seljestua Overnatting
3 Krankenhaus
4 Post
5 Rathaus
6 TANKSTELLE
7 TOURIST INFO und REGIONALBUSSE
8 Bank, gegenüber rel. großer Supermarkt
9 Apotheke
1o Geschäfte
11 Fauske Hotell
12 TANKSTELLE
13 Brygga Hotell
14 Vandrerhjem
15 Polizei
16 Museum
17 Kirche
18 Lundhøgda Camping
19 Schiffsanleger
2o Fauske Camping

Marmor und Granit wird in der Fauske Region seit Ende des 19. Jhds. abgebaut. Die einzelnen Arten besitzen z.Teil recht phantasiereiche Namen wie „Norwegian Rose“, „Atlantik Rose“ etc. je nach ihrer Färbung.

Fauske ist 2. größte Stadt der Provinz Salten, die vom Polarkreis/E 6 im Süden bis Bognes am Tysfjord im Norden reicht. Eine sehr dünn besiedelte Region von grosser landschaftlicher Schönheit mit Fjorden und hohen Gebirgen.

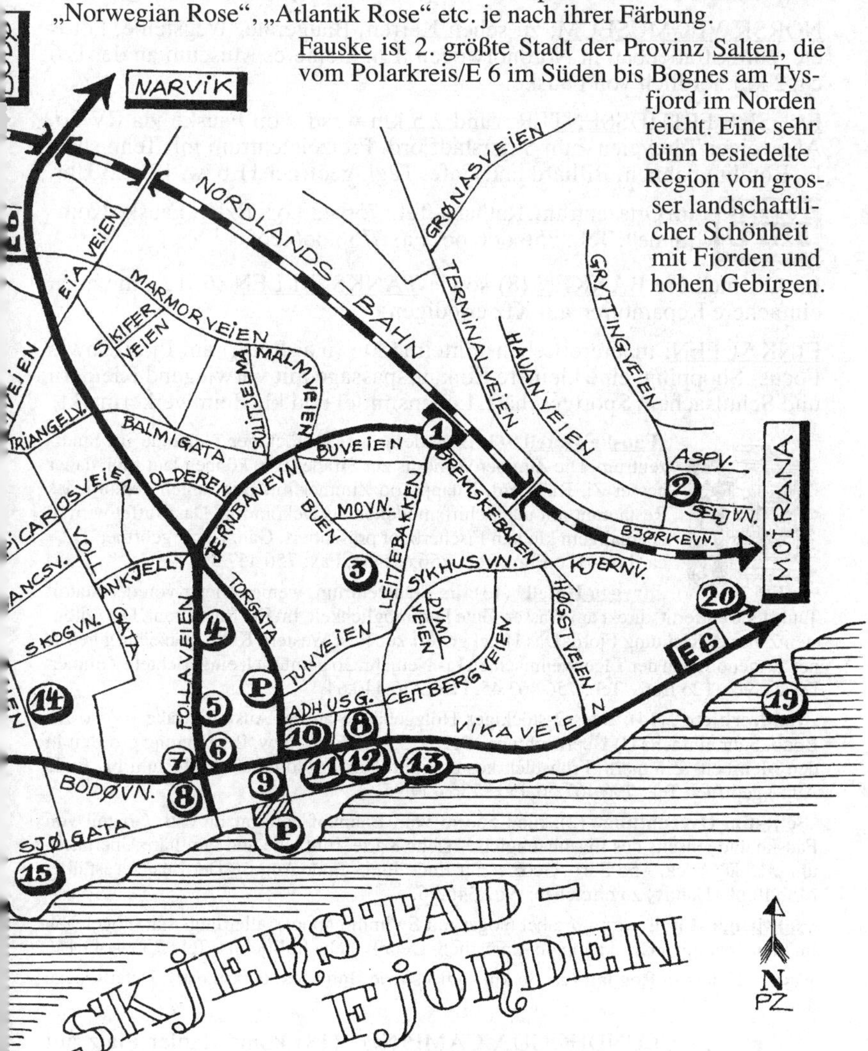

FAUSKE MUSEUM (16): im westl. Ortsteil Nähe RV 8o. Kleineres Freilichtmuseum mit Holzhäusern sowie gut 3.ooo Exponaten zur Region.

NORSK VEGMUSEUM: zu sehen Karren, Baugeräte, Wegsteine, Fotos etc. zum Straßenbau in Nordnorwegen. Ein kleineres Museum an der E 6 ca. 2 km nördlich von Fauske.

FAUSKE FRITIDSSENTER: rund 2.5 km westl. von Fauske via RV 8o, Abzweiger Tareveien zum Skjerstadfjord. Freizeitzentrum mit Tennishalle, Bowlingbahnen, Billiard und Cafe. Tägl. geöffnet 11 bzw. 12 - 23 Uhr.

Tourist INFO im Ortszentrum, Rathaus. Tel.: 756.433.o3. Bzw. „Fauske Kommune", Tel.: 756.oo6.oo, Fax: 756.oo6.2o.

Im Ort mehrere BANKEN (8) sowie TANKSTELLEN (6, 12), die auch einfachere Reparaturen am Kfz erledigen.

EINKAUFEN: mehrere Lebensmittelmärkte (u.a. Remi) am Fjord sowie Focus- Shopping: eine kleinere Einkaufspassage mit vorwiegend Kleidern und Schulsachen, Sportgeschäft, Lebensmittel und kl. Heimwerkermarkt.

„**Fauske Hotell**" (11): modernes 4- 5 stöckiges Gebäude im Stadtzentrum. Die Zimmer vornraus zur Straße (E 6) können laut sein, daher besser Zi. Ri. Fjord. Knapp 1oo Zimmer mit Bad, unten gemütliches Restaurant mit u.a. Schiffsmodellen als Dekoration. Das Buffet wird in ehemaligem kleinen Fischerboot präsentiert. Ganzjährig geöffnet. DZ ca. 11o - 18o Euro. Tel.: 756.o2o.oo, Fax: 756.457.37.

„**Brygga Hotell**" (13): im Stadtzentrum, wenige Meter von der Statoil Tankstelle entfernt, direkt am Wasser. Gute Parkmöglichkeit. Im EG Restaurant. Die schönsten Zimmer Richtung Fjord. Das Hotel gehört zur Best Western Kette, ganzjährig geöffnet ausgenommen der Tage Weihnachten bis Neujahr. 3o gemütlich eingerichtete Zimmer. DZ ca. 9o - 12o Euro. Tel.: 756.463.45, Fax: 756.44o.o4.

„**Vandrerhjem**" (14): rotes 2-stöckiges Holzgebäude an der Ausfallsstraße RV 8o Ri. Bodø. Sehr einfache (!) Übernachtung. DZ ca. 35- 45 Euro, bzw. Berechnung pro Bett in den Mehrbett- Zimmern. Frühstück kostet extra. Nur im Sommer (Mitte Juni bis Ende Aug.) geöffnet. Tel.: 756.467.o6, Fax: 756.459.95.

„**Seljestua Overnatting**" (2): rund 5oo m vom Bahnhof entfernt im östl. Ortsteil von Fauske und jenseits des Eisenbahngleises siehe Karte. Einfache und familiäre Übernachtung. 1o DZ je ca. 5o Euro. Geöffnet nur Ende Juni - Ende August. Der Besitzer ist über Mobilfunk (Handy) zu erreichen: 9o7.346.96.

„**Sulitjelma Hotell**": komfortabel (sogar mit Swimmingpool), allerdings sehr abgelegen im gleichnamigen Ort, knapp 4o km östlich. Details siehe Sulitjelma. Tel.: 756.4o4.o1.

Weitere Hotels in **Rognan** (ca. 3o km südl.) sowie **Bodø** (ca. 6o km östl). Details siehe dort.

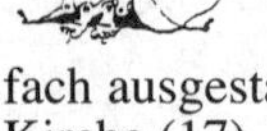

„LUNDHØGDA CAMPING" (18) komfortabler Platz auf Wiesengelände mit schönem Blick. Zudem ruhige Lage, da abseits von Hauptstraßen. Mit Hütten; diese allerdings einfach ausgestattet. Zu erreichen ab Fauske und die RV 8o Ri. West bis zur Kirche (17). Dort links Abzw. Erikstadveien. Insges. ca. 2 km ab Fauske.

„FAUSKE CAMPING" (2o): am südl. Ortseingang von Fauske an der E 6 und Nähe Abzweigung Sulitjelma. Für WoMos Stellplätze u.a. zwischen Birken. Wer das Zelt aufstellt: wegen E 6 nach Möglichkeit auf dem Camping etwas abseits; dort aber leider Hang. Weiterhin gibts knapp 4o Hütten mit einfacher bis komfortabler Ausstattung (Küche etc.) und unterschiedlicher Größe. Preise: ca. 3o - 115 Euro.

## Verbindungen ab Fauske

**ZUG**: Der Bahnhof (1) knapp 1 km vom Zentrum entfernt. 3-9 mal tägl. Zugverbindung nach Bodø (ca. 4o Min.), nach Steinkjer (ca. 8 Std.), nach Trondheim (ca. 9 Std.). Der Nachtzug (mit Schlafwagen) braucht 1- 2 Std. länger.

**BUS**: mit „Flybussen" ab Fauske Hotell direkt zum Bodø Airport. Mehrmals tägl.; die Abfahrtszeiten sind auf wichtige Flüge in Bodø abgestimmt. Infos im Bodø Hotell.

Ansonsten BUSABFAHRT (1 bzw. 7): auf der E 6 ab Fauske mehrmals tägl. mit *„Nor-Way Bussekspress"* -> Narvik (ca. 7 Std.), bzw. via Skutvik und Fähre nach Svolvaer/Lofoten (ca. 8 Std.) bzw. Tromsø ca. 11 Std.

Mit *„Saltens Bilruter"*: ab Fauske tägl. via E 6 -> Narvik (ca. 7 Std.). Nach -> Svolvaer/Lofoten (via Skutvik und Fähre, ca. 8 Std.). Nach -> Harstad (via Bognes + Fähre-> Lødingen, ca. 5 1/2 Std.). Nach -> Sortland/ Vesteraelen (via Bognes + Fähre-> Lødingen, ca. 5 Std.). Bus fährt weiter -> Stockmarknes (plus ca. 1 Std.) und -> Melbu/Vesteralen (plus ca. 1 1/2 Std.).
Die Bus-Abfahrt in Fauske ist auf die Ankunftszeit des Nachtzuges von Trondheim abgestimmt, ebenso auf die späteren Fährabfahrten.

Bus nach Schweden: tägl. 1- 2 mal ab Fauske via Rognan und Junkerdalen -> Arjeplog/Schweden (ca. 7 Std.) -> Arvidsjaur -> Skellefteå (ca. 9 Std. ab Fauske). Skelleftå liegt am Bottn. Meerbusen mit Zugverbindung nach -> Kiruna-> Narvik sowie -> Stockholm. Details siehe Velbinger Band 18 Schweden.

**FLUG**: nächster Airport Bodø, siehe dort.
**AUTOVERMIETUNG**: Bodø, siehe dort

**Weiter auf der E 6:**
**Fauske -> Narvik**
Details ab Seite 373

## Abstecher Fauske -> Sulitjelma (RV 83o, 36 km)

*Die ehemalige Minenarbeiter-Siedlung Sulitjelma ist reichlich trist. Ebenso die Zufahrt zum Ort. Interessant aber ein Bergwerk, das besichtigt werden kann. Nördl. des Ortes die Gletscher des Blømannsien und Sulitjema. Mit zusammen ca. 12o qkm der 4. größte Gletscherbereich Norwegens. Sulitjelma/Norwegen ist zugleich möglicher, aber sehr beschwerlicher Zugang für Wanderer zu den in Schweden abgelegenen Wildnis- National -*

*parks PADJELANTA und SAREK, sowie nach Kvikkjokk am schwedischen Fernwanderweg KUNGSLEDEN Details siehe 292.*

Zufahrt: ab Fauske im südl. Ortsteil Finneid. Dort ab E 6 ausgeschilderte Abzweigung „Sulitjelma" der **RV 83o**. Sie ist gut ausgebaut, durchgehend asphaltiert und für eine Nebenstraße relativ breit, aber kurvig.

Zunächst entlang des Nordufers des Nedre Vatnet. Dann durch einen grob in den Fels gehauenen 2,8 km langen Tunnel. Kurz das Tageslicht, dann weiterer 2,5 km Tunnel sowie 3. Tunnel von beachtlichen 3 km Länge. Die Tunnelbauten erstrecken sich im Bereich des Südufers des Øvrevatnet. Anschließend Anstieg in schmalem Tal am Fluß zum 4. Tunnel (8oo m).

Bei insgesamt **9,1 km Tunnel** viel Geld, um auf **36 km** eine abgelegene Mini- Siedlung (Sulitjelma) Nähe Grenze zu Schweden zu erreichen! Die aufwendigen Tunnelbauten stammen noch aus der Zeit, als die Minen in Sulitjelma in Betrieb waren (Details Kapitel „Geschichte" siehe unten).

Nach dem 4. Tunnel führt die RV 83o durch Stein-Einöde (Fluß, Straße, Fels) runter zum Langvatnet. Der See macht seinem Namen Ehre: er ist gut 1o km lang. Die RV 83o am Nordufer des Sees nach:

## ★ Sulitjelma (ca. 7oo Einw.)

Langgestreckt Straßendorf am Langvatnet. Der Ort besitzt beachtliche Länge von ca. 3 km, bei einer Breite (Häuser am steilen Hang raufgebaut) von nur ca. 25o m.

Holz- teils auch Steinhäuser der früheren Minenarbeiter am Hang, - und gewisse Tristess in der kahlen Einöde am See. Es gibt einen Prix-Minimarkt, Tankstelle sowie Bank. Sonst nix los. Weiterhin rund 8 verlassene Minen. Fast alle Eingänge sind aus Sicherheitsgründen zugemauert.

**Geschichte**: 1858 entdeckte Mons Petter in der Region Kupferfunde. Sie wurden jedoch erst Ende des 19. Jhds. durch Minen erschlossen.

★Der Reisebericht „The Land of the Midnight Sun", erschienen 1882 in London, schildert eine Expedition in den äußersten Norden Skandinaviens. Der Autor John Murray erreichte Anfang August 1871 von Bodø per Schiff Fauske, damals ein Mini-Nest. Weiter zu Fuß über miserable Feldwege zum Langvatnet mit kleiner Samensiedlung. Bei der Wanderung peitschte der Regen über die Landschaft und die Berge waren in Wolken verhüllt. Am nächsten Tag grandioser Blick (siehe S. 279) über kahle Felsen, See und umliegende Berggipfel. Murray war insbesondere fasziniert vom Gipfel und Gletscher des Sulitjelma mit „very blue ice".

Lappen-Zelt, Sulitjelma Illustr. 1882

In der Region gab es 1871 weder Minen noch bedeutende Siedlungen. Wie der Autor berichtet: „absolut einsam und fernab der Zivilisation, ausgenommen einer Samenfamilie mit Zelt am See". - Die weitere Expedition Murrays unter Führung von 3 Samen ging ostwärts zum Pieskehaure See auf der schwed. Seite und durch absolut unbewohnte Regionen nach Kvikkjok. Auch heute wichtige Querverbindung für Wanderer nach Schweden und dortiger Wildnisgebiete.

1898 SULITJELMA: die Zeiten "einsamer Samenzelte" passée. Minenarbeiter dominierten das Stadtbild. 1910 hatte Sulitjelma 3000 EW. und war größte Stadt in Nord norw.

★Problem der Erschließung der Bodenschätze war fehlendes Kapital, - aber auch die extrem abgelegene Lage im hohen Norden Norwegens und die fehlende Verkehrswege zum Abtransport der Bodenschätze.

1886/87 ließ der schwed. Großindustrielle Nils Persson die Erze Sulitjelmas durch Geologen analysieren. Die Zusammensetzung des Gesteins entsprach in hohem Maß dessen, was er an Mineralien für seine Düngemittelfabrik in Helsingborg/Schweden benötigte.

Mitarbeiter Perssons analysierten zugleich 1887 die Möglichkeiten der Installation von Gruben, der Energieversorgung in damals total abgelegenem Gebiet, der Transportwege sowie generelle Kosten für ein derartiges Projekt. Man muß berücksichtigen, daß der Norden Skandinaviens damals nur aus sehr wenigen Mini- Siedlungen bestand. Ansonsten komplett unerschlossen, bei zudem winterlichen Extrembedingungen.

Hierein Geld zu investieren, war ein gewisses Wagnis. Zudem ergaben die Analysen, daß hohe Geldmittel (bei zugleich profitabler Ausbeute und Effizienz) nötig seien. Sie waren durch die Ausgabe von **Aktien** realisierbar. Es galt dabei, die Aktien-Käufer zu überzeugen, in eine „Mine im extremen Norden Norwegen" zu investieren...

★Die Aktien der **„Sulitjelma Aktiebolag"** (ab 1891) von 2 Mio. Kronen verkauften sich gut. Stammsitz der Gesellschaft Helsingborg/Schweden, Firmeninhaber Nils Persson.

SULITELMA AKTIE-BOLAGS GRUBER.
UTENLANDSK AKTIESELSKAP
Veradresse: Finneid, Salten
Telegramadresse: Gruberne, Sulitjelma

**1887** wurde die Mine Mons Petter 1 eröffnet. Sie war erste der Sulitjelma Minen und förderte 38 Mio. to bis zu ihrer Schliessung 1913.

**1892** „Giken 1: mit 3.194 Mio. to. zweiteffizienteste Mine in Sulitjelma. Sie war bis 1974 in Betrieb. Weitere 8 Minen wurden im Bereich Sulitjelma und südlichem Jakobsbakken bis Wende 19./2o. Jhd. in Betrieb genommen.

Der Minenbetrieb florierte, die Aktionäre waren mit der Dividendenausschüttung bestens bedient, - und Minenbesitzer Nils Persson erreichte hohen Reichtum. Einen Teil seiner Gewinne gab er für wissenschaftl. Forschungsprojekte. So u.a. für Expeditionen des norwegischen Forschers Nordenskjøld in die Arktis und das Projekt des Forschers Andree, der 1897 versuchte, mit einem Heißluftballon von Spitzbergen den Nordpol zu erreichen.

NILS PERSSON. Schwed. Großindustrieller und Minenbesitzer in Sulitjelma. (*1836 †1916)

Weniger zufrieden waren die Minenarbeiter, die bei kargem Lohn extrem hart arbeiten mußten. 1913 kam es zu einer Revolte, Details unten.

**Ausbeute der Minen**: Kupfer, Zink und Schwefel, in geringerem Umfang auch Gold und Silber.

Die Sprenglöcher im Berg wurden anfangs mühsam per Hand gebohrt. Sehr bald kamen modernste Pressluftbohrer zum Einsatz, - erprobt u.a. im Bau von Eisenbahntunneln der europ. Alpen siehe Simplon Tunnel.

Die Sulitjelma- Minengesellschaft verfügte durch die Vergabe von Aktien (ab 1891) über viel Kapital und konnte modernstes Baugerät einsetzen. Dies steigerte die Gewinne beim Bau schnell realisierter neuer Tunnel und Minen im Berg. Nils Persson war zum König der wichtigsten nordnorweg. Mine aufgestiegen.

Sulitjelma war **1910** mit Abstand größte Siedlung Nordnorwegens (ausgenommen Tromsø) mit **3.ooo** Einwohnern (!), wobei ca. 1.7oo in Minen arbeiteten. Der Rest sorgte für den Support: u.a. im Kupferschmelzwerk, war bei der Stromversorgung oder Transport angestellt, - sowie Frauen und Kinder.

Eine für damalige Zeiten in der Einsamkeit Nordnorwegens gigantische Einwohnerzahl. Andere Siedlungen hatten, - wenn sie „sehr groß" waren im Schnitt nur ca. 5oo - 1.ooo EW. Auch Fauske als Verwaltungsdistrikt florierte von der Minentätigkeit in Sulitjelma durch Steuereinnahmen.

★**Verarbeitung des geförderten Gesteins**: in den 1oo Jahren der Sulitjelma- und Jakobsbakken Minen (südlich des Sees) wurden 26 Mio. to. Gestein gefördert und in

Schmelzwerken gut 1/2 Mio. Kupfer gewonnen, - weiterhin ca. 2oo.ooo to. Zink sowie in geringem Umfang andere Bodenschätze.

Der erste Stromgenerator wurde bereits **1898** am Langvatnet gebaut, - somit kurz nach Edisons Erfindung der Glühbirne. Der Generator hatte bescheidenen Leistung und lieferte den Strom für die Direktionsvilla, angrenzende Häuser und Straßenbeleuchtung. Größere Generatoren wurden 19o5 / 1913 installiert, die die gesamte Stadt mit Strom in den Häusern versorgten, dort auch Heizung durch elektr. Radiatoren.

Das Kupferschmelzwerk am Ostende des Langvatnet war erstes der Welt, in dem durch Strom das Kupfer aus dem Stein separiert wurde („Knutsen Prozess", 19o7). Verbesserte Verfahren 1917/29 mit der sogen. „Søderberg Elektrode" wurden im Schmelzwerk Sandnes angewandt, - damals die größte, elektrisch betriebene Kupferschmelze der Welt. Sie war bis 1987 in Betrieb.

★**Abtransport**: bis **199o** gab es in den Minen mehr als **88o km Gleis** (!). Ein gigantisches unterirdisches Streckennetz für einen derart kleinräumigen Bereich. Die Triebfahrzeuge der Züge wurden anfangs mit Strom, später auch mit komprimierter Luft (umweltfreundlich) oder per Diesel (= Abgase) betrieben. Hinzu kamen **7 km** (!) oberirdische **Seilbahnen** zum Gesteins- Separationswerk am Langvatnet. Die Stromversorgung zentral ab Fagerli - Kraftwerk am Ostende des Sees.

Problem in der Anfangszeit war der fehlende Verkehrsweg ab Minen zum ->

gang zur GIKEN 1-MINE.

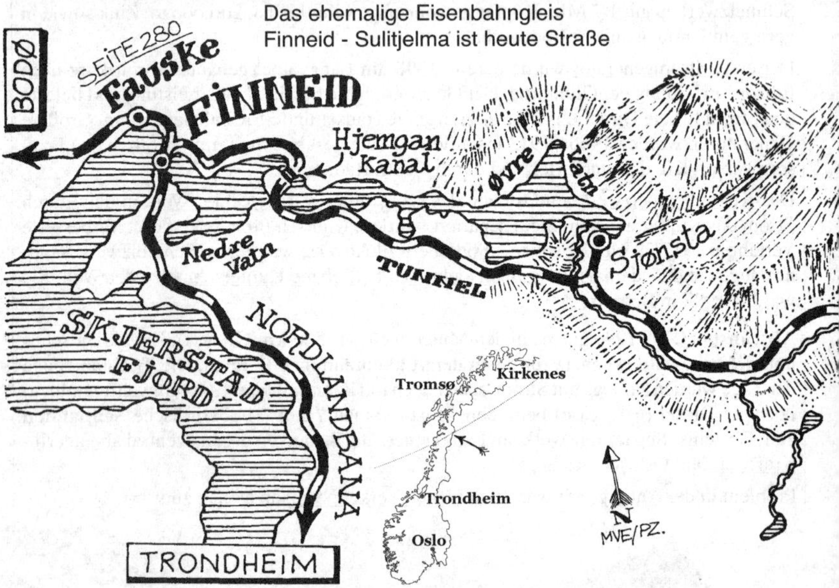


Das ehemalige Eisenbahngleis
Finneid - Sulitjelma ist heute Straße

Verschiffungskai **Finneid** am Skjerstadfjord Nähe Fauske. Die Produkte wurden daher über die langgestreckten Seen Langvatnet und Øvrevatn mit Lastkähnen transportiert sowie im Bereich zwischen den Seen mit Pferdefuhrwerken. Dort steigt das Tal rauf zu einem Bergsattel, weswegen die Pferde nur gering beladene Fuhrwerke ziehen konnten. Für einen profitablen Minenbetrieb kaum effizient.

**1891** war durch Herausgabe von Aktien genügend Kapital vorhanden, um mit dem Bau eines Eisenbahngleises zu beginnen. Es führte von Hellarmo am Westende des Langvatnet durch besagtes Tal aufwärts zum Bergsattel und anschließend runter nach Sjønstrå am Øvrevatnet, eröffnet 1893. Damit war der frühere mühsame Pferdefuhrwerks- Betrieb vermieden.

Das Gleis war in 75o mm Schmalspur gebaut, - mit das schmalste, was für den Betrieb von Eisenbahnen möglich ist. 75o mm ermöglicht engsten Kurvenradius, wobei das Gleis sich dem Talverlauf anschmiegen kann und teure Kunstbauten wie Brücken und Tunnel vermieden werden. - Die Strecke war damals nördlichste Eisenbahn der Welt.

**1915**: die Minen florierten bei Anhäufung von Kapital. Verglängerung des Gleises bis Fagerli. Auch wurde das ehemalige Schmalspurgleise 75o mm in 1.o67 mm Breite umgespurt sowie Streckenbegradigungen. Dies vermied die früher häufigen Entgleisungen auf der Schmalspur (insbes. bei winterlich verschneiten Gleisen).

Die frühere Verschiffung per Boot über den Langvatnet hatte sich durch die Gleisverlängerung bis Fagerli erübrigte. Die Bodenschätze konnten jetzt ab Schmelzwerk per Zug (23,7 km) direkt bis Sjønstå transportiert werden. Ab hier weiter per Schleppkahn über den Øvrevatn zum Nedrevatn: beide Seen wurden durch einen 1 km langen Kanal (Hjemgan Kanal) verbunden.

Wegen Gleisverlängerung und Kanal mußten die Minenprodukte nur noch 1 mal umgeladen werden, was Kosten sparte. Auch die Reisezeiten für Passagiere hatten sich erheblich reduziert: statt früher ca. 7 Std. jetzt knapp 3 Std.

Problem war nach wie vor die winterliche Vereisung der Seen. Sie machte die Schiffahrt unmöglich. Mit Dynamit im Eis versuchte man, den Lastkähnen einen Weg freizusprengen. Je nach arktischer Temperaturen war dies oft nicht möglich. Die Schmelzwerke mußten ihre gewonnenen Produkte (Kupfer etc.) während Dez.- März oft über Wochen in Sandnes/ Sulitjelma einlagern, - bis wieder eine Fahrrinne im See frei war.

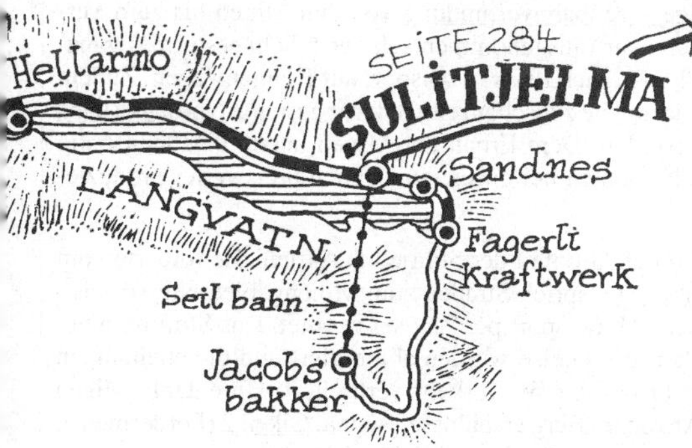


PISTE und später TRAIL nach Schweden zu dortigen National-Parks. Details siehe Seite 292

Sehr anspruchsvolle Fernwanderung Weitere Details im VELBINGER BAND 18 "SCHWEDEN"

Direktorenvilla der Minengesellschaft in Sulitjelma. Prachtbau; der Direktor wußte zu leben.

Für die Sulitjelma Minen waren die arktischen Winter ein erhebliches Handycap im Verkauf ihrer Produkte auf den Weltmärkten. Die weltgrößten Kupferminen z.B. Chuquicamata in Chile hatten derartige, klimatisch bedingte Lieferstopps nicht.

**1952** entschied sich das norweg. Parliament (Storting) für den Bau eines Eisenbahngleises von Sjønestå nach Finneid, um das dortige winterliche Handycap vereister Seen per Gleis zu umgehen. Wegen steiler Berghänge am Øvrevatn waren 3 Tunnel von insges. rund 1o km (!) Länge nötig. Fast die gesamte Strecke führt im Tunnel. Eine kostspielige Angelegenheit, fertiggestellt **1956**.

Damit existierte eine durchgängige Eisenbahnverbindung von den Minen bis zum Verschiffungskai in Finneid. Das Gleis war (ausgenommen schwerer Schneestürme) ganzjährig befahrbar. Fahrzeit ca. 1 1/2 Std., auch PKW- Transport auf Rungenwagen. Zudem konnten die Bodenschätze in Finneid auf die zwischenzeitlich fertiggestellte Nordlandsbana Ri. Süd (Trondheim) verfrachtet werden. Dem Erhalt der Minen nutzte dies langfristig wenig. Kupferminen in der 3. Welt konnten bei billigeren Löhnen preiswerter produzieren.

**1965** kaufte die ELKEM GRUPPE den Großteil der Sulitjelma Aktien. Sie forderte vom norweg. Staat verbesserte Verkehrswege, sprich Straßen zum Minengebiet. Nur so seien wieder profitable Gewinne möglich, Abtransport per Zug sei veraltet. Das Storting investierte erhebliche Gelder in den Umbau. Gleise wurden abmontiert und die ehemaligen Eisenbahntunnel im Querschnitt für den LKW- Verkehr verbreitert. Unrentable Minen wurden geschlossen, dafür neue Areale im Berg erschlossen so u.a. Giken 2 (Fördermenge 3.292 Mio. to. in nur knapp 3o Jahren) und Charlotta 2 (1.829 Mio. To.).

**Lebensbedingungen** der Minenarbeiter: in der Anfangszeit der Minen waren Häuser knapp und die Familien mit Kindern lebten eng zusammengedrängt in Zimmern von oft nur 4 x 5 m. Wegen Schichtbetrieb der Arbeiter konnten vorhandene Betten zum Schlafen (dito im Schichtbetrieb) mehrfach genutzt werden. Es gab Baracken, wo sich bis zu rund 2o Arbeiter die wenigen Betten teilten.

Die Lebensbedingungen besserten sich gering zur Wende ins 2o. Jhd., als die Minengesellschaft auch ein kleineres Krankenhaus (1899) baute, in dem Arbeitsverletzungen aber auch Erkrankungen behandelt wurden. Die Ausstattung (u.a. chirurgischer Bereich) entsprach nicht unbedingt dem, was die bis 19oo auf gut 1.ooo Einwohner angestiegene Minen- Siedlung an mediz. Versorgung im Optimum benötigte.

Bis 191o war die Bevölkerung knapp 3.ooo Einwohner gewachsen. Zwischenzeitlich gab es Stromversorgung in den Häusern (auch für Herde und Heizung) sowie verbesserte Hygiene (Toiletten, Bäder).

Aus dieser Zeit erhalten sind u.a. das „Verkskontoret“ (Sitz der Grubenverwaltung), - die Direktionsvilla (19o8, heute Teil des Sulitjelma Hotells) und die „Handelsbutikk“, ein Gemischtwarenladen, in dem Lebensmittel, Haushaltsgeräte und Kleider verkauft wurden. Der Laden gehörte der Grubengesellschaft, die im Ort bis 1913 auch das **Handelsmonopol** besaß. Die Arbeiter waren somit nicht nur betr. niedriger Löhne ausgebeutet, - sondern mußten mit ihrem hart verdienten Geld auch überhöhte Preise für Lebensmittel etc. zahlen.

Der Minengesellschaft gehörten sämtliche Wohnhäuser. Sie konnte daher den Preis der Mieten (ohne jegl. Konkurrenz) frei bestimmen und die Arbeiter zusätzlich ausbeuten. Zeitweilig hatte sie sogar das Recht der Herausgabe einer eigenen Geldwährung für die

Region. Ein Arbeiteraufstand beendete das Monopol **1913**.

Nach 1913 war die Bevölkerungszahl rückläufig und sank bis **195o** auf ca. 1.7oo EW. Grund u.a. ausländische Konkurrenz, die insbes. Kupfer billiger produzierte, - aber auch mangelhafte Verkehrswege ab Mine und Schmelzwerk (z.B. winterlich vereiste Seen, siehe oben). Der Bau einer durchgehender Eisenbahn und später Straße bis Finneid konnte lediglich das Leben der Minen verlängern. Die letzten wurden **199o/91** wegen Unrentabilität geschlossen.

CHARLOTTA- MINE: im Ortszentrum Sulitjelma Nähe Prix Market. Sie ist nicht mehr in Betrieb, aber für den Besuch geöffnet (2o.6 - 31.8., 11- 16 Uhr). Mit Overall und Helm ausgestattet, fährt man mit einer Grubenbahn 1,5 km tief in den Berg. Dort sind die harten Arbeitsbedingungen zu sehen, Abstützung des Gesteins in den Tunneln, Arbeitsgerät und klaustrophobische Enge in den Gängen. Die Mine dürfte nördlichste der Welt sein, die zur Besichtigung offen ist. Sie ist nicht mit „Komfort- Gruben" (z.B. in Bochum/Ruhrgebiet, Bergbaumuseum) zu vergleichen. Geführte Tour derzeit 11 und 14 Uhr. Sie dauert 2 Std., Besuch lohnt. Eintritt inkl. Führung (leider oft nur in norweg. bzw. engl.) ca. 12,5 Euro.

MINEN- MUSEUM: am östl. Ortsende direkt neben der Straße in kleinem Steingebäude. Zu sehen: Maschinen und Werkzeuge der Bergarbeiter. So u.a. Bohrer (handbetrieben bis pneumatisch) zum Anbringen der Sprengladungen in den Bohrlöchern, Transport in den Minen von Pferd bis kleine Grubenlok, - alte Fotos und Dokumente etc. Ergänzt durch umfangreiche Exponate von Mineralien. Das Museum ist klein. Geöffnet 2o.6. - 2o.8., 11 - 15 Uhr, Eintritt.

„**Sulitjelma Hotell**": Am Hang oberhalb des Langvatnet. Nähe Prix Minimarkt führt eine ausgeschilderte Abzweigung Ri. West ca. 1 km schräg den Hang rauf in den von Bebauung und Blick schönsten Ortsteil.

Sehr ordentliches Hotel, auch als Konferrenzhotel genutzt. Es besteht aus 4 Sektionen. Älteste ist die Direktionsvilla von 19o8 der Minengesellschaft. Davor gesetzt 3 moderne und miteinander verbundene Steingebäude. Vornraus Blick über Ort, See und das Gjertrudfjellet. In diesem Trakt auch Swimmingpool, Sauna und Solarium. Gemütliche Aufenthaltsräume, die Lounge mit Kaminfeuer, gemütliches Restaurant sowie Bar. 61 Zimmer mit Bad. Ganzjährig geöffnet. DZ ca. 1oo - 125 Euro. Tel.: 756.4o4.o1, Fax: 756.4o6.54.

„**Jakobsbakken Fjellsenter**": ab Ostende des Langvatnet über ca. 1o km Erdpiste zu erreichen. Sie steigt südwärts im Tal des Balmielva rauf nach Jakobbsbaken am Rand des Gjertrudfjellet in 6oo m Höhe. Vereinzelte Holzhäuser verstreut zwischen Fjellvegetation Bäume, Buschwerk. Bis zur Schließung der Minen 1968 lebten in Jakobsbakken rund 3oo Arbeiter. Die Häuser stammen aus verschiedenen Teilen Norwegens, wurden dort demontiert und zur Wende 19./2o. Jhd. per Schiff nach Jakobsbakken gebracht. Dort dienten sie den Minenarbeitern als Unterkunft.

Je nach Herkunftsort sind die Häuser benannt, - z.B. „Kabelvåg" (Lofoten). Für die Minengesellschaft war der Transport präfabrizierter Häuser nach Jakobsbakken billiger, - als Handwerker (Schreiner, Zimmermann, Glaser etc.) plus Material (wie Türschlösser etc.) in die Einöde zu bemühen. - Dito kam auch das Mobiliar in der Anfangszeit per Schiff.

Später wurden Häuser und Einrichtung von heimischen Handwerkern aus Sulitjelma gefertigt.

Das Hauptgebäude der Minengesellschaft ist heute **Fjellsenter**. Ebenso kann man in umliegenden Holzhäusern der früheren Arbeiter wohnen. Die insges. 22 Zimmer einfach, aber o.k. Je nach Baumbestand teils schöner Blick auf Berge und Gletscher. Herrlich die Ruhe, Natur und klare Luft. Im Hauptgebäude Mini- Restaurant sowie Infos zu Trails der Region. Ganzj. geöffnet. DZ ca. 45 Euro. Tel.: 756.4o2.9o, Fax: 756.4o2.9o.

„SULITJELMA CAMPING“: schön gelegen in Bergeinsamkeit an kleinem See. Zu erreichen ab Ostende des Langvatnet und selbe Erdpiste wie -> Jakobsbakken, jedoch bereits nach ca. 4 km ausgeschild. Abzweigung links und wenige Meter zum Camping. Stellplätze für WoMos und 12 Hütten mit je 2 Schlafzimmern, Bad, Küche und Wohnraum. Durchaus Tipp, wenn auch sehr abgelegen. Weiterhin Café Kiosk und Infos zu Trails. Tel.: 756.4o4. 33.

* Südl. von Sulitjelma: kurz vor Jakobsbakken (siehe oben) und noch im Tal führt eine Erdpiste südwärts. Im Bereich des Kjelvatnet jede Menge kleiner Ferienhütten. Sie gehören meist Leuten von Bodø und Fauske. Der See ist im Sommer beliebtes Angelgebiet, im Winter in der Region Skilanglauf. - Die Erdpiste (kein öffentl. Transport) endet nach rund 2o km am Nordufer des Balvatnet und dortiger Tjorvi Hütte. Ab hier Trail (T- markiert) in ca. 7 Std. zur Balvass Hütte am Südende des Sees. Ab hier in ca. 6 Std. durchs Skaitidalen zum Gehöft Skaiti, wo eine Erdpiste zum Junkerdalen Turistcenter an der RV 77 beginnt, jedoch praktisch Null Verkehr. Somit weitere ca. 1 Std. zu Fuß. Karte: 2129 II und 2128 I des Statens Kartverk.

* Östl. von Sulitjelma: im oberen Ortsteil beginnt eine Erdpiste, die in Serpentinen den Berg ansteigt. Nach ca. 5 km Abzweigung einer Erdpiste re. zum Låmivatnet. Der See liegt in 7oo m Höhe An dessen Nordwestende die Lomi Hütte. Auf der Piste kein öffentl. Transport.

Ab Hütte entweder Trail entlang des sehr steilen Nordufers. Innerhalb von nur 3,5 km Luftlinie der 1.1oo m höhere Berggipfel des Stortoppen. Er ist der höchsten Gipfel (1.822 m) am Westrand des Sulitjelma Gletschers. Der Trail führt in ca. 8 Std. via Lairojåkkå Tal rüber nach Schweden zur dortigen Pieskehaure Hütte am Nordwestufer des Pieskehaure Sees. Von dort ca. 7 Std. zur Vaimok Hütte am Vaimok See, weitere 7 Std. zur Tarrekaise Hütte plus 6 ca. Std. bis KVIKKJOKK. Ein kleines Nest mit Unterkunft, Helikopterlandeplatz und Straßenverbindung (im Sommer 2 mal tägl. Bus) nach Jokkmock, dem nächsten größeren Ort mit Bus- und Flugverbindung in den „Rest“ Schwedens.

Im ersten Abschnitt ab Lomi Hütte (siehe oben) läßt sich alternativ entlang des Südufers des Låmivatnet und Muorkivatnet wandern: ca. 5 Std. bis zur Muorki Hütte. Sie liegt rund 1 km von der Grenze entfernt; ein Trail (ca. 3- 4 Std.) führt südost über einen Bergsattel zum Nordufer des Pieskehaure Sees/Schweden und dortiger Pieskehaure Hütte. Bevor man die Hütte erreicht, ist allerdings ein Nordschlenker in Umgehung des Mündungsdeltas des Lairojåkkå nötig. Sofern kein Steg, muß er durchquert werden: eiskaltes Gletscherwasser! Ab Hütte weiter nach Kvikkjokk siehe oben.

Die Fernwanderung Sulitjelma -> Kvikkjokk (ca. 4- 5 Tage) sollte in seiner Schwierigkeit nicht unterschätzt werden. Er führt durch absolut unbewohntes Gebiet. Teils sehr steinig (wer sich den Fuß verstaucht oder bricht: keine Hilfe), an anderen Stellen matschig. Eiskalte Bachläufe sind zu durchwaten. Probleme sind auch die Orientierung bei aufkommendem Schlechtwetter, Schlüssel für Hütten, Mitnahme von Zelt, Kochgeschirr sowie Lebensmittel für mehrere Tage (= Wandern mit schwerem Gepäck).

Karte/Norwegen: 2129 II und 2229 III des Statens Kartverk: betreffend Höhenlinien zuverlässig, teils ist jedoch der Trailverlauf nicht eingetragen. Unbedingt vorab in Sulitjelma Detailinfos einholen (siehe auch Kasten). Ein Trail absolut nur für erfahrene Wanderer. Selbes gilt auch für Trails:

* nordöstl. von Sulitjelma: ab oberen Ortsteil Erdpiste Ri. Nordost, vorbei an der 197o geschlossenen Mine Ny Sulitjelma (eines der Häuser dient heute als Wanderhütte). Die Erdpiste schlängelt sich in 2 Serpentinen entlang des Westhanges des Tverrfjellet rauf zum höchsten Punkt der Piste (838 m und Blick auf den Storelovatnet). Hier Trailbeginn, auch wenn die Erdpiste runter zum Südende des Sees führt.

Der Trail (T- markiert) zunächst am Berghang entlang in rund 8oo m Entfernung zum See Ri. Nordost. Der See wird an seinem Nordostende erreicht. Dort Trailverlauf ca. 1 km Ri. Nordwest, dann steiler Anstieg Ri. Nordost rauf zum 15o m höher gelegenen Sorjosjávrras See. An dessen Ostufer entlang und weiter Ri. Nordost zur Sorjus Hütte in 83o m Höhe am Sorjosjaárvi.

Insges. Ny Sulitjelma -> Sorjus Hütte ca. 4 Std. Achtung: auf der Erdpiste ab Sulitjelma -> Ny Sulitjelma kein öffentl. Transport. Sofern man kein Taxi bekommt, sind nochmals ca. 1- 1 1/2 Std. (je nach Kondition, da Anstieg) für diesen Abschnitt zu wandern.

Ab Sorjus Hütte Trail Ri. Nordost und entlang des Sårjåsjaure Sees in ca. 3- 4 Std. nach Schweden zur Sårjås Hütte am Nordostende des Sees. Auf der schwed. Seite Wegmarkierung mit Steinmännchen. Flußdurchquerungen können nach stärkeren Regenfällen oder später Schneeschmelze Probleme bereiten. Ab Sårjås Hütte in weiteren 6- 7 Std. nach Staloluokta, dem wichtigsten Stützpunkt im abgelegenen, aber landschaftl. großartigen schwedischen PADJELANTA NATIONALPARK. Er gilt insbesondere für Trekkingtouren als einer der schönsten Schwedens. Hochebenen, Weideland für Rentiere und riesige Seen. Ab Staloloukta im Sommer tägl. Verbindung mit kleinem Wasserflugzeug nach Kvikkjokk (ca. 3o Min., allerdings nicht billig: pro Person ca. 11o Euro). Bzw. 4 - 5 Tage mittelschwerer Trail, Details PADJELANTA Band 18 „Schweden". In diesem Band auch ausführliche Details zum Kungsleden, der Kvikkjokk tangiert, zu Verkehrs-

verbindungen sowie zum Sarek- und Padjelanta Nat. Park.
Karte/Norwegen: 2129 II und 2229 III des Statens Kartverk, Schweden: BD 12.- Zeitbedarf Sulitjelma -> Staloloukta/Padeljanta Nat. Park: 3 Tage.

* SULITJELMA GLETSCHER und GIPFEL: nordöstlich des Ortes. Der heutige Gletscher besteht aus zwei Teilen, die durch einen schmalen ca. 1.3oo m hohen Felskamm getrennt sind. Der größere Teil des Gletschers befindet sich auf der norweg. Seite. Aus ihm ragen die Felsgipfel Stortoppen (1.822 m) und als höchster Suliskongen (1.9o7 m) heraus. Touren auf eigene Faust können wegen versteckter Gletscherspalten sehr gefährlich sein. Geführte Touren und Besteigungen sind ab Sulitjelma möglich, siehe Kasten. - Karte: 2129 II und 2229 III des Statens Kartverk.

**Organisierte Wanderungen, Gletschertouren und Bergbesteigungen**
Sulitjelma Wildlife and Adventure, Tel.: 756.4o1.47

**Infos zu Wanderungen**
In Sulitjelma: Jakobsbakken Fjellsenter, Tel: 756.4o2.9o, Sulitjelma Hotel, Tel.: 756. 4o4.o1 und Sulitjelma Camping, Tel.: 756.4o4.33. Am besten aber persönlich vorbeischauen, damit man an Hand Detailkarte über Trailverlauf und Schwierigkeiten sprechen kann. - Ansonsten in Fauske: Salten Reiselivslag, Tel.: 756.433.o3, Fax: 756.432.83.
Adresse Wanderverein: Sulitjelma Turistforening, Boks 87, 823o Sulitjelma, Norway. - Er wurde übrigens bereits 1937 gegründet und zählt damit zu den ältesten im Nordland.

In **FAUSKE / E 6** entscheidet sich der weitere Streckenverlauf:

* die E 6 **Fauske -> Narvik** als schnellste Strecke rauf in den Norden, zudem bis Narvik landschaftl. schöne Strecke ......Details ab Seite 373

* die RV 8o **Fauske -> Bodø**: als Abstecher lohnend wegen Verkehrsmuseum und guter Einkaufsmöglichkeit. Schnell zu erreichen, lohnende Umgebung. ...................................................Details ab Seite 296

* **Lofoten ab Bodø**: zwar ist die Inselgruppe (und eines der absoluten Highlights der Nordlandfahrt!) auch ab Bodø mit kleiner Autofähre in rund 4 Std. (bei zuvor Zwischenstop Vaerøy, Røst ca. 6 Std.) zu erreichen. Wegen offenem Meer, kleinem Schiff, starker Winde sowie Meeres-Strömung kann die Überfahrt sehr „bewegt" sein.

  Die Fähre fährt zudem nicht tägl. und hat nur limitierte PKW Mitnahmemöglichkeit. Nachteil der Route sind zudem die wenigen Unterkünfte an der Südspitze der Lofoten. Dies wer ohne WoMo d.h. „ohne eigene Unterkunft" ankommt. ...................Details S. 528 und 535

* **Lofoten ab E 6 nördl. Fauske**: die E 6 zunächst Ri. Narvik. Im Ort Ulsvåg/E 6 Abzweigung der gut ausgebauten RV 81 in 36 km zum Fährhafen **Skutvig**. Ab hier mehrmals tägl. Autofähre in 2 Std. rüber zum Hauptort der Lofoten: SVOLVAER mit Vielzahl an Unterkünften.

  Wegen häufigerer Abfahrten und kürzerer Überfahrt unterm Strich unser Tipp und schneller als die Verbindung/Fähre ab Bodo.

  Daß man in diesem Fall ab Svolvaer die rund 14o km bis zur Südspitze der Lofoten bei Moskenes und Å retour fährt (ca. 1 Tag), ist wegen Parallelrouten und Fülle an Abstechern auf der Inselgruppe eher von Vorteil. Zudem landschaftlicher Klimax an Erlebnis- Steigerung!

  Für die Lofoten im Minimum 3 - 4 Tage reservieren. ....Details S. 385

* **Lofoten + Vesterålen**: ab Svolvaer/Lofoten in ca. 3o km nordwärts nach Fiskebol/Lofoten mit häufig am Tag Autofähre -> Melbu/Vesterålen. Weiter auf gut ausgebauter Landstraße nach Sortland, dem Hauptort der Vesterålen. Ab hier Brücke rüber nach Hinøya plus sehr kurvenreicher E 1o in rund 2oo km bis Narvik.

  Für die Vesterålen mit weitverzweigtem und durch Fjorde eingeschnittenem Land für Erkundung im Minimum 4 Tage. .........Details S.468

* **Vesterålen-> Insel Andøya-> Senja**: Querverbindung, die Andøya (an der Westküste sehr lohnend) einbindet und via Autofähre Andenes -> Senja (Achtung: nur 1.6. - 31.8.) plus RV 81 via Finnsnes die **E 6** weit nördl. von Narvik und Andselv erreicht. .........Details ab S. 6o5

**FAZIT**: Verbindungen via **Lofoten**, **Vesterålen** und **Andøya** rauf zum Nordkap benötigen (gegenüber E 6) zum Teil erheblich Extrazeit, - zumal wenn man Stops wie Museumsbesuch und Abstecher oder gar Wanderungen einbaut. Wer nur 3 Wochen ab Heimat/Mittel Europa Zeit hat, dürfte

Schwierigkeiten haben, Lofoten/Vesteralen und äußerster Norden einzubauen. Oder die Sache wird sehr knapp und km-hetzig.

Daher prinzipielle Entscheidung der Reiseplanung:

* entweder Nordland- Reise bis Lofoten/Vesterålen und Insel Andøya, aber spätestens in Tromsø, besser schon via Narvik retour. Tipp für die Rückfahrt ist die Küstenstraße RV 17 ab Bodø südlich.
* oder: Nordlandtrip (weitgehend ohne Lofoten etc.) bis rauf zum Nordkap, g.g. auch bis Kirkenes. Dies bei 3 Wochen Urlaub.

## Abstecher Fauske -> Bodø (RV 8o, ca. 6o km)

*Landschaftlich schöne, aber nicht spektakuläre Strecke. Sie ist gut ausgebaut und benötigt mit eigenem Auto ca. 45 Min. Mehrmals tägl. Bus- und Zugverbindung.*

*Am Horizont südl. des Skjerstadfjordes spitzgipfliche Bergketten, ansonsten entlang der RV 8o Wiesen und Siedlungen.*

## ★Bodø (ca. 4o.ooo Einw.)

Endpunkt der Eisenbahn von Trondheim und 2. größte Stadt Nordnorwegens (nach Tromsø). Angenehme Stadt, die sich auf einer Landzunge über flache Hügelkuppen am Meer erstreckt. Modernes Zentrum beim SAS-Hotel und Yacht-/Fischereihafen mit Fußgängerzone (Storgata), die teilweise überdacht ist. In den Wohnvierteln dominieren vorw. Holzhäuser.

Sehenswert das Verkehrsmuseum im Südosten der Stadt Nähe Airport.

**Geschichte**: wegen ihrer fruchtbarer Böden war die Region schon zur Eisenzeit besiedelt, wie jüngste Funde bei Saltstraumen belegen.

Auch die Wikinger besuchten Fjord und Halbinsel: hier wurde ein bedeutender Wikingerschatz gefunden mit silbernen Schmuckgegenständen und Münzen u.a. England. Er ist heute ausgestellt im „Nordland Museum" (44) Bodø. Ob er Olav Trygvasson gehörte, einem Wikingerführer, der

LINKS: SAS-Hotel, bestes von Bodø – am Hafen
RECHTS: Fischerei-Hafen

BODØ Ende des 19. Jahrhunderts

sich um 9oo n. Chr. weigerte, dem Christentum beizutreten, - und deswegen Land und Wertgegenstände abgeben mußte, - ist gemäß Quellen möglich, aber nicht gesichert.

Im Mittelalter gab es Nähe der heutigen Bodin Kirche (42) an der Küstenbucht einen kleinen Handelsstützpunkt mit Lagerhäusern. Er wurde über die Jahrhunderte genutzt, und die Kirche (13. Jhd.) erweitert bzw. nach Brand auf ihren Grundmauern eine neue gebaut. Erhalten sind u.a. Holzschnitzarbeiten von 167o. Gegenüber der Kirche hatte der „Amtmand" (Gouverneur der Region Nordland) seinen Wohnsitz. Beide Pfarrer und Gouverneur waren in den Handel verwickelt, letzterer im 17. Jhd. sogar Lehensherr der umliegenden fruchtbaren Ackerböden sowie fleißigen Menschen, die dort für ihn arbeiteten.

★Auch die Pfarrer verdienten im Handel gut. Uber Nicolai Christian Fris (Pfarrer in Bodin 1750) wird berichtet, daß er sich ein neues Pfarrhaus von gigantischer Dimension bauen ließ, um seine Handelsgeschäfte komfortabler verwalten zu können. Prinzipiell steht jedem Pfarrer ein Privathaus von angemessener Größe als Wohnung zu. Der Bau ist aus Kirchengeldern finanziert. Das langgestreckte und 2-stöckige Haus des Pfarrers Fris hatte jedoch die beachtliche Dimensionen eines Handelshauses, mit Vielzahl prächtig ausgestatteter Zimmer. - Auch Streitigkeiten zwischen Pfarrer und Gouverneur waren keine Seltenheit. Hier ging es in der Regel um die Grundstücksgrenzen des Eigentums.

"PFARRHAUS" von Nicolai Christian Fris (1750). Nicht gerade bescheiden. Zum Größenvergleich: schwarzer Pfarrer. Das Gebäude stand in etwa an der Stelle des heutigen Nordland Kultur-Senter (41).

★1796 Bau des ersten Krankenhauses (36) von Nordnorwegen. Ein kleines Holzhaus, zumindest mit wenigen Krankenbetten. Behandelt wurden insbes. Geschlechtskrankheiten sowie Köperverletzungen durch Unfälle. Die Mittel der Medizin waren damals noch sehr primitiv. Penezillin gegen Syphilis war unbekannt. Als „Narkose“ bei Operationen wurde Alkohol verwendet, d.h. der Patient besoff sich vorher kräftig, und der Arzt „reinigte“ seine Werkzeuge ebenfalls mit Alkohol. Wenn man einen Blick auf Fotos damaliger „Werkzeugkoffer“ des Arztes wirft, - kann man nur dankbar sein, damals nicht gelebt zu haben... - Andererseits war das Krankenhaus entscheidender erster Schritt besserer Lebensbedingung im Norden. Es wurde vom Gemeindepfarrer Eirik Schytte gebaut, der neben Theologie auch Medizin studiert hatte.

★Weitere Minisiedlungen Rønvik (heutiges Gewerbegebiet) und Hundholmen (Nähe heutigem SAS-Hotel) entstanden, - damals ein ansonsten absolut einsames Wiesen-/Felsgelände am Meer.

Die Erschließung des Nordens hatte begonnen: 1800 kaufte eine Handelsgesellschaft aus Trondheim in Erwartung zukünftiger Gewinne das Gebiet Hundholmen und errichtete dort rund 35 Holzgebäude zum Lagern von Waren sowie für Wohnungen der Angestellten. Die Gesellschaft betrieb Import von Haushaltsgegenständen, Werkzeugen, Ackergerät sowie Waffen für Jagd, - Export von Fisch. Dicke Gewinne waren nicht möglich. Zu wenige Menschen lebten damals in der Einsamkeit des Nordens.

★**1816**: **BODØ** (= damalige Minisiedlungen Hundholmen, Rønvik und Bodin) wird vom norwegischen Parliament als „***Hauptstadt des Nordlandes***" erklärt. Zuvor gegangen waren lange Diskussionen, wie man den Norden wirtschaftlich erschließen und fördern könne. Beworben hatten sich auch Brønnøysund an der Küste und Vågen/Lofoten.

Den Abgeordneten im norweg. Parliament war klar, daß mit dem Titel „*Hauptstadt*" zunächst eine Minisiedlung bedient wird. Durch die Vergabe umfangreicher Stadtrechte des Handels, aber auch Steuerabgaben erhoffte man sich eine baldige Expansion von Bodø.

Hoffnungen, die sich nicht erfüllten. **1835** hatte die Minisiedlung lediglich 2oo Einwohner (davon lediglich 3 Kaufmannsfamilien und 1o Handwerksbetriebe). Es gab eine Zollsstation in Bodø. Ihr Betrieb war teurer als die Einnahmen aus Zoll, da es an Import/ Export fehlte.

★**1842** forderte daher das norweg. Finanzministerium, daß man die Stadtrechte von Bodø abschaffen solle. **Kabelvåg**/Lofoten, damals florierender Fischereiort, - bewarb sich um den Titel „Hauptstadt". Da es primär Einkünfte aus regionaler Fischerei bezog, - jedoch keinerlei Import/Export, - hatte Kabelvåg keine Chance auf Vergabe des Titels.

★**186o**: Aufschwung Bodø durch Heeringsboom. Innerhalb von nur 15 Jahren stieg die Bevölkerung bis **1875** auf 1.5oo Einw. Der Reisende John Murray, der im Jahr 1871 Bodø besuchte (Buch „The Land of the Midnight Sun", London 1882) , - reportiert den Ort als „kleiner Hafen ... mit „unfinished apperance" und Bedeutung der Fischerei. Er ist regulärer Stop der Dampfer zum Fassen von Kohle auf ihrem Weg Richtung Nord, Hammerfest."

Murray wanderte im Anschluß die Durchquerung Nordskandinaviens:

Ab Atlantikküste/ Bodø via Fauske -> Sulitjelma (Details siehe dort) und via Kvikkjokk/Schweden nach Luleå an der Küste des Bottn. Meerbusen.

Eine Route, die zuvor lediglich eine Kommission bereist hatte im Auftrag der Grenzfestlegung zwischen Norwegen/ Schweden.

Zeitungs Anzeige 5. Juli 1887 für für Schiffsverb. TRONDHEIM -> LOFOTEN. Ein Schaufelrad-Dampfer mit Segeln.

Eine absolut unbewohnte Region, in der lediglich im Sommer Lappen mit ihren Rentierherden wanderten, auf der Suche nach Weideplätzen. Sie hatten ihr Winterlager in der Region Luleå und wanderten im Sommer teils bis Sulitjelma. Es waren daher auch 3 Lappen, die wegen ihrer Ortskenntnis Murray auf seiner großen Durchquerung Nordskandinaviens führten.

★Zunehmend häufigere Schiffsverbindungen entlang der Westküste Norwegens trugen entscheidend zur Erschließung und Besiedlung des Nordens bei. So gab es bereits ab **1838** eine regelmäßige Dampfschiff- Verbindung für den Post- und Personentransport. Strecke: Trondheim -> Bronnøysund -> Bodø, Fahrzeit 4 Tage. Ab Bodø Schiff durch die Fjorde zwischen den vorgelagerten Inselgruppen bis rauf Tromsø, plus 3 Tage. Die Schiffe wie z.B. „Prinds Gustav“ (1838) waren Schaufelrad- Dampfer mit Besegelung und nicht un-

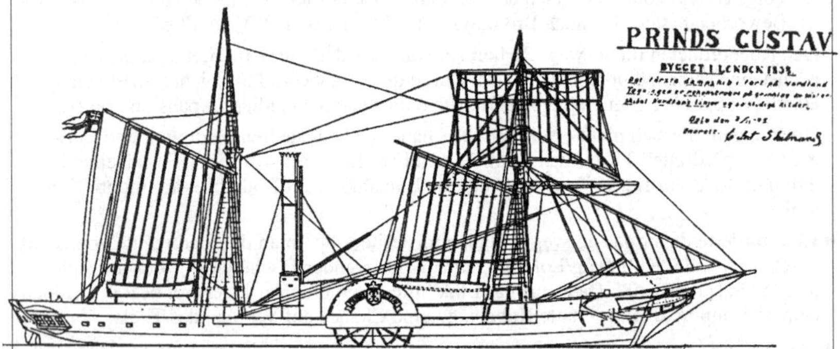


bedingt die schnellsten. Wegen Schaufelrad- Betrieb waren sie sehr anfällig bei seitlich aufs Schiff treffende Winde: nicht selten an der norweg. Küste. Hierbei wurde das Schiff in Schräglage gekippt, wobei der rechte (bzw. linke) Teil des Schaufelradantriebes außer Wasser kam. Der andere Teil des Schaufelrades (im Wasser) trieb das Schiff daher in Kurve, - und der Steuermann mußte kräftig gegensteuern, während die Passagiere über die Reeling den Mageninhalt ausleerten...

Bei entsprechenden Winden wurden die Segel gesetzt, was die Fahrt der damals noch mit schwachen Motoren bestückten Schiffe beschleunigte. Weitere Schiffe kamen bis Mitte ★des 19. Jhds. hinzu, wobei **Bodø** zunehmend wichtiger Versorgungs- Stop (Nachladen von Kohle) und Umsteigepunkt z.B. zu den Lofoten und Vesterålen wurde.

Ab 1841 alle 14 Tage Verbindung nach Hammerfest via Tromsø, 1855: 5 mal/Woche. Anfang der 8o-er Jahre auch Nordkap (tourist. Verkehr) und Vardø/Vadsø im äußersten Norden des Landes. Zwar lösten auf den Hauptrouten modernere Schiffe mit Dampfkessel und Schiffsschrauben die früheren Schaufelraddampfer mit Segeln ab. Diese wurden auf Nebenrouten eingesetzt, siehe z.B. Anzeige von Johan Krog (1887) -> Lofoten und Vorseite.

Trotzdem war die Reise in den Norden ein Abenteuer: es fehlte an Leuchttürmen auf der Route mit Vielzahl an Meeresfjorden und Riffs. Hinzu kamen Küstennebel. Viele Kapitäne weigerten sich daher, unter diesen Bedingungen nachts zu fahren. Während der Wintermonate der ewigen Nacht war der reguläre Schiffsverkehr nördl. von Bodø eingestellt.

**1893** erhielt die Reederei *“Vesterålen Dampskipsselskap“* vom norweg. Staat das Recht und finanzielle Unterstützung einer ganzjährigen Schiffsverbindung ab Trondheim via **Bodø** nach Tromsø und Hammerfest. Verpflichtung war, die Strecke zumindest bis Tromsø auch in den dunklen und stürmischen Wintermonaten zu befahren. Es war Beginn der berühmten „Hurtigrute“. Weitere Details siehe Kapitel „Transport in Nordnorwegen“.

★**Bodø (186o- 19oo)**: das Konzept der Regierung war aufgegangen: die frühere Mini - siedlung hatte sich zur 2. wichtigsten Stadt (nach Tromsø) in Nordnorwegen entwickelt. Hierzu hatte ab 186o der Heeringsboom beigetragen. Südnorweger zogen nach Bodø und gründeten dort Fischfang-Gemeinschaften. Oder aber Servicefirmen wie Werften, ehemalige Zimmerleute oder Schreiner bauten Bottiche zum Lagern des Fisches, eine Firma zur Herstellung von Bekleidung (Ölzeug) wurde gegründet, eine Handelsgesellschaft für Spirituosen (der „Sprit der Fischer“) etc.

**1875** hatte Bodø rund 1.5oo Einw. und 1o Jahre später **1885** (Ende des Heeringbooms) bereits 2.7oo Einw. Dass ab 2. Hälfte der 8o-er die Heeringe in küstennahen Bereichen fern blieben, war für Bodø kein entscheidender Nachteil. Der Ort verfügte über umfangreiche Service- und Dienstleistungsbetriebe, die u.a. den Fischfang auf den Lofoten bedienten. So u.a. Reparatur von Booten, Geschäfte für Netze und sonstige Fischerausrüstung, bis hin zu Eisenwaren- und Haushaltsgeschäften, Kleidung, Schuhe etc.

Wirtschaftlicher Aufschwung auch durch Handelshäuser, die in Bodø mit Fisch spekulierten und Banken, die für den wirtschaftlichen Aufschwung Kredite gewährten. An der 189o gegründeten Sulitjelma Kupfermine (damals eine der wichtigsten in Nordnorwegen) partizipierte Bodø entscheidend als Handels- und Exporthafen. Ebenso am Marmorexport der nur ca. 6o km entfernten Marmorbrüche bei Fauske im Inland.

Zudem war Bodø wichtigster Hafen der Nordlandroute der Handels- und Passagierschiffe geworden. Alle Schiffsrouten rauf in den äußersten Norden hatten ihren Stop oder Umsteigepunkt in Bodø. Das Foto (unten) des Bodø Anlegesteges von 189o zeigt den Zeitpunkt, als gerade kein Schiff im Hafen war. In der Regel aber 3- 7 Dampfschiffe pro Tag bei jeder Menge an Aktivitäten und Menschenmassen.

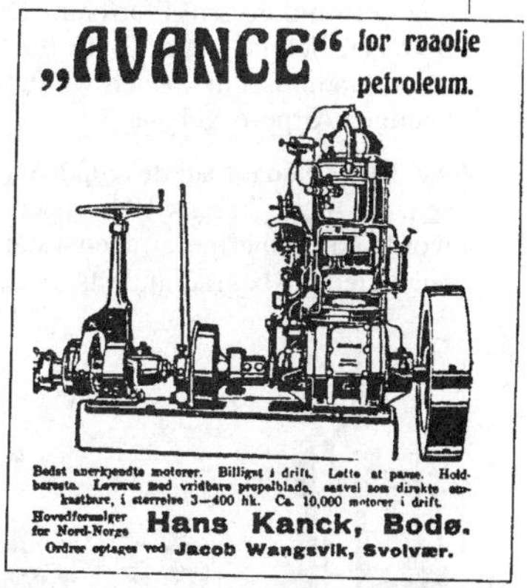


**19oo** hatte Bodø rund **5.ooo Einw.** Der Ort florierte (lediglich Tromsø damals knapp 7.ooo Einw. war größer). Ab ca. 191o in Bodø Bau von kleineren Motoren für Fischerkutter (siehe Werbeanzeige Hans Knack).

OBEN: Hans Knack, Hersteller von Motoren für kleine-e Fischkutter. - UNTEN: Anlegesteg Bodø 1890.

★In der 1. Hälfte des 2o. Jhds. stagnierte die Einwohnerzahl von Bodø auf **5.ooo.** Große Reichtümer gab es dort bei zudem langen und dunklen Wintern nicht zu verdienen. Die Süd- Norweger, sofern Ideen nach Reichtum, - hatten als Auswanderungsziel eher die USA, oder Kanada, kaum jedoch Bodø. - Bis zum Ausbruch des 2. Weltkrieges gab es zwar Flugverbindung nach Bodø, allerdings nur mit Wasserflugzeugen (Details siehe „Verkehrsmuseum“). Die Hauptverbindung war nach wie vor der Küstendampfer.

★**2. Weltkrieg**: am 27. Mai 194o komplette Zerstörung des Stadtzentrums von Bodø durch deutsche Kampfflugzeuge und Brandbomben. Zuvor wurde die Bevölkerung evakuiert, so daß es kaum zu Toten kam. Ziel der Generäle Hitlers: den Hafen Bodø mit seiner Infrastruktur komplett zu zerstören, um eine Invasion der Britten in Bodø zu verhindern. Dies gelang, - wobei die Bevölkerung Bodøs in provisorischen Hütten am Stadtrand untergebracht war.

Die Nazis quartierten sich in verschonte Bereiche wie Bodin ein und hatten ihr Hauptquartier im dortigem Pfarrhaus. Die Räume wurden ziemlich ramponiert (nicht nur von Soldatenstiefeln!), zum Glück blieben die Wandgemälde verschont, weitere Details siehe „Nordlandmuseum“. Auch wurde eine Landepiste für Nazi- Kampfflugzeuge Nähe des heutigen Airports gebaut.

★**Ab 1945**: Neuaufbau des Stadtzentrums gemäß Plänen des norweg. Prof. Sverre Pedersen, die dieser bereits 194o (nach Brandbomben der Nazis) ausgearbeitet hatte. Hierbei wurde das bisherige Straßensystem (Ende 19. Jhd./Anfang 2o. Jhd.) beibehalten, wenn auch vielfach begradigt. Was im Zentrum entstand: weitgehend Schachbrett- Straßen.

BODØ: Fußboden-Heizung im Fußweg. Hier Ecke Sjøgata/Ecke Torvgata, gebaut Okt. 1998. Dies erspart das Schnee-Schippen im Winter.

Der ehemalige Nazi- Airport war bis 1953 genutzt, - wurde dann aber in Landepiste erheblich ausgedehnt. Die Piste ist heute eine der längsten in Nordskandinavien (abgesehen von Bardu nördl. Narvik) - und dient u.a. Kampfjets der Nato als Start-Landeplatz für Übungsflüge. Der Krach der tieffliegenden Jets war nicht gerade Freude der Bewohner von Bodø, - auch wenn die Militärs Arbeitsplätze schufen.

Seit Auflösung der UdSSR 199o und Ende des „kalten Krieges" gibt es heute nur noch reduzierte Anzahl an Übungsflüge.

Im Stadtzentrum entstanden moderne Betongebäude, - so das SAS Hotel, die das Stadtbild prägen. Aber auch das „Glas Huset" (ca. 199o), eine überdachte Fußgängerzone.

★ **1961** erreichte endlich das Gleis der Nordlandbahn von Trondheim die Stadt Bodø. Offizielle Einweihung durch den norweg. König Olav V. am 7.6.1962. Damit war der langersehnte Inlandsverkehrsweg in den Norden endlich fertiggestellt. Auch heute hat der Zug bis Bodø größere Bedeutung (da bequemer) - als Busse auf der E 6.

**1964** hatte Bodø rund 13.ooo Einw. In den folgenden 4 Jahren stieg die EW.- Zahl auf mehr als das Doppelte: **1968**: ca. 28.ooo. Grund erhebliche Erweiterung des Stadtgebietes durch Eingemeindung u.a. im Osten von Bodin.

★ **Heute** ca. 4o.ooo Einwohner. Die Wirtschaft besteht vorwiegend aus Dienstleistungsbetrieben, Behörden der Provinzverwaltung, Geschäften, Hochschule und Krankenversorgung (Ärzte, Krankenhaus).

Größer im Norden Norwegens ist heute lediglich Tromsø mit rund 6o.ooo Einwohnern. Details dort.

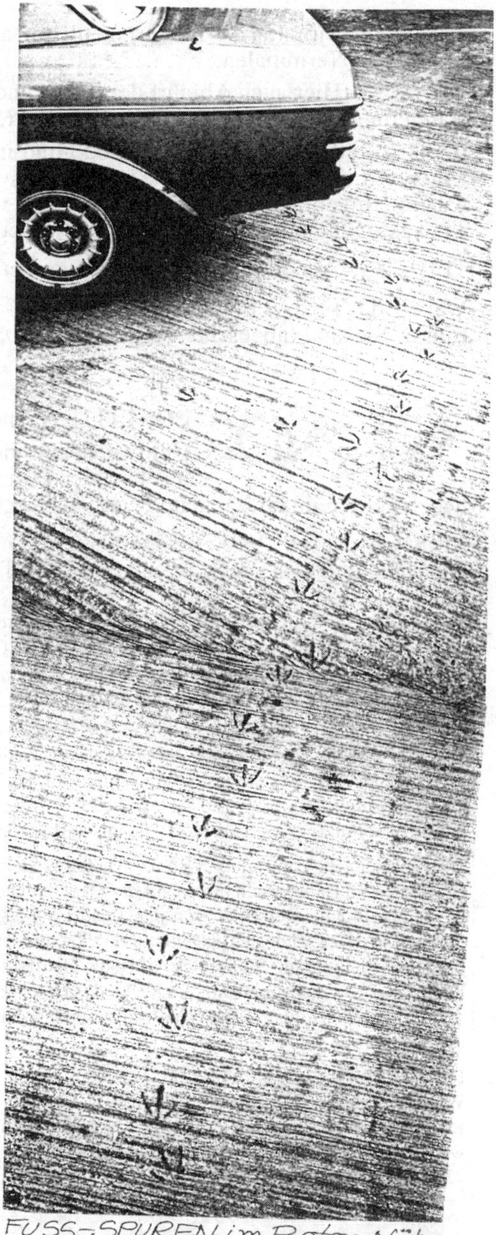

FUSS-SPUREN im Beton Nähe T1 - BODØ am Meer...

Sjøgata 21 im Ortszentrum am Meer (29).Im Sentrums Terminalen.

Hier auch Abfahrt der Busse und Personen Schnellboote. Der Hafen für die Fähren (33) und der Bahnhof (32) sind rund 1,5 km entfernt.

Im TI sehr detaillierte Infos zu Bodø und näherer Umgebung, - auch zu Unterkünften bei Privat. Sowie zu Verkehrsverbindungen und Ausflüge in nähere Umgebung. Wer die Meeresstrudel von Saltstraumen besucht: im TI exakte Zeitangaben, wann dies stattfindet.

TEL.: 755.48o.oo, Fax: 755.48o.o1. Internet: www.bodoe.com

Weitere TI- FILIALEN im * Bodø Airport, - in * Saltstraumen und * Kjerringøy. Sie sind (abgesehen Airport) nur im Sommer geöffnet.

**POST** (12): Havnegata 9 Nähe Rathaus

**Geldwechseln**: in Banken (z.B. in der Sjøgata 21) aber auch Post (12). Automaten zum Geldabheben per Kreditkarte u.a. im Kaufhaus Koch/Fußgängerzone.

**Münzwäscherei**: „Vasketeria Firkanten", Gamle Riksvei 1- 5. Pro Waschmaschine und Gang inkl. Waschmittel und Trocknen ca. 1o Euro.

„**SAS- Radison Hotel**" (25): 12 stöckiges Hochhaus mit schwarzbraunem Marmor verkleidet. Zentrale Ortslage direkt am Schnellboot- und Yachthafen. Bestes Hotel von Bodø, aber teuer. Der Blick je nach Stockwerk und Richtung auf den Hafen (beste Zimmer) bzw. Stadt.

19o Zimmer mit Bad, TV. Ganzjährig geöffnet. Betreffend Zimmertüre Achtung: sie öffnen sich nicht wie normalüblich -> Richtung Gang! Bei unserer Übernachtung im SAS wollten wir am nächsten Morgen zum Frühstücks- Buffet, - und die Tür ließ sich trotz Schlüssel nicht öffnen. Per Telefon wurde eine Putzfrau raufgeschickt, die uns aufklärte. Sorry.

Die Zimmer sehr komfortabel. Blick: je höheres Stockwerk desto umfassender. Vornraus Ri. Küste und Hafen, nach hinten auf die Stadt. Am besten sieht man sich das Zimmer an, bevor man bucht. Der Blick von den Business Class Zimmern (teurer, größer und mit Querbett) ist der schönste. Er geht auf den Yachthafen und Küste. Im Dachgeschoß Panorama- Restaurant mit Superblick auf Bodø. Geöffnet auch für Nicht- Hotelgäste, die dort Kaffee und Kuchen genießen. - Im Keller des Hotels eine Pizzeria und die angeblich beste „Bowling Bahn Nordskandinaviens", so zumindest der Hotelprospekt. Ausprobieren! Auch für Nicht- Hotelgäste.

DZ ca. 215 Euro! Somit eines der teuersten Hotels von Nordnorwegen. Sommer- und Weekendpreise ab ca. 11o Euro. Je nach Auslastung lassen sich güstigere Preise an der Rezeption verhandeln. Dies auch, wer mehr als 2 Tage bleibt. Parken ist schwierig; nur wenige fürs Hotel reservierte Stellplätze. Adresse: Storgata 2. Tel.: 755.19o.oo, Fax: 755.19o.o3. bodo.radissonsas.com

„**Norrøna Hotel**“ (22): Storgata 4 B. Etwas in die Jahre gekommenes Mittelklasse Hotel älteren Baudatums. 5 Stock beim Busterminal und Schnellboothafen, Nähe SAS. Die 88 Zimmer ohne jeglichen Luxus und etwas einfach. Mit Bad, ganzjährig geöffnet. Blick entweder hinten raus und wenig attraktiv oder vorne zum Busterminal. Parken schwierig. DZ ca. 75- 11o Euro, ohne Frühstück! Tel.: 755.19o.6o, Fax: 755.19o.61.

„**Clarion Collection Hotel Grand**“ (15): Storgata 3 im Ortszentrum, direkt bei der Fußgängerzone und Glashuset. Das älteste Hotel der Stadt; besteht bereits seit mehr als 17o Jahren, damals ein Holzbau. Bereits Knut Hamsun logierte hier 1911/16 und schrieb seinen Roman „Segelfoss by“. Das Hotel wurde mehrfach umgebaut, erweitert sowie 1998 komplett renoviert. Heute ein 3- 4 Stock Steingebäude. Angenehmer Frühstücksraum mit Glaskuppel, an den Wänden alte Fotos und Bilder.

98 komfortable Zimmer mit TV, Parkett und Bad. Kein spezieller Blick, meist Straße und gegenüberliegende Häuser. Zum Hotel gehört ein Parkhaus (nützlich, da ansonsten Parken schwierig). Ganzjährig geöffnet. DZ ca. 1oo- 175 Euro und unter diesem Aspekt reichlich teuer! Tel.: 755.461.oo, Fax: 755.461.5o.

„**Rica Hotel**“ (2): Sjogata 23. Modernes 5- Stock Backsteingebäude mit 2 Spitzgiebeln zur Straße. Zur Fußgängerzone und Glashuset nur wenige Schritte. Betreffend Innenausstattung eines der besten Hotels von Bodø. 114 meist sehr komfortable Zimmer mit TV und Bad. Allerdings Achtung: die Zi. Richtung Straße können sehr laut sein, denn die Sjøgata ist die Hauptzufahrt ins Stadtzentrum. Andere Zimmer gehen seitlich und sind vom Blick nicht immer super; die besten vornraus Richtung Meer und ok. Ganzjährig geöffnet. Parken schwierig. DZ mit ca. 175 Euro nicht gerade billig. Nach günstigerem Preis fragen. Die Realisierung ist abhängig Auslastung. Tel.: 755.47o.oo, Fax: 755.47o.55.

„**Rainbow Nordlys Hotel**“ (46): Moloveien 14, am Småbåthafen Nähe SAS Hotel und Abfahrt der Schnellboote. Das modernste, sprich neueste Hotel der Stadt, gebaut 2ooo. Zumindest auch die Preise sind etwas moderater als nebenan im SAS. 153 Zimmer mit Bad, TV. Blick vornraus schön auf Hafen und Meer, die anderen Zimmer mit Blick seitlich oder rückwärts auf die Stadt. Ganzjährig geöffnet. DZ ca. 125 Euro, Sommerpreis ca. 95 Euro. Tel.: 755.319.oo, Fax: 755.319.99.

„**Bodø Hotell**“ (13): Prof. Schyttes Gata 5, zentral gelegen in der Paralellstraße zur Fußgängerzone. 4 stöckiger Quadratkasten. 31 teils recht kleine Zimmer mit dunklem Holzparkett, TV und Bad. Ganzjährig geöffnet. Parken schwierig. DZ kostet beachtliche ca. 115 Euro. Der Sommerpreis etwas billiger: ab ca. 8o - 115 Euro. Tel.: 755.477.oo, Fax: 755.257.78.

„**Central Hotel**“ (13): Prof Schyttes Gata 4- 6, zentral gelegen, gegenüber vom Bodø Hotel. 45 Zimmer mit Bad, ganzjährig geöffnet. Parken schwierig. Das Hotel ist älteren Baudatums. Die Übernachtungspreise unterliegen breitem Spektrum je nach Auslastung: DZ ca. 75- 135 Euro (!). Tel.: 755. 24o.oo, Fax: 755.242.66.

„**Skagen Hotel**“ (28): Nyholmsgata 11, zentral gelegen rund 3oo m südlich oberhalb des Fischer- und Yachthafens in ruhiger Nebenstraße. Das moderne, 199o gebaute Hotel ist Tipp in der Luxusklasse, wenn auch „slightly gestylt“... 47 komfortable, große Zimmer mit Bad sowie 9 Suiten mit Kamin. Angenehmer Frühstücksraum unter Glasdach mit Bibliothek. Ein Gang von diesem Hoteltrakt unterirdisch unter der Straße rüber zum gegenüberliegenden Haus von 1998 mit weiteren ca. 3o Zimmern. Ganzjährig geöffnet. Wir haben in diesem Hotel gern gewohnt, es ist angenehm. Gute Parkmöglichkeit und ruhige Lage. DZ ca. 15o Euro, Sommerpreis ca. 9o Euro. Tel.: 755.191.oo, Fax: 755.191.o1.

SPEZIALANGEBOT „BODØ PAKKEN“: im Angebot des Bodø TI in Zusammenarbeit mit den Hotels. Preis je nach Auslastung der Hotels pro Tag für 2 Personen ab ca. 14o Euro. Es gilt am Wochenende Fr. - So. und beinhaltet Übernachtung inkl. Frühstück, Mittagessen und Eintritt im Luftfahrtmuseum. Persönliches Rechenexempel, ob es lohnt. Denn in der Regel ist bei Hotels das Frühstück sowieso im Preis inklusiv. Infos und Bestellung „Bodø Pakken“: Tel.: 755.48o.oo, Fax: 755.48o.o1

Bodø ist in Bezug HOTELS kein billiges Pflaster. Wer's billiger will, übernachtet in einer der PENSIONEN oder BED & BREAKFAST, z.B.:

„**Pensjonat Kristensen**“: Biskop Krogs Gata 45/Ecke Renségata. Kleines, beige gestrichenes Holzhaus Nähe Domkirche in ruhigem Villenviertel. Gute Parkmöglichkeit. 7 Zimmer mit sogar TV. Durchaus o.k. und empfehlenswert. Ganzjährig geöffnet. DZ je nach Auslastung ca. 6o- 75 Euro. Tel.: 755.216.99, Fax: 755.216.99.

„**Midnattsol Gjestegård**“: Storgata 65, am Ende der Fußgängerzone und Nähe Bahnhof sowie Fähranleger. 17 Zimmer, ganzjährig geöffnet. Beliebt bei Gästen, die den Zug oder Hurtigruten nehmen, da per Fußweg nur ca. 3 Min. vom Bahnhof bzw. 5 Min. vom Schiffsanleger entfernt. DZ ca. 7o Euro. Tel.: 755.o49.1o, Fax: 755.o49.1o.

„**Bodø Gjestegård**“: Storgata 9o Nähe Bahnhof. Kleines 2-stöckiges Holzhaus. Vermietung von 14 Zimmern mit TV, ganzjährig geöffnet. DZ je nach Auslastung ca. 6o- 7o Euro. Tel.: 755.2o4.o2, Fax: 755.2o4.o2.

„**Opsahl Gjestegård**“: Prinsensgata 131. 2-stöckiges Holzhaus auf der Anhöhe oberhalb des Bahnhofes, dieser in knapp 1o Min. zu erreichen. 19 Zimmer, ganzjährig geöffnet. DZ relativ teuer ca. 8o Euro, je nach Auslastung auch ca. 65 Euro. Tel.: 755.2o7. o4, Fax: 755.2o2.28.

„**Kristansen Pensjonat**“: Drønningengata 8, Nähe Fußgängerzone. Vermietung von 12 Zimmern. Ganzjährig geöffnet. DZ ca. 65 Euro. Tel.: 755.2o8.18.

„**Lokomotivet Bodø Vandrerhjem**“: Sjøgata 55, rund 4oo m zum Bahnhof. 4o Betten. Eine Herberge, die nicht unser Tipp ist. Tel.: 755.2o4.o2.

„**Humer Hybel**“ im östlichen Vorort Hunstad an der RV 8o. Ein Studentenwohnheim, das während der Ferienmonate im Sommer (15.6. - 15.8.) preiswert Zimmer an ausländ. Gäste vermietet. Dusche und WC auf dem Gang. 36 DZ, ca. 45 Euro. Tel.: 755.18o.9o.

**Privatzimmer**: es gibt (für Nordnorwegen) relativ viele in Bodø. Meist einfach ausgestattet, Familienanschluß und preiswert. Liste im Touristbüro.

Die Pensionen von Bodø haben teils relativ hohe Preise bei mittelmäßigem Komfort. Da sie nur wenige Zimmer besitzen, läßt sich oft um den Preis nicht handeln. Anders bei Hotels: zwar kann man dort nicht 12o Euro auf 7o Euro runterhandeln, so schrumpft doch zumindest die Preisdifferenz, so daß u.U. ein Bodø-Hotel die bessere Wahl ist. Kann sein, muß nicht.

**Extraspecial**: der Leuchtturm „**Landego Fyr**“ an der Nordspitze der Insel Landegode, westlich von Bodø wurde 19o2 gebaut und ist in damaligem Baustand zusammen des Leuchtturmwärter- Hauses erhalten. 15 Zimmer und kleinerer Konferrenzraum. Kann über das Skagen Hotel/Bodø gebucht werden, - in der Regel aber nur für Gruppen. Von Flair ausgefallen und „abseits/einsam“. Infos und Tel.: 755.846.44.

„**Salmon Islands**": mit Hafen und Lagergebäuden von 185o. Zu erreichen in 5o Min. ab Bodø per Schiff. Lage: auf Miniinsel der Søranøya-Gruppe südwestl. von Bodø im Atlantik. 25 Zimmer mit Du/Toil. Weiterhin Restaurant und Pub. Beliebt bei Anglern, aber auch für Firmenkonferrenz- Gruppen. In einem abgeteilten See Lachsangeln. Die Insel, auf der die Gebäude stehen, ist winzig: nach wenigen Metern ist bereits das Meer erreicht. DZ ca. 12o Euro. Hinzu addieren sich Essen, Getränke und Bootstransport; kann teuer werden. Infos/ Tel: 757.592.6o, Fax: 757.591.65. Außerhalb der Saison: Tel.: 755.262.23, Fax: 755.214. 8o.

„BODØSJØEN CAMPING" (43): schöne Lage auf Wiese Nähe des Nordland Kultursenter und historischem Bodø. Und: relativ nahe an der Start/Landebahn des Airports. Tagsüber kann das Lärm bedeuten, - nachts jedoch Ruhe, da der Flugbetrieb eingestellt ist. Stellplätze für WoMos und Zelte sowie 45 Hütten. Sie sind gepflegt mit TV, Bad/Dusche, Kochgelegenheit, Heizung. Die Betten allerdings sehr schmal, fast wie in Schiffskojen. Ganzjährig geöffnet.

Die Billigalternative von Bodø mit dem Vorteil der kurzen Wege Gepäck vom Auto vor der Hütte und in diese rein. Ins Stadtzentrum ca. 3 km. Hütte ca. 5o- 75 Euro je nach Auslastung. Tel.: 755.636.8o.

„GEITVÅGEN CAMPING": rund 1o km nördl. Bodø Nähe der RV 834 und Meer im Ort Geitvågen. Stellplätze auf flachem Gelände, 14 Hütten. Ruhig, ausgenommen des Badebetriebs im Hochsommer. Mittlere Preise.

„SALTSTRAUMEN CAMPING": ca. 33 km südlich an der RV 17 in Saltstraumen. Details siehe dort. Tel.: 755.875.6o.

„PIZZERIA" (21): Storgata am Hauptplatz und Abfahrt der Busse. Gemütlich in 2 Etagen, teils mit Tische, teils in Nischen. Es ist eine von mehreren Pizzeria im Ort. Die Pizzen sind o.k., mittlere Preise.

„Cafe Hobbiten mat & drink" (2o): Storgata, direkt beim Glashuset. Kaffee und Kuchen. Im Sommer Tische auf dem Bürgersteig.

„BURGER KING": im Glashuset (beginnt Nähe (2o), übliche Hamburger mit Chips und Cola. Nunja!

„MON AMI" im Glashuset, über Rolltreppe rauf in den 3. Stock. Unterm Glas der überdachten Fußgängerzone eine Terrasse mit Pflanzen. Gute und passabel preiswerte Gerichte, - speziell Fischsuppe (ca. 6 Euro) und Grillkartoffel („backte poteter") mit Shrimps („rekker") oder anderen Beilagen nach Wahl (ca. 6- 8 Euro). Tipp.

„BUFFALO STEAK HOUSE" (8): Havne Gata 1. Rustikales Holzdeko mit Stützbalken, dazwischen die Tische. Steaks bei gehobenen Preisen.

„BLIX RESTAURANT" (2): im Diplomat Hotel. Stilvoll dinieren bei gehobenen Preisen. Ambiente: abgedunkelt, mit vielen Bildern und Portraits an der Wand. Flügel in der Mitte und Blick aufs Meer. Zwar Tipp, aber gehobene bis teure Preise.

„CHINA GARDEN“: Storgata 6o, Nähe Bahnhof. China-Küche sowie norweg. Gerichte. Entsprechend sonstiger Chinarestaurants dekoriert mit Goldverzierungen am Fenster und rotgoldener Fassettendecke. Geöffnet tägl. 12 - 24 Uhr (je nach Bedarf), somit eines der Restaurants von Bodø, die am längsten geöffnet haben. Auch Take- Away. Küche war bei Check o.k. bei ausreichenden Portionen und mittleren Preisen.

„PEPES PIZZA“ (15) im Unterstock vom „Comfort Home Hotel Grand“. Mittelmäßig „gemütlich“ mit Holzbalken und Essnischen. Gehört einer, in Norwegen weit verbreiteten Pizzakette. Für Pizzen nicht unbedingt billig.

„PIZZAKJELLE'N“ (25): im Unterstock des SAS- Hotels. Die Pizzen gelten als mit die besten der Stadt. Ansonsten Tex-Mex und internat. Gerichte bei mittleren Preisen. Informelle Atmosphäre. Originelle Deckendeko beachten! Teller, Tassen, Gabeln, Gläser etc. sind dort Seitenverkehrt festgeschraubt für spezielle Gäste.

„VASSILIOS“: Storgata 7o. Ein Grieche, den es in den hohen Norden nach Bodø verschlagen hat. Es gibt vorwiegend Pizzen aber auch griech. Standardgerichte wie Souflaki, Gyros etc. Mittlere Preise.

„PAVILJONGEN“ (6): kleiner Pavillon in der Fußgängerzone mit Spagetti, Huhn, Kaffee, Kuchen und Rumpsteak. Mittlere Preise.

„LØVOLD'S CAFETERIA“ (18): Tollbugata 6, Nähe Busterminal und Taxistand. Über eine Treppe rauf in den 1. Stock. Die älteste Cafeteria von Bodø. Einfach eingerichtet (simple Tische, Stühle), aber schöner Blick auf einen Teil des Hafens. Norweg. Gerichte, Spezialität Fisch, auch vom Grill; eigene Bäckerei. Tipp, ordentliche Portionen zu günstigen Preisen.

„CUSINE IMPERIAL“ (13): Prof. Schyttes Gt. 5 im Bodø Hotel. Knallrotbraune Theke, schwarze Stühle und Tischdecken. Mongolische sowie norweg. Küche, geöffnet bis ca. 22 Uhr. Mittlere Preise.

„SJØSIDEN REST.“ (25): im SAS- Hotel, stilvoll mit marineblauen Teppichen, großem Frühstücksbuffet und guter Küche. Schöne Aussicht auf den auf den Fischerei- und Yachthafen, gehobene bis teure Preise.

„TOP 13“ (25): Dachgeschoß des SAS- Hotels und Super- Panoramablick 36o Grad auf Stadt, Hafen und Meer. Besuch ist Tipp. Kaffee, Kuchen und kleinere Lunchgerichte bei mittleren Preisen.

„HØDEPUNKT“ (47): im Oberstock des Airports. Die Küche hat uns nicht übermäßig geschmeckt und war zudem etwas teuer. Allerdings schöner Blick auf die Landebahn und Küstenberge. Man kann sich auch mit einem Kaffee, Cola oder Bier oben ans Fenster setzen

„BODØ AKTIEBRYGGERI“ (47): im 1. Stock des Airports, eine Pizzeria auf „English Pub“ gestylt. Mittlere Preise.

„CAFE GIDSKEN“ (38): im Luftfahrtmuseum. Es gibt kleinere warme und kalte Gerichte, sowie Kaffee und Kuchen. Mittlere Preise.

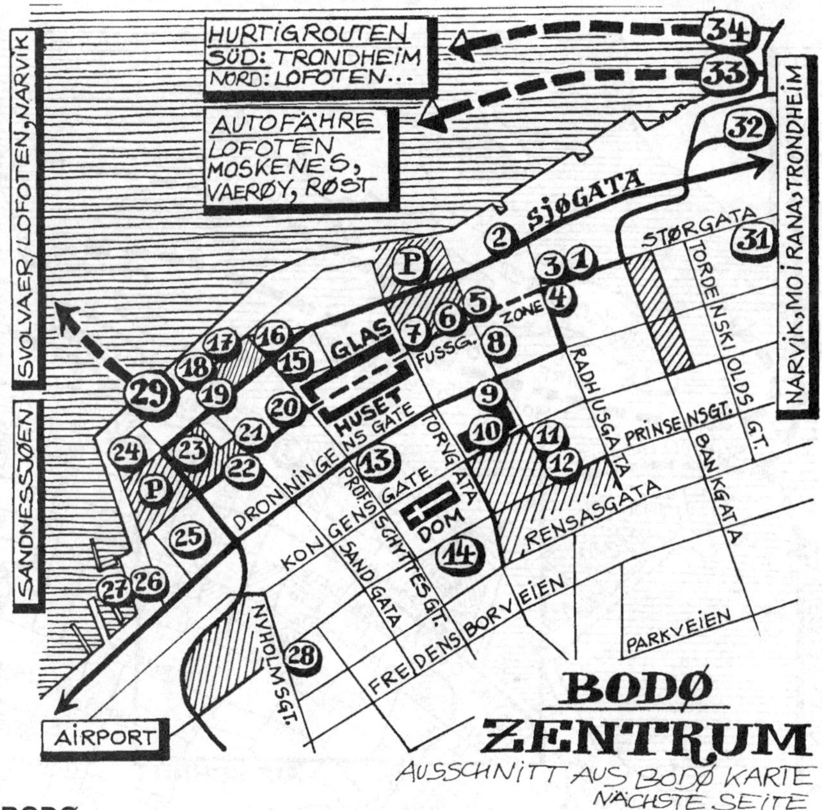


## BODØ

1 Husfilden Folkloreshop
2 Rica Hotel
3 Buchhandlung
4 Bank (Spare Bank)
5 Buchhandlung Odds Interbook
6 Markt
7 Paviljongen
8 Buffalos Steak House
9 Bibliothek
1o Rathaus
11 Telefon
12 POST
13 Bodø Hotel und Rest. Cusine Imperial, daneben Central Hotel
14 Nordland Museum
15 Comfort Hotel und Pepes Pizzeria, daneben PARKHAUS
16 TAXI
17 Bodø Kunstforening
18 John Løvold Boots- und Freizeitausrüstung, oben Løvold Kafeteria
19 TANKSTELLE Shell
2o Cafe Hobbiten mat & drink
21 Pizzeria
22 Norrøna Hotel
23 BUS**TERMINAL** und Shell TANKSTELLE
24 Cafe und Supermarkt
25 SAS Radison Hotel
26 Småbåthavna und Gatekjøkken Kiosk
27 Shrimpsverkauf
28 Skagen Hotel, daneben Fylkeshuset
29 **SENTRUMS TERMINALEN ABFAHRT Personen Schnellboote und Busse sowie TOURIST BÜRO**
3o Pleasure Boat Marina
31 Sentrum Hotel Shama
32 **BAHNHOF**
33 **ABFAHRT Autofähre nach -> Lofoten**
34 **ABFAHRT Hurtigruten**

FORTSETZUNG nächste Kartendoppelseite

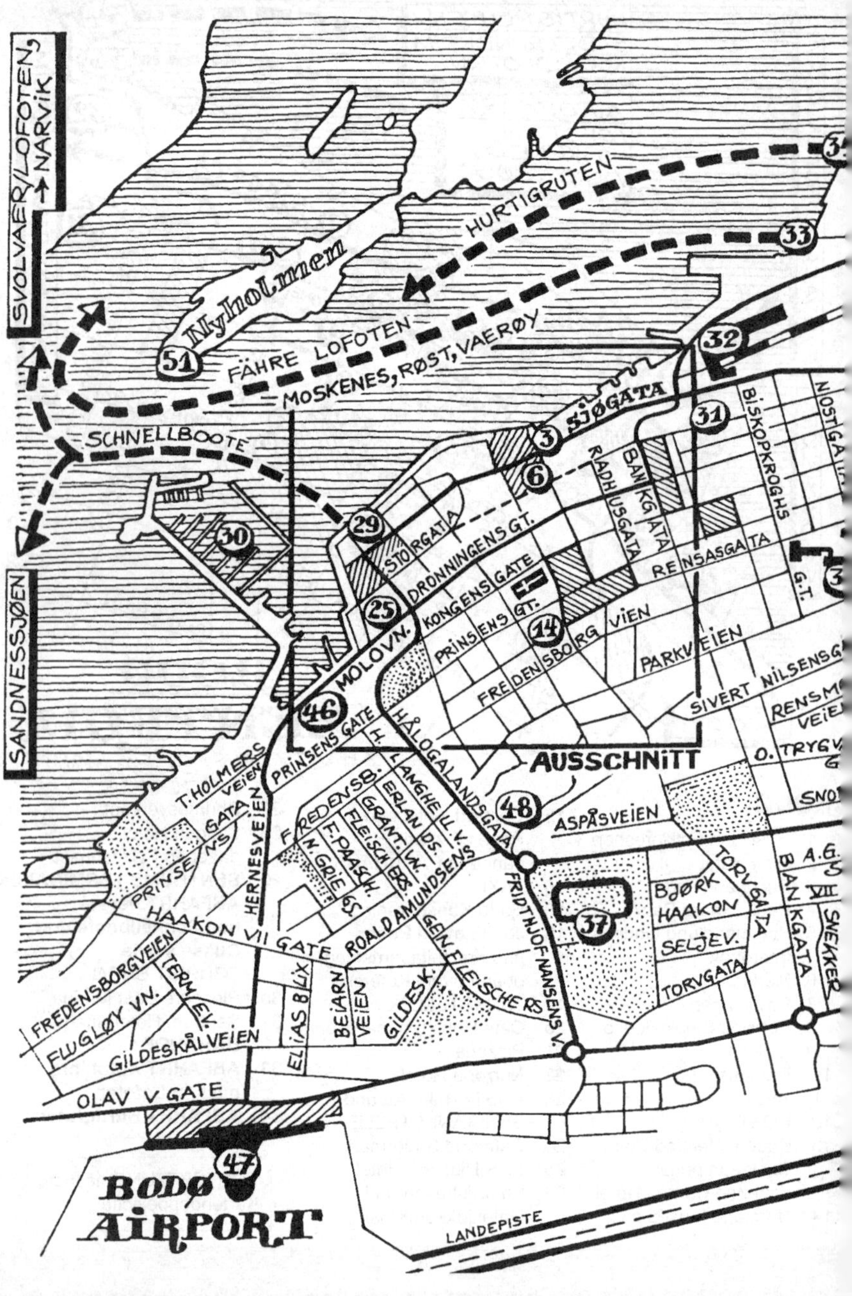
SVOLVAER/LOFOTEN, NARVIK
SANDNESSJØEN
Nyholmen
HURTIGRUTEN
FÄHRE LOFOTEN
MOSKENES, RØST, VAERØY
SCHNELLBOOTE
SJØGATA
STORGATA
DRONNINGENS GT.
KONGENS GATE
PRINSENS GT.
FREDENSBORGVIEN
PARKVEIEN
RENSASGATA
RADHUSGATA
BANKGATA
BISKOPKROGHS
NOSTGATA
SIVERT NILSENSG
MOLOVN.
PRINSENS GATE
T. HOLMERS VEIEN
PRINSENS GATA
HERNESVEIEN
HÅLOGALANDSGATA
AUSSCHNITT
ASPÅSVEIEN
FRIDTNJOF NANSENS V.
HAAKON VII GATE
ROALD AMUNDSENS
GEN. FLEISCHERS
BJØRK
HAAKON
SELJEV.
TORVGATA
BANKGATA
SNEKKER
FREDENSBORGVEIEN
FUGLØY VN.
GILDESKÅLVEIEN
OLAV V GATE
ELIAS BLIX
BEIARN VEIEN
GILDESK.
LANDEPISTE
BODØ AIRPORT

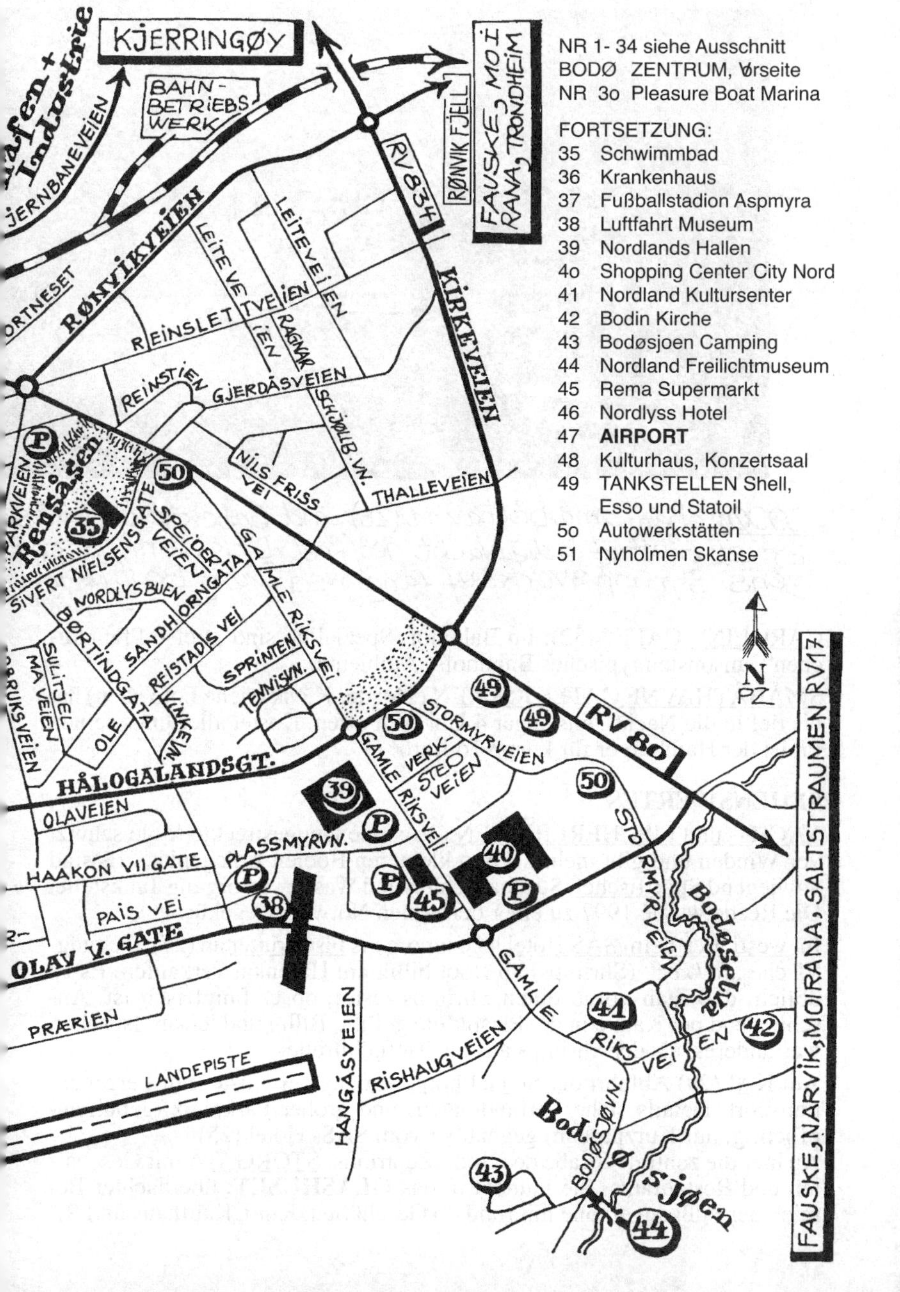
NR 1- 34 siehe Ausschnitt
BODØ ZENTRUM, Vorseite
NR 3o Pleasure Boat Marina
FORTSETZUNG:
35 Schwimmbad
36 Krankenhaus
37 Fußballstadion Aspmyra
38 Luftfahrt Museum
39 Nordlands Hallen
4o Shopping Center City Nord
41 Nordland Kultursenter
42 Bodin Kirche
43 Bodøsjoen Camping
44 Nordland Freilichtmuseum
45 Rema Supermarkt
46 Nordlyss Hotel
47 AIRPORT
48 Kulturhaus, Konzertsaal
49 TANKSTELLEN Shell,
Esso und Statoil
5o Autowerkstätten
51 Nyholmen Skanse
KJERRINGØY
Hafen + Industrie
BAHN-BETRIEBS WERK
JERNBANEVEIEN
RØNNVIK FJELL
FAUSKE, MO I RANA, TRONDHEIM
RV 834
RØNVIKVEIEN
KIRKEVEIEN
LEITEVEIEN
LEITE VEIEN
TVEIEN
REINSLET
RAGNAR
REINSTIEN
GJERDÅSVEIEN
SCHJØLLB. VN.
NILS FRISS VEI
THALLEVEIEN
PARKVEIEN
Rensåsen
SIVERT NIELSENSGATE
SPEIDERVEIEN
GAMLE RIKSVEI
NORDLYSBUEN
SANDHORNGATA
BØRTINDGATA
REISTADS VEI
SPRINTEN
TENNISVN.
SULITJELMA VEIEN
OLE
VINKEIN
HÅLOGALANDSGT.
STORMYRVEIEN
GAMLE VERKSTEDVEIEN
GAMLE RIKSVEI
RV 8o
OLAVEIEN
PLASSMYRVN.
HAAKON VII GATE
PAIS VEI
OLAV V. GATE
PRÆRIEN
LANDEPISTE
HANGÅSVEIEN
RISHAUGVEIEN
GAMLE RIKSVEIEN
STORMYRVEIEN
Bodøselva
BODØSJØVN.
Bodøsjøen
FAUSKE, NARVIK, MOIRANA, SALTSTRAUMEN RV17
N
PZ

BODØ: oben Småbåthavna (26) und Gatekjøkken Kiosk Er ist bis tief in die Nacht geöffnet. Links vom Kiosk mor-gens Shrimpsverkauf fangfrisch vom Boot (27).

CAROLINE CAFE“ (32): im Bahnhof. Spezialität sind „Lefse Pfannkuchen“, ansonsten typisches Bahnhofs- Ambiente.

SMÅBÅTHAVNE GATEKJØKKEN (26): der Kiosk (siehe Foto oben) hat bis tief in die Nacht, teils sogar 4 Uhr früh offen. Kostet allerdings seinen Preis: der Hamburger für knapp 1o Euro!

## SEHENSWERTES

YACHT- und FISCHEREIHAFEN (3o): eine langgestreckte Mole schützt vor Winden und gibt mehr als 5oo kleineren Booten Anlegeplatz. Es sind vowiegend Sportfischer. Stromanschluß und Wasserversorgung Tankstelle. Die Reede wurde 1997 zu einer der besten Norwegens gekürt.

Im westl. Eck beim SAS Hotel legen morgens Fischkutter an (27), die fangfrische *„Rekker“* (Shrimps) ab Boot billig am Hafenkai verkaufen. Es ist üblich, daß man vorab einen Shrimps testet, ob er fangfrisch ist. Anschließend per Kanne in die Plastiktüte gefüllt. Billig und lecker. Ist schon was anderes, als der Shrimps aus der Tiefkühltruhe.

Am KAI (29) Abfahrt der Schnellboote entlang der Küste (nur Personentransport, Details siehe Verbindungen) und großer Parkplatz (gebührenpflichtig; nur Kurzparken) gegenüber vom SAS- Hotel (25).
Ab hier die zentrale Straße des Bodø/Zentrums: STORGATA mit Geschäften und Restaurants. Sie mündet in das **GLASHUSET**: überdachter Bereich der Fußgängerzone mit rund 4o Geschäften, Kino, Kaufhaus und Ri-

Oben: Pleasure Boot Marina(30) für private Segler und Hobby-Angler. Unten: Abfahrt Personenschnellboote. Sie gleiten pfeilschnell mit bis zu 80km/h übers Wasser.

mi Supermarkt. - Anschließend des „Glashuset" führt die Storgata weiter als „open air Fußgängerzone" mit kleinerem Marktplatz und Geschäften, Details siehe „Bodø Einkaufen".

DOMKIRCHE: oberhalb des Stadtzentrums, Ecke Kongensgate/Torvgata. Der langgestreckte Hallenbau plus separatem Kirchturm in Betonstelzen ist keine Architektur-Perle. Gebaut 1956. An der Stelle stand 1888 eine Holzkirche, die im 2. Weltkrieg am 27.5.194o durch Bombenangriff der Deutschen niederbrannte, - wie auch der Großteil der Stadt Bodø.

NORDLAND MUSEUM (14): gegenüber Domkirche in alter, größerer Holzvilla von 19o3. Exponate zum Handel im Nordland, u.a. Modell eines Lagerhauses mit zwei der damaligen Lastseglern und Schiffstypen. Weiterhin Funde aus der Eisenzeit der Region, Fischfang mit Schleppnetzen 19. Jhd., alte Webstühle, Nähmaschinen, Herd, Gewehre für die Jagd etc. Interessant: Stadtentwicklung Bodø in 4 Modellen von 1816- 194o.

Das relativ kleine Museum ist in seinen Exponaten leider nur in norweg. beschriftet und dient u.a. Schulkindern zur Weiterbildung. Geöffnet ganzjährig ca. 9/12- 15 Uhr, Eintritt ca. 2 Euro. Zugehörig zum Museum eine Freilichtabteilung in Bodøsjøen (44), siehe unten.

LUFTFAHRTMUSEUM (38): wegen Größe und Exponaten lohnend, wer sich für Flugzeuge interessiert, auch als Abstecher ab E 6 und Fauske.

Betreffend Anzahl an historischen Flugzeugen im Original ist es eines der größten Flugzeugmuseen Europas. Insgesamt 1o.ooo qm in zwei riesigen Mehrstockhallen. Zudem interessant aufbereitet: Geschichte der Luftfahrt Norwegens mit ersten Airports bei Oslo, Erschließung Nordnorwegens durch Wasserflugzeuge ab 1935, 2. Weltkrieg sowie heutige Airlines u.a. Wideroe und SAS. Man kann in einem Cockpit einen Flug der SAS aus der Sicht des Piloten miterleben. Zudem jede Menge an Original erhaltenen Flugzeugen. Ein äußerst spannendes Museum, wer sich für Luftfahrt interessiert. Vergleichbar in Nordeuropa ist nur das Flugzeugmuseum in Helsinki/Finnland, was die Menge an ausgestellten Originalflugzeugen betrifft. Die Präsentation in Bodø besser.

Im rechten Flügel des Museums: norweg. * Zivil- Luftfahrt von Anfängen bis heute. Nordpolexpeditionen des Norwegers Amundsen, - Erschließung Nordnorwegens durch riesige Wasserflugzeuge JU 52 im Original. Ein Aluminiumdinosaurier von 1935. Es ist heute weltweit das einzige noch erhaltene dieses Typs. Betankung von Flugzeugen auf Langstrecken in den hohen Norden, Schwierigkeiten der Navigation und vieles mehr. Modell der Insel Vaerøy und dortiger Probleme des Landeanfluges wegen starker Sogwinden mit Unfall. - Flugsimulator zum Mitfliegen in F 16 Kampfjet.

Im linken Flügel des Museums: norweg. * Militär- Luftfahrt, reichhaltige Exponate, auch viele Flugzeug- Oldtimer im Original. So viele Kampfflugzeuge des 2. Weltkrieges, die weltweit nur in geringen Stückzahlen heute erhalten sind. Weiterhin umfangreiche Ausstellung der norweg. Resistance zur Zeit 2. Weltkrieg gegen die deutschen Besatzer. Piloten der norweg. Resistance hatten ihre Ausbildung in Kanada und Flugzeugstützpunkte in Großbritannien.

Im zentralen Teil des Museums kann man raufsteigen in einen * Kontrollturm mit Geräten der Flugüberwachung aus den späten 6o-ern und Blick über den heutigen Bodo Airport und Küstenberge.

Zeitbedarf Museumsbesuch: ca. 2 Std. bis 1 Tag, je nach Interessen. Geöffnet: tägl. 1o/11- 17 Uhr. Eintritt ca. 1o Euro. Zufahrt: Olav V Gata, am östl. Ende des Airports, gute Parkmöglichkeit vor dem Museum.

NORDLAND- FREILICHT MUSEUM (44) im südöstl. Vorort Bodøsjøen Nähe Airport. Der 4 Hektar Museumsbereich mit ehemaligem Pfarrhaus (Details siehe Geschichte Bodø) und Wohn- sowie Wirtschaftsgebäuden am Fjordarm. Im ehemaligen Bootshaus ausgestellt „Nordlandboote" der Fischer.

Zufahrt: vom Luftverkehrsmuseum (38) über Gamle Riksveien/ Bodøsjønvn (siehe unsere Karte). Parkplatz beim Camping mit Infotafel zu historischen Gebäuden und Bootshaus. Besichtigung in den Sommermonaten. - Der Bereich des ehemaligen Pfarrhauses und alte Bodin Kirche (41, 42) liegt gering nordöstlich am Riksveien, siehe unsere Bodø Karte.

Ludvig Filip Zimmer: im ehemaligen Pfarrhaus (41) mit Wandmalereien im Rokkokostil von 1754. Die Nazis hatten während des 2. Weltkrieges hier ihr Bodø- Standquartier und ramponierten reichlich das Gebäude. Zumindest die Wandgemälde blieben erhalten. Besichtigung nach Vereinbarung.

„NYHOLMEN SKANSE“ (51): auf der, dem Bodø Zentrum vorgelagerten Insel Nyholmen. Das Mini- Fort wurde zur Zeit der Napoleon. Kriege (18o7-14) gebaut, um den Hafen und Handelsstützpunkt Bodø vor engl. Angriffen zu schützen. Damals Besatzung des Forts 15o Mann sowie mehrere kleine Kanonen. Das Fort wurde nie in Kämpfe verwickelt, Stillegung 1835. Während des 2. Weltkrieges bauten die Deutschen Geschützstellungen. Der Besuch lohnt weniger wegen des Forts - aber schöner Blick. Zu erreichen über die RV 834 und im nördl. Hafenbereich über die Burøyveien zum Mini Fort.

BREMNES FORT: an der RV 834 rund 7 km nördlich von Bodø. Gebaut von deutschen Besatzern im 2. Weltkrieg. Es sollte die Hafenzufahrt von Bodø schützen. Heute beliebtes Angel- und Wandergebiet der Bevölkerung von Bodø. Schöner Blick auf die vorgelagerte Insel Landego.

INSEL LANDEGO: nordwestl. von Bodø vorgelagert. Sehenswert mit Abstrichen ist der Leuchtturm (19o2) an der Nordspitze auf separater Mini Insel. Kann als Ausflug bzw. Übernachtung ab Bodø gebucht werden. Details siehe „Unterkunft/ Bodø“. Die Insel ist in manchen Karten auch mit „Landegode“ bezeichnet.

KJERRINGØY: rund 4o km von Bodø nördl. Alter Handelspunkt des 19. Jhds. für insbes. Fischfang. Ein Ensemble von 15 Gebäuden, auch riesiges Holzhaus an der Bucht für Warenlager, alte Bäckerei, Kolonialwarenladen etc. Heute unter Denkmalsschutz. Es ist eines der größten Ensemble alter Gebäude eines Handelsstützpunktes des 19. Jhds. in Nordnorwegen. Im Sommer Besichtigung der Häuser im Inneren möglich, sowie kulturelle Veranstaltungen und Ausstellungen. Geöffnet Ende Mai bis Ende August; sicherheitshalber im TI von Bodø fragen.

Blütezeit von Kjerringøy war die Zeit 185o-8o. Damals regierte im Dorf Erasmus Zahl. Ihm gehörten das Monopol des Handels und Fischfangs, weiterhin Dampfschiffe und ein Bergwerk. Er vergab Kredite an Fischer, auch förderte er den jugendlichen Dichter und späteren Nobelpreisträger Knut Hamsun (Details siehe Seite 387).

Besichtigung und Führung Ende Mai/Anf. Juni Ende Aug., Eintritt. Zu erreichen mit eigenem Auto über die RV 834, kurze Autofähre nötig (Auto ca. 5 Euro, Person ca. 3 Euro einfach). Oder: Bus: Fahrzeit inkl. Fähre ca. 75 Min. Der Bus ist die bequemere Variante, zumal er direkten Anschluß an die Fähre besitzt. Auto lohnt nur, wenn man die nähere Umgebung von Kjerringøy erkunden will. Rund 2o km nordöstl. endet die Straße im Weiler Tårvika (dort ein Rorbu Senter). - In Kjerringøy Fahrradverleih, Kanu- und Ruderbootverleih für Angler. Auch Unterkunft bei Privat (nur wenige Zimmer im alten Handelspunkt. In der Nähe Camping mit Hütten.

## EINKAUFEN

GLASHUSET: überdachter Teil der Fußgängerzone, bei Regen und Schnee sehr praktisch. Innen ein Kaufhaus („Koch“) über mehrere Etagen. Rund 4o Geschäfte wie Boutiquen, Buchhandlung/Schreibwaren, Lottoshop, Foto, Spielzeug, Kosmetik, Rimi Supermarkt, Optiker etc. Weiterhin Restaurants, Details dort.

FUSSGÄNGERZONE: anschließend Glashuset beginnt der nicht- überdachte Teil der Størgata. Zunächst Marktplatz (6), dann Kleider-, Schuh- und Modegeschäfte sowie Buchhandlung „Odds“ (5) und Kunstgewerbeladen „Husfilden“ (1), siehe unten.

BUCHHANDLUNGEN: „Sundem Libris“ im Glashuset mit vorwiegend Schreibwaren und Schulbüchern, in kleiner Auswahl auch Landkarten und ausländ. Bücher. - „Interbok City Nord“ (4o): vorwiegend Schreibwaren und Bücher für die Schulkinder.
„Odds Interbook“ (5): Størgata Fußgängerzone. Relativ große Auswahl an Büchern zur Region (in Norweg. teils auch Englisch) und derzeit in Bodø die beste Auswahl an Land- und Wanderkarten.

BOOTSAUSRÜSTUNG, SPORTKLEIDUNG: „John Løvold“ (18) Tollbugtgata 9, Nähe Glashuset am Fischerhafen. Exzellent bestückt mit Bedarf für Küstenschiffer, Angler und Outdoor Aktivisten (Wandern): Seile, Taue, Werkzeuge, Angler Ausrüstung, Gummistiefel, Zelte, Jacken etc.

OPTIKER, FOTO: im „Glashuset“ und im „Shopping Center Nord“ (4o).

KUNSTGEWERBE/ SOUVENIRS: „Husfilden“ (1) in der Fußgängerzone. Relativ großer Laden der in ganz Norwegen verbreiteten Kunstgewerbekette. Im Verkauf: Trolle, Holzschnitzereien, Webarbeiten, Norwegerpullies, Schmuck etc.
„Bertnes Geo Center“: Eldorado für Mineraliensammler. Die Region insbes. Fauske bis Drag an der E 6 (Details dort) ist reich an seltenen Gesteinsarten und Mineralien. Verkaufsausstellung (auch Schmuck) an der RV 8o, rund 1o km von Bodø Ri. Fauske.

SUPERMÄRKTE und EINKAUFSZENTRUM: „City Nord“ (4o) eines der größten von Nordnorwegen, liegt Nähe der RV 8o und Flugzeugmuseum. Pluspunkt sind sehr gute gratis-Parkmöglichkeiten. Im Shoppingcenter vorwiegend große Lebensmittelmärkte, auch Kleidergeschäfte, Baumarkt etc. - Direkt daneben sehr großer „Rimi“- Supermarkt“ (45).

MARKT (6): in der Fußgängerzone, relativ klein. Verkauft werden von mobilen Ständen Blumen, Fisch, teils auch Gemüse.

**PARKEN**: im Stadtzentrum schwierig. Der Platz vor dem SAS Hotel (25) ist gebührenpflichtig und tagsüber (selbst bis in den Abend) zugeparkt. - Kleinere Parkfläche am Wasser nähe Fußgängerzone sowie beim Taxistand (16).

Parkhaus: Eingang Sjøgata neben Pepes Pizza (15) für u.a. Besuch des „Glashuset“. Gebührenpflichtig, Quittung in Geschäften/Glashuset vorlegen; wird teils erstattet.

Besser sind die Chancen für Parken im zentrumsnahen Bereich, u.a. beim „Nordlandmuseum“ (14) und angrenzenden Villenvierteln. Allerdings Vorsicht: fleißige Bodø Politessen sind auf der Pirsch zur Aufbesserung des Haushaltes. Am besten Kontakt mit den Damen meiden. -

Gute Parkmöglichkeit beim Flugzeugmuseum und dortigen Supermärkten. Zwar relativ weit weg vom Zentrum. Es fährt aber ein Stadtbus (Stopp z.B. vor dem Luftfahrtmuseum) auf dem Rundkurs -> Krankenhaus -> Hafen -> Bahnhof -> Schnellboothafen/SAS Hotel -> Flughafen und retour. Zugleich gute Möglichkeit, Bodø ohne Auto kennenzulernen.

**TANKSTELLEN**: im Ortszentrum die „Shell“ (23) und „Shell“ (19). Außerhalb an der RV 8o (Höhe: City Nord Shopping Center) mehrere Tankstellen nebeneinander (49): „Shell“, „Esso“ und „Statoil“. Alle sind zum Teil 24 Std. offen und verkaufen in kleinem Umfang auch Lebensmittel und Getränke.

**WERKSTÄTTEN**: Bodø ist (zusammen mit Tromsø) die Stelle in Nordnorwegen mit den meisten Werkstätten. Sie liegen in der Regel im Nordosten der Stadt zwischen Luftfahrtmuseum und RV 8o siehe unsere Karte. Folgende Automarken sind vertreten:

| Automarke | Adresse | Telefon |
|---|---|---|
| Audi | Stormyra | 755.o91.4o |
| Chrysler, Jeep | Stormyra 33 | 755.291.2o |
| Citroen | Påls Vei 12 | 755.283.o5 |
| Ford | Stormyra 4/6 | 755.292.oo |
| Mercedes Benz | Stormyra | 755.866.oo |
| Mitsubishi | Stormyra 2 | 755.o79.oo |
| Nissan | Jordbruksvn. | 755.23o.o9 |
| Opel | Sivert Nielsengt. 8o | 755.23o.6o |
| Peugeot | Stormyra | 755.866.oo |
| Renault | Gamle Riksvei 1-5 | 755.o41.2o |
| Saab | Jordbruksvn. 44 | 755.23o.o9 |
| Skoda | Stormyra 33 | 755.291.2o |
| Toyota | Stormyra | 755.291.o5 |
| Volvo | Gamle Riksvei 1-5 | 755.o41.2o |
| VW | Stormyra | 755.o91.4o |

Wohnmobil Verleih:

Seit Jahren bewährter Verleih von Wohnmobilen ist „Bodø Bobilutleie“, Arnbakken 2, N- 8o23 Bodø, Tel.: 755.6o 1.68, Fax: 755.6oo.26.

Die Anmiete in Bodø hat den Vorteil, daß man erheblich Zeit in Anreise bis Bodø spart z.B. Flug, oder bequem mit dem Zug und preisgünstiger „Scanrail Pass“. - Auch spart man sich die teure Fährüberfahrt mit eigenem Wohnmobil nach Skandinavien und mietet dieses erst in Bodø.

## Aussichtspunkte Bodø

schöner Blick auf Bodø und Umgebung:

* Top 13: on Top des SAS Hotels (25) am Schnellboothafen. Mit Aufzug ist das oberste Stockwerk zu erreichen, Zugang auch für Nichthotelgäste. Blick auf den Yacht- und Schnellboothafen sowie Vestfjord bis Lofoten-

kette, bzw. Bodø Stadt.

* Kontrollturm des Luftfahrtmuseums (38): schöner Blick über die gezackte Kette der Küstenberge.

* Rønvik Fjell: rund 15o m oberhalb von Bodø. Superblick über die Stadt den Fjord und die Bergwand der Lofoten. Besonders schön zur Zeit der Mitternachtssonne (siehe unten). Zu erreichen ist das Fjell über eine Straße ab Bodø/Kreisel RV 8o mit Rønviksveien. Er führt weiter als Rønvik Veien in 2 Serpentinen auf den Gipfel (siehe auch unsere Bodø Karte).

## Aktivitäten und Ausflüge ab Bodø

* **Mitternachtssonne in Bodø**: 24 Std in der Zeit ca. 3.Juni - 1o.Juli

MITTERNACHTSFAHRTEN: im Juni veranstaltet vom Bodø TI. Kostenpunkt ca. 15 Euro/Person. Abfahrt gegen 23 Uhr, Rückkehr 1 Uhr. Es geht rauf aufs Rønvik Fjell (15o m) mit Superblick auf die Stadt, Inseln, Fjord und Lofoten. Weitere Infos im Bodø TI (3).

MINI KREUZFAHRT: lohnende Kombination Bus & Hurtigrutenschiff nach Ornes und retour. Zeitbedarf 1/2 Tag, ca. 4o Euro. Ähnlich sind auch Kombinationen mit Schnellbooten möglich, - weitere Details Bodø TI.

KJERRINGØY: Tagesausflug mit dem Linienbus zur alten Handelssiedlung ca. 2o Euro retour zuzügl. Eintritt, wer alte Gebäude besichtigen will. Details siehe oben unter „Kjerringøy". - Die Region ist Ziel für Wanderungen so u.a. den Middagshaugen. Markierter wenn auch sehr steiler Pfad zum Gipfel, Beginn am Friedhof Mølndalen. Weitere Infos TI Bodø.

POLARKREIS: je nach Zugfahrplänen als knapp 1 Tagesfahrt möglich. Der Zug stoppt bei Bedarf am Polarkreis. Dort Polarkreis-Museum, abends mit dem Zug zurück nach Bodø. Aber vorab Fahrpläne prüfen und Bodø TI wegen weiterer Details checken. Der Retourtrip ist nicht billig, ca. 6o Euro pro Person. Hinzu kommen Gebühren fürs Polar Senter. Billiger: bei der An- oder Rückreise Stopp im Polar Senter. - Ob sich das Center selber lohnt, ist persönliche Entscheidungsfrage. Nach meinem Geschmack ist es eher die Zugfahrt ab Bodø rauf ins Fjell, um nordnorwZugfeeling zu erleben, zu relaxen und Landschaften genießen.

SALTSTRAUMEN: Gezeitenstrom mit riesigen Strudeln, wenn das Meer zwischen Ebbe und Flut wechselt. Übrigens einer der größten der Welt. Da der Zeitpunkt wechselt, gibts im TI von Bodø einen Kalender. Weitere Details im Kapitel „RV 17/Saltstraumen".

BODØMARKA ERHOLUNGSGEBIET: im Winter 35 km gespurte Loipen, oft auch beleuchtet, Skisprungschanzen. Im Sommer Wandergebiet und Seen für Angler (Genehmigung nötig, Infos TI Bodø). Schließt sich im NO ans Stadtgebiet an.

SPORTPARK BESTEMORENGA: im Winter mit Skistation und 3o km gespurte Loipen, auch beleuchtet und Biathlonanlage. Nordische Meisterschaften werden hier veranstaltet. Im Sommer Wandergebiet und kleiner

Flughafen für den regionalen Modelflugzeug- Sportclub.

WANDERVEREIN (BOT): Wegnetz von 6oo km und 21 Hütten. Es reicht vom Polarkreis bis zum Saltenfjord. Infos und Schlüssel für Hütten: „Berg Sport AS“: Bodø, Torvgata 4, Tel.: 755.248.9o und Storgata 44, Tel.: 755. 214.13.

BADEN: die Temperaturen steigen auch im Hochsommer kaum über 18 Grad C. Aber der Nordnorweger ist abgehärtet. Beliebte Badegebiete sind „Geitvågen“ rund 1o km nördlich von Bodø. Wegen aufgestauter Lagune gering wärmer als der Rest des Nordatlantiks. Im Sommer auch Cafe. Weitere Strände „Mjelle“ an der Straße -> Kjerringøy und über kurze Stichpiste zu erreichen und „Ausvika“.

SCHWIMMBÄDER: Bodø Alternative zu kaltem Nordatlantik. Rund 1 km vom Zentrum mit 3 m Sprungturm und Wasserrutsche. Weiterhin das „Kongsbadet“ in Mørkved, rund 1o km ab Zentrum. Mit Rutsche, Whirlpool und Sauna.

BOWLING: im SAS- Hotel (25) beim Schnellboothafen. Einer der größten Bowlingbetriebe Nordskandinaviens mit 12 Bahnen, auch Billiardsalon.

GO-KART (52): Langstranda, dort im Seabirdgebäude gegenüber von Wideroe. Der Sport findet in einer Halle statt, geöffnet 17- 23 Uhr, am Sa. ca. 13- 22/23 Uhr.

NORDLANDHALLE (39): für Großveranstaltungen, Messen, aber auch Konzerte. Mit 12.ooo qm ist sie eine der größten Hallen Norwegens. Sie besitzt u.a. eine Leichtathletikbahn, Kletterwand und Sportfelder, die mit Kunstgras belegt werden können.

## Verbindungen ab Bodø

**BUS**: im Zentrum (23/29). Der dortige SENTRUMS TERMINALEN für Busse und Personenschnellboot - Abfahrt.

*Nor-Way* Linie 72o: Bodø -> Fauske -> Narvik

*Nor-Way* Linie 815 (nur im Sommer): Bodø -> Narvik -> Tromsø -> Alta -> Honningsvåg -> Nordkap

*Nordlandsbuss:* Bodø -> Fauske (hier Umsteigemöglichkeit nach Südnorwegen, Harstad und Sortland) -> Drag -> Narvik Mo.-Fr. 3x täglich, Sa. 2x, So. 3x.

*Nordlandsbuss:* Bodø -> Skellefteå (Schweden)Mo.-Fr. 2x tägl., Sa.+So. 1x

*Flybussen*: zum Bodø Airport mehrmals täglich. Fährt über den Hurtigrutenkai, Bahnhof und u.a. über folgende Hotels: Zefyr Pasienthotel, Rica Hotel, Rainbow Nordlys Hotel, Skagen Hotel.

**ZUG:** der Bahnhof (32) liegt etwas abseits vom Zentrum.Zu Fuß mit Gepäck reichlich weit (ca. 1 km), es gibt aber einen Stadtbus. Er verbindet den Bahnhof mit Busterminal, Schnellboothafen und dem Airport. - Die Abfahrtsstelle der

PKW-Fähren zu den Lofoten (33) sowie Hurtigruten (34) ist zwar in Sichtweite vom Bahnhof. Zu Fuß aber gut 3oo bzw. 5oo m, Taxi ist die bessere Wahl. Der Bodø Bahnhof ist Endpunkt des Gleises von Oslo via Trondheim nach Bodø. Eines der nördlichsten Gleise Europas (ausgenommen Stockholm -> Kiruna -> Narvik).

Verbindungen von Bodø nach: -> Fauske (4o Min. Mo.-Fr. 7x tägl., Sa. 2x, So. 3x., hier Umsteigepunkt in Busse weiter Richtung Norden), -> Steinkjer (ca. 8 Std. Mo.-So. 2x tägl., einmal als Nachtzug, einmal tagsüber), -> Trondheim (ca. 1o Std. Mo. - Fr. 2x, einmal als Nachtzug, einmal tagsüber) und von hier Umsteigemöglichkeit und Verbindungen nach Südnorwegen.

**SCHNELLBOOT/ Personen**: Abfahrt ab Sentrums Terminalen (29). Häufige Abfahrten mit schnellen Verbindungen entlang der Küste Richtung Süd (nach Helgeland-Sandnessjøen) und Nord (Steigen, Skutvik). Sowie rüber nach Svolvaer/Lofoten und weiter Stokmarknes/Vesteralen.

**HURTIGRUTEN**: Abfahrt (34) Nähe Bahnhof. Jeweils eine Abfahrt täglich Richtung Norden und Richtung Süden. Ankunft des Schiffes mit Fahrtrichtung Norden 12.3o Uhr, Abfahrt 15.oo Uhr. Ankunft des Schiffes mit Fahrtrichtung Süden spät nachts um 1.3o Uhr. Abfahrt Richtung Süden 4.oo Uhr früh. Mitnahme von PKW's und kleinen Wohnmobilen (VW-Bus ohne Aufbauten etc.) möglich sofern Platz.

**PKW-FÄHRE**: Bodø -> Moskenes (Lofoten) Direktfähre, Abfahrt (34) Nähe Bahnhof. Mo.-Sa. 6x tägl., So. 5x. Dauer der Überfahrt ca. 3 1/2 Std. Achtung: die Überfahrt kann sehr bewegt sein, zumal sehr kleines Schiff.

Die Direktfähre Bodø -> Moskenes fährt ab Moskenes von Mo.-Sa, 1x täglich weiter nach -> Værоy/Insel -> Rost/Insel

Fähre Bodø -> Rost/Insel -> Værоy/ Insel tägl. 1x außer Mo.+Sa.

Direktfähre Bodø -> Værоy Montags 1x.

**FLUG**: Drehkreuz für Flüge der WIDERØE (www.wideroe.no) in den weiteren Norden und Süden. WIDERØE Direktflüge nach: Leknes (25 min., Mo.-Fr. 7x tägl., Sa.+So. 4x tägl.), Svolvaer (25 min., Mo.-Fr. 7x tägl., Sa. 3x, So. 4x.), Narvik ( 4o min., Mo.-Fr. 3x tägl., Sa.1x, So. 2x), Harstad (35 min. Mo.-Do. 2x tägl., Fr. 3x, Sa. 1x, So. 2x), Mo I Rana (3o min., Mo.-Fr. 4x tägl., Sa. 1x, So. 4x), Mosjøen (45 min. Mo.-Fr. 4x tägl., Sa. 2x, So. 2x), Sandnessjøen (35 min., Mo.-Fr. 4x tägl., Sa. 2x, So. 3x). Weitere Ziele in Nordnorwegen durch Umsteigen im WIDERØE Drehkreuz Tromsø.

Mit SAS BRAATHENS (www.sasbraathens.no) Direktflüge von Bodø nach Oslo (9o min., Mo.-Fr. 7x täglich, Sa. 4x, So. 6x), Tromsø (Mo.-Fr. 6x, Sa. 3x, So. 4x) und Trondheim (Mo.-Fr. 6x, Sa. 2x, So. 4x)

Mit NORWEGIAN (www.norwegian.no) direkt nach Oslo (9o min., Mo.-

Do. 3x tägl., Fr. 4x, Sa. 1x, So. 2x), von hier Umsteigeflüge mit Norwegian nach München oder Düsseldorf.

CHARTERFLÜGE: im Sommer ab deutschland direkt Flüge nach Bodø, u.a. Aero Lloyd und LTU sowie andere Ferien Airlines.

**TAXI**: warten bei Ankunft von Schnellbooten und Bussen am Sentrums Terminalen, sowie von Schiffen (33, 34) und Zug (32). Der zentrale Taxistand von Bodø siehe unsere Karte (16).

Taxiruf per Telefon: Bodø Taxi: o755o, Nordland Taxi: 755.o35.7o

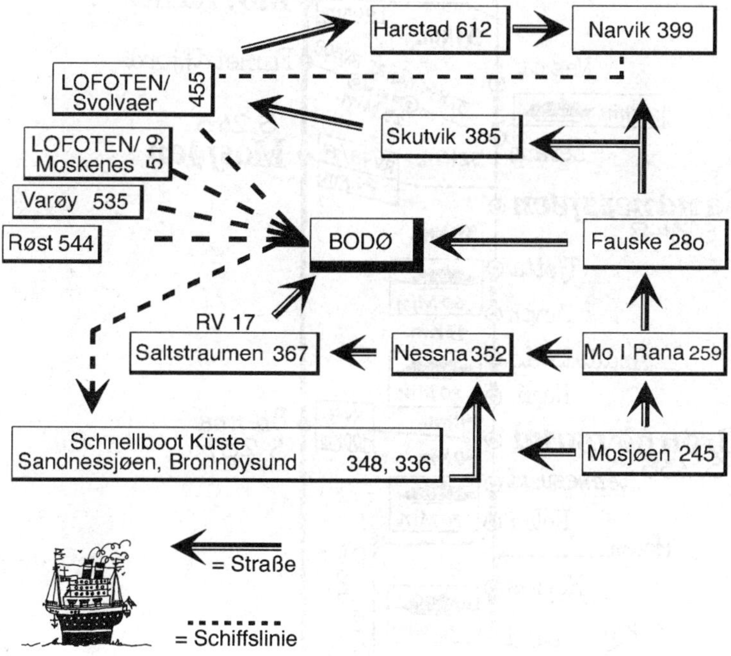

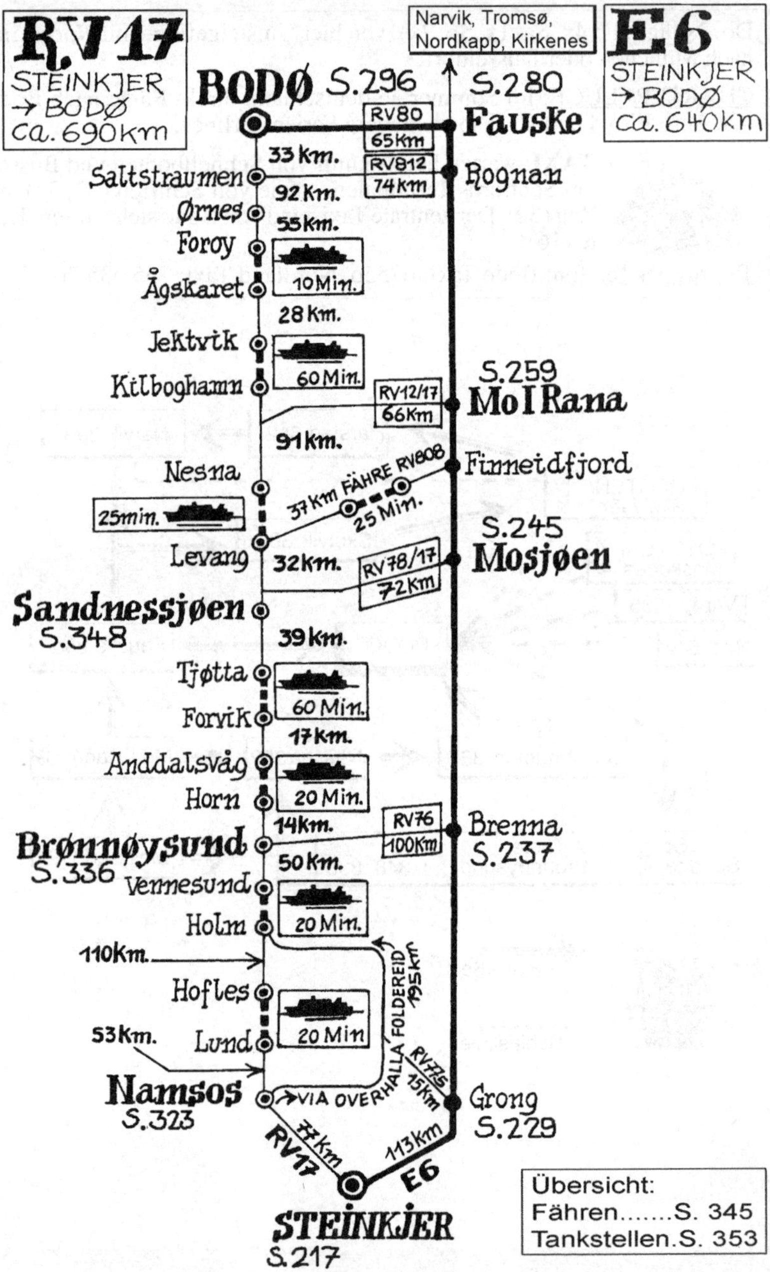


Übersicht:
Fähren......S. 345
Tankstellen.S. 353

# RV 17

**(691 km - 6-7 Fährüberfahrten)**

## Steinkjer -> Namsos-> Brønnøysund-> Sandnessjøen -> Bodø

*Die berühmte Küstenstrasse mit landschaftlich teils sehr schönen Abschnitten. Es gibt jedoch auch „Durststrecken" via Inland, wo kaum was passiert. Eine Route, die Zeit braucht und wegen Fähren plus Brückenzoll ins Geld geht.*

*Reine Fahrzeit inkl. Warterei auf Abfahrt der Fähren nicht unter 2 Tagen. Die Straße ist oft schmal und kurvenreich; daher auch geringere Durchschnittsgeschwindigkeit. Gesamt- Fährkosten PKW mit zwei Personen ca. 115 Euro, Aufpreis für Extra Personen sowie größere WoMos.*

*Die in den Vorkapiteln beschriebene* ***E 6*** *und Hauptverbindungsachse in den Norden beträgt zwischen Steinkjer und Bodø ca. 64o km. Sie ist in ca. 1o - 14 Std. ohne Stopps realisierbar und daher die schnellere Variante. Man kann beide Routen miteinander kombinieren z.B. E 6 bis Mo I Rana und von dort auf die RV 17 nach Bodø. Viele weitere Möglichkeiten, Details siehe Übersichtskarte (links) und folgender Text.*

## RV 17/ Erster Abschnitt Steinkjer -> Namsos

77 km gut ausgebaute Landstraße. Sie führt ab Steinkjer einigermaßen geradlinig durch langgestreckte Täler mit Wiesen und Wald. Fahrzeit mit eigenem Auto rund 1 Std. Mehrmals täglich Busse.

Ab Steinkjer im nördl. Ortsbereich ab E 6 ausgeschilderte Abzweigung „Namsos". Die Strecke bringt wenig Abwechslung.

„**Sjøåsen Hotell**": in der Ortschaft Sjøåsen, einem kleinen Nest an der RV 17 auf halber Strecke nach Namsos und Südende des Lygnen Fjords. Mehrere Holz-/Steingebäude, inkl. Restaurant/Cafeteria. Beliebter Stützpunkt für Angler. Ganzjährig geöffnet. 18 Zimmer mit TV, Dusche und WC, Blick auf Fjord bzw. Berge. DZ ca. 1oo Euro. Tel.: 742.787.oo, Fax: 742.788.3o.

Weitere 27 km am Ostufer des Lygenfjords bzw. Abkürzung nach:

## ★ Namsos

**(ca. 12.ooo Einw.)**

Angenehmes Kleinstädtchen am Fjord, viele Geschäfte. Lohnt für Zwischenstop - weniger für längeren Aufenthalt.

**Geschichte**: Gegründet 1845, als der Norden Norwegens erschlossen wurde und u.a. auch die Sägewerke von Namsos Bauholz lieferten. Zusätzlichen Aufschwung brachte die Fertigstellung des Eisenbahngleises Grong-> Namsos zur Jhd.- Wende. Mit ihr konnte Holz vom Inland zu den Sägewerken in Namsos transportiert werden.

Die frühere Holzsiedlung Namsos wurde mehrfach zerstört durch Großbrände, zuletzt 194o durch Luftangriff der Nazis unter Hitler bei der Eroberung Norwegens. Heute moderner Ort, Handels- und Servicezentrum für das Namedalen.

Tourist INFO

Im Kulturhaus (15), geöffnet im Sommer ca. 9- 16 Uhr, Sa./ So. ca. 1o- 15 Uhr. Informationen zu Namsos und Großregion, Transport, Aktivitäten Sport und Kultur, Verkauf von Angelschein, Infos zu besten Gewässern und Vermittlung von Privatquartieren, Hütten. Tel.: 742.173.13, Fax: 742.173.o1. www.rv17.no

## SEHENSWERTES

Das Ortszentrum von Namsos ist kompakt und klein. Schachbrettstraßen dominieren. Am Fjord Lagerhäuser (4, 5) in altem Stil. Heute dort Restaurants mit Flair sowie Geschäfte und Boutiquen.

KULTURHAUS (15): Stasjonsgt 3. Integriert ein Konzertsaal für Musik- und Theaterveranstaltungen, eine Kunstgalerie mit Verkaufsausstellung sowie Cafe und Touristbüro. Ganzjährig geöffnet. Neben dem Kulturhuset ein KUNSTPARK mit Skulpturen, die u.a. an die Geschichte von Namsos als Stadt der Holzfäller, Flößer und Sägewerksbesitzer erinnern.

OASEN SCHWIMMBAD (22): Jarle Hildrunsv. 6 im Ortsteil Kleppen. Eines der größten Schwimmbäder Europas, das in eine Felshöhle gesprengt wurde (Areal 4.ooo qm) und große Attraktion von Namsos. Besuch lohnt! 5o m Schwimmbecken mit 37 m Wasserrutsche, Sprungturm, Kletterwand und Whirepool. Weiterhin Fitnessraum, Sauna und Solarium. Geöffnet Mo.-Fr. ca. 1o - 2o/21 Uhr, Sa./So. ca. 9.3o- 16 Uhr. Eintritt ca. 5 Euro.

NAMDALS-MUSEUM (23): Kjaerlighetsstien 1, im Ortsteil Kleppen. Regional- Museum für das Namdal. 22 alte Holzhäuser der Region. Im Hauptgebäude Ausstellung zur Küstenkultur (Fischerei bis Holzindustrie) sowie im Original ein Küstensegelschiff 19. Jhd., mit dem Fisch u.a. von den Fanggebieten Lofoten nach Trondheim transportiert wurde. Geöffnet Anf. Juni bis Ende August, Eintritt ca. 3 Euro.

### NAMSOS

1 Kirche
2 BUSTERMINAL
3 ABFAHRT Personenschiffe
4 Big Buffalo Restaurant und Dirty Nelly Pub
5 Geschäfte, u.a. Werkzeuge, Boutiquen, Bootsausrüstung
6 Domus Supermarkt, Intersport und Hamstad Konditorei
7 TANKSTELLE Statoil
8 Tinos Hotel
9 Apotheke und Baumarkt
1o Autovermietung
11 Hotel Central
12 POST
13 Pizzeria Numero Uno
14 TAXI
15 Kulturhaus mit TOURIST INFO, daneben Kulturpark
16 Rema Senteret
17 TANKSTELLE Shell
18 Industrie Gerstot
19 Krankenhaus
2o Aussichtspunkt Klompen
21 Skisenter
22 Schwimmbad Oasen
23 Namdals Museum
24 FLUGHAFEN
25 Namsos Camping
26 Namsen Motor Hotell
27 TANKSTELLE Statoil
28 Spillum Dampsag Museum
29 Spillumsfjellet (4oo m)
3o TANKSTELLE

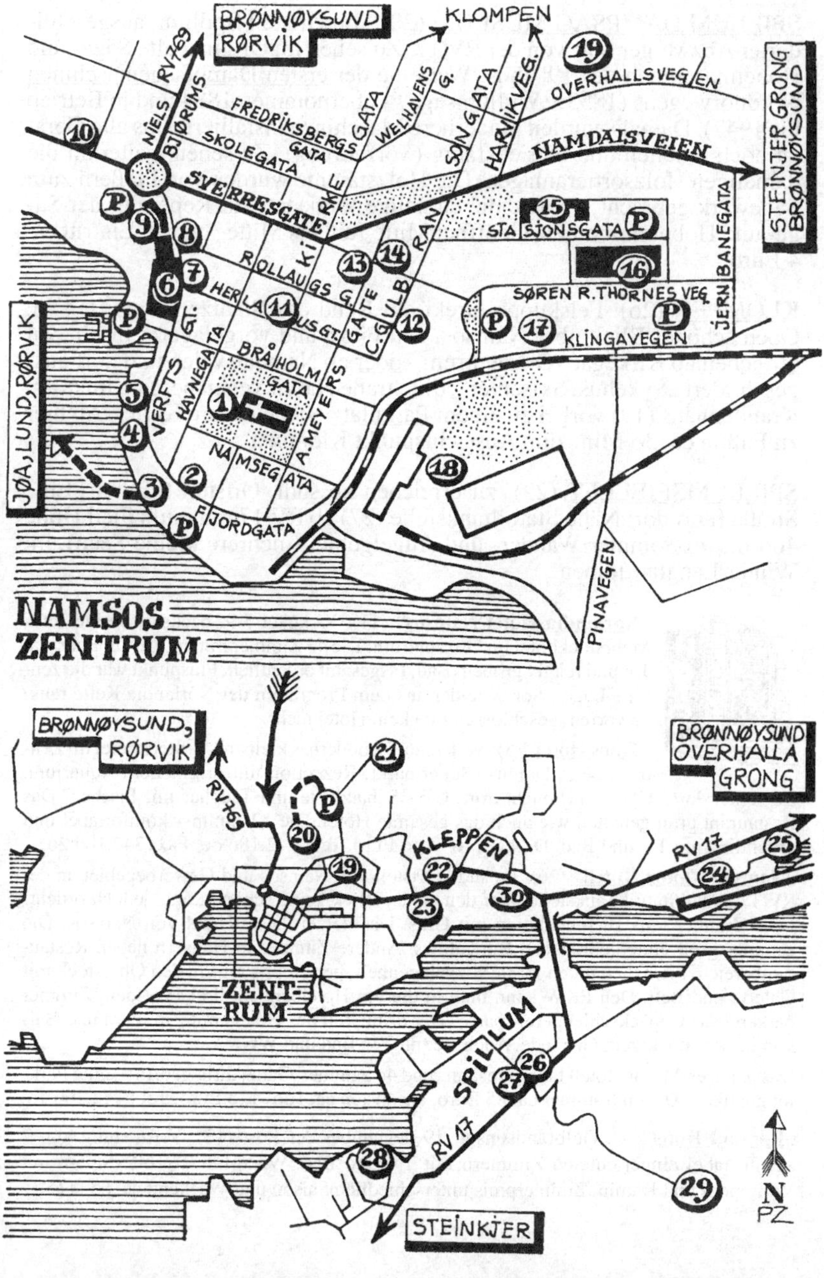
BRØNNØYSUND
RØRVIK
KLOMPEN
STEINKJER GRONG
BRØNNØYSUND
RV 769
NIELS BJØRUMS
FREDRIKSBERGS GATA
SKOLEGATA
WELHAVENS G.
KIRKEGATA
SON GATA
HARMIKVEG.
OVERHALLSVEGEN
NAMDALSVEIEN
SVERRESGATE
STASJONSGATA
ROLLAUGS G.
HERLAUGS GT.
GT.
C. GULBRANSON GATE
SØREN R. THORNES VEG
JERNBANEGATA
KLINGAVEGEN
JØA, LUND, RØRVIK
VERFTS
HAVNEGATA
BRÅHOLM GATA
A. MEYERS
NAMSEGATA
FJORDGATA
PINAVEGEN
NAMSOS
ZENTRUM
BRØNNØYSUND,
RØRVIK
RV 769
BRØNNØYSUND
OVERHALLA
GRONG
KLEPPEN
RV 17
ZENT-
RUM
SPILLUM
RV 17
STEINKJER
N
PZ

SPILLUM DAMPSAG MUSEUM (28): im Ortsteil Spillum, ausgeschilderter Abzweiger dort von der RV 17. Zu sehen im Original alte Säge- und Hobelmaschinen des 19. Jhds. War eine der ersten Dampfsägemaschinen Nordnorwegens (1853: „Wullumsaga" - übernommen 1884 und in Betrieb bis 1947). Damals wurden modernere Maschinen installiert. Das alte Gerät ist noch erhalten und betriebsfähig (Vorführung). Zu sehen weiterhin die damaligen Holzsortieranlagen. Die Holzstämme wurden von Flößern zum Sägewerk gebracht, - sowie die damalige Werkstatt zur Reperatur der Säge- und Hobelmaschinen. Geöffnet Mitte Juni bis Mitte August. Eintritt ca. 4 Euro.

KLOMPEN (2o): Felskuppe direkt am Rand des Stadtzentrums, 114 m. Oben schöner Blick über Namsos, den Fjord und vorgelagerte Inseln. Zu erreichen ab Kirkegata/Ortszentrum - oder ab Namdalsveien und dort ausgeschildert „Sykehus, Skisenter", die Straße Harvikvegen bergan, links am Krankenhaus (19) vorbei zu einem Parkplatz (siehe unsere Karte). Ab hier zu Fuß in ca. 3o Min. zum Aussichtspunkt Klompen.

SPILLUMSFJELLET (29): zu erreichen ab südl. Ortsteil Spillum. Eine Straße führt dort Nähe Statoiltankstelle (27) ab RV 17 rauf aufs Fjell Höhe 4oo m. Im Sommer Wander- und Angelgebiet (mehrere kleine Seen), im Winter Langlaufloipen.

„**Norlandia Hotel Namsos**" (11): Kirkgata 7-9, backsteinverkleidetes Mehrstockhotel im Ortszentrum. Die 43 Zimmer mittelgroß mit Ecksofa, TV und relativ großem Bad. Insgesamt ordentlich, Pluspunkt war die zentrale Lage. Sorry: leider aus dem Programm der Norlandia Kette rausgeworfen, geschlossen und kein Hotel mehr.

„**Tinos Hotel**" (8): Verftsgata 5, modernes kleineres 2-Stockhotel im Zentrum beim Domus- Supermarkt. Rezeption mit originellem Aquarium. Zu sehen dort „UW" ein Leuchtturm, UW- Schatzkiste und Taucher mit Fischen. Das Restaurant grün gehalten wie auch das gesamte Hotel. Die 12 Zimmer komfortabel und ordentlich mit TV und Bad. DZ ca. 11o - 14o Euro. Tel.: 742.18o.oo, Fax: 742.18o.2o.

„**Namsen Motor Hotell**" (26): im südl. Ortsteil von Namsos und Gewerbegebiet an der RV 17 Nähe Statoil Tankstelle. Auf den ersten Blick keine schöne Lage, jedoch ordentliche Zimmer teils zu Innenhöfen mit Gras. Das derzeit beste Hotel von Namsos. Die Zimmer groß, untergebracht in Bungalows. Andere Zimmer in Häusern neben Restaurantbereich. Sie haben unten Sofa/Sitzgelegenheit, per Treppe rauf in den Oberstock mit Galerie und Bett. Den PKW kann man in diesem Hotelbereich direkt vor dem Zimmer parken, was Gepäckschlepperei spart. - Der dritte Teil des Hotels mit Zimmern und Balkon in zweistöckigem Gebäude. Auch sie mit TV, Bad und WC.

Das Namsen Motor Hotell hat insgesamt rund 4o Zimmer. Ganzjährig geöffnet, gute Parkmöglichkeit. DZ im Sommer ca. 85 Euro, ansonsten ca. 1oo- 12o Euro. Tel.: 742.266.1o.

„**Børstad Hotel**": C. Gulbrandsonsgt. 19 gegenüber der Post (12). Vermietung von 7 komfortabel eingerichteten Zimmern mit TV und Bad. Weiterhin 2 große Suiten mit Whirepool und Kamin. Zimmerpreis unterschiedlich Saison und Weekend ca. 65- 115

Euro, Suite ca. 11o- 15o Euro. Im Übernachtungspreis enthalten der freie Eintritt ins Schwimmbad Oasen. Tel. Hotel 742.721.31, Fax: 742.714.48.

**Privatzimmer**: Vermittlung durchs TI (15), Tel.: 742.173.13, Fax: 742.173.o1. - Sofern kein Zimmer mehr in Namsos zu finden ist (weder Hotel noch Privat): nächste Möglichkeiten in Overhalla (ca. 2o km), in Grong (ca. 45 km), in Sjøåsen (ca. 27 km), ansonsten in Steinkjer an der E 6 (77 km). Details siehe dort; vorab anrufen.

„NAMSOS CAMPING PLUSCAMP“ (25): an der RV 17 Nähe Flughafen. Da dieser nur relativ geringen Flugverkehr hat, kein unbedingter Nachteil. Stellplätze für WoMos, auch Vermietung von 31 Hütten. Ganzjährig geöffnet. Schöne Lage in einem Wäldchen an der Mündung des Namsen Flusses, Kies-Badestrand. Für die Campingplatz Gäste steht eine 4 km Uferlinie zum Lachsangeln zu Verfügung gegen Gebühr und Angelkarte. Die WoMo Stellplätze auf ebener Grasfläche mit asphaltierten Straßen; Stromanschluß. Ins Stadtzentrum ca. 5 km. Preise je nach Größe und Ausstattung der Hütte (entweder nur Du/WC, 2 Betten - oder 6- 7 Betten, Du/WC und Kochnische mit Herd, Eischrank) ca. 55 -1o5 Euro. Tel.: 742.753.44.

„BIG BUFFALO“ (5): Verftsgata, am Wasser, innen gemütlich mit schweren Holzbalken und schöner Blick zum Fenster raus auf den Fjord. Im EG der Irish Pub „DIRTY NELLY“, im 1. Stock das Restaurant. Spezialität sind argent. Steaks. Tipp! Mittlere bis gehobene Preise.

„TINO'S RESTAURANT“ (8): Veftsgata 5, im Tinos Hotel. Nicht nur der Salat ist grün... Vorwiegend ital. Gerichte, auch Pizzen. Mittlere Preise.

„CAFÉ ROTHE“, Kirkegata 8, Ortszentrum. Mittags und abends warme Gerichte, ansonsten Kaffee und Kuchen. Gut besucht, mittlere Preise.

„PIZZERIA NUMERO UNO“ (13): Sverres Gate Ecke A. Meyers Gate, gegenüber vom Taxistand. Pizzen auch für take a way. Mittlere Preise.

„HAMSTAD KONDITORI“ (6) im Domus Supermarkt. Kaffee und gute Kuchen, mittags auch kleinere warme Gerichte. Preiswert. - „HAMSTAD BAKERICAFE“ (16) im Rema Senteret, Zweigstelle der o.g. Konditorei, dito mittags kleinere warme Gerichte.

„LE JOURNAL“ (11): Kirkegata 7-9 im Central Hotel. Norweg., internationale und franz. Küche zu mittleren bis gehobenen Preisen.

„OASEN KAFETERIA“ (22): im gleichnamigen Schwimmbad. Kleinere Gerichte zur Selbstbedienung sowie Drinks. Mittlere Preise.

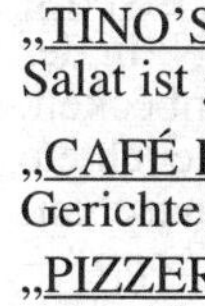

## EINKAUFEN

Wichtigste Einkaufsstraße die Kirkegata, - ansonsten großer Domus Supermarkt (6) am Fjord. Dort auch Sportgeschäft sowie nebenan ein Hobby- und Heimwerkermarkt. - Im östl. Ortsbereich großes Rema Shopping Senteret (16) mit Supermarkt, Boutiquen,

Bank Café, Friseur, Foto, Sportartikel, Drogerie etc. Sowohl beim Domus wie auch Rema gute Parkmöglichkeiten.

BOOTSAUSRÜSTUNG, ANGELZUBEHÖR: Verftsgata, siehe unsere Karte Nr. (5), teils (betreffend Werkzeug, Kleidung) auch (6), (9).

KUNST: Verkaufsausstellung im Kulturhuset (15). Gemälde und Grafiken vorwiegend von Künstlern der Region Trondelag. Sorry: teils sehr durchschnittliche Arbeiten, aber Reinschauen kann sich u.U. lohnen.

APOTHEKE (9) beim Verkehrsrondel Verftsgt./Sverresgt. - BANK: in der Havnegata 3 (Den Norske Bank) sowie Havnegata 17 (Fokus Bank) und im Rema Senteret (16). - POST (12), C. Guldbranson Gata.

**AKTIVITÄTEN**

MINIGOLF: Namsos Camping (25), - BILLIARD: u.a. im Central Hotel (11), - ANGELN: der Namsen Fluß ist reich an Lachsen und einer der besten in dieser Region Norwegens. Das Angelrevier ist in Zonen aufgeteilt. So besitzt z.B. der Namsos Camping (25) die Angellizenz für einen Uferbereich von 4 km. Es gibt eine Vielzahl weiterer guter Lachsflüsse in der Region. Wer angeln will, muß zunächst die Angelsteuer bezahlen (im Postamt). Mit dieser Quittung erhält man beim jeweiligen Grundbesitzer einen Angelschein für 1 oder mehrere Tage. Entsprechend gestaffelt auch die Gebühren. Weitere Infos im Namsos Tourist Büro (15).

FAHRRAD: da das Gebiet um Namsos relativ flach ist, lohnende Fahrrad-Touren im Küstenbereich z.B. Insel Otterøya. Infos TI (15). - TENNIS: Sporthalle an der Skoglyveien, Tel.: 742.724.69. - SCHWIMMEN: in der unterirdischen Felshöhle „Oasen“ (22) mit 5o m langem Schwimmbecken. Details siehe „Namsos, Sehenswertes“. - SKI- LANGLAUF: beleuchtete Loipen beim Namsos Skisenter (22). Dort auch kleinere Skisprungschanzen, die Norweger nennen Skispringen hübsch kurz und knapp *“hopp“*. - Weitere im Winter gespurte Loipen auf dem Spillum Fjellet (29).

## Verbindungen ab Namsos

**BUS**: Busterminal (2) Verftsgata am Fjord. Mehrmals tägl. -> Steinkjer an der E 6 (ca. 1 1/2 Std.) und weiter via Levanger, Stjørdal nach Trondheim (+ 2 Std.). In Stjørdal Umsteiger für Bus- und Zugverbindungen durchs Stjørdalen nach Schweden (u.a. Bottn. Meeresbusen und Stockholm).

Nach -> Grong: 5- 6 mal tägl. Fahrzeit 1 Std. Dort Anschluß an die Zugverbindung rauf nach Fauske, Bodø - sowie Busse auf der RV 74 nach Nordli an der schwedischen Grenze. Details siehe Grong.

**SCHIFF**: Abfahrt (3) Verftsgata gegenüber Busterminal. Kleinere Gleitkufenboote der N.T.S. rauschen mit bis zu 8o km/h durch die schmalen Fjord- und Meeresarme nach Rørvik im Norden. Fahrzeit 1 1/4 Std. An Bord TV und Video, nur Personentransport. Abfahrt mehrmals tägl. - Der Bus benötigt zwischen Namsos via Overhalla, Foldereid nach Rørvik gut 3 1/2 Std. Somit das Schnellboot die bessere Wahl. Ab Rørvik Anschluß tägl. mit Schiffen der Hurtigruten entlang der Küste nach Brønnøysund, Sandnessjoen, Nesna, Ornes, Bodø, Lofoten...Die Strecke ist Tipp!

**ZUG**: die Strecke Namsos -> Grong ist seit langem für den Personenverkehr eingestellt, - jedoch für den Güterverkehr (vorwiegend Holztransporte) in Betrieb.

**FLUG**: der Namsos Airport (24) an der Mündung des Namsen Flusses in den Fjord. Vorwiegend Regionalflüge zu Umsteige Airports wie Trondheim. Wenige Direktflüge mit WIDERØE nach Brønnøysund, Mo I Rana, Mosjoen und Bodø.

**MIETAUTO**: mehrere Vermieter in Namsos, Infos: TI Namsos(15), **TAXI**: Taxistand im nördl. Ortszentrum (14).

## RV 17/ Zweiter Abschnitt Namsos -> Brønnøysund

Auf der Strecke NAMSOS bis HOLM sind 2 Routen möglich:

A) die **RV 769** via Fähre LUND -> HOFLES und weiter **RV 77o** nach Foldereid, dort auf die RV 17. Gesamtstrecke Namsos -> Holm ca. **165 km**. Somit gegenüber B) eingespart rund 3o km. Dafür aber Fährüberfahrt 2o Min., was sich allein schon zeitlich aufhebt. Hinzu kommt die Warterei auf die Fähre (Abfahrt tagsüber alle 1 - 2 Std.) und die Kosten für die Fähre: PKW und 2 Personen ca. 15 Euro.

B) die **RV 17**. Sie führt ab Namsos landein via Overhalla, Foldereid nach Holm. Gesamtstrecke Namsos -> Holm **195 km**. An Zeitbedarf gleichlang oder schneller, zudem die Kosten für die Fähre gespart. Als Route im folgenden beschrieben:

Ab NAMSOS ausgeschildert RV 17, Overhalla/Foldereid. Die gut ausgebaute Asphaltstraße folgt zunächst dem Nordufer des Namsen Flusses bis Overhalla und biegt dort links ab in Täler mit langgestreckten Seen Richtung Nord. Achtung: obwohl „nur 195 km“ bis Fährhafen Holm, sollte man die Strecke nicht unterschätzen! Sie geht endlos durch Wälder (Vorsicht vor Unfällen mit Rentieren!) und besitzt viele Kurven. Reine Fahrzeit bis Holm ca. 3 Std.

**OVERHALLA**: Langgestrecktes Straßendorf und beliebter Stützpunkt für Angler und Jäger. Lebensmittelgeschäfte, Tankstelle und

„**Overhalla Hotel**“: rund 3oo m von der RV 17 zurückgesetzt, aber deutlich ausgeschildert bei der Shelltankstelle. Zweistöckiges sehr ordentliches und modernes Hotel. 64 geräumige Zimmer mit TV, Dusche und WC. Ganzjährig geöffnet und wegen günstigem Preis oft ausgebucht. DZ (Sommerpreis) ca. 9o Euro, ansonsten ca. 11o Euro. Tel.: 742.815.oo, Fax: 742.814.32. www.overhalla-hotel.no

„**Namsen Fishing Camp**": in Overhalla am Fluß. Mehrere größere Holzgebäude mit Ferienwohnungen für 4- 6 Personen sowie Campinghütten mit 4 Betten. Im Angebot Elchsafari sowie Angeln und Jagen mit entspr. Genemigung. Lachssaison ist 1.6.- 31.8., die Jagdsaison ab 15.8. Tel.: 742.821.8o.

„**Skogmo Gjestgiveri**": im Nachbarort Skogmo (ca. 3 km) und Abzweiger RV 17/ RV 76o. Ein ehemaliger Gasthof mit 16 Zimmern (5 davon mit eigener Dusche). Beliebt bei Lachsanglern, im EG Restaurant sowie gemütliches Kaminzimmer und Bar. DZ ca. 75 Euro. Tel.: 742.827.o1, Fax: 742.829.82.

Weitere Hotels in Grong an der E 6, zu erreichen über die RV 76o in 2o km. Sie sind allerdings meist teurer. Details siehe dort.

„BJORA CAMPING": in Skogmo an der Abzweigung RV 17 mit RV 76o Nähe Overhalla. Wiesenfläche mit angrenzendem Wald. WoMo Stellplätze mit Stromanschluß sowie Vermietung von 9 Hütten. Tel.: 742813.o8. Übrigens: der Camping liegt im geographischem Mittelpunkt Norwegens! So gigantisch ist das Land, - und mal abwarten welche Entfernungen auf den Nordnorwegenfahrer noch warten! www.bjora.no

„NAMSEN FISHING CAMP": in Overhalla am Fluß. Abgesehen von Hüttenvermietung (siehe oben) auch Stellplätze für WoMos mit Stromanschluß. Tel.: 742.821.8o.

Nähe „Overhalla Hotel" ein kleineres Shopping Center mit Buchhandlung, Bank etc. sowie Joker Supermarkt an der Hauptstraße. Angelscheine gibts u.a. im örtl. Sportgeschäft sowie im „Overhalla Hotel". - Im Nachbarort **SKOGMO** (3 km ab Overhalla) Sägewerk und Abzweiger der RV 17 Richtung Nord, 25 km entlang des Grongstadvatnet nach:

**HØYLANDET**: Miniort an der RV 17 in einer Talsenke zwischen den Angelseen Øyervatnet und Grongstadvatnet. Die Region lebt vorwiegend von Fortswirtschaft, in kleinerem Umfang auch Landwirtschaft. Dichte Wälder, aber auch Seen, die im Westen über die RV 776 erreicht werden. Im Osten die Bergketten des Skarlandsfjellet (757 m) und Kjølstadfjellet (ca. 8oo- 85o m).

Im Ort Høylandet Tankstelle, kleiner Supermarkt . Norweg. Unikat ist das „REVYRIKETS GALEHUS" im „Revyrikets Gjestegård": in alter Tradition Kabarett- und Revueveranstaltungen.

Sie sind angesiedelt im Bereich pointenreicher Kabarett-Sticheleien (sorry: nur in Norwegisch!), hin zu Späßen à la trockenem norweg. Humor, Verkleidungen gemäß Fasching, teils auch Can-Can Parodien und Vorträgen ähnlich rheinischer Karnevals- Büttenreden.

Alle 2 Jahre in Høylandet großes Festival, bei dem aus allen Teilen Norwegens die Humoristen und Kabarettisten anreisen und sich tausende von Zuschauern einfinden. Das Publikum fast durchweg Norweger.

Ganzjährig Kleinveranstaltung im „Revyrikets Gjestegård" im Restaurant beim Essen. Gemäß Werbung: „erleben Sie Nonsens pur! Die Hochburg der Narren." Selber noch nicht ausprobiert und - naja! Im Sommer tägl. 12- 18 Uhr gemäß Nachfrage. ->

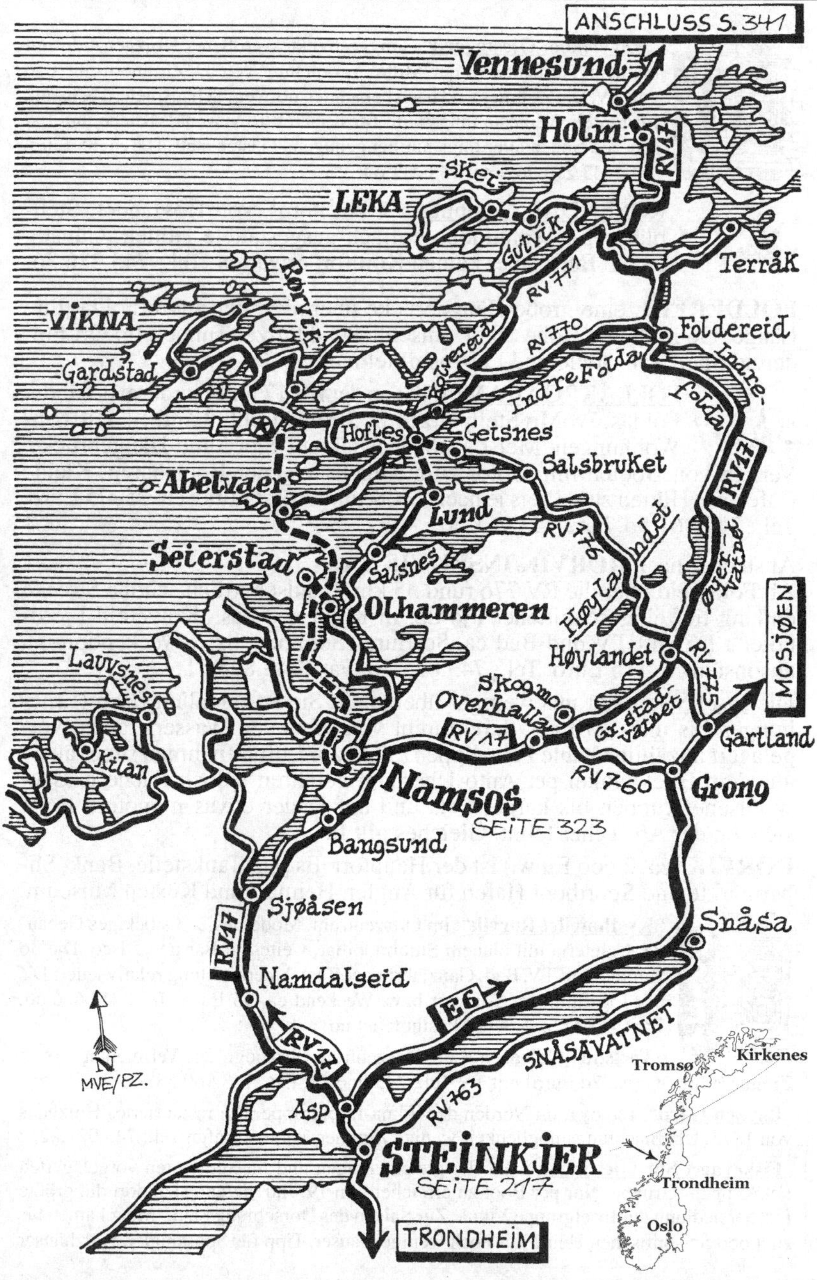
ANSCHLUSS S. 341
Vennesund
Holm
RV17
Sket
LEKA
Gutvik
Terråk
RV771
Rørvik
VIKNA
RV770
Foldereid
Gardstad
Rørvik
Abelvaer
Indre Folda
Indre-folda
Hofles
Geisnes
Salsbruket
RV17
Lund
RV776
Høylandet
Øyer-vatnet
Seierstad
Salsnes
Olhammeren
MOSJØEN
Lauvsnes
Høylandet
RV775
Skogmo
Overhalla
Gr. stad-vatnet
RV17
Gartland
Kilan
RV760
Grong
Namsos
SEITE 323
Bangsund
Sjøåsen
Snåsa
RV17
Namdalseid
E6
N
RV17
SNÅSAVATNET
Kirkenes
Tromsø
MVE/PZ.
Asp
RV763
STEINKJER
SEITE 217
Trondheim
Oslo
TRONDHEIM

„**Revyrikets Gjestegård**“: langgestrecktes größeres Holzgebäude mit kleinem Türmchen in der Mitte. Vermietung von 11 Zimmern mit Bad und TV. Die Zimmer sind nach bekannten norweg. Schauspielern benannt. Im EG ein Veranstaltungsraum für Kabarett/Revue inkl. Küche und Essen. Sie finden allerdings nur bei genügend Gästen statt. DZ ca. 85 Euro. Tel.: 743.213.9o, Fax: 743.211.o3.

ROSENDAL Camping: 25 km nördl. von Høylandet. Stellplätze für Wohnmob., einfach ausgestattete Hütten. Günstig ca. 3o Euro, aber keinen Komfort erwarten. Tel.: 743.226.5o.

**FOLDEREID**: eine große Hängebrücke überquert den Indre Folda. Ihre Länge 336 m, lichte Höhe 38 m. Anschließend kurzer Tunnel. Im Ort Foldereid Shell Tankstelle und Lebensmittelmarkt.

FOLLAKROA CAMPING: an der RV 17 und Fjordarm des Indre Foldas. WoMo Stellplätze mit Stromanschluß und 14 Hütten/ Wohnungen. Meist schöner Blick auf Fjord und Hängebrücke. Verleih von Booten mit Motor zum Angeln, eigener Bootshafen. Kleine Cafeteria. Hütten zum Preis je nach Größe und Ausstattung ca. 35- 75 Euro. Tel.: 743.961.5o, Fax: 743.961.5o.

➪ Abstecher nach **RØRVIK/INSEL VIKNA**:
Ab Foldereid über die RV 77o rund 55 km. Landschaftlich schöne Strecke entlang tief eingeschnittener Fjorde. In Kolvereid das „Kolvereid Fjordhotel“: DZ mit TV und Bad ca. 8o Euro (Sommer- bzw. Weekendpreis), ansonsten ca. 115 Euro. Tel.: 743.825.5o, Fax: 743.825.51.

Die Insel Vikna hat uns weniger überzeugt. Sie ist reichlich flach (Erhebungen bis max. 173 m), durchfurcht von schmalen Wasserstraßen, vorgelagert unzählige kahle Felsklippen. Sieht auf Luftaufnahmen super aus, - aus dem Blickwinkel per Auto Überland gefahren jedoch flache grasbewachsene Kuppen bis karger Fels und auf Dauer etwas monoton. Fragt sich, ob der Abstecher lohnt. Gleiches gilt für:

**RØRVIK** (ca. 2.ooo Einw.) ist der Hauptort. Es gibt Tankstelle, Bank, Supermärkte und Sportboot Hafen für Angler. Heimat- und Küsten Museum.

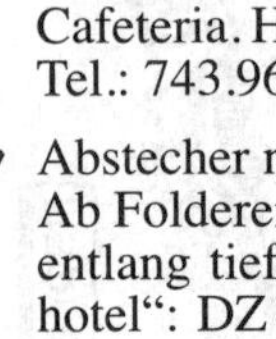

„**Kysthotellet Rørvik**“: im Ortszentrum. Modernes 2- 3 stöckiges Gebäude. Cafeteria mit blauem Stuhlmobiliar, weiterhin Bar und Disco. Die 3o Zimmer mit TV, Bad. Ganzjährig geöffnet. Übernachtung relativ teuer: DZ ca. 15o Euro, im Sommer bzw. Weekend ca. 95 Euro. Tel.: 743.666.oo, Fax: 743.666.o1. www.kysthotellet.no

„**Vertshus Galeasen**“: im Ortszentrum, Strandgt. 26. Vermietung von 5 Zimmern im OG (ca. 7o Euro) mit TV Tel.: 743.9oo.88, Fax: 743.9o9.33.

„**Løvøen Gård**“: Lavøya, im Norden der Vikna-Inselgruppe. Ein restauriertes Holzhaus von 1873. Übernachtungsmöglichkeit wenige Zimmer, vorab anrufen Tel.: 743.921.22.

„**Fiskevaert Sør Gjeslingan**“: auf der gleichnamigen und im Südwesten vorgelagerten Felsklippen- Gruppe. Nur per Boot zu erreichen. Im 19. Jhd. befand sich dort die größte Fischersiedlung der Inselgruppe Vikna. Zur Saison des Dorschfangs Jan.- März kamen bis zu 4.ooo Saisonfischer. Heute nur noch wenige Häuser. Tipp für Sportangler. Holzhäuser mit 4- 1o Betten. Bootsverleih, weitere Infos Tel.: 743.9o4.41, Fax: 743. 922.72 bzw. 743.9o4.65. Preisbeispiel: Haus für 4-6 Personen ca. 3o Euro pro Tag.

YTRE VIKNA SKJAERGÅRDS CAMPING: 6 Hütten an schmalem Wasserarm im Inselwesten. Sie besitzen je 2 Betten und Kochmöglichkeit, beliebt bei Anglern. Kleiner Kiosk sowie Bootsverleih. Entfernung nach Rørvik ca. 35 km.

**Die RV 17** weiter ab Foldereid: entlang des Kolbotn Sees zum Ausläufer des Sørfjords und Kjella (unterhalb des 1.o63 m hohen Heilhornet, ein riesiger Bergkegel). Weiter am Westufer des Kjelda Fjords zum Fähranleger HOLM, Details siehe unten.

**INSEL LEKA**: zu errreichen über eine 2o km Stichstraße ab Kjella (in Karten auch Kjelleidet genannt) nach GUTVIK. Ab hier kleine Autofähre werktags ca. 1o mal (am Wochenende 2- 4 mal) rüber nach SKEI/ INSEL LEKA. Preis: PKW und 2 Personen retour ca. 25 Euro.

SKEI besteht im Prinzip nur aus einer betonierten Plattform zwischen Meeresklippen und Fähranleger. Der Hauptort der Insel LEKA rund 3oo m entfernt. Eine Minisiedlung mit rund 25o Einwohnern. Eine Inselstraße umrundet den Felsgipfel mit 42o m Höhe.

Der Fels besitzt rötliches Gestein (Serpentin), ähnlich wie auch im Grand Canyon/USA, - bei entsprechender Beleuchtung Sonne ein faszinierendes Farbenspiel!

Im Süden der Insel die SOLSEMHÖHLE (4) mit Höhlenmalereien aus der Steinzeit. Einheimische nach Weg fragen. - TAUCHEN: die Insel ist Eldorado für Sporttaucher. Vor der Küste und ihren Klippen viele Unterwasser Wracks aus vergangenen Jahrhunderten der Segelschiffahrt.

„**Skeisenteret**“: im Inselhauptort Leka. 3 Holzgebäude mit Duschen und kleiner Mole für Fischerboote. Tel.: 743.991.7o.

„**Leka Motell og Camping**“: im Inselhauptort Leka, Übernachtung in wenigen Steinhütten aus grobem Fels, mit TV, Bad und Toil. Filletierraum für Angler. Die zentrale Anlaufstelle auf der Insel, auch bezügl. Infos, Bootsverleih etc. Hütte je nach Größe ca. 3o- 9o Euro. Tel.: 743.998.23, Fax: 743.998.99.

„**Høgbakken Bondgård**“: Bauernhof, zugleich Vermietung von wenigen Zimmern. Die Besitzer freuen sich, wenn die Gäste auf dem Bauernhof mithelfen, ist jedoch nicht Pflicht.

Vermietung vom Booten mit Außenbordmotor (ca. 25 Euro/Tag) zum Angeln, Ruderboote sind gratis. Übernachtung im 4 oder 6- Bettzimmer. Preis Anfrage: Tel/Fax: 743.996.71.

**BINDAL**: Inlandsregion um Terråk und Fjorde/Täler. Im 19. Jhd. wichtige Region der sogenannten *„Boots-Bauern"*: sie betrieben in kleinem Umfang Landwirtschaft (Viehzucht, Anbau von Getreide), gleichzeitig Bau von Fischerbooten.

Abzweiger ab RV 17 in Årsand und 15 km auf der RV 8o1 bis TERRÅK, der größten Siedlung der Region.

„**Terråk Gjestegård**": 8 einfach eingerichtete, aber preiswerte Zimmer im örtlichen Gasthof am Fjord. Ganzjährig geöffnet. Teils Doppelbettzimmer, teils Mehrbett. DZ ca. 95 Euro. Tel.: 75o.341.39, Fax: 75o.342. o8. - Im Gasthof auch warme Mahlzeiten. www.terraak-gjestegaard.no

Kleines Museum im Ort mit Replikas von Nordlandbooten. Die Straße führt weiter in Umrundung des Osan Fjordes und ca. 2o km in ein Inlandstal Ri. Südost. Orte (Hausgruppen) wie Åbygda und Skårstad waren Zentren des Bootsbaus. Die Bauern hatten neben ihrer Scheune ein weiteren Schuppen, wo sie mit viel Geschick und handwerklichem Können die Nordlandboote bauten. Boomzeiten waren die Jahre 1866- 8o wegen reicher Fischgründe und Heeringsschwärmen. Damals wurden in der Region rund 2.ooo Boote gebaut. Holz gab es in den umliegenden Wäldern zur Genüge. Details Nordlandsboote siehe auch Seite 16o.

**Weiter** auf der **RV 17**

Holm - > Vennesund: Autofähre, überquert den Bindalsfjord. Abfahrten tagsüber ca. 7/9 Uhr bis 22 Uhr etwa stündlich. Am Wochenende reduzierter Verkehr, ca. 11 mal tägl. Die Überfahrt 2o Min. Preis: Pkw mit 2 Personen ca. 13 Euro.

**VENNESUND**: der nördliche Fähranleger. Besteht aus einem ehemaligen Handelsposten (größeres Holzhaus), gebaut um 1923, Wiesenfläche, Fähranleger und Camping mit Holzhütten.

„VENNESUND BRYGGE OG CAMPING": direkt am Fähranleger. Im EG Bar und kleine Cafeteria. Der Besitzer vermietet 14 Ferienhütten auf dem Wiesengelände sowie 3 Fischerhütten am Fjord neben Fähranleger. Hütte für 2 Personen ca. 5o- 9o Euro. Sie sind meist von Anglern besucht, da reiche Gewässer mit Fisch. Ganzjährig geöffnet, - dito auch die Bar und Cafeteria im Holzhaus am Fähranleger. Auf dem Campgrund Stellplätze für Wohnmobile. Tel.: 75o.273. 75, Fax: 75o.273.36.

**Geschichte**: die schmale Meeresstraße beim Fähranleger war im 19. Jhd. wichtige Durchfahrt für kleine Nordlandboote im Regionalverkehr zwischen den Inlandsfjorden der Region Bindal und Sømna/Vik an der heutigen RV 17.

Sie sparte die Umfahrung der Insel Kvaløya im Westen. Dies waren zwar nur wenige km, aber offenes Meer, was sehr stürmisch sein kann. Die Meeresstraße hatte damals bei Ebbe eine Wassertiefe von nur 2 m. Für kleine Boote kein Problem, wohl aber für Küstenfrachtsegler. 1891 wurde daher das Ausbaggern einer Fahrrinne beschlossen, Baubeginn 1892. Die Arbeiten dauerten (mit Unterbrechungen) bis 192o.

Nach Fertigstellung der Ausbaggerung brannten zunächst das Lagerhaus und der Fährkai 192o ab. Neuerbaut ca. 1923. Auch hatte sich die Meeresstraße in Nutzwert erübrigt. Es gab zwischenzeitlich größere Dampfschiffe, die problemlos die Insel Kvaløya umfahren konnten und den Kanal nicht mehr benötigten. Sehrwohl aber die heutigen Fährschiffe.

VENNESUND: Foto Ende des 19. Jhds., Position heutiger Fähranleger. Die Meeresstraße damals extrem schmal und flach. Sie wurde bis 1920 ausgebaggert. Tiefe heute 2-6 m.

Ab Vennesund auf gut ausgebauter und relativ geradliniger RV 17 in rund 5o km nach Brønnøysund, dem größten Ort der Region. Fahrzeit mit eigenem Auto ca. 1 Std Anfangs schmaler Küstenstreifen, bald jedoch breit mit Acker- und Weideflächen: das Gemeindegebiet Sømna. Eine der größten und fruchtbarsten Zonen in Nordnorwegen (abgesehen von Snåsa/ Steinkjer), mehr als 2oo (weit verstreute) Bauernhöfe.

**VIK**: Verwaltungszentrum der Gemeinde Sømna, ca. 45o Einw., liegt in einer Ebene mit Landwirtschaft Nähe Meer. Tankstelle, Lebensmittelgeschäfte, Apotheke, Bank, Restaurant und Unterkunft.

„**Sømna Senteret AS**" (Somna Kro og Gjestegård) an der RV 17 in Vik. Gute Parkmöglichkeit. Ein modernes, mehrstöckiges Gebäude. Freundlich bis funktionaler Restaurantraum, ähnlich die 4o Zimmer mit TV, Bad. Sie sind ordentlich, wer in dieser Region Übernachtung braucht, allerdings bringt der Ort Vik außer kleinem Heimatmuseum nichts Spezielles. Ganzjährig geöffnet. DZ je nach Saison bzw. Weekend ca. 95- 12o Euro. Tel.: 75o.294.6o, Fax: 75o.294.7o.

BJØRNVIKA NATURSENTER: 3 km von Vik, schöne Lage am Meer. Ganzjährig geöffnet, Bootsvermietung. Stellplätze für WoMos sowie Hüttenvermietung, ca. 5o - 1oo Euro.

HEIMATMUSEUM: im Ortszentrum Vik. Ein kleineres Regionalmuseum mit mehrere historische Holzhäuser (Fischer/Bauern) und Gegenständen. Nur im Sommer geöffnet ca. 1o- 14/16 Uhr. - HOLZKIRCHE VIK: fertiggestellt 1876. Besichtigung im Inneren nach Vereinbarung.

**BERG**: Siedlung mit ca. 5oo Einw. an der RV 17, nördl. von Vik. Bank, Post, Lebensmittelgeschäft und Großmolkerei. Sie ist größte von Nordnorwegen. Wer Milch in Supermärkten kauft: sie stammt meist aus Berg.

## ★ Brønnøysund (ca. 3.5oo Einw.)

Angenehmes Kleinstädtchen mit vielen Holzhäusern. Es liegt an einer schmalen Meeresstraße mit vielen langgestreckten Felsklippen. Das Ortszentrum um den Hafenbereich und Anleger der Hurtigruten. Schöner Blick von der hohen und 6oo m langen Brücke im südl. Ortsteil auf Meerestraße und Ort.

„**Galeasen Hotell**“ (2): am Schiffsanleger/Hafen. Größeres Holzgebäude mit verwinkelten Giebeln, daneben moderner langgestreckter Anbau. Rezeption im alten Teil, schön mit Glasveranda zum Hafen. Freundlicher Frühstücks-/Restaurantraum. 22 Zimmer mit TV, Bad. Blick der Zimmer teils auf die Meeresstraße von Brønnøysund (super!), meist aber frei auf Hauptplatz bzw. seitlich. Die Ausstattung der Zimmer kann unterschiedlich sein je nach alter- oder neuer Trakt des Hotels. Insgesamt aber o.k. und Tipp. Ganzjährig geöffnet außer Weihnachten bis Neujahr. DZ Sommerpreis ca. 9o-1oo Euro, ansonsten ca. 11o- 15o Euro. Tel.: 75o.o88.5o, Fax: 75o.o88.51. Webseite: www.galeasen.com

„**Torghatten Hotel**“ (7): Valveien 11. Ein 2- 4 stöckiger Betonkasten Nähe Hafen im nördlichen Ortsteil. Zumindest umliegend Grasflächen, Bäume und Bebauung mit meist Villen/Holzhäusern. Gute Parkmöglichkeit und Alternative zum Galeasen Hotel. Aufenthaltsraum mit alten Fotos, Bar und großflächigen Gemälden. Schwere Vorhänge ergänzen das Ambiente. An Design nicht unbedingt mein Geschmack. Pub, Disco, Sauna und kleiner Swimming -Pool.

59 mittelgroße Zimmer mit TV, Bad. Ganzjährig geöffnet. DZ Sommerpreis ca. 115 Euro, ansonsten ca. 16o Euro. Tel.: 75o.o89.oo, Fax: 75o.o89.o1.

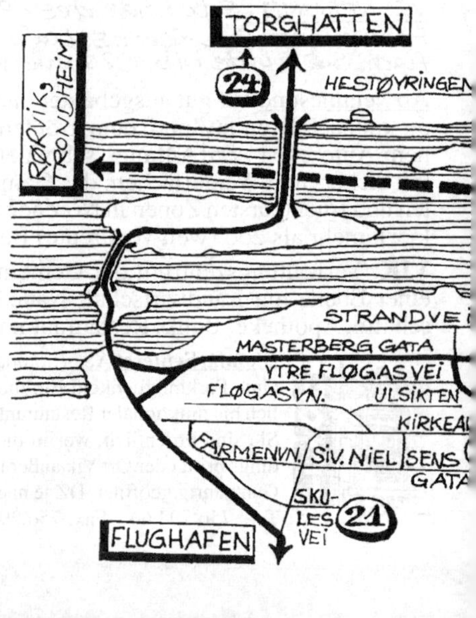

„**Corner Motel**“ (11): im Ortszentrum, Storgata 79 am Hauptplatz oberhalb des Hafens. Modernes 2-3 Stockgebäude. 1o Zimmer mit TV, Bad. Der Aufenthalts-/Frühstücksraum im 1. Stock. Das preisgünstigere Hotel von Brønnøysund. Ganzjährig geöffnet. DZ ca. 85- 9o Euro je nach Saison und Weekend. Tel.: 75o.18o.1o, Fax: 75o. 18o.11.

„**Hotel Kystferie**“ (23): gegenüber vom Ortszentrum und zu erreichen über die Brønnøysund Brücke. Moderne Wohnanlage mit Vielzahl von Holzhäusern und Blick auf das Ortszentrum. Sie sind freundlich mit Kiefernmöbeln und komfortabel ausgestattet, TV, Bad, Balkon und Kochgelegenheit. Der Brønnøysund- Übernachtungstipp!

Bootsverleih inkl. 5 L Sprit ca. 45 Euro/Tag. Der Name *"Hotel Kystferie"*, da Lage am früheren Fähranleger. Die alte Fähre, die bis Eröffnung der Brønnøysund Brükke in Betrieb war, ist noch erhalten und wird für Angeltrips eingesetzt. - Für Sportfischer ein Bootshaus zum Ausnehmen der Fische und Kühlraum. - Übernachtung je nach Größe der Ferienwohnung ab ca. 95 Euro (2 Bett) aufwärts. Tel.: 75o.231.2o, Fax: 75o.2o1.16.

„SJØSTUA SPISESTED“ (13): am Hafen in rotem Holzgebäude. Im 1. Stock sehr gemütlich mit viel Holz, angenehm rustikal, Blick auf den Meeresarm von Brønnøysund. Sehr gute Küche, Tipp! Mittlere Preise.

**BRØNNØYSUND**

1 Hafengebäude und ABFAHRT Hurtigruten
2 Galeasen Hotell und TAXI
3 Steamers Pub
4 Reisebüro, daneben Vinmonopolet
5 TOURIST INFO
6 Bank
7 Torghatten Hotel
8 TANKSTELLE Statoil
9 Lebensmittelmarkt Spar
1o TANKSTELLE Shell
11 Motel Corner
12 Apotheke, daneben Sportgeschäft
13 Sjøstua Spisested
14 Mode, daneben Konditorei
15 Bank, daneben Narvesen Zeitschriften
16 Cubus Kaufhaus und weitere Geschäfte
17 Havna Senteret und Mega Senteret
18 Sportboot Hafen
19 Schreibwaren (Brønnøysund Libris), daneben Bunpris Supermarkt
2o POST, daneben Kiosk
21 Krankenhaus
22 Rathaus und Kino
23 Hotel Kystferie
24 Torghatten Feriesenter

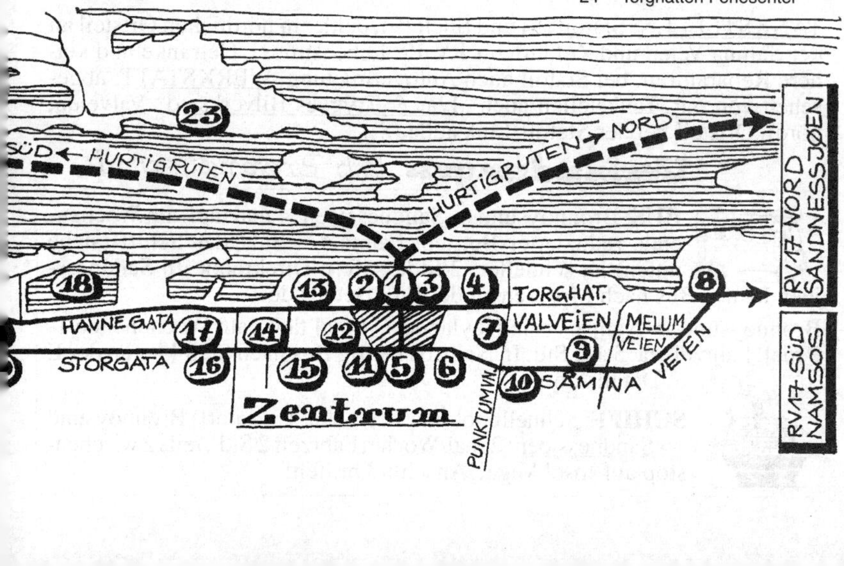

„GALEASEN HOTEL“ (2): am Hafen. Gemütlicher Restaurantraum mit Blick. Küche vorwiegend Fisch, mittlere Preise.

„TORGATTEN HOTEL“ (7): internat. Hotelküche, Fleisch/Fisch. Mittlere bis gehobene Preise.

„HAVNE SENTERET“ (17): im Shopping Center das HAVNE CAFEEN.

Tourist INFO am Hauptplatz (5). Ganzjährig geöffnet. Infos zur Region: Wandern, Bergsteigen, Angeln. Tel.: 75o.18o.oo, Fax: 75o. 18o.o1. www.torghatten.no bzw. www.visithelgeland.com

## EINKAUFEN

Die meisten Geschäfte in der Storgata: u.a. Apotheke, Kleidergeschäfte, Optiker, Eisenwaren und Werkzeug, Sportgeschäft etc.

SHOPPING CENTERS: mehrere kleine, so Havna Senteret (17), Brønnøysund Senteret und Mega Sentret (17) im südl. Ortszentrum.

SUPERMÄRKTE: Spar (9) Såmna Veien, - Rema 1ooo im nördl. Ortsteil an der RV 17, - Bunprix Supermarkt (19), - Coop in Brønnøysund Senteret weiterhin in den o.g. Shopping Centers (17, 19).

BÄCKEREI/KONDITOREI (14): Storgata.

BUCHHANDLUNG/SCHREIBWAREN: Brønnøysund Libris, Storgata beim Sportboothafen. Vorwiegend Schulbücher, in kleinem Umfang auch Landkarten.

APOTHEKE: Brønnøy Apotek (12), Storgata. - KRANKENHAUS (21), Skules Vei. - BANK (6 und 15), beide in der Storgata.

TANKSTELLEN: Statoil (8) und Shell (9), beide im nördlichen Ortsteil an der Såmna Veien und Zufahrt zur RV 17. Lebensmittel, Getränke und keinere Reparaturen, bei Statoil auch Autovermietung. WERKSTATT: abgesehen von o.g. Tankstellen auch „Ivar & Trygves Bilverksted“ Valveien, nördl. Ortsteil bei der Statoil Tankstelle (8).

## Verbindungen ab Brønnøysund

**BUS**: Brønnøysund -> Sandnessjøen: 4 mal tägl. am Wochenende reduzierter Betrieb. Fahrzeit 3 Std., das Schiff (siehe unten) ist schneller: 2 Std., sofern Direktboot. In Sandnessjøen häufig Bus nach Mosjøen an der E 6, Details dort.

Brønnøysund -> Namsos (via Høylandet): 4 mal tägl., am Wochenende 1-2 mal, Fahrzeit ca. 5 1/2 Std. In Namsos häufig Bus nach Steinkjer an der E 6, Details dort.

**SCHIFF**: Schnellboot (nur Personen-Transport) Brønnøysund -> Sandnessjøen: 2 mal/Woche, Fahrzeit 2 Std., teils Zwischenstop auf Insel Vega, Anschluß prüfen!

Hurtigruten (Personen- und PKW): 1 mal tägl. auf der Südroute Brønnøysund-> Rørvik/Insel Vikna -> Trondheim. Fahrzeit bis Rørvik 3 1/4 Std. Pluspunkt: der Torghatten (Fels mit Loch) ist bei der Überfahrt zu sehen. Dies allerdings wegen derzeitigem Fahrplan nur im Sommer, wenn der Tag länger ist. In dieser Jahreszeit auch Kombi- Angebot der Hurtigruten: hinwärts mit dem Schiff bis Rørvik, retour nach Brønnøysund per Bus.

Sowie 1 mal tägl. auf der Nordroute Brønnøysund-> Sandnessjøen, Fahrzeit 4 Std. Der Bus ist schneller; zudem fährt die Hurtigruten gemäß derzeitigem Fahrplan die Strecke zu unbequemer Nachtzeit.

**AUTOVERMIETUNG**: Statoil Tankstelle (8) Tel.: 75o.2o6. oo, - Hertz: Gårdsøyveien 1 im nördl. Ortsteil an der RV 17, Tel.: 982.o55.97. - Interrent: im Flughafen, Tel.: 75o.2o6.99.

**TAXI**: Standplatz am Hafen (2).

**AIRPORT**: östl. des Ortszentrums, ca. 3 km. Kleines, flach-gestrecktes Gebäude mit aufgesetztem Tower. Die Cafeteria heißt bezeichnender Weise „Piloten". Regionalverbindungen mit Propellermaschinen der WIDEROE. Direktverbindungen -> Mo I Rana an der E 6, - Mosjøen (E 6), - Sandnessjøen (RV 17) und Trondheim. Ab hier Anschluß in den „Rest" Norwegens.

**SEHENSWERTES**

Brønnøysund ist eine Gründung Anfang des 2o. Jhd. Als Kleinstadt angenehm ohne spezielle Sehenswürdigkeiten. Kino im Rathaus (22), früher wurde dort im Sommer eine Multimedia Show zur Region vorgeführt. Es kamen jedoch zu wenige Besucher... PS: Brønnøysund ist Sitz des zentralen Verkehrsregisters der Norweger. Hier werden Punkte gesammelt, ähnlich wie in Flensburg/Deutschland.

TORGHATTEN: rund 15 km südl. von Brønnøysund. Der Berg hat eine Form wie ein hingeworfener Hut mit breiter Krempe - und in der Mitte ein Loch, das waagrecht quer durch den Berg führt. Beachtliche Dimensionen: Länge 16o m, Höhe 25- 35 m, Breite ca. 12- 25 m. Das norweg. Wort *„hatten"* bedeutet *„Hut"* (der Insel Torg). In der Tat sieht der Berg aus wie ein großer Hut mit breiter Krempe. Über das Loch in der Mitte berichtet die Sage:

Der Troll Hestmannen, der in der Gegend lebte, hatte die schöne Lekamøy beim Nacktbaden im Meer beobachtet und begehrte sie sehr. Leider war diese nicht bereit, sich ihm hinzugeben. Der Troll war daher gezwungen, die schöne Frau kurzer Hand zu rauben. Diese schrie lauthals und weckte damit ihren Vater auf, ebenfalls ein mächtiger Troll. Der warf seinen riesigen Hut zwischen Tochter und bösartigem Troll, um den Raub zu verhindern. Der Troll wehrte sich, indem er mit Pfeil und Bogen auf den Papa zielte, - aber leider nur den Hut traf. Daher das Loch quer durch den Berg.

Es gibt viele Varianten der Sage, vergl. z.B. Vesterålen Seite 556. Auch hier war es die Ungeschicklichkeit des Troll, warum das Loch entstand.

Zu erreichen: ab Brønnøysund und 6oo m lange Brücke zur Insel Torg, von hier 15 km bis zum Torghatten. Ab ausgeschildertem Parkplatz ein befestigter Fußweg 2o Min. rauf zum Felsloch. Der riesige Gang quer durch den Berg befindet sich rund 1oo m oberhalb des heutigen Meeresspiegels. Vorsicht beim Betreten: Felsbrocken können sich beim Betreten der riesigen Gang-Halle von der Decke lösen; Erosion in Verbindung mit Feuchtigkeit. Wenn ein Stein aus 25- 35 m Höhe runterstürzt und den Kopf trifft: vermutl. tödlich. Andernfalls wurden wegen guter Akustik sogar Konzerte in der Halle veranstaltet.

Entstanden ist der Gang quer durch den Berg vor mehr als 2o.ooo Jahren. Skandinavien war damals von einem dicken Eispanzer bedeckt, der mit seinem Gewicht das Land runterdrückte, - d.h. Meerespiegel in Höhe des heutigen Höhleneingangs. Der Gang entstand über tausende von Jahren durch Meereswellen und Stürme, die das Wasser reindrückten sowie Erosion im weichen Gestein.

TORGHATTEN mit Loch quer durch den Berg

Beachten: von der Straße direkt beim Berg sieht man zwar den Eingang, mehr nicht. Der schönste Blick: vom Schiff der Hurtigruten (Strecke Brønnøysund <-> Rørvik). Es fährt mit Abstand zum Berg, so daß man für kurze Zeit quer durch den Berg sehen kann. Die Strecke im Sommer auch als Kombi ab/bis Brønnøysund: hinwärts per Schiff, retour Bus. Preis: ca. 5o Euro, Zeitbedarf 1 Tag. Infos: Hurtigruten bzw. Touristbüro (5) oder Reisebüro (8), beide Brønnøysund.

## RV 17/ Dritter Abschnitt
## Brønnøysund -> Sandnessjøen (7o km, 2 Fähren)

*Landschaftlich schöne Strecke, gut ausgebaute Asphaltstraße. Zeitbedarf mit eigenem Auto inkl. Fähren ca. 3 Std. - Läßt sich auch ab E 6 und dortigem Abzweiger in Brenna über die RV 76 -> Brønnøysund einbauen: plus 1oo km, ca. 2 Std.*

Ab Brønnøysund die RV 17 Nord. TILREM: 5 km nördlich von B. mit „Hildruns Kräutergarten". Das Ehepaar liebt die Flora über alles. Kräutergarten, Rosen, Sammlung von Kaktussen etc. Auch Verkauf von Kräutern, Souvenirs und kleine Kunst-Verkaufsgalerie. Geöffnet Mitte Juni bis Mitte Aug.

Horn -> Andalsvågen: Autofähre. Abfahrt tägl. 13 mal zwischen ca. 6 und 22 Uhr. Am Wochenende 11 mal. Überfahrt 2o Min. PKW mit 2 Personen ca. 12 Euro.

Horn -> Insel Vega -> Tjøtta: Abfahrt in der Zeit Anf. Juni bis Ende August tägl. ca. 1- 2 mal außer Sa./So. Überfahrt 2 Std, wobei die Fähre einen Zwischenstop auf der Insel Vega einlegt. PKW mit 2 Perso-

SELVAER
ANSCHLUSS S. 357
Kilboghamn
TRAENA
LURØYA
Brattland
Lovund
Stokkvågen
RV17
MO i RANA
Nesna
RV17
Dønnes
LØKTA
Finneid
fjord
Leirvika
Levang
DØNNA
Bjørn
Leland
Leirfjord
(=Letra)
E6
Herøy
Sandnessjøen
RV17
RV78
Austbø
Tjøtta
Mosjøen
VEGA
Igerøy
Stokkasjøen
Visthus
Glastad
Forvik
Vistenfjord
Andalsvågen
Horn
Brønnøy
Sund
Velfjord
E6
Tromsø
Kirkenes
Hommelstø
Brenna
Torghatten
Berg
Tosbotn
RV76
Trondheim
Venne
Sund
Vik
Oslo
Holm
Tosenfjord
N
ANSCHLUSS S. 331
STEINKJER
MVE/PZ.

nen ca. 28 Euro. Somit billiger als die Fähren Horn -> Andalsvågen (ca. 12 Euro) + Forvik -> Tjøtta (ca. 3o Euro) = ca. 42 Euro. In Zeitvergleich ist die Direktfähre via Vega in etwa gleich lang, da man ansonsten noch die 17 km zwischen Andalsvågen und Forvik fahren mußte. Dafür fährt die Fähre via Vega erheblich seltener. Beachten: die Langstrecke via Vega führt 2 Std. über's offene Meer; wer zu Seekrankheit neigt, nimmt besser die beiden kürzeren Einzelfähren.

**INSEL VEGA:**

Gebirgsklotz mit Höhe bis 8oo m, vorgelagert im Nordatlantik. Zugehörig sind rund 6.ooo Inselchen und Felsklippen, die Zahl variiert je nach Ebbe und Flut. Die Fähre landet in IGERØY, das mit einer kurzen Brücke mit der Hauptinsel verbunden ist.

Während der Süden der Insel hohe Berge besitzt, ist der Norden relativ flach. Die dortigen Sumpfgebiete sind Brutstätte seltener Vogelarten, Eldorado für Vogelbeobachter. Hauptort ist GLADSTAD mit einer Holzkirche von 1864 und kleinem Heimatmuseum sowie Supermarkt. - VEGSTEIN an einem Wasserarm der Nordküste und 2 km von Gladstad entfernt, ist wichtiger Fischerort mit einer alten Handelsbrügge (19. Jhd.), Sammlung alter (restaurierter) Bootsmotoren sowie Kramerladen, der im Sommer besichtigt werden kann. Weiterhin alte Nordlandschiffe. Sie sind teils noch funktionsfähig; im Sommer Wettbewerbe.

Im Südosten der Insel bei HESTVIKA ein Geschichtspfad mit Hinweistafeln. Vega war bereits seit Steinzeit besiedelt. Funde im Heimatmuseum von Gladstad.

Tourist INFO in Gladstad. Vermittlung von Privatzimmern, Infos zu Vogelbeobachtung, Wandern und Angeln. Tel.: 75o.353.88 (im Sommer) und 75o.358.oo (Gemeinde), Fax: 75o.351.o1 und 75o.351.88. Internet: www.vega.kommune.no, www.visitvega.no

Autofähre Horn -> Ingerøy/Insel Vega: 4- 7 mal tägl., Überfahrt 45 Min., PKW und 2 Pers. ca. 24 Euro. Achtung: nur 1- 2 Fähren fahren weiter nach Tjøtta/RV 17! Wer keinen Zwischenstop auf Vega plant: unbedingt prüfen, ob die Fähre nach Tjøtta fährt.

Schnellboot (nur Personentransport): ab Brønnøysund/Fährkai -> Rørøy/Insel Vega tägl. ca. 1- 5 mal, Überfahrt 45 Min. Das Schiff macht bei Bedarf unterwegs an der Nordspitze der Insel Ylvingen Zwischenstop. Vorab klären, sonst hängt man auf dem Minieiland fest! Achtung: nicht alle Schiffe fahren ab Rørøy/Insel Vega weiter nach Sandnesjøen. Vorab Anschluß prüfen, sonst hängt man auf Vega fest.

Regionalboot (nur Personentransport) durch den Schärengarten Ri. Nord mit kleinem Gleitkufenboot ab Kirkøy/Nordküste der Insel Vega -> Buøya -> Sandvaer -> Tennvalen -> Sandnessjøen/RV 17. Bei ruhiger See eine interessante Alternative rauf nach Sandnessjoen. Kann bei entsprechendem Wellengang aber sehr bewegt sein! Infos zu Abfahrten Tel.: 75o.641.62

oder TI Gladstad, Tel.: 75o.353.88 bzw. 75o.358.oo.

INSELBUS: gibt es zwischen Fährhafen Igerøy via Schnellboothafen Rørøy nach Gladstad, dem Inselhauptort, - sowie in den Inselsüden nach Eidem. Er ist in Abfahrten und Häufigkeit sehr unkomfortabel bis selten - und eher an den Bedürfnissen z.B. der Schulkinder der Insel orientiert.

Wer die Insel Vega besucht, ist auf Schusters-Rappen angewiesen. Dies bei nicht unerheblichen Entfernungen, z.B. Hauptort Gladstad -> Eidem (für dortige Wanderungen im Inselsüdwesten) allein ca. 5o km retour oder Taxi. - Bzw. Mitnahme Fahrrad bei guten Bedingungen: die Inselstraßen meist im Flachland. Am besten gleich Zelt und Kochgeschirr mitbringen, da kaum bis keine Unterkünfte. - WoMo-Fahrer sind am besten bedient, da keine Unterkunftsprobleme und Küche an Bord.

Unterkunft: Achtung, sehr limitiert! Unbedingt vorreservieren, wer vor hat, auf Vega zu bleiben. Vermietung von jeweils nur 1 bis 2 Hütten: Naustholtet, Per Naustvik, Tel.: 75o.112.1o.- Ness Rorbuferie, Turid Naess, Tel.: 75o.352.47. - Toppenbue, Johanna og Per Pedersen, Tel.: 75o.351.41. - Asbjørn Eidem, Tel.: 75o.361.67.

„**Vega Havhottell**: im Hauptort Gladstad und Inselnorden. Fungiert als Bar, Inseltreff, Kontaktbörse, - auch warme Gerichte. Im Gasthof Vermietung von 23 einfach eingerichteten Zimmern. Ganzjährig geöffnet. Tel.: 75o.364.oo. www.havhotellene.no

„**Vega Hotell**": im Ort Kirkøy an der Nordwestspitze der Insel.

INSEL YLVINGEN: kleine, langgestreckte und flache Insel östl. von Vega. Fischersiedlung im Inselnorden, keine Unterkunft. Dort auch Reste einer Bunker- und Geschützanlage der Deutschen aus dem 2. Weltkrieg. Besichtigung möglich, allerdings gutes Schuhwerk und Taschenlampe. Weitere Infos im Touristbüro Brønnøysund oder Gladstad.

SKJERVAER: Mini- Fischersiedlung auf einer Felsklippe, 15 km westlich Vega vorgelagert im Atlantik. Sie ist heute verlassen, aber noch relativ gut erhalten. Ausflugsboote ab Vega, meist Angeltrips auf Charterbasis. Infos TI in Gladstad.

**Weiter auf der RV 17**: nach Überquerung des Velfjords (Fähre Holm -> Andalsvågen, siehe oben) führt die RV 17 entlang bis zu 1.ooo m hohen Gebirgsketten. Bei Wind, Regen oder gar Nebelbänken eine spektakuläre Szenerie. Das Gemeindegebiet von Vevelstad, die kleinste Gemeinde Norwegens mit nur ca. 64o Einwohnern und 53o qkm Fläche.

Hauptort ist das Straßendorf Åsmrya/VEVELSTAD/Forvik an der hier nur 1 km breiten Meeresstraße des Vevelstadsund. Mit Abstrichen sehenswert sind das Heimatmuseum, eine Holzkirche von 1796 und ein altes Handelshaus Anfang 19. Jhd. in Forvik. Übernachtung in 5 Zimmern, Tel.: 75o. 371.31.

Fahrzeit Andalsvågen -> Forvik (17 km) mit eigenem Auto ca. 1/2 Std. Beide Fähren sind zeitlich aufeinander abgestimmt. Allerdings Vorsicht: kann auf der Straße zu Wettrennen kommen der Autos, die als erste am Fährkai Forvik in der Wartespur stehen wollen.

Forvik -> Tjøtta: Autofähre. Abfahrt: 8- 1o mal tägl., Überfahrt 6o Min., landschaftlich ausgesprochen schön zwischen Inseln, flachem Meer und Felsklippen; hohe Berge am Horizont. PKW mit 2 Personen ca. 3o Euro.

**TJØTTA**: verschlafenes Nest mit ca. 3oo Einwohnern auf einem Grasplateau, das fast nahtlos ins Meer übergeht. Für den Fähranleger betonierte Großplattform mit Cafeteria und Ticket- Kiosk.

Im Ort ansonsten Tankstelle, wenige Häuser, Schafzuchtfarm (basiert auf einem im 19. Jhd. florierendem Landgut der Familie Brodtkorb. Heute in Staatsbesitz und größter landwirtschaftl. Betrieb Nordnorwegens) sowie 3,5 km ab Fähranleger ein Kriegsgräberfriedhof aus dem 2. Weltkrieg.

„**Tjøtta Gjestegård**": kleine Pension, gebaut 1874 in 2- stöckigem Holzhaus. Einfache Übernachtung mit Stil, nur wenige Zimmer. DZ ca. 85 Euro. Tel.: 75o.464.4o, Fax: 75o.464.o3.

„**Taraldsen Brygge**": Vermietung von Hütten und Ferienwohnungen. Liegt am Meer Nähe des Fähranlegers. Bootsverleih. Hütten ca. 32- 55 Euro, Rabatt bei Miete ab 1 Woche, - Ferienwohnungen ca. 8o Euro. Tel.: 75o.443.56 und 948.669.51, Fax: 75o.443.57, Mobil: 979.822.63.

Die RV 17 ab Tjøtta über die flache Insel und 2 Brücken via Nachbarinsel Offersøya zu den Bergen der 7 SCHWESTERN: 7 Gipfel von je ca. 91o-1.o72 m in Kette. Um sie ranken sich viele altnorwegische Sagen von Trollen, die Frauen entführen etc. Wer mit dem Hurtigruten-Schiff entlang der Nordwestküste fährt: faszinierendes Schauspiel, wie aus ständig anderem Blickwinkel die Form der Berggipfel wechselt.

Die RV 17 erreicht die 7 Schwestern an ihrer Südspitze: Breitinden 91o m. Sie ist kleinste der 7 Schwestern und aus diesem Blickwinkel eine recht klobige Dame. Details zu Bergwanderungen siehe übernächste Seite.

ALSTAHAUG: Friedhof, Pfarrhaus und Kirche am Meer. Hier war der Dichter und Pfarrer Peter Dass von 1689 bis zu seinem Tod 17o7 tätig.

Nordnorwegen war damals noch sehr dünn besiedelt. Städte wie Tromsø, Bodø etc. gab es noch nicht, und die ganz wenigen „Siedlungen" bestanden oft nur aus 2 oder 3 Häusern von Fischern oder Bauern. Von daher sind Schilderungen über Landschaft und das Leben der Leute aus dieser Zeit äußerste Rarität. Die ausführlichsten und detailiertesten stammen von Peter Dass, der gerne reiste und seine Erlebnisse zu Papier brachte, - dies nicht selten in Gedichtform.

Im ehemaligem Pfarrhof heute MUSEUM mit Einrichtung (Möbel, Geschirr etc.) des 17./18. Jhds. sowie kleinere Ausstellung zur Region. Geöffnet ca. Mitte Juni bis Mitte Aug. 11- 17 Uhr, sonst nach Vereinbarung Tel.: 75o.635.56, 75o.753.39 oder 75o.75o.oo. Eintritt ca. 3 Euro.

## Kapazität der Autofähren entlang der RV 17

| Strecke | Kapazität | Fähre | Mobilfunk |
|---|---|---|---|
| Lund -> Hofles | 61 Autos | M/F Olav Duun | 951.9o9.3o |
| Gutvik -> Skei (Leka) | 35 Autos | M/F Leka | 743.996.51 |
| Holm -> Vennesund | 5o Autos | M/F Lysingen | 948.944.31 |
| Horn -> Andalsvåg | 58 Autos | M/F Torghatten | 957.37o.51 |
| Horn -> Vega -> Tjøtta | 5o Autos | M/F Torgtind | 957.37o.52 |
| Forvik -> Tjøtta | 4o Autos | M/F Tjøtta | 480.770.10 |
| Leirvika-> Hemnesberget | 34 Autos | M/F Aldra | 482.466.45 |
| Levang -> Nesna | 5o Autos | M/F Petter Dass | 480.77o.14 |
| Sandnessjøen -> Dønna | 72 Autos | M/F Sigrid | 480.77o.15 |
| Stokkvågen -> Lovund | 5o Autos | M/F Lurøy | 97o.561.67 |
| Stokkvågen -> Traena | 3o Autos | M/F Haarek | 482.466.46 |
| Kilboghamn -> Jetvik | 5o/7o | M/F Rødøy | 992.832.34 |
| Ågskardet -> Forøy | k.A. | M/F Bøgøy | 992.832.o5 |
| Vassdalsvik -> Ørnes | 35 Autos | M/F Ornes | 992.832.11 |
| | | M/F Røtinn | 992.832.2o |

Wenn LKW's und Busse an Bord sind: entsprechend geringere PKW- Kapazität. In der Regel sind die Fähren in Größe sowie Abfahrtszeiten so ausgerichtet, daß sie dem Verkehrsaufkommen entsprechen.

Am Fähranleger reiht man sich in die Warteschlange. Entsprechend auch die Reihenfolge der Mitnahme. Eine vorab- Platz Reservierung im Schiff per Mobilfunk (Handy) ist nicht möglich. Wohl aber kann man über die o.g. Nummern erfahren, * Uhrzeit der Abfahrt - und * ob zusätzliche Abfahrt geplant ist. Was der Kapitän der jeweiligen Fähre in der Regel nicht per Handy mitteilen kann: wie groß die Warteschlange am Fähranleger ist. Grund: er pendelt ständig hin und her.

Es empfiehlt sich daher, nicht in letzter Minute den Fähranleger zu erreichen - damit man nicht weit hinten in der Schlange wartet. Außerhalb der Hochsaison reichen in der Regel 5- 1o Min. vor Abfahrt, jedoch keine Garantie. Wenn das Schiff weg ist: die Sache gelassen nehmen. Dann ist man immerhin einer der ersten in der Warteschlange für das nächste Schiff.

Bei entsprechendem Andrang zusätzliche Abfahrten. Dies allerdings nur im Rahmen der Möglichkeiten des Fahrplans: wenn z.B. die Fähre regulär um 17 Uhr, die nächste 18 Uhr fährt - und es auf der Strecke nur 1 Fähre gibt (die für die Fahrt retour 1 Std. benötigt), - kann sie sorry, keine zusätzliche Fahrt einschieben. Hier hilft nur geduldiges Warten in der Schlange am Kai.

Andere Kiste mit „seltenen Abfahrten" (z.B. Stokkvågen -> Lovund, Traena): Wenn hier 2 oder 3 Autos nicht mehr aufs Schiff passen, bleiben sie am Kai stehen. Der Kapitän schiebt dafür keine Extrafahrt ein. In diesem Fall Warterei von vielen Stunden, bzw. am Tag keine Abfahrt mehr.

Die **RV 17 im INTERNET**: www.rv17.no

CAMPING OFFERSØY: an der RV 17 auf der Offersøy Insel mit komfortablen Hütten gegenüber Straße und kleinem „Landhandel“ (Lebensmittel) mit Café. WoMo- Stellplätze am Meer, Bootsverleih, gute Angelmöglichkeiten. Hütte je nach Größe und Ausstattung ca. 5o- 1oo Euro.

BELSVÅG GÅRD & CAMPING: an der RV 17 einsam in der Natur, rund 8oo m entfernt vom Peter Dass Pfarrhaus. WoMo Stellplätze auf Wiesenfläche und Vermietung von einfach ausgestatteten Hütten, ca. 35- 4o Euro.

Kleiner NO-NAME CAMPING direkt am Ende der Landebahn des Sandnessjøen Airports. Da nur selten Propellermaschinen der Wideroe fliegen, keine Lärmbelastung durch Flugbetrieb. Der Camping liegt zwischen Meer und RV 17, insgesamt eine recht einfache Anlage.

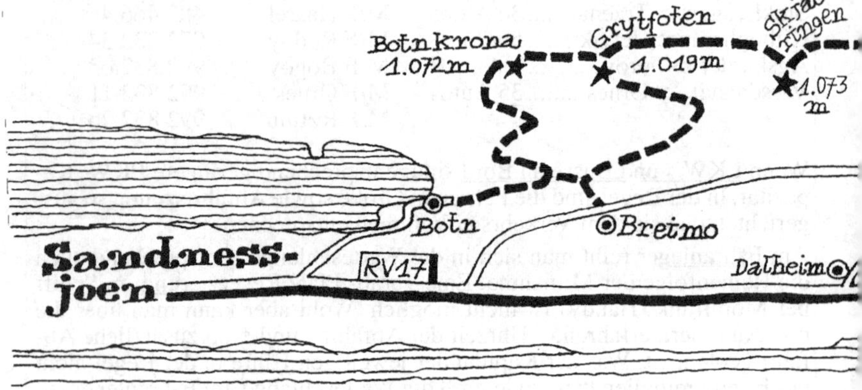


**Die 7 Schwestern**

Bei der Fahrt mit dem Hurtigruten - Schiff wechseln sie je nach Blickrichtung ihre Form. Das Foto ist aufgenommen, als sich das Schiff etwa in der Mitte der Bergkette befand.

Ganz rechts der Breitinden, aus dieser Perspektive flach und breit. Anders dagegen, wenn sich das Schiff an der Südspitze befindet. Der Breitinden aus diesem Blickwinkel ein fast quadratischer Bergklotz.

Auf dem Foto gut zu sehen die ansteigenden Bergmulden zwischen den Gipfeln. Hier führen die Trails rauf, siehe Karte.

7 SCHWESTERN: Besteigung ohne Bergsteigerausrüstung möglich. Elementar ist aber gutes Schuhwerk (Wanderschuhe) mit rutschfesten Profilsohlen sowie absolut windfeste und warme Kleidung. In großer Höhe kalt (1000 m!). Regenschutz. Wer Feuer machen will: eigene Sachen mitbringen. Das Gelände ist sehr steinig, oben praktisch keinerlei Vegetation. Orientierung außer bei Nebelbänken unschwer. Bevor man die Wanderung beginnt, Bescheid geben (z.B. im Campingplatz, Hotel etc.) wohin und wie lang man zu wandern plant. Gegebenenfalls kann dann Suchaktion gestartet werden.

Breitinden (in Karten auch verzeichnet Breitkoven bzw. Stortinden): mit

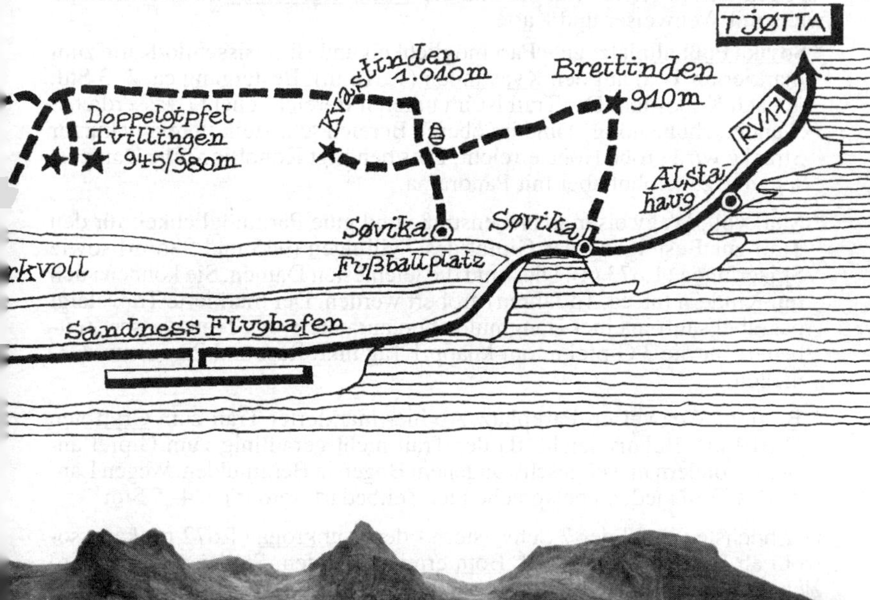

91o m ist er niedrigster der Schwestern. Zugang: kurze Erdpiste ab RV 17 und Søvika. Aufstieg ca. 2 Std. Oben weiter Panoramablick über die flachen Inseln Tjøtta & Co., unzählige Schärenklippen, der Berggipfel der Insel Vega im Süden und Bergketten des Festlandes. Im Westen und Norden flache Inseln sowie die Bergpyramide von Dønna. Die Besteigung des Breitinden ist relativ steil und kostet Kondition, lohnt aber wegen Superblick.

Zugang zu den weiteren 6 Schwestern: etwa 1 km nach Søvika zweigt eine kleine Nebenstraße von der RV 17 ab, ausgeschildert „Seven Sisters", siehe auch unsere Karte. Von ihr sind die 3 Einstiegspunkte zu erreichen, jeweils mit Wegweiser und Karte:

* Søvika Fußballplatz: gute Parkmöglichkeit und Hinweisschild/Karte zum markierten Trail auf den Kvastinden (1.o1o m). Besteigung ca. 2- 3 Std. je nach Kondition. Der Trail ist im unteren Bereich feucht (wasserdichte Wanderschuhe nötig! ) und im oberen Bereich sehr steil. In relativ kurzer Strecke wird große Höhe erreicht. Dies benötigt Kondition. Die Dame ist schwierig, belohnt aber mit Panorama.

* Markvoll: Wegweiser ab Nebenstraße und gute Parkmöglichkeit für den Trail zur Besteigung der Gipfel des Tvillingen (945 und 98o m) sowie Skjaeringen (1.o73 m). Dies sind die leichtesten Damen. Sie können auch mit Kindern (ab ca. 1o Jahren) erobert werden. Der markierte Trail steigt passabel sanft in einer Hangmulde bergan; unterwegs Trinkwasser. Zeitbedarf für die 3 Gipfel retour knapp 1 Tag inkl. Rast und Panorama- Genießen.

* Breimo: Wegweiser, Parkplatz. Ab hier markierter Trail zum Grytfoten (1.o19 m). Relativ leicht, da der Trail nicht geradlinig zum Gipfel ansteigt, sondern in weitgeschwungenem Bogen in Bergmulden. Wegen Länge des Trails jedoch entsprechender Zeitbedarf: retour ca. 4- 5 Std.

Der höchste Gipfel der 7 Schwestern - der Botnkrona (1.o72 m) kann sowohl ab Breimo wie auch ab Botn erreicht werden. Steiler Anstieg, wird zick-zack bewältigt. Besteigung ca. 2 1/2- 3 Std. Die Dame hat ihre Tücken: nach Regenfällen kann man auf ihr übel ausrutschen. Sie belohnt, da am nächsten an Sandnessjoen - mit Stadtblick, weiterhin Leirfjord und riesige Helgelandsbrücke sowie vorgelagerte Inseln.

Die **RV 17** führt gut ausgebaut und relativ geradlinig entlang der N-Westseite der 7 Schwestern und vorbei am Airport nach Sandnessjøen. Insgesamt ab Tjøtta 39 km, Fahrzeit mit eigenem Auto ca. 3/4 Std.

## ★ Sandnessjøen **(ca. 5.75o Einw.)**

Auf einem schmalen Landfinger der Insel Alsta. Das Ortszentrum mit grösseren Hafenanlagen und Fischverarbeitung sowie zwei kurzen Geschäftsstraßen je ca. 3oo m mit Geschäften für den alltägl. Gebrauch wie Kleider, Schuhe, Bäckerei, Lebensmittel. Auch Post und Bank. Dort vorwiegend

Steingebäude, ansonsten erstreckt sich der Ort über eine Hügelkuppe mit vielen Holzhäusern. Keine speziellen Sehenswürdigkeiten.

Tourist INFO Polarsirkelen Riseliv, im Ortszentrum. Infos zum Ort, Bergwanderungen 7 Schwestern sowie zu den vorgelagerten Inseln u.a. Dønna. Tel.: 751.392.oo, Fax: 751.392.o9. Ganzjährig geöffnet. Im Internet: www.arctic-circle.no.

„**Rica Hotel Sandnessjøen**": größeres 3- 4 Stock Betonhaus freistehend oberhalb des Hafens am Beginn der Orts-Hauptstraße. Das Gebäude ist keine architektonische Perle, so doch bestes Hotel im Ort. Im EG Restaurant und Bar. Die 48 Zimmer ordentlich funktional mit Bad und TV. Blick vornraus auf den Hafen (von oberen Stockwerken auch die Spitzkegel der Nachbarinsel Dønna), bzw. seitlich auf den Ort. Ganzjährig geöffnet. Nicht erstbesten Preis akzeptieren, sondern verhandeln. DZ ca. 1oo-15o Euro je nach Auslastung und Saison. Tel.: 75o.65o.oo, Fax: 75o.65o.o1.

„**Sandnes Mat & Vinhus**": im nördl. Ortsteil neben Shell Tankstelle und RV 17, Nähe Helgelands Brücke. Flaches Gebäude mit gemütlicher Cafeteria. 14 Zimmer mit Bad und TV, Motelcharakter. Der Kro ist gut von Fernfahrern besucht. DZ ca. 85- 1oo Euro je nach Auslastung. Tel.: 75o.44o.11, Fax: 75o.438.3o.

„**Sandnes Overnatting**": Privatpension in der Hårfagresgt. 35. Wenige Zimmer ca. 4o-5o Euro. Tel.: 75o.41o.29.

„SANDNES REST.": im Ortszentrum. Gemütlich mit Bar, Holzdeko und Segelschiffmodell eines Nordlandbootes. Internat. und norweg. Küche, mittlere bis gehobene Preise.

„HENDRIKSENS GATEKJØKKEN": an der RV 17 Nähe Fähranleger. Kleine Snacks, beliebt bei Fernfahrern und Urlaubern.

„SJØBODEN PIZZA" am Hafen, Havnegata. Einfach eingerichtet, preiswert. Direkt am Wasser, hier auch Scampi Verkauf.

„ERIKSON CAFE/BÄCKEREI": Brot, Kuchen, mittags auch kleinere, warme Gerichte wie „Bifesnadder".

TANKSTELLE: Shell, im nördl. Ortsbereich an der RV 17 Nähe Helgelands Brücke.

## Verbindungen ab Sandnessjøen

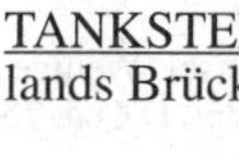

**BUS**: Südroute RV 17 nach -> Brønnøysund 4 mal tägl., am Wochenende reduzierter Betrieb, Fahrzeit 3 Std. Weiter nach -> Namsos (via Høylandet): 4 mal tägl., am Wochenende 1-2 mal, Fahrzeit plus ca. 6 1/2 Std. Nach -> Mosjøen an der E 6: tägl. 6 mal, am Wochenende 1- 2 mal tägl., Fahrzeit 1 3/4 Std.

**SCHIFF**: HURTIGRUTEN 1 mal tägl.-> Brønnøysund, Fahrzeit 4 Std. Zwar ist der Bus schneller, die Hurtigruten jedoch landschaftlich schön entlang der 7 Schwestern. Gemäß derzeitigem Fahrplan der Hurtigruten sollte man die Strecke in Ri.

Nord-> Süd fahren, d.h. Sandnessjøen-> Brønnøysund, da zivile Abfahrt tagsüber. In Gegenrichtung fährt Hurtigruten nachts. Im Sommer mit permanentem Licht kein Nachteil, aber unbequeme Abfahrt 1 Uhr nachts. Die 7 Schwestern erreicht man gegen 3 Uhr nachts.

AUTOFÄHRE: ab Sandnessjoen-> Insel Dønna: tägl. ca. 1o mal, am Wochenende ca. 4 mal. Überfahrt 2o Min. PKW und 2 Personen ca. 15 Euro. Nach -> Insel Herøy: tägl. ca. 1o mal, am Wochenende ca. 4- 6 mal. Fahrzeit 45 Min. Weiter nach Insel Austbø: tägl. 1- 3 mal. Fahrzeit bis Herøy 3/4 Std., bis Austbø 1 1/4 Std. PKW mit 2 Pers. ca. 18 Euro einfach.

SCHNELLBOOTE (nur Personentransport): -> Brønnøysund: 1 mal/Woche direkt, 2 Std. Mit Umsteigen auf der Insel Vega 1- 2 mal tägl., Anschluß prüfen! - Nach -> Bodø (via Nesna, Ornes): 1 mal tägl. außer Sa., So. Superstrecke! Fahrzeit 4 1/2 - 5 Std., somit schneller als der Bus. - Nach -> Inseln Lovund, Traena (NW- vorgelagert Sandnessjøen): 1 mal tägl., weitere Verbindungen ab Stokkvågen/ RV 17, Details dort.

**FLUG**: Flughafen ca. 7 km südl. von Sandnessjøen an der RV 17 und Küste unterhalb der „7 Schwestern". Modernes, aber sehr kleines Airportgebäude. Regionalflüge der Wideroe nach -> Bodø (1-3 mal tägl., 35 Min.). Nach-> Brønnøysund (3 mal tägl. außer Sa., 15 Min.). Nach Trondheim: 2-4 mal tägl., 8o Min. Nach -> Mosjoen an der E 6: 1- 2 mal tägl., 2o Min. - Andere Verbindungen mit Umsteigen in Bodø oder Trondheim.

**INSEL DØNNA**: nordwestlich vorgelagert Sandnessjøen. Autofähre ca. 1o mal tägl. (Wochenende ca. 4 mal tägl.) zum Inselhauptort BERFJORD (in Karten auch verzeichnet BJØRN) Ob sich der Abstecher lohnt, ist persönliche Entscheidungsfrage. Die Überfahrt dauert 3o Min. Kostenpunkt: retour ca. 3o Euro für PKW und 2 Personen.

Langgestreckte Insel, 193 qkm. Im Süden hohe Gebirgsgipfel von 736 m / 858 m, der zentrale Inselbereich mit Meeresarmen, Seen und Bergen bis ca. 38o m, der nördliche Bereich eher flach. Eine Inselstraße verbindet den äußersten Norden mit Fährhafen und der Südspitze der Insel.

„**Dønnes Gård og Overnatting**": an der Nordspitze der Insel. Wenige, aber gemütliche Zimmer. Geöffnet Anfang Mai bis Ende Sept. DZ ca. 75 Euro. Tel.: 75o.556.15, Fax: 75o.556.15.

„**Vangstua Verthus**": an der Nordspitze. Gasthof mit Pub im EG und wenigen Zimmern im OG, ganzjährig geöffnet. DZ ca. 85 Euro. Tel.: 75o.549.3o, Fax: 75o.549.3o.

„**Brygga**": in Berfjord, dem Fährhafen. Ferienwohnungen mit TV, Bad und Kochgelegenheit direkt am Fähranleger. DZ ca. 8o Euro. Tel.: 75o.536.85, Fax: 75o.421.68.

Aktivitäten auf der Insel Dønna: relaxen, Meeresluft schnuppern, Angeln und im Süden Besteigung der Inselgipfel. Infos: TI Sandnessjøen.

**INSEL HERØY**: direkt anschließend der Südspitze von Dønna, zu erreichen dort über eine Brücke, bzw. ab Sandnessjøen. Die Hauptinsel Herøy absolut flach, ebenso eine Vielzahl weiterer Inselchen bis Felsklippen im Archipel. Eldorado für Meeresangler. Infos: TI Sandnessjoen.

„**Herøy Hotell Skipperstua**" („Herøy Brygge"): im Hauptort Herøy. Gutes Restaurant im EG mit insbes. preiswerten Lachsspezializtäten. DZ ca. 9o Euro, Tel.: 75o.585.98, 75o.585.oo, Fax: 75o.584.42.

„**Høgtun Sjøcamping**": Herøy. Vermietung von Hütten am Meer mit 2 Bett. Eigener Kai für Angler, Bootsvermietung sowie Raum zum Filettieren und Gefrieren von Fischen. Hütten ca. 7o Euro. Tel.: 75o. 583.1o., Fax: 75o.586.7o.

**Sandnessjøen -> Mosjøen**: Querverbindung zur E 6, eine teils schmale und kurvenreiche Asphaltstraße, ca. 72 km. Fahrzeit mit eigenem Auto rund 1 3/4 Std., häufig Busverbindung.

Der erste Teil bis LEIRA (ca. 25 km) siehe Routenbeschreibung „RV 17/ Vierter Abschnitt". Ab Leira (in Karten auch verzeichnet „Leirosen" bzw. „Leirfjord") die RV 78 via Inland, später als mittelbreite Straße kurvenreich am Vefsnfjord entlang mit mehreren grob in den Fels gehauenen Tunneln. Mosjøen wird im nördl. Stadtbereich erreicht bei dortiger großer Esso und Shell Tankstelle. - Eine Querverbindung, die Zeit benötigt. In den Herbstmonaten vor Winterbeginn Vorsicht: erhebliche Glatteisgefahr!

## RV 17/ Vierter Abschnitt Sandnessjøen -> Bodø

*Rund 33o km zuzügl. 3 Fähren. Zeitbedarf mit eigenem Auto gut 3/4 Tag, - so doch schönster und abwechslungsreichster Abschnitt der RV 17!*

ACHTUNG: rechtzeitig in Sandnessjøen tanken, wer abends und/oder am Wochenende fährt. Es gibt auf den rund 33o km mehrere Tankstellen. Sie schließen werktags früh am Spätnachmittag oder frühen Abend, sind Sa. oft am Nachmittag zu, dito kompletter Sonntag.

Ab Sandnessjøen und dortigen Tankstellen der RV 17 beginnt ein Damm, der raus in den Botnfjord führt und weiter zur gigantischen HELGELANDS- BRÜCKE: aufgehängt an Stahlseilen und 2 Türmen von je ca. 14o m Höhe überquert sie den Leirfjord. Ihre Länge 1.o73 m, Höhe der Straße über Meer ca. 45 m, eröffnet 1991.

Auch die Baukosten waren gigantisch. Es gab damals kritische Stimmen, wieso der norweg. Staat eine derart hohe Investition für das kleine Sandnessjøen tätigte.

GEBÜHR: PKW mit oder ohne Anhänger sowie unabhängig Länge ca. 13 Euro.

HELGELAND-BRÜCKE
Im Hintergrund zwischen Pfeilern ganz klein Auto (Scheinwerfer) Größenvergl.

Öfters wird moniert, der Brückenzoll sei teuer. Es ist zu berücksichtigen, daß die frühere Fähre über den Fjord in etwa den gleichen Preis kostete. Per Brücke geht die Überquerung schneller, zumal man nicht auf Abfahrt einer Fähre warten muß.

Die <u>Überquerung der Brücke</u> vorsichtig und mit reduzierter Geschwindigkeit. Es kann starke Winde geben. Der Brückenzoll wird an Mauthäuschen nach Überquerung der Brücke kassiert.

„**<u>Hotel Helgeland</u>**“: Nähe Helgeland Brücke und Abzweiger beim Mauthäuschen. Das moderne Gebäude 2 Stock in U- Winkel mit komfortabelen Zimmern. Weiterhin Camphütten mit Schlafzimmer, Küche, Bad und Wohnzimmer ca. 3oo m vom Hotel am Meer. Die Alternative für Selbstverpfleger. Preis je nach Ausstattung und Saison ca. 9o- 13o Euro. Tel.:75o.5oo.4o.

„**<u>Leirosen Overnatting</u>**“: im Ort Leira (=Leirosen). Einfach ausgestattete und billige Zimmer. DZ ca. 4o Euro. Tel.: 75o.481.o8, Fax: 75o.482.oo.

Weiter auf relativ geradliniger RV 17 bis <u>LELAND</u> (mehrere große Supermärkte sowie kleines Heimatmuseum) nach <u>LEIRA</u> (=Leirfjord, Leirosen) mit Texaco Tankstelle und Übernachtung. Im Ort Abzweigung: rechts nach Mosjøen an der E 6, links in 1o km zum Fähranleger in <u>LEVANG</u>:

<u>Levang -> Nesna</u>: Autofähre tägl. zwischen ca. 6 und 2o Uhr ca. 1o- 13 mal. In der Zeit Juni - Ende August zusätzliche Abfahrten (u.a. nach 2o Uhr): tägl. insges. ca. 14- 2o mal. Überfahrt ca. 20 Min. PKW mit 2 Personen ca. 13 Euro.

**NESNA**: größere Siedlung auf einer Küstenebene unterhalb hoher Berge. Der Ort mit knapp 1.ooo Einwohnern ist Schiffsanleger der Hurtigruten. Pädagogische Hochschule, Supermarkt, Bank, Werkstatt und großer Sportboothafen. Die Shell Tankstelle direkt beim Fähranleger

In der Schule (modernes 2-Stockgebäude in L- Winkel und Ortszentrum) kleines <u>Heimatmuseum</u>. Ganzjährig geöffnet, derzeit Mo. und Mi. 11- 15 Uhr. Eintritt ca. 2 Euro.

<u>NESNA FERIESENTER OG MOTELL</u>: beim Sportboothafen. Ebene Fläche am Fjord. Stellplätze für Wohnmobile sowie 28 Hütten. Ganzjährig geöffnet. Preise pro Hütte unterschiedlich ihrer Größe und Ausstattung ca. 5o- 12o Euro. Das „Feriesenter“ fungiert auch als <u>Nesna- Touristbüro</u>: Tel.: 75o.565.4o, Fax: 75o.566.97.

<u>LITLEHAUG STAUDEN- und KRÄUTERGARTEN</u>: auf der vorgelagerten Nachbarinsel Hugla. Rund 1.ooo Pflanzen, auch solche, die medizinischen Zwecken dienen, weiterhin essbare Pflanzen etc. Tipp für Flora- Fans. Besuch nur Mitte Juni bis Mitte Aug. nach vorheriger Vereinbarung, Tel.: 75o.577.13, Fax: 75o.577.9o. Besuch mit Führung ca. 2o Euro.

**Nesna -> Mo I Rana/E 6**: gut ausgebaute Landstraße, 66 km, Fahrzeit mit eigenem Auto rund 1 1/2 Std. Im ersten Abschnitt identisch RV 17 bis Abzweiger Utskarpen. Ab hier weiter auf der RV 12 zum Ranafjord und der für nordische Verhältnisse „Großstadt“ MO. Dort Tankstellen 24 Std. geöffnet, gute Einkaufsmöglichkeiten, Unterkunft etc. Ab Mo I Rana Querverbindung nach Nordschweden und Küste (der „Blå Vegen“). Weitere Details siehe Mo I Rana in diesem Band sowie im VELBINGER Band 18 „Schweden“.

## Tankstellen entlang der RV 17

Relativ dichtes Netz. Problem sind weniger die Anzahl der Tankstellen, sondern ihre Öffnungszeiten. Wer am Wochenende fährt, und/oder nachts, sollte rechtzeitig tanken! In der Regel kleinere Tankstellen, die an Werktagen teils bereits 18/2o Uhr schließen (andere 22/23 Uhr). Am Sa. oft nur bis Mittag geöffnet und So./Feiertag zu.

**RV 17/ erster Abschnitt Steinkjer -> Namsos**
in Steinkjer 24 Std., - Namsdaleid, - Spillum (kurz vor Ortszentrum Namsos) - Namsos 24 Std.

**RV 17/ zweiter Abschnitt Namsos -> Brønnøysund**
in Overhalla, - Høylandet, - Foldereid, - (Kolvereid, - Rørvik/Insel Vikna), - Bogen, - Brindalseidet, - (sowie Terråk und Leka/Insel Leka), - Vik, - Berg, - Brønnøysund. Achtung: auf der Alternativstrecke RV 788 von Namsos -> Kolvereid keine Tankstelle bis Kolvereid.

**RV 17/ dritter Abschnitt Brønnøysund -> Sandnessjøen**
derzeit nach Brønnøysund keine Tankstelle bis Tjøtta, die dortige schließt bereits am Spätnachmittag, ist am Sa. bereits gegen Mittag zu sowie So. ganztägig. Nächste Tankstellen erst in Sandnessjoen (24 Std.?, ansonsten 1oo km nach Mosjøen/E 6. Dort 24 Std.).

**RV 17/ vierter Abschnitt Sandnessjøen -> Bodø**
in Leira, Levang, - Nesna, - (notfalls 35 km ab Nesna nach Mo I Rana an der E 6, dort Tankstellen 24 Std.), - Brattland, - Kilboghamn, - Jetvik, - Halsa, - Glomfjord, - Ornes, - (sowie auf vorgelagerter Insel Meløy), - Reipa, - Inndyr (ca. 4 km von der RV 17 und Sandhornø), - Nygdalsjoen, - Saltstraumen - Bodø (24 Std.).

Die Tankstellen führen auch kleinere Reperaturen durch: Reifen bis xy, sofern Ersatzteile vorhanden. Weiterhin in kleinem Umfang Lebensmittel und Getränke.

**Nesna -> Kilboghamn (-> Bodø)**: Ab Nesna die RV 17 in rund 9o km zum nächsten Fährhafen Kilboghamn. Die Straße zunächst am Lilesjoenfjord entlang zum SJONFJELLET. Hier ist der höchste Punkt der Straße erreicht, 35o m. Schöner Blick auf Fjord und am Horizont die Inseln Lovund und Trena, - kurzer Tunnel. Weiter nach UTSKARPEN, einer kleinen Siedlung am gleichnamigem Fjord und 3o km Strecke seit Nesna. Hier zweigt die RV 12 ab nach Mo I Rana, bzw. links die **RV 17**:

bei der Abzweigung eine Talebene mit Wiesen. Dann langer Flugstad Tunnel (1.8oo m). Er kürzt eine Bergnase ab und führt zum Nordsjonafjord. Kurzer Førnes Tunnel (15o m) und weiter am langgestreckten Sjonafjord. Die Straße relativ schmal, aber passabel geradlinig. Karge Steinlandschaften und steile Berghänge rauf 1.ooo m mit Felskuppen-Platten.

Silatunnel (2.78o m!), unterquert den knapp 7oo m hohen Brensla und führt an eine karg-steinige Meeresbucht, die umrundet wird. Kahle Felslandschaften, teils Moos überwachsen, Strauchwerk und vereinzelte Bäume, später auch kleine Wäldchen.

**STOKKVÅGEN**: 35 km ab Abzweiger Utskarpen. Fähranleger in umliegender Einsamkeit der Natur an kleiner Bucht. Riesige LKW-Reifen am Kai schützen die Fähre, sollte das Wetter stürmisch sein. Ein Minihäuschen für die Tickets, seitlich das Ulrikkes Café in kleinem Holzhaus. Der Fähranleger ist Ausgangspunkt für Trips zu den:

**INSELN SOLVAER, LOVUND und TRAENA**
Der Festlandsküste vorgelagert rund 2o- 5o km im Nordatlantik. Inseln, auf denen die Einsamkeit dominiert. Kaum Einwohner, einzige Abwechslung das Bier im Insel- Kro. Je nach Wetter starke Winde vom Atlantik. Andererseits teils großartige Gebirgskulisse insbes. der Insel Traena.

Wer sich auf den Abstecher einläßt, sollte vorab klären, ob am selben Tag Rückfahrt möglich ist. Andernfalls hängt man auf der jeweiligen Insel fest, dort nur wenige Betten pro Insel. Vorreservierung empfehlenswert.

INSEL SOLVAER: absolut flach. Insel der Fischer mit Unzahl an Inselchen und Felsklippen im Meer.

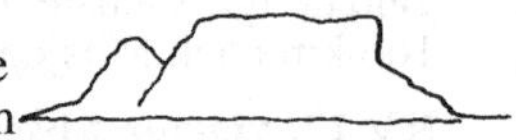

INSEL LOVUND: riesiger Bergklotz im Meer, Höhe 625 m mit Nistkolonie der Papageientauchervögel im Nordwesten des Berges, zu erreichen über einen Trail ab Insel-Hauptort. Letzterer (ca. 28o E.) liegt im NO der Insel mit wenigen Häusern, Bank, Post, Unterkunft, Fähranleger und Lebensmittelgeschäft.

INSEL TRAENA: rund 5o km der Festlandsküste vorgelagert im Atlantik. Kleine Siedlung auf der Insel Husøya mit Fähranleger, wenigen Häusern und limmitierter Unterkunft. Knapp 1 km entfernt und durch einen schmalen Meeresarm getrennt die Insel Traena.

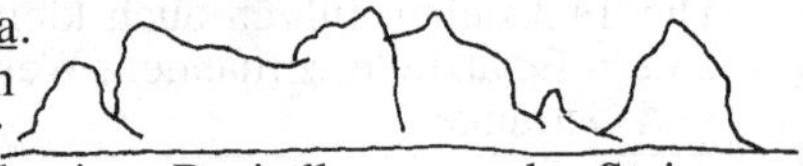

Sie ist umrahmt von Flachland, aus dem abrupt eine Gebirgslandschaft schroffer Felsen emporsteigt. Auf der Insel Funde einer Besiedlung aus der Steinzeit. Husøya ein für die abgeschiedene Lage relativ großer Ort mit Hafen, Lebensmittelgeschäft, Kirche und Fischverarbeitungsfabrik.

„**Traena Rorbuferie**“: Insel Husøya neben Traena, 11 Hütten für Hobby-Angler. Ganzjährig geöffnet. Preis je nach Größe der Hütte und Ausstattung ca. 75- 95 Euro. Tel.: 75o.953.8o, Fax: 75o.951.11.

„**Traena Gjestegård**“: Insel Husøya neben Traena. 2o einfach eingerichtete Zimmer. Im Haus auch kleiner Restaurantbetrieb. Ganzjährig geöffnet. DZ ca. 65 Euro. Tel.: 75o.952.28, Fax: 75o.952.29.

„**Lovund Rorbu Hotell**“: Insel Lovund. Die gepflegte Anlage mit 13 Hütten liegt auf einem kleinen Inselchen, das per kurzem Damm mit der Hauptinsel verbunden ist. Der Besitzer gibt sich viel Mühe, den Gästen (vorwiegend Angler) den Urlaub angenehm zu machen. Vermietung von Ruder- und Motorbooten, eigener Anlegesteg, Filetier- und Kühlraum. Ganzjährig geöffnet. Preis je nach Größe der Hütte ca. 9o- 12o Euro, Sommerpreis ca. 65- 95 Euro. Tel.: 75o.945.32, Fax: 75o.946.5o. www.lovund.net

Das Lovund Roru Hotell fungiert auch als Tourist Information der Insel. Auskunft zu Wanderungen am Meer, übers Fjell und zu den Nistplätzen der Papageientaucher Vögel. Letztere rund 1,5 km vom Hafen entfernt. Im Hauptort zudem kleines Heimatmuseum.

„**Lunderøya Ferie**“: Insel Solvaer, im Hauptort Sleneset. 3 Zimmer, geöffnet nur Anfang Mai - Ende August. DZ je nach Ausstattung (teils mit eigener Kochgelegenheit) ca. 65-13o Euro. Tel.: 75o.943.56, Fax: 75o.943.31.

„**Sleneset Rorbu Ferie**“: Insel Solvaer, im Hauptort Sleneset. 4 Rorbu- Hütten, geöffnet ganzjährig. Hütte ca. 65 Euro. Tel.: 75o.941.64.

„**Fjaerkroa**“: Insel Solvaer, im Hauptort Sleneset. Das Kro (Essen und Bar/Treff) am Hafen vermietet zugleich 3 einfach eingerichtete Zimmer. Ganzjährig geöffnet. DZ ca. 65 Euro. Tel.: 75o.943.1o, Fax: 75o.943.1o.

„**Sommarauken**“: Insel Solvaer, im Hauptort Sleneset. 6 Zimmer, geöffnet nur Anfang Mai bis Sept. DZ ca. 6o- 75 Euro. Tel.: 75o.954.51 und 948.92.3o6.

Ab Fähranleger Stokkvågen/RV 17 die sogen. *„Traena- Route“*: Sie führt raus in den Nordatlantik zu den o.g. Inseln. Wegen der großen Entfernung (bis Traena retour ca. 1oo km) ist das Schnellboot die auf den ersten Blick bessere Wahl, zumal die Mitnahme des Autos definitiv nicht lohnt: auf den Inseln gibt es fast keine Straßen.

SCHNELLBOOT (kein Autotransport): im Sommer 1-2 mal tägl., Fahrzeit bis Lovund ca. 1 Std., bis Traena ca. 2 Std. - Nach/von Sandnessjøen jeweils + 1 Std., die Strecke geht via Nesna. - Nach Sleneset/Insel Solvaer: Fahrzeit abhängig der Route. - Achtung: nach derzeitigem Fahrplan gibt es von Lovund bzw. Traena keine Rückfahrt am selben Tag. Man ist somit gezwungen, auf der Insel zu übernachten - und Unterkünfte sind dort rar.

Achtung: die Überfahrt mit dem Schnellboot kann sehr bewegt sein, da weite Strecke über offenen Atlantik. Bei zu starkem Seegang wird der Verkehr eingestellt, bis das Wetter sich bessert. Das kann 1 Tag dauern, oder mehr...

AUTOFÄHRE: 1 mal tägl. außer Sa./So. Fahrzeit bis Lovund ca. 3 Std., bis Traena ca. 4 1/2 Std. PKW- Mitnahme lohnt nicht, da auf den Inseln kaum Straßen. Die Fähre dient vorwiegend zum LKW- Transport von Lebensmitteln, Getränke- und Bierkisten bis Gebrauchsgütern, um die Inselgruppe zu versorgen. Nach derzeitigem Fahrplan keine Rückfahrt am selben Tag. Auch bei der Fähre kann die Überfahrt sehr bewegt sein; Einstellung des Fährbetriebs bei Schlechtwetter. Das Fährschiff ist jedoch weniger anfällig betr. Seegang; d.h. Storno von Abfahrten etwas seltener als beim Schnellboot.

**Weiter auf der RV 17**: ab Stokkvågen großartige Strecke am Fjord Aldersundet mit hohen und teils bizarren Felszacken von Berggipfeln.

„**Aldersund Turistanlegg**": Café, Motel und Hütten an einem ansteigendem Grashang an der RV 17. Superlage mit Blick auf Fjord und Bergbrocken der gegenüberliegenden Insel Aldra. Gemütliches Café/Restaurant sowie gut 1 Dutzend komfortable Hütten mit kleinen Balkons. Dahinter wenige Zimmer im Motelbereich. Grüne Wiese und auf kleinen Grasplateaus Stellplätze für Wohnmobile mit Stromanschluß bzw. Zelte gegen Vermietung. Übernachtungstipp, da schöne Lage und zudem preisgünstig: DZ ca. 75 Euro, Hütten mit 2 Betten ca. 40 Euro. Tel.: 750.932.38.

AS/ALDERSUND: Häuser weit verstreut am Hang, kleines Lebensmittelgeschäft und Minihafen für Fischerboote. Beachte anschließend den Berg rechts der RV 17, den die Einheimischen mit einer Frau vergleichen: unten 2 Beine, anschließend die Vagina und bemooster Bauch, darüber sehr spitzer Busen... BRATTLAND geht über in vorgenannten Siedlungsbereich, Statoil Tankstelle und:

OMEGA NAVIGASJONSTASJON: an der RV 17. Ein Hinweisschild berichtet: „Europas längste, freigespannte Antenne". Sie ist quer über den Fjord gespannt, rüber zum Gipfel Aldertind (736 m) auf der Insel Aldra. Länge der Antenne freihängend über Fjord 3,6 km!

Zu Zeiten, als es noch nicht das weltweit umspannende GPS- Satelliten Navigationssystem gab, war die nordnorweg. Omega- Station wichtig zur Positionsbestimmung für Schiffe und Flugzeuge. Sie war Glied eines weltumspannenden Netzes mit weiteren Stationen auf u.a. Hawaii, North Dakota, Argentinien, La Reunion, Australien und Neuseeland. Die einzelnen Stationen standen untereinander in Funkkontakt. Zeiten, die heute passée sind wegen erheblich präziserer GPS- Satelliten.

Rund 2 km nördl. von Brattland verläßt die RV 17 den Fjord und steigt zu einem Bergsattel rauf. Oben großartiger Blick auf den tief eingeschnittenen Fjord. Anschließend entlang eines Sees. Abzweiger li.: -> Tonnes (Unterkunft, Tankstelle und Fähranleger zu vorgelagerten Inseln Hestmona und Nesøya) - bzw. geradeaus: -> FÄHRANLEGER KILBOGHAMN.

Kilboghamn -> Jetvik: Autofähre tägl. ca. 7- 10 mal, Sa./So. ca. 4- 6 mal, bei Bedarf häufiger. Überfahrt 1 Std., PKW und 2 Personen ca. 22 Euro. Der Fähranleger Kilboghamn besteht praktisch nur aus 2 kleinen Häuschen. Das eine zur Abwicklung des Fährbetriebs, das andere mit Snacks und Kaffee. Sehr klares Wasser im Fjord. - Ausgesprochen schöne Überfahrt durch Fjordarme mit Blick. Moderne und große Fähre. Oben Kaffee und Kuchen sowie warmes Gericht (mit ca. 12 Euro billig). Blick tief in den Melfjord zwischen knapp 1.000 m hohen Bergen - sowie Ri. West zu vorgelagerten Inseln. Die Zeit der Überfahrt vergeht schnell.

JETVIK: besteht praktisch nur aus dem Fähranleger, wenigen Häusern, Tankstelle (Achtung, schließt früh!) und Unterkunft. Ab Jetvik 28 km zur nächsten Fähre Ågskardet. Die PKW rasen, da der Anschluß sehr knapp

MOSKENES/LOFOTEN
BODØ
FAUSKE, NARVIK
Tromsø
Kirkenes
Trondheim
Oslo
Saltstraumen
Mårnes
Sørarnøy
RV17
ROGNAN
GILDESKAL
Horsdal
Beiarn
Sund
Kjelling
Inndyr
Kjøpstad
Beiarn
Osbakk
Mevik
Skaugvoll
Småtinden
Støtt
Storvik
Sundsfjord
Reipå
Langvatnet
MELØY
Ørnes
Beiardalen
Meløy
Bolga
Vassdalsv.
RV17
Glomfjord
Gråtådalen
Åmnes
Engavågen
SVARTIS TUNNEL
Vågaholmen
Forøy
Halsa
RV17
Svartisen
Ågskardet
1
Svartisen West
Svartisen Ost
LOVUND, TRAENA, SOLVAER
Jektvik
Nordfjord
Melfjord
Melfjordbotn
Blakkådalen
Kilboghamn
Grantand
2
FAUSKE NARVIK BODØ
Tonnes
Grønli
Grotta
Langvatnet
Brattland
Aldra
Omega
Aldersund
Airport
Stokkvågen
MO I RANA
RV17
E6
Utskarpen
RV12
ANSCHLUSS S. 341
MOSJØEN
N
MVE/PZ.
NESNA S. 352

bemessen ist. Schade für die schöne Strecke. Für Stopps bleibt kaum Zeit. Wenn möglich, die nächste Fähre nehmen.

„**Sjåvik Overnatting**": ca. 1,2 km vom Fähranleger Jetvik an der RV 17 Richtung Askardet, Hinweisschild an der Straße, plus 6oo m. Pro Bett ca. 3o Euro. Tel.: 75o.976.16, Fax: 75o.961.14.

„**Tjongsfjord Gjestegård**": am Tjongsfjord, Abzweiger von der RV 17 in Tjong (Hinweisschild) und ca. 5 km Richtung Vågaholmen. Im Erdgeschoß Restaurant und Pub, es gibt einen Trimmraum und Solarium, Bootsverleih, Aufbereitungsraum für Fische. Vermietung von Zimmern DZ 65- 75 Euro. Tel.: 75o.983.6o, Fax: 75o.983.41.

JETVIK -> ÅGSKARDET: die 28 km zwischen den beiden Fährhäfen wurde in den 9o-ern gebaut, spart Fahrzeit. 3 Tunnel: der Kistetunnel (4oo m), der lange Straudamtunnel (3,2 km) sowie ein dritter kürzerer Tunnel. Wilde Küstenlandschaft, hohe Berge in vielfachen Formen. Runde Klötze, gezackte Rücken, aber auch schmale Fjordarme und flache Küstenklippen. Nach Tjong am Tjongfjord dichtere Besiedlung bis Ågskardet. Die RV 17 führt in einem Tal mit Strauchwerk, Birken, Tannen und kleinerem See nordwärts zum Fähranleger:

Ågskardet -> Forøy: Autofähre, werktags (Mo.- Fr.) ca. 2o mal tägl., somit kein Problem, zumal die Fähre relativ groß ist. Achtung: am Wochenende ca. 8 mal tägl. Abfahrten. Flotte Überfahrt von nur 1o Min. PKW mit 2 Pers. ca. 1o Euro.

**FORØY/HALSA**: langgestreckter Doppelort am Arhaugfjord. Besteht aus dem Fähranleger Forøy mit kleinem Supermarkt, Bank, Unterkunft - und Halsa mit Unterkunft, Tankstelle, Geschäften und Siedlungsbereich.

„**Halsa Gjestegård**": am Fähranleger links (West) rund 1 km. Langgestrecktes 3 Stockgebäude. Die Zimmer o.k., aber Blick nicht immer toll (u.a. auf eine Fabrik). Geöffnet Mitte Mai bis Mitte Aug. DZ je nach Auslastung ca. 6o- 85 Euro. Tel.: 757.5o6.77, Fax: 757.5o8.81.

„**Grønåsen Overnatting**": im Ortsteil Halsa, einfache Herberge, das DZ ca. 4o Euro. Tel.: 757.5o3.78, Fax: 757.5o3.55.

FORØY CAMPING: ab Fähranleger links (West), ca. 5oo m. Komfortable Anlage mit Sanitäranlagen, Küche, Waschraum, Kinderspielplatz. Stellplatz für 35 WoMos mit Stromanschluß, Sehr ordentlich. Vermietung von 4 größeren und 5 kleineren Hütten an Wiesenfläche. Preis ca. 5o- 85 Euro. Tel.: 757.5o5.25, Fax: 757.5o3.36.

**BRASET/HOLAND**: rund 12 bzw. 15 km ab Forøy/Halsa an der RV 17 Ri. Ost. Seitlich der Straße großer Parkplatz mit Infotafel. Unterhalb Bootssteg für Abfahrten zum SVARTISEN GLETSCHER.

Es ist der zweitgrößte Gletscher Norwegens, Fläche 35o qkm. Ab Braset bzw. Holand wird die Gletscherzunge Engenbreen erreicht. Sie liegt im westl. Teil des Svartisen und hat sich seit Ende des 19. Jhds. wegen weltweiter Klimaerwärmung erheblich zurückgezogen. Trotzdem sind die Gletschermassen des Engenbreen sehenswert. Sie ziehen sich in einem Taleinschnitt zwischen den Berggipfeln Midnattsoltinden (1.o89 m) und Møsbruntuva (1.127 m) runter zu einem kleinen See. Noch 1892 (siehe Foto unten) reichte die Gletscherzunge bis zum See, in

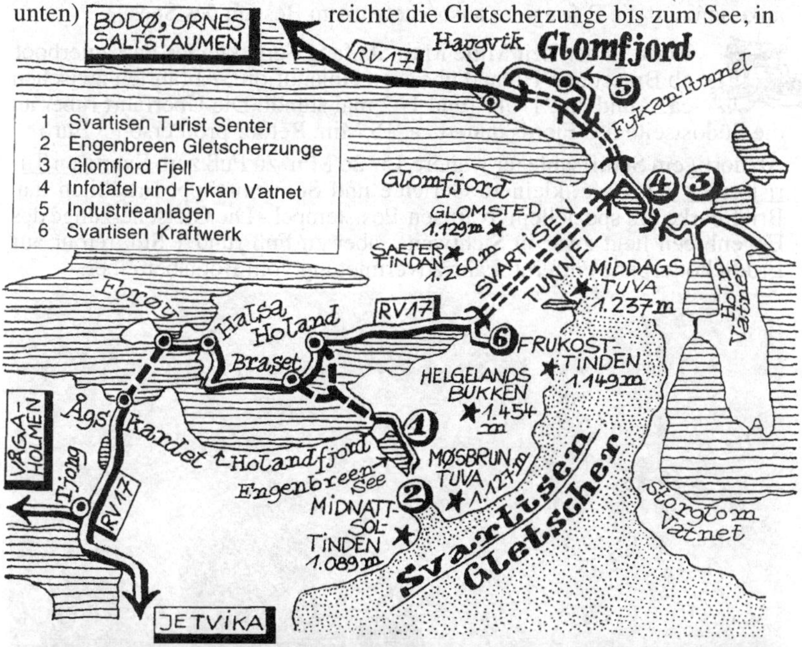

SVARTISEN, Gletscherzunge Engenbreen. Foto 1892. Damals reichte sie bis zum See. Heute hat sie sich weit zurückgezogen wegen weltweiter Klimaerwärmung.

den das Eis kalbte. Die Eisbrocken schwammen im See, der einen Ausfluß zum Holandfjord besitzt. Das Naturschauspiel wurde noch bis in die 3o-er Jahre des 2o. Jhds. von Kreuzfahrtschiffen besucht, die im Holandfjord ankerten und die Passagiere ausbooteten zum Besuch des Sees.

**Boot**: in der Zeit Mitte Mai - Anfang Sept. kleines Passagierboot ab Braset und Holand über den Holandfjord. Abfahrten zwischen ca. 8 und 2o/21 Uhr rund 1- 2 mal stündl. Die Überfahrt rüber an die Südostseite des Fjords dauert ca. 15 Min. Retour pro Person 5 Euro.

Ab dortigem Schiffsanleger weitere 15- 2o Min. zu Fuß zum Svartisen Turistsenter (1): Café, kleinere Gerichte und Souvenirshop. Erhältlich u.a. Briefmarke mit speziellem Svartisen-Poststempel.- Die Gletscherzunge des Engenbreen liegt zwar in Sichtweite, aber zu Fuß rund 1 Std. retour auf Erd/Schotterpiste entfernt. Fahrradvermietung vom Bootsbetreiber.

ENGENBREEN-GLETSCHERZUNGE: Ausflugsgruppe 1892 am Gletscherrand und kleiner Eishöhle.

Ob sich heute die (leichte) Wanderung bis zum Gletscherrand lohnt, ist Entscheidungsfrage auch der Zeit. Zu sehen: kärgliche Eisreste, zudem nicht selten an der Oberfläche grau durch Ablagerung dessen, was die Industriegebiete Europas an Luftverschmutzung heranwehen.

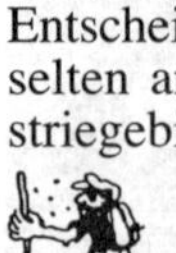

Markierter Trail ab NO- Ende des Sees am Hang des Helgelandsbukken zur DNT- Hütte „Tåkeheimen“ in ca. 1.ooo m Hüte mit 15 Schlafplätzen. Sie ist Ausgangspunkt für Gletschertouren. Allerdings Achtung: entsprechende Ausrüstung nötig und wegen Gletscherspalten, die u.U. durch Schneewehen verdeckt sind, nicht ungefährlich. Wer Touren plant, sollte sich einem erfahrenen Führer anvertrauen. Vermittlung durchs TI Glomfjord, Details dort. - Selbes gilt, wer Skilaufen auf dem zentralen Gletscherbereich plant. Ganzjährig möglich und definitiv nur mit erfahrenem Führer, Vermittlung TI Glomfjord.

GLETSCHERZUNGEN des Svartisen: der ENGENBREEN (siehe oben) ist eine Möglichkeit. Die andere, passabel bequem zu erreichende: ab E 6 nördl. zur Gletscherzunge am AUSTERDALSVATNET. Sie hat uns mehr überzeugt, da man dort mit weniger Aufwand näher an die Gletscherzunge kommt, zudem schöner Panorama- Aussichtsbalkon. Details siehe S. 27o.

Die weiteren rund 6o Gletscherzungen des Svartisen sind nur per äußerst aufwendiger Mehrtageswanderungen im „Niemandsland" ohne Wegmarkierung und Versorgung zu erreichen. TIPP: bei klarem Wetter Superflug mit der Wideroe von Sandnessjøen/RV 17 nach -> Bodø. Tägl. mehrmals, Flugzeit knapp 1 Std. Je nach Flugroute gehts über den westlichen Teil des Svartisen, seiner Gletscher und Seen!

ENGENBREEN-SEE (1892) mit Blick auf Gletscherzunge und Helgelandsbukken (1.454 m).

**Einkünfte Engenbreen See**: im 19. Jhd. Fischfang mit Nordlandbooten (siehe Foto), in kleinem Umfang Landwirtschaft - und das: „**Eisbrocken - Einfangen**": Dies war ein durchaus lukrativer Job. Eis wurde zum Einfrieren des vor der Küste gefangenen Fisches benötigt. Es wurde im See mit Eishaken und Seil an Flöße gebunden und zu den Fjorden am Meer verschifft (u.a. bis Nesna, vorgelagerter Inseln und Ornes).

In Jahren, als der Gletscher nicht genügend Eis durch natürliches „Kalben" abgab, wurde das Eis am Gletscherrand mit Dynamit gesprengt. Pferdefuhrwerke zogen die gesprengten Eisbrocken zum Seeufer.

Als sich die Gletscherzunge Engenbreen bis ca. 194o wegen Klimaerwärmung erheblich zurückgezogen hatte und moderne Kühlschiffe kein Eis mehr benötigten, - war Gletscher Eis vom Engenbreen nicht mehr gefragt.

Ab Holand rund 12 km auf der RV 17 bis zum SVARTISEN TUNNEL: Länge 7,5 km, sehr schnurgerade, einer der längsten Tunnel Norwegens. Er unterquert knapp oberhalb Meereshöhe das Bergmassiv des Middagstuva (1.237 m) inkl. eines Gletscherausläufers des Svartisen. Der Tunnel ist für Radfahrer gesperrt (für sie: Umweg Fähre Vassdalsvik -> Ornes).

Direkt nach Tunnelende: Glomfjord- Wasserkraftwerk und Abzweigung einer Nebenstraße zum FYKAN VATNET und dortiger Infotafel (4). Am See wurde das erste Kraftwerk der Region gebaut, Details „Glomfjord". Die Nebenstraße führt am westl. See-Ende (weitere Infotafel) durch einen Tunnel rauf zu Seen, die im Verbund (Tunnelsysteme) zur Wassereinspeisung des Svartisen Kraftwerkes dienen.

Die RV 17 führt nach Fykan Vatnet durch einen 2. Tunnel FYKAN TUNNEL: Länge 1,9 km, leicht in Kurve bergab. Im Inneren des Tunnels Abzweigung zum Glomfjord Kraftwerk (Besichtigung möglich, Details siehe „Glomfjord").

Direkt nach Tunnelende Abzweigung der Straße in den Ort Glomfjord, bzw. geradeaus 3. Tunnel: GLOMFJORD TUNNEL: Länge 2,2 km. Er unterquert einen Teil des Ortes. Nach Tunnelende Abzweigung einer weiteren Straße in den Ort bzw. geradeaus die RV 17 -> Ornes.

## ★ Glomfjord (ca. 1.25o Einw.)

Geprägt durch Industrieanlagen und Wasserkraft. Der größte Ort nach Nessna/Sandnessjøen an der RV 17 Richtung Ornes/Bodø. Im Ortszentrum (= Hauptplatz) eine Post, Bank, Tankstelle, mehrere kleine Supermärkte und das Glomfjord Hotel. Die Häuser von Glomfjord in einer Talmulde am Hang rauf.

Glomfjord, im Ortszentrum. Infos zu Unterkunft, Gletscherwanderungen, Besichtigung der Wasserkraftwerke Glomfjord und Svartisen sowie zur Region Meløy mit vorgelagerten Inseln. Geöffnet ist das Hauptbüro in Glomfjord ganzjährig. Der Infokiosk in Holand an der RV 17 in der Zeit Mitte Mai bis Ende August. Tel.: 757. 548.88, Fax: 757.548.o8. Internet: www.rv17.no.

„**Glomfjord Hotell**": im Ortszentrum am Hauptplatz neben Industrieanlagen. Das dreistöckige Hotel mit Restaurantbetrieb im EG sowie Bar und vielen Spielautomaten (viel Frust im Ort?) - nach dem Motto: „das Glück herausfordern". 25 Zimmer, ordentlich mit Bad aber ohne speziellen Komfort. Ganzjährig geöffnet. DZ ca. 1oo- 125 Euro. Tel.: 757.525.oo, Fax: 757.52o.96.

**Sehenswertes**: Kraftwerkbesichtigung Glomfjord (gebaut 192o) und Svartisen (größtes von Norwegen, gebaut 1993). Weiterhin Industrieanlagen im Ort Glomfjord.

**Geschichte**: noch Ende des 19. Jhds. regierte am Glomfjord absolute Einsamkeit. In der Region gab es rund 5 Gehöfte fernab von Verkehrswegen. Die Geschichte von Glomfjord ist bestimmt von Wasserkraft und Industrie:

★1898 kauften die Norweger L. Tønset und K. Sivertsen die Nutzungsrechte am FYKAN WASSERFALL (zwischen Fykan See und Glomfjord). Sie planten den Bau einer Wassermühle (= Sägewerk). Kaufpreis des Wasserfalls **12o Kronen**.

Der Kaufpreis superbillig, da Lage total abseits der Zivilisation. Die Käufer hatten jedoch die Folgekosten unterschätzt für den Bau des Sägewerkes, der Arbeiterunterkünfte und eines Kais zum Verladen der Holzbretter. Ihre Rechte am Wasserfall verkauften sie daher an den Kaufmann von Bodø, Ragnar Schjølberg für **je 1.ooo Kronen**. Immerhin das 1o fache des Kaufpreises! Sivertsen, der das Geld in Bodø abholte, ging auf der Rückfahrt mit seinem Boot unter starb, und das Geld verschwand im Meer...

★Nunmehr war der Schjølberg Besitzer des Wasserfalls. Er hatte die Vision, die gewaltige Wasserkraft des Schmelzwassers Svartisen Gletscher, seiner Seen und insbes. des erheblichen Höhenunterschiedes zum Meer als Stromkraftwerk zu nutzen. Stromgewinnung durch Wasserkraft und Elektrogeneratoren war damals eine sehr junge Technologie, - die in anderen Projekten weltweit aber große Gewinne erwirtschaftet hatte. In Glomfjord sollten zudem große Industrieanlagen gebaut und mit Strom gespeist werden. Als Hauptgeldgeber konnte er den potenten schwedischen Großinvestor Knut Tillberg gewinnen. Zugleich Gründung einer Aktiengesellschaft.

★**1912** wurde das Land vermessen und erste Arbeiten für ein Wasserkraftwerk. **1914**: bereits mehr als 4oo Bauarbeiter und kleines Kraftwerk am Fykan Vatnet (2 mal 1,5 MW mit Francis Turbinen) zur Stromversorgung der Arbeiten und Bauarbeiterunterkünfte.

Ein Treppenweg von mehr als 1.1oo Stufen (heute noch erhalten) führte vom Ostende des Fykan Sees rauf in die Berge. Er diente den Arbeitern als Transportweg, um oben in den Bergen Staudämme und Kanalsysteme zu bauen. - Unterbrechung der Arbeiten während des 1. Weltkrieges.

★**1918** fertiggestellt: teilweise das Glomfjord Kraftwerk am Fjord, diverse Staudämme - sowie in Bau ein Zinkwerk in Haukvik Nähe Ort Glomfjord. Letzteres war von schwed. Großinvestoren gebaut und sollte Strom vom Glomfjord Kraftwerk beziehen.

Im August 1918 entschied das norweg. Parliament, das halbfertige Glomfjord Kraftwerk zu kaufen für **15 Millionen Kronen**. Die Abstimmung endete 77 zu 39 Stimmen. Der norweg. Ministerpräsident Gunnar Knutsen plädierte:

> *„Reichtum des Landes ist die Wasserkraft. Glomfjord besitzt günstige eisfreie Lage. Wenn wir das Kraftwerk mit Staatsgeldern fertigbauen, - können wir profitabel Strom an die Schweden für ihr Zinkwerk verkaufen. Der Staat verdient und schafft Arbeitsplätze."*

Die Zeitungen überschlugen sich mit positiven Berichten, und Architekten wurden beauftragt, eine Stadt zu planen mit 6.ooo Einwohnern (!), Hotels, Schulen und sogar eigener Straßenbahn. Der Entusiasmus war groß, - die Realität der folgenden Jahre weniger.

Die Fertigstellung des Glomfjordkraftwerkes benötigte 2 Jahre und war in Kostenent-★wicklung ein Faß ohne Boden. Als endlich **192o** Kraftwerk und Zinkschmelze ihren Betrieb aufnahmen, verdiente der norweg. Staat am Stromverkauf. Dies allerdings nur für kurze Zeit bis **1924**, als der Weltmarktpreis für Zink in den Keller ging und die Glomford

Zinkfabrik pleite war. Zu diesem Zeitpunkt war der Großteil der Einwohner von Jobs in der Zinkfabrik abhängig - und der norwegische Staat gezwungen, die marode Fabrik für **2 Mio. Kronen** zu kaufen. Dies in der Hoffnung, Arbeitsplätze zu erhalten.
Problem dabei: das Glomfjord Kraftwerk produzierte zwar Strom in Überfülle, aber es gab keinen Industriegroßbetrieb als Abnehmer. Zink schied wegen schlechter Weltmarktpreisen aus. Ebenfalls scheiterten Verhandlungen mit der Norsk Hydro und der deutschen BASF zur Produktion von Nitrogen. In Folge hohe Arbeitslosigkeit.

**1926** entschied man sich zur Aluminium-Produktion. Hierbei wird Bauxit (u.a. in Minen von Surinam/Südamerika gefördert) unter hoher Stromenergie (= Glomfjord Kraftwerk) in Schmelzöfen zu Aluminium verwandelt. Die ersten 6o Schmelzöfen nahmen ihren Betrieb im Sept. 1927 auf. Abgesehen der Weltwirtschaftskrise 1929/3o war die Aluproduktion von Glomfjord bis 194o profitabel und schuf rund 32o Arbeitsplätze.

★**194o**: nach Eroberung Norwegens durch die Deutschen wurde die „*Deutsch-Norwegische Aluminiumkompanie*" (Nordag) gegründet. Ihr gehörten mehrere norw. Alufabriken, so auch die von Glomfjord. Für Hitlers Feldzüge war Aluminium elementar wegen seines leichten Gewichtes zum Bau von Transportflugzeugen, - so der JU.

**1942**, 23. Sept.: Sabotageaktion Glomfjord Kraftwerk durch 9 Briten, 1 Kanadier und 2 Norweger. Dabei wurden die Rohrleitungen des Kraftwerkes und 2 der 3 Turbinen erfolgreich zerstört. Die Aluminiumproduktion mußte bis Kriegsende eingestellt werden.

★**1949**: nach Kriegsende übernahm Norsk Hydro die ehemaligen Fabrikanlagen Glomfjord, um mit der hohen Stromkapazität Amoniak zu produzieren. Ab 1955 auch Salpeter- und Kunstdüngerproduktion. **1993** wurde die Amoniakfabrik stillgelegt. Im gleichen Jahr Eröffnung des Svartisen- Kraftwerkes. Mit 35o MW ist es größter Stromproduzent Norwegens. Der Strom wird in Überlandleitungen Europa-weit verkauft.

Weitere Industriebetriebe von Glomfjord sind u.a. „Scan Wafer", die Solarelemente für Stromgewinnung fertigen, - die „Butting A/S" in Produktion von Rohren für Erdöl- und chem. Industrie.

GLOMFJORD KRAFTWERK: eröffnet 192o, zu sehen: alte Hallen mit Stromgeneratoren aus den 2o-ern. Besichtigung ca. Mitte Juni - Mitte Aug. möglich, Infos TI Glomfjord. Zu erreichen: Abzweiger im Fykan Tunnel.

SVARTISEN KRAFTWERK: Baubeginn 1987 mit umfangreichen Kanälen, Tunneln und mehr als 4o Sammelstellen, eröffnet 1993. Stromerzeugung 35o MW (entspricht dem Strombedarf von 8o.ooo (!) Haushalten) und somit derzeit größtes Wasserkraftwerk Norwegens.

Zentraler und wichtigster Stausee des Systems ist der Storglomvass mit einem Staudamm von 125 m Höhe. Dieser reguliert das Wasser je nach Schneeschmelz und Gletscherzustrom. Er besitzt rund 3,5 Milliarden Kubikmeter Wasser und Fläche von ca. 1.5oo Ha.

Von der Westseite des Storglomvass führen Rohrleitungen im Berg (und unterhalb des Svartisen Gletschers) runter zu einem Kraftwerk auf fast Meereshöhe. Höhenunterschied rund 6oo m, - zusammen mit der Wassermenge ein gigantisches Energiepotential.

Das Kraftwerk (6) liegt ebenfalls im Berginneren. Zu erreichen ab RV 17 und Ostende des Holandfjords über kurzen Abzweiger und anschließend 1 kmTunnel in den Berg.

Besichtigung im Sommer (ca. Ende Juni bis Mitte Aug.) möglich, Infos TI Glomfjord. Ob sich der Besuch lohnt: persönliche Entscheidungsfrage. Zu sehen: eine riesige Halle im Berg mit der roten ABB Turbine, 35o MW.

FJELLSTRASSE -> GLOMFJORDFJELL (3): Abzweigung von der RV 17 zwischen Svartisen- und Fykantunnel. Die Nebenstraße führt entlang des Nordufers des Fykan Sees zu einem Tunnel und rauf zum Fjell. Primär dient sie der Kraftwerkgesellschaft Svartisen zur Kontrolle und Instandhaltung ihrer Wasseranlagen, - wird aber auch von Freizeitsportlern genutzt. Im Sommer markierte Wanderwege auf dem Fjell sowie Mehrtageswanderung (unterwegs Hütten) zum Beiardalen sowie nach Sundsfjord/ RV 17. Im Winter auf dem Glomfjordfjell Skilanglauf. Es gibt ab Glomfjord sogar eine Seilbahn aufs Fjell. Weitere Infos: Infotafeln am Fykan See sowie TI Glomfjord.

## ★ Ørnes (ca. 1.85o Einw.)

Die RV 17 ab Glomfjord in 2o km entlang des Nordufers des Glomfjordes nach Ornes. Größter Ort in diesem Abschnitt der RV 17 und Verwaltungszentrum. Hafenbereich mit Fähre, kleinem Zeitungskiosk, Bank und Tankstelle, Haushaltswaren und Lebensmittel. Weitere Shops an der RV 17 u.a. Rimi Supermarkt sowie Esso Tankstelle.

„**Ørnes Hotel**": langgestrecktes 2 Stockgebäude am Hafen. Gute Parkmöglichkeiten. Kleine Rezeption, daneben größerer Raum mit Cafeteria und Münz- Spielautomaten. Zugehörig Pub und Nightclub. Das Ambiente nach unserem Geschmack nicht unbedingt gemütlich. Im OG 24 Zimmer mit Bad. Der Blick vornraus auf Hafen und Fjord, Zimmer nach hinten auf Ort und Berge. Ganzjährig geöffnet. DZ Sommerpreis ca. 1oo Euro, ansonsten ca. 115 Euro. Tel.: 757.545.99, Fax: 757.547.69.

„**Strandveien Overnatting**": in Neverdalen an der RV 17, rund 7 km vor Ørnes, von Glomfjord kommend. Liegt am Meer, in der Nähe kleiner Kiosk/Laden. Geöffnet Ende Juni bis Ende Aug. DZ ca. 4o Euro, Familienzimmer ca. 6o Euro.

## Verbindungen ab Ørnes

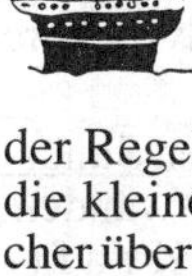

HURTIGRUTEN: je 1 mal tägl. Stopp in Ørnes auf der Süd- und der Nordroute. Beides sind landschaftlich Superstrecken. Fahrzeit bis Bodø: 1/2 Tag. Wer will, kann bis Svolvaer/Lofoten weiterfahren (ab Ørnes 1 Tag). In begrenztem Umfang auch PKW- Mitnahme. Vorteil: die Schiffe der Hurtigruten sind in der Regel große Schiffe und daher weniger Wind- und Wetter- anfällig als die kleine Autofähre Bodø -> Moskenes/Lofoten (dort hat schon so mancher über Bord erbrochen...). Weitere Details siehe „Verbindungen ab Bodø".

REGIONALFÄHREN: Ørnes -> Vassdalsvik: ca. 8 mal tägl., Sa./So. ca.

2 mal tägl., Überfahrt 3o Min. PKW mit 2 Personen ca. 13 Euro. Spart gegenüber der RV 17 via Glomfjord lediglich ca. 2o km, dafür höherer Zeitbedarf allein wegen der Warterei auf Abfahrt der Fähre und Überfahrt. Die RV 17 via Glomfjord ist gut ausgebaut und die schnellere Variante.

Ørnes -> Insel STØTT: Inselgruppe westl. vorgelagert mit rund 8o Einw., beliebt bei Hobbyanglern wegen guter Bedingungen; derzeit keine Unterkunft. Eine kleine Autofähre bedient die Inselgruppe 2 mal/Woche, Überfahrt knapp 2 Std., Transport von Lebensmitteln und Gebrauchsgütern. Die PKW- Mitnahme definitiv nicht lohnend, da kaum Straßen. Weiterhin Schnellfähre Ørnes -> Støtt: tägl. 1- 2 mal, Überfahrt ca. 3o Min.

Ørnes -> Insel Meløy -> Insel Bolga: Inseln südwestl. vorgelagert, Meløy mit Bergen bis knapp 6oo m und in früheren Jahrhunderten wichtiger Verkehrsschnittpunkt. Bolga ein 338 m hoher Bergkegel mit Flachland im Inselwesten. Dort auch der Fähranleger und kleine Siedlung. Autofähre 3- 4 mal tägl. via Vassdalsvik nach Meløysund, Überfahrt 4o Min. Weiter nach Bolga ca. 1 mal tägl., Fahrzeit plus 1 Std.

Schnellboot (Katamaran, nur Personentransport): 1 mal tägl. außer Sa./So. auf der Nordroute nach Bodø, Fahrzeit 1 1/2 Std. Sowie auf der Südroute 1 mal tägl. außer Sa./So. nach Sandnessjøen ca. 4 Std.

BUS: nach -> Bodø 1- 2 mal tägl., Fahrzeit 2 1/2 Std., der Katamaran somit schneller. Nach -> Glomfjord: tägl. 3- 7 mal, Fahrzeit 3o Min.

Die folgenden rund 12o km von Ornes -> Saltstraumen landschaftlich sehr schöne Strecke unterhalb 9oo- 1.3oo m hohen Gebirgsketten, entlang von Fjordarmen und Blick auf vorgelagerte Inseln.

REIPA CAMPING: im Ort Reipa, rund 5 km nördl. von Ørnes an der RV 17. Angelmöglichkeit, Stellplätze für WoMos und Vermietung einfach ausgestatteter Hütten ab ca. 4o Euro. Geöffnet Mitte Juni bis Mitte Sept.

MEVIK CAMPING: im Ort Mevik/Storvik und relativ nah an der RV 17. Nicht sehr attraktiv, kahl. Geöffnet Mai bis Mitte Sept. WoMo Stellplätze und Vermietung von einfach ausgestatteten Hütten ca. 4o- 5o Euro. Tel.: 757.561.34.

Bei Skaugvoll unterquert die RV 17 den Bergzug des Hestdal (592 m) in 3 Tunneln: zunächst der Skaugvoll Tunnel (Länge ca. 15o m), kurz danach der Vindvik Tunnel (98o m) und direkt anschließend der Sundsvoll Tunnel (75o m). Das Tunnelbauwerk spart den früheren Umweg via Inndyr, Fähre Sund-> Horsdal und Mårnes/Insel Sandhørnøya.

Die RV 17 nach Ende des Sundsvoll-Tunnel zunächst am superengen Sundsfjord. Er ist nur ca. 1oo m breit und eingeschnürt von steilen Felswänden, die fast senkrecht auf 45o m ansteigen. Am Sundsfjord K r a f t - werk und Wanderweg zunächst entlang einer Erdpiste rauf in die Berge Ri. Süd zum Langvatnet (Hütte). Er führt weiter als Trail

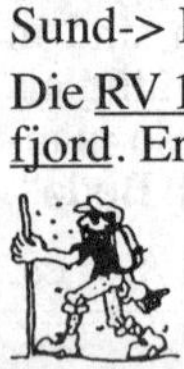

in ca. 8- 10 Std. nach Glomfjord, bzw. als Mehrtageswanderung ins Beiarndalen mit Straßenanschluß nach Rognan an der E 6. Ebenfalls Straßenverbindung ab Beiarndalen (RV 813, RV 812, RV 17 und E 80) nach Bodø. Achtung: es gibt keine durchgehende Straßenverbindung ab Ortschaft Beiarn entlang des Beiarnfjordes nach Kjøpstad/RV 17, aber ca. 1 mal tägl. Personenboot ab Kjelling -> Tverrik, Fahrzeit 1 Std. Ab hier (bzw. Beiarn oder Storjord) 1 mal tägl. Busverbindung nach Bodø. Weitere Details: TI Glomfjord bzw. TI Bodø.

Die RV 17 ab Sundsfjord entlang des Ostufers des Holmsundfjord und unterhalb des Småtinden (1.106 - 1.149 m) mit Resten eines Gletscherfeldes aus der letzten Eiszeit. Es ist von der RV 17 nicht zu sehen, - so doch landschaftlich großartiger Straßenverlauf unten am Fjord zwischen steilen Bergen. KJØPSTAD, kleines Nest unterhalb eines riesigen Bergklotzes mit Unterkunft:

„**Kjøpstad Gjestegård**": zu erreichen über kurze Abzweigungsstraße ab RV 17, ausgeschildert. Ein 2 stöckiges Holzhaus, daneben separate weitere Holzhäuser. Benutzung von Ruderbooten zum Angeln gratis. DZ ca. 55 Euro, Mehrbett- Familienzimmer ca. 60 Euro. Tel.: 757. 570.50, Mobilfunk: 947.272.34, Fax: 757.570.63.

Direkt bei Kjøpstadt überquert die RV 17 den Mündungsarm des Beiarnfjordes mit großer Hängebrücke: KJELLINGERSTRAUM-BRÜCKE. Ihre Länge 600 m, Durchfahrtshöhe bei Flut ca. 25 m. Gute Angelbedingungen, allerdings Vorsicht (wer mit dem Ruderboot unterwegs ist): sehr gefährliche Meeresstrudel!

Noch vor Beginn der Brücke Abzweiger einer Stichstraße rechts und rund 2 km nach Kjelling: KJELLINGSTRAUMEN FJORDCAMP: Wohnmobilstellplätze, Vermietung von Booten sowie Hütten. Geöffnet Mai bis Sept. Hütte ca. 32- 45 Euro. - Sowie KJELLINGSTRAUMEN SJØHUSFERIE: Vermietung von Angelbooten sowie Schlafplätze 4- 10 Betten, ca. 55 Euro. Beide Camps sind beliebt bei Anglern wegen guter Bedingungen.

Die RV 17 ab Kjøpstad und Hängebrücke zunächst entlang des Nordfjord mit Siedlungsbereich Saura und Nygård, dann landein am Valnesvatnet mit Wald und Blick auf den Børvasstindan. Er besitzt 5 Gipfel, ihre Höhe zwischen 1.036- 1.146 m. Eine kahle Felslandschaft mit abgerundeten sowie spitzen Zacken und markanteste Gebirgszone der Region.

## ★ Saltstraumen

Attraktion ist der größte Mahlstrom der Welt. Gemäß der Gezeiten Ebbe/Flut drängen 4 mal täglich gut 375 Millionen Kubikmeter Wasser durch die enge Meeresstraße mit einer Geschwindigkeit bis knapp 30 km/h und bilden gewaltige Wasserstrudel.

Eine Art riesiger Whirlpool mit Strudeln bis 10 m Durchmesser. Die Stärke von Strudel und Strömungen ist abhängig von den Naturgesetzen der Gezeiten, - aber auch von Mondphasen, Sonnwende sowie Winden vom Atlantik und Luftdruck.

Starke Strömung und Strudel u.a. bei Neumond. Den präzisen „Fahrplan" der besten Zeiten für das Naturschauspiel gibts im TI Bodø, bzw. telefonisch anfragen TI Saltstraumen Tel.: 755.61o.15 oder dortigem „Saltstraumen Hotel" Tel.: 755.876.85. Wer außerhalb der Zeit ankommt, erlebt praktisch nichts: sprich Wasserstillstand.

AUSSICHTSPUNKT: Parken kann man das Auto am besten unter der Brükke, Zufahrt direkt beim Saltstraumen Erlebniscenter. Bester Blick auf die Wasserstrudel natürlich oben von der Brücke runter, ihre Länge 77o m, Höhe 41 m. WARNUNG: die Strudel sind extrem gefährlich! Wer sie vom Ufer aus beobachtet, aufpassen daß man nicht ausrutscht und ins Wasser fällt.

Saltstraumen Erlebniszentrum: der kleine Pavillon zeigt im Modell die Strömungsphasen, Multimedia Show sowie Cafeteria. Geöffnet im Sommer 11 bis 18/ 2o Uhr. Ansonsten reduzierte Öffnungszeiten, Infos Tel.: 755.5o6.55 bzw. TI Bodø. Eintritt ca. 8 Euro.

„**Saltstraumen Hotel**": modernes Hauptgebäude mit Anbauten, direkt bei der Brücke und Saltstraumen Erlebniscenter, ausgeschildert. Gemütliche Cafeteria mit Blick auf den Fjord. Gute Küche. Wer im Frühjahr oder Herbst das Hotel besucht, sieht abends die Lichterkette von Bodø. 42 Zimmer mit Bad, ordentlich, der Blick allerdings in der Regel nicht auf den Saltstraumen, sondern in eine Hangmulde. Geöffnet Mitte Jan. bis Mitte Dezember DZ ca. 1oo - 115 Euro. Tel: 755.o65.6o, Fax: 755.875.7o.

SALTSTRAUMEN CAMPING: neben Saltstraumen Hotel. Riesiges Areal, meist flach, Kies, kaum Schatten und als WoMo Stellplatz genutzt. Es gibt von der Optik schönere Campings, dafür aber gute Serviceanlagen, kleiner Supermarkt und Tankstelle. Im hinteren (von der Hauptstraße abgewandten) Teil des Campings Vermietung von 2o Hütten auf Grasfläche zwischen Bäumen. Ganzjährig geöffnet, Hütte ca. 5o- 7o Euro.Tel.: 755.875.6o.

ELVEGÅRD CAMPING: auf der gegenüberliegenden Seite des Saltstraumen, ausgeschilderter Abzweiger direkt bei der Brücke, + 6oo m. Etwas einfacherer, ebene Stellfläche, meist Gras und schöner Blick auf die Gebirgskette Børvasstindan. Hat uns als Camping vom naturbelassenen Ambiente besser gefallen. Die WoMo Stellplätze mit Stromanschluß, es gibt Sanitäranlage mit Du/Toilette sowie Waschküche. Kleiner Supermarkt beim westl. Beginn der Brücke.

SALTSTRAUMEN FISKECAMP: in Tuv, rund 1,5 km südl. der Brücke an der RV 17. Vermietung von Gästezimmern, Appartements mit eigener Kochgelegenheit sowie komfortable Fischerhütten. Schöne Lage am Skjerstad Fjord. Ganzjährig geöffnet. Auch Vermietung von Booten mit starkem Außenbordmotor, Echolot, Rettungswesten. Es gibt eigenen Fischverarbeitungs- sowie Gefrierraum, Cafe/Pub.

ANGELN: die gewaltigen Wassermassen, die bei Flut durch den Saltstraumen in den Skjerstadfjord hineindrängen, bringen auch viele Fische mit sich. Verleih von Angelausrüstung ca. 45 Euro/Tag im „Saltstraumen Fiskecamp“ sowie im „Saltstraumen Hotel“ (dort nur für Hotelgäste). Bootsverleih: im „Saltstraumen Fiskecamp“ ca. 7 5 Euro/Tag. Tel.: 755.871.38

Das Angeln ist nicht ungefährlich. So kann der Saltstraumen (wenn überhaupt) nur ganz kurze Zeit beim Wechsel Ebbe/Flut befahren werden. Andernfalls droht die Gefahr, daß kräftige Strudel/Strömung das Boot in die Tiefe ziehen. Ähnliche Gefahr, wer mit der Angel am Ufer steht und in Begeisterung (z.B. Fisch an der Angel) ausrutscht und ins Wasser fällt.

TANKSTELLE: beim Saltstraumen Camping. - LEBENSMITTEL: es gibt 2 kleine Supermärkte: einmal beim Saltstraumen Camping sowie am westl. Beginn der Saltstraumen-Brücke.

SALTSTRAUMEN: Brücke und Aussichtspunkt für Mahlstrom

## SALTSTRAUMEN -> BODØ

33 km, gut ausgebaute Landstraße. Sie trifft in LØDING auf die RV 8o. Dort links nach Bodø. Achtung: Radarkontrollen! Details **BODØ** S. 296.

## SALTSTRAUMEN -> FAUSKE/ E 6

Es gibt 2 Varianten. Die * in jedem Fall schnellere und kürzere ist die o.g. RV 17 ab Saltstraumen nach LØDING und dort rechts auf der RV 8o nach **FAUSKE**. Insgesamt ca. 55 km. Fahrzeit mit eigenem Auto knapp 1 Std.

Die * erheblich längere geht ab Saltstraumen und RV 812 Misvaer nach Rognan an der E 6 und weiter nach **FAUSKE**. Insgesamt ca. 1o5 km. Fahrzeit mit eigenem Auto rund 2 1/2 Std. Sie besitzt teils landschaftlich lohnende Abschnitte. Andererseits aber auch Etappen, wo außer „Einsamkeit" kaum was passiert. Sie sei der Vollständigkeit wegen im Folgenden beschrieben:

Ab Saltstraumen die RV 17 rund 1,5 km südl. nach Tuv und dort Abzweiger der RV 812. Sie ist durchgängig asphaltiert, teils kurvenreich, aber gut befahrbar bei Geschwindigkeiten teils bis 7o- 8o km/h. Kaum Verkehr. Barfjellet: über kleineren Pass mit 8 % Steigung und anschließendem Gefälle runter ins Hogndalen und weiter zum Skjerstadfjord. Hier biegt die RV 812 ab südwärts zum Misvaerfjord. Kurvenreiche Asphaltstraße, einsame Waldgebiete.

MISVAER am südl. Fjordende mit Shelltankstelle und Supermarkt. „Camping Misvaer" ausgeschildert. Anstieg im bewaldeten Misvaerdalen, kleinere Seen und Hausgruppen (Brekke, Vestvatn/Vesterli). Hier Abzweigung einer Stichstraße nach Beiarn (siehe S. 367) sowie ins Beiarndalen.

Die RV 812 weiter Ri. Ost ansteigend in einem Bergtal und bewaldeten Hügelkuppen. Bei Losjenhamer seitlich der Straße kleiner Marmorsteinbruch. Im letzten Abschnitt der RV 812 in Kurven runter ins Tal von ROGNAN (Details Seite 274 ff) und auf der E 6 nach FAUSKE.

**FAUSKE**: Details Seite 28o.

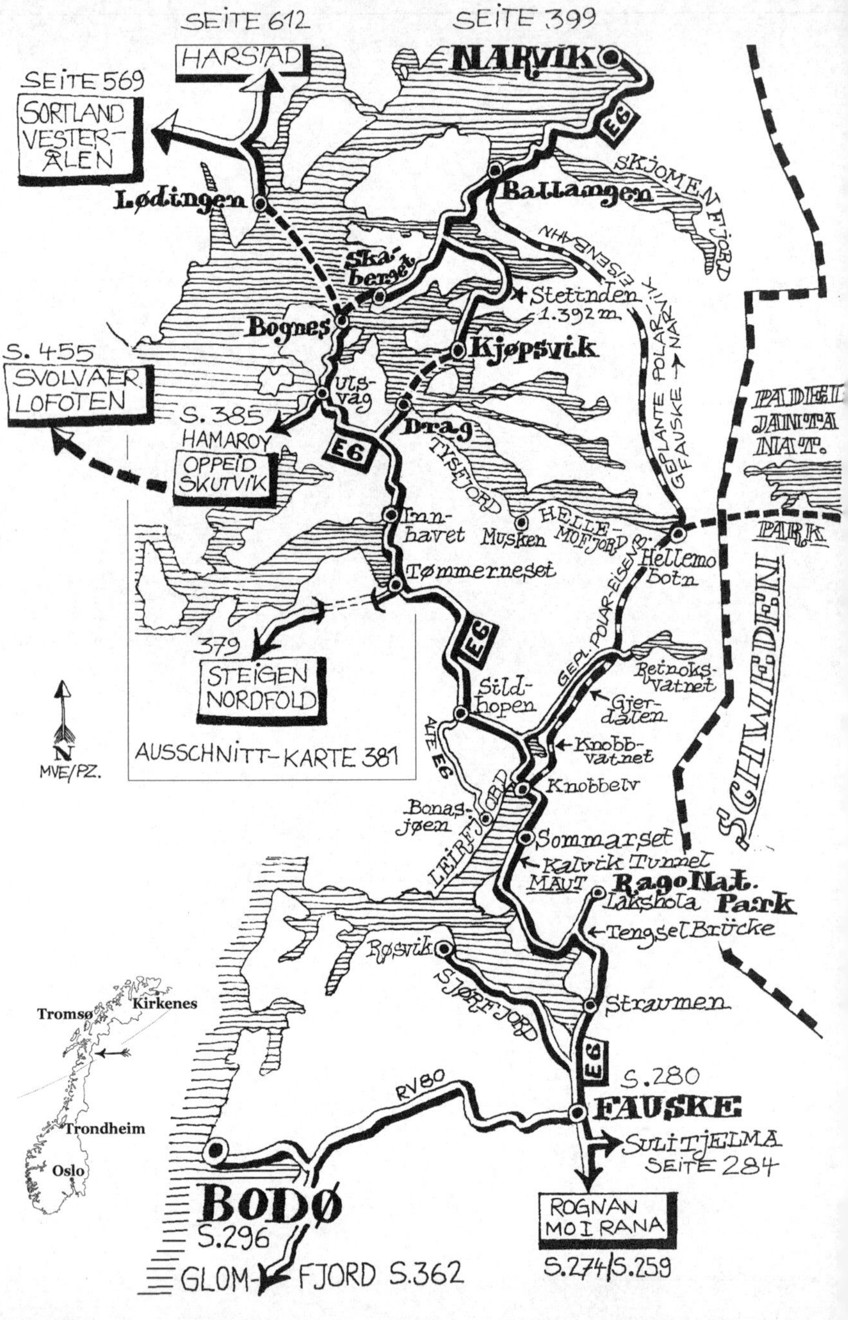

SEITE 612
HARSTAD
SEITE 399
NARVIK
SEITE 569
SORTLAND VESTERÅLEN
Lødingen
Ballangen
SKJOMENFJORD
EISENBAHN
Skaberget
Stetinden 1.392 m
Bognes
GEPLANTE POLAR-EISENBAHN FAUSKE → NARVIK
Kjøpsvik
S. 455
SVOLVAER LOFOTEN
Ulsvåg
S. 385
HAMARØY
Drag
OPPEID SKUTVIK
E6
TYSFJORD
PADJELANTA NAT. PARK
Innhavet
Musken
HELLEMOFJORD
Hellemo Botn
Tømmerneset
379
STEIGEN NORDFOLD
GEPL. POLAR-EISENB.
Reinoksvatnet
Sildhopen
Gjerdalen
Knobbvatnet
ALTE E6
AUSSCHNITT-KARTE 381
N
MVE/PZ.
Knobbelv
Bonasjøen
LEIRFJORD
Sommarset
SCHWEDEN
Kalvik Tunnel MAUT
Rago Nat. Park
Lakshola
Tengsel Brücke
Røsvik
SJØRFJORD
Straumen
Tromsø
Kirkenes
S.280
RV80
FAUSKE
SULITJELMA SEITE 284
Trondheim
Oslo
BODØ
S.296
ROGNAN MO I RANA
S.274/S.259
GLOMFJORD S.362

# FAUSKE -> NARVIK (235 km / E 6)

*Landschaftlich abwechslungsreiche Strecke entlang von Fjordarmen und Inlands- Seen. Sehr einsame Gebiete, die nur dünn besiedelt sind. Selten Tankstellen, daher rechtzeitig nachfüllen. Teils bizarre Gebirgslandschaften bis 1.ooo m Höhe und Felsnadeln, in anderen Bereichen weiche Hügelkuppen und Fjordufer.*

*Die E 6 ist im ersten Abschnitt mit einer Vielzahl an Tunneln ausgebaut , selbstverständl. asphaltiert und insgesamt bis Narvik zügig befahrbar.*

*In jedem Fall ist 1 Fährüberfahrt nötig, entweder Bognes -> Skarberget (25 Min.), oder Drag -> Kjøpsvik (45 Min., seltene Abfahrten), die Alternativroute nach Narvik. Fahrzeit mit eigenem Auto ab Fauske bis Narvik je nach Route ca. 4 - 4 1/2 Std. Vorausgesetzt man erreicht den jeweiligen Fährhafen zeitlich so, daß man nicht lange auf die Fähre warten muß. Extrazeit für Fotostopps und Abstecher einrechnen.*

*Lohnende Abstecher auf der HALBINSEL STEIGEN und HAMARØY, in separatem Kapitel beschrieben. Ab Skutvik/Hamarøy mehrmals tägl. Fährverbindung -> Svolvaer (2 Std.), die kürzeste Verbindung ins Zentrum der LOFOTEN.*

*Ebenso sind ab Fährhafen Bognes (siehe oben) -> Lødingen (6o Min., mehrmals tägl.) die Region der Ofoten, Harstad sowie VESTERÅLEN durch gut ausgebaute Straßen erreichbar.*

⇩ Die **E 6** ab **FAUSKE** führt in einem breiten Tal nordwärts zur Ortschaft Straumen. Der Industriebetrieb der Quarzgruben Mårnes produziert Ferrosilizium, versorgt durch ein 6 km entferntes E- Werk.

⇨ Bei der Tengsel- Brücke nördl. von Straumen ausgeschilderte Abzweigung nach „Laksholm" (in Karten auch „Lakshola" geschr.). Die rund 5 km lange Stichstraße ist Zufahrt zum **Rago Nationalpark**. Einsame Wildnis mit Bergen bis 1.2oo m Nähe der schwed. Grenze. Mit 17o qkm gehört er zu den „kleineren" Nationalparks Norwegens, setzt sich aber auf der schwed. Seite fort (dort Padeljanta- und Sarek Nat. Park: das größtes Wildnisgebiet Europas). Extremwanderungen ab Rago von 5o oder mehr km.

Die Fahrt bis Laksholma/Lakshola kann lohnen wegen umliegender Bergkulisse und Parkplatz/WoMo. Für Extremwanderungen nach Schweden erheblich lohnender (spektakuläre Szenerie mit Schluchten, Canyons und Seen, Wasserfälle) der Trip ab Hellemobotn nach Schweden. Er erreicht den Padjelanta Nat. Park am Akkajaure See. Details Seite 394.

⇩ **E 6 weiter Ri Nord**. Sie folgt dem Nordufer des Sørfjords und später des Leirfjordes mit gut 1 Dutzend Tunneln bis Sildhopen. Dies ist der tunnelreichste Abschnitt der E 6. Manche führen geradlinig durch den Berg, andere in S- Kurve. Länge jeweils ca. 5oo m bis 3 km. Achtung: einige steigen im Berg steil rauf: je nach LKW- Verkehr gibts in der Röhre dichte Abgasschwaden fast wie Nebel. Man sollte daher vor Eintritt in den Tunnel die Autofenster unbedingt schließen!

Ich möchte nicht wissen, was nach Unfall + Stau im Tunnel passiert: für die Lunge sicher nicht das Gesündeste! Unbedingt mit dezenter und defensiver Geschwindigkeit durch die Tunnel, um Unfälle zu vermeiden!

Das Norwegische Straßenbauamt sollte Geld für Ventilatoren im Tunnel investieren. Schließlich kassiert es **GEBÜHR für die Tunnelbenutzung**: die Mautstation direkt nach dem Kalvik Tunnel. Pro PKW inkl. aller Personen ca. 1o Euro, WoMos je nach Länge ca. 12 - 15 Euro.

Die E 6 folgt in diesem Bereich weitgehend der Trasse der geplanten und während des 2. Weltkrieges in Bau befindlichen **Polareisenbahn**. Die meist nicht komplett fertiggestellten Eisenbahntunnel wurden für die neue Straße E 6 verwendet, wenn auch in Durchmesser vergrößert und der neuen Straßentrasse angepasst.

Hieraus erklärt sich, warum manche Tunnel im Inneren recht flach beginnen, aber plötzlich stark ansteigen. Grund: der erste Abschnitt des Tunnels ist Nazi- Bauwerk mit Zweck Eisenbahntunnel. Da die Bahn keinen steilen Anstieg verträgt = flacher Tunnelverlauf. Sofern der Tunnel aber bis Ende des 2. Weltkrieges nicht fertiggestellt wurde: im zweiten Abschnitt stark ansteigend = Fertigstellung des Tunneldurchbruchs für Straße E 6.

Mit diesem Know How ist das Tunnelfahren spannend zum Abschließen einer Wette: * welcher Teil war ehemaliger Eisenbahntunnel? - und * welcher wurde erst später für die E 6 fertiggestellt?

Der kurze Eva- Tunnel ist Nazibauwerk und wurde komplett fertiggestellt, beim Kalvik- Tunnel (2.71o m) fehlten bis 1945 nur 763 m etc. Deprimierend dagegen die Baugeschichte dieser Tunnel, Details siehe Kasten.

Ein anderes Thema sind scharfe S-Kurven im Tunnel. Dies bedeutet Extrakosten im Tunnelbau, da ein geradliniger Tunneldurchstich wegen weniger km billiger ist. Grund entweder: * Tunnel wurde zur Nazizeit begonnen, aber nicht fertiggestellt. Für die spätere Nutzung E 6 war nach Tunnelende eine andere Trasse geplant, daher Kurve im Tunnel. - Oder aber: * im Gestein stark wasserdurchlässige Bereiche, die man durch eine S- Kurve im Berg vermied.

**Polar Eisenbahn** (geplante Strecke: Mosjøen -> Fauske -> Narvik -> Kirkenes)

Nach der Eroberung Norwegens **194o** durch Hitler im „Blitzkrieg" ging es ihm um den Ausbau von Verkehrswegen in Nord- Norwegen. Nur so lasse sich das Land kontrollieren und Truppen verschieben.

★Das Gleis sollte von Mosjøen (damaliger Endpunkt der „Nordlandbahn" ab Trondheim) weiter via Fauske nach -> NARVIK führen. Dort bezog Hitler Eisenerz von den Minen Kiruna in Nordschweden. Das Eisenerz war für Hitlers Kriegsindustrie (Panzer, Kanonen etc.) elementar. Ein Transport des Eisenerzes via Inland schien sicherer als der Seeweg via nordnorwegischer Küste, der durch Angriffe der Britten bedroht war.

Weiterer Gleisverlauf ab NARVIK: -> nordwärts Höhe Tromsø und durch die Finnmark bis Kirkenes an der Grenze zur UdssR/Murmansk. Insges. ab Mosjøen ca. **1.5oo km !** Gleis durch extrem unwegsames Gelände mit Gebirgsketten und Vielzahl zu erstellender, langer Tunnel. Auch in Friedenszeiten ist der Gleisbau auf norweg. Seite wegen hoher Gebirge, Fjorde und extrem teurem Tunnelbau -> wirtschaftlich definitiv undiskutabel. In Kriegszeiten bei finanzieller Belastung der gesamten Industrie um so mehr.

Hitler in seinem Größenwahn bestand auf sein Projekt der „**Polar- Eisenbahn**“: „Ausgebaut bis Kirkenes“, so Hitler, „könne man die UDSSR in ihrem einzigen Westhafen Murmansk militärisch zielstrebiger kontrollieren“. Weitere Details zu den sehr verlustreichen Schlachten um Murmansk siehe „Kirkenes“.

Ein zusätzliches Argument für den Bau der Eisenbahn waren Nickelvorkommen Nähe Murmansk. Nickel ist für die Kriegsindustrie nötig und hätte nach Eroberung der Region per Gleis abtransportiert werden können. So zumindest die Pläne...

★Zur **Realisierung der Polar-Eisenbahn** beauftragte Hitler **Fritz Todt**. Dieser hatte sich bereits beim deutschen Autobahnbau Anfang der 3o-er Jahre als Generalinspekteur bewährt. 194o-42 war Todt Minister für Waffen- und Munutionsbeschaffung.

Die nach ihm benannte *„ORGANISATION TODT“* analysierte das Terrain für bestmöglichen Verlauf des 1.5oo km Gleises von Mosjøen nach Kirkenes. Ein schwieriges Unterfangen, da es die „Optimalroute für das Gleis“ nicht gab. Durchgängig flache Täler zum Verlegen der Gleise existierten nicht. Immer wieder verhinderten tief eingeschnittene Fjorde und hohe Gebirgsketten eine „preiswerte Gleisplanung“.

Zudem lautete der Auftrag: das Gleis der Polareisenbahn muß durchgängig befahrbar sein und darf keinerlei Unterbrechung durch Fähren besitzen. Genau dies war der Pferdefuß der Vorgabe im Streckenabschnitt Fauske -> Narvik. Bereits der erste Abschnitt ab Fauske bedeutete den Bau von insges. rund **15 km** Tunneln wegen Steilufer am Sjør- und Leirfjord sowie zum Knobbvatnet.

Plakate der norw. Arbeiterpartei 1935. LINKS: Symbolisierend, was das Land reich macht: "Seefahrt, Fischfang, Landwirtschaft, Handwerk und Industrie. – RECHTS: " Faschismus bedeutet Krieg" mit Hitler, Truppen, Invaliden und Gasmasken. Drohende Schatten am Horizont!

Der anschließende Abschnitt ab Nordende Leirfjord wurde von den Planern lange diskutiert:

* die Variante ab Knobbvatnet nordwärts via Gjerdalen ergab im Talverlauf zwar passabel preiswerten Gleisbau bei jedoch nur wenigen km. Anschließend dann Tunnelbauwerke von mehr als **4o km** (!) bis Ballangen am Fjord von Narvik. Zumindest wäre damit die Planvorgabe „keine Fähre" erfüllt.
* die Variante ab Knobbvatnet nordwärts via heutigem Verlauf der E 6 bedeutete an km reduzierten Tunnelbau, - aber eine Fährüberfahrt. Dies entweder von Bognes (heutiger Fährhafen) bzw. Korsnes, oder Drag.

Damalige Naziplâne (siehe unten) illustrieren den Stand der Dinge und waren in deutscher Gründlichkeit der statistischen Auswertung perfekt. Ohne allerdings das Problem der Streckenführung Gleis-> Narvik zu lösen.

Andere Alternative war ein Fährhafen ab südl. gelegenem Drag, was den Bau des Gleisweges an km und Kosten reduzierte, - aber siehe Nazivariante (12) die Fährüberfahrt er

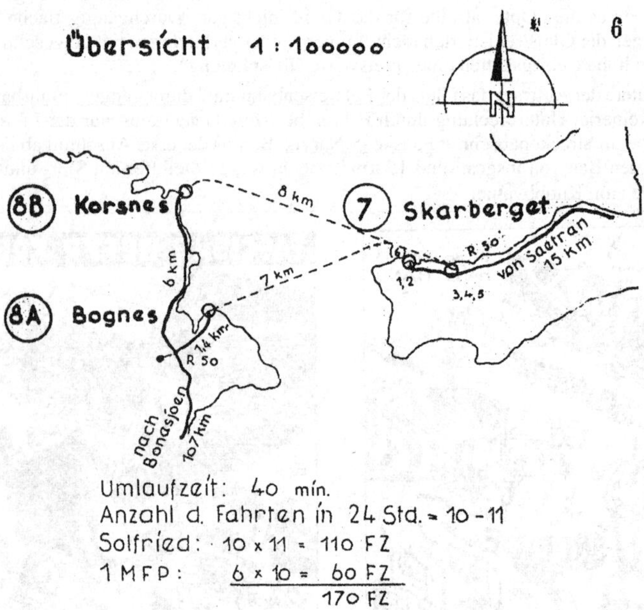

heblich verlängerte. Die Pläne trugen den Vermerk *„nur zum Dienstgebrauch! OT Einsatz Polarbereich“.*

OT = Organisation Todt.

★Der Oberbefehlshaber in Norwegen, General Falkenhorst fordere nach Einsicht der Baupläne 194o der Polar- Eisenbahn von Mosjøen -> Kirkenes: **145.ooo Arbeiter**. Nur so sei die von Hitler geforderte Fertigstellung des 1.5oo km Gleises in 4 Jahren realisierbar.

Auch dies zeigt den Wahnsinn, der Sachen Polareisenbahn ablief! Selbst mit dieser Anzahl an Arbeitskräften wäre die Bahn nie fertiggstellt worden wegen allein ca. **13o km** an Tunneln auf den 1.5oo km bis Kirkennes und Vielzahl an Brücken, Bahndämmen, eingesprengt in Berghänge und abgestützt durch Mauerwerk, Aufschüttung von Bahndämmen etc.

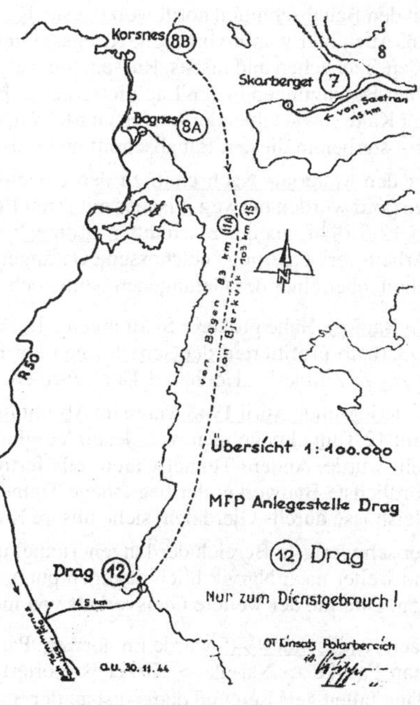


★**Baubeginn Polar- Eisenbahn**:
**1. Juli 194o**. Vorrangig wurde die Verlängerung des Gleises ab Mosjøen Ri. Nord -> Mo und Fauske betrieben.
Selbst Fauske konnte bis Kriegsende **1945** nicht komplett erreicht werden, auch wenn Vorarbeiten zu Bahndämmen und Tunneln bestanden. - Das Konzept der Erbauer der Polar- Eisenbahn: die Strecke nicht hintereinander in einem Stück zu bauen, wie z.B. beim Bau der Transkontinental Eisenbahn/USA nach Kalifornien Mitte des 19. Jhds. Dort arbeiteten sich 2 Baugesellschaften (eine von Ost, die andere von West) aufeinander zu und trafen sich am Salt Lake.

Diese Bauweise hat den Vorteil, daß auf dem bereits fertiggestellten Gleisabschnitt sämtliches Material von Bohlen bis Gleisen, Werkzeug bis Nahrung etc. bequem per Gleis an den „Kopf der Baustelle“ herangeschafft werden kann. Nachteil: am Kopf der Baustelle konnte nur ein limmitiertes Kontingent an Bauarbeitern eingesetzt werden, was den Bau verzögerte.

Die Nazis unterteilten dagegen den Bau der Polar- Eisenbahn in mehr als 1oo Bauabschnitte, genannt *„Baulos 1, 2“* etc. und vergeben jeweils an eine Firma. Dadurch konnte ein größeres Kontingent an Arbeitern in Summe der Bauabschnitte eingesetzt werden, womit man sich eine schnellere Fertigstellung im *„Plansoll 4 Jahre“* erhoffte.

Nachteile dieser Bauweise bestanden unter dem Aspekt der „Versorgung“. Die einzelnen Bauabschnitte benötigten in Fjordnähe (= Versorgung Nachschub per Schiff): **Molen**. Sie waren relativ schnell zu errichten. Auch **Energie** durch Wasserkraft stand reichlich zu Verfügung. Mußte aber aufwendig in Kleinkraftwerken pro Bauabschnitt realisiert werden.

★Mit den Bauabschnitten nördl. von Fauske Ri. Narvik wurde relativ spät, erst **1944** begonnen. Auch hier waren vorrangig Kriegsgefangene (ca. 3o.ooo!) im Einsatz: Polen, Franzosen, Tschechen und insbes. Russen. Sie waren in 17 Lagern untergebracht. Wegen miserabler Bedingungen in den Lagern (fehlende Hygiene und Krankenversorgung), winterlicher Kälte sowie fehlender Ausrüstung/Kleidung und brutaler Behandlung durch die Wächter - starben in diesem Bauabschnitt mehr als 3.ooo Gefangene.

Für den Material- Nachschub zu den einzelnen Molen der Bauabschnitte am Sør- und Leirfjord wurden norweg. Fischer mit ihren Booten zwangsverpflichtet. Besonders brutal am 12.6.1944, als der Fischkutter „Lomen" von den Lofoten den Order erhielt, wegen „Arbeitsverweigerung" erschossene Gefangene abzuholen. Die Leichen wurden an Bord geholt, aber einer der Gefangenen lebte noch. Er wurde an Bord per Schuß getötet.

★Die Baulose Nähe größerer Siedlungen z.B. Fauske wurden an norweg. Firmen vergeben. Außerhalb profitierten deutsche Firmen am Bauauftrag, z.B. „Grün & Bilfinger", „Polensky & Zöllner", „Hoch und Tief", Firmen, die es teils heute noch gibt.

Bis Kriegsende April **1945** waren im Abschnitt nördl. Fauske am Sør- und Leirfjord insgesamt 12 Tunnel begonnen, von denen lediglich der kurze Eva- Tunnel komplett fertiggestellt wurde. Andere Tunnel waren teils fertig, ebenso die Trasse der Bahn im Umfeld. Nördlichste Bauwerke: der begonnene Tunnel am Knobbelv und die Vorarbeiten für die Gleistrasse durchs Gjerdalen, siehe unsere Karte.

Der schwierigste Bereich der langen Tunnel unter dem Gebirgsmassiv nach Helemobotn und weiter nach Narvik blieb dagegen pures Planwerk. Er wurde nie in Angriff genommen. Dito nie der weitere Gleisverlauf von mehr als 1.ooo km Narvik -> Kirkenes.

★Nach Kriegsende 1945 wurde im norweg. Parlament der eventuelle Weiterbau der Eisenbahn Fauske -> Narvik -> Kirkenes erörtert. Wegen extrem hoher Kosten wurden die Pläne fallen gelassen und dem Ausbau der Straße E 6 Vorrang gegeben.

**Weiter E 6: SOMMARSET** ein kleines Nest am Leirfjorden mit ausgeschildertem „Sommarset Fjord Camping". Stellplätze für Womos und preiswerte Vermietung von Hütten unten am Fjord. Am Eingang fragen.

Sommarset war bis Mitte der 7o-er Jahre Fährstation der E 6 über den Fjord nach Bonåsjoen. Von dort ging es weiter durch's Bonådalen nach Storeidet/ Sildhopen. Dies war zeitaufwendig wegen der Fähre.

Heute führt die E 6 ab Sommarset durch eine Vielzahl von Tunneln am Ostufer des Leirfjorden nach **KNOBBELV** und durch weitere nach SILDHOPEN. Auf 3o km Straße: insges. rund 11 km Tunnelstrecke. Baukosten ca. 3oo Mio. NOK. Zeitersparnis durch die neue E 6 ca. 1 1/2 Std.

„**Knobbelv Vertshus**": am Nordostende des Leirfjord. Modernes 2 stöckiges Gebäude oberhalb des Fjordes. Gemütlicher Rezeptionsbereich mit Backstein und Stoff- Sitzgruppen. 26 Zimmer, allerdings schade daß die Fenster teils schmal oben an der Decke verlaufen. TV und Bad. Es ist Stützpunkt in umliegender Einsamkeit, auch für Wanderungen zu Seen sowie auch Nazibauwerken der Polareisenbahn (u.a. direkt beim Hotel zwei halbfertiggestellte Tunnel). - Hotel wurde verkauft; ist bei Drucklegung noch nicht wieder in Betrieb genommen. Bei TI fragen.

Gleich nach KNOBBELV gehts in den nächsten Tunnel: KOBBHAMMAREN TUNNEL Länge 83o m. Direkt nach Tunnelausgang eine Tankstelle mit Lebensmittel Boutique. Keine „Schätze“ erwarten, zumindest Grundausrüstung an Brot und Aufstrich, Wurst sowie Getränke bis Kekse etc.

Anschließend der MIDDAGSFELLET TUNNEL (rund 2 km), der relativ geradlinig den KOBBVATNET erreicht. Am See größerer Campingplatz und ausgeschilderte Abzweigung einer ca. 1o km Straße zum Ostufer des Knobbvatnet und Gjerdalen, wo sich Relikte der ehemaligen Nazi- Polareisenbahn befinden. U.a. Reste eines Gefangenenlager und ein 4oo m in den Fels getriebener Eisenbahntunnel (Vorsicht; er ist nicht abgesichert; u.U. zwischenzeitlich auch verschlossen, um Unfälle zu vermeiden). Im Umfeld mehrerer verrostete Loren, die zum Abtransport des Gesteins dienten, das Kriegsgefangenen im Tunnel sprengten.

Am Ostufer des Sees ein Kraftwerk, gebaut in der 2. Hälfte des 2o. Jhds., Leistung 3oo.ooo KW, Besichtigung nach Voranmeldung möglich, aber nicht unbedingt spektakulär.

Ab Knobbvatnet führt die **E 6** in weitgestreckten Kurven auf ein Bergmassiv zu (Höhe 1.ooo m), das im KOBSKARDET TUNNEL (rund 4,3 km) durchquert wird. Er führt geradlinig bergab mit leichter Kurve am Ende (im Tunnel viel Abgas!) nach SILDHOPEN, wo er den Morsvikfjord erreicht. Beide Tunnel (Middagsfjellet und Kobskardet) sind Neubauten der E 6, fertiggestellt Anfang der 9o-er Jahre. Die ehemalige Nazitrasse der Eisenbahn war ostwärts via Gjerdalen in Bau, aber nicht fertiggestellt.

„NYHEIM CAMPING“: direkt am Tunnelende des 4,3 km langen Kobskardet rechts der heutigen E 6 in **Sildhopen** bei der Abzweigung der alten E 6 nach Bonasjøen. Ein relativ kleiner Camping; nach unserem Geschmack gibt's schönere.

„MOSVIKBOTN CAMPING“: kurz danach und links der E 6 am Fjord. Ebener Stellplatz mit Gras und Bäumen. Vermietung von Hütten. Entfernung zur E 6: Null bis 25o m, was man je nach Verkehr hört.

„FALKELV CAMPING“: rund 2o km nördl. an der E 6. Der Camping liegt optisch schön unter Bäumen am Sandnesvatnet mit Feeling „Wildnis“. Er ist allerdings recht schmal und zwischen Wasser und E 6 eingeklemmt. Auch Vermietung von Hütten.

„TØMMERNESET CAMPING“: im gleichnamigen kleinen Ort rechts der E 6 mit ausreichendem Abstand. Eine kurze Zufahrtsstraße führt ab E 6 rechts zu einem kleineren See, dort der Camping unter vielen Bäumen. Am See Bootssteg und Vermietung von Kanus. Im Hauptgebäude gibt's Solarium und Sauna. Die komfortablen Hütten eng zusammengestellt unter Bäumen; weitgehend schützt ein Erdwall vor Geräuschen der E 6.

**ABZWEIGUNG TØMMERNESET -> HALBINSEL STEIGEN**

Benötigt mit Stopps Zeit, da gut 15o- 2oo km ausgefahren werden müssen, wer die Halbinsel komplett besuchen möchte. Die Gemeinde Steigen hat 3.ooo Einw. auf einer Fläche von 1.o13 qkm, - somit sehr dünne Besiedlung. Ausgesprochen schöne Landschaften, die von Wasser (Seen und Fjorde), vorgelagerten Inseln bis zu Inlandsgebirgen 8oo- 1.ooo m wechseln. Für den Abstecher 1- 2 Tage kalkulieren.

Ab TØMMERNESET und Abzweigung von der E 6 nach ca. 15o m ausgeschilderter Picknickplatz; in der Nähe (Hinweistafel) eine rund 8.ooo Jahre alte Felszeichnung. Sie zeigt Rentiere in Lebensgröße auf blanken, von eiszeitlichen Gletschern geschliffenen Felsplatten.

Die Straße RV 835 führt anschließend durch den 8,2 km langen Steigentunnel (gratis), der das 1.18o m hohe Veggfjell unterquert. Ein gigantisches Bauwerk eines durch Erdöl reichen Norwegens, das ca. 3.ooo Einwohner der Halbinsel per Straße und superteurem Tunnel an den „Rest des Landes“ anbindet.

„**Dyping Romutleie**“: freistehendes Holzhaus am Fjord, kurz nach dem westlichem Ende des Steigen Tunnels. Nur wenige und einfach eingerichtete Zimmer, aber Tipp wer Einsamkeit liebt und sehr preiswert: das DZ ab ca. 3o Euro. Tel.: 757.767.52.

„**Steigen Gjestegård**“: im Ort Leinesfjord (siehe unten). Größeres Gebäude, 2- Stock. Im EG Cafeteria sowie Pub, oben 8 DZ ca. 9o - 1o5 Euro. Vorher anrufen, ob noch Platz frei ist (Tel.: 757.773.oo, Fax: 757. 772.99).

Ab Ende Steigentunnel führt die RV 835 am Sagfjord südwestwärts mit Abzweigung nach LEINESFJORD. Kleinerer Ort, in dem die Verwaltung von Steigen ihren Sitz hat sowie Lebensmittel- Supermarkt (S-Market).

Bei Leinesfjord Abzweigung einer Nebenstraße (25 km) nach Nordskot am Meer. Im Sommer (Ende Juni bis Mitte Aug.) 5 mal tägl. Bootsverbindung zur vorgelagerten Insel und 3oo Jahre altem Handelsplatz GRØTØY. Erhalten das zweistöckige Handelsgebäude, das innen besichtigt werden kann. Die Führung derzeit leider nur in Norweg. (event. auch Englisch). Man erfährt über die sehr armen Lebensbedingungen der Bewohner im 18. und 19. Jhd. in der damals weltabgeschiedenen Lage. Die Versorgung lief über diese Handelshäuser. Sie brachten Haushaltsgeräte teils auch Getreide von Trondheim und Bergen. Sie wurden verkauft bzw. getauscht gegen Produkte der Nordlandbewohner wie Felle, Rentierfleisch und Trockenfisch, teils auch Holzhandel.

Die Öffnungszeiten des Handelshaus Grøtøy analog zur Bootsverbindung. Eintritt ca. 6 Euro plus Boot ca. 6 Euro. Sowohl in Nordskot wie auch Grøtøya sind kleinere Snacks und Kuchen im Sommer erhältlich.

SØRSKOTTINDEN (6o8 m): der zentrale Berggipfel oberhalb von Nordskot läßt sich mit gutem Schuhwerk in rund 1 1/2 Std. besteigen. Beginn des Trails beim Ort Sørskot. Bei klarem Wetter grandioser Panoramablick! Unterhalb im Meer eine Vielzahl langgestreckter Felsklippen und am Horizont die Lofotenwand.

NORDFOLD am gleichnamigen Fjord ist das östl. Ende der RV 825. Ein

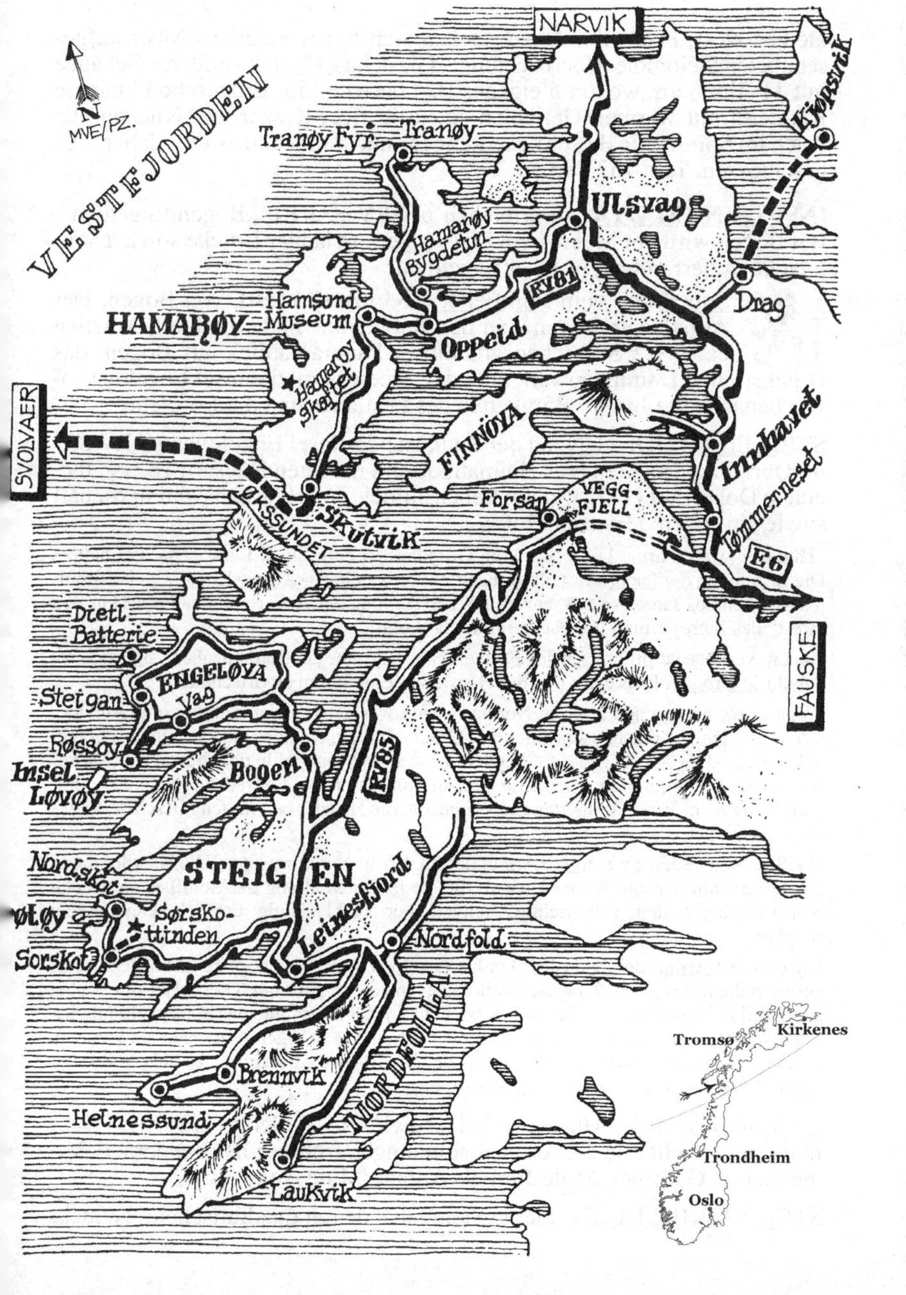
NARVIK
VESTEJORDEN
N
MVE/PZ.
Tranøy Fyr
Tranøy
Kjøpsvik
Ulsvag
Hamarøy Bygdetun
Drag
RV81
Hamsund Museum
HAMARØY
Oppeid
Hamarøy Skaftet
SVOLVAER
FINNÖYA
Innhavet
Forsan
VEGG-FJELL
Tømmerneset
ØKSSUNDET
Skutvik
E6
FAUSKE
Dietl Batterie
ENGELØYA
Steigan
Vag
Røssoy
Insel Løvøy
Bogen
RV85
Nordskot
STEIGEN
Leinesfjord
Sørskottinden
Sorskot
Nordfold
NORDFOLD
Brennvik
Helnessund
Laukvik
Tromsø
Kirkenes
Trondheim
Oslo

kleines Nest, Fischerboote verstecken sich hinter einer ins Meer aufgeschütteten Steinmole. Übernachtung: „Gjestehuset Nora“, größeres Gebäude mit 11 Zimmern, wovon 5 eigenes Bad besitzen. Im Erdgeschoß kleinere Kafeteria mit warmen Gerichten sowie Kaffee, Kraker und Kuchen etc. Auch im Sommer in dieser Ecke Steigens nur wenig Tourismus, daher u.U. geschlossen. Tel.: 757.79o.5o.

**INSEL ENGELØYA**: zu erreichen per RV 835 Ri. „Bogen/Engeløya“. Bei Bogen wird der Meeresarm Flagsundet mit langer Brücke sowie Dämmen überquert, rüber zur Insel Engeløya.

Superblick vom Jamtfjellet (533 m), südwestl. von Bogen. Der Aufstieg ab Bogen über den Bergkamm, nicht markiert. Aufstieg ca. 1 1/2 Std. Oben grandioser Panoramablick auf Bogen, das Brücken- und Dammbauwerk über den Meeresarm, die Insel Engeløya sowie benachbarte Inseln, Bergketten des Festlands und die Lofoten.

STEIGEN BYGDETUN: an der Südküste der Insel Engeløya und RV 835 im Dorf Våg. Ein kleineres Heimatmuseum mit alten Häusern 18./19. Jhd, einem Doktorhof (1877), altem Lebensmittel- und Haushaltswarengeschäft sowie ein sogen. „Häusler Hof“.

„**Häusler**“ waren arme Leute, die vom Grundbesitzer ein Stück Land gepachtet hatten. Die Bezahlung der Pacht war teils geregelt in Form * Gratis- Arbeitsleistung zu bestimmten Wochen des Jahres so z.B. zur Zeit der Bestellung der Äcker und der Ernte. Für den „Rest“ des Jahres erhielt der Pächter minimal Lohn.

Andere Verträge verpflichteten den Pächter (Häusler) ohne Gratisarbeit, aber * satter Pachtgebühr in Kronen. Dies egal, was der Häusler an Einkünften erwirtschaftete.

Wegen der abgelegenen Lage in Nordnorwegen war der Häusler zudem vom Grundbesitzer und den Handelshäusern (hier u.a. Grøtøy, Løvøy, Korsnes etc.) fast unbeschränkt abhängig und diesen ausgeliefert. Letztere hatten das Monopol in der abgelegenen Nordregion. Sie bestimmten die Preise für Ankauf von Waren wie Fisch etc. (gnadenlos minimal) - sowie im Verkauf: überteuerte Waren, die die Häusler benötigten (Geschirr, Werkzeug, Waffen etc.).

Die Situation bedeutete extreme Armut der Siedler in Nordnorwegen. Die Händler dagegen argumentierten mit hohen Kosten, die sie in Unterhaltung der Schiffswege in den hohen Norden hatten. Teils richtig, vielfach aber arg blauäugig, um hohe Gewinne zu steigern.

Die extreme Armut der „Häusler“ konnte erst 1851 durch das norweg. „Häuslergesetz“ gering reduziert werden. Zu dieser Zeit gab es in Norwegen rund 65.ooo Häusler, wobei ihr Anteil in Nordnorwegen besonders hoch war. 1928 bestimmte das norweg. Landwirtschaftsgesetz, daß Häusler von ihnen gerodetes Neuland in Eigenbesitz nehmen konnten. An der Gesamtsituation konnte dies wenig ändern. Bis in die 5o-er des 2o. Jhds. kam es zu großer Landflucht aus dem Norden Norwegens.

In einem Neubau des Museums sind landwirtschaftl. Geräte sowie des Fischfangs ausgestellt, die die Arbeitsbedingungen früherer Jahrhunderte dokumentieren. Geöffnet: Mitte Juni bis Anfang/Mitte Aug.

STEIGEN KIRCHE: das kleine Steingebäude mit quadratischem, geducktem Kirchturm stammt aus dem Mittelalter (der Chor 12. Jhd.).

INSEL LØVØY: der Insel Engeløya vorgelagert. Im Sommer (Juni bis Anf./Mitte Aug.) Bootsverbindung ab Røssøy zur Insel. Das dortige Handelshaus aus dem 18./19. Jhd. kann besichtigt werden. Zu sehen: das restaurierte Hauptgebäude und ein Lebensmittelspeicher. Weiterhin Runensteine der Wikinger (8oo- 9oo v. Chr.) sowie ein Wanderweg mit seltenen Pflanzen (Hinweistafeln).

Die Führung kostet ca. 1o Euro plus Bootsüberfahrt ca. 1o Euro. Die Preise für unseren Geschmack schon etwas teuer. Voranmeldung (2 Std. vorab) für Bootsfahrt und Besichtigung nötig; Tel.: 757.778.34.

STEIGEN FORTIDSPARK: Reise in die Vergangenheit; eine der bedeutendsten Stätten Nordnorwegens mit Funden aus der Eisenzeit. Ausgegraben u.a. der längste „Bautastein" Norwegens, weiterhin Grabhügel und eine ringförmige Hofanlage aus der Eisenzeit. Für den Normalbesucher wenig spektakulär, da am Boden kaum was zu sehen.

DIETL- BATTERIE: eine Geschützbunker Anlage an exponierter Westlage der Engeløya Insel. Errichtet während des 2. Weltkriegs durch die Nazis. Die Geschütze Typ Adolf hatten exteme Reichweite quer über den Vestfjord und sollten die Meereszufahrt zum Narvik- Erzhafen sichern. D.h. feindliche Kriegsschiffe der Alliierten konnten mit Granaten der Kanone von Land aus abgeschossen und versenkt werden.

Reichweite der Adolf Kanone: je nach Granate **43** bzw. **56 km** (!), - Flugzeit: 2 Min. 1o Sek. Die Kanonen mit Kaliber 4o,6 cm waren damals die größten und potentesten, die in Küstenbatterien des 2. Weltkrieges eingesetzt waren.

Eine supereffiziente Waffe gegen feindliche Angriffe, zumal die Kanonen nicht auf versenkbaren Schiffen, sondern versteckt an Land stationiert waren.

An der norweg. Küste gab es 2 Geschützstellungen mit Adolf Kanonen: * **Insel Engløya** (3 Adolf- Kanonen) zum Schutz der Meereszufahrt zum Erzhafen Narvik - und * **Harstad** (4 Adolf- Kanonen), um die nördlich von Narik gelegenen Meeresfjorde vor feindlichen Kriegsschiffen zu schützen.

Gefertigt wurden die Kanonen von Krupp/Essen. Sie hatten eine Länge von 21,5 m zuzüglich Rückstoßlänge 1o3 cm. Beim Abfeuern von Granaten entstand eine Rückstoßkraft von 58o Tonnen (!), sofern das Rohr in Null Grad Elevation gerichtet war. Bei einer 52 Grad Elevation ergaben sich beachtliche 635 Tonnen. Diese Tonnen wurden durch eine entsprechende Mechanik „abgefedert".

Zur Bedienung waren rund 7o Mann nötig, 2o davon im Geschützturm. Im separaten Komandostand wurden Ziel und Schußwinkel berechnet. Hierzu dienten Ortungsstationen an den Fjorden und auf kleineren Inseln, mit denen der Komandostand in Funkkontakt stand. Bzw. Direktanpeilung des Feindes bei ballistischer Berechnung der Flugbahn.

Bei einem Abschußwinkel von 2o Grad konnte 1 Granate pro Minute abgefeuert werden. Auch von daher ein für damalige Zeiten recht potentes Geschütz. Die Sprengkraft der Granaten betrug 76 bzw. 87 TNT.

Installiert wurden die Adolf Kanonen schon kurz nach Eroberung Norwegens 194o. Den Bau der Geschützstellungen von Engløya und Harstad realisierten sowjet. Kriegsgefangene, - wobei die Geschützstellungen schon nach kurzer Zeit einsatzbereit waren.

Die Adolf- Kanonen sind Kriegs- History in Form von „Geschütz- Dinosauriern". Dies bei heutigen Cruise Missiles, die computergesteuert knapp über dem Boden mehr als 1o.ooo km zum Ziel fliegen.

Besichtigung: der Geschützbunker wurde 1994 renoviert und kann besichtigt werden, ebenso ein kleines Museum. Geöffnet: Ende Juni bis Mitte Aug. (gemäß anderer Info auch Mai - Sept.). Eintritt 1o Euro. Wegen der Lage der Dietl-Batterie hoch oberhalb des Meeres lohnt der Besuch auch außerhalb der Öffnungszeiten wegen des Superblicks über Fjorde und Lofoten.

**Weiter auf der E 6**: ab Tømmerneset durch den 712 m langen Tømmerneset Tunnel, der geradlinig und eben den Berg durchquert. Anschließend entlang des Sagfjordes in rund 1o km nach **INNHAVET**: eine kleinere Siedlung, die sich zentral um Hotel, Shell- Tankstelle und Lebensmittelsupermarkt gruppiert. An den Berghängen zum Fjord viel Wald.

„**Hamarøy Hotell**": im Ortszentrum Innhavet an der E 6 gegenüber der Shell Tankstelle. 3 stöckiges größeres Steingebäude und Übernachtungstipp, wer einen Stützpunkt in der Region sucht. Ziele wie Hamsun Museum/Hamarøy, Drag und Tysfjord, selbst die Dietl Batterie/Steigen sind mit eigenem Auto ab Hamarøy Hotell als Tagesausflug erreichbar.

Im EG geräumiger Rezeptionsbereich mit TV und kleiner Verkaufsvitrine (neben Aufzug, vorwiegend Trolle) sowie großer Restaurantraum. 34 Zimmer relativ groß, mit TV und Bad. Zwar nicht modernstes Mobiliar, so doch in Relation zur umliegenden Einsamkeit der Wälder und Fjorde ok. und komfortabel. Die Zimmer gehen vornraus zur E 6 bzw. seitl. oder nach hinten (dort Blick Haus, Bäume, Parkplatz). Nicht unser Tipp das Restaurant: bei unserem Check fade Küche mit viel Salz.

Seitlich des Hotels separates Swimmingpool Gebäude. Der Pool kann auch von Nicht-Hotelgästen (gegen Gebühr) benutzt werden, allerdings nicht immer offen. Das Hamarøy Hotell ist ganzjährig geöffnet, zur HS jedoch oft von Tourbussen ausgebucht. DZ ca. 1oo Euro inkl. Frühstück. Tel.: 757.772.56o, Fax: 757.726.22. www.hamaroyhotel.no

„NOTVANN CAMPING": 3 km nördl. von Innhavet seitlich der E 6. Wiesenfläche an Fluß und Fjord, auch Vermietung von Hütten. Waschmaschine kann gegen Gebühr benutzt werden sowie Verleih von Booten zum Fischen. Ein relativ kleiner Camping. In separater Hütte kann man TV sehen... Tel.: 757.725.36.

Anschließend landschaftl. schöne Strecke durch einsame Wälder und entlang kleinerer See. Die E 6 überquert in 7 % Steigung eine Bergkette. Abzweigung nach DRAG (Details S. 392) bzw. **E 6** weiter Ri. Nord nach **ULSVÅG**: kleines Nest mit wenigen Häusern am Abzweig der RV 81 via Halbinsel Hamarøy nach **Skutvik** (Lofotenfähre; Details siehe unten).

„**Ulsvåg Gjestgiveri og Fjordcamping**": im Ort Ulsvåg, ein Mix aus einfach eingerichteten wenigen DZ im Hauptgebäude und angeschlossenem Campingplatz am Fjord beim Abzweiger der RV 81. Der Camping als Wiesenplatz, auch Vermietung von Hütten.

2o DZ bzw. Hütten, ca. 4o- 5o Euro. Geöffnet Anf. Juni bis ca. Sept. je nach Auslastung. Tel.: 757. 715.73.

## Abzweig Ulsvåg -> Lofotenfähre (Skutvik) HALBINSEL HAMARØY

In Ulsvåg an der E 6 Abzweigung der **RV 81**. Sie führt gut ausgebaut in 35 km zum Fährhafen SKUTVIK. Fahrzeit mit eigenem Auto knapp 5o Min. Ab hier die kürzeste und häufigste Fährüberfahrt (6- 8 mal tägl., ca. 2 Std.) zu den **LOFOTEN**/Svolvaer.

Analog ist die Straße relativ dicht frequentiert, wobei es vor Fährabfahrts-Terminen zu gewisser Raserei kommen kann, - da die Autos noch rechtzeitig das Schiff erreichen wollen.

Auch als Abstecher lohnt HAMARØY: Hügelland mit Wiesen, aber auch teils schroffe Bergketten von 6oo - 9oo m. Das Festland wechselt mit Inseln und Meer. Im gebirgigen Inland Seen. Eine Harmonie von Wasser und Land in traumhaft schöner Szenerie.

Rund 15 km ab Ulsvåg -> **OPPEID, PRESTEID**: Sitz der Verwaltung der 1.o32 qkm großen Gemeinde Hamarøy (rund 2.ooo Einw.). Die Ortschaft selber hat ca. 7oo Einw., die Häuser verteilt zwischen Wiesen und Wald in einer Ebene am Fjord. Tankstelle und Supermarkt.

„**Hamarøy Gjestegård**": langgestrecktes 1- stöckiges Gebäude mit Cafe, Pub, Night Club und Vermietung weniger Zimmer (ca. 1o) mit Bad. Ganzjährig geöffnet. DZ ca. 5o Euro. Tel.: 757.7o3.o5, Fax: 757.72o.3o. www.hamaroy-gjestegard.no

HAMARØY BYGDETUN: Heimatmuseum mit mehreren Gebäuden aus der Zeit Ende 19. Jhd., so u.a. ein Handelshof. Besichtigung innen möglich mit Interieur (Möbel etc.) aus damaliger Zeit. Geöffnet ca. Mai bis Mitte August. An der RV 81 im Ortsteil Presteid.

TRANØY: zu erreichen über eine 15 km Stichstraße ab Oppeid Ri. Nord. Mehrere Verkaufsgalerien, die sich mit dem Thema „Knut Hamsun" beschäftigen und Illustrationen zu seinen Werken verkaufen. Weiterhin anderweitiges Kunsthandwerk sowie Bücher, Poster, Ansichtskarten etc. Die „Hamsungalleriet" befindet sich im alten Laden, in dem der junge Hamsun 1874 als Kaufmannsgehilfe arbeitete. Die Verkaufsgalerien sind in der Regel nur im Sommer (ca. Mitte/Ende Juni - Mitte Aug.) geöffnet. Die „Hamsungalleriet" verlangt sogar Eintritt ca. 6 Euro!

TRANØY FYR: Leuchtturm von Tranøy. Besichtigung möglich, oben Super Rundblick. Eintritt 6 Euro. Im Sommer (1.6.- 15.8.) zugleich kleines Cafe in Betrieb sowie Besuch des Leuchtturms auch nachts möglich.

HAMSUN MUSEUM: 4 km westl. von Oppeid an der RV 81 Ri. Skutvik. In diesem Haus verbrachte Knut Hamsun seine frühe Kindheit (als 3- 9 jähriger). Er gilt als einer der bedeutendsten Schriftsteller Norwegens, honoriert u.a. mit dem Literatur Nobelpreis 192o. Details siehe Kasten. Das Haus wurde renoviert, zu sehen u.a. die damaligen Möbel sowie die Nähmaschine des Vaters. Für Knut Hamsun waren es Jahre extremer Armut aber auch Naturverbundenheit, die sich in seinen späteren Romanen wiederspiegelt.

KNUT HAMSUN
1859 – 1952
Norw. Schriftsteller,
1920 Lit.-Nobelpreis

**Knut Hamsun**: geboren als „Knut Pedersen" am 4.Aug. 1859 in Lom Nähe Gudbrandsdal/Südnorwegen.

Als er fast 3 Jahre alt war, zogen seine Eltern nach Nordnorwegen, Halbinsel Hamarøy. Das Haus ist heute Museum. Hamsun beschreibt sein Elternhaus als „ärmlich", so doch „unendlich liebes Zuhause". Das Haus liegt oberhalb von Wiesen am Waldrand, zum Anwesen gehörten Stall und Scheune.

Als Hamsun 9 Jahre alt war, wurde er zu seinem Onkel Hans Olsen geschickt, - einem älteren Herren, der kränkelte und daher Hilfe und Pflege benötigte. Olsen arbeitete im nahen Presteid als Schneider und Posthalter. Der alte Onkel war offenbar ziemlich ungenießbar und vorallem undankbar, denn Knut Hamsun berichtet über diese Zeit: „wenig Essen, aber viel Arbeit, viele Schäge und selten oder nie eine Stunde für Spiel und Spaß". Auch sei der Onkel „wohlhabend, aber extrem geizig und im Herzen ein böser Mensch". Für Knut Hamsun waren es die 4 schlimmsten Jahre seines Lebens. Obwohl der Onkel ihn schlecht behandelte, war Knut sehr fleißig. In der Schule fehlte er häufig, da er dem Onkel die Arbeiten als Posthalter erledigte. Der 12 jährige Knut dürfte damals auch jüngster Postbote Norwegens gewesen sein.

Nach der Episode mit Onkel Olsen zog Hamsun zunächst nach Bodø, wo er bei einem Schuhmacher in Lehre ging und 1874 nach Tranøy im Norden der Hamarøy Halbinsel,

KNUT PEDERSEN (HAMSUN)

1874: Knut Hamsun (rechts) im Kreise der Familie Walsøe

wo er dem Kaufmann Walsøe in seinem Laden gegen Bezahlung half. Dies waren für ihn wertvolle Erlebnisse, da er in der Einsamkeit des hohen Nordens durch die Handelsschiffe ersten Kontakt „mit dem Rest der Welt" erhielt. Hierbei bekam er Einblick in die Verhältnisse von Macht und Geld, - Themen die in seine späteren Nordlandromane „*Pan*" (1894), „*Schwärmer*" (19o4) und „*Benoni und Rosa*" (19o8) einflossen.

Nach Tranøy folgten 2 Jahre in Vinje/Vesterålen. Dort war Hamsun zunächst als Lehrer und später als Polizist des dortigen Verwalters tätig. In Vinje schrieb er erste Bauernnovellen „*Das Rätselhafte*" (1877) und „*Björger*" (1878).

Mit beiden Werken reiste er 1879 nach Kjerringøy (Handelsplatz nördl. von Bodø), wo der reiche Kaufmann Zahl lebte. Dieser war als Mäzen bekannt, der begabte junge Leute mit Geld unterstützte. Hamsun konnte Zahl überzeugen und erhielt die für damalige Zeit beachtliche Summe von 2.ooo Kronen geliehen. Damit schien der Weg offen für den Beginn seiner geplanten Schriftsteller- Karriere.

Mit dem Geld reiste Hamsun zunächst nach Südnorwegen. Bereits 188o mußte er einen Job als Straßenarbeiter annehmen, da das geliehene Geld verbraucht war. 2 längere Reisen (1882-85 und 1886-88) führten ihn nach Nordamerika, wo er hoffte, Fuß zu fassen. Immerhin waren die USA das Land der unbegrenzten Möglichkeiten. Hoffnungen, die sich für ihn nicht erfüllten. Statt gefeierter, berühmter Schriftsteller zu sein, mußte er sein Leben als Verkäufer und Gelegenheitsarbeiter fristen.

Die erste USA- Reise mußte er wegen Lungenleiden 1885 abbrechen. Zurückgegekehrt in Norwegen gab er sich den Künstlernamen „HAMSUN" in Anlehnung an sein Heimatdorf Hamsund/Hamarøy.

Nachdem auch die 2. USA Reise (1886-88) fehlschlug (Gelegenheitsjobs), begann Hamsun nach Rückkehr in Norwegen **1888** mit dem **Roman „*Hunger*"**. Er schildert das extrem harte Leben der Leute in Nordnorwegen und ihre Armut. Aber auch die Schönheit der Natur und der sich daraus ergebende ideelle Reichtum. Das Werk trägt zugleich autobiographische Züge (frühe Kindheit und Jugend in Hamarøy). 189o veröffentlicht, wurde es zu großem Erfolg und brachte Hamsun Geld und internationale Anerkennung.

Der 31 Jährige hatte damit seinen langersehnten Durchbruch erreicht. Als nächster, ebenfalls sehr erfolgreicher Roman folgte **„*Pan*" (1894)**. Er setzt sich mit der menschlichen Verflachung und des zunehmenden Einflusses von Geld auf menschliches Verhalten auseinander, - und zeigt den Reichtum des Erlebens der Natur. Beide Romane wurden schon bald in viele ausländ. Sprachen übersetzt und brachten Hamsun zusätzliche Honorare.

**1898** heiratete der zwischenzeitlich zu Reichtum gekommene Hamsun als 38- Jähriger die ebenfalls vermögende Kaufmannswitwe Bergliot Göpfert. 1888/89 war eine Zeit ausgedehnter gemeinsamer Reisen nach Finnland, nach Persien, Türkei und Russland. Mit Schreiben lief aber kaum noch was...

**19oo**: Besuch in der Heimat Hamsuns, Hamarøy. Der Schriftsteller war „schockiert" von der Armut, die er vorfand. In einem Brief des gleichen Jahres an Freunde schrieb er

> *„ich weine und gebe meinen Eltern und meinem Bruder Ole alles Geld, das ich habe. Solch eine Armut habe ich noch nie gesehen"*.

Ein schon reichlich blauäugiger Kommentar. Schließlich verfügte Hamsun seit Erscheinen des Romanes „Hunger" zunehmend über Geld. Und dies seit 1o Jahren! Auch wußte er von der Armut seiner Eltern und des Bruders. Zudem waren „Armut des Elternhauses" entscheidende Elemente, die aus dem Roman „Hunger" einen Bestseller gemacht hatten!

Grund des Besuches 19oo im Elternhaus/Hamarøy: der Schriftsteller hoffte, wieder schreiben zu können nach dem Motto „back to the roots" (zurück zu den Wurzeln). Im Elternhaus richtete er sich über der Stube ein kleines Kämmerchen ein zum Schreiben. Über die Eingangstür vermerkte er *„sie ist genau 1 Meter und 3o Zentimeter hoch - und da muß ich durch... mein Gott, es ist alles so anders hier"*.

Das Schreiben lief zäh, weswegen Hamsun nach wenigen Wochen in eine nahegelegene Erdhütte umzog, - gewissermaßen „hautnah an der Natur". Auch hier ging nichts mit Schreiben, weswegen Hamsun Anfang Juli 19oo nach Südnorwegen abreiste.

Die Reise inspirierte ihn zumindest, den Roman *„Schwärmer"* (**19o4**) in Südnorwegen fertigzustellen. Schriftsteller- Nöte: Sehnsucht nach der Heimat seiner Kindheit, die er liebte in Naturschönheit. Zugleich aber extreme Armut, - viele Reisen (u.a. USA) konnten ihm nicht das geben, was er suchte: Dort (wie er bemerkte) rein materialistisch orientiertes Leben. - Oder war es seine Frau, mit der er nicht harmonierte? **19o6** ließen sich beide scheiden.

**19o9** heiratete der nun 49 jährige Hamsun die 21 Jahre jüngere Schauspielerin Marie Andersen. Frischer Wind in der Beziehung, und offenbar stimmte auch die „Chemie" zwischen beiden. Für Hamsun waren die folgenden Jahre äußerst kreative mit einer Vielzahl erfolgreicher Romane.

**1911** kaufte er in Oppeid/Hamarøy den Skogheim Hof, wo er mit seiner Familie lebte. Also „back to the roots" und Leben im Nordland. Die Frau mußte die Kinder versorgen und den Hof bestellen. Der Hof hatte Superblick auf Berge, Fjorde und Inseln. Somit im Prinzip das, was ein Schriftsteller glaubt, zum Schreiben an Motivation zu benötigen.

Da er sich in „Schreiberei durch Familie gestört" fühlte, reiste er bald in der Region herum, wo er sich in Landgasthöfen einquartierte - im Wunsch dort seine Romane voranzubringen. Auch hoffte er, durch häufigen Wechsel der Schriftsteller- Klause intensiver das Leben, Flair und Not der Bewohner im Nordland erfassen zu können.

Für seinen Roman ***„Segen der Erde"*** (schildert den Bauern Isak, der ins Nordland zieht, um dort Land zu roden und sich eine Lebensexistenz zu schaffen), - besuchte Hamsun eine Vielzahl von Höfen der Region, um dem Roman eine hochstmögliche Autentität zu geben. Der Roman wurde **1917** veröffentlicht und **192o** mit dem **Nobelpreis der Literatur** ausgezeichnet. Hamsun hatte damit den Durchbruch als bedeutendster norweg. Schriftsteller erreicht.

In seinen Werken ist er Romantiker in Liebe zur Natur, der sich der Realität entziehen möchte, da er sie nicht zu lösen weiß. **1925** unterzog er sich einer psychoterapeutischen Behandlung, die nicht weiterhalf.

**194o**: als Hitler Norwegen in Blitzkrieg erobert hatte, unterstützte Hamsun als nun 81 Jähriger diesen Akt. Zusammen mit einem **1945 pro Hitler** verfasstem Nachruf brachte ihm dies eine „Anklage wegen Landesverrat" (23.6.1945) und 4 Monate später Einlieferung in psychatrische Anstalt. Zwar wurde er 1948 aus der Anstalt entlassen und zu hoher Geldstrafe verurteilt, seine Romane wollte aber niemand mehr lesen. **195o** veröffentlichte er als 9o-jähriger sein letztes Buch *„Auf überwachsenem Pfad"*. Es ist ein autobiographisches Werk, mit dem Hamsun sein Verhalten während des Hitler- Regimes in Norwegen rechtfertigen möchte. - Er starb als 92-Jähriger fast blind am 19.2. 1952 im Grimstad.

Heute ist Hamsun auch in Norwegen durchaus akzeptiert, da man zwischenzeitlich zwischen seinen Romanen mit hohem literarischem Niveau - und seiner polit. Aktivität während der Hitler Zeit trennt. Viele seiner Romane wurden an Originalstätten verfilmt.

Das Hamsun Museum ist in den Sommermonaten (Juni bis ca. Mitte Aug.) geöffnet. Die RV 81 führt ab Abzweiger Hamsun Museum südwestwärts und vorbei am Hamarøyskaftet, einer 613 m hohen Felsnadel (erstmals 1885 bestiegen) nach **SKUTVIK**:
Kleines Nest am Meeresarm Okssund und dem Sagefjord. Zugleich wichtigster Fährhafen für die Lofoten/Svolvaer. Im Ort kleiner Supermarkt (Snarkjøp), Übernachtungsmöglichkeit im „Skutvik Gjestegård“: wenige Zimmer mit Dusche und Toil. Tel.: 757.711.17 sowie „Ness Camping“ an kleiner Sandbucht; ebenes Gelände, aber kaum Bäume.

SKUTVIK -> SVOLVAER: kürzeste und häufigste Verbindung ab Festland zu den Lofoten. Im Sommer 6 - 8 mal tägl., außerhalb der Saison ca. 4 mal. Überfahrt 2 Std., PKW mit Fahrer ca. 25 Euro, weitere Person ca. 5 Euro.
Landschaftl. ausgesprochen schöne Überfahrt Richtung Lofotenwand, eine Bergkette, die sich 1.ooo m hoch quer am Horizont über gut 1oo km erstreckt. In gewisser Weise sollte man seefest sein; die kleine Fähre kämpft sich tapfer über die Wogen... Je nach Abfahrtstermin Zwischenstopp auf der kleinen Insel Skrova, die den Lofoten vorgelagert ist, - oder direkt nach Svolvaer. Die Vormittagsabfahrten der Fähre sind für Fotos bei gutem Wetter die schöneren, da die Sonne im Osten aufgeht und die Lofotenwand anleuchtet.

Auch die Fernbusse ab Fauske (Anschluß an Zug) nehmen die Strecke E 6 -> Ulsvåg -> RV 81 Skutvik nach -> Svolvaer, dem Hauptort der Lofoten. Tägl. mehrmals Verbindung.
Die Fähre Skutvik -> Svolvaer ist zugleich Teil der kürzesten Verbindung nach SORTLAND/VESTERÅLEN, Details siehe dort.

**Weiter auf der E 6 -> Narvik**: es gibt 2 Routen:

* die Strecke via BOGNES und Fähre -> SKARBERGET (E 6) ist rund 2o km länger, dafür erheblich kürzere Fährüberfahrt (25 Min.). Sie somit unterm Strich schneller, auch wesentlich häufigere Fährabfahrt bis tief in die Nacht. Somit auch flexibleres Reisen. Im folgenden beschrieben.
* die Strecke via DRAG und Fähre -> KJØPSVIK (827) ist (teils!) landschaftlich schöner. Nebelfreies Wetter Voraussetzung, sonst sieht man von der gewaltigen Felsnadel des Stetind nichts. Die Fährüberfahrt ist länger (45 Min.), zudem seltener und teurer. Details siehe Folgekapitel.

Beide Strecken treffen sich am Efjord, weiter als E 6 bis Narvik.

Via BOGNES -> SKABERGET: die gut ausgebaute, aber kurvenreiche E 6 ab Ulsvåg führt durch Wälder und an Fjorden entlang. Spitzgezackte Berggipfel, die während Jahrmillionen und dem Druck des riesigen Eispanzer über Skandinavien durch Erdverschiebung aufgetürmt und teils auch durch Gletscher seitlich geformt wurden. Derartige Formationen an spitzen bis skuril geformten Gipfeln gibts in Nordnorwegen häufig. In diesem Bereich der E 6 aber besonders schöne Szenerie.

SØRKIL EJORD CAMPING: nördl. von Ulsvåg am Storsdjupet. Stromanschluß für WoMos, Vermietung von Booten zum Angeln sowie Hütten.

„**Tysfjord Touristsenter Hotell**“: modernes, langgestrecktes Holzgebäude an E 6 und Seitenarm des Tysfjord, kurz vor dem Fährhafen Bognes. Ein ausgestopfter weißer Bär am Eingang begrüßt die Besucher. Im Inneren Cafeteria mit Holz und gemütlich für Zwischenstopp. Hausgemachte, preiswerte Gerichte. Im Sommer abends oft Livemusik.

Vermietet werden im Hauptgebäude gemütliche Zimmer mit Holzausstattung, sehr sauber und Bad. Sie gehen Ri. Fjord, von daher ruhig. Sowie komfortable Hütten mit Dusche, Küche. Weiterhin Stellplätze für WoMos. Neben dem Hotel/Camping kleinerer Lebensmittelmarkt.

DZ im Hauptgebäude ca. 8o Euro, Hütten je nach Größe ca. 7o Euro. Ganzjährig geöffnet. Tel.: 757.753.7o, Fax: 757.753.75.

Kurz danach, von der E 6 Superblick auf den zentralen Arm des Tysfjord und umgebender Gebirgsketten. Der Fjord besitzt hier eine Tiefe von mehr als 5oo m, Grund warum bisherige Pläne eines Brückenwerkes wegen extrem hoher Kosten ad acta gelegt wurden. - Die E 6 führt runter zum Fähranleger **BOGNES**.

BOGNES -> SKABERGET: rund um die Uhr Abfahrten der Fähre, tagsüber stündlich - nachts ca. alle 3 Std. Bei Bedarf wird häufiger gefahren. Überfahrt 25 Min., PKW mit Fahrer ca. 1o Euro, weitere Person ca. 2,5o Euro.

BOGNES -> LØDINGEN: selber Fährhafen, die Wartespuren seperat gekennzeichnet. Abfahrten Juni bis Ende Aug. ca. 12 mal tägl., auch nachts. Ansonsten 7- 8 mal tägl. PKW mit Fahrer ca. 13 Euro, weitere Pers. ca. 2 Euro. Die zentrale Verbindung -> Ofoten, Harstad sowie nach Sortland/ Vesterålen. Die Überfahrt nach Lødingen dauert 1 Std.

Wer wenig seetüchig ist, kann die Kurzfähre nach Lødingen plus Straße und weiterer Kurzfähre nach Lofoten kombinieren. Details siehe Lofoten/ Fähranreise.

TIERFELSEN von LEIKNES („Dyreberget“): rund 9.ooo Jahre alte Felszeichnungen Nähe Fährhafen Bognes, ausgeschild. Abzweigung von der E 6 zu kleinem Parkplatz. Offiziell entdeckt 1915, jedoch bereits vorher in der Region als „Dyreberget“ bekannt. Insges. 55 Bilder von Elchen, Hasen, Bären, Rentieren sowie eines 7,63 m langen Schwertwaales. Sie sind in geschwungenen Linien teils übereinander gezeichnet.

Vermutlich dienten sie der Jagdmagie. Durch Abbildung der Tiere wollten sich die Steinzeitjäger Macht verschaffen, um sie in Natur dann besser erjagen zu können. So lautet

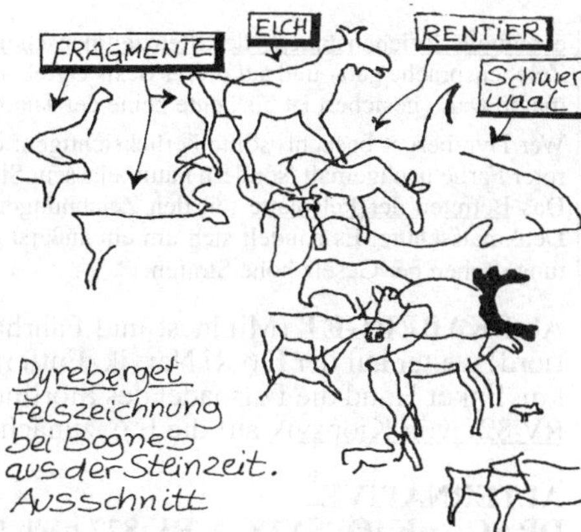

eine der Interpretationstheorien. Ebenfalls möglich, daß es sich um Darstellungen von erlegten Tieren handelt: der Jäger setzt sich ein „Denkmal“ seiner Leistung. Ungeklärt ist auch, warum manche der Tiere in klarer Umrißform gezeichnet sind, andere dagegen in sich überlappenden Linien. Dies, obwohl seitlich genügend Platz gewesen wäre, das Tier separat und komplett zu zeichnen.

Bei den gezeichneten Tieren handelt es sich wohl kaum um eine Art Abbildung „steinzeitlicher Speisekarte“, denn wichtige Tiere (z.B. Heeringe und Lachs) sowie Früchte fehlen.

Bei der Betrachtung fällt auf, daß vorwiegend schwierig zu erjagende Tiere dargestellt sind (z.B. der Bär und der Schwertwaal wegen ihrer Größe oder der flinke Hase, der zickzack läuft) sowie besonders wertvolle Tiere wie das Rentier (als Herdentier leicht zu schlachten für Nahrung/Fleisch). In Sachen Bär oder Schwertwaal kann eine Deutung *„Jagdmagie“* oder *„Jäger setzt sich Denkmal seiner Leistung“* Berechtigung haben. Warum erscheint aber das Rentier: es ist nicht schwierig zu erjagen. Der Steinzeit-Mensch benötigte lediglich einen scharfen Feuerstein, um die Halsader des Tieres zu öffnen (=Tod) und anschließend mit dem Feuerstein in Fleischportionen aufzuteilen. Für Rentiere ist keine „Jagdmagie“ nötig.

Weiterhin erstaunt, daß sehr schwer zu erjagende Tiere wie Bär oder Schwertwaal nicht separat und komplett (d.h. ohne jegliche Überlappung mit anderen Linien) dargestellt sind. Ein steinzeitlicher Jäger, der sich mit seiner Beute per Steinzeichnung ein Denkmal setzen will, hätte das Tier sicher separat gezeichnet!

Zwar prinzipiell möglich, daß ein späterer Jäger sein Beutestück über das seines Konkurrenten zeichnete, um diesem einen „auszuwischen“. Bei den Zeichnungen von Dyreberget sind jedoch eher Überlappungen z.B. Schwertwaal mit Rentier etc. üblich, - also totale Kontraste. Hier: Meerestier mit Landtier.

Gemäß neuerer Theorie könnte es sich (statt Kultstätte oder steinzeitl. Bilddenkmal) um eine symbolische Bildsprache der Steinzeitmenschen handeln. Überlappung Rentier/Elch: = Herdentier, wildes Tier. Überlappung Waal/Rentier = wichtiges Meerestier (schwierig zu erjagen) und Rentier: Herdentier, Nahrungslieferant und leicht als Fleisch zu erhalten etc. Somit eine Bildsprache der Kontraste? Warum steht der Elch über dem Wal? - wobei die Füße des Elches in den Waal in der Schwanzflosse sowie Rückenbereich hineinreichen. Warum ist der Elch als in Körpergröße mächtigstes Tier der Wälder Skandinaviens zwar komplett ausgezeichnet - links von ihm aber ein weiteres angedeutetes Tier abgebildet, dessen Linien unkomplett enden? Weder ordnet sich das Tier dem Elch unter, noch sind die Linien Ri. rechts fortgezeichnet.

Der Wal in Umriß fast komplett gezeichnet und bei 7,63 m Länge das größte Tier der Felszeichnungen. Warum steht aber die Rückenflosse in falscher Richtung? Just hier auch Unterbrechnung der Linie. Die heutige Forschung sucht nach Zeichen, wo „Mängel“ in der Darstellung auftreten (z.B. unkomplett oder Überlappung). Dies in der Hoffnung, eine eventuelle Zeichensprache der Steinzeitmenschen zu verstehen. Möglich, daß es diese Zeichensprache gab - und auf dieser Basis Dyreberget zugleich eine Kultstätte einer Jagdmagie war... gesichert ist bis heute keine der Theorien.

Wer Dyreberget besucht, sollte berücksichtigen: die Felszeichnungen wurden nicht mit roter Farbe nachgemalt, sondern naturbelassen. Sie sind daher nur schwach zu erkennen. Das Betreten der Felsplatte mit den Zeichnungen ist streng verboten. Sie stehen unter Denkmalsschutz. Es handelt sich um ein äußerst empfindliches Kulturgut. Bei Mißachtung drohen per Gesetz hohe Strafen.

Ab **SKABERGET** (Mininest und Fährhafen auf der östl. Seite des Tysfjord) weiter auf der E 6 Ri Narvik. Entfernung Skarberget -> Efjord ca. 15 km, linker Hand die Felsnadel des Stortinden (847 m). Am Efjord trifft die RV 827 von Kjøpsvik auf die E 6, zunächst im folgenden beschrieben.

## ALTERNATIVE
## DRAG -> KJØPSVIK -> RV 827 nach Efjord/E 6

Abzweigung von der E 6 nördl. von Innhavnet, ausgeschildert „Drag". Es geht weitgehend eben durch lichte Wälder und am See Dragsvatn entlang in 5 km nach **DRAG**: Mininest mit Häusern weit verteilt in den Wäldern, „Joker"- Lebensmittelmarkt, Post, Bank, Gjestegård und Fähranleger am Seitenarm des Tysfjord.

„**Drag Gjestegård**": direkt am Hafen und Fähranleger. Das zweistöckige Holz/Steingebäude besitzt im Erdgeschoß ein Restaurant mit Bar, letztere ist abends meist gut besucht und Treff. Die freundliche Besitzerin begrüßte uns morgens bei „Aufräumarbeiten". Im Oberstock Vermietung von 8 ordentlichen Zimmern mit Dusche, Toilette und TV, durchaus Tipp auch vom Preis. Das Gjestegård ist wichtiger Stützpunkt der Region sowie für Trips Ri. Ost und schwed. Grenze. Ganzjährig geöff net. DZ ca. 9o Euro. Tel.: 757.735.2o, Fax: 757.733.32.

ÅRRAN LULESAMISCHES ZENTRUM: das Hauptgebäude als große Holzpyramide mit Seitengebäuden, Nähe Fähranleger und von dort zu sehen. Das Zentrum dient der Bewahrung der lulesamischen Kultur und wurde 1994 im Beisein des norwegischen Königs Harald V. eingeweiht.

Das Gebiet auf norweg. Seite bis „Grenze" sowie in Schweden bis Luleå ist traditionelle Heimat der Luleå Samen. Als diese Region im 19. Jhd. von Norwegern und Schweden erschlossen wurde, nahm man wenig Rücksicht auf die Ureinwohner Samen, ihrer Sprache und Kultur.

Die Siedler aus dem Süden (Norweger und Schweden) rodeten in den Nordlandgebieten Wald, gründeten Dörfer und Städte, wobei die Ureinwohner zunehmend in die Wildnisgebiete abgedrängt wurden, - oder in den neuen Siedlungen Jobs fanden und sich der Sprache und Kultur der neuen Siedler anpassen mußten.

Im Årran Zentrum ein Kindergarten, in dem Luleåsamisch gesprochen wird. Kinder, die der Sprache nicht mächtig sind, da die Eltern in rein norweg. sprachigem Gebiet wohnen, erlernen sie hier.

Das Årran Centre of Resources ist eine weiterführende Institution der Förderung in Kursen der samischen Sprache und tradit. Handwerks („Doudje"). Letzteres ist aufgeteilt in

„hard Doudje" (Holzarbeiten, Knochenschnitzereien, Knochen und Holzarbeiten) - sowie „soft Doudje" (samische Kultur in Handwerk Fell-, Leder-, Wolle- und Textilarbeiten).

Das Center arbeitet mit der weiterführenden Samen- Schule in Hamarøy zusammen, die im Status vergleichbar einer nordamerik. „High School" ist und nach Schulabschluß das Recht zum Besuch einer Universität bietet. Dies auf Basis samischer Sprache und Kulturausbildung. Eine eigene Samen- Universität fehlt derzeit noch. Aber die norweg. Universität Bodø hat eigene Semester in lulesamischer Sprache sowie Doudje. Seit 1999 gibt es auch ein eigenes Samen- Parliament in Drag.

Im Årran Zentrum weiterhin ein Museum, das über die Geschichte der Samen berichtet, Umwelt und Lebensbedingungen. - Eine Radiostation („NRK SAMERADIO"), die ausschließlich in lulesamischer Sprache sendet, - sowie eine Bibliothek.

Auch Reisende und Besucher sind im Årran Lulesami Centre willkommen. Geöffnet ganzj., ca. 1o - 15.3o, im Sommer länger. Eintritt 8 Euro.

STEINE SAMMELN: in der Region Drag (vorwiegend nördlich) gibt es mehr als 2o Steinbrüche, Eldorado für Mineraliensammler. Funde u.a. Albit, Tysonit, Amethyst, Samasrkit, Amazonensteine, Blutsteine, vielfarbige Bergkristalle etc. Mit Hämmerchen auf Entdeckung gehen. Tipps zu Fundstellen u.a. im „Drag Gjestegård", organisierte Führungen durch Th. Bredesen/Drag gegen Geld. Vorab Preis klar vereinbaren! Steinesammeln auf eigene Faust ist gratis, sofern man sich nicht auf Privatgelände bewegt.

Die Firma „Norweg. Crystallites S.A." fördert bei Drag ultrareinen Quarz, wichtig für Industrieproduktion. Fundstellen von rotem Augengneis in Finnøy/Hamarøy sowie Nordskott, - bei Tiltvik/Hamarøy: Granat, bei Liland/ Hamarøy: Rauchquarz und Flußspat, - bei Korsnes Nähe Fähranleger Bognes: Thulit, - bei Kjøpsvik: Fergusonit, Thalenit und Gadolinit. Wir freuen uns über Leserpost von Mineraliensammlern und Erfahrungen in der Region.

WANDERUNGEN Region HELLEMOBOTN am Ostende des Tysfjord/Hellemofjord. Allein die Fahrt mit dem Schiff auf dem immer enger werdenden Fjord, eingeklemmt zwischen steilen Berggipfeln ist ein Erlebnis.

Hellemobotn bis schwed. Grenze wird in Publikationen oft als *„schmalste Stelle Norwegens von lediglich 6 km"* gefeiert. Dies ist eine Superlative gewissen Augenpulvers. Hierbei wird ->Wasser (Tysfjord/Hellemofjord) offenbar als nicht zu Norwegen gehörig betrachtet, wobei dann lediglich 6 km Landmasse bis zur schwed. Grenze bleiben. In derTat superschmal.

Die Szenerie ist gigantisch: ein 5 km langer Canyon mit bis zu 6oo m fast senkrechten Felswänden und Wasserfällen. In manchen Stellen ist der Canyon unten nur 5o m breit. Er ist der tiefste Nordeuropas.

Problem sind die schwierige Erreichbarkeit sowie fehlende Unterkünfte in Hellemobotn. Im Sommer fährt ein kleineres Personenboot 3- 4 mal/Woche ab Hellandsberg (in Karten auch eingez. „Helland"). Das Dorf liegt rund 5 km südöstl. von Drag und ist per Straße zu erreichen. Das Schiff fährt in rund 35 Min. bis Musken am Südufer des Tysford, eine kleine Samensiedlung. Bei Bedarf fährt das Schiff angeblich weiter bis Hellemobotn, so zumindest die Auskunft von Einheimischen in Drag. Da nur sehr wenige Leute in Hellemobotn leben, vorwiegend Fischer (haben ihr eigenes Boot) sowie Rentierhirten, besteht „Bedarf" nicht zu häufig. Schiffs-Gesellschaft: OVDS Tel.: 769.676.oo, Fax: 761.182.o1. Unbedingt vorab prüfen. www.ovds.no

Alternative ist Anmieten eines Schiffes: in Drag „Brødr. Johansen" (Tel.: 757.743.29) mit großem und modernem Schiff, auf das 1o oder mehr Personen passen, allerdings nicht billig. Berechnet wird entweder pro Strecke - oder nach Stunden Aufwand, z.B. wenn der Kapitän in Hellemobotn wartet, bis die Wanderer wieder von der Canyon Besichtigung zurückkommen. In dem Fall ab/bis Drag inkl. Canyon mit 1 Tag kalkulieren. Wer zu mehreren reist, kann sich zumindest die Kosten für das Schiff teilen; in dem Fall ist Kapitän Johanson die bequemere Variante für den 1 Tages Trip. Preise immer vorab und klar vereinbaren. Spart späteren Ärger.

HELLEMOBOTN: kleines Samennest am östl. Ende des Hellemofjordes. Es sind vorwiegend Jäger, Rentierhirten und Fischer, die hier leben. Die Häuser am Einfluß des Jávgajohka und Njallajohka in den Fjord. Auf samisch heißt Hellemobotn „Vuotnabahta". Keine Unterkunft, außer eventuell per Sympathie privat. Die Mündungsebene ist dicht bewaldet.

Bereits im Bereich von Fjord und Siedlung per Brücke auf die südliche Seite des Njallajohka wechseln. Der Pfad folgt dem Flußlauf Ri Südost und steigt beim See Vuotnabahtjárvi im Süden steil den Berghang rauf. Superblick auf Ebene und Fjord. Weiter in Ri. Ost, später Nordost oberhalb des Canyons. Blick in den Canyon, der fast wie mit dem Messer zickzack senkrecht in den Fels geschnitten ist, unten 3 Seen. Bester Blick am nordöstlichen Ende (siehe Skizze), wo die waagrechte Felsplatte in die Senkrechte „übergeht" bei mehreren Wasserfällen.

Wanderzeit mit Stopps ab Helemobotn bis Canyon Ende ca. 2 1/2 - 3 Std. Karte: „Statens Kartverk" Maßstab 1 : 5o.ooo, Karte Nr. 223o IV Hellemobotn.

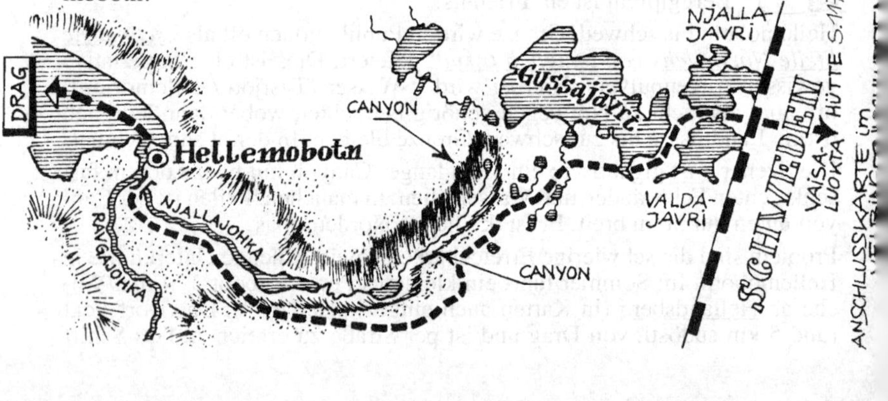

Der Trail setzt sich fort nach Schweden zum dortigen Padjelanta Nat. Park. Ein Extremtrip, der entsprechende Ausrüstung (Zelt, Wärmeschutz, Kleidung, Kompass, Wanderkarte, Nahrung etc.) benötigt, da total abseits der Zivilisation. Ab Ostende des Canyons der Trail weiter südl. des Sees Gussajárvi in 15 Std. zum Akajaure See/Schweden und dortiger Hütte Vaisaluokta. Damit wird der absoluter Randbereich des schwed. Padjelanta Nationalpark erreicht.

Ab Vaisaluokta Hütte im Sommer Bootsverbindung über den Akajaure See zu seinem Nordufer und Ritsem mit Straße und Bus nach Gällivare. Somit eine mögliche und landschaftl. schöne Querverbindung zwischen Nordnorwegen und Schweden. Ebenso kann ab Vaisaluokta Hütte über einen südwärts führenden Trail in weiteren 12- 15 Std. Staloluokta am Virihaure See erreicht werden, dem zentralen Stützpunkt im Nat. Park mit Wasserflugzeug Verbindungen nach Kvikkjokk sowie Trail nach Sulitjelma (siehe Seite 292). Weitere Details siehe VELBINGER Band 18 SCHWEDEN.

RÅGGEJAVRE HÖHLE bei Musken am Südhang des Tysfjord. Die Höhle ist für die Öffentlichkeit nicht erschlossen und in sofern außergewöhnlich, da sie im Inneren alpine Bergsteiger- Ausrüstung benötigt. Der Höhlengang führt 5oo Höhenmeter (!) in schmalem, teils nur 2 x 3 m großem Tunnel über glatte Felsplatten schräg bis fast senkrecht runter (Storstupet) und benötigt entsprechende Ausrüstung. Nur selten besitzt die Höhle waagrechte Abschnitte. Somit Extremkletterei in schmalem Höhlenkanal bei hoher, bergsteigerischer Anforderung plus Höhlen-Know How (z.B. glitschige Wände durch Wasser und Erdeinspülung). Nach dem Storstupet geht's in einen Höhlenkanal, der schachtähnlich senkrecht runter führt, anschließend weiter in einem Schräggang zum Höhlenausgang am Fjord. Warnung: Höhle nur mit kundigem Führer besuchen!

Übernachtungsmöglichkeit im Musken im dortigen „Sommerhotell" Tel.: 757.748.12. Dort auch Infos für „Extrem- Alpinhöhlenfans" zur Höhle.

DRAG -> KJØPSVIK: Autofähre tägl. 2 mal, zuzügl. im Sommer je nach Wochentag 1 - 2 mal. Die Überfahrt 45 Min. PKW mit Fahrer ca. 9 Euro, weitere Person ca. 2,5 Euro.

Die seltenere Abfahrt der Fähre ist Nachteil der Verbindung, - zudem längere Überfahrt als E 6 (Bognes -> Skarberget).

Moderne, aber nicht allzugroße Fähre. Unterhalb des Wasserspiegels ein kleiner Aufenthaltsraum mit Cafeteria. Oben, wo der Kapitän residiert, guter Überblick der Fjordüberquerung. Beim Passieren der Insel Hulløya gibt es eine Mulde in der Insel, wo der Wind je nach Wetterbedingungen wie in Trichter in den Fjord peitscht. Entsprechend schaukelt die Fähre.

**KJØPSVIK** (ca. 1.4oo Einw.): der Ort am Tysfjord erstreckt sich am Hang sowie auf kleinem Plateau oberhalb des Meeres. Direkt beim Fähranleger kleiner Supermarkt. Kurz vor dem dortigen RONDELL biegt eine Straße ab, die am Hang raufführt rechts zum Ortszentrum auf dem Plateau.

Bzw. ab Fährhafen und Rondell: Beginn eines Tunnels (RV 827), der das Ortszentrum unterquert. Ob das teure Bauwerk unterhalb Kjøpsvik nötig gewesen wäre, fragt sich. Die Norweger haben offenbar satt Geld in die Region gepulvert, um selbst die kleine Ortschaft zu untertunneln. Für den Reisenden ermöglicht es zumindest ab Fährhafen die Einsparung von geschätzt ca. 7 Min. der Ortsdurchfahrt Kjøpsvik... Die RV 827 führt direkt weiter zum Stetinden und Efjord/E 6.

Rechts am Rondell Abzweigung der Zufahrt zu einer großen Zementfabrik. Gegründet Anfang des 2o. Jhds. als *„Portland Cementfabrik A/S“* (heute NPC). Sie ist elementar für Tunnel- und Brückenbau in Nordnorwegen (Zement als Basis für Betonbauten wie insbes. Brücken und Tunnel). Das Zementwerk gilt als nördlichstes der Welt, - ist zumindest nördlichstes in Nordnorwegen.

FÄHRE "VIRAK" auf der Strecke Drag → KJØPSVIK

Zur Realisierung der Fabrik Anfang des 2o. Jhd. in einsamer und total abgelegener Nordlandregion wurden Aktien ausgegeben. Sie waren wertvoll bei zunehmend höherer Notierung in der Börse. Denn Zement war bereits damals elementar zum Anlegen von Hafenmolen.

Im Ortszentrum Kjøpsvik auf Bergplateau 2 kleinere Supermärkte, Bank, Rathaus und Taxistand. Das Areal zweckmäßig angelegt, jedoch ohne besonderen Flair. Weiter nördl. der Straße Steinbrüche; sie liefern das Material für die Zementfabrik.

„**Hotel Stetind**": an Ortszufahrt ab Hafen den Berg rauf zum Zentrum. Seitl. re. ausgeschilderte kurze Abzweigung. U- förmiges einstöckiges Holzhaus in Waldareal am Hang, gemütlich und friedlich. Gute Hotelküche. Im Sommer Lichtbildvorträge zum Tysfjord, lohnt! Nur wenige, einfach eingerichtete Zimmer (16) mit Bad, die im Sommer meist ausgebucht sind, da weitgehend einzige Unterkunft der Region an der RV 827. Ganzjährig geöffnet. DZ ca. 8o Euro. Tel.: 757.741.oo, Fax: 757.744.oo.

Die **RV 827** ab **Kjøpsvik** sehr gut ausgebaut als breite und zügig befahrbare Landstraße - zunächst am Ostufer des Inde Tysfjord. Anschließend intensives Tunnelbauwerk: insges. **7,8 km Tunnel** auf **39 km Straße** von Kjøpsvik -> Efjord/E 6. Viel Aufwand und Geld für eine abgelegene Region.

BRATTLI- TUNNEL (3.56o m) und kurz nach Kjøpsvik. Er führt geradlinig durch den Berg, lediglich am Tunnel Ein- und Ausgang kleine Kurve, um Blendeffekt des Tageslichts zu vermeiden.

NARVIK- TUNNEL (53o m). Gleich nach Tunnelausgang Superblick auf den Felsfinger des **STETINDEN** (1.392 m). Er ist markantes Wahrzeichen der Region und steht unter Naturschutz. Das Einschlagen von Krampen, Haken oder anderen Hilfsmitteln für Bergsteiger ist verboten. Ab Parkplatz an der RV 827 unterhalb des Gipfels eine Infotafel.

Dort sind per Reißnagel Papiere angeheftet, die Tips für Bergsteiger geben. Bei unserem Check waren (wie kaum anders zu erwarten), - sämtliche Papiere von Bergsteigern abgerissen. Zumindest blieb der Hinweis:

*„Das Benützen von Dübeln, Gewindebolzen und anderen dauerhafte installierten Hilfsmitteln ist beim Klettern verboten".*

Offenbar halten sich nur wenige daran, wie uns berichtet wurde. Mal gespannt, wie's weitergeht. Bald ist die Schönheit „**vollgedübelt**" bis zum geht nicht mehr. Zumindest schüzt sich die Schönheit mit Felsfinger vor „Schönwetter- Bergsteigern". Bei aufkommendem Schlechtwetter bis heute gab es mehrere Tote.

Die **RV 827** führt per STETIND- TUNNEL (2.73o m) mitten durch den Berg. Die Rückseite des Stetinden ist optisch weniger spektakulär. Gleich danach der EFJORD TUNNEL (1.6oo m).

Anschließend recht geradlinig entlang des Efjord (weniger spektakulär) zur E 6, die am Brückenbauwerk über den Efjord erreicht wird.

**Weiter auf der E 6** nach Narvik: zwei kleinere Brücken sowie kurz danach die große 55o m lange Hängebrücke überqueren den Efjord. Anschliessend schöne Strecke am Fjord entlang, dann Überquerung von Bergketten nach **BALLANGEN** (ca. 1.ooo Einw.), einer ehemaligen Minensiedlung oberhalb des Ballangen Fjordes. Die Bjørkåsen Mine (Kupfer, Schwefelkies) ist seit 1964 geschlossen. Die alten Gebäude, Förderturm und Häuser der Bergarbeiter stehen noch, sind aber nicht zu besichtigen. Der Hauptstollen (Martinstollen) lief schräg in den Berg und erreichte eine Tiefe von 85o m. Die Verschiffungsanlagen befanden sich am Ballangenfjord.

Heutiges Ortszentrum an der E 6 und Kreuzung mit Tankstellen. In diesem Bereich mehrere 2 stöckige Gebäude mit Läden, Supermarkt und Tourist-Info (letzteres nur im Sommer zur Saison offen).

BALLANGEN CAMPING: 1,5 km nach Ortszentrum Ballangen links der E 6 Ri. Narvik. Riesige Anlage mit Unzahl von Hütten (klein bis groß und komfortabel), WoMo Stellplätze mit Elektroanschluß, Tennisplatz, open air Swimmingpool mit kleiner Rutsche sowie großes Cafeteria Gebäude. Die Preise für Hütten variieren nach Größe und Ausstattung, ca. 45 - 7o Euro. Tel.: 769.276.9o.

Ab Ballangen entlang der E 6 zunehmend dichter besiedelt. Der Skjomen Fjord wird mit einer 71o m langen Hängebrücke überquert. Sie ist eine der längsten Nordnorwegens. Als fast 3/4 km langes Bauwerk beachtlich, obwohl man bei der Menge an Brücken und Tunneln derartiges eher als angenehme Abwechslung denn „Ingenieurleistung“ erlebt. Der Fjord bei der Brücke wenig spektakulär: langgestreckte, flache Bergketten.

Eine Stichstraße führt am Nordufer des Fjords zu seinem Südostende und weiter im Skjomendalen/ Norddalen. Bzw. zum Südzipfel des Fjordes bei Sörskjomen (in Karten auch „Skjombotn“ bezeichnet). Grund des Straßenbaus sind mehrere Kraftwerke von rund o,3 Mio. KW. Sie beziehen ihre Wasserenergie von umliegenden Gletschern und Berggipfeln bis 1.6oo m.

Für Wanderer sind die Straßen Zugang zu markierten Trails im Grenzbereich zu Schweden sowie rauf zur Ofoten Eisenbahn. Mit Abstand beste Detailkarte die schwed. Turkart „Narvik - Abisko“ BD 6, Statens Kartverk, Landmärteriet, im Maßstab 1: 1oo.ooo, die superdetailliert Höhenlinien, Seen, Berge, Gehöfte und Trails abbildet. Sie deckt den Bereich Skjomen und südlich - sowie Ost: Kungsleden/ Schweden bis Nikkaluokta - und Nord: Narvik bis Bjerkvik bzw. auf der schwed. Seite Abisko und Torneträsk See. Die Karte ist in Norwegen z.B. Kiosken in Ballangen bei Glück erhältlich. Preis dort ca. 13 Euro. Besser aber vorab von zu Hause mitbringen.

Die E 6 ab Hängebrücke über den Skjomenfjord weiter Ri. Narvik bei zunehmend dichterer Besiedlung. Ortszufahrt NARVIK über flache Brücke.

# NARVIK

**(ca. 2o.ooo Einw.)**

*Nicht gerade schönste Stadt Nordnorwegens, so doch wichtiger Verkehrsknotenpunkt. Sehenswert das Kriegsmuseum, die LKAB Eisenerzverladung und die Seilbahn auf den Fjellheisen mit Superblick.*

Die E 6 / Fauske kommt von Südost und überquert in flacher Brücke den Beisfjord. Dort Ortseingang NARVIK. Anschließend Lagerhallen, Fabrikation mit Hafenflair und Schrottplätze - sowie Rimi Supermarkt. Optisch unattraktiver kann eine Stadtzufahrt kaum ausfallen.

Näher am Zentrum: größeres Geschäft für Angelsport sowie Anlegestelle der Schnellboote (15) nach Svolvaer/Lofoten und weiter Bodø. Die Zufahrtsstraße mündet auf den TORV (1), dem zentralen Platz von Narvik. Hier das Kriegsmuseum (2) sowie gegenüber Taxistand (7), Rathaus (6) und wenige Geschäfte. Weitere wenige Geschäfte in der Dronningensgata, die parallel oberhalb des TORV liegt.

Das Stadtzentrum ist sehr kleinräumig um den TORV, bei zudem wenig attraktivem Bild der modern- faden Architektur. Die Wohngebiete der reicheren Leute liegen oberhalb am Berghang mit teils tollem Fjordblick.

**Geschichte**: Mitte des 19. Jhd. gab es lediglich rund 5 Bauernhöfe sowie wenige Fischerhütten am Fjord. Gewissermaßen ein einsames Nest am Ende der Welt.

Ein entscheidender Umstand brachte den Aufschwung: Drüben auf der schwed. Seite in Kiruna und Gällivare befinden sich riesige Eisenerzlager, deren Schätze es abzutransportieren galt. Ein schwieriges Unterfangen wegen der total abgelegenen Lage. Im 19. Jhd.

NARVIK: Nazipanzer, aufgestellt auf dem Hauptplatz Torv.

## NARVIK

1 Torv, Hauptplatz
2 Kriegsmuseum
3 Apotheke, Shops
4 Kulturhaus
5 Buchhandlung Libris
6 Rathaus
7 TAXI, BUSTERM.
8 TANKSTELLE Statoil
9 Narvik Hotel
10 Bank
11 Nordstjern Hotel, TOURIST INFO
12 POST
13 Schwedische Kirche
14 Ofoten Museum
15 ABFAHRT SCHNELL-BOOTE -> Svolvaer/ Lofoten, Bodø
16 Breidablikk Gjestehus
17 TANKSTELLE Esso
18 Grand Royal Hotel
19 Katholische Kirche
20 Tankstelle
21 SHOPP. STEEN & STROM
22 BAHNHOF
23 Narvik Camping
24 Aussichtspunkt
25 Norlandia Narvik Hotel
26 Talstation Seilbahn
27 Blick auf Narvik Bucht
28 Frydenlunfd Buchhandl.
29 Domus Supermarkt
30 Bjørns Mat of Vinhus
31 Ydrettenshus (Sport)
32 Steinzeichnungen
33 Småbåthaven
34 ABFAHRT Boote zum Rombaksbotn Fjord
35 Krankenhaus
36 Narvik Kirche
37 Stadion
38 Jaklamyra Idrettsplas
39 Erzverlade Anlegestelle
40 LKAB Verwaltung
41 Blick
42 FLUGHAFEN

N
PZ

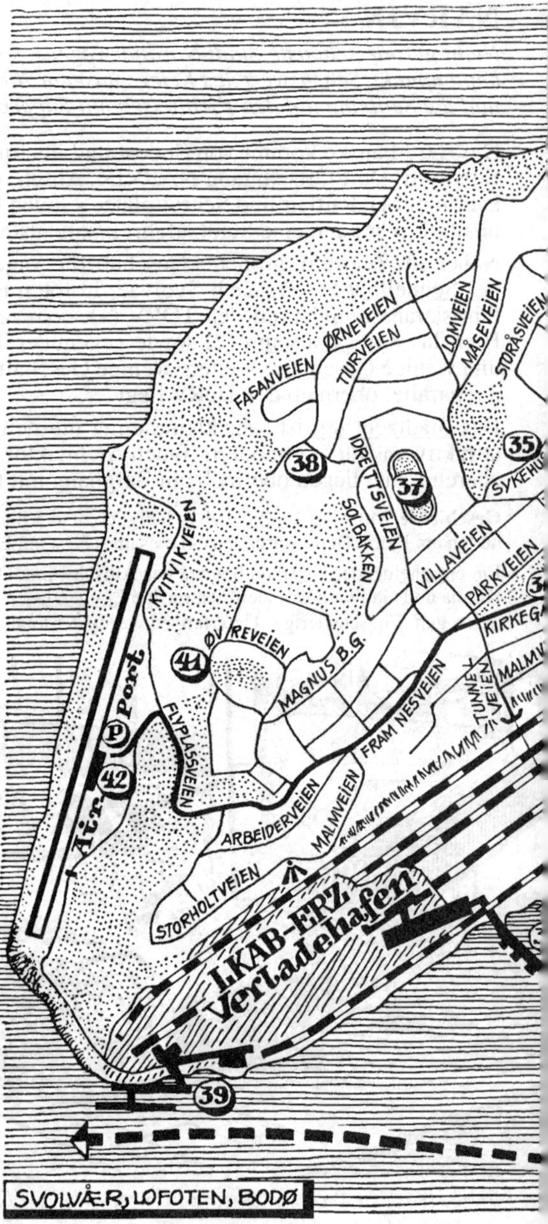

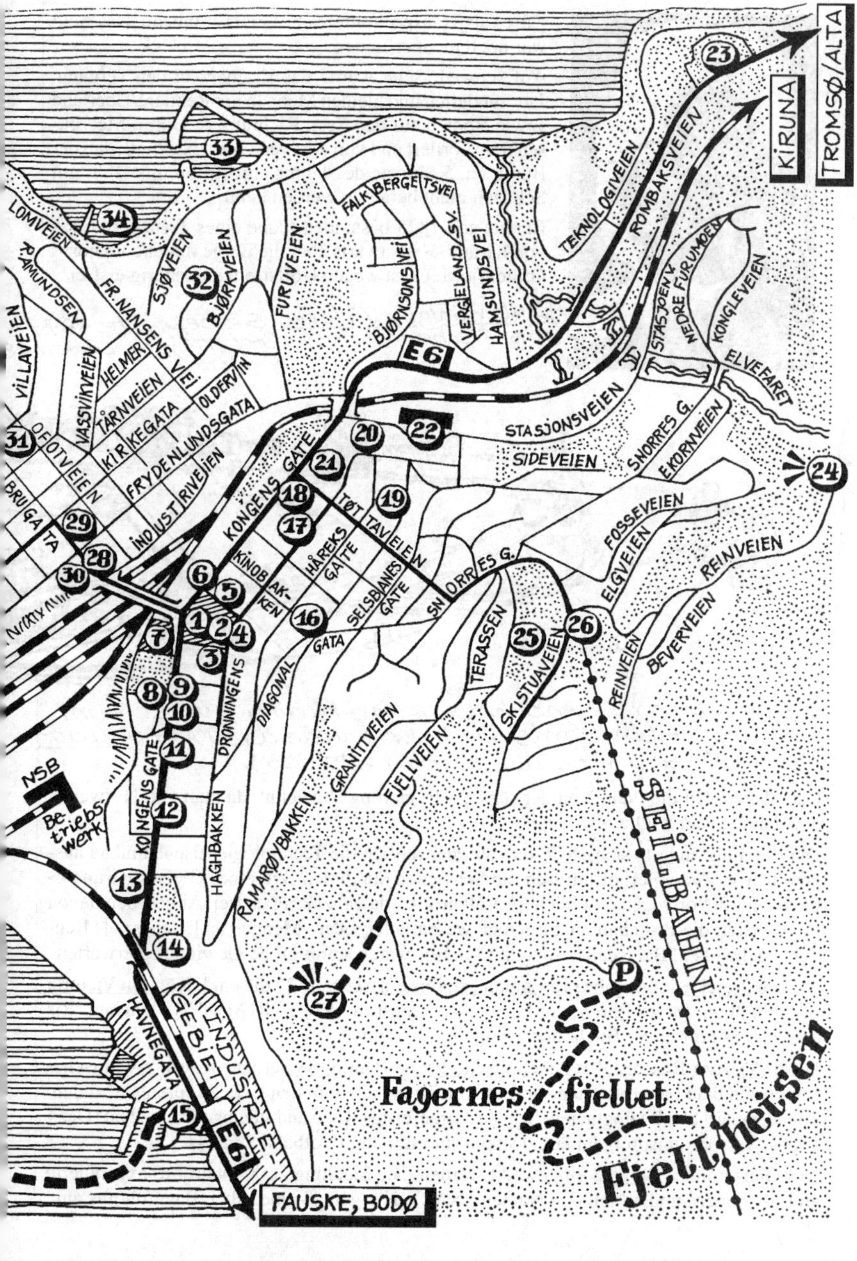
TROMSØ/ALTA
KIRUNA
TEKNOLOGIVEIEN
ROMBAKSVEIEN
LOMVEIEN
R.AMUNDSEN
FR. NANSENS VEI
SJØVEIEN
BJØRKVEIEN
FURUVEIEN
FALK BERGETSVEI
BJØRNSONS VEI
VERGELAND SV.
HAMSUNDSVEI
STASJONSV.
NEDRE FURUMOEN
KONGLEVEIEN
ELVEFARET
VILLAVEIEN
VASSVIKVEIEN
HELMER
TÅRNVEIEN
KIRKEGATA
OLDERVIIN
FRYDENLUNDSGATA
E6
OFOTVEIEN
BRUGATA
INDUSTRIVEIEN
KONGENS GATE
STASJONSVEIEN
SIDEVEIEN
SNORRES G.
EKORNVEIEN
FOSSEVEIEN
ELGVEIEN
REINVEIEN
BEVERVEIEN
KINOBAKKEN
HÅREKS GATE
TØTTAVEIEN
SELSBANES GATE
SNORRES G.
TERASSEN
SKISTUAVEIEN
DRONNINGENS
DIAGONAL GATA
GRANITTVEIEN
FJELLVEIEN
RAMARØYBAKKEN
HAGHBAKKEN
NSB
Betriebswerk
SEILBAHN
HAVNEGATA
INDUSTRIEGEBIET
Fagernes fjellet
Fjellheisen
FAUSKE, BODØ

gab es als Transportmittel Schiff und Eisenbahn. Das Auto war noch nicht erfunden.

Auf schwed. Seite wurde das Eisenerz in den vergang. Jahrhunderten und kleinen Mengen per Rentiere/Überland sowie Booten auf den Seen Richtung -> Bottn. Meerbusen transportiert und von dort verschifft. Nachteil, daß der Busen ca. 5 Monate des Jahres eingefrohren ist, d.h. mit Schiffen nicht befahren werden kann...

Bereits seit 1825 bestanden Pläne eines Transportweges von Kiruna -> westwärts über die Berge runter zum norw. Ofotenfjord. Er ist wegen Golfstrom ganzjährig eisfrei.

Engl. Königin Victoria. Sie besuchte 1877 das Fischernest am Ofotenfjord im Rahme

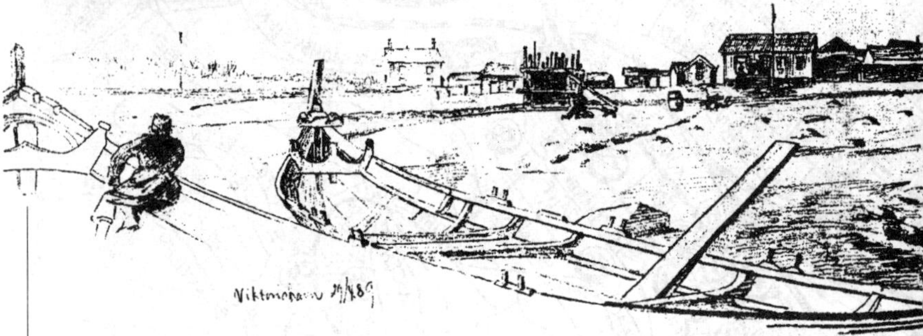

des geplanten Eisenbahnbaus ab Kiruna runter zum norweg. Ofotenfjords. Nach ihr wurde das Nest "Victoriahavn" benannt. Illustration von 1889.

Damals wurden die Pläne von der schwed. Regierung abgelehnt, da man von Norwegen unabhängig sein wollte.

Die Meinung änderte sich 1877, da zwischenzeitlich die Technologie Eisenbahnbau ausgereift war. Zudem erhofften sich die Schweden durch den Bau eines Gleises Kiruna -> Ofotenfjord/Norwegen erhebliche Absatzprofite, da ganzjährig eisfrei. Abgesehen davon transportiert die Eisenbahn naturgemäß wesentlich größere Mengen an Eisenerz als Rentiere, siehe oben. Bei Realisierung des Gleises waren somit große Gewinne zu erwarten.

Um die Projekte in Vergabe pro England zu fördern, reiste 1877 die engl. Königin Victoria persönlich an. Ihr zu Ehren wurde das Fischernest in „VICTORIAHAVN" benannt. Bis dato gab es dort in der Bucht nur wenige Fischerhütten.

Die 1883 zum Bau beauftragte englische Firma Pinn & Millet war wegen gigantischer Baukosten bald bankrott. Eine Vielzahl von Tunneln war in den Berg zu sprengen, zudem krasse winterliche Bedingungen: Schneestürme, eisige Kälte und ständige Dunkelheit (Dez.-Febr.), Versorgungsproblem etc.. Details zum Bau der Ofotbahn Seite 411.

Das Gleis konnte 19o2/o3 eingeweiht werden. Die Siedlung am Ofotenfjord expandierte an Einwohnern und erhielt den Namen „NARVIK" (gemäß eines alten Bauernhofes am

Fjord). Offenbar wollte man sich von den Engländern und ihrer Königin Victoria auch namentlich trennen. Das Gleis war von einem Firmen- Konsortium Schweden/Norwegen und insbes. der schwed. LKAB realisiert. Letztere kontrollierte den Eisenerzabbau in Kiruna sowie den Erzhafen Narvik.

Die Gewinne der LKAB in der 1. Hälfte des 2o. Jhds. waren gigantisch, zumal das Eisenerz von Kiruna hohen Reinheitsgehalt besitzt. Die Bewohner von Narvik hatten Jobs bei der Eisenerzverladung auf Schiffe, im BW (Bahnwerkstätten) der Ofotenbahn sowie im Support der Schiffe (z.B. Lebensmittelversorgung bis Reparatur etc.). Große Reichtümer konnten sie nicht erlangen, da Narvik „lediglich Exporthafen" war, - die großen Gewinne aber die schwedische LKAB im Transport und Verkauf des Eisenerzes machte.

★**2. Weltkrieg**: am 1o.4.194o Angriff Hitlers auf Narvik mit 1o deutschen Kriegsschiffen. An Bord 2.ooo Gebirgsjäger unter Führung General Dietls, die innerhalb kürzester Zeit die Stadt erobert hatten.

Für Hitler war Narvik wichtige strategische Position. Durch den Besitz des Eisenerzhafens konnte er den Export kontrollieren, - elementar für seine Kriegsindustrie (u.a. Panzer und Kriegsschiffe). Noch am gleichen Tag sowie am 13.4.194o kam es zu zwei Seeschlachten mit britischen Kriegsschiffen, bei dem u.a. sämtliche deutsche Kriegsschiffe versenkt wurden. Dietls Truppen konnten jedoch nicht aus der Stadt vertrieben werden, - auch durch schwere brit. Bombardierung aus der Luft am 24.4.4o nicht.

Erst ein Großangriff der Alliierten am 13.5.4o vertrieb die Deutschen aus der Stadt Ri. Berge und schwed. Grenze. Zuvor hatten sie sämtl. Infrastruktur der Stadt zerstört (Eisenbahngleise, Verladeanlagen etc.). Die Alliierten übernehmen Narvik, - ziehen sich

NARVIK Anfang 20. Jhd. Die Stadt florierte als Verschiffungshafen von Eisenerz, bei jedoch nur limmitierter Größe.

aber bereits am 8.6.4o wieder zurück. Grund: Hitler hatte zwischenzeitlich in Blitzkriegen die Benelux angegriffen. Großbritannien sah es daher sinnvoller, seine Narvik- Truppen und Kriegsschiffe in die Heimat abzuziehen, um Großbritannien zu schützen.

Ausführliche Details zum Background sowie Schlacht um Narvik im Geschichtskapitel Einleitung des Bandes ........................................................................ Seite 15o

★Die Nazis kontrollierten bis Kriegsende 1945 den Eisenerzhafen Narvik. Die Verschiffungsanlagen wurden repariert, ebenso das Bahnbetriebswerk in Narvik und die Beschädigungen am Bahngleis nach Kiruna/Schweden. Dies, um die Eisenerzlieferungen an Hitler für seine Kriegsproduktion zu sichern.

In Narvik war das „Oberbefehlskomando Nordatlantik" der Nazis stationiert. Es kontrollierte und koordinierte Aktionen der Kriegsschiffe und Flugzeuge bis Spitzbergen und Kirkenes/Nordnorwegen. Die arktischen Gewässer hatten in den Jahren 1941- 45 zunehmende Bedeutung, da durch sie u.a. der Seeweg der UdSSR zu ihrem einzigen, ganzjährig eisfreien Hafen Murmansk führte (Details siehe Kapitel „Kirkenes").

Die Kriegsjahre waren für die Bevölkerung von Narvik eine düstere Periode. Lebensmittel, Milch, Kaffee, aber auch Waren des tägl. Gebrauches (z.B. Kleidung, Schuhe etc.) waren knapp. Gegen Kriegsende mußten Lebensmittelbezugscheine ausgegeben werden. Auch in der Region Narvik gab es Kriegsgefangenlager. Insbes. Russen mußten unter brutalen Bedingungen den Bahnbetrieb und den Erzverladehafen in Stand halten.

★Um Narvik bei Kriegsende 1945 zurückzuerobern, waren auf der schwed. Seite sogenannte norweg. *„Polizeitruppen"* gebildet worden. Sie hatten eine Stärke von 13.ooo Mann, militärische Ausbildung und Ausrüstung. Bis 7.5.45 konnten sie mit Unterstützung der Amerikaner den gesamten norweg. Bereich der Finnmark (Region östl. Tromsø) unter Kontrolle bringen. Narvik wurde 1o.5.1945, 18.15 Uhr vom dt. Komandanten Schirach an die Norweger übergeben. Damit war ein Alptraum beendet.

★Bis heute ist Narvik wichtiger Eisenerzhafen der Minen in Schweden. In den 7o-er Jahren geriet die Minengesellschaft LKAB in rote Zahlen. Grund: die Konkurrenz (u.a. Brasilien, Namibia und Australien) lieferte zu billigeren bis erheblich billigeren Preisen. Drastische Rationalisierungsmaßnahmen durch Automatisierung der Verladeanlagen konnten die LKAB retten, - führten jedoch zu Abbau von Arbeitsplätzen und hoher Arbeitslosigkeit in Narvik. Alternativen bestehen kaum. Die sonst in Nordnorwegen minimale Kriminalitätsrate ist in Narvik höher; abends im Zentrum Polizeistreifen.

## SEHENSWERTES

LKAB - ERZVERLADEHAFEN (39): Besichtigung möglich, ca. 8 Euro/ Person inkl. Führung in Englisch (im Sommer teils auch Deutsch). Interessanter ist der Kombi „Erzverladehafen Narvik + Eisenbahnfahrt nach Kiruna und Besichtigung der dortigen Minen". Benötigt retour ca. 3 Tage inkl. Besichtigung, lohnt allein wegen der Zugfahrt. Details Seite 422ff.

KRIEGSMUSEUM (2): am zentralen Hauptplatz Torv. Ein flachgestrecktes 2 stöckiges Gebäude mit Nazi-Panzer vor dem Eingang. Zu sehen: Dokumente, Fotos der Kriegshandlungen, Waffen, Cockpit eines Naziflugzeuges, Nazi- Motorrad umgebaut als Kettenfahrzeug mit 5 Sitzen, Decodiermaschine für die Übermittlung von Nachrichten, Präsentation der Eroberung Narviks durch die Nazis mit Karten und Fotos sowie ihr Rückzug zur schwed. Grenze und Rückeroberung etc. Leider sind die Exponate in den Schaukästen nicht mehrsprachig erläutert. Am Eingang bekommt man (gratis) eine Mappe, z.B. in Deutsch. Mit ihr muß man sich mühsam durchs Museum arbeiten. Die Präsentation der Exponate könnte besser sein. Trotzdem: wer sich für die Kriegsgeschichte interessiert: der Besuch lohnt mit Abstrichen. Geöffnet im Sommer tägl. Im Okt.-März nur auf Anfrage. Eintritt ca. 8 Euro.

NAZI-MOTORRAD, umgebaut als Kettenfahrzeug mit Sitzen für Fahrer und 3 Begleiter (hinten). Ausgestellt im Narvik-Kriegsmuseum.

OFOTENMUSEUM (13): Stadtmuseum, behandelt auch die Geschichte der Ofotbahn Narvik -> Kiruna. Geöffnet: Anf. bis Ende Juli tägl., ansonsten Mo.- Fr. Eintritt: ca. 6 Euro.

FJELLHEISEN SEILBAHN (26): bei klarem Wetter unbedingt lohnend wegen Superblick auf Narvik, Ofoten- Fjord, Seitenarme und umliegende Bergketten, je nach Wetter bis Lofoten. Die Talstation ist ab Grand Royal Hotel (18) über die Tøttaveien und Snorres Gate/Skistuaveien bergauf in ca. 1 km zu erreichen. Es geht steil den Berg rauf zur Talstation, dort Parkplatz. Ohne eigenes Auto am besten Taxi (7) ab Hauptplatz Torv rauf zur Talstation nehmen.

In kleinen Gondelkabinen gehts zur Bergstation in 656 m Höhe. Die Fahrt dauert 7 Min. Oben beginnen im Sommer Wanderwege auf dem Fagernessfjellet. Auch Drachen- und Gleitschirmflieger nutzen den Berg, allerdings unbedingt vorher den Narvik Airport kontaktieren, um Kollisionen zu vermeiden. Im Winter Skibetrieb von Nov. bis Mai (davon Dez.- Febr.: ewige Polarnacht). Es gibt 5 Lifte bis in 1.ooo m Höhe, beleuchtete Langlaufloipen sowie steile Abfahrtspisten runter nach Narvik, beliebt insbes. auch bei Snowboardern.

.Abfahrten der Seilbahn 15.6.- 15.8: ca. 12 Uhr mittags bis 1 Uhr nachts, - im Winter je nach Skibetrieb (Infos Narvik Aktiv AS, Tel.: 769.416.o5 sowie im Winter Narvik Skisenter Tel. 769.6o4.94). Preis ca. 9 Euro.

Infos für Drachen und Gleitschirmflieger: „Narvik Hang- og Paragliderklubb“, Tel.: 769.4o4.25. Angeboten werden auch Tandemflüge, Preise sind Verhandlungssache.

FELSZEICHNUNG (32): im nördl. Stadtbereich Brennholtet Nähe des Småbåthavn. Die ca. 3.ooo Jahre alte Felszeichnung zeigt ein Rentier.

Ausflug mit der OFOTBAHN (22): lohnender Abstecher zur schwedischen Grenze bzw. nach Kiruna, Details siehe „Ofotbahn“.

„**Nordstjernen Hotell**“ (11): rund 2oo m südl. des Hauptplatzes, ein recht einfaches, 4-stöckiges Mittelklassehotel. 25 Zimmer mit Bad, ganzjährig geöffnet. Wegen der davorliegenden Durchgangsstraße kann es laut sein. Kongensgata 26. DZ ca. 1o5 Euro. Tel.: 769.441.2o, Fax: 769.475.o6.

„**Narvik Hotel**“ (9): Kongensgate 36, Nähe Hauptplatz. 3-stöckiges Gebäude mit Cafe und Geschäften im Erdgeschoß. Eingang zum Hotel seitlich. 34 unterschiedl. große Zimmer mit Bad, TV und Blick Ri. Hauptstraße (kann laut sein) bzw. seitlich. Ganzjährig geöffnet außer der Tage um Weihnachten und Ostern. DZ ca. 1oo - 16o Euro, erschien uns etwas teuer. Tel.: 769.47o.77, Fax: 769.467.35.

„**Quality Hotel Grand Royal** “ (18): Kongensgate 64, rund 2oo m nördl. vom Hauptplatz an der Durchgangsstraße E 6. Traditionshotel, zu Beginn des 2o. Jhds. befand sich an der Stelle ein Holzgebäude, heute ein etwas phantasieloser Steinklotz mit 6 Stockwerken. Die Lobby mit üppiger Polstergarnitur. Die 1o7 Zimmer mit Bad, das Mobiliar etwas in die Jahre gekommen und düster-altmodisch. Die Zimmer vornraus können wegen der E 6 laut sein. Ganzjährig geöffnet und relativ teuer. DZ ca. 115- 15o Euro. Tel.: 769.77o.oo, Fax: 769.77o.o7.

„**Norlandia Narvik Hotel**“ 25): Skistuaveien, am Hang des Hausberges Nähe Talstation der Seilbahn. Das Hotel liegt in einer Mulde am Hang. Ein einfaches, 1-stöckiges Holzgebäude mit Rezeption und simpel-nüchternem Frühstücksraum/Restaurant. In den umliegenden 2- stöckigen Holzgebäuden 91 Zimmer mit TV und Bad. Sie sind einfach eingerichtet und ohne Luxus, dafür im Preis ok. Vor dem Hotel gute Parkmöglichkeit. Eigenes Auto ist empfehlenswert, da relativ weit vom Zentrum entfernt und zudem steil den Berg rauf. Ganzjährig geöffnet. DZ ca. 12o Euro Tel.: 769.648.oo, Fax: 769. 648.o8.

„**Breidablikk Gjestehus**“ (16): Tore Hundsgt. 41, rund 3 Straßenblocks oberhalb des Hauptplatzes. Familiäres Ambiente, die 2o Zimmer mit Bad sind gemütlich und haben meist Blick auf Narvik und Fjord. Zudem liegt das Gjestehus abseits der Hauptstraße und ist ruhig. Unser Tip für Narvik, - allerdings meist ausgebucht, daher vorab reservieren. Ganzjährig geöffnet. DZ ca. 7o Euro. Tel.: 769.414.18, Fax: 769.457.86.

„**Narvik Vandrehjem**“: Dronningensgt. 58. Jugendherberge mit Küche für Selbstversorger und TV im Eingangsbereich. Mehrstöckiges Steinhaus in zentraler Lage. Ca. 25 Euro. Tel. :769.622.oo, Fax: 769.62o.25 www.narvikvandrerhjem.no

„**Sporl Gjestegård**“: Brugt. 2a, Gästehaus mit Pub und Sauna. DZ ca. 65 Euro. Tel.: 769.46o.2o. www.sporl.no

NARVIK CAMPING (23): an der E6, Stellplätze für WoMos sowie 3o Hütten mit teils schönem Blick auf den Fjord. Tel: 769.458.1o, Fax.: 769.414.2o.

BALLANGEN CAMPING: wer's einrichten kann, sollte hier campieren bzw. Hütte mieten. An der E 6 südwestl. von Narvik, ca. 4o km. Der in weitem Umkreis beste Camping, Tel.: 769.276.9o.

„PIZZA HUT": im Shopping Center Steen & Strom (21) an der Kongensgate/nördlicher Teil. Relativ preiswert.

„PALMEN REST." (5): im 1. Stock des Kulturhuset und Narvik- Theaters am Hauptplatz Torv. Snacks und warme Gerichte.

„ARILD'S GRILLBAR" neben Kriegsmuseum (4) am Hauptplatz: im Angebot Hamburger, kleinere Grillgerichte und Pizzen bei mittleren Preisen. Dem selben Besitzer gehört das kleine Rest. im Narvik- Flughafen.

„BJØRNS MAT OG VINHUS" (3o): Brugata 3 bei der Brücke über die Gleise. Eine Mischung aus Pub und Snack, ab 18 Uhr geöffnet. Im Inneren Rauputz mit Fotos.

„FJELLHEISEN REST.": in der Bergstation der Seilbahn mit Superblick. Geöffnet zu Zeiten des Seilbahnbetriebes. Blick im Preis einkalkuliert...

„ROYAL BLUE" (18): im „Grand Royal Hotel", Kongensgate 64. Das Speisen im größten Hotel Narviks kostet seinen Preis. Die Gerichte ok., aber nach unserem Geschmack nichts Außergewöhnliches.

„NORLANDIA NARVIK HOTEL" (25): Skistuaveien bei der Talstation der Seilbahn. Standardgerichten zu mittleren Preisen.

„DOMUS" (29): Frydenlundsgata/Ecke Brugata, im Kaufhaus eine kleine Cafeteria mit mittleren bis billigen Preisen, aber nur geringe Auswahl an Gerichten. Küche ist für unseren Geschmack recht durchschnittlich.

„NARVIKGUTEN PUB" in der Dronningens Gate/Ecke Kinobakken und Nähe China Rest. Passabel gemütlich, mit Fotos an der Wand.

„ALI BABA": Snackbude am Taxistand (7) beim Hauptplatz Torv.

## SHOPS, SUPERMÄRKTE

Entlang der Kongensgata im südl. Bereich vom Hauptplatz Torv (1) mehrere Geschäfte (Möbel, Kleider, Sportausrüstung), ebenfalls im südl. Bereich der parallelen Dronningens Gate und am Hauptplatz Torv (1).

BUCHHANDLUNGEN: „Narvik Libris" (5) am Hauptplatz Torv, auch geographische und geschichtliche Bücher, allerdings meist in norweg. Sprache, weiterhin Landkarten. - „Frydenlund Interbook" (28): ca. 15o m vom Hauptplatz und jenseits der Brücke in der Brugata 4. Schreibwaren und Bücher für Schulkinder, in kleinem Umfang auch englischsprachige Bücher zu Geschichte und Geographie sowie Landkarten.

SHOPPING CENTER STEEN & STROM (21): mit Lebensmittelgeschäft, Kleider, Schuhe, Spielwaren und Pizza Hut. Parkplatz auf dem Deck.

SUPERMÄRKTE: großer Rimi Supermarkt an der südl. Ortszufahrt E 6 Havnegata, Nähe Abfahrt Schnellboote (15). - Domus Kaufhaus (29): jenseits der Brücke und rund 15o m vom Hauptplatz, in der Frydenlundsgata/ Ecke Brugata. Betongebäude mit großem Lebensmittelmarkt im EG sowie im OG Kleider, Schuhe etc.

APOTHEKE (3) am Hauptplatz Torv. - BÄCKEREI: Dronningens Gate/ Ecke Kinobakken, ein Straßenblock vom Hauptplatz Torv (1) entfernt.

Sportausrüstung, Kleidung, Angelzeug, Bootsausrüstung etc. in großem Geschäft an der E 6 im südl. Ortsteil Nähe Rimi Supermarkt.

### TANKSTELLEN

Kongensgate (8) Nähe Hauptplatz Torv. Sie ist derzeit die einzige, die im Stadtzentrum direkt an der Ortsdurchfahrt E 6 liegt. Zwei weitere Tankstellen in der Parallelstraße Dronningens Gate, siehe unsere Karte (17) und (2o). Eine Position, wo man eigentlich keine Tankstelle erwarten würde. Beide sind gut ausgerüstet und können auch kleinere Reparaturen durchführen, z.B. bei Reifenpannen, Keilriemen etc.

Eine 4. Tankstelle (große Statoil- Tanke) liegt im südl. Ortsteil an der E 6 Nähe der Brücke über den Beisfjord.

Tourist INFO Kongensgt. 26 (1). Infos zu Narvik und Umgebung, auch Privatzimmervermittlung. Tel.: 769.433.o9, Fax: 769.474.o5. www.narvikinfo.no

## Verbindungen ab Narvik

**BUS**: der Busterminal (7) an der E 6 beim Hauptplatz (1). Zwar superzentral im Ort, zum Bahnhof aber ca. 1km.

Mehrmals tägl. -> Fauske (ca. 7 Std., - dort Anschluß an den Zug -> Mo -> Mosjøen -> Trondheim). Mehrmals tägl. -> Bodø (ca. 8 1/2 Std.), dort Schiffsverbindung mit Schnellbooten entlang der Küste sowie ab Bodø/Fauske 1 mal tägl. Busverbindung nach Schweden: -> Arjeplog -> Arvidsaur -> Skellefteå am Bottn. Meerbusen. Fahrzeit ab Fauske bis Skellefteå knapp 9 Std. Über diese Busverbindung sind Wandergebiete in Nordschweden erreichbar, aber auch mit Umsteigen Stockholm, Uppsala etc. Achtung: im Winter kann der Pass an der norweg./schwed. Grenze nach Schneefällen geschlossen sein und die Busverbindung eingestellt. Wer nach Stockholm will: der ganzjährig ab Narvik verkehrende durchgehende Zug (siehe unten) ist die sicher bequemere Variante.

Narvik -> Svolvaer/Lofoten: 2 mal tägl. via E 6 und Fähre ab Skutvik (insges. ca. 6 Std.). Die Alternativstrecke läuft Narvik -> Sortland/Vesterålen (ca. 3 Std.). Dort umsteigen: Bus + Schiff + Bus nach Svolvaer: plus ca. 2 1/2 Std., zuzüglich der Warterei auf Anschluß.

Nach -> Harstad: 3- 5 tägl. (ca. 2 1/2 Std.). Harstad ist die (per Bus) nächstgelegene Anlegestelle der Hurtigrute (Küstenschiff der Strecke Bergen - Kirkennes)

Nach -> Tromsø: tägl. häufig, ca. 5 Std. Nach -> Alta mehrmals tägl., Fahrzeit auf der Direktroute Bardufoss -> Nordkjosbotn ca. 1o Std., bzw. via Tromsø (dort Umsteigen) je nach Wartezeit länger. Ab Alta Verbindungen nach Hammerfest, zum Nordkap sowie nach Kirkenes, Details dort.

**ZUG**: Bahnhof (22) im nördlichen Ortsteil, kurze Abzweigung von der E 6, ausgeschildert. Der Bahnhof liegt unten in einer Talmulde und ist relativ klein.

Nach -> Kiruna/Schweden 2 mal tägl., landschaftlich interessante Strecke vom Meer in die Berge rauf und durch einsame Hochebenen am Torneträsk See entlang. Fahrzeit bis Kiruna knapp 3 Std. Der Zug fährt 1 mal tägl. weiter nach Luleå am Bottn. Meerbusen (ca. 7 Std.) bzw. 1 mal tägl. nach Stockholm (Nachtzug mit Schlafwagen, Ankunft am nächsten Vormittag). Ebenso ist ab Narvik via Umsteigen in Boden/Schweden 1 mal tägl. Gøteborg/Schweden (Ankunft nächster Morgen) zu erreichen.

Bei allen o.g. Verbindungen ist Sitzplatzreservierung obligatorisch. Ebenso ist eine Vorabreservierung sinnvoll, wer Schlafwagen bucht.

Autoreisezüge gibt es seit Jahren leider nicht mehr, weder ab Narvik noch ab Kiruna. Definitiv schade, denn dies hatte an km und Zeitaufwand die Rückreise von Nordnorwegen erheblich erleichtert. Dafür gibt's Autoreisezüge ab Nordfinnland, Details im Einleitungskapitel dieses Bandes unter „Routenplanung".

Der Zug bis Kiruna bietet Einstieg in großartige Wandergebiete (z.B. ab Bahnstation Abisko/Schweden: Einstieg in den berühmten „*Kungsleden-Wanderweg*", Details siehe VELBINGER Band 18 „Schweden").

Weiterhin im Sommer ab Narvik Exkursionen mit speziellem Zug bis zur schwed. Grenze und Vielzahl an Stops mit Führung. Details siehe Kapitel „Ofotbahn".

**SCHIFF**: Abfahrt der Schnellboote (nur Personen-Transp.) im südl. Ortsteil von Narvik an der E 6, siehe unsere Karte Nr. (15). Der Terminal der Schnellboote ist ab Hauptplatz Torv (1) sowie ab Busterminal (7) und Bahnhof (22) mit Stadtbussen zu erreichen. Leider fahren sie nicht zu häufig. Andernfalls eine Wanderung von gut 2-3 km quer durch Narvik; mit Gepäck nicht gerade angenehm; Alternative: Taxi.

Die SCHNELLBOOTE fahren tägl. 1- 2 mal die Strecke Narvik -> Svolvaer/Lofoten (ca. 3 1/2 Std.) -> Bodø (plus ca. 3 1/2 Std.). Eine landschaftlich schöne Strecke zunächst durch den Ofotenfjord, dann entlang der Bergketten nach Svolvaer. Die anschließende Überquerung des offenen Meeres zur Halbinsel Hamarøy kann mit dem Gleitkufenflitzer sehr bewegt sein, ebenso weitere Streckenabschnitte im offenen Meer südwärts nach Bodø. Bei zu starkem Wind ist der Betrieb eingestellt.

Ab Narvik nach Svolvaer sind Gleitkufenboote die schnellste Verbindung (als Bus plus Fährschiff), - bis Bodø sind sie fast zeitgleich mit dem Bus auf der E 6.

HURTIGRUTEN: auch PKW- Transport. Die komfortablen Küstenschiffe (ausgenommen ihrer zwei „Oldies") laufen Narvik generell nicht an. Nächstgelegener Hafen ist Harstad: mit eigenem Auto oder per Bus in ca. 2 1/2 Std. auf durchgehender Straße (ohne jegliche Fähren) erreichbar. Die Straße ist gut ausgebaut, aber kurvenreich.

Nach derzeit. Fahrplan ereicht das nordgehende Schiff wie auch das südgehende den Hafen Harstad gegen 8 Uhr früh. Wer Richtung **NORD** reisen will, erreicht Hammerfest am nächsten Morgen und spart sich jede Menge endloser km- Kurbelei auf der E 6/RV 94, - bzw. Honnigsvåg/Ausgangspunkt zum Nordkap am frühen Nachmittag. Zudem landschaftlich großartige Strecke durch die Fjorde im äußersten Norden Norwegens. Die Hurtigrute fährt tägl. und bringt auf der Nordroute erhebliche Zeitersparnis. Zwischenstop z.B. in Tromsø ohne Aufpreis möglich.

Wer Richtung **SÜD** reisen will: ab Harstad -> Svolvaer/Lofoten, ein 1-Tages Trip durch Fjorde via Stockmarknes/Vesterålen, der sich an landschaftl. Erlebnis lohnt. Ankunft am Abend in Svolvaer/Lofoten.

Der Trip per Straße (z.B. ab Narvik die E 6 + Fähre Skutvik -> Svolvaer) ist erheblich schneller, - die Hurtigrute aber die ohne Frage schönere Variante. Das Schiff durchquert Meeresarme, fährt vorbei an hohen Gebirgsketten und durch superenge Fjorde. Zwischenstop in Svolvaer auf den Lofoten (und mit nächstem Schiff weiter) ist ohne Aufpreis möglich.

Echte Zeitersparnis mit der Hurtigruten bringt die weitere Südroute ab Svolvaer. Das Schiff verläßt abends Svolvaer und überquert den Meeresarm nach Bodø nachts. Bereits am nächsten Mittag sind Küstenregionen wie Sandessjøen und abends Brønnøysund erreicht, - bzw. am nächsten Morgen Trondheim.

Selbe Strecke ab Svolvaer per Regionalfähren, E 6 oder RV 7o nicht unter 3 - 5 Tagen. Die Hurtigrute kostet ihren Preis. In Relation zur realisierten Entfernungen ist sie jedoch recht preisgünstig - zumal man erhebliche km spart, Sprit und Zeit. Dies bei Reisen mit normalem PKW oder per Rucksack, - weniger jedoch für den WoMo Fahrer.

Ausführliche Details im Einleitungskapitel dieses Bandes unter „Hurtigruten".

**FLUG**: der Airport von **Narvik** (**NVK**) liegt westl. hinter dem Bergrücken und LKAB- Erzverladehafen. Zu erreichen ab Hauptplatz Torv (1) über die Brücke, Brugata und Kirkegata, ausgeschildert. Fahrzeit ca. 2o Min. ab Stadtzentrum Narvik, auch Stadtbus zu Abflügen.

Die Landepiste ist relativ lang und erstreckt sich parallel zum Fjord, jedoch nur seltene Abflüge: ca. 3- 4 mal tägl. mit Propellermaschinen der Wideroe nach Bodø. Dort umsteigen mit sehr dichtem Flugnetz in alle Landesteile.

Ein weiterer **Airport** (**EVE**) liegt in **Evenes** an der Straße nach Harstad, rund 8o km von Narvik entfernt. Fahrzeit je nach Busgesellschaft 1 1/4 bis 2 Std., 3- 5 mal tägl., ca. 8 Euro. Alternative: Taxi.

Der Airport EVE ist größer als der stadtnahe NVK. In Evenes landen auch

Jets der SAS. Nonstop-Flüge ab Evenes -> Oslo ca. 7 mal tägl., Flugzeit 1 Std. 4o Min, nach -> Tromsø ca. 3 mal tägl., 3o Min., nach -> Bodø: 2 - 3 mal tägl. (Flug ab Narvik NVK schneller, da dort kürzere Anreise zum Stadtairport). Weitere Verbindungen durch Umsteigen.

Welcher der beiden Airports (NVK oder EVE) die bessere Wahl ist, hängt vom Flugziel ab. So sind kleine Airports in Nordnorwegen wie z.B. Sandnessjøen, Brønnøysund, Røst etc. besser ab NVK mit Umsteiger in Bodø zu erreichen, - Ziele im äußersten Norden dagegen teils via EVE nach Tromsø und dortigem Umsteiger. Persönlichen Fall an Hand des * Flugplanes, der * Anreisezeit zum Airport (NVK oder EVE) und der * Warterei auf Anschluß durchrechnen.

Tel. WIDEROE: 81o.o12.oo. - SAS: o54oo.

Achtung: in den Flugplänen der Airline- Prospekte erscheinen * Verbindungen ab Narvik NVK unter der alphabetisch Sortierung *„NARVIK“*, - die * Verbindungen ab Evenes EVE dagegen nicht unter Evenes, sondern alphabetisch sortiert unter *„HARSTAD“*.

**TAXI** (7): Standplatz der Taxis in Narvik beim Hauptplatz Torv. Tel.: o755o.

## ⇨ OFOT- EISENBAHN sowie ABSTECHER -> SCHWEDEN

Das Gleis der Eisenbahn Kiruna -> Narvik wurde 19o2 fertiggestellt und ist seither elementar zum Export der Eisenerzschätze. - Die Straße (E 1o) wurde erst 1984 gebaut. Sie umgeht nördlich den Rombaksbotn und trifft bei der Grenze zu Schweden aufs Eisenbahngleis.

Details zunächst zur EISENBAHN: der landschaftl. schönste Abschnitt der **Ofotbahn** sind die km ab Narvik bis zur schwed. Grenze (Riksgrensen). Das Gleis folgt dem Südhang des tief eingeschnittenen Rombaks- Fjord (im Zug unbedingt links sitzen wegen Blick!). Anschließend geht's im Norddalen rauf auf eine Hochebene (52o m) bei der schwed. Grenze mit vielen kleinen Seen und Weekendhäuschen. Die Höhe 52o m wird in lediglich ca. 4o km Gleis ab Narvik realisiert bei mehr als 2o Tunneln und durch Sprengarbeiten sehr aufwendiger Gleistrasse im Felshang. Lohnend Wanderungen ab Bahnstationen (Details siehe „Wandern“). Im Winter ist die Hochebene zwischen Bahnstation Bjørnfjell und Grenze beliebtes Skilanglauf-Gebiet., auch per Straße E 1o erreichbar.

In Riksgrensen kleineres Museum zur Baugeschichte der Eisenbahn. Die Bahnstation Abisko/Schweden ist Ausgangspunkt für den nördl. Teil des lohnenden Fernwanderwegs „Kungsleden“ (auch in Etappen möglich). In Kiruna/Schweden (Unterkunft): Besichtigung der Eisenerzminen. Weitere Details siehe VELBINGER Band 18 Schweden.

Tägl. Zugverbindung Narvik -> Kiruna, Fahrzeit bis Grenze ca. 1 Std, bis Kiruna 3 Std. Achtung: der Zug stoppt nicht in jeder Bahnstation bzw. nur bei Bedarf. Vorab im Bahnhof Narvik (22) bzw. im Touristbüro (1) klären. Regulärer Stopp gemäß Fahrplan lediglich an der Grenze (Riksgrensen) sowie auf der schwed. Seite u.a. in Vissijaure und Abisko. Der Rest der Stationen ist im Fahrplan mit einem x versehen.

Zur Saison (Anf. Juli bis Mitte August) gibt's derzeit Sa. und So. einen speziellen Touristenzug, der lediglich bis zur Grenze fährt, aber in allen für Wanderungen wichtigen Stationen stoppt (auch Führungen). Abfahrt morgens ca. 11 Uhr, Rückfahrt Spätnachmittags ca. 17 Uhr. Weiterhin eine Bootsverbindung vom Ostende des Rombaksbotn Fjord nach Narvik. Dort Besichtigung des Bauarbeiterlagers von 1899. Sie ermöglicht die Wanderung von der Bahnstation Katterat runter zum Fjord, ohne den steilen Hang zur Bahnstation wieder aufzukraxeln. Zudem Pluspunkt der lohnenden Fjorddurchfahrt des Rombaksbotn. Weitere Details siehe „Wandern".

LOKOMOTIVE „OFOTEN"
Erste Lok der Ofotbahn. Sie hatte nur geringe Geschwindigkeit (maximal 45Km/h). Dafür konnte sie -elementar bei Steigungen!- größere Last ziehen. Gebaut 1888 in England, kam sie per Schiff nach Nord-Norwegen und diente den Gleisbauern der Ofotbahn zu Versorgungsfahrten. Die Gesellschaf bestellte 10 derartige Loks, die zum Bahnbau dienten.

★**Bau der Ofotbahn**: die Konzession zum Bau einer Eisenbahn vom Ofotenfjord/ Narvik-> via Kiruna/Schweden nach -> Luleå/Botn. Meerbusen erhielt am **16.6.1883** der schwedische Unternehmer Ljunggreen. Ein gigantisches Projekt, das damals in Baukosten erheblich unterschätzt wurde.

★Zur Baufinanzierung wurde am **14.7.1883** die Aktiengesellschaft „*NORTHERN EUROPA RAILWAY COMP.*" mit Sitz London gegründet. Sie versprach ihren Aktionären eine Ausschüttung von Dividenden jeden 1. März und 1. Sept. des Jahres. Eine absolut wertlose Aktie, wie sich zeigen sollte, und wobei die Aktionäre ihr Geld zum Fenster rausgeschmissen hatten.

Das Gleis sollte von Narvik (Meereshöhe) in lediglich 4o km Strecke auf die Höhe von 52o m bei der schwed. Grenze führen. Hierfür waren jede Menge an Tunneln in den Fels zu sprengen. Weiterhin Kunstbauten am Berghang zu errichten, z.B. Hangabstützung durch Mauerwerk, Einsprengung der Gleistrasse in die Felswand, Bau von Brücken etc.). Ein reichlich kostspieliges Projekt, wobei der teuerste und schwierigste Teil die ersten 4o km ab Narvik rauf in die Hochebene waren.

Aber auch die weiteren rund 5oo km bis Luleå am Bottn. Meerbusen waren ein - für den Eisenbahnbau - nicht minder problematisches Gebiet: Es war damals fast völlig unbesiedelt. In den Wäldern Elche und Rentiere etc., keinerlei Infrastruktur von Wegen für Fuhrwerke, somit fehlende Versorgungsmöglichkeit für die Eisenbahn- Bauer. In der Region lebten Samen, die im Sommer ihre Rentiere von Luleå zu Weidegebiete an der norweg. Grenze begleiteten. Die Seen und Flüsse (inkl. Stromschnellen) dienten als Verkehrswege. Dort Kanu per Paddel (der Außenbordmotor noch nicht erfunden!). Ein nicht gerade optimaler Verkehrsweg für Eisenbahnbauer mit schwerem Gerät wie Gleismaterial, Bohlen, Werkzeuge, Presslufthämmer etc.

Hinzu kamen extreme winterliche Bedingungen: Nordskandinavien ist im Bereich der geplanten Gleistrasse rund 6 Monate von dichter Schneedecke bedeckt, gefrohrene Böden und Schneestürme, Temperaturen bis zu 3o/4o Grad minus - sowie permanente Dunkel-

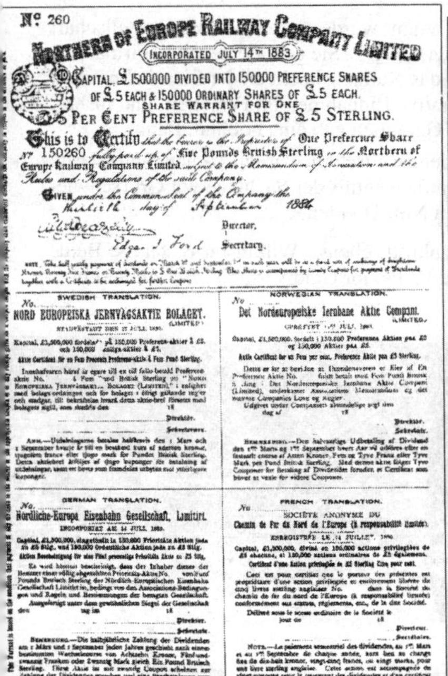

AKTIE der "NORTHERN RAILWAY COMP." gegründet 14.7.1883. Totaler Flop für die Aktionäre.

Aktie der "SWEDISH & NORWEGIAN RAILWAY COMPANY" gegr. 1885. Für die Aktionäre ebenfalls totaler Flop.

heit während der Monate Dez. bis Febr. ... Geplant war, die Strecke nach amerikanischer Methode und dortiger Transkontinental Gleise Mitte 19. Jhd. zu errichten: d.h. das Gleis arbeitet sich von bewohntem Ausgangspunkt (hier Narvik sowie Luleå) in unbewohnte Regionen vor; es dient zur Versorgung Lebensmittel bis Material der Bauarbeiter.

★**1883**: nachdem die Aktien der „Northern Europe Railways" erste Gelder der Aktionäre herangeschafft hatten, - erfolgte die Bauausschreibung: d.h. welche Baufirma bietet das „günstigste Angebot" zur Realisierung des Gleises Narvik -> Luleå.

Den Zuschlag erhielt 1883 das engl. Ingenieur-Büro PINN & MILLET. Es war bereit, das Gleis „inkl. rollenden Materials" (= teure Loks, Waggons) für **3 Mio** Kronen zu erstellen. Entweder waren Bauherr Ljunggreen und die Aktiengesellschaft „Northern Europe Railways" dumm, - für diesen Preis den Bauauftrag an „Pinn & Millet" zu erteilen. Denn für 3 Mio. Kronen war die Strecke nicht zu realisieren. Oder waren allen Beteiligten die zu erwartenden Proleme und Baukosten unklar?

Bereits 1883/84 hatte der Norweger Ole W. Lund (leitender Ingenieur in Trassenführung) darauf hingewiesen, daß nach seiner Einschätzung allein das Gleis Narvik -> Hochebene und Grenze Schweden nicht unter **7,5 Mio.** zu realisieren sei. Die Bauarbeiten gingen sehr schleppend vorran. Zudem hatte sich an den Börsen herumgesprochen, daß die Aktien der „Northern Europe Railways" ein toter Vogel sind, - Aktien, von denen man sich besser möglichst schnell trennt.

★**1885**: um die Finanzierung des Gleisbaus zu retten, wurde eine neue Aktiengesellschaft gegründet: die *„SWEDISH & NORWEGIAN RAILWAY"*. Sie gehörte der engl. Firma Wilkinson & Jarvis/London. Diese hatte zugleich das Nutzungsrecht an der Eisenbahn erhalten: nach Fertigstellung des Gleises seien lukrative Einnahmen im Personen- und insbes. des Eisenerztransport zu erwarten. Begrenzte Garantien gab eine holländ. Bank.

Mit neuem Namen und Versprechen der Aktiengesellschaft wurden -> neue unbedarfte Aktionäre um Kapital geworben. Sie zahlten in Unkentnis der Sachlage vor Ort (schwierige Baubedingungen) Geld ein - und erhielten Null Dividende...

★**1889**: Die Baufirma „PINN & MILLET" bankrott, ebenso Wilkinson & Jarvis. Beide mußten Konkurs anmelden, und die Aktionäre hatten ihr Geld verloren. Bis zu diesem

OBEN: Brettersiedlung Rombaksbotn. Zentraler Stützpunkt der Norweger für den Eisenbahnbau der Ofotbahn. OBEN RECHTS: Fuhrwerksweg auf schwed. Seite.

Zeitpunkt waren ca. 2o km ab Narvik bis zum ersten Tunnel (Nähe Bahnstation Rombak) fertig. Der schwierigste Abschnitt mit Vielzahl an Tunneln im Norddalen rauf zur Hochebene bei der schwed. Grenze fehlte. Dagegen war das Gleis ab Luleå/Bottn. Meerbusen bis ca. 25 km nördl. Gällivare fertig. That's all. Anschließend ruhten die Arbeiten betr. der Ofotbahn im Abschnitt Narvik -> Kiruna bis 1898.

**1898**: Beschluß der norw. und schwed. Regierung, das Gleis Narvik-> Kiruna fertigzustellen. Beide Regierungen garantierten mit Bürgschaft für die Baukosten.
Beteiligt zudem die schwed. LKAB, Betreiber der Eisenerzmine in Kiruna. Wegen dortiger gigantischer Bodenschätze, die einen Abtransport via ganzjährig eisfreien Hafen Narvik benötigten, - war die LKAB an einer Gleisverbindung sehr interessiert und vertraglich an den Baukosten des Gleises beteiligt.

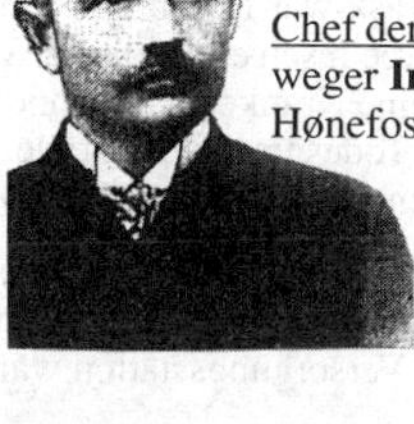

Die Wiederaufnahme der Bauarbeiten im Sommer 1898 wurde in Narvik mit Zündung von Dynamit- Salven begeistert gefeiert.

Chef der Bauarbeiten bis Kiruna war der Norweger **Inge Thoresen Wiull**, geb. 1868 in Hønefos, Ingenieurstudium in Christiana (=heutiges Oslo). Mit viel Geschick leitete er das extrem schwierige Bauprojekt der Tunnel und Kunstbauten im No -

NGE THORSEN
IULL, Bauleiter
f norw. Seite ab 1898

dalen, fehlender Materialversorgung durch Straßen, Unterbringung der mehr als 5.ooo Bauarbeiter in abgelegener Region - sowie extreme winterliche Bedingungen bei Minusgraden und Schneestürmen.

Für Inge Th. Wiull, der sich bereits beim Bau der Bergenbahn (Oslo -> Bergen) als Ingenieur einen Namen erworben hatte, - war Nordnorwegen und die Ofotbahn für ihn als 3o-Jähriger und oberster Leiter des Bauprojektes die Herausforderung seines Könnens.

1890: zwei Dampfloks im schwed. Gällivare. Die dortigen Erzminen waren per Gleis Ri. Luleå/Bottn. Meerbusen bereits 1889 erschlossen. Die Verbindung Gällivare→Kiruna wurde im Jahre 1899 eröffnet.

Im Gegensatz zu Norwegen, wo der Gleisbau seit 1889 ruhte, - hatten die Schweden ihr Gleis ab Gällivare seit 1889 weiter gebaut und waren 1898 kurz vor Kiruna angelangt. Ein Jahr später war das Gleis bis Kiruna und seiner Eisenerzminen fertig.

Gemäß Verträge von 1898 sollten sich die Norweger ab Narvik Richtung Riksgrensen (= Grenze Norwegen/Schweden) vorarbeiten, - die Schweden dagegen ab Kiruna.

★Die SCHWEDEN hatten zwar mit ca. 14o km eine 6 mal so lange Strecke fertigzustellen wie die Norweger (dort ca. 2o km). Dafür war auf der schwedischen Seite das Gelände für den Gleisbau einfacher, da relativ flach am langgestreckten Torneträsk See entlang. Auch waren die Versorgungsstraßen für die Bauarbeiter dort einfacher anzulegen. Hinzu kam der See, der im Sommer als Transportweg mit Holzbooten diente. Diese hatten Segel bzw. mußten bei Windstille gerudert werden. Bei Herbsstürmen, wo keine Segel gesetzt werden konnten, war Rudern wegen hoher Wellen gefährlich. Dampfschiffe gab es, jedoch nur wenige, da das Kapital zum Bau des Gleises sehr limmitiert war.

Tornehamn am Westende des Torneträsk war Hafen und zentrale Versorgungsstation der Bauarbeiter. Eine Barackensiedlung, die rasch expandierte. Sie hatte eine Bäckerei, Schuster, Kneipen à la Wildwest sowie kleine Krankenstation und - einen Friedhof, denn tödliche Unfälle waren keine Seltenheit. Todesursache: Unfälle beim Bau, aber auch winterliche Kälte sowie Krankheiten wegen mangelhafter Hygiene, u.a. Typhus.

★Die NORWEGER hatten bis Grenze lediglich ca. 2o km Gleis fertigzustellen. Dies jedoch bei extremen Baubedingungen im steil ansteigenden Norddalen, teuren Tunnelbauten, Materialseilbahnen etc. Ihre zentrale Versorgungsstation war Rombaksbotn am

Ostende des gleichn. Fjord. Die Güter (Lebensmittel für Bauarbeiter bis Material für Eisenbahnbau) wurde per Schiff rangeschafft. Während der Bauperiode 1898- 19o2 war sie größte und wichtigste Siedlung auf der norweg. Seite mit rund 1.ooo Einwohnern. Es gab Lebensmittelgeschäfte, Bäckerei, Schuster, ca. 5 Hotels à la Wildwest, Uhrmacher, Schreiner, Hufschmiede etc.

Die Siedlung versorgte die Arbeiten der Gleistrasse oben im Norddalen. Hierzu wurden Material- Seilbahnen gebaut sowie Kraftwerke zur Stromversorgung. Die Zeit bis 19o2 waren „Golden Days" einer Wildwest Siedlung in der Einsamkeit des äußersten Norden Norwegens. Dies mit erheblichen Einschränkungen, da Unfälle der Bauarbeiter sowie Krankheiten und ein Großfeuer 19o2 eine Vielzahl an Tote forderte.

★BAUARBEITER: wurden für den norweg. Gleisabschnitt vorwiegend aus nordnorwegischen Wanderarbeitern *„Rallare"* rekrutiert. Sie suchten Jobs wo möglich, u.a. beim Fällen von Holz oder Hausbau von Siedlern etc. oder wo ihre Arbeitskraft nötig war. Handfeste, arbeitswillige Männer, die sich bei Streitigkeiten auch mit der Faust durchzusetzen wußten. Für Oberbauleiter Wiull ein zusätzliches Potential an Schwierigkeiten. Der Arbeitstag hatte 1o Std., - bei guten Wetterbedingungen auch länger. Sie wurden nach Leistung bezahlt, was ihre Arbeit motivierte. - Die Bauarbeiter auf der schwed. Seite waren vorwiegend aus Süd- und Mittelschweden rekrutiert. Sollten sich Arbeiter gewerkschaftlich organisieren, wurden sie umgehend gefeuert. Dagegen, so wird berichtet, war die Bezahlung für nordskandinavische Verhältnisse außergewöhnlich hoch.

Wegen guter Bezahlung kamen die Bauarbeiter oft zusammen mit ihren Familien. Die Frauen verdienten Zusatzgeld als Köchin in Holzbaracken und Kneipen bzw. waren gegen Lohn der jeweiligen Bauarbeiter-Kolonne zugeteilt. Schulen für die Kinder gab es

TORNEHAMN: am Westende des schwed. Torneträsk. Der wichtigste Hafen für die schwed. Eisenbahnbauer des Gleises Kiruna → Narvik. Links im Foto Verladekran und Schiff.

auf der norweg. Seite in Rombaksbotn und Hundalen, - auf der schwed. Seite jedoch keine. Dort bereitete lediglich der Priester die Kinder für die Konfirmation vor. Kinder wurden nicht selten als Billigstarbeiter genutzt, z.B. beim Einschlagen der Nägel in die Eisenbahnbohlen. Tätigkeiten, die viel Kraft benötigten und den Kindern nur mit minimalstem Lohn vergütet wurden. Die Schweden machten gar noch Witze: das norweg. Wort „bjørn“ (= Kind) sei als „Bär“ zu deuten.

★FUHRWERK- BESITZER: arbeiteten als selbstständige Unternehmer. Sie wurden von der Eisenbahn-Baufirma zum Materialtransport gechartert. Abgerechnet wurde pro transportierte Tonne/1o km zum Satz 1o Kronen. Im Winter wurden nur 8 Kronen gezahlt, da die Steine des Weges von Schnee bedeckt waren und dadurch „leichter begehbar“. Für die Besitzer der Pferde und Fuhrwerke wenig tröstlich, wenn sie in Schneestürmen steckenblieben oder die Strecke vereist war. Fuhrwerke (bzw. lediglich Pferde an Steilstrecken) wurden auch zum Nachschub von Lebensmitteln sowie zum Personentransport gechartert. - Der Kauf von Pferden und ihr Unterhalt (Futter, Hufbeschlagung, Ställe etc.) sowie Instandhaltung der Fuhrwerke ging zu Kosten und Risiko der Unternehmer.

Als die Fuhrunternehmer die vereinbarte Vergütung 1 Tonne/1o km Strecke und 1o Kr. hochschrauben wollten, - kaufte die Swedish Railway Comp. eigene Pferde. Der Betrieb mit Subunternehmern erwies sich letztlich als kostengünstiger, zumal man sich mit den Fuhrunternehmern preislich einigte.

★MATERIAL- SEILBAHNEN ab Rombaksbotn und im Norddalen erleichterten den Materialtransport zum Bahnbau erheblich. Die erste Seilbahn (1) Länge 8oo m wurde 1898

NORDDALEN – BRÜCKE: vorfabriziert von MAN-Deutschla
1901. Wichtigstes Brückenbauwerk der Ofotbahn. Heute nicht
in Benutzung.

von der Talebene Rombaksbotn rauf zur im Bau befindlichen Bahnstation Katterat fertiggestellt. Sie hatte 3 Sektionen und war mit einer primitiven Handwinde betrieben. Immerhin Überwindung von 25o Höhenmetern. Eine 2. Seilbahn (2) führte von Rombaksbotn rauf zum Eisenbahngleis Nähe Station Katterat. Sie hatte ein durchlaufendes Seil, an dem 2 Körbe fixiert waren. Wenn man in den Korb oben in der Bergstation Steine reinlud, so zog dieser durch sein Gewicht einen in der Talstation befindlichen Korb mit Gütern nach oben. Allerdings mußte das Gewicht des Steines exakt stimmen: man lud daher solang Steine in den oberen Korb, bis sich die Sache in Bewegung setzte.

★Später, als kleinere Wasserkraftwerke installiert waren, wurden die Seilbahnen mit Elektromotoren betrieben. Eine 3. Seilbahn (3) wurde im Juni 1899 vom Talboden des Rombakselva rauf zur Eisenbahn- Trasse eröffnet (ca. 3oo Höhenmeter) - und im Herbst des gleichen Jahres rauf zum Bjørnfjell (4) erweitert, wo die Schweden einen Transportweg für Fuhrwerke übers Fjell zum Hafen Tornehamn am Torneträsk gebaut hatten.

Dies war entscheidende Verbesserung der Baubedingungen. Die Materialseilbahn versorgte ab Hafen Rombaksbotn sowohl die Norweger mit ihrem schwierigen Gleis- und Tunnelbau am Steilhang des Norddalen. In der 2. Etappe der Seilbahn wurde der Fuhrweg der Schweden zum Hafen Tornehamn erreicht. Die schwed. Bahnbauer konnten nunmehr ihren Gleisbau Kiruna -> Grenze mit Materialnachschub auch ab norweg. Seite versorgen. Dies war vorher nur per steilem Zickzackweg runter ins Norddalen möglich.

Die Seilbahn (3, 4) war mit 11o.ooo schwed. Kronen extrem teuer, machte sich aber als wichtigstes Versorgungsglied für schnelle Fertigstellung der Gleis- und Tunnelverbindung bezahlt. In den 2 Jahren ihres Bestehens wurden mehr als 1o.ooo Tonnen transportiert: Lebensmittel bis Baumaterial, Baugerät bis Gleisbohlen, Beton, Pressluftbohrer, Kabel, Sprengstoff etc.

Die Norweger konnten sich sowohl auf der Strecke des Gleises voranarbeiten, - wie auch direkt über die Seilbahn Material beziehen. Den Hauptvorteil hatten die Schweden, da sie

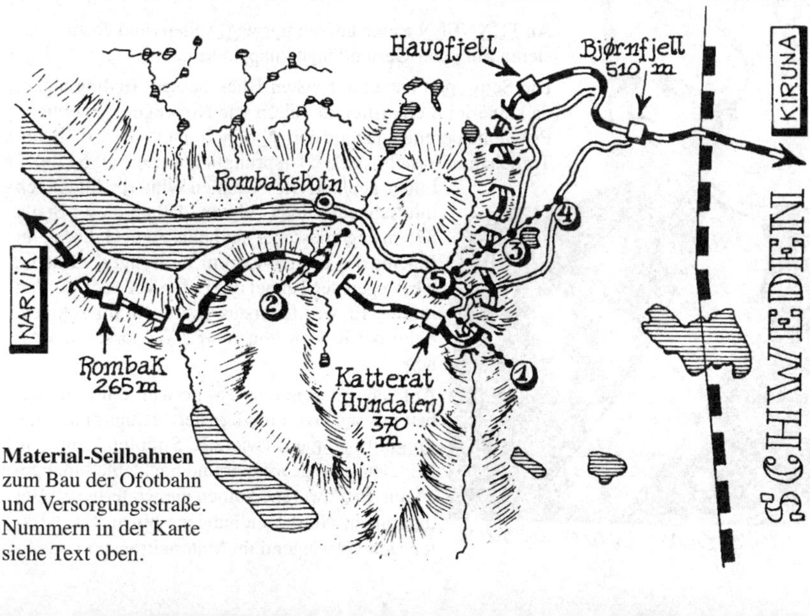


**Material-Seilbahnen** zum Bau der Ofotbahn und Versorgungsstraße. Nummern in der Karte siehe Text oben.

ab Rombaksbotn + Materialseilbahn + Fuhrwerksweg ihre Westflanke des Gleises zur Grenze mit Material versorgen und vorantreiben konnten.

★TUNNEL- und BRÜCKENBAU: Vorgabe der Militärs -> möglichst keine Brücken, da sie im Kriegsfall vom Feind gesprengt werden können. Immerhin besitzt die Gleisverbindung nach Fertigstellung hohen strategischen Wert. Vorgabe der Finanziers -> möglichst wenig Tunnel, um den Bau billig zu halten.

Beide Vorgaben mußten modifiziert werden: die Norddalen Brücke (6) auf der norw. Seite war wegen Gelände unvermeidlich. Nur via Südhang des Rombaksbotn und Osthang des Norddalen konnte der Anstieg von Meereshöhe auf 52o m realisiert werden. Die Vermeidung der Norddalenbrücke hätte in diesem Bereich extrem lange Tunnel benötigt, die in keiner Relation zu den Kosten standen.

Der Bau der Brücke war ein Meisterwerk damaliger Ingenieurkunst in Bezug knapper Terminsetzung und extremer winterlicher Bedingungen in Nordnorwegen. Die Baupläne der Brückenkonstruktion waren 19o1 fertig - ebenso, der an die Brücke anschließende Tunnel. Gemäß Terminplan sollte die Gesamtstrecke Narvik -> Kiruna 19o2 eingeweiht werden, wobei in Hauptsache die Norddalenbrücke fehlte. Sie wurde 19o1 in Deutschland von MAN als Stahlkonstruktion vorgefertigt und erreichte im April per Schiff sowie Verladung der Einzelteile auf Eisenbahnwaggons die Baustelle. Bis 31.8.91 waren die Einzelteile montiert und die Brücke fertig.

Auf Fotos wirkt sie sehr „grazil", ist jedoch präzise Berechnung statischer Belastung der Eisenerzzüge und ihres Gewichtes. Sie war 96 Jahre benutzt und belastet von mehr als 1.ooo Mio. Tonnen Eisenerz der Züge, die sie überquerten.

1988 wurde im Abschnitt eine neue Betonbrücke gebaut, um schwerlastigere Eisenerzüge ab Kiruna nach Narvik zu ermöglichen. Die alte Norddalenbrücke steht heute unter Denkmalsschutz; vom Zug aus zu sehen, bzw. Wanderweg ab Bahnstation Katterat.

KONG OLAV II. Norwegen

An TUNNELN waren auf der norweg. Seiten rund 2o zu realisieren mit einer Gesamtlänge knapp 5 km.

Die Schweden hatten auf ersten Blick bessere Bedingungen, da keinerlei Steilanstieg in Tälern wie Norwegen. Erhebliche Probleme bereitete jedoch der „Njulla Tunnel" südöstlich von Tornehamn/Torneträsk See. Ursprünglich war er mit 532 m Länge geplant. Die extremen Winterbedingungen mit Schneelawinen zeigten, daß an dieser Stelle 875 m angemessener sind plus 5o m Gallerie. Im Inneren des Tunnels extrem „bröseliges" Gestein, weswegen der Tunnel mit Beton versteift werden mußte. Er war teuerstes Bauwerk auf schwed. Seite bei Kosten von rund 25o.ooo schw. Kronen.

Auf schwed. wie norw. Seite wurde im Tunnelbau mit seinerzeit modernster Technologie - u.a. Presslufthämmern (wie z.B. Simplon Tunnel in Mitteleuropa) gearbeitet und Fachleute hinzugezogen. Erschwerend kamen die winterlichen Bedingungen Nordskandinaviens hinzu. Sie wirkten sich vorwiegend im Materialtransport aus, -

weniger im Inneren der Tunnel, wo wegen Bergwärme passable bis warme Temeraturen herrschten. Für den Betrieb der Presslufthämmer wurden größere Kraftwerke gebaut (u.a. in Abisko und Vissijaure/Schweden); die meist konnten wegen umfangreicher Arbeiten erst um 19oo in Betrieb genommen werden. Nach Fertigstellung der Bauarbeiten dienten sie im Rahmen der Elektrifizierung der Strecke (1915) zur Stromversorgung der E- Loks.

★**11. Nov. 19o1**: beide Gleise, das der Schweden von Kiruna und das der Norweger von Narvik treffen sich an der Grenze. Damit war die durchgehende Gleisverbindung in nur 3 Jahren Bauarbeitfertiggestellt. Große Feier, anwesend u.a. der König von Norwegen Kong Olav II., der norweg. Bahndirektor Fleischer und der schwedische Nordstrøm. Dies bei winterlichen Temperaturen oben auf dem Fjell. Nach Erledigung von Restarbieten wurde die Strecke **19o3** in Betrieb genommen.

★**BAHNBETRIEB**: anfangs durch Dampfloks. Für die, mit Eisenerz schwerbeladenen Züge ab Kiruna ist der schwierigste Teil der Anstieg von 12o Höhenmeter rauf zur Grenze. Die eisenbahntechnisch genannte 25 km „Rampe“ (= Anstieg) von Abisko -> Grenze besitzt eine Steigung von **1o ‰**. Die schwed. Eisenbahn (SJ) setzte hier 19o8 Dampfloks ein, die 1.3oo Tonnen mit Geschwindigkeit 12 km/h bergan ziehen konnten. Damals das potenteste, was es im Dampflok- Bau gab.

Eine weitere Steigerung der Zuglast war nur mit modernen E- Loks möglich. **1915** wurde der Abschnitt Abisko -> Grenze elektrifiziert auf Bais 15 kV und 16 2/3 Hz.

6.3.1906: eine Schneelawine verschüttet Eisenerzwagons im Norddalen. Durch Schneegitter, Galerien etc. wurden zukünftige Unfälle vermieden.

Durch Doppeltraktion (= 2 vorgespannte E- Loks) konnte die Zuglast auf knapp 2.ooo Tonnen gesteigert werden.

**1923** wurde die Gesamtstrecke Kiruna -> Grenze elektrifiziert, um unnötigen Lokwechsel unterwegs und Zeitverlust zu vermeiden. Sowie stärkere E- Loks gekauft, die die Rampe ab Abisko mit höherer Geschwindigkeit (ca. 3o km/h) realisierten.

Ab **5o-er Jahre** und steigendem Eisenerzexport wurden modernere E- Loks angeschafft mit einer Zuglast von 2.6oo Tonnen. E-Loks der **6o-er Jahre** konnten bereits **5.6oo Tonnen** die Abisko- Rampe raufziehen bei rund **5o Eisenerzwaggons**. Heute sind E- Loks mit mehr als **1o.ooo Tonnen** Zuglast im Einsatz. Das Gleis dient zugleich als Teststrecke für die Entwicklung moderner Loks sowie Bremssysteme.

Der Abstieg ab Grenze runter nach Narvik benötigte bei gewaltigem Gewicht der Eisenerzwaggons gute Bremssysteme. Retour nach Kirua fahren die Züge leer. Rund 8o % der Erzausbeute Kiriuna läuft via Narvik, zeitweilig dem größten Erzexporthafen der Welt. Zu einem Einbruch der Exporte kam es Ende der 8o-er Jahre, da Minen in Brasilien aber auch Australien und Namibia/Afrika billiger produzierten. Die schwed. Minengesellschaft LKAB reagierte mit Vollautomatisierung der Verladeanlagen in Narvik. Dort arbeiten heute nur noch ca. 2oo Menschen; in der Hauptsache ist die Anlage computergesteuert.

Weitere Einsparung brachten sogen. "*Pelletier-Anlagen*" in Kiruna und Svappavåra (südöstl. von Kiruna). Das geförderte Gestein wird dort bereits betr. Eisengehalt separiert und anschließend als hochprozentige Eisenkugeln (Pellets) nach Narvik zum Export transportiert. Dies ersparte den früher unnötigen Zugtransport von wertlosem Gestein und steigerte den Gewinn, da pro Zug eine größere Quantität Eisen nach Narvik exportiert wird.

Die Strecke ist nach wie vor eingleisig, besitzt aber 3-spurige Ausweichstellen. Dort können bergauf fahrende Erzzüge diejenigen bergab passieren - sowie Personenzüge die langsameren Erzzüge überholen. Die Anlage ist ferngesteuert ab Narvik und Kiruna. Für den Winterbetrieb schützen Fanggitter vor Lawinen sowie hölzerne Galerienen oben auf dem Fjell gegen Schneeverwehungen. Sie ermöglichen ganzjährigem Bahnbetrieb auch unter extremen winterlichen Bedingungen. Temperaturen von minus 3o Grad sind keine Seltenheit. Die Weichen entlang der Strecke sind beheizt und besitzen elektronische Funktionskontrolle. Erhebliche Kosten verursacht der winterliche Räumdienst durch Schneepflüge und -Fräsen, aber auch Maßnahmen der Enteisung. Hinzu kommt die ganzjährige Instandhaltung von Gleisen und Gleisbett. Sie sind durch die ständigen Erzzüge und ihr Gewicht erheblich mehr belastet als bei normalen Eisenbahnstrecken.

Die ehemaligen Versorgungswege der Bahnbauer wurden (teils) von Pflanzenverwucherungen der verstrichenen mehr als 1oo Jahre freigemacht und dienen für Wanderwege.

Einer der Trails führt ab Bahnstation Bjørnfjell Ri. Südwest im oberen Hangbereich des 84o m hohen Katterat entlang in 1o km zur Bahnstation Katterat. - Weiterer Trail ab Bahnstation Bjørnfjell zur ehemaligen

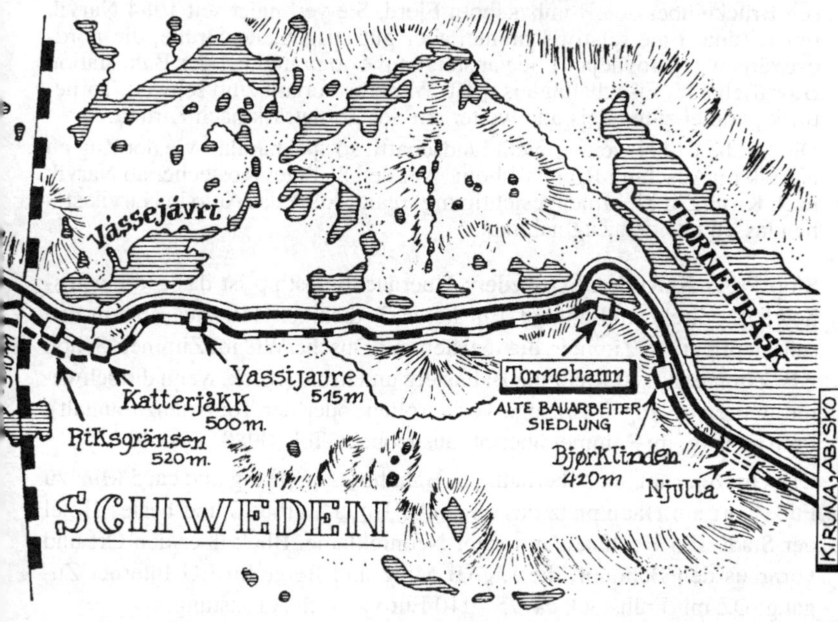

Norddalen Eisenbahn-Stahlbrücke und retour Bjørnfjell, ca. 1o km.

Ab Bahnstation Katterat lohnender Trail ins Tal runter nach Rombaksbotn (ca. 6 km) und im Sommer Bootsverbindung durch den Fjord nach Narvik. Ansonsten steiler Retouraufstieg zur Bahnstation, bei ca. 12 km und 3oo Höhenmeter wenig attraktiv.

Unbedingt für alle Trails vorab im Narvik Touristbüro und im Bahnhof abklären, wann Züge fahren, ob und in welchen Bahnstationen sie stoppen und in wieweit Bootsverbindung ab Rombaksbotn bestehen. Andernfalls hängt man fest bei Null Unterkunft bis Grenze. Der reguläre Normalzug tägl. ab Narvik -> Kiruna hat in der Regel bis Abisko/Schweden keinen Stopp, bzw. bedient nur bei Bedarf.

Im Winter ist die Region Riksgrensen/Katterjäkk beliebtes Skigebiet für Langläufer und für Abfahrtsskilauf mit kürzeren Liften.

Abstand beste Detailkarte für Wanderungen die schwed. Turkart „Narvik - Abisko“ BD 6, Statens Kartverk, Landmärteriet, im Maßstab 1: 1oo.ooo. Superdetailliert mit Höhenlinien, Seen, Berge, Gehöfte und Trails. Sie deckt den Bereich ab Narvik bis Abisko/Schweden und Torneträsk sowie südl. bis Nikkaluokta. Die Karte ist in Norwegen u.U. in einer der beiden Buchhandlungen von Narvik erhältlich (ca. 12,5 Euro). Besser aber vorab von zu Hause mitbringen.

**STRASSE E 1o**: Abzweigung von der E 6 wenige km nördlich der grossen Brücke über den Rombaksbotn Fjord. Sie verbindet seit 1984 Narvik mit Kiruna. Eine relativ schmale, aber gut ausgebaute Straße, die nordostwärts u.a. Ruovdejarvi See ansteigt auf 5oo m und bei der Bahnstation Bjørnfjell aufs Eisenbahngleis trifft. Weiterer Verlauf zum schwed. Torneträsk parallel zum Gleis und weiter am See Torneträsk nach Kiruna.

Die Straße ist bei weitem nicht landschaftl. so spektakulär wie der Zug ab Narvik im Abschnitt Rombaksbotn. Wer den 2- Tages Abstecher ab Narvik nach Kiruna (inkl. Minenbesichtigung) plant, sollte das Auto in Narvik stehen lassen und den Zug nehmen.

Stop Press **KIRUNA/Schweden**: Übernachtungstipp ist das „Järnevågshotellet“ , direkt am Bahnhof. Ein äteres, 3 stöckiges Holzhaus, aber in-nen sehr gepflegt. 15 Zimmer, die meisten mit Dusche/WC im Zimmer. Schön z.B. Zimmer Nr. 10 Richtung Bahnsteig und Mine (Blick, wenn die schweren und ewig langen Erzzüge vorbeirollen, oder der Touristenzu anhält). Preisgünstig, im Sommer aber oft ausgebucht. Tel.: 0980 - 844.44.

Das Ortszentrum liegt oberhalb des Bahnhofes am Hang und ca. 5 Min. zu Fuß. Dort am Hauptplatz das „Scandic Hotel“, größtes und bestes Hotel der Stadt. Ein Hochhaus mit roter Neonreklame. Blick über den Ort und vornraus den Bahnhof, die LKAB Mine und Berge.Im EG Internet Zugang. DZ mit Frühstück ca. 75 - 110 Euro je nach Auslastung.

„Vandrarhem“, Bergmästareg. 7 mit preiswerter, aber einfacher Übernachtung ab ca. 3o Euro/Person. Ähnliche Preise im „Yellow House“, Hantverkaregatan im obren Ortsteil Nähe Hauptplatz. Tel. 0980 - 137 50. MINENBESUCH LKAB: tägl zwischen.9 und 18 Uhr Es ist die größte unterirdische Eisenrzmine der Welt. Gäste werden vom Hotel abgeholt. Es geht mit Bussen untertage auf einem unterirdischen Straßennetz in ca. 500 m Tiefe. Zu sehen ist vollautomatischer Abbau, allerdings nur auf Fotos im im Musum sowie Vortrag mit Film (in Deutsch, Engl, Schwed.) in unterirdischer Halle. Bergwerkmuseum mit ausgestelltem Abbaugerät bis hin zu Fahrzeugen. Die Führung dauert ca. 2 Std. und kostet ca. 27 Euro/Person. Tel.: 0980- 188.80 bzw. 124.16, www.lkab.com

Der Abbau geht runter bis ca. 1.045 m Tiefe. Wie uns berichtet wurde, soll die Besichtigung des Eisenerzbergwerkes in Malmberget/Gällivare interessanter sein, da man näher an die Abbauaktivitäten kommt. Alles weitere im VELBINGER „Schweden“ Band 18.

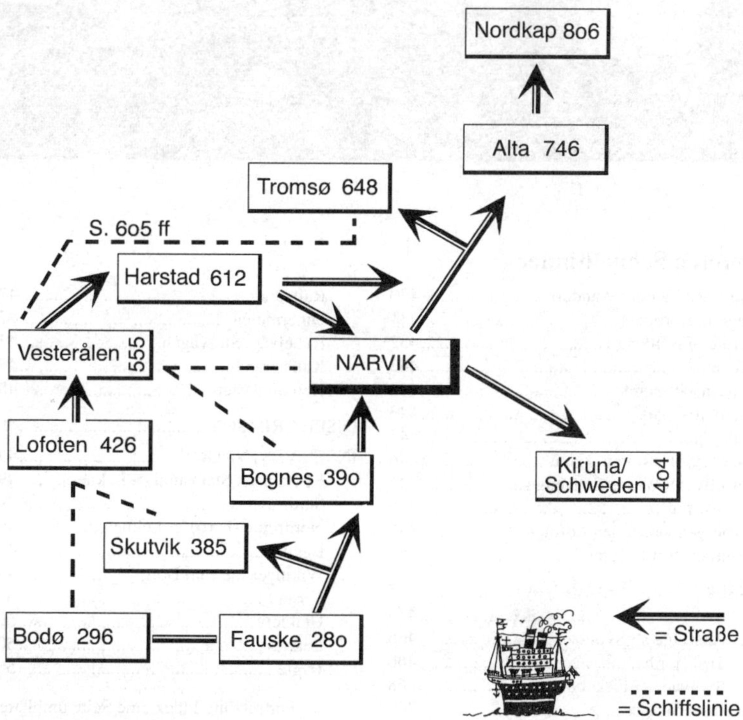

## Lofoten Schnellfinder



Fortsetzung Index eine Seite umblättern

KABELVÄG/LOFOTEN vor der Bergkulisse der rund 1.000 m hohen "Lofotenwand". Illustration Ende 19. Jahrhundert. Kabelvåg hieß damals Vågar. Details S. 473

# Lofoten

*Aus dem Meer herausragendes Gebirge mit Höhen 8oo- 1.ooo m. Grandiose Landschaften mit Inseln, Fjorden und kleinen Fischerhäfen. Die Inselkette erstreckt sich rund 17o km in den Nordatlantik.*

*Die einzelnen Inseln sind heute mit Brücken und Unterwassertunneln verbunden (= E 1o sowie Nebenstraßen).*

*SVOLVAER Hauptort auf der Insel Vågan,- KABELVÅG: seit Mittelalter wichtigster Ort Nordskandinaviens, Dekadenz zu Beginn des 2o. Jhds.*

*Spektakuläre Landschaften insbes. auf den Inseln Flakstad und Moskenes. Der Endpunkt der E 1o wird im Ort Å erreicht. Das Gebirge erstreckt sich unter Wasser südwestlich und erhebt sich aus dem Meer als INSEL VARØY - sowie südwestlich der INSEL RØST der dortigen Vogelklippen.*

*An landschaftlicher Szenerie sind die Lofoten definitiv d a s Highligt der Nordnorwegen- Reise. Kombinierbar mit den VESTERÅLEN und Insel ANDØYA. Ein Programm bei Relaxen, Zwischenstopps, Fotos etc. von*

Fortsetzung Index



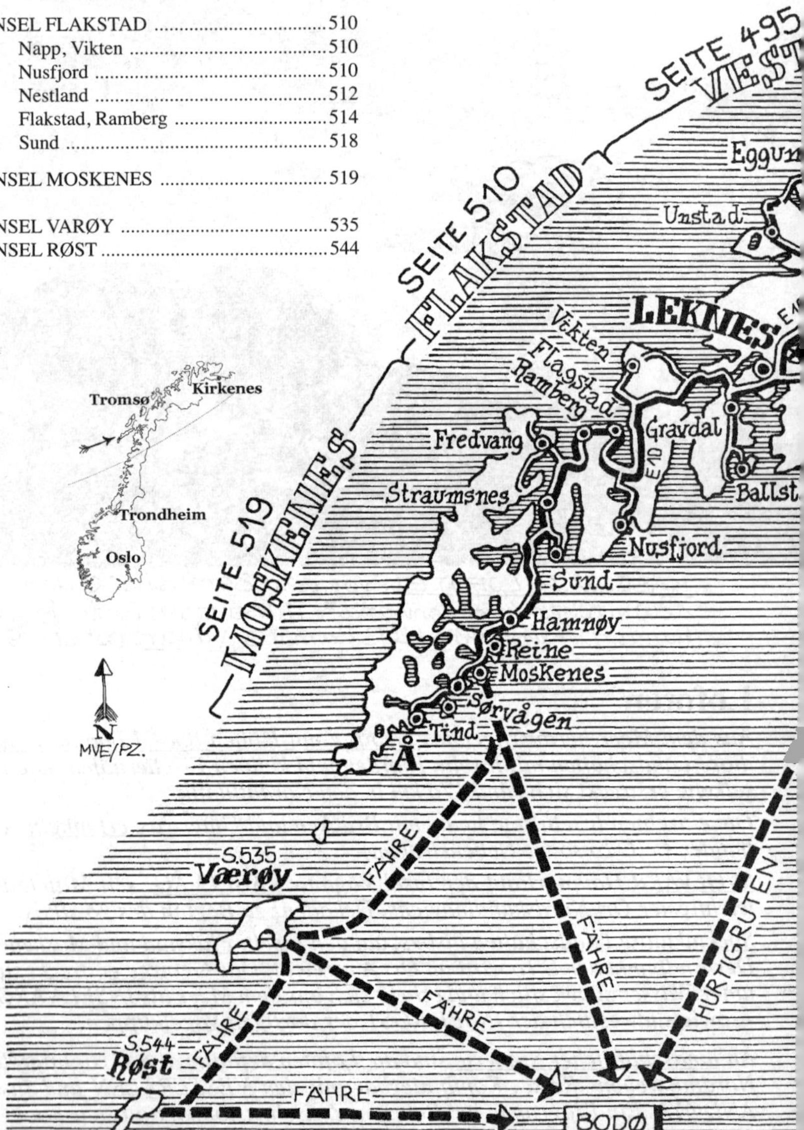

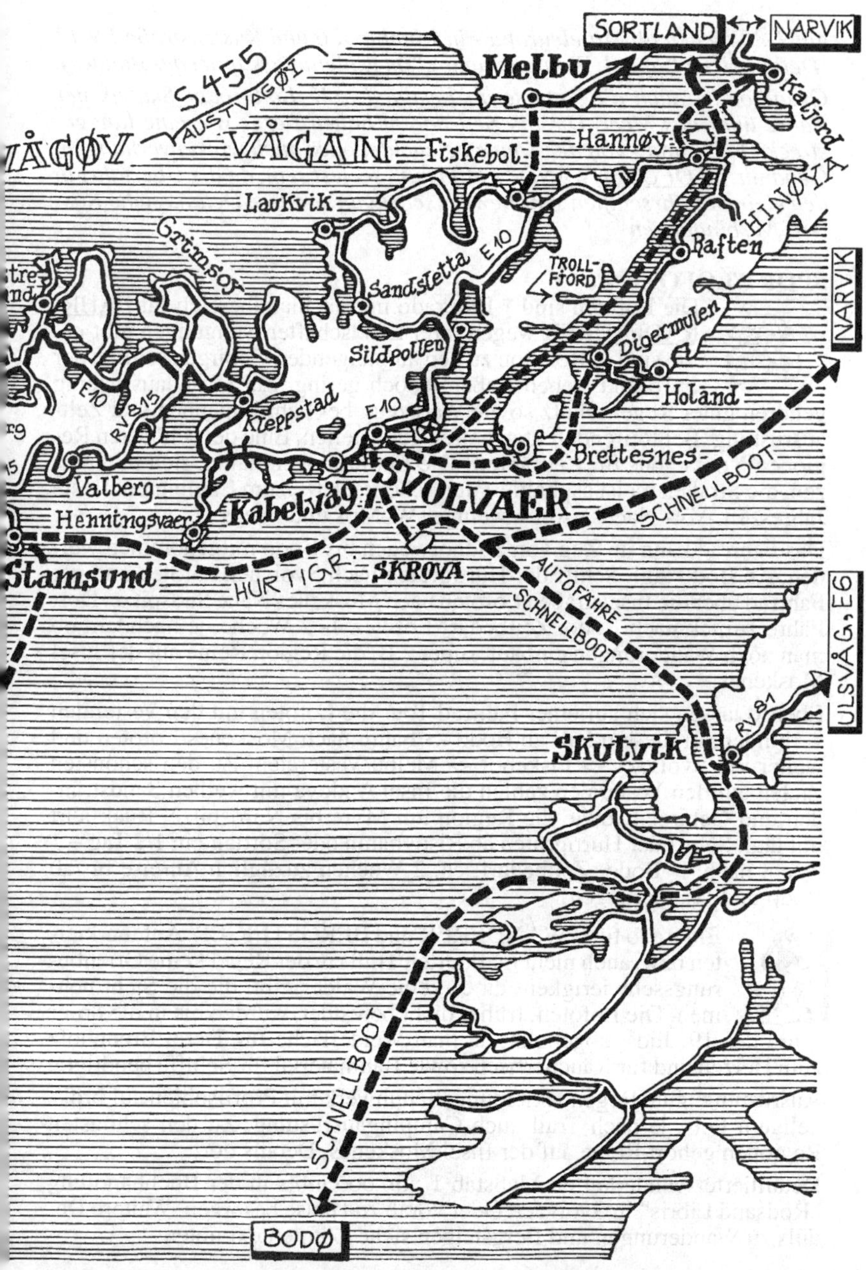
SORTLAND
NARVIK
Melbu
S.455
AUSTVÅGØY
VÅGAN
Fiskebol
Hannøy
Kaljord
HINØYA
Laukvik
Grimsøy
Sandsletta
E10
TROLL-FJORD
Raften
NARVIK
Sildpollen
Digermulen
Holand
Kleppstad
E10
E10
RV 815
Valberg
Brettesnes
SVOLVAER
Kabelvåg
Henningsvaer
Stamsund
HURTIGR.
SKROVA
SCHNELLBOOT
AUTOFÄHRE
SCHNELLBOOT
ULSVÅG, E6
RV 81
Skutvik
SCHNELLBOOT
BODØ

*gut 2-3 Wochen ab Mitteleuropa - in Kombie E 6 und Küstenstraße RV 17 (Details siehe Kapitel „Routenplanung“im Einleitungskapitel des Bandes).*

*Grandios ist auch die Anreise ab Festland z.B. Bodø oder Skutvik per Fähre über das Meer. Die bis zu 1.ooo m hohen Berge wie eine langgestrecke Felswand,- von der Sonne beleuchtet oder auch wolkenverhangen. Genannt: „LOFOTENWAND“. Man muß seefest sein, da die Überfahrt in den kleinen Fährschiffen sehr bewegt sein kann. Weitere Details siehe Kasten „Verbindungen“.*

## SPORT/LOFOTEN

Die Lofoten sind * Eldorado im Flachlandbereich für FAHRRADFAHRER wegen ihrer Landschaften.Steigungen gibt es. Sie sind in Relation zu den aufsteigenden Gebirgen seitlich der E 1o und Nebenstraßen jedoch gering. Zur Grundausrüstung gehören guter Regenschutz sowie Werkzeug bei Fahrradpannen und Zeltausrüstung. Bei Reifendefekten helfen Tankstellen. Eine der schönsten Regionen Norwegens für Radfahren! Die Entfernungen halten sich in Grenzen, die Straßen meist asphaltiert und schöne Plätze zum Campieren. Beste Jahreszeit: Vor- Nachsaison = weniger WoMos unterwegs.

Das Fahrrad kann im Zug von Südnorwegen bis Bodø mitgenommen werden. Ab Bodø tägl. Schiff der Hurtigruten nach Svolvaer/Lofoten und per Fahrrad über die Inselstraßen Lofoten nach Moskenes Nähe Südspitze. Dort Fähre zurück nach Bodø. Zeitbedarf Lofoten 1- 2 Woche, je nachdem ob man noch Wanderungen einbaut, super z.B. die Region Reine auf der Insel Moskenes

Ebenso lassen sich auf einer Fahrrad Tour die Lofoten mit den Vesterålen verbinden. In diesem Fall ab Bodø -> Fähre nach Moskenes/Lofoten und weiter via Svolvaer -> Fiskebol -> Melbu/Vesterålen. Zu den schönsten Zielen auf den Vesterålen zählen die Insel Andøya mit weißen Sandstränden und Gebirgen sowie die Region um Myre bis Nordspitze. Rückfahrt mit tägl. Schiff der Hurtigruten ab Risøyhamn oder Sortland in 1/2 Tag + 1 Nacht nach -> Bodø. Zeitbedarf: ca. 2 Wochen zuzüglich Anreise bis/ab Bodø und Wanderungen.

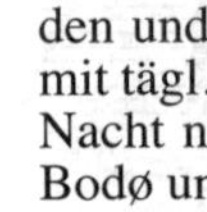

Eldorado für * WANDERER und BERGSTEIGER. Auf markierten bzw. auch nicht markierten Trails in der Regel keine Orientierungsschwierigkeit, da es keine Wälder gibt, die die Sicht nehmen. Die Lofoten, früher dicht bewaldet, wurden bis in die 8o-er Jahre des 19. Jhds. abgeholzt, da man Weidefläche für Tiere, Brennholz zum Heizen und für Räucherfisch sowie Baumaterial für Schiffe benötigte.

Ausrüstung: gute Regenbekleidung, Schuhwerk mit Profilsohlen auf brökkeligem Fels, je nach Trail auch Campingausrüstung. Zu den schönsten Regionen gehört Reine auf der Insel Moskenes, Details dort.

Detaillierte Wanderkarten Maßstab 1 : 5o.ooo gibts in der Buchhandlung „Rødsand Libris“ in Svolvaer. Oder vorab zu Hause besorgen. Weitere Details zu Wanderungen und Bergsteigen siehe Lofotentext unten.

Wanderer- und Bergsteigerverein: „Lofoten Turlag“, Boks 9o, 837o Leknes Norwegen. Gegründet 1987, die erste Schutzhütte „Munkebru“ östlich oberhalb des Kjerkford und Reine wurde 1991 errichtet. Sie liegt in 45o m o. Meer und bietet Platz für 15 Personen. Details Wanderungen dort.

Eldorado für * SPORTANGLER: kaum ein Gebiet Norwegens besitzt derart ein großes Angebot - insbes. auch Rorbur Fischerhäuser von basic und billig bis Top-Komfort wie das „Nyvågar Rorbuhotell“ in Kabelvåg.

★ Die meisten **Rorbuers** auf der Insel Moskenes. *„Rorbu“* bedeutet „ro“ = Rudern und „bo/bu“ = ähnlich deutscher Sprache „Bude“. Historische Aufzeich≠nungen und Sagen berichten, daß bereits 9oo n. Chr. Fischer die abgelene Nordland- Region der Lofoten wegen reichem Fischfang besuchten.

Im Museum in BORG/Insel Vestvågøy ist eine Rekonstruktion des Wohnhauses des Wikinger- Führers König Øystein zu sehen. Größe des Hauses rund 85 m Länge (!), er kontrollierte 1o88- 1123 den lukrativen Fischfang der Lofoten. Sein Hauses dokumentiert den Reichtum damaliger Profite im Fischfang. Weitere Details siehe „Borg Museum/ Vestvågøy“.

Im Mittelalter war es deutsche Hanse, die am Lofotenfang profitierte. Sie hatte Monopolrechte für den Norden, insbesond. des Exportes von „Stockfisch“ (Details siehe „Lofoten Fischerei“).

Wer die ersten Rorbuers auf den Lofoten baute, ist nicht gesichert. Gemäß hist. Quellen seien es bereits die Wikinger gewesen, die Hütten am Meer bauten. Dies, um Fischern Schutz vor Wind und Regen zu bieten. Gemäß anderer Quellen wurden die ersten Rorbuers Mitte des 12. Jhds. gebaut, also zu Zeiten des Handels der deutschen Hanse.

★ In der **Rorbu Hütte** fanden je nach Größe eng zusammengedrängt bis zu 2 Schiffsmannschaften Unterkunft, - sprich gemäß der kleinen Nordlandbooten: bis zu 25 Mann. Die Hütte hatte 2 Räume. Der erste diente als Wohn- und Aufenthaltsraum. Hier stand ein Ofen, der mit Holz beheizt wurde inkl. Kochgelegenheit.

Die Schlafstätten in separatem Raum im 2. Stock unterhalb des Daches. Sehr komfortabel war die Schlafstätte nicht. Auf Holzboden ausgelegte Schafsfelle, wo die Seeleute wegen fehlender Duschen bei entsprechendem „Duft“ sich für den Schlaf zusammendrängten. Wegen fehlender Abdichtung der Außenwand trieb es bei winterlicher Übernachtung nicht selten den Schnee durch die Ritzen der Außenwand des Rorbu auf die Schlafenden. Außerhalb des Rorbu angebaut ein Bretterschuppen, in dem die Fischereiausrüstung (Netze, Angeln etc.) untergebracht waren.

Bis Ende des 19. Jhds. galten „Rorbuer“ als *„Luxusherberge der Fischer“*, - ein Komfort, den sich nur die wenigsten leisten konnten. Die meisten Fischer schliefen im Freien unterhalb ihrer nachts umgedrehten Nordlandboote. Diese boten zusammen mit Planen Schutz vor Wind, Regen und Schnee. Regelrechte Shanty Towns entstanden, da der Kabeljau/ Dorsch die Lofoten im Winter besucht und dito damals 1o.ooo-ende von saisonal arbeitender Fischer. Ihre Löhne waren besser als im Rest des Landes, - großen Reichtum am Fischfang erlangten jedoch die Handelshäuser und nicht die Fischer.

★ **Rorbuer heute**: viele der früheren Häuser wurden nach Niedergang der Lofotenfischerei ab ca. 196o restauriert, modernisiert und für Touristen eröffnet. Sprich: Wärmedämmung der Außenwände, moderne Toiletten, Duschen (teils auch Bäder) und fließend Kalt/Warm - Wasser, - je nach Komfort auch TV, eigene Küche mit Herd, Eisschrank etc.

★**Sjøhus**: waren in früheren Jahrhunderten Hafengebäude, in denen der Fisch zum Export gelagert wurde. Größe 2- 3 Stock, in Holz gebaut. Sie hatten in den oberen Stockwerken Zimmer für die Hafenarbeiter und Fischer.

Die heutige Fischerei mit größeren Motorschiffen benötigt meist weder Rorbuer noch Sjøhus. Der Fisch wird (je nach Größe des Fangschiffes) entweder bereits an Bord weiterverarbeitet, oder an Großfabriken geliefert. Die Mannschaft der Schiffe schläft an Bord.

Nicht nur die Rorbuers, sondern auch die meisten „Sjøhus" standen daher seit 2. Hälfte des 2o. Jahrhunderts leer und sind heute - sofern nicht abgerissen - in touristische Unterkünfte umgebaut. So z.B. in Kabelvåg der dortige Sjøhus Camping, Details dort.

Heute gibt es auf den LOFOTEN rund 4oo Rorbuers, die meisten in der Region Insel Flagstad und Moskenes. Davon rund 1oo Neubauten mit bis hin Top- Komfort. Sie sind Stützpunkt für * Sportangler. Sowie Übernachtungstipp für * Normalurlauber ohne Angel- Ambitionen wegen Lage, Blick und oft auch Übernachtungspreis. Preise für 4 Bett Rorbur je nach Ausstattung, Saison und Frage inkl. Boot (?) ab 25 bis ca. 9o Euro.

ANGELGENEHMIGUNG: fürs MEER nicht nötig, sofern Sportfischerei. Infos zu den besten Angelstellen gibt's im jeweiligen „Rorbur" oder „Sjøhuscampung". Im Übernachtungspreis oft auch inkl. Boot, teils Angelausrüstung. - Für's Angeln in INLANDS- GEWÄSSERN und SEEN ist eine Angelkarte nötig, erhältlich in Postämtern.

**Lofoten Fischfang**

Besitzt mehr als 1.ooo jährige Tradition, die bis in die Wikingerzeit zurückreicht, denn die Gewässer der Lofoten zählten in früheren Jahrhunderten zu den reichsten Fischfangregionen der Welt.

Gefangen wurde (und bis heute) insbes. der ★arktische Dorsch, eine Untergruppe des Kabeljaus. Die Norweger nennen ihn „Skrei". Er lebt in der Barentssee, Nähe nordpolarer Packeismassen und ernährt sich dort von Plankton.

In den Monaten Jan. bis April hat er seine Laichplätze im Bereich der Lofoten/Vesterålen wegen dort höherer Wassertemperatur von plus 4- 6° C erreicht. Jedes Weibchen legt rund 2,5 Millionen Eier. Nur die wenigsten überleben. Aufgegessen durch andere Fische, Unwetter aber auch zu niedrige Wassertemperaturen. 1 Jahr später haben pro 2,5 Mio Eier lediglich ca. 2o Jungfische überlebt. Sie ziehen in Schwärmen entlang der nordnorweg. Finnmarks- Küste in die Barentssee.

LOFOTEN: zum alljährlichen Dorschfang reisten Fischer im Januar zu den Lofoten. Sie lebten aus der Kiste (siehe Foto 19. Jhd.) und schliefen nachts unter ihren Booten. Weitere Details siehe „Shanty Towns".

Geschlechtsreif wird der arktische Dorsch mit 7 Jahren. Von der Barentssee tritt er die gut 1.ooo km lange Reise an, - zu den Laichplätzen insbes. Vestfjord/Lofoten. Was ihn hierzu treibt und motiviert, konnte auch moderne Fischereiforschung nicht klären. Ein Phänomen, das sich u.a. auch bei Lachsen und Meeresschildkröten findet. Sie schwimmen nach Jahren exakt zu der Stelle zurück, wo sie geboren wurden, um dort zu laichen bzw. Eier zu legen.

Ein erwachsener arkt. DORSCH/SKREI erreicht ein Gewicht von ca. 3- 5 kg. Angeltiefe vor den Lofoten je nach Wassertemperatur optimal in ca. 45- 8o m. Geangelt wird (Sportfischer) mit der Rute: Rekord Lofoten: 26 kg, bzw. vor der Insel Orøya (Nähe Hammerfest): 37,5 kg! - Professioneller Dorschfang mit Schleppnetzen, Details unten.

★HERING: große Schwärme des Fisches besuchten im 19. Jhd. die Lofoten und führten zusammen mit dem Dorschfang zu einem Boom der Fischerei. Dies bei mehreren zehntausenden von Fischern, die zur Fangsaison die Lofoten besuchten. Diesbezüglich waren Engpässe der „Unterkunft“ vorprogrammiert, Details unten.

★FANG-METHODEN: die reichen Fischgründe der Lofoten waren bereits zur Steinzeit besucht. Im Einsatz: Angelleinen mit Steinsenkern und aus Horn geschnitztem Haken. Der Fischfang in Küstennähe mit Netzen, - auf dem Meer mit og. Angelleinen.

Effizienter waren zur Wikingerzeit spätestens Mittelalter/Hanse die sogen. „Langleinen mit Netzen“. An der Meeresoberfläche geschnitzte Holzblöcke, die das Netz in entspre-

LOFOTEN im Winter, Illustration Ende 19. Jahrhundert.
Im Fjord vor verschneiten Berggipfeln hunderte von Nordlandbooten der Fischer.

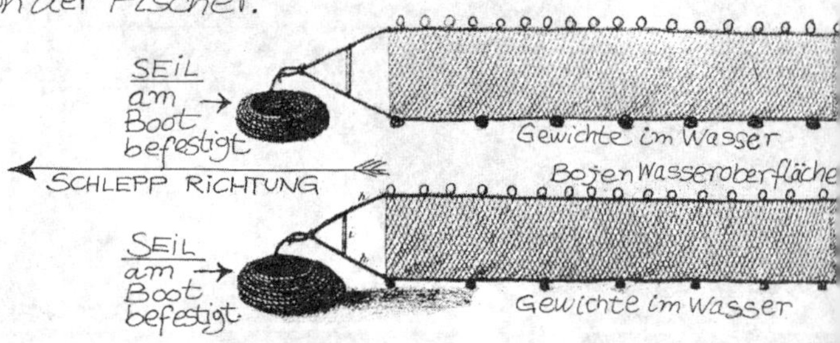


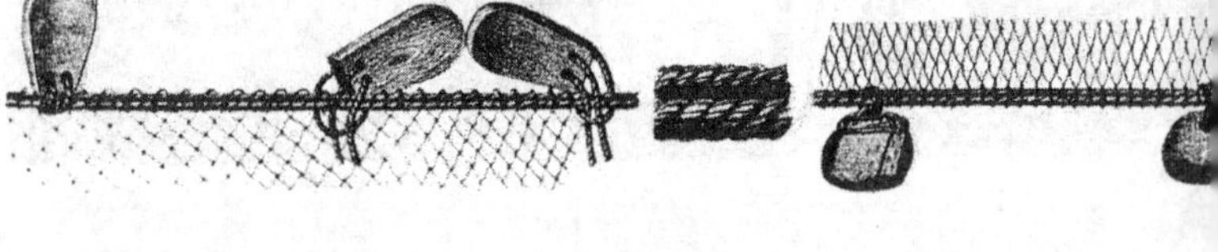

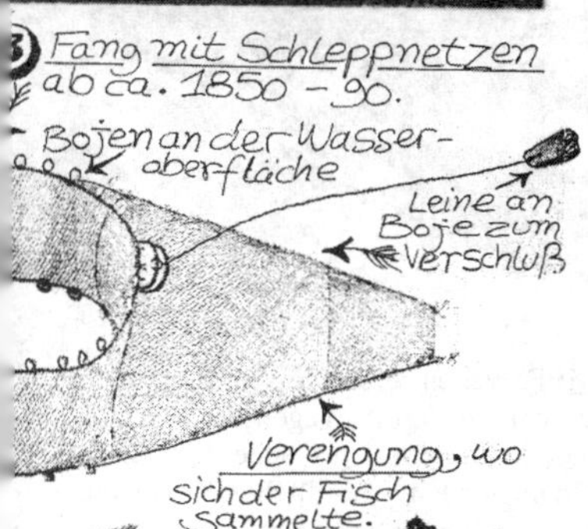

chender Meerestiefe hielten. Die früheren Holzblöcke wurden später gegen Glasbojen ersetzt. Von den Bojen an der Wasseroberfläche (siehe Skizze) hingen Seile in die Tiefe runter, wo unten eine Querleine gespannt war. An dieser waren in Abständen viele Köder angebracht.

Bei einer „Langleine“ mit vielen Ködern waren die Chancen auf reichen Fang natürlich erheblich größer, - als bei denjenigen Fischern, die noch traditionell fischten (= mit 1 Angel und 1 Köder).

Das Problem: die Fischer mit Angel hatten nicht das Geld, sich die teuren Seile und Bojen für eine „Langleine“ zu kaufen. Auch fischten ihnen die Langleinenfischer den Dorsch weg. Sie beschwerten sich daher beim König, der 1644 per Gesetz das Fischen mit „Langleine“ verbot.

Ab ca. 175o/7o wurden Netze (siehe Grafik unten) eingesetzt. Ursprünglich waren sie in entsprechender Meerestiefe plaziert, wo sich der Dorsch aufhielt und an Seilen an Bojen an der Meeresoberfläche befestigt. Die Fangmethode war effizienter als die Langleine mit ihren aufgehängten Ködern.

In den sich verengenden Netzen verfing sich der Fisch, und man sparte den Köder. Die Netze waren teuer.

Ein Protest der nichtwohlhabenden Fischer, die sich derartiges Gerät nicht leisten konnten, - führte kurzzeitig zum Verbot der Netzfischerei. Bald aber wieder aufgehoben auf Druck der Wohlhabenden, die möglichst hohe Profite im Fang wünschten.

(3) Schleppnetze siehe Grafik links: Perfektionierung des Fischfangs. Das Netz ruht nicht mehr

statisch im Meer (wie bei Methode 2) - wobei die Fischer auf ihr Glück warten, ob der Fisch ins Netz reinschwimmt. Das Schleppnetz in U- Form wird vielmehr von zwei Tauen an Booten durchs Meer gezogen, wobei sich Dorsch und andere Fische in der Verengung des Netzes sammeln. Dieser Teil kann per separater Leine verschlossen werden. Anschließend wird der Fang an Bord gehoben.

Eine Technik des Fischfangs, - die motorbetriebene Fischfangboote voraussetzte, um die Netze zu ziehen. Sie kamen Ende des 19./Anfang 2o. Jhds. auf den Lofoten zum Einsatz. Auch hier das Problem, daß nicht nur die Anschaffung der nunmehr sehr großen Netze teuer war, - sondern insbesondere auch die Bootsmotoren. Zudem waren sie störanfällig und hatten in den Anfangsjahren nur wenige PS.

★ SOZIALE PROBLEME und KONKURRENZKAMPF: wegen reicher Fischfanggründe führte nicht nur die Frage der Fangmethoden (siehe oben) zu Streit. Wegen der gesetzlichen Einschränkungen und teils auch der Fangquoten kam es in den Fischerdörfern zu handfesten Schlägereien. Grund: der Fisch richtet sich nicht nach behördlichen Regionen, sondern schwimmt dahin, wo er will.

Auch gab es Reibereien mit Fremden, die saisonal im Winter die Lofoten als Fischer besuchten und den Einheimischen den Verdienst wegnahmen.

★ Im „**LOFOTGESETZ“ 1816** versuchte die Regierung, das Problem zu regeln. Es enthält superdetaillierte Bestimmungen, * wann und in * welcher Region Fischerboote den Hafen verlassen dürfen, - mit * welchem Fanggerät gefischt werden darf etc.

Ein Gesetz, das nicht funktionierte. Viele der Fischer waren mit Investitionen verschuldet und an ihre Region/dortigen Gläubiger gebunden. Das Gesetz bestimmte zudem, daß die jeweiligen Gastwirte die Einhaltung der Bestimmungen kontrollieren sollten. Eine reichlich perverse Bestimmung. Denn die Fischer soffen Alkohol massenweise und waren oft hoch verschuldet gegenüber den Gastwirten - und daher von diesen total abhängig.

Es waren Jahre, wo die Gastwirte der Kneipen wie „Kleinkönige der Lofoten" die Inseln regierten und die Fischer ausbeuteten. Die Kneipenwirte waren zu Besitzern oft des gesamten Fischerdorfes geworden. Ihnen gehörten u.a. die Lebensmittelgeschäfte im Ort, wo sie in Form eines Monopols überhöhte Preise fordern konnten. Ebenso bestimmten sie die Preise für Fischereigerät, - und für den gefangenen Fisch. In fast unbeschränkter Macht unterdrückten sie die Fischer und beuteten sie als billige Arbeitskräfte aus.

OBEN: Schiffsbau im Mittelalter. Nordländer bauen ein Ruderboot für Fischer. Illustration 1555 Olau Magnus. LINKS: Fischerboote 1890/Lofoten zum Höhepunkt der Lofotenfischerei. Rund **33.000!** Fischer aus allen Regionen Norwegens, sogar von Island besuchten die Lofoten zum alljährlichen Dorschfang (Jan.-März) und Heringsfang (19. Jhd.).

★ Im „**Fischereigesetz" 1875** hob die Regierung die früheren Bestimmungen des Lofotgesetzes auf und versuchte, durch eine Liberalisierung des Fischfangs wieder „gesunde Arbeitsbedingungen im Lofotenfang" herzustellen.

Fortan waren es nicht mehr die Kneipenwirte, denen die Kontrolle des Lofotfischfanges unterstellt war, - sondern eine behördliche Regierungskommission unter Keitil Motzfeld. Insbesondere durfte jeder fischen, wo er wollte. Just dies schuf neue Konflikte. An Stellen je nach Saison, wo es den meisten Fisch gab, standen die Netze zu eng beisammen, - und es gab neue Schlägereien in den Dörfern.

Auch gab es im Gesetz von 1875 keine Einschränkung des Fanggerätes, egal ob „Lang leine" (1), - am Boden verankertes „Stellnetz" (2) oder „Schleppnetz" (3). Jeder dürfte fischen wie er wollte. Den Fischern der Lofoten nutzten diese Bestimmungen wenig. Sie waren nicht selten hoch verschuldet gegenüber Kneipenwirten und Großgrundbesitzer (siehe oben), die ihnen über Jahre Geld geliehen hatten für Fischfangausrüstungen und Alkohol. Hinzu kam eine satte Zinsbelastung. Dies hatte Folgen: die auf den Lofoten ansässigen Fischer mußten gewungener Maßen den Fischfang an ihre Gläubiger verkaufen, um Schulden abzubezahlen. Die Gläubiger zahlten in Ausnutzung der Notlage den Fischer jedoch nur Minimalbeträge für den Fang...

Das Ende des 19. Jhds. waren Goldene Jahre im Lofotenfischfang. Allein 1895 wurden 13o.ooo Tonnen Fisch gefangen, bei rund 33.ooo Fischern (!). Sie stammten zu geringerem Teil von den Lofoten. Viele reisten aus allen Regionen Norwegens, teils sogar von Island an, um am Dorschfang (Jan.- März) sowie am Heringsfang teilzunehmen.

★FISCHERBOOTE: im Einsatz bis ca. Wende 19./2o. Jhd. kleine und schmale Nordlandboote. Sie wurden gerudert und/oder hatten Segel (siehe Abb. unten). Ein nicht ungefährlicher Job. An Bord der Boote bis zu 15 Mann und eisige Kälte beim winterlichen Dorsch-Fang. Gefahren boten plötzlich aufkommende Nebelbänke oder Wände weißem Schneesturmes. Wenn der Sturm zum Orkan wird, so z.B. am 11.2.1849, hatten die kleinen Nordlandboote keine Chance und es gab Großkatastrophen. Damals starben 5oo Fischer. Ebenso am 31.3.1868 mit mehr als 1oo Toten.

Die Nordlandboote waren im Einsatz an der gesamten Nordnorwegen Küste bis hin zur russischen Küste der Kola Halbinsel (u.a. heutiges Murmansk) und wurden in 7 Größen und Anzahl der Ruder unterschieden. Das kleinste hieß *„Faering"* (ca. 5 m Länge) hinauf zum *„Åttring"* (bis ca. 11 m Länge, 8 Ruder. Es diente vorwiegend zum Fischen mit am Boden verankerten Stellnetzen oder Grundleinen). Größtes Nordlandboot war das *„Fembøring"* mit offenem Stauram von 6- 8 Abteilungen, Länge bis ca. 15 m, 1o Ruder). Es war im Einsatz für Schleppnetze sowie als Transportschiff.

Alle Nordlandboote hatten offenes Deck ohne Kajüte und ohne schützende Räume im Inneren des Schiffes. Wenn das Meer wegen starker Winde Wasser ins Boot schwemmte, mußte letzteres mit Kübeln aus dem Boot geschaufelt werden, damit es nicht unterging. Die Todesrate betrug Mitte des 19. Jhds. (gemäß Geschichtsforschung des Lofotfangs) angeblich: 1 Toter pro 1o Fischer durch Schiffsuntergang Nordlandboot. Die Fischer fuhren daher in Großgruppe von Booten aufs Meer, um sich gegenseitig retten zu können, wenn ein Boot unterging.

Mit Besegelung eines Trapez-Segels waren die Nordlandboote relativ schnell, allerdings bei ungünstiger Windrichtung sehr schwerfällig zu navigieren. Um die Bojen der Netze zu erreichen, wurde gerudert.

Bootsmotoren wurden erst Ende des 19./Anfang 2o. Jhds. eingeführt. Sie waren anfangs PS- schwach und dienten vorwiegend zum Erreichen der Netze ohne Ruderarbeit, bzw. für den Schleppnetzfang. Zudem konnten sich nur wenige Fischer die teuren Motoren leisten.

NORDLANDBOOTE: die schmalen, langen Boote haben Tradition aus der Wikinger Zeit. Rechts: Boot rettet havariertes Boot (links) wegen Mastbruch.

★SIEDUNGEN, HÄFEN und SHANTY TOWNS: Fast alle Fischersiedlungen der Lofoten liegen an der windgeschützteren Ostseite Richtung Vestfjord.

Ab ca. 125o übernahmen Handelshäuser der deutschen Hanse mit Hauptsitz Bergen/Norwegen den lukrativen Handel mit Lofotfisch. Sie hatten das Exklusivrecht. Gehandelt wurde Ri. Nord mit Getreide, Salz (zur Konservierung des Fisches), Fischfanggerät, Tabak, Wein/Alkohol, Gebrauchsgütern wie Kochgerät bis Werkzeuge und Waffen. - Ri. Süd: Fisch (insbes. Trockenfisch, Details unten) sowie Tierfelle.

Bis ca. 135o war der Hafen von Storvågen (Nähe heutiges Kabelvåg bei Svolvaer) der größte der Lofoten geworden. Das Areal hatte 2o.ooo qm und ist derzeit nur zu ca. 2 % archäologisch erforscht (weitere Details siehe dort).
Während der folgenden Jahrhunderte expandierte der Nordlandhandel, den per Regierungsgesetz norweg. Händler ab ca. 16oo übernommen hatten (zumindest per Gesetz). Damit sollte ausländischer Einfluß verhindert werden. Die Lofoten Fischerdörfer gehörten fortan dem König. Die Fischer sowie Kaufleute hatten vom König Land gemietet bzw. gepachtet, wo sie Hafenanlagen, Lagerhallen und Gestelle für Trockenfisch bauten.

Anfang des 19. Jhds. war Ebbe in der norweg. Staatskasse, und der König verkaufte seinen Landbesitz an Kneipenwirte der Lofoten. Das Volk nannte sie *„nesskonger“* (Landzungenkönige), da sie den schmalen Landbereich vor den steil aufsteigenden Lofotenfelsen besaßen und bald radikal diesen Landbereich wirtschaftlich in Ausbeu-

tung der Fischer kontrollierten (siehe Abschnitt „Soziale Probleme, Vorkapitel). Zu ihren positiven Leistungen zählt die Neuorganisation des Handels. Sie bauten die Lofotenhäfen aus und festigten einen von ausländ. Handelshäusern unabhängigen Fischhandel. Dies allerdings zu Lasten der ortsansässigen Fischer. Diese mußten je nach Schulden und angelaufenen Zinsen oft 4 Wochen oder mehr im Jahr gratis für ihre Gläubiger arbeiten und/ oder erhielten Minimallohn für den Fischfang.

★ SHANTY TOWNS: Elendsquartiere entstanden in den Hafenorten, - bewohnt vorwiegend von den Saisonfischern, die zum alljährlichen Dorschfang (Jan- März) sowie ab 2. Hälfte des 19. Jhds. auch Heringsfang die Lofoten besuchten. Die damals bis zu 33.ooo Fischer benötigten Unterkunft. So entstanden riesige Camps an Land. Als Schutz vor Regen und Schneesturm schliefen die Fischer unter ihren umgedrehten Booten oder in Zelten. Erschwerend kamen hinzu eisige Winde, durchnässte Kleidung und Kälte.

SHANTY-TOWNS Lofoten 19. Jhd. Zeltlager der Saisonfischer neben Booten

Zudem fehlende Hygiene, da es nur unzureichende Gelegenheit zum Waschen von Körper und Kleidung bei der Masse an Menschen gab. Es fehlte an Sanitärräumen insbes. auch Toiletten. Die Fäkalien wurden ins Meer geschwemmt. Krankheiten wie Tuberkulose und schwere Durchfall- Erkrankungen waren keine Seltenheit. Es gab nur wenige Ärzte, die sich um die nordnorwegischen „Gold-Diggers“ im Fischfang kümmerten. Immerhin: die Löhne für die Saisonfischer waren besser als im Rest des Landes... Bei Unfällen z.B. havarierenden Schiffen, Mastbruch etc. - und Folge: z.B. Knochenbrüchen oder schwereren Verletzungen fehlte es an Krankenhäusern.

Leben in den „Shanties“: die Fischer reisten mit ihrer „Vorratskiste“ an, Abb. Seite 433. Die Holzkiste enthielt abgesehen von Kleidung insbes. Lebensmittelvorräte für die Zeit des Aufenthalts auf den Lofoten. So u.a. Butter, Speck, Kartoffeln, lagerfähiger Hartkäse, Bisquit bzw. Flatbrot, Tabak - sowie Tran, der mit Wasser verdünnt als Getränk diente. - Der Alkohol in der Seemannskiste war (neben Tabak) wichtiger Bestandteil, nachdem Ende des 19. Jhds. der Staat den Alkoholverkauf auf den Lofoten wegen Schlägereien verboten hatte. - Die Seemannskiste packten die Ehefrauen der Saisonfischer. Dies inkl. eines Maskottchens als Schutz vor Unfällen. Immerhin war die Verabschiedung des Ehemanns ein Ereignis, bei dem man nicht wußte, ob er zurückkommt.

★ FISCHFANG LOFOTEN 2o. Jahrhundert: entscheidende Verbesserung war zunächst die Motorisierung der Fischfangboote. Statt früher mit Segeln und Rudern gesteuert, waren sie durch Bootsmotoren beweglicher. Dies sowohl bei Ansteuerung der Bojen der Netze im Meer, - insbes. auch bei Schlechtwetter, um sich in sicheren Hafen retten zu können. Auch konnten mit Bootsmotor bequemer die Lokalität von Fischschwärmen erreicht und der Fang in den Hafen des höchsten Abnahmepreises geschleppt werden.

Zweiter Höhepunkt der Lofotfischerei: **1929** mit 27.ooo Fischern und einem Rekordergebnis von 13o.ooo Tonnen Fisch. Modernere Fischerboote mit Motor machten dies möglich. **1933** waren es sogar 32.ooo Fischer, bei einem Fangergebnis von 81.ooo to.

**1938** erreichten die Fischer mit ihrer Absatzgenossenschaft ein Gesetz („Råfiskloven"): den Preis für den Fisch bestimmt fortan die Genossenschaft der Fischer - und nicht mehr private Händler. Zudem war ein Mindestpreis für Fisch garantiert, was die Lebensbedingungen der ortsansässigen Lofotfischer erheblich verbesserte.

Der 2. Weltkrieg schonte die Fischbestände der Lofoten, - **1947**: 2o.ooo Fischer und Fangergebnis von beachtlichen 145.ooo Tonnen. In den folgenden Jahrzehnten wurden immer modernere Fangschiffe eingesetzt und die Szene kommerzialisierte sich. Sprich: möglichst geringe Anzahl an lohnintensiver Mannschaft an Bord bei höchstmöglichem Fangergebnis. So u.a. auch Weiterverarbeitung des Fisches bereits an Bord bzw. Einsatz von Kühlschiffe, die den Fang zu Großfabriken brachten.

Traditionelle Handelsgesellschaften auf den Lofoten gingen in den 5o-er und 6o-er Jahren in Konkurs - und die Fangboote fischten die Gewässer radikal leer. Im Einsatz u.a. engmaschige Netze, in denen sich auch Jungfische verfingen, - womit der Fortbestand gefährdet bzw. vernichtet wurde.

Zwar erließ die norweg. Regierung Gesetze zum Schutz der Fischer und Fischbestände. Sie wurden zunächst nur lax kontrolliert. **1987** war absoluter Tiefpunkt: 2.6oo Fischer, die lediglich 18.ooo to. Fisch aus dem Meer holten. Ein Stand, der **1988** sogar auf rund 12.ooo to. sank.

Eine Katastrophe für die Lofotfischer. Leer gefischtes Meer und zudem laxe Kontrollen der Fischereibehörde betreffend der Fangquoten. Im norweg. Regierungsparliament (Storting) in Oslo gab es heftige Diskussionen. Beschlossen wurden straffe Kontrollen der Fangquoten und der Netzfischerei. Eine Politik, die Erfolg hatte: **1995** wurden 5o.ooo to. Fisch von rund 4.7oo Fischern gefangen. Die Fischschwärme waren jedoch weit entfernt von der Küste, was vorwiegend den Besitzern größerer Fangboote und Netze zu Gute kam.

Gefischt wird heute vorwiegend mit Netzen System „Drehwade": das Netz hängt im Meer in U- Form und wird vom Fischkutter geschleppt.
Im „U" des Netzes verfangen sich die Fische. Anschliesend werden die beiden Flügel des „U" zusammengeschlossen und die Fische im Bauch des Netzes an Bord gehieft.

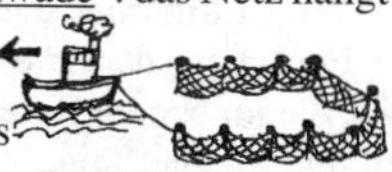
DREHWADE SCHLEPPNETZ

Die Goldenen Jahre der Lofotfischerei sind heute längst vorbei. Fischerei gibt es, sie ist aber nicht mehr Haupteinkunft der Bewohner. Längst sind auch die Shanty Towns verschwunden. Und die früheren „Rorbuers", - im 19. Jhd. die „Luxusherberge" der Fischer heute abgerissen oder in touristische Unterkünfte ausgebaut. Details siehe dort.

Pittoreske Hafenszenen mit kleinen Fischerbooten in engen Fjordarmen auch heute auf den Lofoten. Das reiche Erdöl- Land Norwegen subventioniert seine Fischerei.

**EINSAMKEIT LOFOTEN**: ok und ja, - während der Sommermonate Juni bis Mitte September jedoch auf der E 1o eine fast Karavane an mitteleuropäischen WoMo's. Dies nicht ohne Grund. Die Lofoten sind eine der landschaftlich schönsten Stellen Nord Norwegens.

★ **KLIMA**: wegen Golfstrom besitzen die Lofoten erheblich milderes Klima als das auf selbem nördl. Breitengrad liegende Nordsibirien, Nordalaska oder das mit Gletschern bedeckte Mittelgrönland.

Durchschnittstemperaturen Lofoten im Küstenbereich: Jan/Febr. als kälteste Monate ca. Minus 1 Grad (obwohl auch Temperaturen bis zu ca. 8 Grad plus gemessen wurden. Tiefsttemperaturen bis ca. minus 15 Grad!).

Wärmste Monate sind Juni/Juli/August: ca. 1o- 12 Grad (Höchsttemperatur ca. 21 Grad Juni bzw. 3o Grad August. Achtung: Tiefsttemperaturen um O bis 3 Grad plus sind selbst in den Monaten Juni- Aug. möglich!).

Wer Wanderungen oder Bergbesteigungen plant: auch im Sommer empfindlich kühle Temperaturen in größerer Höhe bei kalten Winden. Entsprechende Ausrüstung mitführen: dicker Pullover, Daunenjacke etc.

Niederschläge: die bis zu 1.ooo m hohen Gebirge der Lofotenwand fangen Regenwolken, die sich oft sintflutartig abregnen. Die Monate April, Mai, Juni besitzen die geringsten Niederschläge, - Sept., Okt. und Nov. sind die regenreichsten. Generell gilt jedoch: oft schneller Wechsel zwischen Regen und Sonne. Auch ist die Westseite Ri. Atlantik regenreicher; hier erreichen die Wolken das Gebirge bei oft tagelanger Nebelsuppe, Nieselregen bis Regenstürme, - während auf der Südostseite (wo die meisten Siedlungen liegen), die Sonne die Urlauber erfreut. Dies ist jedoch keine Garantie. Auch auf dieser Seite der Lofoten nicht selten Nieselregen etc. Warme Kleidung und insbes. guter Regen-/Windschutz gehört daher zur Grundausrüstung des Lofotenfahrers.

★ **Mitternachtssonne**: ca. 25.5. - 17.7. Zu sehen (sofern wolkenfrei) an der Westseite der Lofoten, so z.B. Laukvik, Brenna, Grimsøy, Eggum, Unstad, Utakleiv, Myrland, Vikten, Flakstad, Ramberg. - **Polarnacht**: ca.7.12. - 5.1. Allerdings Achtung: bis ca. Mitte Feb. sehr kurze Tage!

**GEOLOGIE**: das Inselgebirge der Lofoten besitzt a) älteste Gesteinsarten der Welt, entstanden um 3,5 Milliarden Jahre, vulkanischen Ursprungs und „nur" rund 1 Milliarde Jahre nach Entstehung der Erde. Anzutreffen auf der Lofot Insel Moskenes. Steil ansteigende Berggipfel, die im oberen Bereich abgeflacht sind. Sie enthalten vorwiegend Gneis, Granit, Syenit und Magnetstein.

b) jüngere Gesteinsarten: abgeschliffen durch die Gletscher der Eiszeiten. Letztere bedeckten Skandinavien und formten über Jahrmillionen auch die Lofoten mit tief eingeschnittenen Fjordarmen, Sunden (Meersarme zwischen den Inseln) und spitzzackigen Berggipfeln. Gemäß heutiger Forschung wird vermutet, daß die höchsten Gipfel der Lofoten aus dem Eispanzer Skandinaviens während der Eiszeiten herausragten.

Als die Eismassen über Skandinavien abschmolzen (vor ca. 1o.ooo Jahren) stieg die Landmasse. Grund: fehlender Druck des früheren Eispanzers auf das Land. Im Küstenbereich Nähe der steil aufsteigenden Lofotengebirge entstanden Landzungen. Sie wurden schon früh als Siedlungsbereich genutzt (vor ca. 6.ooo Jahren), wie momentan noch in Anfängen befindliche Archäologie nachwies. Spätestens zur Wikinger Zeit waren die Lofoten wichtiges Siedlungsgebiet wegen Fischreichtum. Details siehe Kapitel Fischfang.

★**LANDWIRTSCHAFT**: einzig nenneswerter größerer Bereich auf der Insel Vestvågøy mit dort allerdings rund 4oo- 5oo Bauernhöfen im Tal nach Leknes. Es ist der größte landwirtschaftliche Siedlungsbereich in Nordnorwegen. Angebaut werden Getreide, Gemüse; hauptsächlich aber betrieben Viehzucht (Schafe, Rinder, Schweine).

Die Produktion deckt den Bedarf der Lofoten und kann mit Überschuß auch andere Regionen Nordnorwegens beliefern. Trotzdem ist die arbeitsintensive Landwirtschaft (wie auch in anderen Bereichen Europas) ein Zuschußbetrieb mit staatlichen Subventionen. Die Anschaffung von Maschinen sind für Kleinbauern zu teuer; daher verschwinden zunehmend Kleinbetriebe.

Auch in früheren Jahrhunderten konnten die Bauern nicht allein von Landwirtschaft leben. Sie hatten Mehrfachberufe, so u.a. als Zimmerleute, Fischer oder Schreiner.

★**MALER** und **POETEN**: die grandiose Natur der Lofoten zog bereits im 19. Jhd. Maler und Dichter an. Andere waren hier aufgewachsen, so der Maler GUNNAR BERG (1863-93): geboren als Sohn einer reichen Kaufmannsfamilie in Svolvaer, besuchte er als 12- Jähriger die Handelsschule in Bergen. Der Vater hatte eigentlich geplant, daß sein

GUNNAR BERG (1863-93): Schlacht im Trollfjord 1890.
Fischer in kleinen Nordlandbooten kämpften gegen die Blockade der Großreeder und Dampfschiffe.

Sohn den mühsam aufgebauten elterlichen Kaufmannsbetrieb übernimmt. Doch Gunnar hatte andere Berufsideen: nicht Geld sondern die Kunst interessierten ihn. Vater Berg zeigte Verständnis und finanzierte ihm Zeichenunterricht. Mit 2o zog Gunnar Berg nach Düsseldorf und studierte an der dortigen Kunstakademie. Diverse Studienfahrten, u.a. nach Paris sowie Ausstellungen seiner Bilder in Norwegen und Ausland. In Svolvaer hatte er sein Atelier.

Mit rund 6oo Gemälden und Skizzen hohem künstlerischem Niveaus war Gunnar Berg bedeutendster norweg. Maler des 19. Jhds. der Lofoten. Seine Themen: Fjorde und Berge der Lofoten in Licht und Farbe, Lofotfischfang und harte Lebensbedingungen in teils monumentalen Gemälden gemäß damaliger Schule der Malerei.

GUNNAR BERG (1863-93), Maler

Sein berühmtestes Gemälde „Schlacht im Trollfjord" (189o) zeigt den Aufstand der Lofotfischer mit ihren traditionellen Nordlandbooten gegen moderne Dampfschiffe. Am 6.März 189o hatte der reiche Reeder Ole Johan Kaarbø einen riesigen Kabeljau-Schwarm im Trollfjord (Seitenarm des Raftsund) entdeckt. Allerdings war der innere Teil des Trollfjordes mit Eis bedeckt. Genau dort hatte sich der Kabeljau versteckt.

Zwischenzeitlich hatten auch andere Lofotfischer von dem großen Fischschwarm erfahren und waren beim Trollfjord erschienen. Es wird berichtet, daß rund 5oo Fischer mit ihren kleinen Holzbooten anwesend waren. Problem: an den Fisch zu kommen, denn wegen dem Eis war ein Auswerfen der Netze nicht möglich.

Kaarbø bot den Fischern an, größere Dampfschiffe zu holen, um das Eis aufzubrechen. Voraussetzung: jeder der Fischer zahlt ihm 1 Krone. Für die Fischer sehr viel Geld; sie lehnten ab. Daraufhin drohte Kaarbø, er würde den Fjord mit einem großen Netz absperren. Wer innerhalb fischt, müsse ihm die Hälfte des Fanges abgeben.

OLE JOHANN KAARBØ (1852-1921), Reeder und Fischerei-Groß-unternehmer.

Ein Wetterumschwung hatte zwischenzeitlich das Eis aufbrechen lassen, und die Situation eskalierte, da Kaarbø den Fjord wie angekündigt mit Netzen absperren ließ. In einer vielstündigen Schlacht (die Fischer mit ihren kleinen Holzbooten gegen Großunternehmer mit Dampfschiffen) siegten letztlich die Fischer.

Die Sache hatte ein Nachspiel: die Fischer protestierten im norweg. Storting (Parliament) wegen der rüden Methoden des Ole Johann Kaarbø - und erhielten Recht. Die Ereignisse waren zugleich Anlass, über die modernen Fischfang-Methoden mit Dampfschiffen und großen Schleppnetzen zu diskutieren. Die kleinen Fischer konnten sich derart teures Gerät nicht leisten und forderten Verbot. Damit konnten sie sich jedoch nicht durchsetzen.

Die Trollfjord Schlacht ist allen Lofoten-Schulkindern ein Begriff, da wichtiges Geschichtsereignis in ihrer Heimat. Das Gemälde (ein Zyklus mit zusätzlichen 6 Bildern) hängt heute im Rathaus von Svolvaer und ist dort außerhalb der Zeiten von Sitzungen zu besichtigen.

Gunnar Berg starb sehr früh mit 3o Jahren. 1893 mußte sein Bein wegen Krebs amputiert wurden. Eine Lungenentzündung im Dez. gleichen Jahres führte zu seinem Tod.

CHRISTIAN KROGH (1852- 1925) Maler und Schriftsteller mit sozialkritischem Anspruch, besuchte Ende des 19. Jhds. die Lofoten. Angeregt von den Bildern G. Bergs, suchte er dessen Lebens- und Wirkungsstätte. Themen seiner Bilder sind Landschaften und das harte Leben der Fischer. Es ist sehr schwierig, wie er bemerkt, „die Hohheit, Großartigkeit und die unerbittliche Ruhe und Gleichgültigkeit der Natur wiederzugeben".

Viele weitere Künstler besuchten im 2o. Jhd. die Lofoten oder ließen sich dort nieder. So Ola Strand mit Lithographien, die Landschaften und Blumen zeigen, - Hans Arne Hansen und Steve Baines mit Stimmungsbildern in zarten Pastelltönen von Landschaften und Meer. Die Kunstzentren der Lofoten sind Svolvaer, Kabelvåg und Henningsvaer mit Verkaufsausstellungen. Allerdings Achtung: neben künstlerisch hochwertigen Werken findet sich auch arg Durchschnittliches bis hin zu „Lofotkitsch" mit süßlichroten Sonnenuntergängen oder „Pseudo-Fischerromantik". Solche Dinger möchte ich in meiner Wohnung nicht an der Wand haben! Weitere Details und Adressen siehe Svolvaer und Kabelvåg.

KNUT HAMSUN (1859- 1952): norwegischer Schriftsteller und Literatur Nobelpreisträger. In seinen Romanen "*Benoni*" (19o8) und „*Landstreicher*" (1927) beschreibt er authentisch das Leben der Lofotfischer. Den Nobelpreis erhielt er für den Roman „Segen der Erde". Ausführliche Details zu Knut Hamsun Seite 386 ff.

JOHAN BOJER (1872- 1959): beschreibt im Werk „Der letzte Wikinger" (1921) detailliert das Leben auf den Inseln. Die Roman- Hauptfigur ist Kapitän Kristaver Myran, der mit Mannschaft und Boot „Kobben" zum Fischfang in die Gewässern vor den Lofoten aufbricht. Der Leser erlebt die harte Arbeit der Fischer in winterlicher Kälte, Havarie des Bootes im Sturm sowie in Romanform nacherzählt die Trollfjord Schlacht.

Bjoer hatte in einem Kontor in Trondheim gearbeitet. Reisen führten ihn 1895 bis Paris. Mit Ehefrau Ellen Lange hatte er drei Kinder. Sein Lebenswerk besteht aus 4o Büchern, Selbstbiographie, Novellen und Romane. Er starb mit 87 Jahren in Oppdal/Mittelnorwegen.

JOHAN BOJER (1872-1959)
Schriftsteller
UNTEN: Svolvaer im Winter,
Gemälde von Gunnar Berg.

PETER DASS (1674- 17o7): Pfarrer und Dichter, der im Nordland an der Festlandsküste Nähe Sandnessjøen lebte. In seinem Werk „Nordlands Trompete" beschreibt er die Landschaften und das Leben, auch der Bewohner der Lofoten. Er zählt zu den bedeutendsten Autoren Nordnorwegens des 17. Jhds. und lieferte Historikern wichtige Informationen.

THEODOR KITTELSEN (1857- 1914): künstlerisch begabter Leuchtturmwärter auf Skromvaer. Die Einsamkeit gab ihm viel Zeit zum Nachdenken und Grübeln. Er malte u.a. skurile Trolle (1892) und eine Bildserie zur Pest (19oo), die Mitte des 14. Jahrhunderts Norwegen großflächig heimgesucht hatte.

OLE JUUL (1852- 1927): gebürtiger Lofote, geboren auf der Insel Vågan. Ähnlich wie Gunnar Berg hatte er an der Kunstakademie in Düsseldorf studiert. Seine Gemälde waren schwer verkäuflich, daher verdiente er sich seinen Lebensunterhalt als Fotograph, u.a. bei Hochzeiten und als Portraitfotograph. In hohem Alter, als er über 7o war, wurden seine frühen Gemälde entdeckt und fanden kurz vor seinem Tod (fast „posthum") Anerkennung.

Zu Beginn des 2o. Jhds. wurden die Lofoten beliebt insbes. bei schwedischen Künstlern, die die Inselgruppe besuchten und sich für Monate oder Jahre ein Atelier einrichteten. Beliebt war Svolvaer und Kabelvåg, weitere Details siehe dort.

Es gibt schöne feinsandige Strände. Sie liegen vorwiegend an der Atlantikküste der Lofoten so u.a. bei Ramstad/ Insel Flakstad, einer der schönsten der Lofoten. Sandstrände auch an der Ostküte z.B. Sandvika bei Kabelvåg Nähe Hauptort Svolvaer. Wer ins Wasser steigt, muß abgehärtet sein: Temperaturen an der Ostküste selbst im Hochsommer um 16 Grad*. An der Atlantikseite/ Westküste im Hochsommer wenn's gut geht ca. 12- 14 Grad*.

Die Wassertemperaturen sind auch * davon abhängig, ob offener Strand zum Meer: An der Westküste/Atlantik spülen dort die Wellen eiskaltes Wasser aus tieferen Meeresschichten an Land. Anders dagegen kleine und windgeschützte Buchten an der Ostküste. Dort in Ufernähe gering wärmere Wassertemperaturen.

Die Lofoten sind kein Badeparadies à la Mittelmeer. Vorsicht in Meeresstraßen (Sunden) zwischen den Inseln: teils starke Strömung!

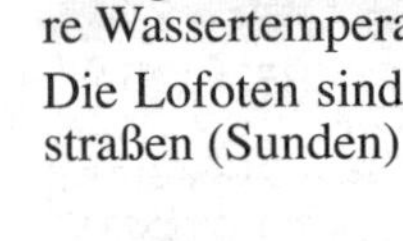


Golfplatz bei Hov im Norden der Insel Grimsøy, Entfernung nach Svolvaer ca. 45 km. Der einzige Golfplatz Norwegens direkt am Meer. Saison Mai bis November, in der Zeit Ende Mai bis Mitte Juli kann 24 Std. bei Tageslicht gespielt werden. Bei nur 6 Löchern (Par 3 und 4) ist der Platz trotzdem eine Herausforderung auch für geübte Golfer. Es gibt an mehreren Stellen Hindernisse durch Meeresarme sowie Sanddünen als natürliche „Bunker". Auch ist beim Schlagen des Golfballes der Wind vom Meer mit einzukalkulieren. - Kleines Restaurant, Verleih von Golfausrüstung sowie Golfkurse. Tel.: 76o.72o.o2, Fax: 76o.72o.o3.

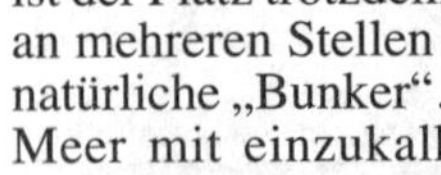

Vermietung von Pferden im „Lofoten Heste- og Fritidsenter". Lage: in der Ortschaft Hol Nähe der dortigen Kirche. Die Ortschaft Hol liegt rund 2 km von

Leknes entfernt, Abzweiger von der Straße Leknes -> Mortsund.

KAJAKVERLEIH: „Jann's Adventure Lofoten" in Henningsvaer an der Südostspitze der Insel Vågan, Tel.: 76 o.789.1o sowie „Nord Norsk Klatreskole" ebenfalls in Henningsvaer. Macht Spaß, im Schärengarten vor Henningsvaer zu paddeln, allerdings vorab Informationen zu Wetterbedingungen einholen! Infos in den Verleihstationen.

KANUVERLEIH: im „Knutmarka Feriesenter" oberhalb von Svolvaer siehe unsere Svolvaer Karte (34). Nähe des Feriesenters ein kleinerer See (Durchmesser ca. 6oo m), auf dem gepaddelt werden kann. Auch andere Übernachtungsbetriebe der Lofoten vermieten Kajak, Kanu, Infos im TI.

BOOTSVERLEIH mit Außenbordmotor: zum Fischen auf dem Meer in vielen „Rorbuers" der Lofoten im Angebot. Entweder sind sie im Mietpreis des Rorbu inklusiv (ausgenommen Sprit), - oder separat zu zahlen. Bei Anmiete eines Rorbu vorab klären.

„FISCHER FÜR EINEN TAG": in Svolvaer, Henningsvaer und der Ortschaft Å im Sommer die Möglichkeit, mit Berufsfischern an Bord eines Lofoten-Fischkutters raus zum Angeln zu fahren.

Für Hobbyangler super, die Angel über Bord zu werfen und auf „reichen Fang" zu warten. Zugleich auch für nicht-ambitionierte Angler ein interessanter Trip, die Bergwand der Lofoten vom Meer aus zu erleben. Infos zu Abfahrten, Preisen und Kontaktadressen in den jeweiligen TI's der Inseln.

Bei klarem Wetter definitiv TIPP! Die Cessna Wasserflugzeuge (Büro am Hauptplatz in Svolvaer) fliegen Ausflugstrips über den Lofoten, ihrer Gebirgsketten, Fjorde und Meeresstraßen. Grandioses Panorama über glitzerndes Meer, kuschelige Fischernester, Schären und bis zu 1.ooo m hoher Gipfel.

Preise moderat, sofern sich 4 Personen für den Rundflug finden. Im Hochsommer in der Regel kein Problem. Im Angebot:

* Kurzflug 15 Min. rüber zur Insel Skrova oder dito 15 Min. von Svolvaer entlang der Ostküste nach Henningsvaer und retour. Pro Person ca. 3o Euro.
* Flug 3o Min. von Svolvaer nach Skrova (oder Henningsvaer) und weiter via Raftsundet, Trollfjord und Fiskebol, retour via Austnesford. Pro Person ca. 5o Euro.
* Flug 2 Std. von Svolvaer über der Lofotenkette der Inseln zur Südspitze und weiter zur Insel Varøy -> Insel Røst und retour nach Svolvaer. Bei klarem Wetter ein landschaftlich grandioser Flug! Der Preis ist Vereinbarungssache; sofern sich 4 Personen den Preis teilen, ca. 19o Euro/Person. - Alternativ: Lofoten bis Südspitze bei Ortschaft Å retour ca. 17o Euro/Person. - Achtung: der Trip ist auch mit Linienflug der Wideroe ab Leknes/Lofoten-> Insel Røst möglich, Details siehe Kasten Verbindungen Lofoten.

Vorteil der Wasserflugzeuge der „Loftfly“: im Gegensatz zur Linienmaschine der Wideroe fliegen sie langsamer und vor allem erheblich niedriger. Man sieht daher wesentlich mehr. Zudem fliegen die Maschinen je nach Programm auch Umwege um Berggipfel, über Fjordarmen und Fischersiedlungen.

* Charter- und Taxiflüge: vorab Preis und Programm vereinbaren. Zu zahlen ist entweder der * Flug von A -> B. Oder * Abrechnung nach Flugstunde. In letzterem Fall sind unter Umständen auch Zwischenlandungen, z.B. in Henningsvaer zum Mittagessen und kurzer Ortsbesichtigung ohne Aufpreis möglich. Dies, sofern man die Maschine für mehrstündigen Flug gechartert hat. Alles Verhandlungssache mit der „Loftfly“ und unbedingt vorab!

Zur Hochsaison besteht in der Regel wenig Verhandlungsspielraum, da die Airline über nur wenige Wasserflugzeuge verfügt und mit touristischen Standardtrips ausgebucht ist. In Vor- und Nachsaison bessere Chancen. Zwischenlandungen der Wasserflugzeuge sind zudem vom Wetter abhängig (Wind, Küstennebel, Regenbänke, Wasserwellen auf Meer, Fjorden und Seen). Hier entscheidet einzig der Pilot des Wasserflugzeuges - und nicht derjenige, der das Flugzeug gemietet hat.

BÜRO der LOFTFLY: derzeit noch in einem Wohnwagen am Hauptplatz Svolvaer. Die Gesellschaft expandiert. Tel.: 76o.727.11, Mobilfunk: 48o.2o6.3o, Fax: 76o.727.11. Start der Flüge: ab Hafen Svolvaer.

WINDSURFEN: Superstrände an der Westküste und Atlantik. Bester Strand in Ramberg/Insel Flakstad. Dort u.a. im Juli die nordnorwegische Surfmeisterschaft. Gewaltige Atlantikwellen je nach Wetterbedingungen und Herausforderung für Surfer in Neopren- Anzügen wegen eiskaltem Wasser.

Sandvika/Kabelvåg: beliebt bei Anfängern bei moderaten Winden. Neoprenanzug dito, Achtung vor Riffs im Wasser sowie aufkommenden teils starken Fallwinden vom Küstengebirge.

## Verbindungen zu den Lofoten

**Mit dem Auto**: mehrere Möglichkeiten: wer von SÜDEN via Hauptverbindung E 6 - oder Küstenstraße RV 17 - kommt:

a) ab **BODØ**: (Details siehe Seite 32o): tägl. kleineres Fährschiff, das quer über den Vestfjord nach Moskenes an der Südspitze der Lofoten fährt. Die Direktfähre benötigt 4 Std., andere Fähre geht via Røst, Varøy nach Moskenes (6 Std.). Achtung: die Überfahrt kann sehr bewegt sein, zumal sehr kleines Schiff. Pro Person bis Moskenes ca. 15 Euro, Fahrzeug je nach Größe ab ca. 5o Euro.

Nachteil der Fährverbindung: abgesehen von Seegang: Mitnahme von nur wenigen PKWs, WoMos. Zur Hochsaison Juni- Aug. ist sie meist ausgebucht, sodaß man oft mehrere Tage in Bodø auf Platz warten muß. Vorbuchen ist möglich, allerdings zum Aufpreis weiterer ca. 25 Euro (OVDS Tel.: 755.48o.3o, www.ovds.no). Wer nicht rechtzeitig am gebuchten Schiff erscheint, verliert die Reservierung. Hinzu kommt: bei der weiten Anreisestrecke vom Süden bis Bodø ist eine zeitliche Terminierung für pünktliches Eintreffen zur Fähre sehr schwierig. Man muß sich daher einen zusätzlichen Zeitpuffer einbauen, was Warterei an der Fähre bedeutet.

Moskenes als Zielort der Fähre ist für WoMo Fahrer kein Nachteil, da man in eigenem Auto übernachtet. Anders dagegen Nordlandfahrer mit PKW: in Moskenes kaum Übernachtungsmöglichkeiten; erheblich besser ist Svolvaer als Stützpunkt!

Ebenfalls ab Bodø: tägliches Schiff der Hurtigruten. Da die Schiffe größer sind, ist mit weniger Seegang zu rechnen. Fahren via Stamsund nach Svolvaer, dem Hauptort der Lofoten (6 Std.). Pro Person ca. 4o Euro, PKW bis 5 m Länge ca. 45- 6o Euro je nach Saison. Aufpreis für WoMos, bzw. je nach Höhe und Länge Mitnahme nicht möglich.

Die auf den ersten Blick teuerste Verbindung. Dafür spart man Anreise-km auf dem Festland z.B. E 6/RV 81 bis Skutvik (Details siehe unten), bzw. die km von Moskenes-> Svolvaer sowie dort nötige Fährpreise, Fahrzeit und Spritkosten.

Unterm Strich ist die „Hurtigruten" keine schlechte Wahl, wer ab Bodø direkt den Lofoten- Hauptort Svolvaer erreichen will und mit normalem PKW (nicht WoMo) reist.

b) via Fährhafen **SKUTVIK**: zu erreichen ab E 6/Ulsvåg und weiter über die RV 81 nach Skutvik. Zwar bei der Anreise aus Südnorwegen Extrakilometer, dafür relativ häufige Abfahrt: rund 4- 8 mal tägl., Überfahrt 2 Std. PKW mit Fahrer ca. 25 Euro, weitere Person ca. 5 Euro.

Vorteil: kürzere und häufigere Überfahrt. Dies spart Zeit. Auch der öffentl. Transport (Bus/Zug - Schiff) benutzt diese Route als wichtigste und schnellste zu den Lofoten, Ziel Hauptort Svolvaer.

An Km ist der * Fährhafen Skutvik ab E 6 plus Fähre -> Svolvaer in etwa gleichlang wie * Abstecher Bodø -> Fähre Moskenes plus E 1o auf den Lofoten bis Svolvaer.

Nachteil: ab Skutvik kleine Schiffe, die Überfahrt kann je nach Seegang bewegt sein. Dafür (gegenüber Moskenes Fähre) lediglich 2 Std. Überfahrt.

c) via **NARVIK** an der E 6 und weiter über die E 1o nach Sortland/Vesterålen -> Melbu und Fähre nach Fiskebol/Lofoten. Häufige bis fast stündliche Abfahrt, Überfahrt ca. 25 Min. Preis: PKW inkl. Fahrer ca. 1o Euro, weitere Person 3 Euro, Aufpreis für übergroße WoMos.

Vorteil: kürzeste Fährüberfahrt zu den Lofoten, wer zu Seekrankheit neigt. Nachteil: erhebliche Extrakilometer wegen Umweg via Narvik. Dinge, die sich allerdings relativieren, wer auf der Nordnorwegenreise noch den Eisenerzhafen Narvik einbauen möchte, Abstecher zur Kiruna/Schweden Eisenerzmine- und/oder Vesterålen, Details siehe dort.

Autofähre Hanøy -> Kaljord: Alternativ zur siehe oben Melbu-> Fiskebol Fähre. Spart den Umweg über Sortland, allerdings nur sehr kleines Schiff und lediglich ca. 3- 4 Abfahrten täglich, Details S. 556, 47o.

**Mit dem Auto**: wer von SCHWEDEN kommt, folgende Möglichkeiten:

a) von den Fährhäfen Trelleborg, Göteborg etc. in Südschweden via Autobahn nach Stockholm, Upsala und weiter über die Küstenstraße E 12 via Umea, weiter Inland -> Storuman -> Tärnaby nach Mo I Rana/Norwegen. Weiter auf der E 6 zu den Fährhäfen BODØ und SKUTVIK (siehe oben). Als Verbindung schnell und nur ca. 2oo km länger, als Trelleborg, Göteborg -> Oslo ->Trondheim -> Bodø bzw. Skutvik. Weitere Details, auch zu Alternativrouten, im Anreisekapitel dieses Bandes.

b) von den Fährhäfen Trelleborg, Göteborg etc. via Stockholm und E 12, E 4 nach Lulea und E 1o weiter -> Kiruna -> Narvik/Norwegen. Als Verbindung schnell, aber landschaftlich recht ereignislos. Ab Narvik auf der E 1o weiter nach Melbu zur Fähre -> Fiskebol/Lofoten siehe oben. Weitere Details im Anreisekapitel dieses Bandes.

**Mit dem Auto**: ab LOFOTEN weiter **Richtung NORD**, je nach Jahreszeit mehrere Möglichkeiten:

a) **HURTIGRUTEN SCHIFFE:** Abfahrt tägl. und traumhaft schöne Strecke: Svolvaer/Lofoten -> weiter durch den engen Meeresarm Raftsundet zwischen 1.ooo m hohen Gebirgen. Im Sommer fährt das Schiff den Abstecher in den superengen Trollfjord. Weiter nach Stockmarknes und Sortland/ Versterålen -> Risøyhamn -> Harstad -> Finnsnes -> Tromsø. Wir sind die Strecke während unserer Recherchen mehrfach gefahren, da definitiv Hochgenuß!

Die Schiffe fahren ganzjährig täglich, auch PKW Mitnahme, - zu HS Juni bis August jedoch für PKW oft ausgebucht.

Abfahrtszeiten: Achtung, nach derzeitigem Fahrplan fährt das Schiff den Streckenabschnitt Svolvaer -> Harstad nachts. In der Zeit Ende Mai bis Mitte Juli kein Nachteil, da 24 Std. Tageslicht. Fahrzeit ab Svolvaer bis Harstad ca. 6 Std., bis Tromsø ca. 17 Std. Eine Fahrzeit, die wegen landschaftlichen Erlebnissen wie im Flug vergeht. Nach Möglichkeit die größeren Hurtigrutenschiffe wählen, die erheblich mehr Komfort u.a. mit ihren Aussichtspanorama- Salons bieten. Details siehe Einleitungskapitel dieses Bandes „Hurtigruten".

Wer in der Zeit Sept., Okt. die Region der Lofoten/Vesterålen bereist: das Schiff in Gegenrichtung befährt die Strecke Harstad -> Svolvaer tagsüber und ist daher die bessere Wahl wegen Blick und Landschaft.

Preis: pro Person bis Harstad ca. 45- 5o Euro, bis Tromsø ca. 9o - 1oo Euro je nach Jahreszeit. PKW bis 5 m Länge ca. 4o- 5o Euro (Harstad bzw. Tromsø). WoMo's Aufpreis bzw. je nach Länge und Höhe kein Transport möglich.

Der auf den ersten Blick teure Preis relativiert sich, da erhebliche Einsparung in den Norden an km, Sprit und Zeit. - Gemäß derzeitigen Bestimmungen der „Hurtigruten" ist 1 Zwischenstopp möglich. Zum Besuch der Vesterålen somit z.B. in Stockmarknes (wegen Besuch des lohnenden „Hurtigruten Museum"!) - oder Sortland bzw. Risøyhamn zum Abstecher u.a. auf der landschaftlich lohnenden Insel Andøya, Details siehe dort.

b) **ANDENES/ INSEL ANDØYA -> GRYLLEFJORD/ SENJA**: Prinzipiell mögliche Querverbindung zwischen der Insel Andøya/Vesterålen und der Insel Senja. Von dort über die RV 86 weiter via Finnsnes zur an die E 6, die bei Saetermoen/Bardufoss erreicht wird. Kaum km-Ersparnis im Vergleich zur Route Sortland/Vesterålen (E 1o)-> Bjerkvik(E 6)-> Bardufoss (Details Seite 6o5).

Die Autofähre (46 PKW, 3oo Personen) fährt nur Anfang Juni - Ende August: tägl. 3 mal. Überfahrt 1 3/4 Std. Preis: pro Person ca. 1o Euro, PKW ca. 3o Euro, Aufpreis WoMos mit Überhöhe und Länge. Infos: Tel.: 761.42o.oo, Fax: 761.428.2o

c) **LANDSTRASSE E 1o**: außerhalb der Zeit Anf. Juni - Ende Aug. die derzeit einzige Verbindung von den Lofoten/Svolvaer und Vesterålen nach Harstad bzw. nach Narvik (und weiter E 6 in den Norden).

Strecke: ab Svolvaer/Lofoten nach Fiskebol -> Fähre nach Melbu/Vesterålen, weiter -> Sortland und Brücke über den Meersarm Sortlandsundet -> Insel Hinøya, mit Abzweiger der Straße nach Harstad - bzw. Brücke über den Tjeldsundet und weiter nach Narvik.

Benötigt als Straßenverbindung Svolvaer -> Narvik 28o km plus Fähre gut 1/2 Tag Zeit mit eigenem Auto. Abgesehen davon erreicht man die E 6 rauf in den Norden reichlich weit südlich: dies im Vergleich zur a) Verbindungen mit Hurtigruten -> Finnsnes und Tromsø sowie b) der Andøya - Senja Fähre.

Die Norweger bauen an einer Direktverbindung, die den Umweg Sortland abkürzt (Details Seite 469), derzeit noch nicht durchgehend fertig.

**Schnellboote** (kein PKW-Transport): interessant für Leute, die mit öffentlichem Transport (Zug, Bus, Flug) anreisen. Details hierzu siehe unten.

Svolvaer -> Skutvik -> Bodø: tägl. 1 mal außer Sa. Die Schnellboote benötigen bis Bodø 3 Std., Überfahrt kann je nach Seegang bewegt sein. Die Schiffe fahren 4 mal/Woche ab/bis Svolvaer durch den Raftsundet weiter nach Sortland/Vesterålen (Fahrzeit plus 1Std.).

Svolvaer -> Lødingen -> Narvik: 5 mal/Woche, Fahrzeit bis Narvik 3 1/2 bis 4 Std. Interessante Querverbindung von den Lofoten zum Zug Narvik via Schweden nach Stockholm, Details unten.

**ZUG**: preislich (und von Anreisezeit!) interessante Anreise-Alternative, - wer stationären Aufenthalt ausschließlich auf den Lofoten und/oder Vesterålen plant. 2 Möglichkeiten: a) via Oslo/Norwegen, - b) via Stockholm, Kiruna/Schweden.

a) via Oslo/Norwegen: beispielsweise preisgünstige Retourpassage auf der „Color Line" von Kiel -> Oslo (ohne teures Auto). Die Langstrecke bis Oslo wird nachts an Bord in der Kabine realisiert, - sprich Durchschlafen und am nächsten Morgen Ankunft in Oslo. Stadtbesichtigung, Museen, Details siehe VEBINGER Band 19. Weiter mit dem tägl. Zug nach Trondheim, auch nachts möglich im Schlafwagen. Spart Anreisezeit und Hotelkosten.

In Trondheim gegebenenfalls Zwischenstop mit Stadtbesichtigung und Museen. Wie immer erreicht der Zug im Bahnhof das Stadtzentrum, daher kurze Entfernungen zu den Sehenswürdigkeiten von Trondheim. Details VELBINGER Band 19 Norwegen.

Weiter im Zug Trondheim -> Bodø, der sogenannte „Nordlandexpress". Streckenweise schöne Szenerie entlang von Seen, Fjorden und durch langgestrecke Bergtäler. Fährt tägl. 2 mal, sowohl am Tag (ca. 11 Std.) sowie nachts mit Schlafwagen, Abfahrt gegen 23 Uhr (nach derzeitigem Fahrplan) Ankunft Bodø am nächsten Morgen.

Weiterfahrt ab Bodø -> Lofoten: entweder mit der Fähre nach Moskenes/Lofoten (siehe oben), allerdings Achtung: in Moskenes nur wenige Unterkünfte, die zur HS meist ausgebucht sind. Oder: Bodø -> Svolvaer mit dem tägl. Schiff der „Hurtigruten", die bessere Wahl da komfortabler. Nach derzeitigem Fahrplan Abfahrt Bodø gegen 15 Uhr und Ankunft Svolvaer 21 Uhr. Pro Person ca. 4o Euro. In Svolvaer breites Angebot an Unterkünften, trotzdem zur HS Vorreservierung empfehlenswert.

TIPP ZUGANREISE: vor Ort in Norwegen gekauft kommt die Zug- Langstrecke Oslo -> Bodø satt teuer (retour ca. 4oo Euro). Erheblich billiger das „**Scanrail Ticket**". Es ist erhältlich für Jedermann, muß aber außerhalb von Skandinavien gekauft werden. Somit z.B. bei der DB, ÖBB oder Schweizer Eisenbahn.

Preis: 5 Reisetage innerhalb von 2 Monaten: **238 Euro** (bzw. 1o Reisetage **32o Euro**) Mit dem Ticket können alle Eisenbahnstrecken in Skandinavien (Dänemark, Schweden, Norwegen und Finnland) benutzt werden - somit nicht nur die Strecke Oslo -> Bodø.

Inkl. sind auch Fährverbindungen der Reederei Scandlines auf den Strecken Sassnitz/ Deutschland -> Trelleborg/Schweden oder Puttgarden/Deutschland -> Rødby/Dänemark. Das „Scanrail Ticket" läßt sich somit auch als superbillige Anreise ab deutscher Grenze bis fast Lofoten und retour einsetzen. Weitere Details siehe Kapitel „Anreise" im Einleitungsteil dieses Bandes.

b) via Stockholm und Kiruna/Schweden: Alternative zur Anreise via Oslo (a), im preisgünstigstem Einsatz ebenfalls das „**Scanrail Ticket**" siehe oben. Somit eine der beiden Scandline Fähren nach Rødby/Dänemark bzw. Trelleborg/Schweden und weiter (mehrfach tägl. Zug) via Schweden nach Stockholm.

Zwischenstopp Stockholm unbedingt lohnend von Flair der Stadt, Museen etc. Details siehe VELBINGER Band 18 Schweden. Weiter mit dem schwed. Nachtzug (auch Schlafwagen) nach Kiruna/Nordschweden. Ankunft am späten Vormittag des nächsten Tages. Lohnend der Besuch der vollautomatisierten unterirdischen Eisenerzminen von Kiruna. Weiter nach NARVIK/Norwegen tägl., 3 Std. Zunächst am Südufer des Torneträsk, ab schwed./norw. Grenze teils spektakulärer Gleisverlauf in tief eingeschnittenen Tälern und oberhalb eines Fjordarmes nach Narvik, - Endpunkt des Gleises.

Der Bahnhof Narvik liegt weit entfernt vom Terminal der Abfahrt der Schnellboote zu den Lofoten. Fahrzeit Narvik -> Svolvaer 3 1/2 Std, allerdings nur 5 mal/Woche. Man sollte daher vorab im Narvik Touristbüro anrufen wegen aktuellem Abfahrtstermin des Schiffes. Alternative ist der Bus, allerdings zeitaufwendig via Sortland/Vesterålen, teils sogar mit Umsteigen in Harstad. Weder Schiff noch Bus sind im „Scanrail Ticket" inklusiv, sondern müssen extra bezahlt werden.

Unterm Strich ist die Zuganreise via Oslo, Trondheim ->Bodø die bessere Wahl zu den Lofoten. PS: in Alternative zur erwähnten Schiffsverbindung (Color Line Kiel -> Oslo) auch möglich: tägl. Zug Hamburg -> Puttgarden (ab hier „Scanrail Ticket) -> Kopenhagen

-> Oslo. Abfahrt Hamburg am späten Nachmittag, Umsteigen in Kopenhagen und Ankunft Oslo am frühen nächsten Morgen (auch Schlafwagen). Fahrzeit ab Hamburg bis Lofoten somit in 3 Nächten (Schlaf- oder Liegewagen) möglich; tagsüber Stadtbesichtigung Oslo, Trondheim bzw. Extratag einschieben.

Dies bei einem Zugpreis (hier „Scanrail Ticket": 1o Reisetage innerhalb 2 Monaten = **32o Euro**) ab Grenze Deutschland zu den Lofoten retour, - zuzüglich Schlafwagen und Schiff Bodø -> Svolvaer. Die **mit Abstand billigste Anreise zu den Lofoten**!

**FAHRRÄDER** können in norweg. Zügen gegen Aufpreis (ca. 6 Euro) mitgenommen werden, bzw. müssen in Expresszügen vorab aufgegeben werden, Infos DB und NSB. Auch auf den Schiffen nach Dänemark und Schweden sowie ab Bodø und Narvik nach Svolvaer ist Mitnahme des Fahrrades gegen geringen Aufpreis möglich.

**FLUG**: Flughäfen bei Svolvaer und Leknes/Lofoten. Es gibt keine Direktflüge ab Mitteleuropa, ebenso auch keine Charterflüge. Selbst ab Oslo/Norwegen keine Direktflüge zu den Lofoten, - Umsteigen in Bodø/Nordnorwegen nötig.

Dies macht die Anreise per Flug zeitaufwendig und teuer. Somit Linienflug ab Mitteleuropa -> Oslo. Von hier innernorweg. Linienflug per Jet Oslo -> Bodø/Nordnorwegen + Anschlußflug -> Lofoten. Ab Mitteleuropa mit gut 1 Tag, je nach Anschlüssen auch angebrochener 2. Tag rechnen.

Flugstrecke regulär gekauft: hier addieren sich die Flug- Kilometer. Man muß mit Retourticket Preis ca. 1.ooo Euro rechnen. Alternativen: preisgünstiges Ticket nach Oslo, z.B. im Internet (Last Minute, auch bei Linienfluggesellschaften, - bzw. in Reisebüros, die auf derartige Tickets spezialisiert sind). Innerhalb Norwegen gibts vergünstigte Flugtikkets für Touristen, Details Kapitel „Anreise Flug" im Einleitungsteil dieses Bandes. Unterm Strich muß man per Flug bis Lofoten retour mit ca. 6oo Euro rechnen.

## Insel Transporte Lofoten

**Eigenes Auto**: obwohl die Strecke Svolvaer -> Å Nähe der Südspitze der Lofoten nur ca. 14o km beträgt (das gesamte Lofoten Straßennetz zusammen ca. 45o km), - fahren viele Lofoten Besucher, die sich länger dort aufhalten, Strecken mehrfach inkl. auch von Stichstraßen retour zum Erreichen von Stränden etc. Schnell kommen rund 7oo km auf dem Tacho zusammen. Auch dies sollte man berücksichtigen. Auf der Landkarte eine „kleine Inselgruppe" - aber an Entfernungen plus Anreise gigantisch.

Achtung: es gibt nur wenige Tankstellen, die zudem früh am Abend ca. 2o/21 Uhr schließen. Am Sonntag sind sie ganztägig geschlossen, einzig die Esso in Svolvaer (E 1o Ri. Kabelvåg) hat rund um die Uhr offen. Daher rechtzeitig tanken. Tankstellen derzeit: Svolvaer, Borge, Leknes, Stamsund, Ramberg und Reine.

**Straßenbau**: erst 1963 wurde eine Straße (E 1o) vom Fährhafen Fiskebol im Nordosten der Lofoten via Svolvaer -> Leknes -> bis Nähe Südwestspitze Ortschaft Å eröffnet. Sie war durch eine Vielzahl von Meeresarmen unterbrochen, die die einzelnen Lofoteninseln trennen. Dort kleinere Fährschiffe. Die Fahrt Fiskebol -> Å dauerte damals mit eigenem Auto rund 1 Tag wegen der Vielzahl an Fähren und Warterei auf Abfahrt.

In den folgenden 2 Jahrzehnten wurden entlang der E 1o Brücken über die Meeresarme gebaut und Fähre pro Fähre stillgelegt, was die Fahrzeit auf der E 1o im Bereich Lofoten erheblich beschleunigte.

Großprojekt war die Unterquerung des Nappstraumen, des Meeresarm zwischen der Insel Vestvågøy und Flakstad. Die Ingenieure entschieden sich für einen 1,8 km langen Unterwassertunnel. Baubeginn 1988, fertiggestellt für rund 2o Mio. Euro im Jahre 199o. Damit war eine durchgehende Straßenverbindung ohne jegliche Fähren von Fiskebol via Svolvaer bis Å fertig.

Die Hauptverbindungen auf den Lofoten sind heute asphaltiert, ebenso der Großteil an Nebenstraßen. Dort teils ehrgeizige Brückenverbindungen z.B. von Flakstad zum Mininest Fredvang oder kürzere Brücken zu den vorgelagerten Schären von Henningsvaer etc.

Derzeitiges Großprojekt der Lofoten ist die Straßenverbindung Fiskebol -> Hanøy (fertig) und weiter zur E 1o (im Bau) und den Ofoten/Narvik (fertig).

**Werkstätten**: für Reifenpannen die Tankstellen - bei technischen Problemen teils die Tankstellen. Ansonsten Werkstätten in Leknes und Svolvaer.

**Bus**: die Hauptstrecken werden relativ häufig bedient, so z.B. Svolvaer -> Kabelvåg: ca. 8 mal tägl., Sa. 1 mal tägl, So. keine Abfahrt. Svolvaer -> Henningsvaer: ca. 3 mal tägl. außer Sa. und So. Svolvaer -> Leknes (via Borge): 5 mal tägl., am Sa. und So. nur 1 mal täglich. Leknes -> Å: 1- 3 mal tägl.

Allein auf den Hauptstrecken ist „Lofoten erkunden per Bus“ eine sehr unflexibele Sache und mit Warterei auf Busabfahrt zeitaufwendig. Am Wochenende schwierig bis unmöglich. Weitere Details siehe Verbindungskästen in unserem Lofotentext bei den jeweiligen Orten.

Auf Nebenstraßen fahren Busse oft nur 1 mal tägl., zudem ist wegen Fahrplänen nicht immer Rückfahrt am selben Tag möglich. Zusätzlich an Werktagen Schulbusse (in Fahrplänen mit „SKD“ gekennzeichnet).

„Lofoten Trafigklag“: Fahrplanheftchen mit allen Lofoten Bus- und Schiffverbindungen, erhältlich in den Touristbüros. - Wer die Lofoten erkundet, sollte aus o.g. Gründen eigenes Auto besitzen oder Mietwagen!

**Mietwagen**: die meisten Verleiher haben ihren Sitz in Svolvaer, weitere in Leknes. Vertreten sind u.a. internat. Firmen wie „Avis“, und „Hertz“. Ab Mitteleuropa können Autos für die Lofoten vorreserviert werden. Zur HS sehr sinnvoll!

**Flug**: kleinere Airports bei Svolvaer, Leknes sowie auf den Inseln Vaerøy und Røst. Es gibt eine Querverbindung zwischen den o.g. Airports (ausgenommen Vaerøy) mit kleineren Propellermaschinen der Wideroe. Ansonsten sternförmig nach Bodø auf dem Festland. Spannend ist der Linienflug Bodø -> Vaerøy. Er wird mit einem Helikopter (!) realisiert. Weitere Details siehe dort.

„Lofotfly AS": einmotorige Wasserflugzeuge mit Stützpunkt Svolvaer. Sie sind Tipp für Ausflugtrips über den Lofoten, Details Seite 447.

| | |
|---|---|
| Fläche: | 477 qkm |
| Einwohner: | 9268 |
| Hauptort: | Svolvaer |

# INSEL VÅGAN (= „Austvågøy")

*Mit 477 qkm größte Insel der Lofoten. Seit Wikingerzeit insbes. Mittelalter das Zentrum der Lofotfischerei. Wichtigster Ort damals „Vågan" (= heutiger südwestl. Ortsbereich von Kabelvåg), nach dem die Insel benannt ist.*

*Eine Insel mit tief eingeschnittenen Fjorden und Gebirgen 8oo- 1.15o m Höhe sowie Inlandsseen. Der wildeste Teil im Insel-Nordosten und Raftsund mit dem 2 km langen Trollfjord zwischen hohen Bergwänden. Im Sommer Ausflugsboote.*

*Hauptort ist SVOLVAER, größter der Lofoten und mit Abstand wichtigster Stützpunkt für die Inselgruppe. Im Südosten der Insel HENNINGSVAER, vorgelagert auf Schären im Meer, einer der landschaftlich schönsten der Lofoten. Im Norden der Insel Flachland mit Sandstränden.*

## ★ Svolvaer (ca. 4.15o Einw.)

Hauptort der Lofoten, zentraler Verkehrspunkt für die Inselgruppe - zudem mit den meisten Hotels und Geschäften. Eine Kleinstadt des Nordens, gebaut im Schachbrett- Straßenmuster und meist 2-stöckigen Gebäuden. Nichts Spezielles, so doch beste Versorgungsmöglichkeit auf den Lofoten.

Svolvaer ist auf mehreren Felsfingern gebaut, die unterhalb der Lofotenwand ins Meer rausführen - sowie auf vorgelagerten kleineren Inseln. Sie sind mit Brücken verbunden. Kaum bis keine historischen Gebäude.

Handelspunkt seit 1647, Aufschwung zum wichtigsten Umschlagshafen für Fisch seit 1918. Heute Verwaltungszentrum mit Behörden, Regionalgericht, der Schiffsaufsichtsbehörde/ Lofoten, der Küstenverwaltung im „Distrikt 4 Nordnorwegen". Weiterhin mehrere große Werften insbes. auch zur Schiffsreparatur, Konservenfabriken, Kühllager.

Obwohl historische Bausubstanz fehlt, - besitzt Svolvaer gewissen Flair. Hauptplatz am alten Hafen (1). Ab hier zwei kürzere Geschäftsstraßen sowie mehrere Supermärkte beim „Nordlandia Hotel" (15). Relativ früh am Abend sind die Bürgersteige hochgeklappt. Damit muß der Svolvaer Besucher leben, der meist eh außerhalb auf Campings logiert.

Tourist INFO

„Destination Lofoten" am Hauptplatz (1). Prospekte, Infos zu Abfahrtszeiten Bus, Fähren weiterhin zu Unterkunft, Wandern, Ausflüge, Angeln etc.

Geöffnet: Mo.- Fr. je nach Jahreszeit 9 - 16/17 Uhr bzw. 21.3o Uhr, Sa.: 9/ 1o Uhr - 14/16 Uhr bzw. 21 Uhr. (Letzte Zahl = Hochsaison Anfang Juli bis Mitte August). Am So. ist nur während der Hochsaison geöffnet: 1o- 21.3o Uhr.

Tel.: 76o.698.oo (ganzjährig 8-16 Uhr), Fax: 76o.73o.o1, - Internet: www.lofoten-tourist.no - E-mail: tourist@lofoten-tourist.no

Weitere regionale TI's der Lofoten in Borg - Stamsund - Leknes - Flakstad - Moskenes - Vaerøy und Røst, Details dort.

„**Rica Hotel Svolvaer**" (21): schöne Lage und Tipp. Liegt auf einem kleinen Inselchen (Lamholmen), über Steg zu erreichen und Nähe Hauptplatz (1). Zwei bis dreistöckiges Gebäude im Winkel gebaut. Sehr gemütliche Aufenthaltsräume, große Glasfenster mit Blick aufs Meer, Panorama- Restaurant, kuschelige Kaminbar und 147 Zimmer, Bad und TV. Die Zimmer entweder mit Blick auf den Ort, den Innenhof/Insel oder zum Meer. Das größte Hotel von Svolvaer und der Lofoten. Geöffnet Anfang Febr. bis Ende Okt. DZ ca. 13o- 16o Euro. Tel.: 76o. 722.22, Fax: 76o.72o.o1. www.rica.no

„**Anker Brygge**" (21): auf selbem Inselchen wie das „Rica Svolvaer". Nur 27 Zimmer, sehr komfortabel. Vermietet werden Suites und Appartements, letztere mit eigener Kochgelegenheit. Ganzjährig geöffnet. DZ nicht gerade billig, ca. 15o - 3oo Euro. Tel.: 76o.664.8o, Fax: 76o.664.7o. www.anker-brygge.no

„**Best Western Svolvaer Hotell Lofoten**" (26): Austnesfjordgata 12 im nördl. Ortsteil und einer Art Villenviertel mit schönen Holzhäusern und kleinen Gärten. Ruhige Lage, ins Ortszentrum/Hauptplatz ca. 6oo m. Das Hotel (3 Stock, Steingebäude) wurde 1986 eröffnet und 1994 ausgebaut: modern, gemütlich und familiär. Kleine Rezeption. Der Besitzer ist Großonkel des berühmten norweg. Malers Edvard Munch; an den Wänden hängen viele Reproduktionen der Bilder des Malers. 24 mittelgroße Zimmer mit Bad und TV. Durchaus Tipp, aber oft ausgebucht. Vorteil des Hotels: die ruhige, angenehme Lage, allerdings direkt vor dem Haus schlechte Parkmöglichkeit. Ganzjährig geöffnet. DZ ca. 125-15o Euro. Tel.: 76o. 719.99, Fax: 76o.7o9.o9. www.svolvar-hotell.no

„**Norlandia Royal Hotel Nr. 2**" (6): direkt am Hauptplatz (1) und altem Hafen. Achtung, es gibt mehrere Eingänge. Ab Hauptplatz bzw. Seitenstraße. Gemütlicher „Styrhuset Pub" mit Holzbalken und Seemannsbar. Das zentrale Hotelgebäude (gebaut 1935) erfuhr seither mehrere An- und Umbauten. 3o mittelgroße Zimmer mit TV, einfachem Bad, Duschkabine. Der Blick vom Zimmer sehr unterschiedlich. Parken direkt vor dem Haus schwierig, im Umkreis 15o m jedoch ok. Ganzjährig geöffnet, unbedingt das Zimmer ansehen, bevor man bucht! DZ ca. 15o Euro. Tel.: 76o.71o.55, Fax: 76o.47o. o5.

„**Aurora Hotel**" (12): wenig schöne Lage im südl. Ortsteil. Zum Hauptplatz sind es ca. 15o m. 4 stöckiges Betongebäude mit farbig angestrichener Blechverkleidung. Innen etwas steril. Relativ große Zimmer mit Bad, TV aber es wurde renoviert. Am besten vorab Zimmer sehen! Der Blick je nach Zimmer auf Fabrikgebäude, teils auch Stadt. Bevor man das Zimmer bucht, selbiges besichtigen, ob es renoviert wurde. Ganzjährig geöffnet, vor dem Haus gute Parkmöglichkeit. DZ ca. 1oo- 13o Euro.

„**Norlandia Royal Hotel Nr.1**" (15): im westl. Ortsteil an der Sivert Nielsen Gate neben Supermärkten. Zum Hauptplatz (1) rund 15o m. Das Hotel ein 5 stöckiger Betonturm; viel künstlerische Kreativität hatte der Architekt offenbar nicht. Im EG etwas düsterer Aufenthaltsraum und betreffend Deko „Kitsch-Tendenz". Davor freundlicher Frühstücksraum mit Erkern. 48 Zimmer mit Rauhputz, TV, Bad und bei unserem Check etwas verwohntem Mobiliar. Blick von den oberen Stockwerken vornraus auf's Stadtzentrum. Gute Parkmöglichkeit. Ganzjährig geöffnet. DZ kann je nach Saison, Wochentag und Auslastung teuer werden: ca. 1oo- 15o Euro. Tel.: 76o.49o.oo, Fax: 76o.49o.o5.

„**Norlandia Vestfjord Hotel**" (9): versteckt hinter Lagerhallen und Abfahrt der Hurtigruten Schiffe. Von Lage und Architektur des Gebäudes gewiss kein Highlight, - aber gute Parkmöglichkeit. Die Zufahrt zum Hotel im letzten Abschnitt (ab 8) vorbei an Lagerhäusern und Frachtcontainern. Davon nicht abschrecken lassen.

Unten DZ im Motelstil: PKW direkt vor der Zimmertür geparkt. Kleine und einfach eingerichtete Zimmer mit Bad und gut funktioniernder effizienter Elektroheizung. DZ ca. 85 Euro, über den Preis lässt sich verhandeln je nach Auslastung. Viele Grüße übrigens an Sandra, mit der wir eine schöne Zeit auf den Lofoten hatten. In den Wintermonaten ist dieser Hoteltrakt geschlossen.

Ansonsten ganzjährig die Hotelzimmer im L- förmigen Gebäudetrakt. Sie sind groß, mit TV, Bad und zweckmäßigem Mobiliar. Blick vornraus auf Felsinseln und die Hafeneinfahrt, nach hinten zu einem Anleger für Fischkutter und jeder Menge Möven. Achtung: kann dezent laut sein, wenn ein Fischkutter die ganze Nacht über den Dieselmotor laufen lässt, um sein Kühlaggregat zu betreiben. Im EG Chinarestaurant, Hinweise und Details siehe „Svolvaer/Essen". Insges. 63 Zimmer.

Ob das „Vestfjord" Tipp ist, abhängig vom Preis. DZ im Hoteltrakt ca. 13o Euro. Über den Preis läßt sich je nach Auslastung des Hotels und Anzahl der Übernachtungstage verhandeln. Tel.: 76o.7o8.7o, Fax: 76o.7o8.54. www.norlandia.no/vestfjord

„**Svinøya Rorbuer**" (25): Gunnar Bergs Vei 2, auf der westl. vorgelagerten Insel Svinøya, über eine hohe Betonstelzenbrücke zu erreichen. Sehr gemütliches Holz- Hauptgebäude mit kuscheliger alter Bar und Aufenthaltsraum. Dort ist auch die Rezeption untergebracht. Das Haus stammt von 1828, diente damals als Krämerladen und Hafenspeicher. Die alte Einrichtung des Ladens ist als Museum erhalten.

Im Umfeld 22 komfortable Rorbuer Hütten. Sie wurden restauriert und mit heutigem Komfort wie Dusche, WC und Kochgelegenheit ausgestattet. Unterschiedl. Größe (1- 3 Zimmer), Anzahl von Betten sowie Blick, entsprechend auch unterschiedl. Preis. Am besten vorab ansehen. Ganzjährig geöffnet. Vermietung von Booten, Fahrrad, Angelausrüstung, Verkauf von Treibstoff, eigener Anlegekai, Deep Sea Rafting. Pro Hütte je nach Größe ca. 9o- 28o Euro. Tel.: 76o.699.3o, Fax: 76o.748.98. www.svinoya.no

„**Nyvågar Rorbuhotell**": zwar rund 6 km südwestlich von Svolvaer im Nachbarort Kabelvåg, - aber Tipp. Superlage am schmalen Meeresarm, die Holzhäuser 2 Stock innen mit Aufenthaltsraum, Bad, Küche, oben Betten. Sehr ordentlich. Weitere Details dort. Tel.: 76o.697.oo Fax: 76o.697.o1 www.nyvaagar.no

„KNUTMARKA FERIESENTER" (34): eine Mischung aus Camping, vorwiegend aber Vermietung von Hütten. Liegt rund 5 km außerhalb von Svolvaer, eigenes Auto daher sinnvoll. Zufahrt: ab Shelltankstelle (28) und später ausgeschildert „Skisenter", den Hang rauf durch Villenviertel, später vorbei an einem „Hjelipekorps" (Landeplatz für Helikopter), rund 5 km. Gut ausgestattete 14 Hütten am Hang in einem Wäldchen, alle Hütten mit WC, 7 davon mit Dusche.

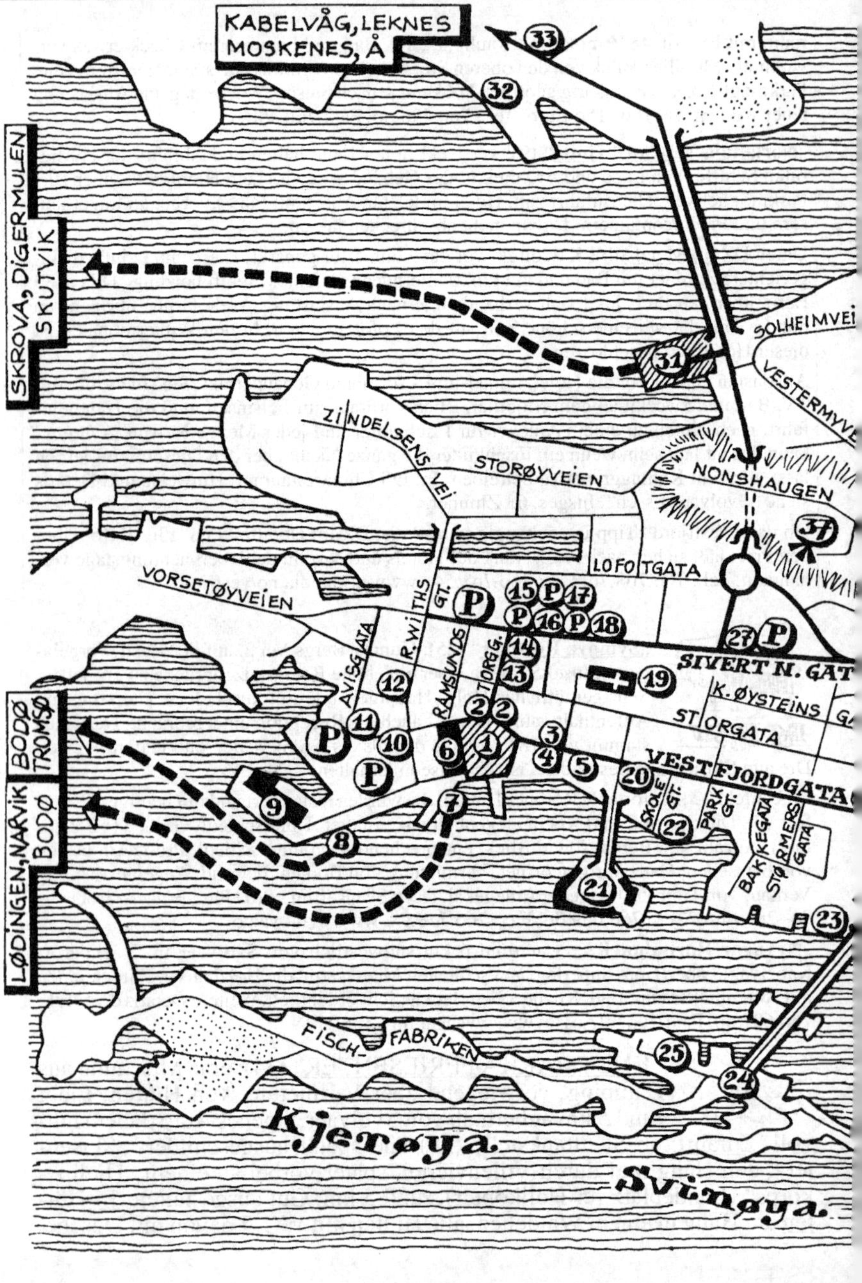
KABELVÅG, LEKNES
MOSKENES, Å
SKROVA, DIGERMULEN
SKUTVIK
BODØ
TROMSØ
LØDINGEN, NARVIK
BODØ
SOLHEIMVEI
VESTERMYVE
ZINDELSENS VEI
STORØYVEIEN
NONSHAUGEN
LOFOTGATA
VORSETØYVEIEN
R. WITHS GT.
AVISGATA
RAMSUNDS
TORGG.
SIVERT N. GAT
K. ØYSTEINS
STORGATA
VESTFJORDGATA
SKOLE GT.
PARK GT.
BAKKEGATA
STØRMERS GATA
FISCH-FABRIKEN
Kjerøya
Svinøya

1 Hauptplatz, TOURIST BÜRO
2 BANK, daneben Søntraum Spiseri, gegenüber: BANK, dann: Vinmonopolet
3 Restaurant Viva Italia
4 Libris Buchhandlung
5 Schuhgeschäft, daneben Elektrogeschäft
6 Norlandia Royal Hotel Nr. 2 Avis Autovermietung, TAXI STAND, Løvold Sport/Boot/Angeln
7 ABFAHRT SCHNELLBOOTE sowie Ausflugsboote zum Trollfjord. Davor: ABFAHRT LINIENBUSSE
8 ABFAHRT HURTIGRUTEN
9 Vestfjold Hotel und Skipperstua Restaurant
1o Krigsminne Museum
11 Politi (Polizei)
12 Aurora Hotel
13 Kringla Cafe
14 Einkaufsgalerie Arkaden mit Rimi Supermarkt, Bank und Apotheke. Gegenüber: Rathaus
15 Norlandia Royal Hotel Nr. 1
16 Spar Matt Lebensmittel
17 Coop Kaufhaus
18 Toyota Werkstätte
19 Kirche
2o Bootsgeschäft und Tankstelle für Boote
21 Rica Hotel Svolvaer Anker Brygge
22 Svolvaer Sjøhus Camping
23 Schiffswerften und Reparatur
24 Nordnorske Kunstsentrum
25 Svinøya Rorbuer mit Børsen Spiserie
26 Svolvaer Hotell Lofoten
27 POST
28 TANKSTELLE SHELL
29 Marina Sommerhotel
3o Marina Yacht Hafen
31 ABFAHRT FÄHREN
32 Schiffswerft
33 TANKSTELLE ESSO
34 Knutmarka Feriesenter
35 Schule
36 Schwimmbad
37 Blick auf Svolvaer

N
PZ

Auch Bootsverleih (u.a. Kanus). Sauna, Bootssteg. Geöffnet nur Mitte Juni bis Ende Aug. In der Nähe ein See, im Winter kleines Skigebiet. Pro Hütte je nach Größe ca. 6o- 15o Euro. Tel.: 76o.721.64, Fax: 76o.726. 32.

Weitere CAMPINGS an der Straße Svolvaer -> Fiskebol sowie in Kabelvåg, Details dort.

„SØNTRAUM SPISERI“ (2): am Hauptplatz, einfach eingerichtet. Fischgerichte und Snacks wie Huhn, Hamburger, Schnitzel aber auch Pizzen bei mittleren Preisen.

„VIVA ITALIA RESTAURANT“ (3) am Hauptplatz Ecke Vestfjordgata. Weißes Holzhaus, im 1. Stock das Restaurant mit Holzboden/ Balken etc. stilvoll. Im Angebot Schnitzelgerichte, Pfeffersteak und Fisch bei mittleren bis gehobenen Preisen.

„COOP- KAUFHAUS“ (17) Sievert Nielsen Gata: preisgünstige Cafeteria, aber nur wenige Gerichte bei durchschnittlicher Küche. Ansonsten Kaffee und Kuchen.

„LILLE BISTRO“ (6): am Hauptplatz. Mehrfachfunktion: mittags Pizzen und andere warme Gerichte. Abends als Disco umfunktioniert mit Eintritt ca. 5 Euro.

„SKIPPERSTUA REST.“ (9): im Hotel Vestfjord. Ein China Restaurant mit großen Portionen (was den Reis betrifft). Ansonsten relativ teuer und bei unserem Check das Essen total versalzen. Was uns schon erstaunte: der „Gourmet - Tempel“ war trotz unserer Salzladung erstaunlich gut von Norwegern besucht! - Auch bei unserem Check 1 Jahr später hatte sich wenig geändert: fleißige Schlitzaugen- Köche in der Küche, und unser Essen wieder total versalzen. Nicht unser Tipp.

„NORLANDIA ROYAL HOTEL“ (6): mit viel Holzbalken ausgestattet. Die Küche bei unserem Check durchschnittlich und gehobene Preisen.

„RICA HOTEL SVOLVAER“ (21): gute Küche bei Superblick im verglasten Restaurant auf Meer und Svinøya Insel. Vom Blick das schönste Restaurant von Svolvaer. Mittlere bis gehobene Preise.

„KJØKKENET“ (21) im Hotel Anker Brygge auf der Insel Lamholmen. Gemütlicher Essraum mit offenem Kamin, Holzbalkendecke. Sehr gute Küche bei gehobenen Preisen.

„BØRSEN SPISERI“ (25): Gunnar Bergs Vei 2 auf der Insel Svinøya im dortigen „Svinøya Rorbuer“. Gespeist wird stilvoll in einem alten Lagerhaus von 1828, renoviert. Vom Ambiente das schönstes Restaurant von Svolvaer und Tipp! Spezialität: Fischgerichte, gute Küche bei gehobenen Preisen.

„KRINGLA“ (13): Nähe Hauptplatz. Svolvaer-Treff für Kaffee, Kuchen und gemütlichen Schwatz.

-

## SHOPS, SUPERMÄRKTE

BUCHHANDLUNG: „Rødsand Libris" (4) in der Vestfjordgt 8 bedient die Schulkinder mit Schreibheften und Schulbüchern, - besitzt zugleich für die Touristen im Sommer Bildbände, Bücher und Kartenmaterial zu den Lofoten (auch dataillierte Wanderkarten im Maßstab 1:5o.ooo). Weiterhin Bürobedarf und Souvenirs.

ZEITUNGEN/ZEITSCHRIFTEN: „Narvesen" am Hauptplatz (1). Dort auch in begrenztem Umfang im Sommer ausländische Zeitungen und Zeitschriften erhältlich sowie Reisebücher und Souvenirs.

SPIELWAREN: gegenüber von „Libris". Erstaunlich für den relativ kleinen Ort Svolvaer. Offenbar haben die Eltern in Svolvaer ihre Kinder lieb und sparen nicht an falscher Stelle. Andere Orte Nordnorwegens gleicher Größe besitzen meist kein Spielwarengeschäft.

SCHUHE, KLEIDER, ELEKTRO: in der Vestfjordgata sowie in den Supermärkten siehe unten. - „VIC" am Hauptplatz (1): schöne norwegische Wollpullover bei mittleren Preisen.

FOTOGESCHÄFT: Storgt. 42. Filmmaterial, Batterien etc. Filme für Papierabzüge gibts meist auch in den Supermärkten und dort teils billiger.

OPTIKER: „Z Optikk", Vestfjordgata 17. Brillenreparatur etc.

FARBEN: für Malerbedarf und Bootsanstrich: Hauptplatz (1) Ecke Vestfjordgata. - BOOTSAUSRÜSTUNG: Geschäft „Refa" (2o) in der Vestfjordgata siehe unsere Karte. Fischfanggeräte insbes. für den professionellen Einsatz, Boote und Bootsmotore sowie Reparatur. Ansonsten ist gute Adresse: „Løvold" (6), siehe unten.

SPORTGESCHÄFT: „Løvold" (6) am Hauptplatz. Gut sortierte Auswahl von Kleidung, Gummistiefeln, Seilen, Karabinerhaken, Bootszubehör bis Angeln. Die beste Adresse für Freizeitkleidung, Angeln, Outdoor und Wanderausrüstung auf den Lofoten.

SUPERMÄRKTE: die größte (und oft auch billigste) Auswahl auf den Lofoten in den Supermärkten von Svolvaer. Angebot von Lebensmitteln bis Kleinkram für den Haushalt hin zu teils auch Kleidung, Schuhe, Werkzeug, Filmaterial, Kosmetik etc.:

* Rimi (14) in der Einkaufspassage „Arkaden", Torggt./Ecke Sievert N. Gate. - Weiterhin * Rimi (16) und * Coop(17), beide in der Sievert Nielsen Gate / Ecke Torggt. Gute Parkmöglichkeit.

APOTHEKE: Torggata, in der Einkaufsgalerie Arkaden (14). - ARZT: die Apotheke vermittelt; der Apotheker spricht Englisch. Der Arzt Englisch, teils auch Deutsch. - Generelle Notruf Telefonnummer Arzt: 113.

BANK (2) am Hauptplatz Torget zwei Banken, eine weitere befindet sich in der Einkaufsgalerie (14).

POST (27): Sievert Nielsen Gata Nähe Verkehrsrondell und Tunnel. Hier landen postlagernde Sendungen, adressiert „Name (des Briefempfängers), c.o. Poste Restante, Postkontor, Sievert Nielsen Gt., 83o1 Svolvaer/ Lofoten - Norwegen".

**TANKSTELLE**

* SHELL TANKSTELLE (28): an der E 1o und nördl. Ortseingang Svolvaer, von Fiskebol kommend.
* ESSO TANKSTELLE (33): jenseits von Tunnel und Brücke an der E 1o Richtung Kabelvåg. Sie ist auch sonntags bis 24 Uhr geöffnet (Achtung kann sich ändern, vorab prüfen).

Beide Tankstellen verkaufen in kleinerem Umfang auch Lebensmittel und Getränke. Somit besteht Einkaufsmöglichkeit außerhalb der normalen Ladenöffnungszeiten.

SPRIT: die Esso Tanke (33) Svolvaer ist die einzige der Lofoten, die tägl. 8 - 24 Uhr (auch am Wochenende) geöffnet hat. Die anderen Tankstellen schließen in der Regel ca. 2o bzw. 21 Uhr, bzw. sind sonntags geschlossen! Man sollte die Entfernungen auf den Lofoten Inseln nicht unterschätzen und daher rechtzeitig tanken.

FAHRZEUGREPARATUR: og. Tankstellen erledigen kleinere Reparaturen, auch bei Reifenpannen. Ansonsten die Toyota Werkstätte (18) in der Sievert N. Gate, die auf Toyota spezialisiert ist und je nach anstehendem Problem auch andere Marken bearbeitet. Benötigte Ersatzteile kommen per Flugzeug oder Schiff/Hurtigruten.
Wenn alle Stricke reißen und - selbst gemäß Werbespruch *„Toyota macht's möglich"*: - die Reparatur wegen Fremdmarke eben nicht möglich ist: Die nächstgelegene Stadt mit den meisten Werkstätten ist BODØ. Zu erreichen mit dem tägl. Schiff der Hurtigruten in Nachtüberfahrt.

TANKSTELLE für BOOTE: Statoil Marinepollen (2o) in kurzer Seitenstraße ab Vestfjordgata am Meer.

FAHRRAD VERLEIH: Vermietung bei „Lofoten Sykkelutleie", Tel.: 76o. 73o.oo. - Mobil: 922.313.24, Vestfjordgt. 7. Ersatzteile und Werkzeug auch im Domus Supermarkt (17).

**PARKEN**

beste Stellen (siehe unsere Karte) für PKW und WoMos: bei den Supermärkten (16, 17) oder Nähe Havly Hotel (12). Von beiden Parkplätzen sind es nur ca. 2oo m zu Fuß ins Zentrum. Weiterhin: größerer Parkplatz beim Postamt (27) Nähe E 1o.

In den Straßen des Svolvaer-Zentrums kann Parken schwierig sein. Tagsüber, vor allem im Sommer zur Zeit der Lofotenurlauber fast unmöglich. Gilt auch für große WoMo's, die in eventuell bestehende freie Parklücken nicht reinpassen. Ansonsten dort Parkuhren.

**SEHENSWERTES SVOLVAER**

SVOLVAERGEITA: 2 zackige Felsnadeln von rund 4o m Höhe oberhalb der Stadt. Benannt da sie an die Hörner eines Ziegenbockes erinnern. Sie sind beliebt bei Bergsteigern, die (mit Seil gesichert) von einer zur gegenüberliegenden Spitze durch die Luft springen, nicht ungefährlich! Wahrzeichen von Svolvaer und vielfach in Prospekten als Foto abgebildet.

Die Felsnadeln Svolvaergeita am 621 m hohen Blåtinden wurden erstmals 191o bestiegen. Am besten von der Straße Svolvaer -> Fiskebol Nähe Marina (3o) zu sehen. Auch ohne Bergsteigerausrüstung kann man ab E 1o ein Stück am Hang raufsteigen: schöner Svolvaer Blick.

Die Felsnadeln dagegen definitiv nur für erfahrene Bergsteiger mit Ausrüstung. Wir warnen ausdrücklich vor dem Sprung von Nadel zu Nadel; es hat bereits schwere Unfälle gegeben, weil der Springer trotz Seilsicherung den schmalen „Landeplatz" auf der Nachbarnadel verfehlte. Geführte Bergsteigertour zum Svolvaergeita: „Nord-Norsk Klatereskole" in Henningsvaer, Tel./Fax: 76o. 749.11 und 76o.746.46.

RATHAUS SVOLVAER (14) gegenüber der Einkaufsgallerie „Arkaden". Außerhalb von Sitzungen kann der Rathaussaal besichtigt werden mit dem Gemälde „Trollfjordschlacht" (189o) von Gunnar Berg. Details: siehe Einleitung Lofoten/"Maler und Poeten".

NORDNORSKE KUNSTSENTER (24): vorgelagert auf der Insel Svinøya und mit Brücke verbunden. Kunstausstellungen, auch Verkauf.

Gegründet 1976/79 in modernem Gebäude als Institution professioneller Künstler mit umfangreichen Vereinsstatuten. Es gibt einen Generalmanager, eine Exhibition Secretary, eine Administrativ Secretary etc. Man möchte sich hiermit gegen sonstige Lofotenkünstler auch der „Souvenir- (Kitsch) Malerei" absetzen. Sie haben keinen Zutritt.

Geöffnet ist das Nordnorske Kunstsenter ganzjährig: Mitte Juni bis Mitte Aug. tägl. 1o - 2o Uhr, ansonsten 11 - 15 Uhr, Mo. nach Vereinbarung. Eintritt: ca. 5 Euro.

SVOLVAER/LOFOTEN: riesige Hallengebäude (23) zur Reparatur von Fischkuttern bei Schutz vor Winden und Wetter.

GALLERI DAGFINN BAKKE: Roald Amundsen Gt. 7, gut 3 Min. vom Hurtigruten Kai (8). Kunst- Verkaufsausstellung mit Grafiken, Aquarellen und Skulpturen etc. Originell sind die Holz/Linolschnitte in s/w Druck, z.B. „Anglerglück" mit einem glücklichen Lofotenfischer und Fisch über ihm, - oder der geglückte Sprung eines „Svolvaergeita- Springers" von Felsnadel zu Felsnadel. Geöffnet Anfang Mai bis Ende August tägl. 11-14/16 Uhr. Sonst nach Vereinbarung. Tel./ Fax: 76o.719.98 und 76o. 717.62.

GALLERI CONRAD: Verkaufsausstellung im 1. Stock des Supermarktes „Spar Mat" (16). Sympatischer Künstler fertigt Massenqualität für Durchschnittsgeschmack. - Weitere Kunst-Verkaufsausstellungen in Kabelvåg, Ørnsnes und Henningsvaer, Details siehe dort.

BØRSEN SPISERI (25): im Hauptgebäude auf der Insel Kjerøya ein restauriertes Lebensmittelgeschäft aus dem 19. Jhd., wie es damals auf den Lofoten üblich war.

KRIEGSMINNE-MUSEUM (1o), Gamle Postgården: größte Ausstellung Norwegens mit Uniformen, berichtet über den 2. Weltkrieg/Schwerpunkt Lofoten, Fotos, Waffen etc. Geöffnet zur Saison 15.6.- 3o.8., ansonsten nach Voranmeldung (Tel.: 917.3o3.28). Eintritt relativ teuer für das kleine Museum, ca. 12 Euro.

## Verbindungen ab Svolvaer

**Bus**: Abfahrt Hauptplatz (1) sowie ums Eck Nähe (7). Svolvaer -> Kabelvåg: ca. 8 mal tägl., Sa. 1 mal tägl, So. keine Abfahrt. Nach -> Henningsvaer: ca. 3 mal tägl. außer Sa. und So. Nach -> Leknes (via Borge): 5 mal tägl., Sa./So. nur 1 mal täglich, Fahrzeit 1 3/4 Std. Leknes -> Å: 1- 3 mal tägl., Fahrzeit ca. 2 Std.

Nach -> Fiskebol (Fährhafen für Melbu/ Vesterålen) -> Sortland/Vesterålen: tägl. mehrmals, Fahrzeit ca. 21/2 Std. Nach -> Narvik (via Sortland): 1- 2mal tägl., Fahrzeit 6 Std.

Fähre Svolvaer nach -> Skutvik/Festland mit Anschlußbus nach Fauske (Bahnstation der Strecke in den Süden nach Trondheim, Oslo): durchgehende Verbindung 1 - 2 mal tägl. Fahrzeit Svolvaer bis Fauske ca. 8 Std., dort Anschluß an den Zug -> Mo -> Mosjoen -> Trondheim.

**Schiff**: der FÄHRHAFEN (31) liegt rund 2 km außerhalb des Svolvaer Zentrums an der E 1o Ri. Kabelvåg. Großparkplatz mit Kro und Abfahrt von Autofähren nach -> Skutvik: tägl. 4- 8 mal, Überfahrt 2 Std. PKW mit Fahrer ca. 25 Euro, weitere Person ca. 5 Euro. Teils Zwischenstop auf der Insel Skrova.

Nach -> Digermulen (nordwestl. von Svolvaer): kleinere Fähre für Personen und 18 Autos. Tägl. 1 - 2 mal, Überfahrt 4o Min.

HURTIGRUTEN: Abfahrt vom Hurtigrutenkai (8). tägl. 1 mal Ri. Nord: (Stockmarknes -> Sortland -> Risøyhamn -> Harstad -> Tromsø etc.). Sowie 1 mal tägl. Ri. Süd: -> Stamsund/Lofoten -> Bodø -> Ørnes -> Nessna etc. -> Trondheim. Weitere Details siehe Seite 496 und 561.

SCHNELLBOOTE: nur Personentransport, Abfahrt zwischen Hurtigrutenkai (8) und Hauptplatz (1) - bzw. ab Fähranleger (31). Sie fahren 1 mal tägl. außer Sa. auf der Strecke -> Skutvik (25 Min.) -> Bodø (plus 2 1/2 Std.). Achtung: kann je nach Wetter eine sehr bewegte Angelegenheit sein, insbes. die Strecke auf offenem Meer zwischen Svolvaer -> Skutvik.

Weiterhin: 5 mal/Woche auf der Strecke Svolvaer -> Lødingen -> Narvik (Fahrzeit 3 1/2 - 4 Std). - Sowie: 4 mal pro Woche von Svolvaer durch den Raftsund -> Stokmarknes/Vesterålen (11/4 Std.).

**Mietwagen**: sinnvoll, um unabhängig von seltenen Busabfahrtszeiten und Warterei flexibel reisen zu können. Hertz: Tel.: 76o.7o7.2o, Fax: 76o.717.36, - Avis: Tel.: 76o.711.4o, Fax: 76o.775.99, - Budget: Tel.: 76o.7oo.oo. - Ab Mitteleuropa können Autos vorreserviert werden.

**Taxi**: Taxistand (6) am Hauptplatz (1). Ansonsten kommen die Taxis zur Ankunft von Schiffen an den Kai, bzw. können ab Hotel telefonisch bestellt werden. Tel.: 76o.7o6.oo.

**Flug**: kleines Flugfeld rund 5 km nordöstlich vom Svolvaer Zentrum. Flüge mit Propellermaschinen der WIDEROE nach:

-> Bodø: werktags 4 mal tägl., Sa./So. 1- 2 mal, Flugzeit 25 Min. Links sitzen, bei klarem Wetter Superblick über die Fjorde und Inseln der Festlandküste. Bodø ist Umsteigepunkt für Verbindungen in den „Rest“ Norwegens.

Nach -> Leknes/Lofoten: derzeit tägl. außer So. 1 mal, Flug kommt von Bodø, Zwischenstop in Svolvaer, Weiterflug nach Leknes 2o Min. Je nach Fahrplan gibts Anschluß für den Flug zur Insel Røst, - bzw. Leknes und Røst nur ab Bodø erreichbar, Details dort. - WIDEROE Reservierung und Buchung Tel.: 81o.o12.oo.

FLUGCHARTER: definitiv Tipp bei klarem Wetter sind die einmotorigen Wasserflugzeuge der „LOFOTFLY AS“ für Rundflüge über den Lofoten. Sie haben ihren Stützpunkt in Svolvaer; das Büro derzeit am Hauptplatz (1)/Svolvaer. Tel./Fax: 76o. 727.11. Weitere Details siehe Seite 447.

## Ausflüge ab Svolvaer

* ANGELTOUREN: im Sommer mit „M/S Trollfjord“. Abfahrt am späten Vormittag, rund 4 Std. Angeln. Es gibt Kaffee und Tee. Der gefangenen Fisch wird an Bord gebraten und mit Brot/Butter serviert. Rück-

kehr am späten Nachmittag. Pro Person ca. 5o Euro.

Ähnliches Programm mit dem 12 m langen Fischkutter „M/K Svolvaer Gullet“. Auf See rund 8 Std. zum Angeln und Relaxen. Ca. 5o Euro/ Person. - Sowie mit der „M/F Gamlöe Lofotferga“ (alte Lofotfähre). Sie war früher als kleine Autofähre über einen der Lofotenfjorde eingesetzt. Als sie dort wegen Brückenbau nicht mehr nötig war, wurde sie für den Fischfang umgebaut (Winner of Restoration Prise 1994). Fahrten in den Trollfjord zum Angeln. An Bord wird der Fang gegrillt.

Abfahrten der o.g. Schiffe im Hochsommer tägl. ab alter Fährmole am Hauptplatz (1). Abfahrtszeiten: Infos im Touristbüro (6) sowie Aushang in der Innenpassage des Norlandia Royal Hotel Nr.2 (6).

* TROLLFJORD: tief eingeschnittener Fjordarm, der vom Raftsund abzweigt. Er liegt rund 25 km östl. von Svolvaer und ist mit Abstand beliebtestes Ausflugsziel. Zu erreichen: entweder mit einem der o.g. Boote/Angeltrips. Der auf den ersten Blick nicht billige Preis von 5o Euro relativiert sich, da es an Bord reichlich gefangenen Fisch gratis zu essen gibt.

Oder (ebenfalls Tipp!): Morgenbus ab Svolvaer zur Fähre Fiskebol -> Melbu und weiter bis Stokmarknes/Vesterålen (Fahrzeit knapp 2 Std., landschaftlich schöne Strecke). In Stokmarknes interessanter Besuch des „Hurtigruten Museums“, und gegen 15 Uhr mit dem Schiff der Hurtigruten ab Stokmarknes durch den Raftsund zurück nach

Schlacht um Trollfjord, 19. Jhd.

Svolvaer (pro Person ca. 25 Euro). Im Hochsommer fährt das Schiff den Abstecher in den Trollfjord. Ankunft Svolvaer gegen 18.3o Uhr. Achtung: wer den Rundtrip fährt, vorab Fahrpläne prüfen. Beachten: außerhalb der Saison fährt Hurtigruten den Abstecher Trollfjord nicht. Daher auch vorab bei der Reederei fragen. Der Trollfjord ist rund 2 km lang und an seiner schmalsten Einfahrtsstelle gerade mal ca. 1oo m breit bei steil aufragenden Felswänden; beeindruckend an Szenerie. Weitere Details Trollfjord siehe S. 47o.

* INSEL SKROVA: rund 1o km südöstlich von Svolvaer. War im 19. Jahrhundert wichtige Walfangstation. An Land wurden die Wale weiterverarbeitet: Fleisch, Tran (u.a. für Öllampen) und Knochen (u.a. als Stäbchen für Korsette der damaligen Damenwelt). Saison für den Walfang war Mai bis August. Hinzu kam der Dorschfang Jan.- April, für die Einwohner somit doppelte Einkünfte. Der Ort florierte. Heute stehen von den alten Holzhäusern nur noch wenige.

Der Einsatz von Fabrikfangschiffen nach dem 2. Weltkrieg reduzierte drastisch die Einkünfte der Skrova Fischer mit ihren kleinen Kuttern. Hinzu kam in den 8o-er Jahren das Walfangverbot. Beides führte zu starkem Bevölkerungsrückgang auf der Insel. Heutige Haupteinkunft: Lachszucht sowie Fischverarbeitungsfabrik.

Kreuzfahrt, kurz vor Einfahrt in den Trollfjord.

Der heutige Ort Skrova (ca. 3oo Einw.) liegt auf kleinen Schäreninseln und Landfingern an der Westseite der Insel, die ansonsten mit ihrem 258 m hohen Gipfel (Høgskrova) unbewohnt ist. Vom Ausflug nach Skrova sollte man sich nichts Umwerfendes erwarten. Ein Mini Nest, dessen kurze Straße sich um kleine Meeresbuchten des Ortes schlängelt. Seitlich Kais, Lagerhäuser und Fischfabrik.

**Schiff**: Fähre 3 mal tägl. ab Svolvaer. Mitnahme des Autos lohnt nicht, da es auf der Insel fast keine Straßen gibt. Überfahrt bis Skrova 2o Min., die Fähre fährt weiter nach Skutvik.

Weiterhin Schnellboote (nur Personentransport): 1- 2 mal tägl. außer Sa., Überfahrt bis Skrova ca. 1o Min.

Achtung: wer nach Skrova als Tagesausflug fährt, sollte unbedingt prüfen, ob am selben Tag ein Schiff zurück nach Svolvaer fährt. Essen und Übernachten auf Skrova:

„**Zackarias Brygga**", Sjøhus Holzhaus am Hafen. Unbedingt vorher anrufen, da lediglich 4 Zimmer! Geöffnet Mitte Mai bis Mitte August. DZ ca. 8o Euro. Tel.: 76o.764.6o, Fax: 76o.764.88.

## Svolvaer -> Fiskebol (E 1o, ca. 35 km)

Hauptverbindung zwischen den Lofoten und Vesterålen. Mehrfach tägl. Bus, der ab Fiskebol auf der Fähre -> Melbu den Meeresarm Hadselfjord überquert. Fahrzeit mit eigenem Auto ab Svolvaer bis Fiskebol ca. 1 Std.

Landschaftlich großartige Strecke! Zunächst am Austnetfjord entlang bzw. Inland und Vatterfjordpollen. Später über einen kleinen Pass zwischen bis zu 1.146 m hohen Berggipfeln. Fantastische Szenerie, wenn es die Wolkenschwaden wie Schleier über Fjord und Pass treibt.

Entlang der Strecke bis Fiskebol mehrere Parkbuchten und Aussichtspunkte. Sie werden von WoMo Fahrer gerne als gratis- Übernachtungsplätze genutzt. Entlang der E 1o und wegen starkem Verkehrsaufkommen zur Hochsaison ist dies nicht möglich. Als Regel gilt: maximal 4 Std. Es kann sein, daß die Polizei kontrolliert und zum Weiterfahren bittet.

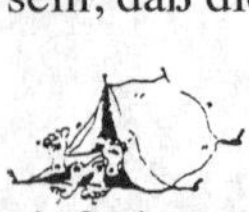

HAMMERSTAD CAMPING: rund 1o km nach Svolvaer, ab E 1o kurzer Abzweiger, ausgeschildert. Schöne Lage an einem See mit Blick auf schroff gezackte Bergkette. Wenige einfache und kleine Hütten am Hang sowie Stellplätze für WoMos.

SILDPOLLEN (in Karten auch „Vestpollen" eingezeichnet, rund 16 km ab Svolvaer. Ab E 1o ausgeschilderte Erdpiste rund 8oo m auf eine kleine Halbinsel im Fjord. Wenige Häuser. Bei der Kirche auf der Hügelkuppe ausgesprochen schöne Stellplätze für WoMos mit gut 25o Grad Panoramablick auf Seen und Bergkette. Unten am Fjord kleiner Bootsanleger für die Fischer.

SKIPPERGÅRDEN CAMPING: beim kleinen Fischerdorf Laukvik an der

Nordküste der Insel Vågan. Im Sommer schöner Blick auf die Mitternachtssonne, allerdings abseits von der E 1o. Vermietung von 5 Hütten ca. 3o - 5o Euro je nach Größe und Ausstattung.

SANDSLETTA CAMPING: an der RV 888 von Sildpollen nach Laukvik in der Nähe vieler Seen und Fjordarme. Landschaftlich schöne Lage, auch Vermietung von Kanus sowie Angelgenehmigung für die Seen.

NORDKÜSTE der INSEL VÅGAN: zu erreichen ist Laukvik ab E 1o und Sildpollen. Hier zweigt links die Nebenstraße RV 888 ab, die 18 km über Sandsletta entlang des Vatnfjord nach Laukvik führt. Ein kleines Fischernest an der Atlantikküste mit oft hohen Wellen. Von hier weitere ca. 25 km entlang der Nordküste und tief eingeschnittenen Fjorden nach Fiskebol. Die Strecke ist interessant wegen hoher Sanddünen insbes. am Morfjord, benötigt aber gegenüber E 1o zwischen Sildpollen und Fiskebol ca. 25 km mehr. Außerdem erheblich mehr Zeit, da sie schlechter ausgebaut und wesentlich kurvenreicher ist.

## Fiskebol

Die E 1o führt direkt zum Fähranleger, der sich in einer Bucht befindet. Die Häuser des kleinen Ortes sind seitlich hinter einem Hügel versteckt.

**Fähre** Fiskebol/Lofoten -> Melbu/Vesterålen: tagsüber häufige, fast stündliche Überfahrt. Zudem große Schiffe mit entsprechender PKW- Kapazität. Überfahrt 25 Min. und günstiger Preis: PKW inkl. Fahrer ca. 1o Euro, weitere Person ca. 3 Euro. Aufpreis für übergroße WoMos.

Die Fähre ist Hauptverbindung nicht nur rüber zu den Vesterålen (Details ab Seite 557. sondern auch Festland z.B. Harstad (Seite 612) und Narvik (Seite 399).

## Alternativen

Ergeiziges Projekt des reichen Erdölstaates Norwegen: Bau einer Direktverbindung Lofoten -> Ofoten, somit u.a. Harstad und in Anschluß Narvik an der E 6. Eine derartige Verbindung spart den Umweg via Sortland/ Vesterålen und einiges an Km sowie Zeit.

Für die Norweger ein superteures Projekt mit Unterwassertunneln unter Fjorden, Brückenbauwerken und langen Tunneln unter Gebirgen. Entsprechend verzögerte sich die Fertigstellung des 1. Bauabschnittes Fiskebol -> Raftsund -> weiter bis zum Ende des Ingelsfjordes. Geplante Eröffnung war 1996. Fertiggestellt werden konnte derzeit lediglich die Strecke bis zum Raftsund (eröffnet Ende 1999). Dort wird seither weitergebaut.

Fiskebol -> Raftsund: Abzweigung rund 1 km vor Erreichen des Fährhafens Fiskebol: rechts. Hier beginnt der „Sløverfjordtunnelen“ (3.34o m). Er unterquert den Meeresarm des Sløverfjord (5). Anschließend der kurze „Falkfjordtunnel“ sowie der „Myrlandstunnel“ (1.9oo m). Die Straße ist breit und relativ gerade ausgebaut. Sie folgt oberhalb der Nordküste. Kurz vor Erreichen der Raftsund Brücke (4) bzw. ca. 18 km ab Fiskebol Abzweigung links in Kurven ca. 1 km runter zum Mini Fischernest HANNØY am Eingang des Raftsund mit kleinem Fähranleger:

**Fähre** Hannøy -> Kaljord: kleines Fährschiffchen mit Transport weniger Autos. Abfahrt tägl. 1 - 2 mal, Überfahrt 55 Min., landschaftlich schön entlang 7oo- 8oo m hoher Berggipfel.

Die Verbindung ist mögliche Alternative zur Fährverbindung Fiskebol -> Melbu. Vorteil: abseits ausgetretener Hauptrouten und landschaftlich lohnend. Die Strecke geht ab Kaljord weiter über die RV 822, die bei Austpollen die E 1o erreicht. Im Km Vergleich sind beide Strecken in etwa gleich lang, - die Route via Hannøy benötigt wegen kurvenreichem Verlauf der RV 822 ab Kaljord erheblich mehr Zeit.

Nachteil: erheblich seltenere Abfahrten ab Hannøy, längere Überfahrt und sehr kleines Schiff. Es ist daher nicht sicher, ob man mitkommt. Zumindest insofern kein Beinbruch: sollte man keinen Platz auf der Hannøy- Fähre finden: die 2o km zurück nach Fiskebol und dort auf die Fähre.

RAFTSUNDBRÜCKE (4): Länge 75o m, überquert den gleichnamigen sehr schmalen Meeresarm, der die Lofoten von den Ofoten trennt. Dies zumindest als Durchfahrt für Schiffe und geografisch. Betr. Gemeindeverwaltung gehört der Landfinger zw. Raftsund und Øksfjord zu Hadsel/Vesterålen.

Direkt am Ende der Raftsundbrücke eine steile Bergwand. Hier wird per Tunnel die neue E 1o entlang des Ingelsfjord zum Indrefjord führen und per Brücke sowie weiterer Tunnel zur heutigen E 1o beim Gullesfjord. Die Fertigstellung dürfte noch einige Jahre dauern.

Derzeit möglich: ab Raftsund Brükke (Achtung: superscharfe Rechtskurve vor der Bergwand und Schild 2o km/h) und weiter entlang der NO Seite des Raftsund auf schmaler Landstraße bis Digermulen. Mininest ohne Spezielles. Hier gibts eine Autofähre nach Svolvaer (Details „Verbind. ab Svolvaer"). Auf der Straße entlang des Raftsund ist Einblick in den Trollfjord nicht möglich. Dies geht ausschließlich nur

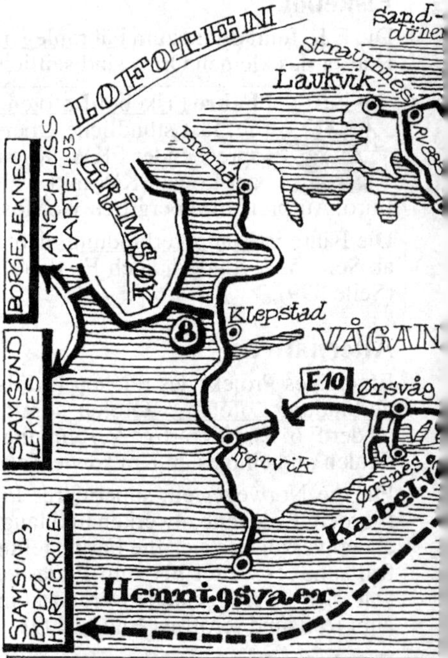

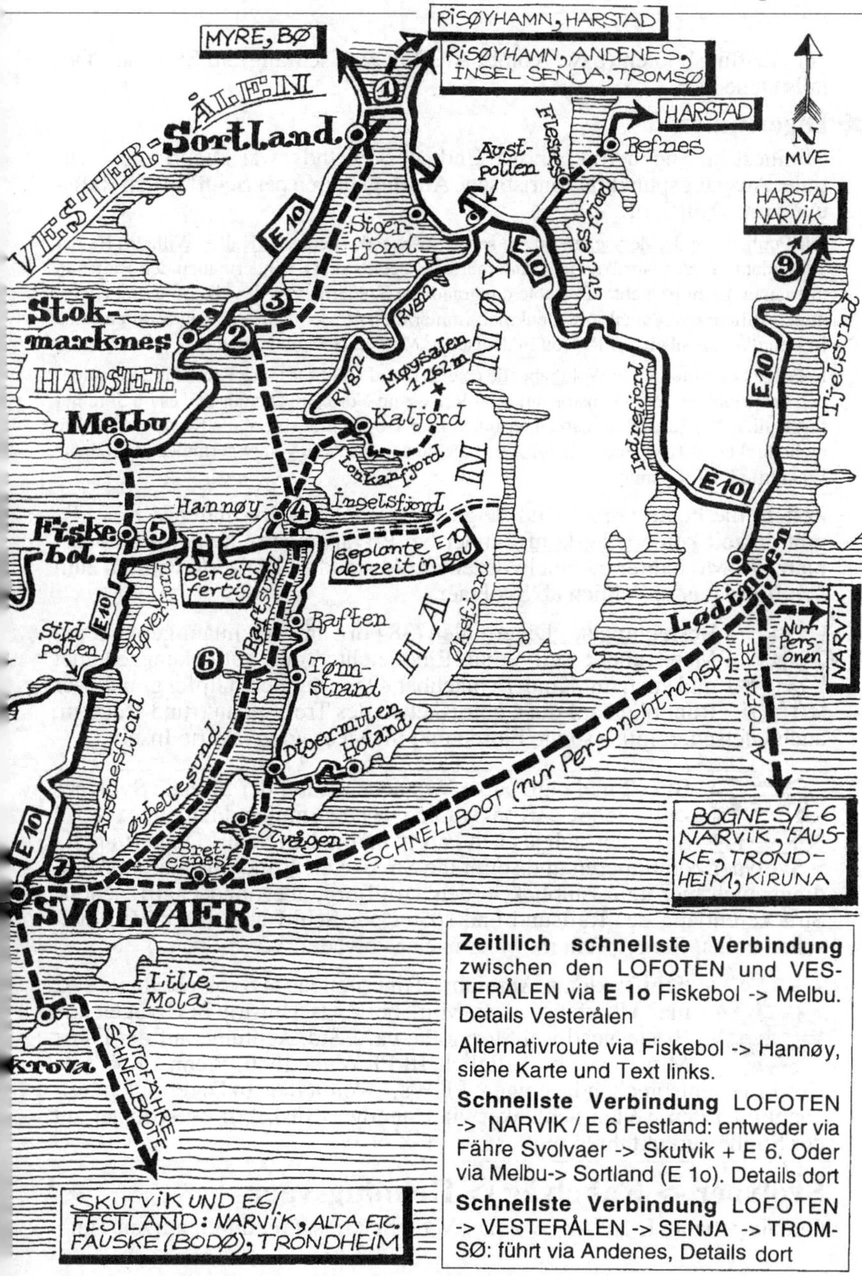


**Zeitllich schnellste Verbindung** zwischen den LOFOTEN und VESTERÅLEN via **E 1o** Fiskebol -> Melbu. Details Vesterålen

Alternativroute via Fiskebol -> Hannøy, siehe Karte und Text links.

**Schnellste Verbindung** LOFOTEN -> NARVIK / E 6 Festland: entweder via Fähre Svolvaer -> Skutvik + E 6. Oder via Melbu-> Sortland (E 1o). Details dort

**Schnellste Verbindung** LOFOTEN -> VESTERÅLEN -> SENJA -> TROMSØ: führt via Andenes, Details dort per Ausflugsbooten (bzw. Kombi Ausflug & Fischfang) ab Svolvaer, Details siehe dort.

## ★ Digermulen

Mininest im Süden von Hinøya. Ende des 19. Jhds. war Digermolen zentraler Ausgangspunkt für touristische Ausflugsfahrten per Schiff in den Raftsund zum Trollfjord.

Für Publicity in der deutschen Presse sorgte insbes. der deutsche Kaiser Wilhelm II., der 1889 nicht nur das Nordkap und Hammerfest (Details dort), sondern auch den Raftsund mit seiner Yacht besuchte. Er liebte die grandiose Szenerie. Die Bevölkerung von Digermulen stiftete ihm damals ein Denkmal: Immerhin hatte der deutsche Kaiser durch seine Reisen die Schönheit der Region in deutschen Medien bekannt gemacht.

In Folge besuchten viele Wohlhabende (die Zeit und Geld für teure Kreuzfahrten hatten) den Trollfjord als Zwischenstop auf ihrer Reise zum Nordkap. Damals gab es im Sommer fast täglich Ausflugsfahrten ab Digermulen zum Trollfjord, - sofern die Kreuzfahrtschiffe nicht direkt den Trollfjord anliefen. Die brachte den Fischern von Digermulen zusätzliche Einkünfte im Tourismus.

Zeiten, die heute vorbei sind. Digermulen ist ein verschlafenes Nest. Es gibt derzeit keine Unterkunft (außer bei Privat fragen), keinen Campingplatz. WoMo Fahrer parken in dezentem Abstand zu Häusern. Fahrten zum Trollfjord ausschließlich ab Svolvaer.

Besteigung des Digermulen (384 m): am gleichnamigem Ort am Meer rund 2 Std. retour. Eine leichte Tour, gut gekennzeichnet und auch mit Kindern machbar. Oben auf dem Gipfel grandioser Rundblick auf die Gebirgsketten des Trolltindan (rund 1.ooo m, auch Gletschergipfel) sowie Fjorde und im Meer vorgelagerte Inseln.

**Bus**: 2 mal tägl. außer Wochenende auf der Strecke Svolvaer -> Fiskebol -> Kongsmolen -> Digermulen, Fahrzeit ca. 1 1/2 Std. Läßt sich je nach Fahrplan mit dem Schiff Diggermulen -> Svolvaer kombinieren und somit die Strecke als Rundtour fahren. Allerdings auch hier kein Einblick in den Trollfjord, aber landschaftl. schöne Strecke entlang des Raftsund und später per Schiff ab Digermulen zwischen hohen Berggipfeln im Meer nach Svolvaer.

**Schiff**: kleine Autofähre Digermulen -> Svolvaer, tägl. 1- 2 mal, Überfahrt ca. 4o Min., bei Zwischenstop in Ulvågen und Brettesnes/Insel Stormolla: ca. 1 Std. Achtung: auf der Fähre Mitnahme von lediglich 18 PKW möglich. Wenn LKW's an Bord sind, entsprechend wenigere PKWs, - womit man in Digermulen festhängt oder den weiten Schlenker via Hannøy -> Fiskebol -> Svolvaer auf der Straße zurückfahren muß.

## Svolvaer -> Kabelvåg -> Henningsvaer

Gut ausgebaute E 1o. Ab Svolvaer Verkehrskreisel re. durch kurzen Tun-

DIGERMULEN: 1889 bestieg der deutsche Kaiser den 384 m hohen Berggipfel. Für den Abstieg benötigte er gemäß Chronisten 40 Min.

nel. Anschließend li. der große Parkplatz für den Fähranleger nach Skutvik (mit seitl. Cafeteria). Dann re. Essotankstelle und links große Gebäude einer Schiffsreparaturwerft. Gebaut und gewartet werden Fischkutter innerhalb der Halle. Sie dient als Schutz gegen Regen, Schneesturm und Kälte.

## ★ Kabelvåg/Storvågen (ca. 2.000 Einw.)

In früheren Jahrhunderten der wichtigste und größte Fischerort der Lofoten, heute gewissermaßen "*Vorort von Svolvaer*", Entfernung 5 km, tägl. mehrmals Busse. Die Häuser in einer Senke zwischen Küstenklippen, Hügeln und auf Felsfingern. Der Besuch lohnt wegen Vågan-Museum (17) zur Inselgeschichte, einem Aquarium (15) und diverse Rorbu- Ferien für Hobby Angler. Details siehe unten.

## SEHENSWERTES KABELVÅG

Das Ortszentrum sehr klein: Hauptgassen die Storgata und Sjøgata beim Hauptplatz (7) mit wenigen Geschäften, Post, Cafe und Bank. Der „Rest“ des Ortes: friedlich beschauliche Villenviertel und viel Provinzialität. Ansonsten:

LOFOT KATEDRALE (Vågan Kirke, 1): Abzweiger von der E 1o, kurz bevor das Ortszentrum erreicht wird. Die riesige Holzkathedrale mit 1.2oo Sitzplätzen wurde zur Blütezeit Kabelvågs 1898 gebaut. Sie ist die größte Holzkirche Nordnorwegens.

Erste Kirche vermutlich bereits 1224. Ob sie an der Stelle der heutigen Kathedrale oder am Friedhof (24) stand, ist von Historikern nicht geklärt. Pfarrer Hans Egede zelebrierte Gottesdienste 17o7- 17 und entschied sich anschließend, als Missionar Grönland zu bereisen. Dort gründete er Egedesminde, heute zweitgrößte Stadt Grönlands.

Es gab über die Jahrhunderte gut 5 Holzkirchen. Die von 1799 wurde demontiert und zur Insel Vaerøy verschifft. Sie steht dort heute als älteste Kirche der Lofoten.

### KABELVÅG

1 Lofot Kathedrale "Vågan Kirke"
2 Kabelvåg Vandrehjem
3 Kabelvåg Hotel
4 POST
5 Sparebank
6 Kabelvåg Sommerhotell
7 Hauptplatz
8 BUSSTATION
9 Lofoten Rorbuferie
1o Kunstschule und Øystein Statue
11 Sportplatz
12 Sjøhuscamping
13 Galleri Espolin
14 Nyvågar Rorbuhotell
15 Lofot Aquarium
16 Nautilus U- Boot
17 Lofot (Vågan) Museum
18 Brurberg Thingstätte
19 Archäol. Stätte Vassosen
2o Lofoten Turist og Rorbusenter
21 Sandvika Fjord og Sjøhuscamping
22 Schulen
23 Trollsteinen - Findling
24 Friedhof Kabelvåg
25 Oscarskaret Stein

Bau der Lofotkathedrale 1898, als Kabelvåg wichtigster Ort der Lofotfischerei geworden war. Der Klerus wollte für seine Schäfchen ein monumentales Gebäude bauen. Dies in Anbetung Gottes und Bitte um Schutz vor den Gefahren der in kleinen Booten gefährlichen Lofotschifferei. Architekt war Carl J. Bergstrøm. Das Innere der Kirche ist schlicht, Holzverstrebungen (teils in gebogener Form) dienen der Statik und stützen das Gewicht des Daches der großen Kirche. Außergewöhnlich hohe Kanzel, damit jeder den Pfarrer sehen und seinen Ausführungen lauschen konnte. Die hohe Predigtposition steigerte zudem die Autorität des Pfarrers.

Die Größe der Kirche mit 1.2oo (!) Sitzplätzen war für die damalige Einwohnerzahl Kabelvågs und Gläubigkeit konzipiert, - zumal zur Fangsaison jede Menge zusätzlicher Fischer im Ort lebten.

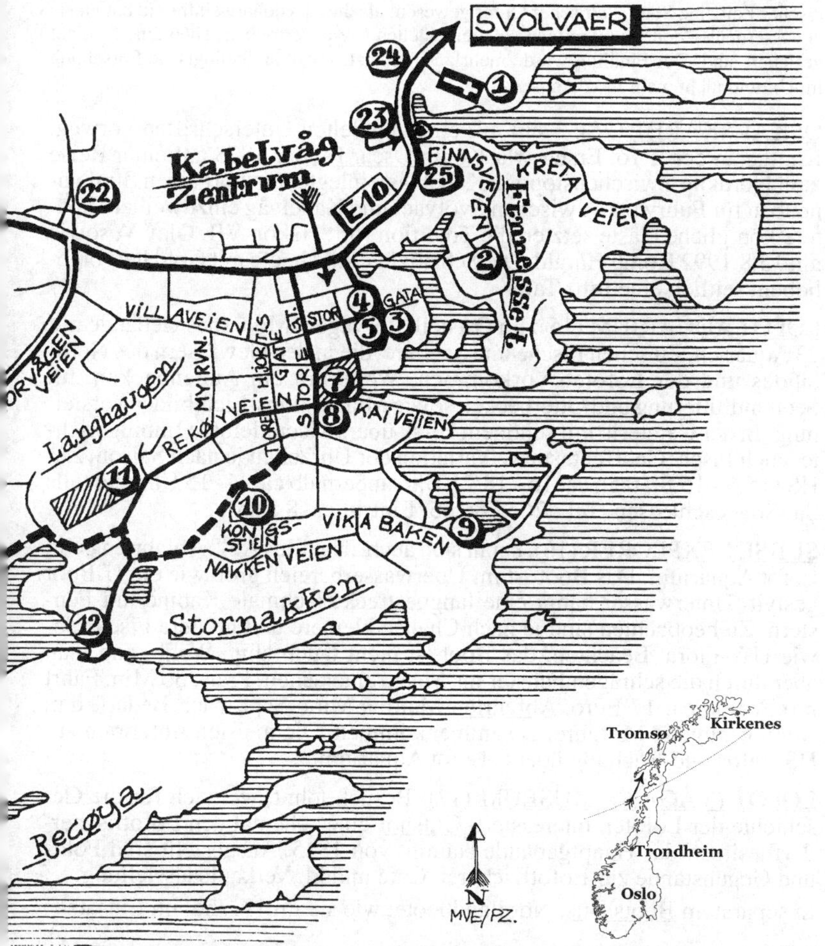

TROLLSTEIN- FINDLING (23) südl. der Kirche (1). Man berichtet, daß der Teufel den fast 2o Tonnen schweren Stein Richtung Kirche geworfen hätte. Er war äußerst zornig, daß hier mit dem Bau eines Gotteshauses begonnen wurde, - verständlich. Doch der Wurf mißlang. Der Findling donnerte nicht in die Kirche, sondern bohrte sich in angemessenere Entfernung neben ihr in den Boden. Soweit die Sage. Als „Beweis ihrer Richtigkeit" gibt es sogar „Kratzspuren" der Hände des Teufels im Stein.

Defacto handelt es sich um einen Findling aus der Eiszeit, der wenige Meter entfernt von der Kirche steht. An seiner Seite besitzt er ein eingemeißeltes schwarzes Kreuz, was zu Spekulationen der Bedeutung des Steines führte: Angeblich habe er in frühchristl. Zeit als Altar gedient, als die Kirche noch nicht fertig war. Gemäß anderer Theorie sei er in heidnischer Zeit eine Stätte kultischer Opfer gewesen; als die Missionare eintrafen, hätten sie gewissermaßen den Teufel mit dem eingemeißelten Kreuz vertrieben. Theorien, die nicht gesichert sind. Der Findling wurde mehrfach versetzt, sodaß archäologische Forschung im Umfeld nicht mehr möglich ist.

OSKARSKARET (25): Stein mit eingemeißelten Unterschriften norweg. Könige an der E 1o. Erster war König Oscar II., der 1873 auf einer Reise zum Nordkap Zwischenstopp in Kabelvåg einlegte, um dort einen Straßenneubau für Fuhrwerke zwischen Svolvaer und Kabelvåg einzuweihen. Spätere königliche Gäste setzten die Tradition fort: Håkon VII, Olav V. sowie am 15.8.1992 König Harald. Die Schriftzüge sind heute mit Gold hervorgehoben, seitlich eine Info-Tafel.

LOFOT AQUARIUM (15): im Ortsteil Storvågen. Modernes Gebäude mit 23 Aquarien. Zu sehen Fische und Seetiere, die in den Gewässern des Nordlandes und der Lofoten vorkommen. Weiterhin ein Außenbecken mit Seehundfütterung und Otterbecken sowie Multivisions-Lichtbilder Vorstellung. In der Cafeteria mit schönem Blick übers Meer kleinere Imbißgerichte, auch Fisch. Geöffnet: starke Variation der Uhrzeiten je nach Saison. Zur HS (15.6.- 15.8.) tägl. ca. 1o - 18/21 Uhr, außerhalb ca. 11- 15 Uhr und teils Sa./So. geschlossen. Tel.: 76o.786.65. Eintritt ca. 8 Euro.

SUBSEA EXPLORER (16), nennt sich auch „Nautilus AS". Abfahrten beim Lofot Aquarium. Das Boot ist im Überwasserbereich grob wie ein U-Boot gestylt. Unterwasser hängt eine langgestreckte schmale Kabine mit Fenstern. Zu beobachten sind je nach Chance kleinere und größere Fische sowie UW-Flora. Beachten: das Boot ist nicht tauchfähig. Wohl kann man aber durch die schrägen Fenster ins Meer runtersehen. Preis: 3o Min. Fahrt pro Person ca. 17 Euro. Abfahrten Mai bis Mitte Sept. nach Bedarf, d.h. wenn genügend Mitfahrer zusammenkommen. Die meisten Abfahrten zur HS. Infos und Buchung übers „Lofot Aquarium".

LOFOT (VÅGAN)- MUSEUM (17): Besuch lohnt, wer sich für die Geschichte der Lofoten interessiert. Gutshof eines ehemaligen Lofotfischerdorfbesitzer, das Hauptgebäude stammt von 1815. Ausgestellt sind Fotos und Gegenstände zur Lofotfischerei. Café und kl. Verkaufsausstellung.

In separatem Bootshaus: Nordlandboote, wie sie im 19. Jhd. im Einsatz

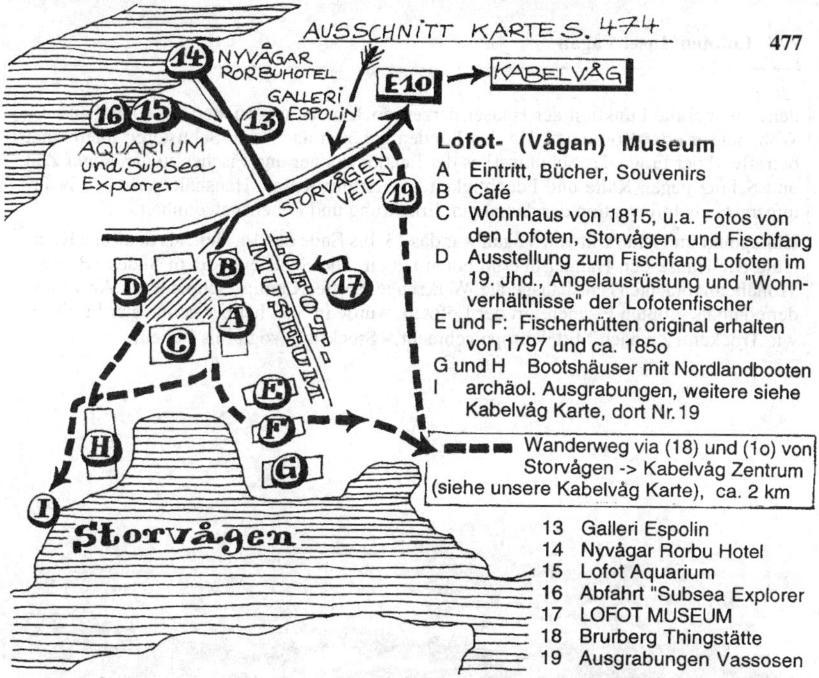


waren. Nebenan 2 Fischerhütten original von 1797 und ca. 185o. Sie zeigen Leben und Wohnbedingungen derjenigen Fischer, die das Glück hatten, in Hütten zu übernachten. Zum alljährlichen Dorschfang (Jan.- April) campierten die meisten Fischer nachts jedoch unter umgedrehten Booten und Planen, Details siehe Einleitungskapitel Lofoten.

Nähe des Bootshauses (H) archäologische Grabungen, ebenso bei (19), Details zu den Grabungen siehe unten.

Das Lofotmuseum wurde 1976 als „Regionalmuseum der Lofoten" gegründet. Geöffnet: während der HS (1.6.- 31.8.) tägl. 9- 18 bzw. 21 Uhr, ansonsten Mo - Fr. 9 - 15 Uhr. Eintritt: ca. 5 Euro.

**VÅGAN (= Storvågen)**: erste größere Handelssiedlung der Welt, nördl. des Polarkreises. Archäol. Forschung und Grabungen stehen noch in ihren Anfängen, nur rund 2 % des Geländes sind bisher ausgegraben.

Gemäß bisheriger Funde Besiedelung bereits zur Steinzeit. Ab ca. 9oo n. Chr. wurde die Bucht von Vågan wichtiger Hafen. Export von Fisch (haltbar gemacht in Salzfässern) sowie von Trockenfisch, - gehandelt auf den Märkten Mitteleuropas bei guten Profiten.

Die Bucht von Vågen zwischen Felsklippen besitzt flache, insges. rund 5oo m lange Strände. Hier konnten die kleinen Nordlandboote landen, - nicht jedoch größere Frachtsegler. Bisher fanden Archäologen keine Kaianlagen oder größere Hafengebäude. Es ist daher anzunehmen, daß ab Land der Fisch in kleineren Boote zu den Frachtseglern gebracht wurden, die in der Bucht ankerten.

Der Landbereich um die Bucht (ca. 2o.ooo qm) war damals dicht besiedelt, wie bisherige Stichprobengrabungen ergaben. Verschiedene Gebäudereste wurden bei Grabungen gefunden. - wobei die Funktion der Häuser derzeit noch meist ungesichert ist. Lagerhäuser, - Wohnhäuser oder Rorbuers? Zu den Funden gehören auch eine Schusterei, interessant betreffend der Frage des Schuhwerkes der Landbewohner und Fischer zu damaliger Zeit und Schutz gegen Kälte und Feuchtigkeit. Weiterhin: Krüge, Haushaltsgerät und Nahrungsreste als Information der damaligen Ernährung und Lebensgewohnheit.

Höhepunkt und Blütezeit von Vågan war das 13. bis Ende des 14. Jhd., als deutsche Kaufleute der Hanse den Handel übernommen hatten. Die Schiffe aus dem Süden (Bergen, Trondheim) brachten Haushaltsgeräte, Werkzeuge, Stoffe, Kämme, Schmuck etc. Ab Vågen, dem damals größten Fischereiort der Lofoten, wurde in Salz haltbar gemachter Fisch sowie Trockenfisch nach Mitteleuropa gebracht, - Stockfisch sogar bis Italien.

VÅGAR (beim heutigen Kabelvåg): Illustration von 189
erste größere Handelssiedlung der Welt nördlich d

Hausbau: die ersten Häuser von Vågen waren ähnlich wie Samen-Katen gebaut. Wände und Dach bestanden aus aufeinandergeschichteten Erdsoden vermischt mit Steinen. Sie liefen kuppelförmig zum Dach zusammen. Die relativ kleinen Häuser waren bedeckt mit Erde und Moosen als Wind- und Kälteschutz. Spätere Bauweise ab ca. 11. Jhd. mit Holzbrettern, die an einer Balkenkonstruktion festgenagelt waren. Vorteil dieser Bauweise, daß die Räume erheblich größer waren als diejenigen Mini- Samenkaten. Die Bretter kamen entweder vorgefertigt auf Schiffen von Sägewerken in Mittelnorwegen. Dies war der bequemere Weg, da die Bretter in großen Sägegattern, betrieben mit Wasserkraft hergestellt wurden. Wegen der hohen Transportkosten waren die Bretter aber teuer. Das meiste Bauholz kam daher aus den Wäldern der Lofoten. Damals war die Inselgruppe

edlungsspuren seit Steinzeit. War im Mittelalter die
larkreises. Höhepunkt und Blütezeit 13./14. Jhd.

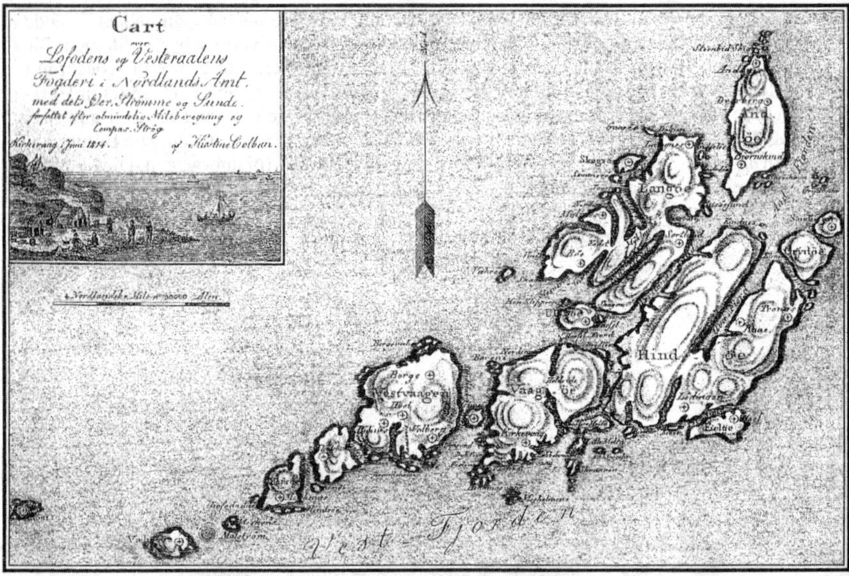


KARTE der Lofoten und Vesterålen 1814. Sie ist reichlich ungenau und zeigt, daß die Inselgruppe wenig erforscht war.

noch dicht bewaldet. Die Bäume wurden mit der Axt gefällt und anschließend mit großen Handsägen durch Menschenkraft zu Brettern zerteilt. Ein sehr mühsamer und zeitaufwendiger Job. - Gerne wurden auch Holzplanken von havarierten Schiffen verwendet: da bereits fertig zu Holzplanken zersägt. Es war das billigste Bauholz, - allerdings nicht täglich verfügbar.

Die Hauskonstruktion mit Holzbalken und Bretterverkleidung hatte 2 Nachteile: zum einen war sie sturmanfällig. (Einsturzgefahr, wenn der Bauherr gespart hatte). Zum anderen war der Wärmedämmwert erheblich schlechter als bei den Samenkaten.

Alternative waren Blockhäuser, anzutreffen in Vågen und Kabelvåg insbes. im 16. Jhd. Sie boten höhere Stabilität bei starkem Wind und besseren Wärmedämmwert durch die dicken Baumstämme. Dafür eine sehr teure Bauweise wegen hohem Holzbedarf. Sie kam bald wieder aus der Mode zu Gunsten der traditionellen und preiswerteren Bauweise mit Holzbretterverschalung.

Blütezeit Vågans als größte Siedlung nördl. des Polarkreises war im Mittelalter bis ca. 14. Jhd. Auch in den folgenden Jahrhunderten war Vågan besiedelt - und zwar gemäß heutiger Forschung mit -> mehr als nur „etwa 1o armseeligen Fischern“. Letzteres hatte der dänische Beamte Schönnebol 1591 in einem Buch über die Lofoten behauptete. Vågen hatte aber den Nachteil seines sehr flachen Ufer- und Hafenbereiches. Hier konnten nur die kleineren Nordlandboote der Fischer landen.

Für größere Nordlandboote waren die Buchten zwischen Kabelvåg und Finnesset mit tieferem Wasser besser geeignet. Insbesondere Kabelvåg (= übersetzt: Kapellen-/Kirchenbucht) expandierte und war im 19. Jhd. zum wichtigsten Hafen geworden.

ARCHÄOL. GRABUNGEN VASSOSEN (19): Zufahrt Storvågenveien ab E 1o siehe unsere Karte. Eine für Archäologen wichtige Ausgrabungsstätte, bisher wurden Spuren einer Besiedlung vor Chr. Geburt (!) gefunden sowie Hausreste des 14.- 16. Jhds. Die Grabungen stehen noch in ihren Anfängen, da es bisher an Geld fehlte. Für den Laien nichts zu sehen außer „weggegrabener Erde".

Ausgrabungen im Bereich Storvågen bis Kabelvåg/Finnesset seit 1975 durch Wissenschaftler der Uni Tromsø mit Studenten. Seit ca. 198o in Cooperation des Lofotmuseum und ca. 199o der Stiftung „Vågastemne". Um die Kosten der aufwendigen Grabungen gering zu halten, wurde die Initiative *„Archäologiesommer in Storvågen"* gegründet, an der sich Archäologie- Studenten Norwegens aber auch von Universitäten des Auslandes beteiligen können. Infos: Lofotmuseum bzw. Universität Tromsø.

ACHTUNG: das Lofotmuseum (17), Aquarium (15) und Nayvågar Rorbu sind nur ab E 1o und dortiger Ausschilderung zu erreichen, - nicht jedoch via Kabelvåg und Ortsteil, (1o bzw. 11). Wer Zeit hat, kann jedoch ab Museum (17) rüberwandern: rund 2 km via (18) -> (10) nach Kabelvåg.

BRURBERG THINGSTÄTTE (18): felsige Hügelkuppe mit weitem Blick über Küste und Meer. Besuch lohnt wegen Blick. Zu erreichen per Straße ab Kabelvåg, die letzten Meter zu Fuß auf die Hügelkuppe. Bzw. Trail ab Lofotmuseum (17) zur Brurberg Thingstätte.

Die Thingstätte wurde ab ca. 1.ooo n. Chr. als Versammlungsort genutzt, u.a. für Gerichtsverhandlungen aber auch für politische Entscheidungen und Dekrete. 1282 verkündete Bjarne Erlingssønn (enger Mitarbeiter des Königs) den Anwesenden, daß das bisherige „Våga Gesetz" aufgehoben sei. Ab sofort gelte das „Landesgesetz von 1276" auch für

FINNESSET an der Bucht gegenüber von Kabelvåg, Illustration von 1814. Die Handelshäuser in Bildmitte bestehen heute nicht mehr.

den wirtschaftlich lukrativen Fischerei- und Exporthafen Vågan. Damals waren Kirche, König und Adelige die größten Landbesitzer in Norwegen. Durch das Gesetz sollte auch der florierende Handelshafen Vågan kontrolliert werden in Form von Steuereinnahmen. Dies nutzte wenig, denn ab ca. 125o übernahm die deutsche Hanse mit Handelshäusern in Bergen (später auch Trondheim) den Handel mit Lofotfisch zunehmend. Dies war zugleich Ende der norweg. Thing- Versammlungsstätte Brurberg.

ØYSTEIN- STATUE (1o): nordisch-monumentale Steinskulptur des Bildhauers Arthur Gustavson (1935) auf einer Hügelkuppe oberhalb von Kabelvåg. Zu erreichen per Wanderweg ab Storvågen, aber auch per Straße ab Kabelvåg/Zentrum, siehe unsere Karte. Wegen erhöhter Lage schöner Blick über Kabelvåg, Lofotwand und Meer.

Die Statue zeigt König Øystein Magnusson (regierend 11o3- 1123) in Kettenhemd, mit großem Schwert und Krone. Gemäß lokalhistorischen Berichten hätte er angeblich 1114 den Hafen- und Handelsort Vågan gegründet, was gemäß heutiger Forschung falsch ist: Die Siedlung bestand erheblich früher. Auch soll er die ersten Rorbuer Fischerhütten gebaut haben, um den Fischern „komfortablere Unterkünfte" zu bieten, - auch dies ist nicht historisch gesichert.

Weiterhin: als der Bildhauer A. Gustavson 1935 die Statue anfertigte, sollte ein Denkmal gesetzt werden für die historische Bedeutung des Fischereiortes Kabelvåg. Man stellte daher den König mit Blickrichtung Kabelvåg auf, da man damals dort das historische Zentrum vermutete. Auch dies ist gemäß heutiger Forschung falsch. Es lag in Vågan (= heutiges Storvågan).

FINNESSET: Halbinsel gegenüber des Ortszentrums von Kabelvåg. Grabungen fanden Siedlungsspuren aus dem 17 Jhd. Der Name „Finn" ist die volkstümliche Bezeichnung für „Samen". Dies deutet darauf hin, daß die Halbinsel durch die Ureinwohner Samen bereits erheblich früher besiedelt war. Die Finnesset Volkshochschule (2, im Sommer als Vandrerhjem genutzt) steht unter Denkmalsschutz.

„**Kabelvåg Hotell**" (3): Kong Øysteinsgate 4, im Ortszentrum von Kabelvåg. Altes, 4 stöckiges Holzhotel, gebaut Ende des 19. Jhds. Es hieß damals „Burehardts Hotel" und war bestes und wichtigstes von Kabelvåg. 1995 wurde es komplett renoviert als Luxushotel alten Stils mit Flair. 28 Zimmer mit Bad, TV. Ganzjährig geöffnet. DZ ca. 135 Euro Tel.: 76o.788.oo, Fax: 76o.78o.o3.

„**Vandrerhjem**" (2): auf der Finnesset Halbinsel in der Volkshochschule. Im Sommer, wenn Schulferien sind, werden die Internatszimmer als eine Art Jugendherberge für Jedermann/frau genutzt, spezieller Ausweis nicht nötig. Geöffnet: Anfang Juni bis Mitte August. Es gibt 42 Betten, pro Bett ca. 25 Euro. Tel.: 76o.7o6.66 und 76o.781.o3, Fax: 76o.7o6.65 und 76o.781.17

„**Lofoten Sommerhotell**" (7): im Ortszentrum von Kabelvåg am Hauptplatz. Rund 4o Zimmer, nur im Sommer (Mitte Juni bis Mitte August) geöffnet. DZ ca. 6o Euro, Tel.: 76o.698.98, Fax: 76o.698.81.

„**Ørsvågar Hotel**": im Ortsteil Ørsvåg westl. von Kabelvåg, zu erreichen ab E 1o siehe unsere Kabelvåg Karte. Das Haus ist neueren Baudatums, Pensions-Charakter, ganzjährig geöffnet. 16 Zimmmer. DZ relativ teuer, ca. 9o- 1oo Euro. Tel.: 76o.781.8o, Fax: 76o.783.37.

„**Nyvågar Rorbuhotell**" (14): unser Lofotentipp, wer komfortable Übernachtung sucht, abseits und Ruhe. Modernes Hauptgebäude am Wasser mit bemoosten Felsklippen. Ausgesprochen gemütlicher Pub, dekoriert mit Schiffslampen, alten Blechwerbetafeln, Trockenfisch, Laternen etc. Daneben der Restaurant Raum: stilvoll und gemütlich, mit alter Standuhr, Polstersofa, Anrichte und alten Fotos an der Wand. Die Küche war bei unserem Check eine der besten der Lofoten. Spezialität Fisch, gehobene Preise. Tel.: 76o.697.oo.

Übernachtung Nyvågar Rorbuhotell: in 3o voll eingerichteten und sehr komfortablen Hütten am Wasser (kleiner Fjordarm). Gemütlich mit Polstermöbeln, Kochgelegenheit, TV, Teppich, Schreibtisch und Bad. Kuschelig im 1. Stock das Schlafzimmer mit 4 Betten und Superblick auf die Lofotenberge. Tipp! - Auch Sauna und Bootsverleih.

Das Hotel ist beliebt bei Anglern, aber auch als Konferrenzhotel genutzt (schönsten der Lofoten!). Daher oft ausgebucht. Ganzjährig geöffnet, ausgenommen weniger Tage um Weihnachten sowie 3 König bis Mitte Februar. Preis pro 4- Bett Haus/2 stöckig ca. 165 Euro. Tel.: 76o.697.oo, Fax: 76o.697.o1. www.nyraagar.no

„**Lofoten Rorbuferie**" (9): Vikabakken 25. Vermietet werden Fischerhütten, die vom norweg. Staat 1923 gebaut wurden. Damals wollte man die Lebensbedingungen der Fischer verbessern. Heute dienen sie (modern renoviert, aber in Beibehaltung des alten Stils) dem Angler- Urlaub. Ganzjährig geöffnet.

Voll eingerichtet mit Filettierraum, Gefriertruhen und Tiefkühlraum, eigener Bootssteg, Kaikran, Vermietung von Fischerboote 5- 8 m etc. Der sympatische Besitzer ist selber engagierter Sportfischer, Mitglied in verschiedenen Vereinen und kennt die Gewässer wie seine Westentasche. Übernachtung ca. 9o - 16o Euro. Tel.: 76o.784..44, Fax: 76o.784.53.

„**Sjøhuscamping**" (12): im südwestl. Ortsteil bei der felsigen Hügelkuppe Stornakken siehe unsere Karte. Die Anlage an kleiner Bucht hat uns weniger überzeugt. Über kurze Straßenverbindung ist eine weitere Bucht unterhalb des Stornakken zu erreichen.

„**Lofoten Turist og Rorbusenter**" (2o): im Ortsteil Ørsvåg (in Karten auch „Ørsvågvaer" geschrieben). Komfort-Anlage am Fjordarm des Mølnosen. Restaurant und Pub in zweistöckigem Holzgebäude. Daneben aufgereiht am Felsufer rund 3o Rorburhütten. Auch Vermietung weniger Hotelzimmer im Hauptgebäude. Es gibt Sauna, Minigolf und Bootsverleih gegen Bezahlung. Der Besitzer legt (wie er in der Werbung schreibt) Wert auf angenehme Atmosphäre, damit sich die Gäste wohlfühlen. Daß er geschäftstüchtig seinen Betrieb führt, kommt hinzu.

Angegliedert ist eine Campinganlage („Klubben Camping") am terrassierten Hang mit Stellplätzen für WoMo's. Sanitäranlagen mit Waschmaschine und -Trockner, kleinerer Lebensmittelshop. Es gibt sogar ein kleines Hallenbad. Geöffnet ca. Anfang April bis Ende Sept. je nach Auslastung. Preise je nach Größe und Ausstattung der Rorbuhütte bzw. Zimmer im Hauptgebäude ca. 6o- 95 Euro. Tel.: 76o.781.8o, Fax: 76o.783.37.

„**Sandvika Fjord og Sjøhuscamping**" (21): gleich nebenan vom oben beschriebenen „Lofoten Turist og Rorbusenter" Lage: in schmaler Ebene, die zwischen Hügeln zu einer kleinen Felsbucht führt. Die Anlage ist insbes. bei deutschen Lofotenurlaubern sehr beliebt. Es gibt Rorbu Hütten für Angler, Sjøhus Hütten mit WC (2- 6 Betten), installierte Hafenanlagen für Boote zum Angeln, Fahrrad- und Bootsverleih.

Weiterhin Restaurant, Lebensmittelshop, Sanitäranlagen mit Waschmaschine, Kiosk. In

der schmalen Ebene zur Bucht Campingplatz mit Grasfläche und Stellplätzen für WoMo's. Im Sommer herrscht hier Einiges an touristischem Rummel, Windsurfer schieben ihre Bretter raus in die Bucht, Kajakfahrer etc., auch Vermittlung von Angelfahrten. Schöner Blick auf den Berggipfel Vågakallen.
In den Monaten Juni - August: viel Aktion . Wer das sucht, dürfte hier gut bedient sein. Geöffnet ganzjährig; der Rest der Monate außerhalb der HS ist ruhiger. Preise für Hütten je nach Größe und Ausstattung ca. 8o- 11o Euro. Tel.: 76o.781.45, Fax: 76o. 79o.1o.

CAMPING: gegen Bezahlung WoMo Stellplätze siehe oben (12), (2o) und (21). Wild campende WoMo's in den Strassen von Kabelvåg sind von den Bewohnern bei den Massen sommerlicher Urlauber nicht gern gesehen! Bitte deren Bedürfnisse respektieren und das WoMo auf Campingplätzen abstellen.

„KABELVÅG HOTEL" (3): gemütliches und stilvolles Café sowie kuscheliger Pub in altem Holzgebäude Ende 19. Jhd., das komplett renoviert wurde. Lage: Ortszentrum Storgata. Küche o.k., vorwiegend Fisch, aber auch Fleischgerichte. Preise mittel bis gehoben.

„NYVÅGAR RORBUHOTELL" (14): in den 9o-er Jahren gebautes Hotel, Pub und exzellentes Restaurant, Tipp! Liegt im Ortsteil Storvågen siehe unsere Karte. Gemütlich ausgestattet, stilvoll und exzellente Küche bei gehobenen Preisen. Das Restaurant ist eines der besten der Lofoten. Details siehe oben „Hotels".

CAFETERIA im „LOFOT AQUARIUM" (15): Snacks und warme Gerichte. Zwar nur wenig Auswahl, aber schöner Blick. Preise mittel.

„LOFOTEN TURIST OG RORBUSENTER" (2o): im Hauptgebäude am Mølnosen-Fjord Restaurantbetrieb in Cafeteriastil. Oft fangfrischer Fisch, mittlere Preise.

„SANDVIKA FJORD OG SJØHUSCAMPING" (21): schöne Lage am Mølnosen- Fjord mit Blick auf Lofotenbergwand. Cafeteria bei mittleren bis leicht gehobenen Preisen.

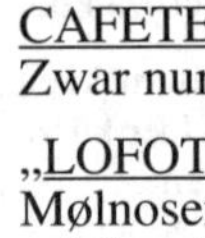

**EINKAUFEN**: im Ortszentrum Kabelvåg kleinerer Supermarkt, abgesehen davon Bank, Post. Ansonsten ist Svolvaer mit seinen großen und gut bestückten Supermärkten nur rund 5 km entfernt.

## KUNST- VERKAUFSAUSSTELLUNGEN

GALLERI ESPOLIN AS (13): kommerzieller Betrieb in moderner Ausstellungs- und Verkaufshalle. Lage: Ortsteil Storvågen. Der Kunstbetrieb ist im Sommer gut besucht. Im Gegensatz der meisten sonstigen Kunstausstellungen ist sogar Eintritt (ca. 8 Euro!) zu zahlen. Zu sehen: rund 1oo Werke des Künstlers Kaare Espolin Johnson (19o7- 94). Er zählt zu den bedeutenden neueren Lofotenkünstlern, ist aber nicht mein Geschmack. In der Verkaufsausstellung relativ hohe Preise. Geöffnet zur HS im Sommer tägl., sonst nach Vereinbarung, Tel.: 76o.784.o5.

OLA STRANDS GALLERI: Farblithographien, Holzschnitte und Gemälde von relativ hoher Qualität bei angemessenen Preisen. Am beliebtesten bei den Käufern ist seine Lithographie „Lofotsommer“.

Sie gibt es inzwischen in gut 5 Versionen. Beachte bei Lithographien: „193/27o“ bedeutet 193 zigster Druck von insgesamt 27o Drucken. Dies sollte unter dem Bild handschriftlich zusammen mit Küstlersignatur stehen. Ola Strand verkauft die Lithographie für ca. 45o Euro. Bei insges. gut 5 Versionen à geschätzt je ca. 27o Drucken = 135o Drucke mal je 45o Euro = mehr als 1/2 Million Euro. Auch wenn Ola Strand von früheren Versionen u.U. weniger druckte, - der „Lofotsommer“ hat ihm zu gewissem Reichtum verholfen. Der Erfolg sei ihm gegönnt; keine Top-Kunstwerke so doch gewisses Niveau. Er weiß sich geschickt zu vermarkten. Meinen eigenen „Lofotsommer“ (Version IV, 233/27o) habe ich in Mosjoen viele hundert km südl. der Lofoten gekauft.

Lage: im Ortsteil Ørsnes an der E 1o rund 5 km westl. von Kabelvåg, ausgeschildert. Geöffnet: Anfang Juni bis Ende August, Mo.- Fr. 1o- 21 Uhr, Sa. 1o- 18 Uhr. Ansonsten nach Vereinbarung, Tel.: 76o.77 4.61. Eintritt: gratis.

KUNSTSCHULE KABELVÅG (1o): gegründet 1983 mit dem Ziel, junge bildnerische Künstler und Kunsthandwerker auszubilden. Nach erfolgreichem Abschluß erhalten sie Geld des Fonds für Nachwuchsförderung und/ oder dürfen die Kunstakademie z.B. in Oslo besuchen.

## Verbindungen ab Kabelvåg

**Bus**: Busstop entweder an der E 1o, die den Ort tangiert, - oder Kabelvåg Hauptplatz (8). Nach -> Svolvaer: 8 mal tägl., Sa.: 1 mal, So. keine Abfahrten. Verbindungen ab Svolvaer (z.B. Fiskebol und Vesterålen siehe dort).

Nach -> Henningsvaer: ca. 3 mal tägl. außer Sa und So. Nach -> Leknes: 5 mal tägl., Sa./So. nur 1 mal tägl. Weitere Anschlüsse siehe Leknes.

**Autovermietung**: Alfa Bilutleie Tel.: 76o.786.83, Fax: 76o.786.83. Ansonsten siehe Autovermieter Svolvaer und Leknes.

**Taxi**: Standplatz ist der Torget (7), ansonsten Tel.: 76o.7o6.oo.

**Ausflugsboote**: im Sommer zur HS ab Kai Hauptplatz (7) mit dem Fischkutter „M/S Tina“ (Tel.: 76o.783.89). Er kann für Angeltrips gechartert werden. Bei genügend Nachfrage zur HS auch reguläre Ausflugsfahrten nach Henningsvaer und zum Trollfjord. www.lofoten-charterboat.no

„Subsea Explorer“: Pseudo- U-Boot mit Aussichtskabine unterhalb der Wasseroberfläche. Abfahrten (16) neben Lofot Aquarium, Details dort.

## ★ Kallestrand

⇨ Mininest, besteht aus nur wenigen Häusern, Campingplatz und Rorbu. Zu erreichen: Abzweiger von der E 1o, rund 5 km westl. von Kabelvåg. Anschließend Ri. Meer und am Fjordarm an der rechten (westlichen) Uferseite entlangfahren (nicht links ins Dorf Hopen). Nach rund 5 km ab E 1o ist der Ort Kallestrand (auch „Kalle“ genannt) erreicht. Er liegt auf einer schmalen Landzunge unterhalb des mächtigen Bergklotzes:

„Vågakallen“ (942 m): Wegen seiner klobigen Form mit gezackter Spitze ist er seit alters her Landmarke (Orientierungspunkt) für Fischer und Seefahrer. Erstbesteigung Ende des 19. Jhds. Von oben bei klarem Wetter Superblick auf weite Teile der Insel Vågan und Vestvågøy. Der Gipfel zählt zu einem der schönsten Aussichtspunkte der Lofoten. Infos und geführte Klettertouren siehe „Henningsvaer“.

„KALLE FERIE & FISKEVAER“: Camping auf einer Wiesenfläche am Wasser, noch bevor man Kalle erreicht. WoMo Stellplätze mit teils schönem Blick, zumindest außerhalb der Hochsaison äußerst friedlich. Achtung, auf der Wiese, gegenüberliegende Straßenseite darf nicht geparkt werden; Verbotsschilder. Direkt beim Camping ein kleinerer Sandstrand. Größe variiert je nach Tide, Wasser kalt!

Nähe des Campings rotgestrichenes großes Lagerhaus und Kai auf Holzpfählen. Im Haus gegenüber Café mit kleinem Restaurant. Vermietet werden Rorbuers. Sie sind original, aber nach modernem Stand mit Küche, Dusche und WC eingerichtet.

Vermietung von Fahrrädern, Kajaks, Surfbrettern und Fischerbooten mit Ausrüstung. Geöffnet: Mai bis Okt. Kalle Høvdegård: Rorbu für 4 Personen ab ca. 60 Euro. Tel.: 760.776.00, Fax: 760.776.01.

**Weiter auf der E 10**: ab Abzweiger Kalle führt die E 10 gut ausgebaut, leicht bergauf, entlang des Sees Hopsandnet und anschließend durch den Rørvik- Tunnel (Länge ca. 700 m). Er spart die frühere Straße über den Bergsattel.

Nach Tunnelende bergab runter zum Meer nach RØRVIKA, einer kleinen Siedlung mit feinsandig weißem Strand und herrlich klarem Wasser. Sieht optisch toll aus, zum Baden aber auch im Sommer eiskalt!

In Rørvika **Abzweigung**: **rechts** E 10 nach Kleppstad bzw. auf Nebenstraße in den Nordwestteil der Insel Vågan sowie Insel Grimsøy, Stamsund und Leknes (später beschrieben).

Bzw. **links**: auf schmaler, aber asphaltierter Nebenstraße RV 816 unterhalb der fast senkrechten Westflanke des Vågakallen in 8 km nach Henningsvaer. Großartige Szenerie, die Straße oft zentimetergenau zwischen Meer und den schroffen, riesigen Bergwänden. Teils ist sie in den Fels gesprengt. Vorsichtig fahren insbes. wegen Gegenverkehr in Kurven.

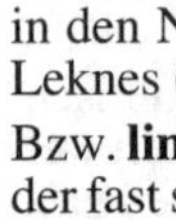

Den Djupfjord überquert die RV 816 auf einem Damm. Hier beginnt ein Trail entlang des Fjordes zu seinem Ende und weiter zu einem einsamen Bergsee. Wanderzeit eine knappe 1 Std. bis zum See, einfach zu wandern, aber gutes Schuhwerk nötig.

## ★ Henningsvaer **(ca. 750 Einw.)**

Ausgesprochen schöner Fischerort auf Schäreninseln im Meer unterhalb der Bergwand des Vågakallen. Noch bis ca. 1982 war Henningsvaer nur mit kleinem Fährschiffchen zu erreichen. Der Bau von 2 Brücken erleichterte den Zugang zur Schärensiedlung und förderte den Tourismus.

Die erste Brücke („Henningsvaer Brua“) ist 25o m lang und führt raus ins Meer. Rundum ein Garten von kleinen Schäreninseln. Anschließend über die sehr schmale „Engøysundet Brua“ (19) mit 18o m Länge. Sie ist Zufahrt zum Fischereiort Henningsvaer.

PARKEN: Eigenes Auto, insbes. WoMo am besten gleich nach der Ensøybrua auf dem Parkplatz bei Gallerie Lofoten Hus (2) abstellen. Später im Ort wird's schwierig. Eventuell möglich bei der Kirche (1o), ob dort der Pfarrer auch außerhalb der Gottesdienste eine WoMo Kolonie begrüßt (ohne Kirchenbesuch!) - ist fraglich.

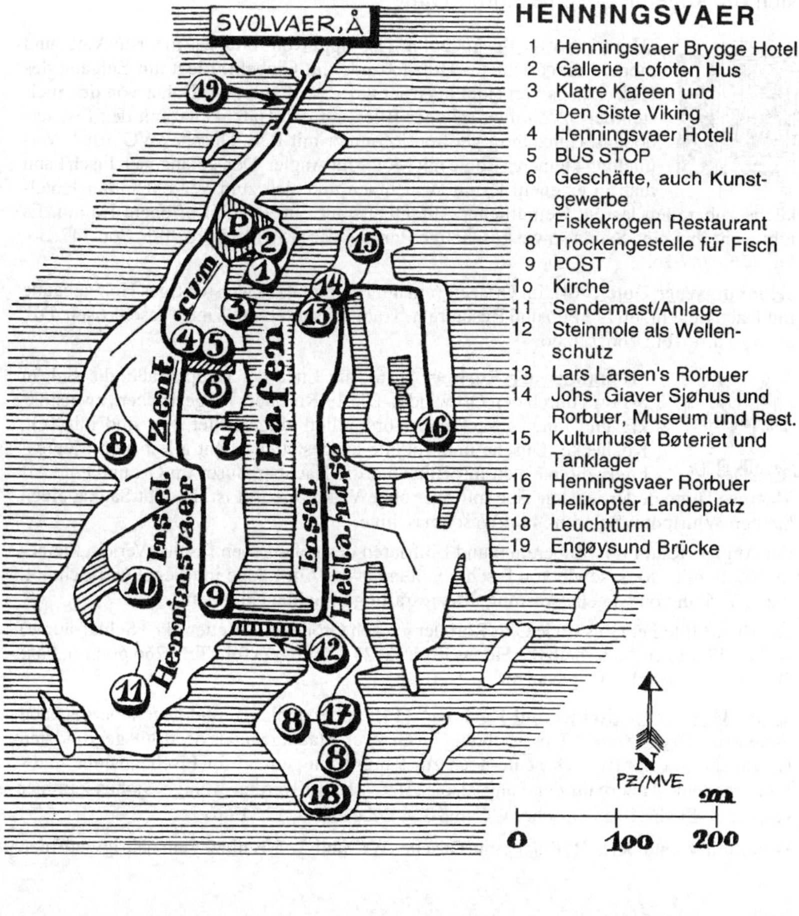

Henningsvaer liegt auf 2 Schären, die durch einen schmalen Kanal getrennt sind. * Insel Henningsvaer mit Ortszentrum, Hauptplatz und Hotels, Restaurants, Geschäften und kleiner Werft. Sowie * Insel Hellandsøy mit Fischhandelshäusern, Tanklager, Rorbuers und Restaurants.

Der Kanal dient als Hafen. Auch heute noch, vor allem in den Wintermonaten (Jan. - April): unzählige kleine Fischerboote. Sehr malerisch mit den seitlichen Fracht- und Fischhandelshäusern. Zum Schutz gegen hohe Wellen vom offenen Meer wurde der Kanal an seinem Südende mit einer hohen Steinmole (12) geschlossen.

Henningsvaer besitzt keine speziellen Sightseeing Punkte. Es ist vielmehr der Flair des Ortes, der seinen Reiz ausmacht. Viele Reisende kommen für Kurzbesuch, wobei sich die WoMo's am Ortseingang stauen. Oder mieten sich für Angelurlaub eine Rorbu-Hütte.

„**Henningsvaer Bryggehotel**" (1): Tipp! Komfortables, mehrstöckiges und modern eingerichtetes Holzgebäude mit Giebeln. Liegt am Eingang des Hafenkanals von Henningsvaer auf einer Landnase. Daher von den meisten der 32 Zimmer schöner Blick auf den Hafenkanal mit den Fischerbooten. Ganzjährig geöffnet, Zimmer mit Bad, Dusche, WC. Auch Vermietung kleinerer Boote mit Motor für Angler. Den gefangenen Fisch kann man in eigenem Raum ausnehmen und sich zum Verzehr in der Hotelküche zubereiten lassen. Gemütlicher Aufenthaltsraum im EG mit offenem Kamin. Es gibt weiterhin eine Sauna sowie kuschelige Bar. DZ ca. 115- 14o Euro. Tel.: 76o.747. 5o, Fax: 76o.747.3o.

„**Henningsvaer Hotell**" (4): im Ortszentrum am Hauptplatz. Zweistöckiges Holzgebäude mit Dachgiebeln, im EG Pub und Restaurant. Traditionshotel, im Winter geschlossen. DZ. ca. 6o Euro. Tel.: 76o.726.oo.

„**Henningsvaer Rorbuer**" (16): am Ende der Hauptstraße, die sich in S-Form durch den Ort windet. Die 19 Rorbuers rot gestrichen, zweistökkig und innen zweckmäßig-ordentlich eingerichtet. Sie sind mit Tel., Kochecke, Dusche und Toilette ausgestattet. Nicht alle haben Meeresblick, die meisten mit Blick auf die Nachbarhäuser im Ort und eine Art Meeres- Tümpel, der je nach Tide mit oder ohne Wasser gefüllt ist. Es gibt Sauna, einen kleinen Whirlpool, Solarium und Waschmaschine.

Für Angler: Raum fürs Zubereiten und Einfrieren des gefangenen Fischs. Verleih kleinerer Boote mit Motor sowie von Fischerbooten bis ca. 7 m Länge mit Segel und Echolot. Auch Verleih von Angelausrüstung. Meeresrafting in Schlauchbooten.

Geöffnet Mitte Febr. bis Ende Okt. Rorbuer je nach Größe (4- 7 Betten, 1- 3 Schlafräume) ca. 9o- 23o Euro. Außerhalb der Hochsaison ca. 2o % billiger. Tel.: Tel.: 76o.66o.oo, Fax: 76o.66o.o1 www.henningsvar-rorbuer.no

„**Johs. H. Giaever Sjøhus und Rorbuer**" (14): am Hafenkanal und gegenüberliegende Seite vom „Bryggehotel". Übernachtung im Giaever- Hauptgebäude des 1868 gegründeten Handelshauses. Es ist auch heute noch zur Fangsaison genutzt für Fischannahme und -Weiterhandel. Außerhalb der Fangsaison (1o.6.- 1o.8.) werden wenige Sjøhus-Zimmer vermietet. Sie besitzen Dusche, WC und TV. DZ ca. 1oo- 125 Euro.

Weiterhin 4 renovierte Rorbuers mit Dusche, WC und 2- 5 Betten. Ganzjährig geöffnet.

Preis je nach Größe ca. 9o Euro. DZ ca. 1oo- 125 Euro. Auch Vermietung kleinerer Boote mit Motor für Angler. Tel.: 76o.747.19, Fax: 76o.749.oo.

„**Lars Larsen's Rorbuer**" (13): neben Giaever, vermietet Rorbuers und wenige Sjøhus-Zimmer. Einfach eingerichtet, aber relativ billig. Es gibt einen authentischen Kolonialwarenladen sowie ein Fisch- Restaurant (Details unten). Vermietung authentischer Nordland- Fischerboote. Tel.: 76o.746.81.

„**Fiskekrogen**" (7): zwar hauptsächlich ein Fischrestaurant, vermietet aber auch preiswert ein 4- Bettzimmer, ca. 115 Euro. Geöffnet: Anf. Febr. bis Mitte Sept. Tel.: 76o. 746.52, Fax: 76o.746.55.

„**Den Siste Viking**" (3): zu deutsch „der letzte Wikinger", eine Bergsteigerschule, die auch organisierte Touren durchführt. In zwei Häusern (Sjøhus) ein Café und Pub sowie Mehrbettzimmer im Trekkingstil. Ganzjährig geöffnet. Pro Bett ca. 25 Euro zuzüglich Bettwäsche. Tel.:76o.749.11 www.nordnorskklattreskole.no

„FISKEKROGEN REST." (7): Nähe des Hauptplatzes am Wasser, schöne Aussenplätze auf Holzterrasse am Kanal. Die Küche (vorwiegend Fisch) gilt als beste im Ort. Es wird berichtet, daß Sonja (spätere Königin von Norwegen) in ihren Jugendjahren auf einer Nordnorwegenreise das Restaurant entdeckte. Sie war damals von der Fischsuppe so begeistert, daß sie seither, wenn sie es einrichten kann, immer wieder das Restaurant besucht. Mittlere bis gehobene Preise.

„HENNINGSVAER BRYGGE" (1) im gleichnamigem Hotel: gemütliches Ambiente, schöner Blick und gute Küche. Preise mittel bis gehoben. Im selben Hotel auch ein Pub mit Kaminfeuer in der kalten Jahreszeit.

„LARS LARSEN's RORBUER" (13): kuscheliges Restaurant in einer ehemaligen Dorsch- Lebertranfabrik von 1925. Schöner Blick auf den Henningsvaer Kanal mit seinen Fischerbooten. Preise mittel.

KLATRE KAFEEN (3): kleinere Gerichte sowie Kaffee und Kuchen. Preiswert, im selben Haus die Bergsteigerschule.

Bergsteigen: die oben erwähnte Kletterschule „Der letzte Wikinger" (3) in Henningsvaer bietet im Sommer 1- mehrtägige Kletterkurse an für Anfänger und Fortgeschrittene - sowie geführte Touren u.a. auf den Gipfel des Vågakallen (912 m) oberhalb von Henningsvaer und die Felsnadeln Svolvaergeita bei Svolvaer. Tel.: 76o.749.11, Fax: 76o.746.46

GALLERI LOFOTENS HUS / GALLERI HARR (2): am Ortseingang von Henningsvaer, beschränkte Parkmöglichkeit. Im Erdgeschoß Dauerausstellung mit Gemälden norwegischer Künstler des 19. Jhds. Ihre Themen: Lofoten Landschaften und -Fischerei. Die meisten Bilder sind nicht meinem Geschmack. Weiterhin: eine Ton-Dia Show von rund 2o Min. zu Lofoten und Fischerei, Vorführung im Sommer mehrmals tägl.

Im 1. Stock Verkauf von Bildern, Büchern und Souvenirs. Im 2. Stock: Museum mit Fotos des Norwegers Wilse. Sie sind Ende 19. Jhd. aufgenommen und zeigen u.a. Lofotfischerei, Geschichte des Trockenfischs, Schlacht im Trollfjord, Entwicklung von Henningvaer etc.

COD MUSEUM (14): in der ehemaligen Lebertranfabrik von 1925. Ein kleineres Museum mit Exponaten zum Thema.

## Lofotfischerei im 19. Jhd.

Interessant liest sich der Reisebericht von Paul B. du Chaillu 1881, der Henningsvaer in diesen Jahren besuchte und eine detaillierte Beschreibung der Fischerei Ende des 19. Jhds. liefert:

Der gesamte Bereich der Lofoten war in 21 Distrikte unterteilt. Alle Boote mußten zur gleichen Tageszeit zum Fang starten und - sofern das Wetter es zuließ - zur gleichen Tageszeit zurückkehren. Hierzu gab es einen Mast auf der Insel Hellandsø, an dem eine Fahne hochgezogen wurde zum Zeichen, daß die versammelten Boote starten durften.

Kleinerer Fracht-Segler, beladen mit Fischfässern

Fisch-Weiterverarbeitung für Trockenfisch

Die Boote hatten Kennzeichen (ähnlich wie heutige Autos). So bedeutete z.B. „H" = Henningsvaer, plus Nummer des Bootes. Um eine Zulassung zu bekommen, mußte der Kapitän des Bootes sich registrieren lassen unter Angabe seines Namens, Geburtsdatums, Wohnortes etc. Damit konnten bei Schiffsunglücken mit Todesfall Kapitän und Besatzung identifiziert werden, wenn das Boot mit Kennzeichen kiel-oben gefunden wurde, aber die Mannschaft in den Wellen ertrunken war.

Die Registrierungspflicht diente zugleich zur Überwachung der Fischereibestimmungen. Diese kontrollierten in den Gewässern der Lofoten Ende des 19. Jhds. Navy Boote des norweg. Staates, eine Art „Wasserschutzpolizei". Ihren Anweisungen war absolut Folge zu leisten.

Bei Mißachtung (z.B. Verletzung von Fanggebieten, -Gerät etc.) wurde der Lensman tätig, eine Art Richter in Fischereibelangen. Er hatte die Macht, Strafen zu verhängen. So war z.B. das Fischen Sa. bis Mo. früh verboten. Grund: 2 Tage Entspannung nach dem harten Job, soziale Kontakte und Kirchenbesuch. Durch das Gesetz sollte Chancen -

Fischerhütten
sie boten Platz mit Schlafkojen für bis zu 25 Fischer!

Position der Illustration
ca. heutige Rorbuers (16)

NORDLAND-BOOTE der Fischer in den Gewässern vor Henningsvaer
Sie waren klein und seetüchtig. Zudem in Anschaffung billig.

HENNINGSVAER
Illustration um 1880.
Damals neben Kabelvåg und Stamsund der wichtigste Fischereiort der Lofoten.
Grund: die exponierte Lage auf Schären im Meer und vorgelagerte reiche Fischgründe.

gleichheit gewährt werde, auf Mißachtung stand Strafe bis 1.ooo US $. Weiterhin war Ende 19. Jhd. der Verkauf von Alkohol verboten. Dadurch sollten frühere Streitigkeiten, ausgetragen von alkoholisierten Fischern bei Schlägerei verhindert werden. Daß die Fischer in ihrer Seemanns- Kiste den Alkohol mitbrachten, - geht separat. Zumindest hatte die Kiste nur limmitierten Platz für Flaschen, was den Konsum einschränkte.

★Während der Dorschfangsaison (Ende Jan. - Mitte April) waren in Henningsvaer ein Pfarrer, der Lensman und der Doktor anwesend. Ersterer rühmte sich, wieviele Bibeln er während der Fangsaison an Fischer verkauft hatte. Und was den Doktor betrifft, war Henningsvaer - bei der Menge an Fischern sowie Unfällen und Erkrankungen - definitiv unterbestückt. Ein Krankenhaus gab es damals nicht.

★Die Fischer lebten in Hütten, dabei oft 2o- 25 Mann in einer Hütte. Sie besaßen Schlafkojen ähnlich wie auf Schiffen. Wegen unzureichender Waschbedingung waren die Hütten gestanksbelastet. Dies auch außerhalb der Hütten, wo abgehakte Fischköpfe rumlagen und es weiteren Gestank von den vielen Gestellen für Trockenfisch rüberwehte. Brennholz zum Kochen und Heizen war rar; es mußte von weit her rangeschafft werden und war daher teuer.

Der Fisch wurde entweder direkt im Hafen an Frachtsegler verkauft, die im Hafen auf die Ankunft der Fischer warteten. Pro Jahr liefen rund 75 Segeler den Hafen von Henningsvaer an. Es waren kleinere Frachtsegler vom Typ Sloop, mittlere Typ Schoner und große Klipper. Zur Haltbarmachung für den Transport kamen die Fische in Fässer mit Wasser unter Beigabe von Salz. Die Bezahlung war unterschiedlich und Verhandlungssache.

Eine erfolgreiche Mannschaft konnte pro Fangsaison Dorsch und Mann bis zu ca. 1.ooo US $ verdienen. Eine beachtliche Summe bei damaligem Geldwert und Grund, warum die Männer mit ihrer Seemannskiste derart hoch in den Norden und die winterliche Einsamkeit der Lofoten zum Dorschfang reisten.

Kleinere Fische wurden ebenfalls von Frachtseglern angekauft und in Salzfässern haltbar gemacht. Pro Fass ca. 3oo Fische. Sie wurden insbes. nach Frankreich und Italien verschifft, um dort als Köder im Sardinenfang zu dienen. Bezahlung pro Fisch ca. 7 $.

Andere Variante: die Lofoten-Saisonfischer verarbeiteten nach Rückkehr von ihren Fanggründen den Fisch im Hafen Henningsvaer selber. Die Köpfe wurden abgehackt, der Fisch in der Mitte aufgeschlitzt und auf hölzerne Gestelle zum Trocknen aufgehängt. Bei den damals mehreren 1o.ooo aufgehängten Fischen ein bestialischer Gestank. Nennt sich „Trockenfisch", - Details Seite 86.

Köpfe und Gräten wurden in spezieller Fabrik zu Düngemittel weiterverarbeitet, bzw. die Fischköpfe an Rinder der Lofoten direkt als Futter gegeben.

Dorsch-Leber: damals wertvolles Produkt. 2 Fässer Leber ergaben etwa 1 Fass braunes Öl. Es wurde für Lebertran genutzt, aber auch als Brennöl für Lampen in den Fischerhütten. Weitere Details siehe Fischersiedlung Å. An der Südspitze der Lofoten.

Ende des 19. Jhds. war Henningsvaer zu einem der wichtigsten Fischereiorte der Lofoten geworden, - dies neben Kabelvåg und Stamsund. Der Fischhandel florierte, und entlang des Kanals von Henningsvaer entstanden Lager- und Handelshäuser. - Rückgang der Fischerei in der 2. Hälfte des 2o. Jhds. wegen Überfischung in den Gewässern.

**Weiter auf der E 1o:** ab RØRVIK (siehe Seite 332) nordwärts entlang der Küste mit Blick auf vorgelagerte kleine Felsen-Inselchen.

„LYNGVAER CAMPING": schöne Lage am Meer und Felsinseln. Die Stellplätze für WoMos auf terrassierten Wiesenflächen zum Meer. Als Camping Tipp wegen Blick.

Weiter auf der E 1o zur GRIMSØYSTRAUMEN BRÜCKE. Sie überquert in 8oo m Länge als Betonbrücke auf Stelzen mit 9 Bögen den gleichnamigen Meeresarm. Die Benutzung der Brücke ist gratis.

Die E 1o führt rüber zur INSEL GRIMSØY und tangiert das dortige Bergmassiv der Insel im Südosten. Sie führt in wenigen Km weiter zur SUNDLAKKSTRAUMEN- BRÜCKE (276 m), die rüber zur Insel Vestvågoy Insel führt. Benutzung gratis, weitere Details dort.

# INSEL GRIMSØY

Gewaltiger Bergklotz von rund 7oo m Höhe, im Nordwesten der Insel dagegen superflach, fast Meereshöhe mit Mooren, Sanddünen und Golfplatz.

Für die Umrundung der Insel ist eigenes Auto nötig, Fahrzeit inkl. Stopps ca. 3 Std. Per Bus mehrfaches Umsteigen und in 1 Tag nicht realisierbar.

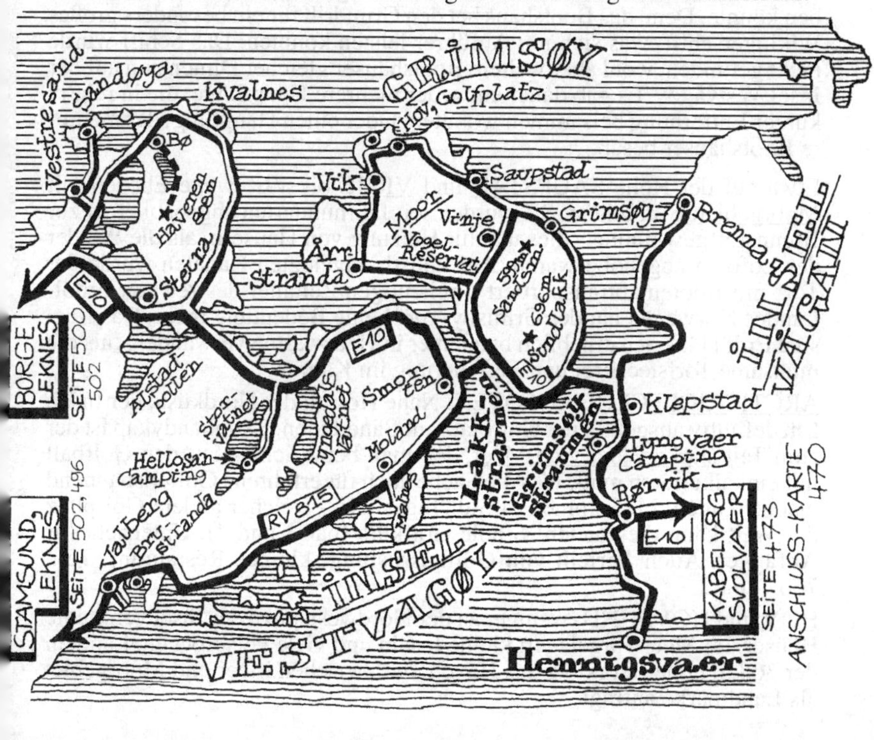

Gleich nach der Grimsøystraumenbrücke (siehe unsere Karte) rechts biegt eine schmale Nebenstraße ab und führt unterhalb der steilen Bergwand des Sundklakk (696 m) am Meer entlang nordwärts nach

GRIMSØY, dem Hauptort der Insel. Er besteht aus wenigen Häusern, wie auf der gesamten Insel nur ca. 25o Menschen leben. Vorgelagert Grimsøy die kleine Insel Sandsøya, zu der man bei Ebbe rüberlaufen kann. Am Strand von Grimsøy eine Holzkirche. Sie ist mit Stahlseilen am Boden festgemacht, damit der Wind sie nicht wegbläst.

„**Grimsøy Gjestegaard**": in freier Natur auf kleinerer Ebene Nähe des Grimsøy Bergmassivs. 3 größere Häuser in friedlicher Einsamkeit. Eine Mischung aus Bauernhof und Unterkunft in Appartements. Letztere sind mit Kochgelegenheit zur Selbstverpflegung voll eingerichtet. Im Stall bzw. draußen auf der Wiese Rinder, Ziegen etc. 27 Zimmern, ganzjährig geöffnet. Preise 5o - 17o Euro je nach Zimmer und Saison. Tel.: 76o.771.77, Fax: 76o.771.97.

Nähe VINJE fanden Archäologen Siedlungsspuren aus der Stein- und Eisenzeit (u.a. Grabhügel). Aus der Wikingerzeit wurden Grundmauern eines ungewöhnlich langen Bootshauses gefunden. Man nimmt daher an, daß sich hier zugleich der Wohnsitz eines Wikingerhäuptlinges befunden haben könnte. Denn das Bootshaus hat den Grundriß für ein besonders großes Wikingerschiff, was sich nur Anführer leisten konnten. Das Schiff wurde nicht gefunden, wohl aber weitere Bootshäuser gleicher Dimension auf der Insel Vestvågøy. Es gab daher entweder mehrere Häuptlinge, die in relativ kurzer Entfernung beisammen wohnten. Oder einen Häuptling, der mehrere Bootshäuser besaß.

Etwa auf der Höhe SAUPSTAD und VINJE bis VIK weite Ebenen mit Moorgebieten im Inland. Sie wurden seit Jahrhunderten abgebaut: Torf zur Brennstoffgewinnung - dies u.a. für Heizung von Häusern, als die Wälder der Lofoten abgeholzt waren. Auf künstl. angelegten Kanälen wurde der Torf mit Booten abtransportiert. Im heutigen Zeitalter des reichen Erdöl-Landes Norwegen hat der Grimsøy-Torf keine Bedeutung mehr. Das flüssige Erdöl läßt sich erheblich bequemer in Hauswärme verwandeln, als die mühsame Torfstecherei und Verfeuerung im Kamin.

ARCTIC GOLFCLUB LOFOTEN: Nähe Hov an der Nordküste der Insel. Ein definitiv ausgefallener Golfplatz auf Sanddünen. Extrahandykap ist der zum Teil starke Wind vom Meer, den man beim Schlag auf den Golfball mit einkalkulieren muß. Was die Sache auch für erfahrene Golfer spannend macht. Zudem im Sommer 24 Std. Tageslicht - welcher andere Golfplatz der Welt kann dies bieten! 6 hole Golfkurs (par 3 und 4). Unterricht für Anfänger. Auch Verleih von Golfausrüstung, kleines Restaurant. Tel.: 76o.72o.o2.

HOV und HOVSUND: wenige, an der Nordwestspitze der Insel verstreute Häuser. Im Meer vorgelagert kleine Inseln und viele Felsbrocken. Landein der 368 m hohe Bergklotz des Hoven, der zwischen Meer und Moorgebiet als Landmarke aufragt.

VOGELRESERVAT: südlich von Vinje, kleines Naturschutzgebiet mit vielen teils auch seltenen Vogelarten.

SUNDLAKKSTRAUMEN BRÜCKE: Länge 276 m, führt von der Insel Grimsøy rüber zur Nachbarinsel Vestvågøy. Sie wurde 1981 eröffnet, vorher verkehrte ein kleines Fährschiff von Lyngvaer/Insel Vågan nach Smorten/Insel Vestvågøy.

| | |
|---|---|
| Fläche: | 422 qkm |
| Einwohner: | 1o.759 |
| Hauptort: | Leknes |

# INSEL VESTVÅGØY

*Mit 422 qkm zweitgrößte Insel der Lofoten (nach Vågan 477 qkm). Berge im Schnitt 3oo- 6oo m wechseln mit eingelagerten Seen, zerklüfteter Küste und vorgelagerten Schären.*

*Im Haupttal zwischen Borge und Leknes entlang der E 1o intensive Landwirtschaft mit Feldern und Tierzucht, insbes. Ziegen, Rindern und Milchkühen. Es ist das wichtigste Agrarland der Lofoten und zweitwichtigstes von Nordnorwegen.*

*Hauptattraktionen das Wikinger Museum in Borge, - an Landschaften gibt es spektakulärerer Lofotinseln, z.B. Flakstad und Moskenes.*

Nach der SUNDLAKKSTRAUMEN BRÜCKE teilt sich die Straße:

* Die **E 1o** tangiert den nördl. Bereich der Insel und führt anschließend durch das zentrale Tal via Borge/Wikingermuseum nach LEKNES, dem Hauptort der Insel. Die E 1o ist gut ausgebaut und schnell befahrbar,allerdings Vorsicht vor Radarkontrollen der Polizei. Strecke: ab S. 497.
* Die **RV 815** führt entlang der Südostküste und ist gegenüber E 1o die landschaftlich schönere Strecke, benötigt aber wegen schmalerer und kurvenreicherer Straße Extra-Zeit. Möglicher Abstecher nach STAMSUND, dem größten Hochsee-Fischereihafen von Vestvågøy.

**RV 815**: ab Brücke zunächst unterhalb der steilen Bergwand des Smortaksia (585 m) südwärts mit Blick auf die Nachbarinsel Vågan und dortigem Berggipfel des fast 1.ooo m hohen Berggipfels Vågakallen.

Später die MALNES HALBINSEL, die mit Erhebungen bis 1oo m ins Meer führt; wenige Fischerhütten an ihrer Westseite. In MOLAND an der RV 815 wurden in den 7o-er Jahren Hügelgräber und Bootshaus aus der Eisenzeit gefunden (für Laien nichts zu sehen). Ab Moland kurze Stichpiste auf die Malnes Halbinsel.

NEDREDAL an der RV 815: landein kleineres Moorgebiet, die Straße anschließend in Umrundung des steilen Berggipfels Dalstinden (451 m) und Hunderten kleinerer Schären im weiteren Verlauf der Buchten bis Valberg: Eldorado für Meeresangler.

BRUSTRANDA: kleinere Siedlung kurz vor Valberg mit Statoil Tankstelle und kleinem Lebensmittelgeschäft neben Tanke. Gegenüber Nissan Autowerkstätte. Direkt hier Abzweiger zum wenige Meter entfernten:

„CAMPING BRUSTRANDA“: am Wasser auf kleiner Halbinsel mit Gras und Fels, schöne Bergkulisse. Gemütlicher Aufenthaltsraum mit Steinmauerwerk. Vermietung von rund 2o Hütten mit schönem Blick, der Fels-/Kiesstrand zum Baden aber nicht optimal. Mittlere Preise je nach Größe der Hütte. Stellplätze für WoMos limitiert. Geöffnet Anfang Mai bis Ende Sept.. Tel.: 76o.871.o2.

Der nur wenige km entfernte Ort VALBERG besteht bereits seit spätem Mittelalter als Fischerhafen. Erste Kirche Mitte 17. Jhd. Grund waren reiche Fanggründe für Fisch im Bereich der vorgelagerten Schären. Heute ein verschlafenes Nest mit rund 1oo Einwohnern.

## ✶ Stamsund (ca. 1.45o Einw.)

Heute einer der wichtigsten Hochsee- Fischereihäfen der Lofoten. Zu erreichen ab RV 815, Abzweigung bei Skifjorden RV 817 ausgeschildert. Der Ortsbereich erstreckt sich in einer Ebene nördlich des Hafens. Es gibt Autowerkstätten, Rimi Supermarkt, Bäckerei, Post und Tankstelle. Unter Strich kein Ort mit Flair wie Kabelvåg oder Henningsvaer.
Der Hafen an kleiner Bucht im Süden des Ortes unterhalb steiler Felswände. Hier Abfahrt der tägl. Hurtigrutenschiffe Nord/Süd.

„**Stamsund Lofoten Hotel**“: zentrale Lage im Ort Nähe Hafen und Hurtigruten Kai an der RV 815. Modernes, 3-stöckiges Betongebäude ohne Spezielles. Die Rezeption nüchtern eingerichtet; der Frühstücks- und Restaurantraum im EG dekoriert mit Fotos, Gemälden und Schiffsmodellen. 28 Zimmer mit Bad. Blick vornraus: aufs Meer, Hurtigruten Kai und Küstenberge, - die Zimmer hintenraus dagegen mit einem wenig attraktivem Blick auf eine fast direkt anschließende Felswand. Ganzjährig geöffnet. DZ ca. 115- 15o Euro. Tel.: 76o.893.oo, Fax: 76o.897.26.

„**Nordbakk Overnatting**“: Holzgebäude an der RV 817 in Straßenkurve Nähe Shell Tankstelle. Einfach ausgestattete Zimmer, ca. 4o- 6o Euro.

„**Justad Rorbuer og Vandrerhjem**“: am Wasser mit Anlegesteg und Rorbuer Hütten sowie Mehrbettzimmern in Sjøhus; hat uns weniger überzeugt. Zufahrt direkt bei der Shell Tankstelle/RV 817, wenige Meter Schotterstraße ans Wasser, bzw. rund 1,5 km ab Hurtigruten Kai. Geöffnet Mitte Dez. bis Mitte Okt. Pro Hütte ca. 35- 45 Euro. Tel.: 76o.893.34, Fax: 76o.897.39.

„**Ytterviks Rorbuer og Sjøhus**“, Abzweiger ab RV 817 rund 2o m nach Shell Tanke und ca. 3o m zum Meer. Rorbuer Hütten am Wasser entlang eines Steges. Blick auf Lagerhäuser, Fischfilettierfabrik und Trockenfischgestelle für Stockfisch.

„**Steine Rorbuer**“: im Nachbarort Steine, knapp 5 km südwestl. von Stamsund an der Küste und RV 815. Im Angebot: 1o einfach ausgestattete Rorbuers für je 2- 6 Personen. Geöffnet Mai bis Ende Sept. Preise je nach Größe des Rorbu ca. 3o- 6o Euro. Tel.: 76o. 892.83, Fax: 76o.892.83.



„STORFJORD CAMPING“: Nähe der Kreuzung RV 815/ RV 817, am Storfjordvatnet. Pluspunkt ist ein relativ ebenes Wiesen/Erdterrain. Es gibt einen kleinen Lebensmittelmarkt sowie Fahrrad- und Bootsverleih. WoMo-Stellplätze, weiterhin Vermietung von gut einem Dutzend Hütten. Geöffnet ganzjährig. Preise je nach Größe der Hütte ca. 35- 65 Euro. Tel.: 76o.868.o4, Fax: 76o.892.83.

„STAMSUND LOFOTEN HOTEL“: Nähe Hurtigruten Kai an der RV 817 in Stamsund. Die Hotelküche verarbeitet Fisch der Lofotenflotte teils fangfrisch, teils aus der Tiefkühltruhe. Mittlere bis gehobene Preise.

Die weitere Strecke (RV 817) via Fischerort Steine bringt in Umrundung der Halbinsel den Blick auf unzählige vorgelagerte Inselchen und erreicht am Nordende des Storfjord wieder die RV 815, die in ca. 5 km nach Leknes führt. Details zu Leknes, Umgebung und Weiterfahrt zur Nachbarinsel Flakstad ab Seite 5o2.

**E 1o**: *Alternativroute ab Sundlakkstraumen Brücke (siehe S. 493) nach LEKNES. Sie ist als Straße besser ausgebaut und bietet Abstechermöglichkeiten auf Inseln und Halbinseln im Norden der Insel Vestvågøy.*

Ab Sundlakkstraumen Brücke führt die E 1o zunächst unterhalb der steilen Bergwand des Smortøran (556 m) entlang eines schmalen Meeresarmes, Der Blick rüber zur Nachbarinsel Grimsøy mit ihrem fast 7oo m hohen Bergklotz Sundlakk sowie im Nordwesten flache Moorgebiete. Details zur Insel siehe Seite 493.

Dann Knick der E 1o Ri. Südwest mit Superblick auf den 8o8 m hohen Bergklotz der Insel Haveren. Rund 9 km ab Sundlakkstraumen Brücke zweigt von der E 1o eine Erd- Stichpiste links ab und führt in 2,5 km zum

„HELLOSAN CAMPING“: liegt am Storvatnet/Südende auf einer Wiese, eingeschnürt von hohen Bergwänden. Gleich südlich der Indrevatnet. Beide Seen sind beliebt bei Süßwasser- Anglern. Sie sind die hauptsächlichen Besucher des Campingplatzes; Angelgenehmigung nötig. Achtung: In den umliegenden Bergen stauen sich oft die Wolken; Nebelsuppe und Regen sind daher keine Seltenheit. Angler stört dies weniger, wohl aber ausländische Gäste. Einfache Sanitäranlagen. Es gibt bessere Campings.

Weiter auf der E 1o: nach ca. 3 km ab Abzw. Hellosan erreicht die E 1o die Südspitze der INSEL HAVAREN. Ein gewaltiger Bergklotz von bis zu 8o8 m Höhe. Wer will, kann bei genügend Zeit den Berg auf schlechter Erdpiste umrunden. Wegen schlechter Busverbindung eigenes Auto nötig. Rund 15 Extrakilometer, die aber wegen Straßenzustand inkl. Stopps gut 1 Std. oder mehr bedeuten.

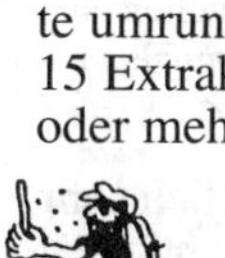

Besteigung des Inselgipfels Havaren: im Dorf Bø an der NW-Seite der Insel beginnt eine Wanderung, die anfangs am Nordufer des Bø Sees entlangführt und an seinem SO- Ende sich zu steiler Kraxelei von Seehöhe 37 m in nur ca. 1,5 km auf 8o8 m Höhe zum Berggipfel entwickelt. Der Trail ist nicht markiert. Gesamtlänge retour ca. 8 km. Eine Sache die „sanft“ am Bø See beginnt, dann aber rauf zum Gipfel keinesfalls eine simple „Wanderung“ ist. Gutes Schuhwerk und Detailkarte „Vestvågøy“ 1 : 5o.ooo mit zumindest Höhenlinien sowie Kompaß sind Grundbedingung. Besteigung nur für erfahrene Bergwanderer. Problem können zudem aufkommende Wolkenbänke und Nebelsuppe bereiten bei fehlender Orientierung.

Wer den Gipfel bei klarer Sicht erreicht, hat Superblick über die Insel Vestvågøy bis hin Festland, weiterhin Berggipfel Grimsøy, Vågan und die Gipfelkette der Vesterålen.

**Die E 1o** tangiert die Insel Havaren an ihrer Südseite und führt via Fischerdorf Steira zunächst entlang des Steirapollen, nach ca. 4 km scharfe S-Kurve Ri. Süd und Anstieg in karge Bergwelt oberhalb des Meeres und entlang des Torvsdalsvatnet. Absolut karge Landschaften, über die je nach Wetterlage der Wind vom Atlantik peitscht.

Nach ca. 6 km ab o.g. S-Kurve ist BØSTAD erreicht. Eine kleinere Siedlung an der E 1o. Hier mögliche Abzweigung nach

## ★ Eggum (ca. 18o Einw.)

Fischernest auf schmalem Landstreifen an der Nordspitze der Halbinsel, unterhalb der Bergwand des Jellvollstinden (746 m). Der Ort wird ab E 1o über eine schlechte Erdpiste in ca. 1o km erreicht, was wegen Zustand der Piste Zeit braucht. Zu sehen im Sommer: die Mitternachtssonne (gibts auch anderwo) und anbrandende Atlantikwellen. Immerhin: schöne gratis- Stellplätze für WoMo's in Eggum sowie an der Piste, die in 2,5 km bis Tøan, Nonshagn führt und dort endet. Hier im Sommer größere WoMo Kolonie.

Der Lofoten Touristprospekt wirbt „Eggum besitzt einen besonderen Charakter und liegt dramatisch auf der schmalen Strandfläche zwischen offenem Meer und den senkrechten Felswänden.“ Das ist richtig. Die rund 25 km retour ab E 1o benötigen aber für den Gratis WoMo-Stellplatz bis zu ca. 1 1/2 Std. retour. Fragt sich, ob der Aufwand das lohnt. Lebensmittel und Getränke mitbringen, da keine nennenswerte Versorgungsmöglichkeit in Eggum. Und: den Wildcamp-Platz ordentlich - sprich ohne Müll! verlassen.

Im 2. Weltkrieg war Eggum wichtiger Militärstützpunkt der Hitler- Truppen zur Kontrolle des Seewegs im Nordatlantik. Nachdem die Britten zu Kriegsende das Radar erfunden hatten, - wurde von den Deutschen ein erstes Äquivalent in Eggum installiert. Damit sollten Versorgungskonvois der Alliierten nach Murmansk/Russland kontrolliert werden (Details siehe „Kirkenes). Dieses erste deutsche Radar nutzte den Nazis wenig, da der von Hitler angezettelte Weltkrieg 1944 bereits verloren war.

Die im NO vorgelagerte INSEL BORGVAER, eine Miniinsel mit Marsch und Erhebungen bis ca. 2o m war im 19. Jhd. Handelsplatz von Norddeutschen. Sie unterhielten eine Fischereiflotte und exportierten den Fang zu Häfen in Schleswig Holstein. Damals profitabler Handel, heute ist Borgvaer eine meist unbewohnte Insel in Privatbesitz.

Wanderung von Eggum/Tøan nach Unstad. Landschaftlich sehr lohnender Pfad am Meer unterhalb der Steilküste. Am schönsten bei Wind, wenn vom Atlantik Wolkenfetzen in die Berge treiben und das Meer hohe Wellen aufbaut. Benötigt ca. 2 Std. Eine relativ leichte Wanderung ohne Orientierungsschwierigkeit, da es immer am Meer entlang geht. Es ist ein Fluß zu durchwaten sowie vor Unstad Kraxelei auf ca. 50 m Höhe in Umrundung des Kaps mit Atlantikblick.

Gutes Schuhwerk nötig und Regenschutz. Lebensmittel und Getränke mitbringen; unterwegs keine Versorgungsmöglichkeit, da keinerlei Siedlungen. - Landkarte: „Vestvågøy 1 : 50.000" mit Höhenlinien, erhältlich in der Buchhandlung Svolvaer sowie eventuell im TI Svolvaer und Leknes. Die Karte ist hilfreich, jedoch nicht zwingend nötig.

Das Handycap der Wanderung liegt wo anders, nämlich im Transport zum Ausgangs- sowie Endpunkt der Wanderung. 3 Möglichkeiten:

1) wer zu mehreren im eigenen Auto/WOMO fährt: einer rangiert das Auto zum Start- und Endpunkt der Wanderung, während die anderen den Genuß der Wanderung haben. Der Auto-Rangierer versäumt die Wanderung. Ansonsten Vorteil: man ist unabhängig von Bus und Taxi.

2) BUS: Leknes via Bøstad nach Eggum. Fährt gemäß derzeitigem Fahrplan leider nur 3 mal/Woche, zuzügl. werktags 1 mal/tägl. Schulbus, der Eggum am frühen Nachmittag erreicht. Anschließend die Wanderung. Sie erreicht am späten Nachmittag Unstad. Gemäß derzeitigem Fahrplan gibt es zu dieser Uhrzeit keinen Bus mehr.

Somit Zeltausrüstung nötig, um auf den Schulbus am nächsten Morgen werktags zu warten, der nach Leknes fährt. Auch in Gegenrichtung: Wanderung von Unstad nach Eggum gemäß derzeitigen Busfahrplänen keine besseren Bedingungen.

3) TAXI: teuer wegen Anreise-km ab Leknes und schlechter Pisten. Vorab den Preis vereinbaren und sicherstellen, daß der Taxifahrer auch zum vereinbarten Zeitpunkt am Ausgangspunkt der Wanderung parat steht! UND: dort auch gegebenenfalls wartet, sollte man sich auf der Wanderung verspäten. - Das Taxi läßt sich auch telefonisch ab Eggum oder Unstad anfordern. In dem Fall muß man ca. 1 - 2 Std. warten, bis das Taxi eintrifft. Oder länger, wenn gerade kein Taxi verfügbar ist. Zu zahlen sind: die Strecke Leknes/Taxistand -> Eggum bzw. Unstad plus Rückfahrt nach Leknes. Kann teuer werden.

## Wikingermuseum Borg

an der E 10 bei Bøstad. Zu sehen: ein riesiges, mehr als 80 m langes Haus eines Wikinger Anführers aus der Zeit ca. 800 n. Chr. mit Wohnräumen und Viehstall. Das Gebäude ist nicht Original/Wikingerzeit, sondern ein Rekonstruktionsversuch. Es existieren jedoch die Original-Grundmauern.

Besuch lohnt, da interessantes Display des größten Hauses eines Wikingerführers in Nordskandinavien. Begleitende Ausstellungen sowie Veranstaltungen im Sommer. Replika des Wikingerschiffes „Gokstad" in Originalgröße mit Fahrten auf dem Meer.

**Ausgrabungen**: ein Bauer hatte 1981 beim Pflügen auf dem Plateau bei Borg schwarze Erde aufgegraben. Da dies nicht der normalüblichen Erdfarbe der Region entsprach, wunderte er sich und befragte Freunde und Bekannte. Der von der Insel Vestvågøy stammende Hobbyarchäologe Kåre Ringstad informierte die Uni in Tromsø, die Profies zu ersten Grabungen schickte.

Bald wurde klar, daß es sich um einen äußerst bedeutenden Fund aus der Wikingerzeit handelte. Archäologen von Universitäten aus ganz Skandinavien beteiligten sich an den

Grabungen 1983- 89. Gefunden wurden u.a. erstmals Glasscherben mit Goldüberzug in Nordskandinavien. Sie beweisen, daß die Wikinger Kontakt mit Mitteleuropa hatten, wo derartige Waren hergestellt wurden. Weiterhin: Schmuck, Goldblechamulette, Trinkgefäße etc. Sehr aufschlußreich war der Abfallbereich an der Nordwand des Gebäudes mit Resten von Lebensmitteln, Werkzeugen bis Bekleidung. Sie ergaben detaillierte Informationen (z.B. in Sachen Lebensmittelresten) zu den Lebensgewohnheiten der Wikinger.

Die Grabungen in Borg ergaben zudem, daß es es um Grundmauern eines Gebäudes vermutlich der Zeit 4oo- 6oo n. Chr. und - Länge 67 m handelt, für damalige Zeiten fast palastähnliche Dimensionen! Erweiterung zur frühen Wikingerzeit 8oo n. Chr. auf 83 m Länge!

MUSEUM: nach Beendigung der Ausgrabungen wurde in der Nähe der historischen Grundmauern eine Replika des Gebäudes in Originalgröße errichtet. Dies gemäß Vorgaben der Archäologen und Vermutungen, wie das Haus ausgesehen haben müßte.

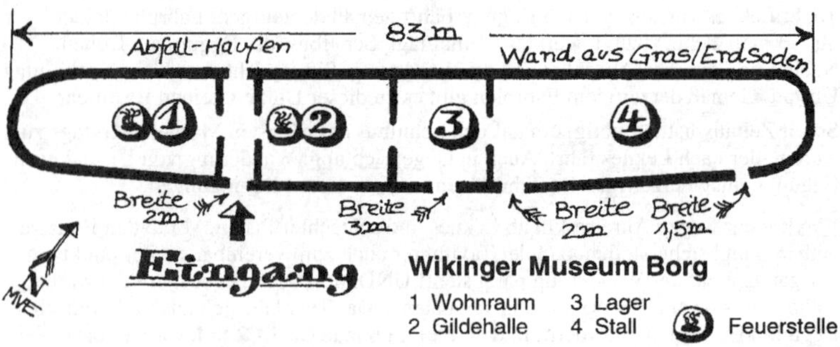


Es besaß einen Erdwall aus Gras/Erdsoden, der fast bis zum Beginn des Daches reichte und als Wind-/Kälteschutz diente. Der Wohnsitz des Wikinger- Fürsten liegt auf einer Anhöhe. Das hatte den Vorteil, daß er Küste und Meeresbuchten überblicken konnte (auch bezügl. eventuell feindlicher Schiffe), aber den Nachteil kalter Winde bis hin zu Schneestürmen im Winter. Durch den Erdwall kuschelt sich das Haus gewisser Maßen in die Landschaft, und der Wind bläst statt gegen die Hauswand, elegant übers Dach.

Der Erdwall ums Haus war noch Ende des 19. Jhds. erhalten, wie damalige Reisende berichteten. Er wurde Anfang 2o. Jhd. von Bauern als störendes Hindernis bei landwirtschaftlicher Erschließung entfernt. Damals war nicht bekannt, daß es sich bei dem Erdwall um Reste eines bedeutenden Wikingerwohnsitzes handelt.

Über den 2 m breiten Eingang mit Holztür und kleinem Giebel wird die Eingangshalle erreicht. Der Haupteingang war an der Südostseite, - der gegenüberliegende Ausgang führte beim Originalgebäude zum Abfallhaufen, in dem die Archäologen wertvolle Reste von Werkzeugen, Bekleidung und Lebensmitteln fanden (siehe oben).

Links anschließend der Wohnraum (1). Er besitzt eine Länge von 2o m mit Feuerstelle. Er diente den Familienmitgliedern des Wikinger Führers als

Wohn- und Schlafstätte. Im Rekonstruktionsversuch grobe Holzbänke und -Tische fast a la „Biergarten-Mobiliar". Da bei den Grabungen keine Möbel Reste gefunden wurden, reine Vermutung der Ausstattung.

Gildehalle (2): Empfangsraum für hochrangige Gäste. Hier wurden Konferenzen abgehalten und politische Entscheidungen getroffen. Der Raum besaß ebenfalls eine offene Feuerstelle, die Wärme und Beleuchtung bot im ansonsten fensterlosen Gebäude. Über der Feuerstelle wurde gekocht und Fleisch bzw. Fisch gegrillt. Auch wissen wir, daß die Wikinger reichlich Bier, Met sowie aus Frankreich importierten Wein konsumierten. Archäologen fanden im Bereich der Gildehalle eine Vielzahl an Trinkgefäßen, Krügen und Bechern. Dies deutet auf üppige Gelage. Gefunden wurden weiterhin Webgewichte, Spinnwirbel etc. wie sie zum Stoffweben nötig sind. Es wird vermutet, daß der Wikingerfürst sich in der Gildehalle durch wertvolle Webarbeiten prästigeträchtig den Gästen repräsentierte. Er saß auf einem erhöhtem Ehrenstuhl.

Lager (3): hier waren die Lebensmittelvorräte des Herrscherhofes untergebracht. Vermutlich auch Werkzeuge zum Haus- und Schiffsbau sowie der Landwirtschaft.

Stall (4): er besitzt eine Länge von 32 m, für damalige Zeiten beachtlich. Von seiner Größe bietet er Platz für bis zu 5o Kühe. Archäologen vermuten, daß ein Teil des Raumes auch zur Unterbringung von Pferden genutzt war.

Der Wikinger-Fürst, der sich ein derart großes Haus wie Borg leisten konnte, mußte - so die Archäologen - über erhebliche Macht und Einfluß verfügt haben. Weitreichendes Handelsnetz, Verbündete und politischer Einfluß. Dies um so mehr, als es sich um einen Wohnsitz hoch im Norden Skandinavien handelte, - eine Region, die damals ansonsten fast ausschließlich von der Urbevölkerung Samen besiedelt war.

Um 9oo n. Chr. wurde Borg von Wikingerfürsten verlassen. Sie zogen nach Island. Der Grund ist nicht gesichert, - Streit mit ersten norweg. Königen? Oder bessere Handels- und Fischfanggebiete auf Island?

Öffnungszeiten Borg-Wikingermuseum: Ende Mai - Ende Sept.: täglich ca. 1o - 19 Uhr. Eintritt 1o Euro. Außerhalb Öffnung nach Vereinbarung.

BORG KIRCHE: modernes Gebäude Nähe des Wikinger Museums auf einer Anhöhe und gut von der Hauptstraße aus zu sehen. Sie wurde 1987 gebaut an der Stelle früherer Holzkirchen, die entweder Opfer des Feuers oder - 1797 durch einen Orkan zerstört worden waren.

## ★ Unstad (ca. 15o Einw.)

Kleines Nest in einem Trog-ähnlichem Tal an der Nordwestküste. Die wenigen Häuser liegen auf einer Grasfläche zwischen hohen Bergen am Atlantik. Kleiner, sehr einfach eingerichteter Campingplatz. Bus: nur 3 mal pro Woche (plus tägl. Mo.- Fr. Schulbus) ab/bis Leknes.

Zu erreichen ab E 1o, rund 2 km südlich von Borge eine Abzweigung rechts. Sie führt entlang von 2 Seen anschließend durch einen kürzeren

Tunnel, dann rauf auf einen Pass (ca. 16o m) mit Blick auf Unstad am Talende und Atlantik. Die Straße führt bis ans Meer/Unstad, ca. 1o km ab Abzweigung E 1o (siehe oben).

Lohnende Wanderung entlang der Atlantikküste zwischen Unstad und Eggum, Details siehe Eggum.

Besteigung des Skrådalstinden (771 m): anspruchvolle Bergtour u.a. wegen fehlender Wegmarkierung, aber auch häufiger Wolkenbänke vom Atlantik, die die Berggipfel und den Trailverlauf mit Nebelsuppe einhüllen. Detailkarte „Vestvågøy" 1 : 5o.ooo mit Höhenlinien nötig, erhältlich in der Buchhandlung Svolvaer, eventuell auch im TI Svolvaer und Leknes. Regenschutz, gutes Schuhwerk, warme Kleidung und Lebensmittel, da unterwegs keine Siedlung; Kompass bzw. GPS. Warnung: bei Nebelbänken warten, bis das Wetter aufklart! Benötigte Zeit bei gutem Wetter ca. 4- 5 Std. retour.

Beginn der Tour im Weiler Saupstad (auf halber Strecke zw. Abzw. E 1o und Unstad). Beim E Werk in Saupstad im Tal bergan zum Skrådalsvatnet in 133 m Höhe zwischen steilen Bergwänden. Ab nördl. Seeufer steiler Anstieg im Skrådalen rauf zu kleinen Bergseen in 42o m Höhe unterhalb des Berggipfels Skrådalstinden (771 m), der in der Eroberung jede Menge an Stein, Geröll, oft scharfem Wind und Kondition benötigt wegen supersteilem Anstieg. Am Gipfel bei klarem Wetter grandioser Panoramablick auf den zentralen Bereich der Lofoten.

## Utakleiv (ca. 9o Einw.)

Mini- Nest auf kleiner Küstenebene an der Nordwestküste eines Halbinselfingers. Es liegt unterhalb steiler Berggipfel, der höchste Himmeltindan mit 964 m (!). Er ist zugleich höchster der Insel Vestvågøy.

Zu erreichen über eine Stichstraße ab E 1o, die rund 5 km nördl. von Leknes abzweigt, - insgesamt bis Utakleiv ca. 1o km. Die Stichstraße berührt Inlandssen zwischen hohen Bergen und führt entlang der Bucht von VIK um die Bergnadel Veggen (489 m) nach Utakleiv. Im Ort derzeit keine Unterkunft. Der Abstecher für Leute mit eigenem Auto, die abgelegene Regionen der Lofoten mit wilden Berglandschaften erkunden wollen. In Utakleiv Sandstrand mit Fels und je nach Wind hohe Atlantikwellen.

## Leknes (ca. 1.85o Einw.)

Zweitgrößter Ort der Insel Vestvågøy und 3. größter der Lofoten. Kompaktes Ortszentrum und weit verteilte Häuser in einer Ebene. Die E 1o umfährt Leknes südlich. Das Ortszentrum mit der Haupt-Einkaufsstraße Storgata und vielen Läden. Dahinter das Rathaus, Schwimmbad, Hotel und Einkaufszentrum, Banken. Eigener Leknes- Airport rund 2 km ab Zentrum, allerdings Flüge derzeit nur nach Svolvaer, Røst und Bodø/Festland.

Insgesamt kein Ort, der Zwischenstop benötigt, - so doch gute Versorgungsmöglichkeit in Läden und Supermärkten bietet.

„**Norlandia Lofoten Hotel**": Lillevollveien 15, im südl. Ortsteil von Leknes Nähe Ortsumgehung E 1o. Ein moderne 2 stöckiges Holzgebäude im L- Winkel um Eingangsbereich und Rezeption. 63 meist nicht allzu große Zimmer, aber ordentlich, mit TV und Bad. Das Hotelrestaurant „Hjalmar" dient zugleich als Frühstücksraum. Ganzjährig geöffnet. DZ ca. 95- 135 Euro. Tel.: 76o.8o8.25, Fax: 76o.8o8.92.

„**Leknes Hotell A/S**": Elvegårdsveien, Ortszentrum. Modernes, 3 stöckiges Rechteckgebäude. „Verspielte" Rezeption mit Dartboard und braunen Polstermöbeln, Bildern an der Wand, gerüschtem Vorhang etc. Über Geschmack läßt sich streiten. Die rund 4o Zimmer sind ordentlich- zweckmäßig, alle mit TV und Bad. Der Blick: auf Parkplatz und Einkaufszone. Ein Hotel, das vorwiegend von Geschäftsreisenden genutzt wird. Pluspunkt ist der günstige Preis. Ganzjährig geöffnet. DZ ca. 85 Euro. Tel.: 76o.829.5o, Fax: 76o.824.7o.

„GATOJKOKKEN": ein freundlicher Inder serviert in einer Imbiss- Stube billige Hamburger, Schnitzel und Pommes. Es sei ihm ein langes Leben mit norwegischem Visum gegönnt! Immerhin war er derjenige, der nachts in Leknes (total verhungert) bei raufgeklappten Bürgersteigen uns rettete. Bis spät am Abend geöffnet, Nähe Leknes Hotell.

„GRILLJKOKKEN": am Ortsausgang Ri. Svolvaer. Ebenfalls eine billige Imbiss Stube mit Snachs.

Ansonsten die beiden Hotel Restaurants „NORLANDIA" und „LEKNES", mittlere Preise, Küche macht auch zur HS relativ früh dicht.

„GEIRS PLATEBAR": im Einkaufs-Center „Leknessenteret", Storgata. Drinks und Snack, werktags bis 21 Uhr geöffnet. - „ROXY PUB": gegenüber vom Leknes Hotel.

## SHOPS, SUPERMÄRKTE

Wegen der Größe des Ortes und seiner zentralen Lage auf den Lofoten besitzt Leknes relativ viele Geschäft. Der Ort ist Alternative zu Svolvaer. Fast alle Geschäfte kompakt zusammen in Leknes entlang der Storgata sowie dort angrenzender Supermärke und Einkaufsgebäude.

KLEIDUNG: „Jack & Jones" und „Vero Moda" im „Leknessenteret", - „Ludv. Håkonsen": Kleidung, Stoffe und Norweger Pullies, Storgata.

KUNSTGEWERBE: „Husfliden", Storgata. Die in ganz Norwegen vertretene Ladenkette bietet in Leknes Norwegerpullies, Trolle, Handgeschnitztes etc. - „Låven på Vonheim" (Scheune von Vonheim): handgemachte Keramik und bemalte Glaswaren in einer kleinen Scheune. An der E 1o rund 22 km von Leknes bzw. 48 km von Svolvaer.

GOLDSCHMIED: „H. Johansen", Storgata 82. Silberarbeiten, Uhrreparatur, Kunstgewerbe und Souvenirs.

APOTHEKE: „Vestvågøy Apotek", im Origosenteret/Leknes, Tel.: 76o. 8oo.o1, vermittelt auch Ärzte. Ansonsten generelle Notruf Telefon Nummer des Arztes: 113.

SUPERMÄRKTE: „Rimi“, „Prix“ und „Rema 2ooo“ im Ortszentrum von Leknes, Storgata. Übliche Auswahl und Öffnungszeiten. - „Leknessenteret“: mehrere Geschäfte von Mode bis Parfumerie, Schuhe, Spielwaren, Elektro- und Haushaltsbedarf. Storgata.

FISCH: „Johnsens Ferskvare“, ein Fischboutique im Zentrum von Leknes, Storgata/ Ecke Elvegårdsveien. Gute Auswahl an norweg. Spezialitäten so u.a. norwegische Fischklopse, Fischpudding, Klippfisch-Filet, aber auch Dorsch und Rotbarsch sowie selbstgeräucherter Lachs.

**TANKSTELLE**

an der E 1o und Verkehrskreisel südöstl. des Orteszentrums. Achtung: am Sonntag in der Regel nicht geöffnet, schließt ansonsten werktags relativ früh am Abend. Dort auch kleinere Reparaturen wie z.B. Reifenpannen. - WERKSTÄTTEN ansonsten in der Idretsgata, die ab o.g. Verkehrskreisel in den südl. Ortsteil Fygle führt sowie in Fygle, Verksted Veien. Weiterhin an der Zufahrtsstraße zum Airport, Lufthavnveien.

Tourist INFO im Rathaus, Ortszentrum beim Shopping Senter. Geöffnet zur HS (Anfang Juni bis Ende Aug.) 1o- 2o Uhr, am So. 17/18 - 2o Uhr. Tel.: 76o.56o.7o, Fax: 76o.56o.o1.

**BANK**: im Ortszentrum, Storgata Ecke Solhøgdveien. - **POST**: im Ortszentrum, Elvegårdsveien gegenüber vom Leknes Hotell. - **APOTHEKE**: Ortszentrum Nähe Rathaus, dort auch Ärzte. Tel. Arzt bei Notfällen: 113.

## Verbindungen ab Leknes

**Bus**: Abfahrt im Ortszentrum beim Rathaus und Shopping Senter. Nach -> Svolvaer via Borge, Kabelvåg: 5 mal tägl., Sa./So. nur 1 mal tägl., Fahrzeit 1 3/4 Std. Anschlüsse in Svolvaer mit Bus/Fähre zum Festland mit Verbindungen -> Narvik und Fauske -> Trondheim. Sowie Bus -> Fiskebol -> Melbu, Sortland/Vesterålen und weiter nach Harstad. Details siehe Svolvaer.

Ab Leknes auf der E 1o nach -> Å an der Südwestspitze: 1 - 4 mal tägl., Fahrzeit via Ramberg, Sund, Reine bis Å 2 Std.

Ab Leknes nach -> Stamsund: entweder direkt: tägl. außer So. 3- 4 mal (Fahrzeit 3o Min.), oder via Mortsund in Ausfahrung der Halbinsel zu Schultagen 1 mal tägl. (Fahrzeit je nach Stops für die Schulkinder ca. 4o-8o Min.). Stamsund selber besitzt derzeit nur 3 mal pro Woche Busverbindung nach Svolvaer (Fahrzeit 1 Std.), zuzüglich werktags 1 mal tägl. ein Schulbus. Wer von Leknes via Stamsund fährt: prüfen ob Busanschluß in Stamsund und wie lange man dort auf Anschluß nach Svolvaer warten muß. Ansonsten ab Stamsund 1 mal tägl. das Schiff der Hurtigruten nach Svolvaer, Abfahrt nach derzeitigem Fahrplan am frühen Abend, Fahrzeit entlang der Küste 1 1/2 Std. bis Svolvaer.

Ab Leknes -> Eggum an der Nordwestküste der Insel Vestvågøy: 3 mal pro Woche (Fahrzeit 1 1/4 Std.) sowie an Werktagen 1 mal täglich Schulbus.

Ab Leknes-> Unstad an der Nordwestküste der Insel Vestvågøy: an Werktagen 1 mal tägl. Schulbus, Fahrzeit ca. 1 Std., bzw. Linienbus bei Bedarf 2- 3 mal/Woche. Weitere Details siehe Eggum und Wanderung entlang der Küste nach Unstad.

Ab Leknes -> Gravdal -> Ballstad: tägl. außer Sa./So. ca. 11 mal; Sa./So.: ca. 1 mal zuzügl. werktags Schulbus. Fahrzeit bis Gravdal 1o Min., bis Ballstad ca. 2o Min.

Ab Leknes (bzw. Svolvaer) -> Borg: das Wikingermuseum Borge liegt in der Nähe der E 1o und kann daher per häufig am Tag fahrendem Bus Leknes -> Svolvaer erreicht werden. Man sollte dem Busfahrer Bescheid geben, daß man zum Wikingermuseum möchte. Bei optimalem Busstop sind es dann zu Fuß noch ca. 5oo m, ansonsten ca. 1 km. Hinweis: der Ort nennt sich „Borge“ oder aber kurz „Borg“.

**Flug**: kleiner Flughafen, dessen Start/Landepiste nur ca. 5oo m vom Ortszentrum entfernt endet. Zu erreichen ab Ortszentrum über die E 1o (Ri. Svolvaer) mit ausgeschildertem Abzweiger, insges. ca. 2 km. Das Flughafengebäude 1 stöckig mit kleinem Abfertigungsraum. Gute Parkmöglichkeit.

Flüge mit Propellermaschinen der WIDEROE derzeit tägl. 1- 2 mal (außer Sa., So.) nach Svolvaer, Flugzeit 2o Min. Sowie 8 mal tägl. -> Bodø, am Wochende (Sa., So.) nur ca. 4 mal tägl., Flugzeit ca. 3o Min. Ab Bodø dann Anschlüsse in den „Rest“ Norwegens, Details siehe Bodø.

Ab Leknes -> Insel Røst: 1 mal tägl. außer Sa., So., Flugzeit 25 Min. Bei klarem Wetter ein Superflug entlang der Gebirgskette der Lofoten und allein wegen des Fluges Tipp! Den Pilot fragen, welche Route er fliegt; vermutlich bester Platz rechts im Flugzeug! WIDEROE: Tel.: 81o.o12.oo.

**Autovermieung**: Hertz, Tel.: 76o.818.44, Fax: 76o.817.37. - Avis: 76o.893.oo, Fax: 76o.897.26. - Statoil Tankstelle am Verkehrsrondell Leknes E 1o mit günstigen Preisen, aber nur wenigen PKW, Tel.: 76o.812.77.

## ★ Fygle (ca. 65o Einw.)

An der RV 815, gewissermaßen „Vorort“ von Leknes. Sehenswert, wer sich für Regionalgeschichte der Insel Vestvågøy interessiert - das:

VESTVÅGØY MUSEUM: untergebracht in einem alten Schulgebäude von 1898. Zu sehen Schultische, Schiefertafeln und ein Monochord, das der Lehrer bediente in Art Sing-Sang, um die Kinder beim Aufsagen von Gedichten und Kirchenliedern pädagogisch zu unterstützen...

Da das Schulgebäude über nur wenige Klassenzimmer verfügte, wurde im Schichtbetrieb unterrichtet. Dieser war zudem an die Fischfangsaison angepasst. So hatten 11- 15 Jährige zur Saison schulfrei, um in ambulanten Küchen für die Versorgung der Fischer mitzuhelfen und Geld zu verdienen. Weitere „Ausfälle im Schulunterricht“ gab es, da die Kinder ihren Eltern auf dem heimischen Hof und in der Landwirtschaft halfen. Zwar war der versäumte Unterricht nachzuholen, - mehr als rund 3-4 Monate kamen insgesamt pro Jahr aber meist nicht zusammen. Das Leben der einfachen Leute war hart; da mußte „jeder in der Familie zusammenhalten“, wie die Eltern das nannten, - sprich: Arbeiten statt die Zeit mit Lernen zu vertrödeln, - auch wenn „Bildung“ dabei etwas zu kurz kam.

Zu berücksichtigen ist auch, daß es Ende des 19./Anfang 2o. Jhds. noch keine Schulbusse gab. Die Kinder hatten meist sehr weite Wege zur Schule zurückzulegen. Allein dies kostete viel Zeit, die von „nützlicheren Dingen“ wie Gelderwerb oder Mithilfe bei den Eltern abging. Der Schulunterricht beschränkte sich daher auf Lesen, Schreiben, Basisgrundlagen der Mathematik (Addition bis Division) und Geographie.

Zu sehen im Museum u.a. eine alte Landkarte von Vestvågøy, auf der die Kinder ihren Schulweg nachvollziehen konnten und die vorgelagerten Gewässer sahen, wo ihre Eltern fischten. In der Karte eingetragen die Hurtigrute, damals einzige regelmäßige Verbindung von den Lofoten in den Rest der Welt.

LOFOTEN im Frühjahr, Bergsee.

Weiterhin ein Globus, an dem man lernte, wo die Lofoten liegen. An Hand des Globus berichtete der Lehrer von den Weltmetropolen wie Paris, London und New York. Für manche Schulkinder waren es Träume, andere realisierten diese als Erwachsene, in dem sie auswanderten...

Die Heizung war wichtiges Element im Klassenzimmer bei winterlicher Kälte. Beheizt wurde mit Torf, eingelagert in seitlichem Schuppen. Dort befand sich auch das Klo von Lehrer und Schulkindern. - Die Klassenzimmer im EG wurden auch für Gemeindesitzungen und Festveranstaltungen genutzt.

Im 1. Stock hatte der Lehrer seine Wohnung. Viel verdiente er nicht: gemäß heutigem Geldwert nur ca. 45o Euro pro Jahr! Er hatte aber weitere Rechte, die seine Lebensbedingungen aufbesserten. So durfte er das zur Schule gehörige Grundstück landwirtschaftlich nutzen. Dies für seinen Eigenbedarf sowie Verkauf an Dritte. Zudem hatte er Rechte als Rechnungsprüfer der Gemeindekasse...

Zu sehen: die Einrichtung der Lehrerwohnung in gutbürgerlichem Stil u.a. mit schönen und wertvollen Möbeln des 19. Jhds., Bücherschrank etc. Wie die Ausstattung der Wohnung zeigt: ganz so „arm“ war der Lehrer gewiss nicht.

Illustration Ende 19. Jahrhundert

Das ehemalige Schulgebäude von 1898 war rund 6o Jahre genutzt. Heute Museum mit Ausstellungen zur Geschichte zum Schulwesen der Lofoten.

Rorbu- Fischerhütte: neben dem Schulgebäude. Sie stand ursprünglich in Ure/Vestvågøy. Gebaut 1834 ist sie die älteste, heute noch erhaltene Rorbu der Lofoten. In ihr wohnten zur Saison des Dorschfangs die Fischer. Zu sehen ihre Schlafkojen, der Wohnraum sowie Unterbringung ihrer Geräte.

Vestvågøy Museum: geöffnet zur HS tägl. ca. 11/12 - 15/16 Uhr. Eintritt ca. 5 Euro. Zu erreichen: im Ort Fygle. Die RV 815 Ri. Stamsund umgeht das Ortszentrum Fygle auf einem Damm im Meer; hier abzweigen ins Ortszentrum. Zum Museum ausgeschildert bzw. Einheimische fragen.

Zum Vestvågøy Museum gehört der Fischerbauernhof Skaftnes. Er liegt an der Straße nach Ure, die von der RV 815 Leknes -> Stamsund beim Storfjordvatnet Richtung Süd abzweigt. Ab Abzweiger Storfjordvatnet weitere ca. 6 km bis Skaftnes.

Der Bauernhof wurde um 186o gebaut und ist inkl. Inventar im ursprünglichen Zustand erhalten. Zusammen mit Fischereigebäuden, Annahmestelle für Fisch, Bootshaus, einer Schreinerwerkstatt und kleinem Lebensmittelladen -> authentischer Einblick in das Leben der Lofotfischerei des 19. Jahrhunderts. Geöffnet zur HS, Abstecher lohnt.

*Ab LEKNES führt die E 1o ausgeschildert zum NAPPSTRAUMEN- TUNNEL, der Unterwasser zur Nachbarinsel Flakstad verbindet, Details siehe unten.*

⇨ Bei genügend Zeit lässt sich vor Erreichen des Tunnels (bzw. 2 km nach Leknes Ri. Tunnel; ausgeschilderte Abzweigung RV 818) ein Abstecher auf der Südwesthalbinsel Vestvågøy via Gravdal nach Ballstad fahren. Erreicht werden wichtige Fischereiorte, westl. erheben sich Hügel und Bergketten bis 67o m.

## ★ Gravdal (ca. 2.1oo Einw.)

Größter Ort der Insel Vestvågøy mit Regionalkrankenhaus und Fischereischule. Einkünfte: Fischerei. Keine speziellen tourist. Attraktionen, - allenfalls die BUKSNES KIRCHE von 19o5. In Architektur gewiss nicht mit einem „Wikingerschiff" zu vergleichen, wie andere Bücher behaupten. So doch ausgefallene Gestaltung mit hohem Holzturm, Giebeln, Zierwerk und verschachtelten Vorbauten.

Erste Kirche auf dem kleinen Halbinselfinger bereits ca. 133o. Bereits zu dieser Zeit war Gravdal wichtiger Fischereiort. Mehrere spätere Kirchen wurden in den folgenden Jahrhunderten durch Feuer oder Sturm zerstört. 19o3 setzte ein Blitz die Holzkirche in Brand, die bis auf die Grundmauern zerstört wurde. Neubau 19o5, wie heute zu sehen.

Das Krankenhaus von Gravdal hat Tradition und war erstes der Lofoten, 1847 eröffnet. Damals ein wenn auch sehr kleines Holzgebäude, so doch Meilenschritt in der medizinischen Versorgung der Fischer. Heute ein modernes Gebäude mit adäquatem medizinischem Gerät und einziges größeres Krankenhaus der Lofoten. Bei schwerer Erkrankung oder Verletzung wird mit dem Helikopter nach Bodø/Festland ausgeflogen.

Ab Gravdal führt die RV 818 landein südwärts durch Sumpfgebiete und entlang von Seen in 5 km nach:

## ★ Ballstad (ca. 95o Einw.)

Wichtiger Fischereiort auf vorgelagerter Insel Ballstadøya, die per Brücke mit dem Halbinselfinger verbunden ist. Trankocherei, Fischverarbeitungsfabrik, kleine Werft und mehrere Rorbuers für Angelurlaub. Es gibt eine Bank, Post und Supermarkt im Ort. Die Rorbuers liegen teils auf der Insel Ballstadøya, - Kraemmervika Rorbuer dagegen an kleiner Bucht am südl. Ende der RV 818.

„**Ballstad Rorbuer**": 17 traditonelle Rorbuer Hütten mit je 2- 6 Betten. Lage: Hafenbucht Ballstadøya. Geöffnet Anfang Mai bis Ende August. Preis je nach Größe der Hütte ca. 7o- 1oo Euro. Tel.: 76o.881. 95, Fax: 76o.551.19.

„**Kraemmervika Rorbuer**": 25 Rorbuer Hütten auf Stelzen im Wasser. Sie sind relativ komfortabel. Weiterhin gemütliches Restaurant, Filetier- und Gefrierraum, eigener Kai. Vermietung von Booten bis ca. 6 m Länge mit Motor sowie Fischkutter für Angelfahrten. Stellplätze für WoMos. Ganzjährig geöffnet. Preis pro Hütte je nach Größe (4- 6 Personen) ca. 65 - 13o Euro. Tel.: 76o.6o9. 2o, Fax: 76o.6o9.26.

„**Hattvika Brygger Leilighethotell**": vermietet werden 8 einfach eingerichtete Appartements mit Küche, einem Wohn/Schlafzimmer sowie Bad mit Dusche, WC. Ganzjährig geöffnet. Pro Appartement ca. 9o- 12o Euro. Tel.: 76o.889.oo, Fax: 76o.889.o1.

„KRAEMMERVIK RORBUER" in der Bucht gegenüber Ortszentrum im gleichnamigen Rorbur. Das gemütliche Restaurant ist regional-berühmt für sehr gute Küche, Spezialität Fisch. Moderate Preise.

Ab Kraemmervik Rorbu rund 5 Std. Wanderung auf den 21o m hohen Ballstadheia und Südhügel der Halbinsel an die Westseite nach Grenna und retour entlang der Küste zum Kraemmervik Rorbu. Als Tour relativ leicht, Blick auf vorgelagerte Schären und bei gutem Wetter zu den Berggipfeln des Festlandes.

Skottinden (671 m): höchster Gipfel der Halbinsel. Eine mittelschwere bis anspruchsvolle Bergwanderung. Vom Gipfel bei klarem Wetter Superblick Insel Vestvågøy und Flakstad. Infos zum Trail: Kraemmervik Rorbuer.

## ★ Nappstraumen Tunnel

Verbindet die Insel Vestvågøy mit der Nachbarinsel Flakstad. Ein Superbauwerk, das in 1.78o m Länge Unterwasser den Meeresarm in 55 m Tiefe durchquert. Eröffnet 199o, was die frühere Warterei auf Abfahrt einer kleinen Autofähre über den Sund erspart.

Gebühr pro Fahrzeug ca. 1o Euro, die Mautstelle befindet sich beim Tunnelausgang/Insel Flakstad. ACHTUNG: für Fahrradfahrer ist der Tunnel gesperrt. Man muß den Linienbus ab Leknes benutzen, der auch Fahrräder gegen Gebühr transportiert.

| | |
|---|---|
| Fläche: | 18o qkm |
| Einwohner: | 1.58o |
| Hauptort: | Ramberg |

# INSEL FLAKSTAD

*Spektakuläre Berglandschaften mit tief eingeschnittenen Fjorden und Meeresarmen. Für die E 1o ist zwischen Meer und steiler Berge nur noch wenig Platz. Berge bis knapp 1.ooo m. Exzellente Sandstrände bei Flakstad. Stichstraßen führen zu Fischersiedlungen. Die berühmteste ist Nusfjord in superenger Bucht zwischen steilen Bergen.*

**NAPP**: an der Stelle, wo der Tunnel unter dem Nappstraumen wieder das Tageslicht erreicht. Fischkutter in enger Bucht, die wenigen Häuser am Rand steil aufsteigender Berge. Wanderung ab Napp zum Nusfjord: Details siehe unten.

Die E 1o führt ab Napp in einem Tal bergan zum Storvatnet, einem Bergsee zwischen 7oo m Gipfeln. Anschließend Superpanorama am Flakstadpollen auf die gegenüberliegenden weißen Sandstrände von Flakstad unterhalb hoher Berggipfel.

⇨ In VAREID Abzweiger -> **VIKTEN**: rund 4 km. Die Asphaltstraße erreicht eine Handvoll Häuser entlang der Uferstraße unterhalb steiler Berge. Hier ist der Hund begraben, keine Restaurants, keine Unterkunft. Am Ortseingang wohnt Åsvar Tangrand, der wohl nördlichste Glasbläser der Welt. Zur HS kleine Verkaufsausstellung, relativ teuer zudem Eintritt! sowie kleines Cafe. Weiterhin: „Åses Keramikk“, Verkauf von Keramikarbeiten. Am Strand Wackersteine, die von den anrollenden Atlantikwellen über Jahrtausende rundgeschliffen wurden.

⇩ Die E 1o umrundet ab Abzweiger VAREID (links) den FLAKSTADPOLLEN. An seinem Südende Abzweigung einer:

⇨ 6 km Asphaltstraße südwärts nach **NUSFJORD**: Großartige Strecke zunächst auf steile Berge zu, rauf zum Storvatnet. An den schwarzen, fast senkrechten Bergwänden viele kleine Wasserfälle. Die Strecke besonders schön im Herbst mit Färbung der Blätter von Birken im unteren Hangbereich. Vorsicht bei Fotostops: schmale, kurvenreiche Straße. Besser seitliche Parkbuchten für Stops benutzen und an der Straße für den besten Fotoblick entlanglaufen.

Am Storvatnet Zuchtanlage für Junglachse, perfekt mit moderner Computertechnologie gesteuert, die u.a. die Wassertemperatur überwacht und gemäß eingespeicherter Daten Nahrung zuführt. - Am See steiler Abstieg der Straße in engem Bergtal runter nach

## ★ Nusfjord (ca. 8o Einw.)

Die Minisiedlung wurde von der UNESCO als Kulturerbe der Menschheit deklariert - Aspekt wichtige Fischereisiedlung der Lofoten. Wenige Rorbuerhütten und Holzgebäude teils des 19. Jhds. An Szenerie im engen Fjord zwischen steilen Bergen super.

Das kleine Fischernest Nusfjord hatte den Vorteil eines optimal windgeschützten Hafens, in dem wegen Größe aber nur wenige Boote Platz fanden. Verständlicher Weise expandierten im 19. Jhd. Fischereihäfen wie Kabelvåg oder Henningsvaer stärker, da sie über erheblich größere Hafenbuchten für Fischerboote verfügten.

Die Bucht von Nusfjord war damals sekundär wichtiger Hafen, jedoch mit dem Vorteil superwindgeschützter Lage zwischen den hohen Berggipfeln. Hier wohnte Maren Marie, eine 4o jährige Wittwe. Nach dem Tod ihres Mannes war sie Erbin geworden von erheblichem Kapital und Grundbesitz am Nusfjord. Was ihr fehlte: ein neuer Mann.

Dieser lief ihr in Person des Hans Grøn Dahl über den Weg. Hans war 13 Jahre jünger als die Wittwe, besaß kein Geld und konnte zudem weder schreiben noch lesen. Beide heirateten, da sie sich gut ergänzten: die Wittwe hatte Geld - und Hans eine äußerst geschickte Hand, Geld und Grundbesitz zu vermehren.

Nach 1o Jahren Ehe war er zum Alleinbesitzer des Nusfjord geworden und kontrollierte sämtliche Geschäfte von Fischfang über Export bis hin Lebensmittelhandel, Vermietung von Fischerunterkünften etc. Am Fjord gab es sogar ein Sägewerk (wichtig für Schiffs- und Hausbau). Selbstverständlich gehörte auch dieses Hans Grøn Dahl. Ebenso Frachtsegler, mit denen Hans Fisch Ri. Süd exportierte, auf dem Rückweg Holz aus der Region Trondheim zum Nusfjord transportierte und dort im Sägewerk weiterverarbeitete.

Seine Einkünfte waren beachtlich. Allein zum saisonalen Dorschfang (Jan. bis April) versammelten sich bis zu 35o Fischerboote im kleinen Fjord. Jedermann und -Frau waren von Hans abhängig. Nach dem Tod seiner Frau heiratete er ein zweites Mal.

Nachkommen von Hans G. Dahl konnten den Monopolbesitz der Familie bis in die 8o-er Jahre des 2o. Jhds. halten, mußten dann aber wegen Rückgang des Fischfangs an die norweg. Firma „Nusfjord AS“ verkaufen. Sie ist heute tätig in Vermietung von Rorbuers, Fischerbooten für Angler sowie touristischen Ausflügen (Angeltrips).

Hans Grøn Dahl (unten Links) mit 2. Ehefrau. Die Personen oben sind keinesfalls Männer, sondern die Töchter der Familie. In der Mitte der Sohn.

„Nusfjord Rorbuanlegg“: 34 Rorbuer Wohnungen in langgestreckten Hütten beim Fjord. Sie sind meist neueren Baudatums, Wohn-/Schlafraum, Küche und Bad/WC. Schön ist die kuschelige Lage im engen Fjord. Vermietung von Ruderbooten und kleineren Booten mit Außenbordmotor zum Angeln. Zugehörig ein Lebensmittelgeschäft authentisch in Einrichtung von 19o7. Geöffnet April bis Mitte Sept. Pro Rorbuer 2 - 8 Betten, ca. 4o - 1oo Euro. Tel.: 76o.933.76.

„ORIANNA- KRO“: in altem Hauptgebäude des früheren Familienbesitzes Dahl. Besitzt Flair, Spezialitäten Fisch. Wichtigste Deko ist die blau/gold bemalte Gallionsfigur des Frachtseglers Orianna.

Zum Background: das Schiff gehörte Ende des 19. Jhds. einem engl. Reeder, der Handel mit Norwegen betrieb. Er hatte das Schiff nach seiner Tochter Orianna benannt. In Bodø/Nordnorwegen heuerte ein junger Norweger auf dem Schiff an - und verliebte sich in die Tochter des Reeders, die an Bord war.

Beide wollten heiraten. Damit war Vater und Reeder der Orianna definitiv nicht einverstanden! Er stellte sich für seine Tochter eine bessere Partie auf „sozialer Stufenleiter“ vor, - nicht einen nordnorweg. Seemann... Aber die Tochter bestand auf den Norweger!

Um diesen als Freier loszuwerden, machte der Reeder folgendes Angebot: * der Norweger verzichtet auf Tochter, - darf aber im Gegenzug * das Schiff als Geschenk behalten.

Schön geplant, aber nicht geklappt: Beide heirateten und verkauften das Schiff an die Familie Dahl in Nusfjord. Dort war es als Frachtsegler bis 19o8 im Einsatz bis Untergang vor Brønnøysund/Nordnorw.

ein markierter knapp 25 km Trail führt von NAPP via KILAN am Südende des Flagstadpollen nach NUSFJORD und weiter nach ØSTRE NESLAND. Der schönste Abschnitt der Wanderung ist die ca. 5 km Strecke von Nusfjord nach Østre Nesland. Bei klarem Wetter Superblick auf die 5o km entfernte Gebirgskette des Festlandes mit ihren spitz gezackten Berggipfeln. Für die Strecke ent-

NUSFJORD/INSEL FLAKSTAD: der engste Fischereihafen der Lofoten Foto Ende 19. Jhd. Heute unter Denkmalsschutz. Unten: Nordlandboote der Fischer.

lang der Küste ca. 2 Std. kalkulieren. Keine nennenswerte Schwierigkeiten. Der Pfad läuft zwischen Meer und weitgehend kahler Berghänge, ist in Orientierung nicht zu verfehlen. Öfters muß man über Felsbrocken kraxeln. Bedingung: gutes Schuhwerk, Regenschutz und Lebensmittel.

Problem ist dagegen der Transport: weder nach Nusfjord noch nach Østre Nesland gibt es öffentl. Busse. Daher eigenes Auto nötig, das man am Ausgangspunkt der Wanderung parkt, z.B. in Nusfjord. Anschließend die Wanderung nach Østre Nesland. Sofern das Wetter ruhig ist, d.h. keine hohe Wellen, läßt sich mit den Fischern von Nusfjord (Kontakt im Rorbuer) eine Abholung per Fischerboot in Østre Nesland vereinbaren. Aber vorab Preis ausmachen.

Bequemer: Auto in Nusfjord parken und sich von Fischern nach Østre Nesland rüberfahren lassen. Dort Wanderung beginnen, - retour nach

Nusfjord, wo das Auto wartet. - Ansonsten: Fahrer rangiert das Auto zum Startpunkt der Wanderung (wobei die Mitfahrer das Vergnüngen der Wanderung haben) - und holt diese am Endpunkt der Wanderung ab.

Alternative für WoMo Fahrer, die ein Fahrrad mitführen: Dieses fährt man zunächst zum Endpunkt der Wanderung und stellt es dort ab. Dann fährt man das Auto zum Startpunkt der Wanderung und parkt es dort. Anschließend die Wanderung. Ab Endpunkt der Wanderung mit dem Fahrrad zurück zum Auto. In diesem Fall sind rund 3o km zu radeln, via Ramberg, Flakstad. Als Strecke schön, aber auf der E 1o im Sommer viel Verkehr.

TRAIL Nusfjord -> Kilan (am Flakstadpollen): leichte Wanderung von rund 6 km, ca. 2 Std. Sie kürzt die Schleife der Straße um den Storvatnet ab. Anstieg auf einen kleineren Pass, anschließend runter zum Flakstadpollen. Im Prinzip nicht zu verfehlen da Trail zwischen hohen Bergketten. Außer, eine dichte Nebelsuppe hängt im Tal rauf zum Pass beim See.

TRAIL Kilan -> Napp: überquert ab Flakstadpollen hohe Bergketten an die Ostküste der Flakstadinsel und folgt der Küste nordwärts bis Napp. Eine definitiv anspruchsvolle 14 km Wanderung, die Detailkarte und gute Ausrüstung benötigt. Sie führt durch Bergeinsamkeit ohne jegliche Siedlungen. Zeitbedarf ca. 6- 7 Std. Weitere Infos im „Nusfjord Rorbuer".

## ★ Flakstad (ca. 6o Einw.)

An der E 1o und ausgesprochen schönen Sandstränden in der Ortsumgebung. Kleine Holzkirche von 178o in Strandnähe. Sie besitzt einen zierlichen Zwiebelspitzturm (in Architektur außergewöhnlich) und ist in dunklen Wintermonaten angeleuchtet. Der Ort mit nur wenigen Häusern, weit verstreut. - Die Strände sind beliebt bei WoMoFahrern als Gratis-Stellplätze; im Sommer vom WoMo Superblick auf die Mitternachtssonne. Herzliche Bitte: den Platz am nächsten Morgen sauber verlassen; keinerlei Müll in die Landschaft!

Tourist INFO

Kleiner Infokiosk am Rastplatz Brunstranda/E 1o zwischen Flakstad und Ramberg. Geöffnet zur Saison Mitte Juni bis Mitte August ca. 1o - 17/19 Uhr, Mo.- Fr., im Juli bis Mitte Aug. tägl. Infos zur Insel Flakstadøya, auch zu Wanderungen und Unterkünften. Tel.: 76o.934.5o, Fax: 76o.937.78.

## ★ Ramberg (ca. 45o Einw.)

ca. 2,5 km östl. von Flakstad an der E 1o und Sitz der Gemeindeverwaltung der Insel Flakstad. Er liegt auf schmalem Landstreifen unterhalb des 866 m hohen Stortinden. Der Name des Ortes kommt von „Rafnabjerg" (= Rabenberg). - Ansonsten Autowerkstatt, Statoil Tankstelle, Supermarkt (Lebensmittel bis Kleinkram, Schrauben, Werkzeuge etc.) und Elektrogeschäft. Ebenfalls kleineres Geschäft für Kleider sowie Bank und Post.

Ramberg erstreckt sich entlang der E 1o auf schmalem Uferstreifen, besitzt einen kleinen Hafen und langgestreckte Sandstrände. Es geht sehr flach ins Wasser, auch im Sommer sehr kalt. Schöner Blick auf die gegenüberliegenden Bergketten der Insel Moskenes.

Der offene Strand zum Atlantik besitzt je nach Wind sehr hohen Wellen bis ca. 3 m und gilt als Eldorado für Windsurfer. Entscheidend ist die Windrichtung: optimal Westwind, der Katapultflüge ermöglicht. Neopren-Anzug Bedingung. Leider derzeit kein Surfshop in Ramberg. Im Sommer regionale Lofoten Surfmeisterschaften. Infos: Flakstad TI siehe oben.

„**Ramberg Gjestegård**": im Ortszentrum Ramberg an der E 1o. Der Restaurantbereich mit viel Holz eingerichtet, weitere Details siehe unten, Restaurants. Zugehörig: komfortable Hütten mit Bad,WC und Kochecke, direkt am Sandstrand. Verleih von Fahrrädern, Kajak, Ruder- und Motorbooten. Ganzjährig geöffnet. Die Hütten sind wärmeisoliert, mit Heizung und daher auch bei kalten Westwinden und für Winterbetrieb vorbereitet. Preis: kleinere Hütte mit 2 Betten ca. 7o Euro, größere Hütte mit 5 Bett und 2 Zimmer ab ca. 1oo Euro. Tel.: 76o.935.oo, Fax: 76o.931.4o. www.ramberg-gjestegard.no

„**Joh. Ludvik Johansen Sjøhus**": Vermietung weniger Zimmer. Preis ist Verhandlungssache je nach Auslastung. Tel. 76o.52o.2o.

„MELAND CAMPING": beim Sandstrand von Ramberg. Ganzjährig geöffnet. Rund 12 einfach ausgestattete Holzhütten mit WC und Kochgelegenheit, ganzjährig geöffnet. Schöne Lage auf Wiesenfläche. Pro Hütte ca. 5o Euro. - WoMos können auch beim „RAMBERG GJESTEGÅRD" geparkt werden, ca. 13 Euro/WoMo. Dort Pluspunkt: gute Restaurantküche und zentrale Lage im Ort zu Geschäften und Supermarkt.

„RAMBERG GJESTEGÅRD": relativ großer Restaurantraum in Gebäude an der E 1o. Die Küche war bei unserem Test gut, allerdings teils sehr spezielle Gerichte: z.B. Langzeit an der Luft getrocknetes, gesalzenes Lammfleisch (ähnliches System der Haltbarmachung wie bei Trockenfisch), oder halbtrockener, gekochter Dorsch mit sämigem Wurzelpürre und Schinken. Der Besitzer legt Wert auf „artische Küche", auch Traditionsrezepte der Ureinwohner Samen; ausprobieren! Wer's konventionell mag, bestellt sich Fisch (fangfrisch vom Hafen) oder paniertes Wiener Schnitzel. Zur HS ist die Küche bis ca. 23 Uhr geöffnet, außerhalb schließt sie bereits sehr früh am Abend. Mittlere Preise.

## Abstecher Fredvang (Nordteil der Insel Moskenes)

Die E 1o führt ab Ramberg rund 5 km südwestwärt, hier Abzweiger über den Meeresarm mit 2 Brücken rüber zur Nordspitze der Insel Moskenes.

Sehr flacher Sund, - wie häufig im reichen Norwegen: teures Brückenbauwerk, das später nur wenige, vereinzelte Häuser erschließt.

Die erste Brücke: KLUBHOLMENLEIA (23o m) mit geschwungenem Bogen. Sie ist ausreichend breit für 2 Autos. Anschließend über einen sehr schmalen Damm (ca. 6oo m), der Breite für fast nur 1 Auto besitzt. Beim

Befahren der beiden Brücken vom Gipfelpunkt Ausschau halten auf entgegenkommende Fahrzeuge und gegebenenfalls warten.

Nach dem Damm die 2. Brücke: RØSSTRAUMEN (23o m). Sie überquert in hohem Bogen den Rest des Meeresarmes. Die Benutzung beider Brükken und des Dammes ist gratis.

## ★ Fredvang (ca. 28o Einw.)

Auf einer Küstenebene vor steilen Bergen der Insel Moskenes. Der Ort mit Häusern erstreckt sich weitflächig auf der Ebene.

Gleich nach Ende der 2. Brücke **links**: Abzweiger einer Stichstraße Richtung Süd, die nach ca. 1o km am Selfjord endet, - Ausgangspunkt Wandertrails Moskenes (Details dort). - Der Abzweiger (siehe oben links) erreicht kurz nach Brücke den südl. Ortsbereich von Fredvang mit Bäckerei und „Sjøhus Fredvang". Die Straße führt noch rund 1o km weiter via Kystad zum Mininest Selfjord am inneren Ende des gleichnamigen Fjordes, Startpunkt für Wanderungen, Details siehe dort.

Gleich nach Ende der 2. Brücke **rechts**: nach ca. 1 km Campingplatz am Meer, sowie vereinzelte Privathäuser auf absolut glatter Ebene zwischen Meer und hohen Berggipfeln. Die Straße endet nach ca. 3,5 km auf einem Wendeplatz bei einem Privathaus. In Karten ist dieser Ortsteil auch „Yttresand" bezeichnet. Hier beginnt eine Wanderung zum verlassenen Dorf Mulstøa, Details siehe dort.

Nach Fertigstellung der beiden o.g. Brücken wurde der Betrieb der kleinen Autofähre eingestellt. Sie hatte ihren Endpunkt im Orts-"Zentrum" von Fredvang Nähe der Bäckerei.

„**Lofoten Gjestebrygger**": im Ortsteil Fredvang/"Zentrum". 15 einfach eingerichtete Zimmer, ganzjährig geöffnet. DZ ca. 35 Euro. Tel.: 76o.942.oo, Fax: 76o.942.2o

„**Sjøhus Fredvang**": gleich nach Überquerung der 2. Brücke links, rund 5oo m. In der Nähe eine Bäckerei sowie kleiner Supermarkt. Nur rund 6 Zimmer, geöffnet Anf. Juni bis Ende Aug. DZ ca. 35 Euro. Tel.: 76o.942.14, Fax: 76o.941.45.

„**Lydersen Rorbuer og Sjøhus**": Vermietung sowohl von wenigen Rorbuer Hütten wie auch Zimmern in Sjøhus. Ganzjährig geöffnet. Preise je nach Anzahl Betten und Ausstattung ca. 35 - 12o Euro. Tel.: 76o.941.17, Fax: 76o.94o.4o.

„FREDVANG STRAND CAMPING": schöne Lage auf einer ebenen Wiesenfläche am Meer mit Sandstränden. Er ist durchaus Tipp, auch betreffend sehr gepflegter und sauberer Sanitäranlagen. Pluspunkt im Sommer zudem Blick auf die Mitternachtssonne. Der Platz ist sehr beliebt bei WoMo Fahrern, auch bei Hochbetrieb ausreichend Platz. Nachteil sind u.U. sehr kräftige Winde vom Atlantik. Da helfen die Hecken als Windschutz nur wenig.

Zu erreichen: gleich nach Überquerung der 2. Brücke rechts, weitere ca.

1 km an die Nordspitze einer kleinen Halbinsel.

Leichte Wanderung ab Fredvang/Ortsteil Yttresand zum verlassenen Fischerdorf Mulstøa, immer entlang des Landstreifens am Meer. Impressionen: Atlantik und Bergketten der Nordspitze der Insel Flakstad. Retour ab Yttresand ca. 1 1/2 bis 2 Std.

Fredvang -> Stokkvika: mittelschwere Wanderung zu einer verlassenen Fischersiedlung an der Nordspitze Moskenes. Beginn in Yttrestrand am Ende der Straße und dortigem Buswendeplatz. Retour ca. 3 Std.

Fredvang -> Selfjord -> Kjerkfjord -> Reine: siehe Seite 525.

## Verbindungen ab Fredvang/Ramberg

**BUS**: 1 - 2 mal tägl außer Sa./So. auf der Strecke (Kystad ->) Fredvang -> Ramberg, zuzügl. Schulbus. Fahrzeit zw. Fredvang und Ramberg 2o Min.

Teils fährt der Bus den Abstecher Fredvang -> Yttresand, bevor er weiter nach Ramberg fährt. Dies spart Leuten ohne eigenes Auto (die Wanderungen ab Yttresand planen) die rund 3 km zu Fuß zwischen Fredvang -> Yttresand/Buswendeplatz und Startpunkt der Wanderungen.

Verbindungen ab Ramberg: Umsteigen in den Bus nach Leknes -> Svolvaer (tägl. 1 - 2 mal, Fahrzeit bis Leknes ca. 45 Min.). Bzw. nach Å (tägl. 1 - 2 mal, Fahrzeit ab Ramberg via Reine nach Å 1 Std. 15 Min.). Je nach Fahrplan ist mit längerer Wartezeit auf Anschluß in Ramberg zu rechnen. - Das Mininest Selfjord wird nur bei Bedarf angefahren.

**Ruder-/Motorbootverleih**: „Joh. Ludv. Johansen", in Ramberg, und „Ramberg Gjestegård", Tel.: 76o.935. oo. - **Fahrradverleih**: „Ramberg Gjestegård", Tel.: 76o.935. oo.

**E 1o** weiter ab Ramberg: die zentrale Lofotenstraße führt in Südrichtung entlang steiler Bergketten. Abzweiger -> FREDVANG: Details siehe oben. - Weiterfahrt E 1o zur Nachbarinsel Moskenes siehe nächste Seite.

Kurz zuvor Abzweiger -> NESLAND (siehe auch Karte nächste Seite): eine schmale Nebenstraße zieht sich entlang der Ostseite des Skjelford unterhalb steiler Berge. Der höchste ist der Stjerntinden (931 m). Auch im Somer auf der Nebenstraße nur sehr wenig Verkehr; kaum Chance für Trampen, keine Busverbindung. Insges. ab Abzweiger E 1o in ca. 1o km nach:

**Nesland** Superlage auf Landzunge unterhalb der Berge. Der Ort an der Südspitze der Halbinsel besteht aus zwei Ortsteilen: VESTRE NESLAND (= westliches Nesland) war zu Beginn des 19. Jhds. besiedelt. Fischer nutzten den felsigen Hafen zum Fischfang im Vestfjord.

Wegen reicher Heringsschwärme in der 2. Hälfte des 19. Jhds. expandierte der Ort. Der geschäftstüchtige Norweger Ole Iver pachtete Land im 1 km entfernten ØSTRE NESLAND (= östl. Nesland), baute dort Gebäude, so u.a. Fischannahmestellen mit Export, Rorbuer Unterkünfte, Lebensmittelgeschäft etc. und wurde reich. Dieser Ortsteil ist heute verlassen, die restaurierten Gebäude jedoch erhalten. Zugleich Ausgangspunkt der Wanderung entlang der Küste nach Nusfjord, Details siehe dort.

Abstecher von E 1o/Insel Flakstad nach -> SUND: Direkt bei der Brücke (2), die von Flakstad rüber nach Moskenes führt (siehe Karte rechts), führt eine 2 km Verbindungsstraße südwärts nach:

## ★ Sund (ca. 15o Einw.)

Abstecher kann lohnen wegen Fischereimuseum, ansonsten 2 Halbinselfinger an kleiner Südbucht. Es gibt am Ortseingang ein Mini Lebensmittelladen von Johs. L. Berntzen und zwei Benzinzapfsäulen.

FISCHEREI MUSEUM: mehrere kleine Holzhäuser am Meer und Buchten. Thema ist die Fischerei, ihre Geräte, insbes. auch Bootsmotoren, die zur Wende ins 2o. Jhd. entscheidende Vorteile der Lofotfischerei brachten. Die Fischer standen dem „neumodischen Gerät“ zunächst skeptisch gegenüber: der „Motorenlärm vertreibe die Fische“. Abgesehen davon waren die Motoren zur Jhd.- Wende nur schwach, störanfällig und zudem teuer. Nur wenige Fischer konnten sie sich leisten. Details siehe auch S. 432. - Mehrere Motoren der damaligen Zeit sind im Museum ausgestellt, die heute

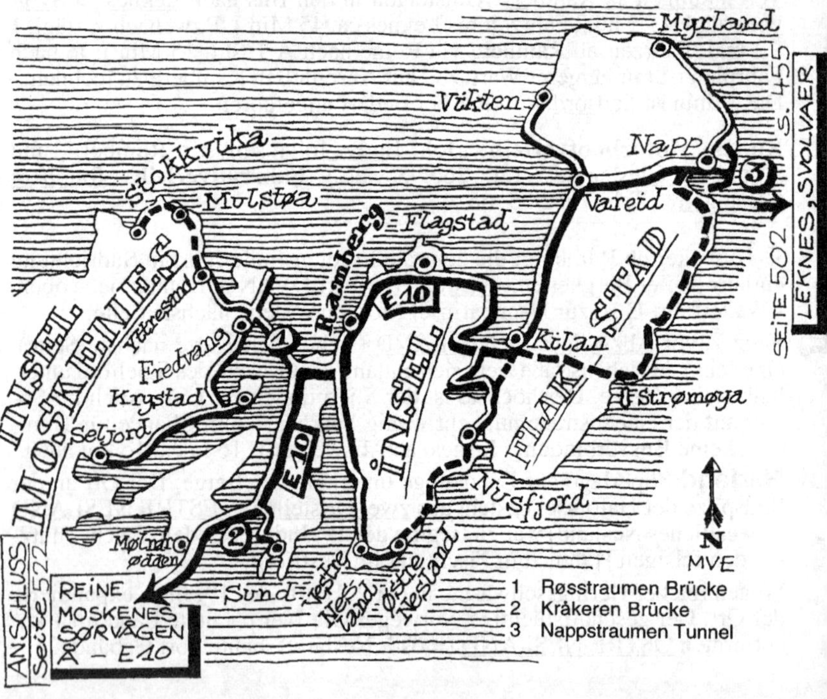

noch funktionieren. Weiterhin ein Bootshaus mit Nordlandbooten des 19. Jhds. Geöffnet Ende Mai bis Mitte Sept. tägl. ca. 1o- 15/18 Uhr.

SCHMIED von SUND: in Touristprospekten propagiert, hat seinen Sitz neben dem Museum und fertigt u.a. schmiedeeiserne Kormorane, die er für teures Geld verkauft. Geöffnet im Sommer tägl. siehe Museum.

| | |
|---|---|
| Fläche: | 117 qkm |
| Einwohner: | 1.368 |
| Hauptort: | Reine |

# INSEL Moskenes

*An Landschaften der spektakulärste Teil der Loftoten. Riesige Berggipfel, die ab Meer 1.ooo m fast senkrecht aufsteigen, tiefeingeschnittene Fjordarme mit Buchten, - auch an anspruchsvollen Bergwanderungen der lohnendste Teil der Inselgruppe.*

*Die E 1o auf schmalem Band im Süden der Insel am Meer, unterhalb der Berggipfel. Wichtigste Orte die Siedlungsgruppe HAMNØY/REINE sowie MOSKENES, der Fährhafen zum Festland und Å am Ende der E 1o.*

Keine Lofoteninsel verfügt über derart viele Rorbuer Hütten wie Moskenes. Sie sind beliebt bei Angler als Unterkunft mit Fullservice Bootsanlegesteg, Fritierraum und Vermietung von Booten. Aber auch für sonstige Urlauber als oft einfache, aber preiswerte Unterkunft. Außer wenigen Privatquartieren gibt es keine andere Unterkünfte oder Hotels auf Moskenes. Für HS- Termine Rorbuer und Sjøhus rechtzeitig vorbuchen!

Für **WOMO FAHRER** wenige Campingplätze auf der Moskenes Insel. Ansonsten sind Stellplätze entlang des schmalen Landstreifens an der E 1o absolute Rarität. Es gibt Parkbuchten an der E 1o. Dort ist „Zwischenstop" im Sommer maximal 4 Std. gestattet. Die Polizei hat im Sommer keine andere Wahl, als zu kontrollieren. Andernfalls würden die Parkbuchten mit WoMo Kolonien als nächtliche Gratis- Stellplätze überquellen.

Die KRÅKEREN BRÜCKE (2): verbindet die Insel Flakstad mit der Insel Moskenes als Hängebrücke. Länge: 16o m zwischen steilen Berggipfeln über den schmalen Kråkeren- Meeressund. Er besitzt starke Strömung und ist beliebt bei Anglern.

Anschließend führt die E 1o südl. unterhalb steiler Bergwände des Munkan (775 m!) und des Lilandstinden.

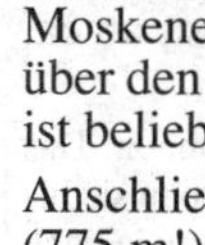

In der Minisiedlung MØLNARODDEN an der E 1o Aufstieg zu Fuß in ca. 1 km über einen steilen Bergsattel zum westl. Solbjørnvatnet. Er ist reich an Fisch, benötigt aber als Inlandssee spezielle Angelgenehmigung. Zudem Naturschutzgebiet mit Bergwanderungen auf den Narftinden (knapp 7oo m). Zu erreichen ist der Solbjørnvatnet wie folgt: knapp 1/2 km nach Ortsschild Mølnarodden zweigt von der E 1o eine kurze Erdstraße rechts ab Ri. Berge und endet an kleinem Parkplatz. Hier beginnt der markierte Trail zum See, der großartig zwischen hohen Berggipfeln liegt.

## ★ Hamnøya, Sakristøya (ca. 15o Einw.)

gegenüber des Dreiecksgipfel des Olstinden (674 m) und weiterer 7oo-erter Gipfel, am nördl. Eingang der großen Meeresbucht des Kjerkfjordes. Lebensmittelgeschäft, Unterkünfte (Rorbuers) und Bootsvermietung für Angler. Achtung: die Rorbuers sind wegen landschaftl. Szenerie und guten Fischgründen sehr beliebt; für HS- Termine muß man mehrere Monate bis 1 Jahr vorab reservieren.

„**Eliassen Rorbuer**": liegt super unterhalb des Berggipfels Lilandstinden (7oo m) mit Blick auf den Kjerkfjord. Ausgeschilderte Abzweigung ab E 1o, kurz bevor der Ort Hamnøya erreicht wird. 19 Hütten, ganzjährig geöffnet. Pro Hütte je nach Anzahl Betten, Ausstattung und Saison ca. 6o- 9o Euro. Tel.: 76o.923.o5, Fax: 76o.924.4o.

„**Wulff-Nilsen Rorbuer**": Hamnøya, ordentliche und komfortabel restaurierte Rorbuer Hütten aus der Zeit Ende 19./Anfang 2o. Jahrhundert mit Dusche, Kochgelegenheit, WC und schönem Blick. Ganzjährig geöffnet. Pro Hütte je nach Anzahl Betten und Ausstattung ca. 6o- 1oo Euro. 76o.923.2o, Fax: 76o.921.54.

„**Berntsen Rorbuer**": an der fast kreisrunden Bucht von Hamnøya. Vermietung weniger Rorbuer Hütten. Tel.: 76o.924.6o.

„**Sakrisøy Rorbuer**": auf der, ab Hamnøya mit Brücken verbundenen Nachbarinsel Andøya Nähe E 1o am Eingang zum Kjerkfjord. 1o ordentlich restaurierte Rorbuers am Wasser mit Blick Richtung Vestfjord. Bei klarem Wetter Superblick auf die Gebirgskette des Festlandes. Pro Hütte 1 - 3 Schlafräume mit Kochecke, Kaffeemaschine, Gefriertruhe, Bad und TV. Ruderboot zum Angeln gratis, Boot mit Außenbordmotor gegen Gebühr. Ganzjährig geöffnet. Preis pro Hütte je nach Größe und Anzahl Betten ca. 7o- 14o Euro. Tel.: 76o.921.43, Fax: 76o.924.88.

„REST. KRAMBUA" im Eliassen Rorbuer, Hamnøya mit Blick auf Fjord und Berggipfel. Küche: fangfrischer Fisch von Fjord und Meer. Schmeckt lecker, außerhalb der HS nur begrenzte Auswahl an Gerichten. Mittlere Preise.

DAGMARS PUPPENMUSEUM: an der E 1o/Ortsteil Sakristøya, ausgeschildert. Ausgestellt in Vitrinen mehr als 1.5oo vorwiegend Puppen, aber auch Teddybären und anderes antikes Kinderspielzeug aus der Zeit ab ca. 186o. Es ist derzeit einziges derartiges Museum in Norwegen.

> Mit dem Sammeln von Puppen und Kinderspielzeug hat Dagmar 1987 begonnen. Das Museum wurde 1992 eröffnet. Es ist schon erstaunlich, welche Mengen an Puppen sie bis heute zusammentragen konnte. Sie stammen aus Nachlässen, von Auktionen sowie auch eigenem Ankauf/Verkauf. Für Liebhaber von Puppen und Spielzeug ist das Museum gewiss ein Eldorado. Künstlerische Qualität der Puppen: gemischt.

Geöffnet Anfang Juni bis Ende August: ca. 1o- 2o Uhr, ansonsten nach telef. Vereinbarung. Im Winter (Nov. - Febr.) geschlossen. Eintritt ca. 5 Euro. Tel.: 76o.921.43, Fax: 76o.92 4.88.

Zwischen Hamnøya und Reine grandiose Szenerie: Bergkulisse, Fjord und gewaltige Felswände, die ab Meer bis zu 8oo m fast senkrecht aufsteigen, dazwischen der Kjerkfjord. Die Straße E 1o führt über 3 kürzere Brücken von Inselchen zu Inselchen am Fjordausgang/Meer. Auf diesen Inseln verteilt sich Hamnøya/Sakristøya, - zusammen mit Reine an Szenerie einer der schönsten Siedlungsbereiche der Lofoten!

## ★ Reine (ca. 6oo Einw.)

auf Halbinsel am südl. Eingang des Kjerkfjords, ausgeschilderte Zufahrt ab E 1o und rund 1 km ins Ortszentrum. Es liegt auf einem Felsbuckel oberhalb des Meeres mit Superblick auf die umliegenden Berggipfel. Am nicht unbedingt attraktiven Hauptplatz Supermarkt, Zeitungs- und Lottogeschäft, große Tankstelle sowie Cargohafen (auch für größere Schiffe).
Der „Rest“ von Reine besteht aus Privathäusern in Holzbauweise, mit kleinen Gärtchen, vorwiegend im Südteil der Halbinsel. Dort auch die Ortskirche. Der Reiz von Reine liegt weniger im Ort selbst, sondern in der umliegenden Natur mit steilen Gebirgen, Fjorden, Angeln und Super-Bergwanderungen, Details siehe dort.

**Geschichte**: seit 1743 wird Reine in historischen Aufzeichnungen als Fischereihafen erwähnt. Die Lage der Halbinsel mit windgeschützter Bucht bot gute Bedingungen für die Nordlandfischer. 1874 kamen Hafen und Siedlung Reine an die Familie Svenderup, die entsprechend gut an lukrativem Fischfang, am Trockenfisch und -Export verdiente.

Ende 19. Jahrhundert war Reine beliebt bei Landschaftsmalern wegen seiner Berg- und Fjordkulisse. Einer der damals bekanntesten war Otto Sinding, dessen Gemälde „Reine in den Lofoten“ heute in der Nationalgalerie Oslo ausgestellt ist. - C.W. Slingsby zählt zu den ersten Bergsteigern, die Ende 19. Jhd. die Gipfel um Reine bestiegen.
Auch heute ist die Fischerei Haupteinkunft von Reine. Der Trockenfisch von Reine wird vorwiegend nach Norditalien exportiert.

„GAMMELBUA“: äußerst gemütlich in einem ehemaligen, mehr als 2oo Jahre alten Kolonialwarengeschäft. Kleineres Holzgebäude (ca. 179o) am Hauptplatz von Reine. Urgemütlicher Essraum mit Sitzgruppen und Holzbar. Exzellente Küche; eines der schönsten Restaurants der Lofoten und Tipp! Mittlere bis gehobene Preise. Zugehörig: „Reine Rorbuers“ siehe Unterkunft.

„**Reine Rorbuers**“: Tipp im Sektor Lofoten-Rorbuers; für Termine im Sommer sollte man mindestens 1 Jahr vorab reservieren, da in der Regel ausgebucht. Eine Gruppe von braunrot angestrichenen Holzhäuser Nähe Hauptplatz Reine und „Gammelbua- Rest.“ Die Anlage zieht sich runter zum Meer. Die einzelnen Häuser aus der Zeit Ende des 19. Jhds. wurden Tipp-Topp renoviert und sind innen sehr komfortabel und gemütlich eingerichtet. 2o Rorbuers mit 2- 8 Betten; sie haben nicht immer Blick.

Eigener Kai, Bootsvermietung, Verleih von Fahrrädern und organisierte Hochsee- Angeltrips. Der Besitzer gibt Tipps zu Bergwanderungen in der Region. Ganzjährig geöffnet. Preise je nach Größe der Rorbuer, Anzahl Betten und Saison ca. 12o- 145 Euro. Tel.: 76o.922.22, Fax: 76o.922.25.

Weitere Rorbuers/Sjøhus in Reine: „**Reinevåg Rorbuer**“: Tel.: 76o.922.92, Fax: 76o.922.92. - „**Åse Andersen Sjøhus**“: Vermietung weniger, einfach ausgestatteter

Zimmer in altem Sjøhus. Tel.: 76o.921.22. - „**Nybøen Sjøhus**": einfach ausgestattete Sjøhuszimmer. Tel.: 9o8.646.24. oder 414.292.86.

**Privatquartiere**: im Sommer zur HS (Juni - Sept.) im Ort Reine Schilder an Häusern betreffend Vermietung von Zimmern. Preise je nach Betten, Ausstattung und Auslastung pro DZ ca. 3o- 5o Euro. - ACHTUNG: sowohl im Sektor Privatquartiere wie auch Rorbuers erhebliche Engpässe zur HS an Übernachtungsmöglichkeiten.

„**Rostad Rorbuer**": auf der Insel Olnisøya (im Brückenverbund E 1o zwischen Hamnøya und Reine). 1o Rorbuers mit Kochgelegenheit und Bad. Ganzjährig geöffnet. Tel.: 76o.923.67 und 76o.92o.2o, Fax: 76o.921.84.

**WOMO PARKEN**: im Prinzip auf dem Hauptplatz/Reine möglich, wenn man die Personenfähre über den Kjerkfjord (Details siehe Wandern) benutzt. Diesbezügliches Kurzabstellen des WoMo's geht derzeit o.k., z.B. bei 1 Tagesausflug mit Wanderung.

Mehrtägiges WoMo Parken auf dem Hauptplatz/Reine wird ungern gesehen bzw. unterliegt Verbot. Immerhin ist der Hauptplatz kein Campingplatz, - und schon garnicht die Wohnviertel im Südteil der Reine Halbinsel.

PANORAMABALKON (oberhalb von Reine): definitiv Tipp wegen Superblick auf Reine und Küste wie vom Flugzeug! Ab Aussichtspunkt gehts fast senkrecht runter. An Blick eine der spektakulärsten Stellen der Lofoten. Zeitbedarf (inkl. „Luftholen" wegen supersteilem Anstieg plus oben den Blick genießen): retour ca. 4 Std. Die Sache hat mit „genüßlichem Wandern" weniger zu tun, sondern rangiert eher unter der Rubrik „Kraxelei" (teils auf allen Vieren!) - dies bei einer Steigung von rund 4o° - 65 ° Grad rauf in den Himmel. Nötig ist gutes Schuhwerk mit kräftigen Profilsohlen und Trinkwasser, Lebensmittel.

Der Trail ist nicht markiert. Mit im Gepäck unbedingt die Detailkarte „Norge 1 : 5o.ooo, Lofotoden Blatt 183o I". Sie zeigt farbig markiert die Höhenlinien: dicke braune Linie = je 1oo m, dünne braue Linie = je 2o Höhenmeter. Sie zeigt zudem den Einstieg ab E 1o zum Trail und den Bergsattel mit Panoramabalkon.Der Trail selber ist jedoch nicht eingetragen.

Einstieg: ab E 1o, rund 6oo m südl. des Abzweigers zur Reine Halbinsel, Ri. Moskenes. In der Norge/Lofoden Karte markiert als blauer kurzer Flußlauf. Hier beginnt der Anstieg. Zunächst ca. 15- 2o Min. am Hang rauf über schmale, ansteigende Felsplatten und dazwischenliegende Wie -

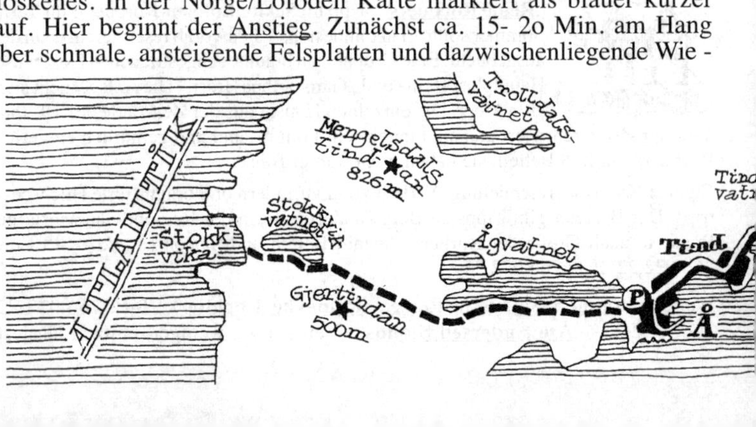

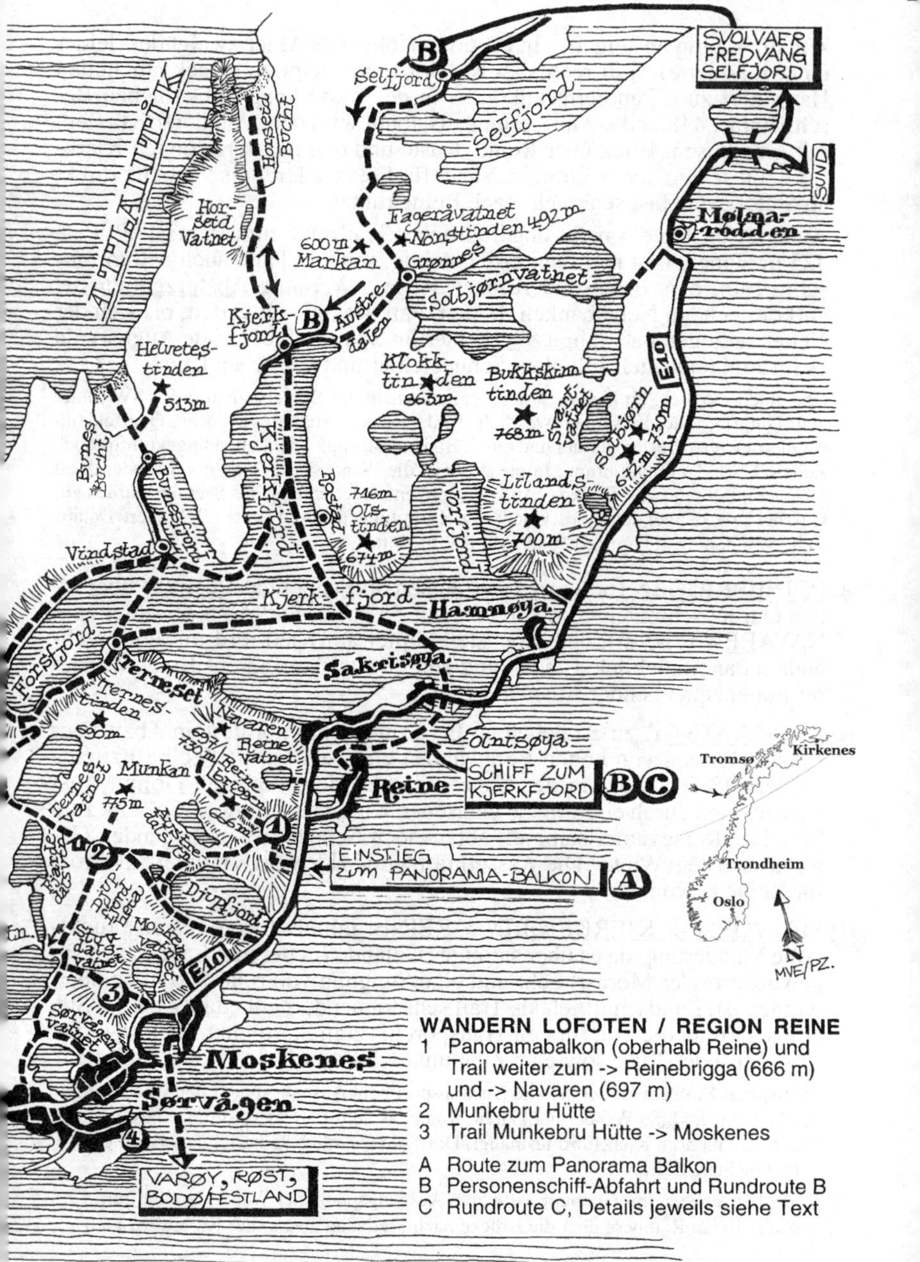
SVOLVAER
FREDVANG
SELFJORD
Selfjord
Selfjord
Horseid Bucht
ATLANTIK
Horseid Vatnet
Fageråvatnet
Nonstinden 492 m
600 m Markan
Grønnes
Mølnarodden
Solbjørnvatnet
SUND
Kjerkfjord
Austredalen
Helvetestinden
513 m
Klokktinden
863 m
Bukkskimtinden
768 m
Svartvatnet
Solbjørn
730 m
672 m
E10
Bunes Bucht
Bunesfjord
Kjerkfjord
Bostad
716 m
Olstinden
674 m
Vorfjord
Lilandstinden
700 m
Vindstad
Kjerkfjord
Hamnøya
Forsfjord
Terneset
Sakrisøya
Ternestinden
690 m
Navaren
697 m
730 m
Reinevatnet
Reinebrigga
666 m
Olnisøya
SCHIFF ZUM KJERKFJORD
B
C
Tromsø
Kirkenes
Ternesvatnet
Munkan
775 m
Reine
Fjerdedalsvatnet
Tredalsvatnet
EINSTIEG ZUM PANORAMA-BALKON
A
Trondheim
Oslo
Djupfjord
Djupfjordheia
Moskenesvatnet
Stuvdalsvatnet
E10
N
MVE/PZ.
Sørvågenvatnet
Moskenes
Sørvågen
VARØY, RØST, BODØ/FESTLAND
WANDERN LOFOTEN / REGION REINE
1 Panoramabalkon (oberhalb Reine) und Trail weiter zum -> Reinebrigga (666 m) und -> Navaren (697 m)
2 Munkebru Hütte
3 Trail Munkebru Hütte -> Moskenes
A Route zum Panorama Balkon
B Personenschiff-Abfahrt und Rundroute B
C Rundroute C, Details jeweils siehe Text

sen, die schräg ansteigen. - In ca. 6o m Höhe über Meer zweigt der (leider nicht markierte) Trail rechts ab Ri. Nord und steigt zick-zack am steilen Hang rauf zum Panoramabalkon: = in der Karte knapp links neben Beschriftung „448 und x-Markierung“. Belohnt wird der „Wanderer/Kraxler“ mit grandiosem Blick über Reine, Küste und den tief verzweigten Kjerkfjord mit seinen 8oo m Gipfeln. Super für Fotos, allerdings Vorsicht: direkt ab Sattel gehts fast senkrecht nach Reine runter!

Auch ansonsten ein nicht ungefährlicher Trail rauf zum Bergsattel in ca. 425 m Höhe: er ist nicht nur erdig/steinig, sondern kann auch extrem rutschig sein, dies insbesondere nach Regen. Warnung Absturzgefahr bei aufkommenden Nebelbänken. In dem Fall definitiv abwarten, bis sich der Nebel verzogen hat! Jahreszeit: besser im Spätsommer (Mitte August), da es im Juni teils auch Juli oben Schneefelder und Eis geben kann.

Prinzipiell möglich: ab Panoramasattel (1) unterhalb des Reinebriggen in Ri. SW runter zum Djupfjord, der an seinem westlichen Inlandsende erreicht wird. Eine Querfeldeinwanderung über Gesteinsfelder und durch Bodengestrüpp, - nicht unbedingt komfortabel. Zudem keine Trailmarkierung; Information ist die Wanderkarte 1: 5o.ooo Lofoden Blatt 183o - I mit ihren Höhenlinien. - Ab Djupfjord entweder entlang des Seeufers zurück zur E 1o bei Brücke über den Fjord. Oder siehe Karte zur Munkebru Hütte (2). Weitere Details siehe Wanderung „Djupfjord“ und „Munkebru Hütte“.

★ REINEBRIGGEN (666 m): zu erreichen ab Panoramabalkon (1) über einen extrem schmalen Grat von teils nur 5o cm Breite! Ab hier weiter zum NAVAREN (73o m), dem höchsten Gipfel am Kjerkford mit entsprechendem Panoramablick. Beides sind Touren nur für erfahrene Berg -Wanderer mit entsprechender Ausrüstung.

★ REINEVATNET: zu erreichen ab E 1o rund 1 km nördl. vom Abzweiger Reine. Der eng von hohen Bergwänden eingeschlossene See besitzt eine größere Tiefe als der in der Nähe liegende Meeresspiegel. Grund: Auswaschungen durch eiszeitliche Gletscher. Kurzwanderung ca. 3o Min. zum See. Der Reinevatnet sammelt abtauenden Schnee der umliegenden Gebirge nach dem Winter. Die Wasserkraft wird in kleinem Kraftwerk in Strom für Reine gewonnen.

(B) SELFJORD -> KJERKFJORD -> REINE: mittelschwere bis anspruchsvolle Wanderung, da es über steiniges Gelände (in tieferen Lagen auch zugewuchert oder Morast) geht und eine Steigung von rund 5oo m zu überwinden ist. Landschaftlich als Trail sehr lohnend, Zeitbedarf ca. 5 - 6 Std. Hinzu kommt die Zeit für den Transport bis zum Startpunkt Selfjord (Auto bzw. Bus oder Taxi) sowie ab Zielpunkt Kjerkfjord nach Reine (Schiff).

**Transport**: Problem ist der seltene Bustransport zum Ausgangspunkt der Wanderung in Selfjord. Auch vorab Wanderung klären, wann das Schiff ab Kjerkford nach Reine fährt, damit man nicht in Kjerkfjord festhängt. Dort gibts nämlich keinerlei Unterkünfte außer mitgebrachtem Zelt.

* am bequemsten mit **eigenem Auto** zum Ausgangspunkt der Wanderung Selfjord: Ab E 1o bei Ramberg über die Brücke nach Fredvang und weiter Ri. Südwest auf

einer 1o km Nebenstraße zum Endpunkt Selfjord. Damit ist bequem der Beginn der Wanderung erreicht. - Ab Reine, dem Endpunkt der Tour: dann per Bus oder Taxi nach Selfjord, um wieder ans eigene Auto zu kommen.

* **Bus:** mehrmals tägl. auf der Strecke Svolvaer -> Leknes -> Ramberg -> Reine -> Å. Weiterhin: Bus Ramberg -> Fredvang/Nordteil Insel Moskenes tägl. 1- 2 mal außer Sa./So. Die anschließende Strecke Fredvang -> Selfjord wird nur bei Bedarf gefahren. Sofern kein Bus, muß man die 1o km ab Fredvang zusätzlich wandern, - oder mietet sich bereits ab Ramberg ein **Taxi**.
* **Schiff**: Kjerkfjord (Endpunkt der Wanderung) -> Reine: die kleine Personenfähre für 3o Personen fährt 1 - 2 mal tägl. außer So. Vorab Fahrplan prüfen, damit man nicht in Kjerkfjord festängt. Überfahrt nach Reine je nach Zwischenstops ca. 2o - 4o Min.

**Detailkarten** „Norge 1 : 5o.ooo, Lofotoden Blatt 1o31 III und 183o I". Sie zeigen farbig markiert die Höhenlinien, Berge und Seen als topographische Orientierungsinformation, - leider aber nicht aber den Trail selber. Dieser besitzt nur teilweise Markierung mit Steinpyramiden, die zudem in tieferen Lagen oft von Pflanzen überwuchert sind - und in höheren Lagen mit Gesteinswüste schwierig zu finden sind.

**Jahreszeit**: am besten Spätsommer, da es selbst Ende Juni am Pass noch Schnee geben kann, was den Trail erschwert. - **Ausrüstung**: gutes Schuhwerk, Regenschutz und Wasser/ Lebensmittel sowie o.g. Detailkarten. Bei Abstechern ab Trail, z.B. Bergbesteigungen, die an Zeit Mehrtageswanderungen bedeuten, entsprechende Zusatzausrüstung wie Zelt, Kocher etc.

TRAIL: ab SELFJORD Wendeplatz und Ende der Straße am Fjord entlang zunächst Ri West und anschließend am Fjord unterhalb des Ryptinden Ri. Süd rund 3o Min. zum Bachlauf Fageråa. Ab hier ansteigend zum Fageråvatnet in rund 15o m Höhe, ca. 1 1/4 Std. In diesem Abschnitt zwar klare Orientierung gemäß Topographie und Detailkarte der dort eingetragenen Berggipfel, die eine Hangmulde rauf zum See bilden. Vor Ort ist der Trail aber zeitaufwendige Kraxelei mit Bodengestrüpp, in niederen Lagen auch morastiger Boden.

Am Fageråvatnet führt der Trail entlang an seinem Westufer zum südl. See-Ende unterhalb steiler Bergwände. Weiterer Aufstieg Ri. Süd zu einem klar sichtbarem Bergsattel/Pass (Höhe ca. 45o m) zwischen den Gipfeln des Markan (6oo m) und der Ausläufer des Nonstinden (492 m). Der Aufstieg ab See Fageråvatnet (ca. 15o m) zur Passhöhe in 45o m ist wegen kurzer Strecke anstrengend. Achtung: bis Anfang Juli kann es hier oben noch Schnee geben, was den Trailabschnitt erschwert und Extrazeit benötigt. Bzw. Trail unmöglich macht.

Ab Pass rund 1 Std. durch Gesteinswüste runter nach Grønnes am Solbjørnvatnet. Der See ist als Zielpunkt dieses Trailabschnittes unschwer zu lokalisieren, - Problem des Trailabschnittes vorrangig zunächst Gestein, später wildurwüchsige Gelände mit beschwerlichem Pfad und nur gelegentlichen Markierungen des Trailverlaufes.

Ab Grønnes über rund 1oo m hohen Pass und anschließend in Orientierung unschwer durch ein Tal entlang einer Stromleitung in rund 1,5 Std. nach KJERKFORD. Ein Weiler mit nur wenigen Häusern. Das Schiff nach Reine an der E 1o benötigt für die Überfahrt je nach Route und Zwischenstops unterwegs 2o Min. bis 1 Std. Oder auch mehr, wenn vorher noch der Selfjord bei Bedarf bis zu seiner Südspitze ausgefahren wird.

★ KJREKFJORD -> HORSEID BUCHT: retour ca. 5 Std. Der Trail ist nur teils markiert, nötig die Detailkarten „Norge 1 : 5o.ooo, Lofotoden Blatt 183o I und Blatt 1o31 III", die mit Höhenlinien und Berggipfeln genaue Infos zur Topographie zeigen:

Ab Kjerkfjord in dicht bewaldeter Talsenke am Hang rauf, links (= westl.) am Gipfel des Malitinden, Krokammartindan und Manntinden (um 78o m) vorbei zu einem Pass in rund 2oo m Höhe. Hier im fortlaufenden Tal Ri. Nord zunächst steil absteigend zum Horseidvatnet und weiter zur Horseid Bucht mit Sandstrand (und eiskaltem Atlantikwasser). Die Orientierung wegen Topographie kein Problem. Ein Trail, der aber Zeit braucht wegen Länge der Strecke retour und steilem Abstieg. Auch die Rückfahrt des Schiffes ab Kjerkford im Auge behalten, sonst hängt man dort fest.

Die Horseid Bucht ist als Trail kombinierbar mit der Wanderung von Selfjord -> Kjerkfjord. Nachdem man auf der Wanderung von Selfjord den Bergsattel (45o m) oberhalb des Fageråvatnet erreicht hat: Fortsetzung des Trails nicht runter nach Grønnes am Solbjørnvatnet, - sondern Ri. Südwest unterhalb der Bergspitze des Markan (68o m) zum Bergsattel zwischen Markan und Korokhammartinden (781 m). Eine Kraxelei über Gesteinswüste, wobei nicht selten Wolkenfetzen vom Atlantik über den Pass treiben oder Nebelbänke die Sicht verhüllen. Anschließend supersteiler Abstieg runter ins Trogtal von Horseid und weiter zum Horseid Strand.

Bedeutet in jedem Fall eine 2 Tageswanderung bei entsprechendem Extragepäck Zelt, Essen, Kocher wegen fehlendem Brennholz, Getränke etc., aber landschaftlich lohnend. Detailkarten: „Norge 1: 5o.ooo, Lofotoden Blatt 1o31 III und 183o I".

★ VINDSTAD -> BUNES: Sandstrand an der Atlantikküste. Retour ca. 3- 4 Std., leicht. Zu erreichen ist das kleine Nest Vindstad mit dem Schiff ab Reine, Fahrzeit je nach Stopps unterwegs ca. 45 Min.- 1 Std. Ab Vindstad knapp 2 km am Westufer des Bunesfjords entlang auf einer Schotter/Erdpiste bis zu seinem nördl. Ende. Hier überquert der Pfad eine kleine Anhöhe von 75 m und erreicht nach 1,5 km den Sandstrand von Bunes. Highlight sind die hohen Berggipfel, die den Strand einrahmen:

Helvetestinden (513 m): begrenzt im Norden den Strand. Besteigung relativ problemlos in Bezug Orientierung zum Gipfel, klares Wetter vorrausgesetzt. Vom Gipfel Superpanoramablick 36o Grad (!) auf die Bunes Bucht am Atlantik, den Bunesfjord und Kjerkfjord mit Reine sowie umliegender Lofotengipfel der Insel Moskenes. Detailkarte „Norge 1 : 5o.ooo, Lofotoden Blatt 183o I".

Ⓒ REINE -> TERNESET -> MUNKEBRU HÜTTE (2) -> SØRVAGEN: streckenweise schwierige Wanderung mit oft Superszenerie. Erstes Problem: das Schiff ab Reine fährt nach Terneset nicht regulär, sondern nur bei Bedarf, dito eventuell auch zum Südende des Forsfjorden. Ansonsten: Schiff Reine -> Vindstad (1- 2 mal tägl. außer So.) und von hier Wanderung am Westufer des Forsfjord entlang Hochspannungsleitung zum Südende des Sees. Dort steiler Anstieg entlang Stromleitung rauf in ca. 4oo m Höhe zu einem Bergkamm und ca. 5o Höhenmeter runter zum Krokvatnet. Rund 5oo m entlang des Ostufers des Sees, immer der Stromleitung folgen, rüber zum Südende des Ternnesvatnet. Von dort Anstieg rund 2oo Höhenmeter rauf in die Djupfjordheia zur Munkebru Hütte.

**MUNKEBRU HÜTTE** (2):
gehört dem Wanderverein „Lofoten Turlag". Er wurde 1987 gegründet, die Hütte 1991 eröffnet. Sie war damals erste Wanderhütte der Lofoten und liegt in 45o m Höhe in der Djupfjordheia. Der Bau in der Einöde fernab Zivilisation war sehr kostspielig. Baumaterial und Einrichtung wurden teils per Helikopter eingeflogen.

Platz für 15 Personen. Im Vergleich sonstiger Wanderhütten recht komfortabel mit Doppelstockbetten, Küche mit Geschirr, Gas zum Kochen etc. Es ist Ehrensache, daß man die angeschlagene Gebühr für Übernachtung und Gasbenutzung etc. im Kasten in der Hütte einbezahlt.

Optimal ist die zentrale Lage der Hütte. Ab hier sternförmig Trails im Zentrum des schönsten Wandergebiet der Insel Moskenes. Details unten.

**Wanderzeit**: Vindstad -> Südende Forsfjord knapp 1 Std. (Trail in Orientierung leicht), -> Munkebru Hütte: plus ca. 2 1/2 - 3 Std. (zeitaufwendig die Höhenanstiege). Plus: Munkebru Hütte -> Sørvågen: ca. 3 Std.

**Karte**: „Norge 1 : 5o.ooo, Lofotoden Blatt 183o I". Sie zeigt präzis die topographische Orientierung mit Höhenlinien, - o.g. Stromleitung zur Orientierung, Seen und Berge, - nicht jedoch den Trail selber.

★ MUNKEBRU -> SØRVÅGEN: ab Hochebene Djupfjordheia und Munkebru Hütte südwärts zum Stuvdalsvatnet mit Steilabstieg rund 2oo Höhenmeter und als Trail teils markiert. Weiter entlang dessen Ostufer zum Sørvågenvatnet. Ein Trail umrundet den See westl. sowie östlich zum jeweiligen Ortsteil von SØRVÅGEN. Somit mögliche Alternativen:

* ab Munkebru -> Djupford -> E 1o: Details siehe Djupfjord
* ab Munkebru bzw. Sørvagen -> Moskenes (beides E 1o): Details s. dort

★ SELFJORD -> VINDSTAD -> MUNKEBRU -> SØRVÅGEN (bzw. MOSKENES): anspruchsvolle 2-Tageswanderung. Sie kombiniert die o.g. Teilwanderungen plus Schiff zwischen Kjerkfjorden -> Vindstad. Mit Abstechern z.B. Horseid Bucht, Bunesetbucht etc. entsprechend mehr.

## Verbindungen ab Reine

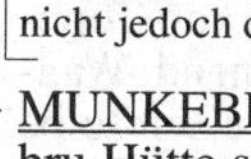

**Bus**: Leknes -> Reine -> Å am Ende der E 1o: 1- 4 mal tägl. Die Fahrzeit ab Leknes bis Reine ca. 1 1/2 Std., weiter bis Å ca. 3o Min. Der Bus hält in Reine Nähe Abfahrt des Schiffes Reine in den Kjerkfjord.

**Taxi**: Reine Tel.: 76o.92318, 948.524.14, 945.429.16.

**Autoverleih**: nächste Stelle in Leknes sowie in Svolvaer, Details dort.

**Schiff**: ab Reine fährt 1 - 2 mal tägl. außer So ein kleines Personenschiff ins Innere des Kjerkfjord nach Vindstad und Kjerkfjord. Platz für 3o Passagiere. Überfahrt 2o Min. bis 1 Std. Tel. Mobilfunk des Kapitäns 948.12.o67.

**TIPP**: das Schiff ist nicht nur nützlich, um Ausgangspositionen für Wanderungen (siehe Vorkapitel) zu erreichen. Auch wer keine sportlichen Ambitionen hat: sehr lohnende Rundfahrt mit dem Schiff 1 Std. auf dem Fjord mit riesiger Bergkulissse. Infos zu Abfahrtszeiten im Touristbüro Svolvaer, Leknes, Ramberg, Moskenes, bzw. beim Kapitän über sein Handy, Tel. Nr. siehe oben.

## Reine -> Djupfjord -> Moskenes -> Sørvågen

Ca. 5 km bis Sørvågen, gut ausgebaute und asphaltierte, aber recht schmale E 1o entlang Meer unterhalb bis zu 6oo m hoher Berggipfel. Es gibt mehrere kleine Parkbuchten für super Fotostopp,- Übernachtung mit dem WoMo ist dort jedoch verboten.

DJUPFJORD: der schmale Arm des Fjordausgangs wird mit einer kurzen Hängebrücke überquert.

Djupfjord -> Munkebru Hütte: am südwestl. Ende der Brücke beginnt ein Trail entlang des Fjordufers zum westl. Ende des Djupfjordes. Der Trail ist teils etwas schwierig zu finden, von Topographie her aber kein Problem und landschaftlich lohnend. Wanderzeit bis Fjordende ca. 1,5 Std. Je nach zu Verfügung stehender Zeit selbe Strecke anschließend retour, - oder ab Fjordende rund 3oo Höhenmeter ansteigend auf die Djupfjordheia zur Munkebru Hütte (plus ca. 1,5 Std) mit Anschlußwanderungen, Details siehe Vorkapitel.

## ✶ Moskenes (ca. 15o Einw.)

Kreisrunde Bucht, von 2 Molen fast eingeschlossen. Im Inneren des Naturhafens Fähranleger der kleinen Autofähre Bodø/Festland-> Moskenes.

Überfahrt ca. 4 Std. (sofern Direktfähre ab Bodø). Pro Person ca. 15 Euro, PKW je nach Größe ab ca. 5o Euro, WoMos teurer.

Weiterhin: Moskenes -> Varøy -> Røst: ebenfalls kleine PKW/ - Personenfähre. Pro Person bis Varøy ca. 1o Euro, bis Røst ca. 2o Euro. Die Mitnahme des Autos ist prinzpiell möglich; kann man sich jedoch definitiv sparen, da es auf beiden Inseln kaum Straßen gibt.

**Tourist INFO** Am Fährhafen. Geöffnet nur Hochsaison Anfang Juni bis bis Ende August: Mo.- Fr. 1o- 17/19 Uhr. Tel.: 76o.915.99, Fax: 76o.924.25. - Vermittlung von Zimmern und Rorbuers (Achtung: zur HS meist ausgebucht), weiterhin Infos zu Trails, Bus- und Schiffsabfahrten sowie Anbietern von Booten zum Angeln.

## ★ Sørvågen/Tind **(ca. 85o Einw.)**

Größter Siedlungsbereich knapp vor Ende der E 1o. Sørvågen liegt auf einem Felsplateau an der E 1o und erstreckt sich auf vorgelagerte Halbinsel sowie am Inlandssee Sørvaågenvatnet.

MUSEUM TELECOMUNIKATION: im Ortsteil Sørvågen. Kleineres Museum, das über die erste Funk- Telegraphie der Lofoten mit dem Rest der Welt berichtet. Fotos und Funkgeräte. Geöffnet Mitte Juni bis Ende Aug. Eintritt ca. 7 Euro.

Für den alljährlichen Fischfang war eine Telekommunikations- Verbindung wichtig. Die Fischhändler konnten Fangquoten und -Preise per Telegraph aushandeln, sowie benötigtes Angelgerät, Netze und Ersatzteile etc. anfordern.

1859 wurde in Sørvågen der erste Telegraph installiert, der in weiterem Ausbau mit Überlandleitungen und UW-Kabeln von 17o km Länge die wichtigsten Fischereihäfen der Lofoten 1861 verband. In Betrieb war diese Inner-Lofoten Telegraphenleitung nur während der Dorschfangsaison Jan. - April.

1873 Anschluß der Lofoten an Gesamtnorwegen. Ein Verbundnetz der Information auch zu Wettervorhersage (für Fischer sehr wichtig) - bis hin zu gebührenpflichtigen Botschaften der Saisonfischer an ihre Familien in der Heimat, - aber auch Nachbestellung von Waren (Geräte bis Lebensmittel) der Handelshäuser auf den Lofoten.

19o3 wurde die erste Funkantenne für drahtlose Telegrahie in Nordeuropa in Sørvågen installiert. Sie war ein kleiner Mast aus Fichtenholzstämmen mit nur geringer Reichweite des Funkverkehrs. 1906 Errichtung eines 5o m hohen Funkmastes. Der dauerhafte Funkverkehr war oft gestört durch Stürme, die den Mast abknickten. Anschließend Reparatur bzw. Neuaufbau. 191o hatte Sørvågen bereits ein Volumen von durchschnittlich 5oo Telegrammen täglich (!) zur Fischereisaison, und die Vermittlungsdamen in der Station bei entsprechender Arbeit. 1928 wurde in Sørvågen erste stationäre Sende- und Empfangsanlage für Funktelefone errichtet. Für den Lofotfischfang ein entscheidender Fortschritt. Heute sind Sprechfunkgeräte an Bord der Boote Selbstverständlichkeit plus Handy.

Kurzwanderung ab Ortszentrum Sørvågen zum Slåpen Funkturm siehe unsere Karte (4) und anschließend zum alten Leuchtturm. Als Trail leicht; retour ca. 4o Min. ab Ortszentrum Sørvågen, bzw. entsprechend weniger mit eigenem Auto, das relativ nahe den Funkturm erreicht. Schöner Blick auf Küste, Festland sowie der Gebirgsketten der Moskenes Insel.

Sørvågenvatnet: Kurzwanderung durch Siedlungsgebiete von Sørvågen bei schöner Landschaft. Am Nordende des Vatnet beginnt der Trail (ausgeschildert) zur Munkebru Hütte (2) - sowie in Abzweiger zum Kolfjellet (3) mit Superblick -> Moskenes und anschließendem Abstieg zum Hafen Moskenes. - Sørvågen -> Munkebru Hütte, markiert, Details S. 527.

## ★ Å **(ca. 35o Einw.)**

Kürzester Ortsname und Endpunkt der E 1o. Die Straße endet an einem Großparkplatz oberhalb des Mini- Ortes. Seitlich eine Cafeteria (nur zur Hochsaison geöffnet). Im kleinen Ort Å selber praktisch keinerlei Parkmöglichkeit in den wenigen Straßen. Die Entfernungen im Ort sind kurz: daher WoMo auf dem Parkplatz abstellen und Å zu Fuß erkunden.

Der Ort hat ohne Frage Flair. Einige der Häuser von Å stammen noch aus dem 19. Jhd.,- exemplarisch können die wichtigsten im Inneren besichtigt werden - zusammengefaßt im:

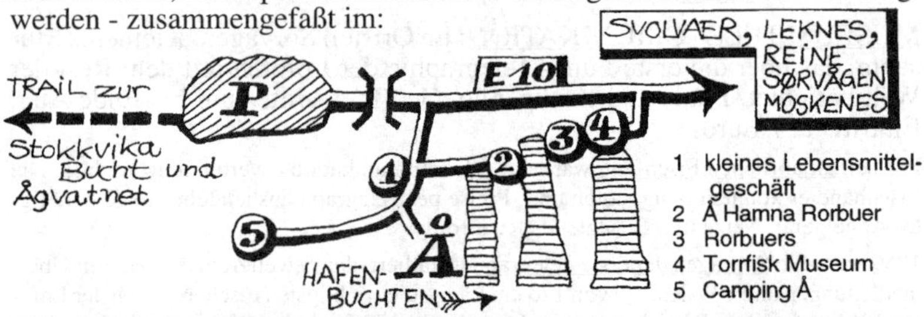


★ NORSK FISKEVAER MUSEUM (Fischerei- Museum): Freilichtmuseum eines authentischen Fischereidorfes (Å) aus dem 19. Jhd. Zum Ensemble unter Denkmalschutz gehören 14 Gebäude. So eine Trankocherei (wichtig für Licht! Details unten), - eine Bäckerei, - Bootsschuppen mit Nordlandbooten, - eine Schmiede sowie Rorburers (Unterkunft der Saisonfischer). Die Gebäude sind original erhalten seit Aufstellung in Å, und nicht (wie in andern Freilichtmuseen Norwegens) aus anderen Regionen zusammengetragen. Geöffnet ganzjährig. Zutritt ins Innere der Häuser sowie Vorführung z.B. Bäckerei, Schmiede etc. jedoch nur zu HS Anfang Juni bis Ende August. Eintritt ca. 7 Euro.

**Geschichte**: Mitte 19. Jhd. gab es zwei Familien, die das Fischereidorf Å beherrschten: die * Familie Nilsen und * Ellingsen. Letztere konnte sich durchsetzen und kontrollierte bis ins 2o. Jhd. Å. Diesbezüglich Fischfang bis hin Vermietung von Rorbuers, Fischverkauf etc. Das feudale Wohnhaus der Ellingsenfamilie von 189o im Spätempire Stil ist in Å zu besichtigen und gehört zum Fischereimuseum.

**Trankocherei**: wichtiger Erwerbszweig bis Ende 19. Jhd. TRAN wird gewonnen aus Dorschleber und diente (neben späterem Petroleum) als Brennflüssigkeit für Lampen. Der Tran wurde in Fässern nach ganz Europa verschifft und brachte gute Einnahmen. Im Altnorwegischen heißt Tran übrigens „lysi“ (=Licht).

Die Trankocherei von Å war wichtigste der Lofoten. Tran diente auch zur Behandlung von Fellen sowie zur Herstellung von Seife. Eine weitere Verwendung kam hinzu: 1854 hatte der Apotheker Peter Møller die medizin. Heilwirkung von Lebertran propagiert. Die Einnahme stärke die Abwehrkraft des Körpers, so Peter Møller. Der zähflüssige (und nicht unbedingt wohlschmeckende) Saft wurde daher löffelweise den Kindern in Europa von den Eltern verordnet. Dies bis in die 6o-er Jahre des 2o. Jhd. Die alte Trankocherei von Å kann besichtigt werden.

**Getreide**: wurde zur Brotherstellung aus Mittelnorwegen importiert, - in kleinerem Umfang auch in Tälern um Å angebaut, - bzw. ab Ebenen um Leknes/Vestvågøy importiert. Auch dort wegen harter Klimabedingungen nur geringe Ernten.

**Verkehrsanbindung**: erst 1963 wurde die durchgehende Straße (E 1o) von Fiskebol -> Svolvaer bis Å eröffnet. Zuvor war Å nur per Schiff erreichbar. Es dauerte aber bis 199o, bis die letzte Fährverbindung über die Meeressunde zwischen den einzelnen Lofoten inseln durch Brücken bzw. Tunnel ersetzt waren. Heute ist die E 1o (zusammen mit der E 6) die touristisch meistbefahrendste Strecke in Nordskandinavien.

★ TORRFISK MUSEUM (4): am Ortseingang von Å, ausgeschildert. Zu sehen und erläutert die Herstellung von Trockenfisch (Stockfisch). In einem Videoraum wird ein 3o-Min. Film zu Herstellung und Handel gezeigt. Geöffnet Anf. Juni bis Mitte August ca. 11 - 16/17 Uhr, Eintritt ca. 8 Euro.

Der Ort Å liegt unterhalb einer steilen Bergwand auf mehreren kleinen Felsnasen. Dazwischen natürliche Hafenbuchten, die allerdings Platz nur für kleinere Schiffe bieten. Im Ort Mini- Lebensmittelgeschäft (1), keine Tankstelle (die nächste in Reine/Moskenesøy).

Bedauerlich, daß immer wieder das Ortsschild „Å" von Touristen abmontiert und als Souvenir heimgenommen wird. Die Gemeinde hat sich zwischenzeitlich einen Vorrat an Ortschildern zugelegt. Diese sollte sie an der Stange/Ortseingang festschweißen und ihren restlichen Vorrat an Å-Schildern im Souveniershop zu moderatem Preis verkaufen.

Dies hat mehrfachen Vorteil: der Tourist schraubt nicht mehr mühsam das Ortsschild ab (was übrigens auch verboten ist!), - und die Gemeinde spart sich die Arbeit des Schildernachschubs am Ortseingang sowie verdient Geld im Verkauf von **Å-** Originalschildern mit Zertifikat.

Kleines PS: Der Ortsname „**Å**" dürfte auf der Welt kürzester sein. Er bedeutet soviel wie „Bach, Aue". Der längste und schwierigste Ortsname ist in Wales zu finden (vergl. VELBINGER Band 57, Wales): er besteht aus 58 Buchstaben:

„**Llanfairpwllgwyngyllgogerychwyrndrobwllllantysiliogogoch**".

Die Gemeinde im Nordwesten von Wales hatte ähnliche Probleme des Schilderklaus wie Å. Sie löste das Problem mit einer Kurzfassung des Ortsnamen in „**Llanfair PG**". Damit war das Ortsschild für Souvenirjäger nicht mehr attraktiv. Für **Å** mit sowieso kürzestem Ortsnamen und zur Abhilfe gegen Schilderklau leider nicht kopierbar...

„**Å- Hamna Rorbuer**" (2): im Ortszentrum an Hafenbucht 14 renovierte Rorbuer Hütten für je 3 - 6 Personen, relativ komfortabel. Weitere 4 Zimmer in altem Sjøhusgebäude. Ganzjährig geöffnet. Preise je nach Größe und Saison Rorbuer: ca. 55- 13o Euro, Sjøhus: 45- 65 Euro. Tel.: 76o.912.11 und 911.5o6.6o, Fax: 76o.911.14.

„**Å- Vågan Rorbuer**" (3): wenige, einfach ausgestattete Rorbuers. Ganzjährig geöffnet. Preis ca. 5o- 6o Euro. Tel.: 76o.913.82.

„**Å- Vandrehjem og Rorbuer**": 28 Zimmer in Rorbuers und altem Sjøhus Holzgebäude. Gemütliche, aber einfach ausgestattete 2-Bett Zimmer, einige auch mit 3- und 4-Bett. Ganzjährig geöffnet. Je nach Anzahl Betten, Auslastung/Saison ca. 5o- 18o Euro. Tel.: 76o.911.21, Fax: 76o.912.82.

„**Independent Hostel**": 8 Zimmer, sehr einfach ausgestattet und nur Anf. Mai bis Sept. geöffnet. Preis ca. 4o - 6o Euro. Tel.: 76o.912.11, Fax: 76o.911.14.

„**Å- Feskarbrygga**": Unterkunft 4 Doppelzimmer in Sjohus- Haus. Geöffnet ab Mitte Mai bis Mitte Sept. Das DZ ca. 3o Euro, Mai und Sept. ca. 2o % billiger. Tel.: 76o.915.95.

**ACHTUNG**: zur HS sehr schwierig, kurzfristig Quartier in Å ohne Vorabreservierung zu finden. Die wenigen Quartiere sind ausgebucht. Ausweichmöglichkeit im Nachbarort

Sørvågen, Tind, - dort aber zur HS (Juni - Aug.) ähnliche Probleme. Auswahl:

„**Stoltenberg Rorbuer**“: im Nachbarort Sørvågen. 4 Rorbuers mit meist je 4 Betten. Geöffnet Mai bis Mitte Sept. Pro Hütte ca. 35- 5o Euro. Tel. 76o.913.29.

**Weitere in Sørvågen**: „Buodden Rorbuer“, Tel.: 76o.912.85, - „Kjell Arntzen Rorbu“ Tel: 76o.912.14, - „Nyhavn Rorbuer“, Tel.: 76o.913.63, - „Thorshamn Rorbuer“, Tel.: 76o.911.16, - Die vorgenannten Rorbuers besitzen meist nur wenige Hütten/Zimmer und sind zur HS oft ausgebucht. Preise für einfach ausgestattetes Rorbu mit 2 Betten ab ca. 35 Euro zur HS.

CAMPING Å (auch gen. „Moskenes Camping“) siehe (5). Superlage mit Blick zur vorgelagerten Insel und Berggipfel Vaerøy im Meer sowie zur Gebirgskette des Festlandes am Horizont. Je nach Wetterlage können wegen der offenen Lage des Campings starke Winde das WoMo „aufschaukeln“. Ihr Stellplatz auf Schotter, seitlich auch Wiesenfläche. Weiterhin Vermietung von Hütten mit kleinen Wiesenterrassen. Geöffnet Anfang Mai bis Ende August. Zur HS einiges an Gedränge auf dem Stellplatz für WoMos, die Hütten meist ausgebucht.

Ab Campingplatz Å leichte Kurzwanderung zum nahen Ågvatnet. Sie läßt sich am Südufer des Sees ausdehnen. Er ist eingeschlossen von 5oo bis 8oo m hohen Bergen. -

Anspruchsvoll bis schwierig ist die Fortsetzung der Wanderung ab Westende des Ågvatnet zur Stokkvika Bucht: zunächst sehr steil rauf zu einem Bergsattel in rund 43o m Höhe zwischen den Berggipfeln Gjertinden (5oo m) und Mengelsdalstinden (826 m). Anschließend steil runter zum Stokkvikvatnet auf fast Meereshöhe und dessen Südufer zur Stokkvikabucht am Atlantik.

Insgesamt ab Å bis Stokkvikabucht retour ca. 8 Std. Nötig: gutes Schuhwerk, warme Kleidung, Regenschutz und Lebensmittel. Karte: „Lofotodden“ Blatt 183o I, Maßstab 1 : 5o.ooo. Sie zeigt die Höhenlinien, Berge, nicht jedoch den Trail. Dieser besitzt teils Markierung mit Steinpyramiden.

## ★ Revsvika Bucht

an der Südwestseite der Insel Moskenes. Diese, wie auch andere Fischersiedlungen an der Atlantikseite wurden im 19. Jhd. gegründet, aber Mitte des 2o. Jhds. verlassen. Das Leben ist dort zu rauh bei harten Atlantikstürmen, zudem die Siedlungen zu abgelegen.

REVSVIKA HÖHLE: Eingang ein Felsspalt von ca. 4o m Höhe und in seiner Basis 12 m Breite. Im Inneren wurden Höhlenmalereien gefunden, die angeblich 3.ooo Jahre alt sind. Sie zeigen rote „Strichmännchen“ in Größe ca. 35- 4o cm. Zu sehen ausschließlich Personen (keinerlei Tierdarstellungen). Mag sein, daß hier ein reiner „Personenkult“ in der Höhle stattfand?? Normalüblich bei Felsmalereien sind aber vorrangig Tiere. Sie sind das „Zentrum“ kultischer Handlungen, da es um Glück im Fischfang bzw. der Jagd geht. - Dies, wie auch das genaue Alter der Höhlenmalerei sind nicht gesichert. Böse Zungen behaupten sogar, daß es sich um neuzeitliches Grafitti handelt.

REVSVIKA HÖHLE
Zeichnung roter Strichmännchen an der Felswand der Höhle.

Zu erreichen: Ausflugsboote ab Å und Sørvågen im Sommer, die die Südspitze der Insel Moskenes bei ruhigem Wetter umrunden und zur Bucht fahren. Taschenlampe mitbringen, um die Höhlenzeichnungen zu sehen.

Der Bootstrip lohnt vorwiegend wegen der Umfahrung der Südspitze und Felslandschaft, - weniger wegen der Höhle.

## ★ Moskenstraumen

Weltweit der stärkste Gezeitenstrom, - zwischen der Südspitze der Insel Moskenes und Vaerøy, Røst. Er besitzt bei Wechsel Ebbe/Flut extrem starke Strömung. Das Meer steigt in diesem Bereich bis zu ca. 5 m, gefährlich zudem bei starken Winden vom Atlantik und quertreibender Strömung bis Strudeln.

Bereits Olaus Magnus berichtet 1555 von den Gefahren der Meeresstraße. Das Werk ist ergänzt mit einer Illustration (siehe nächste Seite), die die Gefahren

schildern, die dort der Seefahrt drohen. Die Region war in der Tat gefährlich, wovon auch andere Reiseberichte und Karten der folgenden Jahrhunderte berichten. So u.a. eine dänische Karte von 163o (Abbildung siehe unten), die im Sog eines Meeresstrudels ein Schiff untergehen läßt.

MOSKENSTRAUMEN: gefährlich in früheren Jahrhunderten wegen Strömung und Strudeln. Histor. dänische Karte von 1630.

Auch spätere Reiseschilderungen berichten von den Gefahren, die damals in der Tat kleineren Fischerbooten aber auch Frachtseglern drohten. Romanautoren wie Edgar Ellan Poe und der Franzose Jules Verne griffen die historischen Berichte auf und strikten aus dem Stoff im 19. Jhd. spannende Romane. So wird Kapitän NEMO im Roman von Jules Verne von der gewaltigen Wasserkraft des Gezeitenstromes mit seinem Schiff Nautilus in die Tiefe gezogen... Wie es dort weitergeht „unter Wasser“ siehe Roman Jules Verne. Er ist unter Umständen spannende Lektüre, wer von der Insel Moskenes mit der Fähre rüber zur Insel Vaerøy fährt!!

OLAUS MAGNUS – Gefahren für die Seefahrt zwischen "Loffoet" und Røst. Untergehende Schiffe im Meeres-Strudel. Publiziert 1555.

| | |
|---|---|
| Fläche: | 18 qkm |
| Einwohner: | 8oo |
| Hauptort: | Sørland |

# INSEL VAERØY

*Fels-Eiland im Atlantik, rund 2o km südwestl. der Landspitze von Moskenes. - Fast alle Einwohner leben im Hauptort VAERØY/SØRLAND. Der „Rest" der Insel ein Gebirge bis 438 m Höhe, Grashänge und einsame Buchten. Gute Wandermöglichkeiten sowie Hobbyfischerei.*

*Ansonsten: fernab der Zivilisation, Ausflüge zu einem Vogelfelsen im Süden der Insel per Boot. Eigenes Auto ist wegen weniger Straßen nicht nötig, - wohl aber zur HS Vorreservierung von Zimmer.*

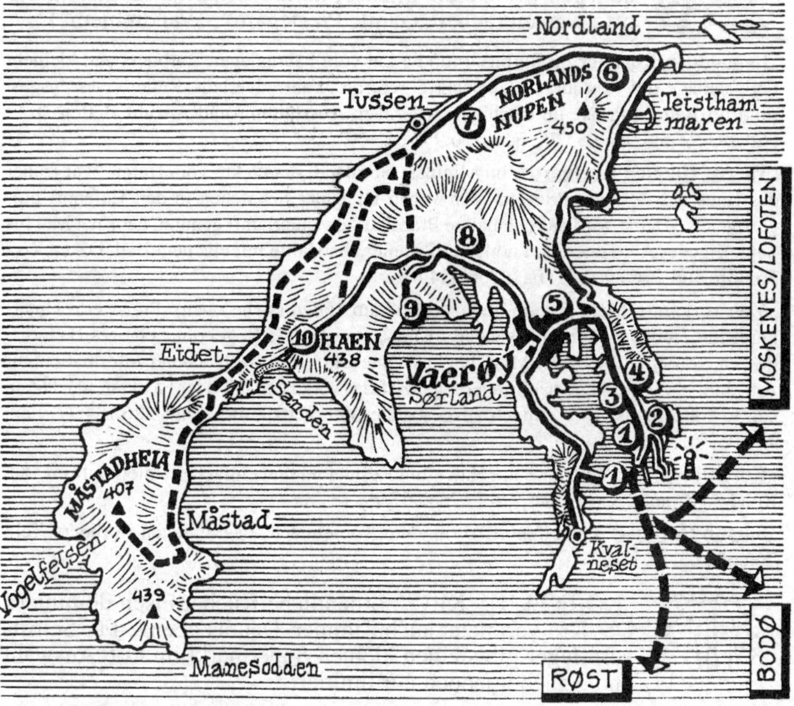


**INSEL VAERØY**

1 Fähranleger
2 Vandrehjem
3 Camping
4 Restaurant, TI
5 Kirche
6 Nordl. Kirche
7 ehem. Airport
8 Tiefebene, Sumpf
9 Sørlandshagen
1o Gipfel Haen (438 m), Funk/Radarstation

## ★ Vaerøy/Sørland (ca. 8oo Einw.)

Hauptort der Insel, fast alle Bewohner leben hier. Er liegt auf zwei flachen Landzungen mit Bergspitzen, die den Hafen umrahmen. Kleines Lebensmittelgeschäft, Post, Bank, Autowerkstätte, Apotheke, Tankstelle und Arzt. Die Häuser weit verteilt, Fischfabriken und wenige Unterkünfte.

Tourist INFO Im Hauptort Vaerøy. Nur zur Hochsaison (Mitte Juni bis Mitte August) geöffnet von 1o bis 14 Uhr. Tel.: 76o.952.1o, Fax: 76o.954.66. Weiterhin am Fähranleger bei Ankunft von Schiffen. Vermittlung von (wenigen) Privatunterkünften, Fahrradverleih.

HOTEL ACHTUNG: auf Vaerøy nur sehr limitierte Unterkunftsmöglichkeit. Zur HS (Juli, Aug) kann's eng werden. Außerhalb der HS, wenn Nebelbänke um die Inselgipfel treiben dagegen prinzipiell Chance, da die Unterkünfte ganzjährig offen haben (außer „Gamle Prestegård", „Vandrehjem").

„**Langodden Rorbuer og Sjøhus**": rund 4 km vom Fähranleger. Rorbuers und kleinere Ferienanlage mit Restaurant. Ganzjährig geöffnet, Fahrradverleih, Ruderboote. Insges. rund 6o Betten, Preise unterschiedlich je nach Ausstattung und Anzahl Betten. Tel.: 76o.953.52 und 96o.953.75, Fax: 76o.957.o1.

„**Vaerøy Gamle Prestegård**": im Mininest Nordland, rund 5 km vom Hafen. War früher das Haus des dortigen Priesters, der wegen fehlender Schäfchen in den Hafenort umgezogen ist. Heute wird das ehemalige Pfarrhaus als Unterkunft genutzt, geöffnet Mai bis Sept. Eigenes Auto oder Taxi nötig. 12 Zimmer, die Hälfte mit eigenem Bad. DZ ca. 4o - 5o Euro. Tel.: 76o.954.11, Fax: 76o.954.84.

„**Vaerøy Vandrehjem**": beim „Langodden" am Hafen (siehe oben). Preiswerte Unterkunft für Hobbyfischer und Wanderer. Die Zimmer in der Regel ohne eigenes Bad, insges. ca. 2o Betten. Geöffnet Mitte Jan. bis Mitte Okt. (bzw. nach anderer Information nur Anf. Juni bis Mitte Aug., nach anderer ganzjährig: vorab per Tel. oder Fax klären!). DZ ab ca. 3o Euro, meist aber einfach ausgestattete Mehrbettzimmer. Tel.: 926.184.77, Fax: 76o.957.o1.

„**Kornelius Kro**": Wirtshaus am Hafen mit Restaurant und einfacher Unterkunft im OG. Rund 2o Zimmer, ca. 8o Euro. Tel.. 76o.952.99.

„**Sørtun Rorbuer**" im Hafenort. Vermietung von einfach ausgestatteten Rorbuers. Tel.: 76o.652.o3.

RESTAURANTS „KORNELIUS KRO": ordentliche Küche, Fisch dominiert. Der Kro vermietet auch Zimmer, Details oben.- Für Selbstverpfleger gibts einen kleinen Supermarkt im Ort. Auswahl und Angebot jedoch nur limitiert.

WOMO: wegen nur weniger Unterkünfte und Restaurants auf der Insel kann für WoMo-Fahrer die Mitnahme des Fahrzeuges event. sinnvoll sein. Abzuwägen sind dabei die Extrakosten für die Mitnahme des WoMo's auf der Fähre (teuer!) - gegenüber eingesparter Übernachtungskosten und der Möglichkeit, sich im WoMo selber zu kochen. Könnte sich dann rentieren, wer einen längeren Aufenthalt und Wanderungen auf der Insel plant.

SEHENSWERTES im Ort: außer dem „Leben in äußerster Randlage der Zivilisation und den Weiten des Nordatlantiks" praktisch Null. Anders dagegen die Insel selber mit Wanderungen, steilen Bergen, Vogelfelsen etc., Details siehe Inselbeschreibung.

## Verbindungen ab Vaerøy

**FÄHRE**: kleinere Personen/PKW Fähre mehrmals pro Woche ab Bodø/Festland. Sie fährt entweder direkt nach Vaerøy oder via Moskenes/Lofoten. Überfahrt je nach Strecke ca. 4 - 6 Std. Sie kann je nach Wetterbedingungen sehr bewegt sein. Achtung: nichts für Leute, die zu Seekrankheit neigen. Pro Person ca. 2o Euro, PKW ca. 5o Euro, Preise jeweils einfach. Details auf Seite 32o.

Wer mit eigenem Auto reist: Vorbuchen sinnvoll (OVDS, Tel.: 761.182. 16, Fax: 761.182.o1 www.ovds.no), kostet allerdings rund 25 Euro extra. Auch sollte man einen gewissen Zeitpuffer beim Besuch der Insel Vaerøy einplanen, da bei extrem schlechtem Wetter der Fährbetrieb aus Sicherheitsgründen eingestellt wird.

Moskenes/Lofoten -> Vaerøy: 2 mal/Woche, Überfahrt knapp 2 Std., Person ca. 1o Euro, PKW ca. 4o Euro.

Insel Vaerøy -> Insel Røst: 2 mal/Woche, Überfahrt 2 1/4 Std, Person ca. 1o Euro, PKW ca. 4o Euro. Auch hier gilt: bei extrem Schlechtwetter wird der Fährbetrieb eingestellt; daher für den Besuch Zeitpuffer einbauen.

**FLUG**: Alternative zum Schiff, da erheblich schneller. Es gibt einen kleinen Airport an der Nordseite der Insel. Er ist jedoch extrem gefährlich wegen starker Fallwinde, die in einem Bergeinschnitt wie in Turbine auf den Airport runterblasen. Anfang der 9o-er Jahre führte dies zu schwerem Unfall. Display im Verkehrsmuseum Bodø, Details siehe dort.

Seither wird die Insel Vaerøy ab Bodø per Helikopterverbindung bedient. Eine der wenigen Stellen der Welt mit regulärer Verkehrsverbindung per Hubschrauber. Tägl. 1- 2 mal, Flugzeit 25 Min. Buchung: Tel.: 755.448. oo und 76o.951.36, Fax: 76o.953.34.

## ✶ Vaerøy Inseltrips

Es gibt lediglich drei Straßen. Die * erste führt vom zentralen Ortsbereich (1- 4) mit Leuchtturm von 188o um die Hafenbucht via neuzeitlicoher Ortskirche (5), gebaut 1939 nach KVALNESET mit wenigen Häusern.

Die * zweite ab Hafen über eine Hügelanhöhe 7o m (Blick auf Sørland) und weiter entlang der Ostküste via TEISTHAMMAREN, einer kreisrunden Hafenbucht mit Mole für Fischer, um die NO- Spitze nach NORDLAND, einem Mininest, das heute weitgehend verlassen ist. Hier steht eine Holzkirche, die 1799 von Vågan/Lofoten nach Nordland geschafft wurde, als Vågan seine neue Großkirche erhielt (Details dort).

Im Mittelalter bis Anfang 2o. Jhd. war Nordland wichtigste Siedlung der Insel. 1853 erhielt es sein erstes Inselpostamt. Als zu Beginn des 2o. Jhds. motorisierte Fischkutter aufkamen, war Sørland mit seinem Naturhafen die bessere Wahl für die Fischer. Als einer der letzten verließ der

Inselpriester Gemeindehaus und Kirche 1972, da es kaum noch Einwohner und somit keine Kirchenbesucher in Nordland gab. Der Ort besteht heute aus mehr als einem Dutzend Häusern, die renoviert wurden. Im Sommer Übernachtungsmöglichkeit im ehemaligem Gemeindehaus, Details siehe „Unterkunft".

Die Straße führt weiter entlang der Nordküste und des Airstripes für Propellerflugzeuge (Details siehe „Verbindungen). Sie endet als Erdpiste nach rund 1o km ab Vaerøy Hafen in TUSSEN: Ausgangspunkt für Wanderungen im Westen der Insel, Måstad und Vogelfelsen. Details siehe Kapitel „Wandern auf Vaerøy".

Eine * dritte Straße führt in Sørland und Hafen ab Nähe der Kirche (5) Ri. Nordwest und dortiger sumpfiger TIEFEBENE (8). Dort Abzweiger einer rund 5oo m Stichpiste zum Strand von SØRLANDSHAGEN (9); prinzipielle Bademöglichkeit, allerdings selbst im Sommer eiskaltes Wasser mit Temperaturen um 15- 17 Grad. -

Bzw. ab Tiefebene (8) eine Erdpiste in rund 1,7 km rauf auf den Gipfel des HAEN (438 m). Oben befindet sich eine Radarstation der NATO, die Küste und Nordatlantik überwacht. Bei klarem Wetter guter Blick; die Erdpiste ist für Fahrzeuge gesperrt, so doch für Wanderer der bequemste Weg zum Gipfel. Vorsicht im Gipfelbereich: bei Wolkenbänken und Nebel Richtung Südwest fast senkrechter Steilabsturz runter ins Meer!

WANDERN auf Vaerøy: großartige Berglandschaften, Meeresbuchten und Panoramablick machen Wanderungen auf der Insel sehr attraktiv. Die Orientierung leicht, da in der Regel keinerlei Baum- und Strauchwerk, die Blick (und Orientierung) verdekken. Elementar sind gutes Schuhwerk, da in der Regel sehr steinige Pfade. Sie können nach Regen bzw. satten Küstennebeln sehr rutschig sein. Wasser und Lebensmittel mitnehmen, da unterwegs in der Regel keine Versorgungsmöglichkeit. Warme Kleidung und Regenschutz.

★Das Wetter kann auf der Insel sehr schnell umschwenken von Sonne in Nebelbänke und dichte Regen-"Wände". Sie erschweren die Wanderung bis hin zu total fehlender Sicht. Besondere Vorsicht in Bergregionen mit dort oft steil abstüzenden Felsen (z.B. Gipfel Haen, 438 m und Måstadheia, 4o7 m und Vogelfelsen sowie Aufstieg ab Måstad). Bei Schlechtwetter unbedingt warten, bis die Sicht aufklart!

★Detailkarte: „Vaeröy/Norway", Blatt 183o III, Statens Kartverk. Enthält im Maßstab 1 : 5o.ooo detailiert Höhenlinien, Straßen und Wege, teils auch Trailverlauf. Die Karte ist in Bodø und Lofoten in Geschäften sowie Tankstellen meist erhältlich. Man sollte aber rechtzeitig mit der Suche beginnen, oder vorab in der Heimat in Spezialbuchhandlungen die Karte gegen Aufpreis bestellen.

★Transport: Ausgangspunkt für Wanderungen sind insbes. **(A)** TUSSEN an der Nordküste und Endpunkt der Straße - sowie **(B)** Straße zur Tiefebene (8). Letztere erreicht ansteigend den Inselgipfel Haen. Eine Weiterwanderung z.B. nach Måstad oder Vogelfelsen ab dort ist wegen steil abstürzenden Felsen nicht möglich.

Um Tussen (A) zu erreichen, benötigt man ab Hafen Sorland eigenes Auto oder teures Taxi. Oder aber rund 1o Extra-Km an Wanderung ab Sørland Hafen zum Ausgangspunkt

Tussen. Retour sind das bereits 2o Extrakm. Der Inselbus fährt sehr selten und nur bis Nordland (nicht Tussen). Das Taxi ist daher die bessere Wahl, sofern man nicht eigenes Auto oder Fahrrad besitzt.

* Ab Tussen/Nordküste: über einen Pfad, der knapp östl. den Berg Hornet (346 m) tangiert. Er geht ab Meer und der Nordküste in einer Bergscharte östlich des Gipfels steil aufwärts. Zu überwinden sind in kurzer Strecke rund 3oo Höhenmeter, was Kondition bedeutet. Der Pfad kann rutschig sein; gutes Schuhwerk nötig! Nach Erreichen der Passhöhe Blick auf Tiefebene (8) und Hafenort Sørland. Der Abstieg ist in Orientierung klar sichtbar runter in die Tiefebene von Sørland, die dort zum Hafen Straßenanschluß besitzt (plus ca. 1,5 - 3 km). Als Trail bei klarem Wetter lohnend wegen Blick auf weite Teile des Ostens und Südostens der Insel. Zeitbedarf zwischen Tussen und Tiefebene (8) rund 1,5 Std. Hinzu kommt Extrazeit, um Start- und Endpunkt/Hafen Sørland zu erreichen, sofern kein eigenes Auto oder Taxi.

* über einen Pfad ab Tussen, der in Richtung SW am Hang des Hornet (346 m) ansteigt und den Inselgipfel Haen (438 m) erreicht. Anspruchsvolle Kraxelei in unwegsamem Gelände. Zudem rutschig bei Steilabstürzen; gutes Schuhwerk. Problem können auch aufkommende Nebel- und Regenbänke vom Atlantik bereiten. Der Trailverlauf ist in der Detailkarte „Vaerøy/ Norway“ Blatt 183o III eingetragen. Ab Tussen ca. 3 km. Bequemer ist der Gipfel Haen ab Sørland/Vaerøy auf der Erdpiste zu erreichen:

* Ab Tiefebene (8) zum Gipfel des Haen: Erdpiste, unschwer zu verfehlen. Bei klarem Wetter oben am Gipfel und NATO Radarstation Superblick, je nach Wetter Nachbarinseln Mosken und Vedøya/Røst, Lofotenwand und Gebirgskette des Festlandes. Wie bereits hingewiesen: Steilabsturz ab Gipfel SW runter ins Meer; Vorsicht bei Nebelbänken! Weiterwanderung zur darunterliegenden Bucht Sanden oder nach Måstad ist nicht möglich; außer für Extrem-Bergsteiger mit entsprechender Kletterausrüstung. Angeblich soll es ab NATO Radarstation/Gipfel im Berginneren einen geheimen Aufzug geben, der mit Gang zur Sanden- Bucht führt. So wird zumindest gemunkelt. Auf Vaerøy wollte uns dies niemand bestätigen. Dies sei „Seemannsgarn“ aus Zeiten des Kalten Krieges. Sollte es Lift und Gang tatsächlich geben, ist er Geheimsache und gewiss nicht für die Allgemeinheit, somit auch für Touristen nicht benutzbar. Abgesehen davon ist die Weiterwanderung ab Sanden- Bucht nach Måstad wegen supersteiler Felsen entlang der Küste unmöglich.

* Ab Tussen/Nordküste nach **MÅSTAD**: Eine der beliebtesten Wanderungen auf der Insel. Sie ist relativ leicht, da es kaum Steigungen gibt, benötigt aber Zeit: Tussen -> Måstad ca. 2 - 3 Std. pro Richtung. Der Trail ist unschwer zu finden und folgt zunächst kontinuierlich entlang der Nordküste unterhalb einer Steilwand, die bis zu 438 m aufragt. Mehrfach sind herabgestürzte Felsbrocken zu umgehen bzw. zu überklettern. Die Tümpel im Strandbereich sind nicht als Trinkwasser geeignet, da teils Verschmutzung durch Tiere (z.B. Schafe), oder brackig-salziges Wasser. Abgesehen

von gutem Schuhwerk muß man für den Trail Lebensmittel und Trinkwasser mitbringen, da es unterwegs keine Siedlungen gibt.

Nach rund 3,5 km Wanderung (ca. 1 1/4 - 1 1/2 Std.) ab Tussen entlang der Nordküste wird ein Einschnitt in der Gebirgskette erreicht: über einen nur rund 3o m hohen Sattel führt der Trail an die Südküste, der Bucht von Måstad. Der Trail zieht sich entlang der Bucht unterhalb der Steilwand des Breidjt (39o m) in rund 2 km nach:

## ★ Måstad (Mostad)

heute weitgehend verlassener Ort an der Bucht unterhalb des Steilhangs verschiedener Gipfel des Insel Südwestens bis 4o7 m. Noch im 19. Jhd. hatte Måstad rund 15o Einwohner, - für die Einsamkeit Nordskandinavien eine beachtliche Zahl, und sogar eigene Schule. Haupteinkunft waren

**Lunde Hund**

Benannt nach dem Vogel, den er jagte, dem Papageientaucher (= Lunde). Der Hund ist sehr klein - fast wie eine Katze - äußerst geschickt und wendig. Als einzige Hunderasse der Welt besitzt er statt 5 Krallen pro Pfote 6. Dies erleichtert ihm das Klettern in steilem Gelände und auf Geröllhalden. Dort jagte er Papageientaucher, insbes. Jungvögel in ihren schwer zugänglichen Nestern. Auch kann er sich auf Grund seines Körperbaus absolut flachlegen und in engste Höhlengänge reinkriechen zu den Nistplätzen der Vögel.

Er wurde vermutlich bereits von den Ureinwohnern der Steinzeit für die Vogeljagd eingesetzt. Auch Reisende, die im Mittelalter die Küsten Nordnorwegens (u.a. der Finnmark) besuchten, berichten von der Existenz der seltenen Hunderasse.

Als zu Beginn des 2o. Jahrhunderts in Norwegen die Hundesteuer eingeführt wurde, hatte dies zur Folge, daß sich vor allem in ärmeren Regionen Norwegens Hundebesitzer von ihren Tieren trennten. Die Insel Vaerøy war von der Hundesteuer befreit, - da der damaligen Regierung die Bedeutung der Hunde für die Inselwirtschaft und den Vogelfang bekannt war. Bis Mitte des 2o. Jhds. war sie neben Fischfang wichtigste Einnahmequelle.

Im 2. Weltkrieg drohte die komplette Ausrottung der Hunderasse wegen der Hundkrankheit Staupe. Die Hundezüchterin Elenore Christie in Hamar/Südnorwegen konnte wenige Exemplare retten und brachte sie nach Kriegsende nach Vaerøy. Damit war das Überleben der seltenen Hunderasse gesichert. Da heute der Fang von Papageientauchern verboten und eingestellt ist, werden Lundehunde als (seltene) Haustiere gehalten, dies auch in anderen Regionen Norwegens.

**Adlerfang per Hand**

Auch hier waren Inseln wie Vaerøy und Røst in früheren Jahrhunderten führend. Der Adler, König der Lüfte, wurde mit, in der Hand gehaltenen Fleischstücken angelockt. Sobald sich der Adler in der Beute mit seinem scharfen Schnabel festgebissen hatte, wurde er von den Adlerfängern am Hals gepackt und erdrosselt. Bzw. an seinen Füßen festgehalten, um ihn am Weiterflug zu hindern. So zumindest das Ziel.

PAPAGEIENTAUCHER (=Lundevögel)

Fischerei und Vogelfang. Der gebratene Papageientaucher ein Leckerbissen, zudem gab es ihn in Hunderttausenden an den Felsen des Måstadheia, wo der Vogel seine Nistplätze hatte. Zum Fang wurde eine spezielle Hundeart, der Lundehund, eingesetzt. Er ist äußerst wendig am Steilhang und war sehr geschickt im Vogelfang (siehe Kasten).

Die Bewohner von Måstad hatten neben Fischerei Schafzucht und je 1- 3 Kühe zur Eigenversorgung. Allein das Mähen des Grases am extrem steilen Hang war äußerst beschwerlich. Das Gras diente als Tierfutter, wurde zu Ballen geschnürt bzw. in Säcke verpackt, den Hang runtergerollt und am Meer in Booten zum Hof gebracht.

Vogelfleisch wurde in Fässern mit Salz für den Winter haltbar gemacht, teils auch exportiert. Eine weitere Leckerlei für die Bewohner waren die

---

Ein nicht ungefährliches Unterfangen der Adlerfänger. Sie hatten sich in den steil abstür zenden Felsen versteckt und getarnt. Es galt, den Adler mit seinen superscharfen Augen zu überlisten. Sie sind so scharf, daß sie selbst aus 1.ooo m Höhe eine Maus auf dem Erdboden als Beute identifizieren können. Ebenso kann der Adler zwischen „echter Beute“ und „Pseudo“ unterscheiden. Perfekte Tarnung der Adlerfänger war daher elementar.

Hatte sich der Adler in der Beute festgebissen, begann der schwierigste Teil des Adlerfangs. Der Vogel gab keinesfalls die Beute frei, rüttelte an ihr - bei der Gefahr, daß der Vogelfänger in die Tiefe stürzte. Andere Methode war eine Fangleine, die von in Höhlen versteckten Adlerfängern zu außerhalb ausgelegter Beute führte. Hatte sich der Adler in der Beute festgebissen, wurde die Leine eingezogen. Gegen den scharfen Schnabel des Adlers schützten sich die Fänger durch spezielle Handschuhe, die sich bis auf den Oberarm hinaufzogen.

Im 19. Jhd. wurden jährlich variierend rund 4o- 9o Adler gefangen. Somit keine wirtschaftlich bedeutende Einkunft, sondern vorrangig Sport mutiger Einheimischer. Verbot der Adlerjagd in den 6o-er Jahren des 2o. Jhds.

Vogelfang per Netz, Gewehr und Eiersammeln siehe „Insel Røst“.

Vogeleier der Dreizehenmöven als Spiegelei oder in Omeletts verarbeitet. Der Ort Måstad hatte bis Ende 19. Jhd. gewissen Wohlstand erhalten, nicht zuletzt wegen der reichen Fischgründe der Insel und vorgelagerter Bänke exponiert im Nordatlantik.

**Geschichte**

Gemäß Funden bei Eidet (an der Landenge zwischen Gipfeln Haen und Måstadheia) besiedelt bereits ca. 9oo v. Chr. Archäologen erforschten in Höhlen bei der Sanden Bucht Höhlenmalereien, die aus der Zeit ca. 3.ooo v. Chr. stammen. Måstad dürfte als kleine Fischersiedlung im frühen Mittelalter bestanden haben. Schriftliche Quellen der Steuerabgaben bestätigen dies.

Problem der Siedlung Måstad das sehr flache Ufer ins Meer, - zudem abhängig von Ebbe und Flut. Bei Ebbe zieht sich das Meer rund 3o m zurück. Die früheren kleinen Nordlandboote der Fischer konnten an Land gezogen werden. Für sie war das flache Wasser kein Problem.

Als zur Wende ins 2o. Jhd. dann zunehmend motorisierte Schiffe mit größerem Tiefgang die früheren flachen Nordlandboote ablösten, - fehlte es an adäquatem Hafen mit entspre-

MÅSTAD Ende des 19. Jahrhunderts. Damals ein für nordische Verhältnisse florierendes Fischernest. Das Foto zeigt zugleich das sehr flache Ufer bei Ebbe.

TRAIL ZUM VOGELFELSEN

chendem Tiefgang. Dies war Beginn des Niedergangs der Siedlung: Einflußreichere Fischer verlagerten ihren Stützpunkt nach Vaerøy/Sørland oder z.B. Kabelvåg/Lofoten.

Nach Ende des 2. Weltkriegs versuchte die norweg. Regierung u.a. auch Måstad wirtschaftlich zu fördern durch den Bau einer Straße ab Nordland. Reste des Straßenbauversuchs sind heute noch zu sehen bei der Wanderung. Wegen Erdrutschen von Steilhängen wurde das Projekt aufgegeben und die Bewohner von Måstad mit Prämien zum Umzug nach Sørland/Vaerøy bewogen.

Der letzte Einwohner verließ Måstad 1974. Seither verfiel der Ort, bzw. wurden die Häuser als Weekendquartier genutzt. Bis heute sind einige renoviert, andere wurden abgerissen.

Im Sommer kleinere Ausflugsboote ab Sørland/Hafen nach Måstad mit Kurzbesuch an Land. Anschließend Weiterfahrt um die Südostspitze Månesodden und weiter zum Vogelfelsen mit Blickpunkt ab Meer. Fernglas mitnehmen! Der in jedem Fall bequemere und sicherere Weg, die Vögel zu beobachten (Details siehe Vogelfelsen).

Buchung der Bootstrips in Sørland/Vaerøy im Tourist Büro bzw. in Hotels oder Rorbuers. Zwischen Juni und Mitte/Ende Aug. angeblich tägl. Fahrten. In Realität aber abhängig von der Anzahl der Urlauber, die sich für den Bootstrip treffen, d.h. ob er sich für den Kapitän lohnt.

## ★Vaerøy Vogelfelsen

Befindet sich westl. von Måstad an der Südwestspitze unterhalb des Inselgipfels Måstadheia. Hier nisten hunderttausende von Seevögeln, Eldorado für Vogelbeobachter. Derartige Vogelfelsen gibt es an der nordnorwegischen Küste viele, - die von Vaerøy hat den Vorteil, daß die Insel weit im Nordatlantik vorgelagert ist, von daher u.a. Artenvielfalt.

Der Vogelfelsen kann per Boot ab Sørland (siehe oben) erreicht werden, - oder zu Fuß über einen steilen Pfad ab Måstad. Detailkarte Vaerøy 183o III des Statens Kartverk zeigt den Trailverlauf inkl. Höhenlinien. Es geht ab Måstad am Hang extrem steil auf. Der Aufstieg ab Meereshöhe/Måstad zur Hochebene am Måstadheia benötigt gut 1 1/2 Std. oder mehr je nach eigener Kondition und Wetterbedingungen. Zudem gefährlich, da bei feuchtem Wetter der Trail im Steilabstieg sehr rutschig sein kann bei oft fast senkrechtem Bergabsturz.

Wegen der Masse an Vögeln gibt es zudem Kot, der bei Regen oder selbst hoher Luftfeuchtigkeit den Pfad auch bei guter Profilsohle äußerst rutschig macht. Warnung: es hat eine Reihe tödlicher Unfälle gegeben - sowohl im Bereich des Aufstieges, - wie auch bei der Weiterwanderung zum Steilfelsen Meer, wo die Vögel nisten. Zudem Erschwernis in Orientierung sind Nebelschwaden - und dichte Regenschauer, die der Atlantik auf die Insel drückt.

Zu sehen gibt es die Vögel per Trail ebenfalls nur aus großer Entfernung. Absolute Fans der Vogelbeobachtung campieren daher auf dem Plateau am Måstadheia. Wärme-, Regenschutz sowie Lebensmittel und Wasser nötig.

| Fläche: | 11,2 qkm |
|---|---|
| Einwohner: | 66o |
| Hauptort: | Røstlandet |

# INSELGRUPPE RØST

*Mehr als 36o Inseln und kleinste Inselchen. Zählt man die Vielzahl an Felsklippen noch hinzu, dürfte man auf mehrere tausend Inselchen kommen. Die höchsten und größten sind die Felsklötze Verdøya (2o2 m) und Storfjellet (259 m), heute unbesiedelt, aber Nistplatz von mehr als 2,5 Million von Seevögeln.*

*Nur die Hauptinsel RØSTLANDET ist bewohnt. Absolut flach steigt sie nur ca. 5- 1o Meter aus dem Meer. Ein tief von Wasser zerfurchtes Eiland. Bei Schlechtwetter peitschenWind und Regen über die Insel.*

*Nur sehr wenige Unterkünfte. Verbindung per Schiff oder kleinen Propellermaschinen der Wideroe. Die Inselgruppe liegt rund 115 km nördlich des Polarkreises, weit draußen im Atlantik. Sie ist das Ende der Lofoten-Gebirgskette, die hier nur noch mit ihren Gipfeln aus den Wasser schaut.*

Tourist INFO

Geöffnet Mitte Juni bis Mitte August: 9- 12 und 18- 21 Uhr sowie bei Ankunft der Fähre. Vermittlung von Privatquartieren (sofern vorhanden) und Infos plus Buchung für Ausflüge zu den Vogelfelsen Verdøya. Tel.: 76o.964.11, Fax: 76o.961.o5.

## ★ Røstlandet (ca. 66o Einw.)

An Fläche größte der Inseln, ca. 6 x 6 km, absolut flach wie ein Kuhfladen, maximale Erhebung 11 m. Kleinere, vorgelagerte Inseln wie Glea und Tjuvøya sind mit der Hauptinsel durch kurze Brücken verbunden.

Die Siedlung lebt von Fischerei, weiterverarbeitende Betriebe, - die Wohnhäuser weit verteilt auf dem „Rest" der Insel. Im Ortszentrum Bank, Lebensmittelgeschäft, kleineres Restaurant und Inseltreff, Tankstelle und Übernachtungsquartiere. Letztere veranstalten im Sommer Ausflüge zu den Vogelfelsen der steil aufragenden Nachbarinsel Vedøya, Details dort.

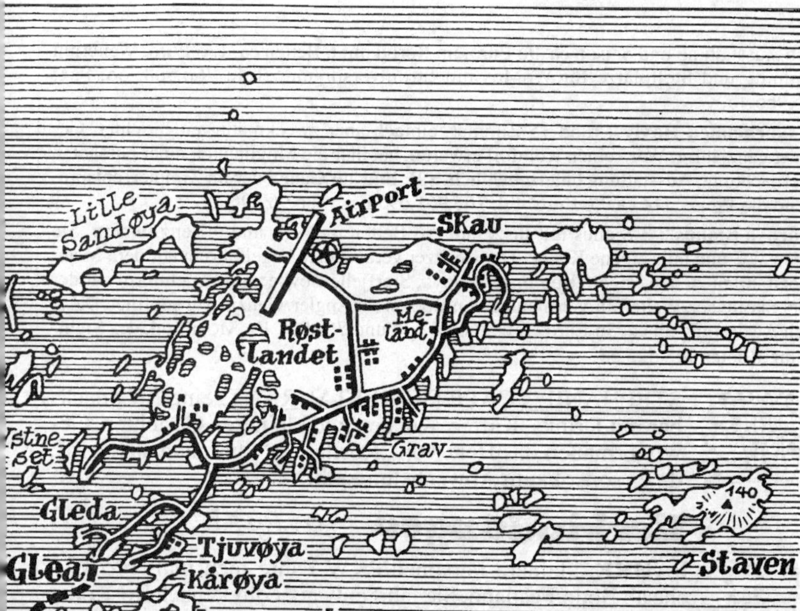


Keine speziellen Sehenswürdigkeiten. Es gab mehrere Ortskirchen über die Jahrhunderte, die als Landmarke der Orientierung mit ihrem Turm für Seefahrer dienten, - aber von Orkanstürmen zerstört und neu aufgebaut wurden. Eine 1835 gebaute Kirche blies der Wind weg, Neubau etc.

Es gibt nur wenige Zimmer, sie sind oft von Hobbyfischern ausgebucht. Vorreservierung ist daher empfehlenswert.

„**Røst Turistsenter**“: zweistöckiges Hauptgebäude mit Restaurantvorbau. 1o einfach eingerichtete Zimmer, ganzjährig geöffnet. DZ je nach Ausstattung und Saison ca. 9o Euro, im Rorbu mit 6 Betten ca. 13o Euro. Weiterhin Camping und Stellplätze für WoMos mit Stromversorgung. Tel.: 76o.5o8. oo, Fax: 76o.96o.4o.

„**Fiskarheimen Havly**“: rund 15 Zimmer, einfach aber zweckmäßig eingerichtet. Geöffnet ganzjährig. Wer keinen Komfort erwartet, hat hier die Möglichkeit einer passablen Übernachtung. Ausstattung unterschiedlich, z.B. Bad auf Gang oder im Zimmer, entsprechend die Preise: DZ ca. 8o Euro. Tel. 76o.961.o9, Fax: 76o.969.96.

„**Kårøya Sjøhus**“: 3 Sjøhus mit insgesamt 56 Betten in 2-, 4- und 6 Bettzimmern. Sie haben WC und teils eigene Küche. Der Besitzer veranstaltet Angelfahrten auf dem Meer, Bootsfahrten zu den Vogelfelsen Insel Vedøya, Storfjellet sowie zum Leuchtturm auf der Insel Skomvaer. Weiterhin Vermietung von Booten für Angler. Ganzjährig geöffnet. DZ je nach Auslastung ab ca. 3o Euro. Tel.: 76o.962.38 und 76o.961.18. Mobilfunk des Sightseeing Bootes 948.525.53.

STEPHANIE's CAFE OG RESTAURANT: eine Art Snackbar mit Drinks, Kaffee, Kuchen und kleineren Gerichten. Gewissermaßen das Herz von „Røstlandet“, wo man sich trifft, da es sonst kaum Abwechslung gibt.

## Verbindungen ab Røst

**FÄHRE**: kleinere Personen/PKW Fähre mehrmals pro Woche ab Bodø/Festland. Sie fährt entweder direkt nach Rost oder über Moskenes und Vaerøy. Details Seite 32o Bodø Verbindungen. Achtung: die Überfahrt kann je nach Wetterbedingungen sehr bewegt sein, daher nichts für Leute, die zu Seekrankheit neigen. Auch sollte man einen gewissen Zeitpuffer beim Besuch einplanen, da bei extrem schlechtem Wetter der Fährbetrieb aus Sicherheitsgründen eingestellt wird. Pro Person ca. 25 Euro, PKW ca. 6o Euro, Preise jeweils einfach.

Automitnahme lohnt nicht. Die wenigen Straßen befinden sich ausschließlich auf Røstlandet und verbinden dortige Privathäuser. Wer trotzdem mit eigenem Auto reist: Vorbuchen sinnvoll (OVDS, Tel.: 761.182.16, Fax: 761.182.o1), www.ovds.no. Kostet rund 25 Euro extra.

Moskenes/Lofoten-> Røst via Vaerøy: 2 mal/Woche, Überfahrt 3 3/4 Std., Person ca. 15 Euro, PKW ca. 5o Euro.

Insel Vaerøy -> Insel Røst: 2 mal/Woche, Überfahrt 2 1/4 Std, Person ca. 1o Euro, PKW ca. 4o Euro. Auch hier gilt: bei extrem Schlechtwetter wird der Fährbetrieb eingestellt; daher für den Besuch Zeitpuffer einbauen.

**FLUG**: das Flugfeld liegt im Norden der Insel. Verbindung mit kleine Propellermaschinen der Wideroe ab Bodø/Festland 4 mal pro Woche, Flug ca. 4o Min. Sowie tägl. ab Leknes/Lofoten, Flug 25 Min. Je nach Wetterbedingungen kann der Flug sehr lohnen, da es entlang der Lofotenwand geht mit teils Superblick. Wer Leknes Ri. Røst fliegt: rechts sitzen. - Tel.: Wideroe Røst: 81o.o1.2oo.

**FAHRRAD**: Da die Insel Røstlandet absolut flach ist, bietet sich ein Rundtrip auf dem Fahrrad an. Problem sind nicht starke Steigungen, sondern kräftige Gegenwinde, die einiges an Kondition benötigen. Fahrradvermietung: Info im TI, bzw. in den Rorbuers fragen. Leider sind die Drahtesel nicht immer in bestem Zustand, daher vor Anmiete kurze Probefahrt.

Die Insel RØSTLANDET ist zerfurcht vom Meer, insbes. im Westen und Inselzentrum ein feuchtes Sumpf- bzw. Weideland mit einer Vielzahl von Tümpeln und Seen. Sie sind Nistplatz von Watt- und Singvögeln, aber auch für u.a. Seeschwalben, Eiderenten, Austernfischer, Papageienvögel und Möven. Ein Eldorado für Ornithologen - die meisten Vögel aber auf den vorgelagerten Berggipfeln der Inseln Vedøya und Storfjellet, Details siehe unten.

Orientierung für die Seefahrt: da die Insel sehr flach ist, kann man sie von der Ferne nicht sehen: sie verschwindet unter dem Horizont. Für die Seefahrer früherer Jahrhunderte, - aber auch heutige Fischer - sind die beiden Landmarken * Inselgipfel Staven (14o m, östlich) und * Vedøya (2o2 m, südwestlich von Røstlandet) daher wichtige Orientierungspunkte. Diese Gipfel ragen auch von Weitem markant aus dem Horizont.

## ★ Inseln Vedøya, Storfjellet bis Skomvaer Leuchtturm

Vedøya, die größte Vogelkolonie Norwegens. Fast alle auf der Welt vorkommenden Seevögel-Arten sind hier anzutreffen. Auch die Zahl ist gewaltig: die Wissenschaftler schätzen rund 2,5 Millionen (!) Vögel; die meisten sind zur Brutzeit anwesend, um dann weiterzuziehen.

Während die heutige Hauptinsel Røstlandet kuhfladenflach ist, erhebt sich die rund 3 km südwestl. entfernte **Insel VEDØYA** als steiler Berggipfel bis zu 2o2 m aus dem Meer. Je nach Blickwinkel sieht sie wie ein „*Hut im Meer*" aus mit ihren fast senkrechten Felswänden. In ihrer Nordbucht wurden die ältesten Siedlungsspuren der Røst-Inselgruppe gefunden. Sie stammen aus der Steinzeit. Details siehe Geschichte.

Wegen ihrer Nähe zu Røstlandet ist die **Insel VEDØYA** Hauptziel der Bootsausflüge zu Vogelfelsen. Fahrten mit dem Motorboot „Inger Helen" (15 Personen) können gebucht werden: „Kåren Sjøhus", Røstlandet, Tel.: 76o.962.38 und 76o.961.18. Mobilfunk des Sightseeing Bootes 948.525.53.

**INSEL STORFJELLET**: der höchste Gipel der Rost- Inselgruppe. Erhebt sich bis zu 279 m fast senkrecht aus dem Meer. Ebenfalls große Vogelkolonien. Da weiter ab Røstlandet entfernt, wird für Bootsausflüge zu Vogelfelsen meist die Insel Vedøya und nicht Storfjellet besucht.

**INSELN ELLEVSNYKEN, TRENYKEN und HAERNYKEN**: Mini-Inseln im Nordatlantik, die die Inselkette fortsetzen. Sie erheben sich als

SÜDSPITZE LOFOTEN: Blick Nähe Skomvaer-

steile Bergklötze mit 97 - 143 m aus dem Meer.

**SKOMVAER LEUCHTTURM**: auf der gleichnamigen Insel im äußersten Südwesten der Lofoten. Er wurde 1877 gebaut und war damals elementares Leuchtfeuer für die Seeleute in ihren reichen Fischgründen um Røst. Der Leuchtturmwärter hatte extreme Langweile in totaler Einsamkeit fernab in den Weiten des Nordatlantiks: kein Leuchtturm Norwegens ist derart weit vom Festland entfernt!

Der Maler Theodor Kittelsen war 1877/1899 Hauslehrer der Kinder des Leuchtturmwärters. Dies zumal seine Schwester mit dem Leutturmwärter verheiratet war. Von ihm stammen u.a. Illustrationen der Inselgruppe und Vögel. Danach war der Maler die Einsamkeit leid - und der Leuchtturmwärter mit Frau und Kindern wieder solo.

Ein Mini- Eiland von 12 m Höhe, - Gras für limitierte Schafzucht, Winde, Wolken, Regenschauer und Nebelbänke. 197o wurde das Leuchtfeuer automatisiert - damit auch die „Einsamkeit des Leuchtturmwärtes“ beendet.

Im Sommer Ausflugstrips mit dem Motorboot „Inger Helen“ ab Røstlandet zum Skomvaer Leuchtturm. Die Abfahrten sind abhängig, ob sich genügend Passagiere für den Trip finden. Ansonsten muß man das Boot chartern, was teuer werden kann. Preise vorab vereinbaren. Die Fahrt zur südlichsten Spitze der Lofoten berührt zugleich alle wichtigen Røst-Inseln mit Vogelfelsen. Kontakt zu Abfahrten: „Kårøya Sjøhus“: Tel.: 76o.962.38 und 76o.961.18. Mobilfunk des Sightseeing Bootes 948.525.53.

**Geschichte der Røst- Inselgruppe:** erste Siedlungsspuren zur Steinzeit. Auf der INSEL VEDØYA in der Nordbucht Grindteigen fanden Archäologen Fundamente von 26 Häusern sowie 14 Landestellen für Boote. Das älteste der Häuser stammt von 2.875 v. Chr., andere Häuser von 1.425 v. Chr., 38o v. Chr. sowie 695 n. Chr. (Wikingerzeit). Die Messung des Alters der Häuser nach der Radiocarbon Methode. Ob die Bucht permanent über die Jahrtausende besiedelt war, ist nicht gesichert.

INSEL TRENYKEN: in der Höhle Helvete, die tief ins Berginnere führt, wurden Höh -

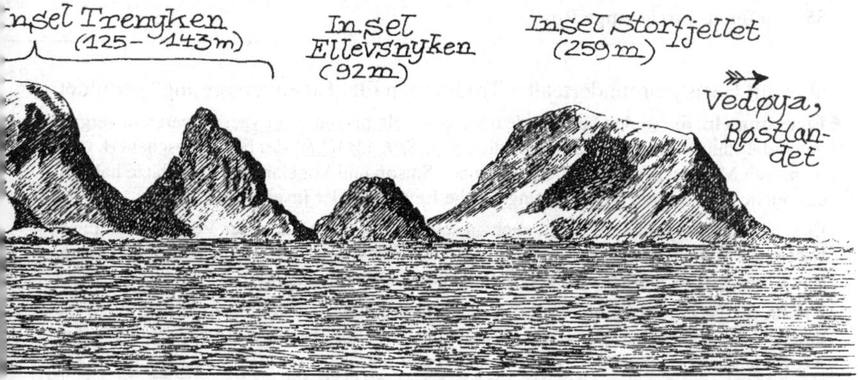

euchtturm auf vorgelagert Inseln Ri. Nordost.

lenmalereien gefunden. Es handelt sich um „Strichmännchen"- Zeichnungen, - weiterhin Schnitzereien auf Robbenknochen, die die Forscher auf die Zeit ca. 1.5oo v. Chr. datieren.

<u>INSEL STORFJELLET</u>: Funde einer Besiedlung in der Nordbucht <u>Sanden</u> aus der Zeit der Wikinger bis Mittelalter sowie an der Südküste <u>Husan</u> der Insel.

<u>INSEL RØSTLANDET</u>: Archäologen fanden im Erdreich Werkzeuge, Reste von Keramikgefäßen und andere Gegenstände für den alltäglichen Gebrauch, - Schmuck und andere Kunstgegenstände dagegen nur äußerst selten. Es wird vermutet, daß Røstlandet zu ähnlicher Zeit wie die anderen Inseln des Archipels besiedelt war, - also u.U. bereits seit der Steinzeit oder spätestens seit der Wikingerzeit. Genaue Zeitbestimmung ist schwierig, da die Fundstellen von vielen späteren Generationen bis heute überbaut sind.

Die Meer zwischen <u>Røstlandet</u> und <u>Skomvaer</u> ist relativ flach, im Schnitt Tiefen von Null bis 2o m. Für die <u>Fischerei</u> optimal, da mit Netzen der Fisch nicht aus großen Tiefengefangen werden muß.

Zugleich ein <u>gefährliches Gewässer</u> wegen Untiefen und zahlreicher Mini-Felsklippen, auf die die Fischerboote bei Wind und/oder Nebelbänken hingetrieben werden konnten. Die <u>Fischerei</u> im Røst - Archipel war über die Jahrhunderte ein gefährliches Geschäft, - es gab jedoch weitere Einkünfte:

<u>Vogelfang und Eier- Einsammeln</u>: war wichtige Einnahme der Røst Bewohner, - sei es zu Eigenversorgung an Nahrung zu kargen Wintermonaten, - oder Verkauf z.B. in Salz haltbar gemachtem Vogelfleisch des Papageientauchers. Der Fang ist heute verboten, ebenso das Eiersammeln, - wird

aber auf Basis jahrhundertealter Traditionen für „Eigenversorgung“ geduldet.

★**Eiersammeln**: die steilen Felswände der Røstinseln bis hin Insel Vaerøy waren in vergangenen Jahrhunderten gewissermaßen die „*SPEISEKAMMER*“ der Einheimischen. Bei den mehreren Millionen Vögeln, die dort je nach Saison und Vogelart ihre Nistplätze haben, - ein reiches Auskommen an Nahrung für die Bewohner der Inselgruppe.

Es war Sport der Einheimischen, auch an schwierigste Nistplätze der Vögel zu kommen. Hier wurden die Eier eingesammelt. Sie hielten sich konserviert in trockenem Sand mehrere Monate, teils wurden sie auch in Salzlauge haltbar gemacht.

Um an die Nester zu kommen, seilten sich die Männer am Steilfelsen ab, ein nicht ungefährlicher Job, siehe auch Illustration rechts. Gefahren bestanden u.a. wegen Winden, weswegen das Seil pendeln konnte. Der Eiersammler hatte zum Einsammeln ein Netz an langem Stecken. Damit mußte er ins Nest „reingreifen“ und versuchen, die Eier ins Netz zu bekommen. Bei schwankendem Seil schwierig bis unmöglich; in der Illustration re. sitzt der Eiersammler auf einem dünnen Baumstumpf. Dieses gibt ihm „Positions-Halt“, um mit Stange und Netz ins Nest reinzugreifen.

Die Eier wurden in Blecheimern per Seil raufgeholt. Hierbei galt es, daß die Eimer nicht bei Winden an die Felswand donnerte, wobei der Inhalt/Eier kaputtging. Die Eiersammler von Røst und Vaerøy waren Experten. Sie kannten die Felswände zu Nistplätzen im Detail. Tödliche Abstürze waren Rarität.

Das Eiersammeln diente primär der Eigenversorgung der Fischer und brachte Abwechslung in der ansonsten monotonen Küche: jeden Tag Fisch, Fisch, Fisch... Die Vogeleier wurden in früheren Jahrhunderten in geringem Umfang auch im Tauschgeschäft gegen Werkzeuge, Angelleinen, Bauholz für Hütten etc. eingesetzt. Bis Mitte des 2o. Jhds. expandierte der Handel mit Vogeleiern. Aus Gründen des Artenschutz ist er heute verboten.

★**Daunen der Eiderenten**: für Vogelfänger waren ihre Nester interessant. Die Weibchen bauen ihre Nester mit ihren weichen und sehr warmen Federn (Daunen), die sie sich mit dem Schnabel vom Bauch abzupfen. Für die Jungvögel bedeutet dies kuschelige Nestwärme, - für die Vogelfänger waren die Nester doppelt interessant: einmal wegen der Eier, zum anderen wegen der Daunen. Letztere waren wichtig in Daunendecken, die die Fischer nachts in ihren Betten vor Kälte schützten. Für 1 kg Daunen mußten allerdings rund 6o Nester geplündert werden.

Bei der riesigen Anzahl an Vögeln im Røst Archipel war die Suche nach Daunen und Eiern der Eiderenten zunächst kein Schaden für den Fortbestand der Vogelart. Heute wird die Eiderente an anderen Stellen Europas in Vogelfarmen gezüchtet, um Daunen zu gewinnen. Dies geht dort bequemer, als die Kraxelei an Røst oder anderen Felsen.

★**Vogelfang**: wurde in früheren Jahrhunderten per Netz betrieben. Die Vogelfänger warfen große Netze von Steilfelsen runter, in denen sich die Vögel verfingen. Anschließend wurde das Netz an Seilen raufgezogen, - vergleichbar der Netzfischerei im Meer.

Bei den Millionen von Vögeln, das Røst Archipel besuchen, Vaerøy und die Inseln der Vesterålen, - zunächst kein gravierender Schaden für den Artenbestand der Vögel, - da der Netzfang für den Eigenbedarf der Inselbewohner realisiert wurde.

Der Netzfang hatte entscheidenden Nachteil: auch Jungvögel (wichtig für den Fortbestand der Art) gingen ins Netz. Ende 19. Jhds. wurde der Fang per Netz verboten, wohl aber das Gewehr erlaubt. Die Einwohner protestierten: per Gewehr seien Vögel erheblich mehr geschädigt, - wenn beispielsweise ein Schuß daneben geht und der Vogel statt zu

EIERSAMMELN auf Røst und Vaerøy an Steilfelsen, ein nicht ungefährlicher Job. Illustration Ende 19. Jhd.

sterben mit Verletzung weiterfliegt. In Realität ging es den Vogelfängern eher darum, daß per Gewehr abgeschossene Vögel erheblich schwerer „einzusammeln“ waren, als solche per Netz.

Der Vogelfang auf der Røst Inselgruppe und Vaerøy expandierte bis Mitte des 2o. Jhds. So wurden während des 2. Weltkrieges bis zu 2oo.ooo eingesalzene Papageientaucher jährlich exportiert. Vogelfang per „Lundehund“ und „Adlerfang“ siehe Vaerøy. Heute ist Vogelfang aus Gründen des Artenschutzes generell verboten.

★**Wirtschaft**: nach wie vor ist Fischfang wichtigste Einkunftsquelle. Hinzu kommt seit Anfang der 9o-er Jahre/2o. Jhd. die Schafzucht auf Røstlandet zu kommerziellem Zweck. Die Tiere haben auf der Insel gute Bedingungen: Milde Winter und perfekt gedüngte Wiesenflächen wegen der vielen Vögel und ihrem Kot. Das Problem profitabler Schafzucht auf Røstlandet (Verkauf von Fleisch und Wolle) liegt u.a. in der extremen Abseitslage der Insel. Zum Produktpreis addieren sich Transportkosten. Auch kann Wolle aus anderen Billigländern preiswerter angeboten werden. - Der Tourismus spielt untergeordnete Rolle. Es sind vorwiegend Hobbyangler und Ornithologen, die die Insel besuchen.

★**Pietro Querini**: venezianischer Adeliger, war 1431 mit einem Handelsschiff von Kreta/ südliches Mittelmeer nach Flandern/heutiges Belgien unterwegs. An Bord 68 Mann, Wein von Kreta. In der Nordsee wurde das Schiff von mehreren Unwettern getroffen und versank. 11 Überlebende retteten sich in ein Boot und wurden nach langer Odyssee an die Küste einer einsamen Insel (Lille Sandoya) westl. von Røstlandet getrieben.

Den Winter verbrachten sie auf der einsamen nordnorweg. Insel, wurden gerettet von Bewohner der Nachbarinsel Røstlandet. Dort überwinterten sie in deren Häusern 1431/32. Sie erlebten den Fischfang im Winter, die Lebensweise der Bewohner von Røst (z.B. „verschließen ihre Häuser nicht, jeder ist ehrlich“. Für die Venezianer war dies keine Selbstverständlichkeit, da sie sich zu Hause mit Schlüssel vor Einbruch schützen mußten und je nach Größe ihres Palazzios auch ihre eigene Wächter hatten). - Sie erlebten insbes. auch die Herstellung von „Trockenfisch“, - wie die Einheimischen von Røstlandet den Fisch auf Stangen trockneten, bis er hart wie Holzbretter wurde.

Nach den Wintermonaten auf Røstlandet kehrten im Mai 1432 Quirini und die Überlebende der Havarie zurück in die Zivilisation: Sie gingen an Bord eines Segelschiffes, das von Røst nach der Fangsaison Fisch nach Bergen/Norwegen brachte und gelangten von hier in ihre Heimat Venedig.

Über die Reise wurde ein Bericht geschrieben, der als einer der ältester von Røst/Lofoten gilt. Er gibt fundierten Einblick in das Leben der Bewohner. Aus heutiger Sicht erstaunt es, wie die Schiffbrüchigen eine derart weite Strecke in einem kleinen Rettungsboot bis Røst zurücklegen konnten, - dies ohne Sicht auf die Küste Dänemarks sowie Norwegens und dort an Land gehen zu können. Auch war es sicher 1432 eine Sensation, daß Schiffbrüchige von Venedig nach Røst kamen. In mündlichen Berichten wäre dieses Ereignis sicher von Generation zu Generation weitergegeben worden, - besteht jedoch nicht!

Andererseits wurde der Reisebericht bereits im 15 Jhd. publiziert und findet sich in historischen ital. Bibliotheken so u.a. in der Bibliotheca di San Marco/Venedig. Auch sind die geograph. Angaben der Røst Inselgruppe erstaunlich genau. Ob abgeschrieben wurde von anderen Reiseberichten - oder die Reise tatsächlich stattfand, ist nicht gesichert.

VESTERÅLEN
Stø
Langenes
Nyksund
Klo
Gisløy
ANDØYA
KARTE S.594
MYRE
Øksnes
Alsvåg
Tunstad
Smines
Holm
RV821
Frugga
Hovden
Elvenes
Sandset
Nykvåg
Sund
RV820
Jennestad
Reka
RV820
Holmstad
Straumsjøen
Guvåg
EIDSFJORD
Strand
Straume
Sto-pollen
SORTLAND
Skata 748 m
Straum-Steine
Bø
E10
Airport
Bretvik
Stokmarknes
Taen
HADSEL
Hennes
Kalfjord
Møy-salen 1.262 m
Ånstad
E10
HADSELFJORD
Melbu
Lonkanfjord
Fiskebøl
S. 455 SVOLVAER
ANSCHLUSS KARTE SEITE 471
LÖDINGEN, HARSTAD, NARVIK S.594
N
Tromsø
Trondheim
Oslo

# VESTERÅLEN

www.visitvesteralen.com

*Inselgruppe nördlich angrenzend der Lofoten. Die Landschaften teils sanfter und weniger spektakulär als die der Lofoten.*
*Hügellandschaften, aber auch Bergketten bis rund 800 m. Die Inselgruppe ist von vielen Meeresarmen und Fjorden zerklüftet. Fruchtbare Weideland, teils bewaldete Bergketten, oft auch karger Fels.*

*Wichtigste Siedlung SORTLAND mit Supermärkten, Kaufhaus - der beste Versorgungsstützpunkt der Region. - STOKMARKNES lohnt wegen Hurtigruten Museum (u.a. ehemaliges Linienschiff der Gesellschaft im Original), - in MELBU Heimatmuseum zur Geschichte der Region.*

*Die INSEL ANDØY besitzt spektakuläre Sandstrände, Bergketten, aber auch Moorgebiete kaum höher als der Meeresspiegel. Hier wurden Hausfundamente aus der Steinzeit ausgegraben. Ab Andenes/Insel Andøya besteht im Sommer eine tägl. Autofährverbindung nach Gryllefjord/Senja Halbinsel mit Straßenanschluß an die E 6.*

*Höchster Berggipfel der Vesterålen ist der MØYSALEN (1.262 m). Er erhebt sich auf der INSEL HINNØYA, die in ihrem westlichen Teil zum Gemeindegebiet der Vesterålen gehört.*
*Ansonsten kleine Fischerhäfen, Buchten, Wandermöglichkeiten und viel an landschaftlicher Schönheit zu entdecken. Die Vesterålen sind im Hochsommer weniger von Tourismus überlaufen als die Lofoten.*

**EINSTIEG VESTERÅLEN**
In der Regel bequemster Einstieg ab Svolvaer/Lofoten über die E 10 und Fähre ab Fiskebol nach Melbu/Vesterålen. Details siehe unten.

* Alternative: von der E 6/Festland Bognes: nach Lødingen (Fähre). Erreicht den östlichen Teil der Vesterålen. Details siehe Seite 390.
* Alternative: von der E 6/Festland Narvik: durchgehende Straßenverbindung ohne jegliche Fähren, - aber riesiger Umweg bei der Anreise vom Süden. Sinnvoll nur, wer Vesterålen und Lofoten als Rundtrip kombinieren will - und/oder ab Vesterålen die E 6 bei Narvik erreichen möchte.
* Vesterålen (Insel Andøya) -> Halbinsel Senja: Fähr-Querverbindung nur im Sommer. Sinnvoll, wer ab Vesterålen weiter Richtung Nord, somit Tromsø, Hammerfest und Nordkap etc. reisen möchte.

## Svolvaer/Lofoten -> Fiskebol -> Melbu/Vesterålen

Der erste Abschnitt Svolvaer/Lofoten bis Fährhafen Fiskebol gut ausgebaute E 10, mehrere Campingplätze, Details siehe S. 468. Dort auch zusätzliche Detailkarte und Infos zur Alternativroute via Hannøy -> Kaljord.

MØYSALEN (1.262 m): höchster Berggipfel der Vesterålen und Lofoten, bei klarem Wetter grandioser Rundblick! Einer der beliebtesten Gipfel der Region bei Bergwanderern. Zu erreichen entweder * ab Fiskebol über die neue E 1o Richtung Ost rund 2o km bis zum kleinen Fähranleger Hannøy (ausgeschildert). Hier ca. 3 mal tägl. Abfahrt eines kleinen Fährschiffes in knapp 1 Std. rauf nach KALJORD. Es gibt einen Bus ab Svolvaer bis Hannøy. Abprüfen, ob er Anschluß an die Fähre nach Kaljord besitzt. Selbes gilt für die Rückfahrt, sonst hängt man in Hannøy fest. Die Fähre transportiert in geringem Umfang auch Autos.

Oder: * ab Sortland/Vesterålen über die Sortland Brücke und Straße an der Ostseite des Sortland-/Hadselfjords in ca. 5o km nach KALJORD.

In Kaljord beginnt der Trail zum Berggipfel Møysalen. Er führt zunächst am Nordufer des Lonkanfjord und steigt an seinem Ende in einem Bergtal Ri. Ost steil bergan. Seitlich am Hang Reste einer Eisenerzmine. Sie wurde Ende das 19. Jhds. mit deutschem Kapital angelegt. Probebohrungen ließen damals große Eisenerzschätze im Berg vermuten. Daraufhin wurden am Fjord Kaianlagen zum Erzverladen gebaut, ein 2,5 km Gleis verlegt und eine Material-Seilbahn zum Eingang der Mine in 5oo m Höhe installiert. Die Hoffnungen auf Erzreichtum erfüllten sich nicht; 1914 wurde die Mine wegen Unrentabilität geschlossen.

Ab Talende steigt der Trail sehr steil rauf. Rund 7 km ab Kaljord bis zum Gipfel. Eine in jeder Hinsicht anspruchsvolle Bergwanderung. Zum einen wegen der Länge der Strecke (retour ca. 15 km) und erheblicher Steigung von Meereshöhe/Fjord rauf in 1.262 m. Ausrüstung: gutes Schuhwerk, Regenschutz, warme Kleidung, Lebensmittel, Detailkarte, Kompass. Für die Gipfelbesteigung je nach Jahreszeit spezielle Ausrüstung (Seil, Eispickel etc.; nur für erfahrene Bergsteiger). - Zum anderen können aufkommende Nebelbänke die Sicht versperren, krasse Regengüsse etc.

Rundblick im Gipfelbereich auf Teile der Vesterålen, die Lofotenwand, bei gutem Wetter auch Senja Halbinsel, Gebirgskette Festland bei Bodø und zum Kebnekaise/Schweden.

Um den Møysalen Gipfel ranken sich viele Sagen. Aus dem Blickwinkel von der Insel Hadsel sieht er aus wie ein Reitsattel, - bei entsprechender Phantasie auch wie Hausdach, in dem - gemäß alter Sage - 2 Jungfrauen wohnen. So zumindest deutet die Sage die beiden Felsspitzen seitlich des „Hausdaches“: die beiden Felsspitzen seien versteinerte Jungfrauen. Sie waren damals sehr begehrt, - insbes. von 2 mächtigen Trollen.

Der eine von ihnen, Hestmannen, hatte seinen Berg Torghatten im Süden in Helgeland, begehrte aber die Moysalen-Jungfrauen der Vesterålen heftig. Der andere Troll lebte auf den Lofoten, wo er mit dem Bergklotz Vågakallen (bei Henningsvåer/Nähe Svolvaer) residierte. Für ihn war das natürlich erheblicher Vorteil der kürzeren Entfernung, um die Jungfrauen zu „knacken“.

Der andere Troll Hestmannen sei vor Eifersucht durchgedreht und hätte zu Pfeil und Bogen gegriffen, um seinen Widersacher umzubringen. Dumm und ungeschickt wie Troll Hestmannen war, traf der Pfeil in seinen eigenen Bauch - sprich seinen Berg Torghatten! Heute dort noch zu sehen: ein tiefes Loch quer durch den Berg (vergl. auch Seite 339!). - Troll Vågakallen hatte somit die Gelegenheit, eine der beiden Jungfrauen des Moysalen-Gipfels für sich zu erobern. Die andere ließ er unangetastet. Soweit die Sage.

Geführte Wanderungen: ca. Ende Juni bis Mitte/Ende August jeden Samstag ca. 9 Uhr ab Hennes (liegt ca. 2 km westl. von Kaljord an der RV 822) mit „A/L Møysaltur" in Hennes, abhängig von Nachfrage und Wetterbedingungen. Per Boot ab Hennes in den Lonkanfjord zu seinem Ostende. Dies spart einiges an Wanderzeit. Anschließend der Aufstieg zum Møysalen, retour ab Fjordende ca. 18 Uhr per Boot nach Hennes. Preis/ Person ca. 25 Euro. Infos Tel. 761.562.44/ Fax: 761.562.44.

**Gemeinde Hadsel**

| | |
|---|---|
| Fläche: | 566 qkm |
| Einwohner: | ca. 8.5oo |
| Hauptort: | Stokmarknes |

# INSEL HADSELØYA

*Südlicher Vorposten der Vesterålen Ri. Lofoten. Ein Bergklotz von 625 - 65o m Höhe. Erstaunlich für die Region sind größere, heute noch erhaltene Waldgebiete, so bei Stokmarknes. Gut ausgebaute E 1o entlang der Ostküste der Insel, - zeitaufwendiger und an km länger ist die schmale Straße unterhalb der Steilküste an der Westküste der Insel.*

*Zum Verwaltungsgebiet der Gemeinde Hadsel gehört nicht nur die Insel, sondern auch der Nordteil Region Fiskebol bis Raftsund, auch Trollfjord und der Südwestzipfel der Insel Hinnøya mit höchstem Inselgipfel Møysalen 1.262 m, Details siehe oben.*

**Verbindung Lofoten -> Vesterålen**

**Fähre** Fiskebol/Lofoten -> Melbu/Vesterålen: tagsüber häufige, fast stündliche Überfahrt. Zudem große Schiffe mit entsprechender PKW- Kapazität. Überfahrt 25 Min. und günstiger Preis: PKW inkl. Fahrer ca. 1o Euro, weitere Person 3 Euro. Aufpreis für übergroße WoMos.

## ★ Melbu **(ca. 2.3oo E.)**

Fährhafen, weiterhin Fischindustrie und größte Fischereiflotte der Vesterålen. Die meisten Urlauber fahren direkt weiter, interessant für Zwischenstopp sind u.U. 2 Museen:

VESTERÅLEN MUSEUM (9): Regionalmuseum mit Exponaten zur Geschichte und Wirtschaft. Zentrales Gebäude ist der Hovegård, ein größerer Gutshof Mitte des 19. Jhd., der renoviert wurde, zusammen mit angrenzenden Scheunen und Lagerhäusern. Schöne Parkanlage. Im Sommer kulturelle Veranstaltungen sowie für Kinder kleiner Zoo. Geöffnet ganzjährig Mo.- Fr. 9 - 15 Uhr, im Sommer (15.6.- 15.8.): tägl. 1o - 17 Uhr. Eintritt ca. 2 Euro.

FISCHEREIMUSEUM (12): am Ende der Landzunge, gegenüber des Fähranlegers. Das Museum befindet sich in einer ehemaligen Heringsölfabrik. Gezeigt wird die Fischereiwirtschaft, Fanggeräte, Schiffe und die Fischweiterverarbeitung. Zufahrt:

Ab Fährhafen die E 1o rund 1 km, bei der dortigen Shell- (1o) und Statoil

Tankstelle (11) zweigt rechts eine Straße ab auf die Landzunge, an deren Ende das Museum liegt. Geöffn.: ganzj. Mo.- Fr. 1o - 14 Uhr, im Sommer (Ende Juni bis Mitte Aug.): tägl. 1o/11 - 17 Uhr. Eintritt ca. 5 Euro.

MELBU: Illustration Ende 19. Jhd. Kleiner Handelsort im hohen Norden Norwegens. Blick auf den Ølsanestinden (1.000 m) auf der gegenüberliegenden Fjordseite.

**Geschichte**: besiedelt war die Region gemäß archäol. Funde bereits zur Eisenzeit. - Bis Ende des 17. Jhd. Krongut des König, im 18. Jhd. aufstrebender Handelsplatz.
Zum entscheidenden Aufschwung kam es Ende des 19. Jhds., als Christian Frederiksen

umfangreiche Rechte erhielt und innerhalb nur eines Jahrzehntes eine umfangreiche Fischereiflotte aufbaute, darunter 1o Dampfschiffe und 3 Eismeerfrachter sowie Fischweiterverarbeitungs- Fabriken gründete.

Melbu wuchs an Einwohnerzahl von 189o: ca. 7o bis 192o: auf rund 1.ooo E. Gegründet wurde eine Aktienspinnerei *„Nordlands Aktieuldspinderi Melbu“* (siehe Graphik links unten). Sie wirbt: „billige Preise, gute Arbeit und schnelle Fertigstellung“. Weiterhin die Seifenfabrik *„Nordkapp“*, - eine Margarinefabik *„Nora“* sowie Werkstätten für Autos und Bootsmotoren. Die Heringsölfabrik *„Neptun“* gegründet 191o, war damals Europas modernste Fabrik ihrer Sparte. Die Bedeutung Melbus im Schnittpunkt der Verkehrswege und der Fischerei des hohen Nordens läßt sich auch daran ablesen: 192o hatte der Ort das 4. größte Postamt Norwegens.
Zu schwerem Einbruch des bis dato kontinuierlichen Aufschwung kam es während der Weltwirtschaftskrise Ende der 2o-er Jahre. Bis Ausbruch des 2. Weltkrieges konnten sich nur wenige o.g. Betriebe am Leben erhalten.

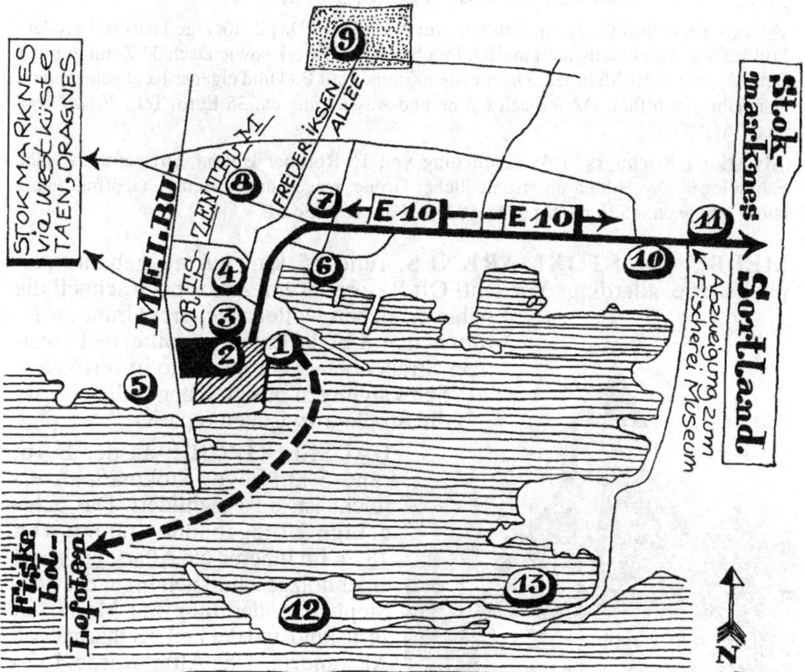


## MELBU

1 Fähranleger
2 Best Western Hotel und Rimi Supermarkt
3 Post
4 Bank
5 Trockengestelle für Fisch
6 Rysstkaia Rorbuers
7 Melbu Turistheim
8 Bank
9 Vesterålen Museum
1o Shell Tankstelle
11 Statoil Tankstelle
12 Fischereimuseum
13 Fischerhafen

Heute besitzt Melbu ca. 2.3oo Einwohner. Wichtigste Erwerbszweige sind Fischerei (hier ist die größte Fischereiflotte der Vesterålen stationiert), Landwirtschaft und Dienstleistungsgewerbe.

EINKAUFEN: Lebensmittel und Getränke im „Rimi“ Supermarket (2), untergebracht direkt beim Fähranleger im Best Western Hotel. BANKEN: im Ortszentrum, siehe unsere Karte (3), (8).

TANKSTELLEN: an der E 1o am östlichen Ortsausgang die Shell (1o) und schräg gegenüber Statoil (11). Beide führen auch kleinere Reparaturen durch.

„**Melbu Hotell**“ (2): modern, driekt beim Fähranleger. Im Erdgeschoß neben der Rezeption ein Rimi Supermarket. Die Hotelbar und das Restaurant mit Fensterblick zur Fähre. Im Raum auch ein Großbildfernseher. Bei unserem Hotelcheck war er auf dem Flügel platziert. 58 ordentlich eingerichtete Zimmer mit Bad. Ganzjährig geöffnet. DZ ca. 1oo - 125 Euro. Tel.: 761.6oo.oo, Fax: 761.59o.33.

„**Melbu Turistheim**“ (7): im Ortszentrum Nähe E 1o. Das 2 stöckige Haus mit großem Frühstücks- Aufenthaltsraum im EG. Im oberen Stockwerk sowie Dach 34 Zimmer mit 1 Bett, Doppel- oder Mehrbett. Die meisten Zimmer mit Bad und eigener Kochgelegenheit. Ganzjährig geöffnet. DZ je nach Größe und Ausstattung ca. 35 Euro. Tel.: 761.571.o6, Fax: 761.583.82.

„**Rysstkaia Rorbuers**“ (6): Vermietung von 16 Rorbuer Hütten, Ortszentrum Nähe Fähranleger. Die Hütten unterschiedlicher Größe, insgesamt 48 Betten. Geöffnet ganzjährig. Hütte ca. 45 Euro. Tel.: 761.582.4o, Fax. 761.55o.o1.

**MELBU -> STOKMARKNES**: rund 15 km, gut ausgebaute Asphaltstraße, allerdings Vorsicht! Oft Raserei, wenn Autos noch schnell die Fähre erreichen wollen. Weiterer Grund, warum man mit Bedacht fahren sollte: recht welliger Straßenbelag, der das Auto in vertikale Schwingungen bringt. Aber vielleicht ist die Straße inzwischen repariert.

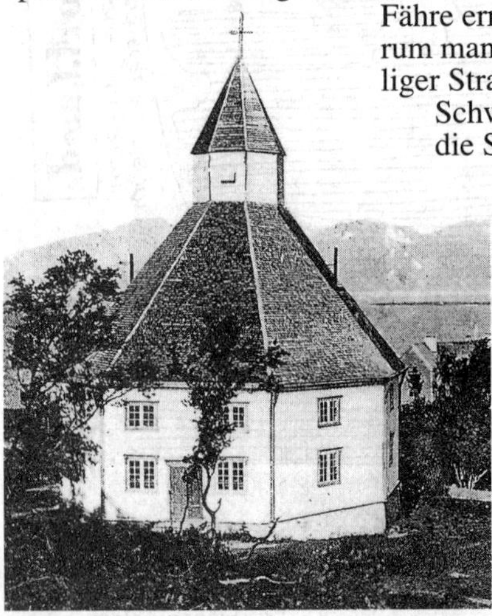
HADSEL KiRCHE, Ende 19. Jhd.

HADSEL KIRCHE: an der E 1o, rund 5 km bevor Stokmarknes erreicht ist; ausgeschildert. Das achteckige Holzgebäude stammt von 1824. Im Inneren ein Altarschrein mit einer holzgeschnitzten Figur des heil. Stephanus, der Jungfrau Maria mit Jesuskind und der heil. Katharina von Alexandria. Der Altar wurde 152o von unbekanntem Künstler aus Utrecht/Holland gefertigt.

Aus dem Mittelalter 151o stammt die Olavsfigur, Teil des Altaraufsatzes und in Lübeck gefertigt.

Interessant ist die vierfache Sanduhr (174o) auf der Kanzel des Predigers. Sie zeigt ihm das Ende von 15 / 3o / 45 / 6o Min. - und hilft ihm somit, seine Predigt zeitlich zu kontrollieren.

Im Mittelalter war die Hadselkirche älteste und wichtigste der Vesterålen. Pfarrer und Kirche besaßen rund 5o % des Landes. Die Einnahmen vorrangig im Verkauf von Fisch nach Bergen und Trondheim. Weiterhin Landwirtschaft, allerdings in geringerem Umfang und zur Eigenversorgung der Inselbewohner. 1689 verkaufte König Christian 5. seinen Kronbesitz an Peter Bergen. Eine erste Kirche wurde im frühen Mittelalter gebaut. Sie stand vermutlich im Bereich des heutigen Friedhofes. 1639 Bau einer neuen Holzkirche. Als sie 1824 abgerissen wurde, verwendete man Holzbalken und Bretter für den Bau eines Krankenhauses. Der Weihwasserkessel dagegen, der Altarschrein von 152o, die Olavsfigur von 151o und ein russischer Kronleuchter aus dem 13. Jhd. kamen in die neue, größere Kirche von 1824, wie sie heute zu sehen ist. Sie hat Platz für 47o Menschen. Im Haus des Diakons am Meer wurde 18o9 eine Schulstube integriert. Der Diakon assistierte fortan sowohl dem Pfarrer beim Gottesdienst, als auch war Lehrer. Im gleichen Gebäude auch die erste Bibliothek der Gemeinde mit rund 3.ooo Büchern.

PFARRHOF (oben links) und neue KIRCHE von Hadsel, Illustration von 1839.

Im Umfeld von Kirche und Pfarrhof wurde 198o ein Kulturpark angelegt. Archäologen fanden dort Gräber aus der Eisenzeit, einen Bautastein aus heidnischer Zeit sowie Fundamentsreste eines 3o m langen Bootshauses aus der Wikingerzeit und Grundrißspuren kleinere Schiffshäuser des Mittelalters. Der Höhenunterschied zum Meer erklärt sich durch Landanhebung im Laufe der Jahrhunderte.

## ★ Stokmarknes (ca. 3.7oo E.)

Als Ort weniger „spektakulär", - aber unbedingt lohnend das „HURTIGRUTEN MUSEUM (5) wer sich für die Verkehrsgeschichte Nordnorwegens interressiert. Vorgelagert dem Museum das Originalschiff „Finnmarken" (1956), das im Inneren besichtigt werden kann.

Die E 1o tangiert den Ort an seiner Ostseite und führt über eine größere Stelzenbrücke (4oo m) rüber zur Nachbarinsel BØRØYA und von dort über die 1.o2o m lange Hadselbücke und Langøyasund zur großen Nachbarinsel LANGØYA (Details siehe nächstes Kapitel).

**Geschichte**: Mitte des 18. Jhds. gab es sowohl im Bereich des heutigen Stokmarknes wie auch auf der Nachbarinsel Børøya Bauernhöfe. Sie brachten ihren Besitzern gute Einkünfte in Landwirtschaft, aber auch der Fischerei. Zudem hatten sie Lizenz, Gasthöfe mit Bewirtung und Übernachtung zu bieten.

1871 Bau des ersten Telegrafenamtes, 1882 Anlegekais für Dampfschiffe, 1892 erstes Krankenhaus und erste Regionalzeitung „Vesterålen Avis". 1893 Gründung der Hurtigruten, Details siehe unten.

**Markt von Stokmarknes** (1851- 1939): war über fast 9o Jahre einer der wichtigsten und berühmtesten Märkte Nordnorwegens. Er fand alljährlich zur Mittsommernacht für knapp 1 Woche statt. Händler aus allen Teilen Norwegens (insbesondere Bergen und Trondheim) reisten mit ihren Waren an, Schausteller, Artisten und Gaukler kamen.

Der Riese von Ålsvåg
Höhe 2,14 m, Gewicht 177 kg

Der Jahrmarkt war mit großem Volksfest verbunden. Es gab Karusselle für Kinder, in Zelten lasen Zigeuner die Zukunft aus der Hand. In Buden gab es Kaffee, Limonade und Bier. Seiltänzer zeigten in Zirkuszelten ihre Kunst, Clowns alberten, - die „Dickste Dame der Welt" und das „Kalb mit den 2 Köpfen" waren zu bewundern.

Besondere Attraktion war der „Riese von Alsvåg": Johan Arent Breedesen (1859- 19o4) lebte in Alsvåg an der Nordostküste der Insel Langøya/Vesterålen und hatte die beachtlichen Maße von 2,14 m Höhe und 177 kg Körpergewicht. Er verfügte über Kraft ohne Grenzen, konnte Mühlensteine, Rettungsboote oder wer weiß sonstige „Kleinigkeiten" mühelos in die Höhe lupfen.

Kegelbahnen waren aufgestellt, der Bierkonsum soll stark gewesen sein bei Raufereien und Alkoholleichen. Die Büsche seitlich des Volksfestes dienten zum Sexualverkehr. Es waren die sogenannten „Jahrmarkt- Babys", die 9 Monate später dann zur Welt kamen. Der berühmte norwegische Schriftsteller und Nobelpreisträger Knut Hamsun (siehe auch Seite 386) beschreibt Markt und Volksfest von Stokmarknes lebendig in seinem Buch „Der Landstreicher".

Blütezeit war um die Jahrhundertwende, täglich kamen bis zu 5.ooo Menschen. 1939 wurden Markt und Volksfest das letzte Mal gefeiert. 194o Einmarsch der Deutschen und Kriegsbeginn somit auch für Norwegen.

HURTIGRURTEN MUSEUM (5): Besuch unbedingt lohnend, - auch als weiter entfernter Abstecher (z.B. ab Lofoten)!

Die Schiffslinie gilt als eine der schönsten Seereisen der Welt und umfasst die Strecke Bergen -> Kirkenes. Eine Reise von 6 Tagen und rund 3.7oo km pro Richtung. Ausführliche Details zur Hurtigruten (auch Geschichte) siehe Seite 64. Gegründet wurde die Schiffsverbindung 1893 von Richard With in Stokmarknes, daher das Museum zur Seereise hier. Es ist zusammen mit dem „Kontiki-", dem „Fram-" und dem „Seefahrts- Museum" (alle Oslo) wichtigstes von Norwegen. Untergebracht bis Ende der

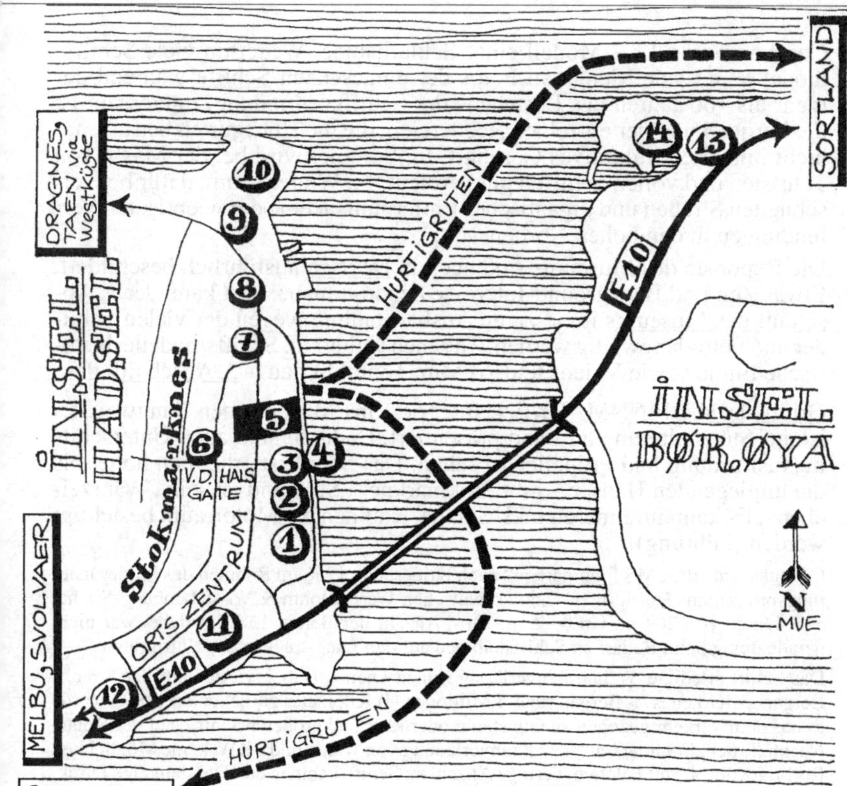


**STOKMARKNES**

1 Post
2 Taxi
3 Rødbrygga Pub + Bar
4 Abfahrt Boote zum Trollfjord
5 HURTIGRUTEN MUSEUM mit Finnmarken-Museumsschiff - sowie: ANLEGER Hurtigruten und TOURIST INFO
6 ehemalige Hurtigruten-Direktionsvilla
7 Bank
8 Hotel Veterålen
9 Richard With Denkmal
1o Fracht-und Fischereihafen
11 Hauptgeschäftsstraße
12 Stockmarknes Camping
13 Kinnarps Turistsenteret
14 Restaurant im Walfang-schiff Isqueen

9o-er Jahre notdürftig zusammengequetscht in einer ehemaligen Direktionsvilla (6) der Reederei OVDS. Seit 1999 neues, großes und sehr modernes Museumsgebäude (5).

Zu sehen: ausführliche und gut aufbereitete Geschichte der Schiffsverbindung, alte Navigations- und Funkgeräte. Probleme der Navigation bei rauher See, dunklen Nächten, Stürmen und Vielzahl an Riffs und Klippen zu Zeiten, als das Radar noch nicht erfunden war (erst in den 4o-er Jahren). Schulung von Lotsen, moderne Navigation seit Ende des 2. Weltkrieges.

Unterbringung der Passagiere: früher in 3 Klassen, Schiffssalons, altes

Geschirr sowie 1 : 1 Modell einer Schlafkabine. Weiterhin viele Schiffsmodelle und jede Menge an Fotos der eingesetzten Schiffe während der mehr als 1oo Jahren des Bestehens der Schiffsverbindung. Interessant ist die Verquickung der einzelnen Reedereien, die die Hurtigurten betrieben, - nicht immer ein lukratives Geschäft. Im Sommer wird bei der Masse von Touristen und vollen Schiffen gut verdient. Im Winter kaum, dafür bei verschneiten Straßen und gigantischer Entfernungen eine der wichtigsten Verbindungen in den hohen Norden.

Die Exponate des Museums sind auch in Deutsch ausführlich beschildert. Etwas Zeit und Background-Interesse benötigt man, sonst kann der 1. Abschnitt des Museums im jetzigen Ausbaustadium wegen der vielen Schilder und Fotos langweilig werden. Zu sehen weiterhin: Schiffsmodelle, historische Filme sowie Videos und 2o Min. Tonbildschau. - 2. Abschnitt, das:

Originalschiff FINNMARKEN, integriert ins Museum per Gangway. Es ist auf Stützhalterung an Land präsentiert. Dadurch sind auch Unterschiff in Ausformung und Propeller zu sehen. Das Schiff ist erheblich höher als die umliegenden Häuser, - gibt Stokmarknes „Stil“ und ist sein „Wahrzeichen“. Es kann im Inneren inkl. Salons, Kabinen bis Motorraum besichtigt werden (Führung).

Gebaut wurde die „MS Finnmarken“ nach Kriegsende 1956 im Rahmen des Modernisierungsprogramms Hurtigruten von der deutschen Werft Blohm & Voss/Hamburg. Sie hat eine Länge von 267 m, Größe 2.189 Brt., Anzahl der Betten 158. Letzteres war nicht gerade üppig beim Bedarf an Schiffskabinen auf den Langstrecken der Hurtigruten.

Das Schiff erledigte 37 Jahre zuverlässig seinen Dienst. Dabei wurden auf der Strecke Bergen -> Kirkenes -> Bergen rund 4 Millionen (!) Kilometer zurückgelegt. 1993 wurde es aus dem Verkehr gezogen zu Gunsten modernerer und größerer Schiffe auf der Route. Nachteile der „Finnmarken“ u.a.: Kranverladung von Waren und PKW, keine Möglichkeit Roll-on/Roll-off mit Paletten, geringe Anzahl an Schiffskabinen etc. Der damalige Direktor der Betreibergesellschaft OVDS entschied sich für den Erhalt des Schiffes wegen historischem Wert und schenkte es dem Museum in Stokmarknes.

Geöffnet sind Museum und Schiff ganzjährig, abhängig Saison: Mitte Mai bis Mitte Aug. 1o - 18 Uhr, sonst kürzer (Info Tel.: 761.181.9o und Fax: 761.181.91). Eintritt: ca. 1o Euro, Führung auf der Finnmarken extra. - Im Museumsgebäude zugleich ein Konferrenzsaal mit 57o Sitzplätzen, ein Restaurant sowie Seefahrts-Schule. Im Museum auch **Hotel**, ordentlich + Tipp.

„**Vesterålen Hotel**“ (8): Nähe Hurtigruten Anleger und Museum. Das 4 stöckige Hotel mit 42 Zimmern und Bad ist ganzjährig geöffnet. Renoviert Ende der 9o-er. DZ ca. 145 Euro je nach Saison. Tel.: 761.5o6. oo, Fax: 761.529.95

„**Kinnarps Turistsenteret**“ (13/14): auf der Nachbarinsel Børøya. Derzeit beste und im Angebot variabelste Unterkunft der Region. Sauna, Solarium, Tennisplatz, organisierte Tauchtrips, Restaurant im Hauptgebäude sowie im kleinen Walfangschiff „Isqueen“. Auch Stellplätze für WoMos mit Stromanschluß.

Es gibt 2o Hotelzimmer mit Bad im Hauptgebäude (DZ ca. 13o Euro). Weiterhin 5 separate Häuser („Nordlandhus“) mit Wohnzimmer, Küche, Bad und 1- 3 Schlafzimmer. Preise je nach Größe ca. 14o- 23o Euro. Sowie 12 Rorbuers mit 1- 4 Zimmern, ca. 13o - 3oo Euro. Geöffnet ganzjährig. Trotz relativ hoher Preise ist das Turistsenteret meist ausgebucht, auch in Vor- und Nachsaison. Tel.: 761.529.99, Fax: 761.529.95.

„**Hadsel Sommerhotell**“: rund 5 km außerhalb von Stokmarknes an der E 1o Richtung Melbu. Das Jahr über eine Internatsschule, die im Sommer (wenn die Schüler Ferien haben), deren Zimmer an Urlauber vermietet. DZ ca. 7o Euro. Tel.: 761.513.55.

Im „VESTERÅLEN HOTEL“ (8), - im „HURTIGRUTEN-MUSEUM“ (5): Snacks und kleinere Gerichte. - Ansonsten „KINNARPS TOURISTSENTERET“ (13) an der E 1o auf der Insel Børøya mit Restaurantbetrieb und guter Regionalküche. Mittlere bis gehobene Preise.

„ISQUEEN“ (14): ein kleineres, ehemaliges Walfangschiff. Im Inneren mit Restaurant/Bar eingerichtet. Es liegt am Ufer und Bucht vor dem Kinnarps Turistsenteret. Vorwiegend Fischgerichte, auch Menüs. Achtung; schließt bereits 22 Uhr oder früher. Mittlere bis gehobene Preise.

„HONG KONG RESTAURANT“: im Ortszentrum. Einfach eingerichteter, aber preiswerter Chinese.

„PEDERSEN BAKERI“: Bäckerei, auch guter Kuchen sowie Kaffee. Im Ortszentrum.

„RØDBRYGGA PUB + BAR“ (3): neben Hurtigruten Museum. Rotes Holzhaus am Langøysundet. Gemütliches Interieur. Angenehm für einen Schwatz, Bierchen, auch kleinere Gerichte wie Steak oder Beef.

In der Markedsbrygga (4), Nähe Hurtigmuseum. Das Tourist-Büro ist nur im Sommer geöffnet. Außerhalb der Zeit das TI-Hauptbüro in Sortland kontaktieren. Tel. 761.646.6o

EINKAUFEN: das Ortszentrum (11) von Stokmarknes mit kurzer Hauptgeschäftsstraße und einer Vielzahl kleinerer Shops für den alltäglichen Gebrauch. So u.a. Schreibwaren, Kleider, Blumen, Bäckerei und kleinere Supermärkte. Die besseren Einkaufsmöglichkeiten im nahen Sortland.

VERANSTALTUNGEN: „Hadsel Marathon“ führt einmal um die Insel herum, was just der Marathon- Distanz von 42 km entspricht. Das erste Mal wurde der Marathonlauf 1987 veranstaltet, seither jährlich im Sommer (Info zu genauem Datum: Touristbüro siehe oben). Der Lauf ist zwischenzeitlich eine feste Institution; die Teilnehmer kommen aus ganz Europa. Wer keine 42 km laufen will: Wettbewerbe auch über Halb- und Vierteldistanz. Für Jugendliche gibts die 1o km Distanz mit eigenen Prämien.

„Vesterålen Festival“: 197o ins Leben gerufen. Es wird alle 2 Jahre (abwechselnd Stokmarknes bzw. Sortland) Ende Juni abgehalten. - „Melbu Festival“ (nennt sich auch „Sommer in Melbu“), begründet 1986; entscheidender Motor ist der Amerikaner Tim Challman, der sich in Hadsel verliebte und mit großem Engagement das alljährliche Festival organisiert. Es ist eine Mischung aus kulturellen Veranstaltungen (Musik, Literaturlesungen, Kunstausstellungen etc.) und Gartenparties, Nachtcafes etc. Alljährlich ca. Mitte/Ende Juli in Melbu, genaues Datum im TI erfragen.

TROLLFJORD: Tagesausflüge im Sommer ab Markedsbrygga (4) Stokmarknes. Details zum Trollfjord S. 466.

**MELBU -> STOCKMARKNES** via Alternativroute entlang der Süd-> West-> Nordküste der Insel Hadsel. Die Straße ist zwar asphaltiert, aber schmal und rund 25 km länger als die im Vorkapitel beschriebene E 1o via Ostküste. An reiner Fahrzeit extra ca. 3/4 Std.

Pluspunkt bei klarem Wetter ist der Superblick auf die Lofotenkette. Als Route insbes. auch für WoMo- Fahrer empfehlenswert, da viele einsame Gratisstellplätze entlang der Straße mit Blick.

Ab Melbu Ortsausfahrt Ri. West (vergl. unsere Melbu Karte bzw. Leute fragen nach Ri. „Taen, Dragnes"). Die Straße folgt der Küste Ri. NW.

Bei ÅNSTAD (in anderen Detailkarten auch bezeichnet „Annstad") einer Häusergruppe am Meer, führt ein Trail landein, rüber zur Nordküste. Er folgt zunächst rund 5oo m einer Nebenstraße Ri. NO und biegt dann als Pfad ab, links den Hang rauf zu einem Bergsattel. Dieser liegt zwischen den Ausläufern des Lamlitinden und des Motinden. Am Bergsattel abwärts in eine Talsenke, die sich nordwärts zum Meer und der Siedlung Breivik (in Karten auch „Breidvika") erstreckt. Gesamtlänge ca. 7 km, gutes Schuhwerk nötig und Regenschutz.

TAEN (in Karten auch „Taneset") an der Küstenstraße/Hadsel: traumhaftschöner Sandstrand, Buschwerk landein und guter Stellplatz für WoMos. Baden ist möglich, allerdings auch im Sommer nur für abgehärtete Naturen. Wer Glück hat mit dem Wetter: Superblick auf die gegenüberliegende Bergkette der Lofoten mit Gipfeln bis knapp 1.ooo m.

TEIGAN: Minisiedlung an der Westküste von Hadsel. Landein mehrere Seen (Teigvatnets), eingeschlossen von hohen Bergwänden. Der erste See

noch weitgehend in Meereshöhe, der 3. bereits in rund 43o m. Ein Trail (genutzt von Anglern) führt an der Südseite des ersten Sees (später je nach Terrain: Ostseite) hinauf, einiges an Kraxelei. Ab hier beginnt ein (nicht markierter) Trail auf den höchsten Insel-Gipfel LAMLITINDEN (656 m). Gesamtlänge ab Teigan/Küste bis Gipfel ca. 8 km. Gute Kondition nötig, da in relativ kurzer Strecke ab Küste sehr steil zum Gipfel. Oben bei klarem Wetter Superpanoramablick auf weite Teile von Hadsel, die Lofotenkette und Langøya/Südteil.

DRAGNES LEUCHTTURM: an der Nordwestspitze der Insel Hadsel. Er sichert die Einfahrt in den Langøy Sund, der Zufahrt für Fischerboote nach Stokmarknes. Schöner Blick auf Meeresstraße und die Gebirge des Südwestens der Nachbarinsel Langøya. - Die Küstenstraße führt nun Ri. Ost und erreicht in 1o km STOKMARKNES (Details siehe oben).

STORHEIA (5o4 m): Inselgipfel oberhalb von Stokmarknes. Er wird über eine Piste ab Melbu nordwärts erreicht. Eine unschwere Wanderung von knapp 1o km. Markierte Trails ergänzen runter zur Hadsel Kirche bzw. nach Stokmarknes.

# INSEL LANGØYA

| Gemeinde | Sortland | Øksnes | Bø |
|---|---|---|---|
| Fläche | 773 qkm | 317 qkm | 248 qkm |
| Einwohner | ca. 8.9oo | ca. 4.85o | ca. 3.4oo |
| Hauptort | Sortland | Myre | Straumsjoen |

*3. größte Insel Norwegens (größte ist Spitzbergen, zweitgrößte Hanøya). Der Name „Langøya" (lange Insel) dürfte aus dem Mittelalter stammen, als Schiffe an der Ostseite entlangsegelten, wo sich die Insel mit ihrer Küste in der Tat als „sehr langgestreckt" präsentiert.*

*An ihrer Westseite dagegen ein unendliches Gewirr von Buchten, Fjorden, Meeresarmen und vorgelagerten Inseln. Darin liegt der Reiz, der ständige Wechsel zwischen Wasser und Land, - kleine Fischerhäfen, hohe Berge die teils bewaldet sind, - aber auch Weideflächen in Tiefebenen sowie große Moore, die im Nivel fast auf Meereshöhe liegen.*

*Die Insel ist in 4 Gemeindebezirke aufgeteilt (siehe Kasten oben), wobei SORTLAND nicht nur größter Ort mit den meisten Geschäften ist, sondern auch das Gemeindegebiet Sortland an Fläche das größte (773 qkm). Es erstreckt sich rüber bis auf Teile der Nachbarinsel Hanøya.*

Beachte: die Gemeindegrenzen wurden im 19. Jahrhundert gezogen. Damals war das Schiff das Haupttransportmittel. So gehört z.B. der Südteil der Insel Langøya zur Gemeinde Hadsel (da in Schiffs-Reichweite zum Ort Stokmarknes).

**STOKMARKNES -> SORTLAND**: ca. 3o km gut ausgebaute, geradlinige und flott befahrbare Asphaltstraße. Ab Stokmarknes zunächst über eine 4oo m Brücke zur kleinen Insel BØRØYA. Sie liegt im Meeresarm zwischen den Inseln Hadsel und Langøya. Anschließend gehts über einen 1,3 km langen Damm raus ins Meer.

Dort beginnt die 1.o2o m lange HADSEL- BRÜCKE (gebaut 1978). Auf einer Vielzahl von Stelzen steigt sie gewissermaßen „rauf in den Himmel" (Höhe 33 m) und führt nach ihrem Top-Punkt (Durchfahrt für Schiffe) abwärts zu weiterem Damm (1,8 km), der die Insel LANGØYA erreicht.

> Ein insgesamt kühnes - und nicht gerade billiges Bauwerk der Norweger, das die beiden Vesteråleninseln Hadsel und Langøya per Straße verbindet. Was fehlt, wäre ein Straßentunnel von Melbu/Hadsel unter dem Hadselfjord nach Fiskebol/Lofoten. Das Projekt bedeutet den Bau eines rund 8 km langen Unterwassertunnels und wurde ernsthaft im norwegischen Parliament erörtert, wegen zu hoher Kosten dann jedoch fallengelassen.

Gleich nach der Brücke der STOKMARKNES AIRPORT. Ausgeschildert ab E 1o plus ca. 1 km zum Empfangsgebäude. Die lange Asphaltpiste parallel zum Meer kann auch größere Jets bedienen. In der Regel fliegen nur

## SORTLAND

1 HOTEL NORDIC
2 Apotheke
3 BANK (Spare Bank 1)
4 Platz mit Pavillion
5 BANK (NB Bank)
6 Smia Pub, daneben Cafe Kondverkeren
7 Milano Pizza
8 Bunn Prix Kaufhaus, daneben Optiker, im 1. Stock Bibliothek
9 Sportgeschäft
1o Netto Kaufhaus
11 Bank (Spare Bank 1), daneben Schuhgeschäft, im 1. Stock Gudfar Rest.
12 Elektro, daneben Foto, Parfumerie, Sportausrüstung, daneben Narvense Zeitschriften
13 Husfilden Brukskunst
14 Möbelgeschäft
15 Fahrradgeschäft
16 STRAND HOTEL
17 BUS TERMINAL
18 Hauptplatz, Markt, in der Mitte Grillkjøken Snacks
19 Fischverkauf
2o Vinmonopolet
21 Kleidergeschäft
22 Schreibwaren, Bürobedarf
23 Optiker
24 Interbook Buchhandlung und Schreibwaren
25 POST
26 Snacks, Magazine, CD's
27 Rest., Pub, Bar Loftet 1922
28 Reisebüro
29 Skipsgården Shopping Center mit Cafe Skipsgarden
3o Infotafel
31 Bäckerei
32 TOURIST BÜRO, daneben Fotogeschäft
33 Trøkkerie Pub
34 Lundtsakks Kiosk
35 Shops
36 Rathaus
37 Sortland Camping og Motel
38 Abfahrt HURTIGRUTEN
39 Statoil TanKSTELLE

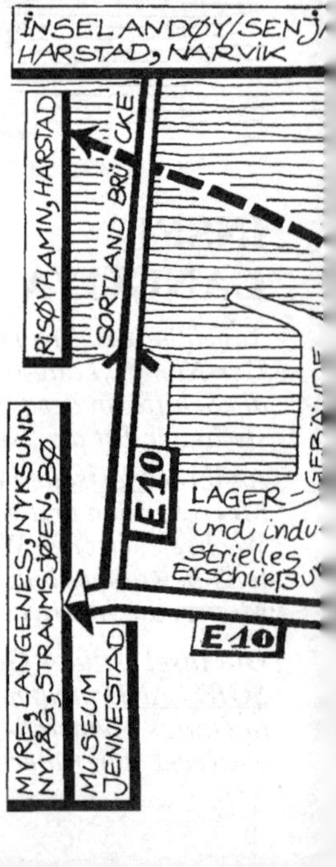

kleine Propellermaschinen der WIDEROE den Airport an, der dem Regionalverkehr dient. Er ist einziger der Vesterålen, wobei Bewohner der Orte Stokmarknes, Melbu und Sortland die zeitlich kürzeste Anreise zum Airport haben. Details siehe „Verbindungen"/Sortland.

Der Küstenbereich Ri. Sortland geht flach ins Meer. Landein steile Bergketten. Bei Grytting an der E 1o Abzweiger einer 3 km Stichstraße zum Weiler Gjerstadheia an kleinem See:

Besteigung des SKATA (748 m). Es ist der dritthöchste Berg der Vesterålen. Markierter Trail über Gras- und Gesteinslandschaften. Er beginnt im Weiler Gjerstadheia (siehe oben). Nötig: gutes Schuhwerk, Regenschutz und warme Sachen. Der Gipfelbereich besteht aus mehreren Bergkuppen und -Spitzen, bei klarem Wetter Blick über Teile des Eidsfjord und den Sordlandsfjord. Als Bergwanderung relativ unschwer, jedoch Kondition wegen der Höhenmeter nötig.

## ★ Sortland **(ca. 4.ooo Einw.)**

Größter Ort der Vesterålen. Hier die mit Abstand besten Einkaufsmöglichkeiten der Großregion (besser lediglich das ca. 2 Std. entfernte Harstad).

Sortland erstreckt sich auf einem flach ansteigenden Uferstreifen am Fjord. Das moderne Ortszentrum bringt mit seinen bis zu 3 stöckigen Häusern keine spezielle Sehenswürdigkeit; nur sehr wenige alte Holzhäuser sind im

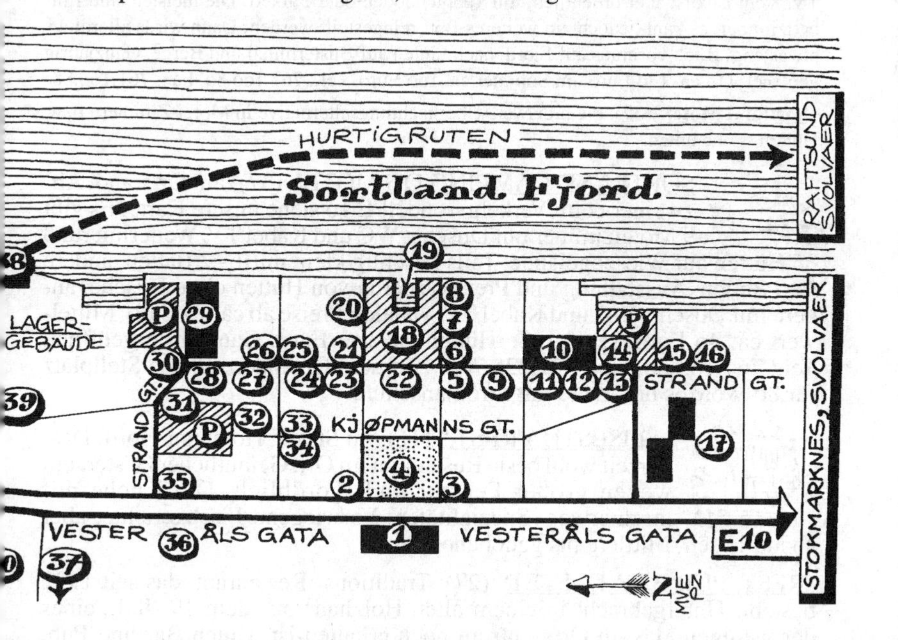

nördlichen Teil erhalten. Siehe auch Infotafel (3o) der Gemeinde auf dem Platz gegenüber vom Skipsgården Shoppingcenter.

Tourist INFO Siehe unsere Karte (32): Kjøpmannsgata 2, 84o1 Sortland, Tel.: 761.114.8o, Fax: 761.114.81. Zuständig für die gesamte Region der Vesterålen, also alle Gemeinden, auch Hadsel, Bø, Øksnes, Andøy und Kaefjord, obwohl diese ihr zusätzliches Ti haben. www.vesteralen.no

„**Sortland Nordic Hotel**“ (1): direkt an der E 1o im Ortszentrum. An dieser Stelle stand früher ein kleines Holzgebäude (ebenfalls ein Hotel), in dem der berühmte Schriftsteller Knut Hamsun logierte und zwei Romane schrieb. Er dankte der damaligen Wirtin per Brief für den angenehmen Aufenthalt.

Das heutige Hotel ist ein dreistöckiger Steinkasten, der über dem Ortszentrum dominiert. 79 Zimmer mit Bad und TV. Die Zimmer vornraus mit Stadt- und Fjordblick, nach hinten auf Häuser und Berg. Der Putzservice bei unserem Check (mehrtägiger Aufenthalt) etwas arg unlustig bis schleppend. Die Zimmerausstattung erschien uns im Preis etwas überbewertet. Ganzjährig geöffnet. DZ ca. 13o Euro, im Sommer ca. 1oo Euro. Tel.: 761.o84.oo, Fax: 761.o84.o1.

„**Strand Hotel**“ (16): beim Busterminal am Fjord. 33 mittelgroße Zimmer mit Bad und TV. Kein Luxus, aber ordentlich, mit Teppichboden oder Parkett. Die meisten sind Einbettzimmer, es kann jedoch ein weiteres Bett reingestellt werden. Dann wirds allerdings etwas eng. Blick vornraus auf Fjord, nach hinten auf Busterminal und Berge. Ganzjährig geöffnet. DZ ca. 13o Euro, im Sommer ca. 1oo Euro. Tel.: 761.1oo.8o, Fax: 761.1oo.88.

„**Sortland Motel**“ (37): die preiswert-Übernachtungsalternative in Motel-Zimmern bzw. Hütten, siehe unten.

SORTLAND CAMPING OG MOTEL (37): am Ortsrand, Abzweiger beim Verkehrsrondell/E 1o siehe unsere Karte. Es gibt 9 Motelzimmer mit Dusche, WC und Kabel TV. Weiterhin rund 35 Hütten auf Wiesengelände. Teils kuschlig klein mit 1 - 2 Betten, andere 4- 6 Betten. Ausstattung und Preis variieren von Hütten ohne Dusche, andere mit Dusche, WC und Kabel TV, - analog Preise ab ca. 15 Euro, Mittelwert ca. 4o Euro, sehr große Hütten ca. 1oo Euro. Ganzjährig geöffnet. Tel.: 761.1o3.oo, Fax: 761.225.78. - Auf dem Gelände zugleich Stellplatz für 8o WoMos und Zelte mit Stromanschluß.

RESTAURANTS „SPISESTUA REST.“ (16): im Strand Hotel am Fjord. Das derzeit wohl beste Restaurant im Ort. Gemütlicher Gästeraum wegen großer Fenster und Fjordblick. Die Küche mit nordnorweg. Spezialitäten. Vorwiegend Fischgerichte, aber auch Fleisch. Mittlere bis gehobene Preise.

„REST. PUB BAR LOFTET“ (27): Traditions- Restaurant, das seit 1922 besteht. Untergebracht in einem alten Holzhaus aus dem 19. Jhd., eines der wenigen, das im Ortszentrum noch erhalten ist. Unten Bar und Pub, oben Essen unterm Dach bei dezentem Licht, Holztische. Gute Küche bei mittleren Preisen.

„SMIA PUB“ (6): in kleinem Holzhaus am Markt. Gemütlicher Innenraum; vorwiegend Drinks, aber auch warme Gerichte wie Steak, Huhn, Hamburger, Pizza und Fisch. Mittlere Preise.

„CAFÉ KONDVERKEREN“ (6): in selbem Haus wie Smia Pub, Eingang zurückversetzt. Kaffee, Kuchen, Snacks wie Baguette mit Schinken und Käse, Hühnersalat etc. Mittlere Preise.

„MILANO“ (7): daneben. Im Angebot Pizza, Kebab. Etwas sterile Einrichtung, mittlere Preise.

„TORGET GRILLKJØKKEN“ (18): kleine Imbiss- Bude auf dem Hauptplatz, auch bis spät abends geöffnet. Im Angebot: Hühnersnacks, Hamburger etc. Mittlere Preise.

CAFE SKIPSGÅRDEN (29): im Skipsgården Einkaufscenter. Kaffee und Kuchen sowie kleinere Gerichte. Preise mittel.

„GUDFAR REST.“ (11): gegenüber vom Netto Kaufhaus und Markt. Preisgünstiges Mittagsangebot, z.B. Beafsteak mit Salat und Pommes. Die Küche hat uns bei unserem Check weniger überzeugt.

**EINKAUFEN**:

Haupteinkaufsstraße ist die Strandgata parallel zum Fjord. Hier befinden sich die meisten Geschäfe sowie Kaufhäuser und Banken.

APOTHEKE: „Sortland Apotek“ (2) an der E 1o, gegenüber vom Nordic Hotel. Tel.: 761.21o.66. Auch Vermittlung von Ärzten.

BÜCHER/SCHREIBWAREN: „Interbook“ (24) vorwiegend mit Schulbüchern, Schulheften und Bürobedarf. Kleine Abteilung mit ausländ. Romanen, Bildbänden und Reiseführern für Touristen. Landkarten zur Region. Weiterhin kleines Geschäft (22) für Büro- und Schulbedarf am Hauptplatz.

„Narvesen“ (12): Zeitungen, Zeitschriften, Romane (norweg.), Lotto etc.

OPTIKER: für Brillenreparatur (8) und (23). - FOTO: Filmmaterial und Batterien sowie Filmentwicklung (32).

KLEIDUNG, SCHUHE, SPORTAUSRÜSTUNG: Sportgeschäfte (9), (12), - Kleidung (21), - Schuhe (11) sowie in Kaufhäusern (1o), (11).

KAUFHÄUSER: „Netto“ (1o): im EG Supermarkt, im 1. Stock Teppiche, Spielwaren, Werkzeuge. Im 2. Stock: Schmuck, Keramik, Haushalt, Kleider, Geschirr. Weiterhin: „Bunn Prix“ (8) und „Skipsgården Shoppingsenter“ (29) mit „Mega Supermarkt“ und guter Parkmöglichkeit.

KUNSTHANDWERK/SOUVENIRS: die norweg. Ladenkette „Husfilden Brukskunst“ ist auch in Sortland vertreten (13). Im Angebot Pullover bis Trolle, Schnitzwerk bis Brotteller, Stoffe und Kleinkunst etc.

LEBENSMITTEL: in den Supermärkten der Kaufhäuser (siehe oben). - Fischverkauf (19) am Hauptplatz.- MARKT: Sa. auf dem Hauptplatz (18).

TANKSTELLEN:

ESSO und STATOIL(35): an der E 1o im nördlchen Ortsbereich bei der großen Brücke. Auch Verkauf von Lebensmitteln nach Ladenschluß der örtlichen Geschäfte sowie kleinere Fahrzeug- Reperaturen, Reifenwechsl.

Statoil (39) Havnegata/nördlicher Ortsteil an der Zufahrt von der E 1o zum Schiffsanleger Hurtigruten. 24 Std. geöffnet, Lebensmittelmarkt, kleinere Repaturen sowie Verkauf von Propangas für WoMo Fahrer.

WERKSTÄTTEN: Sigurd Pedersen, Strandgata 6o. Ersatzteile sowie spezialisiert auf Reparaturen Mercedes, Peugeot und Mitsubishi. Sprechen auch Englisch und Deutsch. Verkauf von Propangas. Tel.: 761.118.55.

Karl Strømme AS: spezialisiert auf Opel, Chevrolet und Isuzu, Tel.: 761. 22o.77

## Verbindungen ab Sortland

**Schiff**: Abfahrt siehe Karte (38), ins Ortszentrum ca. 1- 2 km. HURTIGRURTEN: einmal täglich auf der Nordroute: Sortland -> Risøyhamn -> Harstad -> Tromsø etc. Sowie auf der Südroute von Sortland -> Stokmarknes und weiter durch den Raftsund -> Svolvaer/Lofoten - Stamsund -> Bodø -> Ørnes -> Nesna etc.

Stokmarknes: die Zeit, die das Schiff dort Zwischenstopp einlegt, reicht knapp zum Anschnuppern des dortigen Hurtigrutenmuseums. Allerdings die Uhr beobachten, sonst ist das Schiff weg! - Es fährt anschließend über den Hadselfjord in den Raftsund (im Sommer Abstecher in den Trollfjord) und weiter nach Svolvaer. Fahrzeit Sortland -> Svolvaer inkl. Trollfjord: 1 Nachmittag. Sehr lohnende Fahrt; kann auch als Kombi Schiff & Bus gebucht werden. Infos bei den Regionalbüros der Hurtigrouten bzw. bei den Touristbüros in Svolvaer oder Stokmarknes, Sortland. Weitere Details siehe auch Seite 466.

Sortland: der Anlegekai der Hurtigruten ist gut 2- 4 km retour vom Ortszentrum entfernt bei nur kurzem Aufenthalt des Schiffs. Fragt sich, ob es lohnt, in den Ort reinzulaufen.

SCHNELLBOOTE (nur Personentransport): 4 mal/Woche ab Stokmarknes und Raftsund nach Svolvaer, Fahrzeit ca. 1 1/4 Std. Die Strecke ab Sortland bis Fähranleger Stokmarknes per Bus, Details unten.

**Bus**: Abfahrt von größerem Busterminal (17) im südlichen Ortszentrum. Sortland ist wichtiger Umsteigepunkt der Routen Lofoten -> Vesterålen -> Harstad bzw. Narvik sowie der Regionalverbindungen auf den Vesterålen.

Sortland -> Stokmarknes -> Melbu: tägl. 12 mal, Sa./So. 1- 2 mal. Fahrzeit bis Stokmarknes ca. 3o Min. (Bus hält im Ortszentrum am Fährkai der dortigen Schnellboote), - nach Melbu ab Sortland 1 Std.

Sortland -> Svolvaer/Lofoten: mehrmals tägl., Fahrzeit inkl. Fähre Melbu -> Fiskebol ca. 2 1/2 Std.

Sortland -> Harstad: tägl. 3- 4 mal, am So. 1 mal, Fahrzeit 2 Std., sofern gut ausgebaute Direktroute via Tunnel bei Austpollen. Die alte E 1o via Sigerfjord -> Austpollen plus ca. 2o Min.

Sortland -> Lødingen: tägl. 4 - 5 mal, Sa./So. 1- 2 mal. Fahrzeit 1 Std.
Sortland -> Narvik: 1- 2 mal tägl., Fahrzeit ca. 3 1/2 Std. In der Regel Zwischenstopp im Evenes Airport bei Narvik. Alternative nach Narvik: zunächst Bus Sortland -> Lødingen und dort Schnellboot nach Narvik. Details siehe „Verbindungen ab Lødingen".

REGIONAL VERBINDUNGEN AB SORTLAND:
Nach -> Stokmarknes, Melbu siehe oben. - Nach -> Steine, Bø: 1-4 mal tägl. außer So., Fahrzeit ca. 1 1/2 Std. Die Strecke geht via Sund, Eidet, Straumsjoen, Straume (1 1/4 Std.). - Nach -> Sandset: 1- 3 mal tägl. außer So., Fahrzeit 1 Std. Ab Sandset Bootsverbindung (kein Autotransport) nach Tunnstad/Insel Skogsøya und Myre, Details siehe „Myre". - Nach -> Bremnes: 1 mal tägl. außer Sa./So., 1 Std. - Nach -> Myre: 2- 5 mal täglich, 45 Min. - Nach -> Langenes, Stø (via Myre): 2- 3 mal tägl., Fahrzeit 1 1/2 Std.

Nach -> Risøyhamn/Insel Andøya: 4 mal tägl., am Sa. 3 mal tägl., So. 1 mal tägl., Fahrzeit 1 1/4 Std. - Nach -> Andenes/Insel Andøya: 4 mal täglich am Sa. 3 mal tägl., So. 1 mal tägl., Fahrzeit 2 1/2 Std. Strecke geht via Ostküste der Insel Andøya, Bus hält auch im Andenes Airport. - Andenes via Westküste seltener. Eigenes Auto sinnvoll.

Nach -> Sigerfjord: werktags 8 - 1o mal tägl., Sa. 2 mal, 35 Min. - Nach -> Kaljord (via Sigerfjord): 4 mal tägl., Sa. 2 mal tägl., 1 Std. 1o Min.

Nach -> Skagen -> Sandnes -> Ytre Straumfjord -> Slottnes: 3 mal tägl. außer Sa./So. (bei Umsteigen in Stokmarknes häufiger), Fahrzeit 1 Std.

**Flug**: der Vesterålen- Flughafen liegt rund 3o km südwestl. an der E 1o Nähe Stokmarknes. Linienbus ab Sortland Busterminal (17) zum Airport mehrmals tägl., Fahrzeit 25 Min., Zeitpuffer einkalkulieren. - Airport Code: SKN.

Propellermaschinen der WIDEROE nach -> Andenes/Insel Andøya: 1 mal tägl., 3o Min. (links sitzen: schöner Blick auf Insel Langøya mit ihren vielen Fjorden und Berggipfeln, - bzw.: rechts sitzen: Berggipfel der Insel Hinnøya). - Nach -> Bodø: 8 mal tägl., Sa./So. 4- 4 mal tägl., Flugzeit 35 Min. - Alle anderen Verbindungen mit Umsteigen (meist in Bodø).
Infos zu Flügen und Buchung: WIDEROE Tel.: 81o.o12.oo.

**Autovermietung**: „Avis", Arnes Bilutleie AS, Havnegata 44, Tel.: 761.137.1o - sowie „SG Bil og Utleie AS" Vesterålsgata 92, Tel.: 761.1o7.oo und 761.1o7.19.

# ★ Jennestad

Lohnender Kurzausflug, rund 1o km nördl. von Sortland an der RV 82o, direkt am Meer, ausgeschildert. Ein alter Handelspunkt seit 19. Jhd., zu sehen u.a. ein großer KOLONIALWARENLADEN (7) mit 17 m (!) langer Verkaufstheke. In der Ecke ein Ofen zur Heizung, hinter der Theke in den Regalen und Schubladen einsortiert Lebensmittel bis Gebrauchsgüter. Dies in Verpackung und Design vielfach der 2o-er Jahre des 2o. Jhds.

Erhaltene Kolonialwarenläden aus dem 19. /Anf. 2o.Jhd. (heute Museen) gibt es in Nordnorwegen mehrere, u.a. in Svolvaer/Lofoten etc. Der von Jennestad ist außergewöhnlich groß, was die Bedeutung des Handelsstützpunktes unterstreicht.

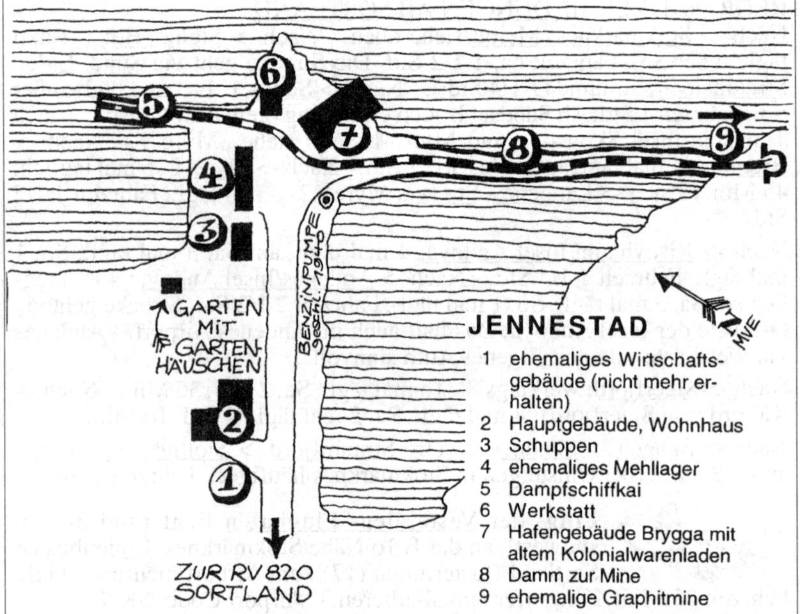


★Erste Siedlung 1567 in histor. Erwähnung als „Krongut des Königs". Damals eine kleine Häusergruppe von Fischern. Sie lag im hohen Norden und fernab der Zivilisation bei fehlenden Verkehrswegen. Von daher zwar „Besitz des Königs", aber an Wert gering, - so auch die folgenden Jahrhunderte.

★Um **183o** war der Lehensmann Nils Andersen Lockert Besitzer von Sortland und der Jennestad Bucht. Er gründete einen kleinen Verkaufsladen, der florierte und baute **1863** das **Hafengebäude** (7). Für damalige Verhältnisse in Nordnorwegen ein „gigantisches" 3-Stock- Holzhaus mit 24o qm Gesamt-Nutzfläche.

Im EG war eine Poststelle eingerichtet und ein Kolonialwarenladen. Weiterhin Büro, Arbeitszimmer und Raum zum Ausnehmen der angelieferten Fische. Im 1. Stock wohnte der Besitzer, - im 2. Stock unter dem Dach die „Dienerschaft" des Lehensherrn, teils auch Lagerraum. Die Profite des kleinen Handelsstützpunktes, der neben Fischhandel auch Landwirtschaft und Viehzucht betrieb, waren o.k., aber nicht überragend.

★**1896** erwarb Ødbert Johanssen den Handelsstützpunkt und baute ihn mit kaufmännischem Geschick aus. Im Hauptgebäude am Hafen waren nunmehr bis zu 3o Menschen in reichlicher Enge untergebracht, die als Arbeitskräfte dem Besitzer Johanssen dienten. Sie hatten ihre Betätigung als Dienstpersonal (Köchin, Näherin, Diener etc.) im Haus des Handelsherrn Johannsen, - weiterhin als Hafenarbeiter sowie als Knechte auf dem Landbesitz. Zur Erntezeit wurde weiteres Personal eingestellt.

Ødbert Johanssen war zu beachtlichem Reichtum gekommen durch Handel, Landwirtschaft und in den Anfangsjahren auch seiner Graphitmine. Er besaß eigenes Ferienhaus, ein eigenes Ausflugsboot („Bølgen") und partizipierte an Gewinnen der Verladung von Gütern am firmeneigenen Kai.

Jennestad hatte den Vorteil, daß es nicht rein vom Fischfang abhängig war (wie andere Siedlungen im hohen Norden z.B. Lofoten). Sondern zugleich über Einkünfte aus der Landwirtschaft verfügte: In Jahren schlechten Fischfanges konnte ein profitables Endergebnis immer noch durch Verkauf landwirtschaftlicher Güter erreicht werden.

Fehlspekulationen des Handelshauses Ende der 2o-er Jahren führten jedoch zu hohen Verlusten. 1931 starb Johanssen gebeutelt von Kummer und Sorgen mit nur 57 Jahren.

Seine Söhne übernahmen die Geschäfte: * Einar Aagård war für den Kolonialwarenladen zuständig. Er pflegte und erhielt ihn 65 Jahre als nordnorweg. Unikat bis 1982. Dieser Laden mit Verkaufstheke, Regalen und 153 Schubladen war im Zeitalter der aufkommenden Supermarktketten mit dortiger Selbstbedienung schon beachtlich.
* Terje Johansson leitete die „Brødrene Johanssen AS", die den Großhandel mit Düngemitteln, Futtermehl und u.a. Treibstoff für Boote betrieb. Geschlossen 1986. Dies war das Ende von Jennestad als Handelszentrum, - heute Museumslandschaft.

★**Graphitmine** (9): Förderung seit Beginn 19. Jhd. mit primitiven Werkzeugen wie Pickel und Spaten. Graphit diente zunächst als Zusatz für Farben und Lacke. Später nach neuen Techniken der Gesteins- Separation auch für Bleistifte und Batterien, Dichtungen etc. Modernere Mittel wie Dynamit und Presslufthämmer wurden in der Mine eingesetzt.

Kommerzielle Ausbeutung seit 19o2 durch die englische *„Anglo-Norweg. Mining Co. Ltd."* in Middelsbrough/England. Die Stollen wurden in Meereshöhe in den Berg getrieben und bei tieferer Lage durch Brunnen entwässert. Über die Jahre entstand ein Labyrinth von Gängen im Berg.

1911 Bau eines neuen **Kais für Dampfschiffe** (5). Er wurde von der Graphitmine (9) und Damm (8) per Gleis erreicht. Dies erleichterte die Verschiffung des graphithaltigen Erzes erheblich. Gleis und Krananlagen sind heute nicht mehr erhalten.

Stillstand der Ausbeutung während des 1. Weltkrieges, - Wiederaufnahme 1931 bis Beginn des 2. Weltkrieges. 1948 Wiederaufnahme der Graphitgewinnung durch die *„Jennestad Grafittwerk AS"* , einer Firma, die der Gemeinde Sortland und den Grundstückseigentümern des Minengeländes gehörte. Sie war bis 1978 in Betrieb bei mehreren Kilometern Stollen im Berg, als sie wegen Unrentabilität geschlossen wurde. Graphit konnte von anderen Minen der Welt billiger angeboten werden, da dort höherer Anteil im Gestein. Die Stollen der Jennestad Mine sind heute geschlossen und mit Wasser geflutet.

Wer heute Jennestad besucht: Hauptattraktion der Kolonialwarenladen (7). Er gilt als besterhaltener und größter Nordnorwegens. - Besichtigung der alten Graphitminen (9) nicht möglich (siehe oben). - Ehemaliges Gebäude Mehllager (4) dient heute dem Kanuklub Vesterålen. - Der Schuppen für Fischereigerät (neben 3) ist nicht mehr erhalten, - ebenso nicht das erste Wirtschaftsgebäude (1) - wohl aber der Haupthof (2) mit Infotafel. Geöffnet im Sommer Ende Juni bis Ende Aug. Di.- Fr. 11 -17 Uhr, Sa./So. 12 - 17 Uhr. Eintritt ca. 6 Euro. Auch Veranstaltungen und Kunstausstellungen. Außerhalb der Zeit bleibt lediglich der Blick durchs Fenster.

# Weiter ab Sortland

Je nach verbliebener Rest- Urlaubszeit mehrere Möglichkeiten:

* wieder zurück in die Heimat: möglich via LØDINGEN und Fähre nach Bognes an der E 6. ............................................. Details Seite 6o9
* nach NARVIK und weiter auf der E 6 bzw. rüber nach Kiruna/Nordschweden. ............................................................ Details Seite 6o8
* weiter in den Norden: möglich via NARVIK .......... Details Seite 399
  via HARSTAD -> GRATANGEN .......................... Details Seite 622
  via HARSTAD-> INSELN ROLLA, ANDØRJA .. Details Seite 621
  via ANDENES/ANDØYA -> SENJA zur E 6 ........ Details Seite 6o5

Bei genügend Zeit sollte man noch den lohnenden Norden der INSEL LANGØYA sowie den INSEL-WESTEN ausfahren. Beschrieben im folgenden Text.

# Norden der Insel Langøya

*Moore, Berge, Buchten, Fjordarme und eine Vielzahl von Inseln. Das Gebiet gehört zur Gemeinde Øksnes, Hauptort MYRE.*

*Benötigte Zeit für den Trip in den Inselnorden rund 1Tag, bei Wanderungen, Bootstrips zu vorgelagerten Inseln und/oder Fahrt mit Boot zur Walbeobachtung entsprechend mehr.*

**SORTLAND -> MYRE**: rund 36 km auf gut ausgebauter Asphaltstrasse. Die RV 82o führt ab Sortland entlang des gleichnamigen Meeresarmes Ri. Nord, später NWest. Möglicher Zwischenstop und Besichtigung des alten Handelspunktes JENNESTAD (siehe Vorkapitel).

In FRØSKELAND, einer Häusergruppe am Eidsfjord zweigt die RV 821 ab Richtung Nord und Myre. Die Straße steigt auf der linken Seite eines Tales bergan. Seitlich Seen, viel Wald, teils auch Blick auf spitzgezackte Bergketten. STEINSLANDFJORD: die RV 821 folgt dem Ostufer, Häusergruppe oberhalb des Fjords und Blick auf die bis zu 66o m hohen Berge (Hornet und Navarsborrfjellet) des Westufers.

## ★ Myre (ca. 2.15o Einw.)

Unterhalb eines 35o m hohen Bergkegels an großer Bucht. Haupteinkünfte sind Fischfang und -Weiterverarbeitung sowie Dienstleistungsbetriebe. Im südlichen Teil der Bucht Fischereikai und große Lagerhallen/Silos der Fa. Biomar. Hier schweben die Möven über den Fischerkuttern bei massivem Gekreische. - Der nördliche Teil der Bucht und Ortszentrum ist via RV 821 über einen Damm zu erreichen. Dort großer Supermarkt (Rema 1ooo), Geschäfte, - Esso-Tankstelle (gegenüber vom Rathaus), weitere Shell-Tankstelle im Ort. Weiterhin: Bank, Elektrogeschäft, Farben/Handwerkszeug, Kleider und Post. Landkarten zur Region gibts im „Pako Papir & Kontorrekvista“ Geschäft, Ortszentrum.

Sehenswürdigkeiten Null, Ortsbild modern fad. Kein Punkt für längeren Aufenthalt, so doch guter Versorgungsstützpunkt mit Geschäften im Norden der Insel.

Myre ist Verwaltungszentrum der Gemeinde Øksnes sowie größter Fischereihafen der Insel Langøya. Entsprechend entlang der Myre-Bucht viele Fischannahme- und Weiterverarbeitungsstellen, u.a. die Fischfutterfabrik „Biomar“ am Eingang zur Bucht mit großen Silos. Heute gehört Myre zu den wichtigsten Fischerhäfen Norwegens. Gefischt wird mit großen Trawlern. Dank moderner Anlagen können sie den Fisch in Myre innerhalb kürzester Zeit entladen, um schnell und profitabel wieder raus aufs Meer zu fahren. Dies ist der Grund, warum man viele Annahmestellen, aber nur relativ wenige Trawler im Hafen sieht.

Øksnes Tourist Information: gegenüber vom Myre Hotel an der RV 821 im östl. Ortsteil. Informationen zur Region, zu Wandern, Fischen, Walbeobachtung Unterkunft und der Inseln Skogsøya, Dryrøya und Tindsøya, die ebenfalls zur Gemeinde Øksnes gehören. Das TI/Myre ist nur Juni bis August geöffnet (Tel.: 761.85o. 5o, Fax: 761.344.44), ansonsten an das TI in Sortland wenden.

„**Myre Hotell**“: Storgata 56, langgestreckter Flachbau mit Holzverkleidung an der RV 821 im östl. Ortsteil. Innen kleine Rezeption mit langgezogenem Restaurant/Frühstücksraum. Zugehörig ein Dance Club, wo am Weekend der Bär steppt und die Einheimischen sich an der Bierdose festhalten. Zumindest das größte und „beste“ Hotel im Norden der Insel Langøya. Ganzjährig geöffnet. Einfach ausgestattete 32 Zimmer mit Bad, trotzdem DZ ca. 11o Euro (Sommer-Preis ca. 9o Euro). Tel.: 761.199.2o.

„**Centrum Hotel**“: an der RV 821 im östl. Ortsteil, Storgata 46. Recht einfache, dafür „billige“ Zimmer. Ganzjährig geöffnet. DZ ca. 7o Euro. Tel.: 761.335.56, Fax: 761.199.21

„OPPMYRE CAMPING“: am Ortseingang Süd, Abzweigung von der RV 821 (noch bevor die Myre- Bucht erreicht wird) links ausgeschildert. Liegt Nähe der deutlich sichtbaren Silos der „Biomar Fischfabrik“ und südl. Buchteingang. Schön gelegen mit Blick auf den Prestfjord und die Bergketten der Insel Skogsøya. Stellplätze für WoMo’s, auch Vermietung von Hütten. Kann sein, daß der Fischgeruch von Myre rüberweht, aber das geht separat. Tel.: 761.336.55

FAST FOOD Lokal in der Radhusgata. - Ansonsten in den beiden Hotels „MYRE“ und „CENTRUM“: Fangfrischer Fisch teils ja, ansonsten aus der Tiefkühltruhe. Keine kullinarischen Köstlichkeiten der Zubereitung erwarten. Mittlere Preise.

## Verbindungen ab Myre

**Bus**: nach -> Sortland 2- 5 mal tägl., Fahrzeit 45 Min. - Nach -> Langenes und Stø an der Nordspitze der Insel Langøya 2- 3 mal tägl., Fahrzeit ab Myre 3o Min. - Keine Busverbindung nach Nyksund an der Westküste. Wer die Wanderung Nykesund -> Stø plant, benötigt eigenen Autotransport oder Taxi.

**Schiff**: ein kleines Personenschiff (kein Autotransport) bedient ab Myre/Hafen die vorgelagerten Inseln des Vestbygd Archipels.

Die Fahrt retour lohnt unbedingt, auch wenn man die Inseln selbst nicht besuchen will, - wegen Fjorden und Landschaften, TIPP!

Strecke: Myre -> Tunstad/Insel Skogsøya -> Sandset (Nähe RV 82o) bzw. bei Bedarf auch Barkestad/Insel Dyrøya und weitere Häfen des Archipels.

Häufigkeit: Myre -> Tunstad: 1- 4 mal tägl., Fahrzeit 2o Min. - Nach Barkestad je nach Route und Stopps ab Myre ca. 1 Std. - Der Preis für die Überfahrt ist vom norw. Staat subventioniert und bei rund 1o- 15 Euro je nach Strecke retour billig.

AUSFLUGSBOOTE: im Sommer ab Myre bei genügend Nachfrage tägl. mit dem modernen Aluminium- Schiff „M/S Vestbygdcruise", Geschwindigkeit 12 Knoten, max. 6o Passagiere.

Preis: Eintagestripp in die Inselwelt vor Myre ca. 32 Euro. Minimum sind 1o Passagiere, sonst teurerer Boots-Charter. - Abfahrt: Bootshafen im südl. Ortsteil Myre links der RV 821, kurz bevor diese über den Damm ins Ortszentrum führt. Infos zu Abfahrten: Tel.: 761.349.oo.

## (1) Abstecher ab Myre zum Vestbygd Archipel

Zugehörig die Inseln SKOGSØYA, DYRØYA und TINDØYA. Sie waren bis Anfang 2o. Jhd. das Zentrum der Fischerei der Gemeinde Øksnes. Die Inseln teils flach, andere mit Bergen von 4oo bis 7o7 m sowie damals florierende Fischernester. Heute sind sie weitgehend unbewohnt im Rahmen der norweg. Zentralisierungs-Politik.

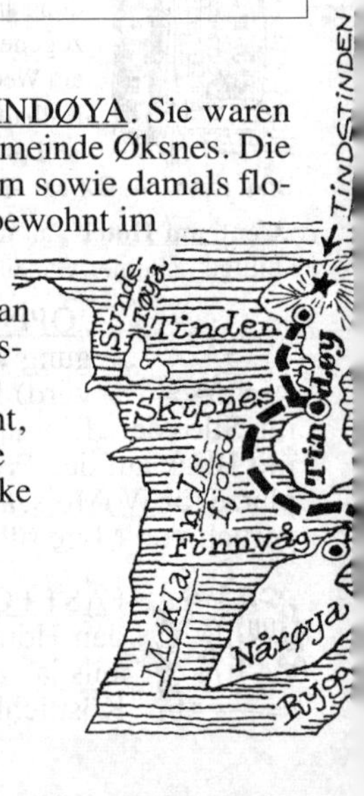


**INSEL SKOGSØYA**: mit Hauptort Øksnes/Tunstad an der Südküste der 7o7 m hohen Insel. War Verwaltungszentrum und bedeutender Fischereiort bis Anfang des 2o. Jhd. Der Ort war bereits seit Wikingerzeit bewohnt, wie der archäol. Fund eines Bootes dokumentiert. Die Kirche von Øksnes enthält Holzbalken und eine Glocke aus dem 16. Jhd. - Der Nachbarort Breistrand (heute verbunden mit Øksnes per Straße) war seit 156o gemäß histor. Aufzeichnungen Pachtland der Handelshäuser von Bergen, - im Mittelalter Hauptabnehmer von Fisch aus dem hohen Norden. Bis 173o entstand

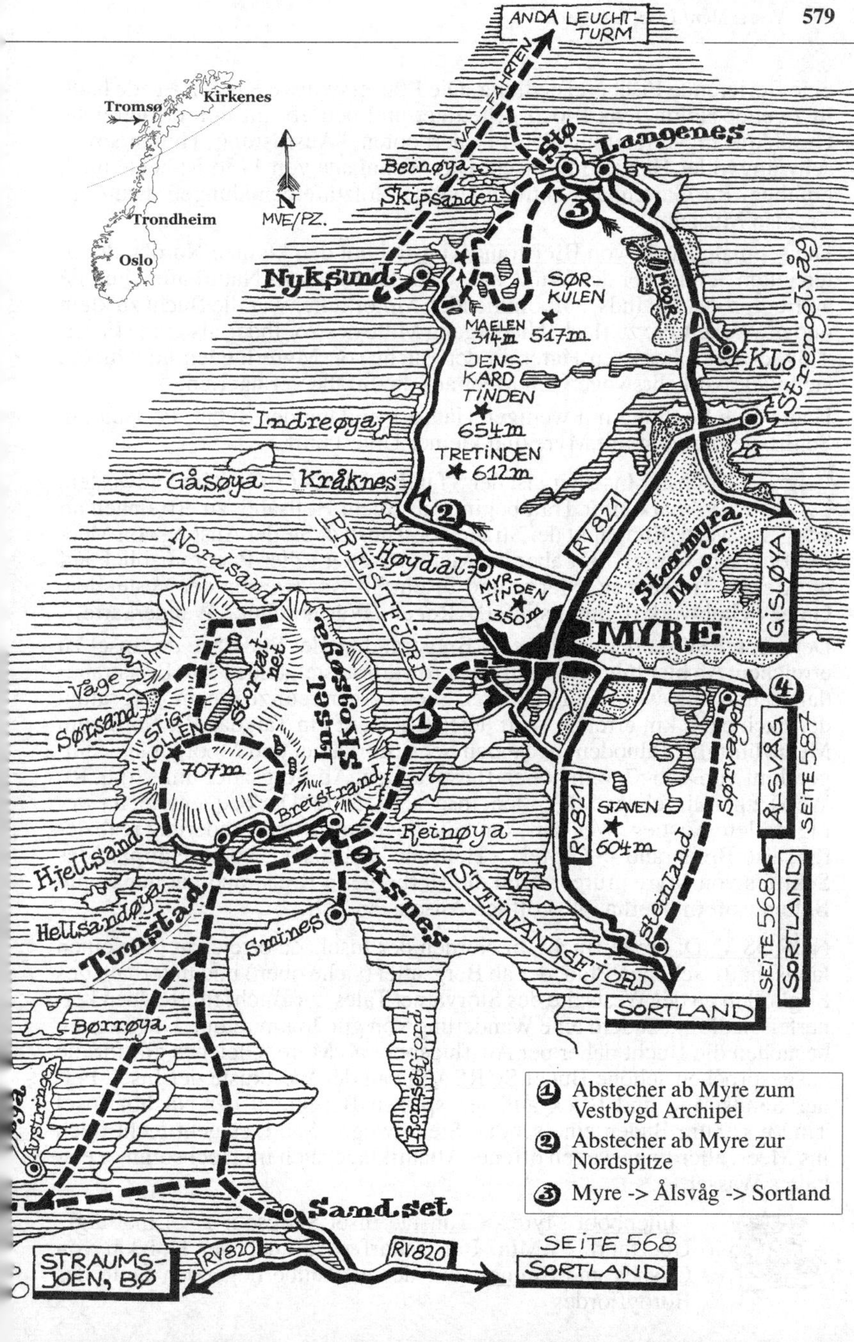
ANDA LEUCHT-TURM
WAL-FAHRTEN
Tromsø
Kirkenes
Trondheim
Oslo
N
MVE/PZ.
Stø
Langenes
Beinøya
Skipsanden
Nyksund
SØR-KULEN
517m
MAELEN 314m
Moor
Klo
Strengelvåg
JENS-KARD TINDEN
654m
TRETINDEN
612m
Indreøya
Gåsøya
Kråknes
RV 821
Stormyra Moor
Høydal
PRESTFJORD
Nordsand
MYR-TINDEN 350m
MYRE
GISLØYA
Våge
Storvat-net
Insel Skogsøya
Sørsand
STIG-KOLLEN
707m
Breistrand
Ålsvåg
SEITE 587
ÅLSVÅG
Sørvågen
STAVEN
604m
RV821
Reinøya
Hjellsand
Hellsandøya
Tunstad
Øksnes
Smines
STEINANDSFJORD
Steinland
SEITE 568
SORTLAND
Børrøya
Romsetfjord
Austringa
Sandset
RV820
STRAUMS-JOEN, BØ
SEITE 568
SORTLAND
1 Abstecher ab Myre zum Vestbygd Archipel
2 Abstecher ab Myre zur Nordspitze
3 Myre -> Ålsvåg -> Sortland

eine florierende Fischereisiedlung. Die Pfarrerswittwe Kirsten Egede hatte in zweiter Heirat Jens Bloch geheiratet und betrieb mit ihm erfolgreiche Geschäfte in Vermietung von Fischerbooten, -Ausrüstung, Hütten sowie schwungvoller Handel mit Fisch. Das Wohnhaus von 173o ist heute noch erhalten. Ihr Gartenhaus enthielt schöne Holztäfelbemalungen, heute im Tromsø Museum.

Die schmale Bucht von Breistrand/Tunstad bot den kleinen Nordlandbooten guten Schutz vor den Winden des Nordatlantiks als Naturhafen. Für die ab Beginn des 2o. Jhds. aufkommenden Motorkutter war die Bucht zu klein und in Wassertiefe zu flach. Niedergang Mitte des 2o. Jhds., als große Fisch-Trawler ihren besseren Hafen in der Bucht von Myre fanden und zudem sich viele Verkehrswege vom Meer auf die Straße verlagerten.

Heute eine Siedlung mit wenigen Häusern entlang der Bucht, Poststation, Schiffsverbindung mit Myre und kleiner Unterkunft.

Höchster Inselberg ist der STIGKOLLEN (7o7 m) im Südwesten. Ein markierter Trail beginnt ab Bucht Hellsand, zu errreichen ab westl. Endpunkt der Straße von Tunstad. Steiler Anstieg von Meereshöhe zum Gipfel, dort aber bei klarem Wetter toller Panoramablick auf die Berge, Tiefebenen, Moore und Inseln im Nordwesten der Vesterålen. Gutes Schuhwerk (Gummistiefel!), Regen-/Wärmeschutz, Wanderkarte.

Der Gipfel Stigkollen ist auch ab Breistrand an der Südküste der Insel zu erreichen. Ab hier führt ein Trail im nordwärts ansteigenden Tal (Breistranddalen) und links von zwei kleineren Seen bergan rauf zu einem Bergsattel, der nach ca. 2 km erreicht wird. Hier Blick auf ein Tal, das Ri. Nord zum Meer führt. Im Talboden die beiden Seen Storvatnet und Moorgebiete, eingerahmt von 4oo- 7oo m hohen Bergwänden. Ab Bergsattel links (d.h. Ri. West) zum Gipfel des Stigkollen, insges. ca. 5 km. Der bequemere, da wenig steilere Anstieg. Wer will, kann die Sache als Rundwanderung realisieren, also Breistrand -> Gipfel -> Hellsand -> Tunstad. Vorab Fahrplan des Schiffes von Myre prüfen, denn die Herberge in Breistrand hat nur wenig Betten, sofern überhaupt geöffnet. Ansonsten Zelt.

NORDSAND: breite Bucht im Norden der Insel. Zu erreichen über einen landschaftl. schönen Pfad, der ab Bergsattel (siehe oben) und unterhalb des Stigkollen an der Westseite des Storvatnet Tales zur Bucht führt. Oben keinerlei Siedlung, zudem eine Wanderung von gut 2o km retour. Die meisten besuchen die Bucht daher per Ausflugsboot ab Myre. Gleiches gilt für die ausgesprochen schöne Bucht SØRSAND an der Westküste der Insel. Feiner Sandstrand und Blick auf den spitzen Bergkegel der Nachbarinsel Tindøya. Zum Baden eine schöne Stelle wegen Sand, es geht recht flach ins Meer, allerdings wegen offener Atlantiklage auch im Hochsommer eiskaltes Wasser.

Linienboot Myre -> Tunstad/Insel Skogsøa: 1 - 4 mal tägl., Überfahrt 2o Min. Bei Bedarf wird auch der Holzkai von Øksnes und Smines (auf der gegenüberliegenden Seite des Børøyfjordes angelaufen bzw. auch Sandset Nähe der RV 82o. Das Schiff hat ausschließlich nur Personentransport. - Ausflugsboote siehe „Myre".

SØRSAND, VÅGE: an der Westküste der Insel Skogsøya: kaum zu glauben, bis Beginn des 2o. Jhd. hatten beide Orte rund 2oo Einwohner, zur Fangsaison bis zu 7oo Fischer. Landein wurde in einer kleinen und fruchtbaren Senke Landwirtschaft zur Eigenversorgung betrieben. Für die Bewohner war die offene Meereslage und Nähe zu den Fanggründen von Vorteil. Ihre kleinen Nordlandboote zogen sie an Land. Für motorisierte und größere Fischkutter war dies nicht möglich. Sie benötigen einen geschützten Hafen, und 1954 verließ der letzte Einwohner die Region.

SMINES: früher ein Handelspunkt des „Nordlansjekt" (Fisch), heute nicht mehr dauerhaft bewohnt. Weekendhäuser und Hütten von Hobbyfischern.

SANDSET: war seit 1934 wichtiger Fährhafen und einzige Verbindung in den äußersten Westen der Vesterålen, so Straumsjoen und Bø. Die kleine Autofähre fuhr von Sandset durch den Ryggfjord nach Krågberget. Dort Straßenanschluß nach u.a. Nykvåg, Straume, Bø etc. Als 1981 der Ryggedalstinden-Tunnel eröffnet wurde, hatte sich die Fährverbindung erübrigt. Heute ist Sandset ein verschlafenes Mininest. Der Bootsanleger wird vom Personenschiff des Vestbygd Archipels genutzt. Das Schiff hat Busanschluß mit Sortland.

**INSEL DRØYA**: Hauptort BARKESTAD, benannt nach einem Gutshof, der gemäß historischen Quellen bereits 1567 bestand. Um 18oo wurde in der windgeschützten Bucht eine Handelsniederlassung eröffnet mit Lagerhäusern, Fischannahmestelle, Poststation und kleinem Trockendock zur Reparatur von Schiffen. Sie sind heute noch erhalten, aber nicht mehr in Betrieb. Selbes gilt für die Anlagen in AUSTRINGEN an der Südostspitze der Insel, zu erreichen über einen knapp 2 km Fußweg.

Barkestad besteht aus wenigen Häusern und ist als einer der wenigen des Archipels ganzjährig bewohnt. Schiffsverbindung ab Myre bzw. Tunstad oder Sandset.

**INSEL NÆRØYA**: östl. gegenüber Drøya, hatte seine goldenen Zeiten als Fischersiedlung im 19. Jhd. Die Häuser des Ortes FINNVÅG werden heute fürs Weekend und Hobbyfischerei genutzt. Das ehemalige Schulgebäude von 1868 wurde antiquarisch restauriert. Es dient als Unterkunft für Firmen-Konferrenzen und passionierte Hobbyangler. Kontakt „Finvåg Kystopplevelser", Myre, Tel.: 761.335.7o, Mobil: 9o9.457.27

**INSEL TINDØYA**: langgestreckter Vorposten in den Nordatlantik. Im Norden der Insel der riesige und markante Bergkegel des TINDSTINDEN (468 m). Er diente der Seefahrt, als es noch kein Radar und Leuchtfeuer gab, als wichtiger Orientierungspunkt an der Küste.

Es gibt zwei Siedlungen, beide an der Westküste: TINDEN ein alter Handelsplatz und Fischereiort seit Anfang 17. Jahrhunderts. Die Kaianlagen, ein Holzsteg sowie 2 Lagerhäuser gebaut um 185o/8o, sind heute noch erhalten. Sehenswert ein alter Kramerladen aus dieser Zeit, Besichtigung im Sommer bei Bedarf möglich.

Sowie SKIPNES: Blütezeit als Fischereihafen während des 1.Weltkrieges, der 2o./3o-er Jahre sowie des 2. Weltkrieges. Kai und Hafenanlagen haben 15o m Länge und waren die größten im Westen der Vesterålen. Sie sind erhalten und werden heute von Hobbyfischern genutzt.

**INSEL SUNDERØYA**: westlich von Tindøy. Die kleine, hufeisenförmige Insel besitzt guten Naturhafen. Zu Zeiten der Dampfschiffahrt Mitte bis Ende des 19. Jhds. wurde der Hafen zum Nachbunkern von Kohle genutzt. Sie kam vorwiegend von norweg. Minen aus Spitzbergen und wurde am Ufer der Bucht gelagert.

Damalige Dampfschiffe hatten nur geringe Zuladungsmöglichkeit, die man für Fracht nutzen wollte. Von daher war es praktisch, den Brennstoff Kohle in Stützpunkten entlang der nordnorweg. Küste zu lagern. Die Schiffe konnten somit längere Strecken bei höherer Frachtkapazität zurücklegen. Dies, ohne den limmitierten Frachtraum mit Kohle zu belegen.

Die Insel Sunderøya war dabei wichtiger Stützpunkt für Fahrten in den hohen Norden. Zudem war sie von den Dampfschiff-Kapitänen als Kohle- Nachschubpunkt leicht zu orten wegen dem markantem Bergkegel der Nachbarinsel Tindøya.

Als dann zur Wende ins 2o. Jhd. modernere und größere Schiffe die „Pioniere der Dampfschiffahrt“ ablösten, sank die Bedeutung der Insel zum Nachbunkern von Kohle. Pier und die Verladeanlagen verrotteten. Dies spätestens in den 5o-er Jahren, als der Schiffsdiesel die früheren Dampfschiffe abgelöst hatte. Sunderøya ist heute unbewohnt.

## ② Abstecher ab Myre nach Nyksund www.nykesund.com

NYKSUND an der Nordwestküste war früher bedeutender Fischereiort, verfiel zur „Geisterstadt“ in den 6o-er Jahren und wurde in den 8o-er von Deutschen teils restauriert. Die Fahrt bringt schöne Landschaften, aber miserabele Piste.

MYRE -> NYKSUND: ca 12 km schlechte Erd-/Schotterpiste. Die Km benötigen Zeit. Vorsichtig fahren, die teils scharfkantigen Steine können die Flanke vom Reifen beschädigen (=Platten). Zudem nichts für schwerbeladene Fahrzeuge/WoMos mit geringer Bodenfreiheit.

Landschaftlich ist die Strecke ein Genuß, vor allem bei klarem Wetter und Mitternachtssonne. Es geht ab MYRE zunächst die RV 821 nordwärts Ri. Stø, aber nach ca. 1,5 km links ausgeschilderte Abzweigung „Nyksund“. Die Nebenstraße umfährt den 35o m hohen Myrtinden und erreicht beim Weiler HØYDAL das Meer. Wenige Häuser, Mini- Sandbucht mit Picknickplatz und Trockengestelle für Fisch.

Hier beginnt die Erd-/Schotterpiste. Aussichtsplatz kurz danach bei KRÅKNES (siehe unsere Karte). Dann wilde Szenerie, steilen Felshänge mit Gras und Moos bewachsen, teils auch etwas Bodengestrüpp, Felsnasen ins Meer. Die Straße umfährt eine Bergnase mit senkrechter Felswand (Vorsicht Steinschlag!). Im Meer viele Mini- Felseilande.

**NYKSUND**: war um 19oo eines der wichtigsten und größten Fischerdörfer der Vesterålen. Die alten Holzhäuser und Lagerschuppen sind heute noch erhalten. Ihr Zustand: teils verfallen, meist aber renoviert. Bis zu 3 Stockwerke hoch stehen sie entlang eines schmalen Wasserkanals, der zur Meeresseite mit Damm vor Wellen geschützt und abgeschlossen ist.

Beachten: in manchen anderen Reiseführern wird Nyksund präsentiert als *"verfallene Geisterstadt"* mit *"morbidem Charme, der Fotografen anlockt"*, - *„ein Ort, in dem man das Grausen lernt"*. Dies ist natürlich sensationelles Blabla und trifft nicht die Realität. Das heutige Nyksund ist keinesfalls eine Geisterstadt, sondern im Hochsommer gut besucht und die Häuser weitgehend renoviert. Anders in den Herbst- und Wintermonaten, wo der scharfe Wind vom Atlantik (bis Sturm) in den ungeschützten Ort peitscht.

Andere Reiseführer behaupten *„83 Stelzenhäuser (!)"* am Wasserkanal des Hafens. Nachgezählt haben wir sie nicht, zumindest: der Hafenbereich umfasst nur rund 15o m, daher kein riesiges historisches Fischerei- Ensamble erwarten.

NYKSUND: wichtiger Fischereihafen der Vesterålen, Foto 1890. Heute teils renoviert.

**Geschichte**: Nyksund entstand ca. Mitte des 19. Jhds., als Dorsch und (Ende des Jhds.) große Heeringsschwärme die Küsten der Vesterålen besuchten. Die Investitionen für den Hafen (Bau einer Mole) und Lagerhäuser/Fischannahmestellen rentierten sich schon bald. Damals lebten rund 2oo Menschen in Nyksund, - zur Fischfangsaison angeblich bis zu 9oo. Eine gigantische Zahl, - ähnlich erfolgreich waren Siedlungen wie z.B. Sørsand an der Westküste der Insel Skogsøya, wenige Km südlich von Nyksund.

Nyksund war 189o zweitwichtigster Fischereiort der Vesterålen und hatte eigene Bäckerei, eigenen Schmied, Segelmacher, Schuster, Schneider und Wanderprediger. Wichtig war die Theke des Kaufmannsladens. Hier wurden Geschäfte des Fischverkaufs ausgehandelt, aber auch private Streitereien bei intensivem Konsum von Branntwein ausgetragen.

Das damalige Nyksund gehörte dem Staat. Ausbau der Kaianlagen um die Jahrhundertwende. Die dortigen Holzlagerhäuser sind auf Fels gebaut und stehen Richtung Kanal auf Stelzen im Wasser. Die dortige 2- stöckige Stelzenbauweise hängt mit dem starken Gezeitenunterschied zusammen: Je nach Wasserstand wurden die Waren von der unteren oder der oberen Etage verladen. Auch die Größe der Waren- und Lagerhäuser dokumentiert die Bedeutung von Nyksund bis Beginn des 2o. Jhds. Dies war die Blütezeit des Fischerortes. Zur Fischfangsaison gab es riesige Shantytowns, die sich mit provisorischen Zelten über die Felshänge um die Hafenbucht erstreckte. Dort lebten die aus allen Teilen Norwegens angereisten Saisonfischer.

Für aufkommende größere Fischkutter mit Motor (1. Hälfte/2o. Jhd.) war der schmale Hafenkanal von Nyksund zu klein. Sie benötigten zudem nicht die kurzen Entfernungen zu den Fanggründen wie die früheren kleinen Holzboote der Fischer. Für Fischkutter war der große Naturhafen Myre daher der bessere Ankerplatz.

Nach Ende des 2. Weltkrieges hatte Nyksund seine frühere Bedeutung verloren und stagnierte als Minisiedlung an der rauen und windgepeitschten Westküste. Die meisten Bewohner waren nach Myre ausgewandert, gefördert u.a. durch finanzielle Unterstützung der Regierung.

Ende der 6o-er war Nyksund weitgehend Geisterstadt mit seinen stolzen Lagergebäuden, die bei Wind und Wetter verfielen. Die letzten beiden Einwohner verließen 1977 den Ort.

1983 wiederentdeckt von einem Berliner Sozialpädagogen, der auf einer Nordnorwegen-Reise vom Charme der ehemaligen Fischereisiedlung und ihrer Architektur sehr angetan war. Er entwickelte Pläne, die Geisterstadt wieder zum Leben zu erwecken. Nyksund solle internationaler Jugendtreff werden, gefördert durch eine Stiftung, die auch Unterstützung als Unesco- Projekt fand.

Nach umfangreichen Vorarbeiten zur Realisierung trafen die erste Jugendgruppen 1985 in Nyksund ein und leisteten ihren Sommerarbeitsdienst. Die Gratisarbeit war verbunden mit Workshops zu Geschichte, Kultur und Architektur des nordnorweg. Fischereiortes. Und - offenbar so gut gemacht und attraktiv, daß es Ende der 8o-er im Sommer eine eigene Busverbindung ab Berlin nach Nyksund gab. Andere Jugendgruppen kamen aus Dänemark und Süd/Mittelnorwegen. In Nyksund konnte man lernen, mit Hammer, Nagel, Säge und Malerpinsel umzugehen, zudem spannnender Background in Restaurierung der alten Häuser. Die Jugendgruppen waren wichtiger Motor für die Wiederherstellung von Nyksund. Daß hier und da (oder öfters mal) gekifft wurde, fand weniger den Zuspruch der Bevölkerung. Seit 199o wird das Projekt von der norweg. Regierung betreut.

Nur wenige Zimmer, kann zur HS eng werden. Gemäß offizieller Listen sind sie ganzjährig geöffnet. Darauf aber nicht unbedingt verlassen, wer außerhalb der Saison kommt. Zu finden: leicht, da Nyksund sehr klein ist.

„**Kunsthåndsverksted**“: am Hafen, Hauptplatz. Verkauf Kunsthandwerk aus Naturmaterialien, weiterhin Vermietung von 1o Zimmern. Preis DZ je nach Auslastung ab ca. 45 Euro. Tel.: 761.343.81, Fax: 761.343.48.

„**Posthuset**“: am Hafen in renoviertem Holzhaus, der früheren Poststation von Nyksund. Vermietung von 4 einfach ausgestatteten aber großen Zimmern. Zusätzlich Wohnzimmer zur Gemeinschaftsbenutzung und 2 Bäder. Vermieterin ist Marion Letzner. Preis je nach Saison ca. 2o- 4o Euro. Tel.: 761.344.77, Fax: 761.344.77.

„**Withgården**“: im Ortsteil Vestervika. Ebenfalls gut renoviertes Holzhaus mit 4 Doppelzimmer, selbe Vermieterin wie „Posthuset“. Preis je nach Saison ca. 2o- 4o Euro. Tel.: 761.344.77, Fax: 761.344.77.

„**Nyksund Vertsbrygge**“: am Hafen, Nähe südl. Damm. Größeres und gut renoviertes Holzhaus (ehemaliges Lagerhaus) mit Restaurant. Auch Vermietung 6 Doppelzimmern.

Die Gäste können sich in der Küche ihr eigenes Essen zubereiten. DZ ab ca. 3o Euro. Tel.: 761.344.77.

Zentral am Hafen „NYKSUND VERTSBRYGGE“: in altem Holzgebäude aus dem 19. Jhd. stilvolles Essen ohne Schikkeria Schnickschnack. Die Küche dominiert mit Fisch, der frisch gefangen vom Boot kommt. Im Sommer Tische auch draußen, Kaffee und Kuchen. Preise günstig bis mittel.

WALBEOBACHTUNG (Whale Watching): Nyksund ist eine von mehreren Stellen (Stø, Andenes siehe dort), wo gute Chancen für Walbeobachtungen bestehen. Die bis zu 2o m langen Potwale schwimmen im Frühjahr von südlicheren Zonen in den Norden, wo sie in den Sommermonaten vor der Küste der Vesterålen zu sehen sind. Weiterhin u.a. Schwert-, Buckel- und Finnwale.

Die Firma „Vesterålen Nature Events“ veranstaltet im Sommer bei Bedarf tägl., ca. 11 Uhr ab Nyksund (bzw. ca. 12 Uhr ab Stø) Fahrten aufs Meer zur Walbeobachtung.

Inkl. ist zuvor eine Führung durch Nyksund mit histor. Erläuterungen. An Bord warme Suppe, Kaffee, Tee, Kekse und biologische Einführung. Die Fahrt geht zunächst entlang der Nordwestküste (gegebenenfalls Zwischenstopp im Hafen von Stø für weitere Passagiere) - und dann raus in den offenen Nordatlantik auf der Suche nach Walen. Die Chancen, so der Veranstalter, stehen gut. Er gibt sogar eine „Walgarantie“, d.h. sofern kein Wal in Sicht, darf man an der nächsten Fahrt gratis teilnehmen.

Unterwegs wird die Felsklippe des Anda Leuchtturms nördlich von Stø besucht. Dort Robbenkolonie und Vogelfelsen mit Seeadlern, Austernfischern, Papageientauchern, Kormoranen u.a., Fernglas und Tele sinnvoll.

Mitnehmen: warme und winddichte Kleidung, am besten auch Mütze und Handschuhe, Schuhwerk mit rutschfestem Profil (wenn Wind oder Wellen das Meer an Deck schwappen), - Foto-, Filmausrüstung, Fernglas. An Bord gibts Rettungswesten.

Sobald ein Wal in Sicht ist (erkennbar an seiner Fontaine aus Luft mit Wasser), kreist das Schiff, um in seine Nähe zu kommen. Nicht selten spielen die Wale mit dem Schiff, wobei der Kapitän weitere Kurven auf den Atlantikwellen zieht. Für Fotomotive super, - für zarte Naturen an Bord kann das aber der Moment sein, wo diese sich über die Reeling legen...

Unterm Strich ein Bootstripp im hohen Norden, der unbedingt lohnt! - sofern man seefest ist!! Vorab klären, ob und wann Fahrten stattfinden. Tel.: 761.314.45, Vesterålen Nature Events AS sitzen in Myre, Postfach 325 und operieren von Nykesund und Stø aus.

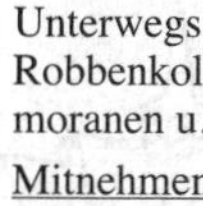

Wanderung Nyksund -> Stø: rund 7 - 12 km je nach Route. Die eine Strecke führt ab Umrundung des Maelen (314 m) weiter entlang der Nordwestküste und des Sandstrandes Skipssanden nach Stø. Der Trail beginnt rund 1 km südl. von Nyksund, Wanderzeit bis Stø ca. 2 Std., als Trail leicht. - Wanderalternative: Einstieg siehe oben (1 km südl. Nyksund) und auf Höhe Maelen dann Ri. Südost am Hang eines Tales mit 2 Seen entlang in U-förmiger Umrundung dann Ri. Nord oberhalb des Meeres nach Stø. Der insgesamt anstrengenderen Variante bei aber oft Superpanorama. Höchste Höhe des Trails 517 m, Wanderzeit ca. 3-4 Std. Beide Trails sind markiert. Detailkarte sinnvoll, auch wenn der Taleinschnitt mit Seen und das Meer gute Orientierung sind. Weiteres Material beim TI in Myre bzw. Sortland erhältlich.

## ③ Abstecher ab Myre zur Nordspitze

15 km gut ausgebaute und weitgehend geradlinige Asphaltstraße RV 821. Sie führt ab MYRE am Westrand eines fast brettebenen Moorgebietes in Meereshöhe (Stormyra). Großartig die Bergkulisse mit Gipfeln bis 654 m, die die Ebene seitlich einrahmen. Diese geht Ri. Nordost total flach und fast nahtlos ins Meer über, Land- bzw. Wasserbereiche. Der Blick: ein grandioses 36o° - Panorama!

Mehrere Stichstraßen ab RV 821: nach Strengelvåg, Gisløya sowie nach Klo (kein Witz!). Minisiedlungen mit weit verstreuten Häusern. Sie liegen auf Halbinselfingern, deren Land superflach ins Meer übergeht.

Die RV 821 schnurgerade am Meer entlang. Je nach Tages-/Jahreszeit eisblaues Wasser und Superblick auf die Bergkette der Insel Andøy mit Gipfeln bis 7oo m.

**LANGENES**: an der Nordspitze. Im späten Mittelalter die größte Siedlung der Vesterålen, - wie der Vogt Schønnebøl in historischer Aufzeichnung von 1591 berichtet: „Hier leben 6o Familien dauerhaft, die ihre Einkünfte aus der Fischerei beziehen". Für damalige Zeiten eine beachtliche Zahl; hinzu kamen anreisende Fischer zur Fangsaison.

Erhalten ist eine Holzkirche von 172o mit Inventar einer ersten Ortskirche (16. Jhd.), - so u.a. eine Katechismustafel eines mittelalterlichen Pfarrers. Es wird berichtet, daß dieser sowohl die Bibel verehrte, aber auch Schwarze Magie mit seinen Schäfchen zelebrierte...

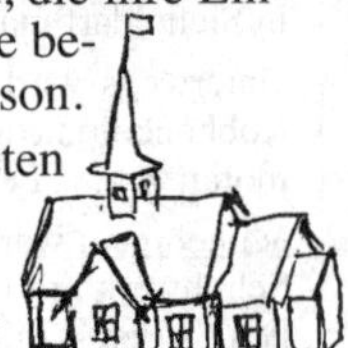
LANGENES KIRCHE (1720)

Ausgeschilderte Abzweigung ab RV 821 zur Kirche. Sie ist übrigens älteste, erhaltene von Nordnorwegen. Das heutige Langenes: eine weit über die Fläche verteilte Streusiedlung mit nur wenigen Einwohnern und Häusern.

**STØ**: Endpunkt der RV 821 zur Nordspitze. Kleiner Hafenort in der Einsamkeit an der Nordspitze, vorgelagerte Schären. Eine langgestreckte Mole schützt die Boote und rahmt die Hafenbucht fast komplett ein.

STØ BOBILCAMP: am gegenüberliegenden Ende der Bucht. Kreisrunder Stellplatz auf kleiner Felsenhalbinsel schönem Meeresblick. Boots- und Fahrradvermietung, kleines Restaurant, Dusche, Toiletten, WoMo- Stellplätze mit Stromanschluß und Toil.- Entsorgung sowie 8 Rorbuers, geöffnet Mitte Mai bis Ende Aug. Preise Rorbuers abhängig Größe ca. 5o - 75 Euro. Tel.: www.stobobilcamp.com Tel.: 761.325.3o

SKIPSANDEN: ausgesprochen schöner Sandstrand südwestl. von Stø, zu Fuß ab Stø Bobilcamp in ca. 2o Min. zu erreichen. Wer sehr abgehärtet ist, kann im Sommer bei frostig kaltem Wassertemperaturen baden. Der Trail führt weiter nach Nyksund, Details dort.

ANDA FRYR (LEUCHTTURM): rund 5 km nördlich von Stø im offenen Atlantik auf einer grasbewachsenen Felsklippe. Er sichert die Zufahrt in den Gavlefjord, der die Insel Langøya von Andøy trennt. Der Leuchtturm besitzt eine Höhe von 16 m und sieht aus fast wie eine kleine Burgfestung. Je nach Wetter peitschen Orkane über die Klippe und rütteln an den Fenstern. Teils auch waagrechte Regenwände, - für den Leuchtturmwärter waren dies Tage der „Abwechslung" in seiner sonstigen Einsamkeit.

Heute ist der Anda-Leuchtturm nicht mehr bewohnt, sondern automatisch gesteuert. An der Klippe eine Robben-Kolonie und reiche Vogelwelt, so u.a. Kormorane, Papageientaucher etc. Besuch mit dem Boot der „Whale Tours" siehe unten.

WALBEOBACHTUNG (Whale Watching): Abfahrten im Sommer auch ab Stø mit „Vesterålen Nature Events AS", Details siehe Nyksund. Unbedingt vorher anrufen, ob und wann das Boot fährt. Tel. 761.314.45. Sitzen in Myre und operieren von Nykesund und Stø aus. Postfach 325 Myre.

## 4 Myre -> Ålsvåg -> Sortland

Rund 5o km Asphaltstraße und mögliche Alternative für die Rückfahrt nach Sortland. Zunächst am Südrand des Stormyra Moores entlang 1o km nach: **ALSVÅG** (ca. 6oo E.). Eingeschränkt interessant das dortige ØKNES BYGDEMUSEUM: Regionalgeschichte, Themen u.a. „Entwicklung einer Fischer/Bauern- Siedlung". Es ist untergebracht in einem mehr als 3oo Jahre altem, zweistöckigem Holzgebäude, - eines der ältesten erhaltenen Holzhäuser Nordnorwegens.

Der Alsvåggården wurde um 1671 gebaut. 1781 kaufte Jacob Christian Maas das Haus und umliegenden Grundbesitz vom norweg. König. Maas erweiterte das Haus und stattete es mit Trinkwasserversorgung aus. Er war ein geschickter Geschäftsmann, der profitablen Handel mit Fisch und landwirtschaftl. Produkten bis Bergen betrieb.

Während der Jahrhunderte wurde das Haus als Handelsstützpunkt genutzt, als Gerichtssitz, als Poststation, 1818- 98 auch als Schule, ab 185o zudem Kontor einer Linienschiffsverbindung, die vor dem Haus anlegte, - als Kolonialwarenladen, ein Arzt hatte hier sein Büro, seit 19oo auch eine Telefon/Telegraphenstation. Museum seit 1978.

Im EG u.a. ein Wohnzimmer mit damaligen Möbeln sowie eine restaurierte alte Poststelle und Kolonialwarenladen. Die Zimmer im OG (u.a. Schlafzimmer) sind relativ niedrig, da die Menschen damals kleiner waren.

Coffeshop und Verkauf von Souvenirs. Geöffnet: Mo.-Fr. 1o- 17 Uhr, Sa./ So. 12-17 Uhr, außerhalb der Saison kürzer bzw. geschlossen. Eintritt 5 Euro.

„TOFTENES SJØHUS CAMPING“: im 3 km südl. gelegenen Nachbarort Toftenes. Das 2-stöckige Hauptgebäude am Fjord ist eine frühere Handelsniederlassung von 19o9. Angebaut eine neuzeitliche Cafeteria in Flachbau. Vorteil: ruhige Lage und gute Sportmöglichkeiten, vorwiegend Wandern, Klettern, Reiten und Fischen. Es gibt Kaianlagen, Bootsvermietung (Ruderboote, Motorboote), Vermietung von Pferden, Fahrrädern und Surfbrettern sowie Angelausrüstung. Vermittlung von Konzessionen, wer in umliegenden Gewässern und kleineren Seen Forellen angeln will.

In der Cafeteria gute Fischgerichte zu mittlerem Preis. - Geöffnet ganzjährig, Übernachtung zu fairen Preisen. Im Hauptgebäude Vermietung von 4 Zimmern (DZ ca. 6o Euro), weiterhin Hütten mit kleiner vorgebauter Terrasse (ca. 6o Euro) sowie Stellplätze für WoMos. - Unterm Strich Tipp zum Relaxen und für Sport. Tel.: 761.314.55, Fax: 761.334.97.

# Westen der Insel Langøya

*Berge, Moorgebiete und Vielzahl von Fjorden. Eine landschaftlich lohnende Ecke der Vesterålen, - benötigt aber Zeit, um sie in allen Bereichen zu erkunden. Das Gebiet gehört zur Gemeinde Bø (im Nordostteil Sortland).*

*Hauptverkehrsachse ist die RV 82o Sortland -> Straumsjoen -> Vinje/ Steine -> Bø. Von ihr führen Stichstraßen entlang von Fjordarmen zu kleinen Fischersiedlungen. Extrazeit 1- 2 Tage Minimum einplanen.*

**SORTLAND -> STRAUMSJOEN**: die RV 82o gut ausgebaute Asphaltstraße ca. 5o km, aber einiges an Kurven. Fahrzeit mit eigenem Auto rund 1 Std. Wie im Vorkapitel beschrieben zunächst via Jennestad (Details siehe dort) und Frøskeland am EIDSFJORD.

Der Eidsfjord war zu Zeiten des Heringsbooms (ca. 186o-9o) eines der wichtigsten Fanggebiete Nordnorwegens. Bis zu 1o.ooo Saisonfischer kamen in die damalige „Hauptstadt des Heringsfangs“ Sidpollen am Ostufer des Eidsfjord. Eine gigantische Zeltstadt. In den wenigen Monaten, wo die Heringe im Fjord eintrafen, wurde Geld gemacht fast wie zu Zeiten des kalifornischen Goldrausches.

Am „*Silber des Meeres*“ (Hering) verdienten die Fischer, - hauptsächlich aber diejenigen, die damit handelten. So beispielsweise Grundstücksbesitzer, die ihr Land am Fjord an die Fischer vermieteten, - die Fischhändler, die weiterverkauften an den Süden Norwegens, - die Bootsausrüster, die Netze und Angelgerät verkauften - und: die Kneipenbesitzer, die Alkohol an die Fischer verkauften. Waren letztere unvernünftig, kehrten sie trotz reichen Fangs nur mit minimalem Geld wieder in die Heimat zurück.

Aus dem Boomzeiten des Heringfangs am Eidsfjorden sind heute noch Relikte einer Anlegestelle und einer Heringsölfabrik in Sidpollen erhalten.

Die RV 82o führt weiter Ri. West. Markanter Gipfel im Süden ist die Felsnadel des REKKA (6o5 m), beliebt bei Bergsteigern.

Die Sage berichtet, daß hier ein Troll voll Tatendrangs lebte. Er war mit der Landschaft unzufrieden und wollte einen weiteren Fjord mit seinem Spaten graben. Nachts (wie für Trolle üblich!) ging er ans Werk und hatte bald einen tiefen Graben geschaffen (= Eidsfjord), in den das Meer einströmte. Im Prinzip hatte der Troll vor, eine durchgehende Wasserstraße zwischen Eidsfjord und Skjerfjord zu graben. Dies hätte ihm den weiten Umweg per Boot um die Südwestspitze bei Steine/ Bø gespart. Es fehlte nur noch ein kurzes Stück zur Fertigstellung der Wasserstraße. Da ging dem Troll bei der Arbeit der Spaten kaputt. Er warf ihn in Wut weg, wobei das Schaufelblatt des Spatens im Land stekcken blieb (= heutiger Rekka Gipfel), - und der Stiel des Spatens daneben seinen Platz fand... Soweit die Sage.

Ausgangspunkt für Besteigungen des Rekka sind entweder Skjerfordeidet an der RV 82o und innerer Eidsfjord, meist aber das Südende des Ånnfjordes/RV 82o, da von dort kürzerer Anmarsch. Trail nicht markiert, Detailkarte nötig sowie für den Gipfel Bergsteigerausrüstung. Die sehr steilen Felswände sind eine Herausforderung und nur für erfahrene Bergsteiger.

Abzweigung RV 82o nach SANDSET mit Bootsverbindung zum Vestbygd Archipel siehe Seite 581.

RYGGEDALS-TUNNEL: Länge 1.61o m, unterquert eine hohe Bergkette, die sich ab Ryggefjord bis zum Eidfjord erstreckt. Eröffnet wurde der Tunnel erst 198o. Zuvor ging der Verkehr via Autofähre Sandset -> Kråkberget. Der Tunnel ermöglicht durchgehende Straßenverbindung und spart Zeit auf der Strecke von Sortland in den äußersten Inselwesten.

Nach Ende des Tunnels schöner Blick auf den Kråkhaugvatnet in Talsenke und kleiner TOURIST-INFO KIOSK (nur im Sommer geöffnet). Hier gibts Informationen zum äußersten Inselwesten, Unterkünfte (auch Rorbuers), Angeln, Wandern etc. Er gehört der Gemeinde Bø, die hier beginnt.

SUND / EIDET: größere Meeresbucht zwischen hohen Bergen, am Ende des Malnesfjords. Auf beiden Seiten des Fjordendes, der hier eng eingeschlossen von Bergen fast wie ein See wirkt, - ziehen sich weitverteilte Häuser entlang. Im Siedlungsbereich Eidet die Malneskirche (1895).

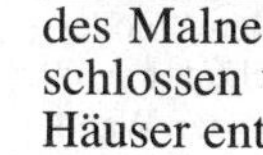

„EIDET SJOCAMP“: an der westl. Fjordseite, rund 1,5 km ab RV 82o. Stellplätze für WoMos, Vermietung von Hütten. Sie sind vorwiegend von Fischern frequentiert.

ABSTECHER NYKVÅG, HOVDEN: in Eidet zweigt eine 17 km Stichpiste ab bis Nordspitze der Halbinsel Hovden, - schmal, aber Asphalt. Der Mini- Fischerort **NYKVÅG** (Nyk= Felsen) besitzt einen kleinen Naturhafen. Zu Zeiten der Nordlandboote reichte er an Größe aus, - nicht jedoch im 2o. Jhd., als größere Motorkutter die früheren Nordlandboote abgelöst hatten. Heute wird der Hafen vorwiegend von Sportanglern genutzt. Plus-

punkt ist die Nähe zu reichen Fischgründen im offenen Nordatlantik. Unterkunft: Robert Fredriksen Rorbuer, Nykvåg. Tel.: 761.378.76.

Im Ort am Hafen kleines Lebensmittelgeschäft und direkt oberhalb ein Vogelfelsen. Es dürfte auf den Vesterålen wohl keinen anderen Ort geben, wo ab Straße derart nahe Vögel im Flug zu ihren Nistplätzen zu beobachten sind! Weitere Vogelfelsen im Umfeld, auch per Wanderungen ab Nykvåg zu erreichen. Infos im TI- Kiosk am westl. Ende des Ryggedalstunnel bzw. im TI Sortland.

**HOVDEN**: Fischernest am Ende der Stichstraße. Der Bau eines Dammes zu kleinerer, vorgelagerter Insel ergab eine geschützte Hafenbucht. Ähnlich wie die von Nyvåg ist sie zu klein für heutige Schiffe der Großfischerei, - jedoch gern genutzt von Regionalfischern und Sportanglern. Unterkunft: „Hovden Kystkvinneleter", Tel.: 761.379.21. Dito wie in Nykvåg nur wenige Rorbuers und meist von ambitionierten Sportfischern ausgebucht.

Im Umkreis von Hovden: super Sandbuchten auch teils mit Minidünen; zum Baden sind sie eiskalt. Trockengestelle für Fisch und je nach Wetter stürmische Winde vom Atlantik.

Weiter ab EIDET/ **RV 82o**: via Ebene und Sumpfland, das Ri. Ost ins Meer übergeht. Nach rund 5 km (oder mehr, - schwierig zu bestimmen bei den weit auf Fläche verteilten Siedlungen) - wird die Ortschaft erreicht:

**STRAUMSJOEN / STRAUME** an der RV 82o. Erstreckt sich weitflächig zwischen Straumfjord, Førepollen und der Tiefebene Ri. Ost. Hier ist die Verwaltung der Gemeinde Bø untergebracht. Es gibt 2 Tankstellen, Autoreparatur, Supermarkt, Pub, Post, Bank, Restaurant und Hotel. Eine Siedlung, die vom Ortsbild nichts Spezielles bietet, wohl aber als Stützpunkt im äußersten Südwesten der Insel Langøya dient. Sie ist möglicher Ausgangspunkt für Wanderungen, Angeltrips etc.

„**Bø Hotel**": einziges Hotel im Gemeindegebiet Bø. Ein größeres modernes Gebäude im Ortsteil Straume. Zweckmäßig eingerichteter Aufenthaltsraum mit einfachen Polstermöbeln und Bildern an der Wand. Freundlicher Frühstücks-, Restaurantraum. Weiterhin der „Smutthullet Pub" sowie die „Lagunen Disco", wo am Weekend der Bär steppt.

15 Zimmer mit Bad und TV. Ganzjährig geöffnet. DZ inkl. Frühstück ca. 95 Euro, günstigere Sommerpreise um ca. 85 Euro. Auch mit Halbpension möglich und entsprechend teurer. Tel.: 761.385.9o, Fax: 761.385.94. www.bo-hotell.no

„**Delfinen Gjestegård**": im Nachbarort Steine. Unterkunft mit wenigen Zimmern und Privatpensions- Charakter. Ganzjährig geöffnet. DZ ca. 4o Euro. Tel/Fax.: 761.357.oo.

„**Damperiet Rorbugrenda**": im Ortsteil Straumsjoen am Ende des Straumefjords und knapp 1 km von der Hauptstraße RV 82o entfernt. Direkt neben der Lebertranfabrik (siehe Restaurants) 5 sehr komforta-

ble Rorbuers mit Kochgelegenheit, Dusche und Toilette. Zur HS meist langfristig ausgebucht. Preise je nach Größe ca. 65 - 85 Euro. Tel.: 761.383.7o, Fax: 761.383.8o.
„**Kjell Klausen Rorbu**", im Ortsteil Straumsjoen Tel.: 761.385.32 und „**Rorhuset**", Tel.: 761.225.84.

„BØ HOTEL": freundlicher Gästeraum. Küche vorwiegend Fisch, mittlere Preise. Achtung: schließt abends (außer am Wochenende) relativ früh.

„DAMPERIET": im Ortsteil Straumsjoen am Straumefjord. Eine ehemalige Lebertranfabrik von 192o, untergebracht in Miniholzhaus fast wie eine Scheune. Sie ist heute renoviert; im Inneren ein kuscheliges Restaurant, Tipp! Vorwiegend Fischspezialitäten, zubereitet nach Rezepten der Region. Preise: mittel bis gehoben. Auch kleinere Gerichte, sogenannte „Fiskeretter" und Pub.

WANDERN: siehe „Vinje/Steine". - TANKSTELLEN: im Ort 2, die Shell und die Statoil. Letztere geöffnet 8- 24 Uhr (Achtung: kann früher schließen!) mit kleinerer Bäckerei und Verkauf von Lebensmitteln, Getränken. Beide Tankstellen mit Werkstatt für Autoreparatur. - AUTOVERMIETUNG: Shell Tankstelle in Straume, g.g. auch Statoil Straume.

BØ KOMMUNE: 8475 Straumsjøen, Tel.: 761.142.oo, Fax: 761.143.o1. Dies ist das Rathaus der Gemeinde. In der Zeit Mitte Juni bis Ende August ist ein Infokiosk an der RV 82o am Ryggedalstunnel (siehe oben) geöffnet, tägl. ca. 1o/11 - 18/19 Uhr. Vermittlung von Privatquartieren, Angellizenz, Rorbuers, Infos zu Trails.

Der TI- Prospekt der Gemeinde Bø (Auszüge) schreibt: „wir wünschen Ihnen recht herzlich willkommen... Bø bietet eine wunderschöne Natur, steile Berge, Meer, Vogelberge und ein traditionsreiches Milieu, das den Rahmen für ihren Urlaub bildet... Wir lieben unsere Natur und möchten sie gerne mit Ihnen teilen. Vielen Dank für Ihre Hilfe, sie ordentlich und sauber zu halten." - Dies sei auch von Verlagsseite betont. Der Reichtum der Gemeinde ist ihre Naturschönheit!

**STRAUMSJØEN / STRAUME -> VINJE / STEINE -> BØ**: ca. 1o km Asphaltstraße (= RV 82o). Es geht zunächst meist geradlinig Ri. Süd, rechter Hand der FØREPOLLEN. Absolut flaches Land, geht mit Buchten ins Meer über. Im SW vorgelagert die Bergspitzen (273 m) der kleinen Insel GAUKVÅRØY, rechts der Berggipfel des Søberg (29o m), landschaftliche Superszenerie.

Das Gebiet um den Førepollen war bereits zur Steinzeit besiedelt. Archäologen gruben sich durch verschiedene Schichten einer Besiedlung bis ca. 5oo v. Chr. Gefunden wurden u.a. Keramikscherben von Trink- und Essgeschirr aus der Steinzeit, Schmelztiegel aus der Eisenzeit - Haarspangen aus der Bronzezeit - sowie aus der Zeit 5oo v. Chr. u.a. ein Trinkbecher aus grünem Glas. Er wurde von den Germanen im Rheinland angefertigt.
Dies läßt entweder darauf schließen, daß die Bewohner des Førepollens der Zeit 5oo v.

Chr. aus dem Rheinland kamen, - oder aber Handel über weite Strecken u.a. mit dem Rheinland betrieben, - eher anzunehmen. Die Funde sind heute in Tromsø Museum ausgestellt. - Das Gräberfeld (ausgeschildert ab RV 82o: „Føre") ist mit den Steinen der Gräber für Laien eher uninteressant.

Søberg (29o m): die Sage berichtet von einem Drachen, der dort wohnte und den Berg sehr genau bewachte. Grund: er war Besitzer einer Schatztruhe mit Gold und Silber, die er in einer Höhle versteckt hatte. Drache = vermutlich Symbol für Blitze und Gewitter, die am exponiertem Gipfel zum Atlantik häufig entstehen. Schatztruhe = nix gefunden.

FJÅRFOLL STRAND: mit rund 8oo m der zweitlängste Strand der Vesterålen, bei Føre (siehe oben). - Längster ist der SVINØYVALEN (1,9 km) nördl. Ortschaft Vinje. Er geht superflach ins Meer, so daß die Wassertemperaturen im Sommer etwas moderater sind. Bei Ebbe kann man zu Fuß rüber zur vorgelagerten INSEL SVINØY laufen. Aber betr. Rückweg die Gezeiten im Auge behalten! Auf der Insel wurden 8o Gräber aus der Eisenzeit gefunden, der größte Fund in Nordnorwegen. Weitere 5o Gräber aus selber Epoche auf der Nachbarinsel Svinøykalven.

**VINJE / STEINE**: Minisiedlung an der Südwestspitze der Langøya Insel. Sie verteilt sich über mehrere Buchten und Landfinger, - in groben Nordnorwegen-Karten oft auch nur als „Bø" vermerkt. Im Ort Bank, Postamt, Supermarkt, kleines Kleidergeschäft und Statoil- Tankstelle.

BØ BYGDEMUSEUM: im Ortsteil Vinje. Exponate zur Fischerei und Landwirtschaft. Es ist untergebracht in einem alten Holzhaus („Parkvoll-Hof"), das die Gemeinde 1984 kaufte und darin ein Heimatmuseum einrichtete.

Im Haus wohnte 1877- 78 Knut Hamsun (norw. Schriftsteller und späterer Nobelpreisträger) als 17- 19 Jähriger. Er arbeitete zunächst wenige Monate als Knecht des Hausmieters, bekam dann eine Stelle als Lehrer im nahen Ringstad und wurde anschließend für 1 Jahr Polizist in Vinje. Einer von unzähligen Jobs, die Hamsun in seinen Jugendjahren annahm, um seinen Traum von der Schriftstellerei verwirklichen zu könne.

Im Parkvoll Haus schrieb er seine ersten Romane *„Das Rätselhafte"* (1877) und *„Björger"* (1878), bevor er 1879 nach Kerringøy Nähe Bodø umzog. Weitere Details S. 386.

Zu sehen: im Hauptgebäude Exponate zur Region, u.a. auch die ehemalige Polizeistation mit Schreibmaschine etc. Zugehörig eine Fischer-Unterkunft (19. Jhd.), kann im Inneren besichtigt werden und ein Bootshaus mit u.a. einem offenem Nordlandboot „åttring" von 1874. Es besitzt 8 Ruder und ist heute noch seetüchtig. Im Sommer Ausflugsfahrten vor der Küste.

Geöffnet: Anfang Juni bis Ende August, ansonsten nach vorheriger Vereinbarung (Tel.: 761.356.54). Eintritt ca. 5 Euro.

➡ **INSEL GAUKVAERØYA**: westlich Vinje vorgelagert, im Sommer bei Bedarf Ausflugsboote ab Vinje. Die Insel mit Berggipfeln bis 273 m war in früheren Jahrhunderten ein florierendes Handelszentrum mit Anlegesteg, Lagerhallen für Fischhandel und Lebensmittel, sowie Schulgebäude und

Läden. Rund 3oo Menschen hatten Wohnung und Einkommen in der exponierten Lage zum Atlantik und Fischgründen. Ende der 5o- Jahre des 2o. Jhds. verließen die letzten Einwohner die Insel, gefördert durch Subventionen der norweg. Regierung. Sie nahmen zum Teil sogar ihre Holzhäuser mit, die sie demontierten und per Schiff zu größeren Siedlungen wie z.B. Straume oder Steine verfrachteten.

Heute ist die Insel verlassen, zu sehen teils noch die grasüberwucherten Grundmauern der früheren Häuser sowie Reste der Kaianlage.

Wer Gaukvaerøya besucht: interessant sind die „Strandlinien", eine dunkle Einfärbung des Uferhanges horizontal zum Meer. Während der Eiszeit war Skandinavien von einem dicken Eispanzer bedeckt, der die Landmasse durch sein gewaltiges Gewicht runterdrückte. Nach Auftauen des Eises stieg das Land während zig-tausenden von Jahren. Dies dokumentiert sich an vielen Stellen der norw. Küste. Besonders gut u.a. auf Gaukvaerøy zu sehen: der dunkle Strich in ca. 3o m Höhe zeigt den Meeresstand vor ca. 11.ooo Jahre (= damalige Eiszeit). Eine weitere Linie in ca. 1o-12 m zeigt, wie das Land zwischenzeitlich gestiegen war, sprich: Wasserstand des Meeres vor ca. 6.ooo Jahren.

**INSEL LITLØYA**: südl. direkt Gaukvaerøya vorgelagert, sie ist unbewohnt. Im Berg befindet sich eine Höhle. Ihr Eingang 2 m breit x 16 m hoch liegt ca. 6o m oberhalb des Meeres.

Die Sage berichtet von einem Hund, der einmal in die Höhle reingelaufen sei - und nach Tagen reichlich verdreckt auf der Insel Hadseløya (!) wieder am Tageslicht erschien. Daß der Hund quer übers offene Meer von Litløya nach Hadseløya schwamm, ist kaum anzunehmen. Also müsse es ein Unterwasser-Tunnelsystem nach Hadseløya geben, behauptet die Sage; bisher nicht nachgeweisen.

**BØ**: an der Südwestspitze der Insel Langøya. Die Ortskirche erstmals erwähnt 1381. Die heute erhaltene stammt von 1824 mit Votivtafeln, Kronleuchter um 176o sowie spätmittelalterlichen Skulpturen.

Die Küstenstraße ab Bø führt weiter Ri Nord durch eine Tiefebene und erreicht Straume (siehe oben) an der RV 82o. Stichstraßen führen im Sumpf- bzw. Hügelland nach Ringstad („Ringstad Vandrehjem og Sjøhus" Tel.: 761. 374.8o), nach Straumsnes am Eidsfjord und Unvåg, Minisiedlungen mit weit verstreuten Häusern am Eidsfjord/Jørnfjord, - sowie nach Klaksjord („Klaksjord Sjøhus & Bobilcamp"), Tel.: 761.391.67. Die o.g. Unterkünfte verfügen jeweils über nur wenige Betten, sind gern genutzt von Hobbyanglern und zur Hochsaison meist ausgebucht. Wer in der Ecke fischen will, sollte langfristig vorbuchen.

Markierter Trail von Steine in 1,5 km Nordost ansteigend zur Losje Hytta. Sie ist im Sommer am Wochenende bewirtschaftet und bringt Blick über den südwestl. Teil der Insel Langøya mit vorgelagerten Inseln wie Gaukvaerøya. Ab Hütte rund 1 km rauf zum Gipfel Veten (467 m). Von hier setzt sich der markierte Trail nordwärts fort, ca. 2 km entlang des Bergrückens zum Gipfel Lynghaugtinden (5o4 m). Auch hier, sofern klares Wetter: Superpanorama Blick. Als Bergwanderung unschwer, aber gutes Schuhwerk wegen steinigem Gelände, warme Kleidung (windfest!) und Essen/Getränke.

Der „Abstieg" vom Lynghaugtinden entweder (markiert) in ca. 4 km nach Straume an der RV 82o, - oder (nicht markiert), aber in Orientierung der Landsicht/Küste unschwer runter nach Fjaervoll am Førepollen.

**Gemeinde Andøya**

| | |
|---|---|
| Fläche: | 659 qkm |
| Einwohner: | ca. 5.97o |
| Hauptort: | Andenes |

# INSEL ANDØYA

*Nördlichste der Vesterålen. Ein langgestreckter Inselfinger in den Nordatlantik mit Gipfeln ca. 3oo- 5oo m, aber auch Tiefebenen und Mooren.*

*Hauptort ANDENES an der Nordspitze, Flughafen, Natostützpunkt und in der Nähe Raketenabschußrampe zur wissenschaftl. Forschung u.a. Nordlicht. Ab Andenes im Sommer Walsafaris.*

*Weitere traditionelle Fischerorte sind BLEIK an der Westküste mit vorgelagertem Vogelfelsen sowie NORDMELA. Dort, aber auch anderen Stellen der Westküste schöne Sandstrände.*

*RISØYHAMN: kleinere Siedlung an der Meeresstraße, die Andøya von der Nachbarinsel Hinnøya trennt, - verbunden durch riesige Brücke.*

*Der Besuch Andøya lohnt, - mögliche Querverbindung Fähre von Andøya nach Senja im Sommer, Details siehe Andenes.*

**SORTLAND (Seite 569) -> RISØYHAMN/ INSEL ANDØYA**: rund 5o km gut ausgebaute, aber teils kurvenreiche Asphaltstraße. Fahrzeit mit eigenem Auto ca. 1 Std., mehrmals tägl. auch Busverbindung.

Ab Sortland zunächst über die 86o m lange und bis zu 3o m hohe SORTLAND-BRÜCKE, anschließend links, ausgeschildert „Risøyhamn, Andenes". Landschaftlich schöne Strecke am Risøysundet Fjord entlang. Die Berghänge bei weitem nicht so schroff wie an der Westküste der Insel Andøy, teils aber schöne Pyramidenspitzen bis 77o m.

Der HOGNFJORD wird mit einer 425 m langen Brücke überquert. Sie ist relativ flach, Durchfahrtshöhe max. 8 m für kleinere Boote. Am Fjord Vermietung von Hütten. - Die Straße umrundet später den FORFJORD mit gleichnamigem „CAMPING FORFJORD". Geöffnet Anfang Juni bis Ende August, WoMo Stellplätze mit Stromanschluß, auch Vermietung von Hütten. In den umliegenden Tälern gute Wandermöglichkeit sowie Angelseen (Angellizenz nötig, Vermittlung im Campingplatz).

RISØYHAMN- BRUA: riesige Stelzenbrücke, die in hohem Bogen und 75o m Länge die Meeresstraße Risøysundet zwischen Hinnøya und Andøya überquert. Vorsichtig d.h. langsam die Brücke überqueren, es kann je nach Wetterbedingungen starken Seitenwind geben!

**RISØYHAMN**: Mininest mit ca. 3oo Einw. an der Meeresstraße Risøysundet. Sie ist im Bereich der Ortschaft superflach, mit Sandbänken und Wassertiefe teils nur 1 m. Für die Schiffahrt ohne Frage ein Hindernis, da sie je nach Tide auch für kleine Boote nicht passierbar war.

Erster Versuch 187o, sie für die Schiffahrt auszubaggern. Mit moderneren Baggerschiffen wurde ab 1912 eine tiefere Rinne in den Meeresarm gegraben, fertiggestellt nach Unterbrechung 1. Weltkrieg dann 1922. Einweihung der Meeresstraße durch den norweg. König und: Richard With, Präsident der Hurtigruten. - Extrem flaches Wasser: die Durchfahrt ist mit Stangen bzw. Bojen markiert.

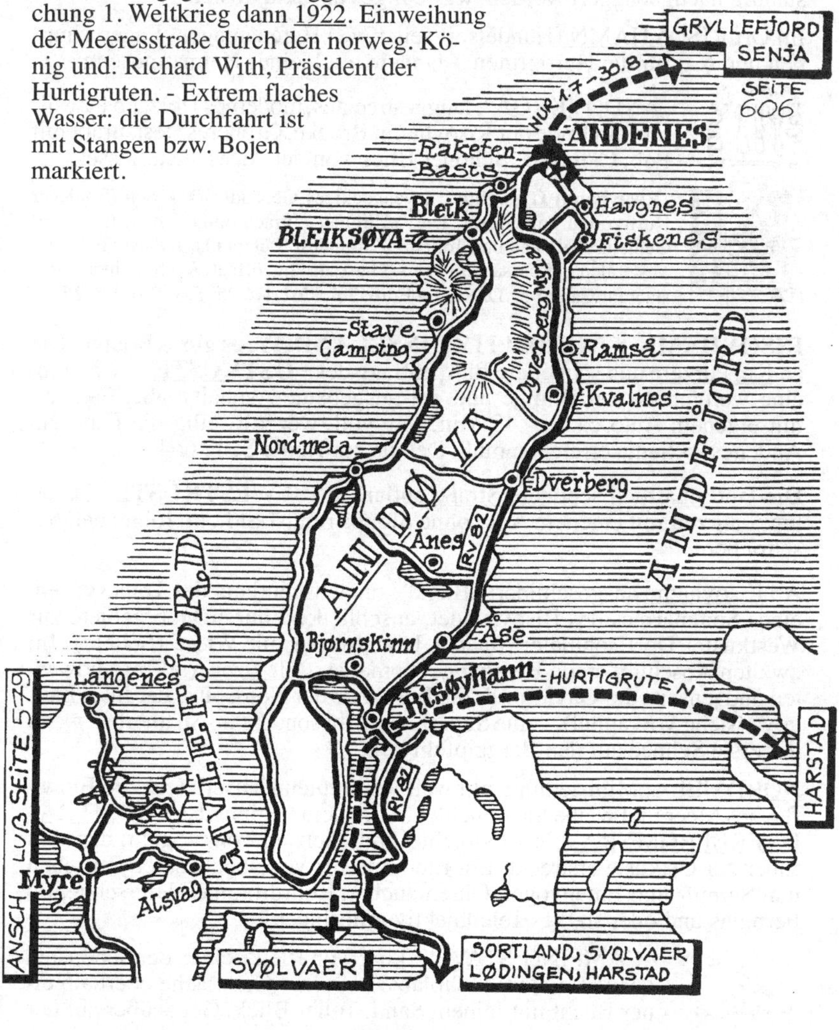

Für die Schiffslinie HURTIGRUTEN war und ist die Strecke durch den Risoyhamn Sundet wichtig, da sie den Hafen Harstad mit Andøya (und weiter nach Sortland -> Stokmarknes -> Svolvaer) direkt anbindet. Der frühere Umweg via Tjeldsund, Lødingen hatte sich erübrigt.

Auch heute spannend, wie die riesigen Schiffe der Hurtigrunten sich langsam durch den markierten Kanal zwischen Sandbänken „tasten". Er muß ständig nachgebaggert werden, was einiges an Geld kostet.

Im Ort RISØYHAMN (Handelsort seit 1777) Hafenanlagen, Lagerschuppen und Kai für die Hurtigruten, - landein ein kleines Heimatmuseum.

„ANDØYKROA": langgestrecktes, modernes Holzgebäude direkt am Ende der Risøyhamn Brücke. Größeres Restaurant mit Pub, Cafeteria. Schöner Blick von der Aussichtsterrasse.

„**Risøyhamn Gjestehus**": zweistöckiges Gebäude Nähe Schiffsanleger Hurtigruten am Wasser. Die 9 Zimmer einfach eingerichtet, meist mit Gemeinschaftsbad und Toilette. Zumindest Stützpunkt in dieser Ecke der Vesterålen bei passablem Preis. Ganzjährig geöffnet. Auch kleineres Restaurant/Cafeteria. DZ ca. 65 Euro. Tel.: 761.476.25, Fax: 761.476.25.

**RISØYHAMN -> NORDSPITZE INSEL ANDØY**: es gibt 2 Routen. Die an Km kürzere und schnellere führt entlang der * **OSTKÜSTE**. Ca. 5o km, eine weitgehend geradlinige und gut ausgebaute Asphaltstraße. Fahrzeit mit eigenem Auto ca. 3o- 45 Min. Sinnvoll, wer z.B. eilig die Fähre ab Andenes -> Senja erreichen muß, Details zur Route Seite 6o4.

Die landschaftlich schönere Straße entlang der * **WESTKÜSTE**. Ca. 6o km, Fahrzeit mit eigenem Auto ohne Stopps rund 1 Std., im folgenden beschrieben:

Ab Risøyhamn ausgeschildert „Bleik", zunächst entlang des Tranesvågen, eines Seitenarmes des Risøysundet, anschließend durch Moorgebiete zur Westküste. Dort schmaler, flacher Uferstreifen mit Wiese (Schafe). Im zweiten Abschnitt steile Berghänge, bemoost, tolle Szenerie! Im Südwesten und jenseits des Gavlefjords die Bergkette der Nordspitze der Insel Langøya (siehe Vorkapitel), - eine Superkulisse, besonders im Spätherbst, wenn der erste Schnee auf den Berggipfeln liegt.

NORDMELA: Minisiedlung mit weit verstreuten Häusern (ca. 2oo Einw.) flaches Meer und weiße Sandbuchten. - Landein beginnt das ANDMYRA/ DVERBERGMYRA, ein Moorgebiet mit Vielzahl von Vögeln, das sich rüber zur Ostküste erstreckt. Ein Eldorado für Vogelbeobachter. Zu sehen u.a. Sumpf- und Entenvögel, Ohrentaucher, Rohrdrommel, Uferschnepfe; Fernglas und/oder starkes Teleobjektiv mitbringen!

„CAMPING STAVE": kurz vor Bleik, einer der schönsten der Vesterålen. Stellplätze auf einer Grasfläche oberhalb einer Bucht mit feinem Sand. Toller Blick. Gegenüber auf der anderen Straßenseite eine Cafeteria. Der Camping vermietet auch wenige Hütten. Geöffnet Mai - Sept., Hütte je nach Größe ca. 3o- 6o Euro.

**BLEIK**: größte Siedlung an der Westküste, ca. 4oo Einw. Der Ort mit vorwiegend Holzhäusern liegt traumhaft schön an 2 km langen Sandbucht in kleiner Ebene unterhalb spitzgezackter Berge.

Bleik (altnorweg. = „bleikr") heißt „hell, weiß", - was sich auf den feinsandigen weißen Strand bezieht. Besiedelt war die Bucht seit frühgeschichtlicher Eisenzeit, wie Grabfunde dokumentieren, - seit 6. Jhd. n. Chr. vermutlich dauerhaft. Funde am nördl. Ortsausgang beschildert, aber für Laien kaum attraktiv zur Besichtigung.

Die Gewässer vor Bleik sind reich an Fisch. Weitere Einkünfte waren das Einsammeln von Eiern auf dem Vogelfelsen - Fischangeln in den nahen Binnenseen - sowie Landwirtschaft (Viehzucht, Gras) auf der kleinen Tiefebene landein. Sie ist von drei Seiten windgeschützt, zudem mildes Klima durch den Golfstrom. Von daher gute Bedingungen, auch war man durch die o.g. verschiedene Einkünfte nicht abhängig: wenn z.B. in einem Jahr der Fischfang schlecht ausfiehl, gab es parallel noch Vogeleier sowie Viehzucht/Heu.

Im 19. Jhd. waren Inland und Küstenebene staatlich reglementiert und in Parzellen ähnlich „Claims" eingeteilt. Alte Fotos aus dieser Zeit zeigen lange Holzständer quer über die Ebene, auf denen Heu getrocknet wurde.

Moderne Fischfangschiffe Mitte des 2o. Jhds. bedeuteten das Ende des früher wichtigen Hafens Bleik. Für sie war der Hafen zu klein. Zudem hatte eine Sturmflut in der 1. Hälfte des Jahrhunderts die Hafenmole zerstört, die anschließend wiederaufgebaut wurde. Heute dient Bleik wenigen professionellen Fischern, vorwiegend aber Sportfischern.

Im Ort kleiner Lebensmittelmarkt. „Wahrzeichen" von Bleik ist der vorgelagerte Felskegel des BLEIKSØYA im Meer, Nistplatz von rund 8o.ooo Papageientauchern, aber auch anderen Seevögeln. Sie stehen heute unter Naturschutz. Die Zeiten der Jagd und des Eiersammelns sind (zumindest gemäß Gesetz) vorbei. Im Sommer Ausflugsboote ab Bleik bei Bedarf.

„**Bleik Rorbu**": am Hafen von Bleik, größeres Holzhaus. Vermietung von Zimmern sowie Rorbuers. Ganzjährig geöffnet. Preis je nach Größe ca. 7o- 85 Euro. Tel.: 761.457.75, Fax: 761.457.74.

„**Havhusene Bleik**": im nördlichen Ortsbereich am Meer Nähe Hafen. Moderne, zweistöckige Holzhäuser. Sie sind in Innenausstattung ordentlich und relativ komfortabel, Toilette, Dusche und teils auch eigene Küche im Zimmer. Andere Einheiten (Typ Rorbuer") besitzen Versorgungsmöglichkeit für Hobbyfischer. Gehört der Norlandia Kette. Ganzjährig geöffnet. Preis je nach Größe und Ausstattung ca. 11o- 175 Euro. Tel.: 761.457.4o, Fax: 761.455.51.

„BLEIK CAMPING": am Meer, nördlicher Ortsteil Nähe der Durchgangsstraße. Stellplätze auf Grasfläche mit Blick aufs Meer und u.a. den Bergkegel der Vogelinsel Bleiksøya, tolle Szenerie. Direkt vor dem Camping mehrere hundert Meter Sandstrand.

Weiter zur Nordspitze: ANDENES RAKETENZENTRUM. In der Bucht Oksebåsen versteckt an der Straße unter Berghängen. Keine Großanlage wie die der NASA in USA oder Europäer in Kurou/Südamerika erwarten. Gestartet werden (gelegentlich) kleinere Forschungsraketen der Norweger und Uni Tromsø zur Erforschung u.a. der Stratosphäre, Nordlicht etc. Für die Norweger ein Prestigeobjekt, dem jedoch Geld fehlt. Von der Startrampe können Raketen bis 2o Tonnen abgeschossen werden, weiterhin Start von Beobachtungsballons sowie ein Observatorium für Forschung im mittleren Bereich der Atmosphäre.

Vor dem Gebäude ist eine Minirakete ausgestellt. Es gibt es auch unterirdische Anlagen im Berg, Tunneleingang (militärische Nutzung der Nato?). In den 9o-er Jahren gab es einen Zwischenfall, bei dem die Russen unbekannte Raketen ab Andenes in ihrem Überwachungssystem feststellten und einen Angriff des Westens befürchteten. Boris Jelzin, damaliger Präsident Russlands griff zum roten Telefon. Es waren jedoch nur Forschungsraketen, so berichtete damals die Presse... Das Raketenzentrum ist leider nicht zu besichtigen, weitere Infos Internet: www.rocketrange.no

## ★ Andenes (ca. 3.2oo Einw.)

Größter Ort der Insel Andøya an ihrer Nordspitze. Er erstreckt sich weitläufig auf einem Plateau knapp oberhalb des Meeres. Das Ortszentrum in Schachbrettstraßen, weitgehend Holzhäuser und großer Hafen mit Vielzahl an Molen. - Das Neubauviertel beim Airport mit reichlich fader Zweck-Architektur. Hier u.a. das moderne Norlandia Hotel. Andenes ist kein Ort, in den man sich auf den ersten Blick verliebt, aber Ausgangspunkt für interessante Walsafaris sowie der Fähre nach Gryllefjord/Senja.

**Geschichte**: im 16. und 17. Jhd. Stützpunkt der Niederländer für Walfang. Direkt bei Andenes in nur wenigen Km Entfernung zur Küste fällt der Kontinentalsockel in einen 2.ooo- 3.ooo m tiefen Unterwassergraben. Die Gewässer sind Tummelplatz großer Fischschwärme, aber auch der Wale, die alljährlich hier auf ihrer Reise in arktischer Gewässer vorbeikommen.

Ende 17. Jhd. erhielt der Lehensmann Nils Berg vom norweg. König eine Lizenz für die Errichtung eines Kaufmannshauses und des Fischhandels nach Bergen. Das kleine Handelshaus wurde von späteren Eigentümern weiterbetrieben, - u.a. Gasthof und Herberge.

Andenes war von seiner exponierten Lage am Nordatlantik und Kontinentalsockel für den Fischfang optimal, - hatte aber den Nachteil eines fehlenden, geschützten Hafens. Elementar zunächst 1859 der Bau eines 4o m hohen Leuchtturmes. Er war damals einer der höchsten Nordnorwegens. - Erst 1895- 19o4 wurde beim Leuchtturm anschließend eine 49o m lange Mole gebaut (Gammelmolen), die den Hafen gegen Westwinde und Wellen schützt. Verlängert durch weitere Mole (545 m, Skarvbarren) 1923- 1934 Ri. Nordost. Damit war der Andenes-Hafen gegen Nordwestwinde weitgehend geschützt.

Neuere Molen- und Hafenanlagen entstanden nach Ende des 2. Weltkrieges: so in den Jahren 1954- 6o die Nakkespir Mole, Länge 75o m. Sie dient dem neuem Fischereihafen bei damals noch offenen Winden von Nordost: Als Schutz wurde 1957- 66 die Skoma-

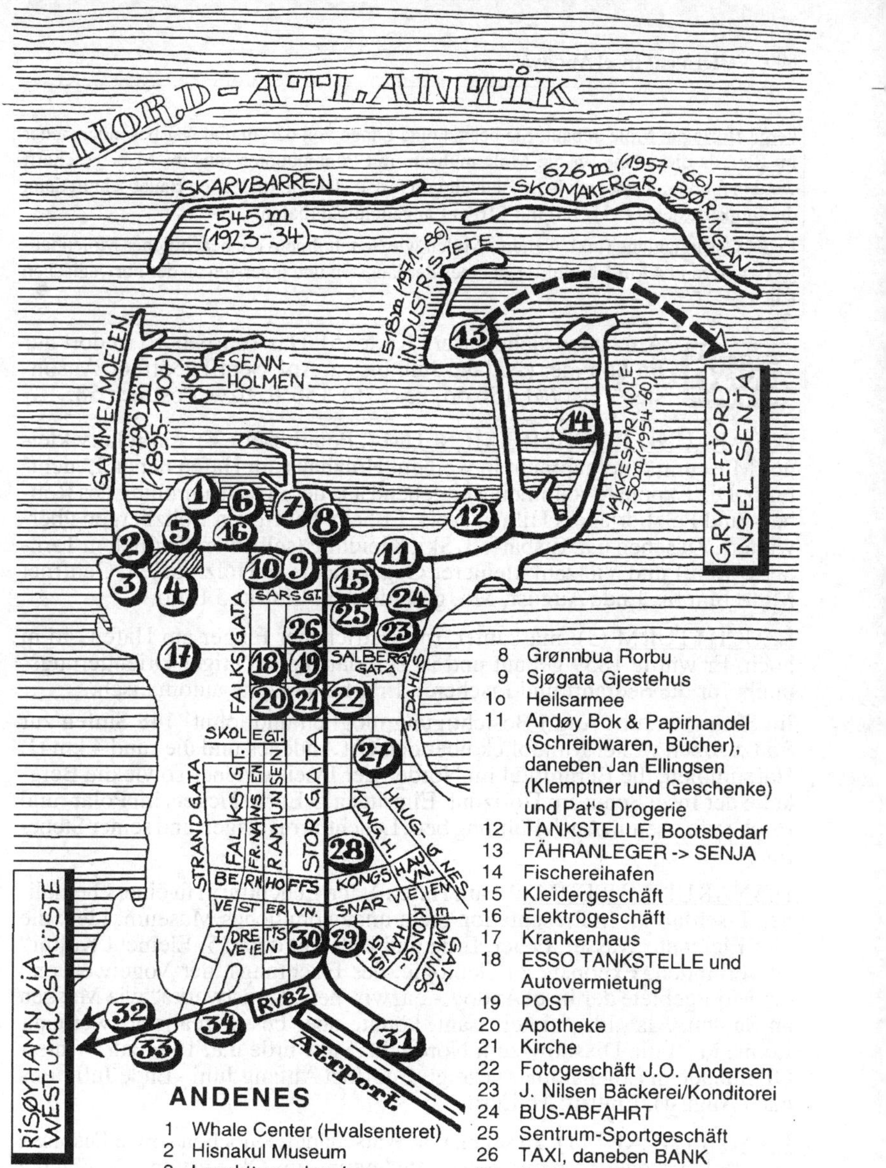


## ANDENES

1 Whale Center (Hvalsenteret)
2 Hisnakul Museum
3 Leuchtturm, daneben: Gamle Fyrmesterbolig
4 Polar- und Fischereimuseum,
5 TOURIST INFO
6 Cafe Mobby Dick, daneben Abfahrt Walsafari sowie Abfahrt Hochseefischen
7 Lankanholmen Sjøhus und Andenes Vandrerhjem
8 Grønnbua Rorbu
9 Sjøgata Gjestehus
1o Heilsarmee
11 Andøy Bok & Papirhandel (Schreibwaren, Bücher), daneben Jan Ellingsen (Klemptner und Geschenke) und Pat's Drogerie
12 TANKSTELLE, Bootsbedarf
13 FÄHRANLEGER -> SENJA
14 Fischereihafen
15 Kleidergeschäft
16 Elektrogeschäft
17 Krankenhaus
18 ESSO TANKSTELLE und Autovermietung
19 POST
2o Apotheke
21 Kirche
22 Fotogeschäft J.O. Andersen
23 J. Nilsen Bäckerei/Konditorei
24 BUS-ABFAHRT
25 Sentrum-Sportgeschäft
26 TAXI, daneben BANK
27 Andenes Kirche
28 Norlandia Andikken Hotel
29 Jeppes Pizzeria, Bar
3o Schwimmbad
31 AIRPORT
32 Andenes Camping
33 SHELL TANKSTELLE, Werkstatt und Autoverleih
34 Rimi Supermarkt

kergr. Børingan Mole gebaut. Sie besitzt eine Länge von 626 m und war besonders teuer im Bau, da die Steine für die Mole mühsam mit Pontonbooten raus ins Meer geschafft werden mußten. Daher auch die Bauzeit von fast 1o Jahren. Im letzten Bauabschnitt dann die Industriesjete (1971- 86) mit 516 m Länge und Fährhafen.

In der Gesamtanlage (inkl. weiterer Molen wie Sennholmen) ein beachtliches Molenbauwerk von rund **4 km Länge**! Es ist eines der längsten und teuersten an der norwegischen Küste.

Tourist INFO

Am Hafen siehe unsere Karte (5). Das Touristbüro ist dort nur im Sommer (Anfang Juni bis ca. Anf. Sept.) geöffnet. Ansonsten Tel.: 761.156.oo, Fax: 761.156.1o bzw. Postfach 58.

POLAR- UND FISCHEREIMUSEUM („Polarhuset“, 4): ein relativ kleines Museum, untergebracht in weißem Holzhaus am Hafen neben Leuchtturm. Die Exponate stammen weitgehend aus der Privatsammlung des Robben- und Pelztierjägers Hilmar Nøis. Er hatte häufig auf Spitzbergen überwintert. Zu sehen u.a. Eisbärfell, Ski, Kleidung (selbstverständlich in Tarnfarbe weiß) und Vielzahl kleinerer Gegenstände in Holzregalen. Geöffnet Mitte Juni bis Ende August, Mo. geschlossen. Eintritt 5 Euro.

LEUCHTTURM (3): markanter, rot gestrichener Finger am Hafen, 4o m hoch. Er wurde 1859 gebaut und ist seit damals wichtiger Orientierungspunkt für die Seefahrt und Fischerei. Er arbeitet heute automatisch.

Im Sommer (Juli- Aug.) Besichtigung möglich und lohnt! 148 Stufen zur Spitze, oben weiter Rundblick über den Ort Andenes und die rund 4 km (!) Hafenmolen, die Berggipfel im Norden der Insel Andenes sowie die Bergkette der Insel Senja am Horizont. Eintritt ca. 5 Euro, Tickets im Polar- und Fischereimuseum. Auch Führung betr. Leuchtturmanlagen und seiner Steuerung.

HISNAKUL-MUSEUM (2): am Hafen Nähe Leuchtturm in einer ehemaligen Fischfabrik. In Präsentation recht ungewöhnliches Museum. Idee: die vier Elemente Wasser, Feuer, Erde und Luft mit dem „5. Element Kultur“ zu verbinden. Exponate zu Geologie, des Fischfangs, der Vogelwelt und der Moorgebiete der Insel Andøy, - dazwischen „Kunstwerke“ wie Masken an Säulen. Als „Idee“ interessant, könnte aber besser realisiert werden.- Lohnend ist die Diashow zum Nordlicht. Sie wurde u.a. 1994 zur Winter-Olympiade in Lillehammer gezeigt. Geöffnet Anfang Juni - Ende Juli (teils auch August). Eintritt: 1o Euro.

HVALSENTERET (1): zu sehen u.a. Walschädel, Knochen sowie Displays zur Biologie des Wals und seiner Bedeutung im Ökosystem. Geschichte des Walfangs und heutige Wal- Forschung. Der Besuch des Museums ist inkl. der Teilnahme an einer Walsafari.

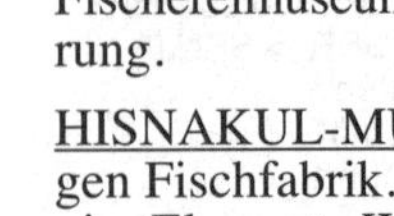

WALSAFARIS (6): Hauptattraktion von Andenes. Ein ehemaliges kleines Walfangschiff (mit Ausguckmast) fährt heute Touristen raus in den Atlantik zur Beobachtung von Walen mit Kamera, Teleobjektiv bzw Video. Wer seefest ist: lohnt sehr!

Abfahrten: in der Zeit ab Mitte Mai, meist aber ab Anfang Juni bis Ende Aug. (teils bis Mitte Sept.). Zur Hauptsaison tägl. (teils mehrmals), - sofern das Wetter o.k. ist. Der Trip dauert ca. 3- 5 Std., wobei der Veranstalter auf den Vorteil der „kürzesten Entfernung" zu den Walbeobachtungsgebieten hinweist. Preis: ca. 85 Euro.

Walsafaris gibts auch ab Nyksund und Stø an der Nordspitze der Insel Langøya, Details siehe Seite 585. Das Argument des Veranstalters Walsafari/Andenes: *„kürzeste Entfernung ab Andenes"* gilt nur mit Einschränkung. Denn die Wale warten nicht auf Besucher just vor Andenes. Vielmehr schwimmen sie im Sommer im gesamten Bereich vor der Nordwestküste der Vesterålen. Dies bei guter Chance, sie auf Bootrips sowohl ab Nyksund, Stø oder Andenes zu sehen. Zu beachten:

WALSAFARIS finden nur statt

a) wenn sich genügend Touristen für den Trip einfinden. Andernfalls lohnt die Fahrt für den Veranstalter nicht. Diesbezüglich stehen die Chancen ab Andenes besser, da es dort im Sommer mehr Touristen gibt als in Stø oder Nyksund.

b) wenn das Wetter o.k. ist. Bei starkem Wind und Wellengang keine Abfahrt. In dem Fall muß man 1 oder mehrere Tage (!) warten. Nyksund ist erheblich kuschliger, bietet aber kaum Abwechslung ausgenommen der lohnenden Rundwanderung Nyksund -> Stø -> Nyksund.

Andenes vom Ortsbild superfad, und die wenigen Museen schnell abgehakt. Der Rest ist reichliche Langeweile in den wenigen Bars bei Warterei auf besseres Wetter und den Waltrip. Möglicher Abstecher z.B. nach Bleik und Vogelfelsen (bei Schlechtwetter dort aber ebenfalls keine Fahrten).

WAL- GARANTIE: wer an einer Walsafari teilnimmt und keinen Wal zu Gesicht bekommt, darf gratis bei der nächsten Walsafari mitfahren. Dies gilt für den Veranstalter ab Nyksund, Stø und ab Andenes. Sie werben mit der Chance einer „Walsicht" 9o- 95 %.

Egal ob Abfahrt Nyksund, Stø oder Andenes: man sollte seefest sein. Vor Beginn des Trips verteilt der Kapitän gratis- Tabletten. Nötig: gutes Schuhwerk mit Profilsohle, damit man auf dem Schiff nicht ausrutscht, Regenschutz und warme Kleidung. Achtung: Seeluft macht hungrig. Den Veranstalter ab Andenes vor Buchung der Fahrt fragen, ob Drinks und Snacks im Preis inkl. sind.

Veranstalter ab Andenes: „Whalesafari", Tel.: 761.156.oo, Fax: 761.156.1o. Im Internet: www.whalesafari.no

„**Norlandia Andikken Hotel**" (28): Storgata 53, etwa auf halber Strekke zwischen Airport und Hafen. Der 4- stöckige Betonkasten überragt die sonstigen Holzhäuser des Zentrums und ist alles andere als eine „architektonische Perle". Dafür von den oberen Stockwerken schöner Rundblick über den Ort, die Berge von Andøya und am Horizont die Bergkette der Insel Senja.

Das größte und mit Abstrichen beste Hotel der Insel Andøya. Bar, Restaurant, Pub und Disco. 73 mittelgroße Zimmer mit Parkett, Bad und TV. Ganzjährig geöffnet, aber recht teuer. DZ je nach Saison ca. 12o - 15o Euro. Tel.: 761.412.22, Fax: 761.419.33.

„**Lankanholmen Sjøhus**“ (7): im zentralen Hafenbereich. 13 moderne Holzhäuser auf kleiner Halbinsel beim Sportboot Hafen. Sie haben jeweils 4 Betten, Kochgelegenheit, Dusche und WC. Gehört ebenfalls der Norlandia Kette, beliebt bei Sportfischern und zur HS meist ausgebucht. Ganzjährig geöffnet. Preis je nach Saison ab ca. 12o Euro. Tel.: 761.412.22, Fax.: 761.419.33.

„**Andenes Vandrerhjem**“ am Hafen (7). Einfach ausgestattet, aber preiswert. 1o Zimmer, teils mit Vielbetten und Gemeinschaftstoil./Du. Geöffnet Juni bis Aug. Pro Bett ca. 15 Euro, DZ ca. 25 - 6o Euro. Tel.: 761.428. 5o, Fax: 761.428.55.

„**Grønnbua**“ (8): im zentralen Hafenbereich. Das „grüne Fischerhaus“ gemäß Übersetzung, - ein zweistöckiges Holzhaus von 1938 und damals Unterkunft von Fischern, wurde 1994 restauriert. Heute 5 Zimmer mit Kiefernholzwänden, -Möbeln und Doppelstockbetten, Küche und Bad. Ganzjährig geöffnet. Preis pro Einheit 4 Betten ca. 12o Euro. Tel.: 761.414.99, Fax: 761.421.33.

„**Sjøgata Gjestehus**“ (9): in der Sjøgata und Parallelstraße zum Hafen. Kleines Holzgebäude mit 4 Zimmern und Privatpensions-Charakter. Geöffnet Ende Mai bis Mitte Sept. DZ ca. 5o Euro. Tel.: 761.416.37, Fax: 761.414.53. www.gjestehus.net

„**Gamle Fyrmesterbolig**“ (3): im Wohnhaus des ehemaligen Leuchtturmwärter neben Leuchtturm. Letzterer ist heute automatisiert. Billig- Unterkunft, ganzjährig geöffnet. Draußen vor dem Haus Hinweisschild „rom“. Preis ca. 45 Euro. Tel.: 761.41o.27.

„ANDENES CAMPING“ (32) außerhalb des Ortszentrums am Meer an der Straße RV 82. Stellplätze für WoMos und Campingzelte, keine Hütten. Geöffnet Juni bis Ende Aug.

„ANDRIKKEN HOTEL“ (28): internat. Küche bei insbes. Fischgerichten und mittleren bis gehobenen Preisen. Zugehörig Bar und Disco (am Weekend). - Daneben ein kleines, grün gestrichenes Holzhaus, beschriftet „RESTAURANT & RORBU“. Küche relativ gut bei mittleren Preisen.

„BISTRO SORVESTEN (LYSTHUSET)“, Storgata. Im Inneren an der Wand Gemälde von Vogelfelsen, Möven, Wal und Leuchtturm. Der Wirt ist ein Hühne von Mann mit zudem langgetreckten Gesicht. Er kocht gut, zivile Preise und angenehme Atmosphäre.

„CAFETERIA TERIA“, Storgata. Mit einfachen Holztischen, Polstersesseln und Spiegeln an der Wand. Kaffee, Kuchen und Mittagslunch sowie ganztägig Fastfood/Hamburger.

„JEPPES“ (29): Storgata Ecke Idrettsveien.Spezialisiert auf Pizza bei mittleren Preisen sowie Kommunikationstreff an der Bierbar.

„FLYKAFÉEN“ (31): Cafeteria im Flughafen. Kleiner Gästeraum mit Ambiente fast wie „Wohnzimmer“, Stoffpolstersessel, familiär. Essen: Fastfood, g.g. Eintopf und sonstige kleinere Gerichte. Mittlere Preise.

„JUL NILSENS BAKERI OG KONDITORI (23): im Ortszentrum und östl. Parallelstraße zur Storgata. Sitzgelegenheiten, Kaffee und Kuchen.

„MOBBY DICK CAFE" (6): am Hafen, gemütlicher Ort zum Schwatzen. Es gibt zudem Videos über Wale und Bücher.

Man sollte den Ort Andenes nicht überschätzen; die in jedem Fall besten Einkaufsmöglichkeiten der Vesterålen in Sortland, Details siehe dort! - In Andenes Lebensmittel, mehrere Bau- und Farbengeschäfte sowie ein Ausrüster für Boote und Angelbedarf (12).

LEBENSMITTEL: Rimi Supermarkt (34) an der RV 82 Nähe Airport und Shell Tankstelle. Weitere Lebensmittelgeschäfte im Ortszentrum beim Hafen.

BÄCKEREI: Jul Nilsens Bakeri og Konditori (.23) im nordöstlichen Ortszentrum Nähe Hafen.

SCHREIBWAREN/BÜCHER/LANDKARTEN: „Andøy Bok & Papirhandel" (11): vorwiegend Schulbücher für die ortseinheimischen Kinder, aber auch kleine Abteilung für Touristen mit engl. sprachigen Bildbänden und Führern. Land- und Seekarten.

FOTO: interessant ist das Geschäft von Jan Olav Andersen (22). Abgesehen von Filmmaterial, Batterien und Fotoentwickl./1 Std. verkauft Jan Olav selbst geschossene Fotos vom Nordlicht. Anschauen (und Kaufen?) lohnt, teils super Aufnahmen!

Jan ELLINGSEN (11): offiziell der Klemptner von Andenes. Originell ist die Mischung im Shop, verkauft neben Sanitär auch Geschenkartikel.

SENTRUM SPORT (25): neben Sportschuhen und -Kleidung auch Ausrüstung für Fahrräder (neue Schläuche, Reifen etc.). Interessant für denjenigen, der die Insel mit dem Drahtesel erkundet. Die Auswahl allerdings limitiert. Weiterhin Ausrüstung für Jagd und Angeln.

TANKSTELLE: * Shell Tankstelle (33) an der RV 82 Nähe Airport. Dort auch kleinere Reparaturen, Wohnmobil Service und Autoverleih. - * Esso Tankstelle (18) im Ortszentrum. Kleinere Reparaturen und Autovermietung. - * Statoil (12): am Hafen und Zufahrt zur Fähre.

APOTHEKE: „Apotek Neptun" (2o) in der Falksgata im Ortszentrum, - in der Nähe das KRANKENHAUS (17). - BANK: (16), - POST: (19).

## Verbindungen ab Andenes

**Bus**: Abfahrt (24) im östl. Ortszentrum. Nach -> Risøyhamn 4 mal tägl., am Sa. 3 mal tägl., Bus fährt weiter nach Sortland, insgesamt ca. 2 1/2 Std. ab Andenes. Dort Umsteigen nach Svolvaer/Lofoten, Harstad, Lødingen und Narvik. Details siehe Svolvaer.

**Flug**: der ANDENES AIRPORT (31) liegt mehr oder weniger **im** Ort. Auf der Landepiste mit Länge ca. 4 km können auch große Jets (z.B. Jumbos und Kampfjets) landen.

Er wird sowohl militärisch genutzt (Zugang von der RV 82 Nähe Shell-Tanke, für die Öffentlichkeit gesperrt), - sowie zivil: Zugang Storgata siehe unsere Karte. Dort relativ, kleines fast familiäres Mini- Airportgebäude.

Ab Zivilairport fliegt die WIDEROE mit Propellermaschinen Non-Stop nach -> Bodø: tägl. 2- 3 mal, Flugzeit 1 1/2 Std. (bei klarem Wetter Superflug! Für den ersten Abschnitt des Fluges ist die rechte Seite im Flugzeug interessanter wegen Blick auf Andenes und den Westen der Vesterålen, - im 2. Abschnitt und generell aber die linke Seite). Nach -> Narvik: 1 mal tägl. außer So., Flug 3o Min. (beste Seite im Flugzeug: beide).

Alle anderen Verbindungen mit Umsteigen meist in Bodø (nur wenige Umsteiger ab Narvik). WIDEROE Tel.: 81o.o12.oo.

**Schiff**: Abfahrt Fährhafen (13). In der Zeit Anfang Juni - Ende August fährt ein kleines Fährschiff die Strecke Andenes/Insel Andøya -> Gryllefjord/Insel Senja. Abfahrt: tägl. 3 mal, Überfahrt: ca. 1 3/4 Std. Fassungsvermögen 46 PKW, wenn größere Fahrzeuge (z.B. Busse, LKWs) an Bord, entsprechend weniger PKWs. Preis pro Person ca. 1o Euro, PKW ab ca. 3o Euro, Aufpreis für Wohnmobile mit Überhöhe und Länge. Weitere Details siehe nächste Seite.

**Autovermietung**: in Andenes in der Shell Tankstelle (33), Tel.: 761.41o.25 und Esso Tankstelle (18) Tel.: 761.413.38.

**ANDENES -> RISØYHAMN** via **OSTKÜSTE**: rund 5o km auf gut ausgebauter RV 82. Die Schnellverbindung auf fast schnurgerader Straße. Brettebenes Land, vorherrschend Moore, die Vegetation Gras, teils auch Strauchwerk. Stichstraßen führen zu Hausgruppen, Angelseen und Bergen im Inselinneren.

RAMSÅ: rund 2o km südl. von Andenes an der Ostküste. Hier befinden sich die einzigen Kohlevorkommen Norwegens (ausgen. Spitzbergen) sowie Fossilienfunde (u.a. Pflanzen und Echsen). Sie stammen aus der Jura- und Kreidezeit vor rund 12o- 15o Mio. Jahren, Hinweistafel und kleiner Lehrpfad. - Kohle: der Gehalt im Gestein in Ramså ist nur sehr gering. Man erwog zwar Ende des 19. Jhds. eine kommerzielle Ausbeutung, als Projekt jedoch nie realisiert. Die Kohlefunde von Spitzbergen waren erheblich größer und profitabler.

ANDMYRAN: mit rund 7.ooo ha das größte Moorgebiet der Insel. Zuzüglich weiterer Moorgebiete an der Ostküste bis rauf nach Andenes im Norden und Dverberg, Åse im Süden ein riesiges Areal. Die frühere Torfstecherei wird heute noch betrieben. Fruchtbare Blumenerde mit Export u.a. nach Holland. - Reiche Vogelwelt, z.T. unter Naturschutz.

Moltebeeren: die Moore sind reich an gelben Moltebeeren, einer Brombeer-ähnlichen Frucht. Die Pflanze hat eine Höhe von ca. 1o - 15 cm. Die Beeren werden geerntet im Juli - August, schmecken gut und sind reich an Vitamin C. Wegen ihres hohen Gehaltes an

Benzeosäure sind sie relativ lange haltbar und waren in früheren Jahrhunderten ergänzende Nahrung auf Schiffen u.a. der Wikinger und ihren weiten Seefahrten. Der Vitamin C- Gehalt half den Seefahrern, der gefürchteten Mangelerkrankung Skorbut vorzubeugen. Es gibt erhebliche Mengen in den Mooren. So berichtet der Vicar Gloppstad, daß man 189o allein im Dverbergmoor 12.ooo Kilo (!) geerntet habe. Die Pflückerei ist allerdings eine sehr mühsame Bückerei, zumal es pro Pflanze nur 1 Beere zu ernten gibt.

Sammeln: gemäß norweg. Besitzrecht gehören die Beeren demjenigen, auf dessen Gebiet sie wachsen, d.h. des Bauern oder der Gemeinde. Wenn sich nun Touristen eine Handvoll sammeln, wird niemand was dagegen haben. Wer aber in größerem Stil sammelt, muß vorher Genehmigung einholen und als Gebühr 1/3 der Ernte an den Grundbesitzer abgeben. - Eingemachte Moltebeeren im Geschäft z.B. Andenes sind teuer: pro Kilo werden ca. 13- 15 Euro verlangt.

KVALNESBRYGGA CAMPING: Nähe der Ortschaft Kvalnes, von der Hauptstraße entfernt am Meer. Kleineres Hauptgebäude, auch Hüttenvermietung, ganzjährig geöffnet. Spezialität des Campings ist sein Dykkersenter: Service für Taucher, Ausrüstung, Flaschen nachfüllen und Tauchgänge. Tel.: 761.463.78.

„ÅNES CAMPING“: Nähe der Ortschaft Ånes, von der Hauptstraße entfernt am Meer. Ganzjährig geöffnet. Es gibt Hütten sowie Vermietung von Pferden. Schöne umliegende Landschaften, der Ausritt macht Spaß, z.B. am Strand oder zu Inlandssee zwischen hohen Bergen. Tel.: 761.472.97.

JERNALDERTUFTER: Funde von Häusern aus der älteren Eisenzeit, ausgeschildert an der RV 82 mit Hinweistafel „ÅSEANLEGGET“. Ein Holzpfad führt ab Parkplatz ca. 1oo m durch sumpfiges Gelände. Zu sehen ist außer geringen Erderhöhungen praktisch garnichts. Es gibt aber am Parkplatz ausführliche Erläuterungstafeln auch in Deutsch, die von den Funden berichteten. Die Häuser hatten eine Breite von 2- 3 m und Länge 5- 1o m. Die Wände waren aus Grassoden und Torf. Wie das Dach gebaut war, ist nicht gesichert: vermutlich dicke Äste sowie Zweige, die ebenfalls mit Grassoden und Torf bedeckt waren.

## ANDENES -> FÄHRE -> GRYLLEFJORD/INSEL SENJA

Verbindet die Insel Andøya mit der Nachbarinsel Senja. Als Querverbindung beliebt bei Nordnorwegen- Fahrern. Die Fähre verkehrt nur in der Zeit Anfang Juni - Ende August.

Der Blick auf eine großflächige Norwegen- Übersichtskarte läßt per Fähre und weiter RV 86/Senja eine Abkürzung vermuten, wer rauf zur E 6 und weiter in den Norden will. Defacto bringt die Fähre jedoch nur sehr geringe km- Einsparung, bedeutet Extrakosten für die Überfahrt und benötigt Extrazeit für die Warterei auf Abfahrt sowie die Überfahrt.

**KM Vergleich:**

* SORTLAND -> Andenes -> Fähre nach Gryllefjord/Senja und von dort weiter RV 86 -> Finnsnes -> Andselv an der E 6: ............................................ **= ca. 22o km ->**

* SORTLAND ->(E 1o) via Insel Hinnøya und Tjelldsund Brücke -> Bjervik (an der E 6)
-> Andselv an der E 6 .......................................................................... = **ca. 25o km**

Somit per Fähre lediglich ca. 3o km eingespart. O.K., wer sowieso nach Andenes will (z.B. Walsafari) spart 13o km. Dafür aber Extrakosten von ca. 5o Euro (PKW und 2 Personen) oder teurer bei großen Wohnmobilen.

Hinzu kommt Extrazeit für die Fähre: sie fährt 3 mal täglich. Man muß ca. 1 Std. vor Abfahrt im Hafen sein zuzüglich 1 3/4 Std. Überfahrt. Plus Rausrangieren aus dem Schiff nach Ankunft ca. 15 Min. = insgesamt rund 3 Std. extra Zeitaufwand. - Sollte die Fähre voll sein, weitere Extrazeit bei Warterei auf die nächste Fähre. - Die RV 1o via Tjeldsund und E 6 ist dagegen gut ausgebaut und in jedem Fall schneller.

Andererseits ist die Andenes -> Gryllefjord Fähre eine interessante Alternative für Rundtouren im Raum Vesterålen, Lofoten und Senja.

ROUTENBESCHREIBUNG: schöne, aber wegen offenem Meer oft sehr bewegte Fährüberfahrt. Am Horizont erscheint die hohe Felswand der Küste von Senja mit ihren tief eingefurchten Fjorden. Das Schiff fährt in einen dieser Fjorde, den rund 5 km langen und nur ca. 4- 5oo m breiten GRYLLEFJORD. Hier liegt die gleichnamige Siedlung mit Fähranleger, ca. 6oo Einw. Sie ist (zusammen mit dem 1,5 km entfernten TORSKEN, ca. 7oo Einw.) größte Siedlung im Westen der Insel Senja. Für längeren Aufenthalt sind beide Orte unterhalb eines 632 m Gipfels wenig attraktiv. Einkunft: Fischerei, Lachszucht, Verwaltung.

HAMN, im 19. Jhd. florierender Fischerort an der Westküste der Insel Senja mit 600 Einwohnern. Foto zur Jhd.Wende

Ab Gryllefjord die schmale aber asphaltierte RV 86 rüber nach Finnsnes. Sie hat landschaftlich schöne Abschnitte. Meist aber durch Täler, einsam und wenig Abwechslung. 66 km, Achtung unterwegs keine Tankstelle!

HAMN: rund 1o km ab Gryllefjord. Mininest am Atlantik mit wenigen Häusern, die sich hinter Felsen an eine Bucht kuscheln. Im 19. Jhd. war Hamn florierender Fischerort mit rund 6oo Einwohnern, seit 1896 Telefon und Telegraphenverbindung, Dampfschiffkai, Fischverarbeitung, Trankocherei, seit 1882 auch Wasserkraftwerk, 1872- 1886 zudem Nickelbergwerk. Heute nur noch ca. 15 Einwohner. Die wenigen erhaltenen Häuser wurden restauriert und zu Ferienquartier umgewandelt. Nennt sich:

„**Hamn i Senja**": 12 Ferienwohnungen mit 2- 4 Bett Schlafzimmer, Wohnzimmer, Eßecke, Bad und Küche. Weiterhin 5 Gästezimmer mit Gemeinschaftsbad, Küche und Du.- WC. Es gibt ein größeres Restaurant, eine Sauna, einen Zubereitungsraum für Fisch sowie Kühlraum.

Geöffnet Mai - Ende August, auch Vermietung von Booten für Sportfischer. Preise variieren stark je nach Größe und Ausstattung ca. 3o - 2oo Euro. Tel.: 778.598.8o, Fax: 778.598.81. www.hamnisenja.no

Die RV 86 führt nach ca. 4 km landein, entlang des Straumsbotn. Hier Abzweigung einer Stichstraße (RV 864) mit Tunnel unter dem fast tausend Meter hohem Berggipfel Stormoa nach Skaland (Fischerei sowie Graphitbergwerk, größtes von Europa).

Die RV 86 weiter ab Straumsbotn-See Ri Südost durchs einsame Svaneda-

HAMN: Nikelbergwerk und Verarbeitung Ende 19. Jhd. Die Nikelvorkommen wurden 1869 entdeckt und 1872-86 ausgebeutet.

len zwischen 6oo- 9oo m hohen Berggipfeln. Kurz vor Finnsnes dichtere Besiedlung. Die Meeresstraße Gisund wird von einer rund 1,2 km langen Betonbrücke auf Stelzen (höchste Höhe 45 m) überquert. Sie verbindet die Insel Senja mit dem Festland, an ihr liegt:

**FINNSNES** (ca. 4.5oo Einw.): Provinz- Metropole mit mehreren Kaufhäusern, Shopping-Centers, Hotel Restaurants, Post, Bank, Tankstelle und Autowerkstätten. Finnsnes ist Stop der tägl. Hurtigrutenschiffe und Knotenpunkt der Busverbindungen in alle Landesteile.

„**Finnsnes Hotel**“: im Ortszentrum Nähe Abfahrt Hurtigruten und Kaufhäusern. Das Hotel besteht aus dem alten Trakt sowie modernem 5 stöckigemAnbau. Mittelgroße Rezeption sowie 56 ordentliche Zimmer mit Bad, TV. Von den oberen Stockwerken des Neubautrakts Blick über die Stadt und Sund. Ganzjährig geöffnet. DZ ca. 17o Euro. Tel.: 778.7o7.77, Fax: 778.7o7.78.

„**Royal Hotel**“: im Ortszentrum neben Finnsnes Hotel. Ganzjährig geöffnet, Preis ca. 1oo - 14o Euro. Tel.: 778.511.6o, Fax: 778.511.61.

„**Finnsnes Motel og Camping**“: in Finnsnes Botnlågen. Die preiswertere Alternative. 11 komfortabele Hütten, ganzjährig geöffnet. Preis je nach Größe und Ausstattung der Hütte ab ca. 4o Euro (2- Bett), bzw. ab ca. 8o Euro (4 Bett). Tel.: 778.454.65, Fax: 778.454.66.

„**Sørreisa Hotel**“: in Sørreisa, 15 km südl von Finnsnes. Ganzjährig geöffnet, 25 Zimmer mit Bad. DZ ca. 11o Euro. Tel.: 778.612.o1, Fax: 778.511.61.

Die RV 86 ab Finnsnes in 43 km nach Andselv/Bardufoss an der **E 6**. Details Bardufoss siehe Seite 631.

Soweit zur Nordroute (RV 82, Fähre & RV 86) Sortland -> via Andenes -> Insel Senja zur E 6.

*Im folgenden beschrieben die Hauptroute ab Sortland/Vesterålen (E 1o) -> Tjeldsund -> Bjerkvik (E 6) -> Narvik (E 6) sowie Alternativrouten via Harstad, Gratangen und weitere.*

## Sortland/Vesterålen -> E 1o Tjeldsund Brücke -> Bjerkvik (E 6) -> Narvik (E 6)

Sehr gut ausgebaute Landstraße. Geschwindigkeitsbeschränkung beachten; es gibt mehrfach Radar. Ab Sortland bis Tjeldsundbrücke 1oo km, weitere 65 km bis Bjerkvik an der E 6.

Hier entscheidet sich der weitere Streckenverlauf: Ri Nord auf der E 6 rund 85 km bis Andselv/Bardufoss, - bzw. Ri. Süd auf der E 6 ca. 3o km bis Narvik.

**STRECKENBESCHREIBUNG**: Ab Sortland (siehe Seite 569) über die langgestreckte Sortlandbrücke ans Ostufer des Sortlandsundes, hier Abzweigung rechts und kurz danach sehr große Tankstelle. Zunächst entlang des Meeresarmes mit schönem Blick auf die Versterålen Bergkette. Nach ca. 4 km zweigt die E 1o ab und führt fast schnurgerade und in einem Bergtal ansteigend zum 2.2oo m langen Sigerfjord- Tunnel.

Die neue Straße mit Tunnel umgeht die alte und kurvenreiche via Ort Sigerfjord. Er hatte seine Blütezeit seit Ende 19. Jhds. bis in die 2o-er Jahre. Grund war der Fischreichtum im Fjord, große Heringsfabrik und florierende, eigene Dampfschiffreederei, die sogar über moderne Kühlschiffe verfügte. Damals war Sigerfjord mit 6oo Einw. größter der Region. Weitere Betriebe eine Gerberei für Felle (1899 gegründet) und eine Fabrik (191o) für Kraftfutter, Heringsöl und Düngemittel (Guano). Sie war bis ca. 198o in Betrieb.

Nach Ausgang des Sigerfjord- Tunnels (E 1o): langgestreckter See (Langvatnet) unterhalb der schroffen Bergpyramide des Tverrelvtindan 1.116 m.

„**Hinnøy Senteret**“: Nähe Tunnelausgang an der E 1o oberhalb des Sees Langvatnet. Holzgebäude zusammen mit Statoil Tankstelle und Restaurant. Vermietung von 4 einfach eingerichteten Zimmern zu günstigem Preis: DZ 7o Euro sowie Vermietung von Hütten am See. Campingplatz und Bootsverleih für Angler. Gewissermaßen ein Multifunktions- Tourismus Betrieb in schöner Lage. Ganzjährig geöffnet. Tel.: 77o.915.9o, Fax: 77o.915.8o.

Nach Seeende in Langvassbukt teilt sich die Straße: links die RV 83. Mit 65 km ab Sortland und 1 Fährüberfahrt ist sie kürzeste Verbindung nach Harstad, Details Seite 612. - Rechts: E 1o, sie führt südwärts entlang des Gullesfjord. Die Straße jetzt schmaler, sie folgt kurvenreich den Fjordwindungen. Vorsicht in den Ortschaften gleich nach Abzweiger Langvassbukt: dort sind mehrere Radarfallen versteckt!

GULLESFJORD CAMPING: schöne Stellplätze für WoMos seitlich der Straße am südl. Fjordende. Vermietung von 14 Hütten, je nach Größe ca. 35- 85 Euro. Ganzjährig geöffnet.

Ab Fjordende die E 1o durch ein breites Tal zum Nordende des Kanstadfjord. Er ist berühmt für seinen Lachsreichtum. Je nach Wetterbedingungen im Winter im nördl. Fjordende Eisangeln. „Kåringen Turistsenter“: Details siehe „Lødingen Unterkunft“. In Kåringen am Tjeldsund Abzweiger von der E 1o rechts und ca. 5 km nach:

**LØDINGEN** (ca. 2.ooo Einw.): erstreckt sich weitflächig auf kleiner Ebene am Fjord. Wichtiger Fährhafen nach Bognes an der E 6. Lødingen war im 19. Jhd. wichtige Lotsen- und Telegraphenstation, wovon ein Museum im Ort berichtet. - Die meisten Geschäfte (auch Supermärkte) an der Straße zum Fährhafen. Das Ortszentrum liegt dagegen in der Parallelstraße zum Fjord, die Nähe Fährhafen abzweigt. Dort Post, Bank und Cafes.

„**Lofast Turistsenter**“: an der E 1o, rund 5 km von Lødingen entfernt. Langgestrecktes größeres Holzhaus mit Giebeln. Eine größere Anlage, schön am Fjord gelegen. Im Erdgeschoß großes Kro mit Bar/Cafeteria. Vermietung von Zimmern, preiswert. Weiterhin rund 15o Stellplätze für WoMos mit Stromanschluß sowie Satelliten- TV. Ganzjährig geöffnet. Tel.: 769.314.22, Fax: 769.3o2.27.

„**Centrum Overnatting**“: Signalv. 4, sehr einfaches Quartier im Ortszentrum von Lødingen. Es ist ausgeschildert „Rimmelige Rom“, an der Uferstraße Nähe Rathaus. 15 Zimmer, ganzjährig geöffnet. DZ ca. 5o Euro. Tel.: 769.312.94, Fax: 769.313.32.

„LANDIA“: im Ortszentrum an der Hauptstraße. Ein zweistöckiges Holzhaus mit Bistro, Bar, Pub und Cafe, oben im 1. Stock Restaurant. Mittlere Preise.

„LOSEN PUB & SPISERI“: gegenüber mit Pub und Kneipe. Auch kleinere warme Gerichte. Mittlere Preise.

„KNAUSEN KAFÈ & KRO“: im Ortszentrum und selber Straße (Sjøveien), wie Landia und Losen. Es gibt kleinere Snacks und warme Mahlzeiten, Pizzen und Grillgerichte. Weiterhin selbstgebackener Kuchen und Croisants. Mittlere Preise.

Das Ortszentrum ist ca. 1 km vom Fähranleger entfernt. Schöner Blick auf die Küstenberge des Festlandes und Insel Barøya. Der Ort ist angenehm mit vielen Grünflächen, teils auch alten Holzhäusern sowie Villenvierteln.

LOTSENMUSEUM und NORW. TELEKOM. MUSEUM: Exponate aus der Zeit, als Lødingen wichtige Lotsenstation sowie Vermittlungs-Station von Morse-Telegrammen war. Ausgestellt: Fotos, alte Dokumente und Telegrafen. Untergebracht in der alten Telegrafenstation von 1875 im südl. Ortsteil oberhalb des Meeres, ab Fährhafen ca. 2 km. Geöffnet: nur Juni bis Ende August, ansonsten nach Vereinbarung Tel.: 769.866.4o.

**Schiff**: Lødingen ->Bognes/E 6: in der Zeit Mitte Juni - Ende August 12 mal tägl., ansonsten 7-8 mal tägl. Überfahrt 1 Std. PKW inkl. Fahrer ca. 13 Euro, weitere Person ca. 2 Euro.

Vorteil sind die häufigen Fährverbindungen, sowie die relativ kurze Fährüberfahrt. Die Verbindung ist ab Vesterålen die kürzeste, wer retour in die Heimat will via Hauptverbindung E 6.

SCHNELLBOOT (nur Personentransport): tägl. 1 - 2 mal nach Narvik sowie nach Svolvaer/Lofoten und weiter -> Bodø/Festland. Fahrzeit bis Narvik knapp 1 1/2 Std. ebenso lang nach Svolvaer.

**Weiter E 1o** ab Abzweiger Kåringen: entlang des Westufers des TJELDSUND. Wiederholt kleinere Siedlungen entlang der E 1o, die hier schmaler und kurvenreicher ist. Die Region war bereits zur Steinzeit besiedelt. Grund sind schmale, so doch fruchtbare Uferstreifen entlang der Meeresstraße. Sie ist von hohen Berggipfeln bis ca. 1.1oo m begrenzt; schöner Blick.

TJELDSUNDBRÜCKE: überquert die Meeresstraße an ihrer engsten Stelle, Länge der Brücke 1.oo1 m, lichte Höhe 41 m, um auch großen Schiffen die Durchfahrt ermöglichen. Die Meeresstraße ist eine der wichtigsten und meistfrequentierten Nordnorwegens. Sie erspart den Frachtschiffen den Seeweg über den oft sehr rauhen Atlantik entlang der Westküste der Lofoten und Vesterålen. „Meistfrequentiert" hat allerdings nicht die Dimensionen mitteleurop. Seestraßen, denn Nordnorwegen ist sehr dünn besiedelt.

„**Tjeldsundbrua Kro & Hotel**": direkt an der Brücke. Eine größere Anlage mit mehreren Holzgebäuden. Vom Restaurantraum (Cafeteria) schöner Blick über Meeresstraße und Brücke. Weiterhin Vermietung von 17 Zimmern mit Bad. Ganzjährig geöffnet. Preise je nach Saison und Auslastung ca. 9o- 11o Euro. Tel.: 77o.893.oo, Fax: 77o.893.o1.

„**Soltun Folkehøgskole**": in der Zeit Ende Mai bis 2. Hälfte August, wenn die Schüler und Studenten Ferien haben, werden die Internatszimmer an Urlauber preisgünstig vermietet. Liegt im Ort Evenskjer, rund 5 km südl. der Brücke an der E 1o. DZ ca. 2o- 35 Euro. Tel.: 77o.853.29, Fax: 77o.826.18.

Bei der Tjeldsundbücke ABZWEIGER: geradeaus rund 27 km bis Harstad (Details siehe Folgekapitel). Bzw. rechts über die Brücke die **E 1o** weiter Richtung Bjerkvik und Narvik:

15 km ab Brücke wird der EVENES AIRPORT (EVE) erreicht. Er liegt an der E 1o in einer Tiefebene zum Meer und besitzt eine rund 4 km Start-/ Landepiste, auf der auch große Jets landen können. Hier war viel Geld vorhanden für den Bau des Airports. Idee der Planer: den Großraum Harstad, - Svolvaer, - Sortland bis Narvik mit einem moderen Großairport zu bedienen. Ab hier Jets Nonstop der SAS und Brathens nach -> Oslo: 7 mal tägl., Flugzeit 1 Std. 2o Min., nach -> Tromsø: 3 mal tägl., Flugzeit 3o Min - und -> Bodø: 2- 3 mal tägl. Hinzu kommt jeweils die Anreisezeit zum Airport, der abgesehen von o.g. Flügen leer und verlassen ist. Ab Airport Bus und Taxi. Weitere Details siehe auch „Narvik Verbindungen/Flug".

EVENES/ORT: die Ortskirche von 18oo in altdänischem Biedermeierstil und Taufbecken 13. Jhd. - NAZI- FESTUNGSANLAGE: Nähe Liland, rund 8 km östl. von Evenes, Abzweiger von der E 1o ca. 2 km Ri Süd und Ofotfjord. Nachdem die Deutschen im 2. Weltkrieg Norwegen besetzt hatten, wurden eine Reihe von Festungsanlagen mit Kanonen gebaut. Eine davon war die von Evenes. Sie sollte die Zufahrt ins Innere des Ofotfjords schützen und dortigem Erzverladehafen Narvik (Details dort). 1941 fertiggestellt mit 3 Kanonen und Schußweite 16,7 km. Zu sehen: überwucherte Reste, - es gibt interessantere Relikte z.B. die „Adolfskanone" in Harstad.

SAMEN- FREILICHTMUSEUM: rund 5 km nordöstl. von Evenes über kleine Nebenstraße. Geöffnet nur Mitte Juni- Mitte Aug. Zu dieser Zeit ausgestellt u.a. ein „Lavuu" (samisches Zelt), - auch Führungen.

LILLAND BRYGGE: alter Handelsplatz Ende 19. Jhd. Die Kaianlagen, Hafen- und Handelsgebäude wurden restauriert. Geöffnet Ende Juni bis Ende August.

Die E 1o im weiteren Verlauf via Minisiedlung BOGEN durch flaches bis welliges Land mit Birken und Mooren zur E 6 BJERKVIK. Details siehe Seite 624. Je nach weiterer Routenplanung entweder Ri Süd und Narvik - oder Nord (Setermoen/Bardufoss) etc. Siehe Seite 624.

## Sortland/Vesterålen -> Harstad (-> Narvik)

Wie im Vorkapitel beschrieben die E 1o - und ab Tjeldsund Brücke weiter nordwärts auf der RV 83: insgesamt **127 km** bis Harstad.

Alternativroute: an km kürzer und lediglich **65 km** bis Harstad ist die Verbindung: zunächst ab Sortland die E 1o und in Langvassbukt die RV 83 mit

der Fähre Flesnes -> Refnes über den Gullesfjord. Abfahrt zwischen ca. 6.3o/7.oo Uhr und 21.3o/22.oo Uhr tägl. rund 14-16 mal. Von daher in der Regel kein Problem von größerer Warterei auf Abfahrt und Mitnahme. Überfahrt 2o Min., Preis: PKW mit Fahrer ca. 8 Euro, weitere Person ca. 2 Euro.

## ✶ Harstad (ca. 23.ooo Einw.)

Für nordische Verhältnisse eine Großstadt. Die Häuser (meist moderne skandinavische Holzbauweise) ziehen sich entlang am Hang einer weiten Meeresbucht. Das Zentrum mit teils weniger schönen (sprich faden!) Betonbauten, - zugleich aber auch kleine und gepflegte Fußgängerzone mit noch erhaltenen alten Holzhäusern (z.B. 26, 27, 1o).

In den Außenbezirken von Harstad (an der RV 83 Ri. Tjeldsundbrücke) große Supermärkte. - Sehenswürdigkeiten der Stadt sind ein Museum (34) sowie Kirche (35) und die Adolfskanone (36) aus dem 2. Weltkrieg.

Harstad ist Liebe auf den zweiten Blick, bietet zumindest aber beste Einkaufsmöglichkeit in weitem Umkreis bis Bodø und Tromsø.

**Geschichte**: vormals Gebiet der Ureinwohner Samen mit guten Bedingungen für Landwirtschaft und Fischfang. Die heidnischen Samen wurden christianisiert (Kirche aus frühem Mittelalter ca. 125o auf der Trondenes Halbinsel). In den folgenden Jahrhunderten Pachtland des Königs, - ein Mininest am Vågsfjord.

Zum Aufschwung kam es Anfang des 19. Jhd., als der Norden erschlossen wurde. Harstadjoen, wie das Mini-Nest zu Beginn des Jhds. hieß, erhielt 1838 eine Dampfschiffver-

HARSTAD um 1900. Unten: Hafen mit Nordland-Fischerbooten und Frachtseglern. Oben: das "Grand Hotel", damals bestes Hotel am Platz.

bindung in den Süden (Trondheim), 1844 Poststation und erste Herberge für Übernachtung inkl. Bar und Drinks. 1865: Übernahme der vormals staatlichen Dampfschiffreederei durch eine Privatreederei, 1866 Zusammenschluß der regionalen Reedereien TADS und TFDS. In den Sommermonaten nun häufigere Schiffsverbindung in der Region Harstadjoen/ Tromsø und in den Süden nach Trondheim. Dies war entscheidend für die weitere Expansion der kleinen Siedlung Harstadjoen.

Von 1865- 8o stieg die Einwohnerzahl von 193 auf 43o Einw. Für Nordnorwegen eine beachtliche Zahl, - wenn auch nicht vergleichbar mit der Einwohner- Expansion eines Bodø (von ca. 52o auf 2.5oo Einw.!) oder gar der Stadt Tromsø, die in diesem Zeitraum von 4.o73 Einw. auf ca. 5.6oo anwuchs.

Der Heeringsboom Ende des Jahrhunderts brachte entscheidenden Aufschwung für Harstadjoen: 189o bereits 1.187 Einwohner und intensive Aktivitäten im Fischfang- und Handel. Das „Grand Hotel" (siehe Foto Vorseite) war damals wichtigste Übernachtung im Ort mit durchaus komfortablen Zimmern sowie Bar, - angenehm in der umliegenden Einöde!

Wilhelm Kaarbø hatte seit ca. 184o die Infrastruktur Harstadjoen aufgebaut: Schiffsverbindungen, Handel im Verkauf von Fisch, Tele-

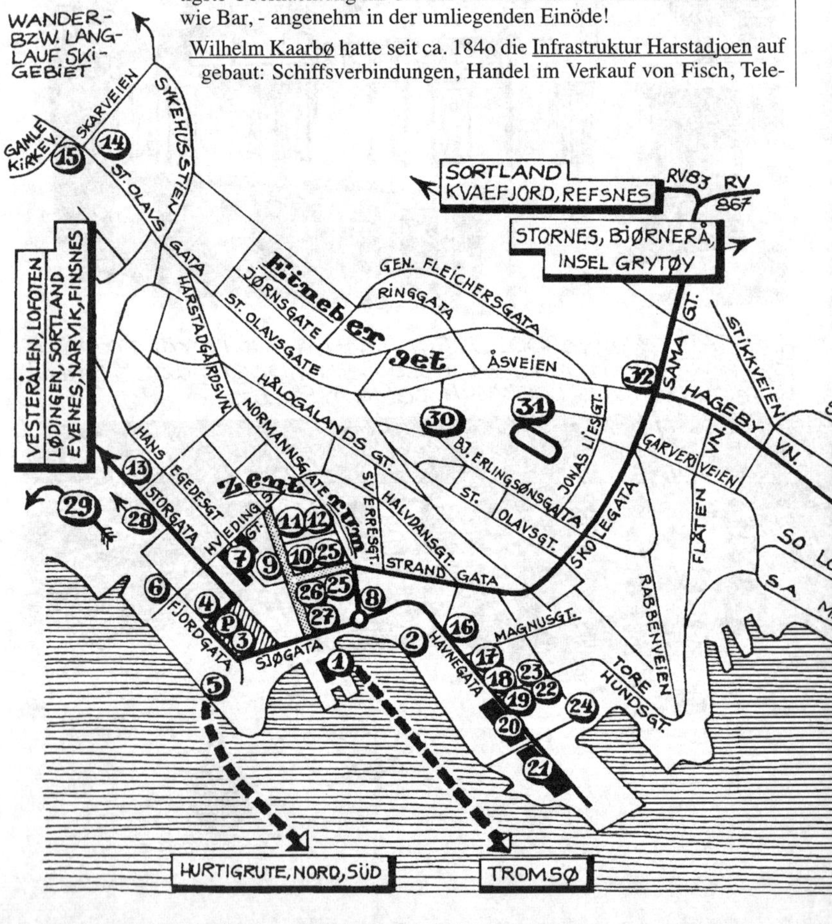

fenstation (1873), Lebensmittelhandel etc., - Wirtschaftszweige, in denen Vater Kaarbø weitgehend das Monopol hatte.

Sohn Rikard Kaarbø übernahm 19oo die Geschäfte des Vaters, - so auch die 1895 gegründete *„Kaarbøwerkstatt“*. Diese war neben der Werkstatt/Werft in Tromsø eine der wichtigste in Nordnorwegen zur Reparatur von Dampfschiffen. Den Dampfschiffen gehörte die Zukunft auf den Kilometer- intensiven Strecken rauf in den extremen Norden des Landes. Sie waren besser als Segelschiffe zu navigieren, allerdings auch reparaturanfällig bei den extrem langen Strecken in den Norden und weiter in Polarregionen.

Die Werkstatt in Harstadjoen war ausgerüstet mit für damalige Zeiten modernsten Einrichtungen wie ein Generator zur Stromerzeugung für Licht und Antrieb der Maschinen. Sie florierte und expandierte bis 19o2 mit 16o Angestellte.

19o4 hatten Harstadjoen und Hafen Harstadhavn 1.246 Einwohner. Im selbem Jahr Verleihung der Stadtrechte und Umbenennung in Harstad. - Nach Ende des Heeringsbooms (Anfang 2o. Jhd.) weiterer Aufschwung als Versorgungszentrum mit Werften und Reparatur für Schiffe sowie Kohle aus Spitzbergen, - wichtig für die Dampfschiffe.

**HARSTAD**

1 ABFAHRT SCHNELLBOOTE
2 Gammlebrygga Bar, Rest.
3 BUSTERMINAL und TOURIST INFO, - TAXI
4 Viking Nordic Hotel
5 ABFAHRT HURTIGRUTEN
6 Rema 1ooo Sentrum
7 Bysenteret Shopping
8 Grand Nordic Hotel
9 Apotheke
1o Harstad Buchhandel
11 Pizza Siciliano, Dinos Burger, Ming China Rest. und Cinema
12 Rathaus
13 POST
14 Krankenhaus
15 Gullhaugen Pensjonat
16 Apotheke
17 Wäscherei
18 Sportgeschäft
19 Vertshuset Gøde Venner
2o Hochschule
21 Kultur Huset, Quality Articus Hotel, Stadtbibliothek
22 Sentrums Gjestehus
23 Høyland Bed & Breakfast und Sentrums Gjestehus
24 Bootsgeschäft
25 BANK
26 Restaurant de 4 Roser
27 Kaffistoua
28 Rema Supermarkt und weiter außerhalb: Kanebogen Senter und Harstad Camping
29 FÄHRE nach Sørrollnes
3o Harstad Kirche
31 Stadion
32 Esso Tankstelle
33 Harstad Vandrerhjem
34 Trondenes Historiske Senter
35 Trondenes Kirche
36 Adolf Kanone
37 Sendeturm Samaåsen

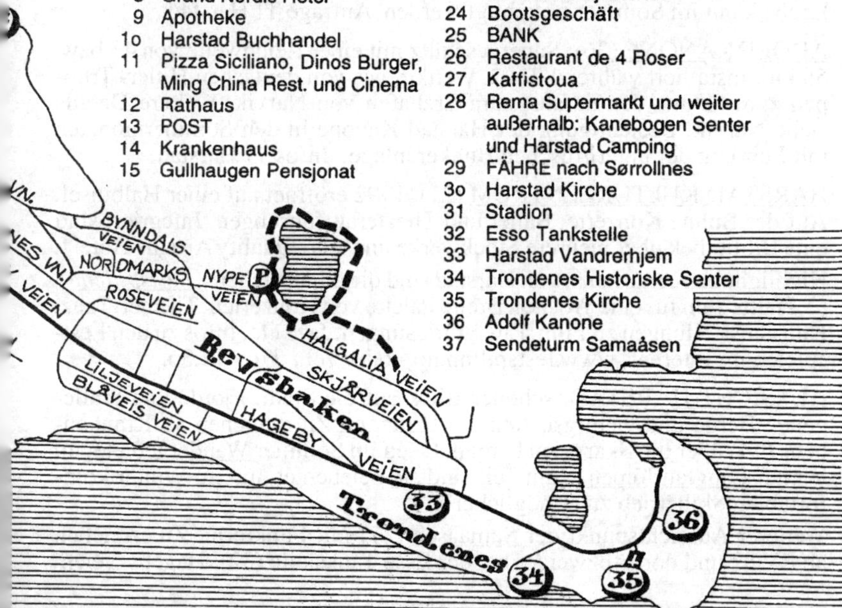

Heute ist Harstad mit 23.ooo Einw. wichtigster Ort der Großregion bis Bodø im Süden und Tromsø im Norden. Schiffswerften zur Reparatur, Fischverarbeitungsbetriebe, Schulen, Verwaltung und größtes Krankenhaus der Region.

**Tourist INFO** Am Hafen im Busterminal (3). Infos zu Harstad und der Großregion inkl. Inseln Grytøya, Bjarkøva, teils auch der Nachbargemeinden wie Kvaerfjord und Insel Senja. Geöffnet im Sommer tägl. ca. 8 - 18 Uhr, So. ab 12 Uhr. Außerhalb der Saison ca. 8- 16 Uhr Mo.- Fr. Tel.: 77o.189.89, - Fax: 77o.189.8o. www.destinationharstad.no

Kleines STADTZENTRUM beim Hafen (1, 5) und dortiger Fußgängerzone. Parken schwierig. Es gibt Parkuhren, aber tagsüber meist keinen Parkplatz im Zentrum. Möglich eventuell vor Busterminal (3) oder Sjøgata und Nähe (2) Gammelbrygga.

**SEHENSWERTES**: kleine Fußgängerzone mit erhaltenen Holzhäusern aus 19. Jhd. Ansonsten die Halbinsel Trondenes, zu erreichen mit tagsüber stündl. Bussen (So.: 4 mal tägl.) ab Busterminal (3) zum:
TRONDENES HIST. SENTER (34): modernes Museumsgebäude mit Exponaten u.a. Wikingerzeit bis Mittelalter und 2. Weltkrieg sowie Multimedia- Diashow. Cafe mit schönem Fjordblick und Souvenirshop. Geöffnet im Sommer tägl. 1o- 17/22 Uhr, Rest des Jahres nur So. 11- 17 Uhr.

TRONDENES KIRCHE (35): unscheinbares Gebäude mit abgestuftem Dach. Hier stand ca. 125o die erste Kirche von Harstad. Die heutige Steinkirche kann im Sommer besichtigt werden, Anfrage TI Harstad.

ADOLF KANONE (36): Supergeschütz mit einer Reichweite von 43 bzw. 56 km. Installiert während des 2. Weltkrieges von deutschen Hitler- Truppen zum Schutz der Zufahrt zum Erzhafen von Narvik. Weitere Details siehe Narvik. Besichtigung der Harstad Kanone in den Sommermonaten mit Führung der unterirdischen Bunkeranlage. Infos TI Harstad.

HARSTAD KULTURZENTRUM (21): 1992 eröffnet auf einer Halbinsel. Auf der Bühne Konzerte, Ballet und Theateraufführungen. Integriert sind eine Bibliothek über mehrere Stockwerke und das „Quality Articus Hotel".
Highlight im Kulturleben von Harstad sind die alljährlichen „*Festspillene*" (2. Hälfte Juni für eine Woche). Breite Palette von Konzerten, Theater, Tanz, Kunstausstellungen zu Film, Literaturlesungen, Jazz etc. Infos zu den Festspielen im Internet: www.festspillnn.no - oder Tel.: 77o.412.3o.

AUSSICHT HARSTAD: schöner Blick auf die Stadt, Fjorde und umliegende Berge und Gebirgsketten am Horizont. Zu erreichen ab Krankenhaus (14) über die Skarveien bergan. Oben im Sommer Wandergebiete, im Winter Langlaufloipen. Zum Teil sind sie beleuchtet, um im Winter komfortablen Skibetrieb zu ermöglichen.
Weiterer Aussichtspunkt der Samaåsen (37) mit Funkturm. Zu erreichen ab RV 83 und dort Abzweiger bei der Esso Tankstelle (32): Hageby Veien,

dann Skrubbhåg Veien, siehe unsere Harstad Karte. In den Wintermonaten Superblick auf das nächtliche Lichtermeer von Harstad.

„**Quality Articus Hotel**“ (21): Havnegata 3, am Meer. Derzeit das beste Hotel von Harstad. Modernes 5 Stockgebäude, in dem sich auch das Kulturhaus und eine große Bibliothek befindet. Großer Restaurantraum sowie reichlich dunkle Bar. Die 75 Zimmer teils mit Teppichboden, teils mit Parkett. Alle mit TV und Bad. Vornraus schöner Blick auf den Fjord. Aber Achtung: einige Zimmer, die uns betr. Blick wenig überzeugt haben (z.B. in glasüberdachten Innenhof). Sofern möglich, das Zimmer vor Buchung ansehen! Ins Zentrum zu Fuß ca. 5 Min. Ganzjährig geöffnet. DZ ca. 125 Euro (Sommerpreis) - 195 Euro. Tel.: 77o.4o8.oo, Fax: 77o.4o8.o1.

„**Grand Nordic Hotel**“ (8): 6-stöckiger Kasten älteren Baudatums, Stadtzentrum, vom Wasser zurückgesetzt. Direkt vor dem Hotel eine tagsüber laute Straße. Die Zimmer in diese Richtung mit eingeschränktem Meeresblick, die andern seitlich mit Blick auf Nachbarhäuser. 81 Zimmer mit TV, Bad. Ganzjährig geöffnet, Parken in Hotelnähe schwierig. DZ ca. 11o Euro (Sommerpreis) - 17o Euro. Tel.: 777.537.77, Fax: 777.537.78.

„**Viking Nordic Hotel**“ (4): zentral am Hafen und Busterminal. 5 Stock und schmalen Fenster. „Luxuriös“ im Stil der 7o-er Jahre. Kleine Aufenthalts Lobby mit TV, großer Frühstücks-/Restaurantraum mit dicken, gerafften Vorhängen. Rotbraune Hölzer dominieren im Möbiliar. Im schmalen Treppenhaus eine Vitrine mit Fußball- Pokalen. 1o2 Zimmer mit altmodischem Mobiliar, Bad. Blick vornraus auf Hafen, Busterminal und Fjord. Achtung, kann laut sein, daher besser Zimmer in oberen Stockwerken geben lassen. Ganzjährig geöffnet. Im obersten Stockwerk ein Mini- Swimmingpool. Parken in Hotelnähe schwierig. DZ ca. 15o Euro (Sommerpreis) - 17o Euro. Tel.: 77o.o32.oo, Fax: 77o.o32.o1.

„**Gullhaugen Pensjonat**“ (15): im oberen Ortsteil beim Krankenhaus. Relativ ruhige Lage, aber abseits vom Zentrum. Geöffnet März- Dez. In einem Holzhaus am Hang mit einfach eingerichtete Zimmer. Gute Parkmöglichkeiten. DZ ca. 45 Euro. Tel.: 77o.664. 66.

„**Sentrums Gjestehus**“ (23): Magnus Gata 5, gegenüber „Høyland B&B“. Größeres Holzhaus mit 15 Zimmern. Ganzjährig geöffnet. DZ ca. 4o- 6o Euro. Tel.: 77o.629.38.

„**Harstad Vandrehjem**“ (33): ruhige und schöne Lage im Villenviertel Trondenes, aber reichlich abseits vom Stadtzentrum (tagsüber stündl. Bus ab Busterminal, So. nur 4 mal tägl.). Einfach ausgestattete Vielbettzimmer. Geöffnet Anf. Juni bis Ende August. Pro Bett ca. 18 Euro, auch wenige DZ ca. 35 Euro. Tel.: 77o.4oo.77, Fax: 77o.4oo.78.

„**Segelschiff Anna Rogde**“: Ankerplatz vor dem „Quality Articus Hotel“ (21). Der alte Schoner von 1868 wurde restauriert und vermietet (sofern nicht auf Tour) Schiffskajütten zur Übernachtung. Flair und Tipp! Kajütte mit 2 Betten zwar eng, aber preiswert bei ca. 5o Euro. Tel.: 77o.o55.1o. Fax: 77o.o55.12, www.annarogde.de



„HARSTAD CAMPING“: im südl. Ortsteil Kanebogen (28) und dort von der RV 83 abzweigenden Straße Nesseveien 55 auf Halbinsel. Wohnmobil Stellplätze mit Stromanschluß, Vermietung von Booten für Angler. Auch Vermietung von 16 Hütten mit Dusche und WC, Preise je nach Größe ca. 7o- 8o Euro. Tel.: 77o.736.62.

GAMMELBRYGGA (2): in altem Holzhaus am Hafen. Im EG ein Pub und Bar, - oben Restaurant sowie unter dem Dach eine Pianobar mit oft Lifemusik am Wochenende. Im Rest. Fischspezialitäten, mittlere bis gehobene Preise.

NORDLÅNDINGEN: Strandgata 3o, in altem Holzhaus von 1891. Fisch, Fleisch und hausgemachte Pizza, - sowie bei unserem Check leider Seehund- und Walfleisch! Mittlere bis gehobene Preise.

KAIFISTOVA (27): Nähe Hafen Schnellboote und Beginn der Fußgängerzone in schönem Holzhaus von 1911. Die Inneneinrichtung etwas nüchtern. Im EG Kaffe/Kuchen und Frühstück. Im OG sowie unterm Dach untergebracht Räume für Schulungen und Kurse.

RESTAURANT DE 4 ROSER (26): in der Fußgängerzone und stilvollem altem Holzhaus. Nobelrestaurant mit guter Küche, Bar, gehobene Preise.

VERTSHUS GØDE VENNER (19): Havnegata und Zufahrt zum „Articus Hotel". Kleineres Lokal mit Bildern an der Wand, Wagenrädern und mittleren Preisen.

GALLIONEN REST. (21): im „Quality Articus Hotel". Internat. Küche mit regionalen Spezialitäten. Mittlere bis gehobene Preise.

GRAND SPISERI (4): im 1. Stock des „Grand Nordic Hotel". Dance- Bar mit Sitzgruppen und kleiner Tanzfläche. Daneben der Rest.- Bereich. Am Wochenende steppt der Harstad Bär, - einiges zu sehen und zu erleben. Besucher vorwiegend reifere Jahrgänge, auch das Hotel ist nicht mehr das jüngste. Die Decke mit abgehängten Metallplatten. Rest. und Disco wirkten auf uns etwas miefig, aber immerhin: der Bär kommt am Weekend!

MING CHINA REST. (11) Chinakost in ordentlichen Portionen und billig, jedoch kein kullinarischer Tempel. Daneben PIZZA SIZILIANO (11) mit Pizzen, mittlerer Preis sowie DINOS BURGER (11) mit Hamburgern, Cheesburgern, Salat etc.

## EINKAUFEN

SHOPPING CENTERS: im Stadtzentrum das Bysenteret (7). Es ist relativ klein, erstreckt sich über 2 Gebäude im Herzen der Fußgängerzone. Beide Gebäude sind mit einer Brücke verbunden. Innen vorwiegend Kleider, ein Lebensmittelgeschäft sowie Buchhandlung/Schreibwaren. Parken in den Straßen der näheren Umgebung schwierig und zudem meist gebürenpflichtig. Wer einen Parkplatz gefunden hat, muß oft noch weit die z.B. eingekauften Lebensmittel zum Auto schleppen.

Kanebogen Senter (28): derzeit größtes Shopping Center von Harstad. Nähe der RV 83 im südl. Ortsteil Kanebogen. Auf 2 Etagen Geschäfte von Foto über Kleider, Boutiquen bis Apotheke und großer Supermarkt. Gute Parkmöglichkeit direkt vor dem Einkaufssenter.

SUPERMÄRKTE: im Stadtzentrum: Rema 1ooo Sentrum (6): kleinerer

Supermarkt in Nähe Hafen und Busterminal. Limitierte Parkmöglichkeit. - Supermarkt im Kanebogen Senter (28) siehe oben. - Weitere Lebensmittel Märkte an der RV 83 Region Skolegata Ri. Refnes.

BUCHHANDLUNGEN: „Libris“ im Bysenteret (1) und Erdgeschoß zum Platz. Vorwiegend Schulbücher und Schreibwaren. - „Harstad Bokhandel“ (1o) liebenswürdig in altem und schönem Gebäude. Es ist integriert in der „Interbok“- Handelskette. Auch (wenige) Bildbände und Landkarten.

SPORTAUSRÜSTUNG, KLEIDER: in den Shopping Centers sowie in der Havnegata (18). - Geschäft (24) mit Bootsausrüstung, Angelgerät sowie wetterfester Kleidung, Schuhe etc. Nähe Kulturhuset (21).

APOTHEKE: in der Fußgängerzone (dort 9) und in der Havnegata (16). Sie vermitteln Ärzte, - bzw. gleich ins Harstad Krankenhaus (14). Es ist eines der größten der Region. Im EG links vom Eingang eine Arztpraxis, die kleinere Sachen von Halsentzündung, Magenbeschwerden aufwärts behandelt. Arzttermin vorab in der Krankenhaus-Rezeption vereinbaren.

BANK: im Ortszentrum siehe (25). - POST: im Ortszentrum siehe (13).

## Verbindungen ab Harstad

**BUS**: der BUSTERMINAL (3) am Hafen. Größeres Gebäude mit Cafeteria und Zeitschriften. Taxistand und Büro der Tourist Info. Ab Busterminal wenige Schritte zum Hurtigruten Kai sowie zur Fußgängerzone und Zentrum von Harstad.

Ab Busterminal Abfahrt der Stadt- und Regionalbusse sowie Fernbusse.

Nach -> Narvik (via Evenes, Bjerkvik): 3- 5 mal tägl., Fahrzeit 2 1/2 Std. In Narvik Umsteigeverbindungen z.B. Zug -> Kiruna, Stockholm/Schweden sowie Busse nach Nord- und Süd auf der E 6, Details siehe „Narvik, Verbindungen“.

Tipp: Busse nach Nord sind bereits ab Bjerkvik zu erreichen. Damit spart man sich die 32 km runter nach Narvik. Aber vorab die Anschlüsse in Bjerkvik klären! Ein kleines Nest; bei längerer Warterei auf Anschluß bringt Narvik mehr Abwechslung. - Für Verbindungen ab Harstad -> Finnsnes und Tromsø ist das Schnellboot die bessere Wahl, da erheblich kürzere Fahrzeit, Details siehe „Schiff ab Harstad“.

Nach -> Sortland/Vesterålen: 3- 4 mal tägl., Fahrzeit 2 Std. Dort Umsteiger zu Orten auf den Vesterålen, Details siehe „Verbindung/Sortland“.

Nach -> Svolvaer/Lofoten: mehrmals tägl., Fahrzeit (inkl. Fähre Melbu -> Fiskebol) 2 1/2 Std. Anschlüsse ab Svolvaer in den Süden der Lofoten siehe „Verbindungen/Svolvaer).

Nach -> Lødingen: Mo- Fr. 7 mal tägl., Sa: 2 mal, So. 4 mal, Fahrzeit ca. 1 Std. Dort Anschluß Busse nach Fauske/E 6 sowie Schnellboot -> Bodø.

Nach -> Fauske/E 6 und Bahnstation der Strecke -> Trondheim: die täglichen Busse fahren ab Harstad via RV 83/E1o zum Fährhafen Lødingen ->

Fähre nach Bognes -> E 6 nach -> Fauske. Details siehe dort, die kürzeste Verbindung in den Süden.

**SCHIFF**: HURIGRUTEN (5) einmal täglich auf der Süd- und Nordstrecke.Tipp, da traumhaft schöne Strecken nach Tromsø und nach Svolvaer. Mitnahme PKW ohne Überhöhe möglich.

SCHNELLBOOTE (1): nur Personentransport. Nach -> Finnsnes und -> Tromsø: 2- 3 mal tägl., Fahrzeit bis Finnsnes knapp 1 1/2 Std., nach Tromsø knapp 3 Std. Somit erheblich schneller als der Bus. Dieser benötigt im Optimalfall ca. 6 Std. bis Tromsø.

AUTOFÄHRE ab Harstad (29) nach -> Sørrollnes/Insel Rolla: 5- 6 mal tägl., am Sa./So je 4- 5 mal. Überfahrt 5o Min. Die Abfahrtsstelle in Harstadt (29) ist etwas schwierig zu finden. Sie liegt am Ende des Margrethe Jørgensenveien (zweigt von der RV 83 ab), am besten im TI oder Busterminal (3) vorab fragen.

Harstad -> Skrolsvik/Südspitze Insel Senja: Autofähre, verkehrt nur in der Zeit Anfang Juni bis Ende August 1- 3 mal tägl. Überfahrt 1 3/4 Std. mit Zwischenstop unterwegs auf der Insel Barkjøy. Preis: PKW und 2 Personen ca. 5o Euro, Aufpreis für größere WoMos sowie Extrapersonen. Achtung: die Fähre dient vorwiegend Nordnorwegen Fahrern. Bei fehlender Nachfrage keine Abfahrten; vorab prüfen (Info TI Harstad Tel.: 77o.189. 89, - Fax: 77o.189.8o.

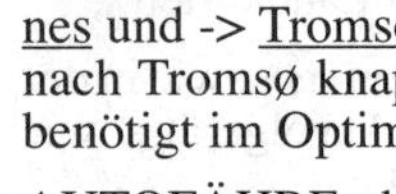

**FLUG**: der Flughafen in Evenes liegt 45 km von Harstad entfernt an der E 1o Richtung Narvik. Fahrzeit mit Taxi oder eigenem Auto ca. 3/4 Std. Auch Busse. Jets der SAS Brathens fliegen Nonstop nach -> Oslo: 7 mal tägl., Flugzeit 1 Std. 2o Min., nach -> Tromsø: 3 mal tägl., Flugzeit 3o Min und -> Bodø: 2- 3 mal tägl. Andere Ziele mit Umsteigen in Tromsø oder Bodø.

Alternative ist der Narvik- Flughafen, rund 75 km von Harstad entfernt. Fahrzeit mit Taxi oder eigenem Auto ca. 1 1/4 Std. oder mehr je nach Verkehr in Narvik. Details zu Flügen siehe Narvik.

TIPP: die Anreise ab Harstad zum Airport Evenes (oder gar Narvik) ist zeitaufwendig, vor allem wenn man ab diesen Airports lediglich zum Umsteiger z.B. Tromsø fliegt und dort auf weiteren Anschluß wartet. Unter Umständen gehts schneller, wenn man ab Harstad das Schnellboot nach Tromsø nimmt (ca. 3 Std) und von dort direkt den Weiterflug.

Ähnlich möglich: ab Harstad Bus -> Lødingen (ca. 1 Std.) und von dort Schnellboot (ca. 3 Std.) nach Bodø. Allerdings Achtung: Schnellboote fahren nicht bei extrem schlechtem Wetter. Auch erreichen sie den Zielort Bodø bzw. Tromsø im Hafen = Extrazeit von dort per Bus oder Taxi zum Airport, Details siehe Tromsø und Bodø. Persönlichen Fall an Hand der Fahrpläne durchrechnen.

**AUTOVERMIETUNG**: Avis Bilutleie, Havnepromenaden 7, Tel.: 77o.619.45, - Budget: Norbase, Stangnesterminalen 6, Tel.: 769.821.73, - Europcar: Samagata 33, Tel.: 77o.186. 1o, - Hertz: Torver 8, Tel.: 77o.613.46,

948.392.71, Statoil Bilutleie (24 Std. geöffnet): Verkstedvn. 4, Tel: 77o.4o2.29.

**TAXI**: Taxistand vor dem Busterminal (3), - ansonsten Tel.: 77o.41o.oo.

TANKSTELLEN: im Ortsbereich die Esso Tanke (32) an der RV 83, Ecke Sama Gata mit Hageby Veien. Weitere im südl. Ortsteil RV 83 - so u.a. die Statoil Tanke, Verkstedveien 4 neben der RV 83. Sie ist 24 Std. geöffnet; auch Lebensmittel. Wie generell in Nordnorwegen auch Reparaturen, sofern Ersatzteile vorhanden.

AKTIVITÄTEN HARSTAD: Bowling Center, Nessveien 2 im Ortsteil Kanebogen. Warum nicht mal auf dem Nordnorwegen- Trip relaxen und etwas Sport? Mit 1o Bahnen, weiterhin ein Billiardsalon. Geöffnet ca. 11 - 24 Uhr, Tel.: 77o.645.oo.

Wandern bzw. im Winter Skilanglauf: im Umkreis von Harstad mehrere Möglichkeiten. Ab Krankenhaus (14) den Berg rauf die Skarveien zu einer im Winter beleuchteten Langlaufloipe zu Kirche (3o). Im Sommer Wandergebiet. - Weitere Wandergebiete/bzw. Winterloipen im Bereich Hagavatnet und Langvatnet auf der Trondenes Halbinsel.

SEGELSCHIFF ANNA ROGDE: ein Zweimastschoner, Länge 36,3o m, Masthöhe über Deck 21 m, mit bis zu 1o Segeln. Sie wurde 1868 in Namsos/Nordnorwegen gebaut und in den 9o-er Jahren des 2o. Jhds. komplett renoviert. Während ihrer mehr als 13o Jahre Bestehens segelte die Anna Rodge vorwiegend an der norweg. Küste, hatte aber auch Frachtfahrten bis Portugal sowie nach Archangelsk in der Beeringsee Nordrussland. Sie dürfte der älteste Schoner der Welt sein, der heute noch in Betrieb ist.

Im Sommer Ausflugsfahrten in der näheren Umgebung von Harstad, meist 1/2 bis 1- Tagestrips. Preise abhängig Programm ab ca. 25 Euro/Person. Infos zu Abfahrten: Tel.: 77o.o55.1o, Fax: 77o.o55.12. www.annarogde.de

# Harstad -> E 6

Die Hauptroute führt von Harstad via RV 83 und Tjeldsund Brücke, weiter via E 1o und erreicht die **E 6** bei Bjerkvik. Routenbeschreibung S. 61o. Ab Bjerkvik weiter die E 6 nach Bardufoss, Details ab Seite 626. Gesamtstrecke Harstad -> Bardufoss ca. 2oo km.

Es gibt 3 Alternativenrouten:

* ab Harstadt mit der Autofähre nach Sørrollnes/Insel Rolla (5 bis 6 mal tägl.; Sa/So. je 4 - 5 mal. Überfahrt 5o Min. Ab hier entlang der Ostküste der Insel mit bis zu 926 m hohen Bergen in 16 km zum Hauptort Hamnvik Hamnvik ist eine alte Handelssiedlung am Bygden-/Astafjord. Durch ein Unterwassertunnel rüber zur Nachbarinsel Andørja. Dort 15 km bis zur Brücke über den Mjøsund, die das Festland erreicht, weitere 46 km zum Ort Brandvoll an der **E 6**. Von hier 3o km bis BARDUFOSS / E 6.

Somit Gesamtstrecke Harstadt -> Bardufoss ca 11o km. Eingespart gegenüber der Hauptroute siehe oben rund 9o km, dafür aber eine Fährüberfahrt.

* ab Harstad die RV 83 via Tjeldsund Brücke - und dann nicht die E1o sondern die RV 825 via Westufer des Astafjordes nach Gratangen (lohnendes Bootsmuseum, Detail S. 626). In Gratangsbotn wird dier E 6 erreicht. Weitere 7o km bis Bardufoss / **E6**. Gesamtstrecke Harstadt -> Bardufoss ca. 165 km. Eingespart gegenüber der Hauptroute lediglich ca. 35 km. Zeitlich kein Vorteil da die Hauptroute besser ausgebaut und etwas geradliniger ist.
* ab Harstad mit der Autofähre nach Skrolsvik/Südspitze Insel Senja. Das Schiff fährt nur in der Zeit Anfang Juni bis Ende Aug. (1 bis 3 mal tägl.). Überfahrt 1 1/3 Std. Preis: PKW und 2 Personen ca. 5o Euro, Aufpreis für größere WoMos und Extraperson. Ab Skrolsvik die RV 86o nach Finnsnes und von dort die RV 86 nach Bardufoss **E 6**. Insgesamt Harstadt -> Bardufoss ca. 11o km. Eingespart gegenüber der Hauptroute rund 9o km, aber wesentlich teurere Autofähre als diejenige Harstadt -> Sørrollnes. Letztere fährt zudem tägl. erheblich öfters und ganzjährig, zudem ist ihre Überfahrt rund 1 Std. kürzer.

# Narvik (-> Tromsø) -> Alta

**(E 6 direkt ca. 52o km, -**
**bzw. via E 6 / E 8 -> TROMSØ -> RV 91 / E 6 ca. 565 km)**

*Endlos sich hindehnende Strecke: zunächst durch Täler und Wälder, viel Einsamkeit. Flüsse und Wildnisgebiete: beliebt bei Anglern und Wanderern, - aber auch großer Bardufoss Airport, der der NATO zu militärischen Übungsflügen über Nordskandinavien und westlichem Polarmeer dient.*

*Wenige km nördl. von Nordkjosbotn dann über mehrere hundert Kilometer an Fjorden und Meeresarmen entlang mit oft grandiosem Blick auf Gebirgsketten und Inseln. Auf der Direktroute ca. 52o km. Die gut ausgebaute, aber insbes. im Fjord- und Küstenbereich kurvenreiche E 6 benötigt Zeit. Fahrzeit mit eigenem Auto: ca. 1o Std. - Busse fahren in der Regel via Tromsø, dort umsteigen.*

*Die Alternativroute via TROMSØ ist an Km nur unwesentlich länger (plus ca. 45 km), - aber unbedingt lohnend und Tip! Dies wegen TROMSØ (Stadt, Lage und Museen) sowie der anschließender Strecke RV 91 mit 2 Kurzfähren via Lyngen Halbinsel nach Olderdalen an der E 6.*

Ab **NARVIK** wird zunächst der Rombaken Fjord am Ostufer ausgefahren, - eine schmale, kurvenreiche und dicht mit LKW befahrene Strecke. Unbedingt Geschwindigkeit beachten, Radarkontrollen! Überquerung des Rombaksbotn Fjord per 765 m langer Hängebrücke. Mit Durchfahrtshöhe 4o m ist sie eine der größten Nordnorwegens. Anschließend in ca. 2o km entlang des Rombak- und Herjangsfjord nach

## ★ Bjerkvik **(ca. 1.4oo Einw.)**

Am relativ flachen nördl. Ende des Herjangsfjord. Die weitgehend modernen Häuser ziehen sich oberhalb des Fjordes am Hang hinauf.

Bjerkvik war im 2. Weltkrieg wegen seines flachen Fjordufers mehrmaliger Landeplatz für Eroberungs- sowie Verteidigungstruppen. Für militärische Verteidigung war das kleine Nest nicht gerüstet. Im April 194o drangen zunächst deutsche Gebirgsjäger unter General Dietl ein. Am 13.5.4o Angriff der Alliierten, die mit Bodentruppen und Panzern in der Bucht landeten, unterstützt von Kampfflugzeugen und Kriegsschiffen. Sie vertrieben Dietl und seine Gebirgsjäger in die Berge nahe der schwed. Grenze.

In den folgenden Kämpfen war das unschuldige Nest Bjerkvik elementarer Nachschub-Stützpunkt der Alliierten im Kampf gegen Dietl in den Bergen. Für die Bewohner von Bjerkvik eine notgedrungene Belastung, da sie auf Befreiung von den Nazis hofften.

Doch die Dinge entwickelten sich für Bjerkvik lebensbedrohend bis vernichtend: Anfang Mai 194o hatten die Alliierten Truppen und Kriegsschiffe von Nordnorwegen zurückgezogen, da sie am Kriegsschauplatz Kanalküste (Belgien/Frankreich/England) dringend nötig waren.

Hitlertruppen eroberten darauf die Region Narvik und u.a. Bjerkvik zurück. Sie wurden von britischen Bomberpiloten beschossen. Hierbei verbrannten fast sämtliche Holzhäuser von Bjerkvik in einem Großfeuer.

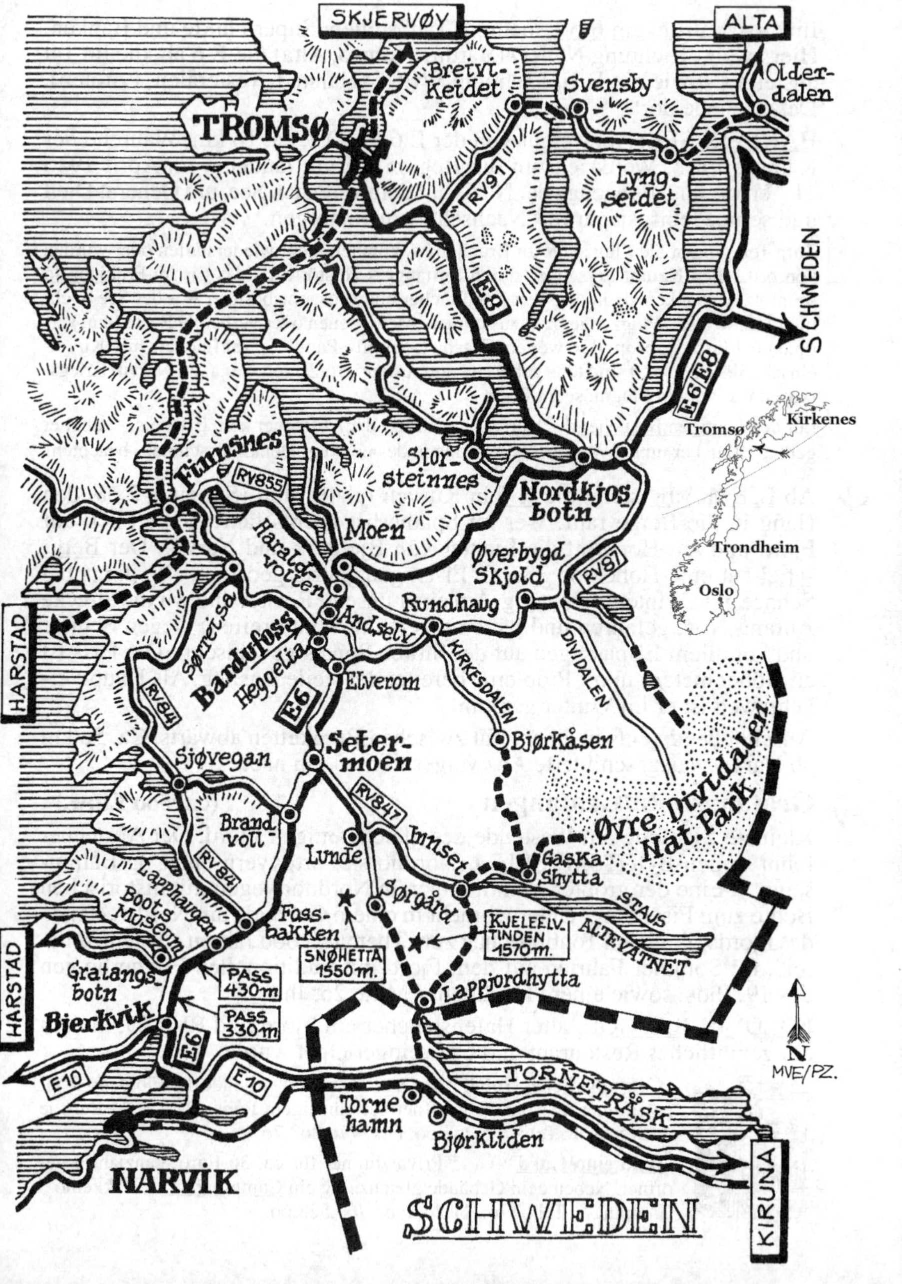
SKJERVØY
ALTA
Bretvi-Keidet
Svensby
Olderdalen
TROMSØ
Lyngseidet
RV91
E8
SCHWEDEN
E6 E8
Tromsø
Kirkenes
Trondheim
Oslo
Finnsnes
RV855
Storsteinnes
Nordkjosbotn
Moen
Haraldvollen
Øverbygd
SKjold
RV87
HARSTAD
Rundhaug
Andselv
Bardufoss
Sørreisa
Heggelia
Elverom
KIRKESDALEN
DIVIDALEN
E6
RV84
Bjørkåsen
Setermoen
Sjøvegan
RV847
Øvre Dividalen Nat. Park
Brandvoll
Lunde
Innset
RV84
Lapphaugen
Boots Museum
Gaska Shytta
Sørgård
STAUS
ALTEVATNET
Fossbakken
KJELEELVTINDEN 1570 m.
Gratangsbotn
PASS 430 m
SNØHETTA 1550 m.
Lappjordhytta
Bjerkvik
PASS 330 m
N
MVE/PZ.
E10
E10
TORNETRÄSK
Torne hamn
Bjørkliden
NARVIK
SCHWEDEN
KIRUNA

Im Ortszentrum am Fjord mehrere Tankstellen, Supermärkte und Banken. Hier zweigt Richtung NORD (Bardu, Tromsø, Alta) die **E 6** ab, die im Tal ansteigt - sowie die **E 1o** Richtung WEST (Harstad, Vesterålen, Lofoten). Details siehe dort.

HARTVIK SEE: Abzweiger von der E 6 Ri. Ost, ca. 1o km. Während der Kämpfe im 2. Weltkrieg um die Region Narvik landeten im April 194o 11 Versorgungsflugzeuge der Nazis auf dem vereisten See, um General Dietl und seine Gebirgsjäger mit Nachschub zu versorgen.

Zum Teil gingen die Flugzeuge zu Bruch, bzw. konnten nicht wiederstarten oder wurden von britischen Kampfflugzeugen durch Luftangriff zerstört. Als das Eis im Frühjahr 4o schmolz, versanken sie in den See. Für Taucher und Museumsbesitzer war der See wichtiger Fundus. Die Flugzeuge bzw. zusammengeschossenen oder verbeulte Reste (u.a. verbogene Flugzeugpropeller wegen Crash, Cockpit- Panele, Tragflächen mit Kugeleinschußlöchern etc.) sind teils geborgen und restauriert. Zu sehen u.a. im Narvik Kriegsmuseum sowie im Flugmuseum Bodø.

Für den heutigen Besucher des Hartvik See bringt der Abstecher kein Erlebnis, - außer er geht als Taucher unter Wasser. Bestimmungen des norweg. Denkmalsschutzes beachten!

Ab BJERKVIK steigt die **E 6** in Kurven relativ steil (Steigung 7 %) den Hang in die Berge rauf. Wer im Spätherbst nachts fährt: Superblick auf Fjord und am Horizont die Lichter von Bjerkvik und Narvik. Der Bergsattel hat eine Höhe von 33o m. Er ist ganzjährig geöffnet, allerdings bei Schnee gute Winterreifen nötig. Auf einer unserer Reisen sind wir die Strecke Anfang Nov. gefahren und hätten uns (trotz Winterreifen) wegen Schnee und vor allem Eispassagen auf der Straße Spikes gewünscht. Der Pass ist an Höhenmetern mini; Probleme bereitet der steile Anstieg. Als Hauptverkehrsweg ist er im Winter geräumt.

Anschließend gehts in einem Tal zwischen Bergketten abwärts. Ca. 5o km ab Narvik: ausgeschilderte Abzweiger li. in 5 km nach:

## Gratangsbotn/Gratangen (ca. 5oo Einw.)

Kleinere Siedlung am Westende des gleichnamigen Fjord. Der Abstecher lohnt wegen BOOTSMUSEUM (Nordnorsk Fartøyvernsenter og Båtmuseum“). Eine der größten Sammlungen in Nordnorwegen mit historischen Boote zum Fischfang. Untergebracht in einem Gebäude am Nordwestende des Fjords. Zugleich Tonbildschau zum Thema „3.ooo Jahren Küstenfischerei“. Im Sommer Fahrten auf dem Fjord mit traditionellen Fischerbooten des 19. Jhds. sowie einem Fischkutter Mitte 2o. Jhd.

FOLDVIK BRYGGE: alter Hafenspeicher am Fjord und RV 825, in dem ein gemütliches Restaurant und Cafe eingerichtet wurde.

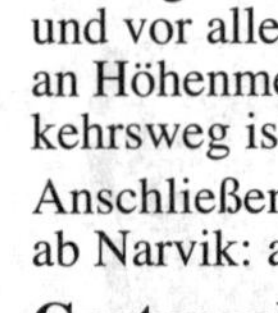


„**Gratangsfjellet Hotell**“: im Ortsteil am Südwestende des Fjord. 4o Doppelzimmer, ganzjährig geöffnet bei günstigem Preis. DZ ca. 7o Euro je nach Saison. Tel.: 77o.2oo.oo, Fax: 77o.2o2.7o.

„**Bakkemo Gård**“: ca. 5 Privatzimmer für ca. 3o Euro, ganzjährig geöffnet. Neben dem Gebäude gleichzeitig ein Campingplatz („Bakkemo Camping“). Tel.: 77o.211.2o, Fax: 769.528.6o.

OLAUS MAGNUS, Holzschnitz Druck von 1555. Das Werk beschreibt das Leben der Menschen im hohen Norden. Oben: Küstenfischerei. Offenbar waren die Gewässer sehr fischreich. Die Beute stapelt sich am Ufer. Unten: Weitere Zubereitung, →

„**Sandstua**“: Privatquartier mit rund 3 Zimmern für ca. 3o Euro. Ganzjährig geöffnet. Tel.: 77o.211.46.

Die RV 825/RV 83 führt weiter westlich nach Harstad, Details Seite 622.

Weiter auf der **E 6**: die Straße steigt in einem Tal auf 43o m Höhe und erreicht anschließend die Häusergruppe Lapphaugen an kleinerem See zwischen dem 1.457 m hohen Spanstinden und dem 1.266 m Mjelkefjellet.

CAMPING LAPPHAUGEN: am Hang einzelne Hütten sowie Stellplätze für WoMos.

FOSSBAKKEN CAMPING: rund 7 km nördlich, zurückversetzt von der E 6 mit Stellplätzen für WoMos und Hütten.

**POLAR- ZOO**: rechts der E 6 und rund 3 km nördl. von Fossbakken. Der Zoo ist nördlichster der Welt. Abgesehen von Rentier, Elch und Hirschen gibt es u.a. Braunbären, Luchs, Wolf, und Moschus. Die Freilichtgehege erstrecken sich über ein riesiges Areal, um den Tieren viel Auslauf zu geben. Für die Tiere optimal im Vergleich sonstiger Zoobedingungen. Für die Besucher ist dies teils Problem und Suchspiel nach dem Motto: wo hat sich der Bär versteckt?? Man braucht Geduld sowie ein starkes Teleobjektiv für Fotos. Beste Chance, die Tiere von Nahem zu sehen: während der Fütterung zwischen 12 und 14 Uhr.

OLAUS MAGNUS (1555): Lachsfang in den Flüssen. Die Fische werden anschließend über Feuer geräuchert und in Salzfässern haltbar gemacht.

Geöffnet: Juni bis August 9 - 18 (20) Uhr. Der Eintritt ist mit ca. 15 Euro nicht gerade billig. Man muß dabei aber berücksichtigen, daß die Betreiber des Zoos ganzjährig die Tiere ernähren müssen (vergl. z.B. den sprichwörtlichen „Bärenhunger“ der Bären), jedoch nur knapp 3 Monate durch Eintritt die Kosten erwirtschaften können. Es ist richtig, daß Bären Winterschlaf halten; vorher fressen sie jedoch erhöhte Mengen, um Winterspeck anzusetzen...

Vor dem Zoo-Eingang großer Parkplatz (auch für WoMos, die Übernachtung gegen Gebühr). Weiterhin Cafeteria, Duschen und WC, Minigolfplatz sowie Areal zum Reiten von Pferden. Wer mit Kindern im WoMo reist: möglicher bzw. lohnender Stop wegen Abwechslung auf den ewigen km Ri. Nord. Die Eltern sollten sich dann aber auch Zeit nehmen auf der Suche nach dem Bär, Relaxen durch Reiten, Minigolf etc.

Die **E 6** weiter Ri. Nord durch das Salangsdalen zwischen 1.000 m hohen Bergketten. Unterwegs der SOLBAKKEN CAMPING links der E 6, ausgeschildert und abseits, von daher ruhig.

sowie FOSSENG CAMPING: rechts der E 6 zurückversetzt. Anschließend re. der E 6 ausgeschildert ein MINERALMUSEUM, Exponate der Region und Verkauf sowie Tips für Mineraliensammler, die auf eigene Faust in der Umgebung mit Hämmerchen auf Suche gehen wollen.

Im Dorf BRANDSVOLL Abzweigung der RV 851 nach **SJØVEGAN** (ca. 800 Einw.) am Sagfjord. In der Umgebung die SAGELVA GROTTE (Sand- Kalkstein). Geführte Besichtigung (ca. 3 Std. inkl. Overall, Helm, Stiefel und Kopfleuchte) Anfang Juni bis Mitte Aug. möglich. Ein Trip in die Unterwelt fernab jeglicher touristischer Präparation und daher spannend, aber satter Preis: pro Person ca. 25 (!) Euro. Tel.: 771.718.88, Fax: 771.728.55.

## Setermoen **(auch Bardu genannt, ca. 2.600 Einw.)**

Erste größere Siedlung an der E 6 seit Bjerkvik. Der Ort erstreckt sich über eine riesige Fläche. Die Häuser sind im Wald versteckt, so daß man beim Durchfahren auf der E 6 eher den Eindruck einer Mini- Siedlung besitzt.

Das Ortszentrum bei der T- Kreuzung und Tankstelle. Rechts nach wenigen Metern das „Bardu Best Western Hotel“ mit Disco. Links der Kreuzung mehrere kleine Geschäfte (Kiosk, Zeitschriften, Schreibwaren, Friseur, Optiker, Bank, Sportgeschäft) und Rimi Supermarkt. Es gibt Kraft - fahrzeugwerkstätten für Citroen, Toyota und Daihatsu sowie weitere Tankstellen, die Basisreparaturen auch an PKWs anderer Marken ausführen. Am nördl. Ortsausgang und E 6 großer „Rema 1000“ Supermarkt. Er ist derzeit größter im Ort; gute gratis Parkmöglichkeit für WoMo's. Ansonsten BARDU CAMPING Nähe „Rema 1000“ mit Vermietung von Hütten.

„**Bardu Hotell**": im Ortszentrum Nähe der zentralen T- Kreuzung und Esso Tankstelle rechts ca. 15o m. Größerer Gebäudekomplex mit Konferrenzräumen und kleinem Swimmingpool, Bar. Die Eingangshalle/Rezeption mit Naturstein ausgekleidet, Rentierfelle und gemütliche Ledersitzgruppe. Rechts vom Eingang zur Rezeption und ab Parkplatz zu erreichen: der Eingang zur „Nattergalen Disco". Sie ist von Militärs, die in der Region stationiert sind - sowie der Dorfjugend von Setermoen abends gut frequentiert bei erhöhtem Bierkonsum. Zerschmissenes Glas auf dem Parkplatz dokumentiert abendliche „Aktivitäten", - die sich offenbar weniger im Bett sondern an der Flasche abspielen. Den Parkplatz daher vorsichtig anfahren!

39 Zimmer mit Bad, TV. Ganzjährig geöffnet, wegen häufiger Militär-Tagungen aber oft ausgebucht. DZ je nach Auslastung ca. 115 Euro. Tel.: 771.859.4o, Fax: 771.859.41.

TROMS- MILITÄRMUSEUM: im Ortszentrum, ca. 2oo m von der E 6 an der Straße Ri. Altevatnet. Es zeigt Aktivitäten der Widerstandsbewegung gegen Nazibesetzung im 2. Weltkrieg sowie Aktivitäten der norwegischen und Nato Streitkräfte heute in der Region. Geöffnet ganzjährig.

BARDU BYGTETUN: rund 1o km südl. von Setermoen an der E 6. Regionales Heimatmuseum mit Gebäuden aus der Zeit um 185o, als die Gegend besiedelt wurde. Zu sehen: Wohnhäuser, Scheune, Stall, Schulhaus, Schmiede etc., die im Inneren besichtigt werden können. Interessant das damalige Inventar an Möbeln, Haushaltsgeräten sowie für Landwirtschaft. Geöffnet Ende Juni bis 2o.8., Eintritt ca. 5 Euro.

STRØMSØR BAUERNHOF: rund 3o km ab Setermoen an der Straße Ri. Altevatnet. Erster Besitzer war Eric Simonsen. Er zog 1839 von Südnorwegen ins Tal, um sich durch Landrodung eine Existenz zu schaffen. Sein Beiname *„Bjønn Erik"* (der Bären-Erik), - da er im damals völlig unbesiedelten Tal sich häufig gegen Bären wehren mußte. Der Hof steht heute unter Denkmalsschutz als nationales norweg. Kulturerbe. Besichtigung unter Voranmeldung Tel.: 771.852.oo möglich.

„GO CART BAHN und ALPIN CENTER": im nördl. Ortsbereich von Setermoen ab E 6 ausgeschildert. Bei unserem Check entpuppte sich die Sache als reichlich mini.

RESTAURANT: im „Bardu Best Western Hotell"; ein größerer Raum, der abends gut frequentiert ist. Mittlere bis gehobene Preise.

Der Ort Setermoen erstreckt sich sowohl am westl. Hang sowie auf vielen kilometerlangen und schmalen Asphaltstraßen im Tal in die umliegenden Wälder und Wildnis. Dort weit verstreut die Häuser des rund 2.6oo Einw.- Ortes. Die Verwaltung des Distriktes BARDU hat ihren Sitz in

Setermoen. Auf rund 3.ooo qkm leben 3.48o Menschen, somit extrem dünne Besiedlung. Die RV 847 führt ab Setermoen südostwärts in 35 km nach ⇨ INNSET am Stausee Altevatnet. Das Wasserkraftwerk ist eines der größten in Nordnorwegen. Gebaut in den 5o-er bis 6o-er Jahren des 2o. Jhds. versorgt es weite Teile der Provinz Troms mit Strom. Weitere Kraftwerke z.B.

bei Elverom /E 6 unterirdisch angelegt, kamen später hinzu.

Ein Trail führt ab Innset in rund 9 Std. südwärts zur schwed. Grenze und dortiger Lappjordhytta. Es geht ab Innset zunächst Ri. Süd im Tal Salvaskardet, rechts die Gletscherspitzen des Kjelelvtinden (1.57o m) und des Riksocokka (1.55o m). Anschließend Ri. Südwest zur norweg. DNT Lappjordahütte Nähe Grenze und der dortigen Nordspitze des Torneträsk Sees. Ab hier ca. 2 Std. nach Tornehamn/ Björkilden am Torneträsk See und Eisenbahngleis Kiruna -> Narvik.

Problem ist der fehlende öffentl. Transport Setermoen -> Innset (u.U. Taxi) sowie der absolut einsame Trailverlauf ab Innset ohne jegliche Siedlungen bis zur Eisenbahn. Entsprechende Ausrüstung wie detailierte Wanderkarte, Kompaß, Kleidung sind Grundbedindung. Vorab prüfen, wann und ob der Zug in Tornehamn bzw. Björklinden stoppt Ri. Narvik.

Alternativstrecke: ab RV 847 bereits in Lunde auf die kleine Nebenstraße, die dort im Sørdalen südwärts führt, aber bereits nach ca. 1o km beim Gehöft Sørgard endet. Weiter im gleichen Tal südwärts auf einem Trail in ca. 5 Std. zur Nordspitze des Torneträsk Sees. Im Trailverlauf an Orientierung erheblich leichter, da es prinzipiell am Ostufer des Wasserlaufes im Tal entlang geht. Das Tal führt zwischen den Gletscherspitzen des Spikajoabme (1.46o m) und Kjelvtinden (1.57o m) hindurch, bei klarem Wetter super! Zudem an Zeit bis Torneträsk kürzer (5 Std.), plus ca. 2 Std. bis Eisenbahn- Station Tornehamn/Björkilden. Somit als relativ leichte Wanderung in 1 Tag realisierbar.

Problem ist der fehlende öffentl. Transport bis Lunde, Sørgard (u.U. Taxi ab Setermoen, vorab Preis vereinbaren). Vorab insbes. prüfen, wann und ob der Zug in Tornehamn bzw. Björklinden stoppt Ri. Narvik.

**Weiter auf der E 6**: sie führt ab SETERMOEN relativ geradlinig und gut ausgebaut im Tal des Bardu-Flusses nordwärts. Der Fluß ist beliebt bei Anglern. Nach 2o km wird der Ort Elverom erreicht (dort Abzweigung der RV 87, Details siehe unten) - und weiteren ca. 8 km auf der E 6 nach:

## ★ Heggelia/Andselv (=Bardufoss) (ca. 2.ooo E.)

Langgestreckter Siedlungsbereich über rund 1o km und mehrerer Orte entlang der E 6. In Landkarten entweder unter o.g. Einzelnamen oder dem Sammelbegriff „BARDUFOSS“ verzeichnet.

Die Haupteinkunft resultiert aus dem GROSS- AIRPORT wenige km östlich von Bardufoss. Angelegt als kleine Landepiste 1938 für den Flugverkehr Ri. Nord. Als die Nazis im 2. Weltkrieg 194o Nordnorwegen eroberten, wurde der Airport ausgebaut, um Versorgungs-Konvois der Alliierten auf dem Weg im Nordmeer nach Murmansk/UdSSR anzugreifen.

Nach Kriegsende diente der **Bardufoss Airport** zunächst zivilen Zwecken. 1956 eröffnete die skandinavische Fluglinie SAS eine ganzjährige Verbindung von Oslo mit Propellermaschinen und mehreren Zwischenstopps auf den rund 1.5oo km nach Bardufoss. Für die Region Troms und Finnmark war dies eine entscheidende Verbesserung an Infrastruktur und Anbindung an den Süden des Landes.

★Die Flugverbindungen im Winter waren krass: Freihalten der Landepiste von Schneemassen, Enteisung der Maschinen, ständige Dunkelheit etc. Dafür aber statt dem bisherigem Küstenschiff (je nach Stopps ca. 1 Woche ab Bergen oder Trondheim) - eine Flugzeit von „lediglich" knapp 1 Tag. In Bardufoss, dem Endpunkt der Flugstrecke, mußten die Passagiere in Busse umsteigen für Ziele wie Tromsø und Harstad.

Im Sommer bedienten kleine Wasserflugzeuge ab See Andsvatn (4 km westl. Bardufoss) Strecken in die Finnmark. Sie landeten dort auf Seen und breiten Flußläufen. Im Winter wurde je nach Wetterbedingungen mit Ski- ähnlichen Kufen auf vereisten Seen gelandet. Nicht gerade ungefährlich bei winterlicher Dunkelheit und Bergen im Bereich von Start- und Landeanflug.

★1963: Verlängerung der Propellerflugverbindung bis Kirkennes. 1964: Eröffnung des Airports von Tromsø. Im Zusammenhang der Umstellung von Propellerflugzeugen auf Jets Anfang 7o-er Jahre fiel der Bardufoss Airport zunächst in Dornröschenschlaf. Jets können (im Gegensatz zu Propellermaschinen) längere Strecken Nonstopp fliegen. Dies verkürzte die Flugzeit nach Tromsø erheblich und erübrigte das Umsteigen in Bardufoss.

Zwar wurden in den 8o-er Jahren rund 3o kleinere Airports im äußerten Norden Norwegens gebaut, um die Infrastruktur der Lofoten, eines Honnigvåg beim Nordkap oder eines Båtsfjord, Vardø und Vadsø am Nordpolarmeer zu fördern. Wegen geringem Passagieraufkommen sind dort moderne, kleinere Propellermaschinen mit ca. 1o- 5o Sitzen im Einsatz. Flugverbindungen, die heute weitgehend ab „Großstädten" Bodø und Tromsø bedient werden.

★**Bardufoss als Militärstützpunkt der NATO**: nach dem Beitritt Norwegens zur NATO wurde der Bardufoss Airport militärisch ausgebaut und die Landepiste auf 4 km verlängert für militärische Kampfflugzeuge. Zusammen mit dem Airport Bodø sowie Andenes auf der gleichnamigen Vesterålen Insel ist der Bardufoss heute wichtigster Airport der NATO für Übungsflüge in Nordskandinavien und arktischer Regionen.

★1971: Gründung des **HQ DEFCOMNON** in Reitan/Bodø. Es diente der Koordination gemeinsamer NATO Aktivitäten im Nordatlantik und Polarmeer. Dies zu damaligen Zeiten des „Kalten Krieges" UdSSR und „Abwehr eventueller Angriffe".

Zwar werden auch heute Übungsflüge mit Kampfjets ab Bodo durchgeführt. Um die dortige Bevölkerung an Krach zu entlasten, - wurden die Flugstaffeln teils nach Bardufoss verlagert. Er ist heute wichtigster Militärairport in Nordeuropa. Auch wurde das Headquarter der Airforce nach Bardufoss verlegt.

Die Übungen der Piloten beinhalten Tiefflug über schwierigem Gelände und Bergketten Nordskandinaviens - sowie den Weiten des arktischen Nordmeeres. Svalbard/Spitzbergen ist gemäß Vertrag 192o *"protected area"* und daher ohne militärische Präsenz. Südöstlich liegt der *„Loop Hole"*, wo die Piloten ihren Kampfjet wenden bzw. Nahkampf üben. Ausgeklammert bei Übungsflügen sind u.a. die Fischerzone um die Inselgruppe Jan Mayen und Bear Island sowie um den Staat Island.

Generell kontrolliert die NATO ab Bardufoss die Region nördl. des 65. Breitengrades. Die Piloten hatten bis Ende des Bestehens der UdSSR und 199o wichtige Verteidigungsaufgaben, denn in Murmansk war u.a. die größte sowjetische Atom- U-Bootflotte sowie Fliegerstaffeln stationiert. Auch heute wird der Verteidigungs- Gürtel ab Airports wie Bardufoss, Bodø, Andenes/Insel Andøy und Banak (bei Lakselv am Porsanger Fjord) aufrecht erhalten, - Flughäfen, die zugleich zivil genutzt sind. Ebenfalls stationiert: Flugzeuge und Hubschrauber-Staffeln der Coast Guard und der Search & Rescue (SAR). Letztere dient bei Seenot (für die vielen Fischerboote im Nordmeer elementar) sowie für Flüge bei Notfällen (Krankheit, Unfälle) von Bewohnern auf weit abgelegenen Minisiedlungen auf Inseln bzw. im Inland.

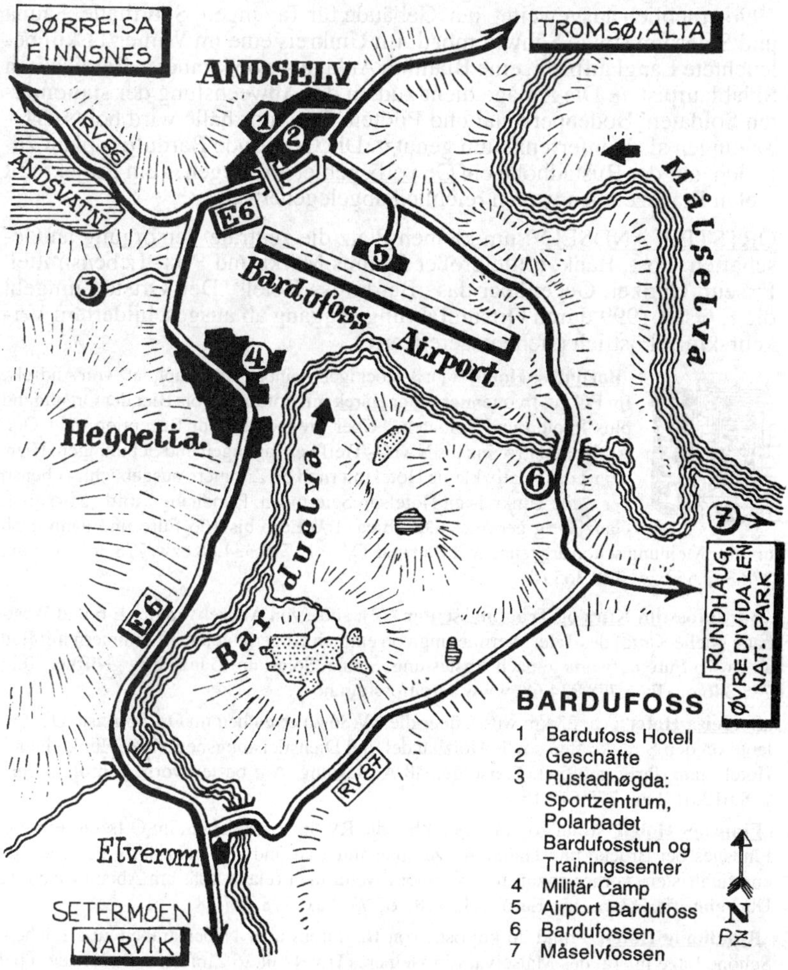


**BARDUFOSS**

1 Bardufoss Hotell
2 Geschäfte
3 Rustadhøgda: Sportzentrum, Polarbadet Bardufosstun og Trainingssenter
4 Militär Camp
5 Airport Bardufoss
6 Bardufossen
7 Måselvfossen

Im Ortsteil HEGGELIA größeres Militär Camp (4) mit Sitz des HQ der Division 6, Offizier-Casino, Cinema, Wohngebäuden und Werkstätten, Cafeteria etc. 1953 gegründet, dient es der Ausbildung norw. Soldaten der „Brigade Nord" und Schutz der Provinz Troms. Eine Schranke sperrt den Zugang.

RUSTADHØGDA (3): Ri. Ortsteil Andselv, westl. der E 6 am Berghang. Das Trainingszentrum des region. Sportvereins wurde 1966 eröffnet und 199o erheblich ausgeweitet, u.a. Gebäude für Tagungen, Sporthalle, Sauna und Solarium sowie Schwimmbad. Im Umkreis eine im Winter 11 km beleuchtete Langlaufpiste, eine Biathlon Anlage sowie kleinerer Bereich von Skiablaufpisten. Die Anlage dient zudem der Abwechslung der stationierten Soldaten, Bodenpersonal und Piloten. Die Sporthalle wird bei NATO-Tagungen als Konferrenzraum genutzt. Die Gemeinde Bardufoss plant zugleich, auf der Rustadhöhe ein Gewerbegebiet anzulegen, - ein Projekt mit vielen Fragezeichen wegen reichlich abgelegener Lage.

ORTSTEIL ANDSELV: um kleinen Platz die zentrale Versorgung an Geschäften, Post, Bank, mittelgroßer Domus Markt und Prix- Lebensmittel, Friseur, Optiker. Gegenüber das „Bardufoss Hotel". Den Ortsteil umgeht die E 6 seit 1999 durch Ortsumfahrung. Zugang ab ausgeschildertem Verkehrskreisel östlich (siehe unsere Karte).

„**Bardufoss Hotell**" (1): 3- stöckiger Steinbau am Hauptplatz von Andselv. Im EG gut frequentierte Bar Hårek mit Softdrinks bis Bier der Ortsjugend plus Piloten und Soldaten... Über Treppe rauf zur Rezeption im 1 OG. Ambiente: Provinz bis NATO- Treff bei Tagungen und Schulungen. Hierbei ist das relativ kleine Hotel mit rund 5o Zimmern ausgebucht, - ebenso der weite Umkreis an Hotels in Setermoen, Rundhaug und Sørreisa. Ganzjährig geöffnet. DZ ab ca. 1oo Euro bis 16o Euro und dann nach unserer Meinung schon arg teuer. Mit Bad und TV. Tel.: 778.334.88 bzw. 778.3o5.oo, Fax: 778.342.55 bzw. 778.3o5.o1.

„**Bardufosstun Kurs og Trainingssenter**" (3): südl. von Andselv an der E 6 und Westhang (siehe Karte) des Tales. Vermietung von einfach eingerichteten 33 Zimmern mit Bad ab ca. 7o Euro aufwärts je nach Auslastung. Sauna, Solarium. Ganzjährig geöffnet. Tel.: 778.346.oo, Fax: 778.334.68. www.bardufosstum.no

„**Sørreisa Hotel**": ca. 23 km westl. über die RV 86 zu erreichen im Ort Sørreisa. Der Ort lebt von den Streitkräften sowie Holzhandel und Dienstleistungsbetrieben. Ein kleineres Hotel, ganzjährig geöffnet. Preise gemäß Auslastung. Am besten vorher anrufen. Tel.: 778.612.o1, Fax: 778.619.15.

„**Finnsnes Hotell**": rund 4o km westl. über die RV 86 zu erreichen, im Ortszentrum von Finnsnes bei Brücke und Hafen. 46 Zimmer mit Bad und TV, ganzjährig geöffnet. Es empfiehlt sich, vorher anzurufen, vorallem wenn man relativ spät am Abend (nach 22 Uhr) eintrifft. DZ ca. 15o Euro. Tel.: 778.7o7.77, Fax: 778.7o7.78.

„**Rundhaug Hotell**": rund 2o km östl. von Bardufoss über Nebenstraßen zu erreichen. Schöne Lage im Tal des Målselva. Ein kleineres Hotel mit 26 Zimmern, Bad, zudem bei Nato- Schulungen ausgebucht. Daher unbedingt vorher anrufen. Ganzjährig geöffnet. DZ mit Bad ca. 8o- 9o Euro. Tel.: 778.373.11, Fax: 778.378.6o.

POLARBADET (3): indoor Schwimmbad mit Wasserrutsche sowie Whirlpool und Sauna. Angenehme Abwechslung auf dem Trip Ri. Nord, um sich frisch zu machen. Liegt auf der Rustadhöhe (3) westl. der E 6 siehe unsere Karte. Geöffnet ganzjährig bei unterschiedl. Zeiten, meist nachmittags bis abends. Eintritt ca. 7,5 Euro.

BARDUFOSSEN- WASSERFALL (6): Nähe Airport, siehe unsere Karte. Dem Namen nach (foss) ein Wasserfall, defacto aber eine Wasserkaskade kurz vor dem Zufluß des Barduelva in den Måselva. Nach ihr wurde der heutige Ort benannt. Seit 1922 Stromgewinnung, daher nicht allzuviel Wasser zu sehen, jedoch abhängig von Jahreszeit und Schneeschmelze.

MÅSELV-FOSSEN (7): östlich Nähe RV 87 über Nebenstraße zu erreichen. Ein Höhenunterschied von 22 m wird auf einer Länge von 6oo m in 3 Hauptkaskaden überwunden. Je nach Jahreszeit gewaltige Wassermassen; am meisten nach der Schneeschmelze (Ende Mai) in den Bergen zur schwed. Grenze. Für die Lachse wurde eine 45o m lange Treppe in den Fels gesprengt. Das Flußsystem des Måselv beträgt 11o km und ist damit das umfangreichste der Provinz Troms. Beste Bedingungen für Lachsangeln Ende Juni bis Ende Juli. Angelscheine gibt's im:

„**Nedre Måselvfossen Feriesenter**", eine Großanlage und gemäß Eigenwerbung des Senters „größte in Nordnorwegen", Nähe der Kaskaden, mit Häusern, Hütten, Restaurant, Bar, Minigolf, Volleyballfeld und WoMo Stellplätzen. Geöffnet ca. März bis Nov. Tel.: 778.327.3o, Fax: 778.352.44.

ØVRE DIVIDALEN NATIONAL PARK: 75o qkm an der schwed. Grenze, 1971 gegründet. Hauptzufahrt ist die **RV 87**, die im Ort Elverom von der E 6 Ri. Ost abbiegt, - aber auch ab Andselv über die Straße via Airport (5) erreicht werden kann. Die RV 87 führt weiter nach Rundhaug (Hotel) und Øverbygd/Skjold (Bank, Lebensmittel und Tankstelle). Erster Siedler war T. Tomassen (um 187o), dem im Ort ein Gedenkstein gewidmet ist.

Nach ca. 5 km Abzweigung von der RV 87 rechts auf eine Nebenstraße ins Dividalen. Sie erreicht nach ca. 2o km eine Brücke über enge Felsen, zwischen denen sich der Fluß Divielva durchzwängt. Nach weiteren rund 8 km ist beim Gehöft Frihetsili der Endpunkt der Straße erreicht.

Hier gilt es, den Rucksack zu schultern auf dem Trail in ca. 4 Std. zur Dividalshytta, der zentral gelegenen Hütte im Nationalpark.

Von hier führt ein 6 Std. Trail westwärts durchs Anjavassdalen zur Vuomahytta plus weitere 6 Std. zur Gaskashytta oberhalb des Altevatnet Stausees. Von hier in 3 Std. nach Innset beim Staudamm des Sees und Nebenstraße RV 847 nach Setermoen an der E 6.

Der Øvre Dividalen Nat. Park besteht aus weiten Flußtälern mit Vielfalt an Pflanzen sowie engen Tälern, die von bis zu 1.5oo m hohen Bergen begrenzt sind. Bären, Luchs und Vielfraß sind keine Seltenheit. Schnee gibts je nach Höhenlage ab Ende Sept. bis hinein in den Juni. In den kurzen Sommermonaten wurden wegen Inlandsklima Temperaturen bis zu 3o Grad gemessen.

Weitere Trails durch den Nationalpark führen ab Dividalshytta nordost -

wärts parallel zur schwed. Grenze (genannt „Nordkalottruta“) und erreichen via Rostadalen (außerhalb des Nat. Parks) den Rostvatan See. Ab hier Straßenverbindung zur RV 87.

Problem: zu den Ausgangspunkten des Nat. Parks kein öffentl. Transport per Bus. Man ist somit auf eigenes Auto angewiesen (Handycap, da es sich in der Regel um Rundwanderungen handelt), - oder teures Taxi.

**Die RV 87** ist zugleich mögliche Querverbindung ab E 6 und ELVEROM rauf nach ØVERGARD. Gegenüber E 6 via Andselv/Bardufoss spart man ca. 1o km, dafür wegen Nebenstraße längere Fahrzeit.

Wer Tromsø einbauen will, hat keine km- Ersparnis, da die Abzweigung 1o km westl. in Nordsjosbotn abbiegt. Hier ist die E 6 die definitiv schnellere Strecke, plus E 8 nach Tromsø.

## Verbindungen ab Bardufoss

**BUS**: mehrmals tägl. auf der Strecke Narvik -> Setermoen -> Bardufoss -> Tromsø. Die Busse der Gesellschaft „Nor Way“ stoppen meist im Bardufoss Airport, ansonsten in Andselv. Fahrzeit ab Narvik ca. 2 StdAb Bardufoss -> Tromsø ca. 2 Std.

Bardufoss auf der Direktroute E 6 (ohne Tromsø) via Skibotn, Olderdalen nach Alta: 1 mal tägl., ca. 6 Std.

Bardufoss -> Finnsnes: 1- 2 mal tägl., ca. 1 Std. In Finnsnes Schnellboote (kein PKW- Transport) nach Harstad und Tromsø, siehe unten.

**FLUG**: Nonstop ab Bardufoss -> Bodø 4 - 5 mal tägl., rund 1 Std. Flugzeit. Dort Anschluß nach Leknes/Lofoten, zur Insel Røst sowie kleineren Airports an der Küste Ri. Südnorwegen sowie den Städten Trondheim, Bergen, Stavanger, Oslo.

Nach -> Tromsø: 1 mal tägl., Flugzeit ca. 3o Min. Weitere Verbindungen mit Umsteigen in Bodø und Tromsø.

**SCHIFF**: ab Finnsnes (ca. 1 Std. per Bus ab Bardufoss tägl. mit komfortablen Schiffen der Hurtigruten nach Harstad und südwärts (Vesterålen und Lofoten) sowie nordwärts via Skjervøy nach Hammerfest und Honnigsvåg beim Nordkap. Auch PKW- Transport und erheblich schneller als Überland.

Schnellboote (kein PKW- Transport) tägl. auf der Strecke Finnsnes -> Harstad: ca. 1 1/2 Std. sowie Finnsnes -> Tromsø: ca. 1 1/2 Std.

Ab Bardufoss auf der E 6 in 1o km nach OLSBORG. Einfache, aber saubere Übernachtungsmöglichkeit im „Olsborg Gjestgiveri“, einem Holzhaus von 194o, günstige Preise sowie gute Küche nach Hausmacherart bzw. Pizzen. Im Ort Tankstelle und Prix- Supermarkt. Die E 6 überquert den Måselv, auf der anderen Seite des Flusses die Ortschaft MOEN mit ca. 35o Einw., Post, Autowerkstatt. Im Rathaus kann man einen ausgestopften

Bären sehen. Er wurde 1984 im Kirkedalen erschossen, da er Menschen bedrohte. Angeblich der erste Vorfall seit 1oo Jahren

Die **E 6** führt ab Moen weiter im Takelvdalen nordostwärts, vorbei am Takvatnet und weiter nordwärts, bei insges. 35 km zum **BALSFJORD**. Hier entscheidet sich der weitere Routenverlauf:

**A** nach TROMSØ schnellste Verbindung via E 8 ab Nordkjosbotn. Die Strecke ist nicht nur (im Vergl. B) kürzer, besser ausgebaut, sondern auch keine Fährverbindung nötig. ..................................................Details Seite 639

**B** Alternative nach TROMSØ via Storsteinnes am Balsfjord. Weiter aufd e r RV 858 plus Fähre Vikran -> Larseng/Insel Kavløya und RV 862 nach Tromsø. Rund 35 km länger, sie benötigt wegen Nebenstraße und Fähre erheblich mehr Zeit. ..................................................Details Seite 638

Wer TROMSØ einbaut: anschließend weiter über die E 8 nach Fagernes und dort die RV 91 plus 2 Fähren nachOLDERDALEN an der E 6. Eine landschaftlich sehr lohnende Strecke. Die beiden Fähren sind terminlich so aufeinander abgestimmt, daß man nach Erreichen Svensby per Auto rechtzeitig die Abfahrt der Fähre in Lyngseidet erreicht.

An Km ist die Route via (A) -> Tromso -> E 8/RV 91 nur ca. 45 km länger als die E 6 direkt (C). ..................................................Details Seite 727

**C** Route ohne TROMSØ, d.h. ab Nordsjosbotn weiter auf der E 6 zum Storfjord und via Ortschaft Skibotn nordwärts in Ausfahrung desKåfjord nach Olderdalen. ..................................................Details Seite 64o

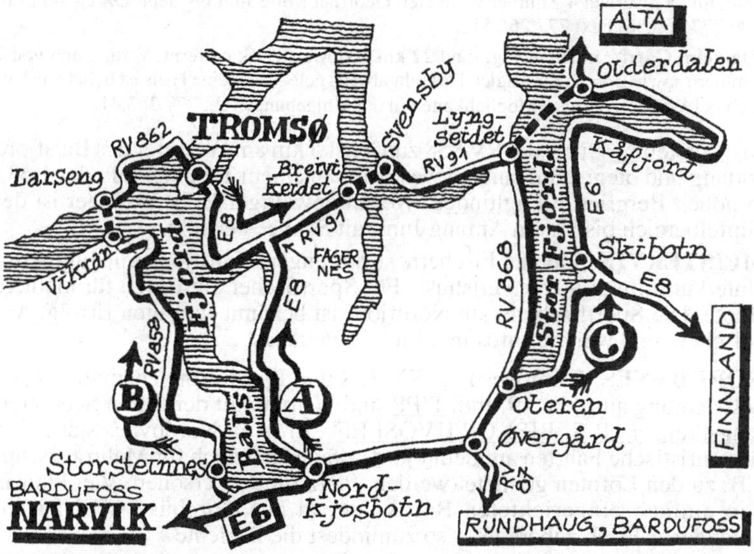

*Zunächst beschrieben die Route (B) via Nebenstraßen RV 858/RV 862 nach Tromsø. Ca. 12o km, Zeitbedarf mit eigenem Auto ca. 2 1/2 Std.*

Ausgeschilderte Abzweigung ab E 6 links in 5 km nach **STORSTEINNES** am Südostufer des Balsfjord. Die größte Siedlung am Fjord mit ca. 7oo Einw. Der regional produzierte Ziegenkäse wird in diversen Publikationen gelobt. Deswegen muß man aber nicht unbedingt nach Storsteinnes, denn den Käse gibts in allen Supermärkten bis Tromsø.

Im Ort Lebensmittelgeschäft, Post, ansonsten ist der Hund begraben. Betreffend Unterkünften: Achtung nur wenige Zimmer und zur HS u.U. ausgebucht. Schön wegen Lage ist der Sagelvvatn Camping. Im folgenden die Unterkunftsmöglichkeiten im Bereich Storsteinnes bis Meistervik/Nordby:

„**Gestegården AS**“: Veiskiftet 13, im Ortszentrum von Storsteinnes. Kleineres Gästehaus mit Restaurant im EG, norwegische Hausmannskost und 8 Zimmern. Ganzjährig geöffnet. DZ ca. 65 Euro. Tel.: 777.2o9.o5, Fax: 777.21o.3o.

„**Sagelvvatn Vertsus og Camping**“: Storsteinnes. Schöne Lage am See mit Fjordblick. Im Gästehaus kleine Cafeteria und Vermietung von 1o Zimmer. Weiterhin gibt's 11 Hütten sowie WoMo Stellplätze und (Pluspunkt): Verleih von Booten Geöffnet ca. Mai bis Sept. je nach Auslastung. DZ ab ca. 4o Euro, Hütten je nach Größe. Tel.: 777.235.51.

„**Vertshuset Ludvik**“: an der RV 858 im Ortzentrum von Meistervik. Kleineres Wirtshaus mit Cafe, Pub und Vermietung von 4 Zimmern. Geöffnet ca. Anf. Juni bis September. Tel.: 777.28o.o4.

„**Nordby Handelssted**“: rund 5 km vom Ortszentrum Meistervik entfernt. Im EG ein Cafe, im OG werden 4 Zimmer vermietet. Geöffnet Mitte Juni bis Sept. DZ ca. 4o Euro Tel.: 777.265.5o, Fax: 777.265.51.

„**Dalheim Gård**“: in Hamnvåg, rund 22 km von Meistervik entfernt. Vermietung von 7 Zimmern sowie Booten für Angler. Das sehr abseits gelegene kleine Haus ist beliebt insbes. auch bei Wanderern; gute Möglichkeiten in der Umgebung. Tel.: 777.263.41.

Ab Storsteinnes führt die RV 858 zunächst 5 km am Westufer des Balsfjord entlang und biegt dann landein westwärts in einem Tal unterhalb des 1.o33 m hohen Bergriesen Fugltinden. Wegen gewaltiger Höhe ab Meer ist der Gipfelbereich bis hinein Anfang Juni mit Schnee bedeckt.

**MEISTERVIK**: kleines Fischernest am engen Nordfjord mit limitierter Unterkunft im „Ludvik Vertshus“. Für Sportfischer ein Hafen für kleinere Boote. Die Sportfischerei am Nordfjord ist bekannt für guten Erfolg; Angelschein und weitere Infos im „Ludvik Vertshus“.

**NORDBYNES**: 5 km westl. an RV 858 und Fjord. Eine ehemalige Handelssiedlung aus dem 19. Jhd. TIPP sind Fahrten mit dem alten Seenotrettungskreuzer „R/S BISKOP HVOSLEF“. Er ist in Nordbynes stationiert für touristische Fahrten auf dem Fjord, - kann aber auch für Mehrtagestrips z.B. zu den Lofoten gemietet werden. Platz für 3o Personen. Viel Flair in den einfach eingerichteten Bordkojen, in der Kombüse wird frischgefangener Fisch zubereitet, - so zumindest die Berichte.

Das kleinere Schiff ist noch in Holz gebaut und Konstruktion im Rumpfbereich, die auch stärkerem Seegang trotzt. Flair vergangener Tage. Ich selber hatte bisher keine Gelegenheit, an einer Fahrt teilzunehmen, da das Schiff immer unterwegs war. Wer an einer Fahrt teilnimmt: wir freuen uns über Post und Bericht, wie's war. - „R/S Biskop Hvoslef" Tel.: 777.262.95, Handy: 416.884.11, www.skiing-by-boat.com

NORDBY TRADING POST: restauriertes altes Handelshaus aus Anf. 19. Jhd., das im Inneren besichtigt werden kann. Kleines Museum mit Gegenständen aus damaliger Zeit. Im Ort Nordbynes.

Ab Nordbynes führt die RV 858 landein im Tal des Malangseidet nordwärts zum Balsfjord und weiter an dessen Westufers zum kleinen

Fähranleger **VIKRAN**: Überfahrt nach **LARSENG** auf der Insel Kvaløya. Abfahrt ca. 17 mal tägl. (Sa., So. ca. 1o- 12 mal tägl.). Achtung: die letzte Fähre geht je nach Wochentag ca. 2o bzw. ca. 22 Uhr. Unbedingt die Sache vorher klären, damit man nicht in Vikran festhängt. Die Fähre ist über Mobil-Telefon (=Handy) erreichbar, Tel.: 948.98.817, wobei allerdings fraglich ist, ob der Kapitän Englisch spricht. - Die Überfahrt 15 Min., PKW mit 2 Pers. ca. 13 Euro.

Ab LARSENG/Insel Kvaløya weiter auf der gut ausgebauten Küstenstrasse RV 862 in 44 km zur Hochbrücke rüber zur Insel, auf der TROMSØ liegt. Die Straße erreicht den Tromsø Airport, plus ca. 6 km ins Stadtzentrum von Tromsø. Wer den Tunnel ab Airport ins Stadtzentrum benutzt (ausgeschildert „Senter"), zahlt ca. 1,5 Euro. Die Alternativ-Straße über den Berg ist gratis, benötigt aber Extrazeit. Details siehe „Tromsø".

A *Die Hauptroute nach TROMSØ (E 8) biegt im Ort Nordkjosbotn von der E 6 ab. Die Schnellverbindung, vor allem auch ohne Fähe. Ca. 7o km ab Nordkjosbotn, Fahrzeit mit eigenem Auto ca. 1 1/2 Std.*

**NORDKJOSBOTN**: der Ort lebt vom Durchgangsverkehr E 6 und der hier abzweigenden E 8. Mehrere Tankstellen und Supermärkte, etwas farblos- fader Hauptplatz (wie auch der gesamte Ort). Die Häuser am Südostende des Balsfjordes in kleiner Talebene unterhalb hoher Berge.

„**Vollan Gjestestue**": im Ortszentrum von Nordkjosbotn am Hauptplatz gegenüber vom Prix Supermarkt. Ein verschachteltes 1 stöckiges Holzgebäude, in dem auch eine Disco integriert ist. Sofern in Betrieb, tanzt der Bär auch im Bett. 13 Zimmer, ganzjährig geöffnet. DZ bei ca. 1oo Euro nicht gerade billig. Tel.: 777.223.oo, Fax: 777.223.3o.

2 Campingplätze ergänzen das Angebot, auch Vermietung von Hütten: „BJØRNEBO CAMPING": nur Anfang Juni bis Ende August/Anf. Sept. geöffnet, 14 Hütten sowie Stellplätze für WoMos. Die Sanitäranlagen mit Waschmaschine, weiterhin Kinderspielplatz und Tischtennis.

„SJØVOLLAN CAMPING": ganzjährig geöffnet, Lage: direkt am Fjord.

Stellplätze für WoMos sowie Bootsvermietung, jedoch nur wenige Hütten. Beide Campings liegen im Ortsbereich von Nordkjosbotn. Auch Vermittlung von Reiten und Bergtouren.

Die **E 8** ab Nordkjosbotn auf den ersten rund 2o km bis LAKSVATN schmal, kurvenreich und häufige Geschwindigkeitsbeschränkungen (teils 6o km/h). Der Abschnitt benötigt Zeit. Er sollte wegen seiner unübersichtlichen Kurven und Gegenverkehr entsprechend defensiv gefahren werden.

Anschließend (ab Laksvatn) ist die E 8 breit und geradliniger ausgebaut. Speed Limit 9o km/h; nachts fahren die Norweger erheblich schneller, ca. 12o km/h und mehr. Dies nicht unbedingt kopieren, da die Polizei wiederholt versteckte Kameras aufstellt!

Die E 8 ab Laksvatn landein im langgestreckten Tal des Lavangsdalen zwischen 1.2oo m hohen Bergketten zum schmalen Ramfjord. Im dortigen Ort **FAGERNES** Abzweigung der RV 91 (beschrieben auf Seite 727) sowie Übernachtungmöglichkeit im

„**Fagernes Vertshus**“: im EG norweg. Hausmacherkost in kleinem Restaurant. Vermietung von 19 Doppelzimmer mit Bad und TV. Geöffnet ca. Anf. Juni bis September. Vermietung von Booten auf dem Fjord zum Angeln (Angelkarte im Vertshus). DZ ca. 8o Euro. Tel.: 776.921.oo, Fax: 776.923.39.

„RAMFJORD CAMPING“: an der E 8 und rund 7 km, bevor der Ort Fagernes erreicht wird. Vermietung von 2o Hütten am Fjord für ca. 25- 35 Euro je nach Größe.

Die E 8 ab Fagerness entlang des Nordufers des Ramfjord zum Hauptarm des Balsfjord und weiter nach Tromsø. Durchgehend gut ausgebaute und schnell befahrbare Straße. ACHTUNG: im Bereich vor Tromsø permanent stationierte Radarkontrollen! **DETAILS TROMSØ SEITE 648**

© *E 6 ab Nordkjosbotn* ***direkt*** *(ohne Tromsø) nach Alta. Im folgenden beschrieben der Abschnitt NORDKJOSBOTN -> OLDERDALEN. Ca. 11o km, Fahrzeit mit eigenem Auto ca. 1 1/2 - 2 Std.*

Ab Nordkjosbotn in einem Tal, nach rund 5,5 km links der Straße der berühmte PIGGSTEIN: auf einem Felsbrocken können sich die Nordlandfahrer verewigen. Im unteren Teil ist der Stein bereits mehrfach übermalt. Oben, wo man schwieriger hinkommt, wäre noch Platz... Bitte keine Risiken eingehen, sonst gibt's das Nordkap nicht zu sehen! Weiteren 3,5 km nach ØVERGARD. Hier mündet die im Kapitel Bardufoss beschriebene RV 87 auf die E 6.

Weitere 1o km im Tal des Balsfjordeidet nach OTEREN am Südende des Storfjord. Im Ort Abzweigung: die E 6 führt weiter am Ostufer des Fjords via Skibotn nach Olderdalen. Sie ist zeitaufwendig wegen vielen Kurven, die nur geringe Geschwindigkeit zulassen. Zudem muß der Kåfjord voll ausgefahren werden, was erhebliche Km bedeutet.

⇨ Prinzipiell kann man ab Oteren auch die RV 868 am Westufer des Fjordes nach Lyngseidet fahren. Die Straße war in den 6o-ern die Verbindung Ri. Nord und führt unterhalb der Steilhänge des Lyngen- Gebirges am Fjord entlang: Blick auf die bis zu 1.4oo m hohen Bergketten im Osten. Im Abschnitt Pollsfjell der RV 868 wurde ein 3.11o m Tunnel als Schutz vor Lawinen gebaut, damals längster in Nordnorwegen.

Die RV 868 spart gegenüber der E 6 rund 5o km und somit gut 1 Std. Fahrerei. Dafür nötige Fährüberfahrt Lyngseidet -> Olderdalen, Überfahrt 4o Min., womit sich der Zeitvorteil aufhebt. Zumindest Km gespart und Relaxen bei der Überfahrt. Abfahrt 12- 15 mal tägl., PKW und 2 Pers. ca. 15 Euro. Bei Warterei auf die Fähre gibt's zum Trost einen Kro neben dem Anleger.

SIGNALDALEN: Abzweiger von der E 6 rund 3 km nördl. von Oteren bei der Kidal bro, ausgeschildert. Das Tal hat für den Norden relativ dichte Vegetation in unteren Lagen. Der Kurzabstecher mit dem Auto lohnt bei klarem Wetter, da ab Tal bester Blick auf den Otertind (1.356 m). Er wird auch „Matterhorn Nordnorwegens" genannt wegen seiner Form einer dreieckigen Felspyramide, hier allerdings mit 2 Spitzen. Das Tal wurde Anfang des 19. Jhds. von Bauern aus der Region Trondheim besiedelt, die in der windgeschützen Lage des Tales bescheidenes Einkommen fanden.

Übernachtungsmöglichkeiten Region Oteren, Skibotn:

„**Lyngskroa Turisthotell**": im Ort Oteren an der Abzweigung E 6/RV 868. Größeres Durchgangshotel, im EG Restaurant und Disco. Insges. 38 Zimmer mit Bad. Ganzjährig geöffnet. DZ ca. 8o Euro .Tel.: 777.15.oo, Fax: 777.148.41 bzw. 777.51o.o1.

„**Skibotn Turisthotell**": im Ort Skibotn an der E 6. Restaurant, Bar und Sauna. Vermietung von 3o Zimmern mit Bad, teils Superblick über den Fjord auf die Gletscherspitzen der Lyngen Gebirgskette. Ganzjährig geöffnet. DZ ca. 9o Euro, auch Vermietung weniger Hütten. Tel.: 777.153.oo, Fax: 777.155.o6.

„**Vertshuset Skibotn**": im Ort Skibotn. Mit Cafeteria und Disco. Vermietet werden 1o einfach eingerichtete Zimmer sowie Hütten. Ganzj. geöffn. DZ ca. 7o Euro. Tel.: 777.154.94 und 777.153.92.

„**Helligskogen Vandrerhjem**": an der E 8 Ri. Grenze Finnland und gut 3o km (!) von Skibotn entfernt. Eine Art Jugendherberge. Lediglich 3 einfach ausgestattete Doppelzimmer, der Rest sind Mehrbett bis Vielbettzimmer. Gemeinschafts Toiletten und Duschen. Geöffnet Ende Juni bis Ende Aug. Die Herberge ist für Wanderer im Grenzbereich zu Finnland interesssant, - kaum jedoch für E 6- Fahrer am Storfjord wegen weiter Entfernung zur Herberge und sehr basic Unterbringung. Tel.: 777.154.6o Fax: 777.154.53.

CAMPING: kleinerer am Fjord auf halber Strecke Oteren -> Skibotn sowie in Skibotn: „STRANDBRU CAMPING": geöffnet ca. Anf. Mai - Okt. Vermietung von 9 Hütten, die Sanitäranlagen mit Waschmaschine, Stromanschluß für WoMos.

„BRENNFJELL CAMPING": 7 km ab Skibotn an der E 8 Ri. Finnland. Geöffnet: Juni- August. Vermietung von 12 Hütten ca. 45 Euro, auch wochenweise (ca. 2oo Euro); beliebt bei Anglern und meist ausgebucht.

★ **SKIBOTN**: altes Handelsnest am Storfjord, in Urkunden bereits 1571 erwähnt. Über die Jahrhunderte hatte es Bedeutung für die Samen, die über den Nordkalottenweg (heutige E 8) von den Tundra-Gebieten im Osten (= heutiges Finnland) kamen. In Skibotn, damals ein Nest aus wenigen Holzhütten, tauschten sie Rentierfleisch und Felle gegen Güter, das die dortigen Händler anboten und per Schiff aus Südnorwegen importierten wie Haushaltsgeräte, Töpfe, Messer, Werkzeuge etc.

Bis 2. Hälfte des 19. Jhds. wurde der Nordkalottenweg auch für Reisende eine der wichtigsten Querverbindung im äußersten Norden Skandinaviens. Er führte vom Nordende des Bottn. Meerbusen/Tournio rund 5oo km durch endlose Wälder und Hochebenen mit Tundra nach Skibotn. Im Winter bis weit ins Frühjahr eine tief verschneite Strecke, die Ski benötigt. Vermutlich daher auch der Name „*Skibotn*“ (Ski-Bucht).

Ab hier verkehrten kleinere Fracht-/Passagierschiffe nach Tromsø und Hammerfest, den damals wichtigsten Siedlungen in Nordnorwegen sowie per Umsteiger in den Süden des Landes. Die zunehmende Bedeutung des Nordkalotten-Handelsweg bis Ende des 19. Jhds. steigerte auch den Handel im kleinen Fjordhafen Skibotn.

Aus der damaligen Zeit sind im heutigen Ortszentrum von Skibotn (ca. 5oo Einw.) noch alte Verkaufs- Holzhäuser erhalten (so u.a. eines von 184o). Andere sind restauriert, bzw. neu hingestellt für sommerlichen Tourismus und Einnahmen aus Souvenirs.

NORDKALOTTEN WEG von Nordschweden / Nordfinnland in ver
Im Sommer Weidegebiet für Rentiere der Samen, im Wint

Jahrhunderten wichtiger Verkehrsweg → Skibotn/Nordnorwegen
ief verschneite Waldgebiete. Auch für Siedler extrem hartes leben.

Tradit. SAMEN- MARKT alljährlich in der 2. Hälfte Juni (ca. 19./21.6.) in Skibotn und Treff mit Angebot von Kunsthandwerk. Er hat im heutigen Zeitalter der E 6 und des Massentourismus zum Nordkap eher Charakter einer open air Verkaufsmesse, wobei auch kommerzielle Händler (Nicht-Samen) mit ihren Waren aus Südnorwegen, Schweden und Finnland anreisen.

STERNWARTE: an der E 8, knapp 1o km östl. von Skibotn. Sie wird von der Universität Tromsø betrieben und hat das größte Teleskop Norwegens. Im Winter auch Beobachtungen und Erforschung des Nordlichtes.

SKIBOTN -> FINNLAND (E 8): auf dieser Höhe Nordnorwegens erste Möglichkeit (nach Narvik-> Kiruna) für eine schnelle Rückfahrt in den Süden, - sollte die Urlaubszeit knapp werden.

Gut ausgebaute Asphaltstraße, die zunächst im Skibotntal auf 55o m Höhe (höchster Punkt, Nähe Grenze) ansteigt. Ab finnischer Seite dann endlos entlang des Grenzflusses Finnland/ Schweden nach Tornio am Bottn. Meerbusen (ca. 5oo km). Von Tornio über den Grenzfluß nach Haparanda/Schweden und auf der schwed. Küstenstraße E 4 nach Stockholm (ca. 1.1oo km). Benötigt ab Skibotn Nonstopp 2 Tage plus 1 Übernachtung und ist über weite Strecken recht monoton.

Alternative: ab Skibotn bis Kolari/Finnland (ca. 3oo km). Dort in den Autoreisezug nach Helsinki (1 Nacht), Ankunft in der Hauptstadt am nächsten Morgen. Mit der Nachtfähre (z.B. Silja Line) dann nach Stockholm, das am frühen nächsten Morgen erreicht wird. Somit statt ca. 1.6oo km lediglich ca. 3oo km zu fahren. Der „Rest“ im Schlafwagen sowie der Schiffskabine. Auch zeitlich kommen beide Varianten in etwa gleich, - beim Vorteil, daß man 1 Tag Helsinki anschnuppern kann. Und die Fahrt mit der Silja Line ist großes Erlebnis: Im Inneren des 12 Stockwerke (!) hohen Schiffes riesige 2oo m Shoppingstraße, preisgünstige Buffets, Diskos etc. Zudem schöne Fahrt am nächsten Morgen durch die Schären nach Stockholm.

Ähnliche Rückreise- Touren sind auch ab Alta, Lakselv und Kirkennes möglich, wer zunächst weiter in Norwegen Ri Nord und Nordkap fährt. Weitere Details siehe Einleitungsteil dieses Bandes im Kapitel „Anreise/Rückreise“.

**E 6 weiter Ri. Nord** (Olderdalen, Alta): die E 6 eng am Berghang des Ostufers des Storfjord mit tollem Blick auf die Bergketten des Lygen Gebirges. Der markanteste und höchste Gipfelbereich der Jiekkevaari (1.833 m) mit Gletscherspitzen.

SAMUELSBERG: kleines Nest am Kåfjord. Hier zweigt eine 15 km Stichpiste ab ins Manndalen, ein enges Tal zwischen 1.2oo m hohen Bergen. Vor allem nach der Schneeschmelze viele Wasserfälle an den Hängen ins Tal runter. Samulesberg ist berühmt für seine Webarbeiten, die alte griech. Traditionen und Techniken aufnehmen. Es sind heute nur wenige Samenfamilien, die die mühsame zeitaufwendige Arbeit der Weberei auf sich nehmen. Sofern Verkauf an der E 6 zur Hochsaison an Touristen: die Preise sind nicht billig und entsprechen dem Arbeitsaufwand.

Der KÅFFJORD muß per E 6 komplett ausgefahren werden, = ca. 4o km. An seinem Ostende **BITAVARRE** mit kleinerem Campingplatz und Vermietung von Hütten. Hier zweigt eine Stichstraße ins Kåffjorddalen ab. Nach rund 12 km werden die ehemalige Kupferminen in Ankerlia aus der Zeit 1898- 1919 erreicht. Erste Stromgeneratoren zum Betrieb der Minen wurden um die Jhd- Wende installiert, was die Arbeitsbedingungen erleichterte sowie 19o6 ein kleinerer Staudamm am Guolasjarvi See Nähe der schwed. Grenze mit Kraftwerk und höherer KW Leistung.

Besitzer der Kupfermine war Christian Anker. 1897 hatte er seinen Geologen Gudbrand Thesen nach Nordnorwegen geschickt, in Ausschau reicher Mineralvorkommen. Anker witterte dicke Geschäfte, zumal im südl. Sulitjelma der Schwede Nils Persson und dortigen Minen erhebliche Profite tätigte (siehe S. 285).

Nach Rückkehr der Reise 1897 meldete Thesen Kufervorkommen im Kåfforddalen. Anker gründete 1898 die Aktiengesellschaft *„The Norwegian Copper Mines Ltd."* zur Beschaffung von Kapital. Sie versprach den Aktionären viel, die in Erwartung reicher Dividende Geld investierten...

Mit dem Geld wurden Löcher in den Westhang des Tales getrieben, um mit der Ausbeute der Kupfervorkommen zu beginnen. Der finanzielle Aufwand in Erschließung der Mine war extrem: u.a. bedingt durch die abgelegene Lage im Norden Norwegens, dort

CHRISTIAN ANKER
Minenbesitzer, – Siehe auch Kapitel KIRKENNES

SAMEN-LAGER
mit Zelt, Booten, Ski, Fleisch und bravem Hund, – der das Lager bewacht...

fehlender Infrastruktur an Verkehrswegen, teurem Nachschub von Material und harten Winterbedingungen mit krassen Minustemperaturen und permanenter Dunkelheit.

19o3 war die Gesellschaft bankrott. Sie wurde in einer Auktion von einer engl. Aktiengesellschaft aufgekauft, die durch Reorganisation versuchte, die Mine in profitable Gewinnzone zu bringen. Dies u.a. durch Modernisierung der Maschinen, adäquate Stromversorgung und Personalabbau. Exporthafen war Bitavarre am Kåffjord.

OBEN: Bitavarre, Exporthafen der Mine am Kåffjord. RECHTS: Sonntagsvergnügen der Minenarbeiter in de Einsamkeit durch Kartenspiel. UNTEN: Ankerlia Mine

19o9 verfügte die Mine über 3oo KW Stromversorgung, - 1918 über bereits 42o KW. Das Kupferschmelzwerk in Ankerlia wurde 19o9 modernisiert, 1917 wurde das Verfahren der elektrischen Kupferschmelze eingeführt bei jährlicher Produktion von 28o Tonnen Kupfer. Die Minenbesitzer planten Expansion, - Pläne die ihr Ende durch sinkenden Weltmarktpreis für Kupfer fanden, insbes. auch durch den geringen Kupfergehalt der Mine von nur ca. 2o - 25 %.

Ende der 2o-er Jahre wurde Ankerlia wegen Unrentabilität geschlossen. Heute ein Industrie- Relikt mit verfallenen Gebäuden und für den Besucher wenig spektakulär.

Christian Anker hatte sich seit 19o2 der Erforschung und Erschließung der riesigen Eisenerzlager bei Kirkenes gewidmet. Eine erheblich lukrativere Mine, Details siehe dort.

**OLDERDALEN**: am Nordwestende des Kåffjord und Öffnung zum Lyngfjord. Ca. 4oo Einw., Tankstelle, Supermarkt, Hotel und Camping. Details zu Olderdalen sowie weiterem Verlauf der E 6 nach Alta: S. 729.

## Tromsø Schnellfinder

TROMSØ
ca. 1877.
Schon damals
wohlhabende
Stadt und

# Tromsø

**(ca. 60.000 Einw)**

*Größte Stadt Nordnorwegens und ihre schönste! Das Stadtzentrum liegt auf der Ostseite der Tromsøya Insel. Erhalten im Stadtzentrum sind noch viele Holzhäuser aus dem 19. Jhd., die teils in gemütliche Pubs oder Restaurants umgewandelt wurden.*

*Tromsø hat lange Tradition des Fischfangs sowie der Eismeerfahrten, daher auch „Tor zum Eismeer" genannt. Im 19. Jhd. begannen wichtige Expeditionen nach Spitzbergen und in die Arktis/Nordpol ab TROMSØ. Details siehe Polarmuseum.*

*Heute Universität, nördlichste der Welt. Aktives Nachtleben mit mehr als 5o Restaurants- und Pubs, letztere geöffnet bis tief in die Nacht. Eine Stadt mit viel Flair. Tipp: das „Polaria Museum" mit Breitband- Video eines Helikopterfluges über Spitzbergen. Wer will, kann tägl. ab Tromsø Airport per Jet rüberfliegen, bzw. im Sommer Schiffverbindung.*

Tor für Spitzbergen und Eismeerfahrten

*Superblick auf Stadt und Fjorde von der Bergstation der Fjellheisen- Seilbahn. Faszinierend auch Ausflüge von Tromsø in die Umgebung; vorgelagerte Inseln mit Naturschönheit, Einsamkeit und Campings.*

*Der Abstecher Tromsø unbedingt lohnend.*

**Tourist INFO** Storgata 61-63 siehe unsere Karte (10). Gutes Prospektmateri al, Vermittlung von Privatquartieren, Infos zur Region Troms etc. Tel.: 776.1oo.oo, Fax: 776.1oo.1o. Geöffnet im Sommer (1. Juni - 15. Aug.): 8.3o bzw. 1o.oo Uhr bis 17/18 Uhr je nach Wochentag. Außerhalb der Saison entsprechend kürzer. www.destinasjontromso.no

**Klima**: Durchschnittstemperatur im Sommer ca. 13 Grad, tagsüber auch bis 3o Grad. Trotzdem: die Mitnahme warmer Kleidung und insbes. Regenschutz empfehlenswert.

Im Winter gemäßigte Temperaturen wegen Golfstrom in Fjordnähe. Wegen hoher Nordlage gibts in Tromsø Schnee, der bis zu ca. 3 m erreichen kann und Temperaturen Null bis minus ca. 18 Grad. Das Wasser des Fjordes ist in der Regel wegen Golfstrom eisfrei.

**Tageslicht** bzw. **Polarnacht**: Mitternachtssonne: Ende Mai bis Ende Juli. - Polarnacht: Ende Nov - Ende Jan. Danach ständig längeres Tageslicht mit Folge: Ende Mai permanentes Tageslicht.

Da sich in den hohen Küstenbergen um Tromsø die Wolken fangen, gibt

STORGATA 56: das Holzgebäude von 1896, gebaut im "Schweizer Stil" mit Elementen des Klassizismus, ist heute noch erhalten. Weitere Details siehe TROMSØ ARCHITEKTUR.

es in der Zeit Ende Mai bis Ende Juli zwar permanentes Tageslicht, - nicht immer aber Mitternachtssonne.

**Geschichte**: bereits im 13. Jhd. gab es am Fjord eine kleine Kirche. Sie war Vorposten des norweg. Clerus hoch im Norden gegen die „Heiden" (= Ureinwohner Samen) und ihrem Schamanenkult. Missionstätigkeit in großem Stile fand damals noch nicht statt; dazu war die Region im Mittelalter zu abgelegen.

Eine Siedlung weniger Häuser von Fischern. Die Kirche war geweiht der Jesusmutter Maria, stand etwa an der Stelle heutigen Domkirche (7) und sollte staatliche Macht des norweg. Königs dokumentieren.

Zu dieser Zeit forderte der Großfürst von Novgorod/Russland die Steuerhoheit über Nordskandinavien. Gleichzeitig auch der dänische König. Die Einheimischen litten daher unter Doppelbesteuerung, - sofern sie sich nicht „elegant" mit ihren Rentierherden in die endlosen Weiten der Finnmark entfernten... Steuerflucht war damals kein Problem.

Der Skansen (56), eine ringförmige Befestigungsanlage ist heute noch erhalten. Er diente als Fluchtburg und zeigt mit seinem kleinen Durchmesser, wie wenig Leute damals dauerhaft in „Tromsø" lebten. Es dürften ca. 3o- 4o Menschen gewesen sein, vorwiegend Fischer mit ihren Familien. Daran hatte sich auch **ab 168o** wenig geändert, als Kaufleute aus Bergen und Trondheim das

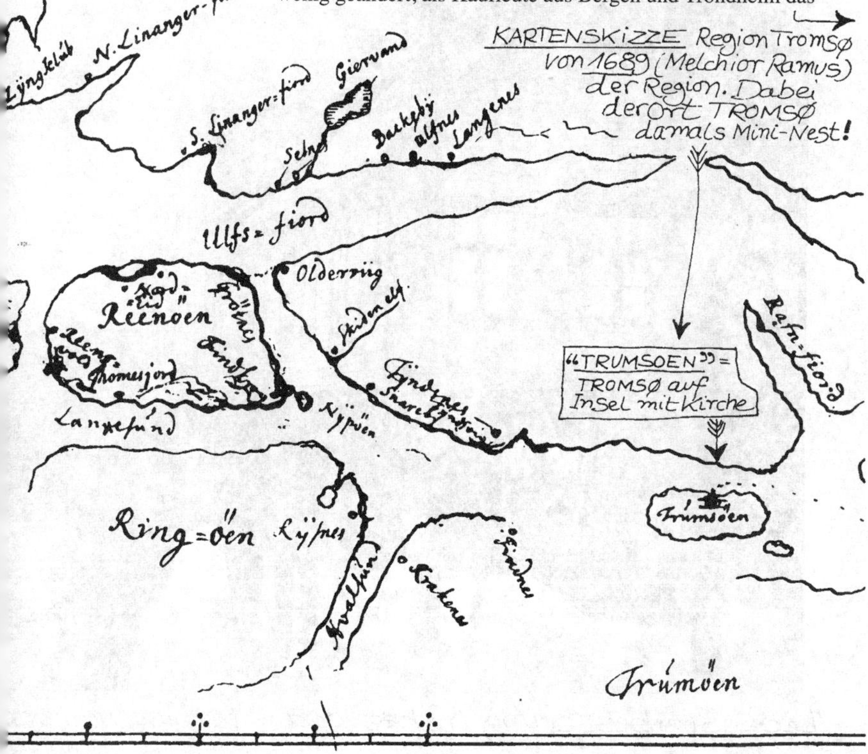

ELEKTRISCHES LICHT in Tromsø seit 20. Jan. 1898, somit 7 Jahre nach Hammerfest. Für die Stadt eine elementare

Lebensverbesserung insbes. in den langen Winterr

Handelsmonopols für die Finnmark (somit auch Tromsø) erhielten. Hierbei war das Handelsnest Hammerfest im äußersten Norden Skandinaviens zunächst wichtiger als Tromsø. Es lag näher zum nordruss. Hafen Arkangelsk (Pomorhandel), Details siehe „Hammerfest Geschichte“.

★**1789** erhielten Hammerfest und Vardø das Stadtrecht (beachte: Minisiedlungen von ca. je 8o Einwohnern!). Die Verleihung war mit einer Steuer- und Zollfreiheit für 2o Jahre verbunden. - **1794** erhielt selbe Rechte auch das Mininest Tromsø. Zu einem nennenswerten Aufschwung kam es zunächst nicht. Die Siedlungen lagen hoch im Norden, zu weit abseits der Handelszentren Bergen und Trondheim. Allein die Seereise von Trondheim mit den damaligen Segelschiffen nach Tromsø dauerte mehr als 1 Woche.

n permanenter Dunkelheit. Storgata Ende 19. Jhd.

Über den Pfarrer von Tromsø wird berichtet, daß er auch mal Schnaps während des Gottesdienstes verteilte, - der „guten sozialen Beziehungen“ wegen. Begründet wurde dies mit den kalten Temperaturen draußen, zumal die Kirche keine Heizung hatte. So machte das Anhören der Predigt auch allen Beteiligten mehr Spaß.

★**1815** lebten in Tromsø gemäß Archiv- Aufzeichnungen bereits 75 Menschen, - in Hammerfest nur ca. 63. - Immerhin: Tromsø begann Hammerfest aufzuholen und hatte **1825** 738 Einwohner, Hammerfest dagegen nur 341.

★Erste **Stadtplanung** der Straßenzüge von Tromsø entwarf der Amtmann Sommerfeld 1788. Sie wurden weitgehend bis ca. 185o realisiert. Ein rechtwinkliges Schachbrettmuster, - ausgenommen der damals in Ufernähe verlaufenden Sjøgata und Strandgata.

★Um **18oo** lag das Ufer der Siedlung in etwa Höhe (siehe unsere Karte und NR) 55 - 5o - 48 - 29 - 18 - 71. Somit weit entfernt von der heutigen Uferlinie. Dies ist auch der Grund, warum alte, heute noch erhaltene Lagerhäuser aus der Zeit um 18oo (u.a. im Bereich Kaigata) entfernt vom heutigen Ufer liegen.

Der Uferbereich ging flach ins Wasser (ca. 2 m Wassertiefe), wie Seekarten dokumentieren. Für die kleinen Nordlandboote der Fischer und minimalem Tiefgang kein Problem. Sie konnten das Ufer des Hafens erreichen. Anders dagegen größere Schiffe.

Bei aufkommendem Handel und Expansion Tromsø bis **1855** wurden daher ab der früheren Uferstraßen Sjøgata und nördl. Kaigata -> Pfähle in den Fjord getrieben. Auf ihnen entstanden Kaianlagen und Packhäuser aus Holz. Sie führten wie Finger in den Fjord. Dazwischen konnten größere Frachtsegler festmachen und Waren verladen.

Zentraler Hafenbereich von Tromsø mit einer Vielzahl an Pfahlbauten, Lagerhäusern und „Kai- Fingern" in den Fjord war (siehe unsere Karte): 31 - 55. Tromsø expandierte bis zur Jahrhundertwende **1899/19oo** als wichtigster und größter Hafen Nordnorwegens mit **7.ooo Einw**.! (Vergleich: Hammerfest 19oo: 2.3oo E.)

Tromsø mit seiner komfortableren „Südlage", milderem Klima und häufigeren Schiffsverbindungen war zum wichtigsten Hafen für den Nordhandel geworden, - dies ab Trondheim nach Tromsø, - wie auch weiter nach Hammerfest, Vardø, Vadsø und Nordrussland. Gehandelt wurde mit Fisch, Gebrauchsgüter, Tierfellen, Weizen etc. (= „Pomorhandel").

BANKGATA

SJØGATA

LINKS: Sjøgata Ecke Bankgata. Aufgenommen: Foto vom SAS-Hotel.

← Engpass beim Dreyer Haus (34)

Oben Links das Muschelförmige "Fokus Kino" gebaut 20. Jhd.

← Adelsten Kaufhaus (28) mit modernem Betonanbau im Hinterhof zur Vergrößerung des Ladengeschäftes. Vergleiche auch Foto 19. Jhd. siehe nächste Doppelseite.

RECHTS: Zentraler Hafenbereich 19. Jhd. in heutiger Bebauung (32)-(50). Die ehemaligen Packhäuser und Holzkais wurden durch den Großbrand 1948 vernichtet.

**STADTARCHITEKTUR**: im **19. Jhd.** war die SJØGATA die Straße der Läden, der Kaufleute, Händler und Reeder. Einer der reichsten Händler war der aus Schleswig stammende Jørgen C. Dreyer, auch „Russen Dreyer" genannt. Im Pomorhandel mit Russland hatte er sehr viel Geld verdient und bewohnte eine feudale Villa (34), das heutige Restaurant „Compagniet" (34), Sjøgata 12. An dieser Stelle läßt sich gut die damalige Straßenbreite der früheren Sjøgata erkennen. Das gegenüberliegende Holzhaus (35) steht ebenfalls unter Denkmalsschutz (beide Häuser ca. 3o-er Jahre des 19. Jhds.), weswegen die Straße an dieser Stelle im 2o. Jhd. nicht verbreitert werden konnte.

Auf dem Foto unten links ist der Straßenengpass gut zu sehen. Das heute erhaltene Dreyer Haus liegt versteckt hinter dem modernen Steinhochhaus einer Bank und gegenüber dem schwarzen Haus mit den 3 Passanten auf dem Fußweg.

Interessant ist auch der Vergleich Sjøgata/Ecke Bankgata: Das neuzeitliche Foto ist aufgenommen vom SAS- Hotel. Der Vergleich mit dem Foto (nächste Seite) zeigt die Straßenbreite der Sjøgata im 19. Jhd. Die drei Häuser auf der linken Straßenseite stehen heute noch. Die Häuser rechte Straßenseite (u.a. Baier Tobakker und H. Liums Kjødhandel) wurden im 2o. Jhd. abgerissen zu Gunsten des SAS- Hochhauses. Im Vergleich beider Fotos sieht man die früher erheblich schmalere Sjøgata.

Die STRANDGATA war das Viertel der Arbeiter, die meist in nicht unbedingt optimalen räumlichen und hygienischen Verhältnissen eng zusammenlebten. Ihre Miethäuser feucht, zugig und ungenügend gegen Kälte isoliert.

STORGATA: war die erste Straße von Tromsø, die als breiter, geradliniger Verkehrsweg angelegt wurde. Bis 1845 durfte jeder bauen, wie er wollte. Behördliche Bauvorschriften

TROMSØ, SJØGATA: die Hauptgeschäftsstraße zusammen mit der Storgata. Foto Ende des 19. Jahrhunderts. Die Häuser links stehen heute

noch. Rechts heute das moderne SAS Hochhaus Hotel.

regulierten ab 1845 die Stadtplanung. Die Storgata wurde zur Flanierstraße. Sie war zurückversetzt vom Hafen. In der Zeit 182o- 4o Wohngebiet der Handwerker: Uhrmacher, Kupferschmiede, aber auch Fassmacher. Die Holzfässer waren elementar für den Handel von Tromsø, denn der Fisch wurde im 19. Jhd., als es noch keine Eisschränke und Kühlaggregate gab, - in Fässern mit Wasser und Salz transportiert. Dies machte ihn haltbar auf den Kilometer- intensiven Seewegen der Segelschiffe zu den Absatzmärkten

In der Storgata siedelten sich ab Mitte des 19. Jhds. die reicheren Leute an. Lebensmittelgeschäfte, Bäckerei, Metzgerei eröffneten ihre Läden. Und: im südl. Teil der Straße „Peppermöllen“, das älteste Restaurant der Stadt. Es war zuvor Haus eines Apothekers, der mit Roald Amundsen befreundet war. Dieser war häufiger Gast bei ihm, bevor er zu Expeditionen in arktische Zonen aufbrach. Details siehe „Tromsø Polarmuseum“.

Viele der Holzhäuser 19. Jhd. in der Storgata sind heute noch erhalten, da sie von den großen Stadtbränden 1948 und 1969 verschont blieben. Der zentrale Bereich Stortorget (Hauptplatz) bis Domkirche ist heute Fußgängerzone. Im südl. Bereich wurden viele der unter Denkmalsschutz stehenden Häuser in Restaurants und Pubs umgebaut.

STORGATA: Foto um 1890. Der Pferdekarren dokumentiert
der Straße. Sie entstand Mitte des 19. Jhds. in ihrer No

★GRØNNEGATA: Bebauung ab ca. 183o. Sie lag zu dieser Zeit am Stadtrand. Die *„Grüne Straße“*: denn anschließend westl. begannen damals freie Wiesenflächen am Hang der Tromsøya Insel. Hier wohnten Mitte des 19. Jhds. das Bürgertum, Angestellte und Beamte. Ihre Holzhäuser hatten rückwärtig angebaute Gärten sowie Ställe für die Kleintierhaltung zur teilweisen Selbstversorgung mit Lebensmitteln. Die Holzhäuser einfach nach Grundsätzen der zweckmäßigen und billigen Bauweise.

Mitte des 2o. Jhds. war die Gronnegata Sanierungsgebiet. Die meisten der alten Häuser wurden abgerissen, zumal sie keinen Denkmalswert besaßen. Es entstand eine Durchgangsstraße mit modernen Steingebäuden.

★VESTRE GATA / SKOLE GATA: bis Ende des 19. Jhds. war die Bebauung des Stadtzentrums abgeschlossen. Innerhalb eines Jahrhunderts war die Bevölkerung von 82 Einwohnern (18o1) auf rund 7.ooo (19oo) angewachsen. Die Stadt platzte aus ihren Nähten. Bebaut wurde nunmehr die westl. Hanglage der Insel oberhalb des Stadtzentrums.

Die Bebauung der Vestre Gata begann bereits um 184o. Als gegen Ende des 19. Jhds. die Grundstücke im Stadtzentrum knapp wurden, siedelten sich viele der Tromsø Zuwanderer in der Vestre und Skole Gata an. Es waren vorwiegend Angestellte in Dienstleistungs- und Handwerksbetrieben, die ihr Heim bauten. Marode Häuser wurden Mitte des 2o. Jhds. saniert bzw. abgerissen. Erhalten sind architektonisch schöne Villen, die heute teils als Privatpensionen fungieren, Details „Unterkunft Tromsø“.

KIRKEGÅRDSVEGEN: am Hang oberhalb der Stadt. Anfang des 19. Jhds. ein Wiesengelände. Wohlhabende Tromsøer bauten dort ihre Sommerresidenzen. Als die Stadt weiter expandierte, wurde der Bereich um den Kirkegårdsvegen ab ca. 19oo Wohnviertel der Reichen. Einige der Villen sind heute erhalten.

...achtliche Breite
...derweiterung.

## TROMSØ, DAS TOR ZUM EISMEER

Den Beinamen *„Tor zum Eismeer“* erhielt die Minisiedlung und später expandierende Stadt wegen verschiedener Expeditionen sowie Robben- und Walfang.

Allerdings beachten: der zunächst wichtigerer Hafen für Eismeerfahrten, Erforschung der Inselgruppen Bjørnøya und Spitzbergen,- sowie Robben und Walfang -> war bis Mitte 19. Jhd. **Hammerfest**. Details dort.

Um **186o** stieg auch **Tromsø** in das Geschäft intensiver ein. Handelsgesellschaften und Redereien wurden gegründet sowie eine Schiffswerft (57) zum Bau von eismeertüchtigen Fangschiffen.

Zu den Pionieren gehörte Elling Carlsen, der als erster **1863** die Inselgruppe Spitzbergen umsegelte. Sie ist im Sommer an ihrer

ELLING CARLSEN
(1819–1900), umrundete
als erster Spitzbergen
1863

Westküste eisfrei, - nicht dagegen an der Nord- und Ostküste. Dort driften auch im Sommer Eisschollen im Meer, die Schiffe beschädigen können, - bzw. ein fast komplett Eisbedecktes Meer mit Wasser-Rinnen zwischen dem Eis.

Die Fahrt brachte daher wichtiges Know How zum Bau widerstandsfähiger Schiffe, die u.a. auch dem Eisdruck standhielten. Carlson erhielt für seine Erstumrundung einen Orden. Dies sollte ihn für weitere Forschungsfahrten motivieren. Sie führten nach Jan Mayen im nordwestl. Eismmeer Ri. Grönland, an die Nordostküste von Grönland sowie **1868** nach Nowaja Semlja/ vorgel. Sibirien und **1872-74** nach Franz Josef Land.

SIVERT TOBIESEN
Eismeer Kapitän, erforschte neue Fanggebiete in der Arktis.

★ **Sivert Tobiesen**: gilt ebenfalls als einer der Pioniere für Expeditions-Fahrten in extreme Eismeer-Regionen. Reisen mit seinem Segelschiff „Jan Mayen“ führten ihn nach Spitzbergen und **187o** nach Nowaja Semlja vor der sibirischen Küste. **1872/73** war er gezwungen, auf der Insel zu überwintern, da das Schiff im Eis eingeschlossen war. Eine Überwinterung war kritisch damals wegen noch fehlendem Know How in Ausrüstung (z.B. Kälteschutz) und ausreichender vitaminhaltiger Nahrung (Vermeidung von Scorbut). Die Forscher „logierten“ nicht selten in primitiven Nothütten. Während daußen arktische Winde von minus 4o° bliesen, - gab es im Inneren der Nothütte „angenehme“ minus 2o°! ...

Im folgenden Frühjahr, als das Eis taute, konnte Tobiesen sich wieder in die „Zivilisation Tromsø“ retten. Ein Umstand, der bei anderen Expeditionen nicht unbedingt die Regel war, - siehe z.B. Nansen, Amundsen und weitere Expeditionen.

Reeder und Handelsgesellschaften von Tromsø waren an der Erforschung arktischer Gewässer mit seetüchtigen Schiffen sehr interessiert. Dies steigerte ihre Gewinne u.a. im Robbenfang, des Polarfuchses, Eisbären sowie des Walfanges. In späteren Jahren finanzierten sie auch Expeditionen, so u.a. die Wellmann Expedition.

Großexpeditionen wie z.B. Nordost- und Nordwestpassage, - oder die Nansen Expedition 1893- 96 mit der Fram etc., - waren dagegen extrem kostspielig. Da sie nationales Prestige bedeuteten, wurden sie von der Regierung, teils auch Aktiengesellschaften finanziert. Letztere versprachen den Anlegern Gewinne, - sollte sich der entsprechende Seeweg als profitabler Handelsweg realisieren. Parallel wurden auch eine Vielzahl wissenschaftlicher Untersuchungen durchgeführt. **Ausführliche Details**: Kapitel „Expeditionen ins polare Eismeer“ im Einleitungsteil dieses Bandes ab Seite 166.

Bis Ende des 19. Jahrhunderts war TROMSØ zum wichtigsten nordeuropäischen Hafen für das arktische Eismeer geworden. Im Jahr **19oo** hatte es rund 7.ooo Einwohner (zum Vergleich Hammerfest ca. 2.3oo E., Bodø ca. 4.9oo E.). Eine Expansion, die sich weiter fortsetzte: **192o** bereits 1o.ooo Ein. - **heute** ca. 6o.ooo Einwohner. Ähnlich wie bei Bodø (heute ca. 4o.ooo E.) beinhalten die Zahlen nicht nur das Stadtzentrum, sondern den gesamten Gemeindedistrikt, der sich betreffend Tromsø über 2.65o qkm erstreckt und auch den angrenzenden Festlandsbereich z.B. bei der Fjellheisen Seilbahn umfasst.

## ★Stadtbrände 19. Jhd.

Das fast ausschließlich in Holz gebaute Tromsø erlebte eine Vielzahl an Stadtbränden. Seit 1845 versuchten behördl. Bauvorschriften, die Brandgefahr einzudämmen: die Strassen mußten breiter angelegt werden, u.a. damit die Löchfahrzeuge besser hindurchkamen. Vorschriften, die nur zum Teil realisiert wurden. Denn Straßenverbreiterung bedeutete,

TROMSØ, THE GATE TO THE ARCTIC: Briefkopf der 19o7 gegründeten Tromsø Handelsgesellschaft „Carl S. Saeter". Sie betrieb Handel u.a. mit Spitzbergen-Kohle und nordnow. Holz nach Grönland sowie Robbenfang im Packeis bei Nowaja Semlja vor der sibirischen Küste. In der Mitte: Tromsø/Norway, Bear Island und Spitzbergen.

daß ganze Haus- Zeilen eingerissen werden mußten. Viele Hausbesitzer weigerten sich, da ihnen das Geld zum Neubau fehlte. Sie verlangten von der Gemeinde Entschädigung. Da diese nur begrenztes Kapital in der Stadtkasse hatte, konnten lediglich die wichtigsten Straßenzüge wie z.B. Storgata durch Hausabriß verbreitert werden.

Ein weiterer Teil der Brandschutzverordnung war der Einbau von Brandschutz- Mauern innerhalb der Häuser, bzw. zwischen den einzelnen Holzgebäuden. Eine Vorschrift,

die wegen fehlendem Geld zunächst ebenfalls nur sehr schleppend umgesetzt wurde. Erst nach dem schweren Stadtbrand 19o4 in Ålesund/Mittelwest-Norwegen wurde sie generell für Norwegen zwingende Vorschrift.

Das Baugesetz von 1845 bestimmte, daß Eckhäuser an Straßenkreuzungen und Abzweigungen diagonal abgeschrägte Hausecken besitzen müssen. Dies, damit die Feuerwehr schneller um die „Ecke“ kommt, - sprich: nicht an der Hausecke hängen bleibt. Eine sehr sinnvolle Maßnahme. Zu sehen heute an vielen Tromsø Häusern, z.B. Storgata 94 und Storgata 112 etc., vergl. auch Foto der Apotheke Storgata Seite 653.

Weiterhin war eine max. Gebäudehöhe von 2 Stockwerken (plus Dachgeschoß) vorgeschrieben. Grund: Das damalige Löschgerät der Feuerwehr (Leitern etc.) konnte keine größere Höhe erreichen. Dies ist zugleich der Grund, warum die historischen Holzhäuser von Tromsø selbst im Stadtzentrum nie größer als 2 Stock sind. - Hausdächer: gefährlichster Bereich bei Brand, da das Feuer nach oben steigt und sich dort verbreitet. Bereits ca. 182o wurden die früheren, mit Torf oder Holzschindeln bedeckten Dächer durch eine teurere Ziegelabdeckung ersetzt.

Es ist erstaunlich, daß es im 19. Jahrhundert in Tromsø nie zu einem Großbrand kam. Dies bei der Menge an Holzhäusern, Beleuchtung durch Kerzen bzw. Parafin-/Petroleumlampen und offenem Herdfeuer etc. - Zwar 1867 Brand in der Lorentzens Bäckerei. Zum Glück konnte er schnell gelöscht werden, ohne daß er sich großflächig ausbreitete.

★**Elekrisches Licht** erhielt Tromsø am **2o.1.1898**, somit 7 Jahre nach Hammerfest. Erfunden 1878 vom Amerikaner Thomas A. Edison, - bedeutete es eine Revolution in Tromsø bei winterlicher permanenter Nacht über Monate.

Anfangs erfolgte die Stromerzeugung durch einen Verbrennungs- Generator mit Rauchabzugskamin im Stadtzentrum. Er versorgte die Beleuchtung der wichtigsten Straßen wie Storgata und Sjøgata - sowie rund 2oo Abonnenten in Häusern, da der Strom noch teuer war. Zum Durchbruch kam es Anfang des 2o. Jhds., als Wasserkraftwerke gebaut wurden und preiswerter Strom die Stadt versorgte.

**20. JAHRHUNDERT**: das Stadtzentrum von Tromsø war bis ca. 7o-er Jahre des 19. Jhds. ausgebaut (vergl. auch Fotos und Stiche im vorangegangenen Tromsø- Geschichtskapitel). Es blieb bis Mitte des 2o. Jhds. als **riesiges Holzhaus Ensemble** und **größtes von Nord-Skandinavien (!)** erhalten. Die Hitler- Truppen, die im 2. Weltkrieg ihr „Hauptquartier Nordatlantik“ in Tromsø eingerichtet hatten, ließen die Stadt bei ihrem Rückzug 1944 /45 von Brandsetzung verschont.

★Austad Brand (**7.4.1948**): nachts um 2.3o Uhr entstand ein Feuer auf der Austad-Brygge, einem größeren Lagerhaus (vergl. unsere Karte, zwischen 31 und 32). Der Brand verbreitete sich in der Nacht unkontrolliert und weitflächig bis zum nächsten Morgen auf 29, 3o, 33 und fast 49. Damit war der Großteil der Gebäude im zentralen Hafenbereich zerstört. Als Täter konnten später 2 Personen als Brandstifter gefasst werden.

★Großbrand (**1969**): weitere Zerstörung alter Holzhäuser in größerem Umfeld des Hauptplatzes Torget (38). Unter Umständen war wieder Brandstiftung im Spiel...

Im Zusammenhang der beiden Großbrände gab es Stimmen im Stadtrat, die aus Gründen des Profits auch den Rest der noch verbliebenen vielen Holzhäuser des 19. Jhds. abreißen wollten, um ein modernes „Beton Tromsø“ hinzupflanzen. Teils auch so geschehen, z.B. der Domus Kaufhaus- Betonpalast (5o) und Banken im Bereich Sjøgata, Fr. Langens Gata. Moderne Scheußlichkeiten an fader Beton Architektur entstanden insbes.

am Hauptplatz Torget (38), Details siehe „Stadtrundgang". Der Torget von Tromsø ist heute einer der fadesten und mißgestaltesten Plätze norwegischer Städte. Dafür konnten sich Denkmalsschutzbehörden und das Votum der Bevölkerung in vielen anderen Bereichen der Stadt durchsetzen. So z.B. in der Storgata (teils auch Sjøgata und Strandgate) wo fast alle alte Holzhäuser des 19. Jhds. erhalten sind. Details siehe „Sehenswertes".

★**Fischerei, Walfang, Robben- und Eisbärenjagd**: die frühere Bedeutung von Tromsø als „*Tor zum Eismeer*" und dortigen Fanggebieten besteht seit ca. 2. Hälfte des 2o. Jhds. nicht mehr. Wegen der drohenden Ausrottung von Walen, Robben, Polarfuchs bis Eisbären wurden auf internat. Druck sämtliche Aktivitäten stark eingeschränkt bzw. komplett verboten. - Betreffend Fischerei wird diese heute weitgehend mit Groß-Fabrikschiffen praktiziert: an Bord auf dem Meer bereits die Weiterverarbeitung. Wichtig ist dagegen nach wie vor die Schiffswerft insbes. im Sektor Reparaturen - sowie Tromsø als Warenumschlagsplatz für die Großregion. Der hierfür zuständige moderne Hafen liegt im Stadtteil Breivika.

★**Verkehrsanbindung**: eine gute Verkehrsverbindung war bei der Nordlage von Tromsø elementar für die Stadtentwicklung.

Im 19. Jhd. bis Anfang 2o. Jhd. (ca. 1935) war das Schiff ab Trondheim die einzige Verbindung nach Tromsø. Es waren zunächst Segelschiffe, dann Schaufelrad- Dampfer mit Besegelung. Erhebliche Verbesserung brachten die regelmäßig, auch im Winter fahrenden Dampfschiffe der „Hurtigruten" ab 1893. Für die Strecke Trondheim -> Tromsø benötigten sie „lediglich" 4 Tage. Sie transportierten Waren, Personen und Post. Anschluß ab Tromsø mehrmals pro Woche nach Vardø, Vadsø, auch mit Umsteigen nach Archangelsk/ Nordrussland und ab ca. 1917 regelmäßig nach Spitzbergen. Tromsø wurde zum Verkehrsknotenpunkt im hohen Norden. Die guten Schiffsverbindungen hatten entscheidend zum wirtschaftlichen Aufschwung der Stadt beigetragen, die in nur 2o Jahren um 42 % an Bevölkerung anwuchs.

1898 Bau des Dampfschiffkais (2). Lage: zwischen (2) und (31). Hierzu wurde das flache Ufer mühsam aufgeschüttet. Damals gab es bekanntlich noch keine LKW's, Catterpillars und Großbagger. Im Einsatz waren Pferdefuhrwerke und Eisenbahnloren. Die Arbeiten im Heranschaffen von Erdreich und Felsblöcken für den Kai benötigten 2 Jahre und waren sehr kostspielig. Als Schutz gegen Wellen im Tromsøysundet wurden zudem 2 Molen gebaut: die Südmole (Sjørsjetéen) Nähe des heutigen „Polaria" (26) war 19o6 fertig, - die Nordmole (Nordjetéen) Nähe der Schiffswerft (57) ein Jahr später, 19o7.

1935: erste Flugverbindung mit Ju 58 Wasserflugzeugen auf der Strecke Oslo -> Bergen -> Trondheim -> Tromsø. Problem: Winde im Küstenbereich, aufkommende Nebel bei relativ niedriger Flughöhe. Damals gab es noch kein Radar, um Berge lokalisieren zu können. Der Pilot flog mit „Fingerspitzengefühl" gemäß Geschwindigkeitsmesser, seiner Uhr (= beides gemäß in etwa zurückgelegter Strecke), - und seiner Kentniss, wo sich auf der Flugstrecke hohe Berge befinden. Nicht gerade ungefährlich.

Viele Passagiere ab Oslo nahmen den bequemeren Zug bis Trondheim und bestiegen erst dort das Wasserflugzeug, das bis Tromsø bei gutem Wetter ca. 6 Std. brauchte. Es waren mehrere Zwischenstopps nötig, um Sprit zu fassen. Hinzu kam, daß eine Landung bei stürmischem Wetter (keine Seltenheit an der nordnorweg. Küste!) auf dem Wasser nicht möglich war. Dies bedeutete Stornierung und Reisezeiten bis Tromso von oft 2 Tage und mehr. Auch hatte das Wasserflugzeug nur wenige Sitzplätze und war teuer. Die Wasserflugverbindung gab es, - die meisten Reisenden benutzten aber nach wie vor das Schiff.

<u>1964</u>: Eröffnung des <u>Tromsø Airports</u> mit Landepiste an heutiger Stelle. Die Zeiten von Wasserflugzeugen waren somit passée. Angeflogen wurde Tromsø damals von Propellermaschinen insbes. der SAS. In den 7o-er Jahren Umstellung auf Jets und Airportausbau in Verlängerung der Start- und Landepiste. Weiterer Ausbau 1997 für Großraumjets wie Jumbo und Airbus. Der Tromsø Airport ist heute der größte und meist frequentierte in Nord-Norwegen, an Bedeutung gefolgt von Bodø.

★**Straßen/Fähren**: erst <u>1936</u> wurde die Straße von Tromsdalen entlang des Balsfjordes nach Nordskjosbotn (an der heutigen E 6) fertiggestellt. Das zuvor nur per Schiff (bzw. ab 1935 auch Wasserflugzeug) erreichbare Tromsø hatte damit seinen <u>Straßenanschluß</u> „an den Rest der Welt". Die Straßen im hohen Norden hatten damals allerdings eher Feldweg-Charakter und waren sehr schmal. Entsprechend mühsam und langwierig der Straßenverkehr.

Bereits seit 1914 gab es eine (Mini-) Autofähre von Tromsø über den Meeresarm nach Tromsdalen. Bis Ende des 2. Weltkrieges wurden die Straßen auf dem Festland ausgebaut. Auch hatte der Straßenverkehr zugenommen. Es wurde daher 1954 der Bau einer Brücke über den Tromsøysundet beschlossen:

<u>TOMSØBRUA</u>: fertiggestellt nach mehr als 5 Jahren Bauzeit <u>196o</u>. Sie besitzt eine Länge von 1.o16 m und Höhe 36 m. Damit waren die früheren Wartezeiten an der Autofähre beendet und Tromsø ab Festland erheblich komfortabler erreichbar.

<u>SANDNESSUNDBRUA</u>: führt Nähe des Tromsø Airports über den Sandnessundet zur Kvaløya Insel. Länge 1.235 m, Höhe 41 m.

<u>UNTERIRDISCHES TUNNELSYSTEM</u>: angelegt in den 9o-er Jahren bis Jahrtausendwende. Auf den ersten Blick ein superteuers Bauwerk und für Fremde fast wie ein Netz von „Geheimgängen mit unterirdischen Verkehrskreiseln". So doch als Verkehrssystem äußerst effizient, - zur Entlastung des Stadtzentrums und insbes. auch in den langen, verschneiten Winternächten. Details siehe „Tromsø Stadtorientierung".

★**Dienstleistungsbetriebe und Universität**: heute Haupteinkunft der Bewohner, die zu <u>8o % in Dienstleistungsbetrieben</u> tätig sind. Diese reichen von Schiffs- und Reparaturwerften über die (besten) Einkaufsmöglichkeiten in Nordnorwegen (Shops, Supermärkte) zu medizinischer Versorgung, Krankenhäuser bis Verwaltung und Schulen/Uni.

Die <u>Tromsø Universität</u> im Stadtteil Breivika wurde <u>1972</u> eröffnet und ist nördlichste der Welt. Sie umfasst u.a. die Studienzweige Medizin, Recht, Soziologie, Philologie, Biologie (mit Spezialisierung: Arktis), Geologie, Mathematik und Fischerei/Aquakultur. Eingeschrieben sind 6.ooo Studenten. - Weiterhin gibt es rund 2o Schulen (davon auch Fachhochschulen) mit rund 13.ooo Schülern. Das <u>Krankenhaus</u> (89) ist eines der größten und wichtigsten von Nordnorwegen. - Weitere Dienstleistungen sind Gericht sowie Marinekommando - in gewisser Weise auch die Bierbrauerei Mack...

ANSCHLUSS KARTEN S. 625, 726

# Tromsø Stadtorientierung

Im folgenden 3 Karten, - die erste unten abgebildet als Übersichtskarte. Sie zeigt die Position unserer Ausschnittskarten * STADTZENTRUM und * REGION TROMSDALEN, TROMSØYA INSEL. Diese beiden Karten siehe folgende Seiten. Dort auch der Kartenindex. Er beginnt bei (1) = Anleger der Schnellboote und zieht sich hindurch über beide Karten bis (97) = Skisprungschanzen.

Wer mit dem **SCHIFF** ankommt, landet im Stadtzentrum: (1) = Schnellboote; kein PKW-Transport. Bzw. (2) = Hurtigruten- Schiffe (Personen-, Fracht- und PKW- Transport). Gegenüber (2): Abfahrt der Fernbusse. Ins

**Tromsø Übersichtskarten**

# TROMSØ / ZENTRUM

1 SCHNELLBOOT- TERMINAL
2 HURTIGRUTEN KAI, gegenüber BUSTERMINAL
3 Vertshuset Skarven
4 Biffhus, - Strandtorget
5 Comfort Saga Hotel
6 POST, daneben Pub Jernebanestasjon 3,48
7 Richard With Platz und evang. Domkirche
8 Cafe Lars
9 Spar Market (Lebensmittel, länger offen)
10 TOURIST BÜRO
11 Narvesen, große Auswahl an Zeitschriften
12 Paletten Spiseri und Cafe Paletta
13 Friseur
14 Mirage und Peppermøllen Restaurant
15 Keb House und Pizzeria
16 Markens Grøde Rest., daneben weitere Pubs/Rest.
17 Peacock Piano Bar
18 Kaos
19 Blå Rock Cafe
2o Steen & Strøm „Nerstranda Shopping Center", im 1. OG: „Le Cafe". Zugleich Parkhaus
21 Rimi Supermarket
22 TANKSTELLE Shell, daneben Supermarkt
23 Thai House Rest.
24 Ølhallen in Mack Brauerei
25 Nordnorsk Kunstmuseum
26 Polaria Museum
27 BANK
28 Kapp Ahl Kaufhaus
29 SAS Hotel mit Grillen Charly

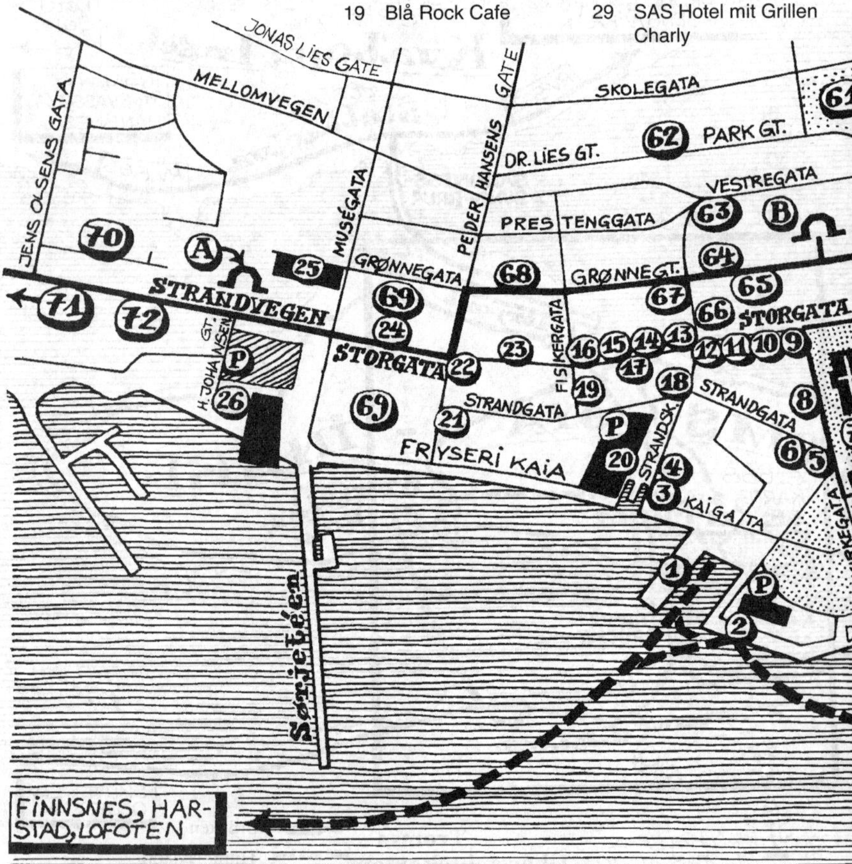

|  |  |
|---|---|
|  | und Pizzeria Joung, - daneben Hotel Amalia ABFAHRT: AIRPORT BUS |
| 3o | Apotheke |
| 31 | Ishavn Rica Hotel |
| 32 | Steakers Restaurant |
| 33 | Comfort Hotel With |
| 34 | Compagniet Restaurant im ehemaligen Dreyer Haus |
| 35 | Buchhandlung Libris |
| 36 | Rest. Cuisine Orientale |
| 37 | Rogers Pub/Disco und Haw Nightclub |
| 38 | Hauptplatz Stortorget |
| 39 | katholische Kirche |
| 4o | Store Norske Fiske Komp., daneben Mack Kjellere'n |
| 41 | Burger King. - Daneben in der Amtmannsgata: Verdens Theater |
| 42 | Geschäfte für Alltagsbedarf |

Fortsetzung Index: nächste Seite

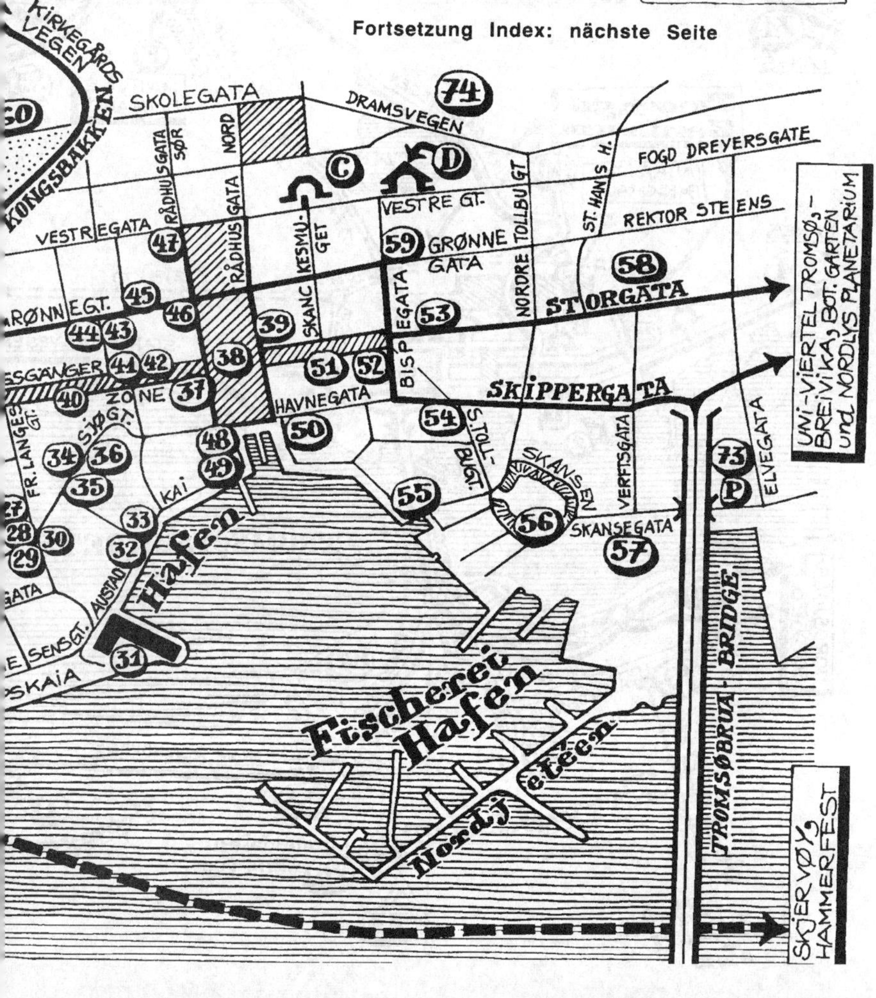

**Fortsetzung Index von vorheriger Seite**

43 Victoria Fun Club, oben: Amtsmandens Datter
44 Offside
45 Fokus Kino
46 Kulturhaus
47 altes Rathaus (1864)

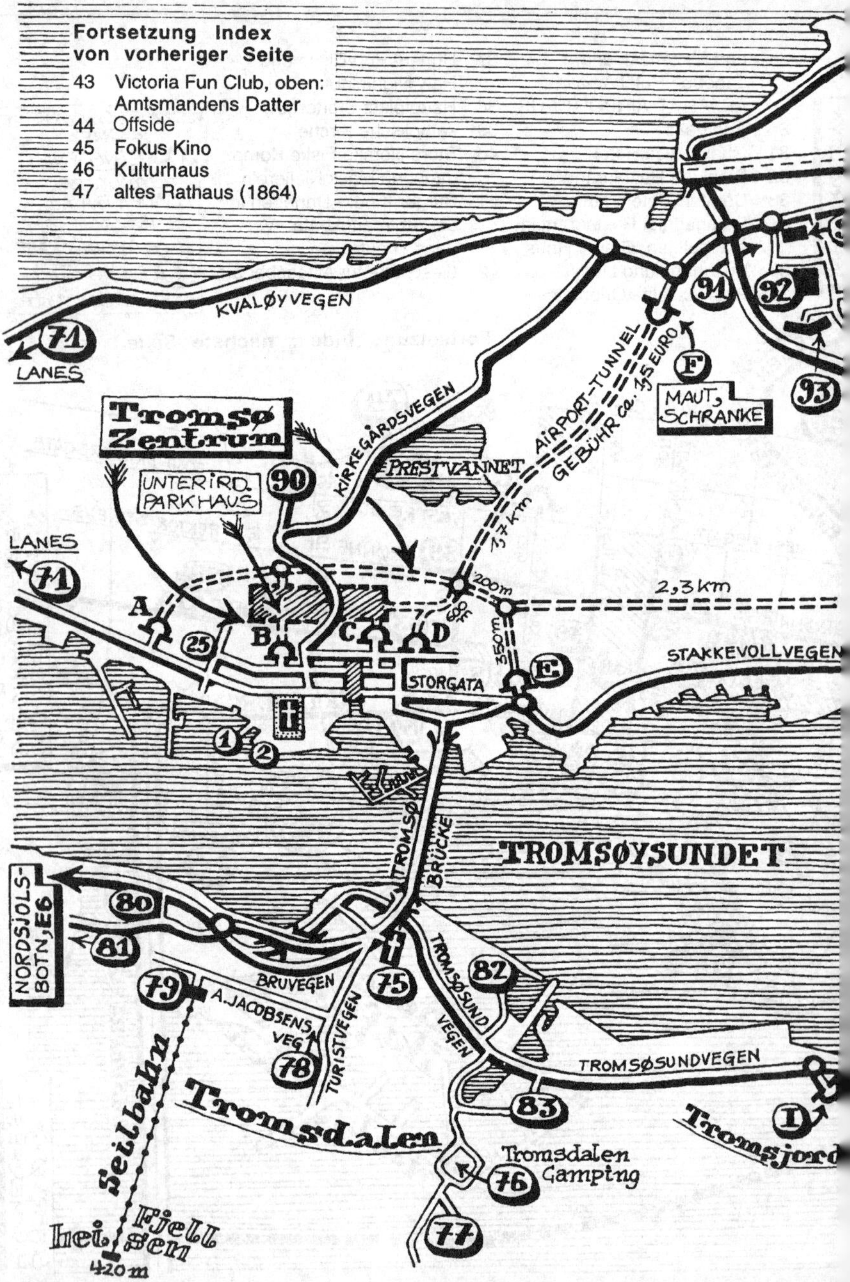

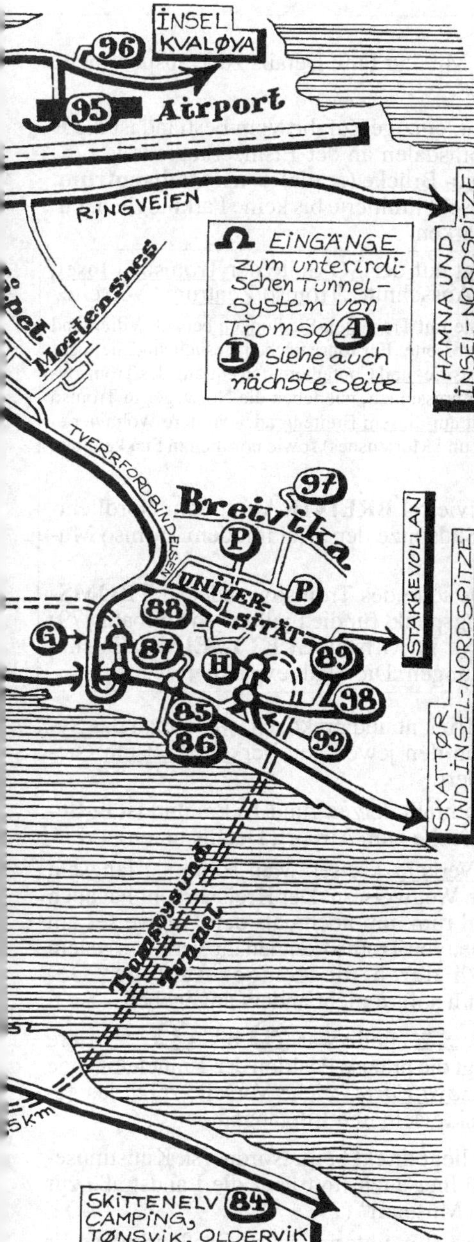


48 Pepes Pizza
49 Hafenblick
5o Domus Kaufhaus
51 Tromsø Interbook
52 Gjøa Pub, daneben histor. Kino "Kinematograph"
53 Skipperhuset Pensjonat
54 Aagaardhof
55 Polar Museum
56 Skansen mit Zollgebäude (1789)
57 Tromsø Schiffswerft (1848)
58 Hongkong Village
59 "Stelzenhaus" Polizei
6o Kongsbakken Gjestehus
61 Kongsparken
62 Hotel Nord, daneben die Kongsbaken Skole
63 TANKSTELLE Statoil
64 Rainbow Tromsø Hotel
65 Rainbow Polar Hotel
66 Grand Nordic Hotel
67 Meieret Bar/Pub/Cafe
68 Viking Hotel
69 Mack Brauerei
7o Troms Fylkeskommune
71 Tromsø Museum
72 Perspektivet Museum
73 Fridjof Nansen Platz
74 Maritime Schule
75 Eiskathedrale
76 Tromsdalen Camping
77 Kunsteisbahn
78 Allegro Restaurant
79 Seilbahn Talstation
8o Supermarkt
81 Defense Museum
82 Sportfischerhafen
83 Nye Tromsdalen Gjestgiveri
84 Skittenelv Camping
85 Havna Hotel
86 Breivika Hafen
87 Botanischer Garten
88 Nordlicht Planetarium
89 Krankenhaus
9o Vandrerhjem
91 BUSTERMINAL Gjaeverbukta
92 Polarsenteret
93 Scandic Hotel Tromsø
94 Shopping Center
95 AIRPORT
96 Rundfunk Museum
97 Skisprung Schanzen
98 BUSTERMINAL Breivika
99 Tromsø Sience Park

Zentrum je nach Position ca. 3- 5 Min. zu Fuß. Details zu Transport siehe Kasten „Verbindungen ab Tromsø".

⇨ Wer mit **eigenem AUTO** ankommt: einzige Zufahrt vom Festland ist die **E 8**. Sie führt durch den Vorort Tromsdalen an der Eismeerkathedrale (75) vorbei automatisch über die Tromsø- Brücke (gratis) -> ins **Stadtzentrum**. Allerdings Achtung: dort gibts nur sehr limitierte bis keine Parkmöglichkeit. Tipps zu Parken siehe „Tromsø/Parken".

Das **TROMSØ- ZENTRUM** liegt auf der SO-Seite der Tromsøya Insel, siehe unsere Übersichtskarte und Ausschnitt „Tromsø/Zentrum" Vorseite.

Fast die gesamte Tromsøya Insel ist heute mit Trabanten-Siedlungen bebaut: Villen und mehrstöckige Mietshäuser, siehe Karte Vorseite. Für touristischen Besuch sind sie nicht unbedingt lohnend, - gilt auch für die Industrie- und Containerhäfen entlang des Tromsøysundet. Trotzdem, wer erkunden will: Impressionen, wie leben die Norweger in Tromsø auf 7o° Nord, der größten Stadt der Welt auf diesem Breitengrad. - Weitere Wohnviertel entstanden oberhalb des Airports (Håpet und Mortensnes) sowie nördlich in Stakkevolan, Skattør und Hamna.

Touristisch von Interesse das Univiertel **BREIVIKA** mit dem Nordlichtplanetarium 88) und **LANES** an Südspitze der Insel mit dem Tromsø Museum (71).

Weitere Stadtexpansion an der Ostseite des Tromsøysundet in **TROMSDALEN** (Supermarkt und Ausgangspunkt für die Fjellheisen Seilbahn, 79) - sowie auf der Westinsel Kvaløya im Ortsteil **SLETTAELVA**. Es sind ebenfalls großflächige Wohnsiedlungen. Die Stadt expandiert weiter.

★ **Unterirdisches Tunnelsystem**: effizient und praktisch, wenn man das System kennt. Die Zufahrten sind an den jeweiligen Verkehrskreiseln (siehe **O** unsere Karten) ausgeschildert.

Das unterirdische Tunnelsystem umfaßt derzeit rund 1o km und ist in Benutzung **gratis** (Ausnahme der Strecke zum Airport, Details unten).

Im Berginneren gibt es weitere Verkehrskreisel. Man sollte sie langsam anfahren wegen dort angebrachten Wegweisern. Der Kreisverkehr hat auch im Berg Vorfahrt! Notfalls einmal rum, um nochmals den Wegweiser am Fels zu identifizieren. Die Bewohner von Tromsø kennen ihr Verkehrssystem und rasen teils mit 1oo km/h durch die Gänge. Achtung: Geschwindigkeitsbegrenzung 5o km/h sofern nicht anders angegeben.

EINGÄNGE: siehe unsere Karte Ω und zwar (A) bis (I) . Unsere Detailkarte "*Tromsø Zentrum*" zeigt die präzise Position der Tunneleingänge im Stadtzentrum, - unsere „*Tromsøya Karte*" siehe Vorseite zeigt das gesamte Tunnelsystem mit Verkehrskreiseln und Eingängen.

(A): südlicher Tunneleingang. Er liegt direkt beim Nordnorsk Kunstmuseum (25) und Polaria (26). Ab hier auch flott über die Landstraße zur Insel- Südspitze mit „Tromsø Museum" (71).

(B) und (C): ausschließlich Zufahrt zum unterirdischen Großparkplatz. Er kann auch ab Verkehrskreiseln im Berginneren erreicht werden. Weitere Details siehe „Tromsø Parken".

(D) Zentraler Tunneleingang im Stadtzentrum. Achtung: er ist etwas versteckt in einem Wohnhaus integriert. Sieht von außen aus fast wie eine zum Haus gehörige „Garageneinfahrt". Tagsüber zu erkennen an der Menge von Autos, die in die „vermeintliche Garage" mit Tempo rein- und rausfahren. Zufahrt: Bispegata; als Orientierung das markante Beton Stelzenhaus (59) des Tromsø Polizeipräsidiums. Nächster Straßenblock rechts und schräg gegenüber die Einfahrt.

(E) Tunneleingang im nördl. Zentrum. Er ist ab Festland/Tromsdalen und Tromsø Brücke die schnellste Zufahrt ins Tunnelsystem.

(F) im NW der Insel beim Airport. Direkt im Ausgang des Tunnels befindet sich eine Mautschranke. Egal ob man rein- oder rausfährt, ist sie mit einer (derzeit) 1o Kronen Münze zu füttern. Münze einwerfen, und die Schranke geht auf, - ausgenommen bei superstrengem Frost...

Wer den Ausgang (F) meidet, spart sich jegliche Gebühren in Benutzung des unteririschen Tunnelsystems.

Um den Airport (95) und/oder Insel Kvaløya zu erreichen, - spart der 1,7 km lange Tunnel jedoch erheblich Zeit. Die 1o Kronen lohnen. - Alternative sind Straßen über die Inselbergkuppe wie *Kirkegårdsvegen* (ab Stadtzentrum) - oder *Tverrfordbindelsen* (ab Univiertel Breivika) siehe unsere Karte.

(G) Tunneleingang Breivika: Komfortverbindung für Bewohner des Univiertels und der nördl. anschließenden Stadtteile Stakkevolan, Skattøya direkt ins Stadtzentrum. Der rund 3 km lange Tunnel bis (E) bzw. (D) verbindet flott in die Innenstadt. In den langen Wintermonaten bei verschneiten Straßen gewiss von Vorteil, wenn auch im Bau nicht billig.

(H) Tunneleingang Breivika für den 3,5 km langen Unterwassertunnel unter dem Meeresarm Tromsøysundet zum Festland. Ein nicht unbedingt billiges Bauwerk, aber die Norweger sind reich. Der Tunnel ermöglicht dem Univiertel den Schnellzugang zum Festland: im Ortsteil Tromsfjord erreicht der Tunnel den ->

(I) Eingang/Ausgang Tromsfjord: Details oben. Anschließend gut ausgebaute Landstraße zur Eismeerkathedrale (75) und der E 8 in den „Rest Nordnorwegens".

Das TROMSØ TUNNELSYSTEM war sehr kostspielig. Es dürfte aber keine Stadt der Welt geben, die bei lediglich ca. 6o.ooo Einwohnern ein derart komfortabeles unterirdisches 1o km- Straßennetz besitzt.

★ **PARKEN/TROMSØ**: in den Straßen des Stadtzentrums nur sehr limitiert. Entweder sind die Straßen vollgeparkt, oder es besteht Halteverbot. An manchen Stellen gibts auch Parkuhren, die mit Münzen gefüttert werden müssen; eine Stadt- Politesse kontrolliert. - Parkmöglichkeit auf dem Nansen Platz (73) in passabler Nähe zum Polar Museum (55) - vor dem

Polaria Museum (26) sowie „Steen & Strøm Nerstranda Shopping Center" (2o), dort gegen Gebühr. - Vor dem Fähranleger Hurtigruten und Busterminal (2) limitierte Parkmöglichkeit mit Parkuhr.

Auch die Zentrums- Hotels haben erhebliche Parkprobleme. So besitzt das SAS Hotel (29) lediglich einen Miniparkplatz für nur wenige Fahrzeuge. Gemäß Hotelgröße reicht er meist nicht aus. Die Gäste parken in ihrer Not oft in den Seitengassen. Am nächsten Morgen muß man den Strafzettel hinter'm Scheibenwischer entfernen... Gilt auch für fast alle anderen Hotels des Zentrums.

**ALTERNATIVE 1**: gigantischer Tromsø Parkplatz. Er ist unterirdisch in den Fels gesprengt. Länge: rund 1 km, Breite: 1oo- 2oo m, Platz für 8oo Fahrzeuge. Auch hier eine Tromsø Superlative: der vermutlich größte, in jedem Fall aber nördlichste Großparkplatz der Welt, - unterirdisch im Fels.

Die Parkgebühren sind moderat: knapp 1o Euro/ für 24 Std. Zufahrt: ab Stadtzentrum Eingänge (B) und (C), siehe unsere Detailkarte „Tromsø/Zentrum".

Der Eingang (B) ist günstiger für den zentralen Bereich des Stadtzentrums, Kneipen, Pubs und Restaurants, - der Eingang (C) günstiger für den nördlichen Stadtbereich und Hauptplatz. Ebenfalls erreichbar ist der unterirdische Großparkplatz im Tunnelsystem durch ausgeschilderte Abzweigungen.

Allerdings Achtung: so sehr der unterirdische Großparkplatz die kleinräumige Innenstadt entlastet: je nach gefundenem Abstellplatz im Berg bei Parkplatzgröße von rund 1 km muß man u.U. einiges zu Fuß laufen. Dies gilt auch, wer ein Hotel in der Innenstadt bucht und das Auto im Berg abstellt. - Achtung: für WoMos größerer Höhe bzw. Fahrzeugen mit Anhänger ist die Benutzung des unterirdischen Parkplatzes nicht möglich. Hinweise bei der Einfahrt beachten (Tafel und Höhenbalken)!

**ALTERNATIVE 2**: für's Übernacht-Parken: Hotel bzw. Pension außerhalb des Zentrums wählen. So z.B. in der Topklasse das „Scandic" (93) beim Airport; keinerlei Parkprobleme vor dem Hotel. Zudem ist der Tunnel ins Stadtzentrum (5 Min.) mit 1,5 Euro billiger als der Tunnelparkplatz. Oder „Havna Hotel" (85): Mittelklasse im Univiertel Breivika. Zwar keine schöne Umgebung (Hafen und Lagerhäuser), so doch kein Parkproblem und über's Tunnelsystem schnell ins Zentrum. Weitere Details siehe Kapitel „Hotels, Übernachtung".

**ALTERNATIVE 3**: Tromsø per Stadtbus. Somit Auto abseits des Zentrums parken und der „Rest" per Bus. Interessant für Besitzer „großformatiger WoMos", die die unterirdische Parkgarage nicht benutzen können.

Das Busnetz ist gut ausgebaut, es gibt 3 Terminals: * Zentrum, * Breivika (98) und * Gjaeverbukta (91) Nähe Airport. Preisgünstige „*Turistkort*" zur freien Busbenutzung 24 Std. Details siehe Kasten „Tromsø/Verbindungen". Nachteil beim Bus: Abhängigkeit von Abfahrtszeiten.

Außerhalb des Stadtzentrums in der Regel keine Parkprobleme. Der Parkplatz beim Airport (95) ist gebührenpflichtig.

Alle folgenden Hotels und Pensionen sind ganzjährig geöffnet mit Ausnahme des „Vandrerhjems".

„**Radison SAS Hotel Tromsø**" (29): Sjøgata 7, ein 11 stöckiges Hochhaus in zentraler Lage. Eines der besten Hotels der Stadt, - was den Blick von den oberen Stockwerken betrifft. Die Zimmer vornraus mit Superblick auf die Meeresstraße Tromsøsysundet, Hafen und gegenüberliegende Bergketten. Hintenraus Blick auf die Innenstadt und den Dom. Im EG/Keller gute Pizzeria Jonas.

195 Zimmer, für Luxusklasse arg klein, mit Bad und TV. Nachteil ist zudem die sehr limitierte Parkmöglichkeit. Es gibt gegenüber des Hotels einen Mini Parkplatz mit Schranke. Diese ist mit der Zimmertür- Plastikkarte zu öffnen, aber meist voll. Wer auf der Straße vor dem Hotel parkt, bekommt einen Strafzettel. DZ ca. 2oo Euro (!), Weekendpreis ca. 13o Euro, Sommerpreis ca. 12o Euro. Tel.: 776.ooo.oo, Fax: 776.854.74.

„**Rica Ishavshotel**" (31): Fr. Langesgate 2. Modernes Topklasse- Hotel zentral am Meer und nur wenige Minuten zum Zentrum/Fußgängerzone. Das Hotel ist unser Tipp, wer Luxusklasse im Stadtzentrum sucht, mit dezenten Abstrichen. Das 5 stöckige Gebäude in abgewinkelter L- Form direkt am Wasser. Großzügige Lobby und Restaurant mit Fjordblick. Sehr komfortabel eingerichtete 18o Zimmer mit Bad und TV. Die meisten mit Blick Richtung Hafenbucht und Polarmuseum (37) bzw. Tromsoysundet.

Nachteil: praktisch keine Parkmöglichkeit ohne Strafzettel. Das Hotel „vermittelt" aber Parkplatz für knapp 1o Euro/Tag extra. Zu Fuß ins unterirdische Parkhaus ist das eine ganz schöne Strecke zu laufen. DZ ca. 2oo Euro, je nach Auslastung bzw. Sommer oder Weekend auch ca. 11o- 125 Euro. Tel.: 776.664. oo, Fax: 776.644.44.

„**Scandic Hotel Tromsø**" (93): Heilovn 23, Nähe des Tromsø Airport oberhalb am Hang. Unser Tromsø Tipp, wer a) eigenes Auto besitzt und b) komfortabel, aber preiswerter als in vorgenannten Hotels übernachten will. Allerdings Zimmer vornraus Ri. Fjord nehmen!

Langgestrecktes großes Gebäude. Die Zimmer vornraus in oberen Stockwerken mit freiem Blick über Shoppingcenters (z.B. „Polarsenteret") und der Landebahn des Airports sowie Fjord und Nachbarinsel Kvaløya. Die Lärmbelastung durch den Airport war bei unserer mehrtägigen Übernachtung auch bei geöffnetem Fenster relativ gering. Der Airport ist weit genug entfernt. Dafür interessant, die Start- und Landebewegungen zu beobachten.

Großzügige komfortable Lobby, darüber offen im 1. Stock Restaurant- und Frühstücksbereich, modern mit weitem Blick über den Fjord. Im 3. Stock kleiner Swimmingpool. Die 147 Zimmer vornraus groß, mit Parkettfußboden, TV und Bad. Sie sind im Hotel Tipp, Blick siehe oben. - Die Zimmer nach hinten weniger attraktiv: zu sehen die Hauptstraße Tverrfordbindelsen den Hang rauf und Straßenverkehr...

Sehr gute Parkmöglichkeit (gratis). Das Tromsø Stadtzentrum ist ab Scandic durch den Tunnel mit eigenem Auto in ca. 5 Min. erreichbar. DZ ca. 14o Euro, Sommer- sowie Weekendpreis ca. 9o - 1oo Euro. Tel.: 777.55o.oo, Fax: 777.55o.11.

„**Clarion Collection Hotel With**" (33): Sjøgata 35- 37. Zentrale Lage im Tromsø Zentrum. Modernes 4- 5 stöckiges Gebäude in Architektur früherer Packhäuser. Gehobene Mittelklasse, direkt am Wasser.

Im EG gemütlich eingerichtetes Restaurant und Frühstücksraum mit Fjordblick. Viele der 76 Zimmer vornraus Ri Fjord und Blick, andere gehen seitlich mit Blick enge Gasse. Keine Parkmöglichkeit, außer gegen Gebühr (teurer Parkautomat). DZ mit Bad, TV ab ca. 115 - 17o Euro, je nach Saison und Weekend. Tel.: 776.642.oo, Fax: 776.896.16.

„**Comfort Saga Hotel**“ (5): Richard With Pl. 2. zentrale Lage Nähe Abfahrt Hurtigruten (2), Schnellboote (1) und Stadtzentrum. 6 Stock- Backsteinfassade, Mini Rezeption, der Aufenthaltsraum mit Plüschsesseln. 66 Zimmer mit TV, Bad und je nach Lage des Zimmers auch Fjordblick. Andere gehen seitlich mit weniger schönem Blick. DZ beachtliche ca. 155 Euro, am Weekend bzw. im Sommer ca. 115 Euro oder je nach Auslastung billiger. Tel.: 776.o7o.oo, Fax: 776.o7o.1o. www.sagahotel.no

„**Tullip Inn Rainbow Polar Hotel**“ (65): Grønnegata 45. Das 5- 9 stöckige Mittelklassehotel liegt an der tagsüber lauten Hauptstraße. Sie ist wichtigste Durchgangsstraße im Stadtzentrum. 68 Zimmer mit Bad, TV. Die meisten haben Blick auf die enge Straße, bzw. von den obersten Stockwerken (Zimmer Ri. Nord) eventuell über die Dächer der Stadt. Im 9. Stock der Frühstücksraum, immerhin Pluspunkt: schöner Blick.
Parken: im nahen unterirdischen Parkplatz, Eingang „B“ siehe unsere Karte; Preis knapp 1o Euro/Tag. - Dafür liegt der Tromsø Sektor mit Pubs und Restaurants direkt vor der Haustür. DZ nicht unbedingt billig: ca. 125 Euro. Am Weekend bzw. im Sommer je nach Auslastung ab ca. 1oo Euro. Tel.: 777.517.oo, Fax: 777.517.1o.

„**Grand Nordic Hotel**“ (66): Storgt. 44, direkt ums Eck. Hotel mit langjähriger Tradition. Es wurde an der Stelle des „Hotel du Nord“ gebaut, des wohl ersten Hotels der Stadt. Wirkt von außen etwas in die Jahre gekommen, wurde aber 1998 innen renoviert. 6- 7 Stockwerke neben gut frequentierten Straßen. 1oo Zimmer mit Parkettfußböden, dunklen Möbeln, TV, Bad.
Es gibt mehrere Suites, die - so wurde uns berichtet - angeblich der norweg. König bewohnt, wenn er in Tromsø zu Gast ist. Ob er wirklich als König des Grand Nordic zum Standquartier wählt - Fragezeichen? - Pluspunkt zumindest: kurze Entfernung zu Pubs und Restaurants. Parken: unterirdischer Parkplatz im Berg, Eingang „B“; knapp 1o Euro/ Tag). DZ relativ teuer, ab ca. 115 Euro. Je nach Auslastung des Hotels ist u.U. Handeln möglich. Tel.: 777.537.77, Fax: 777.537.78.

„**Viking Hotel**“ (68): Grønnegata 18- 2o. Kleines 4 Stock Gebäude mit 24 Zimmern, sauber und ordentlich. Direkt bei der Mack Øl Brauerei, daher nur wenige Meter zum Polaria Museum; zum Stadtzentrum ca. 3oo m. Die Zimmer mit Bad und TV, vornraus ok. Zimmer nach hinten dagegen teils mit Blick auf Hauswand. DZ ca. 85 Euro, Weekendpreis ca. 75 Euro. Tel.: 776.477.3o, Fax: 776.555.1o. www.viking-hotell.no

„**Havna Hotel**“ (85): Terminalveien 3o, Breivika Havn, rund 3,5 km vom Stadtzentrum. Ein 2- Stock Steingebäude in nicht unbedingt schöner Lage zwischen Lagerhäusern und Hauptstraße. 38 Zimmer mit Bad, TV. Erschien uns relativ teuer in Bezug auf Lage. DZ ca. 15o Euro, Weekend ca.13o Euro. Tel.: 777.819.99, Fax: 777.819.9o.

„**Skipperhuset Pensjonat**“ (53): Storgata 112. Zweistöckiges Holzgebäude, gebaut 186o als Wohnhaus eines reichen Kaufmannes. Später (1886 -1924) genutzt als Privatkrankenhaus, dann als Seemannsheim. Heute Privatpension mit 2o einfach eingerichteten Zimmern. Gemeinschaftsdusche und - Toilette auf dem Gang. Wegen Verkehr an der Ecke vornraus nicht unbedingt immer ruhig. DZ ca. 65 Euro, 4 Bettzimmer ca. 85 Euro. Tel.: 776.816.6o, Fax: 776.562.92.

„**Hotell Nord**“ (62): Parkgt. 4, im oberen Zentrumsbereich Nähe Kongsparken. Weniger ein Hotel denn Pensions-Charakter in Ausstattung. Die Lage ist o.k., zudem relativ kurzer

Weg ins Zentrum sowie Restaurantviertel. 2o Zimmer mit Dusche/WC, bzw. Gemeinschaftsdusche und - Toilette auf dem Gang. DZ ca. 6o Euro (ohne) - ca. 8o Euro (mit Du/WC). Tel.: 776.683.oo, Fax: 776.683.2o. www.hotellnord.no

„**Kongsbakken Gjestehus**“ (6o): Skolegata 24. Die Straße war zu Beginn des 19. Jahrhunderts Siedlungsgebiet der Handwerker. Schöne Lage direkt oberhalb des Kongsparken. 17 Zimmer teils mit Dusche/WC, oder mit Gemeinschaftsbad und Toilette auf dem Gang. Die Zimmer vornraus mit schönem Blick. DZ ca. 65 Euro (ohne) - bzw. ca. 8o Euro (mit Du/WC). Tel.: 776.822.o8, Fax: 776. 88o.44.

„**Nye Tromsdal Gjestgiveri**“ (83): Tyttebaerv. 11 im Ortsteil Tromsdalen. Privatpension in ruhiger Lage mit Konditorei. Alle Zimmer mit TV, Blick vornraus auf Tromsø. Tel.: 776.399.oo, Fax: 776.398.97.

„**Vandrerhjem**“ (9o): Gitta Jønssonsvei 4, im oberen Ortsteil Eleverhøy Ri. Flughafen. Modernes 3 stöckiges Beton/Stein-Gebäude. In der Nähe fährt ein Stadtbus ins Zentrum; zu Fuß wäre das eine ganz schöne Ecke zu laufen. 5o Betten, geöffnet nur 16.6.- 15.8. Pro Bett ca. 25 Euro, Zweibettzimmer ca. 6o Euro. Tel.: 776.576.28, und 231.393.5o.

**Privatzimmervermittlung** durch das Tourist Büro (11) in der Storgata 61, Nähe Domkirche.

TROMSDALEN CAMPING (76): auf der gegenüberliegenden östlichen Seite des Tromsøysundet, rund 3 km ins Stadtzentrum. Der Camping liegt in einer Talmulde, die den Berghang hinaufführt, an einem Bachlauf. Als Stellplatz von der Lage schön und zudem zum Tromsø-Zentrum der nächstgelegene Camping. Ganzjährig geöffnet, Sanitärraum, Waschmaschinen, Trockenraum. Auch Vermietung von rund 4o Hütten, Preis je nach Größe und Ausstattung ca. 5o- 95 Euro. Gemäß Berichten bereiten angebl. die Mücken vom Bachlauf im Sommer Probleme.

SKITTENELV CAMPING (84): rund 25 km vom Stadtzentrum an der Straße nach Oldervik am Grøttsundet. Komfortable Anlage, die sich weitläufig am Meeresarm Tromsøysundet erstreckt, mit beheiztem Swimmingpool (nur im Sommer), Verleih von Ruderbooten, Minigolf und Verleih von Pferden. Waschraum mit Waschmaschinen und Trockenraum, Sauna. Ganzjährig geöffnet. Vermietung von 2o Hütten, je nach Größe und Ausstattung ca. 5o- 65 Euro.

Weitere CAMPINGS auf der Insel Reinøya und Insel Kalsøya siehe „Umgebung von Tromsø“ sowie an der E 8 (Ramfjord Camping), Details dort.

WOMO- GRATIS STELLPLÄTZE: gibts viele, z.B. oben am Berghang der Hauptinsel Tromsøya mit Blick, oder an der weniger dicht besiedelten Südspitze bzw. Westküste etc. Wie immer gilt: Einheimische nicht belästigen, d.h. Kiste nicht vor's Wohnzimmerfenster stellen, sondern genügend Abstand. Vor allem kein Lärm und keine Dauerparkerei.

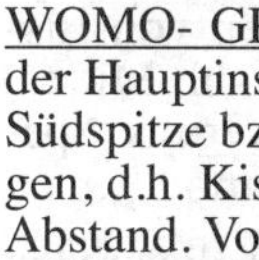


Für Nordnorwegen ungewöhnlich viele Restaurants, Pubs, Pizzerien und Musikkneipen, die teils bis spät am Abend offen haben. Grund: Tromsø ist Universitätsstadt.

## RESTAURANTS

„SKARVEN'S BIFFHUS" (4): Strandskillet, Nähe Abfahrt der Schnellboote (1) sowie der Hurtigruten Schiffe (2). Besuch lohnt unbedingt, auch für Hurtigrutenfahrer, deren Schiff hier rund 4 Std. Stop einlegt.
Holzbalken, mehrere Stock im Inneren und extrem kuschelig! Ein ehemaliges Packhaus, in dem 19o8 die Tromsø Molkerei einzog. 1994 umgebaut als Restaurant. Vorwiegend Steakgerichte (lecker!), aber auch Fisch. Excellente Küche bei gehobenen Preisen. Anstellen lohnt, bzw. Tischbestellung und Tipp!

„SKARVEN'S VERTHUS" (3): direkt anschließend, weißes Steingebäude von 1918 in Erweiterung der Molkerei. Bis in die 9o-er Jahre wurde hier Margarine hergestellt. Sehr gemütlich mit großer Bar, nautischem Dekor, Schiffsmodellen, Flaggen etc. Im Angebot Drinks und kleinere Gerichte. Tipp!

„STEAKERS RESTAURANT" (32): Austadkaia, in modernem Betongebäude in Architektur eines Lagerhauses, direkt am Wasser. Gemütlicher Innenraum mit Theke in der Mitte und schwerer Holzbalkendecke. Fleischgerichte, Spezialität Steaks, auch Fisch. Mittlere bis gehobene Preise.

„COMPAGNIET (34): Sjøgata 12, in altem Holzhaus von ca. 183o, ein ehemaliges Wohnhaus eines reichen Kaufmanns. Es steht unter Denkmalsschutz. Früher waren die Straßen schmaler, daher hier ein Engpass der Sjøgata und Verkehrsregelung durch Ampel. Im EG des Hauses Bar mit schwerem Tresen, im OG das Restaurant. Gepflegte Nobel- Atmosphäre, alte Fotos und Bilder an der Wand. Gute, französisch inspirierte Küche. Teuer.

„STORE NORSKE FISKECOMPANI" (4o), in der Fußgängerzone Storgata 73. Gemütlich im ersten Stock, mit alten Bildern an der Wand. Das Dekor (Möbel etc.) verzichtet auf jeden Schnickschnack. Nobelrestaurant mit exzellent zubereiteten Fischspezialitäten. Lecker z.B. Lachs in Senf-Honigsoße. Gehobene bis teure Preise je nach Fischart.

„PEPPERMØLLEN" (14): im südlichen Teil der Storgata 42. Das Haus gehörte früher dem Apotheker Zapffe. Zu seinen Gästen zählte u.a. auch Roald Amundsen, bevor er zu seinen Expeditionen ins Eismeer aufbrach. Im Erdgeschoß heute die modern aufgepeppte Bar „Mirage". Über die Treppe rauf zum Restaurant. Viele Fotos an der Wand berichten von Eismeerfahrten des 19. Jhds. Gute Küche bei sehr großer Auswahl. Mit ca. 2oo Gerichten angeblich die umfangreichste Speisekarte Norwegens. Spezialität Fischgerichte, gehobene bis teure Preise je nach Fischart.

„BRASSERIET" (31): Nobelrestaurant im Ishavn Hotel. Durch die großen Glasfenster schöner Blick auf Hafen und Fjord. Internat. Küche, mittlere bis eher gehobene Preise.

„MÅKEN REST." (93) im Scandic Hotel beim Airport. Angenehm legere Atmosphäre. Ab Stadtzentrum durch den Tunnel und Eingang D schnell zu erreichen, gute Parkmöglichkeit vor dem Hotel. Internat. Küche bei mittleren bis gehobenen Preisen.

„LOTUS MAT VINHUS“ (33): am Wasser neben Hotel With, dezente Atmosphäre mit verschiedenen Aquarien an der Wand. Preise mittel.

„O.L. AUNE“ (36): Sjøgata 25. In einem historischen Gebäude im Stadtzentrum von 1869. Sehr gemütlich, im Erdgeschoß Cafe und Drinks. Restaurant im ersten Stock bei mittleren bis gehobenen Preisen..

„LITTLE BUDHA“ : Storgata. China Küche. Unaufdringliches Ambiente mit dezenter Deko, abgesehen von der goldenen Buddha Statue. Preise mittel.

„THAI HOUSE RESTAURANT“ (23), Storgata 22: im Oberstock das Restaurant mit thailändische Küche, asiatisch eingerichtet mit Holzbalken Decke in altem Holzhaus. Mittlere Preise. Im Erdgeschoß ein Pub.

„HONG KONG VILLAGE“ (58): Storgata 132, preisgünstiger Chinese Nähe Tromsø Brücke, auch Take Away.

„FJELLSTUA“ (zu erreichen: 79): oben in der Bergstation der Fjellheisen Seilbahn. Bei klarem Wetter Superblick über Tromsø, Inselgruppen und Fjorde. Geöffnet zu den Fahrzeiten der Seilbahn. Die Gerichte beinhalten im Preis den Blick. Auch schön zum Relaxen.

„EXPEDITION“ (95): Cafeteria im Tromsø Airport/1. Stock. Es gibt zwar nur sehr wenige Gerichte zur Auswahl (ca. 4), - diese aber sehr billig und reichlich. Schmeckt erstaunlich gut unter dem Aspekt „Airport-Cafeteria“. Geöffnet: Mo.-Fr. 6.3o-21.oo Uhr, Sa. 8-16 Uhr, So.: 8-21 Uhr. Billig und Tipp!

„FAST WOK IN FOOD“ : Storgata 5o, gegenüber von Tourist Büro (1o). Wok Gerichte z.B. Nudeln bzw. Reis mit zusätzen wie Fisch, Gemüse etc. nach wahl. Schmeckt mittel bis fad und macht nicht unbedingt satt. Mittlere Preise.

„COOP CAFETERIA“ (5o): im Coop am Stortorget/Ecke Havnegata. Abgesehen von Kaffee und Kuchen auch kleine Auswahl an warmen Gerichten. Die Küche ist durchschnittlich, mittlere Preise.

**SNACKS, CAFES**

„CAFE LARS“ (8): am Kirchplatz. Kleineres Lokal mit Keramik an der Wand, braun dekoriert, dezentes Licht. Gemütlich zum Unterhalten ohne krachlaute Musik. Auch kleinere warme Gerichte, mittlere Preise.

„OFFSIDE“ (44): altes Holzhaus, Grønnegata/Ecke Amtmansgata. Über die Treppe rauf in den 1. Stock mit Aufenthaltsraum. Angenehm zum Unterhalten.

„MIRAGE“ (14): Storgata 42. Üppige Chesterfield- Lederpolster Sofas, Drinks und Café. Im EG des „Peppermöllen“ Restaurant.

„LE CAFE" (2o) im „Steen & Størm Shopping Center" 1. Stock. Nichts Spezielles aber schöner Blick auf die Meerestrasse und gegenüberliegenden Stadtteile von Tromsø. Es gibt Pizzen, Hamburger, Wiener Schnitzel etc. und von den Tischen am Glasfenster Fjordblick. Mittlere Preise.

„MEIERET" (67): Grønnegata 37. Dunkle Bartheke, Tische, gut besucht. Leuchter von der Decke. Hat Stil verg. Zeit. Eine Mischung aus Bar mit Drinks, Musik und Kaffee, Kuchen, Waffeln, bzw. Taco-Buffet, - je nach Tageszeit. Große Raum mit langer Bartheke, abends gedämpftes Licht. Morgens gibts auch Frühstück.

„PALETTEN SPISERI" (12): Snackbuden Charakter, ein Miniladen mit Kebab (ca. 2,5 Euro), Snacks und Drinks. Im 1. Stock: „CAFE PALETTEN" (1o): nüchterne Einrichtung, Musik dudelt im Hintergrund. Zu essen gibts Kylling, Biffsnadder, Hamburger, Salat etc. Durchschnittliche Küche bei mittleren Preisen. Storgata/Ecke Strandskillet.

„KEB HOUSE & PIZZA" (15): Storgata neben „Peppermöllen". Sehr einfacher Raum, grobe Tische. Snacks und Kebab. Billig bis mittel.

„CIRCA" : neben Kebap House. Italienische Küche, großer Essraum. Mittlere Preise.

**PIZZAS**

„PIZZA YOUNG" (29) im SAS Hotel Tromsø, Sjøgata 7. Alte Tromsø Bilder, Treppe in den Keller runter, auf Kopf aufpassen! Im Raum an der Wand Bücherregale; für die Kinder eine „Spielecke" mit plärrendem TV. Die Pizzen sind gut und - teuer.

„PEPES PIZZA" (48): am Hauptplatz Stortorget. Sehr nüchterner Raum mit grellem Neonlicht. Vom Ambiente nicht mein Geschmack. Die Pizzen sind ok., mittlere Preise bei großen Portionen.

„PIZZA HUSET", Strandtorgate 3 Nähe Skarven's Bifhus. Angeblich die älteste Pizzeria Nordnorwegens, 1972 gegründet, so behauptet zumindest die Werbung. Ist auch im Internet vertreten: www.pizzahuset.no. Mittlere Preise.

„ALLEGRO REST." (78), Turistveien 19 an der Zufahrt zur Talstation der Seilbahn. Authentische Pizzen auf Birkenholz-Feuer, das gibt ihnen einen speziellen Geschmack. Sensible Zunge und gute Geschmacksnerven sind die Vorraussetzung für den Test. Mittlere Preise.

**HAMBURGER**

„BURGER KING" (41): in der Fußgängerzone Storgata 84 Nähe Hauptplatz. - „BURGER MAN", Sjøgata 13.

Achtung: im Sommer haben die Studenten Ferien, dafür viele Ausländische Besucher. Details „Ølhallen" siehe Seite 69o.

**PUBS, MUSIKKNEIPEN, DISCOS**

„ØLHALLEN PÅ MACK" (24): von Biergeruch und Zigaretten geschwängerter Keller der Tromsøer Mack Brauerei. Ausgeschenkt wird das Bier der nördlichsten Brauerei der Welt. Geöffnet nur tagsüber bis ca. 15 bzw. 17 Uhr. Der Grund unbekannt; wer „bechert sich einen rein" zu diesen Tageszeiten? Der gering günstigere Bierpreis wohl kaum. Storgata 5.

„KATIE O'CONNOR" (95) im Tromsø Airport. Gemütlich mit Holzfußboden, Fotos an der Wand und vielem Krimskrams. Ein englisch/irisch gestylter Pub in der ansonsten steril- nüchternen Airport Atmosphäre.

„RUDY'S BAR" (64) Grønnegata 5o, im Rainbow Tromsø Hotel. Englisch gestylter Pub und abendlicher Treff. Benannt wurde die Bar nach dem berühmten Eisbär-Jäger Henry Rudi (Details „Polarmuseum").

„TROMSØ JERNEBAHNSTASJON 3,48 m.o.h." (6): urig originelle Kneipe in altem Holzgebäude. Sitze teils von alten Zügen, teils wird das Bier auf dem Barhocker gehoben. Einen Bahnhof gibt es bekanntlich in Tromsø nicht. Die Angabe „3,48 m.o.h." könnte die Höhenlage oberhalb Wasserspiegel/Fjord bedeuten, - oder aber der Stand der genossenen Bierchen... Wie dem auch sei: abends gut besucht. Ca. gegen 3 Uhr schließt das Lokal am Wochenende. Strandgata neben Post.

„MARKENS GRØDE" (16): in altem Holzhaus, saugemütlich mit vielen Flaschen an der Wand. Serviert werden verschiedene Biersorten und sonstige Drinks (Wein). Storgata 3o.

„KAOS" (18): Kellerlokal in altem Holzhaus. Drinks. Strandgata/Ecke Strandskillet, gegenüber vom Steen & Strøm Shopping Center.

„BLÅ ROCK CAFÈ" (19): kleines, blaues Holzhaus mit dezenter Popmusik historisch retour bis Beatles, aber auch knallhart aufwärts bis ins neue Jahrtausend. Im Holzhaus eingebaute 3 Etagen, gemütlich. An den Wänden schwarz & weiß Fotos von Stars und Sternchens, Autogramme und alte Schallplatten. Dito Bier aufwärts bis Schnaps. Strandgata 14/16.

„PEACOCK PIANO BAR" (17): auf schwarz gestylter Tempel der Jazz-Fans. Am Wochenende Life Auftritte. Storgata 45.

„MACK KJELLERE'N" (4o): Fußgängerzone, in kurzer Seitengasse neben der „Store Noske Fiskekompani", Kellerlokal. Am Wochende sehr gut besucht, auch Life- Konzerte. Storgata 73.

„VICTORIA FUN PUB" (43): klassischer engl. Pub, auch Darts, große Bartheke, Bier und sonstige Drinks. Grønnegata 81.

„AMTMANDENS DATTER" (43): ähnlich wie „Victoria" beliebt bei Studenten der Tromsø Uni als Treff. Große Bartheke, auch Blackgammon und Schach-Spiele, freier Internet Zugang. Grønnegata 81.

„ANNEN ETAGE": gegenüber Paletten (12) in der Storgata 46. Mischung aus Restaurant und Tanzbar. Im gleichen Haus: „COLOSSEUM": Nachtclub mit schachbrettgepflasterter Tanzfläche.

„ROGERS" (37) am Hauptplatz Stortorget: Pub und Discothek. Zentrale Deko ist ein schweres Motorrad. Im gleichen Haus: „HAWK": Nachtclub mit Disco.

„<u>GJØA PUB</u>" (52): Storgata/Bispegata, in einem altem Holzhaus von 1838. Benannt ist der Pub nach der „Gjøa- Expedition" des Norwegers Roald Amundsen, der 19o3-o6 die Norwestpassage realisierte, Details Seite 185. An der Wand Dekoration der Gjøa Reise, die Drinks werden an dunkler Theke gehoben, laute Musik.

„<u>SUBSIRKUS</u>": Grønnegata 81. Discothek mit Stilrichtung Latin, Hip-hop, Funk, Pop bis Rock. Krachig laut für die Tromsøer zum Abreagieren nordisch einsamer Nächte mit oder ohne Begleitung.

<u>TROMSØ POLARMUSEUM:</u> originelle Eintrittskarte für ein kleines, aber sehenswertes Museum, Thema Po- →

# Tromsø / Sehenswertes

*Zunächst beschrieben: Museen, dann Seilbahn und Botanischer Garten, anschließend sehenswerte Gebäude, Straßenzüge und Kirchen.*

## MUSEEN

Details zu Polarexpeditionen ab Seite 166

**POLAR MUSEUM** (55), Sødre Tollbugt. 11. Parken: am besten auf dem Nansen Platz (73) bei der Tromsø Brücke siehe unsere Karte. Direkt vor dem Museum gibt es nur sehr limitierten Platz für ca. 4 - 5 Autos.

Ein kleines, aber sehenswertes Museum, - untergebracht in einem alten Holzgebäude von 183o, damals als Lagerhaus der Zollbehörde genutzt. Es steht heute unter Denkmalschutz.

Zu sehen: im Erdgeschoß Geschichte der Nordpolar Region mit alten Karten in Kopie (u.a. der Barents Expedition 1596/97), Illustrationen von Walfänger, Robbenjäger, Werkzeuge etc. Im Original eine Hütte von Pelztierjägern, die 191o auf Spitzbergen gebaut wurde aus sibirischem Treibholz. Sie war bis 1936 auf Spitzbergen in Benutzung, kam dann nach Oslo ins Seefahrtsmuseem bis 1974 und anschließend nach Tromsø.

Exponate von Schiffsmodellen von Robbenfängern, - auch eine Kajüte in Originalgröße, die die Enge auf den Schiffen zeigt. Sie ist dekoriert mit dem Geräusch der Schiffsmotoren. Seitlich Seemannskiste, Schiffsuhren, Fernrohre, Fotos von Schiffen, - Eisbergen, Gewehre und Sextanten. Leider fehlt`s an mehrsprachigen Erläuterungen.

Lar Region. OBEN: Polarmuseum (55), untergebracht in altem Lagerhaus der Zollbehörde von 1830. Schneeflocken (weiße Kreise) bei aufkommendem Winter... Foto Ende Okt.

POLARMUSEUM: Originalhütte von Pelztierjägern auf Spitzbergen. Deko-Puppe o.k., - gilt weniger für die Puppe des Displays "Kajüte Robbenfänger."

1.STOCK über Treppe rauf: gewidmet den Polarexeditionen von Nansen und Amundsen. Zu sehen ein Modell des Luftschiffes Norge, mit dem Amundsen als erster 1926 den Nordpol überflog und der Originalstuhl, auf dem er bei der Überquerung saß... Details der spannenden Reise siehe S. 189.

Ausgestellt u.a. Zeitungsberichte der Reise, Fotos, Ausrüstungsgegenstände, Originaltelegramm der Polüberquerung etc. Ebenso Gegenstände anderer norweg. Polarexpeditionen. Sie sind leider nicht immer mehrsprachig erklärt. Schade: denn wer sich hierfür interessiert, - wüßte gerne, wer die ausgestellte Schreibmaschine, Kaffetassen etc. - auf welcher Expedition benutzt hat...

So wandert man in die nächsten Räume des Oberstocks, die -> RAUM 7: in Fotos die Erfolge des Königs der Eisbärjagd Henry Rudi dokumentieren, der im Winter 19o8/o9 9o Eisbären erlegte und auf weiteren mehr als 3o Fahrten zwischen 19o8- 48 mehr als 7oo (!) weitere Eisbären schoß. Er war der erfolgreichste Eisbärjäger ab Tromsø. Einschränkungen der Eisbärjagd schufen dem Treiben ein Ende. - RAUM 8 berichtet über die Walross- und Polar Bär- Jagd in der Arktis. - Vor dem Museum, eine Walfischharpune sowie eine Büste des Roald Amundsen. Das gegenüberliegende histor. Lagergebäude gehört dem Museum ebenso wie das alte Zollhaus von 1792, Skansen (56), Details siehe „Tromsø Gebäude).

Im Eingang des Polarmuseums: Verkauf von Literatur. Geöffnet: täglich, je nach Jahreszeit 11 - 15 Uhr bzw. 17 Uhr, zur HS 2o Uhr. Eintritt: ca. 6 Euro, Familien ca. 15 Euro.

**POLARIA** (26): unbedingt sehenswert wegen Spitzbergen- Film! Hjalmar Johansengata 12, im südlichen Stadzentrum. Originelle Architektur des Gebäudes: Es besteht aus schrägen Betonsegmenten, die ähnlich Eisplatten aufeinander hochgeschoben sind.

Im Eingangsbereich Verkauf von Spitzbergen und Franz Joseph Land Literatur und Karten sowie Kunstgewerbe. Seitlich informieren Schautafeln über Geschichte, Geologie, Fauna und Flora arktischer Regionen sowie der Arbeit des norweg. Polarinstituts auf Svalbard/Spitzbergen.

Film: absolute Attraktion des Polaria. Er zeigt auf einer gebogenen ca. 14o° Großleinwand großartige Aufnahmen vom Eismeer, der Küste Spitzbergens, Vögel, Eisbären, Gebirgsketten und Tälern. Aufgenommen wurde der Film mit 7 Spezialkameras vom Helikopter (teils auch vom Forschungsschiff des Polarinstitutes) und ist super mit Musik unterlegt. Die besten Plätze im Kino: vordere Mitte. Vorführung alle 3o Min., sie ist im Eintrittspreis inkl. - Links neben dem Eingang zum Kinosaal übrigens die Flugroute des Helikopters über Spitzbergen auf einer Karte eingetragen.

Nach Ende der Vorführung gehts durch eine Tür in die „Arktis“: Windgeräusche sollen das Erlebnis suggerieren, Schnee (=Seifenblasen), Schlitten und ausgestopfter Eisbär. Dies bei angenehmen „Museumstemperaturen“

ROBBENJÄGER in arkt. Gewässern. Display Polarmuseum

von plus 18 Grad - nunja. Nächster Raum: „Polarlicht", es wird in verschiedenen Formen auf transparente Stoffbahnen projeziert.

Anschließend großes Aquarium mit Seerobben (Fütterung) sowie kleineren Becken mit Fischen des arktischen Meeres. Es ist angebl. nördlichstes Aquarium der Welt, u.a. auch ein „Berührbecken", in dem man Fische streicheln darf...
Geöffnet täglich, je nach Jahreszeit ca. 1o - 19 Uhr bzw. 12 - 17 Uhr. Eintritt ca. 1o Euro, Ermäßigung für Familien und Senioren.

**TROMSØ UNIVERSITY MUSEUM** (71): im Stadtteil Lanes Nähe der Südspitze der Tromsøya Insel. Zu erreichen mit eigenem Auto ab Polaria und Küstenstraße Ri. Lanes, dort ausgeschildert. Ansonsten Stadtbus Nr. 28 ab Zentrum.

Das Museum wurde in Ursprüngen 1872 gegründet. Erst seit 1976 ist es Universitätsmuseum. Hierbei wurde ein modernes Gebäude errichtet und die Ausstellungsfläche erweitert. Das Museum ist zudem angelegt, um bereits Kindern (u.a. Schulklassen) die Wissenschaft erlebbar zu machen. So gibt es „Spielecken", in denen sich die Kinder in Broschüren und Büchern mit den Exponaten des Museums unter Anleitung ihrer Lehrer beschäftigen. Eine gute Idee, realisiert auch in anderen Museen Skandinaviens.

Im ERDGESCHOSS größere Abteilung zur GEOLOGIE. Zunächst Übersichtstafeln, wie die Erde seit 2oo Mio. Jahren in Kontinente auseinanderdriftete. - Versteinerung eines Ichtosauriers, der 1972 an der NO Küste der Insel Andøya gefunden wurde. Sein Alter 13o Mio. Jahre, - ein schwimmender Saurier. Sowie Fußabdruck eines Dinosauriers, gefunden 196o auf Svalbard. Seine Größe war ca. 1o- 12 m, Höhe bis 5 m. Für die Kinder gibts ein Großmodell eines Sauriers 1 : 1 mit verschränkten Armen, in dem sie herumklettern dürfen, um die Größe der Urtiere „körperlich" zu erleben.

Interessant für Mineralogen ist die Ausstellung mit Proben der in Nordnorwegen vorkommenden Gesteine (Schiefer, Marmor, Granit, Kleberstein, Thulitt, Dolmitt etc.) und der jeweiligen Fundstätten sowie ihre Verwendung z.B. im Hausbau, Dächer, Grabsteine etc.

1. STOCK: interessante Abteilungen, - denen aber leider oft deutsche oder zumindest englischsprachige Erläuterung der Exponate fehlt! Harte Arbeit für den ausländischen Besucher, der mühsam per Lexikon arbeitet.

Zu sehen: ARKTIS: Handwerk, Kleider, Schuhe, Schlitten etc. der Bewohner (Samen). Weiterhin: ihre Wohnhütten, Jagd, Angeln, Schmuck, Grabungsfunde z.B. Pfeilspitzen etc. - LOFOTENFISCHEREI: Erfolge im 19. Jhd., Fotos, Netze, Modelle von Booten, Originalhütte mit kleinem Kanu sowie Niedergang der Fischerei u.a. durch Überfischung mit modernen Geräten wie Echolot. - SCHAFSCHEREN, Färben, Spinnen bis zum Endprodukt Pullover, Hemden, Strümpfe und Handschuhe. - KIRCHENKUNST: im Mittelalter hatte Norwegen enge Verbindung mit der Hanse/ Deutschland (ca. 13oo- 15oo), daher auch Einfluß deutscher Künstler im Sakralbereich. Ausgestellt: ein Kirchenaltar, sehr schlicht aber schon in Form-

und Farbgestaltung. Die Farbe blau dominiert (Meer). Weitere Exponate: norweg. Heiligenfiguren aus dem Mittelalter.

Guter Museumsshop im Eingang mit Literatur der Uni bis hin zu CD's mit Musik der Samen (sehr gewöhnungsbedürftig!) sowie der Lofotenfischer. Geöffnet: Anfang Juni bis Ende August täglich 9.oo - 21.oo Uhr. Außerhalb dieser Zeit ebenfalls tägl., aber zu stark variierender Uhrzeit; am besten im TI fragen. Eintritt ca. 5 Euro.

**NORDNORW. KUNSTMUSEUM** (25): Muségt. 2, gegenüber vom Polaria (dort auch die bessere Parkmöglichkeit).

Im Erdgeschoß Wechselausstellungen, auch von Verkauf von Gemälden und Lithographien. Am Eingang fragen; dort großer Schubschrank mit weiteren Werken, allerdings stark unterschiedlicher Qualität. Seitlich kleines Bistro. Die Räume im EG werden für kulturelle Veranstaltungen des „Tromsø Kunstforening" (Kunstvereins) genutzt, Programm über's TI. Eintritt für Ausstellungen ist meist gratis.

Im 1 Stock: das Kunstmuseum. Es ist nördlichstes von Norwegen, u.U. auch der Welt. Vorwiegend Gemälde des 19. und 2o. Jahrhunderts, auch ein Munch. Weiterhin Skulpturen, interessant u.a. weißer Granitsessel mit Kind. Ein relativ kleines Museum. Eintritt ca. 3 Euro. Geöffnet: tägl. 11 - 17 Uhr außer Mo.

**NORDLICHT PLANETARIUM** (88): H. Hansensvei im Univiertel Breivika siehe unsere Karte. Auf norweg. nennt es sich *„Nordlysplanetariet"*. Mit eigenem Auto gute Parkmöglichkeit, ansonsten Bus ab Zentrum mit Nr. 2o, 32.

Zu sehen: das Nordlicht, das Projektoren auf einer Leinwand abbilden. Hierzu wie folgt: wer Nordnorwegen im Hochsommer besucht, hat wegen 24 Std. Tageslicht bekanntlich keine Chance, das Nordlicht zu erleben. Details siehe auch Seite 2o2. Von daher ist das Planetarium interessant. Die Projektion ist besser als die vom „Polaria" auf Stofftücher. Das echte, in der Natur erlebten Nordlicht können beide Projektionen nicht erreichen.

Teurer Eintritt 1o Euro für eine relativ kurze Vorstellung. Kann eventuell dann lohnen, wenn man eine Präsentation in Deutsch oder Englisch besucht. Dies wegen der gleichzeitigen Erläuterungen des Nordlichtes. Vorab anrufen, wann eine deutsch- oder englischsprachige Vorführung stattfindet (Info: „Nordlysplanetartiet" Tel.: 776.76o.oo).

Ansonsten: in der Vor- und Nachsaison ist das Nordlicht im Original am Himmel bei klarer Nacht erheblich schöner zu erleben.

**NORWEG. RUNDFUNKMUSEUM** (96): Kvaløyveien 45o beim Airport. Ehemaliger Rundfunksender aus den 3o-er Jahren, der auf Langwelle sendete und in Betrieb war bis 1997. Weitere Exponate: alte Telegraphen, Telefone, Telefonzentralen und Geräte zur Wettervorhersage etc.

Geöffnet: oft Mi, Do. oder variierend bzw. nur nach Voranmeldung. Am besten vorher anrufen, Tel.: 778.252.89.

**PERSPEKTIVET MUSEUM** (72): Storgata 95. Berichtet in Wechselausstellungen, z.B. eines der Themen „Der Untermensch“ über Nazi-Greultaten in Kriegsgefangenenlagern während des 2. Weltkrieges. Geöffnet Di. - Fr./ Sa. ca. 12- 17 Uhr. Eintritt ca. 2,5 Euro. Im Gebäude zugleich Zentralverwaltung der weiteren „Perspectivet Museen“ der Region, Tel.: 776.o19.1o, Fax: 776.o19.19

**PERSPECTIVET MUSEUM, FOLKEPARKEN** (71), Kavaløyvegen 55 an der Inselsüdspitze Nähe „Tromsø Univ. Museum“. In einem Freilichtmuseum sind Häuser aus der Region zusammengetragen und aufgestellt. So u.a. das Haus Kvitnesgården (1826), das von der Insel Vannøy nördl. von Tromsø stammt, das Haus Mortengården (185o) sowie ein Bootshaus mit Nordlandbooten. Geöffnet Juni - August, Eintritt 2,5 Euro.

**PERSPECTIVET MUSEUM, STRAUMEN GÅRD**, auf der Insel Kvaløya an der RV 862 Nähe Fähre Larseng. Freilichtmuseum mit einem Küstenbauernhof und 11 Gebäuden. Es ist das wohl am vollständigsten erhaltene landwirtschaftl. Ensemble Nordnorwegens aus dem 19. Jhd. Abgesehen von Inneneinrichtung, landwirtschaftl. Geräten gibt es Mitte Juni bis Mitte August jeden So. spezielle Themenveranstaltungen zur Landwirtschaft des 19. Jhd. im kargen Norden. Besuch diesbezüglich lohnt, Infos zu Terminen und Veranstaltungen: Tromsø Touristbüro (11).

**DEFENSE MUSEUM** (81): „Verteidigungs“- Anlagen der Nazis während ihrer Besetzung Norwegens. Die Geschützstellungen verrosten seit

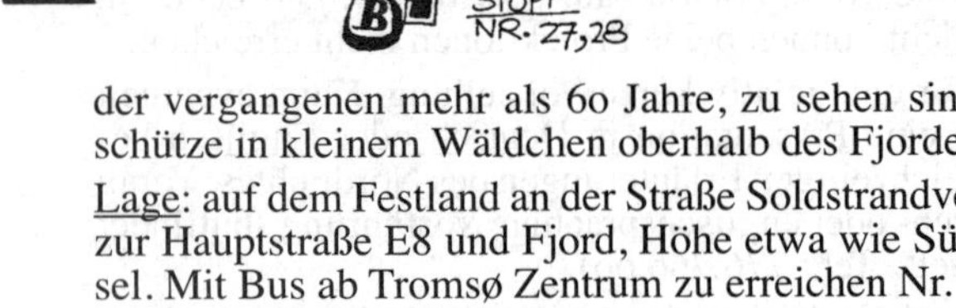


**Defense Museum**
A) Geschützstellungen
B) Beobachtungsbunker
C) Munitionslager, heute Tirpitz Ausstellung

der vergangenen mehr als 6o Jahre, zu sehen sind Betonbunker und Geschütze in kleinem Wäldchen oberhalb des Fjordes.

Lage: auf dem Festland an der Straße Soldstrandveien. Diese führt parallel zur Hauptstraße E8 und Fjord, Höhe etwa wie Südspitze der Tromsøy Insel. Mit Bus ab Tromsø Zentrum zu erreichen Nr. 27, besser aber Nr. 28.

Angelegt 194o von den Nazis zum Schutz der südlichen Meereseinfahrt in den Tromsøysundet. Tromsø wichtiger Stützpunkt der Deutschen zur Besetzung Nordnorwegens 194o/41 und den Jahren bis Kriegsende 1944/1945 Komandozentrale für den Nordatlantik.

Heute zu besichtigen: (A) die Geschützstellungen und grosser, drehbarer Suchscheinwerfer, um die Einfahrt zur Meeresstraße abzuleuchten. (B): restaurierter Beobachtungsbunker am Hang, er ist versteckt zwischen Bäumen. In ihm befand sich die Feuerleitstelle für die in (A) stationierten Geschütze. (C): Munitionslager. Hier ist heute eine AUSSTELLUNG über das deutsche SCHLACHTSCHIFF TIRPITZ untergebracht.

Die Tirpitz wurde 1939 in Bremerhaven gebaut und 1941 in Dienst gestellt. Sie war das größte Schlachtschiff Hitlers. Ihre Länge 251 m, Breite 36 m, Wasserverdrängung standard 42.9oo to., max. 52.6oo to. Für damalige Zeiten ein gigantisches Bauwerk. Ihre Geschütze an Bord konnten Ziele bis 36 km Entfernung erreichen. Die Schiffsmotoren hatten 138.ooo PS und ermöglichten eine Geschwindigkeit bis 3o,8 ktn. (zum Vergleich: Fährschiffe in der Adria besaßen bis Mitte der 8o-er Jahre lediglich ca. 18- 22 ktn.). Besatzung an Bord rund 2.5oo Mann!

Ihren ersten Einsatz hatte die Tirpitz im Sept. 1941 vor den Åland Inseln (zw. Schweden und Finnland). Anschließend wurde sie im Nordatlantik eingesetzt, um Versorgungsschiffe der Briten und Amerikaner anzugreifen und zu versenken. Diese Schiffe versorgten den ganzjährig eisfreien Hafen Murmansk/UdSSR mit militärischen Gütern (genannt „Murmansk Convoi“, Details Seite 9o6).

Als die Briten das RADAR erfunden hatten, war es für das riesige Schiff sehr schwierig, sich wie vormals praktiziert, - in Fjorden zu verstecken. Beliebtes Versteck war u.a. der Laksefjord, - ein tief eingeschnittener und wegen Bergen sowie häufigen Küstennebeln nicht einsehbarer Fjordzipfel östl. des Nordkaps.

22.9.1943: die Tirpitz hatte sich in den Kåfjord bei Alta zurückgezogen und wurde dort von brit. Mini- U Booten angegriffen. Gleichzeitige Bombardierung aus der Luft führten zu erheblicher Zerstörung, Details Seite 744. Die Schäden an der Tirpitz wurden mit 22.ooo Sack Zement abgedichtet und das schwer angeschlagene Schiff nach Tromso verlegt. Position: vor der Insel Håkøya, 5 km entfernt vom Zentrum von Tromsø. Mit der zumindest erhaltenen Kraft ihrer Schiffsgeschütze hatte die Tirpitz die Aufgabe, die Nazi-Komandozentrale Tromsø zu schützen.

12.11.1944: endgültiger Todesstoß: knapp 3o britische Bomber griffen die Tirpitz aus der Luft an. An Bord neue Superbomben, Typ *„Block-Buster“* von je 6 Tonnen, die sich durch das massive Eisendeck des Schiffes ins Innere bohrten. Weitere Bomben zerstörten den Schiffsrumpf - und die Tirpitz kippte seitlich ab.

Lediglich 8o6 Mann der Besatzung konnten gerettet werden. Weitere 82 Mann wurden wenige Tage später aus dem schief liegendem Schiff rausgeschweißt. 1.2o4 Mann starben, so auch der Kapitän der Tirpitz, Weber.

195o: wurde die Tirpitz als Hinderniss im Fjord Håkøybotn abgewrackt. Zunächst auf dem Meer die Oberbauten des schiefliegenden Schiffes. Im Einsatz waren Hebekräne und Spezialschiffe. Anschließend wurde das Fragment des Rumpfes in eine Werft zum restlichen Abwracken weggeschleppt.

Geöffnet ist das Defense Museum Anfang Mai bis Ende Sept., in der Regel ca. 11 - 19 Uhr. Hierbei im Mai und Sept. nur am Wochenende Sa/So, ansonsten tägl. Eintritt: ca. 2,5 Euro.

**BOTANISCHER GARTEN** (87) im Univiertel Breivika. Er ist einer der nördlichsten Botanischen Gärten der Welt. Rund 2 Ha. Größe, auf Lehrpfaden: Vegetation der Subarktis. Ständig offen, kein Eintritt.

TROMSØ PALME (Heracleum Laciniatum): der *„Bärenklau“* hat optisch mit „Palmen“ wenig zu tun; von der Ferne sieht er eher wie eine überdimensionale Scharfgarbe aus.

Erreicht nach Schneeschmelze Höhen von 2- 3 m und ist stark wuchernd.

So gab es im Norden von Tromsø ein Gebiet, das sich wegen des wucherndem Gewächs „*schwarzes Afrika*“ nannte. Der Ursprung ist nicht geklärt. Vermutlich wurden die Samen Anfang des 19. Jhds. mit engl. Schiffen nach Tromsø eingeführt. Ebenso ist Import auf Schiffen des Pomorhandels von Archangelsk/Russland möglich.

Nach anderen Theorien hätte 185o Nanna Sabine Klerck den Samen von Alta/Nordnorwegen eingeführt. Sie hatte 1835 J.F. Mack geheiratet, dessen Unternehmerfamilie sich später einen Namen machte u.a. in Gründung der Mack Brauerei.

Die Pflanze wurde zum Wahrzeichen der Stadt, - allerdings mit Abstrichen. Der Saft enthält Giftstoffe, die sich bei Verletzungen auf die Haut auswirken, aber nicht lebensgefährlich sind.

**MACK BRAUEREI** (69): ist die „nördlichste Brauerei der Welt“. Sie erstreckt sich in beachtlicher Größe über ein Areal von 2 Straßenblocks im südl. Stadtzentrum (Grønnegata, Storgata beim Polaria).

Die Mack Brauerei wurde 1877 von dem deutschstämmigen Ludwig Mack (1842- 1915) gegründet. Der Bierverkauf florierte, denn die skandinavischen Nächte im Norden sind lang. Auch auf Fischkuttern wurde gerne Bier getrunken. Mack hatte die Lizenz, Bier in Flaschen zu verkaufen.

1928 eröffnete die Brauerei ihre berühmte „*MACK ØLHALLEN*“ (24), eine Bierwirtschaft mit freiem Ausschank. Dies war konträr der Genehmigung, daß eigentlich nur Bierflaschen verkauft werden dürfen. Hinzu kam, daß damals wegen hohem Alkoholkonsum in Nordskandinavien öffentlich über Maßnahmen der Einschränkung diskutiert wurde.

Die Brauerei erhielt eine Rüge wegen ihrer „Ølhallen“, durfte diese aber weiter betreiben. Die Bierwirtschaft war bald wichtigste Institution von Tromsø. Hier trafen sich Kapitäne und Mannschaft: sie zechten die Nacht durch mit Mack- Bier, bevor sie zu ihrer harten und gefährlichen Fahrt ins

MACK BRAUEREI TROMSØ: nördlichste Brauerei der Welt
“ISBJØRN” ein Leichtbier mit Symbol Eisbär, “MACK ØL”, d

Eismeer aufbrachen (Walrossjagd, Walfang und Jagd auf Eisbären). An Bord der Schiffe selbstverständlich viele weitere Kisten mit Mack Bier.

Hier trafen sich Käpitäne und Mannschaft nach ihrer Rückkehr von Eismeerfahrten. Sie tauschten ihre Erlebnisse aus und Erfahrungen der Navigation, Erschließung neuer Gebiete, Jagd und Überwinterungtechniken. Die „Ølhallen" waren daher nicht nur Treff, sondern zugleich wichtige Infobörse der Eismeerfahrer. Auch waren sie eine Art „Arbeitsamt" in Jobvermittlung auf Schiffen. Nicht zuletzt: eine Bühne, wo die Nordmeerfahrer bei gedämpftem Licht über ihre Abenteuer berichteten. Bei allem flossen viele weitere Mack- Bierchen , - und die Brauerei expandierte in Gewinnen.

Heute ist die Mack- Brauerei eine Aktiengesellschaft. Sie ist eine der größten Firmen der Stadt. Das frühere Firmengebäude Storgata 4 von 189o ist erhalten. Im Umfeld entstanden auf einem Areal von 2 Straßenblock Braueigebäude bis zum Fjord. Produziert wird eine Vielzahl an Biersorten mit meist sehr originellen Aufklebern. Das meistgetrunkene ist „Mack Øl" mit attraktiver Aufkleber in silber/blau/rot und Hinweis „First On The North Pole" und Eisbär. Ein reines Maltbier, Akohol 4,5 %. Wie die Brauerei auf der Rückseite der Flasche berichtet, war es das erste Bier, das den Nordpol auf einer Überland- Expedition erreichte.

„Haakon Spesialøl": ein sehr schweres braunes Bier (4,5 %), das Geschmack besitzt, aber mit Vorsicht betreffend Quantitäten zu genießen ist. Der Aufkleber zeigt einen älteren Wikinger mit Schiff.

„Husets": freundlich-sympatischer Aufkleber mit Eisbär, der sich zu Recht an der Flasche festhält. Alkoholgehalt (nicht des Bären, sondern der Flasche!) 4,5 %. Gebraut im Stil „Pils".

Auch die Konkurrenz schläft nicht: So fanden wir nach sattem Tromsø-

Auswahl verschiedener Biersorten, von links nach rechts: eistgetrunkene, "Haakon" mit Wikinger und "HUSETS", ein Pilsner mit Eisbär.

Fest im Straßengraben eine Bierflasche der Firma „Newcastle Brown Ale" aus Nordengland! Sie ist Importware.

Hinzu kommen norwegische Großbrauereien wie Ringnes (Oslo, Bodø), oder Dahls von Trondheim, die mit Bieren wie „Nordlands" (4,5 %) oder „Lysholmer" (Varianten 0 - 4,5 %) den lukrativen TROMSØ MARKT erobern möchten.

In Tromsø gibt's mehr als 5o Restaurants, Kneipen, Pubs und Discos bei entsprechendem Bierkonsum! Zudem gibt es in Tromsø keine Restriktionen des Bierverkaufs in Supermärkten, - wie in vielen anderen nordnorwegischen Orten. Bier wird in Tromsø in allen Lebensmittelgeschäften, Supermärkten etc. frei verkauft.

Für die MACK- BRAUEREI daher harte Arbeit, ihre traditionellen Pfründe zu verteidigen. Sie ist derzeit absatzstärkste in Nordnorwegen. Gefahr besteht weniger aus Norwegen von dortigen Brauereien, - sondern von Nordfinnland und der in Tornio ansässigen Großbrauerei „LAPIN KULTA". Mit einem exzellentem „Premium Lager Beer" hat sie bereits weite Teile Lapplands im Bereich Nordfinnland/Nordschweden erobert und drängt nach Nordnorwegen...

BESICHTIGUNG: der Mack Brauerei (Mack Bryggeri) nach Voranmeldung möglich, Tel.: 776.245.oo, Fax: 776.586.77. - „Ølhallen": siehe unser Tromsø Restaurant/Pubs- Text. Zu sehen u.a. alte Fotos der Brauerei an der Wand. Die Zeiten der Eismeer Kapitäne und Matrosen, die sich in den Ølhallen trafen, sind heute allerdings vorbei.

**FJELLHEISEN SEILBAHN** (79): die Fahrt zur 42o m hohen Bergstation lohnt bei klarem Wetter sehr! Weiter Rundblick über Fjord, Tromsø, vorgelagerte Inseln und Bergketten.

KONKURRENZ (u.a.) der Mack Brauerei
in Tromsø. So links Bierflasche aus

Zufahrt zur Talstation ab Eismeerkathedrale (75) siehe unsere Karte, ausgeschildert. Direkt unterhalb der Talstation ein Großparkplatz. Es ist u.U. ein guter Tipp, die Tromsø Stadtbesichtigung mit der Seilbahnfahrt zu beginnen, um sich einen Überblick der weit auf Tromsøya verteilten Stadt zu verschaffen. Es gibt Besucher, die vom Blick so begeistert sind, daß sie vor Abreise nochmal mit der Seilbahn auf den Gipfel fahren, um sich von der schönsten Stadt Nordnorwegens stilvoll zu verabschieden.

Oben bei der Bergstation ein Cafe/Bar/Restaurant, bei gutem Wetter Sitze draußen und Superblick. Ab Bergstation Wanderwege (im Winter Langlauf Loipen) übers Fjell. Die Fjellheisen Seilbahn ist übrigens nördlichste der Welt und insbes. auch bei Drachenfliegern beliebt. Wer Glück hat, kann sie vom Cafe aus beobachten. Es gibt starke Aufwinde, die zum Teil für die Drachenflieger nicht ungefährlich sind.

Die Seilbahn wurde 1961 gebaut, Höhe der Talstation 5o m, Höhe der Bergstation 42o m. Die beiden Gondeln haben Platz für je 27 Personen inkl. Gondelführer. Warme Sachen anziehen, es kann im Sommer bei Wind oben bei der Bergstation kühl werden.

Fahrzeit 4 Min. - Abfahrten ca. 1o - 17.oo Uhr. Im Sommer auch bis ca. 1 Uhr früh, abhängig von Wetterbedingungen und ausgesprochen schön bei Mitternachtssonne. In der Zeit 1.1o. - 1.3. fährt die Seilbahn nur bei günstigen Wetterbedingungen, bzw. Betrieb eingestellt. Info Telefon/Fax: 776.387.371 . - Preis retour ca. 8 Euro.

Bus: Nr 26 fährt ab Stadtzentrum (Hauptplatz Ecke Havnegata) zur Talstation der Seilbahn.

Newcastle/Nordengland. "Nordland Pils" Produkt der Großbrauerei RINGNES, - "LYSHOLMER" von Trondheim und "Lapin Kulta" von Tornio/Nordfinnland.

## Kirchen Tromsø

**EISMEER KATHEDRALE** (75): Wahrzeichen von Tromsø. Sie liegt direkt bei der Tromsø Brücke und ist V- förmig wie ein Betonzelt gebaut. Ihre Front mit einem riesigem 23 m hohen Glasfenster. Es zeigt in einem 14o qm großem Glasmosaik die Wiederkehr Christi (1972). Gebaut wurde die Kirche 1965 vom Osloer Architekten Jan Inge Hovig.

Das Dach besteht aus einer Vielzahl, in Höhe abgestufter V- Betonsegmente, zwischen denen die Sonne einfällt. Dies als Symbol des Wechsels von Licht (im Sommer 24 Std.), - aber auch der arktischen Nacht, des Nordlichtes etc. So zumindest die „kreative“ Idee des Architekten.

Es wird berichtet, daß bei starker Sonneneinstrahlung die Gläubigen mit Sonnenbrillen zum Gottesdienst antraten! Wie dem auch sei: die Kirche wurde baulich verändert. Dies zur Freude des Pfarrers, dem die Schäfchen nunmehr ungeblendet lauschten, - weniger aber des Architekten.

Besichtigung der Kirche außerhalb Gottesdiensten möglich. Juni bis Mitte August werktags ca. 1o- 2o Uhr, ansonsten tägl. ca. 16- 18 Uhr. Die Zeiten waren über die Jahre variabel, daher besser vorab im TI fragen. Eintritt ca. 2 Euro.

**DOMKIRCHE** (7): am zentralen Richard With Platz. Bereits 1252 gab es hier eine Kirche als Vorposten im hohen Norden. Gemäß des damaligen Papst in Rom sei es eine: “*Kirche gleich bei den Heiden*“ (= zu dieser Zeit noch nicht missionierte Einwohner Samen mit ihrem heidn. Glauben).

Die heute erhaltene Domkirche, eine große Holzkirche wurde von Chr. H. Grosch gebaut und am 1.12.1861 eingeweiht. Das aufstrebende Tromsø als Hafen für das Nordmeer benötigte eine repräsentative Kirche. Der Baustil in „Neugotik“ und wegen Größe der Kirche eine beachtliche Leistung im Sektor des Holzbaus (Statik!). So lastet das Gewicht des Da-

RECHTS: Tromsø Domkirche. Die evangelische Kirche ist die nördlichste Domkirche der Welt und eine der größten Holzkirchen in Norwegen.
UNTEN: schlichtes Innere der Kirche. Im oberen Bildteil das Stützwerk der Dachkonstruktion

ches auf den senkrechten Außenwänden und drückt diese nach außen. Mittelalterliche Architekten von gotischen Steinkirchen (z.B. Ulm, Straßburg, Chartres etc.) kannten das Problem und brachten an den Außenwänden Stützmauern an, um den Druck abzufangen (siehe Skizze, gestrichelte Linie). Bei Holzkirchen sind derartige Außenstützwerke in Holz nicht möglich. Grund: das freistehende Holzstützwerk wäre frei der Witterung (Regen) ausgesetzt und würde im Lauf der Zeit vermodern.

Der Architekt der Dolstad Kirche (1735) in Mosjøen (ebenfalls größerer Holzkirchenbau mit schwerem Dach) wählte folgende Lösung: rund um das zentrale Kirchenschiff mit seinem schwergewichtigem Dach waren seitlich Holzanbauten angebracht. Diese hatten niedrigere Höhe und stützten den Seitendruck des zentralen Kirchenschiffes mit innen befindlichen Holzverstrebungen ab. Eine mögliche (und damals übliche), - aber nicht unbedingt elegante Lösung. Die seitlichen Anbauten des 18. Jhds. hatten oft „Hüttencharakter". Insbesondere dominierte die Kirche nicht optisch als *„zentrales Gebäude"* wegen ihrer seitlichen Anbauten.

Vorgabe beim Bau der TROMSØ DOMKIRCHE (1861): * möglichst große Grundfläche im Kircheninneren, - * möglichst große Höhe = beides wegen Repräsentation, - * keine seitlichen Außen- Stützwerke in Form von „Anbauten".

Die 3 Vorgaben standen zunächst konträr physikalischer Grundbedingungen der Statik. Architekt und Statiker lösten das Problem, indem sie die Verstrebungen zum Auffangen des Dachgewichtes ins Innere der Kirche verlagerten (siehe auch Foto Vorseite). Wegen Größe der Tromsø Domkirche eine Meisterleistung der Statiker im Holzbau.

Die evangelische Domkirche ist nördlichste der Welt und eine der größten Holzkirchen Norwegens. Das Innere schlicht, mit Altarwand und zwei seitlichen Emporen. Besichtigung auch außerhalb der So-Gottesdienste gratis möglich.

**ELVERHØY KIRCHE**: gebaut 18o3 an der Stelle der heutigen Domkirche. Die Holzkirche wurde 186o demontiert und zunächst zum Friedhof gebracht, da man Platz für den Kirchenneubau der Domkirche (siehe oben) brauchte. 1972 Wiederaufbau Nähe des Prestvatnet im Ortsteil Elverhøy. Im Inneren altes Inventar, u.a. ein 3oo Jahre alter Altar. Adresse: Barduveien 38 in Elverøy. Bus ab Zentrum No. 26.

**KATHOLISCHE KIRCHE** (39): am zentralen Hauptplatz Torget (38). Gebaut 1861. Sie ist nördlichste katholische Domkirche mit dem nördlichsten kathol. Bischof der Welt. Ihm stattete 1989 Papst Johannes Paul II einen Besuch ab als Geste im Rahmen seiner weltweiten Reisen. Eine relativ kleine Holzkirche. Geöffnet täglich gratis.

## Historische Gebäude und Straßenzüge Tromsø

Eine Reihe der alten Holzhäuser des 19. Jahrhunderts sind heute noch erhalten. 1815 hatte Tromsø rund 75 Einwohner und war als wichtigste Hafen und Handelsstadt in Nordskandinavien bis 19oo auf beachtliche 7.ooo Einw. angewachsen. Das Areal der Holzgebäude bedeckte die Fläche von der Tromsø- Schiffswerft (57) im Norden bis zur Mack Brauerei (69) im Süden und des Hafens mit zentralem Bereich Dampskipskaia, Austad Kai.

Die Hitlertruppen, die ihr Hauptquartier „Nordatlantik" in Tromsø hatten, ließen die Stadt bei ihrem Rückzug 1944/45 von Brandsetzung verschont. Dies war einmalige Chance, das historische Stadtzentrum zu erhalten und unter Denkmalsschutz zu stellen. Ein riesiges Holzhaus-Ensamble des 19. Jhds. und zugleich größtes von Nordskandinavien.

Dem konträr standen wirtschaftliche Interessen, z.B. Bau moderner Banken, Kaufhäuser etc. Hinzu kam, daß es sich in einem modernen Steingebäude komfortabler lebt, als in altem Holzhaus des 19. Jhds. Auch wünschten die Stadtplaner im Gemeinderat ein „modernes Tromsø" mit breiten Durchgangsstraßen für den Autoverkehr.

Der „Austad Brand" von 1948 löste zunächst das „Problem" im Sektor des zentralen Hafenbereichs, alter Lagerhäuser am Austadkai und breitete sich aus bis zum Gebiet des heutigen SAS Hotel (29). Er war, wie sich später herausstellte, Brandstiftung. - Im Großbrand von 1969 wurden Bereiche des Hauptplatzes (38) sowie nördl. zerstört. Weitere Details siehe Kapitel „Tromsø Geschichte". Ein massives Votum der Denkmalsbehörden und Bevölkerung konnten andere Bereiche der Innenstadt retten.

Alte Holzgebäude des 19. Jhds. heute vorwiegend in der * STORGATA, * STANDGATA und * SJØGATA. Details unten.

**ZOLLHAUS** (56), Skansen. Es war das erste Zollhaus von Tromsø, fertiggestellt 1793. Das kleine einstöckige Holzhaus ist das ältestes, heute noch erhaltene der Stadt.

Mit dem Bau wurde im Juni 1789 begonnen. Das Bauholz kam per Schiff aus Namdal in der Provinz Trondelag. Zum Bauauftrag gehörte auch, daß das Haus einen Keller besitzen solle. Dieser, sowie die Grundmauern wurden mit Granitsteinen und Lehm als Bindemittel ausgemauert. Anschließend begannen die Zimmerleute mit der Holzkonstruktion des Gebäudes.

Diese Arbeiten gingen relativ schnell voran. Nicht ohne Grund: denn je früher der Zöllner einziehen konnte, desto früher gab es Steuereinnahmen!

Bereits am 17.Okt. 1789 war es soweit, und der erste Zöllner von Tromsø, Niels Jacobsen durfte ins -> halbfertige Haus einziehen. Er beklagte sich beim regionalen Amtmann bitterlich über die miserabelen Lebens- und Arbeitsbedingungen: „eine eiskalte Kiste"! Das Haus hatte zu diesem Zeitpunkt u.a. noch keine Außenverkleidung!

Die weiteren Fertigstellung des Hauses ging äußerst schleppend voran. Offenbar fehlte es an Geld. Außerdem hatte der Zöllner pflichtgmäß seine Arbeiten im Haus aufgenommen, warum also sich beeilen?

Ab Febr. 179o war ein Schreinermeister gut 1 Jahr lang (!) mit den Innenausbauten tätig. Offenbar rechnete er nach Stunden mit dem Staat ab? - Hinzu kam, daß es damals keine Sägewerke in Tromsø und Großraum gab. Die Bretter, Latten und Leisten für u.a. Fenster, Türen, Böden etc. mußten daher aufwendig per Schiff aus dem Süden herangeschafft werden. Vor Ort wurde dann das Holz per Hand gehobelt, Winkel für Türstöcke etc. gesägt oder mit einem Kantprofil zur Verbindung der Hölzer versehen. Eine Arbeit, die Zeit benötigte - und Geld kostete.

Eine weitere Verteuerung war die Tatsache, daß Arbeiter in der Einsamkeit des hohen Nordens nur mit Extravergütung „SPRIT" = Brandy- Vergütung zu gewinnen waren. Sie wurde zuzügl. des Stundenlohnes „ausgeschüttet". So waren in der Endabrechnung die Kosten für Sprit teuer als die Außenverkleidung und der Anstrich des Hauses!

Letztendlich war das Zollgebäude 1793 (somit 4 Jahre nach Baubeginn!) auch außen mit Brettern verkleidet. Zumindest: exzellente Arbeit der Handwerker. Vor mehr als 2oo Jahren wählten sie die Hölzer u.a. nach ihrer Widerstandsfähigkeit gegen Fäulnis aus, fertigten Fensterrahmen und Gläser, die heute noch bestehen.

Das Haus ist derzeit innen nicht zu besichtigen, schade! Bis ca. 1997 war dort das Stadtmuseum untergebracht, zu sehen: Zimmer mit Mobiliar reicher Tromsø- Familien früherer Jahrhunderte. Parken: Nansen Platz/Elvegata bei der Tromsø Brücke siehe unsere Karte.

Wenige Meter vom alten Zollgebäude (56) entfernt das Polarmuseum (55), ein altes Lagerhaus von 183o, Details siehe Tromsø Museen. Auch die Nachbarhäuser blieben vom Großbrand 1969 verschont.

TROMSØ SCHIFFSWERFT (57): die Tradition reicht zurück bis 1848, als die Werft gegründet wurde. 19o1 ließ Roald Amundsen das Schiff Gjøa für seine Expedition der Nordwestpassage in der Werft umbauen. Die Gjøa war zuvor eingesetzt für den Robbenfang in arktischen Gewässern. Der Umbau war bestens ausgeführt. Die Reise dauerte von 19o3- o6, womit Amundsen als erster die Nordwestpassage in Richtung Ost -> West befuhr. Details siehe Seite 185, sowie zur Nordwestpassage generell im VELBINGER Band 46 Oregon/Washington.

Die Werft besteht heute noch und ist wichtiger Industriebetrieb der Stadt. Offiziell ist eine Besichtigung nicht möglich, aber gut zu sehen bei der Fahrt über die Tromsø Brücke.

TROMSØ BRÜCKE: fertiggestellt 196o, Länge 1.o16 m, Höhe 36 m (weitere Details siehe „Tromsø Geschichte"). Die Straße ist zweispurig, daneben (abgeteilt) ein Fußweg. Prinzipiell hat man von der Brücke Superblick auf's Stadtzentrum. Es lohnt daher, ab Parkplatz (73) zu Fuß auf den Gipfel der Brücke raufzulaufen, gute Position auch für Fotos.
Mit normalem PKW sieht man bei der Überfahrt wegen Leitplanken wenig. Besser stehts für WoMo Fahrer mit erhöhtem Sitz im Fahrzeug. Die Fahrt über die Brücke mit dem Auto geht schnell; daher besser für Fotos seitlich auf der Brücke zu Fuß rauflaufen.

AAGAARD HOF (54): gebaut 1838, später Haus des Kaufmannes Andreas Agaard. Dieser kam zu Reichtum im arktischen Robbenfang und Handel mit Pelzen. Sein Haus war das erste von Tromsø mit eigener Strombeleuchtung (1899, Details siehe Geschichte). Adresse: S. Tollbugt./Skippergata, Besichtigung des Hausinneren nicht möglich, da Privat. Optisch wurde das Haus in Fassade und Fenstereinbauten erheblich modernisiert.

STORGATA 94: Eckhaus am Hauptplatz neben (39). Gebaut 1835 für den Kaufmann Th.B. Holst im Empirestil. Als die katholische Domkirche (39) gebaut wurde (186o/61), war das zweistöckige Holzgebäude Wohnsitz des kath. Priesters und ab 1932 Bischofssitz. Hier logierte Papst Johannes Paul II., als er 1989 Tromsø besuchte. Das Gebäude ist ursprünglicher Form von 1835 in optimalem Erhalt, - seit 1942 (!) unter Denkmalschutz, somit noch zu Zeiten der Hitler Besetzung Norwegens.

STORGATA 112 Ecke Bispegata (siehe unsere Karte Zentrum 53): das langgestreckte, zweistöckige Holzgebäude wurde 186o für den wohlhabenden Tromsø Kaufmann H. Pettersen als Privathaus gebaut. Geld hatte der Kaufmann offenbar reichlich, was die Größe des Gebäudes und Anzahl an Zimmern dokumentiert.

Gebaut in Vorläufern des sogen.*"SCHWEIZER STILS"*. Eine Bauform in Tromsø ab ca. 186o/8o. Er zeichnet sich aus u.a. durch überhängende Dächer, Holzblenden an den Hausecken, aber auch Holzbänder mit Verzierungen als Trennung der Hausetagen -> bis hin zu Pseudostützwerk an Holzkonstruktionen zur schöneren Optik der Fassade.

Reinere Formen des *„Schweizer Stils"* (wenn auch mit anderen Baustil Elementen vermischt) finden sich z.B. in der Storgata 56 (dort in Kombi mit *„Empire Stil"*) oder im Kirkegårdsvegen 19, Details dort.

Von 1886 bis 1924 war das Haus als Privatkrankenhaus genützt, dann als Seemannsheim, heute als Pension, Details siehe „Unterkunft".

STORGATA 95 Storgata/Ecke Bispegata (siehe unsere Karte Zentrum 52): gebaut 1837 für den deutschstämmigen Kaufmann Johann F.D. Mack. Ein großes Holzgebäude 2 Stock, mit Dachgeschoß und Giebel sogar 4 Stock. Vorherrschend in der Hausfassade die Symetrie: zentral in der Mitte angeordnet die Giebelstockwerke mit 1 + 3 Fenstern - im 1. OG: 9 Fenster, - im EG: 7 Fenster im Zentrum, re. und li. als Abschluß 2 Hauseingänge. Es lassen sich optische Diagonalen legen (z.B. vom linken Hauseingang zur Giebelspitze und von dort in Diagonale zum rechten Hauseingang- von der Giebelspitze senkrecht zur Basis etc., die dem Haus fein ausgewogene Proportionen und Symetrie geben).

Gebaut im sogen.*"EMPIRE STIL"*. Als Bauform in Tromsø ab 18oo. Er ist beeinflußt durch die Wiederentdeckung des klassischen Griechenlands. Im hohen Norden Skandinaviens zwar keine Steinsäulen und Marmortreppen, - so doch klar strukturierte Fassaden in Proportionen des Gleichgewichtes. Integrierte Eingangsportale mit Holzsäulen, klare Linien und Symetrie der Fassadengestaltung.

Beispiele sind u.a. das Haus Storgata 95 siehe oben, in Eingangsportal auch Storgata 56 siehe dort, - das Haus Skippergate 11, - das Haus Sjøgata 12, - in Fenstergestaltung z.B. Strandgata 36, gebaut um 181o-2o.

Im Haus Storgata 95 wohnte 19o1 - o5 die berühmte Schriftstellerin Cora Sandel (siehe auch Bankgata 13). Seit 1911 Haus der „Arbeiterbewegung" und 1942 unter Denkmalsschutz, - heute „Gjøa Pub" siehe Kapitel Pubs.

KJELSETHOF in der Skippergata 19: Empirestil, eine einfacher gestaltete

Fassade: hier das repräsentative Eingangsportal mit Holzsäulen fast in der Mitte der Hausbasis. Rechts je 3 Fenster, links lediglich je 2 Fenster. Die diagonal verschobene Proportion erfährt Kontrapunkt durch das Eingangstor am linken Ende des Gebäudes/Basis.

Das Haus war Wohnsitz des Schusters Christian Noess aus Trondheim. Woher er das Geld zum Bau des relativ großen Gebäudes nahm, ist nicht gesichert.

**STORTORGET** (38): Hauptplatz von Tromsø. Ein Mischmasch oft scheußlicher Betonarchitektur des 2o. Jhds., daneben hübsche Holzhäuser des 19. Jhds. Schande über moderne Architekten, die zwar „ihre Gebäude" realisierten, dabei aber keinerlei Rücksicht auf die umgebende Architektur nahmen. Dies weder in Form noch Stilanpassung, Farbgebung oder Größe. Der Torget von Tromsø ist heute einer der mißgestaltesten Plätze Norwegens! Es fehlt ihm an jeglicher Harmonie der Gestaltung.

An der äußersten Nordost- Ecke des Platzes das Betongebäude des DOMUS KAUFHAUSES (5o): hier regierten offenbar Forderungen, wie ein Kaufhaus billig gebaut wird, d.h. Wände ohne Fenster etc. Ein Betonklotz wie die Faust aufs Auge. - Gegenüber der Betonpalast mit PEPES PIZZA (48) und grellem Neon. Nicht gerade eine optische Perle. Daneben stehen Holzhäuser aus dem 19.Jhd.

KATHOL. DOMKIRCHE (39): bereits in der Rubrik „Kirchen" erwähnt. Ein zierliches Holzgebäude von 1861. Es wurde damals gespendet von der kathol. „Nordpolar- Mission" in Alta. Das Kirchlein wirkt optisch beruhigend innerhalb sonstiger Stil- und Bausünden des Platzes

ALTES RATHAUS (47): am Stortorget. Zweistöckiges Holzgebäude mit Stilelementen des Spät-Empire (klare Linien und Symetrie) sowie gering überstehendem Dach. Gebaut 1864 nach Plänen des Architekten P.H. Holtermann, seit 1981 unter Denkmalsschutz.

MUSIKPAVILLION (gegenüber 47): Er wurde 1891 vom örtlichen Wohlfahrtsverband errichtet, um durch Veranstaltungen Leben in die Stadt zu bringen. Der Kaufmann Karl J. Hall (ein überzeugter Antialkoholiker!) hatte sich zum Ziel gesetzt, die Bevölkerung durch Musikveranstaltungen von der damaligen Sauferei abzubringen, - dies garniert mit einem abschließendem Feuerwerk. Der „Tempel des züchtigem Lebens" wurde in Orkanger/ Südnorwegen vorfabriziert und kam per Schiff nach Tromsø.

Zur Jahrhundertwende und Anfang des 2o. Jhds. waren die Musikveranstaltungen sehr beliebt. 196o wurde der Pavillion demontiert und auf der Insel Karløya eingelagert, da es in Tromsø Bedeutenderes gab (z.B. in Pubs heiße Jazzveranstaltungen mit viel Bier) - und sich niemand mehr für die „Promenaden-Musik" im Pavillion interessierte. 1995 auf Beschluß des Stadtrates wiederaufgestellt als „Kulturdenkmal".

KULTURHAUS (46): mehrstöckiges Glasgebäude am Hauptplatz, 1984 fertiggestellt. Der frühere Kultur- und Theaterbetrieb (in der Anfangszeit des 19. Jhd. z.B. im „Hotel Nord“, später u.a. im „Kleinen Kulturhaus“ Grønnegata 1o4) hatte nun ein Haus mit großen Räumlichkeiten für Veranstaltungen. Idee des Architekten John Kristoffersen: in der Glasfront *seines* Gebäudes spiegelt sich der *„Rest des Platzes“*. Dies ist gewiss auch eine Form architektonischer Anpassung an umgebende Gebäude.

**STORGATA**: sie ist die Straße von Tromsø mit den meisten erhaltenen, historischen Gebäuden des 19. Jahrhunderts. Die Storgata ist heute Fuß–gänger Zone im Bereich ab Bispegata im Norden und evang. Domkirche (7) im Süden. - Abgesehen von den bereits erwähnten Häusern im nörd. Bereich der Storgata wie folgt:

STORGATA 1o6: gebaut ca. 186o. Von Optik wenig phantasievolle Architektur, jedoch interessante Geschichte. Der Verleger, Buchhändler und Schriftsteller Mikal Urdal (1818- 96) hatte hier ab ca. 186o seinen Firmensitz.

Urdal schrieb u.a. mehr als 145 Balladen. Sie waren sehr dramatisch, z.B. die Ballade vom Schlächter Ibrahim, der 13 Kinder tötete und anschließend das Fleisch an die Einheimischen für den Mittagstisch verkaufte. Um seine Balladen besser verkaufen zu können, gab es folgenden Bonus: wer eine Ballade kaufte, erhielt hierzu eine Kurzeinweisung in Gesang und Theatralik von Mikal Urdal...

Berühmt wurde Urdal (im Nachherein), da er eines der ersten Werke des berühmten norw. Schriftstellers und Nobelpreisträgers Knut Hamsun druckte und veröffentlichte. Die Erzählung hieß *„Das Rätselhafte. Eine Liebesgeschichte vom Nordland.“* Das Werk des damals 17-Jährigen Knud Pedersen (späterer Künstlername Hamsun) war praktisch unverkäuflich. Es vergammelte im Laden seines Verlegers Mikal Urdal. Heute ist die Erzählung begehrtes Sammlerstück, für das wegen damaliger Miniauflage auf Auktionen bis zu 1o.ooo Euro gezahlt werden.

Weitere Details zu Knut Hamsun Seite 386. Er besuchte während seiner Nordlandreisen mehrfach auch Tromsø. Hier faszinierte ihn die Persönlichkeit des Kaufmanns Mack, der in 4 seiner wichtigsten Werke als literarisch modifizierte Romanfigur einfloß.

Heute im Haus Storgata 1o6 ein Lebensmittelgeschäft bei reichlich nüchterner Fassade.

KINEMATOGRAF (41) Amtmannsgata Nähe Storgata: hier befand sich das erstes Kino von Tromsø, es wurde 19o9 eröffnet, - somit 14 Jahre nach dem ersten „Kino“ der Welt: Dez. 1895 in Paris. Es war zugleich eines der ersten Kinos in Norwegen.

Gezeigt wurden Stummfilme der franz. und kaliforn. Produktion, - aber auch preiswertere Filme der Norweger: z.B. „Fischtour im Tromsøysund“, „der dt. Dampfer Carmen im Hafen vom Tromsø“ etc. Sie waren durch Life- Musik untermalt und für die Bewohner der Stadt Tromsø eine interessante Abwechslung in der Einsamkeit des Nordens. Details zum Beginn der Filmgeschichte, erstem Zelloloid- Film, Projektoren etc. und weiterer Entwicklung im VELBINGER Band 53 „Kalifornien“.

Elementar zum Vorführen von Filmen war der Strom zum Betrieb der Projektoren. Im hohen Norden Skandinaviens nicht unbedingt die Regel. Pluspunkt: sowohl in Hammerfest wie Tromsø als mit erste Städte Norwegens vorhanden. Offen die Frage, warum es 19o6 in Tromsø ein Kino gab, nicht jedoch in Hammerfest zu dieser Zeit.

Der wohlhabende und filmbegeisterte Kaufmann Thoralf Willumsen hatte in Tromsø eine ehemalige Bäckerei gekauft, importierte Beleuchtung und teuren Filmprojektor. Das Kino war von Anbeginn supergut besucht, ging aber bei Beginn des TV Zeitalters pleite. Heute an der Stelle ein Kleidergeschäft.

KINEMATOGRAF: das erste Kino von Tromsø, eröffnet wenige Jahre nach Erfindung des Kinos. Filmplakate: z.B. der Reißer "Indianer sind Falschspieler", - aber auch Seriöses.

VERDENSTEATRET (52): Storgata Nähe Bispegt. Kino 1916 eröffnet. Der Kommune Tromsø war der lukrative Gewinn des ersten Kinos in der Amtsmannsgata (siehe oben) bewußt. Sie plante und baute daher ein eigenes Kino in der Storgata Nähe Bispegata. Ein Steingebäude mit 2 Stockwerken, Giebel und Dachgeschoß in Jugendstil/Klassizismus.

In Architektur ausgesprochen schön, u.a. Jugendstil- Dekor um die Fenster. Es gab in der Stummfilmzeit sogar einen kleinen Orchester- Graben mit beachtlich 6 (!) Musikanten zur Untermalung. Das Kino ist heute noch in Betrieb; es steht zudem als Gebäude unter Denkmalsschutz.

FOKUS KINO (45) Grønnegt/Ecke Amtsmannsgt.: heute größtes Kino der Stadt mit 7o mm Breitformat- Projektion. Das Gebäude: im Viereck gewölbte „Muschelkuppe" und nicht unbedingt gelungenen Architektur, die sich wenig „höflich" der übrigen Stadtbebauung anpasst.

BANKGATA 13/ Ecke Storgata (neben Sparkasse): war das erste, komplett in Stein gebaute Haus der Stadt, fertiggestellt 189o. Es gehörte der reichen Reederfamilie Jos. Gioever, die vorwiegend im Walfang in arktischen Gewässern engagiert war. Foto des Hauses und Details ab S. 657.

Die Schriftstellerin Sara Fabricius (Künstlernamen Cora Sandel) wuchs in dem Haus auf als damals 13 Jährige. 19o1 zog die Familie um in die Storgata 95 (Details dort), wo Sara bis zu ihrem 15. Lebensjahr lebte. Cora Sandel (188o - 1974) erwarb sich Ruhm als wichtige nordnorweg. Schriftstellerin mit dem Roman *„Alberte und Jacob"* (1926).

Das Haus Bankgata 13 war nach Fertigstellung größtes im Stadtzentrum. Erst 191o-15 wurde links daneben die Tromsø Sparkasse gebaut, die an Größe das Haus Bankgata 13 überragte. Letzteres war in der Zeit 194o- 45 zur Zeit der Hitler Besetzung von Norwegen als Gebäude konfisziert und genutzt als Hauptquartier der Gestapo in Tromsø.

STORGATA 56 (siehe Foto Seite 65o): gebaut 1896 in einer Mischung von *„Schweizer Stil"* (überhängendes Dach, Pseudo-Stützwerk im Giebel etc.) - sowie im Eingangsportal: *„Empire Stil"* und klassizistischen Elementen z.B. in der Fensterverblendung (Umrahmung). Architekt Olav Ingstad; eines der schönsten historischen Häuser von Tromsø! Es steht unter Denkmalsschutz. Im EG heute ein Elektrogeschäft. Lage: gegenüber der evangel. Domkirche und Richard With Platz.

TROMSØ SPARKASSE (Storgata/Ecke Bankgata): vierstöckiges Steingebäude mit abgerundeter Hausecke zum Platz und geschwungenem Erker oberhalb des Haupteingangs im Dachbereich. Weitere Jugendstilelemente sind geschwungene Girlanden. Gebaut 191o- 1915, Architekt H. Nilsen.

EVANGEL. DOMKIRCHE: nördlichste der Welt, Details siehe S. 694

STORGATA 42 (14): das Holzhaus (gebaut 1868 für den Kaufmann Svend Berger), gehörte Ende des 19. Jhds. dem Apotheker Fritz G. Zapffe. Er war mit Roald Amundsen gut befreundet, der bei ihm übernachtete, bevor er zu Arktis- Expeditionen aufbrach (Details siehe S. 185).

Peter Wessel Zapffe (Sohn von Fritz G. Zapffe) geb. 1899, verbrachte seine Kindheit in der Storgata 42. Er studierte Jura und machte sich damals schon einen Namen, da er seine Examensarbeit dem Professor in Versform überreichte. Bekannt wurde er als Humorist, u.a. mit seinem Buch „Witz und Unwitz" (1942), in dem er mit deftigen und sprachlich fantasievollen Sprüchen seine Leser begeisterte.

In späteren Lebensjahren lehrte P.W. Zapffe an der Universität Oslo Philosophie und schrieb u.a. ein Buch über „Das Tragische". Er wurde 91 (!) Jahre alt. Vermutlich waren es positive Lebenseinstellung und sein Humor, die Dinge „locker zu nehmen", - die ihm langes Leben gaben.

Heute steht das Haus unter Denkmalsschutz, wie auch viele der Nachbarhäuser Storgata aus der Zeit 19. Jhd. Untergebracht im EG die nicht unbedingt stilgerechte Bar „Mirage". Im 1. Stock das Restaurant „Peppermøllen" mit vielen Fotos der Eismeerfahrten, siehe „Restaurants Tromsø".

MACK BRAUEREI (69): die nördlichste Brauerei der Welt!, gegründet 1877. Details Seite 69o. - POLARIA (26): Details siehe Museen.

NORDNORSK KUNSTMUSEUM (25): Muségata 2, ein zweistöckiges Steingebäude im südlichen Stadtteil Nähe „Polaria". Gebaut im klassizistischem Stil (Architekt: Lars Solberg) und 1894 eröffnet zum 1oo- jährigem Stadtjubiläum. Damals als Stadtmuseum genutzt bis 1961. Heute dienen die Räume im EG als Kunst- Verkaufsausstellungen sowie für kulturelle Veranstaltungen. Im 1. Stock das Nordnorsk Kunstmuseum mit Bildern und Skulpturen nordnorweg. Künstler. Weitere Details siehe „Museen".

SKOLEGATA 44 (etwa Höhe Bispegt.): das relativ große Holzhaus am Hang wurde zur Wende 19./2o. Jhd. im Auftrag von Arthur Mack als dessen Privathaus gebaut. Es ist in Architektur ein besonders gutes Beispiel für den „Schweizer Stil" mit überragendem Dach, dem Balkonvorbau und weit rausragendem Giebel mit Pseudostützwerk als Verzierung.

In dem Haus verbrachte der berühmte nordnorwegische Journalist Arne Hestenes (192o-1995) die Jahre seine Kindheit. Als Journalist war er bekannt für seine markant-kernigen Formulierungen, z.B: Tromsø sei eine Stadt *„ungeölter Mövenschreie"*, - über die Tromsø Erdbeeren schrieb er *„... prall gefüllt, - Mitternachtssonne in losen Portionen..."*

Die SKOLEGATA, insbes. aber der KIRKEGÅRDSVEGEN (und Seitenstraßen), der den Hang rauffführt, ist Eldorado für Architektur- Interessierte: Hier bauten die Reichen der Stadt zur Wende ins 2o. Jhd. ihre Ferienvillen. Da sie über Geld verfügten: größere und vielfach interessante Holzbauten meist im „Schweizer Stil" und Varianten.

Weitere SCHRIFTSTELLER, die in Tromsø geboren wurden bzw. dort aufwuchsen:

* **Jonas Lie** (1833-19o8): verbrachte (als Sohn des Stadtvogts Mons Lie) seine Kindheit im Haus Søndre Tollbudgt. 6. Das Holzhaus gebaut 1838 liegt in der Nähe des damaligen Lagerhauses der Zollbehörde (55), des Zollhauses (56) und war ab 1842 das Postamt der Stadt. 1876 kaufte Richard With das Haus. Er war Gründer der *„Hurtigruten"*, der ganzjährigen Schiffsverbindung von Christiana/Oslo -> Bergen-> Trondheim nach Tromsø.

  Seine Kindheitserlebnisse verarbeitete Jonas Lie in Romanen und Novellen. So u.a. *„Dreimaster der Zukunft"* und *„Susamel"*. Schilderungen des Lebens in Tromsø, des aufstrebenden Handels, aber auch Hafenkneipen, wo die Matrosen der Pomorschiffe nach harter Fahrt durch arktische Gewässern durchzechten und sich prügelten.

* **Halvdan Koth** (1873- 1965): geboren in Tromsø verbrachte er seine Kindheit im Haus Storgata 78. Der spätere Geschichtsprofessor war 194o norweg. Außenminister. Die Autobiographie *"Erinnerungen aus jungen Jahren"* , erst 3 Jahre nach seinem Tod veröffentlicht, berichtet sehr detailliert über das Tromsø zur Wende ins 2o. Jhd.

* **Bernt Lie** (1868- 1916), Sohn des Jonas Lie, - stieg in die Fußstapfen seines Vaters und wurde Schriftsteller. Er schrieb Kinderbücher und Romane für Erwachsene. Thema und Handlungsort vielfach Nordnorwegen und Tromsø, wo er aufgewachsen war. Er starb sehr früh mit 48 Jahren und wurde gemäß seines Wunsches auf dem Tromsø Friedhof beerdigt.

**SJØGATA, KAIGATA, STRANDGATA**: die Straßenzüge waren zu Beginn des 19. Jhds. die Uferlinie zur Meeresstraße Tromsøysundet. Hier befanden sich Lagerhäuser und auf Pfählen ins Meer gebauten Anlegekais der Schiffe. Hier befanden sich auch die vielfältigen Geschäfte von Schuster bis Seilmacher, Eisenwaren, Segeltuchhersteller bis Reeder. Weiterhin Hafenkneipen und einfachere Hotels.

Der Austad Brand (1948) zerstörte den Großteil des nördl. Bereiches bis Torget (38). Erhalten u.a. SJØGATA 12, das Holzhaus des Kaufmanns Dreyer, heute „Compagniet Restaurant" - sowie in der KAIGATA mehrere Holzhäuser (Lager- und Packhäuser) unterhalb des heutigen SAS- Hotels. Die STRANDGATA war von den Großbränden verschont. Denkmalsschützer konnten die dortigen Holzhäuser des 19. Jhds. vom Abriß bewahren. Sie fungieren heute vielfach als kuschelige bis krachig laute Pubs. Weitere Details siehe auch „Tromsø Pubs", „Geschichte" und „Stadtarchitektur".

**SHOPS, SUPERMÄRKTE**

BUCHHANDLUNGEN: „Centrum Libris" (35) in der Sjøgata 31/33. Die beste Buchhandlung der Stadt, jedoch nur wenig in Englisch oder Deutsch; kleine Touristikabteilung mit Bildbänden, teils auch Landkarten.

„Tromsø Interbook" (51) in der Storgata 93, zentrale Lage in der Fußgängerzone. Gut ausgerüstet z.B. im Bedarf für Schulkinder, jedoch ebenfalls nur wenig in Englisch/Deutsch, teils auch Landkarten.

Im Airport/Oberstock (95): breite Auswahl an Zeitschriften und Zeitungen, auch ausländische. Die beste Adresse von Tromsø, wer derartiges sucht. Ansonsten: „Narvesen Kiosk" am Hauptplatz Torget (38).

„Tromsø Bruktbokhandel", Kirkegt. 6: Handel mit gebrauchten Büchern. Bei etwas Glück finden sich antiquarische Schnäppchen, die Regel sind jedoch Second Hand Bücher und zudem meist nicht in Englisch.

„Septentria": Storgata 97. Antiquariat mit Schwerpunkt Literatur Tromsø, Finnmark, Samen und Polarregion. Geöffnet 12- 17 Uhr, Sa. 1o- 14 Uhr.

KLEIDUNG: „Kapp Ahl" (28): Ecke Sjøgata/Fr.Langesgata im Zentrum beim SAS Hotel. Traditionshaus, das seit 19. Jahrhundert besteht. Gute und oft preiswerte Auswahl an Kleidung. Die Palette reicht von Röcken, Blusen, Hosen, zu Pullies, Mänteln, Unterwäsche etc.

„Coop Supermarkt" (5o): am Hauptplatz Torget. In Norwegen verbreitete Kaufhauskette mit Querschnitt Schuhe bis Ober- und Unterkleidung. Mittlere Preise; - auch Lebensmittelabteilung sowie Cafeteria.

„Intersport", Storgata 87 im Stadtzentrum sowie im „Polarsenteret" (92) beim Airport. Sportbekleidung, Schuhe etc.

„Steen & Strøm Nerstranda Shopping Center" (2o), Strandgata im Stadtzentrum Nähe Abfahrt der Schiffe. Breiter Querschnitt, auch Boutiquen, Bank, Cafe. Im Haus eine integrierte Parkgarage (Gebühr).

SUPERMÄRKTE: „Polarsenteret" (92) beim Airport, gebaut im Stil eines überdimensionalen Hangars, gute Parkmöglichkeit. Innen grosser Rimi Supermarkt, weiterhin Möbelhaus, Intersport und kleiner Spielzeugladen.

„Jekta" (94): beim Airport. Gut frequentiert, aber nicht viele Geschäfte. Zentral im Gebäude ein großer Lebensmittel- Supermarkt, weiterhin Shop mit Kleidern, Leder sowie Spielzeug und CD- Geschäft. Sehr gut sortierter „Outdoor Shop". Gute Parkmöglichkeit. In beiden Supermärkten auch je eine Cafeteria. Zwar billig, die Küche hat uns weniger überzeugt. Besser ist die Cafeteria im Airport (95).

„Pyramiden" (8o): auf dem Festland, dort zwischen E 8 und Solstrandvegen. Prinzipiell eine gute „Quelle": außer einem mittelgroßen Lebensmittelmarkt gibt es eine Vielzahl kleinerer Geschäfte, auch Post und Bank. Ausreichend Parkplätze.

„Coop" (5o): im Stadtzentrum am Hauptplatz. Im EG Lebensmittelmarkt. Parkmöglichkeiten in näherer Umgebung fürs Auto praktisch Null. Dies gilt auch für folgende:

„Spar Market" (9) in der Storgata Nähe der evang. Domkirche (7): kleineres Lebensmittelgeschäft, - aber derzeit 24 Stunden offen. Von Nescafé bis Brot, Joghurt, Aufstrich etc.

„Veita" (22): Supermarkt neben dortiger Shell Tankstelle, Storgt. 1o2. Parkmöglichkeit vor dem Supermarkt schwierig. Nach Geschäftsschluß ist die Shell-Tankstelle mögliche Quelle für Lebensmitteln wie belegte Brote, Snacks, Drinks etc., 24 Std. geöffnet, zudem innerhalb der Tankstelle keine Parkprobleme.

Weitere Supermärkte in den Ortsteilen * Kroken, - * Håpet, - * Stakkevollan und * Elvehøy.

APOTHEKE: „Renen Apotek", Sjøgt. 39, - „Svaneapotek", Fr. Langes Gt. 9: Beide im Stadtzentrum, letztere dient als Bereitschaftsapotheke, die tägl. auch 18- 21 Uhr geöffnet hat, Tel.: 776.o14.8o.

ARZT NOTDIENST: Freitag 16.oo - Montag 8.oo Uhr Tel.: 776.28o.oo.

KRANKENHAUS (89) „Regionsykehuset" im Ortsteil Breivika, siehe unsere Karte, Tel.: 776.714.14. - AMBULANCE: Tel. 113, - ZAHNARZT: Notdienst am Wochenende Tel.: 776.28o.oo.

BÄCKEREIEN: Kirkegt. 12, - Stortorget 3, - Fr. Langesgt. 16 sowie in den Shopping Centers Pyramiden (8o) und Polarsenteret (92).

OPTIKER: u.a. Fr. Langesgt. 2o, - Storgt. 6o sowie 47 und Skippergt. 1.

UHRMACHER: z.B. wegen neuen Batterien: Noralf Andersen, Stortorget Ecke Havnegata, - FOTOENTWICKLUNG 1 STD.: im „Steen & Strøm Nerstranda Shopping Center" (2o), - FOTOGESCHÄFT: Storgata, etwa gegenüber der Einmündung der Bankgata.

## TANKSTELLEN

An der E 8 auf dem Festland, * Tromsdalen Nähe Eismeerkathedrale (75). Weiterhin: in der * Vestregata „Statoil" (63) im oberen Stadtzentrum, etwas versteckt, Parallelstraße zur Grønnegt, siehe unsere Karte. - Sowie * Statoil (94) Nähe Airport siehe unsere Karte.

**24 Std. geöffnet**: Shell Tankstelle (22) im südlichem Stadtzentrum siehe unsere Karte Storgt./Ecke P. Hansens Gt.. - **Dito 24 Std. geöffnet:** die Tankstelle auf der Nachbarinsel Kvaløya in der dortigen Ortschaft Kvaløysletta. Achtung: dies ist derzeitiger Stand, kann sich ändern!

Wer Ausflüge auf vorgelagerte Inseln plant, sollte unbedingt vorab tanken im Stadtbereich von Tromsø. Später auf den Inseln gibt es kaum, in der Regel aber meist keine Tankstellen. Vor Beginn des Abstechers sollte der Tank (je nach Ziel) mindestens halb, besser aber voll sein!

Die Tankstellen reparieren auch Autos (z.B. bei Reifenpannen) bzw. vermitteln an entsprechende Werkstätten in Tromsø.

BANKEN

„Den Norske Bank" im „Steen & Strøm Nerstranda Shopping Center" (2o), - „Sparebanken NOR" in der Fr. Langesgata 19/21 ebenfalls sehr zentral gelegen siehe Karte (27). - „Spare Bank 1 Nord-Norge": im Stadtzentrum Storgata 68/ Sjøgata 8. Parken ist dort in der Nähe der Banken schwierig. Sie besitzt eine Zweigstelle im „Pyramiden Shopping Center" (8o) auf dem Festland, ist dort gut von der E 8 anzufahren, zudem gute Parkmöglichkeit vor dem Shopping Center.

Geöffnet sind die Banken Mo.- Fr.: 8.3o - 15.oo bzw. 15.3o Uhr (je nach Jahreszeit), am Do. bis 17 Uhr.

Zweigstelle der „Spare Bank 1 Nord-Norge" im Airport: geöffnet Mo.- Fr. 1o - 18 Uhr.

POST: Hauptpostamt (für Postlagernde Sendungen) in der Strandgata 41 siehe unsere Karte „Tromsø/Zentrum" dort Nr. (6). Geöffnet 8- 17 Uhr, Sa. 1o- 14 Uhr.

## VERANSTALTUNGEN, AKTIVITÄTEN, SPORT

Tromsø ist die nordnorw. Metropole des JAZZ. Die Saison beginnt, wenn im Sept. die Studenten von den Semesterferien zurück in die Stadt kommen. Details zu Veranstaltungen und Terminen: Touristbüro Tromsø sowie in der Gratis-Broschüre „Det skjer Tromsø!, What's on Tromsø?". Sie ist erhältlich im TI- Büro sowie in Hotels teils auch Restaurants/Pubs.

KULTUR HUSET (37) Hauptplatz Torget: Theater- sowie Konzertveranstaltungen, Tanz und „Student Performance" (Theater- und Tanzgruppen der Uni). - ORGELKONZERTE: in der Eismeer Kathedrale (75); wer klassische Musik mag: stilvoller Rahmen und Tipp! Details Tourist Büro und „What's on Tromsø?".

KINO: Filme meist englisch mit norweg. Untertitel. „Focus Cinema" (45) in der Grønnegt. 94 und „Verdensteatret" (52) in der Storgt. 93 b. Infos: Tageszeitung bzw. Aushang vor dem Kino.

SCHWIMMBAD: schöne Sache nicht nur für WoMo Fahrer, sich unter warmer Dusche „aufzufrischen" und anschließend ins Becken zu steigen.

Ortsteil Alfheim (zu erreichen ab Stadtzentrum via Kongsbakken, Kirkegårdsveien), Alfheimveien 23. Geöffnet Mo.- Fr.: 15/16 - 2o/22 Uhr, Sa: 1o - 15 Uhr. Eintritt ca. 3 Euro.

GO-CART: im Ortsteil Stakkevollan nördl. der Uni, Stakkevollanveien 49. Die Bahn ist tägl. geöffnet 15- 22 Uhr.

ANGELTOUREN: im Sommer mit mehreren Veranstaltern, u.a. auch mit der M/S Polsterna (Eismeerschiff). Im Angebot 4 Std.- Trips bis mehrere Tage und Fahrten in die weitere Umgebung von Tromsø. Details zu Veranstaltern: Tromsø Tourist Büro.

BOWLING, SQUASH, BILLIARD: Ortsteil Stakkevollan nördl. der Uni, Stakkevollanveien 49/51. Geöffnet 1o - 24 Uhr, sowie Fr./Sa. 1o bis 1 Uhr früh.

WANDERN: im Bereich der Gemeinde Tromsø rund 1oo km erschlossene Wanderwege mit Hütten. Infos: Tromsø TI oder DNT (norweg. Wanderverein, Grønnegt. 32, Tel. 776.851.75).

Geführte Bergwanderung auf der Nachbarinsel Kvaløya westl. von Tromsø (dies mit Alaska Hunden) und Gletscherwanderung im landschaftl. großartigen Lyngenmassiv im Osten: Tove Sørensen, Tel.: 776.96o.o2 bzw. 776.96 o.38, Fax: 776. 96o.39 oder über's Tromsø Tourist Büro.

RUDERBOOT- VERLEIH: auf den Campingplätzen „Skittenelv" (84), dem „Ramfjord Camping" an der E 8 und dem Camping Insel Vannøy. Die Boote sind beliebt bei Anglern, die Angelkarte (Lizenz) auf dem Camping.

AUSFLUG BUS & SCHIFF/HURTIGRUTEN: interessanter und lohnender 1-Tagestrip im Sommer, - wer mit eigenem Auto nicht weiter Ri. Nord fährt. Gutes Wetter vorausgesetzt: landschaftlich großartig!

Abfahrt Bus ca. 16 Uhr ab Tromsø Zentrum (2). Bei gutem Wetter ein Supertrip mit zwei Fähren nach Olderdalen am Lyngenfjord und weiter der E 6 mit grandiosem Blick auf die riesigen und spitzgezackten Gipfel der Lyngenalpen. Auf dem Abzweiger der RV 866 und Untermeerestunnel nach Skjervøy. Dort 2o Uhr aufs Schiff der Hurtigruten, das durch Meeresstraßen um 23.45 Uhr wieder Tromsø erreicht. Preis: ca. 35 Euro.

## TROMSØ im WINTER

In der Zeit dunkler Nächte und des Nordlicht keinesfalls „Tote Hose" sondern im Gegenteil als Ziel äußerst attraktiv, - wer die nördlichste größere Stadt der Welt erleben will!

Die Kneipen und Pubs voll in Betrieb, das Zentrum und Vororte voll mit Leben. Das unterirdische Tunnelsystem erleichtert den schnellen Zugang zu den jeweiligen Positionen im Zentrum und Airport.

SLEDEHUND TURER: im Winter Fahrten mit Schlittenhunden durch die Schnee-Einsamkeit. Der Norweger Tove Sørensen ist erfahrener Schlittenhundführer und hat mehrfach am berühmten „Finnmarksløpet" teilgenommen (Details siehe „Alta"). Preise unterschiedlich Länge der Tour. Adresse: „Tromsø Villmarkssenter", Furuhøgda/Håkøybotn auf der Nachbarinsel Kvaløya, rund 2o km vom Tromsø Zentrum. Tel.: 776.96o.o2 bzw. 776.96 o.38, Fax: 776.96o.39 oder über's Tromsø Tourist Büro.

SKI- LANGLAUF: gespurte Loipen auf der Hauptinsel Tromsøya sowie Nachbarinseln und Festland. Insges. rund 1o km, sie sind teils beleuchtet. Beim Tromsø Touristbüro gibt's eine Übersichtskarte der Loipen sowie telefonische Auskunft über den jeweiligen Zustand (Schnee) der Pisten.

KUNSTEISBAHN (77): auf dem Festland im Ortsteil Tromsdalen siehe unsere Karte. Geöffnet je nach Wetterbedingungen ca. Anfang Nov. bis Anfang März 17- 21 Uhr, am Wochenende 11- 16 Uhr, Eintritt ca. 5 Euro. Verleih von Schlittschuhen ca. 12 Euro/Tag.

EISANGELN: im Winter bisher vom „Ramfjord Camping" veranstaltet. Er liegt an der E 8, rund 2o km vom Tromsø Zentrum entfernt und dortigem Ramfjord. Ab Campingplatz gehts mit Snowscootern zum Angelplatz. Infos Tel. 776.921.3o bzw. 9o9.167.31 (=Campingplatz) oder Tromsø TI.

ABFAHRTS- SKI: obwohl nördlicher als Narvik (Details dort), - in Tromsø trotz Fjellheisen Seilbahn (79) nur eingeschränkt und wetterbedingt.

## TROMSØ -> SPITZBERGEN

Wie seinerzeit im 19. Jhd. für die Robbenjäger, Walfänger und Forschungs-Expeditionen ist auch heute TROMSØ der Ausgangspunkt Spitzbergen/Svalbard. Folgende Möglichkeiten:

* SCHIFF: die „M/S Nordstjernen" fährt 1 mal pro Woche in der Zeit Ende Juni bis Ende August nach Spitzbergen. Die Reise dauert inkl. Abstechern 1 Woche.
* FLUG: tägl. auf der Strecke Tromsø -> Longyearbyen/Spitzbergen, Flugzeit 2 Std., ganzjährig.

# Verbindungen ab Tromsø

**BUS**: der Busterminal (2) für Fernverbindungen erscheint in Stadtplänen und Busfahrplänen oft auch bezeichnet als *„Prostneset“*. Er liegt beim Kai der Hurtigruten (2) und der Schnellboote (1) im südlichen Ortszentrum.

**Bus - Fernverbindungen Tromsø -> Nord:**

Nach Skibotn (via Nordkjosbotn) tägl. 1 - 2 mal, Fahrzeit 2 1/4 Std. Nach -> Skjervøy: tägl. 1 - 2 mal, ca. 3 1/2 Std., das Schnellboot ab Tromsø jedoch erheblich schneller.

Nach Alta 1- 2 mal tägl., Fahrzeit ca. 6 - 7 Std. je nach Route und Busgesellschaft. Die Strecke via Breivikeidet, Lyngseidet besitzt 2 Fährüberfahrten, ist jedoch zeitlich kürzer und landschaftlich großartig. Ab Alta mit Umsteigen auch internat. Verbindung 2 mal/ Woche ->Luleå/ Nordschweden knapp 9 Std. und weiter entlang der schwed. Ostküste nach Umeå -> Gåvle -> Uppsala -> Stockholm per Bus sowie bequemem Nachtzug. Details im VELBINGER Band 18 „Schweden“.

Nach -> Hammerfest 1- 2 mal tägl., Direktbusse via Lyngenseidet, Alta, Skaidi: ca. 8 Std. Erheblich bequemer ist das Schiff der „Hurtigruten“, das 1 Nacht benötigt; schlafen in der Kabine. Nach -> Honningsvåg und Nordkap 1- 2 mal tägl.; im Sommer (Ende Juni bis Mitte August) Direktbusse der Gesellschaft „Nor Way“, 13 Std., ca. 8o Euro retour. Der Bus fährt bis zum Nordkap. Ansonsten mit anderen Bussen eine zeitaufwendige Angelegenheit wegen Umsteigerei (in Alta bzw. Skaidi sowie Honnigsvåg) und Warterei auf Anschluß. Alternative sind Schiffsverbindungen ab Tromsø, z.B. mit „Hurtigruten“ sowie Schnellbooten, Details unten.

Nach -> Karasjok (via Lakselv) 1- 2 mal tägl., meist mit Umsteigen in Alta, reine Fahrzeit ca. 9 Std. Hinzu kommt die Warterei auf Anschluß. Achtung: je nach Fahrplan ist u.U. sogar eine Übernachtung in Alta nötig! Ab KARASJOK: nach -> Tana Bru (plus 3 Std.), bzw. -> Vadsø (plus knapp 4 Std.), bzw. Vardø (plus ca. 4 1/2 Std.) bzw. -> Kirkenes im äußersten Nordosten Norwegens (plus ca. 5 Std.).

Achtung: ab Hammerfest im Sommer auch Direktbusverbindung -> Kirkenes (1- 2 mal tägl., ca. 1o Std.). Wegen der gewaltigen Entfernungen ist trotzdem u.U. das Küstenschiff der „Hurtigruten“ die bequemere Variante, Details unten.

Weiterhin ab Karasjok internat. Busverbindung nach Finnland: -> Inari (plus ca. 3 Std.), bzw. -> Ivalo (plus 4 Std.), bzw. -> Rovaniemi (plus 1o Std.) Alle o.g. Verbindungen 1- 2 mal tägl., weitere Details siehe Verbindungskasten bei den jeweiligen Orten.

**Bus - Fernverbindungen Tromsø -> Süd:**

Nach Finnsnes (via Nordkjosbotn): tägl. mehrmals, knapp 3 Std. Das Schnellboot ab Tromsø ist mit Fahrzeit 1 1/4 Std. erheblich schneller, 2 mal tägl. Nach -> Andselv/ Bardufoss an der E 6 (und dortigem Airport): 1 bis mehrmals tägl, Fahrzeit 3 Std. Der Bus hält im Ortszentrum wie auch (für Anschlüsse/Flug) vor dem Airport.

Nach -> Narvik via E 6 mehrmals tägl., Fahrzeit 4- 5 Std. Die Strecke teils etwas monoton durch Täler, zumindest gut ausgebaut. Der Busterminal in Narvik Nähe des Bahnhofs. Von dort tägl. Zug nach -> Kiruna/Schweden knapp 3 Std. und Superszenerie auf der norweg. Seite. Die Zugverbindung ist zugleich mit ihren Bahnstationen der Einstieg für lohnende Wanderungen im Grenzbereich Norwegen/Schweden, Details Seite 423 sowie im VELBINGER Band 18 „Schweden“. Ab Kiruna tägl. Zug (auch Schlafwagen) via Gällivare Nordschweden-> Luleå -> Stockholm (15 Std.) bzw. Göteborg (18 Std.)

als Hafen für Nachfähren retour nach Kiel/Deutschland. Details im VELBINGER Band 18 „Schweden".

Ab NARVIK: Bus -> Evenes Airport: 3 - 5 mal tägl., Fahrzeit je nach Busgesellschaft ca. 1 1/4 bis 2 Std. (Alternative: teures Taxi). Nach -> Harstad: 3- 5 mal tägl., rund 2 1/2 Std. Nach ->Sortland/ Vesterålen: 1-2 mal tägl. außer Sa., Fahrzeit je nach Busgesellschaft 4- 5 Std. Nach Svolvaer/ Lofoten: 1- 2 mal tägl. außer Sa., Fahrzeit je nach Busgesellschaft und Route ca. 6- 8 1/2 Std. Achtung: Svolvaer/Lofoten ist ab Narvik auch mit dem Schnellboot zu erreichen: 1- 2 mal tägl., Fahrzeit ca. 3 1/2 Std. und damit schneller als der Bus. - Ab Svolvaer auch Verbindungen nach Moskenes und Å an der Südwestspitze der Lofoten sowie nach Skutvik und Bodø. Weitere Details siehe Verbindungskasten der Kapitel „Lofoten" und „Vesterålen" sowie „Bodø".

NARVIK -> FAUSKE an der E 6 und Bahnhof der „Nordland-Eisenbahn". Bus bis Fauske rund 3 mal tägl., ca. 7 Std.
Achtung: ab Tromsø -> bis Fauske derzeit kein Direktbus. Wohl aber mit der Gesellschaft *„Nor Way Busekspress"* eine Verbindung, die bei kurzer Wartezeit für's Umsteigen in Narvik -> weiter nach Fauske führt: tägl. 1 - 2 mal, Fahrzeit ca. 11 Std.

Der Busterminal Fauske direkt neben dem Bahnhof. Die Ankunftszeiten des Busses sind je nach Connection an die Abfahrtszeiten des Zuges angepaßt. Somit vom Bus nur wenige Meter zum Bahnsteig Fauske.
ZUG ab FAUSKE -> Mo -> Mosjøen -> Steinkjer -> TRONDHEIM 2 mal tägl. Fahrzeit: bis Mo ca. 2 1/4 Std., bis Mosjøen ca. 3 1/2 Std., bis Steinkjer ca. 7 Std., bis Trondheim ca. 9 Std. Der Zug tagsüber ist Tipp wegen Landschaft, - der Nachtzug mit Schlafwagen spart Unterkunft und Zeit. Der Zug ab Fauske ist schnelle und komfortabelste Verbindung in den „Süden". Nicht ohne Grund gibt es auf der meist parallelen Straße E 6 kaum oder meist nur regional bedeutenden Busverkehr.

**Bus-Querverbindungen** sowohl an die Küste sowie nach Nordschweden bestehen ab folgenden Orten: Fauske, Mo I Rana, Mosjøen und Grong. Details siehe in den Verbindungskästen der jeweiligen o.g. Orten.

**STADTBUSSE TROMSØ**: gut organisiert und flächendeckend auf dem Gebiet der Gemeinde Tromsø, das = Fläche wie Luxemburg besitzt!

Es gibt 3 zentrale Abfahrtspunkte der Buslinien: * Zentrum beim Stortoget (38), - * Univiertel Breivika (98) und * Gjaeverbukta (91) beim Airport.

TOURIST BUS PASS (*„Turistkort"*) berechtigt für 24 Std. Benutzung der Busstrecken. Die Strecken beinhalten den Bereich der Hauptinsel sowie Festland (Tromsdalen bis Kroken) und Insel Kvaløya und dort des östl. Siedlungsbereiches.

Ob sich der Preis ca. 6 Euro lohnt, sei dahingestellt. Die Karte ist limitiert auf og. Bereich, führt jedoch nicht auf Busstrecken weit in den Bereich der vorgelagerten Inseln.

Die meisten Tromsø- Sehenswürdigkeiten liegen zudem im Stadtzentrum und benötigen keinen Bus. Ausgenommen z.B. „Tromsø Museum" (71) im Süden der Hauptinsel oder „Nordlichtplanetarium" etc. in Breivika. Hier ist ein regulär im Bus gekauftes Ticket billiger als die „Turistkort". - Anders dagegen der Aspekt: Tromsø in seinen Vororten, Wohnvierteln und Schlafsiedlungen per Bus zu entdecken...
Erhältlich ist die Karte im „Tromsbuss-Infokiosk", Kirgegt. 2 oder in den Bussen selbst.

REGIONALBUSSE zu vorgelagerten Inseln sowie dortigen Fährkais siehe „Umgebung von Tromsø". - FLUGHAFENBUS: siehe „Flug".

**SCHIFF**: Abfahrt der **Hurtigruten- Schiffe** = (2). Direkt vor dem Frachtgebäude am Kai zugleich Abfahrt der Busse. Diese Position ist in manchen Karten auch mit „Prostneset" bezeichnet.

Abfahrt Richtung Süd (-> Finnsnes-> Harstad-> Vesterålen-> Lofoten-> Bodø etc.): 1mal tägl. Nach derzeitigem Fahrplan trifft das Schiff um 23.45 Uhr in Tromsø ein, Weiterfahrt 1.3o Uhr nachts. Harstad wird am frühen nächsten Morgen erreicht. Anschließend Superfahrt zu den Vesterålen und Lofoten, Ankunft 1 Uhr nachts in Bodø. Ein Streckenabschnitt der Hurtigruten, der landschaftlich sehr lohnt.

Abfahrt Richtung Nord (-> Skjervøy-> Hammerfest-> Honningsvåg (Nähe Nordkap)-> Kirkenes): 1 mal tägl. Nach derzeitigem Fahrplan kommt das Schiff um 14.45 Uhr in Tromsø an, Weiterfahrt 18.3o Uhr. Viel Zeit für eine Stadtbesichtigung ist das nicht: ca. 3 Std. inkl. Zeitpuffer, um das Schiff wieder zu erreichen. Ein Übernachtungsstopp und mit dem nächsten Schiff weiter, lohnt! Fahrzeit bis Hammerfest 1 Nacht, Ankunft in Honningsvåg am nächsten Mittag: Die Komfort-Variante in den äußersten Norden und landschaftlich unbedingt lohnend. Es gibt allerdings mehrere offene Meerespassagen, die je nach Winden bewegt sein können. Weitere Details siehe auch „Verbindungen ab Hammerfest".

Tickets: Wer in Tromsø das Schiff besteigt, das Ticket gibts im Schiff an der dortigen Rezeption. Außerhalb der HS bekommt man in der Regel auch kurzfristig Schiffskabine. Während der HS kein Beinbruch, sollten die Schlafkabinen ausgebucht sein: Es gibt 24 Std. Tageslicht, und bei großartigen Landschaften wäre es schade, wenn man den Abschnitt bis Hammerfest schlafen würde. Auch Mitnahme von PKW bis 5 m Länge möglich. Preisbeispiel Tromsø -> Hammerfest: Person einfach ca. 4o- 6o Euro, PKW ca. 45 Euro. Weitere Details siehe Kapitel „Hurtigruten" im Einleitungskapitel dieses Bandes.

Abfahrt der **Schnellboote** (kein PKW-Transport) = (1) und nur wenige Meter vom Hurtigruten Kai (2) entfernt. Meist Gleitkufenboote, die mit Geschwindigkeiten um 7o km/h übers Meer rauschen - bei Fahrzeiten, die oft schneller sind als der Bus Überland.

**Richtung Nord**: -> Skjervøy tägl. außer Sa. 1- 2 mal, Fahrzeit ca. 2 Std. Die Strecke läßt sich als Rundtrip ab/bis Tromsø in Kombination mit Bus realisieren und lohnt wegen großartiger Landschaften u.a. im Bereich der Gebirgskette der Lyngenalpen. D.h. Bus ab Tromsø via Fagernes -> zweifacher Fähre bis Olderdalen an der E 6, weiter -> Skjervøy. Dort mit dem Schnellboot retour nach Tromsø. Aber vorab Anschlüsse prüfen, bzw. Übernachtung in Skjervøy nötig. PS: selber Rundtrip ist zur HS im Angebot Bus & Hurtigruten und dort bei durchgehendem Anschluß ohne Übernachtung Skjervøy.

Nach -> Hammerfest: ab Tromsø im Sommer 2- 3 mal/Woche mit Schnellboot. Fahrzeit ca. 4 1/2 Std., somit erheblich schneller als der Bus Überland. Preis ca. 75 Euro. Ab Hammerfest weiter -> Honningsvåg (Nähe Nordkap): Details siehe „Verbindungen ab Hammerfest".

**Richtung Süd**: Tromsø ->Finnsnes -> Harstad: 2-3 mal tägl. (bis Finnsnes 2-4 mal), Fahrzeit Finnsnes knapp 1 1/2 Std., bis Harstad knapp 3 Std. Somit schneller als der Bus Überland.

SCHIFF nach Svalbard/Spitzbergen: Im Sommer einwöchige Exkursionen ab Tromsø, unter anderem mit ehemaligen Schiffen der Hurtigruten. Details im TI Tromsø. Preise beinhalten je nach Ausflugsprogramm Unterkunft an Bord, Essen und geführte Exkursionen.

**FLUG**: der Airport von Tromsø (95) liegt im Nordwesten der Hauptinsel Tromsøya. Die Start-Landepiste ist ausgebaut für Großraumjets (auch Jumbo und Airbus). In der Regel wird der Airport aber nur von mittelgroßen Jets der SAS genutzt sowie von kleineren Propeller- Maschinen der Wideroe (letztere im Regionalverkehr).

Modernes, langgestrecktes Airportgebäude. Im EG Abfertigungsschalter, im 1. Stock gute Cafeteria, ein Pub sowie Zeitschriften. Rechts angebaut: ein sichelförmiger weiterer Terminal: er bedient die Regionalflüge.

Flughafenbus: beschriftet „**Flybus**". Abfahrt vor dem „Radison SAS Hotel Tromsø" (29) Sjøgata/Ecke Fr. Langesgt - mit weiterem Stopp vor dem „Grand Nordic Hotel" (66) Storgata, beide im Stadtzentrum. Bis zum Airport 5 km, der Bus hält dort direkt vor dem Eingang. Häufigkeit des Flybus: zwischen ca. 6 und 23 Uhr rund 15 bis 17 mal (am Sa. lediglich ca. 6 bis 15.3o Uhr rund 1o mal). Preis: pro Person ca. 5 Euro.

Direktflüge mit SAS oder WIDEROE:
Nach -> Alta: ca. 2- 4 mal tägl., 35 Min. Nach -> Andenes/Insel Andøya: 1-2 mal tägl., 3o Min. Nach -> Bodø: 5- 6 mal tägl., 1 Std. Nach -> Hammerfest: 4- 6 mal tägl., 45 Min. Nach -> Harstad: 5 mal pro Woche, 35 Min. Nach -> Hasvik/Insel Sørøya: 1- 2 mal tägl. außer Sa., 3o Min. Nach -> Honningsvåg: 1- 3 mal tägl., 1 Std. Nach -> Kirkenes: 3 - 5 mal tägl., ca. 1 1/2 Std. per Jet. Nach -> Lakselv: 3- 4 mal tägl., 45 Min. Nach -> Oslo: 5-8 mal tägl., knapp 2 Std. Nach -> Sørkjosen: 1- 2 mal tägl., 25 Min. Nach -> Trondheim: 2- 5 mal tägl., 2 Std. Nach -> Vadsø sowie nach Vardø: 1- 4 mal tägl., ca. 1 1/2 bis 2 Std. (je nach Route, ob zunächst Vardø oder Vadsø angeflogen wird, bzw. Flug via Båtsfjord). Andere Ziele mit Umsteigen.
FLÜGE -> Svalbard/Spitzbergen: Details siehe dort.
SAS Tel.: o54oo, - WIDEROE Tel.: 81o.o12.oo

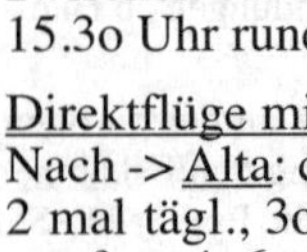

**AUTOVERMIETUNG**: im Airport vertreten bzw. ansonsten Anforderung per Tel. über die Hotelrezeption. Die Preise für's Auto nicht gerade billig, ab ca. 65 Euro/Tag zuzüglich Km oder teurer Pauschalpreis „Km unbegrenzt".

„Europcar" im Tromsø Airport, Tel.: 776.756.oo, Fax: 776.7o4.16, - „Avis": Vestre Gata 16 und Airport. Tel.: 776.158.5o und 776.798.4o (Airport), Fax: 776.158.52. - „Hertz": Richard With Pl. 4 und Airport. Tel.: 776.244.oo, Fax: 776.845.41 - „Nord Bilutleie Budget": Fr. Nansenspl. 2, Tel.: 776.854.11.

**TAXI**: Taxistände gibts bei der * ev. Domkirche (7), - am * Hauptplatz Stortorget (38) und beim Focus Kino (45). Ansonsten per Telefon bestellen: „Tromsø Taxisentral“ Tel.: 776.o3o.oo. Im Einsatz Mercedes Limousinen sowie bei Spezialpreis Fahrzeuge bis 16 Personen.

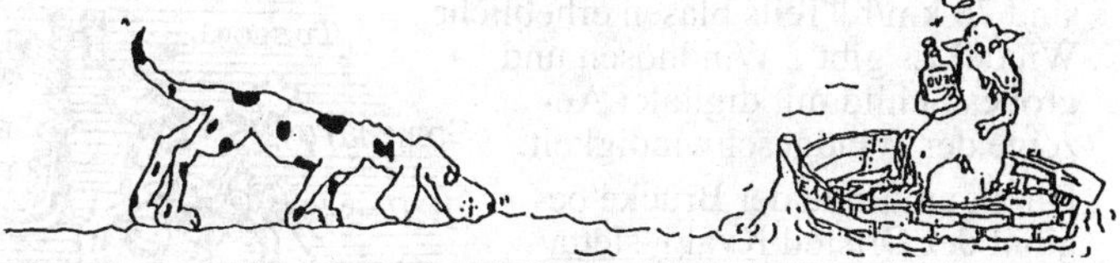

## In eigener Sache:

Es liegt in der Natur der Dinge, daß bei der Fülle an konkreter Information, die dieses Buch enthält, sich im Laufe eines Jahres einiges ändern kann.

Deshalb bitten wir um Mitteilung von Abweichungen. Wer uns ansonsten irgendwelche ausgefallenen Tipps wie neue Routen, schöne Hotels mit viel Atmosphäre oder ähnliches schickt, wird bei der Neuausgabe dieses Buches namentlich zitiert.

Bitte schreibt uns, wir freuen uns über jeden brauchbaren Tipp, weil wir es wichtig finden, daß man nicht irgend ein blödes Laberbuch, wie leider viele Reiseführer, mit sich schleppt, sondern etwas, was wirklich nützlich und hilfreich ist.

Norwegen Nord Redaktion

VERLAG MARTIN VELBINGER

Hauptstr. 4o, 82229 Seefeld
norwegennord@velbinger.com

# Tromsø, nähere Umgebung

*Der Abstecher auf die N-West vorgelagerten Inseln lohnt, wer 1- 2 Tage extra für den Abstecher ab Tromsø einschiebt.*

*Faszinierend der Kontrast der Großstadt TROMSØ - und nach wenigen KM umgebende Einsamkeit mit tief eingeschnittenen Fjorden, Berggipfeln bis 1.ooo m und vorgelagerten Inseln - wie z.B. Håja (eine Felsspitze im Meer, die rund 45o m fast senkrecht aufragt), - Sessøya (rund 66o m), - oder Vengsøy mit rund 77o m bzw. Vannøy und Kvaloy/Nordzipfel mit mehr als 1.ooo m Höhe fast senkrecht ab Meer.*

*Küste, Inseln und die Inlandsseen sind Eldorado für Hobbyangler. Es gibt mehrere Campingplätze (auch Vermietung von Hütten), die vorwiegend von Anglern und Wanderern genutzt sind.*

*BUS: gibt es, allerdings nur seltene Verbindungen. Eigenes Auto bzw. Mietwagen daher sinnvoll; rechtzeitig in Tromsø vortanken!*

**SANDNESSUND- BRÜCKE** (1): zentraler Zugang zu den N-West vorgelagerten Inseln. Die Brücke beginnt beim Tromsø Airport und überquert mit einer Länge von 1.235 m und beachtlicher Höhe von 41 m den Meeresarm.

ACHTUNG: vorsichtig fahren; zugelassen sind 7o km/h! Teils blasen erhebliche Winde! Es gibt 2 Windhosen und großes Schild mit digitaler Anzeige der Windgeschwindigkeit.

Direkt am Ende der Brücke beginnt der Ortsteil Kvaløysletta/ Slettaelva. Dichte Besiedelung, Tankstelle, Supermarkt und Terminal der Tromsø Stadtbusse ins Zentrum.

**Tromsø Umgebung**

1 Sandnessund Brücke
2 Bergstation der Fjellheisen Seilbahn Ausgangspunkt für Wanderungen im Bereich des Fjells und zur Straße -> (3)
3 Oldervik, Minisiedlung am Ullsford
4 Gebirgs- und Gletschermassiv Lyngen
5 Sandneshamn, Personenfähre zur Insel Tussøya und nach Sommarøy
6 Grønnliskaret Sportell und Wanderweg zum Kvalsundet
7 Kvalsund Unterwasser- Tunnel
8 Vannøy Sjøcamping auf Insel Vannøy

NORDKVALØY
GRØTØY
REBBENES-
SØY
SANDØY
HELGØY
VANNØY
Torsvåg
Burøysund
Bromnes
Mikkelvik
Helgøy
Skåpfjord
Vanna-
valen
Skars-
fjord
8
Skåntigs-
bukt
Vannvåg
Dåfjord
Hansnes
KARLSØY
Karlsøy
6
KVALSUNDET
RINGVASSØY
Stakkvik
REINØY
Bellvika
RV863
7
Finnkroken
SKJERVØY, HAMMERFEST
ANSCHLUSS S. 726
Skittenelv
3
TROMSØ
ULLSFJORDEN
2
Breivikeidet
E8
RV91
Svensby
Fagernes
4
LYNGENFJORDEN
ALTA, NORDKAP
E8
RV91
E6
Olderdalen
Lyngseidet
NARVIK
NARVIK
4
ANSCHLUSS S. 625

Ab Ende der Sandnessund Brücke (1): * RECHTS die RV 863 nach -> Bellvika, der Insel Ringvassøy und vorgelagerter Inseln. Details ab Seite 718. - * LINKS: die RV 862. Sie erreicht den **zentralen Bereich** der **INSEL KVALØY**, im folgenden beschrieben:

Die Region ist im ersten Abschnitt ab Brücke dicht besiedelt. Die RV 862 führt parallel zur Meeresstraße bis zum Ortsteil Eidkjosen. Hier Abzweigung: rechts über einen kleineren Bergsattel rüber zum Kaldfjord und nach Überquerung eines weiteren kleinen Bergsattels nach ERSFJORDBOTN am tief eingeschnittenen Ersfjord, dessen Berghänge fast senkrecht auf 1.000 m ansteigen. Eine gigantische Felsmauer von 12 km Länge!

Der Ort besteht aus einer Reihe u.a. auch Weekendhäusern reicher Leute aus Tromsø. Als wir Ersfjordbotn im Spätherbst besuchten: Schneeregen in weißen Schwaden vor der Fjordfelswand. Die ersten Schneeschutzgitter waren aufgestellt. Die Position der Schutzgitter (oft waren die Häuser regelrecht mit Gittern umstellt) dokumentiert, mit welcher Kraft der Wind durch den engen Fjord wie durch eine Düse blasen und Schneeberge vor den Häusern auftürmen kann. - Die Straße endet im Ort an einer Wende, bzw. führt als Abzweiger rauf nach Tromvik/Rekvik (Details dort).

Zurück ab Ersfjordbotn: rund 2 km zum Abzweiger: re. ausgeschildert „*SOMMARØY*“, eine schmale Asphaltstraße ansteigend. Dann geradlinig über eine Hochebene zwischen Bergketten, vorbei am Kattfjordvatnet mit Parkmöglichkeit am Ufer. Möglicher Übernachtungsplatz auch für WoMo's. Weitere 1,5 km: Straße in breitem Tal runter zum Nordfjord. Vegetation karg, vereinzelte Baumgruppen und Bodensträucher. Die Berghänge in höheren Lagen kahl. Sie steigen bis auf ca. 1.000 m.

Unten am Nordfjord angekommen: Abzweigung * re. führt eine schmale Straße in 10 km nach Vasstrand, einer Minisiedlung mit „Lauklines Kystferie“ (Details siehe Unterkunft), - * links gehts weiter nach *Sommarøy*. Eine ebenfalls schmale Asphaltstraße, die man wegen event. Gegenverkehr in Kurven langsam, d.h. defensiv fahren sollte. Viel Platz zum Ausweichen gibts nicht. Die Fahrerei dehnt sich in die Länge und ist in diesem Abschnitt weniger spannend, zumal ein tiefer Südzipfel des Fjordes ausgefahren werden muß. Anschließend entlang des Südufers des Kattfjordes mit Blick auf Meer und vorgelagerter Inseln, teils riesige Bergklötze.

SANDNESHAMN (5): Häusergruppe am Fjord mit Anleger für das kleine Personenschiffchen, das 1- 2 mal tägl. rüber zur vorgelagerten Insel Tussøya und weiter nach Sommarøy fährt (Details Kasten „Verbindungen“).

Ab Sandneshamn führt die Straße weiter durch kürzeren Tunnel unterhalb des 460 m hohen Lakstinden. Anschließend ist sie breiter ausgebaut und erreicht die Abzweigung: * rechts -> Hillesøy/Brennsholmen (Details unten) bzw. links -> ausgeschildert „*Sommarøy*“: die Straße umrundet eine 150 m Bergkuppe, anschließend passiert Faszinierendes: 2 lange Brücken und im Bau gewiss nicht billig -> raus ins Meer zu Mini-Inseln (Store Sommarøy und Hillesøya), - wo es fast keine Häuser gibt! Die Norweger haben viel Geld, was sich auch hier zeigt.

1. Brücke: vor ihrem Beginn links Hjalmar Johannsen/Fischzucht. Die Brükke selber ist sehr schmal (3,9 m Breite). Zwar gibt's in der Mitte eine verbreitere Ausweichstelle; besser aber bei Gegenverkehr am Beginn der Brücke warten. Sie führt auf die kleine Insel STORE SOMMARØY. Ein flacher, schmaler Landstreifen mit wenigen Häusern. Es gibt ein kleines Kro (fangfrisch zubereitete Fischgerichte), allerdings nur im Sommer offen. Ansonsten Fischfang und u.U. steife Winde, da vollkommen offen zum Meer.

2. Brücke: führt rüber zur vorgelagerten Insel HILLESØYA. Ein kahler Berg von 211 m Höhe. Wenige Häuser re. und li. am Ende der Brücke. Sie finden Windschutz unterhalb ansteigenden Berges. Wer will, kann zur Gipfelkuppe des Berges rauflaufen. Oben Superblick auf die Insel Kvaløy (Gipfel bis 1.o43 m) und im Atlantik vorgelagerter Bergklötze wie z.B. Insel Håja. Im SW der Gipfel des Astritind (742 m) der Halbinsel Senja.

Achtung WoMo Fahrer: die ab 2. Brücke links abzweigende Straße ist für größere WoMo's an ihrem Ende nach ca. 2oo m schwierig für's Wenden! Auch die re. abzweigende Straße endet nach ca. 2oo m. Dort läßt sich besser wenden. Das Reinfahren in beide Straßenzweige bringt jedoch definitiv nichts. Am besten WoMo am Ende der Brücke abstellen, wer den Berg wegen Blick besteigen will.

FAZIT SOMMARØY: keinesfalls „idyllisch". Als vorbeschriebene Strecke interessant wegen Fjorden und Blick und lohnend. Fahrzeit Ersfjordbotn/ Kvaløy -> Sommarøy mit eigenem Auto ca. 1 1/2 Std. Vom Ort Sommarøy selbst waren wir etwas enttäuscht.

RÜCKFAHRT NACH TROMSØ via RV 862 und Hillesøy: zwar gering an km länger, aber erheblich schneller, da breite und gut ausgebaute Landstraße. Fahrzeit mit eigenem Auto ca. 1 Std. Sie ist an landschaftlichem Erlebnis teils fad:

Rund 5 km nach Sommerrøy: der weit in Küstenebene verteilte Ort HILESØY/ BRENNSHOLMEN. Die größte Siedlung im Südwesten der Insel Kvaløy. Lebensmittelgeschäfte, auch Banken und Post. Die RV 862 weiter am Straumsfjord. In Straumhella ausgeschildert Steinzeitfunde mit Felsritzungen. In Larseng Fähre rüber zum Festland/Vikran (Details siehe Kasten „Verbindungen"). Nach weiteren 15 km gut ausgebauter RV 862 wird Eidkjosen erreicht, weitere 6 km bis zur Sandnessund Brücke (1).

## INSEL KVALØY / NORDTEIL

zu erreichen ab Sandnessund Brücke (1) und Eidkjosen, Ersfjordbotn siehe oben. Von hier führt eine schmale Asphaltstraße am Westufer des Kaldfjord nördlich und anschließend Umrundung des Grøtfjord nach TROMVIK mit Stichstraße nach REVIK.

Auf der Strecke (15 km Ersfjordbotn -> Tromvik) wird der wildeste und gebirgigste Teil der Insel Kvaløy erreicht. Höhe der Gebirge 7oo- 1.ooo m eingeschnitten von engen Fjorden. Im Inneren des Halbinselfingers Seen. Es gibt, wenn auch selten, Busverbindung, - jedoch keinerlei Unterkünfte.

## INSEL VENGSØY

Lohnender Abstecher, ab Tromsø/Zentrum ca. 25 km. Eigenes Auto bis zum Fähranleger Bellvika nötig, da man per Bus gemäß derzeitigem Fahrplan am selben Tag nicht zurück kommt.

Ab Sandnessund Brücke (1) zunächst re. die RV 863 rund 5 km zum Abzweiger li. ins Finnvikdalen nordwärts 15 km bis BELLVIKA. Hier legt mehrmals tägl. ein kleines Fährschiff ab und fährt in 3o Min. über den Fjord/und Meeresarm -> zur Insel VENGSØY. Die Mitnahme des eigenen Autos lohnt nicht, da es auf der Insel nur ca. 5 km Straße gibt. Das Geld spart man sich besser und parkt das Auto neben dem Fähranleger Bellvika. Achtung: vorab die Zeiten für die Rückfahrt der Fähre prüfen.

Vengsøy ist ein riesiger Bergklotz mit 765 m fast senkrecht aufsteigender Felswände. An seiner SO-Seite der Anlegekai (Vengsøy Ferjekai) und kurze Straße entlang der steilen Süd- und Ostküste. Übernachtungsmöglichkeit in wenigen Rorbuer Häusern, Details siehe unten.

## INSEL SANDØY

Rund 2o km nördl. von Vengsøy. Ein langgestreckter Berg von 421 m und Vorposten im stürmischen Atlantik. Die Minisiedlung Mjøvik versteckt sich einigermaßen windgeschützt auf der Ostseite der Insel. Im Ort ist absolut nichts los, trotzdem aber sehr beliebt bei Anglern wegen der Extremlage. Unterkunft in wenigen Rorbuer Hütten, Details unten.
Zu erreichen ist die Insel mit dem winzig kleinen Schiff „M/S Kjølava“ ab Bellvika bzw. Insel Vengsøy. Warnung: man muß sehr seefest sein für den rund 4 - 5 Std. Retourtrip, aber vielleicht liegt darin gerade der Reiz! Die Fahrt geht übers offene Meer, vorbei an Mini Inseln wie Musvaer oder Lyngøya, die nur wenige Meter aus dem Meer ragen. Da viele der Inseln unbewohnt sind, bzw. nur wenige Fischer, muß die „M/F Kjølva“ per Funk bestellt werden. Weitere Details siehe Kasten „Verbindungen“.

**Unterkunft Inseln Kvaløy, Vengsøy und Sandøy**

Es gibt nur sehr wenige Übernachtungsmöglichkeiten, da die Stadt Tromsø nahe ist. Sie sind zudem meist von Anglern ausgebucht.

„**Polarstrand Brygge**“: Insel Kvaløy und gleichnamigem Ort Kvaløy an der RV 862. Insges. 5 Appartements für Selbstversorger. Geöffnet Anf. Juni bis Mitte August. Im Preis inkl. gratis- Benutzung Boot mit Außenbordmotor (Sprit muß man selber zahlen), ca. 11o Euro. Tel.: 776.661.5o und 951.315.9o (Handy), Fax: 776. 661.11.

„**Lauklines Kystferie**“: Insel Kvaløy gegenüber der vorgelagerten Insel Tussøya. 9 Rorbuer Häuser am Meer, gute Angelmöglichkeiten sowohl im Meer wie auch nahem Inlandssee unterhalb des 9oo m hohen Vasstinden. Entfernung nach Tromsø ca. 35 km. Geöffnet Anf. April bis Ende Sept. Preis je nach Größe und Ausstattung des Hauses ca. 5o- 8o Euro. Tel.: 776.56o.8o, Fax: 776.56o.83.

„**Vengsøy Rorbucamping**“: auf der Insel Vengsøy, zu erreichen siehe unten „Verbindungen“. Achtung, auf der Insel werden keine Kreditkarte akzeptiert. 7 einfach ausgestattete Hütten. Sie sind beliebt bei Anglern, die weniger auf Komfort denn Naturnähe wertlegen.

Preis je nach Größe der Hütte ca. 3o- 5o Euro. Tel.: 776.898.19

„**Sandøy Sjøcamping**“: auf der Insel Sandøy. 6 Hütten, 2o Betten, einer der abgelegensten Rorbuer Norwegens, hautnah an den starken Winden des Nordatlantik - bei hoffentlich gutem Fang. Geöffnet ganzjährig. Unbedingt vorher anrufen, auch betreffend der Ausrüstung und der Erreichbarkeit: Die Insel besitzt keine reguläre Schiffsverbindung. Vielmehr muß das Schiff per Funk angefordert werden, Details „Verbindungen“. Erreichbar ist die Insel ab Vengsøy oder Mikkelvik/Ringvassøy oder Engvika auf der Insel Rebbenesøy. Preise pro Hütte ca. 5o Euro. Tel.: 777.484.51, Fax: 777.484.51.

## Verbindungen Inseln Kvaløya/Vengsøy

**Bus**: ab Tromsø Stadtzentrum (1) nach -> Hillesøy, Brennsholmen und Sommarøy (via RV 862): tägl. 1 - 3 mal, Fahrzeit ca. 2 Std. Unbedingt vorab (und dies schon in Tromsø/Stadt) die Uhrzeit der Rückfahrt erkunden, damit man nicht in Sommarøy hängen bleibt. Dort gibt es keine Unterkunftsmöglichkeit, ebenso keine in Hillesøy und Brennsholmen!

Nach -> Tromvik, Rekvik: 3 mal pro Woche. Fahrzeit 2 Std. Achtung: gemäß derzeitigem Fahrplan gibt es am selben Tag keine Rückfahrt nach Tromsø. Übernachtungsmöglichkeit in Tromvik, Rekvik bestehen nicht. Einzige Alternative: Rückfahrt mit dem Taxi. Ein teurer Spaß, da der Taxifahrer retour gut einen 1/2 Tag unterwegs ist und dies auch berechnet.

Nach -> Bellvika und Insel Vengsøy: 5 mal/Woche. Der Bus fährt zunächst zum Fähranleger Bellvika (45 Min.) und anschließend per Fähre zur Insel (+ 30 Min.). Achtung: nach derzeitigem Fahrplan kommt man am selben Tag nicht wieder zurück nach Tromsø. Abprüfen: u.U. zur Hochsaison Juni-Aug. zusätzliche Busse; Infos im Tromsø Touristbüro.

**Schiff**: Sommarøy -> Insel Tussøya -> Sandneshamn (5) -> Sommarøy: tägl. 1- 2 mal, nur Personentransport. Der Rundtrip dauert 1 Std. und lohnt. Infos zu Abfahrtszeiten im Tromsø Touristbüro.

Larseng -> Vikran: Querverbindung von der Insel Kvaløy/dort RV 862 zum Festland/dort RV 858 und weiter zur E 6. Größere PKW- Fähre, die Mo.-Fr. rund 2o mal am Tag (bzw. Wochenende ca. 1o- 12 mal/Tag) den Traumsfjord überquert. Überfahrt 15 Min.

Belvik -> Insel Vengsøy: kleinere PKW Fähre, 5 mal/Woche, Überfahrt 3o Min. Autos können, sofern Platz, mitgenommen werden. Für die kleine Insel aber nicht sinnvoll.

Belvik -> Insel Vengsøy: auf selber Strecke auch die M/F „Kjølva“, ausschließlich Personentransport (an Bord Platz für max. 16 Pers.). Abfahrten werktags 4 - 6 mal, am Sa. und So. 2- 3 mal. Die Überfahrt 3o Min.

Insel Vengsøy -> Laukvik: mit der M/F „Kjølva“, werktags 1 mal, am Sa.und So. keine Verbindung.

Insel Vengsøy -> Insel Musvaer -> Insel Risøy -> Insel Sandøy: mit der M/F „Kjølva". Sie bedient diese Strecke zu den vorgelagerten Mini Inseln nur bei Bedarf. Das nennt sich „Signalanløp", d.h. Passagier ruft den Kapitän des Schiffes auf seinem Handy an, Tel.: 948.o84.17. Achtung: die Überfahrt kann sehr bewegt sein. Vorab auch Preis vereinbaren.

## Insel Ringvassøy

*Zweitgrößte der Inseln im NW von Tromsø. Ringvassøy erreicht an seiner Ostseite Höhen bis 1.ooo m. Im Inselinneren Bergseen, beliebt bei Anglern. Über die Fähranleger HANSNES und MIKKELVIK werden weitere vorgelagerte Inseln erreicht.*

Zufahrt: ab Tromsø über die **SANDNESSUND BRÜCKE** (1) und nach ihrem Ende re. die RV 863. Sie führt durch zunächst dicht besiedeltes Gebiet (Kvaløysletta). Je weiter man sich von Tromsø entfernt, desdo einsamer. Die Straße ist gut ausgebaut und erreicht nach ca. 15 km den Kvalsundet Meeresarm, der die Insel Kvaløy von der Nachbarinsel Ringvassøy trennt.

**KVALSUND TUNNEL** (7) unterquert mit einer Länge von 1.65o m den Meeresarm. Tiefste Stelle des Tunnels: 56 m unter Meeresspiegel.

Der Bau des Kvalsund Tunnels war mit Länge 1,6 km gewiss nicht billig. Eine Investition, die zwar die Gemeinde „Karlsøy" erschließt. Dort leben derzeit lediglich rund 2.5oo Einwohner. Durch den Tunnelbau hofft Norwegen, die weiteren Bevölkerungsabwanderung der abgelegenen Inseln zu stoppen. Auch soll der Tourismus gefördert werden. Die Ansätze = wenige Rorbuer Hütten für Sportangler sind derzeit gering.

Nach Erreichen des Tunnelausgangs: Insel RINGVASSØY teilt sich die Straße. Links führt eine asphaltierte Nebenstraße nordwärts entlang des Kvalsundet rauf nach Skarsfjord. Sie hat für dort lebende Fischer Bedeutung,- ebenso für Sportangler am Fjord und in Inlandsseen. Keine Unterkunft. - Bzw.: rechts: ab Tunelende ca. 35 km auf der RV 863 nach ->

**HANSNES**: absolut ereignisloser Ort, der sich gut 1o km entlang der Straße und weitverteilter Häuser erstreckt. Nähe „Ortszentrum" ein kleinerer Supermarkt, Bank, Tankstelle und Haus der Gemeindeverwaltung.

Der HAFEN HANSNES am Fjord mit betonierten Molen für Fischkutter und Boote der Sportfischer. Nähe des Hafens ein Kro mit kleinerer Gaststätte und Vermietung weniger Übernachtungszimmer (Details „Übernachtung"). Hansnes ist FÄHRHAFEN für die vorgelagerten Inseln Reinøy, Karlsøy und Vannøy. Details siehe Kasten „Verbindungen".

Ab Fährhafen führt eine Straße rund 15 km in späterer Umrundung des dortigen Fjordes nach Grunnfjord, wo abgesehen weniger Fischerhäuser der Hund begraben ist.

Weiterhin **vor** Erreichen des Ortsgebietes Hansnes Abzw. einer Straße links den Berghang rauf in Serpentinen, ausgeschildert „Dåfjord, Mikkelvik".

Steigung 1o %, nach wenigen km guter Fotoblick auf Fjord und vorgelagerte Insel Reinøy. Nach Erreichen des Bergsattels das „Grønnliskaret

Sportell" (6, siehe „Unterkunft" unten) mit Wandertrails zu Bergseen unterhalb bis zu 92o m hoher Berggipfel im Südosten der Insel. Ab „Sportell" ist in ca. 4 Std. die Schutzhütte Ringavassbua erreicht. Sie ist Stützpunkt zum Isvatnan und weiterer, kleinerer Seen, beliebt u.a. bei Sportanglern mit Lizenz. Ab Schutzhütte plus 3 Std. bis zum Kvalsundet. Infos zu Wanderungen und Angeln im Grønnliskaret Sportel bzw. Tromsø Tourist Büro.

MIKKELVIK: Fähranleger im Norden der Insel Rinngvassøy mit Fährverbindungen zur Insel Rebbenesøy und Insel Helgøy, Details siehe Kasten „Verbindungen". Achtung: in Mikkelvik sowie vorgelagerter o.g. Inseln derzeit keine Unterkunft. Ab Engvika/Insel Rebbemesøy besteht die Möglichkeit, die im Nordatlantik vorgelagerte Insel Sandøy zu erreichen, allerdings kein regulärer Verkehr (siehe Vorkapitel, Verbindungen).

## Insel Reinøy

Südöstl. von Ringvassøy vorgelagert. Die bis 6oo- 9oo m hohe Insel ist ab Hansnes/Ringvassøy mit Kurzfähre nach Stakkvik/Reinøy zu erreichen (Details siehe Kasten „Verbindungen").

Ab hier zwei Inselstraßen: die erste führt 25 km um den Nordostzipfel nach Nordeidet, Søreidet. Die zweite Inselstraße in rund 3o km via Südwestspitze/Finnkroken nach Grøtnesdalen/Oddekollen. Details zu Camping und Hütten siehe „Unterkunft".

## Insel Karlsøy

Nordöstl. der Insel Reinøy vorgelagert. Relativ kleine Insel mit Erhebung von zwei Bergen 2oo m und 15o m.

Im 19. Jahrhundert war sie wichtigste Insel des nördl. Archipels Nähe Tromsø. Dies zu Zeiten als es noch keine Straßen, Autos gab und das Schiff wichtigstes Transportmittel war. In den Gewässern um Karlsøy wurde Fischfang betrieben, ab 1838 Schiffsverbindung mit Trondheim via Tromsø, 1839 erste Poststation, 184o erste Schule und 1854 Bau einer Holzkirche.

Karlsøy hatte Ende der 3o-er Jahre rund 13o Einwohner. Für die abgelegene Lage eine beachtliche Zahl, - jedoch kein Vergleich mit dem aufstrebenden Tromsø, das 1835 bereits auf rund 1.4oo Einwohner angewachsen war.

1898 wurde Dr. Alfred Eriksen Bürgermeister der Insel. Er gründete 19o2 die Zeitung „Nordlys" (Nordlicht), heute die meistverkaufte Zeitung Nordnorwegens. Die ersten Nummern wurden auf Karlsøy produziert, bis 19o3 die Redaktion nach Tromsø umzog.

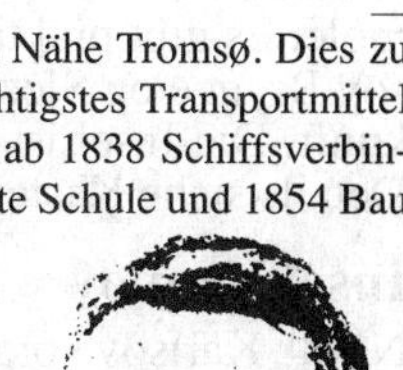

DR. A. ERIKSEN
Gründer der Zeitung "Nordlys"

Die Jahre ab 192o waren Jahre des Niedergangs der vormals florierenden Insel. Dies hatte mehrere Gründe: zum einen war Tromsø auf 1o.ooo Einwohner angewachsen. Hier waren leichter Jobs zu finden bei zudem oft besserer Bezahlung.

Auch war man bei Fischerbooten mit zwischenzeitlich starken Motoren statt Segeln nicht mehr auf die nahen Küstengewässer um Karlsøy und Nachbarinseln angewiesen. Im 2. Weltkrieg bauten die Deutschen eine Küstenbatterie an der Ostspitze der Insel, um den Hauptmeeresarm und die Zufahrt nach Tromsø zu kontrollieren.

Nach Kriegsende weiterer Ausbau der Straßen auf dem Festland um Tromsø. Dies veränderte die Situation der Inseln gravierend. Während früher das Meer Hauptverkehrsweg war (Schiffe, - und die Inseln wichtiger Umsteigepunkt), - trennte nun das Meer. D.h. wer auf einer der Inseln wohnte, war durch das Meer vom neuen Verkehrsweg Straße abgeschnitten. Die Folge war Abwanderung von den Inseln.

197o wurde auf der vormals wichtigsten Insel des nördl. Archipels - Karlsøy - das „Licht ausgeschaltet", - als der Pfarrer die Insel verließ, da es kaum noch Schäfchen (sprich Einwohner) gab. Damals lebten auf der Insel nur noch ca. 45 vorwiegend alte Leute, die an ihrer Heimat und Boden hingen. Die jungen Leute hatten längst die Insel verlassen, da das Leben in Tromsø oder noch besser im Süden Norwegens erheblich interessanter und abwechslungsreicher ist.

Die 7o-er Jahre brachten zugleich Umschwung. Ähnlich wie in Mitteleuropa war auch in Norwegen eine neue Generation entstanden, - Alternative und Aussteiger, die sich gegen Konsumzwänge wehrten. Karlsøy war eine, u.U. wichtigste Insel der norwegischen „Aussteiger". Sie suchten nach neuen Lebensformen, kultivierten auf Karlsøy Land, u.a. Ziegenzucht, aber auch Anbau von Hasch und heiße Flower Power Feste à la Kalifornien/USA der 7o-er Jahre. Über die „Events" auf Karlsøy wurden intensiv in der norweg. Presse sowie im Fernsehen berichtet, was weitere „Aussteiger" anzog und wegen teils anarchischer Zustände den Einsatz von Polizeitruppen benötigte...

Die „wilden Zeiten von Karlsøy" der 7o-er sind passée, das dauerhafte Leben in der Einsamkeit des Nordens, karger Böden, winterlicher Kälte und Dunkelheit ist hart. Mit den damaligen Träumen der Aussteiger hat es wenig zu tun. Heute leben rund 8o Einwohner auf der Insel, - vorwiegend Familien der 7o-er Aussteiger, die sich der Realität anpassen konnten.

Karlsøy ist eine friedliche Insel mit nur wenigen Häusern an der Hafenmole. Es gibt praktisch keine Inselstraßen, aber Wanderwege. Das „Karlsøy Brygge og Sjøsportell" vermietet Pferde. Weitere Details siehe Unterkunft. Die Insel ist ab Hansnes/Insel Ringvassøy per Schiff zu erreichen, Details siehe Kasten „Verbindungen".

## Insel Vannøy

Nördl. Karlsøy vorgelagert. Eine größere und gebirgige Insel mit Erhebungen bis rund 1.ooo m. Ab Fähranleger SKÅNIGSBUKT im Süden der Insel führt eine Straße rund 3o km entlang der Westküste rauf nach TORSVÅG im Norden. Ein vorgelagertes Inselchen wurde mit Damm und Molen verbunden: Hafen für Fischkutter unterhalb des Berggipfels Torstinden (559 m).

Von vorgenannter Straße zweigt eine Stichstraße ab Ri. Ost nach BURØYSUND. Ebenfalls eine Minisiedlung mit Kai, Lagerhallen und Fischverarbeitung.

Eine weitere Straße führt ab Fähranleger Skånigsbukt in ca. 25 km entlang der steilen Südküste nach VANNVÅG (kleine Fischerhafen) nach Vannvalen und KRISTOFFERVALEN an der NO-Küste der Insel. Beide letzteren Häfen besitzen größere Fischverarbeitungsfabriken. Ansonsten Mini-Nester ohne spezielle Attraktion.

SKIPSFJORD: zu erreichen ab Westküstenstraße plus 5 km Trail. Die Fischersiedlung des 19. Jhds. am gleichnamigen Skipsfjord ist heute weitgehend verlassen und Landschaftsschutzgebiet. - Übernachtung auf Vannøy im „Loftskroa“ im Ort Vannvåg mit wenigen Zimmern sowie „Vannøy Sjøcamping“ (8), Details siehe Camping und Unterkunft.

## Insel Helgøy

Bergklotz bis knapp 5oo m Höhe mit Tälern und Inlandsseen. Außer im sehr kleinen Ortsbereich Helgøy gibt es keine Inselstraßen. Ein ca. 1o km Trail führt entlang der Südküste nach Mjønes mit wenigen Fischerhäusern. Auf der Insel keine Unterkunft. Die Ortskirche von 1889, damals war Helgøy zweitwichtigster Handelsplatz nach Karlsøy.

## Insel Rebbenesøy

Größte Insel im Nordwesten des Archipels. Sie ist ab Mikkelvik/Insel Ringvassoy per Autofähre zu erreichen. Die Inselgipfel zwischen ca. 45o und knapp 7oo m. Es gibt im Inland einsame Bergseen und Fjell Landschaften. Eine Straße führt ab Fähranleger Bromnes in rund 15 km nach Engvika mit Abzweiger Måsvik im Inselsüden. Eine karge Insel, auch hier keine Unterkünfte.

## Insel Nordkvaløy

Von Fjorden zerklüftetes Gebirge bis 74o m Höhe. Es gibt keine reguläre Schiffsverbindung, keine Straßen und keine permanent bewohnte Siedlun-

INSEL KARLSØY: Links Kirche von 1854, - rechts das Haus, in dem die ersten Ausgaben des "NORDLYS" produziert wurden. Heute die größte Zeitung Nordnorwegens.

gen, ausgenommen weniger Hütten von Fischern und Sportanglern.

## Unterkunft Inseln Reinøy, Karlsøy, Vannøy

„**Hansnes Kro og Overnatting**": direkt am Fähranleger von Hansnes/ Ringvassøy. Kleineres Gebäude, Gästeraum mit Fernseher und Fenstern zum Fjord. Liegt neben der Tankstelle. Wenige Zimmer, einfach aber ok. Ganzjährig geöffnet. DZ ca. 5o Euro, Verhandlungssache je nach Auslastung. Tel.: 777.474.1o.

„**Loftskroa**": Wirtshaus im Ort Vannvåg/Insel Vannøy. Essen und Trinken (volle Schankrechte) sowie Vermietung weniger Zimmer. Tel.: 777.493.93.

„GRØNNLISKARET SPORTELL" (6): Insel Ringvassøy an der Straße nach Mikkelvik. Rund 1oo Stellplätze für WoMo's und Zelte. Es ist der derzeit einzige Camping auf der Insel Ringvassøy. Günstig ist die zentrale Lage, zudem Nähe zu den Bergseen zwischen den südöstl. Gipfeln der Insel. Beliebt bei Anglern und Wanderern. Vermietung von Pferden, im Winter gespurte Loipen. Ganzjährig geöffnet, auch Hütten. Tel.: 777.484.oo, Fax: 77 7.484.oo.

„FINNKKROKEN FERIEHYTTER": Insel Reinøy an ihrer Südwestspitze. Vermietung von 6 Hütten, ganzjährig geöffnet. Preis je nach Größe und Ausstattung der Hütte ca. 3o- 5o Euro.

„SKOGSTRAND CAMPING": Insel Reinøy Nähe des Fähranlegers Stakkvik. Stellplätze für WoMo's und Zelten. Cafe, Kiosk und Bootsverleih, im Winter markierte Loipen. Ganzjährig geöffnet. Tel.: 777.475.9o.

„KARLSØY BRYGGE OG SJØSPORTELL": Insel Karlsøy Nähe Fähranleger. Campingplatz, Lebensmittelgeschäft und kleineres Restaurant, Vermietung von Booten sowie Ponnies. Es gibt weiterhin 2 Hütten für je 5 Personen, derzeit die einzige Unterkunft auf der Insel. Geöffnet ca. Mai - Okt., pro Hütte ca. 65 Euro. Tel.: 777.493.99, Fax: 777.475.o5.

„VANNØY SJØCAMPING" (8): Insel Vannøy, an ihrer Westküste und ca. 1o km ab Fähranleger Skåningsbukt. Liegt direkt am Wasser, auch Vermietung von Booten, ganzjährig geöffnet. Abgesehen von Stellplätzen für WoMo's gibt es 11 Hütten unterschiedlicher Größe und Ausstattung, Preis ca. 3o - 6o Euro. Tel.: 777.498.98, Fax: 777.498.9o.

## Verbindungen

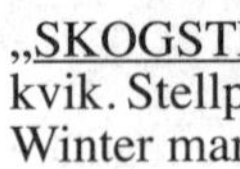

**Bus**: ab Tromsø Stadtzentrum (1) nach -> Hansnes/Fährkai: tägl. 1- 2 mal außer Sa., Fahrzeit 1 1/4 Std. Der Bus hat Anschluß an Fährverbindungen ab Hansnes, so z.B. zur Insel Karlsøy, Details siehe unten. Nach -> Grunnfjord im NW der Insel Ringvassøy: tägl. 1- 2 mal außer Sa., Fahrzeit knapp 2 Std.

Nach Mikkelvik/ Fährkai (im Nordwesten der Insel Ringvassøy: tägl. 1 - 2 mal außer Sa., Fahrzeit 2 1/2 Std. Nach -> Engvik, Skogvik/Insel Rebbenesøy: tägl. 1 - 2 mal außer Sa. Die Strecke geht via Fähre Mikkelvik -

Bromnes, Gesamtfahrzeit ab Tromsø 3 1/2 Std. Nach derzeitigem Fahrplan ist Rückfahrt am selben Tag nicht möglich.

Lokalbus Insel Reinøy: fährt 1 - 2 mal tägl. außer Sa. auf der Küstenstraße der Insel ab Fährkai bis zu den beiden Endpunkten Grøtnesdalen und Søreidet. Fahrzeit je 3o Min.

Lokalbus Insel Vannøy: tägl. 1 - 2 mal außer Sa. ab Fähranleger Skånigsbukt auf der Strecke nach Burøysund, Torsvåg im Nordwesten der Insel sowie nach Vannvåg, Vannavalen, Kristoffervalen im Südosten. Fahrzeit je 1 Std.

**Schiff**: recht einfaches und zweckmäßiges Verkehrssystem: ab Tromsø verbindet die Sandnessund Brücke (1) zur Insel Kvaløy und von hier im Unterwasser Tunnel (7) rüber zur Insel Ringvassøy. Diese hat zwei Fährhäfen:

a) HANSNES: von hier Autofähren nach
   * Stakkvik / Insel Reinøy: tägl. 7- 1o mal tägl., Überfahrt 2o Min.
   * Skånigsbukt / Insel Vannøy: tägl. 4 - 8 mal, Überfahrt 4o Min., bei Zwischenstop auf der Insel Karlsøy ca. 65 Min.
   * Karlsøy /I nsel Karlsøy: tägl. 3 - 4 mal, am So. 1 mal, Überfahrt 4o Min. Weiter nach Vannøy plus 3o Min.

b) MIKKELVIK: von hier Autofähren nach
   * Bromnes/Insel Rebbenesøy: tägl. 5- 8 mal, Überfahrt 15 Min.
   * Helgøy / Insel Helgøy: 2- 3 mal pro Woche, Überfahrt 1 3/4 Std.

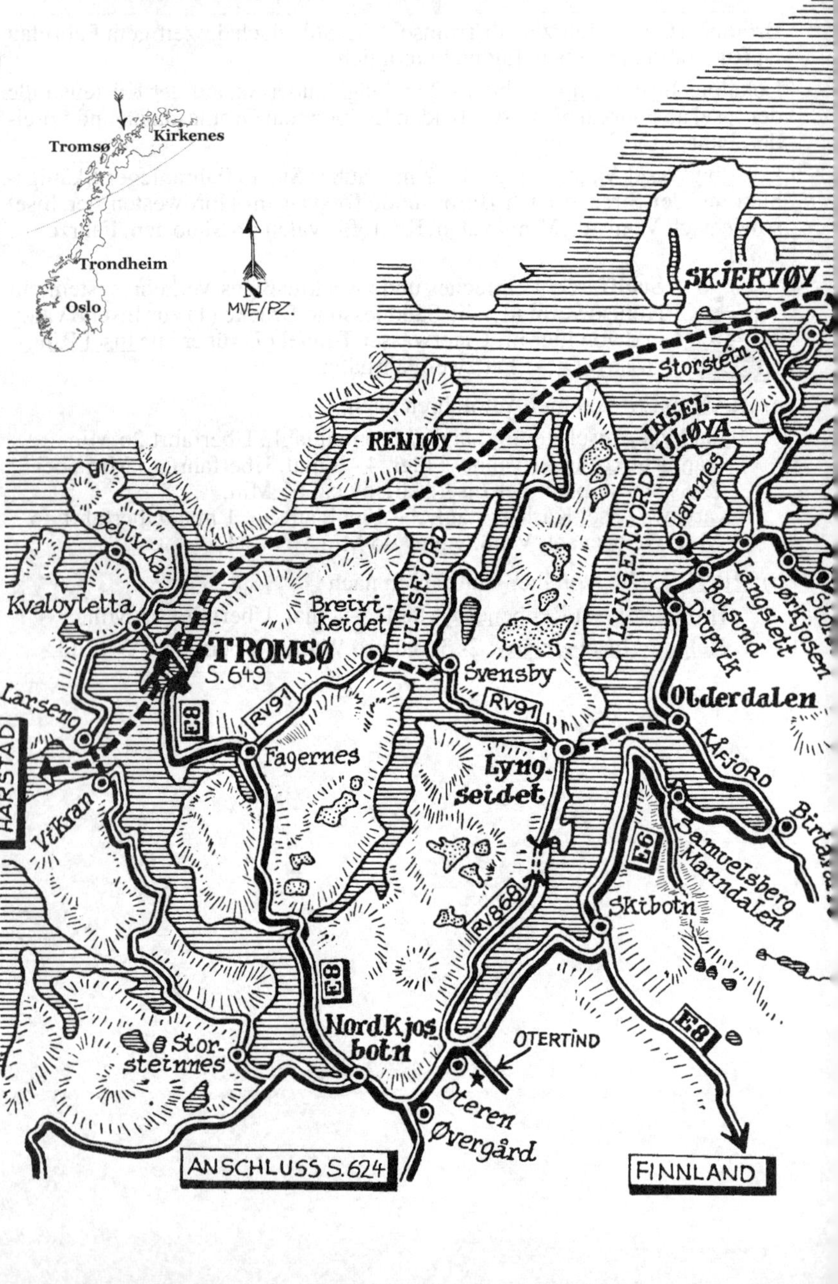
Tromsø
Kirkenes
Trondheim
Oslo
N
MVE/PZ.
SKJERVØY
Storstein
INSEL
ULØYA
Havnnes
RENIØY
Bellvika
Kvaloyletta
TROMSØ
S.649
Bretvi-
Keidet
ULLSFJORD
LYNGENFJORD
Svensby
Rv91
E8
Larseng
HARSTAD
S.612
Vikran
Fagernes
Lyng-
seidet
Olderdalen
Rotsund
Langslett
Sørkjosen
Djupvik
KÅFJORD
Birtavarre
Samuelsberg
Manndalen
E6
Skibotn
RV868
Nord Kjos-
botn
Stor-
steinnes
OTERTIND
Oteren
Øvergård
E8
ANSCHLUSS S.624
FINNLAND

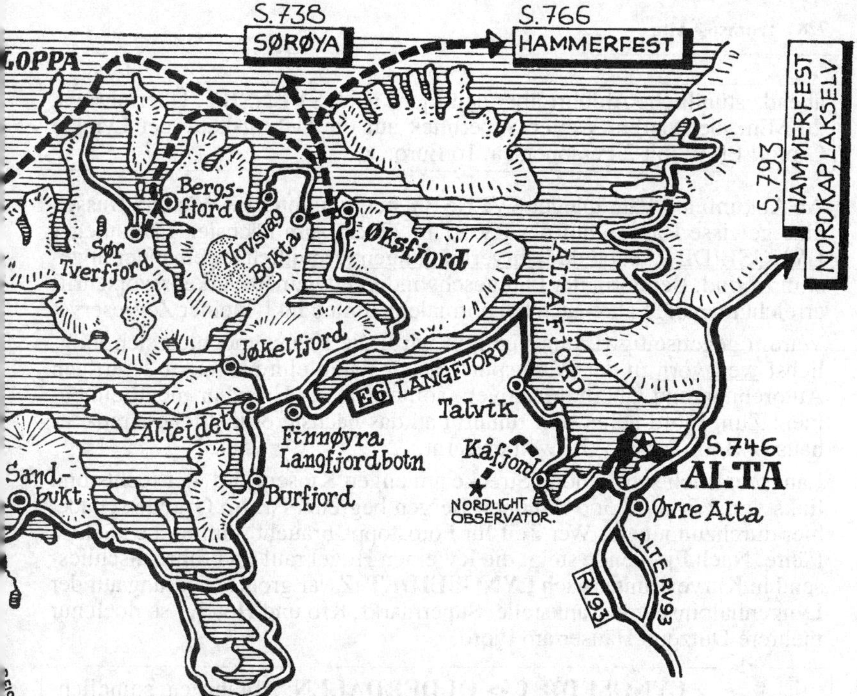


# Tromsø -> Olderdalen -> Alta

**Querverbindung Tromsø-> Olderdalen (E 8, RV 91) ca. 7o km, plus Olderdalen -> Alta (E 6) ca. 22o km**

*Die Querverbindung Tromsø -> Olderdalen spart (gegenüber der Ausfahrung E 8 bis Nordkjosbotn plus E 6 -> Olderdalen) rund 12o km. Zudem landschaftlich schöne Strecke mit 2 Fährüberfahrten.*

*Ab Olderdalen und E 6 großartige Strecke mit Blick auf die Gletscherspitzen der Lyngenalpen, bei Langsett möglicher Abstecher nach Skjervoy. Die weitere E 6 dehnt sich endlos hin bei sporadischen Siedlungen und vielen Fjorden. Ansonsten Einsamkeit in der Region Nordnorwegens. Fahrzeit Olderdalen -> Alta mit eigenem Auto ca. 3 1/2 - 4 Std. ohne Abstecher wie Skjervoy, Reisa Nat. Park, Oksfjord oder Halbinsel Loppa.*

Ab TROMSØ zunächst in 25 km auf der gutausgebauten und schnell befahrbaren Straße E 8 nach FAGERNES. Dort auf der relativ geradlinigen RV 91 durch ein Tal mit bis zu 1.2oo m hohen Bergen in 25 km zum Ullsfjord und Fähranleger

**BREIVIKEIDET**: die RV endet auf einem Asphaltplatz seitlich des Hanges, Fähranleger plus Kiosk für Drinks, Snacks - that's it. Auch Stadtbusse fahren ab Tromsø bis zum Fähranleger. Tagsüber ab ca. 6 /8 Uhr früh bis ca. 2o/22 Uhr

abends stündliche Abfahrt über den Fjord nach **SVENSBY**. Überfahrt ca. 2o Min., bei klarem Wetter Superblick auf die Gebirgskette der Lyngen Gipfel! PKW mit 2 Personen ca. 1o Euro.

Ab Ankunft am Fähranleger SVENSBY beginnt unter PKW's und Bussen eine gewisse Raserei auf der RV 91 in 22 km zum nächsten Fähranleger LYNGSEIDET, da beide Fährverbindungen terminlich aufeinander abgestimmt sind. Bei normaler Fahrgeschwindigkeit gemäß Verkehrsvorschrift erreicht man die Fähre auch bei normalem Tempo inkl. kleiner Zeitreserve.

Warum gegenseitig riskant überholt wird: die Fahrer möchten sich möglichst weit vorn in der Wartespur vor der Fähre einreihen. An derartigen Autorennen und Überholmanövern sollte man als Urlauber nicht teilnehmen: Zum Fjord gehts steil runter, und das nächste ordentliche Krankenhaus (z.B. in Tromsø) ist weit entfernt...

Landschaftlich sehr schöne Strecke am engen Kjosenfjord, der rechts und links von 1.3oo - 1.5oo m hohen Bergen begrenzt ist. Im Grunde schade, hier durchzudonnern. Wer Zeit für Fotostopps braucht, nimmt die nächste Fähre. Nach Fjordende steigt die RV einen Hügel rauf und führt anschliessend in Kurven runter nach **LYNGSEIDET**. Zwar größte Siedlung auf der Lyngenhalbinsel mit Tankstelle, Supermarkt, Kro und Hotel, - so doch nur mehrere Dutzend Häuser am Fjord.

**LYNGSEIDET -> OLDERDALEN**: Abfahrt ca. stündlich zwischen ca. 7 Uhr und ca. 2o/21 Uhr. Relativ modernes und größeres Fährschiff, aber auch mehr PKW- Verkehr. Die Überfahrt dauert 4o Min., bei klarem Wetter Superblick auf die Bergketten des Fjordes. PKW mit 2 Personen ca. 12 Euro.

Unterkünfte und Campings in Region Svensby, Lynseidet

„**Hotel Lygnseidet**": an der RV 91 und wenige Meter vom Fähranleger Lynseidet entfernt. Ein Holzgebäude, machte auf uns nicht unbedingt besten Eindruck. Auch Vermietung weniger Hütten unterhalb des Hotels auf einer kleinen Wiese ohne Bäume. Insgesamt nicht unser Tipp.

„**Solvik Gård**": Ferien auf dem Bauernhof, rund 1o km ab Lyngseidet. Attraktion sind Pferdereiten und geführte Touren u.a. zu Gletschern der Lyngen Alpen, Vermietung von Kanu. Nur wenige sehr einfache Schlafplätze, Tel.: 777.138.9o und 918.522.23. Fax: 777.139.8o. www.solvik.no

„JAEGERVATN HYTTEUTLEIE": rund 5 km nördl. vom Fähranleger Svensby über Nebenstraße am Ullsfjord entlang zu erreichen. Zwischen Ende Mai/Anfang Juni bis Okt. werden wenige Hütten vermietet sowie Boote auf dem See zum Angeln.

„SVENSBY TURSENTER": beim Fähranleger Svensby. Vermietung von rund 3 gut ausgestatteten Mehrbetthütten. Beliebt bei Jägern und Anglern, auch geführte Gletscherwanderungen. Tel.: 777.122.25.

BERGSTEIGEN: die Gipfel der Lyngalpen sind Eldorado für Bergsteiger mit Eis- und Gletschererfahrung. Höchster Gipfel sind der Jekkevarre (1.833 m) im Süden und der Jaegervasstind im Norden (1.596 m). Er wurde erstmals 1898 vom Engländer William C. Slingsby bestiegen. Andere, in Anforderung schwierigere Besteigungsrouten datieren in Erstbesteigung bis hinein Ende 2o. Jhd. Basisarbeit leistete u.a. in den 6o-er/7o-er Jahren der Bergsteigerverein Oberstdorf, Allgäu/BRD. Problem sind u.a. die schwierige Erreichbarkeit der Gipfel, da es auf der Halbinsel nur wenige Zufahrtsstraßen und Unterkünfte gibt. Aber auch plötzlicher Wetterumschwung durch Wolken- und Nebelbänke, die Winde vom Atlantik herantreiben. Gutes Kartenmaterial ist vorhanden (u.a. 1634 IV, 1634 III, 1533 I und 1633 IV). Weitere Infos in vorgenannten Unterkünften, Camping und Tursenters.

## Olderdalen -> Alta (E 6, ca. 22o km)

Direkt am Fähranleger **OLDERDALEN** eine Shelltankstelle, Unterkunft und Kro, kleine Autowerkstatt. Rund 1oo m zur E 6, an deren Bereich sich der Ort mit ca. 4oo Einw. erstreckt, dort auch Supermarkt und kleinere Geschäfte von Elektro bis Kleider sowie Tankstelle und Bank.

„**Olderdalen Kro & Motel**": direkt beim Fähranleger Olderdalen. Ein Steinhaus, im Erdgeschoß ein „allround- Kiosk" (Lebensmittel bis Zeitschriften). Direkt rechts daneben angebaut eine Reparaturgarage. Im 1. Stock des Gebäudes werden wenige Zimmer vermietet mit Fjordblick. Am besten ansehen, bevor man mietet. DZ ca. 6o Euro.

„**Olderdalen Gjestegård**": direkt daneben. Ein Holzhaus mit kuscheligem Café im Erdgeschoß und im OG Vermietung von 2o einfach eingerichtete Zimmern, meist Fjordblick. Ganzjährig geöffnet. DZ ca. 5o Euro. Tel.: 777.182.6o, Fax: 777.181.66.

Die **E 6** führt ab Olderdalen am Osthang des Lyngenfjords Ri. Nord; bei klarem Wetter Superblick auf die Gletschergipfel des Lyngengebirges mit Höhen bis zu 1.6oo m. Sie steigen fast senkrecht vom Meer auf.

**DJUPVIK**: Abstecher wenige km auf Nebenstraße zur Halbinselspitze Spåkanes, wo die Nazis im 2. Weltkrieg eine Küstenbatterie bauten, um den Eingang zum Lyngenfjord zu kontrollieren. Heute schöner Aussichtspunkt auf die Gebirgskette der Lyngenalpen sowie Mitternachtssonne (ca. Ende Mai - Ende Juni). Zugleich lohnender gratis- WoMo Stellplatz.

⇒ **ROTSUND**: kleines Fährschiffchen über den sehr schmalen Fjordarm in 1o Min. rüber nach HAVNES auf der Insel Uløya. Die Insel steigt fast senkrecht aus dem Meer, ein gigantischer Bergklotz von 1.1oo m Höhe. Havnes (in Karten auch Hamnnes geschr.) war im 19. Jhd wichtiger Handelsort in Nordnorwegen, heute ein verschlafenes Mininest. Beim Fähranleger ein restauriertes Kolonialwarengeschäft aus damaliger Zeit, das besichtigt werden kann; kleine Gaststube.

**LANGSLETT**: Häusergruppe am Rotsundet Meeresarm und ausgeschilderte Abzweigung von der E 6 in 35 km nach SKJERVØY. Faszinierende Landschaften und - der steilste Unterwassertunnel Norwegens. Der Abstecher benötigt ohne längere Stopps ca. 1 1/2 Std. retour.

Ab Langslett die RV 866 zunächst am Westufer des Raftsundet entlang, dann durch ein kürzeres Tal nach Bakkeby. Nach knapp 2o km wird die Meeresstraße Maursundet erreicht. Sie ist superschmal; gegenüber ein riesiger Bergklotz. Früher wurde sie mit einem kleinen Fährschiffchen überquert, Fahrt knapp 5 Min. Heute rostet das Schiff am Ufer vor sich hin, da der Meeresarm per Maursundet Tunnel (Länge 2.122 m) unterquert wird, 92 m unter Wasseroberfläche.

Es geht supersteil runter zum tiefsten Punkt unterm Meer und anschließend steil wieder rauf. Problem beim Tunnelbau: die kurze Entfernung zwischen beiden Ufern bei gleichzeitig großer Wassertiefe. Der Tunnel wurde daher in großer U- Kurve gebaut, um an Strecke zu gewinnen, damit es nicht ganz so steil runter geht. Es ist schon ein gewisser Nervenkitzel im Bauch, wenn man die enge Kurve runter fährt.

Kurz nach Tunnelende folgt ein weiterer 1.73o m Tunnel, der den Osthang der Insel Kågen unterquert. Die Insel besteht aus gewaltigen Bergklötzen, die 1.ooo bis 1.2oo m fast senkrecht aus dem Meer aufragen. Nach rund 3 km Fahrt auf der Ostküstenstraße: Blick auf fünf spitzzackige Felspyramiden, Wahrzeichen der Insel.

Abzweigung: geradeaus RV 869 nach Storstein, dem Fähranleger für die vorgelagerten Inseln Arnøy und Laukøy. Rechts: ausgeschildert RV 866 nach Skjervoy über eine schmale, 8oo m lange Brücke. Sie besitzt in der Mitte eine Ausweichstelle bei nur minimal Platz. Sollten Fahrzeuge entgegen kommen, wartet man besser am Beginn der Brücke. Nach Überquerung der Brücke Superfotoblick auf die Felspyramiden der Insel Kågen.

## ★Skjervøy (ca. 2.3oo Einw.)

In der Ostbucht der Insel; die Häuser ziehen sich in einer langgestreckten Mulde vom Hafen am Hang rauf. Für die umliegende Einsamkeit ein relativ großer Ort, zugleich größter Fischereihafen der Provinz Troms. An erster Stelle steht Krabbenfischerei, aber auch Dorsch etc. Am Hafen Fisch- und Konservenfabriken sowie kleinere Reparaturwerften.

Geschichte: Archäologen fanden Spuren einer Siedlung aus der Steinzeit. Wegen reicher Fischgründe der vorgelagerten Inseln war Skjervøy seither besiedelt und wichtiger Handelspunkt. Im 17. Jhd. wurde Skjervøy von der Kaufmannsfamilie Heggelund ähnlich Monopol kontrolliert. Es wird berichtet, daß der Sproß der Familie, Christen Michelsen Heggelund selbst bei Gottesdiensten in der Kirche die Kirchenkollekte einkassierte...

Der Heggelund- Clan hatte damals den Beinamen „Könige von Skjervøy“. Zwar besserten sich die Dinge in späteren Jahrhunderten. Der Priester durfte seine Kirchenkollekte selber einbehalten, - und die Schäfchen beteten zu Gott, - denn der Fischfang in den rauhen Gewässern war gefährlich und Todesfälle nicht selten.

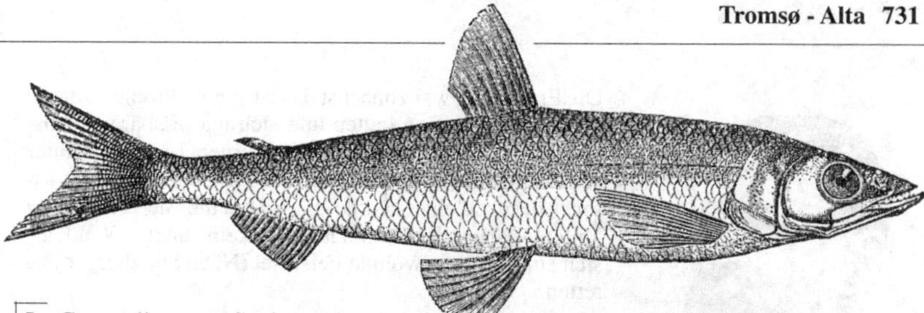

FISCHEREI IM 19. JHD: ein gefährlicher Beruf nicht selten mit tödlichem Ende.

In Gottesdiensten forderte der (meist wohlhabende) Priester zu einer reichhaltigen Spende auf. Dies unter Hinweis, daß Gott von oben zuschaut und gleichzeitig Macht über Leben und Tod hat, - was die Kollekte im Klingelbeutel förderte. Sofern der Priester korrekt handelte, wurden die Gelder u.a. dafür verwendet, um die Hinterbliebenen von tödlich verunglückten Fischern finanziell zu unterstützen.

1896: wichtiges Ereignis in der Geschichte Skjervøys. Der Nordpolarforscher Fridtjof Nansen war 1893 mit seinem speziell für arktische Gewässer gebautem Schiff „Fram" Richtung Nordpol aufgebrochen. Da er nicht zurückkehrte (immerhin seit 3 Jahren!) machte man sich erhebliche Sorgen. Seine Rückkehr 1896 wurde in Skjervøy mit großem Fest und Beisein der Presse gefeiert.

Ein unglückliches Ende hatte dagegen 1897 die Polar- Expedition des schwed. Forschers S. Andrée und seiner Begleiter, die mit einem Heißluftballon erstmals die Überquerung des Nordpoles versuchen wollten. Dies mißglückte, und die Forscher mußten auf arktischem Eis notlanden. Ihre Ausrüstung (Lebensmittel, Kleidung und Waffen) konnten sie retten. Zu Fuß versuchten sie, auf dem Eis Richtung Franz Josephs Land zu wandern, wo es menschl. Siedlungen in Form Walfangstationen gab. Was sie nicht wußten: die riesge Eismasse, auf der sie liefen, driftete in Gegenrichtung. Sie kamen somit keinen Schritt voran.

SALOMON A. ANDRÉE
Polarforscher (1854-97)

Die Ernährung war zunächst das geringere Problem, da sie genügend Munition hatten und sich u.a. Eisbären schossen. Doch das Schicksal nahm seinen Lauf: je weiter südwestwärts das Eis driftete, - also in „wärmere" Gewässer, - desdo kleiner wurde die Eisfläche. Sie zerbrach in Teile. Die Forscher hatten letztlich keine andere Wahl, als sich auf eine unbewohnte Felsinsel (Nähe Spitzbergen) zu retten.

Hier bestand prinzipielle Chance einer Rettung, denn Spitzbergen war damals in der Arktis Hauptstützpunkt der Walfänger, die die Gewässer frequentierten. Es war daher lediglich eine Frage der Zeit, bis ein Fangschiff in der Nähe vorbeifuhr, dem sich die Forscher bemerkbar machen konnten. Zumal die Forscher über genügend Munution zur Lebensmittelbeschaffung (Eisbären) verfügten.

So richteten sich Andrée und Begleiter 1897 auf der Insel ein. Sie schossen Eisbären und - aßen das Fleisch **roh**. Ob es Bequemlichkeit war, oder man Brennstoff für Feuer sparen wollte, ist nicht gesichert. Zumindest war Andrée der damals gängigen Meinung, daß wegen arktischer Kälte keine Gefahr einer Krankheitsübertragung besteht. Fataler Fehler und Tod bereits 1897, wie heutige Forschung nachwies.

Die Leichen wurden 193o von einem Walfänger entdeckt, - die Körper von Eisbären zerfleischt, teils auch die Köpfe der Forscher abgebissen. Ein grausames Bild. Neben den Leichen fand man Gewehre, jede Menge Munution und viele abgenagte Eisbär Skelette. Hunger war nicht der Grund des Todes der Forscher, die auf Rettung warteten.

Die Eisbär-Knochen mit Fleischfaserresten sowie Gewebeproben der Leiche Andrées wurden in schwed. Laboratorium untersucht. Sie ergaben trichinenähnliche Würmer im Fleisch der Eisbären, wie auch im Körper Andrées. Sie hatten sich durch rohen Fleischgenuß übertragen und zum frühzeitigen Tod geführt. Ein trauriges Kapitel der Arktisexpeditionen. Via Skjervøy (erster Kontakt mit dem nahen skandinavischen Festland) kamen die Leichen nach Schweden zu ihrer letzten Ruhe.

SKJERVØY HEUTE: moderne Fischfangflotten, aber auch private Hobby- Fischerei in den reichen, umliegenden Gewässern. Das Ortszentrum am Hafen mit Post, Bank, Busabfahrt sowie kleineren Geschäften für Sport-Angelbedarf, Elektro, Kleider und Eisenwaren, Apotheke.

„**Hotel Maritim**": direkt oberhalb des Hafens. 3 stöckiges Gebäude mit großem Aufenthaltsraum und Meerblick. Derzeit wichtigster Speisesaal des Ortes, da es ansonsten an Restaurant weitgehend fehlt. Die Küche ist gut mit vorwiegend fangfrischen Fischgerichten. Disco am Weekend sowie Bar und Bierstube. Im Oberstock 31 Zimmer mit Bad, kleinem TV und meist Meerblick. Ganzjährig geöffnet. DZ ca. 4o bis 6o Euro. Tel.: 777.6o3.77, Fax: 777.6o7.16.

„SANGVÅGEN CAMPING": im südlichen Ortsteil, ausgeschilderte Abzweigung von der RV 866 auf Hanghöhe, bevor sie runter zur Bucht und Ortszentrum führt.

Der Camping liegt in einem Seitental, rund 2oo m von seperater „Badebucht“ am Meer entfernt. Dort ein Ministrand mit Kies, Sand und Bootsanleger. Man muß im Sommer entsprechend abgehärtet sein, um ins Meer zu steigen. Der Camping ist beliebt bei Hobbyfischern, siehe auch Bootsanleger. Mehrere komfortable Hütten mit Balkon und je 2 Zimmer, Kochgelegenheit und Bad. Preis pro Hütte ca. 7o Euro.

**SCHIFF**: Skjervøy ist Anlegehafen der tägl. Schiffe der Hurtigruten. Nach Tromsø auf der Südroute Abfahrt ca. 2o Uhr, Fahrzeit ca. 3 1/2 Std. bzw. auf der Nordroute nach Hammerfest: 1 Nacht, Ankunft am nächsten Morgen. -

**BUS**: mehrmals tägl. zur E 6/Langslett und weiter nach Tromsø, Narvik bzw. auf der Nordroute nach Alta, mit Umsteigen (teils auch direkt) nach Hammerfest, Honnigsvåg und Kirkennes.

**Weiter auf der E 6**: ab Langslett steigt die E 6 in Kurven über Hügelland rüber zum Reisafjord nach **SJØRKOSEN**: mit Fischereihafen am Fjord, geschützt durch eine Mole - sowie kleinerem Flugfeld. Derzeit gibts kaum Verbindungen, lediglich Wideroe nach Tromsø und Hammerfest, - wobei fraglich ist, ob die Verbindungen wegen fehlender Nachfrage Bestand haben. Ansonsten Privatfliegerei mit Cessnas und Pipers.

Im Ort Esso und Statoil Tankstelle, kleine Konditorei, kleiner S- Market. Sjorkosen erstreckt sich weitflächig entlang des Fjordes und geht über in

## Storslett (ca. 1.ooo Einw.)

Am Südende des Reisafjordes. Der Reisafluß wird mit großer Eisenbrücke überquert, das anschließende Straßenkreuz ist Ortszentrum. Hier mehrere kleinere Geschäfte, Supermärkte, Hotels und Restaurant, Tankstelle.

**SØRKJOS, STORSLETT**

1 Hafen
2 Sørkjos Hotel
3 Flughafen
4 Supermarket
5 Camping Storslet
6 Geschäfte
7 China Rest.
8 Prix Supermarkt
9 Reisa Hotel
1o Möbel
11 BANK
12 POST
13 Geschäfte, Rimi
14 Norlandia Hotel
15 Prix Supermarkt

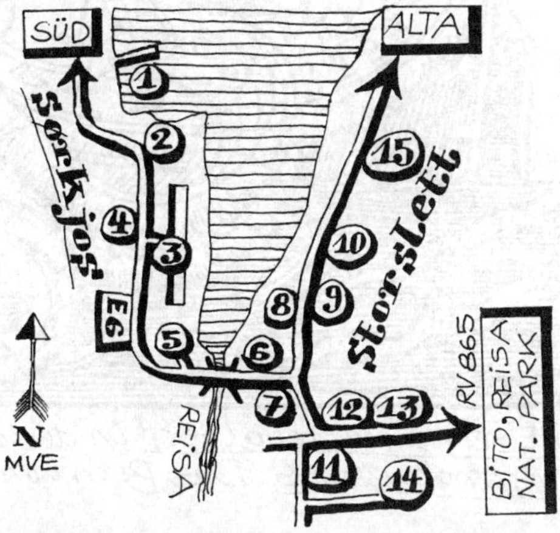

„**Sørkjos Hotell**“ (1): im Ortsteil Søkjosen an der E 6 in Kurve Nähe Fischerhafen. 3- stöckiges Gebäude, kleinere Rezeption mit Pflanzen und angrenzendem, etwas ältlichem Aufenthaltsraum. Rund 6o Zimmer, preiswert und ordentlich, aber an Komfort etwas einfach. Die Zimmer vornraus mit Fjordblick. Ganzjährig geöffnet. DZ ca. 7o- 8o Euro. Tel.: 777.652.77, Fax: 777.67o.58.

„**Reisa Hotell**“ (9): im Ortsteil Storslett an der E 6 Ri. Alta. Ein 2- stöckiger Flachbau. Ordentlich, aber recht einfach eingerichtet, z.B. Plastiksessel bei der Rezeption. Im EG eine Disco, die am Weekend in Betrieb ist und für Action sorgt. 27 Zimmer mit Dusche, Toilette sowie für einsame Nächte: Satelliten TV. Ganzjährig geöffnet. DZ ca. 85 Euro. Tel.: 777.658.33, Fax: 777.657.11.

„**Norlandia Hotel**“ (14): im Ortsteil Storslett Nähe der Brücke über den Fluß und Abzweiger der RV 865 ins Reisadalen. Langgestrecktes Holzgebäude in L- Form, 2- Stock. Rezeption und Aufenthaltsraum gemütlich mit Holz. Zu den 95 Zimmern führen langgestreckte Korridore. Sie sind simpel eingerichtet, jedoch TV und Bad. Ganzjährig geöffnet, DZ ca. 85 - 95 Euro. Tel.: 777.652.oo, Fax: 777.652.9o.

CAMPING STROSLETT (5): Abzweiger von der E 6 nordwestl. und noch vor Erreichen der Brücke über den Reisafluß. Er besitzt ebene Fläche, ist aber schattenlos und nach unserem Geschmack insges. wenig attraktiv am Fjord.

ESSEN: den Durchgangsverkehr der E 6 bedient BIOS, eine Groß- Cafeteria an der E 6 bei der Brücke über den Reisafluß. Daneben das Chinarestaurant „XINGA“ (7): für norweg. Verhältnisse relativ preiswerte Gerichte.

REISEN im Mittelalter in den äußersten Norden Nordnorwegens. Das Buch von Olav Magnus (1555)

➪ <u>REISA NATIONALPARK</u>:(Siehe auch S. 846) zu erreichen über die <u>RV 865</u> ab Storslett in rund 45 km bis zum <u>Weiler Bilto</u>. Hier endet die Stichstraße, weiter nur auf Trails bzw. in Booten flußauf. Im Tal mehrere Wasserfälle, so der Molllisfoss (27o m, davon ca. 14o m in freiem Fall) - und der Imofossen, zwei Wasserarme über senkrechte Felswand. Der Nationalpark wurde 1986 gegründet. Infos zu Transport in Storslett in den Hotels Sørkjos, Reisa und Norlandia siehe oben; sie vermitteln geführte Touren. Oder man wendet sich gleich direkt an die meist kleineren Veranstalter:

Auf Touren mit <u>Pferden</u> im Tal ist „<u>Nordreisa Hestesenter</u>“ Storslett spezialisiert, im Winter auch Pferdeschlittenfahrten. Tel./Fax: 777.653.1o.

„<u>Norveg AS</u>“, Storslett, Tel.: 777.7o5.75, Fax: 777.7o5.71. Wildnisaktivitäten z.B. Wohnen in Erdhütten, Paddeln, Wandern sowie Hütten im oberen Reisatal. Bergwanderungen und Gletschertouren.

„<u>Elvebåtsenteret AS</u>“, Storslet, Tel./Fax: 777.676.3o und 777.641.3o: u.a. Fahrten mit kleineren Flußbooten auf dem Reisa, Paddeltouren, Kurse für Lachsangeln im Reia Fluß sowie kleineren Seen. Im Winter Hundeschlittenfahrten, Eisangeln etc.

„<u>Safari Nord</u>“, Storslett, Tel/Fax: 777.664.28 und 777.664.65, Handy: 941.332.2o: Flußboot-Touren, auch mit Übernachtung im Tal, Angeln, im Winter Fahrten mit dem Snowmobil rüber nach Kautokeino. Snowmobilfahrten sind ca. Anfang Dez. bis Ende April möglich.

⇩ **Weiter E 6**: ab Storslett 72 km nach Burfjord. Die Straße führt zunächst am Straumford und Oksfjord entlang und steigt nach der Häusergruppe

berichtet in Holzschnitten von den extremen Gefahren. <u>LINKS</u>: frißt eine Seeschlange einen Matrosen. <u>RECHTS</u> gar ein Riesenfisch das komplette Schiff...

Sandbukt rauf aufs KVAENANGSFJELL in 4o2 m Höhe.

„**Kvaenangsfjell Gildetun Mountain Motel**“: an der E 6 oben auf dem Fjell. Bei klarem Wetter Superblick auf Fjord und vorgelagerter Gebirgsketten, u.a. Loppa und den Öksfjordjökelen-Gletscher. Den Blick gibts allerdings vor dem Hotel (ab Zimmern nur teils oder nicht). Die Lage des Motels ist Spitze; wegen günstigem Preis Übernachtungstipp.

Gemütlicher Aufenthaltsraum, je nach Jahreszeit mit Kaminfeuer. Die Säulen des Raumes sind von heimischen Künstlern mit Figuren dekoriert. Er dient als Frühstücksraum bzw. mittags/abends mit Cafeteria, Spezialität sind Lachs- und Rentiergerichte. Im Hauptgebäude 29 kleine und einfach eingerichtete Zimmer mit Dusche/WC sowie Sauna. Weiterhin mehrere Hütten mit 26 Zimmern und Du/WC. Geöffnet April bis Ende Sept. DZ ca. 7o Euro. Tel.: 777.699.58, Fax: 777.699.59. www.gildetun.no

MULTIMEDIA- SHOW: im Motel im Hochsommer ca. alle 2 Std. zwischen 12 und 18/21 Uhr. Sie dauert 15 Min. und zeigt die landschaftliche Schönheit Nordnorwegens. Wir haben die Show selber noch nicht gesehen, da wir zu ungünstiger Zeit eintrafen und nicht 1 1/2 Std. warten wollten. Soll aber ganz gut sein. Eintritt.

Ab Kvaenangfjell führt die E 6 steil runter zum Fjord. Eine 3oo m Brücke bei Karvik/Sørstraumen über den Fjord verkürzt die frühere 4o km-Ausfahrung der alten E 6 und seines Südarmes. Die Brücke gilt als gute Position zum Angeln (zudem starker Gezeitenstrom). Am Südende des Fjordes (via alte E 6) in Kaevangbotn größeres Stromkraftwerk. Ab hier Pisten rauf in die Berge und dortiger Seen, die durch Tunnel bzw. Staudämme das Kraftwerk am Fjord mit Wasser versorgen. Der Einzugsbereich reicht bis in die Finnmarksvidda. Die Pisten meist für öffentl. Verkehr gesperrt.

**BURFJORD**: kleines Nest am gleichnamigen und schmalen Fjord und der E 6. Prix Supermarkt, Post, Bank, Mini- Krankenhaus, Tankstelle.

Wer Unterkunft sucht: wenige kleinere Herbergen mit Privatzimmern:

„**Ingrid & Harald Boberg**“: Tel. 777.682.39 in Privathaus und Familienanschluß bei 1- 2 Zimmern und Bad der Familie, ca. 38 Euro.

„**Sigfred Person**“: Tel.: 777.681.31, vermietet 4 Zimmer mit Familienanschluß, ca. 4o Euro.

„**Simonsens Gårdsferie**“: Tel.: 777.693.86, vermietet 4 Zimmer mit Privatbad. DZ ca. 75 Euro. - Die o.g. Unterkünfte sind ganzjährig geöffnet. Die jeweilige Familie geht jedoch ca. 2o spätestens 22 Uhr zum Schlafen. Eintreffen später und/oder Anrufe später rangieren unter „dezenter Belästigung“ zu Recht.

**ALTEIDET**: Minisiedlung, 12 km nördlich von Burfjord. Hier zweigt links eine 8 km Nebenstraße ab zum **JØKELFJORD**. Ein schmaler Fjord, max. Breite nur 2 km (am Fjordende lediglich 7oo m) zwischen Bergen, die bis zu 1.2oo m ansteigen. Am Nordostende des Fjords Reste einer Gletscherzunge des Öksfjordjøkelen (1.2o4 m). Er ist der einzige Gletscher Norwegens, der direkt ins Meer kalbt. Im gleichnamigen Nest Jøkelfjord gibt es eine Parkbucht, beliebter gratis- Stellplatz für Womo's. Sie loben den

Platz am Fjord - und stellen das Fahrzeug in richtige Blickposition zum Gletscher. Zu HS drängen sich die Camp- Mobile.

„**Jøkelfjord Gjestehus**": im Ort Jøkelfjord. Ein modernes dreistockiges Holzhaus mit gemütlich-kuscheliger Gästestube und 2- bis Mehrbett Zimmern. Es gehört dem Kölner Chris Stein, der sich in Nordnorwegen verliebt und hier niedergelassen hat. Er besitzt mehrere Boote und veranstaltet Angeltouren in den exzellenten Gewässern des Fjordes. Im Winter (Febr.- Mitte Mai) ist der Fjord Eldorado für Dorschangeln (Rekord 81 Pfund). Weiterhin Touren mit Huskie- Schlittenhunden sowie Snowmobilen. Auch zu anderen Jahreszeiten ist der Fjord Anglerparadies. - Chris braut sein eigenes Bier. Geöffnet ca. Febr.- Okt., sonst auf Anfrage per Tel. oder Fax. DZ ca. 63 Euro. Tel.: 777. 691. 62, Fax: 777.691.7o.

<u>BOOTSTOUR ZUR GLETSCHERZUNGE</u>: sie schiebt sich vom Gipfelbereich in 1.2oo m den Hang runter. Vorwiegend Febr.- Juni stürzen von dort Gletscherbrocken den 7oo m Hang runter auf einen Gletscherbereich am Fjord und dort ins Meer. Etwas Glück braucht man, um das Schauspiel mitzuerleben. Der Gletscher im Gipfelbereich hat eine Fläche von 46 qkm und mittlere Dicke von 3oo m.

Die Fahrten mit Chris Stein (Kontakt siehe oben „Jøkelfjord Gjestehus"). Am besten vorher per Tel. kontaktieren, im Hochsommer jedoch tägl. Das Boot fasst 25 Personen, ca. 1 1/2 Std. retour. Pro Person ca. 14 Euro.

⇨ **ÖKSFJORD**: ab E 6/Finnøya (Langfjordbotn) zu erreichen über die asphaltierte RV 882 Stichstraße in 4o km. Sie führt an Steilhängen von 6oo-9oo m hohen Bergen entlang. Die steilste (und zum Fjord engste) Stelle wird im 4,2 km langem Øksfjordtunnel unterquert. Rund 2 km nach Tunnelausgang ist linker Hand auf der anderen Fjordseite in einem schmalen Tal eine weitere Gletscherzunge des Øksfjordjøkelen zu sehen.

Der Ort <u>Öksfjord</u> (ca. 9oo Einw.) ist tägl. Stopp der <u>Hurtigrouten</u> (Nord: -> Hammerfest, Süd: -> Skjervøy, Tromsø) und liegt auf schmalem Landstreifen unterhalb steiler Berge. Die Einkünfte bestehen hauptsächl. aus Fischerei und Fischverarbeitungsfabriken.

<u>Fischereihafen</u> seit 1815. Zu Zeiten, als Nordnordwegen noch kaum besiedelt war, beantragte <u>186o</u> der engl. Unternehmer und Jäger <u>White</u> Jagdrechte auf der <u>Loppa Halbinsel</u>. Den Antrag stellte er beim <u>Notar in Tromsø</u>. Dieser war jedoch offenbar nur schwach des Englischen mächtig und stellte statt „Jagdrechten" - eine Kaufurkunde der gesamten Loppa Halbinsel aus, Preis 2.ooo US $. Bis 189o war sie englischer Besitz.

Heute ist Øksfjord Sitz der Verwaltung der Loppa Kommune (695 qkm, 1.56o Einw.), mit Post, Bank, kleineren Supermärkten, Busverbindung tägl. nach Alta, ca. 3 Std. sowie Fährverbindungen.

„**Øksfjord Hotel**": dreistöckiges Steingebäude direkt am Fähranleger mit Fjord- und Meeresblick vornraus. Nach hinten sieht man Häuser und den steil ansteigenden Berghang. Ganzjährig geöffnet, 12 Zimmer mit Bad. DZ ca. 9o Euro. Tel.: 784.584.o1, Fax: 784.584.47.

## Insel Sørøya

Nördlich Øksfjord vorgelagert. Mit vielen Fjorden ist die Insel tief zerklüftet, Berge um 5oo- 6oo m ab Meer, - Fläche der Insel 555 qkm. Sie ist weitgehend unbewohnt: im Osten nur wenige Minisiedlungen (erreichbar ab Hammerfest).

Der Haupt- Siedlungsraum im Westen und dortiger RV 882 Hasvik -> Breivikbotn -> Sørvaer im äußersten Nordwesten. Haupteinkünfte Fischerei und Fischverarbeitung in exponierter Insellage vor arktischen Gewässern. Sørøya ist insbes. auch bei Hobbyfischern sehr beliebt.

Øksfjord -> Hasvik: kleines Fährschiff 1 mal tägl. außer So., die Überfahrt 1 1/2 Std. kann sehr bewegt sein wegen offenem Meer. PKW mit 2 Pers. ca. 3o Euro.

Ob sich die Mitnahme des Autos lohnt, ist Entscheidungsfrage, da es im Westen der Insel (RV 882) nur ca. 6o km Straße gibt. Andererseits fährt der Inselbus nur 1 mal tägl. Die Auto- Mitnehmen kann daher sinnvoll sein, um in diesem Teil von Sørøya einigermaßen flexibel zu sein, - bedeutet aber retour 2 Pers. ca. 6o Euro. Schon knackiger Preis bei relativ wenigen Sehenswürdigkeiten auf der Insel.

HASVIK: Fährhafen im Südwesten der Insel. Die Häuser verteilen sich auf schmaler Ebene vor den Küstenbergen. Post, Hotel, ansonsten der Hund begraben. Inselbus rauf in den Nordwesten: 1 mal tägl. außer So., ca. 1 Std. bis Sørvaer.

BREIVIKBOTN: Verwaltungszentrum der Insel, wenige Häuser um kleinen Hafen mit langer Steinmole. Post, Benzin, Fischverarbeitungsfabrik.

Tourist INFO im Radhaus (Rådhuset), Fjellvn. 6, 9593 Breivikbotn, Tel.: 784.527.oo, Fax:784.527.o1. www.hasvik.kommune.no

SØRVAER: im äußersten Nordwesten der Insel. Der kleine Ort erstreckt sich auf vorgelagerten Klippen. Eine 4oo m lange Steinmole schützt den Fischereihafen, wichtigster der Insel wegen seiner offener Lage zu arktischen Gewässern. Nur wenige Häuser. Dahinter steigen die kahlen Berge an. Westl. an der Küste im Meer ein verrostete Wrack des Kriegsschiffe Murmansk, gestrandet Heiligabend 1994. Zu sehen über Wasser: das Schiff ab Reeling und Decks, Kanonen, Komandobrücke und Funkturm. Warnung: wer das Schiff mit gemietetem Boot besucht und im Inneren besichtigt, - sollte wegen Thetanusgefahr durch Rost supervorsichtig sein.

HÖHLEN: während des 2. Weltkrieges waren die Höhlen der Insel wichtiges Versteck der Bevölkerung, so u.a. am Nordsandfjord nördl. der Straße nach Sørvaer und nur per Trail erreichbar. Sie können mit Führern besichtigt werden. Die Höhle Nordsandfjord ist größte der damaligen Zufluchthöhlen bei Länge ca. 1oo m. Zugang 5 km Trail an die Nordküste. Zu sehen ist außer tristem Stein heute nichts, - allenfalls Gedanken an mieserable Lebensbedingungen der Bevölkerung, die Schutz vor Nazi in kargen Höhlen suchten.

SANVIKA: an der Straße nach Sørvaer im Breivikbotn mit Sandstrand.

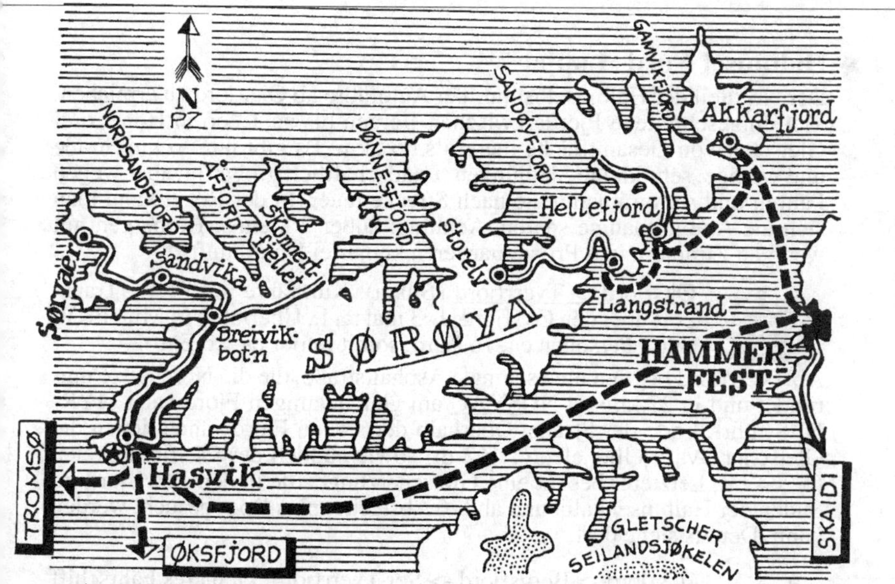


DØNNESFJORD: Stichpiste ab Breiviksbotn zum nördlich der Insel gelegenen größerem Fjordarm. Wenige Fischerhütten und eine Kirche von 1888, die älteste der Insel. Als Abstecher nicht unbedingt „muss".

Unterkunft Insel Sørøya:

„**Hasvik Hotel**": im Hafenort Hasvik. Das „beste" Hotel auf der Insel, 9 Zimmer mit Bad, ganzjährig geöffnet. Wegen der Anzahl von nur wenigen Zimmern unbedingt vorher anrufen. DZ beachtliche 1oo Euro! Tel.: 784.512.o7, Fax: 784.511.76.

„**Sørøya Havfiskesenter**" in Breivikbotn. Lediglich 6 Zimmer, eine recht einfache Herberge, die auch Fischern und Seeleuten zur Unterkunft dient. Ganzjährig geöffnet, aber unbedingt vorher anrufen. DZ ca. 4o Euro. Tel.: 784.517.o6, Fax: 784.517.o6.

„**Sørvaer Gjestehus**": Holmeveien 13, an der Nordwestspitze der Insel. Veranstaltet auch Angelausflüge aufs Meer sowie zu einem der vielen Binnenseen und Exkursionen für Vogelbeobachtung. Tel.: 784.512.4o, Handy: 995.746.24.

AKTIVITÄTEN: Angeln, mit Abstrichen auch Wandern: Die og. Unterkünfte vermitteln Angeltrips sowie Wandern auf der Insel.

FLUGFELD: kurze Landepiste im Südwesten der Insel bei Hasvik. Sofern der Wind nicht zu stark ist, landen hier kleine Propellermaschinen der Widerøe: Nonstop 5 mal/Woche -> Hammerfest (Flugzeit 2o Min., rechts sitzen: Blick auf die 1.ooo m hohen Gletscher der fast unbewohnten Insel Seiland) sowie -> Tromsø: 1- 2 mal tägl. außer Sa. (Flugzeit 3o Min., links sitzen). Alle andere Ziele mit Umsteigen in Tromsø oder Hammerfest.

SCHIFFSVERBINDUNGEN und Nordteil der Insel siehe Seite 792.

## ★ Halbinsel Nord- Loppa

Der Nordteil der Halbinsel ist nur per Autofähre ab Øksfjord zu erreichen. Tief eingeschnittene Fjorde zwischen Bergen bis zu 1.2oo m Höhe, drei Gletscher von Gesamtfläche mehr als 6o qkm. Es gibt nur 4o km Straße und wenige, sehr kleine Siedlungen. Landschaftlich großartig, aber wegen Fähren und Automitnahme je nach Strecke teuer. In der Regel kann man sich die Automitnahme sparen. Achtung: außer 2 kleinen Herbergen mit wenigen Zimmern und Privatquartieren keinerlei Unterkunft!

Øksfjord -> Tverrfjord (Bukta): Kurzfähre mit PKW- Transport über den Øksfjord. 1- 3 mal tägl., Überfahrt 15 Min. PKW mit 2 Personen ca. 1o Euro, somit retour ca. 2o Euro.

Ab Tverrfjord beginnt eine schmale Asphaltstraße, die die Nordspitze umrundet und in 22 km via NUSVÅG am gleichnamigen Fjord nach MYRNES führt, Ende der Straße. Oberhalb der steilen Fjordwände liegen die Gletscher Svartfjelljøkelen (1.162 m) sowie südlich der Øksfjordjøkelen (1.2o4 m). Letzterer besitzt eine Gletscherzunge, die in den Jøkelfjord im Süden der Halbinsel kalbt und ab E 6 Abstecher plus Boot besucht werden kann, Details siehe dort.

Øksfjord -> Bergsfjord -> Sør Tverrfjord: kleineres Fährschiff mit Kapazität 22 Autos, 1- 2 mal tägl. Überfahrt 2 Std., kann im Abschnitt der Nordküste der Loppa Halbinsel bewegt sein. Anschließend in den breiten Nodre Bergsfjord südwärts, entlang von 1.ooo m hoher Bergketten.

Der Anlegepunkt BERGSFJORD wird nach 1 3/4 Std. Fahrt erreicht. Ein kleines Nest mit 13o Einw., wenigen Häusern, Post, kleinem Lebensmittelgeschäft und der Herberge „Bergsfjord Ferie“. Haupteinkünfte des Ortes sind Fischerei. Die PKW- Mitnahme bringt wegen nur ca. 7 km Straße auf dieser Fjordseite keinen Sinn. Bergsfjord ist Ausgangspunkt für Gebirgswanderungen sowie Stützpunkt für Angler.

Anschließend überquert die Fähre das Fjordkreuz (vergleichbar einer riesigen Wasserstraße in T- Form) in 2o Min. rüber nach SØRTVERRFJORD: Minisiedlung mit wenigen Häusern, kleinem Lebensmittelgeschäft und Übernachtung bei Privat. Ab hier beginnt eine 14 km Straße entlang des Ostufers des Søre Bergfjord nach Bogen und dort weiter als Piste zur Nordspitze dieses Halbinselfingers. Unterkünfte Nord Loppa:

„**Nusvåg Gjestestue**“: im Ort Nusvåg mit lediglich 3 Zimmern. Sehr einfach eingerichtet, aber immerhin Stützpunkt sowie Infos zu Aktivitäten der Region. Ganzjährig geöffnet, aber unbedingt vorab anrufen. Tel.: 784.588.37.

„**Bergsfjord Ferie**“: im Ort Bergsfjord. Miniherberge mit nur 4 Zimmern. Veranstaltet Gebirgswanderungen, Gletschertouren und Angeln im nahegelegenen Bergsfjordvatn sowie Hochseeangeln. Ganzjährig geöffnet. DZ ca. 38 Euro. Tel.: 784. 591.55, Fax: 784.591.65.

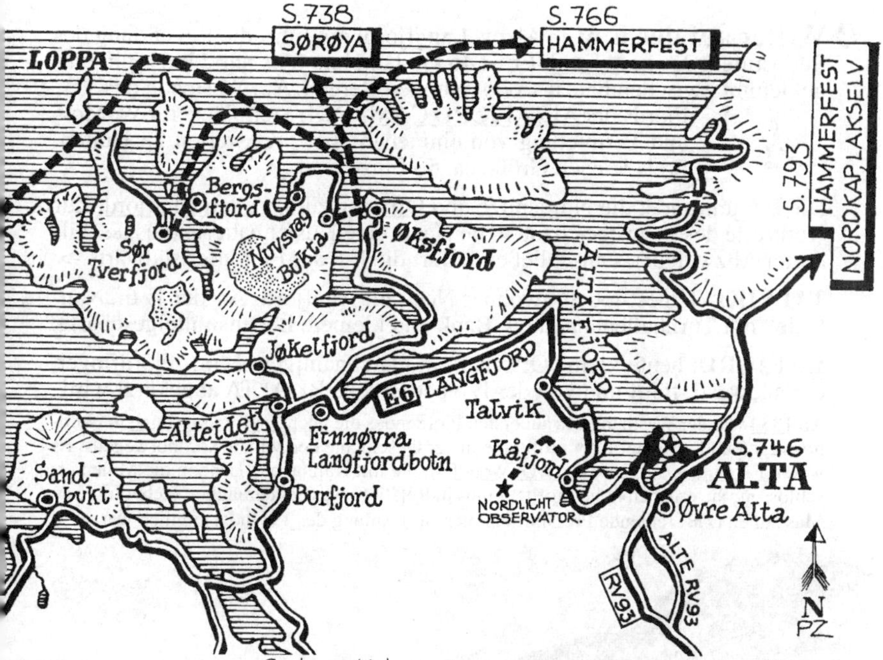


Schnellboot im Hafen von Øksfjord

**Weiter auf der E 6**: ab Abzw. Langfjordbotn führt die E 6 entlang des Südostufers des Langfjord. Er ist 4o km lang und teils nur 2 km breit, eingeklemmt zwischen bis zu 1.ooo m hohen Bergen. Am Westende des Fjords der ALTAFJORD CAMPING: Stellplätze für WoMo's und Vermietung von einfachen aber preiswerten 25 Hütten. Preis je nach Größe ca. 5o Euro.

Die E 6 umrundet die Nordspitze und Öffnung zum breiten Altafjord. Zur Kontrolle des Seeweges bauten die Nazis eine Küstenbatterie (ausgeschilderter Abzweiger), - anschließend führt die E 6 am Fjordufer südwärts ->

**TALVIK**: kleines 4oo Einwohner-Nest am Altafjord. An der E 6 „Nan-Café" mit Turnhallencharakter. Bank und kleinere Lebensmittelgeschäfte.

**KÅFJORD**: heute kleine Ortschaft an gleichnamigem Mini- Fjordfinger, der südwestl. führt und von der E 6 per Brücke Ri. ALTA abgekürzt wird.

Ab 1834 war der Westhang des äußersten Fjordendes die wichtigste Kupfermine in Nordnorwegen und erste definitiv profitable in der Geschichte der Minen Nordnorwegens. Es waren Engländer, insbes. Henry D. Woodfall, die mit Kapital aus London die Minen erschlossen. Sie ergaben hohe Profite, - dies in Relation, was bei damaliger Technologie an Maschinen (z.B. fehlende Presslufthämmer etc.) Anfang des 19. Jhds. möglich war.

OBEN: Kåfjord 1836 zum Beginn des Reichtums aus seinen Kupferminen. – RECHTS/UNTEN: Kupferwerk Kåfjord 1834, Karte von Frederik Rodes. Mit Stern(*) bezeichnet Lage der Minen. RECHTS/OBEN: Kåfjord 1882, als die Mine an Bedeutung verloren hatte.

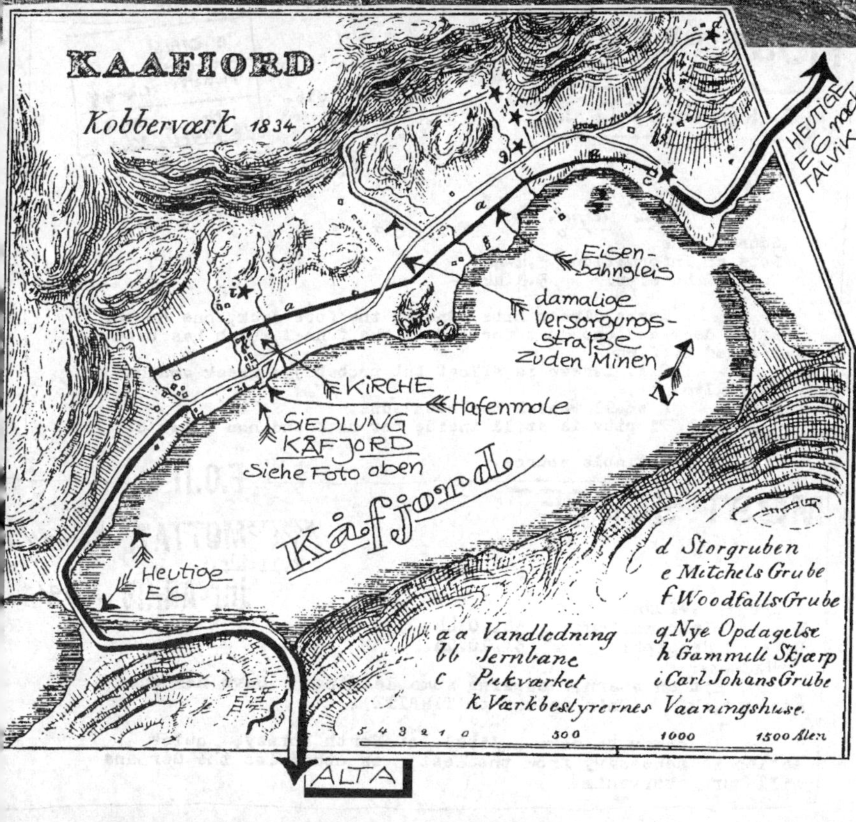
KAAFIORD
Kobberværk 1834
HEUTIGE E6 nach TALVIK
Eisen-bahngleis
damalige Versorgungs-straße zu den Minen
KIRCHE
Hafenmole
SIEDLUNG KÅFJORD
Siehe Foto oben
Kåfjord
Heutige E6
d Storgruben
e Mitchels Grube
f Woodfalls Grube
g Nye Opdagelse
h Gammelt Skjærp
i Carl Johans Grube
a a Vandledning
b b Jernbane
c Pukværket
k Værkbestyrernes Vaaningshuse.
5 4 3 2 1 0
500
1000
1500 Alen
ALTA

Die Sprenglöcher im Berg wurden mühsam per Hand gebohrt, was Tage und Wochen für wenige Meter Tunnel benötigte. Während 1837 gemäß historischer Aufzeichnungen lediglich rund 4o Arbeiter in den Minen beschäftigt waren, - 1845 bereits 8o Arbeiter.

1845 war Kåfjord eine der größten Siedlungen in Nordnorwegen (ca. 4oo Einw.), - zum Vergleich: Vardø 19o E., Vadsø 395 E., - sowie damals größte Hammerfest mit 93o E.

Höhepunkt der Kåfjord Kupfermine waren die Jahre 1848- 51 mit rund 9o Arbeitern und das nördliche Talvik die wichtigste Handelssiedlung am Altafjord. Bis 187o stagnierte die Kupferausbeute wegen veralteter Arbeitsmethoden und -Geräten. 1896 wurden die Minen von den Schweden gekauft und modernisiert. Rund 1.ooo Arbeiter, Konkurs 19o9. Großminen wie Chuquicamata in Nordchile konnten Kupfer erheblich billiger anbieten.

Die Kåfjord- Minen waren erste „Großindustrie" in Nordnorwegen. Eine Ausstellung im Alta- Museum beschäftigt sich mit der Geschichte. Vor Ort im heutigen Kåford ein ausgeschilderter Pfad mit Infotafeln. Zu sehen allerdings wenig bis nichts. Schade, daß man bisher nicht ein Museum an Ort und Stelle mit Minengängen und Gerät der Mine 19. Jhd. einrichtete.

Kåfjord im 2. Weltkrieg: das deutsche Schlachtschiff TIRPITZ, gebaut 1939 in der

**MOST SECRET**

"E" Office
Mottatt: 11.4.44
J. Nr. 92/44/V
Arkiv: 2da

2 KOPIER F.O. II

N/1016.

5.4.44.

Re Tirpitz

Source: Ida.
Date of Information: 3.4.44.
Date of Receipt: 3.4.44.

Three direct hits. One on the fore deck, one on the after deck and one just forrard of the funnel which has been damaged by fire.

C.A. Larsen is afloat but probably a wreck and has 64 killed.

A small vessel has been sunk.

Tirpitz is still inside her nett and has blown off her boilers.

Reliable source.

**MOST SECRET**

F.O.II
N/3713 MOTTAT. 4/11/44.
2.11.44.
Jnr-ARKIV. 3639/V.

Source: VIDAR.
Date of Information: 30.10.44.
Date of Receipt: 31.10.44.

Tromsø

Hit on stern, causing some leaking. Give her one more crack. (This refers to TIRPITZ).

In order to save a little of North Norway, quick action is necessary from the West, as otherwise the Germans will burn everything.

Kriegswerft Wilhelmshafen und Dimensionen der „Bismark- Klasse". An Dimension sowie Kampfkraft größtes Schlachtschiffe der Nazis, um im Nordatlantik Versorgungskonvois der Alliierten auf der Route nach Murmansk anzugreifen.

Entsprechend war die Tirpitz meistgesuchtes Ziel britischer Kampfbomber und häufig verfolgt, - aber zunächst nie zerstört.

Ende 1943 versteckte sich die Tirpitz vor ihren Verfolgern im engen KÅFJORD. Wie normalüblich, war ein Eisennetz rund um das Schlachtschiff gelegt, um feindliche Torped abzuwehren. Diese abgeschossen, würden im Netz detonieren - womit das Schiff geschützt war. Die Briten versuchten daher, mit Mini- U Booten das Eisennetz zu unterfahren und Sprengladungen an der Tirpitz anzubringen. Die Boote nannten sich X-Craft, Geheimwaffe der Briten mit damals modernster Technik. Sie hatten eine Länge von nur 17 m, an Bord 3- 4 Mann in qualvoller Enge. Tauchtiefe max. 1oo m.

Der Versuch, die Eisennetze unbemerkt zu untertauchen und Sprengladungen anzubringen, gelang im Jan. 1944 und führte zu schweren Beschädigungen an der Tirpitz. Trotz parallelem Bombenabwurf von britischen Kampfflugzeugen konnte das Schlachtschiff jedoch nicht versenkt werden. Das Leck wurde anschließend von den Nazis mit 22.ooo Sack Zement abgedichtet und das Schiff in die Region Tromsø verlegt. Weiterer Zerstörungsversuche 3.4.44 und 3o.1o.44. Letztendlich wurde die Tirpitz am 12.11.44 Nähe Tromsø versenkt, Details siehe dort.

NORDLICHT OBSERVATORIUM HALDDE oberhalb von Kjåfjord, auf dem Gipfel des Talviktoppen (9o4 m, in heutigen Karten Sukkertoppen genannt), rund 9 km Trail ab Kjåfjord. Es war das erste Observatorium der Welt zur Erforschung des Nordlichtes, gebaut 1899. Es ist seit 1926 nicht mehr in Benutzung, wurde jedoch als Nationalmonument restauriert.

**MOST SECRET**

"E" Office
Mottatt: 2.2.44
J. Nr. 324/44/V · Arkiv: vpa.... N/ 0433.

1.2.44.

ource: UPSILON 1.
.of Information: 31.1.44.
ate of Receipt: 31.1.44.

2 KOPIER F.O. II

From Tromsø it is reported that 22,000 bags of cement were used to stop the leak in the Tirpitz. Steaming trials with speed of 4 knots resulted in a new leak after which the ship returned and has now pumped up oil.

Monte Rosa with 800 engineers and skilled workmen should be a good target for an aerial attack.

Geheime Militärtelegramme der Briten im Versuch, die TIRPITZ zu zerstören. OBEN: 31.1.44, die Tirpitz repariert ein Leck mit 20.000 Säcken Zement. LINKS: 3.4.44, 3 Treffer. LINKS UNTEN: 30.10.44, weiterer Treffer. „NORDNORWEGEN braucht dringende Hilfe, - sonst brennen die Deutschen alles nieder."

NORDLICHT-OBSERVATORIUM HALDDE (bei Alta)
erstes der Welt, gebaut 1899, bis 1926 in Betrieb.

Details zum Nordlicht Seite 2o2, zur Forschungsarbeit Haldde Seite 2o8.

Das Gästehaus dient heute Bergwanderern zur Übernachtung (Infos und Schlüssel im „Alta Museum“ in Alta). Bei klarem Wetter Superblick über den Altafjord! Wanderzeit für die rund 9 km ab Kåfjord/E 6 zur Station ca. 2 Std., retour ca. 1 Std.

Achtung: in der Cappelens Kart Nr. 5 „Troms og Finnmark“ ist das Observatorium falsch eingetragen, nämlich auf dem 1.149 m hohen Halddetoppen. Richtige Lage ist der rote Stern (=Aussicht) in der Cappelens Kart rechts davon, der in der Karte jedoch keinen Namen trägt. Dafür stimmt grob der dort angedeutete Trail ab Kåfjord. Die Karte des Statens Kartverk „Troms og Finnmark“ markiert Trail und Gipfel mit Sukkertoppen richtig, trägt aber keinen Vermerk, daß sich hier das Observatorium befindet.

Wander- Detailkarten zeigen den Trailverlauf in der Regel genau, es fehlt jedoch meist der Hinweis aufs Observatorium. Am besten Trailverlauf im Alta Museum abklären. - Ab Gästehaus Haldde Bergwanderungen u.a. zum 1.149 hohen Vuorasnjargga Haldi (der samische Name, bzw. norweg. Halddetoppen).

## ★ Alta (ca. 12.ooo Einw.)

Langgestreckter Siedlungsbereich über rund 7 km entlang der E 6 im breitem Mündungstal des Altaelva Flusses. Der Ort erstreckt sich in flachem bis leicht hügeligem Gelände weitflächig zwischen Fluß und Fjord. Fast ausschließlich moderne Gebäude sowie Vielzahl kleinerer Holzhäuser und optisch etwas fad. Es fehlt an gewachsenem Flair und Patina.

Alta ist aus mehreren Ortsteilen zusammengewachsen. Der älteste **BOS-**

**SEKOP** liegt im Westen von Alta und war über die Jahrhunderte wichtiges Handelszentrum der Samen mit der Küstenregion.

**Tourist INFO** Sorenskriverveien 13, Ortsteil Bossekop Tel.: 784.577.77, Fax: 784.351.84 www.destinasjonalta.no

Heute an der E 6 und Bereich ca. 5oo m eine Vielzahl von Geschäften, Autowerkstätten, mehrere Supermärkte, Post, Tankstellen und 2 Hotels. Details siehe unsere Alta Karte und Ausschnitt Alta-Bossekop.

Bossekop geht entlang der E 6 über in den sogen. Ortsteil **SENTRUM** - obwohl dort ein eigenes Ortszentrum und generell Alta nicht erkennbar ist. Unscheinbare Abzweigung ab Verkehrsrondell an der E 6. Nennt sich etwas hochtrabend „*PARKSENTER*", - hat jedoch eher den Charakter eines modernen Gewerbegebietes. 2 Hotels, Großparkplätze, Supermarkt. Im südl. Teil des „Sentrum" Autowerkstätten und Fabrikation. Östlich das Krankenhaus (1o) - sowie das wichtigstes Zentrum der Samen: der moderne Großkomplex (28) der Hochschule der Finnmark.

**ELEVEBAKKEN (BUKTA)**: expandierender Siedlungsbereich beim Airport (29). In kurzem Abschnitt an der E 6 mehrere Tankstellen, Supermärkte, Megastore, Rimi und weitere Geschäfte. Auf einer großen Eisenbrücke wird der Altaelva überquert. Anschließend die große Campinganlage Kronstad, dann beginnt die Einsamkeit der Straße nach Skaidi.

Weitere Ortsteile von Alta liegen südl. der E 6, z.B. Elvestrand, Arones, Øytun und Øvre Alta. Sie sind reine Wohngebiete mit weit voneinanderstehenden kleineren Häusern oft in lichten Waldgebieten.

✶ **Geschichte**: älteste Funde auf der 212 m hohen Felshalbinsel Komsa Fjellet zwischen heutigem Airport und Stadtbereich „Sentrum". Sie stammen aus der Zeit ca. **9.ooo v. Chr.** *(Komsa Kultur)* und sind älteste Spuren einer Besiedlung in Nordnorwegen. Entdeckt in den 2o-er Jahren des 2o. Jhds. von Anders Nummedal (1867- 1944), Exponate im Tromsø Museum.

✶ Aus der Zeit ab ca. **4.ooo v. Chr.** mehr als 2.5oo Felszeichnungen im westl. Ortsteil und heutigem Alta Museum (1). Die große Anzahl an Abbildungen dokumentiert die Bedeutung des Altafjordes zur Steinzeit als wichtiger Wirtschaftsraum im äußersten Norden Europas. Oder aber „Konzentration von Künstlern" just hier? Entdeckt wurden die Felszeichnungen 1973 unter Moosen, Details siehe Alta Museum

✶ Der Bereich des heutigen Bossekop war ab ca. 15oo kleines Handelsnest der Samen. Mit ihren Rentieren kamen sie in den Sommermonaten von der Finnmark an den Fjord und tauschten dort Waren wie Fleisch und Felle gegen Güter der Küste (u.a. Fisch). Der Handel weitete sich aus, als im 18./19. Jhd. Segelschiffe von Süd- und Mittelnorwegen nach Bossekop fuhren. Damals der wichtigste Markt der Samen und ihres riesigen Einzugsbereiches der Finnmark. Trotzdem war Bossekop eine Minisiedlung mit wenigen Häusern. Wichtiger ab 185o das rund 17 km entfernte Kåfjord mit seinen Kupferminen.

✶ Anfang 18oo besiedelten Bauern aus Süd- und Mittelnorwegen das fruchtbare Lakselva-Tal. Es ist wegen seines milden Klimas, geschützt durch Berge, Fjorde und Golfstrom die nördlichste Stelle der Welt, wo Getreide angebaut werden kann.

Große Verdienste im Anbau des kleinwüchsigen Getreides waren nicht möglich, - aber exellente Bedingungen des Fischfangs im Fjord und Altaelva. Die Siedlung Bossekop (Samenname = Heilige Bucht) florierte. Reisende, die damals Bossekop besuchten, berichteten schwärmerisch von einem „Klima wie im Mittelmeer", was natürlich reichlich übertrieben war.

Als die deutschen Soldaten sich im 2. Weltkrieg 1944/45 aus Nordnorwegen zurückzogen, erhielten sie von ihren Generälen den Befehl, alle wichtigen Städte und Siedlungen zu zerstören. Die Bevölkerung wurde aus ihren Häusern zwangsevakuiert - und anschließend die Häuser in Brand gesteckt. Verschont blieb lediglich die Holzkirche (26) am Rand von Bossekop aus dem 19. Jhd. Schon reichlich brutal und pervers: keine Häuser mehr zum Leben, aber übrig gelassen die Kirche zum Beten!

Seit 5o-er und 6o-er Jahren Neuaufbau des Ortes sowie Versuch, die Abwanderung der Bevölkerung in den Süden weitgehend zu stoppen. Heute ist der Siedlungsbereich ALTA mit rund 12.ooo Einwohnern wichtigster und größter Ort der Finnmark an der norweg. Küste. Dienstleistungsbetriebe, Werkstätten, Samenhochschule, Distriktverwaltung, - jedoch keinerlei Großindustrie wie seinerzeit (ab 5o-er Jahre) in Mosjøen und Mo I Rana, die die Luft verpestet. Anderes Thema ist der Alta- Staudamm, Details dort.

ALTA MUSEUM (1): wichtigstes Museum Nordnorwegens zum Thema steinzeitlicher Felszeichnungen. Zu sehen mehr als 2.5oo Zeichnungen auf Felsplatten zum Fjord und von der UNESCO als Kulturerbe der Menschheit deklariert. Zur Erläuterung: hierzu gehören bedeutende Bauwerke wie die Akropolis/Athen, die Pyramiden in Ägypten etc.

Der Besucher (jährlich mehrere hunderttausende) geht somit mit großer Erwartung ins Museum. Zu sehen gibts fürs Auge viel, aber Anfassen oder gar die Felsen betreten ist verboten. Holzstege führen über die Felsplatten. Das Alter der Felszeichnungen wird auf 4 Perioden zwischen ca. 4.5oo v.Chr. , gemäß anderer Forscher seien die Figuren teils älter (ab ca. 8.ooo v. Chr.).

Es erstaunt, daß bei den Alta Felszeichnungen in Bezug Tieren fast ausschließlich Rentiere abgebildet sind. Dies, obwohl archäol. Ausgrabungen von steinzeitlichen Siedlungen nachwiesen, daß damals Fisch die Hauptnahrung der Menschen war.

Zu sehen sind u.a. Rentiere innerhalb von Zäunen, während außerhalb weitere Rentiere warten. Auf einer anderen Abbildung sieht man, wie Menschen mit Speeren offenbar erfolgreich Rentiere in ein System von Gattern reintreiben. Dort haben sich bereits viele Tiere versammelt, während draußen noch weitere rumstehen, - teils mit Richtung Gatter, andere unwillig in Ge-

**ALTA**

| | | | |
|---|---|---|---|
| 1 | Alta Museum | 15 | TANKSTELLE |
| 2 | Alta Strand Camping | 16 | Alta Gjeststue |
| 3 | Alta River Camping | 17 | Rimi Supermarkt |
| 4 | Bank | 18 | Sportgeschäft, Kleider, Interbook (Bücher und Schreibwaren) |
| 5 | Apotheke | | |
| 6 | Park Hotell | | |
| 7 | POST | | |
| 8 | Rica Hotel Alta | 19 | Domus Supermarkt, Megastore, Baumarkt |
| 9 | Supermarkt | | |
| 1o | Krankenhaus | 2o | POST, daneben Fahrradgeschäft, Foto |
| 11 | BUSSTOP | | |
| 12 | TANKSTELLE | 21 | TANKSTELLE |
| 13 | Autowerkstätten | 22 | Vica Hotel |
| 14 | Werkstatt (VW) | 23 | Altafjord Hotell |

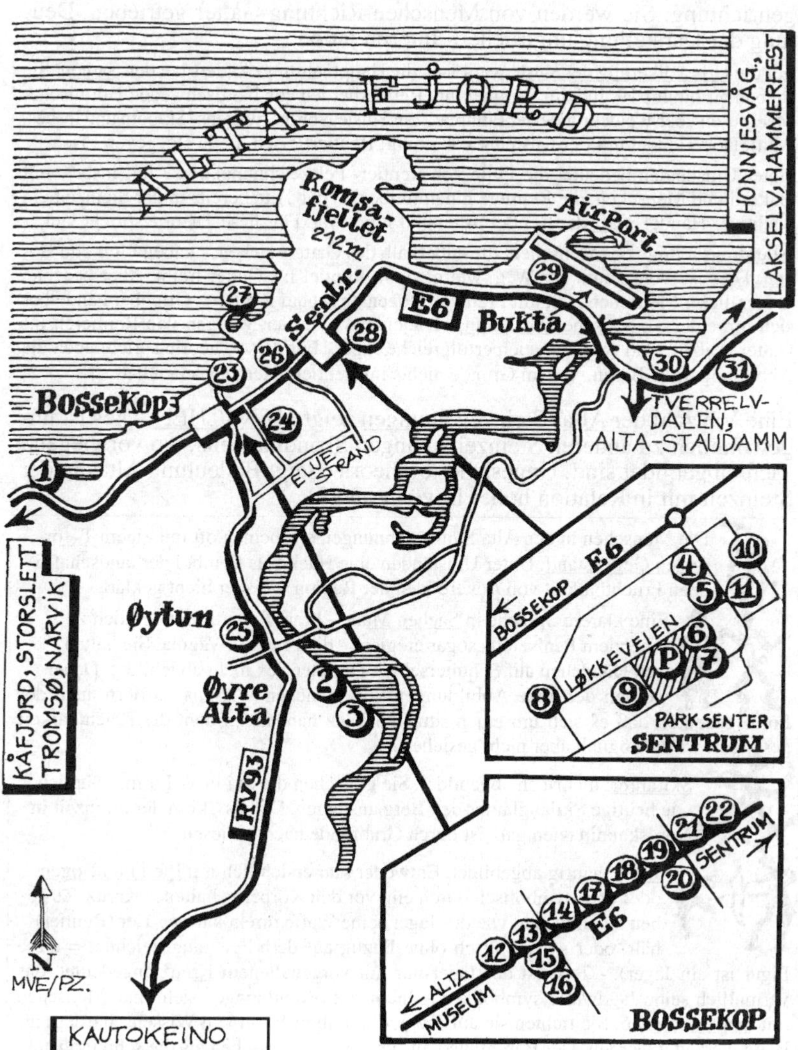


| | | | | | | | |
|---|---|---|---|---|---|---|---|
| 24 | Sportplatz | 27 | Sportfischerhafen | 29 | BUSSTOP Fernbusse |
| 25 | Øytun Gjesteheim | 28 | Finnmark Hochschule | 3o | Kronstad Camping |
| 26 | Kirche | 29 | AIRPORT und | 31 | Sagatun Hotel |

genrichtung. Sie werden von Menschen Richtung Gatter getrieben. Deutung der Darstellung ungesichert. Interpretation:

Für die Urbevölkerung der Küste war Fisch die Hauptnahrung. Anders bei den Samen: Sie trieben bis hin ins 19. Jhd. im Sommer ihre Rentierherden von Nordschweden/Bottnischer Meerbusen über Weidegründe der Finnmark zur Küste Nordnorwegens (Skibotn und insbes. Alta). Dort Handel mit der Küstenbevölkerung: Rentierfleisch, Felle etc. gegen Fisch.

Unter Umständen bedeutet die Fülle von Rentier- Felszeichnungen in Alta (insbes. mit Gattern und Menschen, die Rentiere hineintreiben), - daß Alta bereits in der Steinzeit ein wichtiger Handelsplatz der Rentierhirten und Jäger war. Für diese Theorie spricht viel.

Allerdings: einige der Menschen, die außerhalb des Gatters stehen, - haben Pfeil und Bogen. Dies ist wohl kaum der Weg, wie man ein Rentier ins Gatter treibt. Aber beachte: keiner dieser Menschen zielt mit Pfeil und Bogen direkt auf Rentiere. Offenbar handelt es sich um eine symbolische Darstellung: Diejenigen, die hier Mengen von Rentieren ins Gatter treiben, sind zugleich auch erfolgreiche Jäger. Für diese Theorie spricht auch die Abbildung der 3 Bären, die im Grunde nichts im Rentiergatter zu suchen hat.

Eine Vielzahl der Alta- Steinzeichnungen zeigt MENSCHEN. Dies ist ungewöhnlich zu anderen Steinzeichnungen Skandinaviens, wo vorwiegend Tiere abgebildet sind. Ungesicherte Theorie: zeigt Bedeutung Altas in der Steinzeit mit in Relation hoher Bevölkerung?

Die Menschen in den Alta Steinzeichnungen erscheinen oft mit einem T- förmigen Gegenstand. Unter Umständen eine Hacke als Symbol der landschaftlichen Fruchtbarkeit von Ackerböden der Region, - bisher nicht geklärt.

Eine klarere Sprache in Sachen Mann - Frau. Ersterer mit deutlich zu sehendem Penis, teils sogar eregiert, - die Frau mit Vagina. Sie halten sich Händchen auf Schulterschuß. Direkter Sex nicht abgebildet. Daher werden derartige Abbildungen von manchen Wissenschaftlern auch der Form gedeutet, daß es sich um einen rituellen Tanz handelt, in dem die Fruchtbarkeit gesteigert wird. Möglich aber nicht gesichert.

Skifahrer: mehrfach abgebildet. Sie grätschen die Ski in V- Form, - ähnlich wie heutige Skilangläufer den Berg ansteigen. Daß es Ski in der Steinzeit in Nordskandinavien gab, ist durch Grabfunde nachgewiesen.

Jäger: häufig abgebildet. Entweder klar ersichtlich mit Pfeil und Bogen, - oder aber symbolisch durch ein, vor den Körper gehaltenes Kreuz. Zu sehen ist entweder, wie der Jäger seine Waffe direkt auf das Tier (Rentier) hält, oder - symbolisch ohne Bezug auf dem Fels eingezeichnet = diese Figur ist ein Jäger). - Teils ist der Jäger nur mit vorgehaltenem Kreuz angedeutet, das vermutlich seine Jagdwaffe symbolisert. - In anderen Abbildungen sieht man Menschen mit langen Stöcken. Sie richten sie auf Tiere, die in ihrer Form von Wissenschaftlern als Bären gedeutet werden. Der Bärenfang galt für Steinzeitmenschen als die schwierigste und gefährlichste Art der Nahrungsbeschaffung. Die Bären wurden in Fallen gefangen und - vermutlich mit Stöcken zur Falle getrieben. Sollte der Bär in die Falle tappen: für die Steinzeitmenschen Fleisch in Übermaß. Er war daher das begehrteste Tier und stand on Top des Jagdglückes. Daß Abbildungen (siehe oben) ihn locker mit langem Stecken in einen Rentierpferch reintreiben, - hatte mit steinzeitl.

Bärenfang, seiner Schwierigkeiten und Gefahren nichts zu tun. Als Deutung möglich: die Rentierhirten der Steinzeit bieten zugleich Bärenfleisch in Alta an.

Menschen auf Booten: sie werfen Netze aus und somit klarer Fall des Fischfanges. Was jedoch nicht ins Bild passt: auf manchen Booten sind zusätzlich Menschen mit Pfeil und Bogen an Bord. Sie zielen nicht Ri. unten (=Meer, Fische), sondern Ri. Horizont. Nun ist es zwar bis heute bei den Indianern im Amazonasgebiet/Südamerika üblich, Fische u.a. mit Pfeil und Bogen zu schießen. Selbiges auf dem bewegten Meer des Altafjordes zu praktizieren, dürfte wegen Zielgenauigkeit sehr schwierig sein. Insbesondere zielt die Person nicht aufs Wasser. Forscher deuten die Darstellung als Symbol des Zusammentreffens der Fischer (Alta) und der Jäger. Daß beide im gleichen Boot stehen, ist Symbol, daß sie sich gut verstehen. Beide blicken in gleiche Richtung. Erstaunlich, daß der Jäger erheblich kleiner ist als der Fischer: Symbol daß er Gast ist?

Der Penis des Jägers ist eregiert, aber nur teils (klarer Fall: kein Sex mit dem Fischer, warum auch! Zudem steht der Penis Ri. links und nicht Ri. Fischer). Der teils eregierte Penis vermutlich als Symbol, daß er als Jäger potent ist. Offen bleibt die Frage, warum in dieser Felszeichnung der Fischer ohne Penis abgebildet wurde. Mögliche Deutung, aber nicht gesichert: die Felszeichnung wurde von einem Jäger angefertigt, der eine sehr spezielle Meinung über die Potenz der Fischer von Alta hatte...

ABBILDUNGEN VON RENTIEREN: häufigste Darstellung in Alta. Die Tiere erscheinen in Fülle unterschiedlicher Darstellung, Beispiele:

Teils sind die Tiere nur in Umrissen zweidimensional dargestellt. Teils weist der Körper geometrische Muster auf.

Deutungsversuch: es handelt sich hier um einen Versuch, das Skelett der Tiere abzubilden. Dies, um entweder in Jagdkult und/oder Anweisungen der besten Schußstelle das Tier treffen zu können (z.B. Abbildungen mit Punkt am Ende des Tieres Nähe Schwanz).

Als Theorie wenig plausibel, - da die Steinzeitmenschen das Rentier nach Tötung zerlegten zur Fleischgewinnung. Spätestens dann sahen die Steinzeitmenschen die Struktur des Skelettes, die erheblich von der geometrischen Darstellung abweicht.

Auch sind abgebildete Punkte im hinteren Bereich von Rentieren kaum ein Indiz, daß hier die besten Abschußstellen liegen... - Es muß daher eine andere Erklärung für die Fülle unterschiedlicher Darstellungen der Rentiere geben. Deutungsversuch: bei den unterschiedlichen Zeichnungen der Rentiere handelt es sich Besitzsymbole von Clans so z.B. 3 Striche senkrecht = Clan A, - Punkte am Ende des Rentieres = Clan B etc.

Interessant u.a. ein Rentier in Andeutung dreidimensionaler Abbildung mit 4 Füßen, sowie eine Rentierkuh mit Baby im Bauch (ähnliche auch bei einer Elchkuh). - Eingraviert wurden die Felszeichnungen mit einem spitzen Quarzit- Stein. Er wurde in Art eines Meißels geführt, auf den man mit einem schweren Stein schlug (angebunden an ein Aststück). Reste der Werkzeuge wurden im Bereich des Alta Museums gefunden. - Weitere Felszeichnungen u.a. Dyreberget (Seite 39o) und Snåsa (Seite 222).

Auf Endeckungen zu gehen im Freigelände des ALTA MUSEUM lohnt. Die Figuren sind in der heutigen Zeit rot angemalt, damit sie der Besucher leichter sieht. Man kann darüber geteilter Meinung sein; zumindest fördert die rote Farbe die Besucherzahlen und damit die Einkünfte des Museums. Mit den Geldern können andere Forschungsprojekte durchgeführt werden. MUSEUMSGEBÄUDE: Ausstellungen zur Geschichte der Region u.a. der Kåfjord Minen. - Geöffnet ist das Museum tägl. und ganzjährig, im Sommer 8 - 2o teils 23 Uhr, - im Winter 9- 15 Uhr, Sa/So. 11- 16 Uhr. Sicherheitshalber im Museum vorab anrufen: Tel.: 784.563.3o. Eintritt: im Sommer ca. 1o Euro. Im Winter ca. 8 Euro da die Felszeichnungen im Freigelände wegen Schnee meist nicht zu sehen sind, wohl aber Besuch des Museumsgebäudes möglich.

Unterkunft/ Alta: im langgestreckten Ort weit verteilt und meist an oder in Nähe der E 6. Schlechte Ausschilderung.

„**Quality Hotel Vica Alta**“ (22): im Ortsteil Bossekop an der E 6. Ein dreistöckiges Holzhaus neben Esso Tankstelle. Mit Restaurant, Bar und Sauna. 24 relativ kleine Zimmer mit Dusche, WC und TV. Geöffnet ganzjährig außer der Tage über Weihnachten/Neujahr und Ostern. Wegen der Lage direkt an der E 6 nicht immer ruhig. DZ nicht gerade billig, ca. 115- 15o Euro. Tel.: 784.347.11, Fax: 784.342.99.

„**Nordlys Hotell Alta**“ (16): im Ortsteil Bossekop an der E 6, gegenüber der Shell Tankstelle. Relativ einfach mit Gasthof- Charakter und wegen naher E 6 nicht immer ruhig, dafür zentral gelegen. 25 Zimmer mit Dusche und WC. Ganzjährig geöffnet. DZ kostet beachtliche ca. 13o Euro. Tel.: 784. 572.oo, Fax: 784.572.o1.

„**Altafjord Hotell**“ (23): Strandveien, im Ortsteil Bossekop direkt am Fjordufer. Es ist nur in den Sommermonaten geöffnet. Zweistöckige Holzhäuser sowie oberhalb ein Panoramarestaurant. Die Umgebung nach unserem Geschmack nicht unbedingt attraktiv, u.a. Hafenanlagen und Lagerschuppen. DZ ca. 95 Euro. Tel.: 784.37o.11, Fax: 784. 37o.13.

„**Rica Hotel Alta**“ (8): Løkkeveien 61 im Stadtbereich „Sentrum“ von Alta und dortigem sogenannten „Park Center“. Ein modernes 6 stöckiges Gebäude, dem außen der Architekt wenig Liebe schenkte. Dafür war der Innenarhitekt aktiv: Alles ist hingestylt in Farbabstimmung, Materialien und Deko. Wer den nüchternen Designer- Stil mag: ok. Mir persönlich war die Sache etwas zu steril bei fehlender Gemütlichkeit. Zumindest das an Ausstattung und Komfort beste und größte Hotel in Alta - sowie auch das teuerste.

155 Zimmer mit Bad, TV und von den oberen Stockwerken Blick über den langgestreckten Ort, Fjord und Altafluß. Ganzjährig geöffnet. DZ ca. 125- 165 Euro. Tel.: 784. 827.oo, Fax: 784.827.77.

„**Park Hotell**“ (6): Løkkeveien, im Stadtbereich „Sentrum“ und dortigem „Park Center“. Dreistöckiges, modernes Gebäude mit allem Komfort und Alternative zum 2oo m entfernten, teuren „Rica Alta Hotel“. 3o Zimmer mit Bad und TV, ganzj. geöffnet. DZ ca. 9o - 115 Euro. Tel.: 784.574.oo, Fax: 784.574.o1.

„**Øytun Gjesteheim**“ (25): im Ortsteil Øytun, ca. 2 km südlich von Bossekop an der RV 93 Ri. Kautokeino. Einfach eingerichtete Pension mit großer Anzahl an Betten. Geöffnet Ende Mai bis Mitte Okt. DZ ca. 4o Euro. Tel.: 784.355.77, Fax: 784.36o.4o.

„**Gargia Fjellstue**“: rund 25 km ab Alta auf der alten RV 93, die am Südostufer des Altaelva führt und dann in einem Seitental ansteigt. In der Umgebung Schieferminen. Weitere Details siehe dort. Tel.: 784.333.51, Fax: 784.333.36.

KRONSTAD CAMPING (3o): am östlichen Ortsausgang Nähe Airport an der E 6. Die Stellplätze für WoMo's in dichtem Wald und von daher kuschelig. Andere Reisende lieben dagegen open-flair à la „Wiesencampings" und fanden die Anlage etwas beengt durch die Bäume. Vermietung von 32 Hütten, Preis je nach Größe ca. 3o-75 Euro.

ALTA STRAND CAMPING (2): im Ortsteil Øvre Alta an der RV 93 Ri. Kautokeino, rund 2,5 km ab E 6 und Ortsteil Alta-Bossekop. Recht komfortabler und großer Camping in offener Lage am Altafluß; beliebt auch bei Anglern. Die Stellplätze für WoMo's nähe Fluß sowie Vermietung von 34 Hütten in sehr unterschiedlicher Größe und Ausstattung. Demgemäß variieren die Preise ab ca. 25 bis kräftige 11o Euro/Tag.

ALTA RIVER CAMPING (3): ebenfalls im Ortsteil Øvre Alta. Er ist preisgünstiger als vorgenannter „Alta Strand". WoMo Stellplätze und 15 Hütten am Fluß, ca. 3o- 6o Euro. Am besten beide Campings anfahren, die nahe beisammen liegen und den für persönl. Bedürfnisse richtigen auswählen.

„WING WAH HOUSE": preiswerter Chinese am Verkehrsrondel an der E 6/Abzweiger in den Ortsteil „Sentrum". Ansonsten komfortable und gute Restaurants im „RICA HOTEL ALTA" (8) sowie „PARK- HOTEL" (6), beide im Ortsteil Sentrum. Spezialität Lachsgerichte, gehobene Preise.

Im „DOMUS SUPERMARKT" (19) Ortsteil Bossekop preiswerte Cafeteria mit Kaffee und Kuchen, auch geringe Auswahl an warmen Gerichten.

„ALTASTUA" (5): im Ortsteil Sentrum, neben Apotheke. Derzeit eines der besten Restaurants von Alta mit reichhaltigem Angebot Fleisch/Fisch unter Verwendung tradit. Samen- Rezepte, sprich u.a. Moose etc. Sich überraschen lassen, allerdings auch mit gehobenen Preisen rechnen. Løkkeveien 2, Sentrum.

„SMUTTHULLET": Nähe „Altastua" in der Løkkeveien/Sentrum und deren Konkurrent. Ebenfalls traditionelle Samengerichte Fleisch/Fisch bei gehobenen Preisen.

**EINKAUFEN**: SUPERMÄRKTE im Ortsteil Bossekop, Sentrum und Elevebakken/Bukta beim Airport, jeweils an der E 6. Parken kein Problem. Die Parkplätze werden teils auch von WoMo Fahrern genutzt, die sich die Gebühren der Campings sparen wollen.

FOTO, KLEIDER, SPORTGESCHÄFT: im Ortsteil Bossekop an der E 6. Dito dort Heimwerkermarkt mit Werkzeugen etc. sowie Fahrradgeschäft.

**AUTOWERKSTÄTTEN**: vorwiegend im Ortsteil Bossekop, wo Marken wie VW, Mazda und Nissan vertreten sind. Toyota hat seinen Sitz an der E 6 Elevebakken/Bukta Nähe Airport. Ansonsten reparieren Tankstellen im Rahmen ihrer Möglichkeit und vorhandener Ersatzteile. Sollten letztere fehlen, werden sie relativ schnell von Oslo eingeflogen.

## SPORT

Die permanente Polarnacht dauert 2 Monate von ca. Weihnachten bis Ende Febr. In Alta auf dem Bergrücken zwischen Airport und Sentrum eine Skisprungschanze. Im Bereich Alta zudem viele gespurte Langlauf-Loipen mit Flutlicht.

Anfang März der „FINNMARKSLØPET“ (Finnmarkslauf). Er ist das längste Hundeschlittenrennen Europas und führt in winterlicher Kälte und Einsamkeit über 1.ooo km (!) ab Alta in die Finnmarksvidda nach Levajok (am Tanafluß nördl. von Karasjok) und retour. Beteiligt sind die besten Gespanne aus den nordskand. Ländern, neuerdings auch Husky-Gespanne aus Alaska und Top- Act!Er dauert 4 bis 7 Tage und stellt extreme Anforderungen an Mensch und Hunde. Temperaturen bis -46 Grad, Nordskandinavische Stürme, aber auch totale Einsamkeit und Stille. Sehr viele Besucher; campiert wird u.a. in beheizten, Wintertauglichen Wohnmobilen. Weitere Infos: www.finmarkslopet.no

Touristische Fahrten mit Schlittenhunden als 1-Tagestrip von ca. 3o km oder mehrtägig mit Übernachtung in der Finnmarksvidda in Fjellhütten: „Canyon Huskies“ mit Roger Dahl in Stengelsen/Alta, Tel/Fax: 784.333.o6 und 784.334.63, Mobilfunk: 941.344.67.

Mitte April: „Baeskades Rennen“, Skilanglauf mit Hunderten von Teilnehmern südl. von Alta Nähe Gargia Fjellstue an der alten RV 93.

**ANGELN**: im Winter Eisangeln in umliegenden Seen, teils auch im östlichen Rafsfjord sowie westl. Langfjordbotn, sofern zugefrohren. Der Dorsch kommt um Weihnachten.

Der Altaelv gilt als einer der besten Lachsflüsse Nordnorwegens zusammen mit u.a. Tanaelva und Måselva, - ist zugleich auch teuerster. Alternativen sind u.a. der Eibysela südl. von Alta an der RV 93.

Highlight für betuchte Angler: Hubschrauber im Alta Airport mieten und ins private Angelparadies einfliegen. Mehr Infos im TI oder am Alta Airport. Nicht gerade billig; vorab die Genehmigungen fürs Angeln einholen. - Infos Angeln: Alta Turistinformasjon Tel.: 784.45o.5o, geöffnet vom 1.1.-31.12.

ORGANISIERTE ANGELTRIPS: ganzjährig Meeresangeln (Heilbutt, Dorsch, Katfish etc.) mit „Fjord Halibut“, B. Kvernmo, Myrullveien 31, Alta, Tel./ Fax: 784.313.67, Mobilfunk: 928.9o5.o2.

SLEIPNER: Nordlandboot mit touristischen Fahrten auf dem Altafjord inklusiv Angeln. An Bord wird der Fang gegrillt. Tel.: 784.3o9.77.

„Karens Rorbuer og Båtuleie“: rund 65 km nördl. von Alta am Korsfjord Nähe Insel Seiland. Zu erreichen über die RV 883, die von der E 6 nördl. von Alta abbiegt; in Nyvoll 15 Min. Fährüberfahrt nach Korsfjord. Angelfahrten mit Führer nach vorheriger Anmeldung. Tel./Fax: 784.392.81.

**REITEN**: in der Region bekannt und beliebt sind Reiterferien im Bauernhof ONGAJOKSETRA am Ende des einsamen Mattisdalen. Dieses führt von der E 6 südwestl. Richtung 6oo bis 9oo m hoher Fjellgebiete. Viel Einsamkeit und gemütliche Unterkunft im Bauernhof. Kann auch für 2 oder 3 Tage gebucht werden. Vorher anrufen, Tel.: 784.326.oo, www.ongajok.no

„Gargia Fjellstue“ an der alten RV 93 und rund 25 km südl. von Alta, auch Vermietung von Pferden bzw. Reitausflüge in die Umgebung. In der Fjellstue 11 einfach ausgestattete, aber ordentliche Zimmer bzw. Hütten. DZ ca. 6o Euro. Küche nach tradit. Samenrezepten. Geöffnet ca. Anf. Mai bis Ende August. Tel.: 784. 333.51, Fax: 784.33.36.

## ★ Alta Canyon und Stausee

Früher (vor Staudammbau) der längste Canyon Europas und u.a. an km beeindruckend. Der Staudamm hat ihn zu einem „Torso“ von rund 6 km reduziert; der „Rest“ ist Stausee. An Optik nicht unbedingt spektakulär, - erheblich eindrucksvoller u.a. der „Canyon du Verdon“ in Südfrankreich, oder der „Grand Canyon“ im Südwesten der USA und definitives Highlight, weitere Supercanyons u.a. im US- Bundesstaat Oregon etc. Details siehe VELBINGER Band 46, 54, 58.

Der Alta Canyon beginnt rund 3o km südl. von Alta. Über Jahrmillionen

ALTA-FISCHER mit Netzen im Unterlauf des Flusses bei Bossekop. Gemälde Ende 19. Jhd. Bezeichnender Weise Keine Samen, -siehe auch Text Alta-Staudamm.

hat der Alta Fluß (in samischer Sprache „Alaheaieatnu") eine tiefe Kerbe in in V- bzw. U-Form ins Fjellplateau gegraben, ein bis zu 4oo m tiefer Felsschlund. In anderen Bereichen des Canyons V-Form mit Geröllhalden zum Fluß und erodierten Felsen im oberen Bereich.

An der schmalsten Stelle des Canyons (ca. 3oo m im oberen Bereich breit) wurde Anfang der 8o-er Jahre ein Staudamm zur Stromgewinnung gebaut. Dies bei erheblichem Widerstand der Urbevölkerung Samen, Details unten. Er staut den südlichen Teil des Altaflusses über rund 3o km Länge im Canyon zu einem See knapp auf Nivel des Fjellplateaus. Damit ist dieser und längster Teil des Canyons im See verschwunden. Übrig geblieben ist ein spärlicher Canyon- Rest von ca. 6 km Länge nördl. des Staudammes.

★ Erste Pläne zum Bau des Staudamm bestanden Ende der 6o-er Jahre. Schon damals gab es erhebliche Proteste der Urbevölkerung SAMEN. Sie verwiesen darauf, daß dies seit Jahrhunderten traditionell ihr Land sei.

Die Norweger hätten daher kein Recht, im Land der Samen die reichen Fischgründe des Altaelv im Canyon (z.B. Lachswanderung) durch einen Staudamm zu unterbrechen und zu zerstören. Wegen des geplanten Staudamms kommt u.a. der Lachs nicht mehr südlich zu Samensiedlungen wie u.a. Maze und Kautokeino. Somit ist dort essentiell die Lebenseinkunft bedroht. Auch überschwemmt der Staudamm (ursprünglich geplant mit einem Stausee bis weit südl. von Maze), die dortigen Weideplätze der Rentierherden der Samen.

★ Der Proteste der Samen zog sich über mehr als 1o Jahre hin und hatte letztlich **militanten Charakter**. Auch Naturschützer beteiligten sich am Widerstand, da u.a. Brutplätze von Vögeln durch den Stausee zerstört wären.

Die norw. Regierung zeigte keinerlei Bereitschaft des Einlenkens und forcierte gar den Baubeginn durch vorbereitende Bauarbeiterlager. Erheblicher Druck kam zugleich vom norw. Energieministerium, das sich durch den Stromverkauf hohe Profite erwartete.

Die Samen wehrten sich standhaft und mit Erfolg! Mehrfach mußte das Projekt im norwegischen Parliament gestoppt werden. Auch reduzierte die Regierung frühere Pläne der Größe des Stausees: er solle nunmehr lediglich bis nördl. des Samendorfes Maze reichen. Ein See, der wie die Regierung argumentierte, „fast keine Weideflächen" überflutet und „nur den Canyon mit Wasser" füllt. Die Samen waren damit nicht einverstanden, da u.a. der Staudamm die Lachswanderung unterbricht.

★ Für die SAMEN, seit 19. Jhd. und Kolonisierung ihres Landes/Finnmark durch die Norweger in ihrer Kultur unterdrückt, - wurde das Staudamm-Projekt zu einem Kampf um eigene Identität. Es ging nicht mehr einzig um den unberechtigt in ihrem Gebiet geplanten Staudamm, - sondern darum, gegen die Unterdrückung der Samen-Kultur anzukämpfen. - Am **15.7.1979** besetzten die Samen die Baustelle des Alta-Staudamms. Norwegische Umweltschützer unterstützten sie - sowie mehr als 5.ooo Menschen, die aus anderen Teilen Europas angereist waren, um die Samen in einer Großdemo zu unterstützen. Die Polizei rückte mit Fahrzeugen und Hubschraubern in Großaufgebot an, um die Demonstranten zu vertreiben. Daraufhin sprengten die Demonstranten das Materiallager der Bauarbeiter, das mit großer Explosion in die Luft flog, - um „Zeichen ihres Widerstandes" zu setzen. Die militante Gewalt war ausgebrochen.

Eine andere Gruppe der Samen stellte Zelte vor dem Storting (Parliamentsgebäude) in

Oslo auf, campierte hier und verteilte Flugzettel, - um die norweg. Bevölkerung auf die Probleme der Samen in Nordnorwegen aufmerksam zu machen.

Die Proteste zogen sich hin bis **Winter 1981**, und die Baustelle konnte zum Leidwesen der Energiewirtschaft nicht in Angriff genommen werden.

In Oslo entschied man sich daher 1981 zu einem Großeinsatz der Polizei mit Kettenfahrzeugen, Snowmobils, Hubschraubern und für den Einsatz speziell gecharterten Fährschiffen, - um die „Demonstranten von der Baustelle zu entfernen". Letztere hatten sich in winterlicher Kälte angekettet, um erfolgreich Widerstand zu leisten.

Beteiligt waren u.a. Polizei Psychologen, um die Demonstranten von der Sinnlosigkeit ihres Widerstandes zu überzeugen. Ausgehandelt wurde ein Kompromiss: * Der Staudamm wird gebaut, - allerdings erhalten die Samen * erhebliche Rechte in der Finnmark wie u.a. Schulen, in denen zweisprachig unterrichtet wird

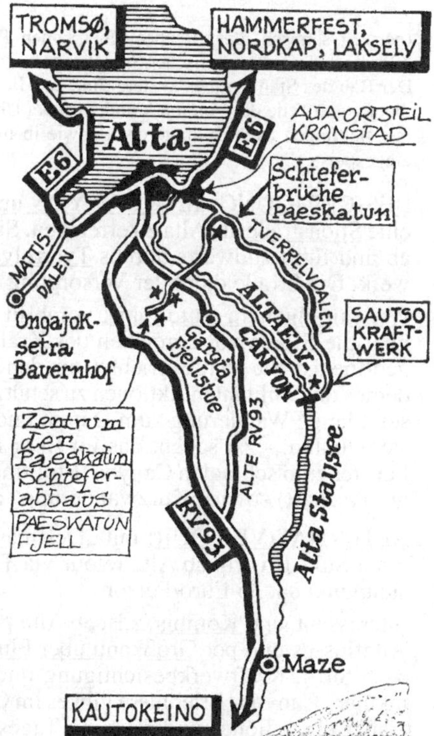

(norweg./samisch), das * Recht eigener Samen- Parliamente, * Aufbau von Kulturhandwerk, * Radiostationen in samischer Sprache etc.
Der Bau des Staudammes kostete rund 2o Mio. Euro, fertiggestellt 1987. Der Strom bedient weite Teile der Finnmark und wird bei Überkapazität der Stromerzeugung in Überlandsleitungen nach Südnorwegen sowie in mitteleuropäische Stromnetze mit Gewinn eingespeist.

BESICHTIGUNG ALTA CANYON und STAUSEE: der Canyon ist über eine Stichstraße ab Alta zu erreichen. Sie zweigt im Alta- Ortsteil Kronstad ab und führt südwärts durchs Tverrelvdalen in ca. 4o km bis zum Kraftwerk. Die Straße dient der Versorgung des Kraftwerkes.

Wer mit eigenem Auto fährt: vorab in Alta klären, ob die Schranke quer über die Straße vor Erreichen des Kraftwerkes für den Allgemeinverkehr geöffnet ist. Sie wurde errichtet, um den Staudammes vor zukünftigen Großdemos und militanten Aktionen zu schützen. Sollte die Schranke geschlossen sein: lange Wanderung zum Damm und Canyon, aber billiger als die Tour siehe unten. - Zu sehen: das im Berg integrierte Kraftwerk, ein Saal mit Fenster zum schmalen Canyon, Mulitmediashow (aus Sicht der Kraftwerkgesellschaft) sowie „Kurzwanderung" auf der Staudammauer.

ALTERNATIVE TOUR: mit „Destinasjon Alta AS" oder „Arctic Tours" ein 4 Std.- Bustrip ab Alta retour via Tverredalen inkl. Besichtigung. Kostenpunkt ca. 35 Euro/Person.

Interessant sind Kombis, z.B. ab Alta per Bus nach Maze am Oberlauf des Altaflusses und per Großkanu über Fluß und Stausee zum Staudamm (ca. 4- 5 Std.), Kraftwerkbesichtigung und weiter per Bus nach Alta. Spektakuläre Canyon- Erlebnisse gibt es im Oberlauf seit Aufstauung nicht mehr, - aber ein schöner und relaxing Tagestrip. Warme Kleidung mitbringen. Unterwegs gibt es Erfrischungen in einem Samenzelt. Die Tour hat 1977 den nationalen norw. „Countryside Tourism Prize" gewonnen.

Kontakte für Tours: „Destination Alta AS": Alta, Tel.: 784.379.99, Fax: 784.352.6o. Fahrten in der Regel Ende Juni bis Mitte Aug. tägl. ab Maze ca. 16 Uhr, aber vorher anrufen. Preis ca. 5o Euro/Person für die Strecke Maze -> Staudamm ->Alta. Zum Startpunkt der Tour Maze kommt man mit dem Lineinbus Alta -> Kautokeino.

Trips auf dem Altafluß nördlich des Staudammes sind nur bei entspechendem Wasserstand möglich, und den regelt heute das Kraftwerk. Bei Niedrigwasser besteht die Gefahr, daß das Boot auf Steine aufläuft und beschädigt wird. Daher sind Fahrten dort nicht im Programm von Reiseveranstaltern.

Wandern: prinzipiell ab Gargia Fjellstue zum Canyon möglich. Die Fjellstue liegt rund 25 km südl. von Alta an der alten RV 93 und ist einfacher, aber angenehmer Stützpunkt. Vermietung von Pferden, Wandern und Angeln. Geöffnet: Anfang Mai bis lediglich Ende August. Tel.: 784.333.51, Fax: 784.333.36. Internetseite: www.gargia-fjellstue.no

Ab Fjellstue ist der Canyon in einer rund 7 Std. Wanderung retour zu erreichen, wobei mehrfach Bach- und Flußläufe durchquert werden müssen.

Was man letztendlich sieht: den Canyon, der bequemer auf der Straße via Tverrelvdalen zu erreichen ist. Pluspunkt der Wanderung: Einsamkeit und Fjellerlebnis. Infos zum Trailverlauf in der Gargia Fjellstue.

Canyon und Kraftwerk sind vielfach mit dem samischen Namen „Sautso" bezeichnet und teils auch in Karten so eingetragen.

PAESKATUN- SCHIEFERBRÜCHE: südl. von Alta (siehe unsere Karte). Die meisten Steinbrüche liegen auf dem Paeskatunfjell westlich des Altaelva. Schiefer wird dort seit ca. 184o gewonnen. Damals wurden die Platten mühsam mit der Hand gespalten. Ende des 19. Jhds. war der Schieferexport eine der Haupteinkünfte von Alta, und bis zu 1.ooo Menschen arbeiteten in den Steinbrüchen. Schieferplatten dienen zur Dachabdeckung, für Hauswände als Regenschutz, für den Bau von Terrassen sowie im Inneren von Gebäuden für u.a. Böden und Treppen. Der Alta- Schiefer gilt als besonders hochwertig in seiner Widerstandskraft, ist wegen seiner Qualität gefragt und teuer; Export weltweit.

Billigangebote von Schiefer aus anderen Regionen der Welt schädigten die Paeskatun Brüche durch Konkurrenz. Heute industrieller Abbau. Besichtigung möglich, auch Führungen. Verkauf von Mineralien und vom Paeskatunfjell schöner Blick auf den Fjord von Alta und Finnmark.

KAUTOKEINO und RV 93 Alta -> Kautokeino siehe Seite 842.

SAME mit Schlitten und Rentier.
Eine der ersten Illustrationen zum äußersten Norden. PARIS 1744.

## Verbindungen ab Alta

**FLUG**: der Airport (29) liegt im Ortsteil Bukta/Elevebaken am Meer. Sehr lange Landebahn, die auch von Militärjets der Nato benutzt werden kann. Offiziell ist Alta kein Militärairport in Bezug Stationierung Kampfjets. Gebaut zu Zeiten des Kalten Krieges in Doppelfunktion: einmal als strategischer Stützpunkt im äußersten Norden. - Zum anderen, um Alta und den Norden in Luftverkehrswegen an den Süden anzubinden. Dies zur Erklärung, wenn man in ALTA in einen „relativ Mini-Propeller" einsteigt, der schon nach ca. 8oo m von der gut 4 km langen Start/Landebahn abhebt...

ALTA ist Drehscheibe für Flüge in den äußersten Norden. Nonstopp-Direktflüge mit Propellermaschinen der WIDERØE 1 mal tägl. außer So. nach -> Hammerfest, Flugzeit 25 Min. (links sitzen wegen dem Gletscher der Insel Seiland). In Hammerfest umsteigen nach Honningsvåg, ein Miniairport Nähe Nordkap.

ALTA und ALTAFJORD
unberührte Landschaften,
Kupferstich von 1801.

Nach -> Berlevåg: 1 mal tägl. außer Sa., So., 45 Min. (links sitzen wegen Fjordlandschaft. Selbes gilt für die Strecke nach -> Batsfjord: 1- 2 mal tägl., 1 Std. Nach -> Vadsø: 2 mal tägl., 1 Std. 25 Min. Nach -> Kirkenes: 1- 2 mal tägl. außer So., ca. 4o Min. Nach -> Lakselv: 1- 2 mal tägl., 25 Min. Nach -> Tromsø: 2- 4 mal tägl., 35 Min. Nach -> Oslo: ca. 2 mal tägl., 2 Std. Alle anderen Ziele mit Umsteigen, dies in der Regel in Tromsø.

WIDERØE Tel.: 81o.o12.oo. - SAS: o54oo.

**BUS**: auf der Langstrecke Tromsø bzw. Narvik -> Alta -> Hammerfest bzw. Lakselv sowie im Sommer nach Honningsvåg. In Alta ist der Busstop in Bossekop Nähe Domus Kaufhaus (19), Fernbusse halten auch im Ortsteil Sentrum und vor dem Airport (29).

**AUTOVERMIETUNG**: Budget, Tel.: 784.498.99, Fax: 784.998.67. Hertz: Tel./ Fax: 784.352.29 und 784.351.74. Avis, Tel.: 784.456.o6.

# Alta -> Nordkap (E 6 / E 69, ca. 22o km)

*Die Straße erreicht den äußersten Norden Europas und ist im Sommer dicht frequentiert, da mehr als 28o.ooo Nordkapfahrer ihr Ziel erreichen wollen. Abseits der Straße jede Menge Einsamkeit mit Tälern und Fjells.*

*Im Sommer bauen Samen Verkaufsstände an der Straße, um Kunsthandwerk und Rentierfelle zu verkaufen. Folgende ROUTEN:*

* DIREKT ZUM NORDKAP via Skaidi/Olderfjord ca. **22o km**. Nicht gerade billig wegen dem Meerestunnel zur Magerøya Insel, auf der das Nordkap liegt. Hinzu kommen saftige Eintrittsgebühren am Nordkap: ca. 23 Euro pro Person.

  FAZIT: für die **letzten 22o km zum Nordkap** muß man kräftig den Geldbeutel öffnen: so kosten 2 Pers. PKW (oder WoMo) im Tunnel retour und Eintritt sowie Sprit ca. **18o - 27o Euro**. Aber was tut man nicht alles, um endlich das Nordkap zu erreichen. Auch wenn man bei Küstennebel nichts sieht - bzw. bei klarem Wetter das arktische Meer bis zum Horizont. Fahrzeit Alta-> Nordkap mit eigenem Auto ca. 3 1/2 Std. Im Sommer auch Direktbusse.

* ALTA -> HAMMERFEST: via Skaidi E 6/ RV 94, ca. **145 km**. Hammerfest ist die nördlichste Stadt der Welt und daher für viele Nordkapfahrer allein unter diesem Aspekt attraktiv. Wer Hammerfest (ab Abzweiger Skaidi) anfährt, benötigt für den Abstecher ca. 115 km retour extra. Extra-Km, die bei den bisher mehreren tausend km zum Nordkap kaum ins Gewicht fallen. Der Abstecher

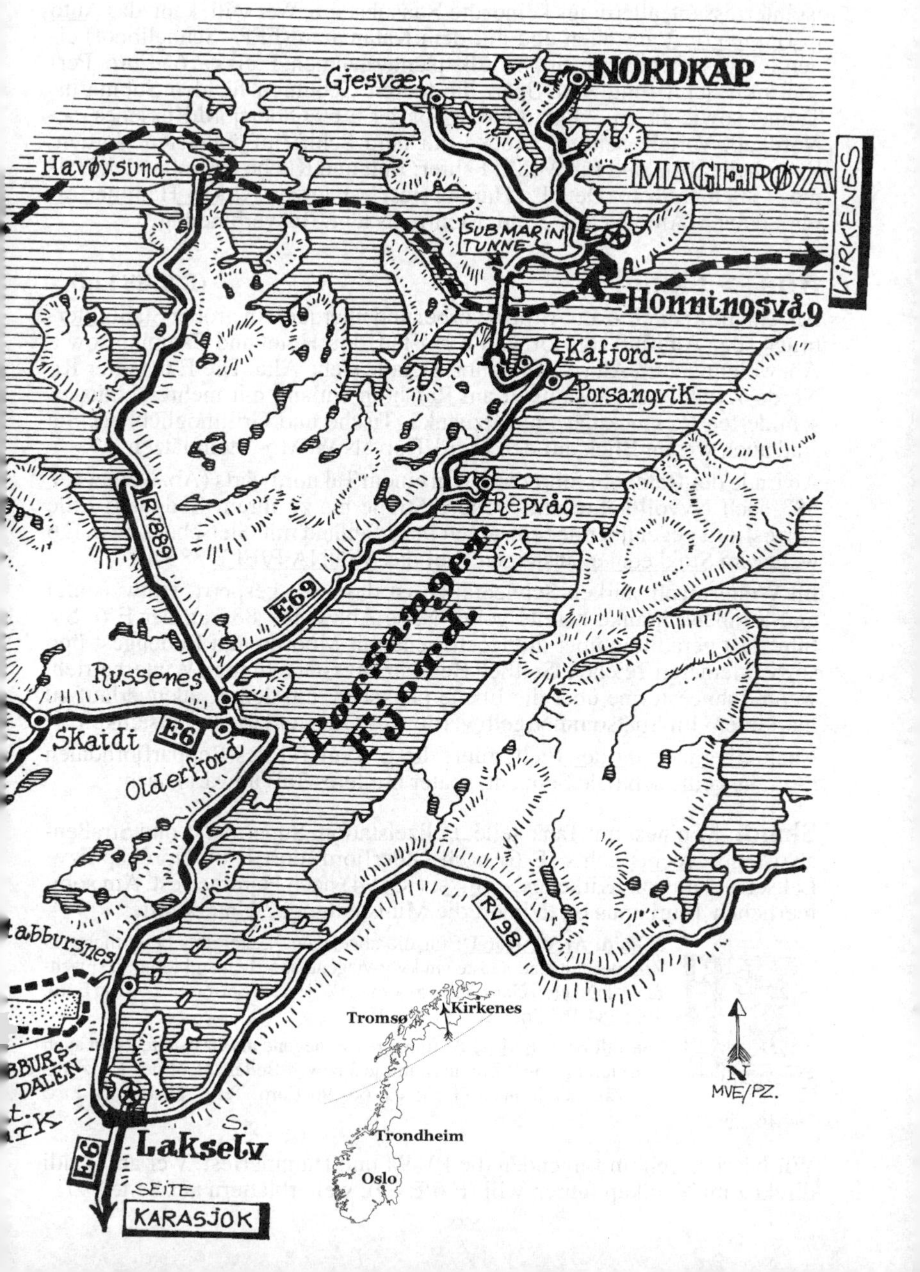
NORDKAP
Gjesvær
Havøysund
MAGERØYA
SUBMARIN TUNNE
KIRKENES
Kirkenes
Honningsvåg
Kåfjord
Porsangvik
Repvåg
RV889
E69
Porsanger Fjord
Russenes
Skaidi
E6
Olderfjord
RV98
tabbursnes
BBURS-DALEN
S.
Lakselv
E6
SEITE
KARASJOK
Tromsø
Kirkenes
Trondheim
Oslo
N
MVE/PZ.

ist interressant, allerdings keine alte Bausubstanz. Wer will, kann das Auto in Hammerfest abstellen und mit dem Katamaran (FFR- Schnellboot) einen 1 Tages- Retourtrip zum Nordkap unternehmen. Preis ca. 65 Euro/ Person inkl. Schiff und Bus. Spart die teuren Gebühren für den Submarin-Tunnel sowie die ca. 23o km retour auf der E 69 Olderfjord/Russenes <-> Nordkap. Vorteil: schöne Strecke mit dem Schiff im äußersten Norden. Eventueller Nachteil für WoMo Fahrer: Bett und Küche des rollenden Heimes fehlen am Kap. Details „Hammerfest". Fahrzeit Alta -> Hammerfest mit eigenem Auto ca. 2 1/2 Std. Mehrmals tägl. Busverbindung.

## Alta -> Skaidi (E 6, 88 km)

Ab Alta führt die **E 6** am Airport vorbei und überquert in großer Stahlgitterbrücke den Altafluß zum Ortsteil Kronstad, dort Hotel und Camping sowie Abzweigung zum Alta- Staudamm, Details siehe Alta. Die E 6 weiter Ri. Nordost, bald viel Einsamkeit am Rafsbotn entlang mit mehreren ausgeschilderten Picknickplätzen: Sitzbänke, Tische und Grillmöglichkeit. Sie sind auch wegen Blick auf den Fjord Tipp als WoMo- Stellplätzen.

Ab Ende des Rafsbotn führt die E 6 in einem Tal nordwärts (Abzweiger RV 883 nach Nyvoll/Fähre und weitere Straße bis zu ihrem Endpunkt Lille Lerresfjord gegenüber der einsamen Insel Seiland mit Gletscher), bzw. E 6 weiter im Stokkedalen ansteigend auf das SENNA FJELL 385 m.

Im Winter nach starken Schneefällen ist das Fjell gesperrt. Hinweistafel und Straßenschranke bereits vorab Nähe Abzw. RV 883 an der E 6. Sie führt fast geradlinig über die Hochebene mit Moosen und Bodengestrüpp sowie kleineren Teichen. Seitlich Begrenzungsstäbe für den Winterbetrieb, wenn Schneestürme über die Ebene peitschen, um den Straßenverlauf zu markieren. Im Spätsommer gelb verdorrtes Gras und totale Einsamkeit.

Nach Überquerung des Fjells führt die E 6 im Tal des Repparfjorddalen (Anfangs eine schmale Schucht, später breiteres Tal) abwärts nach:

**Skaidi**: Mininest mit Tankstelle, Polizeistation, Supermarkt und Straßenabzweiger: rechts gehts (E 6) nach Olderfjord, dort E 69 Nordkap bzw. Lakselv, Karasjok, Kirkenes, - links: (RV 94) nach Hammerfest. Am sommerlichen Tourismus partizipiert die Minisiedlung, 2 Unterkünfte:

„**Skaidi Arctic Hotel**": für die abgelegene Lage gibts beachtliche 43 Zimmer mit Bad. Gäste sind vorwiegend sportlich ambitioniert (Fischfang, Jagd etc.) Ganzjährig geöffnet. DZ je nach Saison ca. 65- 1oo Euro. Tel.: 784.161.2o, Fax: 784.161.27.

„**Skaidi Kro og Motell**": fungiert vorwiegend als Gaststätte, oben auch Vermietung von 7 Zimmern mit je 3 bzw. 4 Betten. Geöffnet ganzjährig. Zimmer je nach Größe ca. 6o- 9o Euro. Tel.: 784.161.23, Fax: 784.161.59.

Wir beschreiben im folgenden die RV 94 und Hammerfest. Wer ab Skaidi direkt zum Nordkap fahren will (E 6/E 69): weiterblättern auf Seite 797.

## Skaidi -> Hammerfest (RV 94, 57 km)

Gut ausgebaute Straße zunächst am Südufer des Repparfjord entlang mit kleinen Häusern der Berufsfischer, aber auch Weekendhütten der Hobbyfischer. 2o km nach Kvalsund, einem Mininest an einer „ „Fjord T - Kreuzung" mit dem Meeresarm Sammelsund.

Der Meeresarm wird mit der Kvalsund-Hängebrücke überquert. Länge 75o m, lichte Höhe zur Durchfahrt von Schiffen 26 m. Sie ist die nördlichste große Hängebrücke der Welt und verbindet das norw. Festland mit der vorgelagerten Insel Kvaløya.

Jenseits der Brücke fast absolut kahles steiniges Gelände und Hinweisschild „Rentierzucht": Vorsichtig fahren, da die reichlich trägen und dummen Tiere unkontrolliert die Fahrbahn überqueren!

Die Insel Kvaløya besitzt Fjellcharakter mit Steinwüsten, Moosen und Bodengestrüpp. Höchste Erhebung der Muyrarássa mit 63o m im südl. Inselteil. Bei Schlechtwetter treiben Nebelschwaden über die Felskuppen der Insel, im Winter dichte Schneestürme. Erstaunlich, daß in dieser Einöde Hammerfest bereits 1789 Stadtrechte erhielt und später zur nördlichsten Hauptstadt der Welt wuchs, Details siehe Hammerfest/Geschichte.

HAFEN von HAMMERFEST vor Brand 1890. Details siehe "Hammerfest-Geschichte".

# ★ Hammerfest (ca. 7.100 Einw.)

Nördlichste Stadt der Welt (auf nördl. Breitengrad 70° 39' 48''), in etwa gleiche Höhe wie Pt. Barrow, der nördlichste Teil von Sibirien und der äußerste Norden Alaskas sowie der mittlere Bereich Grönlands. Wegen des warmen Golfstroms ist die Bucht von Hammerfest ganzjährig eisfrei, - ausgenommen extrem kalter Winter, wo sich Eis im Hafen bilden kann.

Der Ort erstreckt sich auf schmalem Landbereich entlang der Bucht unterhalb der Küstenhügel und Berge. Zentrale Ortsbereich am Hafen mit Geschäften, Bank und wenigen Restaurants. Die Wohnviertel u.a. beim See Storvannet sowie im Ortsteil „Praerien“ nördlich Nähe Flughafen.

Stadtgründung bereits 1789. Historische Bausubstanz besteht heute nicht mehr. Beim Rückzug der Nazis im 2. Weltkrieg 1944/45 aus Nordnorwegen hatten diese die Stadt dem Erdboden gleichgemacht und lediglich die Friedhofskapelle verschont.

**Geschichte**:

früheste Besiedlung bereits in der Steinzeit, als sich die Eismassen von Skandinavien zurückzogen. Funde in der Bucht sind dokumentiert, gingen aber durch späteren Siedlungsbau verloren.

★**1593**: Erste offizielle Aufzeichnungen einer Siedlung Hammerfest in der Buchhaltung des Bezirkes Finnmark. Im Bericht sind 4 Steuerzahler registriert, somit vermutl. eine Siedlung von rund 20 Einwohner und Mini- Handelsniederlassung im äußersten Norden. Um **1600** siedelten Fischer aus Regionen wie Insel Sorøya nach Hammerfest, da die Bucht bessere und wettergeschützte Bedingungen bot.

★Ab **1680** hatten Kaufleute aus Bergen/Südnorwegen und Trondheim/Mittelnorwegen das Handelsmonopol in der Finnmark - somit auch in Hammerfest. Zu dieser Zeit war es immer noch ein Mini-Nest mit rund 70 Einwohnern, das nur langsam expandierte.

Monopolhandel bedeutet, daß das betreffende Handelshaus (z.B. in Bergen) eine Niederlassung (z.B. in Hammerfest; hölzernes Lagerhaus und Kontor) unterhielt. Es hatte als einziges das Recht in der Region Handel zu betreiben. Es schickte eigene Schiffe zu seiner Niederlassung im Norden. An Bord vorwiegend Getreide, Malt, Haushaltsgeräte, Werkzeuge und Waffen sowie Salz in Fässern.

Dieses wurde in der Handelsniederlassung gegen Waren der Nordlandbewohner getauscht, insbesondere Fisch. Dieser wurde entweder als

HAMMERFEST 1885, eine florierende Hafen-und Handels-Stadt. Siehe auch Anzahl der Schiffe.

Herstellung von Bottichen für Salz und Fisch. Illustr. 16. Jhd.

Trockenfisch angeboten, oder roh in Fässern mit Salz zur Haltbarmachung. Salz war damals eine sehr teure Ware wegen aufwendigem Herstellungsprozess: Meerwasser wurde in eisernen Bottichen über Holzfeuer erhitzt, wobei das Wasser verdampfte und nach mehrfacher Filterung das Salz übrig blieb. Zur Gewinnung nur weniger kg Salz waren große Mengen an Holz nötig. Dies war der Grund, warum Salz vorwiegend in Süd- und Mittelnorwegen gewonnen wurde, da es dort (im Gegensatz zur Finnmark) Wald in Überfluß gibt. Auch die Bottiche mit ihren Eisenreifen wurden dort hergestellt.

Mag sein, daß in späteren Jahrhunderten Salz auch aus der Mittelmeerregion importiert

Insel Håya   Blickrichtung SÜDWEST

POMOR-HANDELSSCHIFF der Russen im Hafen Hammerfest 1890.

wurde. Dortige Gewinnung in Salzlagunen durch Sonneneinstrahlung. In den Jahrhunderten „Ante Erfindung Eisschrank" war Salz zur Haltbarmachung begehrt und teuer, - egal woher es kam.

★ Für die Bewohner der Finnmark war das Monopolsystem nicht unbedingt von Vorteil. Zwar hatten sie in den Handelshäusern aus Bergen, Trondheim (ab 173o Kopenhagen) und deren Niederlassungen in der Finnmark Abnehmer für ihre Waren.

Da die Handelshäuser das Monopol besaßen, konnten sie auch die Tauschpreise frei bestimmen. Sprich: Salz aus dem Süden, Haushaltswaren, Getreide etc. extrem teuer, - der vergütete Betrag für z.B. Fisch dagegen minimalst.

Für die aus Süd- und Mittelnorwegen stammenden Siedler bedeutete der Monopolhandel eine Gratwanderung am Existenzminimum und große Not. Sie arbeiteten hart im Fischfang. Das, was die Handelsgesellschaft vergütete, reichte kaum zur Begleichung benötigter Güter aus dem Süden wie Salz, Werkzeuge etc.

Siedlungen wie Hammerfest expandierten trotz gutem und windgeschützem Natur-Hafen nur schleppend: 1768 hatte der Ort lediglich 13o Einwohner.

★ Um den Norden effizienter wirtschaftlich zu erschließen und an den Süden anzubinden, schlug der dänische Kaufmann Peter Christian Buck der Regierung vor, das System des Handelsmonopols abzuschaffen. Man solle stattdessen eine Freihandelszone einrichten, in der jeder Kaufmann Handel betreiben könne, frei von Steuern und Zollabgaben. Gedacht war insbes. an den lukrativen Handel mit Nordrussland und dortigem Hafen Arkangelsk (östl. von Murmansk).

Die Pläne wurden in die Tat umgesetzt, offenbar aber nur halbherzig. **1789** verlieh der dänische König Christian VII den Siedlungen **Hammerfest** und **Vardø** die Stadtrechte, inkl. 2o-jähriger Steuer- und Zollfreiheit. Ein wertloses Versprechen, denn spätestens in Trondheim wurde Zoll verlangt. Für Kaufleute nicht gerade Anreiz, Handel in Hammerfest zu betreiben. In den folgenden Jahren sank die Bevölkerungzahl auf das Minimum von rund 7o Einwohner...

**18o9** wurde Hammerfest von englischen Kriegsschiffen angegriffen. Dänemark/Norwegen hatte sich während der Napoleon. Kriege (1797-1813) auf die Seite Frankreichs (Napoleon) geschlagen. Es war u.a. geplant, mit Getreidelieferungen aus Nordrussland via Finnmark-Häfen Frankreich zu unterstützen. Hiervon hatten die Engländer erfahren und blockierten mit Kriegsschiffen die Häfen der Finnmark, so auch Hammerfest, welches sie am 22. Juli 18o9 angriffen. Die Bevölkerung wehrte sich mit wenigen Kanonen an Land standhaft, mußte aber wegen Munitionsmangel aufgeben. Anschließend plünderten die Engländer den Ort, setzten Lagerschuppen und Wohnhäuser in Brand. Ein russisches Frachtschiff wurde versenkt, mit ihm rund 16.ooo Tonnen Getreide.

Als die Engländer sich aus Hammerfest zurückgezogen hatten, wurde ein kleine Festung (siehe Plan (3o) - Skansenfort) gebaut und 2oo Soldaten in Hammerfest stationiert, um sich vor eventuellen weiteren Angriffen der Engländer zu schützen. Die Zahl der Solda-

HAMMERFEST 1885 Hafen ↓ Blickrichtung Nordost

ten war fast das dreifache der damaligen Einwohnerzahl von Hammerfest. Ende der Napoleonischen Kriege: 1813. Damit war die Gefahr eines engl. Angriffes auf Hammerfest gebannt. Trotzdem waren weiterhin norweg. Soldaten (bis 1845) in Hammerfest stationiert, wenn auch in geringerer Zahl als zu Zeiten der Napol. Kriege. - 1815 hatte H. 6o Einw., - 1825 bereits ca. 34o Einw.

★ **Pomorhandel**: zwischen nordrussischem Hafen Arkangels und Häfen der Finnmark, insbes. Vadsø und Hammerfest. Der ganzjährig eisfreie Seeweg bewährte sich seit ca. 182o zunehmend und trug entscheidend zum wirtschaftlichen Aufschwung von Hammerfest bei. Gehandelt wurde mit Waren des alltägl. Gebrauches, Waffen, Werkzeug sowie insbes. Getreide und Fisch. Bis in die 9o-er Jahre des gleichen Jahrhunderts hatte der Handel Dimensionen angenommen, daß zeitweilig bis zu 4o russische Frachtsegler im Hafen ankerten. Die Geschäfte der Kaufleute florierten; die Straßen wie ein Volksfest mit Musikkapellen und Verkaufsständen. Einheimische und Matrosen vergnügten sich, - letztere bei Landgang, bevor sie die oft stürmische Fahrt um die Nordspitze Norwegens heimwärts antraten.

Ab Hammerfest wurden die Waren Richtung Mittel- und Südnorwegen durch andere Handelshäuser und Schiffe weiterverkauft. Um ★ **185o** hatte Hammerfest bereits rund **1.ooo Einw.** (zum Vergleich Vadsø ca. 4oo Einw., Vardø ca. 2oo Einw.) und war damit zum größten Handelspunkt im äußersten Norden Norwegens ge -

OBEN: Hammerfe
Damals knapp
äußersten No
um 1890. RECHTS:
Hotel Norden.

n 1840, Hauptstraße Nedre Grønnegata (=heutige Kirkegata).
.000 Einwohner und wichtigste Handelsstelle im
en Norwegens. <u>UNTEN:</u> ebenfalls Nedre Grønnegata

worden. Die Bedeutung von H. um 185o zeigt sich auch darin, daß Länder wie Russland, England, Holland, Frankreich, Hamburg und Mecklenburg <u>Konsulate</u> und <u>Banken</u> in Hammerfest eingerichtet hatten, gefolgt 1865 USA.

Reguläre <u>Passagier- Schiffsverbindung nach Hammerfest</u> gab es seit **1841** im Sommer ab Trondheim alle 14 Tage mit Umsteigen in Tromsø. Eine beschwerliche und lang -

wierige Reise, da die Schiffe unterwegs bei starken Winden in geschützten Buchten ankerten und besseres Wetter abwarteten. So zu lesen in damaligen Reiseberichten. **1853** wurde eine im Sommer 14 tägige Verbindung Hammerfest-> Vadsø eingerichtet. Sie war mit ihren kleinen Schiffen um die Nordspitze abenteuerlich bis „über die Reeling- kotzlich". Sie beförderte, ähnlich wie die Südroute, auch Post.

Im Winter bei Dunkelheit und gefährlicher Klippen gab es keine Schiffsverbindung. Sowohl Hammerfest wie auch andere Häfen der Finnmark waren vom „Rest der Welt" abgeschnitten. Auch russische Schiffe des Pomorhandels verkehrten zu dieser Zeit nicht.

★**1857**: Heizung der Wohnhäuser bis dato mit Holz aus Alta. Ab 1857 wurde Kohle importiert. Dies verbesserte Lebensbedingungen bequemerer Heizung in den harten Wintermonaten mit Schneestürmen und Kältegraden unter minus 2o° C. - Licht: Petroleumlampen, elektrisches Licht 1891, Details siehe Seite 778!

★**Arktischer Walfang und Seerobbenjagd** (bei Spitzbergen und Jan Mayen): hier war Hammerfest Pionier. Das Know How, die schwierigen Gewässer zu befahren, hätten sie von den russischen Kapitänen der Pomor- Segelschiffe erlernt, - so wird berichtet. Erste Expedition 1778/79 zur Insel Bjørney/Spitzbergen. - Beginn kommerzieller Fangfahrten um **182o** mit ca. 3- 4 Schiffen jährlich, ab **183o** ca. 11 Schiffe jährlich. Die harten Bedingungen arktischer Gewässer, der damals noch unzureichender Bootsbau sowie fehlende Technologie des Walfanges (z.B. mechan.-autom. Harpune) ließen keine großen Quoten zu. Wohl aber waren verschiedene Walverarbeitungsstationen insbes. auf der Hammerfest vorgelagerten Insel Sørøya stationiert. Im Umkreis ca. 1oo km vor der Küste wurde Walfang betrieben.

Fangsaison war ab Ende März. Aus den Lagerhäusern wurden Segel und Takelage geholt. Die Gemischwarenhändler von Hammerfest versorgten die Schiffe mit Lebensmitteln, so u.a. gesalzener Fisch in Fässern, Zwieback, eingemachte Suppen etc. Eine nicht unbe -

OBEN: die Damen vom Telegrafenamt. 1870 bekam Hammerfest Verbindung mit Oslo und Vadsø. Bis 1894 war die Zentrale für die Finnmark in Hammerfest. LINKS: Robbenfänger in der Kälte der Arktis.

dingt abwechslungsreiche Kost. Hinzu kamen harte Arbeitsbedingungen auf dem Schiff, eiskalte Winde und weitgehend fehlender medizinischer Versorgung bei den nicht gerade seltenen Unfällen. Der „Erste Hilfe- Koffer" des Kapitäns hatte eher „Alibi- Charakter", Inhalt u.a.: grobe Säge zum Abtrennen von Gliedern, Skalpell sowie hochprozentiger Brandwein zur Narkose... Die Motivation, an Bord derartiger Schiffe zu arbeiten, war daher nicht allzu groß. Führend im Walfang arktischer Gewässer wurde Tromsø ab 7o-er Jahre des Jahrhunderts mit größeren und besser ausgerüsteten Schiffen und jährlich rund 35 Fahrten bis 19oo, weitere Details siehe Tromsø. In Erinnerung an die Pionierzeit der Eismeerfahrten von Hammerfest führt die Stadt heute den Eisbären im Stadtwappen.

★**Krankenhaus**: zwar gab es in den 3o-er Jahren des 19. Jhds. eine Quarantänestation, da man sich beim aufkommenden Pomorhandel vor der Übertragung schwerer Krankheiten schützen wollte. Die ärztliche Versorgung der Bevölkerung von Hammerfest war mehr als ungenügend: über die Jahre hinweg gab es kein Krankenhaus. Die Patienten wurden in angemieteten Räumen ambulant behandelt. Das um 1885 eingeweihte Krankenhaus (siehe Foto) hatte knapp 4o Betten, war Stolz der Stadt und diente der medizinischen Versorgung der weiten Umgebung. 4o Betten sind nicht gerade üppig bei allein damals mehr als 2.ooo Einwohnern in Hammerfest. Zu Beginn des 2o. Jhds. wurde es erweitert und hatte 19o9 sogar den ersten Röntgenapparat nördl. von Trondheim.

★**Naturkatastrophen, Brände**: bereits 183o und 1856 hatten Stürme schwere Gebäudeschäden angerichtet. Verheerend war der Orkan von 1882, der Holzgebäude wie Mikadostäbchen knickte und einstürzen ließ. So auch mehrere Lagerschuppen, deren wertvolle Ware im Meer versanken.

Brände gab es mehrfach so u.a. 183o, 1847 und 1857. Die in Holz gebaute Stadt hatte ihre Wasserleitungen und Hydranten zum Feuerlöschen, so daß schnell der Brandherd in weiterer Ausbreitung bekämpft werden konnte. Massiver Schaden durch den **Großbrand** vom **21.7.189o**, der fast gesamte Hammerfest mit seinen Wohnhäusern und Lagerge -

bäuden, Banken, Schulen, Kirchen, Rathaus, Telegraphenamt und Geschäften dem Erdboden gleichmachte. Zwei Jugendliche, die nachts kurz vor 3 Uhr durch die Stadt zum Hafen liefen, um zu fischen - hatten in einer Bäckerei einen Brand entdeckt. Sie informierten umgehend die Feuerwache.

Diese konnte den Brand nicht löschen, da sich zu diesem Zeitpunkt das Wasserleitungssystem von Hammerfest in Reparatur befand. Demgemäß war auch der Hauptwasserhahn an der Storelva Zisterne geschlossen. Die Feuerwache rannte rauf zur Zisterne, um den Hahn zu öffnen. Zwischenzeitlich hatte sich das Feuer in Großbrand über die gesamte Stadt ausgebreitet und war nicht mehr einzudämmen.

Die Bevölkerung von Norwegen nahm großen Anteil an dem Fiasko: Zeitungen riefen in vielseitigen Berichten zu Spenden auf, Kommunen beteiligten sich mit Geldzuwendungen, Banken und Kaufleute. Weiterhin das norweg. Königshaus, ein Komitee in Kopenhagen mit größerem Betrag und sogar der deutsche Kaiser Wilhelm. Er hatte 1 Jahr zuvor Hammerfest zum 1oo-jährigen Stadtgründungsjubiläum im Rahmen einer Nordkap- Fahrt besucht.

Mit den Spenden sowie Leistungen der Brandversicherungen wurde mit dem Neuaufbau begonnen. Er war sehr kostspielig, da praktisch die gesamte Stadt neu aufgebaut werden mußte. So kostete die neue Mittelschule rund 5o.ooo Kr., die neue Kirche 88.ooo Kr. oder das Rathaus mit integriertem Gefängnis rund 55.ooo Kr. Von daher war die Spende des norweg. Königshauses mit 1.2oo Kr. schon arg mager. Selbst Kaiser Wilhelm war mit 1o.ooo Kr. erheblich spendabler...

KRAFTWERK: Hammerfest war erste Stadt Norwegens, die elektr. Straßenbeleuchtung erhielt (6.2.1892).

Hammerfest erhielt neue und vor allem größere Lager- und Packhäuser. Die ehemaligen Hotels wurden neu aufgebaut. Sie waren somit modernere und komfortablere Holzgebäude. Generell gab der Stadtbrand die Chance, alles von Null nach neuestem Stand aufzubauen. Die Architektenpläne zum Neuaufbau der Stadt zeichnete Johan Velleson im Schachbrettmuster. Integriert waren Brandbekämpfungsanlagen gemäß einer Analyse des Ingenieurs F. Naeser vom norweg. Brannkontoret.

Ein Korrespondent der norweg. Zeitung „Aftenposten“, der 1896 Hammerfest besuchte, berichtete begeistert: „sie ist die an Architektur schönste Stadt nördlich von Trondheim“.

OLE JOHAN FINCKENHAGEN

ELIAS CHRISTIAN FINCKENHAGEN

CHARLES ROBERTSEN

★Zu den **reichsten Männern** von Hammerfest 187o gehörte der Konsul Johan Berger mit einem geschätztem Vermögen 75.ooo Kr., jährlichem Einkommen von 16.2oo Kr. und jährl. Steuer 97o Kr. Von einer derart minimalen Steuerzahlung kann man heute nur träumen.

Gefolgt vom Kaufmann Ole Johan Finckenhagen (Vermögen 75.ooo Kr., jährl. Einkommen 12.5oo Kr., Steuer 785 Kr.). 1866 hatte der die Prokura der Firma seinem damals 19 jährigen Sohn Elias Christian gegeben.

Kaufmann Franz Heinrich Feddersen (Vermögen 16.ooo Kr., jährl. Einkommen 5.2oo Kr. und Steuer 299 Kr.). Er arbeitete zusammen mit dem Kaufmann Andreas Rambech Nissen (Vermögen 1o.ooo Kr., jährl. Einkommen 5.ooo Kr, Steuer 192 Kr.). Sie arbeiteten als Fa. Feddersen & Nissen und waren 188o mit ca. 1 Mio. kg Fisch (!), knapp 1o.ooo Tonnen Tran und 1o Eisbären die Nr. 1 im Export von Hammerfest

Gefolgt von G. Robertson (188o: ca. 43o.ooo kg Fisch, 3.2oo Tonnen Tran und 7 Eis-

ANDERS RAMBECH NISSEN

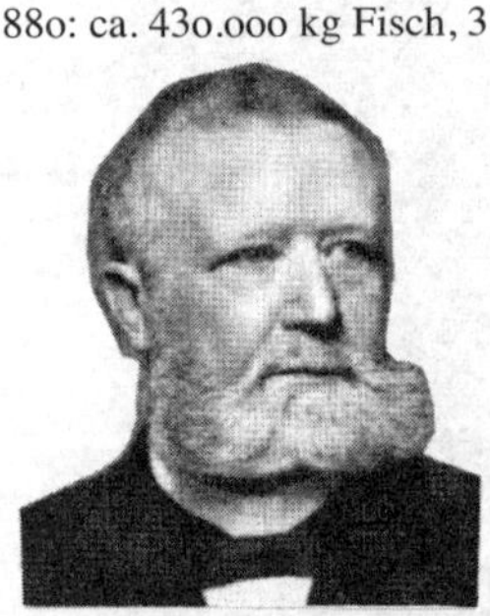

FRANTZ H. FEDDERSEN NISSEN

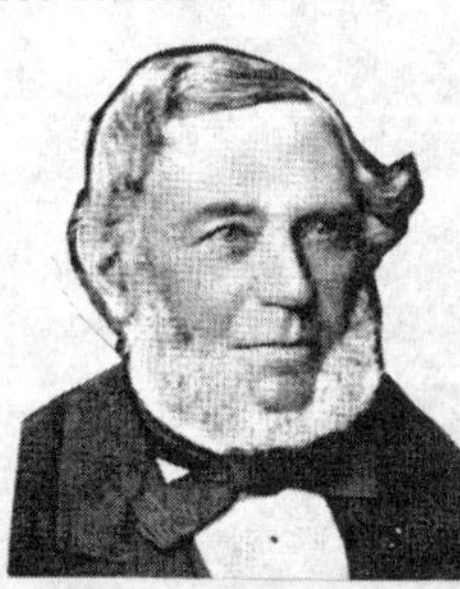

FRANZ HEINR. FEDDERSEN

bären). Er war Sohn von Charles Robertson, geboren in Glasgow/Schottland und 187o der zweitreichste Konsul von Hammerfest (Vermögen 45.ooo Kr., jährl. Einkommen 2.5oo Kr., Steuer 168 Kr.).

Reichster Bäcker: B.H. Gjeldseth (Vermögen 12.ooo Kr., jährl. Einkommen 2.ooo Kr., Steuer 1o7 Kr.), - reichster Weinhändler: Lars Olsen (Vermögen 5.ooo Kr., jährl. Einkommen 1.4oo Kr., Steuer 78 Kr.). - Vergleichsweise niedrig war das Einkommen des Apothekers Jens Schulz: jährlich 8oo Kr., Steuer 32 Kr.

HAUS der Kaufmannsfamilie Nissen

Nach dem Großbrand 1890 neugebaute NISSEN VILLA.

Vorgenannte Daten zu Vermögen, Einkünften und Steuer resultieren aus Aufzeichnungen der damaligen Finanzbehörde 187o sowie späteren Aufzeichnungen von Firmenumsätzen in den 8o-er Jahren des selben Jahrhunderts. In wieweit ein noch höheres Vermögen bestand, also eventuell an den Finanzbehörden vorbeigemogelt wurde, kann nicht gesagt werden. - Was die Krone damals wert war, kann man in etwa vergleichen mit den Kosten von z.B. Kirchenneubau oder Rathaus nach dem Großbrand 189o. Die Kaufleute von Hammerfest waren also nicht gerade arm.

★**Elektrisches Licht**: nachdem Thomas A. Edison 1878 die Glühbirne erfunden hatte (parallel im selben Jahr der Engländer J.W. Swan), wurde diese zunächst weiterentwickelt (u.a. längere Lebensdauer des Glühfadens). Auch stritten sich beide Erfinder um die Patentrechte. Erster Einsatz zur Straßenbeleuchtungen in den Metropolen der Welt, z.B. Berlin 1882, dort allerdings zunächst nur in wenigen, zentralen Straßenzügen.

Auch Hammerfest wollte seine Straßenbeleuchtung. Bereits 1885 wurde Geld gesammelt, am **6.2.1891** war es soweit: Hammerfest hatte als erste Stadt Norwegens elektrische Straßenbeleuchtung. Dies steigerte das Prestige der Stadt erheblich.

HAMMERFEST um 1900. Unten: Stadtansicht, Kirche und Hafen mit Lagerhäusern. Rechts: Markt mit Rathaus.

★**1893**: erste Fahrt der berühmten Hurtigruten nach Hammerfest. Abfahrt Trondheim am 2. Juli 1893 um 8.3o Uhr. An Bord Kapitän With, nach dem eines der großen heutigen Hurtigruten Schiffe benannt ist, - Ankunft 5 Juli 1893 um o3.3o Uhr in Hammerfest. Die Fahrt des Dampfschiffes „Vesteraalen" hatte somit nur 3 Tage gedauert, war aber eine Einweihungsfahrt mit geladenen Gästen an Bord. Normal dauerte die Fahrt damals ca. 4 Tage wegen längeren Aufenthalten in unterwegs angelaufenen Häfen zum Be- und Entladen von Waren. Details zur Hurtigruten im Einleitungsteil des Bandes unter „Transport in Nordnorwegen". - Seit 1884 gab es im Sommer zudem eine Verbindung von Hamburg -> Christiana (= Oslo) bzw. -> Bergen -> Hammerfest und weiter zum Nordkap für tourist. Nordkap-Besuche, weitere Details dort. Weiterhin sogenannte „pleasure Cruises" entlang der Küste mit Stopp Hammerfest und Nordkapbesuche sowie ab ca. 1914 via Hammerfest und Nordkap nach Spitzbergen.

Erste Fahrt der HURTIGRUTEN, Ankunft 5. Juli 1893 in Hammerfest. Erinnerungsfoto an Bord.

★Der **2. Weltkrieg** war für Hammerfest eine Katastrophe schlimmer als der Großbrand von 189o. Zunächst besetzten **27.7.194o** deutsche Truppen Hammerfest und stationierten rund 8oo Soldaten. In der Stadt und Umgebung wurden Geschützstellungen gebaut. Hammerfest im äußersten Norden Norwegens war zugleich Stützpunkt für Kriegsschiffe und U-Boote im Nordmeer. Um die Soldaten und die Militärverwaltung unterzubringen, wurden viele Häuser der Stadt zwangsgeräumt. Wer sich widersetzte, wurde entweder (gemäß Wehrmachtsbefehl „angetroffen mit Waffe") umgehend erschossen oder kam in Gefangenenlager. Die Bevölkerung von Hammerfest duckte sich, aber hasste die Deutschen. Gegen Kriegsende wurden Nahrungsmittelmarken ausgegeben, so daß neben Unterdrückung der Besatzer auch die Not des Hungers hinzu kam.

Als der Terror Hitlers und der Deutschen in Nordnorwegen **1944** sich dem Ende neigte und die Truppen den Rückzug antraten, - wurde Hammerfest durch Brand dem Erdboden gleichgemacht. Die Deutschen begannen im Nov. 1944 mit dem Bereich um dem Langvannet und zerstörten bis Febr. 1945 die gesamte Stadt. Fotos aus dieser Zeit zeigen ein Hammerfest ähnlich wie Hiroschima. Übriggeblieben lediglich Baumstümpfe und verkohle Holzreste der Häuser.

Vor Zerstörung der Stadt wurde die Bevölkerung zwangsevakuiert. Andere flüchteten vor den Deutschen und versteckten sich in Höhlen auf der vorgelagerten Insel Sørøya oder flüchteten (wie bereits auch zur Besatzungszeit) mit Fischerbooten nach Murmansk und von dort auf brit. Frachtschiffen nach Schottland.

Die ersten Bewohner kehrten im Juni 1945 zurück und erlebten die Tristess der Brandwüste. Sie bauten sich Baracken aus herangeschafften Brettern und Wellblech. Vor allem mußten die Wasserminen in der Hafenzufahrt gesprengt werden (18.9.45). Die deutschen Truppen hatten bei ihrem Rückzug die Zufahrt vermint, um den nachrückenden Alliierten die Hafenbenutzung unmöglich zu machen und somit Zeit für den eigenen Rückzug zu gewinnen (Details siehe auch „Kirkennes/Geschichte“).

★**1946** hatte Hammerfest ca. 34o Einwohner (Vergleich 194o: ca. 3.7oo E.), **195o**: ca. 4.ooo Einw. Die Regierung in Oslo leistete tatkräftige und schnelle Unterstützung beim Wiederaufbau. Zunächst wurden die Kaianlagen gebaut (auch diese waren von den Deutschen gesprengt). Das Hammerfest 1946 bis Mitte der 5o-er Jahre war eine expandierende und provisorische Holzbarackensiedlung. Zunehmend wurden die Holzbaracken ersetzt durch Stein- und Betonhäuser in etwas fader Schnellbau- Architektur. Grund: es fehlte an Zeit und Geld.

Erst in den 7o-er und 8o-er Jahren kam attraktivere Architektur hinzu, bzw. wurden früher wenig attraktive Gebäude außen architekt. durch Vorbauten verschönert. So z.B. das heutige „Quality Hammerfest Hotel“ (15) am Hauptplatz. Gebäude, die in ihrer Form der früheren „Skyline von Hammerfest“ mit seinen langgestreckten Lager- und Packhäusern nachempfunden sind. Der Flair von damals (vergleiche Fotos) kommt so recht nicht auf.

Wirtschaft: nach wie vor wichtiger Wirtschaftsfaktor Fischfang und Fischverarbeitung. Off-Shore Erdöl und Erdgaslager könnten weitere Impulse geben. Im Sommer Anteil am Nordkap-Tourismus.

HAMMERFEST AIRPORT: heute in Hammerfest durchweg moderne Architektur, wobei der Airport zu den besseren Beispielen zählt. Die Regel sind Zweckbauten.

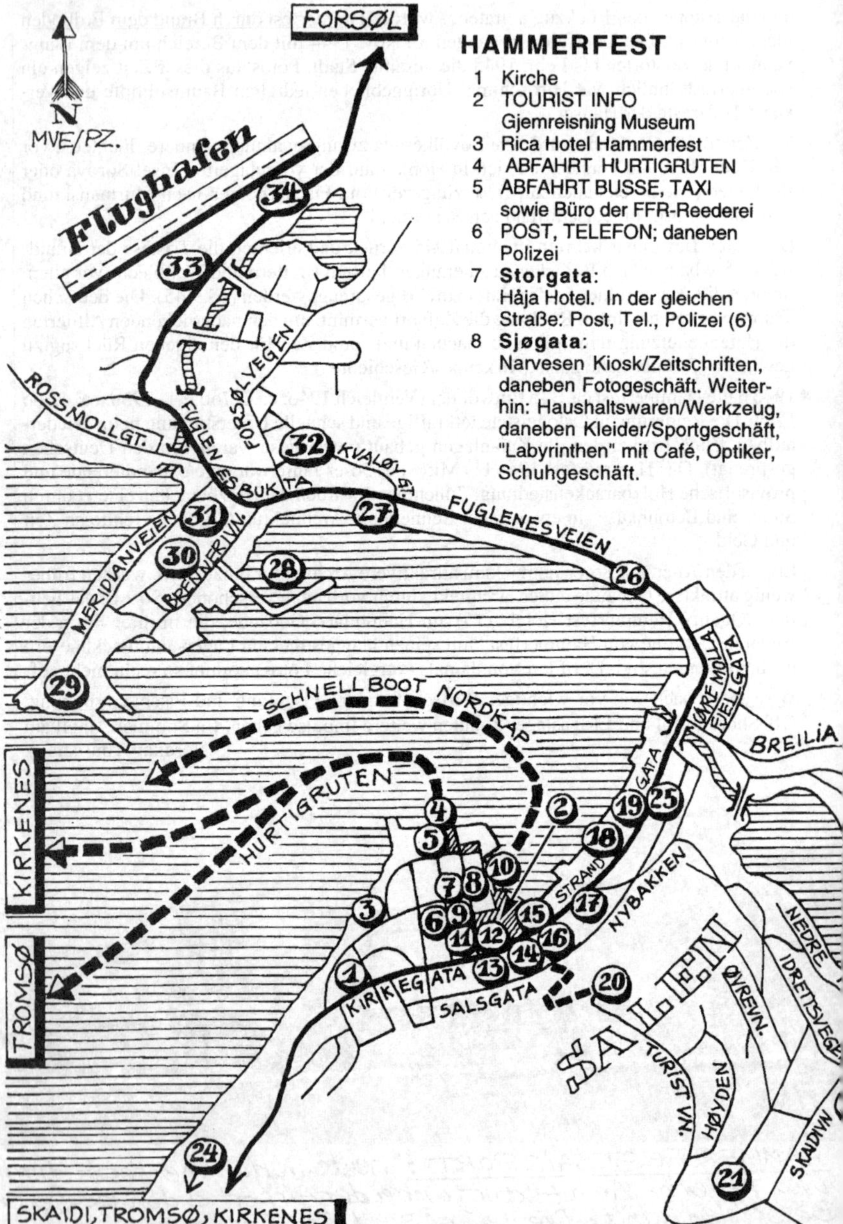


## HAMMERFEST

1 Kirche
2 TOURIST INFO
Gjemreisning Museum
3 Rica Hotel Hammerfest
4 ABFAHRT HURTIGRUTEN
5 ABFAHRT BUSSE, TAXI
sowie Büro der FFR-Reederei
6 POST, TELEFON; daneben
Polizei
7 **Storgata**:
Håja Hotel. In der gleichen
Straße: Post, Tel., Polizei (6)
8 **Sjøgata**:
Narvesen Kiosk/Zeitschriften,
daneben Fotogeschäft. Weiterhin: Haushaltswaren/Werkzeug,
daneben Kleider/Sportgeschäft,
"Labyrinthen" mit Café, Optiker,
Schuhgeschäft.

Tourist INFO Turistinformasjon Hammerfest: Im Eisbären Club im Rathaus untergebracht. Havnegt. 3, Tel.: 784.131.oo, Fax: 784.121.85, www.hammerfest-turist.no

## SEHENSWERTES

Das ORTSZENTRUM um den Hauptplatz beim Schnellboothafen (1o), Rathaus (12) und Musikpavillion (14). - Geschäfte (allerdings nicht zu üppig) in der Kirkegata/Strandgata parallel zum Meer sowie in der Sjøgata, die parallel zum Schnellboothafen führt.

EISBÄREN- CLUB (12): nennt sich offiziell „The Royal and Ancient Bear Society", untergebracht im Rathaus. Zu sehen ist eine kleine Ausstellung zur Geschichte von Hammerfest der Eismeerfahrten u.a. nach Spitzbergen zum Fang von Seelöwen, Eisbären und Walen. Der Eintritt ca. 3 Euro, die Mitgliedschaft im Eisbärenclub rund 2o Euro. Als Gegenleistung bekommt man eine Anstecknadel in Silber und einen Autoaufkleber. Außerdem hat man „Stimmrecht bei Mitgliederversammlungen", vorausgesetzt man befindet sich zu diesem Zeitpunkt in Hammerfest...

DENKMAL *„Eismeerkutter im Packeis"* auf dem Hauptplatz. Es zeigt ein mit Metallplatten stilisiertes Schiff im Eis (=Betonplatten). Weitere, Richtung oben gebogene Metallstangen zeigen die zum Nordpol zulaufenden Meridiane. Über die Originalität des Künstlers läßt sich streiten. Aufgestellt zum 2oo jährigen Stadtjubiläum 1989, peppt das „Kunstwerk" zumindest den Platz optisch auf. Für das Werk „verantwortlich", wie ein Prospekt schreibt, ist Henry Tømmerås.

Ebenfalls auf dem Hauptplatz ein Springbrunnen, den der frühere amerikanische Botschafter in Norwegen (1946- 53), Charles Ulrik Bay der Stadt 1957 spendete. Seine Mutter war gebürtig in Hammerfest.

In der selben Straße: Bank (9) und Kaikanten Bar/Spiserie (11)

9 Bank
1o ABFAHRT SCHNELLBOOTE
11 Kaikanten Bar/Spiseri
12 Rathaus und Eisbären Club
13 Buchhandlung Interbook, daneben Kleidergeschäft
14 Musikpavillion
15 Quality Hammerfest Hotel, daneben Domus Kaufhaus
16 Bank, daneben Centrum-Magazin
17 Kathol. Kirche
18 Løvold: Bootsausrüstung, Motoren, Sport, Angeln
19 Odds Mat & Vinhus, weiterhin: China Restaurant, daneben Disco
2o Aussichtspunkt Berg Salen, Turistua
21 Hotel Skytterhuset
22 Sportplatz
23 NAF Camping
24 Hammerfest Turistsenter (privat), mit Shell Tankstelle, Camping und Vermietung von Ferienwohnungen und Hütten
25 Rimi Supermarkt
26 Esso Tankstelle
27 Statoil Tankstelle
28 Fischereihafen
29 Skansen Fort
3o Meridian Säule
31 Isbjørnhallen und Schwimmbad
32 Krankenhaus
33 Supermarkt
34 Airport Terminal

HAMMERFEST KIRCHE (1): heutiges Wahrzeichen der Stadt an ihrem südl. Ortsbeginn auf einer Anhöhe. Eingeweiht 1961, Architekt der Norweger Hans Magnus. Die V- Form von Kirchenschiff und -Turm soll an „Trockengestelle für Fisch“ erinnern und somit die Bedeutung von Hammerfest und seines Fischfangs symbolisieren. Im Inneren der evangelischen Kirche hinter dem Altar Glasmalereien von Jardar Lunde (Thema Auferstehung) sowie Kanzelreliefs mit den Aposteln. Die Glocken im Turm: kein wuchtiges Donnern wie normalüblich bei Stadtkirchen, - sondern ein angenehmes, zartes Bimmeln über der Bucht.

An der Stelle der heutigen Kirche stand die frühere Holzkirche von Hammerfest (siehe Fotos/Geschichte). Sie wurde 1945 durch die Hitler-Truppen durch Feuerlegung der Stadt vernichtet.

Vorab durch Einheimische konnten gerettet werden u.a. das reich verzierte Altarbuch von 176o, eine Kirchengabe des damaligen Kaufmanns Peter Christian Buck sowie holzgeschnitze Heilige und ein Altarbild der ersten Kirche von 1623. Dies sind die ältesten erhaltenen Relikte der Stadtgeschichte.

Die Hitlertruppen arbeiteten bei ihrem Rückzug 1945 brutalst: lediglich die Friedhofskapelle (genutzt für letzte Gebete, wenn Tote bestattet wurden) und gegenüber der Kirche, -setzten sie nicht in Brand. Die Friedhofskapelle ist damit das älteste Gebäude von Hammerfest, gebaut 1937. In den Jahren des Wiederaufbaus 1945- 61 hatte die Kapelle Multifunktion von Gottesdienst & Postamt, provisorischem Schulunterricht bis überdachtem Lebensmittelverkauf.

KIRCHE ST: MICHAEL (17): nördlichste katholische Kirche der Welt. Gegenüber am Meer früher der Dampfschiff- Kai. 1945 wurde die Holzkirche durch die Nazi-Truppen in Brand gesetzt und komplett zerstört. 1958 mit dt. Freiwilligen wiederaufgebaut. Im Inneren ein Mosaikbild vom heiligen St. Michael, der gegen den Drachen kämpft.

MUSIK- PAVILLION (14): gegenüber Hauptplatz am Berghang. Das kleine, quadratische Holzgebäude ist liebevoll mit blau/rot/gelb bemalt und mit Inschriften sowie Eisbär versehen.

Der Pavillion ist 4. von Hammerfest und Geschenk des örtlichen Wohltätigkeitsvereins „Rond Table 6o“ zur 2oo- Jahrfeier der Stadt 1989. Der 1. Pavillion wurde 1887 in Trondheim vorgefertigt und nach Hammerfest verschifft. Er verbrannte bei dem großen Stadtfeuer von 189o. Der 2. Pavillion wurde 1894 in der Salsgata oberhalb des Hauptplatzes aufgestellt und 1939 bei der 15o Jahrfeier durch einen neuen ersetzt, der beim Feuer von 1945 vernichtet wurde. Seitlich des Pavillions ein Gedenkstein mit Büste Ole Olsen (6.7.185o - 4.11.1927), bedeutender Künstler von Hammerfest; „Komponist und Militärmusiker“ steht auf dem Stein.

SALEN: ab Rathaus und Pavillion ein ca. 1o- 15 Min Trail rauf zur Bergkuppe (Höhe 86 m) und schöner Blick über Stadt und Bucht. Salen kann auch per Straße via Storvannet erreicht werden. Oben plazieren sich gerne nachts WoMos, obwohl das verständlicher Weise die Campingplatzbesitzer von Hammerfest nicht gerne sehen, da ihnen das Geschäft entgeht.

GJENREISNINGS MUSEUM (2): Nähe Kirche (1) im südl. Ortsteil. Das

Museum berichtet von der Zerstörung der Stadt durch die Deutschen 1944/ 45 und den Schwierigkeiten des Wiederaufbaus. Mit Fotos ist zudem dokumentiert, wie sich manche Bewohner der Zwangsevakuierung 1944/45 entzogen, indem sie in Höhlen auf der Insel Sørøya flüchtete, dies bei extrem harten Winterbedingungen bei Kälte etc.

Geöffnet zur HS: 8 - 19 Uhr, Eintritt ca. 8 Euro.

<u>MERIDIAN SÄULE</u> (3o): im Ortsteil Fuglenes auf gleichnamiger Halbinsel. Die Säule steht auf einem Granitsockel und trägt oben die Weltkugel. Errichtet wurde sie 1852 nach erfolgreicher Meridianvermessung.

> <u>181o</u> hatte der russische Astronom <u>W. Struwe</u> bis 184o erste Vermessungen entlang eines Meridians durchgeführt. Sein Ziel war, die Form der Erde präziser zu berechnen. Keinesfalls ist die Erde eine gleichmäßig runde Kugel. Die Arbeiten waren erfolgreich, aber

Hammerfest Musikpavillion mit Eisbär, aufgestellt zur 200-Jahrfeier der Stadt 1989.

Ole Olsen Komponist und Musiker

MERIDIAN SÄULE: Foto von 1880, damals noch mit Zaun.

sehr arbeitsintensiv. Struwe bat daher 1844 um Audienz beim schwed. König Oscar I. und schlug ihm vor, ein norweg./schwedisches Team einzusetzen, um die Arbeiten schneller fortzusetzen zu können. Es sei, so Struwe, sehr wichtig, die Strecke Richtung Süd und Nord (Hammerfest) auszudehen, um noch genauere Messergebnisse zu erhalten.

1852 waren die Arbeiten abgeschlossen. Vermessen wurde eine Strecke von ca. 2.8oo km Länge zwischen Ismaila an der Donau und Hammerfest, was 25° 2o' Breite entspricht. Die Ergebnisse waren unter Berücksichtigung damaliger Messinstrumente erstaunlich präzis. Mit heutigen Satelliten wurden die Messungen erneut durchgeführt. Dies ergab nur wenige Meter Differenz zum damaligen Ergebnis.

SKANSEN (29): kleineres Fort auf der Südspitze der Fuglenes Halbinsel. Während der Napoleonischen Kriege wurde Hammerfest am 22.7.18o9 von zwei englischen Kriegsschiffen angegriffen. Die Stadt hatte damals lediglich 4 Kanonen und mußte schon bald wegen Munitionsmangel aufgeben. Anschließend zogen die Engländer plündernd 1 Woche durch Hammerfest. Um sich vor eventuellen zukünftigen Angriffen zu schützen, wurde das Fort gebaut sowie 8 größere Kanonen auf der Stadtseite aufgestellt. Sie waren so plaziert, daß die gesamte Hafenbucht beschossen werden konnte. Einen weiteren Angriff gab es nicht. 1989 wurde das Fort restauriert und ist Nationaldenkmal.

ISBØRNHALLE (31): markantes Gebäude am Beginn der Fuglenes Halbinsel und Nähe Straße zum Airport. U.a. auch mit Schwimmbad.

FORSØL: kleines Fischernest in der Nordbucht, rund 1o km ab Hammerfest über die Straße am Flughafen vorbei zu erreichen. Bei WoMo-Fahrern beliebter Stellplatz; das Nest selber hat uns weniger überzeugt. Der retour 2o km Abstecher ist nicht unbedingt nötig.

Achtung: Engpässe zur Hochsaison. Es gibt zu wenig Betten bei der Masse an Besuchern und Tourbussen. Die meisten kommen jedoch lediglich für den Abstecher, um dann zum Nordkap weiterzufahren.

„**Quality Hammerfest Hotel**" (15): Strandgatn 2/4, am Fischer- und Schnellboothafen im Ortszentrum. Modernes mehrstöckiges Gebäude; derzeit das beste Hotel der Stadt (zusammen mit Rica, siehe unten). Komfortables, wenn auch kleines Restaurant. 53 Zimmer mit Bad und TV. Die schönsten vornraus mit Blick Richtung Hafen und Bucht; andere führen hintenraus zur Ortshauptstraße. Schlechte Parkmöglichkeit. Ganzjährig geöffnet. DZ ca. 11o- 14o Euro. Tel.: 784.296.oo, Fax: 784. 296.6o.

„**Rica Hotel Hammerfest**" (3): Sørøygt. 15, ca. 3oo m vom Schnellboothafen auf einer Anhöhe. Das früher in die Jahre gekommene Hotel wurde umfangreich renoviert, z.B. komplett neue Fassade in Klinkersteinen, moderner Aufzug und gemütliches Restaurant mit großen Fenstern und Meerblick. Auch der Großteil der 94 Zimmer mit Bad wurde restauriert. Blick auf Häuser, andere Zimmer mit Superblick auf die Bucht. Relativ gute Parkmöglichkeit. Ganzjährig geöffnet. DZ ca. 11o- 16o Euro. Tel.: 784.113.33, Fax: 784.113.11.

RiCA HAMMERFEST HOTEL: teils mit schönem Blick.

„**Hotel Skytterhuset**“ (21): Skytterveien 24, am Hang oberhalb des Storvannet. Zweistöckige Holzgebäude (früher Wohnheim für Krankenschwestern und davor für Mitarbeiterinnen der Fischfabrik). Großzügiger Aufenthaltsraum, weiterhin Sauna und Solarium. Freundliche, aber einfach eingerichtete 66 Zimmer mit Bad und TV. Das Hotel ist beliebt bei Deutschen. Runter ins Ortszentrum von Hammerfest ca. 1o Min., retour länger, da bergauf. Ganzjährig geöffnet. DZ ca. 1oo Euro. Tel.: 784.115.11, Fax: 784.119.26.

„**Hammerfest Turistsenter**“ (24): Storsvingen, am südl. Ortseingang an der RV 94 bei der Tankstelle; dort auch die Rezeption. mit Blick auf Bucht und Hammerfest, allerdings nicht von allen Zimmern/Hütten. Vermietet werden 41 voll eingerichtete Ferienwohnungen mit 1- 2 Zimmern, Kochgelegenheit (teils auch kleine Küche), Eisschrank, Bad und TV. Preis für kleinere Wohnungen und 2 Personen ca. 1oo Euro. Sowie 2o einfach ausgestattete Hütten ohne Bad/WC (2 Pers. ca. 3o Euro). Ganzjährig geöffnet. Auch Stellplätze für WoMos sowie Cafeteria. Ca. 1,5 km ins Zentrum. Tel.: 784.111.26, Fax: 784.119.26.

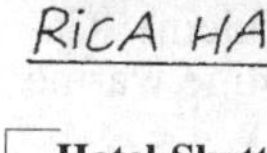

NAF- CAMPING (23) am Storvannet. Kleiner Grasplatz am See, auch Vermietung von 7 Hütten. Der Blick beschränkt sich auf den See und den umgebenden Bergkessel. Geöffnet Anf. Juni bis Mitte Sept., teils nur Ende August.

HAMMERFEST TURISTSENTER (24): am südlichen Ortseingang bei der Shell- Tankstelle. 65 Stellplätze für WoMos mit Stromanschluß; je nach Stellplatz schöner Blick auf Bucht und Hammerfest. Weiterhin Vermietung von 63 Hütten und Ferienwohnungen, siehe oben.

„ODDS MAT OG VINHUS“ (19) Strandgaten 24: rustikales Traditionslokal mit Schiffstatuen an der Decke und Stirnholzboden aus Kiefern. Küche ist Tipp bei gehobenen Preisen.

„SKANSEN“ im „Rica Hotel Hammerfest“ (3): gemütlich mit großen Fenstern zum Meer, Kochtheke. Bei unserem Check exzellenter Koch; Fischsuppe und Lachs probieren! Auch Fleischgerichte vom Grill. Gehobene Preise.

„BENONI“ im „Quality Hammerfest Hotel“ (15), Strandgaten 2/4: Polstermöbel, teils Hafenblick. Fleisch und Fischgerichte, gehobene Preise.

„CHINESE“ (19): in der Strandgata 22, unscheinbares Schild nur in chinesischen Schriftzeichen. Der Gästeraum oben im 1. Stock. Chinesische und norwegische Küche bei mittleren Preisen. Vergünstigtes Mittagsmenü.

„RETT VEST KAFE“ (11) Sjogata 8: primär ein Cafe, in dem mittags aber auch kleinere Gerichte serviert werden. Im Sommer Tische draussen beim Wasser. Ganzjährig geöffnet.

„CAFE NAPOLEON“: neben Navesen (8) am Hauptplatz und Schnellboothafen. Cafe, Kuchen sowie kleinere „Warmretter“- Gerichte.

DOMUS KAUFHAUS (15): Strandgata beim Hauptplatz mit kleiner Cafeteria. Außer Kaffee und Kuchen gibts wenige aber preisgünstige warme Gerichte.

**EINKAUFEN**

SUPERMÄRKTE: Rimi (25) an der Hauptstraße, rund 7oo m vom Hauptplatz sowie Rema (33) beim Airport. Weiterhin des Domus- Kaufhaus beim Hauptplatz mit Kleidern, Schuhen bis Lebensmitteln.

BUCHHANDLUNG: Interbook (13), Kirkegata beim Hauptplatz, vorwiegend Schreibbedarf, Schulbücher, in geringerem Umfang auch Souvenirs für Touries und eine kleine Abteilung mit Bildbänden und sonstigen Büchern zu Norwegen.

Narvensen (8): Storgata am Hauptplatz beim Hafen: Zeitschriften, Süßigkeiten, Lottoscheine sowie im Sommer Souvenirs für Touries.

KLEIDUNG, SPORT, BOOT, ANGELN: Løvold (18): Bootsausrüstung, Motoren, Seile, Werkzeuge, Kompass, Steuerräder etc., Kleinkram sowie Angelausrüstung bis hin zu Sportkleidung.

Kleider- und Schuhe: mehrere in der Storgata sowie in der Hauptstraße um den Hauptplatz. Dito auch Domus Kaufhaus.

**TANKSTELLEN**: am südlichen Ortseingang Shell (24). Im nördl. Ortsbereich an der Fuglenesveien: Esso (26) und Statoil (27) sowie weitere Shell- Tankstelle beim Airport. Die Tankstellen führen auch kleinere Reparaturen durch sowie Reifenwechsel bei gängigen Auto-Marken und Reifengrößen. - Ersatzteile müssen in der Regel eingeflogen werden, bzw. kommen per Schiff (Hurtigruten) von Tromsø oder Trondheim, sofern keine offizielle Werksvertretung der Automarke vor Ort in Hammerfest.

VW und Audi ist in Rypefjord (rund 2 km südlich von Hammerfest an der RV 94) vertreten, Tel.: 784.283.oo. - Toyota: in Hammerfest, Seilmakervn. 1, Tel.: 784.o78.2o. Mercedes, Peugeot und Mazda in Hammerfest, Fuglenesvn. 22, Tel.: 784.297.22. - Opel in Hammerfest, Storgata 21. Die Werkstätten und Vertretungen anderer Automarken eventuell in Alta oder gar weit entfernt in Tromsø. In letzterem Fall besteht die Möglichkeit, das defekte Auto in das tägl. verkehrende Hurtigruten- Schiff reinzuschieben (sofern Platz im Autodeck), Überfahrt 1 Nachmittag plus Abend bis Tromsø.

## AUSFLÜGE

Organisierte Trips fast ausschließlich mit „Hammerfest Turist A/S" (24), im folgenden mit „HTA/S" genannt. Persönlicher Kontakt vor Ort: in der Shell Tankstelle am südl. Ortseingang. Ansonsten Tel./Fax: 784.121.85 Postadresse: N - 96o1 Hammerfest.

HOCHSEEFISCHEN: 2- 4 Std. Angeltouren mit dem Schiff, bei Bedarf auch länger. Der Fang wird an Bord gegrillt, bzw. einsame Buchten angelaufen und dort in „Wildlife- Feeling" zubereitet. Kontakte: „M/S Doffen" (Schiff für max. 4o Personen), Tel.: 784.127.6o und 948.162.72 bzw. „HTA/S", dort auch Vermittlung von kleineren Schiffen für 4- 8 Pers.

ANGELN IN SÜSSWASSER-GEWÄSSERN: Ausflüge von 4- 8 Std. zu Fuß oder mit Pferden bzw. Auto. Geangelt werden in Seen und Flüssen u.a. Forellen, Saibling und Lachs, je nach Gewässer. Als bester Lachsfluß der Region gilt der Repparfjordfluß Nähe Skaidi. Angelausrüstung kann geliehen werden. Kontakt: „HTA/S", die auch benötigte Angellizenzen vermitteln.

SEILAND- GLETSCHER: 1- Tagestrip zur südwestl. vorgelagerten Seiland Insel. Per Boot am Hammerfest zum Jøfjord, der von der Nordküste der Insel tief ins Innere führt. Ab Fjordende ein 3 1/2 Std. beschwerlicher Aufstieg zum Beginn des Gletscher in knapp 1.ooo m Höhe. Je nach Wetterbedingungen auch kürzere Wanderung mit Führer auf dem Gletscher. Er ist der nördlichste Gletscher auf dem europ. Festland. Kontakt: „HTA/S".

VOGELFELSEN: „Fotosafari" per Boot ab Hammerfest in ca. 1 Std. zu einem Felsen mit Vogelkolonie. Das Betreten des Landes ist behördlich verboten; daher Fernglas sinnvoll. Zu sehen die Aktivitäten der Seevögel, insbes. Möven. - Wer vom Boot aus mit Teleobjektiv fotografieren will, sollte den Trip nur bei gutem Wetter (viel Licht = kürzere Verschlußzeiten) und bei ruhigem Meer buchen. Selbst dann kein Verwacklungsschutz. Zumindest ein landschaftl. schöner Abstecher ab Hammerfest. Fahrten nur, wenn genügend Teilnehmer zusammenkommen. Kontakt: „HTA/S".

NORDLANDBOOT ÅTRINGEN: das Boot in traditioneller Bauweise,

wie es in früheren Jahrhunderten von Fischern an der Küste benutzt wurde. Es ist rund 1o m lang, besitzt ein Rechtecksegel und 1o Ruder, die von den Gästen bedient werden. Außerdem gibt's als Hilfsmittel einen Außenbordmotor. Vermietung für 2- 4 stündige Fahrten, auch Angeltouren. Tel.: 784.1oo.16 und 941.345.38 bzw. Vermittlung über „HTA/S".

BESUCH von SAMENLAGERN: sowohl im Sommer wie Winter Besuch von ausgewählten Samenlagern, die sich durch Tourismus Zusatzgeld verdienen und samische Gerichte in ihren Zelten anbieten. Der Führer erklärt Lebensbedingungen, Jagd, Rentierhaltung etc. der Samen. Ob sich der Besuch lohnt, hängt stark davon ab, ob die Tour die Pseudoklischees von farbiger Samen-Trachten etc. präsentiert, oder fundiert in heutige Problematik harter Lebensbedingungen und gesellschaftlicher Ausgrenzung der Samen einführt. Vorweg: die Samen leben heute keinesweg hinterm Mond; nicht wundern, wenn seitlich im Zelt der TV flimmert und der Chef der Familie in Jeans antritt...
Eindrucksvoll im Flair verschneiter Landschaften sind winterliche Trips mit Snowscooter. Im Sommer wird in der Regel das Auto auf der Straße zu Samensiedlungen benutzt. Etwas ernüchternd, wenn das Auto dann an der Straße stoppt und seitlich ein Samenzelt besucht wird. Kontakt: „HTA/S"

WINTERTRIPS: Eisangeln sowie Snowscooterfahrten auf der Hochebene der Finnmarksvidda. Wer bucht, sollte achten, daß ausreichend warme Kleidung zu Verfügung gestellt wird. Winterliche Fahrten auf dem Snowscooter sind wegen Fahrtwind eiskalt. Kontakte: „HTA/S".

AUF EIGENE FAUST: Katamaranboote der FFR ab Hammerfest. Bei genügend Zeit durchaus lohnend, Trip ohne spezielles Ziel ab Hammerfest und einfach an Bord der Schnellboote - um die Umgebung einsamer Fjorde und Minisiedlungen zu erleben. Die Katamarans der FFR kurven mit beachtlicher Geschwindigkeit bis zu 8o km/h durch die Gewässer und erreichen abgelegene Siedlungen. 1-Tagestrip z.B. ab Hammerfest nach Hasvik an der Südwestspitze der Insel Sørøya, retour per Wideroe Flug. Bei klarem Wetter Superblick auf Inseln, Fjorde und Gletscher.

## Verbindungen ab Hammerfest

FLUG: der Airport (34) liegt rund 2 km nördl. vom Ortszentrum auf kleiner Hochebene. Modernes Empfangsgebäude mit Cafeteria im 1. Stock.

Die asphaltierte Start- und Landebahn wird mit Propellermaschinen der WIDEROE angeflogen. Nonstop- Direktverbindungen nach -> Alta: tägl. 1 mal außer So., Flugzeit 25 Min. (rechts sitzen wegen Seiland Gletscher). Nach -> Berlevåg nordöstl. von Hammerfest: tägl. 1 - 2 mal, ca. 4o Min. (links sitzen mit Blick auf die Nordkap- Insel Magerøya, rechts Blick auf tief ins Land führende Fjorde und Finnmarksvidda).

Nach -> Hasvik an der Südwestspitze der Insel Sørøya: tägl. 1 mal außer

Sa., ca. 2o Min. In der Maschine ist nur Platz für wenige Personen, daher rechtzeitig buchen.

Hasvik ist auch tägl. per Schnellboot zu erreichen (Preis/Zeitvergleich), zumindest auf dem Schiff keine Engpässe in Sachen Platz. Der Flug lohnt bei klarem Wetter wegen Superblick rechts auf die tief mit Fjorden zerklüftete Sørøya Insel und links auf Seilandgletscher. Sofern gemäß Fahrplänen möglich, lohnender 1- Tagestrip: Flug nach Hasvik und retour mit dem Schiff nach Hammerfest. In Hasvik gibt es ein kleineres Hotel, allerdings nur wenige Zimmer, Details siehe dort.

Nach -> Honningsvåg: tägl. 2 mal, ca. 25 Min. Die Start-Landebahn auf der Nordkap Magerøya Insel ist sehr kurz und zudem stark windgefährdet. Eingesetzt werden kleine Propellermaschinen mit nur wenigen Sitzplätzen. Der Flug spart erheblich Zeit gegenüber Bus ab Hammerfest nach Honningsvåg. Bei Schlechtwetter allerdings Stornierung der Flüge.

Nach -> Mehamn, Fischereihafen östl. von Magerøya: 1 mal tägl. mit kleinen Propellermaschinen, ca. 35 Min. Nach -> Tromsø: 4- 6 mal tägl., ca. 45 Min. - Alle weiteren Verbindungen mit Umsteigen in Tromsø und Alta.

WIDEROE: Tel.: 81o.o12.oo. Eincheckzeit 2o Min. vor Abflug. Der Airport ist zu erreichen mit Stadtbus ab Ortszentrum Hammerfest/Hauptplatz beim Rathaus (12) und dortiger Abfahrt der Schnellboote (1o) oder mit dem Taxi (5) beim Hurtigruten- Kai (4).

**BUS**: Abfahrt beim Hurtigruten Kai (4) und dortigem FFR - Büro (5). Zum Schnellboothafen (1o) ca. 25o m.

Nach -> Tromsø: 1- 2 mal tägl. via Skaidi und Alta, ca. 8 Std. Nach -> Honningsvåg (teils mit Umsteigen in Skaidi): 1-2 mal tägl., die Fahrzeit abhängig von Warterei auf Anschluß, insges. ca. 3- 4 Std.

Nach -> Karasjok: Umsteigen in Skaidi bzw. Lakselv. Per Bus sehr zeitaufwendig ab Hammerfest. Ab Karasjok tägl. Busverbindung nach Tana Bru und Kirkenes, Details dort.

**SCHIFF**: Abfahrt der Schnellboote siehe Karte (1o) am Hauptplatz, dort auch aushängend die Fahrpläne. Das Büro der Reederei FFR (5), die die Strecken betreibt, liegt ca. 15o m entfernt beim Taxistand (5) und Busabfahrt.

Schnellboote (kein Personentransport) nach -> Hasvik/Südostküste der Insel Sørøya: 1- 2 mal täglich, Fahrzeit ca. 1 1/4 bis 1 3/4 Std. Teils fährt das Schiff weiter nach Øksfjord (plus ca. 35 Min.). Auch Direktverbindung mit Schnellbooten Hammerfest -> Øksfjord: tägl., Fahrzeit abhängig von Stopps unterwegs. Es gibt zwei Routen: einmal durch den Sørøysundet nördlich der Insel Seiland, - zum anderen südlich Seiland durch den Vargsund. Auf dieser Route werden Siedlungen wie Storekorsnet am Beginn des Altafjords angelaufen. Die Stadt Alta selber ist kein Anlaufpunkt von Schiffen, da schneller per Bus via RV 94/E 6 oder Flug zu erreichen.

Nach -> Insel Sørøya/Ostteil: die sogen. Lokalroute oo3 versorgt Mini-Siedlungen wie Akkarfjord (1 mal tägl., 3o Min), Hellefjord (1 mal tägl., 5o Min.), Langstrand und Lotre (1 mal tägl., 1 Std.) sowie bei Bedarf die Häusergruppe Kårhamn an der Nordseite der Insel Seiland.

Nordteil der Insel Seiland: PKW- Fähre ab Straumsnes (ca. 1o km südl. von Hammerfest, Abzweiger von der RV 94) tägl. 3- 4 mal in 15 Min. über den Meeresarm Straumen nach Kjeringholmen. Ab hier eine Straße, die nach wenigen Kilometern in Hønsbey endet, auch Busverbindung im Anschluß an die Fähre.

Hammerfest -> Hasvik/Insel Sørøya -> Skjervøy -> Tromsø: per Schnellboot (kein Personentransport): 2- 3 mal/Woche, Fahrzeiten bis Hasvik ca. 1 Std., bis Skjervøy ca. 2 Std. 45 Min, bis Tromsø 4 Std. 2o Min., Preis bis Tromsø ca. 75 Euro. - Selbe Strecke mit Schiffen der Hurtigruten : täglich, erheblich komfortabler auf den neueren Schiffen der Reederei mit Panorama-Salon. Fahrzeit bis Tromsø ca. 11 Std., pro Person ca. 4o- 6o Euro. PKW- Mitnahme ist möglich, sofern Platz auf dem Schiff, Preis ca. 45 Euro. Abfahrt der Hurtigruten Schiffe Hammerfest siehe Karte (4). Kein Stop in Hasvik, dafür in Øksfjord.

Hammerfest -> Havøysund: per Schnellboot (kein Personentransport): 1- 3 mal/Woche (je nach Jahreszeit auch häufiger), rund 2 1/4 Std., bei Zwischenstop unterwegs in Häfen der abgelegenen Inseln Rølvsøya und Ingøya rund 3 Std. Die Fahrt geht über große Strecke über offenes Meer bei nur geringem Windschutz durch Küsten. Kann je nach Wetter zu Stornierungen der Fahrten der Schnellboote führen.

Rundtrips mit FFR-Katamaran-Schnellbooten: ab Hammerfest zu umliegenden Inseln. Spezielles Angebot der FFR für 2 1/2 bis 3 Std. Trips pro Person ca. 13 Euro. Gefahren wird mit normalen Katamaran- Linienbooten, aber Spezialpreis für Touristen. Somit Möglichkeit, total abgelegene Siedlungen und landschaftl. Schönheit der Fjorde und Meeresarme kennenzulernen. Das Angebot ist Tipp! Hofentlich bleibt es auch in Zukunft bestehen. Infos im FFR Büro Hammerfest, siehe Karte (5), Tel.: 784.o7o. oo, Fax: 784.o7o.74, www.ffr.no

Hammerfest -> Honningsvåg auf der Magerøya/Nordkap Insel mit Katamaran Schnellbooten sowie Hurtigruten Schiffen siehe unten Kapitel „Hammerfest-> Nordkap per Schiff/Bus“.

**MIETWAGEN**: für tourist. Besuch von Hammerfest nicht nötig, da das Zentrum sehr kleinräumig ist. Zudem kommen die meisten mit eigenem Fahrzeug. Avis: Steilmakervn 1, Tel.: 784.o78.28. - Hertz: Rossmollgt. 86, Tel.: 784.171. 66.

**BOOTSVERLEIH**: Hammerfest Turist A.S., Tel.: 784.121.85.

## Hammerfest -> Nordkap per Schiff/Bus

*Prinzipiell besteht die Möglichkeit, das Auto in HAMMERFEST abzustellen und den Abstecher zum Nordkap per Schiff/Bus zu realisieren. Spart Km auf der Straße retour, Sprit, Zeit und die Gebühren für den Nordkaptunnel bei Honningsvåg. Stattdessen relaxing an Bord eines Schiffs. Folgende Alternativen:*

1.) **„FFR- NORDKAPP CRUISE"**: in der Zeit ca. Anfang Juni bis Mitte/Ende August moderne Katamaran-Schnellboote tägl. ab Hammerfest nach Honningsvåg. Je nach Wetterbedingungen fährt der Katamaran zur See um den steilen Felsgipfel des Nordkaps. In Honningsvåg stehen spezielle Busse der FFR zur Ankunft des Katamarans parat und fahren zum Nordkap (im Preis inkl.). Anschließend retour nach Honningsvåg und mit dem Katamaran nach Hammerfest. Vorteil: Komplettpaket retour ab/bis Hammerfest ohne Anschlußwartereien. Als Verbindung Tipp! Preis ca. 65 Euro/Person plus Eintritt Nordkap.

Fahrten nur bei entsprechender Anzahl an Teilnehmern. Kann aber auch sein, daß Tourveranstalter den Katamaran komplett belegt haben, und man trotz Abfahrt des Schiffes keinen Platz bekommt. Telefon FFR: 784.o7o.oo, Fax: 784.o7o.74 www.ffr.no

2.) **LINIENSCHIFFE der FFR**: zwar bestehen ab Hammerfest reguläre Schiffsverbindungen nach Havøysund und weiter nach Honningsvåg. Nach derzeitigen Fahrplänen ist Umsteigen in Havøysund nötig für die Fahrt weiter nach Honningsvåg. Kein PKW-Transport.

Unter Umständen in Havøysund kein umgehender Anschluß und dort Ubernachtung nötig, wo der Hund begraben ist. Abgesehen davon Zeitverlust und Extrakosten. Selbst wenn ein Anschluß gemäß Fahrplan besteht,- kann es sein, daß er wegen Schlechtwetterverzögerung nicht klappt. Auch ist das Hotel in Havøysund sehr klein und daher nicht gesichert, ob man ein Bett findet.

Selbst bei Modifizierung der Fahrpläne (durchgehendes Linienschiff Hammerfest-> Honningsvåg) kommt die Warterei in Honningsvåg auf den Linienbus zum Nordkap hinzu, der nicht allzuhäufig fährt und nochmals extra kostet.

Unterm Strich: wer die Route fährt: sehr genau die Fahrpläne prüfen. Preislich kommt man Linienschiff & Linienbus retour in etwa gleich wie „FFR Nordkapp- Cruise" (1) und letztere unbedingt vorzuziehen!

3.) **HURTIGRUTEN**: täglich Schiffe auf der Route Hammerfest -> Honningsvåg und Gegenrichtung. An Bord des Schiffs kann der Busausflug zum Nordkap gebucht werden, sofern sich genügend Leute finden. Im Hochsommer dürfte das der Fall sein, ansonsten normaler Linienbus (u.U. Wartezeit, Details siehe „Honningsvåg") oder teures Taxi.

Als Retourtrip Hammerfest -> Nordkap -> Hammerfest sind die tägl. Hurtigrutenschiffe nicht geeignet, - außer man will gemäß derzeitigen Fahrplänen rund 15 Std. am Kap verbringen, um gegen 6 Uhr früh das Richtung Süd (Hammerfest) gehende Schiff in Honningsvåg zu erreichen... Bringt's wohl kaum.

ONE WAY TRIP mit Hurtigruten Hammerfest-> Honningsvåg; auch PKW- Mitnahme möglich, sofern Platz im Schiff. Pro Person ca. 38 Euro, PKW ca. 35 Euro.

Als Alternative für Autofahrer durchaus attraktiv, da man sich rund 18o km Straße (RV 93, E 6, E 69) spart, somit Sprit und die Gebühren des Nordkaptunnels nach Honningsvåg. Zudem ein Relaxing-Schiffstrip im äußersten Norden mit Blick auf vorgelagerte Inseln und Fahrt durch den Magerøysund Meeresarm nach Honningsvåg. Bei normalen Winden macht die Fahrt auf großen Schiffen der Hurtigruten Spaß, - bei starken Winden sollte man seefest sein.

Als Alternative für Leute ohne eigenes Auto kann Hurtigruten Tipp sein: durchgehende Schiffsverbindung Hammerfest-> Honningsvåg. Schöne Fahrt. Zudem spart man sich den ansonsten ab Hammerfest anfallenden Bustrip mit Umsteigerei RV 94 / E 6 / E 69 bis Honningsvåg. Und hätte in dem Fall ebenfalls das Problem ab Honningsvåg: Bus oder Taxi -> Nordkap.

4.) Wer als **Autofahrer das Ziel NORDKAP** hat - und überlegt, noch den Nordosten von Norwegen einzubauen, somit Vardø, Vadsø und Kirkenes: ein Extraaufwand von rund 6oo km einfach je nach Strecke. Benötigt an Fahrerei rund 1- 2 Tage, zuzüglich Sprit und Übernachtungskosten, sofern nicht mit WoMo unterwegs.

TIPP, wer Zeit sparen will: Auto in Hammerfest abstellen und die Strekke mit der Hurtigruten fahren. An Bord den Nordkap- Ausflug ab Honningsvåg buchen und anschließend weiter mit dem Schiff der Hurtigruten 1 Nacht bis Vadsø bzw. plus 1 1/2 Std. nach Kirkenes.

Wegen Kleinräumigkeit der Orte Vardø, Vadsø und Kirkenes ist dort kein eigenes Auto nötig. Zudem spart man durch die Nachtfahrt der Hurtigruten Zeit. Aber Achtung, Überfahrt kann beweglich sein.

Preis: Hammerfest -> Kirkenes ca. 1oo- 125 Euro/Person, Kabine ca. 35- 5o Euro je nach Größe und Kategorie. Auch Mitnahme eigenen Autos möglich (sofern Platz im Schiff). Preis Hammerfest -> Kirkenes ca. 65 Euro für PKW bis 5 m Länge.

Persönlichen Fall durchrechnen: die ca. 6oo km per Straße ab Honningsvåg kosten als weitausgefahrener Schlenker zunächst Ri. Süd und später Nordost Zeit und Sprit sowie Tunnelgebühren bei Honningsvåg. Wer ohne WoMo fährt: zudem Übernachtungskosten. Per Schiff ab Hammerfest spart man sich zusätzlich die rund 16o km auf der RV 94 / E 6 / E 69 bis Honningsvåg und hinwärts die Tunnelgebühren. Somit unterm Strich relativ günstig per Schiff. Hauptfaktor ist aber die Zeitersparnis.

Das Schiff Hurtigruten Hammerfest -> Vadsø -> Kirkenes kann derzeit nur vor Ort gebucht werden. - Wer das Auto in Hammerfest geparkt hat: retour entweder mit Hurtigruten oder ab Vadsø bzw. Kirkenes mit Wideroe Propellerflugzeug.

## ★ Inseln Rølvsøya und Ingøya

westlich von Havøysund in arktischen Gewässern vorgelagert. Felseilande mit nur geringer Besiedlung, Einkünfte Fischfang. Verbindungen mit Katamaran- Schnellbooten tägl. ab Hammerfest sowie ab Havøysund.

Hafen der Insel Rølvsøya ist GUNNARNES. Bei Ankunft der Schiffe Busverbindung quer über die Insel in 15 Min. nach Tufjord an der Westküste;

die einzige Inselstraße. Höchste Erhebung: Kollnaeringen 352 m im Nordwesten der Insel, erreichbar über einen Pfad ab Tufjord. Bei Gunnarnes das Sumpfgebiet „Stormyra“ mit arktischer Fauna und Flora.

Auf der nördl. Insel INGØYA der nördlichste Leuchtturm der Welt, der „Furholmen Fyr“. Ein schlanger, weißer Turm von ca. 1o m Höhe. Auf beiden Inseln keinerlei Hotels oder Pensionen. Angler und Vogelfreunde der Nistklippen wenden sich an Erling Johansen, 9672 Ingøy, Tel.: 784. 259.52, der Trips vermittelt sowie Unterkunft bei Privat.

## ★ Insel Måsøya

Mini Insel nordöstlich von Havøysund mit tägl. 1 x Schiffsverbindung ab Havøysund (Überfahrt 2o Min.), aber nur wenigen Einwohnern. Straßen gibt es praktisch keine, außer im Ortsbereich Måsøy, Bucht und Hafen im Süden der Insel. Der Rest der Insel ein rund 3oo m hoher Berg im Meer.

Wegen reicher Fischgründe gab es bereits vor ca. 25o Jahren eine erste Kirche. Damals war Måsøya nördlichste Siedlung. 1795 besuchte der französische Kronprinz Louis Philippe die Insel. Er war auf Flucht vor gedungten Mörder, die den Auftrag hatten, seine Tronfolge zu verhindern. Der extreme Norden Norwegens mit seinen unzähligen Inseln war für ihn gutes Versteck. Später wurde Philippe König von Frankreich und schickte als Dank eine Statue, die in Havøysund aufgestellt wurde. 1944 wurde die Statue von deutschen Truppen bei ihrem Rückzug aus Nordnorwegen zerstört. Kopie heute am Nordkap.

Auch auf der Insel Måsøya keine Hotels; Unterkunft eventuell bei Privat.

## ★ Insel Hjelmsøya

westlich von Måsøya bzw. nördl. von Havøysund. Ausgenommen weniger Fischerhütten unbewohnt; keine reguläre Schiffsverbindung. An der Nordspitze der Insel der größte Vogelfelsen Nordeuropas „Hjelmsøystauren“ mit Millionen von Seevögeln und Nistplätzen. Ausflüge per Boot vermittelt Erling Johansen, ab 9672 Insel Ingøy, Tel.: 784.259.52.

INSEL MÅSØY: Illustration von 1799. Damals nördlichster Handelspunkt (Häuser siehe links in der Bucht) und Fischerhafen. Für den franz. Kronprinzen Philippe Versteck vor gedingten Mördern.

## ★ Havøysund **(ca. 1.5oo E.)**

Der Ort liegt auf der Südseite der Insel Havøya geschützt an einer kleinen Meeresstraße. Eine Brücke verbindet mit dem Festland und RV 889, die ganzjährig befahrbar ist und bei Russenes/Olderfjord auf die E 6 trifft. Bus tägl. außer So., Fahrzeit 2 Std.

Havøysund ist Verwaltungszentrum der Gemeinde Måsoy, die den westlichen und nördlichen Teil der Porsanger Halbinsel umfasst sowie die vorgelagerte Inseln (nicht jedoch Magerøya). Haupteinkünfte Fischfang und Fischverarbeitung.

Im Ort kleines Heimatmuseum (geöffnet Mitte Juni bis Ende August) sowie Kriegsmuseum, Thema 2. Weltkrieg in Privatbesitz (Tel.: 9o9.965.55). Post, Bank und kleinere Supermärkte. Ansonsten ist der Hund begraben.

TOURIST INFO (u.a. zu vorgelagerten Inseln) in der Kommune, Tel.: 784.237.66, Fax: 784.248.1o, sowie im Sommer im Heimatmuseum. www.masoy.kommune.no

„**Havøysund Hotell**": einziges Hotel in weitem Umkreis. Nur 15 einfach eingerichtete Zimmer im Ortszentrum/Hafen von Havøysund. Ganzjährig geöffnet. Übernachtungspreise sind abhängig der Auslastung des Hotels ca. 65 Euro. Tel.: 784.243.oo, Fax: 784.234.43.

## Verbindungen ab Havøysund

Täglich mit Schiffen der HURTIGRUTEN auf Süd- und Nordroute. Die Schiffe fahren durch den Rolvsøysundet zwischen der Halbinsel Porsanger und vorgelagerter Inseln Rølvsøya und Ingøya als flachgestreckte Bergklötze im Meer. In der weiten und offenen Meeresstraße treffen sich beide Hurtigrutenschiffe und begrüßen sich durch Schiffssirene. Je nach Wetterbedingungen und Wind kann die Überfahrt von Hammerfest nach Havøysund bewegt sein.

Fähranleger Havøysund im äußersten östlichen Bereich des Ortes. Ins „Ortszentrum" knapp 1 km entlang der Uferstraße.

Weitere Strecke der Hurtigruten südwärts der Insel Måsøya und anschliessend durch die enge Meeresstraße MAGERØYSUND. Kahle Felslandschaften mit gelegentlichen Fischerhütten am Ufer. Sie ist wichtiger Seeweg von arktischen Gewässern der Barentzsee in Umgehung der stürmischen Gewässern des Nordkaps zum Nordatlantik. - Regionalverkehr Havøysund zu vorgelagerten Inseln siehe oben.

**BUS**: 1- 2 mal täglich auf der RV 889 ab Havoysund nach Olderfjord am Porsanger Fjord und E 6. Fahrzeit ca. 2 Std. In Olderfjord Umsteigen in Busse zum Nordkap bzw. nach Lakselv und Karasjok. Details siehe dort.

# Hammerfest -> Skaidi -> Nordkap

**(RV 94, E 6, E 69, - ca. 195 km)**

Der Streckenabschnitt Hammerfest -> Skaidi beschrieben siehe Seite 765. Wer von Alta kommt, beschrieben bis Skaidi inkl. ab Seite 764. Lakselv siehe Seite 83o.

Ab SKAIDI in ca. 25 km zum Porsangerfjord, der bei den Ortschaften Olderfjord/Russenes erreicht wird. Mehrere Tankstellen, ein Camping sowie Hotel und Kro (Details siehe Kapitel „Nordkap -> Lakselv"). Links abbiegen und auf der E 69 am Westufer des bis zu 7o km breiten Fjordes entlang. Er ist an Fläche zweitgrößter Norwegens. Teils sehr steile Hänge zum Fjord runter, die kaum Platz für die Straße lassen. Die E 69 ist wellig im Asphalt, schmaler und in schlechterem Zustand als zuvor die E 6. An der steilsten Stelle des Fjordufers der 3 km lange Skarvbergtunnel. Vorsicht vor Rentieren, die u.U. auch im dunklen Tunnel stehen können!

REPVÅG: 3 km Abstecher ab E 69 zum kleinen Fischernest auf einer Halbinsel am Fjord. Hier liegt das

„**Repvåg Fjordhotell og Rorbusenter**": 77 Zimmer auch komfortable Rorbuhütten. Es ist beliebt bei Anglern. Der Besitzer veranstaltet Angel-trips mit eigenem Boot. Vermietung von Ausrüstung. Geöffnet ca. Mitte April bis Mitte Oktober. Übernachtung je nach Größe und Ausstattung des Zimmers (Hütten auch mit mehreren Zimmern, Küche etc.) ca. 65 - 1oo Euro. Tipp auch das Restaurant mit lecker zubereitetem, fangfrischem Fisch aus dem Fjord. Tel.: 784.754.4o, Fax: 784.727.51.

Nach weiteren ca. 25 km wird KÅFJORD erreicht (nicht zu verwechseln mit Kåfjord bei Alta). Es war bis Anfang 1999 Fährhafen über die Meeresstraße rüber nach Honningsvåg. Hier stauten sich kilometerlang die Nordkap Fahrer bei Wartezeiten bis zu 5 Std, bis man auf dem kleinen Fährschiffchen selber dran war. Zeiten die heute passée sind. Die E 69 umgeht dezent Kåfjord und führt direkt zum:

**NORDKAPP TUNNELEN**: er ist Europas längster Unterwassertunnel, **6.87o m**! und führt unterhalb des Meeresspiegels zur Insel Magerøya. Baukosten rund 35o Mio. Euro. Der Tunnel sollte bereits 1997 fertig sein, die Eröffnung mußte jedoch mehrfach verschoben werden, da es erhebliche Probleme mit der Wasserdichtigkeit der Tunnelröhre gab. Feierlich eröffnet am 15.7.1999.

Nach Unterquerung des Meeres MAUTSTATION: pro PKW bis 6 m inkl. 2 Personen knapp 3o Euro. Da man in der Regel auch wieder zurück muß, fallen für die Tunnelbenutzung rund 6o Euro an, weitere Personen im Auto gehen extra. Bei WoMo's länger als 6 m wirds knackig teuer: ca. 7o Euro für Fahrzeug und 2 Personen - wohlgemerkt einfach, retour ca. 14o Euro.

ACHTUNG: der Tunnel besitzt an seinen Eingängen Metall- Rolltore, die die Röhre verschließen sowie Rot/Grün- Ampel. Das erste Mal haben wir ihn Anf. Nov. bei Schneeeinbruch benutzt. Das Rolltor war zu und die Ampel auf Rot. In dem Fall fährt man bis knapp vors Rolltor zu einer blauen Linie quer über die Straße und Schild „*Kjør Frem Automatisk Portåpener*", womit sich das Rolltor öffnet. Etwas nervös wurden wir dann am anderen Ende des Tunnels, wo sich vor unserer Nase das Rolltor schloß, die Ampel auf Rot schaltete und wir im Tunnelinneren eingeschlossen waren....

Software- Fehler der Tunnelautomatik? Zum Glück kam nach einiger Zeit ein Auto in Gegenrichtung, so daß sich das Rolltor öffnete und wir rausfahren konnten. Der freundliche Norweger an der Mautstation grinste „the door closes, because soon snow is comming" (Tor schließt, weil bald Schnee kommt), - und kassierte ohne weiteren Kommentar die Maut. Wer den Tunnel befährt: schreibt uns, ob es Probleme mit dem Rolltor gab.

Kurz nach der Mautstation ein weiterer Tunnel: Samelstunnelen 19o m, ohne Rolltore, dann am Meer entlang zum HONNINGSVÅG TUNNELEN (4.4oo m) mit Rolltor-Verschluß, Ampeln und blauer Linie quer über die Straße.

Die E 69 errreicht Honningsvåg am nördl. Ortsende und führt direkt weiter zum Nordkap. Wer in den Ort rein will, muß beim Abzweiger Nähe Tankstelle (3o) rechts abbiegen, ca. 2 km südwärts zum Zentrum.

## ★ Honningsvåg (ca. 3.2oo Einw.)

Langgestreckter Ort, der sich unterhalb eines kahlen Berghanges an der Bucht erstreckt. Schneeschutzgitter am Hang schützen im Winter vor Lawinenabgängen. Im Zentrum Postamt (15), Supermarkt (1o) und kleinere Geschäfte des alltäglichen Bedarfs wie Werkzeuge, Schuhe, Kleider etc. Zentraler Platz TORG (16) mit Taxistand. Im Umkreis Bank (17) und Kai der Hurtigruten (18) sowie Konditorei (19) und Souvenirs, Polizei (19).

NORDKAPMUSEUM (22): Exponate zur Fischerei der Region und Heimatgeschichte sowie Walfang und Beginn des Nordkap- Tourismus. Ganzjähig geöffnet, außerhalb HS nur stark reduzierte Öffnungsz. Eintritt ca. 5 Euro.

Beim Busterminal, Tel und Fax.: 784.77o.3o und 784.77o.39 www.northcape.no

UNTERKUNFT: Achtung, im Ort nur wenige Zimmer. Zur sommerlichen HS (Mitte Juni - Ende Aug.) sind sie oft durch Tourbusse ausgebucht.

„**Rica Hotel Honningsvåg**" (21): Storgata 4 im Ortszentrum. Ein 3- 6 stöckiges Gebäude am Fjord beim Museum. Von außen wenig attraktiv; ein Mischmasch von verschiedenen, nebeneinanderstehenden Gebäuden, die zu Gesamthotel verbunden sind. Zimmer mit Fjordblick fast nur im nördl. Gebäudetrakt und dort in obersten Stockwerken. Ansonsten Blick auf Häuser bzw. Berghang. 174 Zimmer mit Bad, innen einfach bis zweckmäßig renoviert. Insgesamt nicht unser Tipp. Geöffnet Juni bis Ende August. DZ ca. 115 - 15o Euro. Tel.: 784.723.33, Fax: 784.724.oo.

„**Rica Bryggen Hotel**" (2): im südl. Ortsteil, Fiskergata. Das Gebäude war früher eine Fischfabrik und wurde zum Hotel umgebaut. Von der Best Western Kette gelangte es in den Besitz der Rica- Hotels. 3 Stock, direkt am Wasser gegenüber Hurtigrutenkai. Die Zimmer gehen entweder Richtung innerer Bucht oder Ri. Fjord. Im EG Restaurantraum,

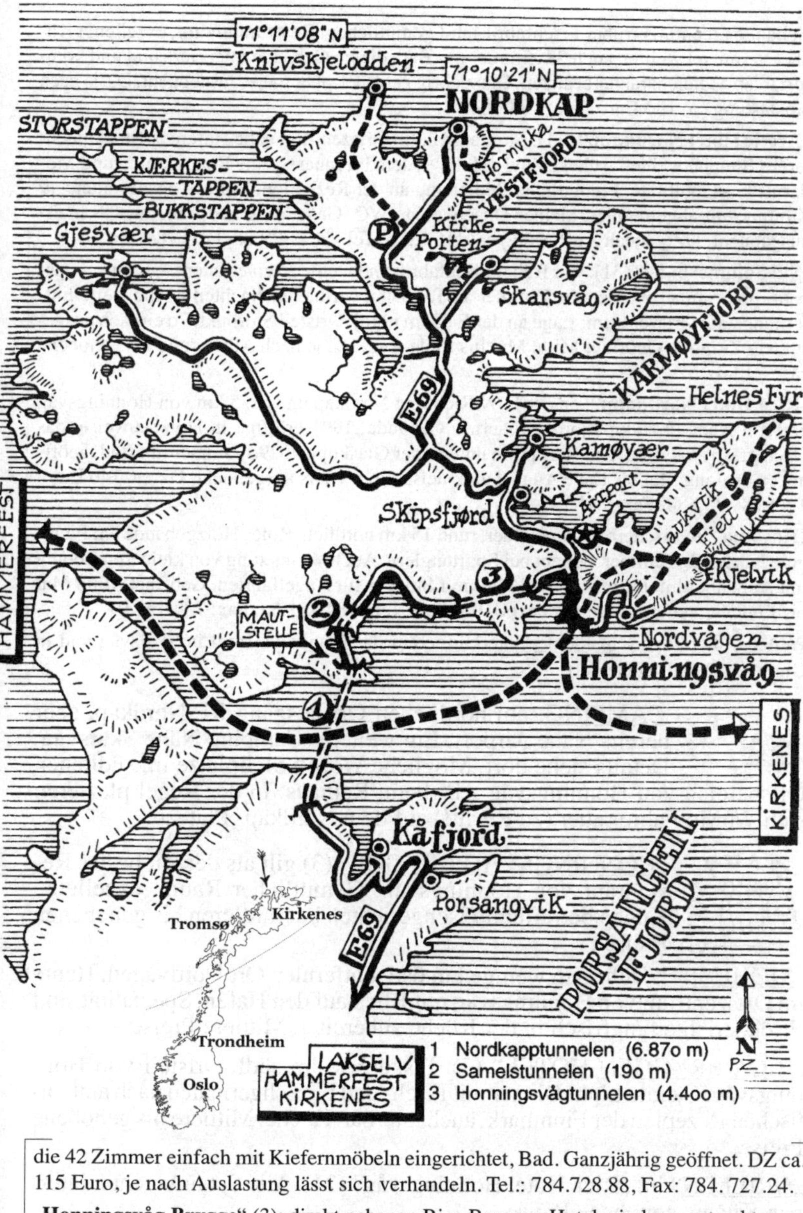


die 42 Zimmer einfach mit Kiefernmöbeln eingerichtet, Bad. Ganzjährig geöffnet. DZ ca. 115 Euro, je nach Auslastung lässt sich verhandeln. Tel.: 784.728.88, Fax: 784. 727.24.

„**Honningsvåg Brygge**“ (3): direkt nebenan Rica Bryggen Hotel, ein langgestrecktes

Gebäude (ebenfalls früher Fischfabrik) mit gemütlichem Restaurantraum, exzellente Küche. Vermietet werden auch 28 Zimmer mit Bad, die im Gebäude integriert sind und komfortablen Motelcharakter besitzen. Ganzjährig geöffnet, aber meist ausgebucht. DZ je nach Auslastung ca. 13o Euro. Tel.: 784.764.64.

„**Arctic Hotel Nordkapp**" (11): Storgata 12. Im Ortszentrum nähe Hafen. 3- Stock nüchternes Steinhaus (hieß früher „Havly Hotel"), dem im Inneren eine Renovierung und Modernisierung gut täte. Freundliche Bedienung an der Rezeption. Einfach ausgestattete 49 Zimmer mit abgetrennter, kleiner Duschkabine/WC. Ganzjährig geöffnet, zur HS meist ausgebucht. DZ je nach Auslastung ca. 115 Euro. Tel.: 784.729.66, Fax: 784.73o.1o.

„**Sifi Sommerhotel**" (31): war früher Fischfabrik und wurde zu einer Internatsschule umgebaut. Im Sommer werden die Zimmer an Touristen vermietet. Nachteil ist die weite Entfernung zum Ortszentrum; Lage an der E 69 im nördl. Ortsteil Storbukt. 7o einfach ausgestattete Zimmer. Geöffnet Mitte Mai bis Ende Aug. DZ je nach Auslastung bis gehobene ca. 75 Euro.

„**Rica Hotel Nordkapp**": an der E 69 Richtung Nordkap und ca. 5 km von Honningsvåg entfernt Nähe Ort Skipsfjord. Modernes Gebäude, 1991 eröffnet in Holzbauweise, das Dach grasbewachsen. Die Rezeption unter einer Glaskuppel. 29o Zimmer mit Bad, geöffnet ca. Anfang Mai bis Ende August und meist durch Tours ausgebucht. DZ ca. 14o Euro. Tel.: 784.733.88, Fax: 784.732.33.

„**Havstua**" im Fischerort Kamøyvaer, rund 15 km nördlich. Rotes Holzgebäude am Fjord, gute Küche. 2o Zimmer, beliebt bei Sportanglern. Auch Vermietung von kleineren Booten mit Außenbordmotor bzw. Fischkutter mit Skipper für Angelfahrten. Geöffnet Mitte Mai bis Ende September. Zimmer ca. 6o- 9o Euro. Tel.: 784.751.5o, Fax: 784.751.91.

Weitere, allerdings sehr kleine Unterkünfte auf der Magerøya Insel in Skarsvåg und in Gjesvaer, Details siehe dort.

CAMPING: am nördlichen Ortsausgang Ri. Nordkap, aber bereits Nähe Airport. Ein weiterer Camping Nähe Skarsvåg, Details siehe dort. Mögliche WoMo Stellplätze im südlichen Ortsbereich von Honningsvåg z.B. beim Rathaus. In der Regel plazieren sich WoMo Fahrer aber (zu Recht!) auf dem Nordkap- Plateau.

„HONNINGSVÅG BRYGGE" (3) gilt als derzeit bestes Restaurant von Honningsvåg. Gemütlicher Raum, exzellente Küche betreffend Fischgerichten bei mittleren bis gehobenen Preisen.

„SJØHUSET" früher im wenige km östl. entfernten Ort Nordvågen. Heute im Ortszentrum von Honningsvag mit Blick auf den Hafen. Spezialität sind Fischgerichte fangfrisch in der Küche zubereitet. Mittlere Preise.

„RICA BRYGGEN HOTEL" (2): Fiskergata im südl. Ortsteil von Honningsvåg. Candle Light Dinner mit Fisch- und Fleischgerichten nach authentischen Rezepten der Finnmark, auch internat. Küche. Mittlere bis gehobene Preise.

„GRILLEN" im „Rica Hotel Honningsvåg" (21). Alle Schankrechte; internat. Küche, gehobene Preise.

## HONNINGSVÅG

1 Honningsvåg Fischereischule
2 Rica Bryggen Hotel
3 Honningsvåg Brygge
4 Rathaus
5 Kultur- und Gemeindehaus
6 Schule
7 Honningsvåg Kirche von 1884
8 Sportplatz
9 Krankenhaus
1o Rimi Supermarkt
11 Arctic Hotell Nordkapp
12 Bank
13 Werkzeug/-Haushaltsgeschäft
14 Interbook Buchhandlung und Schreibwaren, daneben weitere Geschäfte
15 POST
16 Hauptplatz TORG mit TAXI
17 Bank
18 Reisebüro und Abfahrt HURTIGRUTEN - SCHIFFE
19 Polizei, daneben Konditorei, Souvenirs und Narvensen-Zeitschriften etc.
2o Lebensmittel, daneben Geschäft Kleider
21 Rica Honningsvåg Hotel, daneben Apotheke
22 Nordkapmuseum, im selben Gebäude: Souvenirgeschäft und BUSTERMNIAL
23 Kai der Kreuzfahrtschiffe
24 Nøden Pub und Taverne
25 Lawinenschutzgitter
26 Aussichtspunkt und Beginn Trail nach Kjelvik sowie zum Helnes Leuchtturm
27 Kai und Lagerhalle
28 Klubbskjaer Mole
29 Supermarkt Rema 1ooo
3o Shell Tankstelle
31 Sifi Sommerhotel

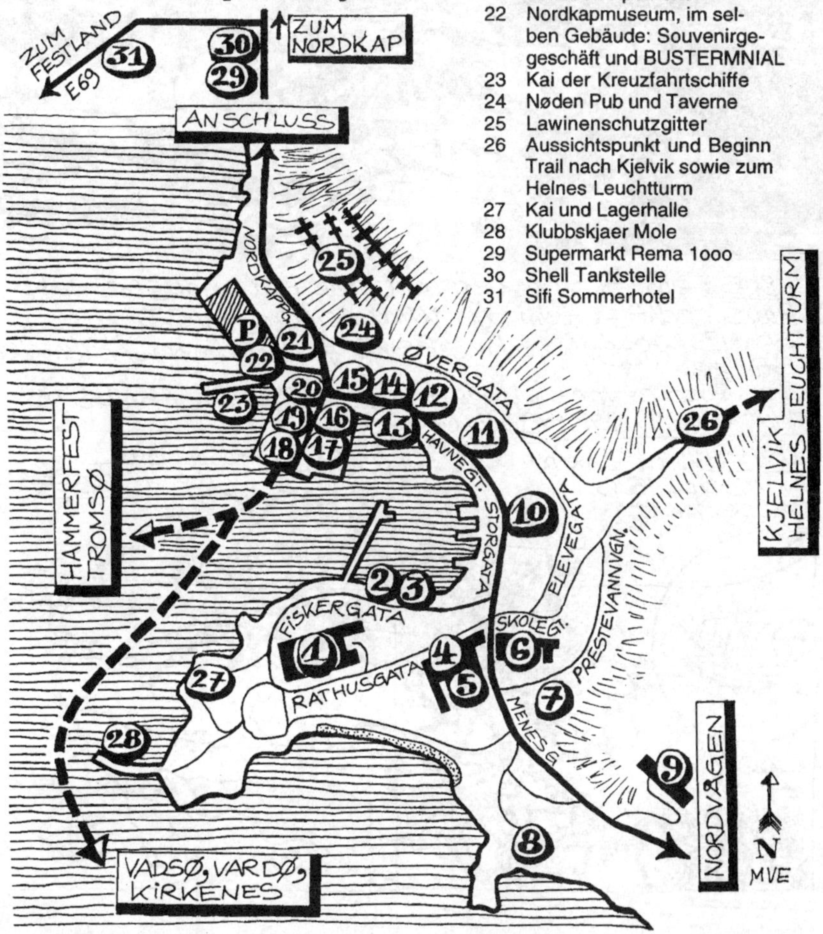

1905: ein Sturm zerstört die Holzhäuser. Siehe Haus rechts, dem der Wind seitlich das Erdgeschoß weggefegt hat. Es hängt schief wegen fehlender Stütze.
Das Foto erinnert irgendwie an Charlie Chaplins Hütte im Film "Goldrausch"...

„NØDEN PUB" (24): oberhalb der Post in der Øvergata. Der Pub wirbt mit *„Pop- Kultur in Honningsvåg"*. Die Drinks vorwiegend Bier des Typs light und normal, weiterhin kleinere Gerichte. Geöffnet im Sommer am Wochenende bis 2 Uhr nachts, sofern die Gäste mitmachen.

„CORNER" (22): gegenüber Gebäude des Nordkappmuseums und Busterminals. Fisch- und Fleischgerichte, teils auch als Menü mit Suppe angeboten. Die Tagesgerichte/Fisch sind diejenigen, die fangfrisch in der Küche weiterverarbeitet werden. Auch Pizzen bei mittleren Preisen. Warme Küche gibts im Sommer bis ca. 22 Uhr.

**Geschichte**: die karge Bucht von KJELVIK (östl. von Honningsvåg) war in früheren Jahrhunderten als Schiffsanlegepunkt und Fischerhafen wichtiger. Illustrationen in Büchern von 169o zeigen Kjelvik als kleinen, aber florierenden Hafen mit Fischerhütten. Damals wurde in Küstennähe gefischt, daher bauten die Fischer ihre Hütten in Buchten Nähe guter Fanggebiete. Kjelvik war bis hinein Ende 19./Anfang 2o. Jhd. wichtiger Hafen für die Handelsschiffe aus dem Süden (insbes. Trondheim), wurde dann aber verlassen, da Honningsvåg den windgeschützteren und daher besseren Hafen bot.

Größere Fischkutter, mit Motor ausgerüstet, konnten weiter aufs Meer rausfahren. Die Bewohner suchten daher windgeschütztere Häfen. 1878 hatte HONNINGSVÅG rund 5o Einwohner. Als 1882 ein Orkan die Ortskirche von Kjelvik (gebaut in Holz) zu Splitterkram am Boden zerstörte, - wurde die neue Kirche in Honningsvåg errichtet (1884). Sie ist heute ältestes erhaltenes Gebäude von Honningsvåg (siehe Karte, 7).

Um 19oo hatte Honningsvåg bereits 5oo E., Haupteinkunft Fischfang. Mit Hammerfest (damals ca. 2.3oo E.) konnte die Siedlung nicht konkurrieren, wurde doch zur wichtigsten auf der Magerøya Insel.

Der Name *„våg"* bedeutet „Bucht" und *„Honning-"* keinesfalls Honig, sondern entstammt der altnorwegischen Sprache („homugr" = hornförmige Felsformation").

Im 2. Weltkrieg zerstörten deutsche Truppen 1944/45 bei ihrem Rückzug Honningsvåg, in dem sie die Holzhäuser in Brand setzten. Einzig verschont bliebt die Ortskirche (7). Wiederaufbau der Stadt in den 5o-er Jahren; moderne Zweckbauten dominieren, architektonische Highlights gibt es nicht.

## EINKAUFEN

INTERBOOK (14): im Ortszentrum. Buchhandlung, zugleich Schreibwarenbedarf, Bücher für die Schulkinder sowie Souvenirs für die Touries. NARVENSEN (19): Nähe Hurtigruten Kai, Zeitschriften in norwegisch, Süßigkeiten und Souvenirs.

ARCTIC SUVENIR AS (22): beim Kreuzfahrtschiff Kai im Gebäude des Museums und Busterminals. Als Deko ein ausgestopfter Eisbär, verkauft werden Trolle, Pullover etc.

FOTOGESCHÄFT (14): Filme, Batterien für Kameras und Fotoentwicklung/Abzüge in 1 Std. Verkaufen auch Musikinstrumente sowie Videos und Souvenirs.

SUPERMÄRKTE: Rimi (1o) im südlichen Ortsteil sowie Rema 1ooo (29) im nördl. Ortsteil Storbukt Nähe Abzweigung E 69 zum Nordkap.

APOTHEKE (21): neben Rica Honningsvåg Hotel. - ARZT sowie ZAHNARZT gibt es in Honnigsvåg. Vermittlung über Apotheke, bzw. direkt im KRANKENHAUS (9)).

**PKW- REPARATUR**: Tankstelle (3o) am nördlichen Ortsausgang im Ortsteil Storbukt. Die Möglichkeiten allerdings nur limitiert. Ersatzteile werden von Tromsø oder Trondheim eingeflogen. Kann teuer werden. Bei größeren Fahrzeugproblemen besser zu Hause in der Heimat den dortigen PKW-Hersteller kontaktieren und/oder heimischen Automobilclub (z.B. ADAC, ÖAMTC, TCS), der je nach Mitgliedschaft weiterhilft.

## Verbindungen ab Honningsvåg

**BUS**: Abfahrt (22) beim Kreuzfahrtschiff- Kai. Nach -> Olderfjord -> Lakselv tägl. 2- 3 mal, Fahrzeit bis Lakselv ca. 3 Std. (sofern nicht Umsteigen in Olderfjord nötig). Bus fährt ab Lakselv nach -> Karasjok: tägl. außer Sa. 1- 2 mal, Fahrzeit 1 1/2 Std. Weiter ab Karasjok: Busse auf der E 6 nach Tana Bru und Kirkenes, bzw. in Tana Bru Umsteigen nach Vardø, Vadsø sowie Batsfjord und Berlevåg, Details siehe Tana Bru. Diese Ziele sind schneller per Nachtfähre der tägl. Hurtigruten zu erreichen, kann aber je nach Wetter wegen offenem Meer bewegt sein.

Nach Alta, Tromsø im Sommer ab Honningsvåg Direktbusse, bzw. Umsteigen in Olderfjord oder Skaidi. Kann je nach Fahrplan zeitaufwendig werden. Wer nach Tromsø will, sollte überlegen, ob er nicht das Schiff (z.B. Hurtigruten oder Schnellboot) nimmt.

Honningsvåg -> Nordkap: per Bus derzeit nur Ende Mai bis Ende August und zudem nur 2 mal/Tag, Fahrzeit ca. 1 Std. Sehr komfortabel ist die seltene Verbindung nicht gerade. Grund: die meisten Nordkapbesucher kommen mit eigenem Fahrzeug, oder per organisierter Tour. Für den Betreiber der Buslinie lohnt sich daher ein häufigerer Linienbus nicht.

Honningsvåg -> Gjesvaer: ganzjährig 1- 2 mal tägl., Fahrzeit 1 Std. Als Verbindung für tourist. Besuch kaum brauchbar, da der Bus rund 5 Min nach Ankunft in Gjesvaer wieder zurück nach Honningsvåg fährt.

**SCHIFF**: Abfahrt Hurtigruten Kai (18). Entfernung zum Busterminal (22) ca. 15o m, - zum Taxistand (16) rund 5o m.

Mit Schiffen der Hurtigruten tägl. am frühen Nachmittag nach Vardø (wird zu unchristlichen Zeiten gegen 4 Uhr früh erreicht) bzw. Vadsø gegen 8 Uhr und Kirkenes gegen 1o Uhr. Dies sind die derzeitigen Fahrpläne, die seit Jahren Gültigkeit haben; kann sich aber ändern. An Bord ist PKW- Mitnahme möglich, sofern Platz. -

Selbes gilt für die Südroute der Schiffe: Ab Honningsvåg sorry (!) sehr früh am Morgen gegen 6.45 Uhr. Strecke mit Stop in Havøysund (9.15 Uhr), Hammerfest (11.45 Uhr) -> an Tromsø kurz vor Mitternacht. Achtung: auch hier können sich Abfahrtszeiten ändern. Preise und weitere Details siehe Allgemeiner Teil dieses Bandes unter „Transport, Hurtigruten".

SCHNELLBOOTE der FFR: Katamarane, die mit bis zu 8o km/h über's Meer rauschen. Nach -> Havøysund tägl. 1 mal, Fahrzeit 1 Std. 2o Min. Teils endet die Verbindung in Måsøy, wo der Hund begraben ist, bzw. nur 1 mal/Woche nach Havøysund. Fahrpläne prüfen! Derzeit keine durchgehende Linienverbindung mit Hammerfest. Wohl aber Tours mit Schnellbooten der FFR ab Hammerfest zum Nordkap („Nordkapp-Cruises"), Details Seite 793.

**TAXI** (16): Standplatz ist der TORG wenige Meter vom Hurtigrutenkai entfernt. Die Teuer- Variante für Trips auf der Magerøya- Insel. Die Saison ist kurz, - und die Taxifahrer wissen dies, in Geld umzumünzen. Für den Trip zum Nordkap verlangen sie oft 85 Euro oder mehr. Unbedingt vorab genaue Details vereinbaren. Gilt der Preis pro Fahrzeug? Gilt er retour? Wie lange ist die Standzeit am Kap? Ist die vereinbarte Standzeit/Kap im Preis inkl. ? Je nach Auslastung des Taxifahrers lässt sich auch um den Preis handeln.

**MIETWAGEN**: Avis: Tel.: 784.762.62 und 784.737.44. Bietet Spezialtarife für Kurzzeitmiete der Strecke zum Nordkap. Diese zählen nicht unbedingt zu dem Mietwagen-Schnäppchen. Detailliert die Konditionen vergleichen und mit dem Taxiangebot gegenrechnen.

Problem der Mietwagen- Firmen: die Fahrzeuge stehen den Großteil des Jahres ungenutzt rum. Die Einheimischen haben ihre eigenen Autos und brauchen keinen Mietwagen. In den wenigen Monaten des Nordkap- Tourismus gibt es nicht genügend Fahrzeuge, was die Mietpreise in die Höhe drückt. Sprich: ausgebucht = kein Fahrzeug zu Verfügung. Kann sein, muß aber nicht: Für die lukrative Sommersaison schaffen die Vermieter zusätzliche Fahrzeuge aus der Region Tromsø oder südwärts ran.

**AIRPORT**: rund 5 km nördlich, Abzweigung ab E 69 in ca. 7oo m zum kleinen Empfangsgebäude. Die Asphaltpiste des Airports hat eine Länge von nur 8oo m und kann daher nur von kleinen Propellermaschinen der WIDEROE angeflogen werden. Zusätzliches Problem bereiten seitliche Winde am Fjord; bei Schlechtwetter aus Sicherheitsgründen Stornierung der Flüge. Der Airport wurde 1977 eröffnet. Wegen der schwierigen Landbedingungen benötigen die Piloten eine Speziallizenz.

Nonstopflüge ab Honningsvåg -> Hammerfest, tägl. 1- 2 mal, Flugzeit ca. 2o Min. Nach -> Mehamn: tägl. 1 mal außer Sa/So, Flugzeit ca. 2o Min. Nach -> Tromsø: tägl. 1- 3 mal, ca. 1 Std. Alle anderen Ziele mit Umsteigen (in der Regel in Tromsø). - WIDEROE: Tel.: 81o.o12.oo.

HONNINGSVÅG ist kein Ort, in den man unbedingt reinfahren muß, - zumal sich im Sommer dort die Autos der Nordkap- Touristen massiv stauen. Wer Lebensmittel braucht: einen guten Supermarkt (29) gibt's auch am nördl. Ortsausgang, wo die E 69 zum Nordkap abbiegt sowie dort eine Tankstelle (3o).

Mitternachtssonne: Mitte Mai bis Ende Juni

## ★ Nordkap (71° 1o' 21'' Nord) **www.visitnorthcape.no**

Ziel vieler Nordnorwegenfahrer. Jährlich besuchen bis zu 26o.ooo (!) Menschen das Kap. Da sich dies auf wenige Sommermonate konzentriert, kann man sich vorstellen, welches Remmi Demmi herrscht.

Das ausgeschilderte „NORDKAPP" ist übrigens nicht der nördlichste Punkt Europas. Dieser liegt in Knivskjelodden (71° 11' o8''), - eine Felsklippe, die nur mühsam zu Fuß über steinigen Pfad erreicht werden kann. Details siehe unten.

STRECKE: die E 69 vom Festland und durch Nordkap-Tunnel umgeht den Ort Honningsvåg. Ab Nordende Honningsvåg und Storbukta bei der Shell-Tankstelle (3o) noch rund 33 km bis zum Kap. Landschaftlich schöne Strekke: zunächst entlang der Skipsfjordbucht, dann in Kurven rauf auf ein Hochplateau. Wintersperre nach starken Schneefällen.

Nach halbem Anstieg aufs Plateau: Abzweiger re. -> KAMOVAER. Die Stichstraße runter zum Ford endet nach ca. 4 km bei wenigen Holzhäusern und Fischerhafen. „Havstua" (rotes Holzgebäude am Fjord) ist Tipp für Angeln, Robuerferien und guter Restaurantküche. Vorsicht bei Anfahrt: mehrere Bomper-Beulen quer über die Fahrbahn, die das Fahrzeug im Unterboden bei zu schnellem Tempo beschädigen können! Details zur „Havstua" siehe Honningsvåg Übernachtungskapitel.

Die E 69 weiter Ri Nordkap: nach Erreichen des Plateaus Abzweigung li. nach Gjesvaer (Details siehe dort), - geradeaus zum NORDKAP. Die E 69 führt gut ausgebaut in weichen, langgestreckten Kurven über leichte Hügel. Bei klarem Wetter am Horizont bereits zu sehen das Nordkap-Plateau. Absolut karge Landschaft; keinerlei Bäume oder Sträucher. Lediglich Gras und Moose, mehrere kleinere Seen.

Abzweiger: geradeaus -> SKARSVÅG, bzw. links zum NORDKAP. Der Vollständigkeits- halber sei der Abstecher nach **SKARSVÅG** beschrieben. Rund 1oo m nach Abzweiger der

„MIDNATTSOL CAMPING": er wirbt „nearest to the Nordcap" (nähester zum Nordkap). Am Nordkap kann man (abgesehen vom sowieso obligatorischem Eintritt gratis campieren). Nicht jedoch im Midnattsol Camping, Gebühr. Einigermaßen waagrecht, Steine und in der Nähe kleinere Seen. Kleines Kro und Vermietung von 15 Hütten (ca. 35- 65 Euro). Geöffnet: Ende Mai - Ende August.

„KIRKEPORTEN CAMPING": am Ortsbeginn von Skarsvåg, jedoch noch oberhalb im Tal zum Fjord. Wenige Hütten auf einer Schotterfläche

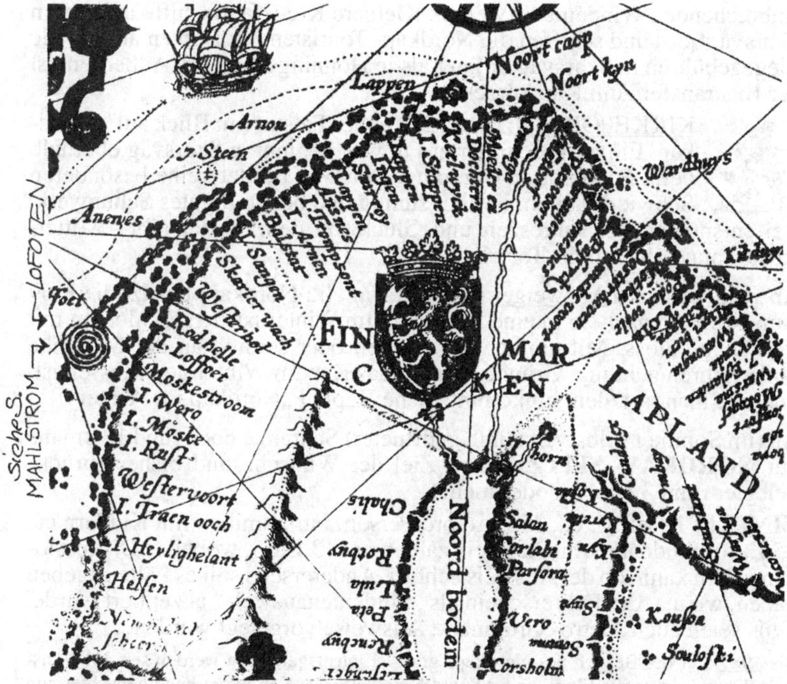


NORDKALOTTEN und NORDKAP, Karte von 1595 (Jan Huyghen van Linschoeten). Sie basiert in Informationen auf der Reise R. Chancellor, der 1553 auf der Suche der Nordost Passage das Nordkap umrundete, sowie eigener Fahrt 1594.

und Gras. Fläche teils etwas schräg. Direkt daneben an der Straße das kleine Holzgebäude des „Nordkapp Turist Hotel", dessen Frühstücksraum auch den Campinggästen zur Verfügung steht. Vermietung von 18 Hütten unterschiedl. Größe (ca. 45- 11o Euro). Beide Campings und das Hotel sind von ca. Mitte Mai bis Ende August geöffnet, bei genügender Gästezahl auch länger. Im Südostteil der Bucht weitere wenige Privatzimmer, ausgeschildert mit einem „Rom"- Hinweisschild an der Straße.

Der Ort Skarsvåg besteht aus rund 1oo Holzhäusern weitflächig verteilt am Fjord. Die Straße endet an einem Wendeplatz mit Stein/Gras/Moos an der Nordwestseite der Bucht bei einer Mole. Im Ort ist im Winter der Hund begraben, im Sommer aber einiges los: viele WoMo Fahrer kommen, weil sie sehen wollen, wie Skarsvåg aussieht (Werbung: „nördlichstes Fischerdorf der Welt, 71° 6' 5o" N). Eine Mole schützt im Norden der Bucht vor einbrechenden Winden und Wellen. Kleinere Kreuzfahrtschiffe ankern im Skarsvågfjord und schiffen die Nordkap- Touristen mit Booten aus, da die Liegegebühren in Skarsvåg billiger als in Honningsvåg sind. Außerdem ist der Bustransfer zum Kap kürzer.

KIRKEPORTEN: rund 12 m hohes Felstor mit Blick auf's Nordkap. Ein ausgeschilderter Fußweg beginnt in Skarsvåg oberhalb beim Kirkeporten Camping. Der Weg besitzt keine besonderen Schwierigkeiten, ist aber steinig und benötigt gutes Schuhwerk. Bei entsprechender Jahreszeit und Glück mit dem Wetter gibt's Mitternachtssonne, die durchs Tor einfällt.

Ab vorgenanntem Abzweiger (re: Skarsvåg, li.: Nordkap) besitzt die E 69 zum Nordkap nach 2o m eine Schranke. Im Winter ist sie geschlossen mit Vorhängeschloss. Mit einfach Hochheben oder seitlich an der Schranke vorbeifahren geht nix. Gründe, warum das Kap im Winter geschlossen ist, und wie man trotzdem hinkommt: siehe Kapitel „Nordkap im Winter".

Ab (im Sommer selbstverständl. geöffneter) Schranke noch rund 12 km bis zur **NORDKAP- SPITZE**, dem Ziel der Wünsche und bisher zurückgelegter rund 3.ooo km oder mehr!

**EINTRITT**: saftige ca. 25 Euro pro Person. Für Familien mit Kindern ca. 45 Euro. Studenten mit Ausweis zahlen ca. 13 Euro, wobei es Diskussionen geben kann, ob der Ausweis echt ist. Andererseits soll es Fälle gegeben haben, wo u.a. der Führerschein als „Studentenausweis" akzeptiert wurde. Teils seien auch Metro- Großmarkt Ausweise vorgelegt worden...

Bis 1987 war der Besuch des Nordkaps gratis. Eintrittsgebühren werden seit 1988 kassiert. Damals hatte die Fluglinie SAS und Hotelkette das Kap kurzerhand gepachtet, um den Besucherandrang in Geld umzumünzen.

Dies führte zu heftigen Diskussionen in der norweg. Presse. Immerhin sei das Kap kein Privatbesitz, sondern eine Art „Norwegisches Nationalmonument". Letztendlich setzten sich aber kommerzielle Interessen durch, - und der angeblich nördlichste Punkt Europas ist gebührenpflichtig.

KÖNIG CHRISTIAN IV
besuchte 1599 das Nordkap.

In den Anfangsjahren ab 1988 wurde noch dezent kassiert, 13 Euro/Person, - zwischenzeitlich ist die Gebühr auf fast doppelten Betrag gestiegen. Dies nach dem Motto: wer so weit fährt, wird kaum vor dem Eingangstor zum Kap wegen hoher Gebühren - umdrehen, sondern zahlen. Die Kalkulation der SAS- Manager hatte sich als richtig erwiesen, und die Gewinne gewaltig.

Die karge und früher Gratis- Nordkap-Klippe war somit umfunktioniert in eine Goldene Kuh, die statt zu scheißen, die Millionen aufs Konto der SAS donnerte.

NORDKAP: Illustration von ca. 1840, erschienen in einem franz. Geographie Buch. Eine reichlich phantasievolle Darstellung des damaligen Kupferstechers.

BRIEFKOPF der "Nordenfieldske Dampfschiffgesellschaft" 1901, die als eine von mehreren Reedereien touristische Schiffsreisen zum Nordkap veranstaltete. Weitere Details siehe Text.

Genialer Akt der SAS- Manager: - **Fels in Geld** umzuwandeln. Fast noch höher sind die Einnahmen des Ende der 8o- er gebauten tourist. Nordkap- Gebäudekomplex. Baukosten zwar rund 1oo Mio., die sich aber ungewöhnlich schnell bezahlt machten. Hier gibt's Champus zum überhöhten Nordkap- Preis (alte Tradition, den Nordkapbesuch mit Sekt zu feiern) - und Colafläschchen, die vom Preis fast zu Preziosen zählen... Abgesehen vom Fetischtourismus des Souvenirkaufs etc. Die Gesamteinkünfte aus diesem Sektor dürften (zusätzlich zum Kap-Eintritt) weitere ca. 8o Mio. jährlich betragen.

Ende der 9o-er verkaufte die SAS zur Bereinigung interner Finanzschwierigkeiten die Nutzungsrechte des Nordkaps an die Hotelkette RICA.

TOURIST. GEBÄUDEKOMPLEX: Nähe Nordspitze, gebaut teils oberirdisch mit Panoramafenstern zum arktischen Meer und Kuppel mit Ball, der die Weltkugel symbolisiert. Teils unterirdisch, was Toiletten und die „Grottenbar" betrifft, die sich Nähe der Nordspitze befindet.

Die Eintrittsgebühr beinhaltet sowohl den Gebäudekomplex wie auch die Nordspitze open air. Separater Besuch der Kap-Spitze ohne Eintritt geht leider nicht.

Geld ausgeben kann man im KOMPASSET Cafe/Restaurant mit Panoramafenstern.Ein auf Massenbetrieb ausgerichtetes Lokal und Gerichten, die nicht unbedingt billig sind. Schließlich hat der Nordkapbesucher Hunger.

Dampfschiff SIRIUS 1888. Es war

Oberhalb des Kompasset die NORDKAP- SUITE 71° 1o' 21'': eine „originelle“ Verkaufsidee der damaligen Gebäude-Erbauer. Unten in der Nordkap Kapelle wird geheiratet und oben die Hochzeitsnacht verbracht. Geht auch in Übernachtung ohne vorherige Heirat. Der Preis sei „angemessen“, (ca. 5oo Euro/Nacht), so die Auskunft, - und resultiere aus der Tatsache, daß die Suite langfristig ausgebucht sei...

SOUVENIRSHOP im Hauptgebäude: Schwamm drüber, außer man benötigt dringend einen Latex-Troll, Norwegerpulli oder ein bedrucktes Nordkap- T Shirt etc. bei entsprechenden Nordkap- Preisen.

GROTTEN BAR: hier gibt's den Champagner zum Anstoßen auf den Nordkapbesuch bei heute nicht gerade zimperlichen RICA- Preisen. Wer will, bringt sich eigenen Champagner mit, - sollte die Korken aber nicht in der Grotten Bar knallen lassen (Rauswurf durch den Kellner sicher!). Im Grunde ist Open- Air der stilgerechte Punkt zum Anstoßen, - auch wenn dort die Nebelschwaden die Sicht zum Sektglas u.U. verhindern...

**PANORAMA- KINO**: im Hauptgebäude und Hauptnutzwert des Eintritts. Wenn nämlich Nebelschwaden die Sicht ab Nordkap versperren (nicht selten!), - kann man im Kinosaal (25o Sitzplätze) die Sache auf Breitleinwand verfolgen. Super-Videograph: das Nordkap zur See, aus

eingesetzt für touristische Fahrten zum Nordkap.

der Luft vom Hubschrauber und historischer Rückblick. Ständig Vorführungen in verschiedenen Sprachen, Dauer ca. 3o Min. Wird per Lautsprecheranlage im Tourismuskomplex ausgerufen. Der Kinobesuch ist im Nordkap- Eintritt inkl.

POSTAMT: wer einen Poststempel „Nordkap" braucht, kauft zuvor Ansichtskarten und Briefmarken. Jährlich werden rund 1 Mio. Ansichtskarten verkauft sowie zugehörige Briefmarken! Ein nicht unerheblicher Zusatzverdienst des Nordkap-Betreibers sowie der Post.

NORDKAP- DIPLOM: dokumentiert, daß der Besucher das Kap besucht hat, kostet aber weitere ca. 2o Euro. Geld kann man in allen Ecken des Nordkapkomplexes ausgeben...

**AUSSENBEREICH**: damit Touris nicht bei Nebel über die 3o7 m hohe Klippe abstürzen, gibt es einen Zaun im zentralen Bereich. Dort auch ein stilisierter Eisengitter- Globus. Er ist beliebtes Fotomotiv, besonders wenn die Sonne zwischen den Gitterstäben steht. Das Besteigen des Globus ist verboten.

**Geschichte Nordkap**: Bereits in der Steinzeit war die Magerøya Insel besiedelt, wie Funde beweisen. Auch den Wikingern (ca. 8oo- 1.ooo) war auf ihren Seereisen Magerøya das Kap bekannt.

★ **1553** umrundete der englische Seefahrer RICHARD CHANCELLOR als Kapitän der „Bonaventure" den Norden Skandinaviens auf der Suche nach der Nordostpassage nach Asien. Den Auftrag zur Expedition hatten englische Handelshäuser gegeben, da der Handel mit Asien (u.a. Gewürze) sehr profitabel war. Damals dominierten die Portugiesen auf dem Seeweg um die Südspitze Afrikas nach Indien und Südostasien.

Die Engländer hofften auf einen eventuellen Seeweg (Nordostpassage) durch arktische Gewässer nach Asien, um das Monopol der Portugiesen auszuschalten.

Bei extrem schlechten Wetter suchte Chancellor Schutz in einer Bucht beim Nordkap. Vermessungen ergaben, daß das Nordkap der nördlichste Punkt Europas ist. Sie wurden damals mit recht primitiven Mitteln wie Sextant durchgeführt und waren trotzdem erstaunlich genau. Chancellor irrte um lediglich 1,5 km (Kap Knivskjelodden).

Fortan erschien die Landmarke „Nordkap" (auch „Noortcaep" etc. genannt) in Landkarten des Mittelalters bis Rennaissance.

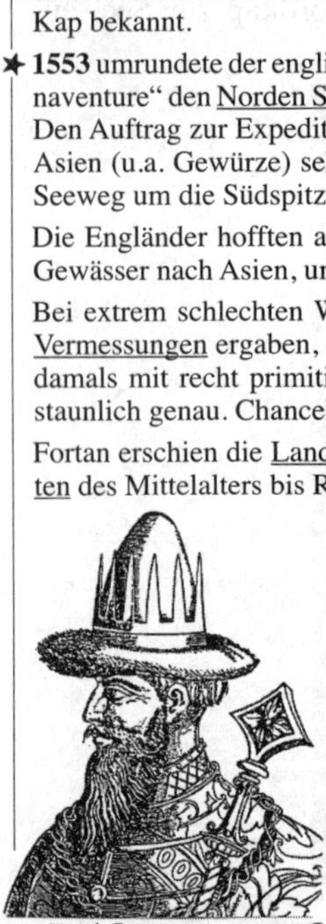

ZAR IWAN DER SCHRECKLICHE

ostpassage konnte Chancellor nicht realisieren; im Osten verackeismassen den Weg. Er erreichte mit seinem Schiff jedoch des heutigen Archangelsk und reiste Überland 2.5oo km nach skau, wo er sich mit Zar Iwan demSchrecklichen traf. Mit ihm de eine englisch- russischer Handelsvertrag abgeschlossen.

Der Handel solle mit Schiffen via Archangelsk ums Nordkap nach England durchgeführt werden (unter Regie der „Moskau Company") und war -> Basis für den erheblich späteren POMOR-HANDEL und Gründung von Handelshäfen wie Vardø und Hammerfest.

Weitere Forscher und Abenteurer umrundeten das Nordkap, - so **158o** die Engländer Arthur Pet und Charles Jackman, **1584** der Holländer Oliver Brunel und **1594** die Holländer Willem

Willem Barentsz

Barentsz (nach ihm ist die Barentsz See benannt, die sich zwischen Nordkap, Arktis und Sibirien erstreckt) und Jan Huyghen van Linschoetens (von ihm stammen erste „detaillierte" Karten des äußersten Norden Skandinaviens, siehe Ausschnitt S. 8o7 und 813). Die Expedition erreichte Nowaja Semlja an der Nordostküste Sibiriens. Der damals östlichste Punkt, der auf der Suche der Nordostpassage erreicht war. Die Weiterfahrt versperrten dicke Packeismassen. - Die Expeditionen brachten das Know How für Fahrten mit Segelschiffen arktischen Gewässern und schufen die Basis für erste holländische Walfangstationen ab 16oo u.a. auf der Insel Sørøya südwestlich des Nordkaps.

★**1599** besuchte König Christian IV von Dänemark/Norwegen den äußersten Norden seines Landes, wo er auch das Nordkap (nördlichster Punkt seines Territoriums) besichtigte. Ziel seiner Reise war, die Grenzen zu Russland im äußersten Norden Skandinaviens abzustimmen. Später wurde der Norden in Bezirke aufgeteilt und „Amtsmännern" (Verwaltungsbeamte der Regierung) unterstellt.

★**1663/64**: Nordkap- Reise des italienischen Priesters Francesco Negri aus Ravenna. Er wird vielfach als erster Nordkap- Tourist bezeichnet, da seine Reise Vergnügungen und weniger der Forschung diente. Er besuchte zunächst Stockholm und reiste 1664 in den hohen Norden, wo er u.a. das Naturphänomen „Nordlicht" beschrieb (siehe auch S. 2o5). Via Kjelvik/Insel Magerøya erreichte er das Nordkap und kommentierte: „hier

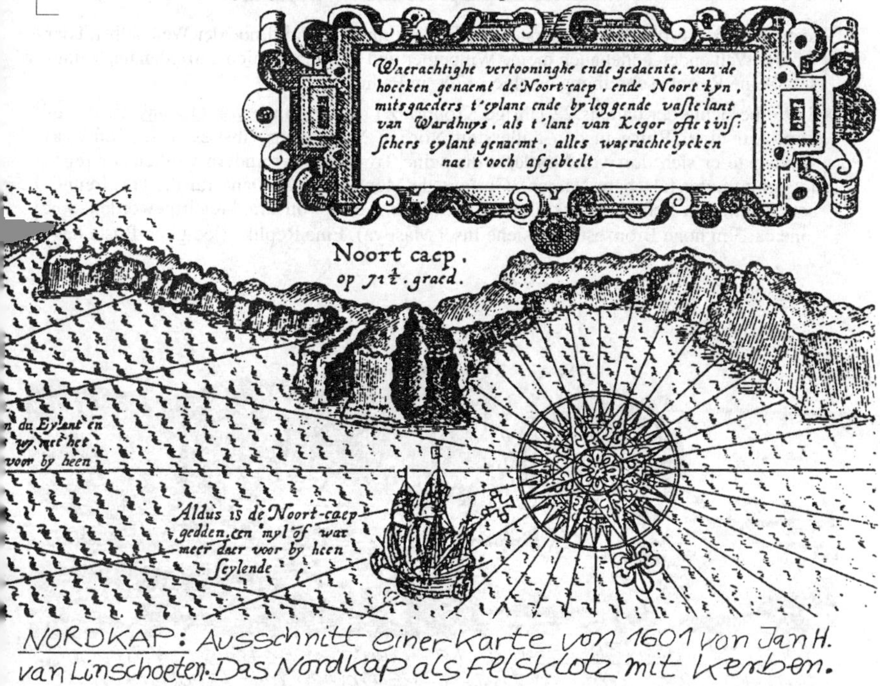


NORDKAP: Ausschnitt einer Karte von 1601 von Jan H. van Linschoeten. Das Nordkap als Felsklotz mit Kerben.

NORDKAP mit Nordland-Fischerboot. Illustration 1847

stehe ich am Nordkap, am äußersten Zipfel der Finnmark, am Ende der Welt selbst. Hier wo die Welt endet, endet auch meine Wißbegier und ich wende mich zufrieden nach Hause". Seine Reisebeschreibung erschien 17oo in Padua.

★**1795**: besuchte der damals 22 jährige Kronprinz Louis Philippe von Orleans das Nordkap. Auf einer Reise in den äußersten Norden Norwegens (insbes. Insel Måsøya) versteckte er sich dort vor Mördern, die seine Tronfolge verhindern wollten. Er reiste incognito unter falschem Namen „Gustave de Montjoie". Als Dank für die Gastfreundschaft und den Schutz schickte er später, als er König von Frankreich geworden war, eine ca. 3 m hohe Bronzestatue (siehe Insel Måsøya). Eine Replika (lediglich Büste des

YACHT "HOHENZOLLERN" des deutschen Kaisers Wilhelm II. am 18.7.1889 am Nordkap, zusammen mit Begleitschiff.

freundl. lächelnden Königs) stand lange Zeit auf dem Nordkap in einem kl. Stein/Betonschrein. Heute im Kompasset- Restaurant als Deko zu sehen.

★**1798/99**: reiste der damals 25 jährige italienische Jurastudent Guiseppe Acerbi zusammen mit dem schwedischen Oberst Anders F. Skjøldebrand durch schwedisch Lappland nach Bossekop/Alta, Nordnorwegen. Eine beschwerliche und abenteuerliche Reise, da es im Inland nur Sommerpfade der Rentierhirten gab. Ab Bossekop, damals eine Minisiedlung mit wenigen Häusern führte der Wege weiter auf einem gemietetem, kleinen Nordland-Fischerboot durch Fjorde und Meeresstraßen rauf zum Nordkap.

Betreffend der Reiseerlebnisse erschien **18o1** ein enthusiastisch geschriebenes und mit Kupferstichen illustriertes Buch *„Voyage Pittoresque au Cap“* in franz. Sprache. Es berichtet begeistert von der landschaftlichen Schönheit einer Reise in den äußersten Norden Skandinaviens und zum Nordkap. **18o5** folgte die deutsche Übersetzung, **1813** die englische. - Weitere Bücher anderer Nordskandinavien- Reisender folgten.

Die Illustrationen dieser Reisebücher entsprachen nicht immer der Realität. Zudem mußten die Bilder damals von Handskizzen- Vorlagen der Reisenden (später auch Fotos), - für den Buchdruck von Kupferstechern umgesetzt werden. Nur so war bis ca. 188o der Druck von Bildern in Büchern möglich. Bei der Umsetzung Vorlage zu Kupferstich waren Fehler in z.B. Bergdarstellung des Kaps möglich. Teils wurde auch in Form einer Sensation die Darstellung übersteigert, - um dem Buch durch „sensationelle Bilder“ besseren Verkaufserfolg zu sichern.

Die Kupferstichplatten wurden damals zwischen den Verlagen ausgetauscht (wie heute Fotomaterial), und landeten auch in damaligen Geographie- Lexikas. So läßt sich die reichlich phantasievolle „Nordkap- Abbildung“ im „Gregorie Geographie- Lexikon“ (siehe Seite 8o9) von 184o erklären.

König Chulalongkorn von Siam besucht 1907 das Nordkap und verewigt sich mit seinem Namen...

★ **1836- 39** besuchte der franz. Schriftsteller Xavier Marmier Nordskandinavien und das Nordkap. Sein Reisebericht erschien 1841.

★ **1838/39** finanzierte König Louis Philippe, zwischenzeitlich Regent von Frankreich, eine Expedition zur Erforschung des Nordlichtes (Details Seite 2o6) nach Alta. Sie war erfolgreich und wurde ausführlich in der Presse beschrieben, zusammen mit Schilderungen der landschaftlichen Schönheit Nordnorwegens.

Derartige Presseberichte in Zeitungen sowie Buchpublikationen mit Illustrationen

TOCHTER NOBHADOL

KÖNIG CHULALONGKORN von Siam. Besuchte mit einer Gefolgschaft von 20 Personen und Tochter 1907 das Nordkap. Ihm gewidmet eine "Gedenkabteilung" im heutigen Nordkap-Komplex.

förderten das Interesse an Nordnorwegen- und Nordkap Reisen in die abgelegene Regionen des äußersten Nordens Europas. - Beginn des Nordkap- Tourismus ca. **1875/85**.

Zwischenzeitlich waren die Schiffsverbindungen ab Trondheim Ri. Nord (Tromsø und Hammerfest) verbessert: statt der vormals schwerfälligen Segelschiffe wurden modernere Dampfschiffe eingesetzt. Auch wurde die Route ab Hammerfest im Sommer zum Nordkap ausgedehnt. Die Schiffe legten in der Hornvika Bucht unterhalb des Nordkaps an, wo die Reisegruppen die 3oo Höhenmeter zum Kap raufklettern mußten. Oben auf dem Kap der Genuß des Blicks auf arktische Gewässer bis zum Horizont (sofern kein Nebel) - und das Bewußtsein, am „nördlichsten Punkt Europas" zu stehen.

Zusätzliche Nordkap- PR brachte der Besuch **1873** des Königs Oscar II am Kap mit Gefolgschaft, der ausführlich in der Presse gewürdigt wurde. **1889** besuchte der deutsche Kaiser Wilhelm II mit seiner Privatyacht „Hohenzollern" das Nordkap.

OBEN: Yacht "Albion", die sich der Siam König Chulalongkorn vom Engländer Sir Georges Newnes für seine Nordkap-Reise auslieh. UNTEN: König Chulalonkorn mit dem norw. König Haakon VII bei Staatsempfang in Christiana (Oslo).

Die königlichen Hohheiten hatten keine Transportprobleme zum Kap, da sie mit eigener Luxusyacht anreisten. - Ansonsten war der Nordkap- Besuch nur der der begüterten Oberklasse möglich, - allein wegen des hohen Zeitaufwand der Reise. Ab Deutschland retour zum Nordkap war man gut 3 Wochen von zu Hause weg. Bei damaligem Arbeitstag von ca. 12 Std. und geringen Löhnen konnten sich derartige „Urlaubsfreuden" nur die Reichen leisten.

Die Reise zum Nordkap ging zunächst per Dampfschiff von Hamburg nach Christiana (= Oslo). Von dort weiter mit dem Zug nach Trondheim und Einschiffung in den Küstendampfer rauf nach Hammerfest / Nordkap. Dieser benötigte rund 8 Tage pro Richtung.

Ende des 19. Jhds. war die Strecke betrieben von sogenannten Postschiffen, die entlang der Küste Nordnorwegens fuhren, Waren, Post und Personen beförderten. Die preiswertere Variante zum Nordkap. - Andere Variante waren speziellen Touristenschiffe. Unterbringung an Bord nur 1. Klasse, inkl. Mahlzeiten und an Passage erheblich teurer. Sie fuhren nur während der Sommermonate auf der Strecke Trondheim -> Hammerfest ->

OBEN: Küste der Insel Magerøya, Illustr. Anfang des

NORDKAP - PAVILLION 1898.
In Tradition wird seit 1861 mit Champagner angestoßen. Die Flasche siehe unten 3. Mann von rechts.

19. Jhds. RECHTS: König Oscar II, besuchte 1873 das Nordkap.

Nordkap. So z.B. die „Sirius“ (siehe S. 68) der „Bergenske Dampskipsselskab Reederei“. Die Reederei expandierte bis **1914** stark in Personenschiffsverbindungen nach England, Holland, Faroer und Island. Im Sommer gab es eine tourist. Schiffsverbindung, die nicht zum Nordkap, sondern weiter bis Spitzbergen führte und sehr beliebt war.

★**19o7** besuchte König Chulalongkorn von Siam das Nordkap. Er war mit großem Gefolge auf einem Passagierschiff von Ceylon via Ägypten und Sizilien nach Europa gereist, wo er sich u.a. in Berlin mit dem norweg. Gesandten und früheren Polarforscher Fridjof Nansen traf. In Christiana (Oslo) wurde er vom norweg. König begrüßt und reiste Überland nach Trondheim, wo er sich in die Yacht „Albion“ einschiffte, die ihm der Engländer Sir Georges Newnes zu Verfügung gestellt hatte. Am Nordkap ritzte er seine Namensinitialien in einen Stein. Dieser steht heute in der Nordkaphalle. Chulalongkorn war übriges als 14 Jähriger (1868) König geworden und regierte bis zu seinem Tod 191o. Zwei Reisen führten ihn nach Europa: 1897 und 19o7. Bei seiner Nordkapreise 19o7 durfte seine damals 21 jährige Tochter Prinzessin Nibha Nabhadol mitfahren.

★Pauschalreise zum Nordkap gab es relativ früh: bereits **1875** waren sie im Angebot des Londoner Reisebüros Thomas Cook. - Die Tradition, beim Nordkap-Besuch Champagner zu trinken, hatte **1861** der Deutsche Carl Vogt eingeführt. Seit Ende des 19. Jhds. gab es einen kleinen Pavillion am Kap, in dem der Champagner gelagert und verkauft wurde. Leider flog der Pavillion später bei einem Sturm weg.

★Erst **1956** wurde die Straße von Honningsvåg zum Nordkap eingeweiht. Bis zu diesem Zeitpunkt war der Nordkapbesuch nur per Schiff zur Hornvika Bucht möglich, wo die Besucher im steilen Tal zum Kap raufsteigen mußten. Daß die Straße erst relativ spät eröffnet wurde, hängt damit zusammen, daß das Straßennetz Nordnorwegens (insbesondere der Riksveien 5o = heutige E 6) in sehr schlechtem Zustand war. Teilweise fehlten Abschnitte, die erst von Hitlertruppen gebaut/ausgebaut wurden. In diesen Abschnitten waren vorher zeitaufwendige Überquerung von Fjorden durch kleine Schiffe nötig. Die Küstenroute Trondheim -> Hammerfest per Schiff war damals die schnellere Variante und wurde von den Nordkapbesuchern vorgezogen.

Bei der Einweihung der Honningsvåg-> Nordkapstraße am 3o.6.1956 waren 1.5oo Gäste und Besucher anwesend. Wie Chronisten berichten, gab es Schneetreiben und Stürme. Die Ehre, die Straße einzuweihen hatte der britische Admiral Fraser. Am 26.12.1943 hatte er nördl. des Nordkaps das deutsche Schlachtschiff Scharnhorst versenkt. Von den 1.9oo Mann Besatzung konnten nur 36 Mann gerettet werden. Für Hitler war die Versenkung ein empfindlicher Schlag, da zusammen mit der Tripitz letztes großes Schlachtschiff in den Gewässern vor Nordskandinavien. Das Ende der Hitler Besetzung Nordnorwegens war eingeleitet. Weitere Details siehe „Kirkenes“.

**NÖRDL. PUNKT EUROPAS**: ist wie bereits erwähnt, **nicht** das Nordkap, sondern KNIVSKJELODDEN. Eine schmale und 3oo m hohe riesige Felsklippe nordwestl. vom Nordkap. Sie liegt auf 71° 11' o8" N und

somit rund 1,5 km nördlicher. Zu erreichen ab Parkplatz siehe unsere Karte Seite 799. Von hier beginnt rund 2o km retour Wanderung zur Kapspitze. Bedingung: gutes Schuhwerk, warme Kleidung, Wind- und Regenschutz sowie Lebensmittel, Trink-

RECHTS: Werbung und Streckennetz der "Bergenske Dampskibsselskab" Reederei. Sie war eine der wichtigsten mit Verbindungen nach England, Holland, Deutschland und Island. Sie vertrat zugleich die N.A.L. nach New York. 1914

BDS
DET BERGENSKE
DAMPSKIBSSELSKAB
BERGEN
50 MODERNE TURIST-
POST-, PASSAGER- OG
- - FRAGTDAMPERE - -
I RUTER PAA IND- OG UTLANDET
HOVEDAGENTUR FOR
DEN NORSKE AMERIKALINJE
SPITSBERGEN-NORDKAP
VARDÖ
NORDKAP
HAMMERFEST
TROMSÖ
BODÖ
REYKJAVIK
ISLAND
FÆRÖERNE
CHRISTIANSUND
MOLDE
TRONDHJEM
AALESUND
BERGEN
KRISTIANIA
STOCKHOLM
N.A.L. DIREKTE TIL NEW-YORK
MANCHESTER
ARGENTINA-BRASILIEN
GLASGOW
GLASGOW
NEWCASTLE
NEWCASTLE-BERGEN
MIDDELSBROUGH
MIDDELSBROUGH-BERGEN
MANCHESTER
LONDON-BERGEN
LONDON
ROTTERDAM-BERGEN
CÖLN-BERGEN
HAMBURG-BERGEN
KJØBENHAVN
BERGEN-ØSTERSJØEN
HAMBURG
BERLIN
ROTTERDAM
CÖLN
DRESDEN
FRANKFURT

wasser, da es unterwegs keinerlei Siedlungen und/oder Nachschub gibt. Zudem Kompass und Landkarte Statens Kartverk „Nordkapp“ 1 : 5o.ooo. Der Weg ist mit Steinmännchen markiert, teils aber nur rotes T auf Steinplatten gepinselt. Bei klarem Wetter ist der Trail problemlos. Große Gefahr besteht bei aufkommenden Nebelbänken, - und diese sind nicht selten. Nicht nur, daß man sich auf dem Plateau verirren kann (Abhilfe Kompass), vorallem aber die Gefahr, an der Kapspitze unvermittelt in die Tiefe abzustürzen. Blick bei klarem Wetter: auf die Weiten des Nordmeeres sowie an der Spitze ein Mini-Leuchtfeuer. Entfernung zum Nordpol rund 2.1oo km. Der Trail ist nicht unser Tip: Kein anderer Meeresblick als vom tourist. Nordkap und wegen häufigem Wetterumschwung gefährlich.

Zum Thema „nördlichster Punkt Europas“: Kniskjelodden ja, aber auf einer Insel (Magerøya). Der nördlichste Festlandpunkt Europas liegt rund 15o km östlich der Magerøya-Insel, Nähe Mehamn, Details dort.

✶ **NORDKAP IM WINTER**: das Kap ist in der Zeit von **Anfang Okt. - Ende März** geschlossen. Um ungewünschten Besuch am Kap zu verhindern, dient die Schranke beim Abzweiger Nordkap/Skarsvåg (Seite 799).

Der Grund, so wurde uns in Honningsvåg berichtet: im Winter gibt es am Kap extreme Winde und Schneestürme. Auch besteht die Gefahr des Abstürzens die Klippe runter. Man wolle somit die Haftung bei Unfällen ausklammern. Zudem spart man sich den Lohn eines Bewachers des teuren Nordkap- Gebäudes.

Trotzdem kann man in den Wintermonaten das Kap und die tourist. Gebäude besuchen. Kostenpunkt dezente 2.ooo Euro. Tel.: Rica-Zentrale in Norwegen (Vorwahl Norwegen oo47) + 668.545.6o (=Rica) bzw. Honningsvag TI. Muß natürlich sehr große Liebe sein, um den Betrag hinzublättern. Vor allem auch abklären, ob im Preis die Fahrt bis zum Kap retour inkl. ist und ob man im Kino den Nordkap- Film sehen darf, wenn draußen das Kap in Schneestürmen verhüllt ist...

Andere Möglichkeiten:

* per Langlaufski ab Honningsvåg zum Nordkap auf eigene Faust. Zu realisieren sind rund 7o km retour (und der Nordkap- Komplex geschlossen), aber landschaftliches Erlebnis der Einsamkeit. Eine sportlich anspruchsvolle Tour zunächst von Skipsfjørd am Meer die 3oo Höhenmeter rauf aufs Plateau. Die E 69 ist im Winter in der Regel nicht geräumt, und die (im Sommer geöffneten) Unterkünfte geschlossen. Lebensmittel, Trinkwasser sowie Karte und Kompass mitnehmen.- Probleme: winterliche ständige Dunkelheit, aber auch Orientierung bei Schneestürmen, fehlende Unterkunft (Zelt und Winterausrüstung mitbringen) etc.

* Organisierte Tour durch Reiseveranstalter: im Programm Snowscooter-Fahrten ab Honningsvåg über's Plateau zum Nordkap. Die bequemere Variante, das Kap in ca. 2 bis 3 Std. ab Honningsvåg zu erreichen. Alternative: Schiffsfahrt ab Honningsvåg nach Skarsvåg und ab dort weiter per Snowscooter zum Kap. Im Angebot von „Nordkapp Opplevelser“, Honningsvåg, Tel/Fax: 784.722.22, Fax: 784.711.2o.

Bei Wintertrips beachten: permanente Nacht in der Zeit 2o. Nov.- 25. Jan. Es geht somit rund 2 Monate die Sonne nicht auf. Dafür ist bei klarem, wolkenfreiem Himmel das Nordlicht zu sehen. Zum Vergleich: permanenter Tag in der Zeit Mitte Mai bis Ende Juni. Somit rund 2 1/2 Monate, wo die Sonne nicht untergeht. Zu sehen ist sie in dieser Zeit nicht immer, wenn dichte Nebelbänke das Kap einhüllen und nur diffuses Licht durchlassen. Der Trip zum Nordkap im Sommer ist somit eine spannende Wette: wie wird oben das Wetter sein? Mitternachtssonne oder Nebelbänke? Selbst Anfang Juni kann es Schneestürme geben.

KLIMA: im Winter rund 2o Grad wärmer als anderen Punkten selbem Breitengrades, im Vergleich Inland-Sibiriens sogar bis zu 4o Grad wärmer. Grund ist der Golfstrom. Dafür im Sommer (Juli/Aug.) relativ kühl, ca. 15 Grad, tagsüber bei Sonne auch 2o Grad oder mehr. Wegen fast ständigen Winden warme Sachen mitbringen.

PS: Nordkap wird in norwegischer Sprache mit zwei „p“ geschrieben und erscheint so auch in norweg. Landkarten. Die gängige deutsche Schreibweise ist „Nordkap“ mit einem „p“ und von uns so übernommen.

## ★ Gjesvaer **(ca. 18o Einw.)**

Kleines Fischernest im äußersten Nordwesten der Insel Magerøya. Von WoMo Nordkapfahrern wird es gerne als Abstecher besucht. Zu erreichen in ausgeschilderter Abzweigung ab E 69. Ab hier 21 km bis Gjesvaer über eine schmale Asphaltstraße, die zunächst über eine karge Hochebene führt. Nach ca. 1o km durch ein Tal mit schwarzgrauem Schiefer und kleineren Seen. Absolute Einöde. Nach dem Talende runter ans Meer: eine bizarre Felswüste mit vorgelagerten Inselchen und Schärenklippen.

Gjesvaer liegt auf einer flachen Insel und ist durch kürzeren Damm verbunden. Markantester Punkt eine Funkantenne. Das eigene Auto läßt man besser am Damm auf dem Parkplatz stehen, da es im Fischernest selbst

GJESVAER: Illustration von 1884, damals einer der wichtigsten Fischerhäfen. Zeiten die heute bei Großfangschiffen passée sind.

kaum oder keine Parkmöglichkeit gibt und die Straßen sehr schmal sind.

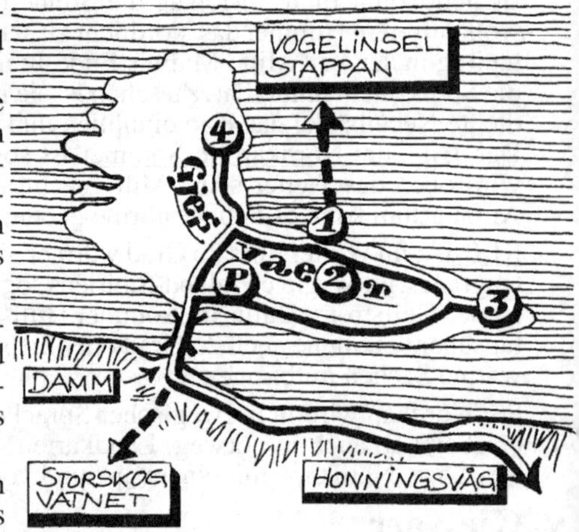


Ab Damm führt die Straße nordwärts über die Inselkuppe und teilt sich: geradeaus zu Privathäusern am Hang. Die Straße endet nach ca. 2oo m an einem Wendeplatz (4) mit recht einsamen Baum. Bzw. rechts oberhalb des Ufers zu Privathäusern und des Gjesvaer Turistsenters (1, 2).

Im Ort kleines Lebensmittelgeschäft. Holz zum Heizen wird per LKW rangeschafft. Am Ende des rechten Straßenzweiges eine Fischfabrik (3).

Im Ort ist der Hund begraben und trotzdem hat er viel Flair als abgelegene Siedlung im äußersten Norden Nordnorwegens. Im 19. Jahrhundert war Gjesvaer einer der wichtigsten Fischerhäfen der Finnmark. Die Siedlung erstreckte sich über die vorgelagerten Inseln. Zeiten, die heute bei Großtrawlern und schwimmenden Fischfabriken passée sind.

„**Gjesvaer Turistsenter**" (1): zweistöckiges kleines Holzhaus mit angebauter Rezeption, direkt am Wasser. Vermietet werden 6 Zimmer einfach ausgestattet für Einsamkeitsfans und/oder Angler. Sehr gute Cafeteria für Fischgerichte. Geöffnet ca. Ende Mai bis Ende August. Teils haben die Zimmer auch Kochgelegenheit. DZ ca. 8o Euro jenach Auslastung. Tel.: 784.757.73, Fax: 784.757.o7.

„**Gjesvaer Gjestestue**" (2): rund 15o m weiter, an der Straße oberhalb des Hangs. Größeres Gebäude mit 2 Stockwerken. Rund 25 Zimmer, geöffnet Ende Mai bis Ende Aug. Das DZ je nach Zeit und Ausstattung ca. 6o - 9o Euro. Tel.: 784.751.29, Fax: 784.751.56.

„**Overnatting Kjøkken**": rund 3o m weiter, ein kleines weißes Holzhaus mit wenigen Zimmern und Privatquartier- Charakter. Zimmer ca. 4o Euro.

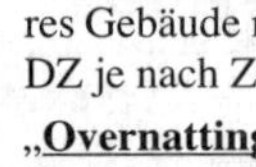

GJESVAER - CAMPING: gegenüber (1) oben am Hang und ebenfalls vom Gjesvaer Turistsenter betrieben. Vermietet werden 4 Hütten mit je 2 bzw. 4 Betten. Weiterhin Stellplatz für WoMo's sowie Zelten. Geöffnet ca. Ende Mai bis Ende August.

VOGELINSELN STAPPAN: nördl. vorgelagert von Gjesvaer 3 Berggipfel im Meer und rund 1oo Klippen mit der größten Papageientaucher-Kolonie Finnmarks (rund 6o. ooo Pärchen!) und Nistplätzen einer Vielzahl weiterer Seevögel, auch Seeadler. Geschätzte Zahl an Vögeln rund 3 Millionen. Betreten der Inseln ist verboten, um die Vögel nicht zu stören. Kann aber vom Meer aus mit dem Motorschiff „Havsula" besucht werden,

definitives Eldorado für „Bird-Watcher". Abfahrten ab Gjesvaer Turistsenter (1): Anf. Juni bis Ende Aug. 3 - 4 mal tägl.; unterwegs wird auch gefischt. Der Trip allerdings nicht gerade billig: pro Person ca. 3o Euro. Tel.: betreffend Buchung und Abfahrtszeiten Tel.: 784.757.73. www.birdsafari.com

Im Winter ist die Straße Honningsvåg -> Gjesvaer zwar schneegeräumt. Bei starken Schneefällen ist jedoch Kolonnenfahren Pflicht: hierzu gibt es ein Hinweisschild beim Damm mit Auflistung der Uhrzeiten: „*Kolonnekjøring*"

NORDKAP SAFARI: veranstaltet im Sommer Fahrten mit großem Schlauchboot und Außenbordmotor zu Fjorden der Magerøya- Insel. Im Angebot auch Kombies: Boot plus Wanderung oder Fischen. Der Liegeplatz der Boote ist Skipsfjorden rund 7 km nördlich von Honningsvåg, Tel.: 784.727.94 und 784.737.45.

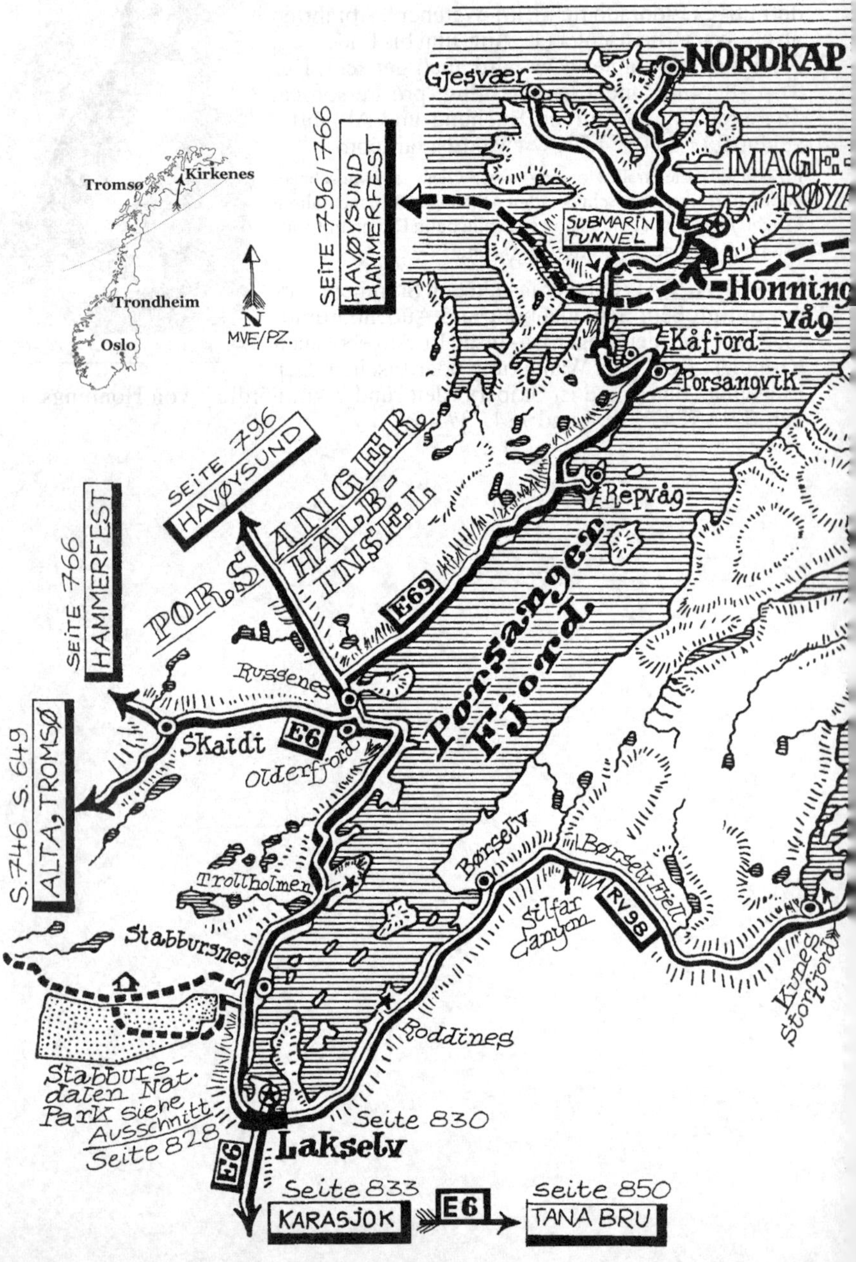
NORDKAP
Gjesvær
SEITE 796/766
HAVØYSUND
HAMMERFEST
Tromsø
Kirkenes
Trondheim
Oslo
N
MVE/PZ.
MAGE-
RØYA
SUBMARIN
TUNNEL
Honning
våg
Kåfjord
Porsangvik
SEITE 796
HAVØYSUND
PORSANGER-
HALB-
INSEL
Repvåg
SEITE 766
HAMMERFEST
E69
Porsanger
Fjord
Russenes
S. 746 S. 649
ALTA, TROMSØ
Skaidi
E6
Olderfjord
Børselv
Børselv Fjell
RV98
Stilfar
Canyon
Trollholmen
Stabbursnes
Kunes
Storfjord
Roddines
Stabburs-
dalen Nat.
Park siehe
Ausschnitt
Seite 828
Seite 830
Lakselv
E6
Seite 833
KARASJOK
E6
Seite 850
TANA BRU

# Weiter ab Nordkap

Prinzipielle Entscheidung, ob man die * Rückreise Richtung SÜD antritt. In dem Fall ist die traditionelle und von den meisten Nordkap- Fahrern benutzte Strecke:

Nordkap -> Lakselv -> Karasjok -> Kautokeino -> Lulea/Nordschweden und weiter schwed. E 4 den Süden (sprich Fährhafen und Deutschland). ................................... Details siehe unten

ODER, * ob man noch den äußersten Nordosten Norwegens einbaut. Hierbei Entfernungen und vor allem Zeitbedarf auf Nebenstraßen nicht unterschätzen. Die Strecke Nordkap -> Kirkenes benötigt je nach Route und kleineren Abstechern ca. 6oo km. Bei größeren Abstechern z.B. Halbinsel Nordkinn und/oder Halbinsel Varanger ca. 8oo- 1.ooo km. ... Details ab Seite 852

Ab Kirkenes retour in den Süden via Neiden die ausgesprochen schöne und gut ausgebaute 971 durch Finnland endlos an Seen entlang nach Inari. Eine der schönsten Straßen Nordskandinaviens! Weiter via Ivalo und Rovaniemi auf gut ausgebauter Straße nach Nordschweden/Lulea und E 4 ......... Details ab Seite 847

HALBINSEL NORKINN: östl. von Honningsvåg. Zu erreichen entweder rund 4oo km Umweg Nordkap -> Lakselv -> RV 98 und RV 888. Bedeutet mit eigenem Auto rund 1 Tag Fahrerei, Sprit und Gebühren des Nordkap- Tunnels.

Tipp: Auto in Honningsvåg aufs tägl. Schiff der Hurtigruten. Überfahrt nach Kjøllefjord/Nordkinn Halbinsel 1 1/2 Std. Zwei Personen mit PKW nicht länger als 5 m: ca. 75 Euro. Ist somit in etwa gleich teuer wie der Straßenumweg Lakselv, aber schneller. Den Schiffstrip Hurtigruten kann man nur vor Ort buchen. Auch Frage, ob Platz fürs Auto im Schiff. - WoMos länger als 5 m und höher als 1,8 m sind erheblich teurer und Route keine Alternative. .................. Details Nordkinn Halbinsel Seite 853

HALBINSEL VARANGER: östlich von Nordkinn. Zufahrtsstraßen ab Tana Bru. ................................ Details ab Seite 86o

# Nordkap -> Lakselv (ca. 18o km)

Der erste Abschnitt E 69 bis Russenes/Olderford beschrieben auf Seite 797. **RUSSENES/OLDERFJORD**: langgestreckter Ort am Fjord mit mehreren Tankstellen und Shops, die Häuser weit verteilt.

„**Olderfjord Hotel Russenes Camping**": Unterkunftsmöglichkeit Nähe des Abzweigers der Straße nach Alta. Im Erdgeschoß ein Kro (Cafeteria), die im Sommer auch von Tourbussen angefahren wird. Oben bzw. seitlich Vermietung 35 recht einfacher Zimmer. Ganzjährig geöffnet. DZ ca. 65 - 7o Euro. Tel.: 784.637.11, Fax: 784.637.91.

CAMPING RUSSENES: dem Motel und Kro angegliedert, Nähe Straße. Stellplätze für WoMos sowie 35 Hütten. Sie sind relativ einfach ausgestattet, ca. 25- 6o Euro/Hütte.

Die **E 6** führt ab Olderfjord südwärts, entlang des Westufers des Porsangerfjordes. Zunehmend flachere Fjordhänge, teils auch Landwirtschaft. Entlang der Straße mehrere schöne Picknickplätze auch seitlich der Straße auf kleineren Halbinseln, von WoMos als Stellplatz genutzt für die Übernachtung.

TROLLHOLMEN: ausgeschilderter Abzweiger (auch „Trollholmsund" genannt) ab E 6 ca. 5 km auf einer Halbinsel. Zu sehen sind Gesteinsformationen, die nur bei sehr viel Phantasie an „Trolle" erinnern.

Die Sage berichtet, daß es den nachts aktiven Trollen nicht gelungen sein, sich rechtzeitig vor Sonnenanbruch zu verstecken. Daher seien sie zu Stein erstarrt. Ein Ereignis, das offenbar in den Wintermonaten stattfand. Unklar auch, was mit den Trollen im Sommer passiert bei Mitternachtssonne. Schwamm drüber, es gibt in Nordnorwegen plausiblere Troll- Stories.

Zumindest ist Trollholmen möglicher WoMo Stellplatz abseits der E 6. Auf der Halbinsel gibt es weitere, die gratis und derzeit geduldet sind, sofern man nicht Langzeit campiert.

STABBURSDALEN NATIONALPARK: erstreckt sich westlich der E 6 auf knapp 1oo qkm. Eine Wildniszone mit Flußläufen, einem Canyon und dem nördlichsten Kiefernwald der Welt. Die Bäume sind bis zu 5oo Jahre alt und wachsen wegen rauhem Klima, Frost und Winden nur sehr lang-

sam. Teils recht verknorrte Baumgestalten und Lieblingsplätze der Vögel; in anderen Bereichen des Nat. Parkes kleinwüchsige Birken. Details zum Park und Trails siehe unten.

STABBURSNES MUSEUM (1): direkt an der E 6 und außerhalb des Nat. Parkes. Die Ausstellung zeigt Natur und Samenkultur; Themen Vidda und Flußtäler, Fjorde und Küste. Mehrsprachig (auch in Deutsch) sind Fauna und Flora des Nationalparkes dokumentiert plus 12 Min. Lichtbildvortrag. Für Kinder gibts vor dem Museum einen kleinen Spielplatz. Das Konzept gemäß wie Samen ihre Kinder fördern und erziehen.

Geöffnet: Anfang Juni bis Ende August ca. 9- 18/bzw. 2o Uhr. Eintritt: ca. 9 Euro. Bei Voranmeldung (3 Tage vorab) geführte Wanderungen. Anmeldung für Führungen Tel.: 784.647.65, Fax: 784.647.32.

STABBURSDALEN NATURRESERVAT (9): der Bereich beim Museum, Fjord und bis zu den Seen und Parkplatz (3) ist Naturreservat. Das Seen- und Sumpfgebiet ist Heimat einer Vielzahl von Vögeln und Eldorado für „Bird-Watching". Zentrum ist das Feuchtgebiet Luobbal mit Seen, geschützt durch umgrenzende Berge. Eine 4 km lange Zufahrtsstraße zweigt südl. vom Museum und E 6 ab zu einem Parkplatz (3). Die Vögel haben ihre Nistplätze in Höhlungen von alten Kiefern, aber auch im Küstenbereich am Fjord. Letzterer darf vom 1.5- 3o.6 nicht besucht werden, um die Vögel nicht bei der Brut zu stören. Information über die vorkommenden Vogelarten im Museum, auch Führungen.

Angeln: bei entsprechender Angellizenz (Infos Museum) möglich im Bereich Parkplatz (3) und umliegender Seen. Für Lachse wurden Treppen gebaut, so daß sie bis zur Njákkagrzi Kaskade (8) kommen.

Ein Trail führt vom Parkplatz (3) entlang der Südostgrenze des Nat. Parkes auf den Binalvarri (527 m) und von dort zur Brücke über den Stabburselva bei der Njákkagrzi Kaskade (8). Eine anspruchsvolle 12 km Wanderung durch absolut einsame Berglandschaften zuzügl. weiterer ca. 1o km über den Nordtrail zurück zur E 6. Der Trail ist nur selten begangen. Vorab im Museum fragen, ob die Brücke über den Stabburselva begehbar ist. Sie war zeitweilig durch eine Flut zerstört. - Die Rávttosavzi- Schlucht (7) ist rund 2oo m tief und im engsten Bereich 7o m breit. Kein Trail durch die Schlucht.

Lohnend bei klarem Wetter ist ein Trail zum Aussichtspunkt (5) außerhalb des Nationalparkes in 518 m oberhalb des Porsanger Fjordes. Superblick auf den Fjord, seine Inseln und unzählige Schären. Retour ca. 6 km, rund 3 Std. inkl. Relaxen am Gipfel und Ausblick-Genießen.

Kartenmaterial für Nationalpark und Naturreservat: Statens Kartverk 1935 II und 2o35 III im Maßstab 1 : 5o.ooo.

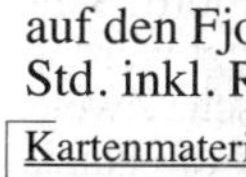

STABBURSNES CAMPING (2): an der E 6 Nähe Museum. Großflächiges Areal, das sich zum Fluß hin erstreckt. Es ist beliebtes Quartier von Anglern. Stellplätze für WoMo's mit

Stromanschluß. Andere Stellplätze sind lauschiger in Birkenwäldchen. Das Wiesengelände ist meist eben. Vermietung von 3o Hütten. Am nahen Fluß haben sich die WoMo's der Laksangler plaziert.

Ab Stabbursnes führt die E 6 entlang steilem Berghang, Picknickplatz an der E 6 mit Fjordblick und der Vielzahl von Inseln und Inselchen (Schärengarten), 15 km bis Lakselv.

## ★ Lakselv (ca. 2.6oo E.)

Zentrum der Porsanger- Gemeinde. Die Geschäfte, Tankstellen und Werkstätten versorgen die umliegenden Siedlungen am Südende des Fjordes.

Die E 6 führt durch das Ortszentrum: auf ca. 1,5 km reihen sich rechts und links der Straße moderne Gebäude mit Dienstleistungsbetrieben, Busterminal, Bank, Apotheke, Supermarkt etc. Zwar in Kompaktheit zweckmäßig, aber etwas fad-steriler Flair.

**Tourist INFO** an der E 6 im Ortszentrum. Tel/Fax.: 784.6o7.oo, 7846o7.o1, www.visitarcticnorway.no und www.porsanger.no

„**Porsanger Vertshus**": im zentralen Ortsbereich an der E 6 neben der Statoil Tankstelle. Im Erdgeschoß u.a. Cafeteria, Bistro, Bar sowie Tanzlokal fürs Wochenende. Oben 4o Zimmer mit Bad. Geöffnet Anfang Juni bis Sept. DZ ca. 12o Euro. Tel.: 784.613.77, Tel./Fax: 784.613.95.

„**Lakselv Hotell**": auf einem Hügel südlich oberhalb des Zentrums und von der Lage schöner. Zu erreichen: ab Ortszentrum und E 6 die Straße Ri. Karasjok den Hang rauf, aber bereits nach ca. 3oo m rechts abbiegen. Ist dort ausgeschildert, nochmals ca. 2oo m bis zum Hotel. Das Gebäude im L- Winkel zwischen Bäumen. Mit Restaurant, Sauna und Vermittlung von Angeltouren auf dem Fjord sowie am Fluß (Lachs). 44 Zimmer mit Bad. Ganzjährig geöffnet. DZ ca. 12o Euro. Tel.: 784.654.oo, Fax: 784.654.o1.

„**Banak Camping**": Campingplatz mit 24 Hütten, je nach Größe 25- 8o Euro. Tel.: 784.611.43, Fax: 784.613.76.

„**Karalaks Lakselv Vandrerhjem**": Holzgebäude mit preiswerter, aber einfacher Übernachtung. Nur im Sommer geöffnet. Rund 7 km südlich von Lakselv an der Straße Ri. Karasjok. Tel.: 784.614.76, Fax: 784.619.96.

„**Lakselv Gjestestue**": an der E 6 im Ortszentrum Lakselv gegenüber der Statoil Tankstelle. 9 Zimmer, ganzjährig geöffnet. DZ je nach Saison ca. 1oo Euro. Tel.: 784.615.o4, Fax: 784.623.91.

## Verbindungen ab Lakselv

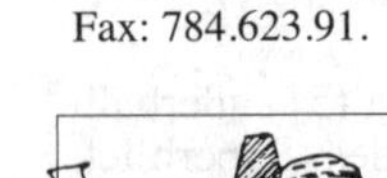

**FLUG**: ca. 2 km nördlich des Ortszentrums am Fjord. Sehr lange Landebahn, die auch von großen Jets benutzt werden kann. Der Airport wurde ursprünglich für militärische Zwekke angelegt (u.a. Nato und Verteidigung der Nordostflanke. Für die Nazis im 2. Weltkrieg war er wichtigster Airport der Finnmark). Der Flughafen hat mehrere Namen: in Flugplänen erscheint er meist als „*LAKSELV*" mit dem Code-Kürzel „LKL". Weiterer Name „*BANAK*" und seit 1998 auch

*„NORTH CAPE“*. Daher sicherheitshalber in den Flugplänen unter den 3 Namen suchen.

Direktflüge mit Jets der SAS -> Kirkenes: tägl. 1 mal außer Sa., Flugzeit 4o Min. Nach -> Tromsø: tägl. 3 - 4 mal, Flugzeit 45 Min. Alle anderen Verbindungen mit Umsteigen in Tromsø. SAS, Information und Buchung Tel.: o54oo.

Charterflüge: im Sommer ab Deutschland direkt nach Lakselv. Die Regionalpolitiker hoffen auf starke Expansion, und die Chancen stehen nicht schlecht: Lakselv ist der größte und am leichtesten anzufliegende Airport der Finnmark. Die Gäste: vorwiegend Angler und Jäger; vor der Haustüre endlose Wälder, viele Seen und Flüsse.

**BUS**: Terminal im Ortszentrum an der E 6. Nach -> Olderfjord -> Honningsvåg und Nordkap: tägl. 2- 3 mal im Sommer. Nach -> Alta: tägl. außer Sa. 1-2 mal, Fahrzeit 3 1/2 Std. Nach -> Kjøllefjord auf der Nordkinn Halbinsel: 1- 2 mal tägl., Fahrzeit ca. 6 1/2 Std. auf der RV 98/ RV 888. Nach -> Karasjok: tägl. 1- 2 mal, Fahrzeit rund 1 Std. Bus fährt weiter nach Rovaniemi/Finnl. (ca. 1o Std.). Nach -> Tana Bru: via Karasjok (teils Umsteigen), tägl. 1- 3 mal, Fahrzeit abhängig der Warterei auf Anschluß in Karasjok ca. 3 Std. Busse fahren ab Tana Bru weiter nach Kirkenes, bzw. in Tana Bru Umsteigen für Båtsfjord, Berlevåg, Vadsø und Vardø. Details siehe Tana Bru.

**AUTOVERMIETUNG**: AVIS, Tel.: 784.625.55, und Statoil- Tankstelle.

Nördl. Weinfabrik der Welt: sie liegt in Lakselv, Meierviveien 11. Verarbeitet werden arktische Beeren zu Wein, was recht apparten Geschmack ergibt. Er nennt sich bezeichnender Weise „North Cape Wine“. Das Weingut kann besichtigt werden nach Voranmeldung im Lakselv TI oder Tel.: 784.623.73, Fax: 784.627.52, Mobil: 984.84o.oo, und www.avc.no.

Aronsen Villmarksservice: Fahrten mit Flußbooten (Kanu mit Außenbordmotor) auf dem Lakselva, auch Angelfahrten. Tel.: 784.648.69. Ebenfalls im Angebot von „Polar Adventure“, Tel.: 784.617.44, Handy: 941.593. 61. - Fahrradverleih: Banak Camping, Tel.: 784.611.43.

*In **LAKSELV** entscheidet sich der weitere Streckenverlauf. Wer retour in die Heimat will, - fährt die E 6 via KARASJOK.*

*Wer noch den äußersten NORDOSTEN NORWEGENS einbauen will (Tana Bru, Vadsø, Kirkenes etc.) hat die Wahl:*

* **E 6 via Karasjok - Tana Bru** ist rund 6o km länger als die RV 98, dafür besser ausgebaut und schneller.

* **RV 98**: optisch auf Landkarte die „kürzere“ Variante, aber schmal und kurvenreich. Benötigt Zeit, dafür Zugang zur Nordkinn- Halbinsel.

Wir beschreiben zunächst die Variante via E 6 und Karasjok. Anschließend die RV 98.

SCHLITTEN (gezogen von Rentieren) war früher das Transportmittel der Samen in den Weiten der Finnmark. Heute ist es der schnellere und komfortable SNOWSCOOTER (siehe auch Seite 849)

## Lakselv -> Karasjok **(ca. 75 km, E 6)**

*Landschaftlich schöne Strecke. Straßenqualität gut, aber in manchen Abschnitten kurvenreich. Fahrzeit mit eigenem Auto rund 1 1/2 Std.*

Im ersten Abschnitt bergige Strecke und über rund 15 km milit. Sperrgebiet rechts und links der Straße. Es ist Übungsgebiet einer Heeresgarnision der norweg. Streitkräfte, die in Kasernen im Ort PORSANGMOEN stationiert ist. Die norweg. Luftwaffe besitzt einen Fliegerhorst im Banak Airport/ Laksev und kommt mit militärischen Kampfhubschraubern für gemeinsame Einsätze mit den Bodentruppen.

Während man unten auf der E 6 mit eigenem Auto friedlich fährt, kann es sein, daß knapp über einem ein Militärhubschrauber fliegt, an dem bis auf die Zähne bewaffnete Soldaten an Seilen hängen. Nicht erschrecken; das sind nur Übungen.

Betreffend des Sperrgebietes Hinweistafeln seitlich der E 6. Porsangmoen liegt am Nedervatnet. Eingebettet zwischen hohen Bergen und Felswänden eine Etage höher der Øvrevatnet mit der kleinen Siedlung SKOGANVARE am See.

Der gleichnamige SKOGANVARRE CAMPING ist Tipp wegen der Lage am Ostufer des Sees. Ebene Grasfläche und schöne WoMo Stellplätze. Weiterhin Vermietung von 31 Hütten (ca. 25- 6o Euro). Es gibt eine Minigolfanlage, Vermietung von Booten für Angeln auf dem See. Weiterhin Post und kleines Museum (betr. „2.Weltkrieg"). Einziger Nachteil des Camping: gelegentliches Echo von Gewehrsalven des nahen Militärgebietes, das knapp nördlich des Sees endet.

SKOGANVARRE LAZARETT: kurz nach dem Camping Ri. Süd an der E 6, kleines Hinweisschild und Parkplatz.

Im 2. Weltkrieg war der Banak- Airport/Lakselv größter Militärairport in Nordskandinavien. Von hier wurden mit Kampfbombern Versorgungsschiffe der Alliierten nach Murmansk/Russland angegriffen (Details siehe „Kirkenes"). Wenige km südlich von Lakselv in Skoganvarre (versteckt zwischen Bergen) lag das größte Kriegslazarett der Deutschen in der Finnmark. Zu sehen heute Reste von Stahlrohrbetten, Öfen und Grundmauerreste von Häusern etc. In den verstrichenen rund 5o Jahren wuchern Pflanzen über der Anlage. Mitnahme von Gegenständen verboten. Auch sollte man nicht vom Pfad abweichen (Minen?). Infotafel am Parkplatz.

Die E 6 führt anschließend rauf in eine hügelige Hochebene mit vereinzelten Seen, niedrigem Strauchwerk und Krüppelbirken nach **KARASJOK**.

## KARASJOK

1 RICA Hotel
2 Sameland Senteret: TOURIST INFO sowie Kunsthandwerkverkauf
3 Sami Radio
4 Sami Museum
5 TANKSTELLE Shell
6 TANKSTELLE Statoil
7 Shopping Center
8 BUS ABFAHRT, POST
9 Rathaus
1o Anne's Overnatting
11 Bibliothek
12 Cafe Grill
13 VM Kroa
14 Camping Karasjok
15 Rimi Supermarket, Schuhgeschäft etc. Leilas Cafe
16 TANKSTELLE Esso
17 Kirche
18 Knivsmed Strømeng
19 Sami Daidda (Sami Gallerie und Arts Centre)
2o Samen-Parlament

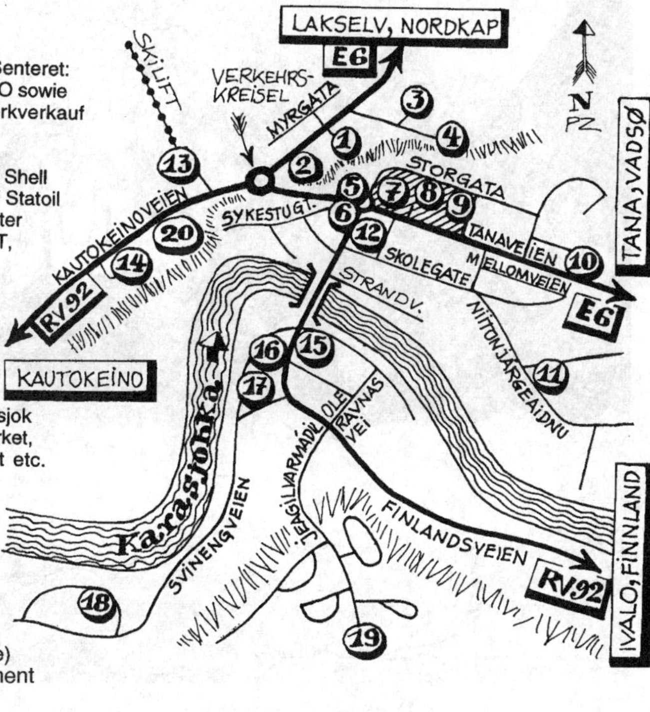

Ortsplan Karasjok siehe Vorseite

# ★ Karasjok (ca. 1.5oo Einw.)

Hauptstadt der Samen mit eigenem Parliamentsgebäude (2o), Schulen, in denen in samischer Sprache unterrichtet wird und eigener Samen- Radiostation. Der Ort erstreckt sich am Hang oberhalb des Karsasjohka Flusses sowie unten am Fluß, dort das Ortszentrum (6 - 12) mit Geschäften.

Tourist INFO Porsangerveien, im Sameland Senteret. Tel.: 784.688.1o und 784.688.11 www.koas.no

„**Rica Hotel Karasjok**“ (1): im oberen Ortsteil an der E 6 zurückversetzt. Das 1- 2 stöckige Gebäude langgestreckt am Hang ist komfortabler Stützpunkt in der umliegenden Wildnis. 56 mittelgroße Zimmer mit TV und Privatbad. Derzeit beste und teuerste Unterkunft in Karasjok. Die Zimmer teils mit Blick in Wäldchen, andere haben Blick über das Ortszentrum mit Shoppingbereich. Ganzjährig geöffnet. Gutes Hotelrestaurant „Storgammen“ mit internat. Küche, auch Gerichte nach Kochrezepten der Samen. DZ ca. 115- 15o Euro. Tel: 784.674.oo, Fax: 784.668.o2.

„**Karasjok Gjestehus**“ (2) neben dem Sammeland Senteret im oberen Ortsteil bei der E 6. Zweistöckiges Holzgebäude. 28 einfach eingerichtete Zimmer mit Bad. DZ ca. 65 - 75 Euro. Tel: 784.674.oo, Fax: 784.668.o2.

„**Villmarksmotel und Kro**“ (13): Nähe Verkehrskreisel an der Straße Ri. Kautokeino, ca. 1oo m am Hang rauf, ausgeschildert. Holzhaus mit Rezeption und Pub. Dort werden 4 Zimmer mit TV und Bad vermietet. DZ ca. 7o Euro. Gegenüber gut 1 Dutzend komfortable Hütten, ca. 5o - 7o Euro. Nebenan ein Skilift. Tel.: 784.674.46.

„**Anne's Overnatting og Motell**“ (1o): an der Straße Ri. Tana Bru, rund 3oo m vom Shoppingbereich entfernt. Im Hauptgebäude (kleineres Holzhaus an der Straße) werden 5 einfach eingerichtete Zimmer mit Pensions-Charakter vermietet. DZ ca. 5o Euro. Dahinter im Garten und von der E 6 zurückversetzt mehrere Holzgebäude mit Motelzimmern, ca. 7o Euro. Ganzjährig geöffnet. Tel.: 784.664.32, Fax: 784.664.32.

„**Engholm Huskies**“: 6 km südwestl. von Karasjok an der RV 92 nach Kautokeino. Sven und Ellen Engholm haben 5o Huskies, mit denen sie berühmte Schlittenhundrennen gewannen (u.a. den „Finnmarksløpet“ über 1.ooo km) sowie an Rennen in Alaska teilnahmen. Nur limitierte Unterkunft, aber Touren im Winter mit Schlittenhunden, im Sommer Kanutrips, Goldwaschen und Angeln. Tel.: 784.671.66, Handy: 784.671.76.

KARASJOK CAMPING (14): rund 6oo m vom Verkehrskreisel und RV 92 Ri. Kautokeino. Ausgeschildert ab Hauptstraße ca. 2oo m den Berg runter. Dort die Rezeption. Am Hang rund 2o Hütten ca. 35- 1oo Euro je nach Größe und Ausstattung. Auch WoMo-Stellplätze. Ganzjährig geöffnet.

GRENSEN CAMPING: rund 17 km östlich von Karasjok an der RV 92 Ri. Ivalo und norwegisch/finnischen Grenze. WoMo Stellplätze und 4 komfortable Hütten bis 6 Personen mit Bad, Toilette, TV und Kochgelegenheit. Ganzjährig geöffnet. Beliebt bei Anglern und daher oft langfristig ausgebucht. Pro Hütte ca. 95 Euro, auch wochenweise: ca. 55o Euro.

„STORGAMMEN“ (1):Rica Hotel Karasjok. Gemütliche Atmosphäre und gute Küche nach alten samischen Rezepten. Abgsehen davon auch internat. Küche. Gut u.a. die mexikanische Fischsuppe sowie Lachsgerichte. Mittlere bis gehobene Preise.

„LEILAS CAFE OG GATEKJØKKEN“ (15): unten am Fluß bei der Brücke und Essotankstelle. Kaffee und Kuchen sowie kleinere warme

SAMEN mit Rentieren auf der Finnmarksvidda. Illustr. 1885.

Gerichte bei mittleren Preisen. - „SILLJU“ gegenüber Statoil Tankstelle (6): Lunch, Kaffee und kleinere Snacks bei mittleren Preisen.

„KRO“ (15): im 1. Stock des Shoppingcenters. Billige bis mittlere Preise für kleinere Gerichte.

CAFETERIA im MEGA Supermarkt (7): wenige aber preisgünstige warme Gerichte. Weiterhin Kaffee & Kuchen.

**EINKAUFEN**

Das Ortszentrum unten beim Verkehrskreisel und der Tankstellen (5, 6). Gegenüber ein kleinerer **SHOPPING BEREICH (7)** mit:

INTERBOOK: vorwiegend Schulbücher, Hefte, Schreibpapier, Stifte etc. Nur wenig Bücher und diese vorwiegend in norwegischer oder samischer Sprache. - NARVESEN: von Leckerlies (Bonbons, Schokolade) bis Zeitschriften, Videos und Lottoannahme. - BANK - MEGA-SUPERMARKT: Lebensmittel, aber auch alles für den alltägl. Gebrauch, Plastikeimer, Kochgeschirr bis Nägel, Schrauben und Werkzeug. Im östl. Bereich ein OPTIKER und eine homeopath. APOTHEKE (verschreibungspflichtige reguläre Medikamente müssen von Lakselv rangeschafft werden, was ca. 1 Tag benötigt). - In diesem Bereich auch POST (8) und RATHAUS (9).

Ein weiterer kleiner **SHOPPING BEREICH (15)** direkt südlich der Brükke über den Karasjohka mit RIMI- SUPERMARKT (Lebensmittel) sowie Schuhgeschäft und Kleider.

**KUNSTGEWERBE**: SAMELAND SENTERET (2) im oberen Ortsbereich an der E 6. Modernes Gebäude mit mehreren Werkstätten heimischer Künstler, u.a. Silberschmiede, die Schmuck (Halsketten, Ringe etc.) anfertigen. Holzschnitzer, Weber u.a. Man kann bei der Arbeit zusehen und zugleich kaufen. Vor allem: das Angebot derzeit in künstlerisch hochwertigen Arbeiten und kein touristischer Souvenir- Kitsch. Die Preise bewegen sich auf fairem Mittelniveau.

SÁMI DÁIDDAGUOVDDÁS (19): etwas abseits im südl. Ortsteil (siehe unsere Karte). Private Verkaufsstelle von Samen- Kunsthandwerk und im Sommer gut besucht, wovon auch die vielen Parkplätze vor dem Gebäude zeugen. Mittlere Preise.

KNIVSMED STRØMENG (18): Traditionsbetrieb, der seit Jahrzehnten Messer herstellt. Sie sind wichtigstes Werkzeug der Samen, zwischenzeitlich auch beliebtes Souvenir der Touris. In der Werkstatt kann man bei der Herstellung der Messer zusehen und sich das eigene, gekaufte mit Namen eingravieren lassen. Badjenjarga, www.knivsmed-stromeng.no

**SEHENSWERTES**

SÁMPI: präsentiert werden im SAMELANDSENTERET (2) im Sommer eine 15 Min. Filmshow, die über das Leben der modernen samischen Gesellschaft berichtet und dies mit ihren früheren Traditionen verbindet. Wei-

SAMEN-FAMILIE mit Rentier. Illustration 1673 im Buch Lapponia von Ioannis Schefferus.

terhin samische Wohnplätze, in denen eine Samenfamilie alltägliche Tätigkeiten zeigt und Gerichte anbietet. Geöffnet 1.Juni - 1.September, Eintritt ca.1o Euro.

„SIIDA" nennen sich die Wohnplätze der Samen. Es gibt zwei Versionen: die bodenständigere und dauerhafte Behausung besteht im Inneren aus einer Holzkonstruktion aus geraden Baumstäben, über die Zweige und dann ausgestochene Erdstücke mit Gras/Moos gelegt sind. Im Lauf der Zeit wachsen die Graswurzeln zusammen und bilden einen festen, äußeren Schutz wie ein Mantel gegen Wind und Kälte. Die andere Version ist ein spitz nach oben zusammenlaufendes Zelt (ähnlich wie bei den Indianern Nordamerikas). Sie sind in ihrer Konstruktion nach oben zusammenlaufender Holzstäbe schnell auf- bzw. abzubauen je nach derzeitigem Wohnort auf der Finnmarksvidda. Über die Stützstäbe die Zeltplane aus Stoff. Die Zelte in der Regel oben offen, damit der Rauch der Feuerstelle im Zelt (Lavvu) abziehen kann.

★Wer sich ein Großzelt (für Privatgarten und Sommer-Party in Deutschland oder Schweiz/ Österreich) kaufen will: Preise je nach Größe 1o- 2o Personen ca. 5oo bis 1.5oo Euro, im Angebot von „Venor Lavvu", Kautokeino Tel. 784.866.22, Fax: 784.864.87.

SAMI- MUSEUM (4): in modernem Flachgebäude. Exponate zur Kultur und Geschichte der Samen, Kleidung gemäß Regionen. Zu sehen in Kopie eine Zaubertrommel,

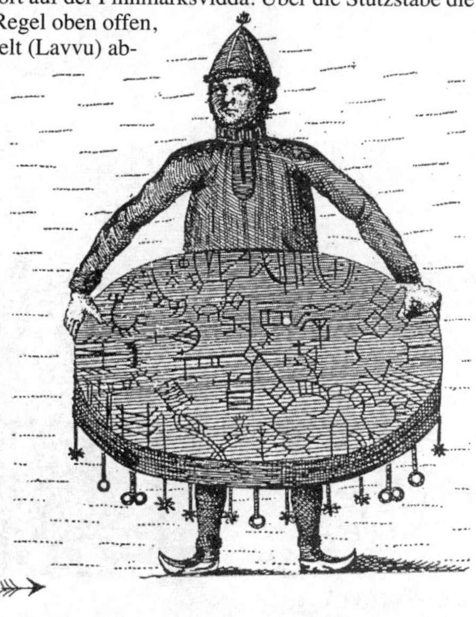

SCHAMANE mit Zaubertrommel. Mit ihr konnte er mit den Geistern in Verbindung treten. B.W. →

mit der Geister beschworen wurden. Mit ihr wurden Mächte wie z.B. der „Windmann" durch Magie beeinflußt. Mittelsmann war der Schamane, der mittels der Zaubertrommel u.a. auch in die Zukunft sehen konnte.

Erst relativ spät (16./17. Jhd.) wurden die Ureinwohner Samen von Missionaren zum Christentum bekehrt. Per königl. Dekrets stand auf Benutzung von Zaubertrommeln die Todesstrafe. Viele Schamanen wurden hingerichtet, und wo irgendwie möglich auch die Trommeln konfisziert.

Gemäß Botschaft der Missionare hatten die Samen nunmehr Gott anzubeten. Sich also dem Schicksal zu fügen (inkl. Strafandrohung Hölle, Fegefeuer) und auf göttliche Hilfe zu hoffen - statt selbst das Schicksal aktiv durch Magie zu beeinflussen.

Die Samen waren gewohnt, sich gegen die Widernisse des hohen Nordens durchzusetzen (Einsamkeit, Kälte, winterliche Schneestürme, Dunkelheit etc.). Daher war ihnen die christl. Philosophie des *„sich Gott zu ergeben und auf dessen Hilfe zu hoffen"* - wenig plausibel. Entsprechend lange dauerte es, bis die Missionare ihr Ziel erreicht hatten.

Weiterhin ausgestellt: Werkzeuge, Samenschlitten, Zelt, Ackergeräte, Fischspeere, Holzlöffel und Küchengeschirr, Angeln und Haushaltsgeräte, Boots-

KAUTOKEINO 1885: Priester vor Holzkirche mit seinen Schäfchen.

Die Zaubertrommel war verboten. Dafür Bibel und Strafen wie Fegefeuer, wer nicht "brav" war...

bau etc. Eine eigene Abteilung ist den unterschiedlichen Trachten der Samen je nach Region gewidmet. In einer Ecke eines Ganges steht ein Snow-Scooter von 1964 und ein Poster der Weiterentwicklung des heute wichtigsten Fahrzeuges der Samen.

Die Beschriftung der Exponate nur in samischer und norweg. Sprache. Dafür gibt's eine Broschüre in Deutsch zum gratis- Ausleihen am Eingang, die über die Exponate berichtet und Grobüberblick über die Samen bietet. Das Museum ist wichtigstes von Norwegen betreffend „Samen“ und lohnt. Dies allerdings nur, wenn man sich die Zeit nimmt (ca. 1- 2 Std.), mit der Broschüre ins Thema einzuarbeiten.

Im Außenbereich kleines Freilichtmuseum. Ergänzend und lohnend: das Sami- Museum in Inari/Nordfinnland (siehe Seite 847).

In Nordskandinavien leben heute rund 60.000 Samen. Rund 35.000 in Nordnorwegen (der größte Anteil in der Finnmark), rund 18.000 in Nordschweden, rund 5.000 in Nordfinnland und weitere ca. 2.000 auf der Kola Halbinsel/Russland.

Geöffnet ist das Karasjok-Museum ganzjährig - dies bei Fülle unterschiedlicher Uhrzeiten. Grob gilt: im Sommer ca. 9 - 18 Uhr - sonst ca. 9 teils auch 12 Uhr bis 15/18 Uhr. Eintritt ca. 2,5 Euro.

KIRCHE (16): Gebaut 18o7 in Kreuzschiff-Form,- ein Mini-Kirchlein. Sie ist eine der ältesten noch erhaltenen Holzkirchen der Finnmark. Die Hitlertruppen hatten beim Rückzug 1944 auch Karasjok dem Erdboden gleichgemacht und als einziges Gebäude die Kirche stehen gelassen.

SAMETINGET / SAMEN PARLAMENT (2o): der Neubau an der RV 92 in gelungener Architektur eines überdimensionalen Samenzeltes stammt von 1999 und wurde 2ooo eingeweiht. Hier tagt das Parlament der Volksvertreter der Samen bei derzeit leider noch eingeschränkter Verfügungsgewalt gegenüber der norweg. Regierung (Storting) in Oslo.

39 Abgeordnete vertreten 13 Wahlkreise. Beraten wird über die Zukunft der 5o.ooo Samen. Themen sind u.a. Technologisierung durch Snowscooter. Diese sind in Anschaffung, Sprit und Unterhalt teuer und nur von reicheren Samen bezahlbar.

Letztere können mit Snowscooter und Handy eine größere Anzahl von Rentieren kontrollieren und somit günstigere Preise für Rentierfleisch anbieten. Für kleinere Rentierhalter und Familienbetriebe bedeutete dies Arbeitslosigkeit, da sie bei den billigen Preisen nicht mithalten konnten.

Das Überangebot von Rentierfleisch führte aber gleichzeitig auch zum Preisverfall für Großherdenbesitzer. Zu viele Rentiere bedeutet Überweidung. Die Regierung in Oslo reduzierte daher die Vergabe neuer Konzessionen. Viele Samen sehen dagegen als Lösung, die Großtierherden wieder abzuschaffen zu Gunsten kleinerer Tierhaltung. Sie begründen dies u.a. damit, daß bei Großtierhaltung viele 1o.ooo Tiere in enge Pferche getrieben werden und dadurch der empfindliche arktische Boden erheblichen Schaden nimmt.

Diejenigen Samen, die in Fjorden und an den Küsten fischten, beschweren sich, daß die Gewässer von Großunternehmen leergefischt sind. Die Regierung in Oslo möchte daher die Fangquoten der Großtrawler und schwimmenden Fischfabriken drastisch reduzieren. Die Samen sollten dagegen Genehmigung für größere Fangquoten erhalten. Hiergegen wehrt sich die starke norweg. und ausländische Fischlobby. Bei den Diskussionen dürfen die Samen zwar Vorschläge machen, haben jedoch bisher ein nur sehr eingeschränktes Mitspracherecht.

Rund 9o % der Bevölkerung von Karasjok sind Samen. Es gibt Schulen, die in samischer Sprache den Unterricht durchführen sowie eine Radiostation, die ausschließlich in Samisch sendet und sich im Regionalprogramm mit Problemen der Samen beschäftigt.

## AKTIVITÄTEN SOMMER

Ausflüge mit tradit. samischen Flußbooten und Besuch von Sami Camp mit Bewirtung. Weiterhin Lachs-Angeln und Wandern. - Wer will, kann Goldwaschen: eine harte Arbeit, begleitet von Moskitos und definitiv keiner Chance, reich zu werden. Dafür Outdoor- Feeling, je nach Veranstalter auch Lagerfeuer und Übernachten in Zelten bzw. Fjellstue. Weitere Infos: Karasjok Oppevelser as, Postboks 192, N-973o Karasjok. Tel.: 784.688.1o, Fax: 784.688.11, www.koas.no

Lachsangeln, Flußfahrten und Ausflüge zu sam. Lavu mit Essen bietet

„Samipath“ an, Niitosjogas 27, 973o Karasjok. Tel.: 784.660.24 und 784. 674.87 www.samipath.com

Badestrände: in Karasjok am Fluß viele Strände, einige Sandstrände mehrere Kilometer lang. Das Wasser allerdings auch im August sehr kühl-frisch, obwohl Temperaturen bis ca. 18 Grad erreicht werden können.

**AKTIVITÄTEN WINTER**
Markierte Langlaufloipen um Karasjok, u.a. auch 1 Tagetrips zu Fjellstuen mit Übernachtung. Weiterhin Schlittenhundfahrten bzw. Trips mit Snowscootern durch die verschneite Winterlandschaft der Finnmarksvidda in den Monaten Dez.- Apri. Weiterhin: zum Frühlingsabtrieb der Rentier (April-Mai) von Karasjok zur Küste. Anbieter: „Samipath“ (Adresse und Web siehe oben).

Beim „Villmarksmotel og Kro“ (13) in Karasjok ein kürzerer Skilift für Abfahrtslauf mit beleuchteter Piste. Infos: Karasjok Oppevelser siehe oben. Für Schlittenhundfahrten: Engholm Huskies, Tel.: 784. 671.66, Handy: 915.866.25, www.engholm.no. - Für Skilift: „Villmarks Kro“ siehe Karasjok Unterkunft.

## Verbindungen ab Karasjok

**BUS**: Abfahrt (8) beim Shoppingbereich (7). Karasjok ist Verkehrsknotenpunkt für Fernverbindungen der norweg. Finnmark sowie der Region Lappland in Nordfinnland.

Nach Lakselv: tägl. 1- 2 mal, Fahrzeit rund 1 Std. Nach Rovaniemi/ Finnland via Inari und Ivalo: tägl. 2 mal, Fahrzeit bis Inari ca. 3 Std., bis Ivalo ca. 4 Std., bis Rovaniemi rund 1o Std. Ab Rovaniemi dichte Verkehrsverbindungen u.a. nach Helsinki (auch tägl. Zug sowie PKW Autoreisezug) und Bus Rovaniemi -> Tornio/Haparanda via Schweden nach Stockholm). Weitere Details VELBINGER Band 29 Finnland und Band 18 Schweden.

Nach -> Tana Bru/Norwegen: 1- 2 mal tägl., Fahrzeit ca. 3 Std. Bus fährt weiter nach -> Vadsø (plus 5o Min.) bzw. Vardø (plus ca. 4o Min.) bzw. Kirkenes (plus ca. 2 Std.). Je nach Verbindung ist Umsteigen in Tana Bru nötig bei entsprechend längerer Fahrzeit.

Nach -> Kautokeino: ca. 4 mal Woche, Fahrzeit knapp 2 Std.

***Weiter ab KARASJOK -> TANA BRU, KIRKENES: Seite 848***

## Karasjok -> Ri. Süd (nach Hause)

*Zwei Strecken: entweder via INARI, IVALO, ROVANIEMI - oder via KAUTOKEINO. Ziel jeweils **Tornio/Haparanda**. Beide Strecken sind bei rund 56o bzw. 6oo km fast gleich lang. Interessanter ist die Strecke via Inari (Ausflüge per Wasserflugzeug, Samenmuseum) und Rovaniemi, zumindest sehr gut ausgebaute Straße (RV 92, E 76) ......**Details Seite 847*

*Die Strecke via Kautokeino benötigt auf der norweg. Seite etwas Zeit, da die RV 92 Nebenstraßen- Charakter besitzt. .... Details: folgender Text.*

*Ab Tornio/Haparanda weiter entlang der schwed. Ostküste und E 4. Eine reichlich monotone Strecke, aber kürzeste Verbindung nach Stockholm. Wesentlich schöner ist die Fahrt durch Finnland mit seinen tausenden von Seen. Ab Helsinki oder Turku Nachtfähre nach Stockholm.*

## Karasjok -> Kautokeino (RV 92/RV 93, ca. 135 km)

Die RV 92 folgt im Tal des Jiesjokka Flußes, später an Seen entlang. An der Weggabelung bei Gaeidnovoubbal gehts rechts nach Alta (siehe Seite 746) und Maze (Flußfahrten zum Alta Staudamm, Details S. 758). Bzw. links nach Kautokeino. Die Straße nennt sich nunmehr RV 93.

## ★ Kautokeino (ca. 1.7oo Einw.)

Fast ausschließlich von Samen bewohnt und in samischer Sprache „*Guovdageainnu*" genannt. In früheren Jahrhunderten war die Siedlung am Fluß ihr Winterquartier. Erste Kirche im Rahmen der Missionisierung der Samen 17o4. Nicht mehr erhalten, die heutige Kirche (15) stammt von 1958 mit Schieferdach. Beim Rückzug der deut. Truppen 1944/45 aus Nordnorwegen wurde der komplette Ort in Brand gesetzt.

Tourist INFO www.kautokeino.kommune.no

Heute ist Kautokeino ein langgestrecktes Straßendorf an der RV 93 und der Seitenstraßen. Kaum spezielle Sehenswürdigkeiten, außer einem kleinem FREILICHTMUSEUM (12): zu sehen tradit. Hütten der Samen mit Werkzeugen, auch Tierfallen, Angeln, Lagerung und Konservierung von Fisch, Küchengeräte, Kleider und kleine Sauna sowie Ski und anderer Geräte für den Winter. Auch wenn das Museum klein ist: die vier wichtigsten Samenmuseen Nordskandinaviens in * Karasjok, * Kautokeino, - * Tromsø und * Inari/Finnland. Sie ergänzen sich gegenseitig.

Geöffnet ganzjährig, Juni- Aug. ca. 9- 18 Uhr, ansonsten ca. 9 - 15 Uhr bzw. seltener. Eintritt ca. 5 Euro.

JUHL'S SILBERGALERIE (18): in Nordskandinavien die sicher berühmteste Kunsthandwerkstätte für Silberarbeiten. Gegründet in den 5o-er Jahren von Regine aus Deutschland und Frank Juhl aus Dänemark, die sich verliebten, heirateten und die Werkstatt aufbauten.

Originelle, geschwungene Architektur auf einer Anhöhe oberhalb des Flusses. Das erste Gebäude war in Form inspiriert von einer Schneewehe, die der Wind in leichter Biegung nach oben auftürmte. Weitere Anbauten

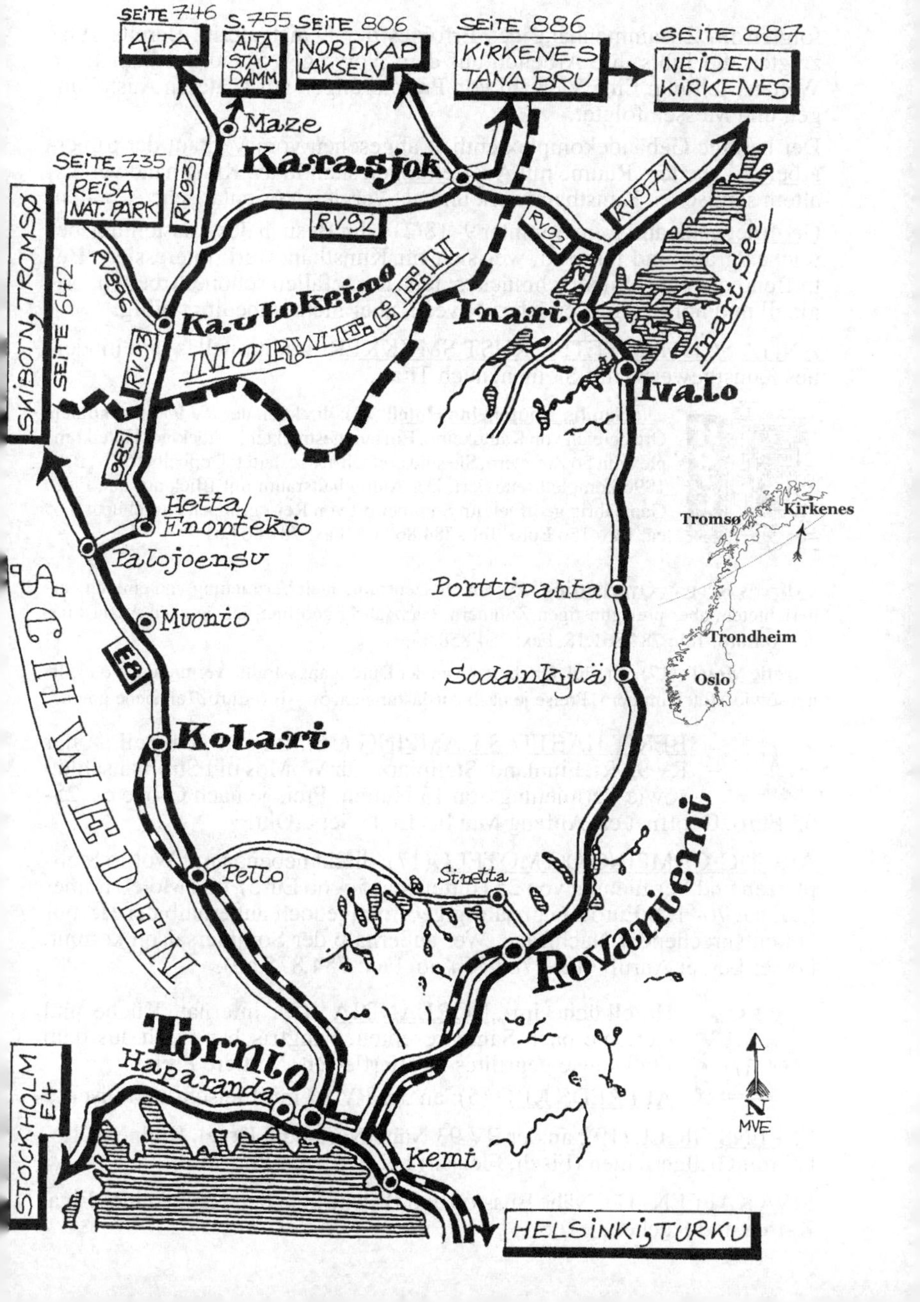
SEITE 746
ALTA
S.755
ALTA STAUDAMM
SEITE 806
NORDKAP LAKSELV
SEITE 886
KIRKENES TANA BRU
SEITE 887
NEIDEN KIRKENES
Maze
Karasjok
SEITE 735
REISA NAT. PARK
RV93
RV92
RV92
RV971
SKIBOTN, TROMSØ SEITE 642
RV896
Kautokeino
NORWEGEN
Inari
Inari See
Ivalo
RV93
985
Hetta/
Enontekiö
Palojoensu
Muonio
E8
SCHWEDEN
Kolari
Porttipahta
Sodankylä
Tromsø
Kirkenes
Trondheim
Oslo
Pello
Sinetta
Rovaniemi
Tornio
Haparanda
STOCKHOLM E4
Kemi
HELSINKI, TURKU
N
MVE

folgten im Zusammenhang des Erfolges der Kunstgalerie. Bereits 1967 zeigten die Juhls ihre Arbeiten auf dem Norwegen Stand der damaligen Weltausstellung. Eine Vielzahl von Prämierungen auf späteren Austellungen und Messen folgte.

Der heutige Gebäudekomplex enthält abgesehen vom Verkauf der Silberarbeiten - weitere Räume mit Ausstellungen skandinav. Kunsthandwerkes, altem samischen Kunsthandwerk und als Vergleich orientalische Arbeiten.

Geöffnet ganzjährig, im Sommer 9- 18/21 Uhr. Besuch des Ausstellungsbereiches gratis und lohnend, wer sich für Kunsthandwerk interessiert. Betreffend des Juhl- Silberschmuckes: teils ausgefallen schöne Arbeiten, originell und hohes künstlerisches Niveau, aber nicht unbedingt billig.

ANITA SCHMID, PETER RUST SMYKKER: traditionelles und modernes Kunstgewerbe mit Steinen, auch Titan.

„**Norlandia Kautokeino Hotell**“ (2): direkt an der RV 93 im zentralen Ortsbereich von Kautokeino. Ein langgestreckter 2- stöckiger Hotelkomplex mit 5o Zimmern. Sie sind einfach ausgestattet: Doppelbett, TV, Bad. 1996 komplett renoviert. Der Aufenthaltsraum mit Blick auf den Fluß. Ganzjährig geöffnet, im Sommer oft von Reisegruppen ausgebucht. DZ ca. 1oo- 15o Euro. Tel.: 784.862.o5, Fax: 784.867.o1.

„**Alfreds Krog & Overnatting**“ (5): im Ortszentrum, auch Vermietung von einfach eingerichteten, aber preisgünstigen Zimmern. Ganzjährig geöffnet. DZ je nach Auslastung ca. 6o Euro. Tel.: 784.861.18, Fax: 784.858.55.

„**Arctic Motel**“ (17): im südl. Ortsbereich an der Durchgangsstraße. Vermietung von Hütten sowie Motelzimmern. Preise je nach Auslastung ca. 5o - 1oo Euro. Tel. siehe unten.

BERIT HAETTAS CAMPING (16): im südl. Ortsteil an der RV 93 Ri. Finnland. Stellplätze für WoMos mit Stromanschluß sowie Vermietung von 13 Hütten. Preis je nach Größe ca. 25-65 Euro. Geöffnet ca. Anfang Mai bis Ende Sept./Okt.

ARCTIC CAMPING OG MOTELL (17): direkt nebenan mit WoMo Stellplätzen und Vermietung von 25 Hütten (ca. 5o- 6o Euro) und Motelzimmer (DZ ca. 7o- 1oo Euro). Ganzjährig geöffnet, jedoch außerhalb der HS nur bei entsprechender Nachfrage. Wer außerhalb der Sommersaison kommt, besser kurzer Anruf (Tel.: 784.854.oo, Fax: 784.875.o5).

Hotelküche im „NORLANDIA“ (2): internat. Küche und Gerichte nach Samenrezepten. Fangfrischer Fisch aus dem Fluß sowie gegrilltes Rentierfleisch. Mittlere Preise.

ALFREDS KRO (5): an der RV 93 mit Fleisch- und Fisch.

ELLENS GRILL (19): an der RV 93 Nähe Norlandia Hotel. Kleineres Lokal mit Grillgerichten (Fisch, Fleisch) bei mittleren Preisen.

SIVA KAFEEN (11): Nähe Busstop und Brücke über den Kautokeino- Elva. Kaffee und Kuchen.

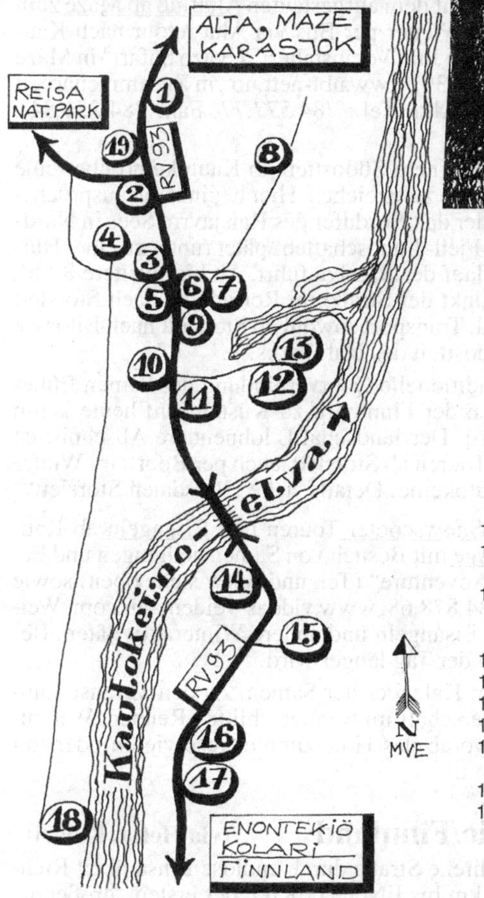


**KAUTOKEINO**

1 TANKSTELLE
2 Norlandia Kautokeino Hotell
3 TANKSTELLE
4 Schule
5 Alfreds Kro und Übernachtung
6 BUS, TAXI
7 Bank
8 Kulturhaus, Kino
9 Supermarket
1o Krankenhaus
11 BUS, TOURIST INFO und Siva Kafeen
12 Gouydageainnu Gilisilju Freilichtmuseum
13 Geschäfte
14 Supermarket
15 Kautokeino Kirche
16 Berit Haettas Camping
17 Kautokeino Camping og Motell
18 Juhl's Silbergalerie
19 Ellens Grill

Im Ort Kautokeino TANKSTELLEN (1, 3) die auch kleinere Reparaturen ausführen. Weiterhin: kleinere SUPERMÄRKTE (9, 14), allerdings nur limitiertes Angebot. - DISCO im „Norlandia Kautokeino Hotell“ (2) am Weekend, mit viel Provinzflair und Festhalten an der Bierflasche. - BANK (7) im Ortszentrum.

TOURIST INFO: im „Siva Kafeen“ (11) Nähe der Brücke sowie im „Norlandia Hotell“ (2), die Veranstaltungen vermitteln und Infos u.a. zu Angeln, Wandern und Kanufahren geben.

AKTIVITÄTEN/SOMMER: Angeln in der Finnmarksvidda, Besuch von Samen-Camps im Lavvu Zelt mit Essen, u.a. mit „Sami Adventure“, Tel.: 784.852.52, www.samiadventure.no - Relaxing ist die Fahrt in einem Samenboot mit Außenbordmotor auf dem aufgestauten Altafluß ab Maze zum Altastaudamm (Besichtigung). Weiter per Bus via Alta retour nach Kautokeino. Ein 1 Tagestripp. Nur im Juli, Veranstalter: „Cvazo Safari“ in Maze (Tel.: 784.875.88, Fax: 784. 876.39) www.nbt-nett.no , in Zusammenarbeit mit „Destinasjon Alta AS“ in Alta (Tel.: 784.577.77, Fax: 784.351.84). Weitere Details siehe „Alta“.

Der Reisa Nationalpark ist in seinem Südostteil ab Kautokeino über eine 36 km lange Stichstraße (RV 896) zu erreichen. Hier beginnt ein anspruchs-

voller 9 Std. Trail, der das Nordufer des Raisjavrre Sees in Nordwest Richtung über Fjell- Landschaften später runter zu einer Hütte im Tal und Oberlauf des Sarelva führt. Ab hier weitere 8 Std. bis Bito und Endpunkt der Straße im Reisadalen nach Storslett (Seite 733). Es fehlt an öffentl. Transport sowohl ab Storslett nach Bito wie auch ab Kautokeino zum Südostteil des Nat. Parks.

Dies ist Grund warum die traditionelle Querverbindung der Samen früherer Jahrhunderte vom Inneren der Finnmark zu Küstenfjord heute kaum von Wanderern realisiert wird. Der landschaftl. lohnendere Abschnitt ist das Reisadalen (organisierte Touren ab Storslett auch per Boot); im Winter Snowscooter Storslett -> Kautokeino. Details siehe „Reisdalen/Storslett“.

AKTIVITÄTEN/WINTER: Snowscooter Touren und Eisangeln ab Kautokein, Rentierschlittenausflüge mit Besuch von Samensiedlungen und Essen. Veranstalter u.a. „Sami Adventure“ (Tel. und www siehe oben) sowie „Viddas Veidemann“, Tel.: 784.878.68, www.viddas-veidemann.com. Weiterhin: Snowscooterfahrten, Eisangeln und andere Winteraktivitäten. Beste Zeit: ab Ende Febr., wenn der Tag länger wird.

Ostern ist wichtigstes Fest im Kalender der Samen. Zu den Veranstaltungen zählt u.a. eine Weltmeisterschaft im Rentierschlitten Rennen. Wer zusehen will, muß langfristig vorab das Hotelzimmer reservieren oder mit winterfestem WoMo anreisen...

## Kautokeino -> Tornio/Finnland (via Hetta, Kolari)

Asphaltierte aber kaum befahrene Straße durch endlose Einsamkeit Richtung Süd. Zunächst rund 8o km bis ENONTEKIÖ, der ersten „größeren“

Siedlung auf der finnischen Seite. Sie ist ewig weit in der Landschaft verstreut, - ihr Ortskern HETTA: Im Sommer Souvenirstände, wo Rentierfelle, Elchgeweihe (für oben auf's WoMo), Pullies, Schnitzarbeiten etc. verkauft werden.

Weitere 25 km bis PALOJOENSU am Grenzfluß Schweden/Finnland, wo die **E 8** erreicht wird. Sie führt gut ausgebaut auf der finnischen Seite parallel zum Grenzfluß südostwärts nach KOLARI. Ab hier besteht die Möglichkeit, tägl. Autoreisezug nach Helsinki. Fahrzeit 1 Nacht. Spart somit erheblich Zeit und Kilometer. Ab Helsinki Nachtfähre nach Stockholm. Details siehe Seite 22.

Oder: ab KOLARI weiter auf der E 8 südostwärts nach TORNIO an der Grenze zu Schweden und endlose, monotone Landstraßengurkerei bei Geschwindigkeitsbegrenzung 8o km/h (teils auch 11o) nach Stockholm. Details im VELBINGER Band 18 „Schweden" und Band 29 „Finnland".

## Karasjok -> Tornio/Finnland (via Inari, Rovanemi)

Die Alternativ- Route auf sehr gut ausgebauten finnischen Straßen. Zunächst rund 2o km bis zur norwegisch/finnischen Grenze bei KARIGASNIEMI mit Campingplatz und weitere ca. 125 km bis:

INARI: „Hotel Inari": zweistöckiges Holzgebäude direkt am See mit Cafeteria. Beim Hotel die Anlegestelle der Wasserflugzeuge (Air Taxis): kleine Cessna Propellermaschinen können für 3o Min. Rundflüge gechartert werden. Lohnt unbedingt, den riesigen Inarisee mit seinen Verästelungen und Inseln aus der Luft zu erleben! - Ebenfalls im Ort das „Siida Samenmuseum": es ist eines der größten und besten in Nordskandinavien, der Besuch lohnt.

Rund 65 km nach IVALO, das Verwaltungszentrum der Region. Das Ortszentrum entlang der Hauptstraße mit Geschäften, Supermarkt und Tankstellen. Direkt beim Verkehrsrondel am Fluß das „Hotel Kultahippu": rustikal eingerichtetes Restaurant mit dunklen Holzbalken, an der Rezeption jede Menge Geldscheine, Bierdeckel und Visitenkarten angeheftet. Im südl. Ortsteil das „Ivalo Hotel" sowie Campingplätze und Airport.

IVALO -> ROVANIEMI (ca. 29o km): Straße sehr gut ausgebaut; geradlinig bzw. in weiten Kurven. Zunächst am Fluß entlang, später Hügelland. Fahren macht Spaß; mit einem gutem PKW sind teils Geschwindigkeiten von 15o km/h möglich, allerdings VORSICHT! Zum einen gibt's jede Menge an Rentieren, die u.U. unkontrolliert die Fahrbahn überqueren. Zum anderen gilt Speed Limit 8o km/h, was auch sporadisch kontrolliert wird.

Unterwegs auf einer Hochebene verbreitert sich die Straße unvermittelt auf die Breite einer Landebahn eines Großairports und dies auf 4 km Länge; im Umkreis totale Einsamkeit. Richtig vermutet: die Straßenverbreiterung dient als Notlandeplatz für Jumbo-Jets auf der Polarroute nach insbes. Japan und Peking/China.

Knapp nördlich von Rovaniemi überquert die E 75 den Polarkreis. Direkt an der Hauptstraße residiert der WEIHNACHTSMANN , - und dies ganzjährig! In großem Shopping Center gibt's Replikas vom Weihnachtsmann zu kaufen, Christbaumschmuck, aber auch Elche in Holz und Latex, Messer, Webarbeiten, Pullies etc. aus finnisch-Lappland. Dazwischen läuft der „echte", verkleidete Weihnachtsmann rum, und dies auch im Sommer. Weiter südlich (ausgeschildert ab E 76 „Santa Park") führt ein Tunnel in den Berg zu einer unterirdischen 11 m Kuppelhalle mit weiteren Santa Claus-Attraktionen. Kommerzbetrieb eines ganzjährigen Weihnachtsfestes, über das man sehr unterschiedlicher Meinung sein kann.

**ROVANIEMI**: nördlichste größere Stadt Finnlands und Vorposten der endlosen Weiten Lapplands. Die Stadt ist durchweg modern und ohne Spezielles. Fußgängerzone, dort Scandic Hotel mit guter Küche im Hotelrestaurant. Im Bereich der Fußgängerzone weitere Hotels und mehrere kleine Shopping- Centers.

Bahnhof: mit tägl. Schlafwagen und Autotransport nach Helsinki. Fahrt: 1 Nacht, preisgünstig. Ab Helsinki Nachtfähre nach Stockholm. Spart erheblich Zeit und km.

ROVANIEMI -> TORNIO: gut ausgebaute E 76, die dem Kemijoki folgt, rund 125 km. Prinzipielle Entscheidung, ob man weiter via schwed. Ostküste nach Stockholm fährt, - oder die ausgesprochen schöne Route via Finnland und seiner Seenlandschaft nach Helsinki bzw. Turku fährt und von dort mit der Fähre nach Schweden. Im Sommer auch Direktfähren Helsinki -> Rostock/Deutschland.

# Äußerster Nordosten Norwegen

*Der Abstecher zur Nordkinn- und Varanger Halbinsel sowie Kirkenes im Folgenden beschrieben. Zentraler Ausgangspunkt ist **TANA BRU**, - zu erreichen:*

*ab Lakselv (siehe Seite 83o) über die **RV 98** mit Abstecher zur Nordkinn Halbinsel ........................................ Details Seite 852*

*ab Karasjok (siehe Seite 834) über die **E 6**. Zwar rund 6o km länger, aber besser ausgebaut, geradliniger und somit zeitgleich zur RV 98. Als Variante sinnvoll, wer sich aus Zeitgründen auf Vadsø, Vardø und Kirkenes beschränkt. ........................................ Details siehe folgendes Kapitel*

## Karasjok -> Tana Bru (ca. 18o km, E 6)

ACHTUNG: in Karasjok volltanken, bis Tana Bru gibt's an der E 6 keine weitere Tankstelle. Fahrzeit bis Tana Bru mit eigenem Auto knapp 3 Std., auch tägl. Busverbindung.

Gut ausgebaute Straße, die geradlinig mit meist weiten Kurven entlang des breiten Tanaflusses mit flachen Hügelrändern. Wenig Abwechslung, aber Erlebnis der endlosen Weiten der Finnmark. Gelegentlich kleinere Siedlungen und Gehöfte.

Bis Mitte der 60-er Jahre war der breite Fluß wichtigster Verkehrsweg: im Sommer per Boot, im Winter über den vereisten Fluß. Erst der Bau der Straße E 6 (und einer schmalen Parallelstraße auf der anderen Flußseite, E 75 Finnland) schuf moderne Verkehrswege. Die E 6 vorsichtig fahren: sie ist mittelbreit und erlaubt zunächst gesehen höhere Geschwindigkeiten als schmale, kurvenreiche Nebenstraßen. Die Einheimischen donnern mit teils stark überhöhter Geschwindigkeit durch. Wegen relativ geringem Verkehr werden oft auch unübersichtliche Kurven geschnitten, bzw. an Hügelkuppen in Straßenmitte gefahren. Offiziell gilt 80 km/h.

Im Winter, wenn der Fluß vereist ist: Snowscooter- Piste von Karasjok nach Tana auf dem Fluß. Die „Snø Scooter", wie sie auf norwegisch heißen, erreichen Geschwindigkeiten bis zu ca. 80 km/h. Warme Kleidung und Sturzhelm gehören zur elementaren Ausrüstung. Über leichte Bodenwellen wird gesprungen. Eine nicht ungefährliche Angelegenheit, wenn die Bodenwelle seitliche Neigung besitzt und den Snø Scooter entsprechend schräg in die Luft kippt. Schräge Bodenwellen sind durch Eisverschiebungen auf dem Fluß und darübergewehtem Schnee durchaus möglich. Das Fahren auf dem Tanafluß benötigt daher viel Erfahrung, mit welcher Geschwindigkeit und in welche Richtung Bodenwellen angefahren werden müssen.

Der Tanafluß ist mit 330 km der drittlängste Fluß Norwegens. Er ist berühmt für den Reichtum an Lachsen und beliebt bei Anglern. Der Fluß beginnt westl. von Karasjok und nennt sich dort „Jiesjoki". Der nordöstl. Teil bis Mündung heißt auf Samisch „Tenojoki". Über rund 100 km bildet er die Grenze zu Finnland. „Tana" ist der norweg. Name des Flusses.

**UTSJOKI**: drüben auf der finnischen Seite und per großer Hängebrücke mit der E 6 verbunden. Utsjoki ist die nördlichste größere Siedlung Finnlands, Tankstelle, Supermarkt und Campings.

„UTSJOKI CAMPING": im Ortszentrum Nähe Fluß. WoMo Stellplätze sowie Vermietung von 13 Hütten. Im Wirtschaftsgebäude WC, Duschen und Kochgelegenheit. Kanuverleih. Geöffnet Anf. Juni bis ca. Ende Sept.

„LOHI-ASLAKIN": Utsjoki Nähe Fluß. Beliebt bei Anglern, Verleih von Booten und Bootsmotoren; Vermietung von Hütten. Geöffnet Mitte Juni bis Mitte Sept.

„TENON TUNTURITUVAT": am Fluß, mit WoMo Stellplätzen und Hütten. Der Besitzer, ein Same, gibt fachkundige Auskunft zu den besten Angelstellen, Vermietung von Booten. Ganzjährig geöffnet.

„LOHIOTTI FERIENHÜTTEN": am Fluß, ca. 2 km nordwestl. von Utsjoki auf der finnischen Seite. 10 sehr komfortable Hütten mit Sauna, Küche, WC, TV. Verleih von Angelausrüstung, Booten. Im Winter Verleih von Snowscootern und Skiausrüstung. Ganzjährig geöffnet.

„FOSHOLM CAMPING“: auf der norwegischen Seite an der E 6, wenige Kilometer nach der Hängebrücke Ri. Tana Bru. Ein kleiner Camping in totaler Einsamkeit zwischen E 6 und Tanafluß, beliebt bei Anglern.

„STORFOSSEN CAMPING“: an der E 6/Norwegen und rund 3o km südwestl. von Tana Bru. Der Platz liegt oberhalb von Kaskaden am Fluß, Superstelle zum Lachsangeln. WoMo Stellplätze mit Stromanschluß und Vermietung von 15 Hütten. Geöffnet ca. Mai bis Ende Sept.

## ★ Tana Bru /Polmak (ca. 1.5oo Einw.)

Die E 6 tangiert den Ort und führt direkt zur Hängebrücke über den Fluß. Hier am Ortseingang ein breites Areal mit Tankstelle, Supermärkten, Souvenirshop, Rathaus, Hotel und Busterminal. Es fehlt etwas an Charme. Tana Bru ist kleinerer Verkehrsknoten und Versorgungspunkt für den äußersten Nordosten, - jedoch kein Ort, der zum Bleiben motiviert.

Tourist INFO: Im Comfort Hotel Tana ganzjährig geöffnet, Tel.: 789.266.oo Fax: 789.266.49, bzw. im Rathaus von Tana, Tel.: 789.253.oo, Fax: 789.253.o9. www.tana.kommune.no

Die Wohnhäuser von Tana Bru liegen abseits des o.g. Versorgungsareals verstreut in einem Wäldchen. Möglicher gratis WoMo Stellplatz beim Idrettsplass zu erreichen über Idrettsveien Nähe Post und ca. 4oo m vom S-Market entfernt Ri. Wäldchen. Rund 25o m südl. Ecke Ringveien/Maskevarrenveien das Krankenhaus.

Bevor die Brücke 1948 über den Tana (= Name „Tana Bru“) gebaut wurde, war POLMAK rund 2o km südlich die Hauptsiedlung. Da der Fluß dort recht breit ist, mußten im Sommer die Autos in kleinen Pontonfähren übergesetzt werden. Im Winter konnten die Autos bei genügender Eisdicke direkt über den Fluß. Bevölkerung: ausschließlich Samen.

Im Polmak ein kleines HEIMATMUSEUM („Tana Museum“, auch „Deanu Museum“ genannt), das über Fischfang im Fluß berichtet, aber auch generell über die Geschichte der Samen. Es ist untergebracht in einem Haus von 179o. Angegliedert kleines Freilichtmuseum. Geöffnet ca. Mitte Juni bis Ende August. Im Sommer auch Fahrten mit tradit. Flußbooten.

POLMAK KIRCHE: Holzkirche von 185o-53, enthält einen Altar von 1626 und war eines der wenigen Gebäude, das von den Nazis bei Rückzug aus Nordnorwegen von Zerstörung verschont wurde.

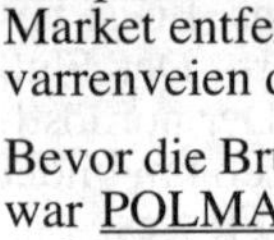


„**Comfort Hotel Tana**“: Ortsteil Tana Bru Nähe der Brücke auf besagtem Versorgungs- Areal. Ein flaches, längliches Holzgebäude mit Cafeteria, die auch von LKW- Fernfahrern gern besucht ist. Vermietung von 3o Zimmern ohne Luxus, aber Bad. Ganzjährg geöffnet. DZ je nach Auslastung ca. 12o Euro. Tel.: 789.281.98, Fax: 789.28o.o5.

„**Polmakmoen Gjestegård**“: im Ort Polmak auf der Ostseite des Tanaflusses und rund 2o km ab Tana Bru. 9 kleinere Samen- Torf Hütten für je 2 Personen. Ganzjährig geöffnet, aber besser vorher anrufen. Die Hütten sind beliebt und oft langfristig ausgebucht. Tel.: 789.289.9o, Fax: 789.284.59.

TANA FAMILIECAMPING: größeres Areal direkt hinter dem Comfort Tana Hotel, Nähe E 6 und Tana-Hängebrücke. Vorteil sind die große Cafeteria im Hotel sowie Supermärkte in „Griffweite“ direkt auf der anderen Straßenseite. Auch Stellplätze für WoMos mit Stromanschluß und Vermietung von 15 Hütten (je nach Größe ca. 45-6o Euro. Geöffnet Juni bis Ende August.

SKIPAGURRA CAMPING: auf der anderen Flußseite rund 5 km südl. an der E 6 und dortiger Abzweigung RV 895. Leicht geneigtes Wiesengelände, auch Vermietung von rund 2o Hütten.

CAFETERIA im Comfort Hotel Tana: norw. Hausmacherkost, gut sind Fischgerichte insbes. Lachs. Mittlere Preise.

POLMAKMOEN GJESTEGÅRD: im Ort Polmak, via RV 895 rund 2o km südl. Serviert werden Mittags Gerichte nach samischen Rezepten . Mittlere Preise.

Wer will, kann die ca. 1o km noch weiter fahren bis NUOGRAM/Finnland. Es ist die nördlichste Siedlung Finnlands, ausschließlich bewohnt von Samen. Ein kleines Nest mit zwei sehr guten Restaurants: STAALONPESÄ und TENON LUONNONTUOTE, die nach samischen Rezepten lokale Lachs- und Rentiergerichte servieren. Schmeckt super, z.B. auch kaltgeräucherter filetierter Lachs, Rentiergulasch etc. Achtung: letztgenannte Lokale kochen nur bei entsprechender Nachfrage, d.h. nur zur Saison (ca. Mitte/Ende Mai bis Ende August), wenn genügend Gäste da sind.

SILBERSCHMIEDE: „Tana Gul og Sølvsmie“ in kleinem Holzhaus in Tana Bru, durchfragen. Schöne Juwelierarbeiten aus Gold, Silber und anderen Materialien. Geöffnet Mitte Juni bis Ende August.

## Verbindungen ab Tanabru

**BUS**: Abfahrt im rückwärtigen Teil des Versorgungsareals bei der Brücke. Tana Bru ist Verkehrsknoten für den äußersten Nordosten Norwegens mit Vielzahl an Busverbindungen, die sich in Tana Bru kreuzen bzw. dort Umsteigen.

Nach Karasjok: 1 - 2 mal tägl, Fahrzeit ca. 3 Std. Ab Karasjok weiter –> Lakselv, Honningsvåg/Nordkap, Hammerfest, Alta und Kautokeino. Details siehe Karasjok.

Nach -> Vadsø: 1 - 2 mal tägl., ca. 1 Std., bis Vardø plus 4o Min. Nach -> Kirkenes (via Varangerbotn, Neiden): 1 - 2 mal tägl., knapp 2 Std.

Nach Båtsfjord: tägl. 1- 2 mal, knapp 2 Std. Nach -> Berlevåg: 1 -2 mal tägl., ca. 2 Std. Auch Querverbindung Båtsfjord -> Berlevåg: 1- 2 mal täglich, ca. 1 3/4 Std.

Nach -> Utsjoki -> Inari -> Rovaniemi/Finnland: 1 mal tägl. mit der finnischen Busgesellschaft Lapin Linjat, Fahrzeit bis Inari ca. 5 Std., bis Rovaniemi ca. 1o Std. Ab Rovaniemi dichte Verbindungen, auch tägl. Zug in den Süden des Landes sowie Bus nach Tornio -> Happaranda Schweden.

Nächste **AIRPORTS**: Vadsø (ca. 7o km) und Kirkenes (ca. 13o km) sowie Båtsfjord (135 km). Details siehe dort.

**TANA BRU -> VARANGER HALBINSEL** ..............Details ab S. 86o
**TANA BRU -> KIRKENES** ......................................Details ab S. 886

## Lakselv -> Tana Bru (ca. 215 km, RV 98)

*Die **RV 98** ist Alternativroute zur (im vorherigen Kapitel beschriebenen) E 6 Lakselv -> Karasjok -> Tana Bru (ca. 255 km). Die RV 98 zwar bis Tana Bru 4o km kürzer, benötigt aber wegen schmalerer und kurvenreicher Straße mehr Zeit.*

*Sie lohnt dann, wenn man bei viel Urlaubszeit ab RV 98 noch den Abstecher RV 888 zur NORDKINN HALBINSEL nach Kjøllefjord, Mehamn etc. fährt (plus ca. 25o km retour mit Abstechern). Ansonsten ist die E 6 via Karasjok die bessere und schnellere Wahl.*

*Der Abschnitt RV 98 ab Ilfjord über das Ilfjordfjell nach Vestertana ist je nach Schneefällen in der Zeit Nov-Mai gesperrt. Selbes gilt für die RV 888 rauf zur Nordkinn Halbinsel.*

**STRECKE**: ab LAKSELV die RV 98 ostwärts in Umrundung des Porsanger Fjords mit schönem Blick auf Inseln. Bei RODDINES (ausgeschilderte ab Parkplatz) läßt sich an der Uferlinie des Fjordes im Gestein erkennen, wie sich das Land seit letzter Eiszeit vor ca. 1o.ooo Jahren angehoben hat. Durch abschmelzenden Eispanzer reduzierte sich das Gewicht auf die Landmasse, die in Folge über tausende von Jahren anstieg. Erkennbar sind verschiedene Zonen (ca. 6o bis 23 m über heutigem Meeresspiegel), die damalige Höhe und Anstieg der Landmasse dokumentieren.
Die RV 98 weiter nach BØRSELV. Unterkunft im

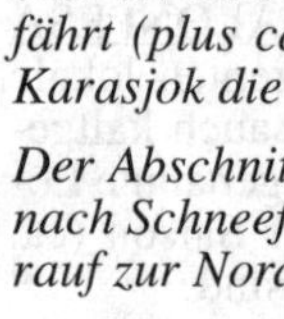


„**Bungalåven Verthus**" mit 5 einfach eingerichteten Zimmern. Ganzjährig geöffnet. Im EG kleines Wirtshaus mit Schankrechten und warmen Gerichten je nach Anzahl der Gäste. DZ je nach Saison und Auslastung ca. 3o- 55 Euro. Tel.: 784.643.95, Handy: 926.4o4.23, Webseite: www.bungalaaven.com

**WoMo Stellplätze** gibts gratis an mehreren Parkplätzen entlang der RV 98 bis Børselv mit Fjordblick. Bitte für saubere Bedingungen achten (Abwasser sammeln). Wer mehrere Tage campiert, kann Polizeibesuch bekommen mit der Bitte, weiterzureisen.

Im Ort Børselv Tankstelle und Lebensmittelgeschäft. Die RV 98 führt in einem Tal nordostwärts und steigt durch eine Schlucht (unten ein Canyon mit Wildwasser des Silfar) rauf auf's Børselv Fjellet (19o m). Einsame

Hochmoore, Steinwüste und Seen. Beim Mininest **KUNES** wird der Südausläufer des Laksefjord erreicht: Er nennt sich Storfjord und ist durch die 155 m hohe Insel Brattholmen vom Hauptfjord abgeschieden.

Für die Nazis im 2. Weltkrieg war der Fjord ein Superversteck für ihre Kriegsschiffe. U.a. ab Storfjord wurden Versorgungsschiffe der Allierten in arktischen Gewässern auf deren Fahrt nach Murmansk/Russland angegriffen und versenkt. Dies schwächte den Kriegsgegner Russland an seiner Nordostflanke erheblich.

Der Storfjord ist optisch vom Hauptfjord nicht einsehbar, zudem häufig tiefhängende Wolkenbänke auf Höhe der umgebenden Küstenberge. Für Aufklärungsflugzeuge der Alliierten somit ein schwieriges Unterfangen, Nazi-Kriegsschiffe im Storfjord zu entdecken. Auch ist der Storfjord nicht der einzige an tief-zerklüfteten Meeresbuchten und Fjorden in der Einöde des äußersten Nordens.

Als zusätzlichen Schutz bauten die Nazis bei Kunes Bunker und Flakstellungen. Sie sind heute noch zu sehen, - jedoch nichts, was den Abstecher lohnt. Vergammelt, verfallen und verrostet. Erst die Erfindung des Radars durch die Engländer bei Kriegsende machte dem Spuk der Nazi- Kriegsschiffe, die aus versteckten Fjorden erfolgreich operierten, - ein Ende. Siehe u.a. Schlachtschiff Tripitz, das schwer angeschlagen, sich von Fjord zu Fjord zu retten versuchte und letztlich versenkt wurde. Es war auf den Radarbildschirmen der Aufklärungsflugzeuge klar auszumachen und hatte keine Chance, sich in abgelegenen Fjorden zu verstecken. Weitere Details siehe S. 744.

Ab Kunes führt die RV 98 zunächst landein, erreicht aber mehrfach Buchten des Laksefjord mit guten Angelbedingungen. Adamsfossen: nächste Fjordbucht nach Kunes. Seit dem Bau eines Kraftwerkes kaum lohnend, auch wenn man einen Teil des Wasserfalls noch sehen kann. Ab Kunes ca. 35 km nach:

**IFJORD**: Mininest am gleichnamigen Fjord mit Tankstelle und Abzweiger der RV 888 zur NORDKINN HALBINSEL. Ob der Abstecher lohnt, was 1- 2 Tage und ca. 25o km mit Abstechern/Stops benötigt, - ist persönliche Entscheidungsfrage. Weiter Ifjord -> Tana Bru ab Seite 858.

## Nordkinn Halbinsel

*Östlich der Nordkap- Insel Magerøya. Ein mit Fjorden eingefranster Felsballen mit Plateau und totaler Einsamkeit, - ausgenommen weniger Siedlungen (Kjøllefjord, Mehamn und Gamvik) in den Fjorden.*

*Bei GAMVIK der nördlichste Festland- Leuchtturm Europas. Wen sowas „juckt“, der mag hinfahren und kehrt vermutlich enttäuscht zurück: Steinwüste und Leuchtturm, thats all. In Gamvik kleineres Regionalmuseum.*

Tägl. mit Hurtigruten ab Honningsvåg, Nordkap-Insel Magerøya -> Kjøllefjord/Nordkinn Halbinsel. Überfahrt 1 1/2 Std., vorbei an Svaerholtkubben, einer der größten Vogelnistplätze Europas mit Millionen von Seevögeln.

2 Personen und PKW ca. 75 Euro einfach. PKW- Mitnahme sofern Platz auf dem Schiff (Kapazität ca. 5o PKW's, ausgenommen der Minischiffe). Kann nur vor Ort gebucht werden, WoMos höher als 1,8 m erheblich teu-

rer, bzw. wegen Höhe des WoMos keine Mitnahme.

Die Verbindung ist Tipp, wer ab Honningsvåg/Magerøya die erheblichen Extra Km via UMWEG Lakselv, RV 98 und RV 888 einsparen möchte. Zudem Zeit- und km-Einsparung weiter nach Tana Bru, da man den Nordkinn Abstecher nicht doppelt fahren muß.

**RV 888** IFJORD -> MEHAMN (ca. 1o5 km), einzige Zufahrtsstraße zur Nordkinn Halbinsel. Im ersten Abschnitt bis LESBY mehrere kleine Siedlungen am Ostufer des Laksefjords und dieser Straßenabschnitt ganzährig befahrbar. In Lesby das:

„**Nilsen Gjestgiveri**“: kleinere Herberge mit Kro im EG sowie Vermietung von 6 einfach ausgestatteten Zimmern. Geöffnet Anf. Juni bis Ende Sept. DZ ca. 3o- 5o Euro. Tel.: 784.998.17, Fax: 784.998.57.

Zugehörig ein kleinerer Campingplatz mit Vermietung von 2o Hütten, Preise ca. 35 - 45 Euro.

KALAK, rund 7 km nördl. dient im Winter als Fährhafen zur Nordkinn Halbinsel/Kifjord, wenn die RV 888 wegen Schneemassen gesperrt ist und auch von Catterpillars nicht geräumt werden kann. Schneeverwehungen von 1o m Höhe sind keine Seltenheit. Im Normalfall steht jedoch eine Armada von Räumfahrzeugen bereit.

Der Straßenabschnitt RV 888 Kalak -> zur Abzweigung Kjøllefjord/Mehamn wurde erst 1989 eröffnet. Eine schmale Straße über's Fjell mit subarktischer Vegetation; sie führt durch extrem einsame Inlandsregion mit Geröllebenen zur Meeresenge Eidsfjord/Hopsfjord. Dort über eine schmale Landnase rüber zur Nordkinn Halbinsel. Nach Überquerung der Landenge steigt die RV 888 entlang Schotterhalden rauf auf's Plateau der Halbinsel. Im Sommer Weidegebiet von rund 5.ooo Rentieren.

**KJØLLEFJORD**: zu erreichen ab RV 888 über einen 25 km Abzweiger Ri. West. In Oksevåg auf halber Strecke am Oksfjord der nördlichste Birkenwald der Welt in arktischen Kältezonen. Der Golfstrom und die windgeschützte Fjordlage macht's möglich. - Kjøllefjord: kleiner Ort mit ca. 1.2oo Einw. Die Häuser entlang der Fjordbucht mit kahlen Steinhängen. Eine langgestreckte Mole schützt den Hafen vor Winden. Haupteinkunft Fischfang. Im Ort Fischverarbeitungsbetriebe, Bank, Post, Café. Nichts Spezielles, was den Abstecher lohnt.

„**Nordkyn Hotell**“: im Ort. Beachtliche Zahl von 12 Zimmern, einfach ausgestattet und ganzjährig geöffnet. Es wird vorwiegend von Besatzungen der Fischfangschiffe genutzt, die auf Einsatz im Nordmeer warten. DZ ca. 6o -11o Euro. Tel.: 784.981.51, Fax: 784.999.o7.

FINNKJERKA: an der Südspitze der Einfahrt in den Kjøllefjord. Eine Felsformation, die aus richtigem Blickwinkel wie eine Kirche ausieht. Wer mit dem Schiff von Honningsvåg kommt, kann sie an Steuerbord (rechts) sehen, rund 2o Min., bevor der Ort Kjøllefjord erreicht wird.

SKJØTNINGBERG: verlassenes Fischerdorf aus dem 15. Jhd., 11 km nördlich von Kjøllefjord. 2 km östlich der Vogelfelsen Smørbringa, ein 313 m hoher Küstenfelsen. Er kann nur vom Meer aus erreicht werden.

KINNARODDEN: der nördlichste Festlandspunkt Europas (71° 8' o") und nur 2 Grad südlicher als das Nordkap. Eine 237 m hohe Felsklippe an der Nordspitze der Halbinsel. Kein Zugang per Straße, aber auf der Fahrt Kjøllefjord-> Mehamn mit dem Hurtigruten Schiff zu sehen (auch S. 64)

**MEHAMN**: 2. größter Ort der Nordkinn Halbinsel, ca. 88o Einwohner. Die Häuser auf einer kleinen flachhügeligen Halbinsel im Mehamn Fjord verteilt. Auf den ersten Eindruck ist der Hund begraben.

Einkünfte traditionell aus Fischfang in arktischen Gewässern. Ende des 19. Jahrhunderts befand sich hier eine bedeutende Walfangstation (ähnlich Oksevåg), die zu den wichtigsten Nordnorwegens zählte.

Heute Sitz der Regionalverwaltung, Tankstelle, Supermarkt und Fischverarbeitungsfabriken. Arbeitskräfte sind u.a. preiswerte Tamilen, die in Norwegen auf Asyl hoffen. Im Süden des Landes ist ihnen die Aufnahme von Arbeit verboten, - im hohen Norden bei langen Winternächten, Kälte und wenig attraktiver Einöde sind sie willkommen.

„**Arctic Hotel AS**": das nördlichste Hotel der Welt. 16 Zimmer mit Bad und warmen Duschen. Letztere sind, wenn draußen der kalte Wind bläst, eine angenehme Sache. Ganzjährig geöffnet. DZ je nach Auslastung ca. 6o- 75 Euro. Tel.: 784.967.oo, Fax: 784.967.o1

„**Lorden Kro**": im östl. Nachbarort Gamvik. Im Erdgeschoß kleine Gaststätte, zusätzlich vermietet werden 7 Zimmer. Ganzjährig geöffnet. DZ ca. 6o- 1oo Euro. Tel.: 784.976.6o.

**ESSEN**: im „Arctic Hotel" siehe oben und „Inges Gateekjøkken". Fangfrischer Fisch von Fischern direkt am Hafen.

WALFANG-STATION am Südostende des Oksfjord 1898. Heute außer Eisenboilern zur Trangewinnung und Grundmauern nichts mehr erhalten.

## Verbindungen ab Kjøllefjord, Mehamn

**FLUG**: das Flugfeld liegt am südl. Ende der Mehamn Bucht. Propellermaschinen der Wideroe fliegen Nonstop nach Berlevåg: 5 mal/Woche, Flugzeit 2o Min. (rechts sitzen mit Blick in den riesigen Tanafjord). Nach -> Hammerfest: 1- 2 mal tägl. außer So., Flugzeit 1 Std. (rechts: mit Blick auf Magerøya Insel/Nordkap-Plateau und Porsanger Halbinsel mit vorgelagerten Inseln, bzw. links: mit Blick auf die großen Laks- und Porsanger Fjorde). Nach-> Honningsvåg: tägl. 1- 2 mal Flugzeit 2o Min. Achtung: sehr kurze Landebahn in Honningsvåg; bei starken Winden und/oder Nebel häufig Flugstornierung. Nach-> Vadsø auf der Varanger Halbinsel: tägl. 2 mal außer Sa., So., Flugzeit 1 Std. Alle anderen Verbindungen mit Umsteigen in Hammerfest bzw. Vadsø.

WIDEROE: Info und Reservierungen Tel.: 81o.o12.oo.

**BUS**: tägl. außer Sa. auf der Strecke Kjøllefjord -> Mehamn -> Børselv -> Lakselv. Fahrzeit Mehamn-> Lakselv: ca. 5 Std je nach Straßenbedingungen. Ab Lakselv Anschluß an den „Rest der Welt“, Details dort. Mehamn -> Gamvik: tägl. 1 - 3 mal außer Sa., So., Fahrzeit 3o Min.

Mehamn -> Skjånes: tägl. 1- 2 mal, Fahrzeit 1 Std. Ab Skjånes Schnellbootverbindungen (kein PKW- Transport) zum Langfjord und Smalfjord. Erreicht werden Minisiedlungen total abseits der Zivilisation. Details siehe dort.

**SCHIFF**: Hurtigruten tägl. auf der Strecke nach Honningsvåg (siehe Seite 798) und weiter Hammerfest -> Tromsø -> Trondheim. Sowie -> Vardø -> Vadsø -> Kirkenes. Lohnende Querverbindung auch mit eigenem Auto, sofern nicht großformatiges WoMo. Generelle Details Hurtigruten Seite 64.

**MIETWAGEN**: gibt es bei AVIS im Mehamn Lufthavn, Tel.: 784.973. 9o, jedoch nur wenige Autos. Uns liegt ein Bericht vor, wo ein Reisender in Mehamn einflog und dort angeblich das reservierte Fahrzeug nicht in Empfang nehmen konnte, da keines vorhanden...

**GAMVIK**: rund 2o km östlich von Mehamn. Ein Mininest von 25o Einwohnern. Die Häuser verteilen sich auf Felsfingern im Meer. Anlegestelle für Fischkutter und Fischverarbeitungsfabrik.

GAMVIK MUSEUM: Regionalmuseum zur Fischerei und Geschichte der Region. Es rühmt sich als „nördlichstes Museum auf dem Festland Europas und stellt auch Urkunden für den Besuch aus, - wer auf sowas scharf ist... Eintritt ca. 2,5 Euro. Geöffnet ca. Ende Juni bis Ende August tägl., ansonsten kürzer Öffnungszeiten und nicht Wochenende.

Unterkunft: 7 Zimmer im „Lorden Kro“, Tel.: 784.976. 6o. Sowie „Gamvik Gjestehus“, 7 Zimmer. Tel.: 784.962.12. Beide ganzjährig geöffnet.

SLETTNES LEUCHTTURM: der nördlichste Europas, der sich - wohlgemerkt - auf dem Festland befindet. Noch nördlicher der Fruholmen Fyr auf der Insel Ingøya (Seite 795). Ob sich der Abstecher lohnt, sei sehr dahingestellt. Zu erreichen: ab Gamvik über eine ca. 5 km lange Straße nordwärts, die beim Leuchtturm und einer Handvoll Häuser endet. Zu sehen gibt's eine Steinwüste und viel Wasser... Das Land geht hier sehr flach ins Meer über. Das Nordkap liegt rund 7 km nördlicher und ist mit seinem Felsplateau und -Absturz gewiss eindrucksvoller.

Wandern: ab Mehamn ist die Nordspitze von Nordkinn (Kinnarodden, zugl. nördl. Festlandspunkt Europas) zu Fuß zu erreichen. Eine extrem beschwerliche Wanderung über ewige Geröllhalden, vorbei an kleineren Seen. Die Strecke ist nicht markiert. Daher Gefahr, sich zu verlaufen bei aufkommenden Nebelbänken. Man sollte sich in jedem Fall vorab bei offizieller Stelle in Mehamn (z.B. Polizei) abmelden. Diese können dann ein Suchflugzeug losschicken, sollte man nicht zurückkehren.

Zeitbedarf rund 8 - 1o Std. Unterwegs Reste einer Ju 88, die im 2. Weltkrieg auf dem Plateau notlandete und in den verflossenen Jahrzehnten demontiert wurde. Erhalten sind Teile des Rumpfes, beide Flügel und das

MEHAMN: im 19. Jhd. wichtige Walfangstation. Das Foto von 1903 zeigt die Kraft eines Orkans, der im Haus vorne "zulangte".

Cockpit ohne Instrumente. Wer nicht die Strecke doppelt laufen will, kann sich per Boot ab Mehamn zum Kap fahren lassen. Eine meist sehr rauhe Überfahrt, da die Gewässer an der Nordspitze berüchtigt sind für böige Winde und wechselnde starke Strömungen. Ans Land abgesetzt, beginnt eine schweißtreibende Kraxelei über Felsbrocken rauf aufs Plateau, Höhe rund 3oo m.

Fazit: absolute Einöde mit Geröllhalden und Gefahr, sich das Fußgelenk zu verstauchen ohne Hilfe weit und breit. Das Ganze garniert mit Monotonie. Es gibt lohnendere Wanderungen. Weitere Infos in der „Galerie Nordkynn" am Hafen von Mehamn beim Schiffsanleger. Oder: im Gamvik Turist Kontor, Strandveien 78. Tel./Fax: 784.962.12 sowie 784.961.34

Tourist INFO

**LANGFJORD**: südöstlich der Nordkinn Halbinsel. Ein 25 km langer Fjord mit den Minisiedlungen Langfjordnes, Nervei und Laggo/Bøksjøk. Pro Ortschaft ca. 3o- 5o Einwohner, Achtung: keinerlei Unterkünfte. Zelt mitbringen, bei Sympathie eventuell auch Unterkunft bei Privat. Eine der abgelegensten Regionen Nordnorwegens.

In NERVEI kleines Lebensmittelgeschäft und Fischfarmen für Lachs und Dorsch im Fjord. Eine 4 km Erdpiste führt im Tal des Nerveielva durch ein Birkenwäldchen aufwärts zu Weidegebieten und dem nördlichstem Getreidefeld der Welt. Es liegt auf selbem Breitengrad wie die Nordspitze Alaskas! - Auch am Fjordende LAGGO rund 5 km Straße. Durch das Langfjorddalen kommt man zu Fuß in ca. 1o km über die Wasserscheide zum Bekkarfjord an der RV 888, keine Wegmarkierungen.

Die o.g. Siedlungen besitzen bis heute keinen Straßenanschluß, sind aber ab Skjånes/Hopsfjorden per Schnellboot 2- 3 mal/Woche zu erreichen. Fahrzeit bis Nervei ca. 4o Min., bis Laggo ca. 1 Std. Ob sich die Bewohner der Siedlungen über ausländische Besucher freuen, steht sehr unterschiedlich. Manche wünschen die traditionelle Ruhe der Abgeschiedenheit, auch wenn es zwischenzeitlich TV und Funktelefon gibt. Andere plädieren für moderne Zeiten, u.a. Straßenbau rüber zur RV 888 und wirtschaftl. Förderung, denn das Leben in der Einöde ist äußerst karg.

**SMALFJORD**: an der RV 98. Ganzjährig 3 mal/Woche Schnellbootverbindung (kein PKW- Transport) ab Skjånes, Fahrzeit 1 Std. Spart den weiten Umweg RV 888 via Ifjord. Zudem im Winter wichtige Querverbindung für die Einheimischen, wenn die Straße übers Ifjordfjell gesperrt ist. Ab Smalfjord rund 3o km bis Tana Bru. Da Mehamn Busverbindung bis Skjånes besitzt (1 Std.) + Schnellboot -> Smalfjord (1 Std.) + RV 98 nach Tana Bru: die kürzeste und schnellste Verbindung ohne eigenes Auto. Vorab aber Anschlüsse prüfen!

## ⇩ Weiter auf der RV 98:

AB **IFJORD** (Seite 853) steigt die RV 98 rauf aufs Ifjordfjell. Eine Hochebene von 37o m, die bereits 7 km nach Ifjord erreicht ist. In der Zeit ca. Nov. bis Mai (abhängig Schneefällen) ist die Überquerung des Fjells gesperrt. Das Fjell mit Moosen und Geflechten ist Sommerweide von Rentieren der Samen. Vereinzelt auch kleinere Seen und Hütten. Knapp 4o km ab Ifjord ist das Meer wieder erreicht: erster Fjordarm VESTERTANA des langgestreckten Tanafjord. - Die RV 98 zwischen Land- und Fjordarmen weiter zum SMALFJORD (Anleger für die Schnellboote von Skjånes der Nordkinn Halbinsel, Details siehe Vorseite).

RUSTEFJELBMA: Siedlung an der Mündung des Tana Flusses mit Landwirtschaftsschule (nördlichste der Welt, landwirtschafl. Anbau entlang der Mündung des Tanaflusses) und 26 m hohem Kirchturm der Tana Kirche, gebaut 1964. - Eine Stichstraße führt in 15 km entlang des Tana- Westufers nach Gullholmen an der Landspitze des:

TANA- MÜNDUNGSDELTAS. In Karten z.B. der „Cappelens 5 Finnmark" ist der Mündungsbereich nur sehr ungenügend dargestellt. Man hat den Eindruck einer, von Bergen eingeschnürten Flußmündung. De Facto aber weitverzweigte Flußarme zwischen Inseln und Sanddünen. Ein Eldorado der Angler, zugleich auch

Nistplätze arktischer Vögel und Tipp für Bird- Watcher. Der bessere Blick auf das Mündungsdelta von der RV 89o, die am Ostufer des Tana nach Austertana führt, siehe folgendes Kapitel.

**TANA BRU**: Details Seite 85o. - **E 6 nach Kirkenes**: Seite 886.

## Varanger Halbinsel

*Im Inneren praktisch unbesiedelt: einsame Fjellandschaften mit Hochebenen, kleineren Seen, aber auch Bergkuppen bis ca. 6oo m. Teils Steinwüste, teils Bodengeflechte und Moose. Die Inlandsregion ist im Sommer Weidegebiet der Rentiere von Samen.*

*Die meisten Siedlungen liegen an der Süd- und Ostküste, die größten sind VARDØ und VADSØ mit Jahrhunderte alter Tradition, aber moderner Architektur. - An der Nordküste in Fjorden die bedeutenden Fischereihäfen BÅTSFJORD und BERLEVÅG.*

Zwei Zufahrten: * RV 89o/891 in den Norden (im Folgenden beschrieben) - sowie * E 75 entlang der Südostküste (Details ab Seite 869).

## Tana Bru -> Båtsfjord **(RV 89o/891, ca. 135 km)**

Zunächst am Ostufer des Tanaflusses entlang, eine schmale aber relativ geradlinige Straße. Schöner Blick auf die Sandbänke im Fluß, die Wasserarme schlängeln sich zwischendurch. Bei der Mündung in den Tanafjord eine langgestreckte Mole, die den flachen Ostarm Leirpollen vor weiterer Versandung schützt. Bis Austertana Vegetation, auch Bäume.

AUSTERTANA/LEIRPOLLSKOGEN: kleines Nest am Südostende des Leirpollen Fjords. Direkt an der Straße eine Tankstelle, kurz danach re. der Straße oberhalb Übernachtung „Onkel Isak". Ein kleines, freistehendes Haus, das von der Straße aus zu sehen und auch ausgeschildert ist. Preiswerte Übernachtung mit Privatcharakter. Nur wenige Zimmer; es erscheint nicht in offiziellen Übernachtungslisten.

Die RV 89o steigt anschließend in einem Tal rauf aufs KONGSFJORDFJELLET (326 m). Dieses wird teils geradlinig überquert. Die Straße führt auf einem Damm. Vorteil, im Winter bläst der Wind die Straße teils vom Schnee frei. Beim Gednje See ausgeschilderte Abzweigung: links RV 89o nach Berlevåg, - rechts nach Båtsfjord: Straße führt rauf zum BÅTSFJORDFJELL (358 m). Die Strecke ist ganzjährig befahrbar. Winterreifen sind Bedingung, am besten mit Spikes, u.U. auch Schneeketten. Der Schnee setzt je nach Jahreszeit ca. Anfang Nov. ein. Wir haben hier nachts einen Schneesturm erlebt, der es in sich hatte. Sichtweite 2 m: eine Wand von Schnee, die der Wind senkrecht auf die Scheinwerfer blies. Hinzu kam, daß das Scheinwerferlicht von den Schneekristallen reflektiert wurde und jeder Fahrfehler zum Abrutschen des Autos vom Damm geführt hätte.

Schnee gibts bis ca. Ende Mai, es sind aber auch ständig Räumfahrzeuge

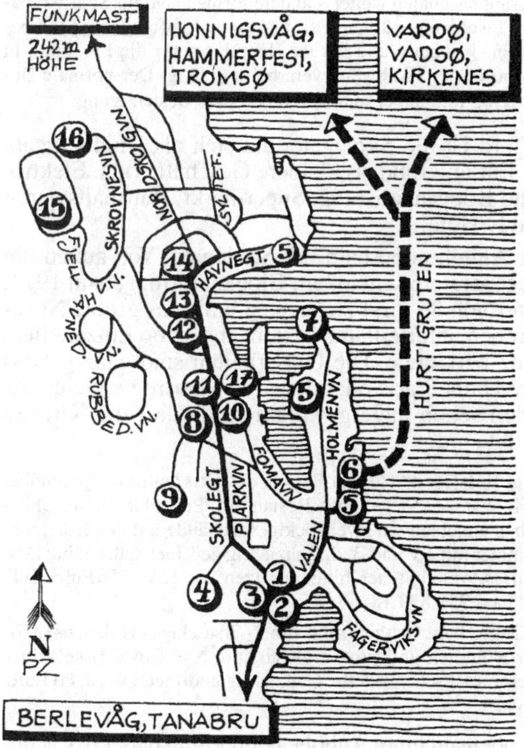


**BÅTSFJORD**

1 Båtsfjord Nye Hotel
2 Statoil Tankstelle
3 Eleve Kroa
4 Schule
5 Fischindustrie
6 ABFAHRT HURTIGRUTEN
7 Treibstoff Tanks
8 Kirche
9 Gesundheitszentrum und Altersheim
1o Apotheke, daneben Bibliothek
11 Bank
12 Geschäfte, auch Supermarkt
13 POST
14 Havly Hotel
15 Sportzentrum
16 Idrettspark
17 Velferdstua

im Einsatz. - Nach Überquerung des höchsten Punktes des Fjells führt die Straße im Tal des Buktelva runter nach Båtsfjord. Kurz vor Erreichen des Ortes Abzw. links zum Flughafen, der oben auf einem Plateau liegt.

## ★ Båtsfjord (ca. 2.5oo Einw.)

Größter Fischereihafen Nordnorwegens. Man darf sich hier aber kein buntes Gewirr kleiner Fischerboote vorstellen. Gefischt wird heute mit Großtrawlern, da nur so im Konkurrenzkampf Profite zu erzielen sind. Diese liefern den Fisch an Weiterverarbeitungsfabriken, die an den Hafenbuchten stehen. Weiterhin große Treibstoff- Tanks (7) sowie Kai der Hurtigruten Schiffe (6), die Båtsfjord täglich anlaufen.

Båtsfjord ist Norwegens wichtigster und ganzjährig eisfreier Hafen für die arktischen Gewässer der Barentsee. Der angelieferte Fisch wird in Fabriken in Filets weiterverarbeitet. Die Fa. „Båtsford Sentralfryselager AS" ist das größte Eis- und Gefrierlager Nordnorwegens. Sie kann bis zu 13o to. Eis pro Tag produzieren und 1o.ooo to. Fisch einlagern. Für die Treibstoffversorgung ist die Fa. „Bunker Oil" zuständig. - Die Fa. „Bioprawn

AS“ verarbeitet ausgepullte Krabbenschalen weiter, - andere Firmen sind für Schiffsreparaturen zuständig sowie liefern Fischereigerät. Die Fa. „Fiskernes Agnforsyning S/L“ beliefert Köder für die Langleinen- Fischerei und hat ihr Hauptlager für die Finnmark in Båtsfjord. - Andere Firmen sind in der Fischweiterverarbeitung tätig. Der normale Besucher bekommt von alldem wenig mit, außer man vereinbart eine Besichtigung.

Zentrale Straße in Båtsfjord ist die Skolegate, die sich als Hindberggata und Havnegata fortsetzt. Entlang rund 3o kleinere Geschäfte (u.a. Elektro, Kleider, Sport, Angel- und Bootsausrüstung, Supermarkt, Haushaltswaren etc.) sowie Bank und Havly Hotel.

Ortskirche (8): auf einer Anhöhe oberhalb der Skolegata. Von außen ein moderner Zweckbau mit separatem schlankem Glockenturm, gebaut 1971. Im Inneren ein Glasfenster von 85 qm Fläche, es gilt als das größte Nordnorwegens, ist von 12 Streben unterteilt und besteht aus 2.5oo Einzelteilen, wie uns der Kustode stolz berichtete. Die Glasarbeiten sind ganz gewiss nicht mit denen der Notre Dame/Paris oder denen in Chartre vergleichbar. So doch im hohen Norden schon außergewöhnlich, da dort die Kirchen meist sehr karg ausgestattet sind.

„**Polar Hotel Båtsfjord**“ (1): am Beginn des Ortszentrums, gegenüber der Statoil Tankstelle. Vieleckiges Restaurant-/Pubgebäude mit Spitzdach. Daneben angebaut ein zweistöckiges Gebäude mit den Hotelzimmern. 24 Zimmer mit TV und Bad. Ganzjährig geöffnet außer Mitte Dez. - Anfang Jan. DZ relativ teuer, bitte hinsetzen! ca. 12o - 15o Euro. Tel.: 789.831.oo, Fax: 789.839.18.

„**Havly Hotel**“ (14): Havne Gata 31 im Ortszentrum. Ein 2- 3 stöckiges Holzhaus, Missions- geführt. Einfach, aber wohnlich und (im Vergleich zum Nye Royal Hotel) noch einigermaßen billig. 9 Zimmer mit Dusche/Toilette. Ganzjährig geöffnet. DZ ca. 8o Euro. Tel.: 789.842.o5. Fax: 789.834.81

WOMO- STELLPLATZ oben auf einer Anhöhe beim Idrettspark (16): schöner Blick über Ort und Fjord.

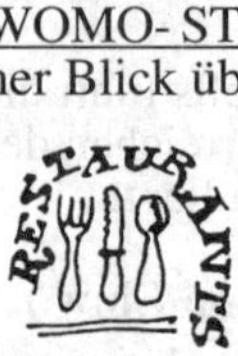


Im „BÅTSFJORD NYE ROYAL HOTEL“ (1) unter Spitzdach. Volle Schankrechte, was auch für den angegliederten Pub gilt. Treffpunkt der Leute, die im Ort über etwas mehr Geld verfügen.

„HAVLY HOTEL“ (14): einfache, aber herzhafte Küche bei dezenteren Preisen. Achtung: die Missionsdamen schließen die Küche recht früh am Abend! - Auf der Straße schräg gegenüber ein IMBISS.

VELFERDSTUA (17): in der Strandveien 16. Untergebracht in einem Holzhaus. Fischgerichte bei mittleren Preisen, am Wochenende auch am Abend geöffnet. - Weiterhin: ELEVE KROA (3) im südl. Ortsteil.

**NÄHERE UMGEBUNG**

FUNKMAST: er ist mit 242 m (!) der höchste Norwegens. Aufgestellt wurde er zu Zeiten, als es noch keine Satelliten am Himmel gab. Durch die große

Höhe des Sendemastes kommt der auf Kurzwellen operierende Seefunk erheblich weiter raus in die Barentsee zu den dortigen Fischerbooten. Die damalige Errichtung des Sendemastes war daher eine entscheidende Verbesserung der Sicherheit der Fischer, insbes. bei Seenot- Rufen.

Auch wenn heute der Satellitenfunk die Kommunikation erheblich komfortabler erledigt: der Sendemast ist nach wie vor in Betrieb, u.a. für Handys.

Zu erreichen: ab Ortszentrum Båtsfjord über die Nordskogveien in 4 km nordwestlich ansteigend auf das Hamnmefjell (368 m). Weiter Blick über Fjorde und Varanger Nordküste, klares Wetter Vorraussetzung.

SYLTEFJORD: nächster größerer Fjord östlich von Båtsfjord. Zu erreichen über eine 3o km Stichstraße, die von der RV 891 knapp 5 km vor Båtsfjord abbiegt und in der Siedlung Nordfjord den Fjord erreicht.

Das ehemalige Fischerdorf Nordfjord ist heute weitgehend verlassen. Die kleinen Fischerboote der Bewohner konnten sich nicht gegen die Konkurrenz der Fangschiffe und Großkonzerne behaupten.

In der ehemaligen Schule von Nordfjord ein kleines Museum mit Exponaten der Jagd und Fischerei sowie Dokumenten wie Zeitungsausschnitten. Derzeit keine reguläre Öffnungszeiten; Infos in Båtsfjord.

Nordwestlich am Ostufer des Fjord die Vogelklippen SYLTEFJORDSTAURAN. Geplant ist ein Wanderpfad ab Nordfjord. Naturschutzgebiet, u.a. Baßtölpel sowie Kolonie von Seehunden.

MAKKAUR: am Nordostende des Båtsfjords Nähe Kapspitze. Das kleine Fischerdorf zur Barentszsee ist heute verlassen. Im 2. Weltkrieg befand sich hier eine Geschützstellung der Nazis, um den Seeweg in der Barentssee nach Murmansk/Russland von Land aus zu kontrollieren. In der Region unter Wasser viele Schiffswracks. Leuchtturm.

## Verbindungen ab Båtsfjord

**BUS**: Båtsfjord -> Berlevåg: tägl. 1- 2 mal, Fahrzeit ca. 1 3/4 Std. Weiterhin ab Båtsfjord 1 - 2 mal tägl. nach Tana Bru, Fahrzeit knapp 2 Std. In Tana Bru Anschluß „an den Rest der Welt" mit Umsteigen, Details dort.

**FLUG**: der Flughafen liegt rund 3 km südl. von Båtsfjord auf einem Plateau, ausgeschilderte Abzweigung ab RV 891. Ein erstes kurzes Flugfeld gab es bereits 199o. Die Landebahn wurde verlängert und 1999 der neue Airport eingeweiht. WIDEROE fliegt mit Propellermaschinen nonstop nach -> Kirkenes: tägl. 1- 2 mal, Flugzeit 25 Min. und nach -> Vadsø: 1 mal tägl., 2o Min. Andere Verbindungen mit Umsteigen. WIDEROE: Tel.: 81o.o12.oo.

**SCHIFF**: mit Hurtigruten tägl. ab Båtsfjord nach Vardø (Fahrzeit knapp 3 Std. und somit schneller als der Bus, der den weiten Umweg via Tana Bru fährt), -> Vadsø -> Kirkenes. Bzw. ab Båtsfjord -> Berlevåg (Fahrzeit knapp 2 Std.). Das Schiff fährt weiter via Mehamn -> Kjøllefjord -> Honningsvåg südwärts. Achtung: die Gewässer um die Nordküste der Varanger Halbinsel können stürmisch sein. Auch liegen die Abfahrtszeiten Ri. Ost nach derzeitigem Fahrplan ungünstig mitten in der Nacht.

## ★ Berlevåg (ca. 1.3oo Einw.)

Zu erreichen über die RV 89o, auch Eismeerstraße genannt. Sie führt ab vorgenanntem Abzweiger Gednje See nordwärts durchs Tal des Kongsfjordelva zum Meer nach

KONGSFJORD: auf der vorgelagerten Veines Halbinsel Ruinen einer größeren Festungsanlage der Nazis aus dem 2. Weltkrieg. Zu erreichen ab Dorf Veines in ca. 2o Min. zu Fuß.

Für Hitler, der 1941 Russland angegriffen hatte, war die Kontrolle des Seewegs um die Nordküste der Varanger Halbinsel elementar: Denn über diese Route lief der wichtigste Versorgungsweg Russlands zu seinem ganzjährig eisfreien Hafen Murmansk.

Abgesehen von deutschen Kriegsschiffen, die Versorgungskonvois in den Gewässern vor der Varanger- Nordküste mit Erfolg angriffen und versenkten, - bauten die Nazis mehr als 1o Geschützfestungen und 2 Airports (u.a. Berlevåg) an der Nordküste, um auch aus der Luft die Konvois anzugreifen. Stationiert waren 2.5oo Soldaten u.a. an Flak-Geschützen.

★NORWEG. PARTISANEN: plazierten sich in versteckten Felsspalten und getarnten Hütten an der Varanger Nordküste, um Funksprüche der Nazis abzuhören und das Meer

BERLEVÅG, Foto von 1868. Im 19. Jahrhundert einer d
sowie Stützpunkt für den Handel mit Russland. In Bi
Rechts oben größere Segelschiffe für den Fernverkeh

betreffend Nazi- Kriegsschiffen zu beobachten. Dies wurde per Funk nach Murmansk weitergemeldet, um vor bevorstehenden Angriffen der Nazis zu warnen.

★Ein für Russland äußerst effizientes „Frühwarnsystem" zu Zeiten, als das Radar noch nicht erfunden war.

Für die Partisanen dagegen eine extrem gefährliche Tätigkeit. Das Gelände bei klarem Wetter wegen fehlender Vegetation absolut übersichtlich. Zudem hatten die Nazis Todesstrafe verhängt, d.h. wer erwischt wurde: - kein Gerichtsverfahren sondern umgehend Tod per Genickschuß...

★Es waren anfangs rund 5o Norweger, die 194o-41 sich in Russland schulen ließen, um als Agenten an der Varangerküste in Verstecken mit Funkgeräten tätig zu werden.

Viele von ihnen stammten aus Kiberg (wenige km südl. von Vardø). Die Schulung in Russland machte aus überzeugten Patrioten (in Abwehrung der Besetzung ihres Landes durch Hitler) - überzeugte Kommunisten. Partisanen wie Frans Mathisen ließen sich mit an Brust angeheftetem Roten Stern fotographieren. Die Bedeutung des Kommunistischen Systems (u.a. Terror- Regime Stalins etc.) war vielfach nicht klar. Es ging ihnen

...chtigsten Häfen für Fischerei an der Varanger Nord Küste
...tte die kleinen Nordland-Boote für die Küstenfischerei.
...ch Nord russland und Südnorwegen.

primär um Befreiung Nordnorwegens durch persönlichen Einsatz ihres Lebens.

Bereits im Herbst/Winter 194o/41 transportierte Hitler auf Schiffen eine große Menge an Kriegsmaterial und Soldaten in die Nordost Finnmark, speziell Region Varanger und Kirkenes, letzteres Nähe russ. Grenze und Murmansk.

Hitler begründete dies damit, daß er sich vor einem angeblich bevorstehenden Angriff Großbritanniens auf Nordnorwegen schützen wolle. In Wirklichkeit war der Transfer von Kriegsgerät und Truppen die Vorbereitung des Angriffes auf Murmansk/Nordrussland. Dieser erfolgte ab Juni 1941 und zog sich bis Dezember 41 hin, ohne daß die Deutschen entscheidende Erfolge vermelden konnten. Weiterer Details siehe „Kirkenes“.

★Erste norweg. Partisanen wurden (nach ihrer Ausbildung in Russland) in der Nacht 3./4. Jan. 1942 von einem russ. U- Boot bei Nålneset an Land geschleust. Eine einsame Felsklippe wenige km östl. von Berlevåg (siehe unsere Karte). Der nächtliche Landgang war reichlich gefährlich wegen Klippen und Seeuntiefe, zudem mußte schweres Gepäck (u.a. Funkgeräte) an Land gebracht werden.

Leiter der Partisanen war Trygve Eriksen, geboren in Kiberg. Die Partisanen bauten in einer Felsspalte einen Unterschlupf, der eine Größe von 3 x 3 m und Höhe 7o cm hatte. Er war mit Brettern (Treibholz) abgedeckt, über die der Wind den Schnee wehte. Ein Unterschlupf, der von Aufklärungsflugzeugen aus der Luft nicht mehr erkennbar war.

In dieser Miniklause hausten die norweg. Spionage-Agenten 4 Monate bei krasser winterlicher Kälte auf engstem Raum. Mit Ferngläsern ausgestattet, beobachteten sie das Meer und berichteten tägl. per Funk nach Murmansk. In seltenen Fällen konnten sie den Erfolg ihrer Meldungen direkt erleben, wobei (nach Funkmeldung direkt per Fernglas zu sehen) russische U-Boote deutsche Kriegsschiffe versenkten. Meist war der Erfolg ihrer Funkmeldung aber nur eine entfernte Detonation.

★Zu den Aufgaben der Partisanen-Agenten gehörte auch die Spionage: so u.a. beteffend der Aktivitäten der Deutschen im Ausbau eines Airports bei Lakselv. Trygve Erikson, Leiter des Spionagestützpunktes wanderte 2 mal die mehr als 6oo km retour (!) im Winter, um dem Auftraggeber Russland/Murmansk per Funk Bericht zu erstatten. Es ist gigantisch, welche Entbehrungen die Partisanen der Nålnest- Felsspalte auf sich nahmen. Hinzu kamen Erfrierungen, - abgeholt am 5.4.1942 von russischem U-Boot und sofern möglich in Russland kuriert.

Eine neue Partisanengruppe wurde am 2. Okt. 1942 von russischem U-Boot in der Region eingeschleust. An Bord Trygve Eriksen als Chef, Leif Flach als Funker und Harald Utne. Sie verlegten ihr Versteck landein nach Løkvika und kurz darauf wenig höher am Berg in die LOE HÜTTE der Lachsfischer Familie Osvald und Dagny Loe. Sie waren den Widerstandskämpfern verbunden und riskierten damit ihr Leben.

★**1943**: den Nazis waren die Aktivitäten der Partisanen bekannt. Sie operierten nur wenige km entfernt vom Berlevåg Airport (wichtiger Nazi- Stützpunkt für Kampfbomberflüge) und der Geschützfestung Veines.

Um die Partisanen- Nester auszuheben, wurde am 1o.7.43 die *„Operation Mitternachtssonne“* ausgerufen. Per Funkpeilung wurden Partisanen- Sender ermittelt, was in Folge zu einer Vielzahl von Verhaftungen führte. Am 17.8.1943 Kriegsgericht in Bjørnevatn südl. von Kirkenes, 1 Tag später Erschießung von 11 Partisanen, darunter auch Osvald Loe, der die Hütte zu Verfügung gestellt hatte. Weitere Hinrichtungen folgten bis Ende des Jahres.

Die Loe Hütte in Løkvika wurde in neuerer Zeit restauriert als Mahnmal. Nachträgliche Anerkennung erhielten die Partisanen auch durch den norwegischen König Harald, der eine Gedenksäule in Kiberg aufstellen ließ.

SANDFJORD: erodierte, schräg nach oben laufende Felsplatten sowie langgestreckter Sandstrand in der Bucht. Verlockt zum Baden, allerdings auch im Sommer eisige Wassertemperaturen. Das Gebiet steht unter Landschaftsschutz; Campen mit Zelt oder WoMo verboten.

KJØLNES FYR: Leuchtturm auf flacher Felsklippe. Er ist ausnahmsweise nicht rund, wie sonst Leuchttürme, sondern rechteckig wie ein Kirchturm.

**BERLEVÅG**: die Häuser um eine U-förmige Bucht gebaut. Es gibt Bank, Post, Supermärkte, Tankstelle und Autowerkstatt.

Geschichte: Im 19. Jahrhundert war Berlevåg einer der wichtigsten Fischereihäfen an der Varanger Nordküste (vorgelagert reiche Fischbänke) sowie Stützpunkt für den Handel mit Russland (Pomorhandel). Mehrfach richteten Stürme mit Orkanstärke schwere Schäden an. So wurde beispielsweise 1882 die gesamte, im Hafen liegende Fischerei- und Handelsflotte zerstört. Mit dem Bau einer Steinmole hoffte man, den Hafen zu schützen. Bei Orkan können die Wellen hier eine Höhe von 1o m und mehr erreichen, u.a. wegen offener Nordlage des Hafens. Mehrfach wurden die Steinmolen durch die gewaltigen Wasserkräfte zerstört. Erst die Befestigung der Hafenmole 1973 durch Tetrapoden schuf Abhilfe. Dies sind riesige, fünfarmige Betonfinger, jeder 15 Tonnen schwer, die ineinander verhakt, aufeinandergetürmt werden. Dadurch wird die Kraft der aufschlagenden Wellen gebrochen. Auch heute ist Fischerei die Haupteinkunft des Ortes.

HAFEN- MUSEUM: berichtet über die Geschichte des Ortes, den Fischfang sowie in einem 2o Min. Video über die Befestigung der Hafenmolen durch die Tetrapoden. Zum Museum gehörig das kleinere Expeditionsschiff „Berlevåg II". Geöffnet: Mitte Juni bis Mitte August tägl., Rest des Jahres tägl. außer Sa./So. bzw. nach Vereinbarung. Eintritt ca. 2,5 Euro.

„**Berlevåg Camping & Appartement**": Havnegate 8, gegenüber vom Museum. In einem 2 stöckigem Holzgebäude die sehr ordentlich geführte Pension eines schweizer Ehepaares. 4 Gästezimmer, das Bad und WC gegenüber auf dem Gang. Ganzjährig geöffnet. Es besteht die Möglichkeit, sich unten in der Küche selber zu kochen, gilt auch für die Gäste des Campingplatzes. Tel.: 789.816.1o, Fax: 789.8o8.11.

Weiterhin zugehörig ein Campingplatz mit 15 Stellplätzen für Zelt und WoMo mit 4 mal Stromanschluß. Geöffnet Anfang Juni bis Ende September, nach Rücksprache auch außerhalb dieser Zeit. Tel. siehe oben.

TANAHORN: 27o m hoher Berggipfel an der Mündung des Tanafjordes in die Barentssee, rund 1o km westlich von Berlevåg. Bei klarem Wetter Superblick auf Fjord und Teile der Halbinseln Nordkinn und Varanger.

Zu erreichen: zunächst die Straße Berlevåg -> Molvik am Flughafen vorbei. Rund 8 km nach Berlevåg zweigt rechts der ausgeschilderte Pfad ab. Retour zum Gipfel ab Abzweigung ca. 2 1/2 bis 3 Std. Achtung: ab vorgenannter Abzweigung gibt es einen weiteren Pfad, der nicht zum Tanahorn sondern in Südwestrichtung nach Kvitnes am Tanafjord und weiter nach Molvik führt. - Ein weiterer Wanderweg zweigt von der Berlevåg -> Molvik Straße rund 6 km nach Berlevåg ab, dort wo die Straße den Skånsvikelva überquert. Anschließend am Meer entlang, dann sehr steiler Aufstieg an den Küstenbergen zum Tanahorn. Zeitbedarf ca. 5 - 6 Std. Infos im Hafenmuseum oder im „Berlevåg Camping & Apartement". Letzteres fungiert auch als Touristbüro für die Region.

STORE MOLVIK: verlassene Fischersiedlung am Tanafjord, zu erreichen ab Berlevåg über eine 2o km Erdpiste. Ab Molvik führt der (im vorherigen Absatz erwähnte) Pfad am Tanafjord entlang nordwärts nach Kvitnes und von dort in einem Tal Ri. Nordost zu einer Wasserscheide. Anschließend in einem Tal bergab zum vorgen. Abzweiger, siehe Skizze Vorseite.

„M/K VESTVAER": renovierter Fischkutter von 1965. Im Sommer touristische Ausflugsfahrten ab Berlevåg entlang der Küste. Das Boot kann auch für mehrtägige Fahrten gemietet werden, 12 Kojen an Bord. Weitere Infos: Hafenmuseum, Tel.: 789.8o8.97.

## Verbindungen ab Berlevåg

**FLUG**: der Flughafen liegt rund 3 km westl. von Berlevåg an der Straße Ri. Store Molvik. Mit Propellermaschinen der WIDEROE nonstop nach -> Hammerfest: 1- 2 mal tägl., Flugzeit ca. 4o Min. Nach -> Vadsø: 1- 2 mal tägl. außer So., Flugzeit 25 Min. Nach->Vardø: 1 mal tägl. (mit Umsteigen öfters), Flugzeit 25 Min. WIDEROE: Reservierungen Tel.: 81o.o12.oo.

**BUS**: Nach -> Båtsfjord: 1- 2 mal tägl., Fahrzeit rund 1 3/4 Std. Nach -> Tana Bru: 1- 2 mal tägl., Fahrzeit ca. 2 Std. In Tana Bru durch Umsteigen Anschluß an den „Rest der Welt", Details siehe „Tana Bru, Verbindungen".

**SCHIFF**: der Anleger im östl. Teil des Hafens bei der Mole. Mit Hurtigruten tägl. auf der Strecke -> Vardø -> Vadsø und der Route: -> Mehamn -> Kjøllefjord -> Honningsvåg -> Hammerfest -> Tromsø etc. Weitere Details siehe auch Seite 64.

**MIETWAGEN**: Statoil Tankstelle, Berlevåg. Achtung: nur sehr wenige Fahrzeuge. Tel.: 789.817.14, Fax: 789.813.79.

# Tana Bru -> Vadsø (E 6/E 75, ca. 65 km)

*Gut ausgebaute, aber im Fjordbereich teils kurvenreiche Straße. Fahrzeit mit eigenem Auto ca. 1 Std. Mehrmals tägl. Busse.*

Ab TANA BRU über die Hängebrücke und entlang des Ostufers des Tanaflusses 5 km bis SKIPAGURRA (Campingplatz, Details im Unterkunftskapitel Tana Bru). Weitere 13 km nach:

1 Esso Tankstelle, Supermarkt und Jeggerstua Vertshus
2 Café Duodji
3 Samen Museum

VARANGERBOTN: im Ortszentrum am Verkehrskreisel Esso Tankstelle (1) daneben ein Prix Supermarkt, in dem das „Jeggerstua Vertshus" integriert ist. Ein zweistöckiges Gebäude mit großem Frühstücksraum, mittags Cafeteria. Auch Vermietung von Zimmern zu günstigem Preis. Ganzjährig DZ ca. 165 Euro. Gegenüber das Café Duodji und Souvenirshop (2), beide von Samen geführt.

Samen Museum (Várjjat Sami Musea, 3): wenige Meter südl. des Verkehrskreisels in langestrecktem modernen Gebäude. Es zeigt die Frühgeschichte der See- Samen. Weiterhin Exponate zum Leben der Samen, Siedlungen, Fischerei etc. Geöffnet tägl. Mitte Juni bis ca. Mitte August. Eintritt ca. 4 Euro.

Abzweiger -> Kirkenes siehe Seite 886. - Weiter nach Vadsø führt die E 75 an der Küste entlang, die in diesem Bereich relativ dicht besiedelt ist.

NESSEBY: kleinere Ortschaft am Fjord und über eine kurze Stichstraße ab E 75 zu erreichen. Die weiße Holzkirche des Ortes wurde 1858 gebaut und besitzt eine sogenannte „Kirchenstube". Das war im 19. Jhd. ein Raum, in dem Kirchgänger, die einen weiten Fußmarsch zum Gottesdienst hatten, übernachten durften. Ein interessantes Thema, wie der Klerus den Weg zur Kanzel ebnete. Es gibt Varianten, z.B. auf finnischen Seen das „Kirchboot", in dem bis zu 3o Gläubige oft 1/2 Tag ruderten, um am Gottesdienst teilzunehmen.

MORTENSNES: ab E 75 ausgeschilderter Kulturpfad am Meer. Archäologen fanden bis zu 1o.ooo Jahre alte Siedlungsspuren, Gräber und Opferstellen. Für den Normalbesucher ist das Areal weniger spannend. Zwar gibt es Schilder,- zu sehen sind meist nur minimalste Reste. In einem kleinen Haus am Eingang eine Ausstellung, die das Areal erläutert. Weiterhin kann man eine Samen- „Gamme" am Meer besichtigen. Eine mit Erde und Moosen bedeckte kleine Hütte, wie sie früher von Samen bewohnt wurde, als es noch keine Pickups und Handys gab. Geöffnet tägl. Mitte Juni bis ca. Mitte August. Eintritt ca. 4 Euro.

## ★ Vadsø (ca. 5.2oo Einw.)

Kommerz- Zentrum am Varanger Fjord und Hauptstadt der Finnmark. Erstaunlich großer Ort in Relation zur abgelegenen Lage im äußersten Norden Europas. Modernes Zentrum auf einer kleinen Halbinsel im Fjord mit Buchhandlung, Restaurants, Bäckerei, Konditorei, Apotheke, Post und mehreren großen Supermärkten.

Von hier führt eine Brücke rüber zur vorgelagerten Vadsøya Insel mit Fabrik, Lagergebäuden, Kai der Hurtigruten Schiffe sowie im Ostteil der Insel das Leilas Hotel und u.a. der Zeppelin Luftschiffmast (Details siehe „Insel Vadsøya"). Die meisten Häuser der Stadt erstrecken sich jedoch am Hang entlang der E 75 und Varanger Halbinsel.

„**Rica Hotel Vadsø**" (17): Oscargata 4, ein größeres 3- stöckiges modernes Gebäude. Fast wie ein kleiner roter Palast liegt es oberhalb des Ortszentrums. Gemütliches Restaurant und angegliederte Bar. 68 komfortabel ausgestattete Zimmer mit TV und Bad. Vornraus Blick über das Zentrum, Vadsøya Insel und Meer. Das Hotel ist Tipp und in weitem Umkreis das beste, - allerdings oft von Geschäftsreisenden und Konferrenzveranstaltungen ausgebucht. Ganzjährig geöffnet. DZ nicht unbedingt billig, ca. 125- 15o Euro. Tel.: 789.552.5o, Fax: 789.51o.o2.

„**Nobile Hotell**" (24): auf der Insel Vadsøya, direkt bei der Brücke oberhalb am Hang. Die meisten der 29 Zimmer mit Blick vornraus aufs Zentrum. Das Holzgebäude ist mehrstöckig und besitzt Restaurant sowie Konferrenzräume. Es ist um einiges einfacher als das „Rica", aber durchaus noch ok. Zimmer mit Bad und TV. Ganzjährig geöffnet. DZ ca.1oo-12o Euro. Tel.: 789.533.35, Fax: 789.534.35. www.nobilehotell.no.

„RICA HOTEL VADSØ" (17): gemütlich und sehr gute Küche, allerdings gehobene Preise.

„XIN YA" (4): Küche ok. Mittlere bis kleine Portionen auf dem Teller, ausgenommen großer Reisschüssel. Preise mittel. Wir haben die Besitzerin, eine Shanghai-Chinesin gefragt, wieso es sie in diese Einsamkeit verschlagen hat. Sie: „habe geheilatet Nolwegel".

„INDIGO REST." (14): im Ortszentrum, internat. Küche, mittlere Preise.

Für Kommunikation: „PINTOS PUB" (8) und „BROADWAY PUB" (16) mit Soft- Drinks und Bier. Viel Abwechslung gibts in Vadsø leider nicht, sowie „HILODONEN KONDITOREI" (8) mit Kaffee und Kuchen.

## VADSØ

1 Rema Supermarkt, Apotheke, Bank
2 TAXI
3 ABFAHRT BUSSE und Warteraum
4 Xin Ya China Restaurant
5 Narvensen und Prix Supermarkt
6 Interbook Buchhandlung und Schreibwaren
7 POST
8 Pub und Konditorei
9 Bank
1o Rimi Supermarkt
11 TANKSTELLE Statoil
12 Fotogeschäft
13 TANKSTELLE Shell
14 Indigo Restaurant
15 Rathaus
16 Broadway Cafe/Pub
17 Rica Hotel Vadsø
18 Bank
19 Denkmal für finnische Einwanderer
2o Vadsø Kirche
21 Vadsø Museum mit Esbensen Gården und Tuomainen Gården
22 Fischindustrie
23 Lagerhallen
24 Lailas Hotel
25 ABFAHRT HURTIGRUTEN
26 ehemalige Walfangstation (1864- 84) von Svend Foyns, heute nicht mehr erhalten

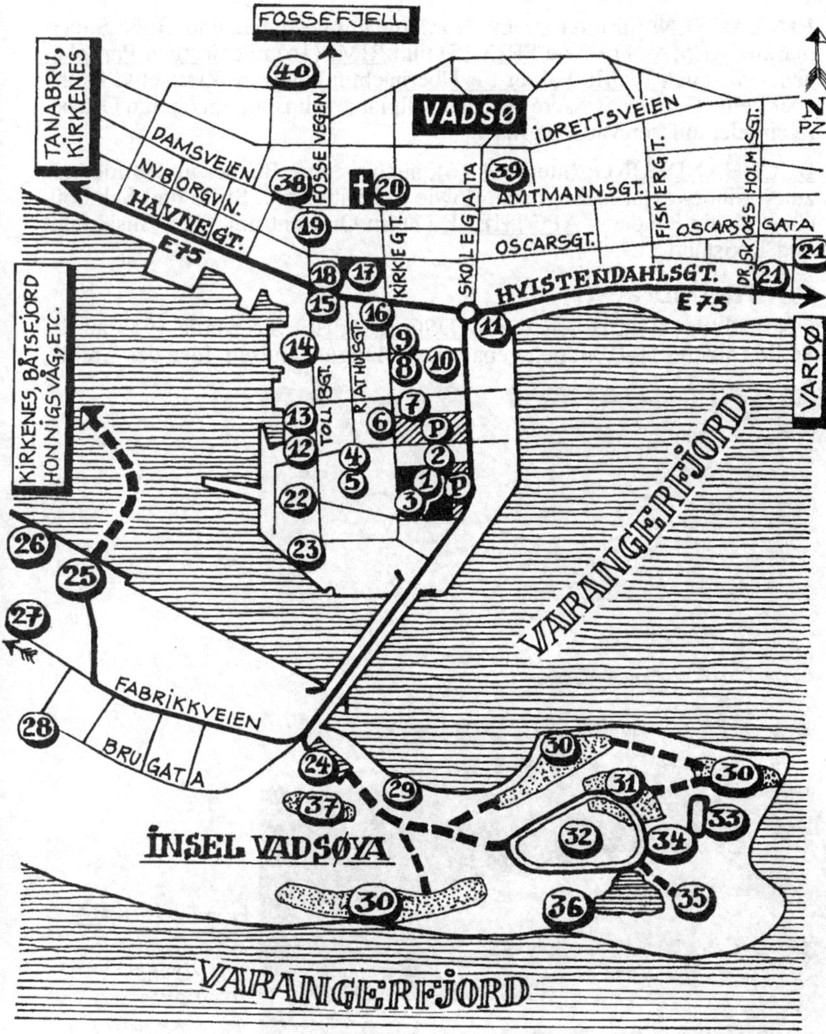


27 Sidoljefabrik
28 Reste vorchristl. Samen Kirche
29 Ziegelei (ca. 19oo)
3o Bunker und Fundamente für Flugabwehr (2. Weltkrieg)
31 Mittelalterliche Stadt (ca. 145o- 17oo)
32 Trabrennbahn (1945- 5o)
33 Arbeitersportplatz (ca. 193o)
34 Zeppelin- Luftschiff Mast für Amundsen und Nobile
35 Laufgraben, Bunker und Kanoenstellungen (2. Weltkrieg)
36 Dammen Teich, Vogelnistplatz
37 Ausgrabung Friedhof (ca. 15oo)
38 Verwaltung Finnmark
39 Bibliothek
4o Sportplatz

**EINKAUFEN**: für die extreme Nordlage gut bestückte und große Supermärkte: REMA (1) sowie PRIX (5) und RIMI (1o) mit riesigen Parkplätzen, - die auch WoMo Fahrer für Übernachtung nutzen. Zwar etwas kahl, aber keine Gebühr. Bessere WoMo Stellplätze mit Blick im oberen Ortsbereich oder auf der Vadsøya Insel.

BUCHHANDLUNG: Interbook (6), auch wenige Bücher und Bildbände zu Nordnorwegen in Englisch. Sowie Schreibwaren, Stifte und Schulbücher für die Kinder. - APOTHEKE (1) im Ortszentrum Nähe Busabfahrt und Taxistand.

**STADTRUNDGANG**

Oberhalb des Rica Hotels die VADSØ KIRCHE. Sie wurde 1958 an der Stelle früherer Holzkirchen gebaut von Mangus Poulsen. Idee des Archi-

Hurtigruten am frühen Dezembermorgen im Hafen von Vadsø nach stürmischer Überfahrt in der Barentsee mit Schnee...

NORDKAPP

tekten: „Konzept des Kirchturms wie ein Eisberg". Der sehr breite Kirchturm mit seinen Abstufungen und Einschnitten ist gewiss ungewöhnlich. Assoziationen mit einem Eisberg kann ich leider nicht nachvollziehen.

Nähe der Kirche das DENKMAL für FINN. EINWANDERER (19), die im 19. Jhd. nach Vadsø zogen. Es wurde 1977 feierlich der Öffentlichkeit präsentiert im Beisein des norw. Königs Olav V., des schwedischen Königs Carl Gustav und des finnischen Präsidenten Kekkonen.

VADSØ MUSEUM (21): im östl. Ortsteil Nähe der E 75. Zu sehen Holzhäuser finnischer Einwanderer aus dem 19. Jhd. Der Esbensen Gården (185o) wird auch für Wechselausstellungen und organisierte Abendessen (z.B. durch Rica Hotel) genutzt. Die Holzhäuser Tuomaisen (184o) mit Führungen im Sommer, Eintritt 2,5 Euro. Ganzjährig geöffnet zu unterschiedl. Zeiten, meist ca. 1o - 14, teils 17 Uhr.

VADSØYA INSEL: zu erreichen über die Brücke ab Zentrum mit Relikten aus Mittelalter bis Luftschiffmast.

**Geschichte**: besiedelt bereits im Mittelalter ab ca. 145o, wie Ausgrabungen (31) auf der Vadsøya Insel dokumentieren. Die Archäologen entdeckten Grundmauern von Häusern sowie einer Kirche von 1575. Ausgrabungen durch Professor Povl Simonsens 1977. Die Stadt erstreckte sich bis (37), wo man ein Friedhof aus der Zeit ab ca. 15oo fand. Eine unter archäol. Aspekten *„best bewahrte Stadtanlagen aus dem norweg. Mittelalter"*, wie eine Hinweistafel auf der Vadsøya Insel berichtet, - auch wenn der tourist. Besucher außer Gras- und Steinen kaum oder garnichts sieht.

Ca. 172o wurde die Siedlung aufs gegenüberliegende Festland/Varanger Halbinsel verlegt. Einkünfte Fischfang und Produktion von Klippfisch. Trotz allem eine Minisiedlung weniger Häuser.

★Selbst **1835** hatte Vadsø lediglich ca. 225 Einwohner. Zum Vergleich in ca.:

| Jahr | Kåfjord** | Hammerfest | Vadsø | Vardø | Tromsø |
|---|---|---|---|---|---|
| 1835 | 65o | 395 | 225 | 185 | 1.365 |
| 1845 | 39o | 93o | 395 | 19o | 1.5oo |
| 1885 | - | 2.18o | 1.8oo* | 1.2oo* | 5.7oo |

* während der Fischfangsaison erheblich mehr

** Minensiedlung bei Alta. Da die Ausbeute wegen veralteter Abbaumethoden bis 187o stagnierte, war die Siedlung weitgehend verlassen. Die Mine wurde 1889 an Schweden verkauft, weitere Details Seite 742.

★Der starke Bevölkerungsanstieg von Vadsø (und Vardø) in den 4o Jahren bis **1885** hatte mehrere Gründe. Zum einen war der Schiffsbau perfektioniert. Es gab zwischenzeitlich größere und seetüchtigere Schiffe, die weiter ins Eismeer rausfahren konnten, mit dort reichen Fischvorkommen.

Hinzu kam der Handel mit Nordrussland (Pomorhandel). Ausgetauscht wurden Handelsgüter wie Werkzeuge, Haushaltswaren, Jagdwaffen, aber auch Klippfisch und Tierfelle. Bei zunehmend größeren Schiffen verlagerte sich der Pomorhandel sich bis Ende des Jahrhunderts auf Langstrecken, so von Nord -

VADSØ 1884: Links der Ort mit Holzkirche, rechts die Walfangstation von Svend Foyns auf Vadsøya.

russland zu -> Umschlagspunkten wie Hammerfest bzw. Bodø und Tromsø und von dort weiter durch norweg. Handelshäuser entlang der Küste nach Trondheim, Bergen etc. Häfen wie Vadsø wurden Ende des 19. Jahrhunderts vorwiegend regionalen Versorgung angelaufen - und dies zunehmend ab norweg. Küste und dortigen Handelshäusern.

Der Reiseführer „Land of Midnight Sun" (**1882**) beschreibt **Vadsø** als letzte Stadt an der norweg. Küste mit 1.8oo Einwohnern. Sie ist geteilt in ein norweg. und finnisches Stadtviertel (letztere durch Einwanderung aus Finnland). Die Fischerei- Siedlung besitzt Trokkengestelle für Fisch. Weiterhin Fabriken für „Guano", wobei Fischreste wie Köpfe und Gräten etc. zu Dünger weiterverarbeitet werden.

Die Schulen von Vadsø, so der Reiseführer, - besitzen hohes Niveau. Teils sprechen die Lehrer 3 Sprachen: Norwegisch, Finnisch und Samisch. Gelehrt wird u.a. Altgriechisch, Latein, Hebräisch, Französisch, Deutsch und Englisch. Die Häuser der Vadsø Kaufleute sind groß, ebenso ihre Gastfreundschaft.

Über die finnischen Einwanderer berichtet das Buch, daß sie den örtlichen Priester nicht respektieren, da er nicht „enthusiastisch genug von der Kanzel predigt". Sie beteten lieber zu Hause. Zudem wandern hunderte von Finnen wegen karger Lebensbedingungen, winterlichen Kälte und langer Nacht zunehmend nach Nordamerika aus...

★**Walfang**: SVEND FOYNS Erfinder der Walfangkanone (stationiert auf einem Schiff und mit Explosivkopf versehen), hatte 1864- 84 eine Walverarbeitungsfabrik auf der Insel Vadsøya. Vergl. auch Grafik unten, die einen herangeschleppten Finnwal zeigt. Die Knochenreste davor dürften von einem größeren Wal stammen, u.U. Blauwal. Weitere

Details Walfang siehe Seite 162. Das Gebäude der damaligen Foyns Walstation ist heute nicht mehr erhalten.

Weitere Relikte aus der Geschichte auf der Vadsøya Insel sind aus dem 2. Weltkrieg Laufgräben und Bunker mit Resten der Flugabwehr (3o), jedoch kaum was zu sehen, - eine Pferderennbahn (32) von 1945- 5o, heute Erdpiste für Autos sowie ein Arbeitersportplatz (33) von ca. 193o, über den das Gras wuchert. Insgesamt nichts, was den Besuch lohnt.

LUFTSCHIFFMAST (34): Ankermast für nach System Zeppelin betriebene Luftschiffe. Er wurde 1926 genutzt für die erste Nordpolüberquerung mit dem Luftschiff „Norge“ sowie 1928 der „Italia“, die abstürzte. Beide Stories sind sehr spannend, Details S. 187ff.

THE NEW YORK TIMES meldet am 12.5.1926, daß um 1 Uhr früh das Luftschiff "NORGE" den Nordpol überquert hat und weiter Richtung Alaska fliegt. Offenbar unterlief der TIMES ein Fehler: genaue Uhrzeit: 1.30 Uhr. UNTEN: Modell der NORGE im Polarmuseum Tromsø

Für die Luftschiffe hatte der Mast die Bedeutung eines nochmaligen Zwischenstops zum Nachladen von Lebensmitteln, Wasser und Sprit, bevor die Fahrt rauf via Spitzbergen in einsame Polgebiete ging.

Der Mast wurde nur für diese beiden Fahrten genutzt. Er steht heute unter Denkmalsschutz. Interessant ist die Geschichte, die sich mit ihm verbindet, weniger der Mast selber.

## Verbindungen ab Vadsø

**Bus**: Abfahrt (3) beim Rema Supermarkt. 1- 2 mal tägl. nach Tana Bru, Fahrzeit ca. 1 Std.. Weitere Destinationen mit Umsteigen. Nach -> Vardø: 1- 2 mal tägl., ca. 4o Min.

**Flug**: vom nahen Airport an der E 75 mit kleinen Propellermaschinen der Wideroe. Nach -> Kirkenes 1- 2 mal tägl. Nach -> Berlevåg: 1- 2 mal tägl. außer So. Nach -> Tromsø: 1- 4 mal tägl., Flugzeit 1 1/2 - 2 Std. je nach Flugroute. Tromsø ist zentraler Umsteigepunkt für alle weiteren Verbindungen.

**Schiff**: Abfahrt (25), mit „Hurtigruten" 1 mal tägl. nach -> Kirkenes. Überfahrt 1 1/2 Std. Spart den Umweg, den man sonst auf der Straße via Tana Bru fahren müßte und von daher rentabel. Person ca. 2o Euro, PKW ca. 4o Euro. In Gegenrichtung machen die Schiffe der Hurtigruten keinen Stopp in Vadsø. Man muß mit dem Auto oder Bus die 75 km nach Vardø.

## Vadsø -> Vardø (ca. 75 km, E 75)

*Gut ausgebaute, aber teils kurvenreiche Straße entlang der Küste. Fahrzeit mit eigenem Auto ca. 3/4 Std. Tägl. auch Busverbindung.*

STORE EKKERØYA HALBINSEL: 14 km östl. von Vadsø. Nistplatz von vielen 1o.ooo-enden von Seevögeln an steil zum Meer abfallender Felsklippe. Auf dem Felsplateau der Halbinsel befinden sich Geschützstellungen aus dem 2. Weltkrieg. Sie kontrollierten den Seeweg und Zugang nach Kirkenes (Details dort) und schützten deutsche Kriegs- sowie Versorgungsschiffe (Truppen, Waffen) vor feindlichen Angriffen. Eine umfangreiche Anlage, weitverstreut übers Plateau.

Kjeldsenbruket: in Ekkerøy an der Südspitze der Insel. Restaurierter Fischereibetrieb und -Fischverarbeitungsfabrik aus dem 19. Jhd., zugehörig zum Vadsø Museum. U.a. Café, altes Kolonialwarengeschäft sowie Ausstellung zum Thema Fischerei 19oo- 195o. Geöffnet 2o.6. - 2o.8., vorab wegen Öffnungszeiten in Vadsø im dortigen Vadsø Museum erkundigen.

KIBERG: rund 1o km vor Vadsø. Im 2. Weltkrieg beteiligten sich viele der Einwohner am Widerstand gegen die Nazibesetzung. Ihre Ausbildung inkl. kommunistischer Schulung erhielten sie in Nordrussland. Zurückgegekehrt in Verstecke an der Küste von Nord- Varanger/Norwegen leisteten sie elementare Aufklärungsarbeit betreffend vorbeifahrender Nazi-Schiffe. Weitere Details Seite 864. - Rund 2 km östl. auf selber Halbinsel Kibergneset umfangreiche Bunkeranlagen aus dem 2. Weltkrieg.

## ★Vardø (ca. 2.6oo Einw.)

Östlichster größerer Ort Norwegens. Die o.g. Einwohnerzahl bezieht sich auf den Ort. Der Distrikt besitzt rund 3.ooo Einwohner auf 585 qkm. Einkünfte aus Fischfang, Weiterverarbeitung und Subventionen aus Oslo.

Vardø liegt auf einer Insel und ist seit 1982 durch einen Tunnel unterhalb des Meeres mit dem Festland verbunden. Der Tunnel besitzt eine Länge von 2.892 m und führt 88 m unterhalb des Meersspiegels zur Insel. Er ist zugleich nördlichster Submarin- Tunnel der Welt.

Der Besuch von VARDØ lohnt eventuell unter dem Aspekt, einen der abgelegensten Punkte Nordeuropas mit „Ministadt- Charakter" zu besuchen. Weitgehend moderne Häuser in Holz oder Beton an den beiden Meeresarmen „Vestervågen" und „Østervågen".

Hauptstraße ist die Strandgata mit Rimi Supermarkt (1) und wenigen Geschäften wie Schuhe, Kleider, Werkzeug etc. für allgemeinen Lebensgebrauch. Weiterhin mehrere Fischverarbeitungsfabriken und Kühlhäuser (7) sowie Hafenanlagen.

Kirche (4): moderne Gebäude von 1958. Der Architekt E. Moenstue realisierte als „Idee" ein superschmales V als Kirchturm, darunter verbreiternd das Kirchenschiff. Auf der Spitze des Kirchturms ein schlichtes Holzkreuz. Der Architekt kassierte sein Honorar, - dies für eine in meinen Augen etwas fade Leistung. Die Kirche steht an selber Stelle der ersten von Vardø 13o7.

VARDØHUS FESTUNG (19): sie ist nördlichste Festung der Welt. Eher eine kuschelige 8-eckige Minifestung - denn „Bollwerk" gegen eventuellen russischen Angriff. Halbhohe Mauern mit aufgeschütteter Erde. Im Inneren 1- stöckige Häuser, deren Dächer teils mit Gras bewachsen sind. Entsprechend wenig spektakulär, so doch liebenswert im Besuch.

Erste Befestigungsanlage um 13oo, Ausbau 146o. Die heute zu sehende „Festung" stammt vom Ausbau 1734- 39. Vardøhus wurde nie angegriffen und mußte sich nie verteidigen. Details siehe auch „Vardø Geschichte".

Geöffnet Mitte Juni bis Ende Aug. Zu sehen das Innere von „Vardøhus" Magazine, Pulverhaus, Kommandantenwohnung sowie u.a. Mini- Kanonen und eine Dokumentenrolle, auf der sich bedeutende Besucher Vardøs wie König Christian IV. (1599) verewigten. Eintritt ca. 1,5 Euro, mit Führung ca. 3 Euro.

VARDØ MUSEUM (22): dreistöckiges Steingebäude von 192o. Es war damals Quarantänestation, da viele Seeleute von Handelsschiffen mit Erkrankungen in Vardø eintrafen. Heute Stadtmuseum. Exponate zur Natur und Kultur sowie bedeutender Forscher, die ab Vardø Expeditionen starte-

## VARDØ

1 Rimi Supermarkt
2 POST, daneben Bank
3 Rathaus, daneben Bad
4 Vardø Kirche
5 Naustet Restaurant, Kafeteria und Pub - daneben Reisebüro, Geschäfte und Bank
6 TANKSTELLE Esso und
7 Fischindustrie, Lagerhäuser und Fischvertriebsfirmen
8 Polizei
9 Übernachtung Gjestegård
1o Fischindustrie und Großhandel, Gefrierhäuser

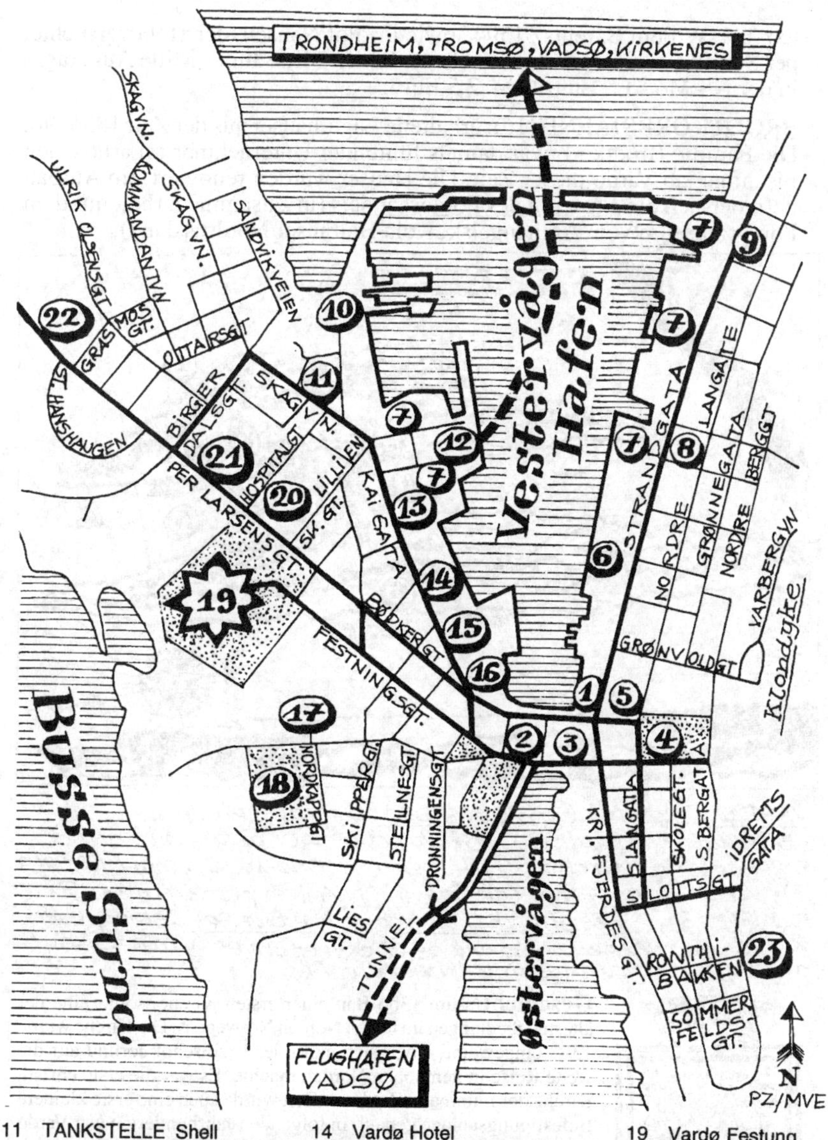


11 TANKSTELLE Shell
12 ABFAHRT HURTIGRUTEN sowie FFR- Büro, Hertz Autovermietung und Nor Cargo
13 Fotogeschäft
14 Vardø Hotel
15 Finnmark Fykleskommune
16 Brodtkorbsjåene (185o- 9o)
17 Radio Vardø
18 Friedhof
19 Vardø Festung
2o Busabfahrt
21 Krankenhaus
22 Vardø Museum
23 Sportplatz

ten (u.a. Willem Barentsz 1594 sowie Fridjof Nansen, der 1893 versuchte, per Schiff den Nordpol zu erreichen). Geöff. Mitte Juni - Mitte Aug. tägl., in der NS Mo.- Fr. Eintritt ca. 2,5 Euro.

BRODTKORBSJÅENE (16): erhaltene Lagerhäuser aus der Zeit 185o- 9o. Die Familie Brodtkorb war damals führender Unternehmer im arktischen Fischfang ab Vardø dieser Zeit. Die Häuser wurden renoviert. Im Aufbau befindet sich ein Museum des Pomorhandels (in Zusammenarbeit mit dem Pomormuseum von Archangelsk, Kola Halbinsel/Nordrussland).

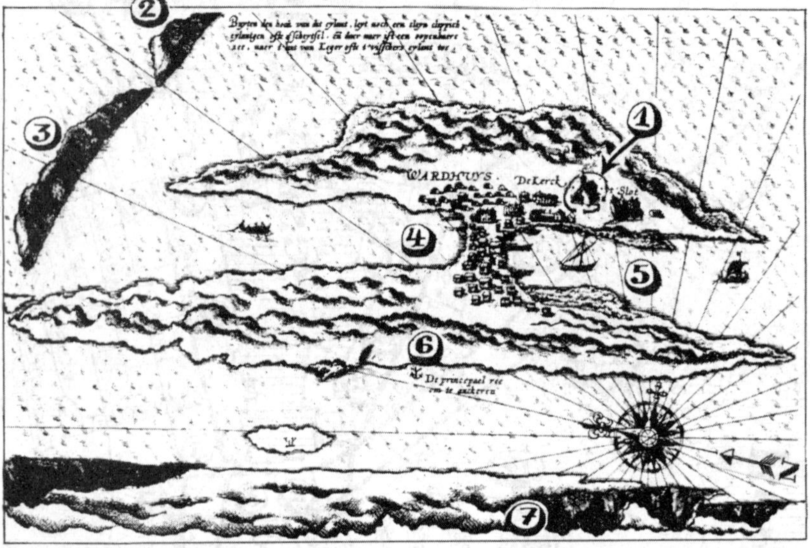


VARDØ: Illustration von 1601. Damals einer der wichtigsten Häfen im äußersten Norden Europas mit rund 50 Häusern. Kirche (1), - Insel Hornøya (2), Insel Reinøya (3), Vestervågen (4), Østervågen (5), Ankerplatz für größere Schiffe (6), - Festland/Varanger Halbinsel spiegelverkehrt dargestellt, so wie es die Seefahrer vom Schiff aus sahen zudem stark überhöht (7).

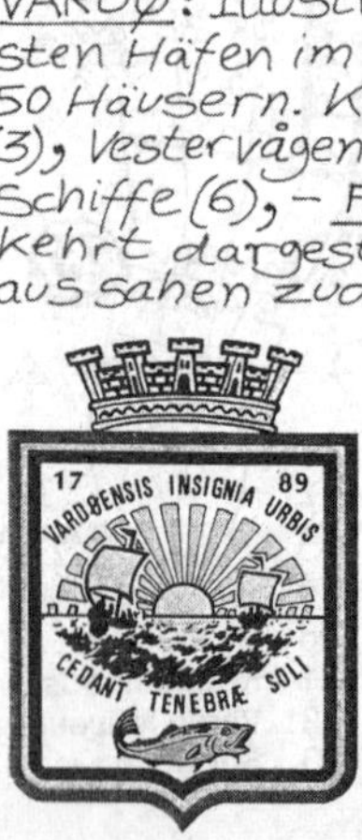


**Geschichte**: um 13oo Bau einer ersten Kirche, somit eine der ältesten Siedlungen im hohen Norden Norwegens. Die Kirche wurde 13o7 eingeweiht, wozu sich extra der Erzbischof Jørund auf die weite Reise in den hohen Norden machte. Es war die erste christl. Kirche der Finnmark. Zu dieser Zeit wurde auch eine erste kleinere Befestigungsanlage gebaut. In folgenden Jahrhunderten war Vardø eine Minisiedlung der Fischer mit rund 5o Häusern, wie Illustrationen z.B. von 16o1 siehe oben dokumentieren.

STADTWAPPEN von Vardø. Die Krone mit stilisierter Festung. Hinweise auf Stadtrechte und Fischfang.

Für Abenteurer und Entdecker, so der Holländer Willem Barentsz und Jan Huyghen van Linschoetens war **1594** das Nest VARDØ letzter Stützpunkt auf ihren Fahrten Richtung Ost in arktischen Gewässern. Sie suchten im Auftrag holländischer Handelshäuser nach einem eventuell möglichen Seeweg (die sogen. „Nordost- Passage“) durch arktische Gewässer nach Asien (siehe auch Seite 168).

Die Nordostpassage konnten die Seefahrer Barentsz und Linschoetens 1594 nicht realisieren, - so doch die Küsten vermessen und wertvolle Informationen zu Winden und Meeresströmungen liefern. Sie begründeten einen Handelsweg per Segelschiffen von Archangelsk/Nordrussland nach Vadsø, Vardø und Hammerfest: - der Beginn des Pomorhandels. Ausgetauscht wurden über Jahrhunderte Felle, Fisch und Handelsgüter wie Waffen, Werkzeuge und Haushaltsgeräte (siehe auch „Hammerfest Geschichte“).

Hexenverbrennungen (1621- 92): ein düsteres Kapitel in der Stadtgeschichte. Angeblich sollen Frauen von Vardø sich satanischen Kulten in einer Höhle hingegeben haben, - so wurde ihnen zumindest unterstellt. Die Höhle lag im Berg Domen (164 m, rund 2 km südl. des heutigen Flughafens am Meer). Bestraft wurden 8o unschuldige Frauen mit Rösten bis Tod über dem Feuer.

1789 erhielt Vardø zusammen mit Hammerfest die Stadtrechte. Erteilt wurden sie vom dänisch/norweg. König Christian VII. Er erhoffte sich dadurch eine wirtschaftl. Stärkung der extrem abgelegenen Region sowie Bevölkerungsaufschwung. Dies gelang nicht. Im Gegenteil: die Zahl der Bevölkerung sank bis 1825 auf 95 Einwohner! Bessere Zeiten erlebte Vardø erst in der 2. Hälfte des 19. Jahrhunderts auf Grund reichen Fischfangs. Die Boote waren zwischenzeitlich größer, seetüchtiger und mit Motoren bestückt. Sie konnten daher weiter ins arktische Meer hinausfahren. So befinden sich rund 1oo km vor der Küste reiche Fischbänke. Für die früheren kleinen Nordlandsegelboote (wahre Nußscha-

ARCHANGELSK, Kola Halbinsel/Nordrussland. Illustration von 1601. Über die Jhd. entwickelte sich Handel mit Vardø (Pomorhandel).

len) waren die Bänke zu weit entfernt und wegen Wind nur sehr gefährlich zu erreichen, - für die größeren Motorsegelboote dagegen optimale Entfernung. 1885 hatte Vardø rund 1.2oo Einwohner, während der Fischfangsaison erheblich mehr.

★Fischereihafen war damals Østervågen (die südl. Inselbucht), - während die Vestervågen Bucht hauptsächlich von Schiffen mit größerem Tiefgang genutzt wurde. So z.B. von den Dampfschiffen der 1875 gegründeten *„Arkangelske Murmanske Dampskipsselskap“*. Sie beförderte 1 bis mehrmals/Woche Personen und Waren auf der Strecke Archangelsk/ Russland -> Murmansk/Russland nach Nordnorwegen: Vadsø -> Kiberg -> Vardø. Hinzu kamen Dampfschiffverbindungen anderer Gesellschaften nach Hammerfest und Ende des Jahrhunderts Dampfschiffe der berühmten „Hurtigruten“ nach Trondheim und Bergen.

★Bedeutendste Unternehmer dieser Jahre: die Familie Brodtkorb (Fischerei) und Martin Olsen, der 1889 einen Importhandel mit Kohle und Salz eröffnete. Beides waren sehr begehrte Güter (Kohle für die Schiffsmotoren und Salz zum Haltbarmachen von Fisch), so daß Olsen sehr schnell zu einem der reichsten Männer von Vardø wurde. Hinzu kam ein schwungvoller Handel mit Fisch sowie Verkauf von Gegenständen die die Fischer benötigten (Angelhaken, Netze, Seile etc.).

★Die Bedeutung des Pomorhandels reduzierte sich zu Ende des 19. Jhds. betreffend Vardø. Die Handelsschiffe segelten meist direkt zu den größeren Häfen Hammerfest oder Tromsø, da dort bessere Preise zu erzielen waren. Ein Verkauf von Waren in Vardø bedeutete schlechtere Preise, da Zwischenhändler an der Strecke Vardø -> Hammerfest bzw. Tromsø verdienen wollten. 1917 nach der Russ. Revolution kam der Pomorhandel fast gänzlich zum Erliegen.

VARDØ: Strandgata Ende 19. Jhd. Geschäft von Martin Olsen, damals einer der reichsten Unternehmer von Vardø im Handel mit Kohle, Salz und Fisch.

ANONCEN in der Finnmarksposten Rechts betr. Schiffsverbindungen (1899). Interessant, daß immer auf den Kapitän hingewiesen wurde. Er hatte entscheidenden Anteil, damit die Reise kein Fiasko wurde.

**Badestuen**

aabnes den 23de for Damer og 24de for Herrer.

Oluf Johansen.

**Badehuset**

er aabent den 23de og 24de December fra Kl. 3 Eftermiddag.

L. Lundi.

**„Kong Carl"**

Rute 8

(Capt. Hansen)

til Christiania Mandag 23. October Kl. 8 Form.

**„Kong Harald"**

Rute 1 A.

(Capt. Arnet)

til Vadsø Torsdag den 26. October Kl. 2 Efterm.

Hamburg Fredag 27. October Kl. 9 Em.

**„Pr. Christie"**

Rute 8

(Capt. Bjørnstad)

til Vadsø Søndag 29 October Kl. 9 Fm.

Christiania Mandag 30. Octobr. Kl. 8 Form.

Werbung betreffen Baden und Waschen 1897 in Vardø. Getrennt nach Männern und Frauen. Die Gelegenheit bot sich nur an bestimmtem Tag abends!

VARDØ: Anlandung des Fisches am Kai und Weiterverarbeitung in Bottiche. Harte Arbeit, an der Frauen, oft auch Kinder beteiligt waren.

Im 2. Weltkrieg wurde Vardø am 6.6.194o zu Beginn des Krieges um Norwegen aus der Luft bombardiert, was zu erheblicher Zerstöung führte. Ziele waren u.a. die Funkstation von Vardø. Bei Kriegsende setzten die Deutschen bei ihrem Truppenrückzug am 23.8.44 Vardø in Brand, wobei die Stadt fast dem Erdboden gleichgemacht wurde. Erhalten blieben nur wenige Holz- Lagerhäuser im Hafenbereich. Wiederaufbau ab 5o-er Jahre; heute weitgehend Steinhäuser in Zweckarchitektur.

VARDØ TUNNEL: verbindet Vardø auf vorgelagerter Insel mit dem Festland. Länge 2,892 km, tiefste Stelle unter Meer 88 m. Er wurde 1983 eröffnet und war erster Untermeeres Tunnel Norwegens.

Vardø war bis dato nur per Fährschiff zu erreichen. Erste Überlegung einer Straßenanbindung 1959. Die Diskussionen zogen sich hin, ob Tunnel oder Brücke preiswerter sei, insbes. auch Fragen der technischen Machbarkeit eines Untermeeres-Tunnels. 1972 fiel die Entscheidung pro Tunnel, Baubeginn 1972/79. Benötigt wurden mehr als 25o.ooo kg Spengstoff für 1/4 Mio. Kubikmeter Gestein und 87.ooo kg Zement- Injektionen.

Problem war, daß man damals nur sehr wenig Erfahrung im Bau von Untermeeres- Tunneln hatte, da es weltweit nur wenige gab. Verständlicher Weise muß der Tunnel absolut wasserdicht sein. Somit waren auch die Baukosten schwerkalkulierbar. Zu Baubeginn hatte man für eine Brücke ca. 12o Mio. Kronen berechnet, - für den Tunnel dagegen lediglich 7o - 11o Mio. Kronen. Im weiteren Tunnelbau explodierten die Kosten. Letztlich kostete er mehr als 15o Mio. Kronen, was rund 17,5 Mio. Euro entspricht (= ca. 6 Mio. Euro pro Kilometer!).

Die Fertigstellung dauerte 1o Jahre, dem leitenden Bauingenieur Hjalmar Halvorsen ist in Vardø ein Denkmal gewidmet. Eröffnung des Tunnels am 22.12.1982, danach Restarbeitung (Auskleidung etc.). Feierliche Einweihung für den Verkehr am 16.8.1983 durch den norweg. König Olav.

Der Vardø Tunnel war damals nicht nur erster UW- Tunnel Norwegens, sondern zugleich auch längster der Welt. Heute gibt es erheblich längere, z.B. in Japan oder der berühmte Ärmelkanal Tunnel. Auch diese hatten erhebliche Bauverzögerung wegen schwer vorhersehbarer Probleme u.a. in Wasserabdichtung.

Die längsten norweg. Unterwasser Tunnel u.a. bei Haugesund/Stavanger Südwestnorwegen, - weiterhin bei Tromsø/Nordnorwegen sowie der 6,87 km lange „Nordkapp Tunnelen" bei Honningsvåg (siehe Seite 797). Der für mich schönste norweg. UW- Tunnel dagegen bei Langslett/ Skjervøy (siehe S. 73o). Er geht extrem steil runter unters Meer.

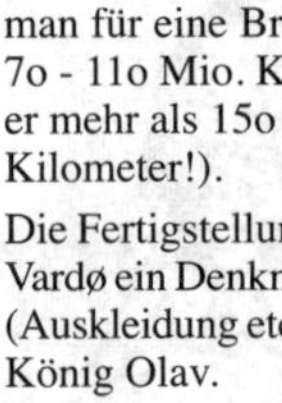


„**Nye Vardø Hotel**" (14): Kaigata 8, am Hafen. 37 Zimmer mit Bad, TV. Die beste Unterkunft im Ort. Ganzjährig geöffnet. Mit Restaurant und am Wochenende Discothek. DZ je nach Auslastung ca. 9o - 12o Euro. Tel.: 789.877.61, Fax: 789.883.97

„**Gjestegården**" (9): Strandgata im nördlichen Ortsbereich. Familiäre Unterkunft, 6 Zimmer. Ganzjährig geöffnet. DZ ca. 5o Euro. Tel.: 789.875.29.

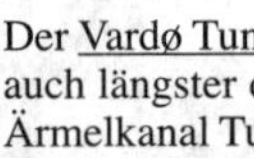


„REST. NAUSTET" (5) im Ortszentrum gegenüber vom Rimi Supermarkt. Gute Küche, vorwiegend Fischgerichte, auch Fleisch bei mittleren Preisen.

„HOTEL REST. VARDØ" (14): Hotelküche bei mittleren bis gehobenen Preisen. Pluspunkt ist fangfrischer Fisch.

Ansonsten für Lebensmittelversorgung der RIMI MARKT (1) sowie am HAFEN frischer Fisch direkt von den Fischerbooten.

TANKSTELLEN: im Ort, siehe Karte Nr. (6, Esso) und (11, Shell). Führen auch kleinere Autoreparaturen durch.

HAMNINGBERG: nordwestl. von Vardø. Ende des 19. Jhds. wichtiger und florierender Fischereihafen.

**AUSFLÜGE AB VARDØ**

ARBORETUM in Svartnes (wo der UW- Tunnel das Festland erreicht). Unter Regie der Gemeinde Vardø befindet sich in Aufbau ein Botanischer Garten, der nach Fertigstellung einen Querschnitt arktischer Vegetation zeigen wird, von Bäumen, Sträuchern und Bodengewächsen bis Moosen.

VOGELFELSEN: auf der NO von Vardø vorgelagerten Insel Hornøya. Es ist das älteste Vogelschutzgebiet Norwegens für Seevögel. Bootsausflüge mit „Vardø Havnevesen", Tel.: 789.872.76, Fax: 789.878.28.

HAMNINGBERG: zu erreichen über eine 35 km Erdpiste entlang der Küste durch einsame Steinlandschaften mit schräg aufgetürmten Felsformationen und Küstenstränden (teils Sand). Ende des 19. Jhds. war Hamingberg wichtiger Fischerort für arktische Gewässer der Barentszsee. Heute im Winter verlassenes Nest. Die Häuser wurden restauriert und sind im Sommer teils als Weekendhäuser von Hobbyfischern genutzt.

Eine Erdpiste führt ab Hamningberg westl. zur Skjåvika Bucht, beliebter

WoMo Stellplatz für Leute, die „Extrempositionen“ lieben und dort Gleichgesinnte treffen.

## Verbindungen ab Vardø

**Flug**: das Flugfeld für kleinere Propellermaschinen liegt auf dem Festland Nähe Beginn des Vardø Tunnels. Direktflug mit WIDEROE nach -> Berlevåg 1 mal tägl. außer So., Flugzeit 25 Min. Nach -> Kirkenes: 1- 2 mal tägl., Flugzeit 5o Min. Andere Ziele mit Umsteigen.

**Bus**: ab Vardø (2o): 1 - 2 mal tägl. via Vadsø nach Tana Bru. Fahrzeit bis Tana Bru knapp 2 Std. Dort Anschluß nach Alta, Nordkapp, Tromsø, Kirkenes sowie Routen nach Finnland. Weitere Details siehe Tana Bru/Verbindungen.

**Schiff**: mit Hurtigruten tägl. von Vardø via Vadsø nach Kirkenes sowie auf der Südroute nach Honningsvåg -> Hammerfest -> Tromsø -> Trondheim -> Bergen.

Die Abfahrten Vardø Richtung Kirkenes ungünstig mitten in der Nacht. Es ist u.U. sinnvoll, die ca. 75 km via Küstenstraße bis Vadsø zu fahren und dort aufs Schiff bei ziviler Abfahrtszeit derzeit gegen 8.3o Uhr.

★ **Nach Kirkenes per Schiff**: rund 17o km in Ausfahrung des Varanger Fjords lassen sich sparen, wenn man ab Vadsø das tägliche Schiff der Hurtigruten nimmt. Abfahrt (siehe oben) derzeit 8.3o Uhr. Überfahrt 1 1/2 Std. Pro Person ca. 2o Euro, PKW (maxim. 2,5 m Höhe und 5 m Länge) ca. 2o Euro. Unter Berücksichtigung, daß Autosprit auf der Straße eingespart wird, preisgünstig und zudem Relaxing.

★ **Nach Kirkenes per Straße**: ab Vardø, Vadsø zunächst die E 75 zurück zum Ort VARANGERBOTN und dort auf die E 6 nach Kirkenes.

Entfernung Varangerbotn -> Kirkenes 12o Km. Fahrzeit mit eigenem Auto ca. 2 Std. Asphaltiert und passabel gut ausgebaut. Die E 6 zunächst am Ufer des Varangerfjords entlang.

GRANDVIK: Bucht mit Kiesstrand und Picknickplatz zwischen Birken. Rund 5 km weiter Abzweigung einer Nebenstraße in ca. 2o km nach:

BUGØYNES: Fischerdorf auf einer Landzunge, die sich quer über einen schmalen Meeresarm erstreckt. Rund 3oo Einwohner, Fischfang und kleines Museum in einem Kaufmannsladen von 185o. Die Bewohner sind vorwiegend finnischer Abstammung. Im 2. Weltkrieg war Bugøynes einer der wenigen Orte der Finnmark, der von deutschen Truppen bei ihrem Rückzug 1944 nicht in Brand gesetzt wurde. Erhalten sind alte Holzhäuser, liebevoll gepflegt.

Erreichbar ab Bugøynes über einen 9o Min. Pfad (gut markiert) der Vogel-

felsen RANVIKA, Eldorado für Bird- Watcher mit Fernglas. - Im Ort Bugøynes Zucht von russ. Königskrabben, die ein Gewicht bis zu 12 kg erreichen. - Tourist. Angebote im Ort wie Eissauna, Angeln etc.: „Bugøynes Opplevelser AS", Tel.: 789.9o3.75, Fax: 789.9o2.27. www.bugoynes.no

Ab Abzweiger Bugøynes führt die **E 6** landein Ri. Südost über karges Hügelland mit vielen kleineren Seen in Fjell- Landschaft nach:

## ★ Neiden (ca. 3oo Einw.)

Mininest, das sich teils oben auf dem hügeligen Plateau erstreckt, teils unten am Fluß mit Campingplatz und guten Lachs- Angelmöglichkeiten. Zur finnischen Grenze ca. 1o km und weiter über die landschaftl. schöne RV 971 nach Inari.

CAMPING NEIDEN: unten am Fluß Nähe Brücke und Abzweigung Finnland. Stellplätze für WoMos mit Stromanschluß Sanitäranlagen und TV- Raum mit Kochgelegenheit. Vermietung von Hütten je nach Größe und Ausstattung für 4- 5 Personen einfach ausgestattet ca. 45 Euro, rauf zu ca. 1oo Euro. Der Platz liegt Nahe der E 6 und ist beliebt bei Anglern. An Flair gibt es schönere Campings.

Im oberen Ortsbereich Neiden Ri. Tana, wenige Meter von der E 6 entfernt eine TANKSTELLE (Statoil) mit wenigen Zapfsäulen, kleinem Lebensmittelmarkt und Kroa.

„**Neidenelven Turisthotell**": letzte Übernachtungsmöglichkeit vor der norweg./finnischen Grenze (1o km), im Ort Neiden. 28 Zimmer mit Bad. Die Gäste sind vorwiegend Angler und Jäger. Ganzjährig geoffnet. DZ ca. 6o- 1oo Euro. Tel.: 789.9oo.oo, Fax: 789.9o9.35.

ANGELN: der Neidenelva gilt als einer der besten Lachsflüsse im äußersten Nordosten Norwegens. Angelscheine im Ort u.a. Statoil Tankstelle.

KASKADEN SKOLTEFOSSEN: Ri. Grenze Finnland, nach Sonnwende vier Sommerwochen tradit. samisches Wurfnetz-Angeln, - die „Käpälä Fischerei". Ausgeworfen werden Hauben-ähnliche Netze in das schäumende Wasser der Kaskaden. Kein leichtes Unterfangen; es gibt auch Wettbewerbe und Prämien für denjenigen, der mit einem Wurf die meisten Fische fängt.

E 6 weiter nach Kirkenes: am Ostufer des schmalen, langgestreckten Neidenfjords entlang, später landein durch Hügelland. Rund 32 km nach Neiden werden drei Verkehrsrondells erreicht

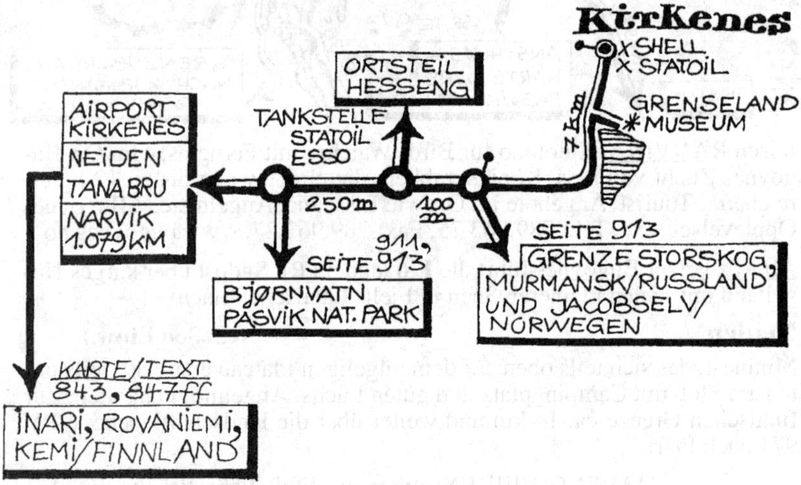

# ★ Kirkenes (ca. 6.5oo Einw.)

Letzter größerer Ort Norwegens vor der russischen Grenze und Murmansk. Modernes, kleineres Stadtzentrum mit Fußgängerzone, Geschäften, Kino und 2 Tankstellen. Im 2. Weltkrieg schwere Zerstörung.

Die Häuser in einer Talsenke und am Hang rauf oberhalb des Bøkfjordes. Die letzten rund 9o Jahre bestimmte die Minengesellschaft A/S Sydvaranger die Geschichte der Stadt und war wichtigster Arbeitgeber. Heute wichtiger Einkunftszweig die Kvaerner Werft u.a. in Reparatur russischer Eismeer Trawler für den Fischfang.

Tourist INFO Sehr engagiert, kompetent auch in Sachen des Pasvik Nationalpark. Zugleich Reisebüro für Fahrten nach Murmansk/ Russland. Adresse: Kirkenes Touristinformation Grenseland Presteveien 1, N - 9915 Kirkenes. Lage: siehe unsere Karte (1). Tel.: 789. 925.44, Fax: 789.96o.87. www.kirkenesinfo.no

„**Rica Arctic Hotel**" (2): bestes Hotel in Kirkenes, absolut zentrale Lage im Ortszentrum beim Hauptplatz. Modernes 4- 5 Stockgebäude. 8o komfortable und gemütliche Zimmer in der sonstigen Einöde, mit TV und Bad. Im selben Gebäude Disco, Kino und Schwimmbad.

Ganzjährig geöffnet. Die besten Zimmer im 4. und 5. Stock mit Blick Richtung „Park", d.h. Hangseite. Das Hotel war unser Standquartier während unserer Kirkenes- und Pasvik Recherche. Sehr zufrieden und Weiterempfehlung! Ganzjährig geöffnet. DZ ab ca. 12o Euro aufwärts je nach Saison, Weekend und Auslastung des Hotels. Tel.: 789.929.29, Fax: 789.911.59.

„**Rica Hotel Kirkenes**" (38): gehört zur selben Hotelkette (Rica) und liegt rund 3 km außerhalb des Stadtzentrums oberhalb am Hang. 3- 4 Stock langgestrecktes Gebäude im oberen Stadtteil: Pasvik Veien 63, Nähe E 6.

1936 stand hier das erste Holzhotel der Stadt. Es wurde mit Restaurant erweitert und in späteren Jahren in größeren Komplex umgebaut. Heute 67 Zimmer mit TV, Bad. Pluspunkt ist bei Zimmern vornraus der Blick über Kirkenes und Fjord. Eigenes Auto sinnvoll, da entfernt vom Stadtzentrum. Geöffnet Anfang Mai bis Ende Sept. DZ je nach Saison, Weekend und Auslastung ab ca. 12o Euro. Tel.: 789.914.91, Fax: 789. 913.56.

„**Barents Frokosthotel**" (9): Presteveien 3, am Hauptplatz neben Taxistand. Kleines 2-Stockgebäude, modern aber ohne Flair. Zentrale Lage. Ganzjährig geöffnet. DZ ab ca. 1oo Euro je nach Saison. Tel. 789.932.99. Fax: 789.93o.96

„**Barbaras Bed & Breakfast**" (41): Henrik Lunds Gate 13. Kleineres Gästehaus im Villenviertel östl. des Zentrums. Nur wenige Zimmer, preiswert. Tel.: 789.932.o7.

„**Kirkenes Hotel**": im Zentrum von Kirkenes, Dr. Wesselsgt. 3. Insgesamt 28 Zimmer mit Dusche und WC. Ganzj. geöffnet. DZ ca. 65- 1oo Euro. Tel.: 789.921.68, 789.939.99.

„**Direktørboligen Hotell**": außerhalb des Ortszentrums oben am Fuß des Prestefjells und Nähe Rica (38). Komfortabel, Bibliothek mit Kamin, nur 6 Zimmer, schöner Blick auf Kirkenes. DZ ca. 1oo - 12o Euro. Kr. Nygaardsgt. 37. Tel.: 789.918.o9, 916.818.09.

„**Sollia Gjestegård**": kleine Unterkunft mit 6 Zimmern in Storskog an der Grenze zu Russland. Ganzjährig geöffnet, auch Camping. Sommerpreis DZ ca. 8o Euro. Tel.: 789.9o8.2o, Fax: 789.9o7.61, 789.9o8.15.

„**Pasvik Taiga**" in Svanvik an der Straße zum Pasvik Nationalpark. Details dort.

## KIRKENES

1 TOURIST INFO
2 Rica Arctic Hotel
3 Domus Supermarkt
4 Rimi, Intersport
5 Polizei
6 Hauptplatz
7 Bibliothek
8 Grillstua
9 Barents Frokost Hotell
1o TAXI
11 Mode- und CD- Shop
12 Narvensen
13 Kirche
14 Gobiten Konditorei, oben: Pitza Ritz
15 Spielzeuggeschäft
16 Fotogeschäft
17 Husfilden (Folklore und Souvenirs)
18 Kleidergeschäft
19 Apotheke
2o Kiosk, Optiker
21 Elektrogeschäft

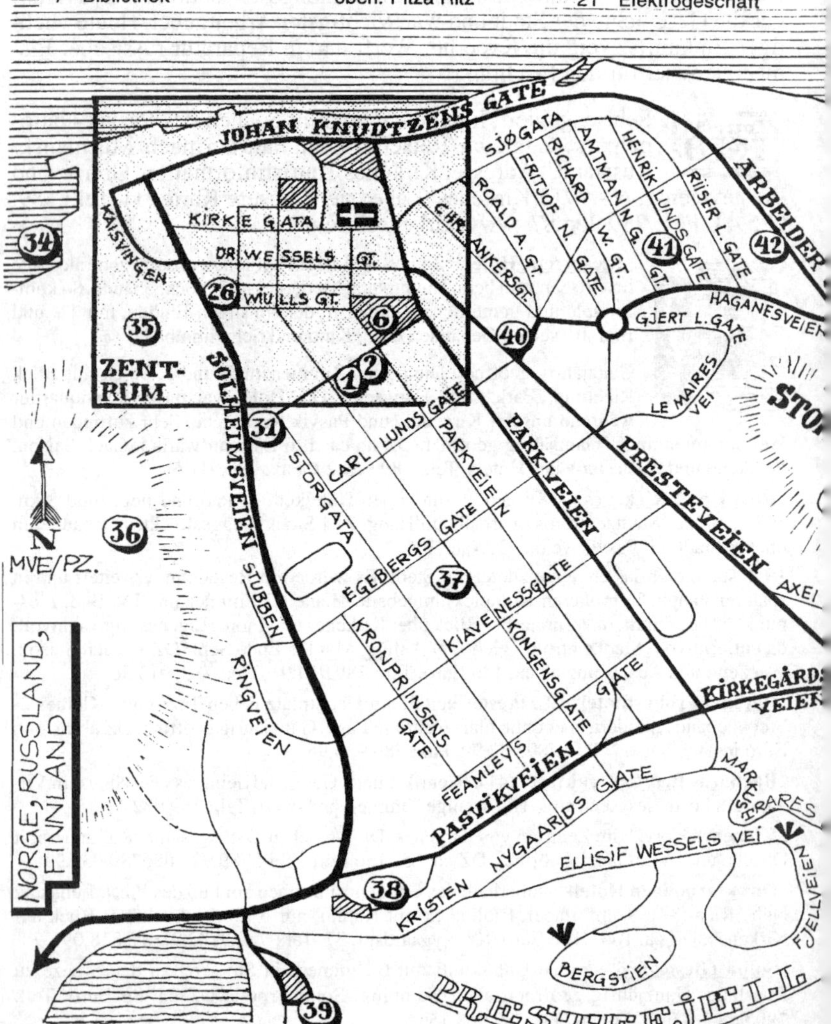

22 Interbook (Schreibwaren und Bücher)
23 Bank
24 Sportgeschäft
25 Bohus Möbel
26 TANKSTELLE
27 Rest. Casablanca
28 Vin & Vils
29 POST
3o Rathaus
31 TANKSTELLE
32 BUSTERMINAL
33 Rallar'n Pizza
34 Fischereihafen und Werften
35 Kvaerner- Großhalle
36 Eisenerzverhüttung
37 Savio Museum
38 Rica Hotel Kirkenes
39 Grenseland Museum
4o Andersgrotta
41 Barbaras Bed & Breakfast
42 Russisches Konsulat
43 Rema Supermarkt
44 Abfahrt HURTIGRUTEN
45 Krankenhaus

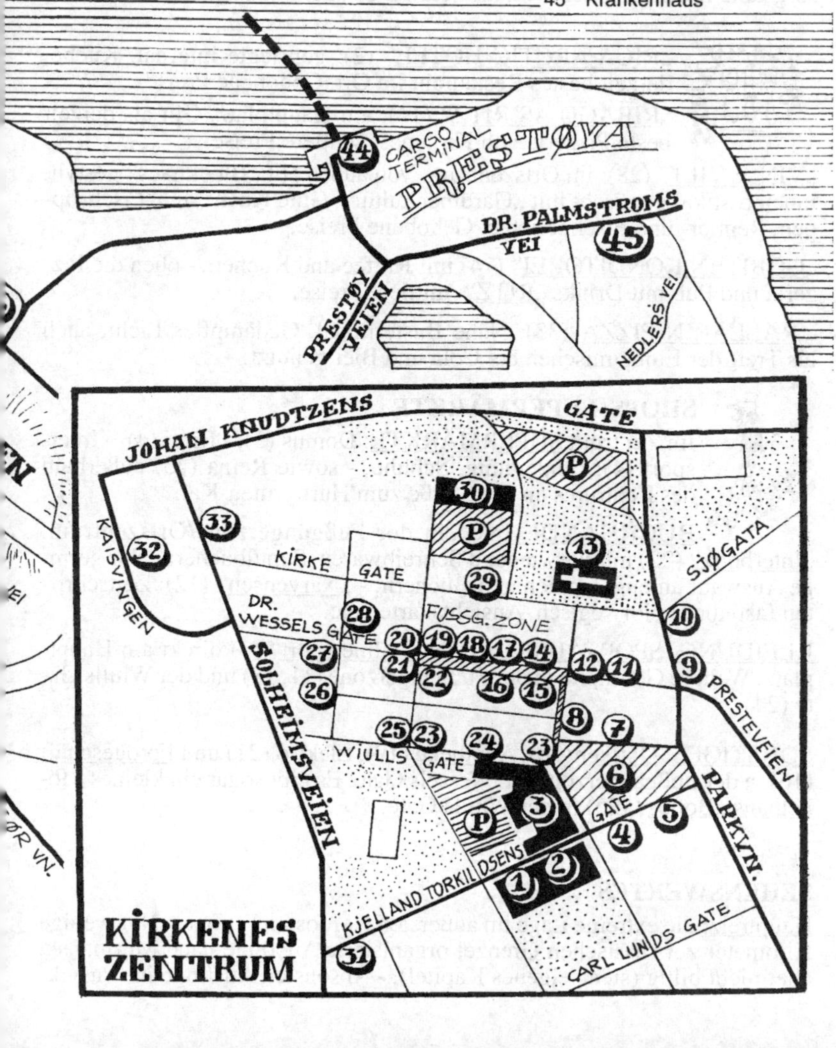

„CAMPING MAGGADALEN“: an der E 6 beim Nachbarort Hesseng. Auch preisgünstige Vermietung von einfach ausgestatteten Hütten. - Ansonsten Camping in Neiden siehe dort sowie in Vaggetem an der Straße zum Pasvik Nat. Park, Details dort.

GRATIS-STELLPLÄTZE IN KIRKENES mit Blick: oben im Bereich des Prestefjell und der Straßen Ellisifs Wessels Vei, Bergstien und Fjellveien (siehe unsere Karte). Sie sind keine „Dauerstell- Plätze“ und derzeit nur bei sorgsamem Umgang der Wohnmo-Fahrer mit der Natur geduldet.

„RICA ARCTIC HOTEL“ (2): gepflegte internat. Küche, derzeit bestes Restaurant im Ort. Gehobene Preise

„RIBAGO AS RITZ“ (14): am Hauptplatz. Gilt als derzeit beste Pizzeria von Kirkenes. Mittlere Preise.

„VIN & VILT“ (28): im Ortszentrum. Von außen auf „Blockhaus“ gestylt, innen rustikal gemischt mit „Gardinenkultur“. Gute Küche, u.a. Fischsuppen, Rentier- und Fischgerichte. Gehobene Preise.

„GOBITEN KONDITOREI“ (14) mit Kaffee und Kuchen, - oben die Pizzeria und Pub mit Drinks „RITZ“: mittlere Preise.

„„RALLAR'N PIZZA“(33): Nähe Busterminal. Gedämpftes Licht, auch als Treff der Einheimischen bei Cola und Bier genutzt.

## SHOPS/ SUPERMÄRKTE

Im Zentrum SUPERMÄRKTE: Domus (3), - Rimi (4), - Intersport (4): Bekleidung, Schuhe, - sowie Rema (43) außerhalb des Zentrums an der Straße zum Hurtigruten-Kai.

BUCHHANDLUNG: in der Fußgängerzone/Ortszentrum: „Interbook“ (22) mit vorwiegend Schreibwaren, Schulbüchern. Nur geringe Auswahl an engl. sprachigen Büchern. - „Narvensen“ (12): Zeitschriften fast nur in Norwegisch, Ansichtskarten etc.

KLEIDUNG, SPORTAUSRÜSTUNG: „Intersport“ (4) direkt am Hauptplatz. Weitere Geschäfte in der Fußgängerzone (11, 18) und der Wiulls Gate (24).

SONSTIGES: Optiker (2o), Apotheke (19), Elektro (21) und Fotogeschäft (16) in der Fußgängerzone Dr. Wessels Gate. Es gibt sogar ein kleines Möbelhaus „Bohus“ (25) in der Wiulls Gate.

## SEHENSWERTES

Hauptreiz: die extreme Lage im äußersten Nordosten Europas. Nur wenige Kilometer zur russischen Grenze; organisierte Ausflüge nach Murmansk, aber nicht billig (siehe eigenes Kapitel). - Ansonsten Ausflüge ins Pasvik-

Tal und nach Jacobselv im NO an der russischen Grenze, siehe dort.

SAVIO MUSEUM (37): Ausstellung des berühmten samischen Künstlers John Andreas Savio, geboren 19o2 in Kirkenes, gestorben 1938 Oslo. Seine Werke in Holzschnitt- Druck, Aquarell und Ölmalerei zeigen Landschaften und Leben im hohen Norden. Geöffnet im Winter Mo.- Fr. 1o-15.3o, im Sommer tägl. 1o - 18 Uhr.

GRENSELAND- MUSEUM (39): modernes Gebäude im Süden der Stadt mit interessanter Ausstellung zur Geschichte von Kirkenes, der Eisenerzmine Sydvaranger und Kirkenes im 2. Weltkrieg. Das Museum befindet sich in Aufbau. Fertig ist das EG mit Exponaten zum 2. Weltkrieg. Ausgestellt u.a. ein russischer Kampfbomber „Iljusjin IL 2-M3“. Der Pilot flog 1944 einen Angriff auf Kirkenes, wurde aber von den Nazis abgeschossen. Das Flugzeug ist heute einzig erhaltenes im Westen und wurde perfekt restauriert.

„Iljusjin IL 2 Shtourmaik“ (Sturmvogel): galt im 2. Weltkrieg als einer der zuverlässigsten Kampfbomber der Russen. Konstruiert von Sergej Vladimirouitsj (1884- 1977). Länge 11,6 m, Breite 14,6 m. Gewicht netto 4,36o kg, bzw. mit Sprit, Pilot und Bombenlast 6.16o kg.

Insgesamt wurden mehr als 36.ooo Flugzeuge des Typs gebaut. Sie waren konzipiert für den Einsatz in niedriger Flughöhe von oft nur 1o- 15 m über Boden, um der Sicht der Abwehr, später auch des Radar zu entgehen. Von daher eine sehr wirksame Waffe, auch gegen die Versorgungsschiffe der Nazis nach Kirkenes.

Am 22.1o.44 mußte der Pilot nach Beschuß im Sennagressvatnet/Jarfjordfjellet notlanden (ca. 25 km östl. von Kirkenes). Das Flugzeug versank im See. Der 1. Versuch, 1947 das Flugzeug zu bergen, mißlang. 1984 gehoben und 1988 in Revda/UdSSR südl. von Murmansk restauriert. Für Fans historischer Flugzeuge ist das Exponat ein Leckerbissen, da es weltweit nur noch 6 Exemplare gibt.

Im EG Exponate zudem von Waffen, Funkgeräten der pro Russland engagierten norwegischen Widerstandskämpfer. Mehrsprachige Erläuterungen teils in Gedichtform.

Im 1.Stock: Geschichte der Stadtentwicklung Kirkenes sowie der Sydvaranger Eisenerzmine und Weiterverarbeitung. - Geöffnet: im Sommer tägl. 1o- 18 Uhr, ansonsten 1o - 15.3o. Eintritt ca. 5 Euro.

ANDERSGROTTA (4o): unterirdische Luftschutzräume und Tunnelgänge aus der Zeit des 2. Weltkrieges. Gebaut ab Herbst 1941 unter Leitung des norweg. Ingenieurs Anders Elvebakk. Bei den mehr als 1.ooo Fliegeralarmen (davon 385 ! Bombardierungen von Kirkenes) zwischen 1941 und 44 hatte die Anlage elementare Schutzfunktion.

Die Einheimischen sprachen von *„Bombenwetter“*. Rein statistisch gab es fast täglich Fliegeralarm. Eine nicht unerhebliche psychische Belastung, insbes. auch bei Kindern. Bei Schlechtwetter und tiefhängenden Wolken (= schlechte Sicht für Bomberpiloten) war die Gefahr von Bombenangriffen geringer. An klaren Tagen mit Sicht herrschte dagegen „Bombenwetter“ und die Sirenen heulten oft mehrmals am Tag.

Bei Alarm drängten sich oft mehrere tausend Menschen in den unterirdischen engen Gängen und Räumen. Im Inneren eine Sanitätsstation, in der Verletzte behandelt wurden. Es herrschte drückend- verbrauchte Luft, wenn der Fliegeralarm länger andauerte. Auch Kinder wurden in den Luftschutzräumen geboren, während draußen über der Stadt die Bomben niedergingen.

Die Räume und Gänge wurden während der Jahre bis Befreiung von den Nazis 1944 zum wichtigsten Aufenthalt der Bevölkerung sowie der dort stationierten Nazi- Soldaten. Man versuchte, die Situation gelassen und teils auch mit Humor hinzunehmen. Es gab verschiedene Aktivitäten. Einmal fragte eine Sanitäterin, ob jemand schwanger sei. „Ja" kam es aus dem hinteren Bereich des Raumes, „seit 1o Minuten!"

Grausame Jahre bis Ende Herbst 1944, als russische Soldaten Kirkenes befreit hatten. Am 25.1o.1944 gegen 3 Uhr früh wurden in den Luftschutzräumen Verhandlungen zwischen Russen und Vertretern der Zivilbevölkerung geführt - und am Nachmittag eine erste Stadtratssitzung abgehalten.

Nach Kriegsende Ausbau der Gänge und Räume der Andersgrotta. Sie diente in den Jahren des „Kalten Krieges" als präventiver Atomschutzbunker. Seit 199o der Öffentlichkeit geöffnet, Besichtigung möglich inkl. eines Videos aus den Kriegsjahren. Infos zu Öffnungszeiten im Kirkenes Tourist Büro.

BARENTS SAFARI: in den Sommermonaten organisierte Touren zum russischen Grenzgebiet sowie Pasvik Fluß. Infos und Buchung über's Kirkenes Tourist Büro bzw. „Barents Safari", Tel.: 9o1.9o.594, Fax: 78 9.98o.69. - www.barentssafari.com. -

Ausflüge nach Murmansk/Russland siehe separates Kapitel.

**Geschichte**: über die Jahrhunderte war die abgelegene Region Kirkenes Siedlungsgebiet der Samen. Die geschützte Lage vom arktischen Meer (Barentssee) durch den Bøkfjord ermöglichte gute Bedingungen für den Fischfang.

Mitte des 19. Jhds.: Erschließung durch Siedler aus dem Süden. Sie bauten 1862 eine erste Kirche. Bau von Feldwegen für Pferdefuhrwerke ab Kirkenes u.a. ins Pasvik Tal. Auch gab es sporadische Segelschiffverbindung im Sommer mit Trondheim, ab 187o auch Dampfschiffverbindung. Siedlungen wie Vardø und Vadsø waren damals erheblich bedeutender. 189o war Kirkenes ein kleines Fischerdorf mit Geschäften, Farmen, Arzt und Richter.

**Kirkenes Eisenerz**: Zum Aufschwung kam es, als 19o2 reiche Eisenerzlager wenige Kilometer südlich in Bjørnevatn entdeckt wurden. Sie zählen nach Kiruna/Nord-Schweden zu den reichsten Skandinaviens.

Geologen im Auftrag des Norwegers Christian Anker durchstreiften 19o2 das Gelände auf der Suche nach Eisenerz, von dem die Samen berichteten. Anker hatte an der Technischen Hochschule in Hannover und Zürich studiert.

1898 beschaffte er sich Kapital durch Aktien der *„Norwegian Coppermines Ltd"*. für Kupferfunde in einem Seitental des Lyngenfjordes bei Tromsø. Wegen erschwerter Abbaubedingungen und Konkurrenz auf dem Weltmarkt (insbes. der chilenischen Chuquikamata Mine) brachte das Anker- Projekt beim Lyngenfjord keine Profite und mußte 19o3 verkauft werden. Weitere Details Seite 645.

CHRISTIAN ANKER
Minenbesitzer

**19o2** schickte Christian Anker seine Geologen und Prospektoren in die Kirkenes Region. Im Frühjahr wurden sie fündig mit reichen **Eisenerzlager** bei Bjørnevatn, rund 1o km südl. von Kirkenes. Damals geschätztes Volumen ca. 5o- 1oo Mio Tonnen! Zur Erschließung war erhebliches **Kapital** nötig.

Nov. 19o2: Aufnahme von Verhandlungen mit der norw. Regierung zum Landkauf, Gewinnkalkulation und Baupläne von Kraftwerken zur Stromversorgung. Benötigt wurden rund 7o qkm an Land für die Minen des Eisenerzabbaus sowie der Verarbeitungs- und Verschiffungsanlagen in Kirkenes. Bei der Fundstelle Bjørnevatn ist der Fjord zu seicht und kann von Schiffen nicht angefahren werden: Somit auch nötig der Bau eines 1o km Eisenbahngleises von Bjørnevatn -> Kirkenes.

1902: Prospektoren im Auftrag des Norwegers Christian Anker auf der Suche nach Bodenschätzen in der Wildnis um Kirkenes. Unten rechts J.H. Kjellmann. Im Frühjahr 1902 fand er gigantische Eisenerzlager bei Bjørnevatn, - später - wichtigste Mine Nord-Norwegens.

Der Kapitalbedarf war gewaltig. Anker verhandelte u.a. mit ausländischen Geldgebern wie der US Firma Longyear, - allerdings ohne Erfolg. Gleichzeitig erhöhte die norwegische Regierung den qm- Preis des Terrains.

Die Verhandlungen zogen sich hin bis **19o5**, als mit dem norweg. Staat ein Kompromiss erreicht werden konnte betreffend Landkauf. Auch Verhandlungen mit Russland wegen Kraftwerkbau im Grenzfluß waren erfolgreich.

**19o6**: als wichtigster Geldgeber konnte der Schwede Nils Persson gewonnen werden. Er war sehr erfolgreich mit seiner Mine Sulitjelma/Nordnorwegen, siehe S. 285 Mit seiner Aktiengesellschaft wollte er sich an der Erschließung der reichen Funde in Bjørnvatn beteiligen.

Am **12.1.19o6** gründeten Anker und Persson die **A/S SYDVARANGER**. Finanziert wurde sie durch die Aktiengesellschaft *„Metallurgisk Aktiebolagets"*. Manko am Vertragswerk: Auch deutsche Banken waren als Geldgeber beteiligt. Diese stellten Forderungen der Sicherheit und verhinderten damit zunächst eine schnelle Realisierung der Eisenerz-Erschließung.

**19o7**: Bau der Eisenerz- Weiterverarbeitungsfabrik in Kirkenes und der Kai- Anlagen sowie der Eisenbahn ab Mine nach Kirkenes. Fertiggestellt **19o8**.

Aufnahme des sehr profitablen Minenbetriebs ab ca. **191o**. Kirkenes expandierte an Einwohnerzahl. Die Stadt bestand anfangs aus Baracken für die Arbeiter, die bald durch einfache Arbeiterwohnungen in Holzhäusern ersetzt wurden.

In der Zeit 191o- 3o kam es wiederholt zu Aufständen wegen geringer Bezahlung. Bereits damals war die A/S Sydvaranger wichtigster Arbeitgeber im äußersten Norden. Sie konnte alle Preise von Lebensmitteln bis Miete in den Wohnhäusern bestimmen. Fast gesamt Kirkenes arbeitete für die Minengesellschaft. Alternativen der Beschäftigung gab es nicht, Forderungen der Minengesellschaft konnten daher krass realisiert werden.

Um die Arbeiter zu motivieren, gab es als Prämie den *„Silverbowl"*. Eine silberne Schale bei 25 Jahren Betriebszugehörigkeit. Bis heute erhielten die Prämie mehr als 1.ooo Männer und 22 Frauen, wie die Minengesellschaft stolz vermerkt. - Die Bevölkerungszahl wuchs von ca. 3.3oo Einw. (191o) nach Minenbetrieb auf ca. 1o.ooo Einw. (194o).

**2. Weltkrieg**: schwere Zerstörung durch Bombenangriffe der Alliierten. Es ging um Schwächung der Truppen Hitlers, die sich in Kirkenes festgesetzt hatten zum Angriff auf Murmansk/Russland, - und um Zerstörung der Eisenerzproduktion Kirkenes. In unzähligen Luftangriffen war Kirkenes die meist angegriffene Stadt Skandinaviens. Zuletzt 1944 setzten die Nazitruppen bei ihrem Rückzug Kirkenes in Brand.

A/S Sydvaranger, Verarbeitungshalle in Kirkenes 191[illegible]

KiRKENES: 1890 mit wenigen Häusern und Kirche am Fjord. Ein kleines Handelsnest im äußersten Norden.

Nach Kriegsende wurde die Stadt neu aufgebaut. Auch wurde die A/S Sydvaranger modernisiert. Während in den 6o-er Jahren noch LKWs zum Abtransport des Gesteins im Einsatz waren mit 1oo Tonnen und Diesel-Elektroantrieb: In den 7o-er Jahren Neuanschaffung gigantischer 15o To. LKWs, deren Reifen allein 4 m Durchmesser (!) hatten.

Das Gestein der Minen bei Kirkenes enthält rund 2o - 35 % Eisengehalt (zum Vergleich Kiruna/Nordschweden rund 6o- 7o %). Entscheidende Modernisierung war das das „*ANDERS- CRUSHING- VERFAHREN*", benannt nach ihrem Erfinder. Hierbei wird das Gestein in einem Crusher auf Handballgröße zerkleinert. Ein weiterer Crusher zusammen mit Filtern reduziert auf Splitgröße. Diese Crusher von Kirkenes waren nach Kriegsende weltweit die größten zur Eisenerzgewinnung. Im Concentrator wird das Material pulverisiert, wobei starke Magnete den Eisengehalt weitgehend extrahieren. Unter Beigabe von

KiRKENES: 1906 nach Entdeckung der reichen Eisenerzbodenschätze. Der Ort zunächst in Aufbau.

Wasser entsteht eine breiartige Masse. Sie wird in Silos gelagert oder direkt zur „Pellet-Fabrik" geschafft.

Dort entstehen unter Beigabe von Bindemittel (Ventonite) kleine Bällchen („*PELLETS*") von ca. 1 cm Durchmesser. Das Bindemittel hat die Funktion, das das Eisenerz- Extrakt beim weiteren Transport in sich stabil bleibt und nicht zerfällt.

Bis 1969 wurde das Crushing Verfahren angewandt, danach die Pellets Produktion. Sie reduziert erheblich die Transportkosten ab Kirkenes zu den Weltmärkten der Eisen- und Stahlverhüttung, - da bereits hochkonzentriertes Gestein.

Die 7o-er Jahre waren Goldenes Zeitalter der A/S Sydvaranger und die Minen reichste Norwegens. Eisenerz wurde in Bjørnevatn vorwiegend in Tagebau gewonnen. Frühere Untertage-Minen reichen bis 234 m Tiefe, besitzen eine Länge von ca. 7 km und wurden vor dem 2. Weltkrieg angelegt. Während des 2. Weltkrieges dienten sie als Schutzraum. Nach Kriegsende war der Obertage- Abbau profitabler.

Auch die Mine in Kiruna/Schweden arbeitet gemäß Pellet- Verfahren und wurde in ihren Verladeanlagen aufs Schiff in Narvik voll automatisiert. Bei höherem Eisengehalt besteht sie auch heute, - während A/S Sydvaranger 1996 wegen geringerem Eisengehaltes, Unrentabilität und der Konkurrenz billiger produzierender Minen der 3. Welt verkauft werden mußte. Dies führte in Kirkenes zu hoher Arbeitslosigkeit.

Die Weiterverarbeitungsanlagen der A/S Sydvaranger stehen auch heute noch im westl. Ortsteil (siehe unsere Kirkenes Karte: Nr. 36) auf einem Hügel. Sie sind jedoch nicht mehr in Betrieb. Der Hügel ist im Inneren durchlöchert mit Hohlräumen für Silos, siehe oben „Erzweiterverarbeitung". Die Anlagen können nicht besichtigt werden, selbes gilt für die Gruben in Bjornevatn.

Die weitere Zukunft der Eisenerzminen ist ungewiss. Bis heute hat sich kein Käufer gefunden wegen Unrentabilität der Minen.

KOMPRESSOR-STATION der A/S Sydvaranger in Bjørnevatn 1912. Damals eine der modernsten der Welt.

**Kirkenes im 2. Weltkrieg**: die Region Sør Varanger mit Truppenzentrum Kirkenes war während des 2. Weltkrieges meist umkämpfte in Nordskandinavien. Zeitweilig waren in der Region bis zu 1/4 Million deutscher Soldaten stationiert. Details zur Entwicklung bis 194o und Narvik siehe Seite 399ff.

★Am **9.4.194o** griffen Truppen Hitlers NARVIK an, die zu diesem Zeitpunkt nördlichste Position der Deutschen in Norwegen. Details zu den Kämpfen um Narvik siehe „Narvik Geschichte". Erste Bombardierung von Kirkenes durch deutsche Kampfflugzeuge Anfang Mai und 2. Juni 194o. Am **17. Juni 194o** war KIRKENES in deutscher Hand.

Anschließend wurde die Region zur "*FESTUNG KIRKENES*" ausgebaut: Geschützstellungen und Bunker in den Hängen, Bau von Wohnungen für die Soldaten, Stationierung von Panzern und Flakgeschützen. Zugleich gewaltiger deutscher Material- und Truppentransfer: Bereits im Winter 4o/41 waren mehr als 35.ooo deutsche Soldaten in der Finnmark stationiert, davon etwa die Hälfte in der Region Kirkenes.

Der Aufmarsch deutscher Truppen in die einsame Region Sør Varanger hielt an bis Sommer 1941, ebenso der Ausbau von Festungen. Zwischenzeitlich waren allein in Kirkenes rund 27.ooo Deutsche stationiert. Dies bei einer Einwohnerzahl des Ortes von damals ca. 3.5oo Norwegern!

★Mit den Aktivitäten in der Kirkenes Region bereitete Hitler seinen bevorstehenden Angriff auf Russland vor. Er wollte den Nachschubweg zu den einzigen eisfreien Häfen Russlands (Murmansk und Archangelsk) im Nordosten abschneiden.

amburger Fremdenblatt

Die deutschen Waffen antworten Rußland

Die Erwiderung Europas auf die englisch-russischen Erpressungen

Proklamation des Führers an das deutsche Volk

Vom Eismeer zum Schwarzen Meer

**22.6.1941**: Angriff Hitlers auf die UdSSR. Spätestens zu diesem Zeitpunkt war klar, was Hitler mit dem Truppenaufmarsch bis Juni 1941 in die Region Sør Varanger plante. Sein Friedensvertrag

Hitlers Größenwahn, Zeitgenössische Karikatur aus England.

mit Russland von 1939 (Nicht-Angriffspakt) war somit wertloses Papier. Stalin/UdSSR kommentierte die Lage: *„so dumm kann Hitler nicht sein, die Rote Armee anzugreifen"*. Sie war an Zahl der Soldaten und Panzer den Truppen Hitlers erheblich überlegen.

★Für Hitler war dies der Beginn des 2- Frontenkrieges - einmal im * WESTEN gegen die bis dato noch nicht in Blitzkriegen eroberten Gebiete wie z.B. Großbritannien und Rest-Frankreich, - zum anderen im * OSTEN die an Fläche gigantischen Gebiete der UdSSR.

Der Angriff auf die UdSSR im Juni 1941 erfolgte auf breiter Front vom Schwarzen Meer bis Nordostfinnland. Die Erfolge Hitlers waren bis Winter 1941 positiv: die UdSSR Armee zog sich Ri. Ost zurück, bzw. wurde von Truppen Hitlers eingekesselt

FÜHRERBEFEHL HITLERS VOM 28.10.44 zum Rückzug der Truppen aus Nordnorwegen

Geheimsache

[illegible]

28. Oktober 1944.

6 Ausfertigungen
5. Ausfertigung

**KR - Fernschreiben**

1.) Geb.AOK 20
2.) nachr.: WB Norwegen
3.) " Reichskomaissar für die bes.norw. Gebiete
4.) " OKM/1.Skl.(Koralle)

Auf Grund der geringen Bereitwilligkeit der nordnorwegischen Bevölkerung zur freiwilligen Evakuierung hat der Führer den Vorschlägen des Reichskommissars für die besetzten norwegischen Gebiete zugestimmt und befohlen, dass die gesamte norwegische Bevölkerung ostwärts des Lyngenfjords im Interesse ihrer eigenen Sicherheit zwangsweise zu evakuieren und alle Wohnstätten niederzubrennen bezw. zu zerstören sind.

Ob.Nordfinnland ist dafür verantwortlich, dass der Führerbefehl rücksichtslos durchgeführt wird. Hierdurch allein kann vermieden werden, dass der Russe mit starken Kräften, gestützt auf die Wohnstätten und die ortskundige Bevölkerung, unseren Absatzbewegungen noch im Winter folgt und in Kürze vor der Lyngenstellung erscheint. Mitleid mit der Zivilbevölkerung ist nicht am Platze.

und gefangengenommen. Am 14. Juni 1941, also wenige Tage vor dem Angriff auf die UdSSR hatte Hitler seinen Generälen mitgeteilt: „*Was ich von Ihnen verlange, ist nur eines: die Tür mit einem kräftigen Stoß einzutreten. Das Haus (= UdSSR) fällt dann von ganz allein zusammen.*“ Ohne Frage war Hitler mit diesen Sprüchen größenwahnsinnig. Hoffnungen, die sich nicht erfüllten. In den Winterkriegen 41/42 um Moskau und Stalingrad erlebte die Armee Hitlers erhebliche Verluste durch Einkesselung, eisige Kälte und fehlende Nachschubversorgung. Verwundete wurden mit der JU 52 ausgeflogen in heimische Lazarette, - und verdankten so ihr Leben.

★ **Murmansk- Convoi**: bereits während Hitlers Blitzkrieg um England (Juni 194o- Mai

Der ausführenden Truppe muss klar gemacht werden, dass die Norweger in wenigen Monaten dankbar dafür sein werden, dass man sie vor dem Bolschewismus gerettet hat und dass die barbarischen Methoden des Luftkrieges gegen die deutsche Heimat und ihre Kulturstätten ein Tausendfaches an Leid über unser Volk gebracht haben gegenüber den humanen Methoden einer Evakuierung und Zerstörung der Wohnstätten in Nordnorwegen, die für unsere Kriegführung notwendig sind und die, wenn sie unterlassen werden, mit dem Blut deutscher Soldaten bezahlt werden müssen.

Die Fischerbevölkerung in Nordnorwegen verfügt zudem über genügend Schiffsraum, um mit der Masse über Wasser ausweichen zu können. Ein grosser Teil des norwegischen Kleinschiffsraums, der z.Zt. versteckt gehalten wird, kann hierdurch ausgenutzt und später für eigene Transportbedürfnisse verwandt werden.

Die Gefahr einer norwegischen Bandenbildung scheint, sobald sich die Banden während des Winter auf keine Behausungen mehr stützen können, nicht gegeben.

I. A.

gez. [signature]

[illegible]/-Fst/Op(H)/Nord Nr.0012887/44gK.

[illegible]r:

1.Ausf.
2. "
1=3.-4.
1=5.-[illegible].

1941) unterstützten die **USA** den Partner Großbritannien mit verliehenen Kriegsschiffen, Panzern und Waffen.

★Seit Hitlers Angriff auf die UdSSR am 22.6.41 wurden derartige Versorgungsfahrten mit militärischen Gütern der USA sowie Großbritanniens verstärkt durchgeführt. Ihr Ziel: die ganzjährig eisfreien russischen Häfen MURMANSK und ARCHANGELSK. Dies um die UdSSR mit Kriegsgütern zu versorgen: und zwar dort oben an der Kriegsfront, wie auch im Weitertransport über Eisenbahngleise ab Murmansk in den „Rest" der UdSSR zu dortigen Kriegsschauplätzen (z.B. der Ukarine, Belorusslands, Krim etc.).

Für Hitler war es daher elementar, die „Murmansk- Convois" (Handelsschiffe mit Geleitschutz von Kriegsschifen) um die Nordspitze Skandinaviens anzugreifen und zu versenken. Im Einsatz deutsche Aufklärungsflugzeuge - sowie U-Boote und Kriegsschiffe. Die Erfolge Hitlers in den Jahren 1941/42 waren relativ groß: von rund 54o unter Geleitschutz fahrenden Schiffen konnten ca. 7o versenkt werden.

★Gleichzeitig hatte Hitler zum Ziel, Murmansk zu erobern, um jeglichen Waffennachschub an die UdSSR zu unterbinden. Im Einsatz deutsche Waffentransporte um die Nordspitze Skandinaviens nach insbes. Kirkenes. Das Kriegsmaterial inkl. Soldaten kam per Schiff in Convois, die von deutschen Kriegsschiffen begleitet waren.

Die deutschen Convois wurden von norw. Partisanen beobachtet, die sich in Felsspalten an der Küste versteckt hatten und per Funk an Murmansk berichteten (Details S. 864).

★An der **Litzafront** (östl. von Kirkenes) versuchten deutsche Truppen unter General Dietl seit 1941 den Vormarsch auf Murmansk. Die Kämpfe waren für beide Seiten extrem verlustreich. Rund 15o.ooo Soldaten kämpften am Litzafluß. Dies bis 1944, ohne daß eine der beiden Seiten Erfolge erringen konnte. Der Fluß hatte bald den Beinamen „Fluß des Blutes". Murmansk konnte während des 2. Weltkrieges nie von Deutschen erobert werden. Zudem war Kirkenes die von den Alliierten meist bombardierte Stadt, - da deutscher Truppenstützpunkt für die Litzafront. Kirkenes erlebte während der Jahre 1941- 44 mehr als 1.ooo Luftalarme und 385 Bombardierungen. Details siehe auch „Kirkenes, Andersgrotta".

Gegen Kriegsende hatten Sowjetrussen mit U-Booten den Seeweg durch arktische Gewässer um die Nordspitze Skandinaviens nach Kirkenes sehr gefährdet. Die Deutschen bauten daher die Straßen aus, - u.a. Kirkenes -> Lyngenfjord bei Tromsø Richtung Süd (heutige E 6). Beteiligt am Straßenbau u.a. tausende von russischen Kriegsgefangenen.

★Am **25.9.1944** Befreiung Kirkenes durch die Russen nach vorherigem massivem Bombardement aus der Luft und schwerer Zerstörung der Stadt. Beim Rückzug der Nazitruppen setzten diese die Häuser in Brand. Übrig blieb eine gespenstige Ruinenstadt. Die Bevölkerung Kirkenes wurde von den Russen sehr korrekt behandelt. Insbesondere halfen Nahrungsmittel und Medikamente der Russen, eine größere Katastrophe zu verhindern. Die Nazitruppen wurden Ri. West/Tanafjord abgetrieben. Wegen Rückzug der Hitler- Truppen (siehe unten) trafen erste norweg. Hilfsschiffe erst rund 3 Monate nach der Befreiung un Kirkenes ein.

★**Operation „Nordlicht"** (Winter 1944/45): nach dem Zusammenbruch des 3. Reiches Hitlers ging es um den Rückzug der rund 2oo.ooo deutscher Soldaten in Nordskandinavien. Die Gefahr bestand, daß Truppen der Roten Armee Stalins nachrückten. Ein Rückzug via Finnland schied aus, da das Land zwischenzeitlich zur UdSSR übergewechselt war. Ebenso war der Weg via Schweden nicht möglich wegen Neutralität des Landes. Es blieb daher einzig der Rückzug via Norwegen. Dies bei eiskalten Wintermonaten ab Ende Oktober 1944 und des Nadelöhrs der Reichsstraße RV 5o. Über diese Straße mußte der Truppen- Rückzug abgewickelt werden.

★Im Evakuierungsbefehl Hitlers vom **28.1o.1944**, an den Reichskommisar Nordnorwegen weitergegeben (siehe Vorseite) - wird behauptet: * die norweg. Bevölkerung zeigt nur geringe Bereitschaft, ihre Siedlungen zu verlassen. - * im Interesse ihrer eigenen Sicherheit ist sie zwangsweise zu evakuieren und ihre Wohnstätten niederzubrennen bzw. zu zerstören. Der Befehl begründet dies mit der Tatsache, daß Hitler mit seinen Kriegen u.a. Norwegen vor dem Bolschewismus (sprich Kommunismus) gerettet habe. Daher sei Niederbrennen der Wohnstätten und Zerstörung notwendig, - um höheren Blutzoll deutscher Soldaten bei ihrem Rückzug aus Nordnorwegen zu vermeiden.

Für die Norweger war dies kaum Trost, sondern eher brutale Not in winterlicher Kälte 1944/45 ohne Wohnungen. Lediglich die Kirchen ließen die Nazis bei ihrem Rückzug vor Zerstörung verschont. Die Bevölkerung wurde evakuiert, meist mit Schiffen. So reisten z.B. im Laderaum des dt. Frachters Karl Arp 1.9oo Menschen 5 Tage nach Südnorwegen, eine reichlich unkomfortable und sehr anstrengende Fahrt. Insgesamt wurden rund 5o.ooo Norweger evakuiert.

★Für die Nazis war der Rückzug aus Nordnorwegen perfekte Logistik. 2oo.ooo Mann über die Reichsstraße RV 5o (heutige E 6) nach Südnorwegen zurückzuziehen, war mit erheblichen Schwierigkeiten verbunden. Dies bei winterlicher Kälte, Schneestürmen und schmaler Straße. Südwärts auf dem Nadelöhr RV 5o mußten 2oo.ooo Mann mit Ausrüstung transportiert werden. Zugleich waren auf der engen RV 5o nordwärts Versorgungsgüter wie Lebensmittel und Sprit für die Fahrzeugen heranzuführen.

Gleichzeitig mußten Marschzeiten in Zeitaufwand für 2oo.ooo Mann berechnet und organisiert werden, da die schmale RV 5o oft keine Ausweichmöglichkeiten besaß. Stützpunkte für Übernachtung sowie Lebensmittelversorgung waren anzulegen. Schneeräumdienst war ebenso in großem Stil nötig, wie Fährbetrieb für die Masse an Menschen und rollendem Material über die Fjorde.

Der Rückzug dauerte den gesamten Winter über. Zusätzliches Problem bereiteten die immer kürzer werdenden Tage bzw. zwischen Dez. bis Febr. überhaupt kein Tageslicht. Es mußte mit künstlichem Licht z.B. von Autoscheinwerfern bzw. benzinbetriebenen Stromgeneratoren gearbeitet werden.

Die Sowjets verfolgten die Deutschen nicht. Es wird vermutet, daß es geheime Absprachen zwischen Winston Churchill/Großbritannien und Stalin/UdSSR gab. Churchill habe folgende Überlegung gehabt: lieber eine geschwächte deutsche Truppe in Norwegen - als sowjetische Truppen, die sich u.U. dort nach Kriegsende festsetzten. Und für Stalin war das Argument überzeugend, sinnlose Kämpfe mit einer sowieso sich zurückziehenden deutschen Truppe zu vermeiden. Dadurch sparte er sich eigene Verluste an Menschen und Material. - Die deutschen Truppen wurden in Narvik und Harstad von Schiffen übernommen und in britische Kriegsgefangenenlager überführt.

## Eisenbahnbau

★Die „POLAR- EISENBAHN“, die von Trondheim kommend via Fauske nach Kirkenes führen sollte, - wurde im 2. Weltkrieg im Bau begonnen. Konzeptidee Hitlers: einen Inlands Verkehrsweg nach Kirkenes zu schaffen, um bequem Truppen und Kriegsmaterial an die Front bei Kirkenes zu schaffen - im Versuch, Murmansk zu erobern. Über das Baustadium halbfertiger Tunnel und Bahndämme wenige Km nördl. von Fauske kam das

Projekt nicht hinaus. Zu groß waren die technischen und finanziellen Probleme für die immerhin rund 1.5oo km lange Gleisstrecke Mosjøen -> Fauske -> Kirkenes. Weitere Details Seite 276.

★ „KIRKENES - NIKEL - MURMANSK EISENBAHN": Bereits seit 191o fertiggestellt ist das 1o km lange Gleis Kirkenes -> **Bjørnevatn**. Es diente der A/S Sydvaranger zum Abtransport von Eisenerz und ist heute die nördlichste Gleisstrecke Europas.

Auf der russischen Seite bestehen Eisenbahnverbindungen ab **Nikel**, Murmansk nach St. Petersburg -> Helsinki/Finnland, aber auch via Moskau nach Mitteleuropa (Berlin, Frankfurt, Paris etc.) sowie mit der „Transibirischen- Eisenbahn" nach Wladiwostok am Japanischen Meer und Peking/ China.

Was an Gleis fehlt, sind lediglich 4o km zwischen Bjørnevatn und Nikel. Bei Fertigstellung wäre z.B. eine touristische Rundtour mit dem Schiff der Hurtigruten ab Bergen oder Trondheim nach Kirkenes + Schlafwagen via Nikel nach St. Petersburg, Helsinki möglich in Umrundung des äußersten Nordens von Skandinavien. Oder: die Strecke Kirkenes/ europ. Arktis + „Transib" nach Wladiwostok am Japanischen Meer. - Für Eisenbahnfans sicher sehr interessant, jedoch an Baukosten für die 4o km fehlenden Gleises kaum Gewinn- lukrativ.

**Gleisstrecke Kirkenes -> Bjørnvatn**

Eröffnet 13. Juli 191o, Betrieb anfangs mit Dampfloks, schon bald Einsatz E-Loks der Firma Siemens. Seit 1958 Einsatz von Dieselloks, die 2o vollbeladene Erzwagen ziehen können. Heute stillgelegt.

Anders dagegen Kalkulationen des Gütertransportes: die Kola Halbinsel/Russland ist an Bodenschätzen äußerst reich. Bis Ende des Kalten Krieges Anf. der 9o-er Jahre wurden die Mineralien entweder auf der Kola Halbinsel weiterverarbeitet oder quer durch die Sowjetunion per Eisenbahn zu dortigen Weiterverarbeitungsstätten transportiert.

Im heutigen Russland kann wegen niedriger Löhne preiswert produziert werden, - dies z.B. in Gewinnung von Eisenerz. Lukrative Absatzmärkte liegen in Westeuropa. Da der einzig ganzjährig eisfreie russische Hafen Murmansk an Export- Kapazität hoffnungslos überlastet sei - jedoch Kirkenes jährlich freie Kapazitäten von 2 - 3 Mio. Tonnen besitzt, - solle man das 4o km Verbindungsgleis zwischen Bjørnevatn und Nikel bauen. So die Forderungen norweg. Verkehrsplaner in einem Gutachten von 199o/93.

Bisher wurde der Plan nicht realisiert. Die Russen zogen es vor, ihren Hafen Murmansk auszubauen.

## Verbindungen ab Kirkenes

**Bus**: kleiner Busterminal (32) bei den Schiffswerften am Fjord. Nach Hammerfest via Tana Bru -> Karasjok -> Lakselv 5 mal pro Woche. Fahrzeit bis Hammerfest ca. 1o Std., bis Tana Bru ca. 2 Std. 2o Min., nach Karasjok ca. 5 1/2 Std., nach Lakselv ca. 7 Std. In allen oben genannten Orten Umsteigeverbindungen (z.B. ab Tana Bru nach Berlevåg, Vardø, Vadsø etc.), Details im Verbindungskapitel des jeweiligen Ortes. - Zusätzliche Verbindungen auf der Strecke Kirkenes -> Tana Bru: 1 - 2 mal tägl. Ab Tana Bru: 1 mal tägl. Busverbindung via Utsjoki -> Inari -> Rovaniemi/Finnland, Fahrzeit bis Inari rund 5 Std., bis Rovaniemi 1o Std. - Bus nach Murmansk/Russland S. 9o7

Regionalbusse ab Kirkenes: nach -> Grense Jakobselv: 3 mal/Woche, Fahrzeit 1 1/2 Std. Achtung, der Ort liegt zwar an der Grenze zu Russland, die an dieser Stelle jedoch nicht geöffnet ist! Nach -> Neiden -> Bugøynes: 3 mal Woche, Fahrzeit bis Neiden 1 Std., bis Bugøynes 2 Std.

Ab Kirkenes ins Pasviktal: 6 mal/Woche bis Svanvik und Skogfoss, Fahrzeit 1 1/2 Std., weiter bis Vaggatem: 3 mal/Woche, plus 35 Min.

**Schiff**: Abfahrt (44) Prestøya, Cargo Terminal. Die komfortablen Schiffe der Hurtigruten fahren 1 mal tägl. die Route entlang der Küste bis Trondheim und Bergen. Fahrzeit (Beispiele): ab Kirkenes bis Hammerfest 1 Tag und 1 Nacht. Zuzüglich gebuchter Kabine sicher bequemer, als 1o Std. im Bus zu sitzen. Allerdings Achtung, die Umrundung der Nordspitze Skandinaviens kann sehr windig sein. Kirkenes -> Tromsø: Abfahrt am Mittag, Ankunft am nächsten Abend. Auch hier ist das Schiff die bequemere Variante; Fahrzeit per Bus ca. 2o Std. zuzüglich Warterei/Umsteigen.

**Flug**: der Flughafen liegt rund 15 km westl. an der E 6 bei Hesseng, - zu erreichen per Taxi oder Bus.

Direktflüge mit Propellermaschinen der WIDEROE nach Alta: 1- 2 mal tägl. außer So., Flug über endlose Weiten der Finnmark, Flugzeit 4o Min., nach -> Berlevåg: 5 mal/ Woche, 1 Std., nach -> Båtsfjord: 1- 2 mal tägl., ca. 3o Min., nach -> Hammerfest: 1- 2 mal tägl. außer Sa., 2 1/2 Std., nach -> Honningsvåg: tägl. außer Sa., So., Flugzeit 1 3/4 Std., nach -> Mehamn: tägl. außer Sa., So., Flugzeit 1 Std. 1o Min., nach -> Tromsø: tägl. 1- 2 mal außer Sa., So., 1 Std. 2o Min, nach -> Vadsø: tägl. 1- 2 mal, 1 Std., nach -> Vardø: tägl. 1 - 2 mal, 5o Min. Alle anderen Ziele mit Umsteigen.

Direktflüge mit Jets der SAS: nach -> Lakselv: tägl. außer So., 3o Min., nach -> Tromsø: tägl. 2 - 3 mal, Flugzeit knapp 2 Std., nach -> Oslo: 2 mal tägl. direkt, Flugzeit 3 Std. 2o Min. Alle anderen Ziele mit Umsteigen.

TEL. SAS: o54oo, - TEL. WIDEROE: 81o.o12.oo.

Busverbindung: tägl. 5 mal (Sa./So. 1 mal) ab Prestøya/Hurtigruten Kai (44) zum Busterminal (32) und Rica Kirkenes Hotel (1) zum Airport. Die Abfahrtszeiten sind nach Möglichkeit denen von Schiff, Bus und Flug angepaßt. Fahrzeit Hurtigrutenkai bis Busterminal knapp 5 Min., bzw. bis Airport ca. 25 Min.

**TAXI**: Taxistand (1o) im Ortszentrum. Ansonsten über Hotelrezeption.

# Abstecher nach Murmansk/Russland

*Reizt ohne Frage, - geht aber wegen u.a. knackigen Visagebühren ins Geld und fragt, ob er sich unterm Strich lohnt.*

**MURMANSK** am tief eingeschnittenen Fjord, Kola Halbinsel ist größte Stadt der Welt nördlich des Polarkreises mit mehr als **1/2 Mio.** Einwohnern! Zu Zeiten des Kalten Krieges erhielten sie den „Polarzuschlag" auf ihre Einkünfte. Angelegt ist Murmansk in steril fade Betonplatten-Hochhausbauten, um den Menschenmassen Unterkunft zu bieten.

★Die MURMANSK- EISENBAHN, ein Oldtimer im Bau sowjetischer Gleise in arktische Zonen, erschließt mit Seitengleisen die Bodenschätze der KOLA HALBINSEL. Stalin ließ die Gleise von mehr als 1o.ooo Zwangsarbeitern bauen, um durch Förderung der Bodenschätze die Finanzen des Arbeiter- und Bauernstaates „aufzufrischen". Über die Eisenbahn kann auch heute ab Moskau per Schlafwagen Murmansk erreicht werden.

Heute gibt es im Gebiet der ehemaligen Sowjetunion 5 arktische Strecken, wovon die JAMAL- BAHN nach Bowanenko auf der westsibirischen Jamal Halbinsel die nördlichste Eisenbahn der Welt ist. Sie führt in Bereiche nördlich des 73. Breitengrades!

★Im 2. Weltkrieg war MURMANSK wichtigster Hafen der UdSSR im Westen des Großreiches, da ganzjährig eisfrei. Über ihn liefen die „Murmansk Konvois" der Alliierten, die ab USA und Großbritannien via europ. arktisches Meer die UdSSR mit Kriegsgütern versorgten (siehe auch „Kirkenes Geschichte").

Zum Vergleich: der zweite wichtige Westhafen des Großreiches UdSSR, KRIM/Schwarzes Meer war seit Hitlers erfolgreichen Eroberungszügen Balkan und Griechenland 194o nicht mehr militärisch nutzbar. Dies, da Hitler den Seeweg vom Mittelmeer via Griechenland ins Schwarze Meer kontrollierte.

★Nach Kriegsende 1945 baute die UdSSR den **Hafen MURMANSK** zum weltweit größten Atom- Waffenarsenal aus. In den Fels des Fjordes gesprengte Lager für Atomsprengköpfe und Raketen, - Stationierung umfangreicher Flotten an Atom- U Booten sowie Kriegsschiffen. Eine massive Bedrohung zu Zeiten des Kalten Krieges.

Zu einem Angriff der UdSSR auf den Westen (auch zur Kubakrise) kam es nie. Wohl aber zu vielen Unfällen atomarer U- Boote in der europ. Arktis wegen veralteter Technik. Letzlich im Jahre 2.ooo. Die Kiste liegt auf dem Meeresgrund und verseucht atomar die Fischgewässer der Arktis. Bergung geplant, wobei norweg. Taucher helfen, - aber keinen Zutritt ins Innere des U Bootes aus Gründen militärischer Geheimhaltung haben - und die Frage der Bergungskosten ungeklärt ist.

Wie die Süddeutsche Zeitung vom 28./29.3.1991 berichtete: *„von der Auflösung des Warschauer Paktes, dem Rückzug der sowjetischer Truppen aus Ostdeutschland, Polen oder*

*Ungarn, profitiert nur die Mitte Europas, sagt ein Beamter des Außenministeriums. Die Zeche zahlt bislang der Norden.".*

Der Artikel der SZ folgt weiter: *„sowjetische Waffensysteme, die bis dato in Mittel- oder Osteuropa stationiert waren, sind jetzt auf der Kola Halbinsel anzutreffen".*

Für die Norweger als Miniland von 4,5 Mio. Einwohnern und Nordgrenze 196 km mit der UdSSR war dies massive Gefahr. Befürchtungen eines eventuellen atomaren Angriffes, der bis heute nicht eintrat. Es ist anzunehmen, daß die UdSSR vor ihrer Auflösung in Einzelstaaten 199o einen Großteil ihres atomaren Waffenarsenals in die Region Murmansk verschob, - um durch Kleinstaaten nicht militärisch erpressbar zu sein.

Während **199o** lediglich ca. 7.ooo Personen nach Ende des Kalten Krieges die Grenze überquerten, - sind es **heute** ca. 8o.ooo jährlich. Vorwiegend Nordfinnen und Norweger der Region, die sich an preiswertem Alkohol in Murmansk erfreuen. Vor allem aber Russen, die in Kirkenes billige Elektro- und elektronische Geräte kaufen. Bzw. Jobs auf norwegischen Fischtrailers annehmen.

**PREIS für den Besuch MURMANSK**:

VISA- PFLICHT: 14 Tage vorab beantragt, kostet es ca. **7o Euro** (!). Wer es eilig hat, zahlt für ein Expressvisum ca. **8o- 18o Euro** pro Person. Es wird innerhalb von 3 bis 1 Tag ausgestellt.

Das Visum berechtigt für einen Aufenthalt von 14 Tagen. Mit eigenem Auto: plus 15 Euro; abprüfen, ob dann zusätzlich Hotelbuchung Pflicht ist.

**Erhältlich ist das VISUM in Kirkenes** bei *„PasvikTourist"*, Dr. Vessels Gt. 9, Tel.: 789.95o.8o, Fax: 789.95o.57, www.pasvikturist.no - oder *"Grenseland /SovjetreiserAS"*, im Touristbüro. Tel.: 815.369.oo, Fax: 789.925.25, www.grenseland.no

Bei einem **mindestens 14 Tage vorab beantragten Visum** schickt das o.g. Reisebüro den Visumsantrag per Fax in zweifacher Ausführung. * Einmal das Formular in norw./russischer Ausführung mit deutscher Erläuterung, - zum anderen * in Original norweg./russisch. Letzteres ist mit den persönlichen Daten auszufüllen.

Der eigene Pass ist in * Fotokopie betreffend der persönlichen Daten plus * 3 gleicher Passfotos im Format 3,5 x 3,5 cm und o.g. * Visums-Antrag per Post nach Kirkenes zuzusenden. Die Bearbeitung benötigt wegen Postweg somit ca. 3 Wochen. Er wird dort bearbeitet und liegt dort dann abholbereit, wenn alles o.k. gelaufen ist. - Das normale Visum siehe oben kann man auch bei der Russischen Botschaft in Berlin beantragen.

**Express-Visum**: bei o.g. Reisebüros in Kirkenes auch innerhalb von 3- 1 Tag erhältlich. Auch hier erforderlich: Pass, 3 gleiche Passfotos im Format 3,5 x 3,5 cm und Ausfüllen des Visumsantrages siehe oben. Das Express-Visum geht ins Geld, - vorallem wenn man es innerhalb von 1 oder 2 Tagen benötigt. Und kaum jemand will länger in der Region Kirkenes warten.

**Eigenes Auto**: Kirkenes -> Murmansk 25o km auf breiter, aber oft Schlaglochstraße; Fahrzeit ca. 4- 5 Std. Dies je nachdem, wie man das Auto über die Straße durchdonnert. Zugzügl. mehrere Grenzkontrollen unterwegs. Preis: Sprit 5oo km, Visagebühren und g.g. Hotelübernachtung.

**Linienbus**: tägl. außer So. auf der Strecke Kirkenes -> Murmansk. Fahrzeit ca. 5- 6 Std., je nach Aufenthalt an den Kontrollstellen. Preis Linienbus retour ca. 80 Euro! Nach derzeitigem Fahrplan kommt der Bus abends in Murmansk an, wodurch zusätzlich Übernachtungskosten entstehen.

Es gibt ab Kirkenes nach Murmansk derzeit auch sogenannte „Piratenbusse" für 6 - 1o Personen, die billiger sind. Der Zustand der Fahrzeuge unterschiedlich. Norweger in der Regel ok., Russen nicht immer. Abfahrt nach Bedarf. Genutzt werden die Busse insbes. von Seeleuten, die zu Jobs auf Fisch-Trawlers fahren, aber auch von Russen im Kirkenes Shopping. Infos im Busterminal (32) Kirkenes bzw. in Tankstellen (26, 31).

PS: im Bus (egal ob Linie oder Pirat) ist Alkoholgenuß verboten. Es hat wüste Saufgelage mit russischem Wodka gegeben, bei dem der Bus erheblich schwankte und der Fahrer an seiner Tätigkeit, die Schlaglöcher zu umfahren, - gestört wurde...

**Hotel in Murmansk**: Preise je nach Qualität und Lage des Hotels pro Doppelzimmer/Nacht bei ca. 6o Euro (recht einfach ausgestattet) bis ca. 1oo Euro (zentrale Lage, westeuropäischer Standard mit Abstrichen) bis hin ca. 125 Euro für russische Top Hotels. Die Hotels können auch über vorgenannte Reisebüros in Kirkenes vorgebucht werden, bzw. sind im Preis von Tours (siehe unten) enthalten.

**TOURS ab Kirkenes**: * Tagestour nach Murmansk. Inkl. Bustransport, Sightseeing Tour Murmansk (ca. 2 Std., mit deutschsprachiger Führung) und Lunch. Abfahrt in Kirkenes am sehr frühen Morgen, Aufenthalt in Murmansk insges. ca. 5 Std., Rückkehr in Kirkenes am späten Abend. Preis: ca. 13o Euro/Person + Visakosten. Die derzeit preiswerteste Variante, Nachteil: Abfahrten (sofern genügend Teilnehmer) nur Anfang Juni bis Ende August und auf Termine fixiert, die man vorbuchen muß.

* Weekendtour nach Murmansk: dauert Fr.bis Mo., ganzjährig möglich. Inkl. Bustransport und Übernachtungen im Hotel/Murmansk, Frühstück, Lunch sowie Führung: ca. 17o Euro (Hotel russischer Standard) bzw. ca. 2oo Euro (westl. Standard) pro Person. Zuzüglich Visagebühren.

Aufenthalt in Murmansk 1 1/2 Tage. Fragt sich, ob man so viel Zeit benötigt, - zumal viele Geschäfte am Wochenende geschlossen sind. Zumindest aber nur geringer Aufpreis der Tour gegenüber dem 1-Tagestrip. Dafür ist man an die Tour- Termine am Wochenende gebunden.

* Tagestour nach Nikel und Zapoljarny/Russland: zu sehen die russische Industriezone Nikel in Grenznähe mit schweren Umweltschäden, Besuch des Marktes von Zapoljarny und Rückfahrt nach Kirkenes am gleichen Tag. Preis inkl. Führer, Bustransport, Lunch: ca. 125 Euro/Person + Visakosten. Interessanter ist die Tagestour nach Murmansk zu fast gleichem Preis, die auf der Strecke ebenfalls Nikel berührt.

Infos und Buchung/KIRKENES:"PasvikTourist", Dr. Vessels Gt. 9, Tel.: 789. 95o.8o, Fax: 789.95o.57 - oder"Grenseland /Sovjetreiser AS", Tel.: 815.369.oo, Fax: 789.925.25, www.grenseland.no

**Katamaran**: auf der Strecke Kirkenes -> Murmansk seit 1996 (!) eingestellt, - auch wenn er noch durch sonstige Reiseführer geistert.

**Flug**: die Strecke Kirkenes -> Murmansk wurde wegen fehlender Nachfrage eingestellt. Derzeit nur Tromsø -> Murmansk. Infos: Airline „WIDEROE", Tel.: 81o.o12.oo. Fraglich, ob auch diese Strecke in Zukunft wegen fehlender Nachfrage stillgelegt wird.

**Zug**: prinzipiell möglich, ab z.B. Berlin via Moskau nach Murmansk zu fahren. Dauert 2 Tage, auch Schlafwagen. Visa- Pflicht. Infos: DER Reisebüros in Deutschland.

**Erlebnis in Murmansk**: Plattenbausiedlungen, Tristess der Lebensbedingungen und Abschirmung von militärischen Anlagen. Das Zentrum dagegen wurde renoviert, u.a. der „Platz der 5 Ecken" und die Hauptstraße Lenin Prospekt, zugleich Hauptgeschäftsstraße. Im Angebot preisgünstiger Alkohol (allerdings Achtung der Mitnahme-Limits Rückreise/norw. Grenze!), sowie Kristallglas- Arbeiten, Parfume etc. Es fragt sich, ob das Shopping in Murmansk lohnt. - Militäranlagen (z.B. Basis der U- Boote, Kriegsschiffe und Flugzeugträgern) sind immer noch vor fremden Besuchern abgeschirmt und nicht öffentlich „museal" zugänglich.

Zum Besichtigungsprogramm der „Murmansk- Tours" gehört ein 7o m (!) hoher Soldat in Beton, das „Wahrzeichen" der Stadt aus Zeiten des Kalten Krieges... Weiterhin Museum zur Stadtgeschichte.

Am Fjordende renovierte Häuser der 5o er Jahre, Fußgängerzone. Murmansk ist zunehmend pro westlich orientiert. Die Zeiten eines militärisch voll gespickten Atomwaffen- Arsenals gehen dem Ende entgegen. Zu beseitigen sind die Havarien im Meer der Barentssee russischer U- Boote, - letztlich im Jahre 2ooo, - die die Gewässer und Fischgründe verseuchen.

Geldwechseln: an der Grenze Norwegen/Russland in Storskog, - oder in Murmansk im Hotel bzw. Banken. Derzeit legal ist der Geldwechsel in Murmansk auch auf der Straße oder in Geschäften. Vorab prüfen, ob wegen eventuell geänderter Bestimmungen verboten. Am beliebtesten sind US- Dollarscheine, gefolgt von norw. Kronen. Achtung: russischer Rubel wird derzeit nicht zurückgewechselt. Daher nur kleine Mengen tauschen. Sonst wird der Einkauf teuer, und man kann sich die Rubel zu Hause als „Souvenir" an die Pinwand hinspicken.

Hotels der gehobenen Klasse akzeptieren derzeit auch Bezahlung mit Kreditkarte VISA. Nicht darauf verlassen, - so doch pro westliche Tendenz, auch in Geschäften.

Trinkwasser: Genuß von Leitungswasser vermeiden. Mineralwasser gibts in Geschäften.

Derzeit einzig geöffneter Grenzübergang auf der Strecke Kirkenes -> Nikel -> Murmansk ist STORSKOG, 15 km südöstlich von Kirkenes.

Prinzipiell möglich: auf der Rückfahrt ab Murmansk die Schlaglochasphaltstraße via Russland nach IVALO/Finnland. Spart auf der Heimreise den Umweg via Storskog -> Kirkenes -> Neiden -> Inari -> Ivalo. Dafür aber via Russland schlechtere Straße und nur seltene Versorgungspunkte (Tankstellen und Unterkünfte) unterwegs. Abprüfen; nach derzeitigen Bestimmungen ist für die Strecke ein separates russisches Visum nötig.

## Abstecher nach Grense Jacobselv/Norwegen

*Rund 6o km nordöstlich von Kirkenes, auf der RV 886. Ob sich der Abstecher lohnt, ist fraglich. Zumindest das Feeling, am nordöstlichsten Punkt der Grenze Norwegen/Russland zu stehen. Sie ist für den Grenzübertritt geschlossen. Dies gilt auch für eine Stichstraße ab Tårnet.*

Die Straße RV 886 führt zunächst nach STORSKOG (dem heutigen Grenzübergang nach Russland, Details „Abstecher nach Murmansk"). Weitere ca. 1o km bis zur Häusergruppe TÅRNET am Tårnetfjord. Hier zweigt eine Schotter- Erdpiste ab, Ri. Ost über Fjellandschaften mit kleineren Seen. Angelegt wurde sie im 2. Weltkrieg von Kriegsgefangenen, um die deutschen Truppen an der Litzafront gegen Russland mit Kriegsmaterial zu versorgen. Diese Straße endet heute wenige Kilometer vor der Grenze. Sofern sich die Beziehungen in der Barentsregion zwischen Norwegen und Russland weiter verbessern, wäre die Straße die kürzeste Verbindung nach Murmansk.

Weiter ab Tårnet auf der RV 886 am Fjord entlang, anschließend Ri. Ost übers Fjell zum Jakobselva, der die Grenze zu Russland bildet. Der Fluß ist reich an Lachsen. Angelgenehmigungen gibts ausschließlich nur an Norweger, um Probleme der Grenzverletzung durch Ausländer zu vermeiden. Letztere kennen den genauen Grenzverlauf im schmalen Fluß nicht.

GRENSE JACOBSELV: Minisiedlung an der Mündung des Flusses in die Barentssee. Bis Ende des 18. Jhds. gab es im extremen Norden keinerlei Grenzen. Das Land war zu dünn besiedelt und gehörte den Ureinwohnern, Samen.

1826 wurde mit Russland ein Vertrag geschlossen, der als Grenze den Jacobselva bestimmte. Die russischen Fischer hielten sich wenig daran, weswegen sich die rund 2o norweg. Fischer bei ihrem königlich bestellten Amtmann in Vadsø beschwerten.

Dieser regelte die Dinge elegant. Statt Militär anzufordern (hätte wegen der Lapalie sowieso wenig genutzt!), - ließ er in der arktischen Einöde eine Kirche mit hohem Turm bauen, siehe Foto links. Sie war weiß gestichen und diente als „Landmarke", - als Orientierungspunkt auch vom Meer gut zu sehen.

Fertiggestellt 1869, erfüllte sie ihren Zweck. Zumal damals christl. Gebäude sehr respektiert wurden.

LINKS: Oskarkirche in Jacobselv, Grenzmarkierung zu Russland, damals weiß gestrichen.
RECHTS: Zollgebäude Jacobselv 1899

Die Kirche war damals weiß angestrichen, damit man sie vom Meer besser sehen konnte. 1873 besuchte König Oskar II. die Region und Kirche, um damit zu unterstreichen: Kirche = Grenzstein! Er ließ einen Gedenkplatte in der Kirche anbringen mit norwegischer und samischer Inschrift. Weiterhin wurde eine Zollgrenzstation errichtet (siehe Foto), da der Handel mit Russland zugenommen hatte.

Die weiße Farbe der Kirche ist heute abgeblättert. Schon etwas gespenstig, die Kirche in der umgebenden Einöde.

Die Kirche ist meist verschlossen, obwohl gelegentlich noch Gottesdienste abgehalten werden. Ihr Inneres ist sehr schlicht: Kirchenbänke, ein Ofen zum Beheizen und kleiner Altar.

## Abstecher Kirkenes -> Pasvikdal/Norwegen

*Ein rund 12o km langer Schlauch zwischen Finnland und Russland. Endlose Waldgebiete und Seen, im äußersten Süden der PASVIK NATIONAL PARK. Es gibt seltene Vögel, auch rund 15 Bären.*

Die RV 885 führt in 9o km via Bjørnevatn -> Svanvik bis VAGGATEM (Ausgangspunkt einer Stichpiste zum Pasvik Nat. Park) und endet in Nyrud am Grenzfluß Pasvikelva zu Rußland.

Achtung: in der gesamten Region keine Grenzüberquerung möglich, weder nach Finnland noch Russland. Wer die rund 1o5 km bis Nyrud fährt, muß die selbe Straße retour = 21o km; rechtzeitig Tanken! Derzeit möglich bei Hesseng (am Abzweiger RV 885 von der E 6 Nähe Kirkenes). Dort größere Tankstellen - sowie kleinere in Svanvik.

BJØRNEVATN: ehemalige Bauarbeitersiedlung der 1996 stillgelegten AS Sydvaranger Eisenerzmine. Hinter Drahtzäunen stehen noch Baumaschinen, die vor sich hinrosten. Andere wurden verkauft bzw. zu Alteisen verschrottet. Die Mine (im Tagebau riesige Löcher) sowie unterirdische Schächte bis 4oo m Tiefe, kann nicht besichtigt werden. Das Eisenbahn -

PASViKDAL: Melken einer Rentierkuh.

gleis nach Kirkenes zum Abtransport des Eisenerzes ist derzeit stillgelegt.

Die RV 885 führt ab Bjørnevatn weiter südl., oberhalb des tief eingeschnittenen Langfjordes. In einer Parkbucht rechts der Straße schöner Blick über den Fjord und Infotafel zur Region.

**STRAND**: Abzweiger von der RV 885 zum Südende des Langfjordvatnet. Minisiedlung mit ca. 6 Häusern und einem dreistöckigem Holzgebäude. Gebaut 19o5 als Internat, übrigens eines der ersten beiden staatlichen Internate Norwegens. Dies, um finnischen Einfluß im Pasvikdal durch pro norweg. Erziehung und Bildung einzudämmen.

Heute fungiert das Gebäude als Regionalmuseum zur Naturkunde und Kulturgeschichte. Inkl. kleinerem Café. Geöffnet ca. Ende Juni bis Mitte August, Mo.- Fr. Zum Museum gehörig der Hof Namdalen Gård (gebaut 189o) in der Nähe am See.

**BJØRNEHI** (Bärenhöhle): frühere Behausung eines Bären. Gemäß Touristbüro hat der Bär die Höhle verlassen. Betreffend der Höhle: sie selber nichts Spektakuläres. Lage: siehe Karte, ab RV 885 noch rund 3/4 Std. zu Fuß auf markiertem Pfad. Weitere Infos: TI Kirkenes.

Bären gibt es in den endlosen Wäldern der Region. Bis in die 6o-er Jahre nahm ihr Bestand ab wegen Jagd. Derzeit, so die Schätzung, leben im Pasvikdal rund 15 Bären. Es ist das einzige Gebiet Norwegens, in dem Bären sich permanent aufhalten, d.h. dort auch ihren Winterschlaf verbringen und Junge gebären.

In der Regel sind sie sehr zurückhaltend. Es gab in den letzten 1oo Jahren lediglich zwei

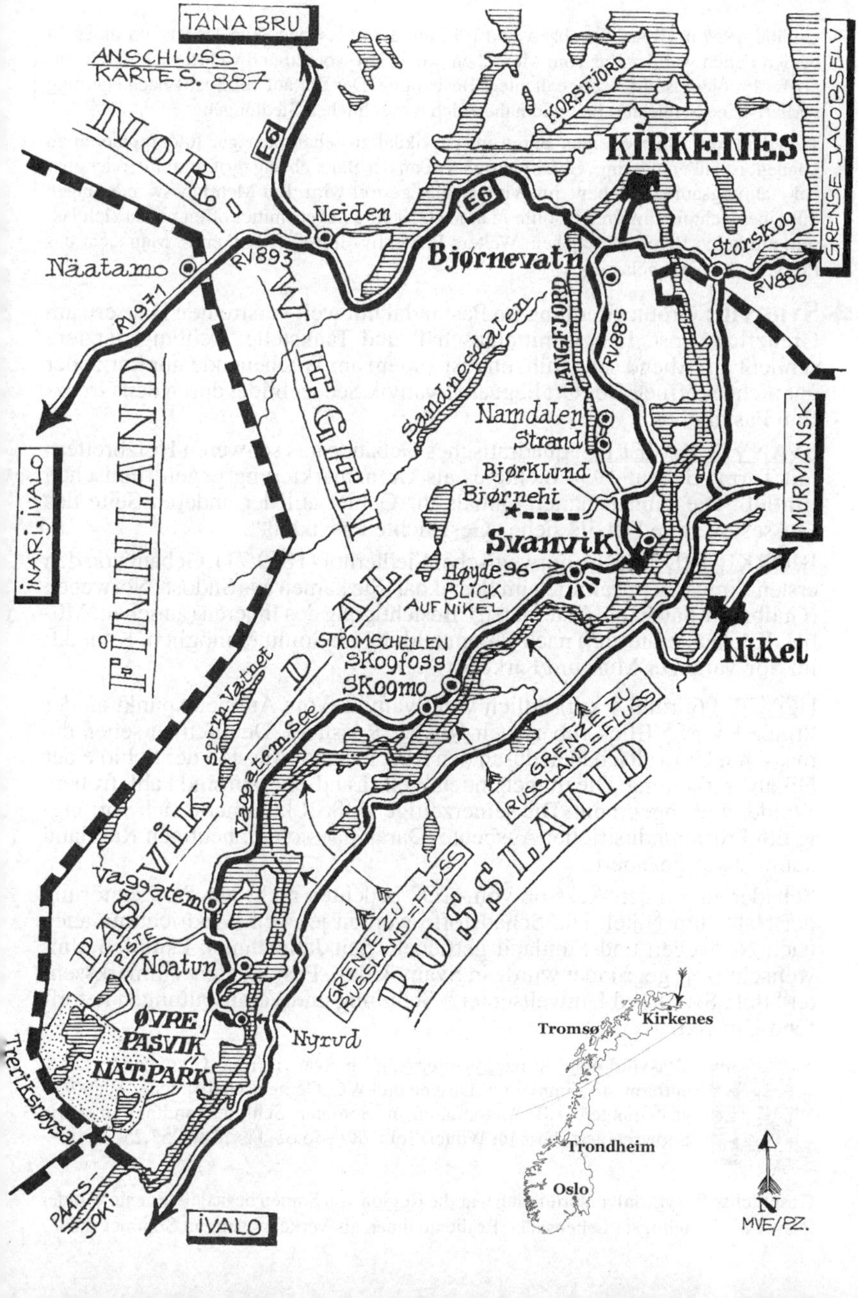
TANA BRU
ANSCHLUSS KARTE S. 887
NOR.
E6
KORSEFJORD
KIRKENES
GRENSE JACOBSELV
Neiden
E6
Bjørnevatn
Storskog
RV886
Näatamo
RV893
RV971
NORD
LANGFJORD
RV885
Sandnesdalen
Namdalen
Strand
Bjørklund
Bjørnehi
MURMANSK
INARI, IVALO
FINNLAND
Svanvik
Høyde 96
BLICK AUF NIKEL
Nikel
STROMSCHELLEN
Skogfoss
Skogmo
Spurv Vatnet
Vaggatem See
GRENZE ZU RUSSLAND = FLUSS
PASVIK
DAL
Vaggatem
PISTE
Noatun
ØVRE PASVIK NAT. PARK
Nyrud
GRENZE ZU RUSSLAND = FLUSS
RUSSLAND
Treriksrøysa
PAATS-JOKI
IVALO
Tromsø
Kirkenes
Trondheim
Oslo
N
MVE/PZ.

Unfälle: 19o7 in Grense Jacobselv und 1992 auf der russischen Seite des Pasvikflusses. In beiden Fällen war der Bär vom Menschen provoziert worden und wehrte sich durch Angriff. - Problem ist die heutige dichtere Besiedlung. Der Bär auf der Suche nach Nahrung verliert seine Schüchternheit und nähert sich menschlichen Siedlungen.

Trotzdem: die Chance, einen Bären im Pasvikdal zu sehen oder gar fotographieren zu können, ist äußerst gering. Gefahr besteht, wenn der Bär sich angegriffen fühlt, oder aber bei Nahrungsaufnahme bzw. im Winterschlaf gestört wird. Bei Mehrtageswanderungen mit Übernachtung im Freien sollte man nachts keine Lebensmittel offen neben sich lassen, um keine Bären anzuziehen. Weitere Präventiv- Infos: TI Kirkenes. Man sieht das Problem dort sehr gelassen.

★ **Svanvik:** Größte Siedlung im Pasvikdal mit weit verstreuten Häusern am Grenzfluß. Post, Lebensmittelgeschäft und Tankstelle. Achtung: letztere schließt am Abend sehr früh, und ist zudem am Wochenende nur kurz oder gar nicht geöffnet. Der Ort liegt am Svanvik See, gebildet durch den Grenzfluß Pasvikelva.

SVANVIK KAPELLE: quadratisches Gebäude aus schweren Holzbrettern mit Turm. Gebaut 1934 diente es als Grenzmarkierung gegen finnischen Einfluß. Die Finnen hatten damals ihr Gebiet auf der anderen Seite des Flusses, weitere Details siehe „Geschichte Pasvikdal".

BJØRKLUND GÅRD: norwegischer Siedlerhof (1869/71). Gebaut von den ersten Einwandererfamilien im Pasvikdal. Sie kamen aus Südost- Norwegen (Gudbrandsdalen und Østerdalen). Besichtigung des Inneren (zu sehen: Möbel, Küchengeräte etc.) nach Voranmeldung im Sommer möglich. Kontakt: im Sør Varanger Museum/Kirkenes.

HØYDE 96: rund 4 km südlich von Svanvik. Vom Aussichtspunkt an der Straße RV 885 Blick rüber nach NIKEL/Russland. Deutlich zu sehen die massiven Umweltschäden durch den Rauchabgas- Ausstoß der Schlote der Nikelverarbeitung. Die umgebenden Fjell- Landschaften sind kahl, frühere Wälder wie abgebrannt. Die seinerzeitige UdSSR kümmerte sich vorrangig um Profite industrieller Ausbeute. Daran hat sich im heutigen Russland kaum etwas geändert.

Schäden durch den Ausstoß von -CO2 bedeuten nicht nur die Zerstörung der Natur um Nikel. Die Schadstoffe werden je nach Windrichtung auch nach Norwegen und Finnland getrieben. Seit Jahrzehnten kämpfen Umweltschützer; gegründet wurde in Svanvik das „Pasvikdalen Villmarkssenter" mit „Svanhovd Umweltsenter". Schulung und Veranstaltungen betreffend Umwelt.

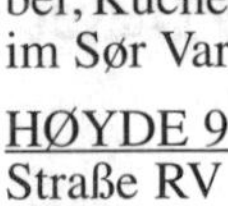


„**Pasvikdalen Villmarkssenter A.S.**": in Svanvik, rund 42 km von Kirkenes entfernt. 48 Zimmer mit Dusche und WC, Gemeinschaftsküche. Auch Veranstaltungen, z.B. Angeltouren im Sommer, Schlittenhundfahrten sowie Snowscootersafaris im Winter. Tel.: 789.95o.o1, Fax, 789.953.25.

**Geschichte Pasvikdal**: ursprünglich war die Region von Samen besiedelt. Für sie war der Pasvik Fluß wichtigste Lebensader. Er diente ihnen als Verkehrsweg: im Sommer mit

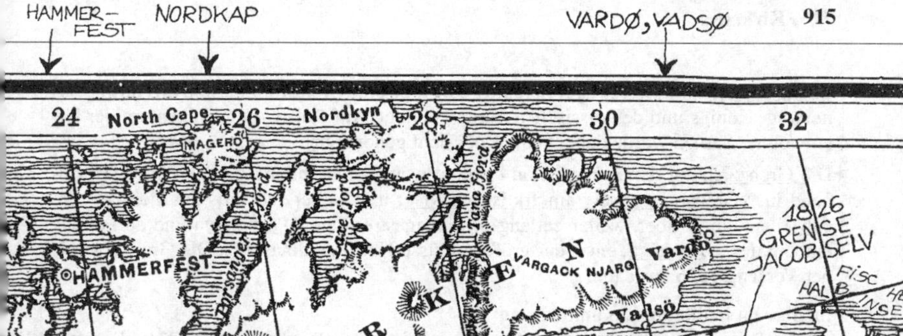


ENGLISCHE KARTE DER FINNMARK ca. 1870. Sie zeigt die Grenzziehung von 1826 (markiert: ▬ ▪ ▬) zwischen Norwegen und Russland. Sie folgt den großen Flüssen PASVIKELVA und TANAELVA. Eine auch 1870 sehr dünn besiedelte Region. Die Samen-"Metropolen" KARASJOK und KAUTOKEINO erscheinen (zu Recht!) in Großschrift und fett. Der Inari-See sowie Bergzüge total falsch. Den Kartographen fehlte hier 1870 Info.

Booten, im Winter mit Skiern. Die Nahrung lieferte der Fluß. Im Sommer wurde der Fisch mit Wurfnetzen gefangen, im Winter mit Axt Löcher ins Eis geschlagen und die Eisangel hineingehängt.

Für die Menschen in Südnorwegen und Südschweden war der äußerste Norden Skandinaviens mit seinen langen Wintermonaten, eisiger Kälte, Schnee und permanenter Nacht zunächst für Besiedlung unattraktiv. Es gab daher im hohen Norden auch **keine Grenze zwischen Norwegen und Russland**.

Dinge, die sich ab ca. **18oo** änderten. Grund: der Handel mit Schiffen entlang der Nordspitze Skandinaviens zwischen den * nordnorw. Häfen (Hammerfest, Vardø, Vadso) und dem * nordrus. Hafen Arkangelsk/Kola Halbinsel erlebte Aufschwung. Ein Handelsweg war entstanden im äußersten Norden. Ausgetauscht wurden Handelsgüter wie Fisch, Tierfelle, Haushaltsgeräte, Jagdwaffen etc. (= Pomorhandel).

Es erschien den Ländern Norwegen und Russland daher sinnvoll, auch die Grenzen im

Inland Nordskandinaviens zu fixieren. 1826 wurde eine Grenzkommission im Auftrag des norweg. Königs und des russischen Zaren gebildet. Auf Belange und Eigentum der Ureinwohner Samen wurde dabei keine Rücksicht genommen.

★Die Grenzziehung der Kommission erfolgte weitgehend entlang großer Flüsse. Beginnend in * Grense Jacobselv am arktischen Meer und weiter südwärts am kleinen * Jacobselva - quer rüber, weiter entlang des langgestreckten * Pasvikelva und ab Polmak entlang des * Tanaelva, eines der größten Flüsse Nordskandinaviens. Die Grenze wurde per **Vertrag 1826** besiegelt.

Interessant in diesem Zusammenhang:

1.) der Beginn der Grenze in der Barentssee bei Grense Jacobselv (siehe Karte!) wurde gewählt, da Norwegen in den Verhandlungen auf „gleichgroßem Eingang" zum Varanger Fjord bestand. Hier wurde von der norweg. Siedl. VARDØ auf der Landkarte eine Linie auf selbem Längengrad gezogen, die bei der Flußmündung des JACOBSELVA die Küste erreichte. Siehe Karte Vorseite.

2.) Die Einbeziehung des Pasvikelva in die Grenzziehung (siehe Karte Vorseite) hatte vermutlich den Grund, daß die Norweger ausreichend große Inlandsbereiche um den Varanger Fjord forderten. Hier bot sich der Pasvik Fluß zur Grenzziehung an. Die Grenze verläuft in der Mitte des Flusses. - Dafür erhielt Russland den Inari See und die weiten Inlandsbereiche bis zum Tana Fluss.

3.) Durch Grenzziehung und Vertrag 1926 entstand die typische **V- FORM des PASVIKDAL**. Die Grenze ist auch heute noch gültig ihrem Ost- und Südbereich. Auf der NW Seite (siehe Karte) wurde sie Anfang des 2o. Jhds. weiter Nähe Varangerfjord verschoben. Für die Norweger kein Verlust, da es sich um Fjell Landschaften ohne spezielle wirtschaftliche Bedeutung handelt.

4.) Bodenschätze: die reichen Eisenerzvorkommen bei Kirkenes - sowie Nikel und östlich auf der Kola Halbinsel Eisenerz - waren 1826 noch nicht bekannt.

★**FAZIT**: Grenzziehung und Vertrag **1826** besiegelten den Grenzverlauf im äußersten Nordskandinavien zwischen Norwegen und Russland. Zu einer Besiedlung der Inlandsregionen (auch Pasvikdal) kam es zunächst nicht. Zu harte Lebensbedingungen bei winterlich vereisten Böden, Kälte bis minus 48 Grad im Tal, Schnee, fehlende Verkehrsverbindungen aus dem Süden. Im Sommer aber gut 3o Grad Plus...

★**BESIEDLUNG**: Erste norwegische Siedler (aus der Region Südost Norwegen) kamen um **1869** ins Pasvikdal nach Svanvik. - Auch die Finnen interessierten sich an der extremen Nordregion und besiedelten die Ostseite des Pasvik Flusses.

**19o5** bauten die Norweger in Strand am Langvatnet ein Internat für Schüler. Dies, - um norweg. Zuwanderer in die Extremregion Pasvik eine Lebensqualität für ihre Kinder in Erziehung zu bieten. Sicher ging es auch Begründung norweg. Kultur in der Region, - um der finnischen Einwanderung einen Gegenpol zu bieten.

**19o6- 1o**: Erschließung der Eisenerzminen von Bjørnvatn, 1o km südl. von Kirkenes, auf der norweg. Seite. Die Minen erwiesen sich als sehr profitabel. In Folge Zuzug von Arbeitskräften, die sich in Kirkenes und Bjornvatn ansiedelten. Bis 192o hatte diese Region gut 5.ooo Einwohner.

★**1917**: **Finnland** war seit 18o9 autonomes Fürstentum, zum russischen Zarenreich gehörig. Am 6.12.1917 hatte FINNLAND die Unabhängigkeit von Russland deklariert. Auslöser war die Russische Revolution, in der kommunistische Kräfte ans Ruder kamen.

Mit diesen wollten rechtsgerichtete Kräfte in Finnland nicht kooperieren. In Folge kam es 1918 zu einem Bürgerkrieg in Finnland, bei dem die rechtsgerichteten Regierungstruppen unter General Mannerheim siegten.

★**192o**: **Friedensvertrag** zwischen Finnland und Sowjetrussland, vereinbart wurde:

* Sowjetrussland erkennt Finnland als eigenständigen Staat an.
* Finnland erhält einen Zugang zum Zugang zum Eismeer (Barentssee), der sogenannte „*PETSAMO- KORRIDOR*". Er erstreckt sich entlang des Ostufers des Pasvik Flusses norwärts zum arktischen Meer: Dort Westgrenze: der Jacobselva, Ostgrenze: die Mitte der Fischerhalbinsel.

In Folge intensive Besiedlung durch die Finnen. Orte wie das heutige Petsjenga (=Petsamo) oder Nikel sind finnische Siedlungen aus dieser Zeit. Das Verhältnis zu Norwegen war friedlich.

Von Nikel (damals Finnland) führte eine Fährschiffverbindung nach Utnes (bei Svanvik/ Norwegen). Damit war ein Verkehrsweg im äußersten Norden geschaffen. Denn ab Utnes/ Svanvik bestand eine Straßenverbindung nach Kirkenes/Norwegen und von dort täglich eine Fracht/Passagierverbindung mit Schiffen der Hurtigruten entlang der Nord- und Westküste Skandinaviens.

★**1934/35**: Die Norweger, um (auch auf ihrer westl. Seite des Pasvik Flusses) Besitzansprüche zu stabilisieren, - bauten 1934 in Svanvik die monumentale Svanvik Holzkirche. Sie erhebt sich über die Baumwipfel gewissermaßen als Grenzmarkierung. 1935 wurde die Svanvik Folkehøgskole (Volkshochschule) eröffnet. Ein für nordische Verhältnisse riesiges, mehrstöckiges Holzgebäude. Die Zeit bis zum Ausbruch des 2. Weltkrieges waren im Pasvikdal friedliche Jahre der Koexistenz Finnland mit Norwegen.

★**2. Weltkrieg:**

**1939** vereinbarte Hitler mit der UdSSR einen Nichtangriffspakt. Der Vertrag enthielt ein geheimes Zusatzprotokoll: Hitler würde nicht eingreifen, - sollte die UdSSR Finnland angreifen. So geschehen im Winterkrieg 1939/4o, wobei sich die Finnen tapfer gegen den Angriff der UdSSR wehrten; gegen die Übermacht der Truppen der UdSSR hatten sie aber keine Chance.

**194o**: Im Friedensvertrag von Moskau **13.3.194o** mußte Finnland weite Gebiete an seiner Ostgrenze an die UdSSR abgeben, - nicht jedoch den Petsamo Korridor! Zunächst wechselte **Finnland zu Hitler** über. Von Deutschland erhofften sich die Finnen einen effizienten Schutz gegen die UdSSR.

Sie stellten ihr Land, insbes. auch den Petsamo Korridor für deutsche Truppenaufmärsche zu Verfügung. Den Deutschen ging es vorrangig um die Eroberung von Murmansk, Details siehe „Litsafront".

Nach Kriegsende wurde Finnland für seine Treue zu Hitler mit massiven Reparationszahlungen entsprechend bestraft. Daß Finnland am 22.6.41 kurzzeitig die Neutralität erklärt hatte, aber zum zweiten Mal von der UdSSR angegriffen wurde, - half bei Aushandlung der Friedensverträge und Reparationszahlungen wenig. Zudem verlor Finnland seinen „Petsamo-Korridor" an die UdSSR.

★**Seit Kriegsende** besitzt Norwegen eine 196 km lange Grenze mit Russland, die weitgehend in der Mitte des Pasvik Flusses verläuft. Am Dreiländereck („Treriksøya") treffen sich die Grenzen von Norwegen, Finnland und Russland. Weitere Details nächste Seite.

**Weiter ab Svanvik**: die RV 885 erreicht nach Überquerung der HØYDE 96 (ehemaliger Wachturm, heute Aussichtspunkt mit Panorama- Blick nach Russland) anschließend das Westufer des PASVIK FLUSSES. Er ist an wasserführender Fläche zweitgrößter Norwegens und kommt vom finnischen Inari See.

Es gibt insgesamt 7 Wasserkraftwerke, die den Fluß zu größeren Seen aufstauen. Die nördlicheren von ihnen wurden zu Beginn des 2o. Jhds. gebaut, um die Eisenerzminen von Bjørnevatn und die Eisenerzverhüttung von Kirkenes mit Strom zu versorgen. Größter südlicher Stausee ist der Vaggatem. Angelgenehmigung gibts nur für Norweger, um Grenzkonflikte unkundiger Ausländer zu vermeiden.

**Grenze mit Russland**: etwa in Mitte des Pasvik- Flusses bzw. der Stauseen. Sie war bis Ende des Kalten Krieges und Auflösung der UdSSR (ab Anf. 9o-er Jahre) die am stärksten bewachte im äußersten Norden Europas. Auf beiden Seiten Grenzpatrouillen und Radarüberwachung.

Während früher norweg. Rentierzüchter im Winter über den vereisten Grenzfluß durften, um auf der anderen Seite entlaufene Rentiere einzufangen, - hatte sich die Situation nach Kriegsende verschärft. Gemäß „Grenseavtalen“ (Grenzbestimmungen), gültig seit 1949 steht unter hoher Strafe:

* Überquerung der Grenze via Land, Wasser oder Luft
* Kontakt welcher Art auch immer mit Personen auf der anderen Seite
* Gegenstände über die Grenze werfen (dito auch Abmontieren russischer Grenzschilder)
* Russische Militäreinrichtungen und Soldaten zu fotographieren

Trotz Liberalisierung der Beziehungen: die Bestimmungen gelten auch heute noch! Bitte unbedingt beachten, um erheblichen Ärger zu vermeiden.

Die RV 885 führt via Minisiedlungen SKOGFOSS/SKOGMO, VAGGATEM nach NOATUN und endet in NYRUD. Ab südlichstem Teil der RV 885 Stichpisten an den Rand des Øvre Pasvik Nationalparks.

Ob sich die rund 1oo km retour ab Svanvik bis Ende der Straße lohnen, ist persönliche Entscheidungsfrage. Die Landschaft: endlose Wälder und viel Naturerlebnis. Übernachtungsstützpunkte:

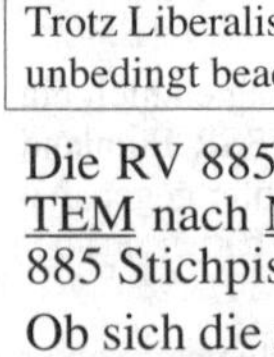


„**Pasvik Taiga**“: bei Skogfoss an der RV 885, rund 56 km von Kirkenes entfernt. Mini- „Hotel“, im Hauptgebäude 6 Zimmer mit Du/WC, weitere 24 Betten in umliegenden kleinen Häusern. Ganzjährig geöffnet. Tipp ist das sehr gemütliche Restaurant, excellente Küche! DZ ca. 6o - 1oo Euro je nach Ausstattung, Saison und Auslastung. Tel.: 789.954.44, Fax: 789.954.99. www.pasvik-taiga.no

„**Skogmo Gård**“: bei Skogfoss, rund 6o km von Kirkenes entfernt. Privathaus am Pasvik Fluß mit 3 Zimmern, Du/WC, Küchenbenutzung und Sauna. Ganzjährig geöffnet. DZ ca. 35 Euro. Tel.: 789.954.48.

„**Øvre Pasvik Café und Camping**“: in Vaggatem an der RV 885, rund 9o km von Kirkenes entfernt. Auch Vermietung von einfachen Blockhäusern für 2- 4 Personen. Dusche und WC in separatem Sanitärbereich, Sauna. Weitere Blockhäuser Nähe sowie im Øvre Pasvik Nationalpark. Tel.: 789.955.3o, Fax: 789.97o.25.

„PASVIK TAIGA": bei Skogfoss an der RV 885. Tipp! Die Gerichte nach heimischen, traditionellen Rezepten. Vorher anrufen, Tel.: 789.954.44, da es sich um keinen Großbetrieb handelt. Die Küche ist warm, wenn Gäste erwartet werden.

„ØVRE PASVIK NATIONALPARKZENTRUM": in Vaggatem, 9o km von Kirkenes. Einfache Gerichte, nur zur Sommersaison geöffnet.

„PASVIK VILLMARKSSENTER": kleines Café auf Position Høyde 96. Juli/August zudem aufgestellt ein Samenzelt (Lavvu), in dem traditionelle Gerichte der Samen-Küche zubereitet werden.

LEBENSMITTEL für Mehrtages-Touren (z.B. im Øvre Pasvik Nat. Park) von Kirkenes mitbringen. Die Versorgung im Pasvikdal ist nur begrenzt.

### SPORT, AKTIVITÄTEN

„PASVIK VILLMARKSSENTER"/Svanvik: u.a. im Sommer: Angeln, im Winter: Schlittenhundfahrten, Snowscooter Safari. Tel.: 789.95o.o1, Fax: 789.953.25.

„SKOGMO GÅRD"/Skogfoss: im Sommer: Angel- und Bootstouren auf dem Fluß, in den Wäldern Jagd und Wandern. Im Winter: Schlittentouren mit Rentieren bzw. Pferd. Tel.: 789.954.48.

„PASVIK TAIGA"/Skogfoss: im Sommer: Wanderungen in die Wälder zum Pilz- und Beerensammeln, Jagd. Im Winter: Touren mit Schlittenhunden oder Snowscooter. Tel.: 789.954.44, Fax: 789.954.99. www.pasvik-taiga.no

„ØVRE PASVIK CAFÉ und CAMPING"/Vaggatem: Verleih von Fahrrädern und Kanu. Tel.: 789.955.3o, Fax: 789.97o.25, www.pasvik-cafe.no.

„ØVRE PASVIK NATIONALPARKZENTRUM"/Vaggatem: in den Monaten Mitte Juni bis Mitte August geführte Touren in den Nationalpark bei Voranmeldung und Bedarf. Tel.: 789.736.oo.

## Øvre Pasvik Nationalpark

Der abgelegenste und gewiss einsamste Nationalpark Norwegens. Wälder, Seen und Sümpfe dominieren. Zu sehen: seltene Pflanzen, Vögel und Tiere, - die es jedoch auch jenseits der Parkgrenze zu beobachten gibt.

**Zufahrt**: Stichpisten ab RV 885 zur Grenze des Nationalparks, so z.B. rund 1 km südl. von Vaggatem und Nähe Noatun/Nyrud). Sie sind je nach Stand der Grenzbeziehungen als militärische Straßen zur Kontrolle des äußersten Südens und Grenzen gesperrt, - bzw. als „Forststraßen" gesperrt. Andere sind geöffnet; neuesten Stand im Kirkenes TI erfragen oder besser im „ØVRE PASVIK NATIONALPARKZENTRUM"/Vaggatem, Tel.: 789.736.oo. Dort auch geführte Touren in der Zeit Mitte Juni bis Mitte August bei genügend Nachfrage den Nationalpark.

TREIKRSØYA: das Dreiländereck * Norwegen, - * Finnland, - * Russland. Zufahrt über eine nicht markierte Abzweigung/Stichpiste ab RV 885 rund 1,8 km südl. Noatun. Sie endet nach ca. 2o km an kleinem Parkplatz mit Infotafel. Von dort rund 5 km Wanderung durch Sumpflandschaft zum

Dreiländereck. Alternative ist ein markierter Parallelweg seitlich, der ca. 1 1/2 - 2 Std. bis zum Ländereck benötigt. Zu sehen: breite Grenzschneisen im Wald, - sowie Steinhaufen mit kleiner Betonpyramide zur Markierung der Grenze. Ob sich die 3- 4 Std. Retour- Wanderung lohnt bei minimalem Erlebnis am Ziel, sei dahingestellt.

## Ab Kirkenes zurück in die Heimat

Wegen fehlender Grenzübergänge im Pasvikdal: Ab KIRKENES über die E 6 nach NEIDEN. Prinzipiell möglich: weiter die E 6 nach Tana Bru/ Norwegen und bei UTSJOKI und über die Grenze nach Finnland- > **INARI**. Erheblich schöner: bereits in NEIDEN über die Grenze nach Näatamo/ Finnland und auf der RV 971 nach -> **INARI**. Die Straße ist exzellent ausgebaut, traumhaft schön zwischen tausenden von Seen - und zudem an Km kürzer. Weitere ausführliche Details siehe Seite 847 ff, sowie Übersichtskarte Seite 843.

## In eigener Sache:

Es liegt in der Natur der Dinge, daß bei der Fülle an konkreter Information, die dieses Buch enthält, sich im Laufe eines Jahres einiges ändern kann.

Deshalb bitten wir um Mitteilung von Abweichungen. Wer uns ansonsten irgendwelche ausgefallenen Tipps wie neue Routen, schöne Hotels mit viel Atmosphäre oder ähnliches schickt, wird bei der Neuausgabe dieses Buches namentlich zitiert.

Bitte schreibt uns, wir freuen uns über jeden brauchbaren Tipp, weil wir es wichtig finden, daß man nicht irgend ein blödes Laberbuch, wie leider viele Reiseführer, mit sich schleppt, sondern etwas, was wirklich nützlich und hilfreich ist.

Norwegen Nord Redaktion

VERLAG
MARTIN
VELBINGER

Hauptstr. 4o, 82229 Seefeld
norwegennord@velbinger.com

OLE JOHANN KAARBØ (1852-1921), Reeder und Fischerei-Groß-unternehmer.

# PERSONEN INDEX

## A



## B

KÖNIG CHRISTIAN IV
besuchte 1599 das Nordkap.

KNUT HAMSUN
1859 – 1952
Norw. Schriftsteller,
1920 Lit.-Nobelpreis

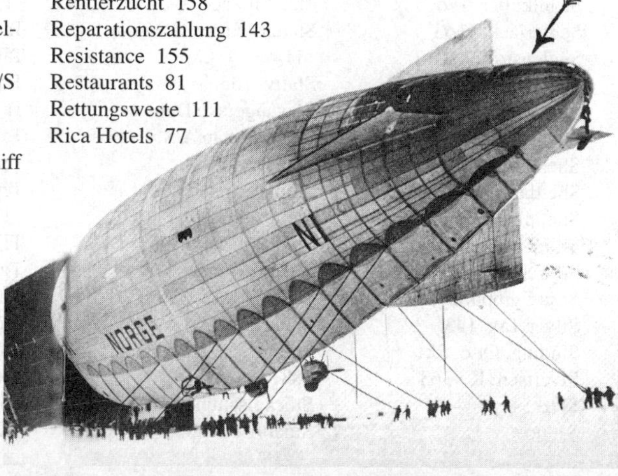


LUFTSCHIFF "NORGE" vor Überquerung des Nordpols im Hangar Ny-Ålesund/Spitzbergen.

## T

SCHAMANE mit Zaubertrommel. Mit ihr konnte er mit den Geistern in Verbindung treten. B.W.

TOCHTER NOBHADOL

KÖNIG CHULALONGKORN von Siam. Besuchte mit einer Gefolgschaft von 20 Personen und Tochter 1907 das Nordkap. Ihm gewidmet eine "Gedenkabteilung" im heutigen Nordkap-Komplex.

# INDEX

## T

*Verlagsgründer Martin Velbinger bei Recherchen in Südamerika*

# VERLAG VELBINGER

Die VELBINGER Story. 1975 - das erste Buch erscheint: Griechenland. Mit viel Humor und handfesten Tipps geschrieben - damals fast ausschließlich über Reisebüros vertrieben. Kurz darauf gelangten die Bücher in den gesamtdeutschen Buchhandel und waren schnell vergriffen. 1977 - unser Südamerika Buch erscheint. Eine 16oo Seiten starke Backpackerbibel mit unzähligen, noch nie veröffentlichten Trails, Wanderungen und Routenvorschlägen. Irland, Schottland, Frankreich und andere Länder folgten - die Europareihe entstand und bald wurde VELBINGER zum Markenbegriff. Leser schrieben begeistert: „Ich war mit VELBINGER unterwegs!“. Bis heute füllen eure Leserbriefe viele dicke Ordner. Danke! Denn uns ist wichtig, dass man nicht irgendein blödes Laberbuch mitschleppst, sondern etwas, das wirklich nützlich ist! VELBINGER - geschrieben aus einer Begeisterung am Reisen, die ansteckt!

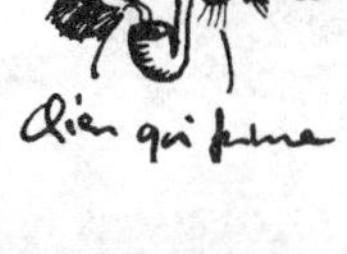

SCHWEDEN
inkl. Kungsleden + Sarek
Süd + Mittel Schweden + Lappland
REISE-Handbuch
VERLAG MARTIN VELBINGER
Die Reiseführer mit dem hohen Gebrauchswert

NORWEGEN
Süd/Mitte
VERLAG MARTIN VELBINGER
Die Reiseführer mit dem hohen Gebrauchswert

Dirk Schröder, Ursel Pagenstecher
DÄNEMARK
VERLAG MARTIN VELBINGER
Die Reiseführer mit dem hohen Gebrauchswert

FINNLAND
Marlen und Bert Baesgen
VERLAG MARTIN VELBINGER